PROCESSO
TRIBUTÁRIO

O GEN | Grupo Editorial Nacional – maior plataforma editorial brasileira no segmento científico, técnico e profissional – publica conteúdos nas áreas de concursos, ciências jurídicas, humanas, exatas, da saúde e sociais aplicadas, além de prover serviços direcionados à educação continuada.

As editoras que integram o GEN, das mais respeitadas no mercado editorial, construíram catálogos inigualáveis, com obras decisivas para a formação acadêmica e o aperfeiçoamento de várias gerações de profissionais e estudantes, tendo se tornado sinônimo de qualidade e seriedade.

A missão do GEN e dos núcleos de conteúdo que o compõem é prover a melhor informação científica e distribuí-la de maneira flexível e conveniente, a preços justos, gerando benefícios e servindo a autores, docentes, livreiros, funcionários, colaboradores e acionistas.

Nosso comportamento ético incondicional e nossa responsabilidade social e ambiental são reforçados pela natureza educacional de nossa atividade e dão sustentabilidade ao crescimento contínuo e à rentabilidade do grupo.

HUGO DE BRITO
MACHADO SEGUNDO

PROCESSO TRIBUTÁRIO

 17ª edição — Revista, atualizada e ampliada

- O autor deste livro e a editora empenharam seus melhores esforços para assegurar que as informações e os procedimentos apresentados no texto estejam em acordo com os padrões aceitos à época da publicação, e todos os dados foram atualizados pelo autor até a data de fechamento do livro. Entretanto, tendo em conta a evolução das ciências, as atualizações legislativas, as mudanças regulamentares governamentais e o constante fluxo de novas informações sobre os temas que constam do livro, recomendamos enfaticamente que os leitores consultem sempre outras fontes fidedignas, de modo a se certificarem de que as informações contidas no texto estão corretas e de que não houve alterações nas recomendações ou na legislação regulamentadora.

- Fechamento desta edição: *16.01.2025*

- O Autor e a editora se empenharam para citar adequadamente e dar o devido crédito a todos os detentores de direitos autorais de qualquer material utilizado neste livro, dispondo-se a possíveis acertos posteriores caso, inadvertida e involuntariamente, a identificação de algum deles tenha sido omitida.

- **Atendimento ao cliente:** (11) 5080-0751 | faleconosco@grupogen.com.br

- Direitos exclusivos para a língua portuguesa
  Copyright © 2025 *by*
  Editora Atlas Ltda.
  Uma editora integrante do GEN | Grupo Editorial Nacional
  Travessa do Ouvidor, 11
  Rio de Janeiro – RJ – 20040-040
  www.grupogen.com.br

- Reservados todos os direitos. É proibida a duplicação ou reprodução deste volume, no todo ou em parte, em quaisquer formas ou por quaisquer meios (eletrônico, mecânico, gravação, fotocópia, distribuição pela Internet ou outros), sem permissão, por escrito, da Editora Atlas Ltda.

- Esta obra possui material suplementar via *QR Code*. Esse conteúdo será disponibilizado somente durante a vigência da respectiva edição. Não obstante, a editora poderá franquear o acesso por mais uma edição.

- Capa: Aurélio Corrêa

CIP-BRASIL. CATALOGAÇÃO NA PUBLICAÇÃO
SINDICATO NACIONAL DOS EDITORES DE LIVROS, RJ

M134p
17. ed.

    Machado Segundo, Hugo de Brito, 1978-
       Processo tributário / Hugo de Brito Machado Segundo. - 17. ed., rev., atual. e ampl. - Barueri [SP] : Atlas, 2025.
       536 p. ; 24 cm.

       Inclui bibliografia
       Inclui índice remissivo
       ISBN 978-65-5977-693-1

       1. Direito tributário - Brasil. 2. Administração e processo tributário - Brasil. I. Título.

24-95068   CDU: 34:351.713(81)

Meri Gleice Rodrigues de Souza - Bibliotecária - CRB-7/6439

À Lara, que, não obstante tenha apenas quatro anos,
muito já me ensinou, com seus simples mas profundos
questionamentos e com sua lógica infalível.

SOBRE O AUTOR

Bacharel em Direito (UFC, 2000). Mestre em Direito (UFC, 2005). Doutor em Direito Constitucional (Unifor, 2009). Livre-docente em Direito Tributário pela Faculdade de Direito da USP (2024). Professor da graduação, do mestrado e do doutorado da Faculdade de Direito da Universidade Federal do Ceará (UFC). Professor do Centro Universitário Christus (Unichristus). Visiting Scholar da Wirtschaftsuniversität (Viena, Áustria). Membro do Instituto Cearense de Estudos Tributários (ICET) e do Instituto Brasileiro de Direito Tributário (IBDT). Advogado e Consultor Jurídico. Autor de diversas obras jurídicas.

✉ hugo.segundo@ufc.br
🌐 www.direitoedemocracia.blogspot.com
✖ @hugosegundo
🄵 hugomachadosegundo
▶ Hugo de Brito Machado Segundo
📷 @hugo2segundo
genJuridico.com.br/machadosegundo/

PREFÁCIO

A solicitação de prefácio, com a qual nos distinguem os autores de obras jurídicas, é sempre uma honra, e seu atendimento, uma tarefa prazerosa. No caso deste *Processo Tributário*, entretanto, além de sentir-me honrado com a solicitação e de experimentar enorme prazer em atendê-la, uma circunstância especial me enche de orgulho. É que o autor, Hugo de Brito Machado Segundo, é meu filho caçula, que ainda muito jovem está a demonstrar, com este livro, qualidades que todo pai quer ver em seus filhos.

Realmente, este é um livro de excelente feitura, que vai com certeza atender à necessidade dos que estudam a matéria em cursos jurídicos e daqueles que se dedicam às questões tributárias em suas atividades profissionais.

Dizer isso talvez fosse o bastante, não fora eu suspeito, pela condição de pai. Devo dizer mais, especialmente sobre o autor, para apontar fatos que falam de forma eloquente de suas qualidades. Sobre o livro, talvez não deva dizer mais nada, pois ele será mais bem avaliado pelos leitores, que insuspeitos, livres de qualquer laço sentimental, com certeza irão consagrá--lo como instrumento de aprendizagem dessa importante disciplina jurídica.

Hugo de Brito Machado Segundo já cursou todas as disciplinas do curso de Mestrado em Direito, estando agora a trabalhar na dissertação com a qual completará o referido curso. Já é professor de Processo Tributário em cursos de pós-graduação na Universidade de Fortaleza, integra a Comissão de Estudos Tributários da Ordem dos Advogados do Brasil, Seção do Ceará, e exerce a advocacia, como integrante da Machado Advocacia Empresarial, e a consultoria jurídica, como meu sócio na Brito Machado Consultores Associados. Conhece, portanto, na teoria e na prática, os temas versados neste livro. Temas que expõe com simplicidade e clareza, não obstante o denso conteúdo doutrinário de suas lições.

O livro está dividido em quatro partes. Na primeira, cuida de noções fundamentais, construindo a base necessária para a adequada compreensão dos temas seguintes. Na segunda parte, estuda os princípios jurídicos do processo tributário, com o que, além de sedimentar aquela base construída na primeira parte, oferece elementos para a fundamentação das teses que estão expostas na terceira parte, na qual cuida do processo administrativo tributário, e, na quarta parte do livro, cuida do processo judicial tributário.

O aumento do custo do Estado com a consequente elevação da carga tributária tem despertado grande interesse pelos estudos do Direito Tributário, instrumento com o qual buscam os cidadãos condições para defender os seus interesses na relação tributária contra indevidos avanços do fisco, geralmente sem qualquer respeito pela Constituição e pelas leis. De outra parte, os agentes do fisco, embora geralmente prefiram utilizar o poder e construir fórmulas destinadas a amesquinhar as prescrições jurídicas, como sanções políticas cada dia mais numerosas e mais arbitrárias, também se veem obrigados a estudar o Direito Tributário para enfrentar os questionamentos suscitados pelos contribuintes diante das exigências fiscais.

Nessa luta cada dia mais intensa, porém, não basta saber do Direito Tributário, embora este seja da maior importância. É necessário o conhecimento do processo, até porque muitas vezes se perde a causa não por não se ter Direito, mas por não se ter sabido contornar dificuldades surgidas em sua aplicação contenciosa, vale dizer, dificuldades surgidas no processo.

Neste livro, Hugo de Brito Machado Segundo oferece o seu conhecimento de professor da matéria, depurado e exposto com os temperos da experiência colhida na advocacia que já há alguns anos exerce com sucesso. Como na advocacia utiliza diariamente além do conhecimento do Direito Processual, também o do Direito Tributário Material, em muitos pontos do livro as teses expostas albergam o Direito Material e o Direito Processual, numa simbiose que somente a vivência profissional do advogado pode oferecer.

Trata-se de uma obra feita com o propósito de oferecer ao estudante de Direito uma visão completa do Direito Processual Tributário. É um livro didático, portanto. Mas não tenho dúvida de que é também um excelente instrumento de trabalho para os profissionais que atuam na consultoria ou na advocacia contenciosa, na esfera administrativa ou na esfera judicial.

Não obstante tenhamos já importantes obras sobre o assunto versado neste livro, estou certo de que ele acrescenta valiosa contribuição à literatura jurídica especializada, e, por isso mesmo, nela certamente vai merecer um lugar de destaque.

Fortaleza, 10 de maio de 2004.

Hugo de Brito Machado
Juiz aposentado do TRF da 5ª Região
Professor Titular de Direito Tributário da UFC
Presidente do Instituto Cearense de Estudos Tributários
Membro da Academia Brasileira de Direito Tributário,
da Associação Brasileira de Direito Financeiro,
da Academia Internacional de Direito e Economia,
do Instituto Ibero-Americano de Direito Público
e da International Fiscal Association.

NOTA À DÉCIMA SÉTIMA EDIÇÃO

Como escrevi em notas a edições anteriores, o esgotamento de uma edição é sempre motivo de alegria para quem escreve. Indica a recepção do livro pelo público, e permite melhorias no texto, mesmo que não haja o que atualizar.

No caso desta décima sétima edição, poucos ajustes foram feitos. Aprovada a LC 214/2025, aqui já devidamente referida, ainda se aguarda a conclusão da regulamentação da reforma tributária, que trará muitas novidades em matéria de processo administrativo e judicial, no que tange ao "IVA-Dual". Por enquanto, tem-se apenas a expectativa de como alguns enigmas serão solucionados, como a identidade do "verdadeiro credor" do IBS, da solução para a unicidade de regimes apesar da dualidade de mecanismos de *enforcement*, apenas para citar dois problemas que nem os idealizadores da reforma têm ideia de como resolver.

Aproveitei o ensejo para mencionar a LC 208/2024 e a possibilidade de cessão dos créditos tributários a entes privados, em uma versão repaginada dos *publicani* romanos, a previsão do protesto extrajudicial como hipótese de interrupção da prescrição, além de um ou outro ponto em que a jurisprudência das Cortes Superiores ou do CARF se alterou ou inovou desde a edição passada.

No mais, aproveito a oportunidade apenas para agradecer, de novo, aos que formam o Grupo GEN, em especial aos membros da equipe da Editora Atlas, pelo cuidado que têm com este meu livro, e a todos os que, por meios eletrônicos, físicos ou presencialmente, me trazem dúvidas, críticas e observações que me ajudam a torná-lo, a cada edição, menos imperfeito.

Fortaleza, janeiro de 2025.

Hugo de Brito Machado Segundo

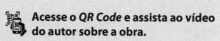

Acesse o *QR Code* e assista ao vídeo do autor sobre a obra.
> http://uqr.to/dd3a

NOTA PRELIMINAR

O manejo diário do processo tributário, na advocacia e na consultoria tributária, a perplexidade com certas posturas adotadas por alguns julgadores e a lacuna ainda presente na literatura jurídica especializada, no que diz respeito a muitos dos problemas enfrentados (embora já existam inúmeras obras respeitabilíssimas), foram os principais motivos que nos levaram a escrever este livro, de cunho eminentemente pragmático. Esperamos, sobretudo, poder contribuir para despertar maior interesse pelo tema e pelos problemas que o cercam, notadamente entre estudantes e advogados não iniciados na matéria.

Deste livro o leitor não deve esperar solução para intricadas questões acadêmicas, que podem ser suscitadas em um estudo aprofundado do Direito Processual Civil. Isso não seria cabível aqui, mas, sim, em um livro de Direito Processual Civil ou de Teoria Geral do Processo. Aliás, do leitor interessado em Processo Tributário já se pressupõe o conhecimento de muitas noções de Teoria do Processo, que por essa razão também não serão exaustivamente discutidas. Esperamos, apenas, fornecer subsídios para a solução de problemas surgidos na órbita dos conflitos entre fisco e contribuintes, não apenas na esfera judicial, mas também no âmbito do ainda pouco explorado processo administrativo tributário. Esse exame específico é importante porque, no terreno das relações tributárias, as lições de renomados estudiosos do Direito Processual Civil são por vezes afastadas sob o pálido argumento de que "não se aplicam à Fazenda Pública", sem que essa inaplicabilidade conte com uma explicação satisfatória. Muitas vezes, há nisso puro e simples retrocesso, em prejuízo de alguns séculos de evolução. Ao escrevermos especificamente sobre o Processo Tributário, nossas afirmações poderão não ser aceitas, evidentemente, mas não sob a cômoda alegativa de que foram pensadas e escritas à luz de um processo no qual se discute o direito privado. Algo mais terá de ser invocado para demonstrar nossos equívocos.

É relevante lembrar que uma das notas características do *jurídico* é a possibilidade de aplicação de uma sanção organizada, que garanta a sua efetividade em face de uma eventual inobservância. Pois bem, de nada valerá todo o esforço para a construção de um direito material tributário justo, se não houver um direito processual tributário que o garanta de modo eficaz, especialmente em face da Fazenda Pública, parte que não apenas malfere o direito como qualquer outra, mas também aquela dotada de maiores condições de não se submeter às suas sanções. É desse direito processual, aplicável às questões tributárias e específico em face das peculiaridades destas, que tratamos neste livro.

Cabe ressaltar que o cunho pragmático que imprimimos a esta obra e a consideração, em sua feitura, das especificidades do Direito Tributário não a afastaram da doutrina processualista, tampouco de aspectos relativos à Filosofia e à Teoria Geral do Direito. Primeiro, porque o Direito, como sistema de normas, é uno e indivisível. Segundo, porque, como lembra Pontes de Miranda, "a ciência precisa, para ser verdadeiramente prática, não se limitar ao prático".[1]

Por fim, não poderia encerrar essas breves palavras introdutórias sem fazer especiais agradecimentos a algumas pessoas, por terem contribuído decisivamente para que este livro fosse escrito.

A Hugo de Brito Machado, pai, professor, sócio e acima de tudo amigo a quem devo meu interesse pelo conhecimento, pela pesquisa e pelo diálogo, exemplo de retidão, responsabilidade e sinceridade, por suas inestimáveis lições, e pelo carinho com que tem me incentivado.

À Maria José de Farias Machado, cuja paciência e perseverança sempre admirei, por haver tão bem conciliado o mister de advogada com o de mãe, sobretudo por os haver separado em minha infância, deixando a advogada no escritório, mas não os separar agora, não deixando em nenhum momento de ser a mãe deste seu jovem colega.

A Schubert de Farias Machado, meu irmão, advogado exemplar, por ensinar-me, desde quando fui seu estagiário, e continuar a fazê-lo, com muita paciência, a teoria e a prática necessárias ao exercício de uma advocacia correta, ponderada e consistente. Muito do que consta deste livro aprendi com ele.

À Raquel, minha mulher, pela atenta leitura dos originais, pelas sugestões que em muito colaboraram para tornar este livro menos imperfeito, pelos compromissos profissionais que muitas vezes em meu lugar assumiu, para que pudesse fazê-lo, e, acima de tudo, pela grande energia que lhe transborda, contagiando-me, tirando-me da inércia e encorajando-me a escrevê-lo.

Agradeço, ainda, aos professores Marcelo Lima Guerra e Napoleão Nunes Maia Filho, da Faculdade de Direito da Universidade Federal do Ceará, por haverem despertado em mim o gosto pelo Direito Processual Civil; ao professor Carlos César Sousa Cintra, que provocou e incentivou minhas primeiras incursões na atividade docente; e às professoras Maria Alessandra Brasileiro de Oliveira e Maria Lírida Calou de Araújo e Mendonça, pelo convite que me formularam, em 2003 e em 2004, para ministrar aulas nos cursos de pós-graduação em Direito e Processo Tributário, que coordenam, na Universidade de Fortaleza, aulas que me serviram de inegável estímulo para escrever este livro.

Fortaleza, maio de 2004.

Hugo de Brito Machado Segundo

---

[1] Pontes de Miranda, *Tratado de Direito Privado,* atualizado por Vilson Rodrigues Alves. Campinas: Bookseller, 1999, v. I, p. 29.

SUMÁRIO

CAPÍTULO 1 – NOÇÕES FUNDAMENTAIS 1

1 O Direito e o processo 1

  1.1 O Direito 1

  1.2 O Estado, o Direito Público e o Direito Tributário 2

  1.3 O processo 4

  1.4 Outros significados da expressão *processo*. Processo e procedimento 5

    1.4.1 Processo tributário e direito processual tributário 8

CAPÍTULO 2 – PRINCÍPIOS JURÍDICOS DO PROCESSO TRIBUTÁRIO 13

 1 Conceito de princípio jurídico 13

 2 Papel dos princípios jurídicos na atual Teoria Geral do Direito 14

 3 Princípios gerais 15

  3.1 Relação processual como relação jurídica submetida a princípios 15

  3.2 Justiça 16

  3.3 Segurança jurídica 18

  3.4 Isonomia 18

  3.5 Legalidade 20

  3.6 Razoabilidade 20

  3.7 Proporcionalidade 21

  3.8 Publicidade 22

  3.9 Reflexos processuais dos princípios inseridos na CF/88 pela EC 132/2023 23

 4 Princípios vetores da condução de procedimentos administrativos 25

  4.1 A peculiar classificação do "mero procedimento". Atividade administrativa típica 25

  4.2 Oficialidade 26

  4.3 Inquisitoriedade 27

  4.4 Cientificação 27

  4.5 Busca pela verdade real 28

  4.6 Subordinação hierárquica 30

  4.7 Dever de fundamentação 30

 5 Princípios do processo 31

  5.1 Princípios inerentes aos processos administrativo e judicial 31

	5.1.1	Devido processo legal	32
	5.1.2	Ampla defesa e contraditório	33
	5.1.3	Instrumentalidade e economia processuais	34
	5.1.4	Duplo grau de jurisdição	35
	5.1.5	Necessária fundamentação das decisões	37
5.2	Princípios peculiares ao processo administrativo		38
	5.2.1	Peculiaridades do processo desenvolvido no âmbito da administração	38
	5.2.2	Utilidade do processo administrativo	38
	5.2.3	Não submissão do órgão julgador ao poder hierárquico	39
	5.2.4	Verdade material	40
	5.2.5	Oficialidade	41
5.3	Princípios peculiares ao processo judicial		42
	5.3.1	Peculiaridades do processo judicial	42
	5.3.2	Inafastabilidade da jurisdição	42
	5.3.3	Efetividade da tutela jurisdicional	44
	5.3.4	Imparcialidade, inércia e "verdade formal"	45
6	Quadro esquemático		47

CAPÍTULO 3 – PROCESSO ADMINISTRATIVO TRIBUTÁRIO 49

1	Espécies e fundamentos		49
2	Lançamento tributário		50
2.1	Noções iniciais		50
2.2	As várias espécies de lançamento		52
2.3	O procedimento preparatório do lançamento por declaração		52
2.4	O procedimento preparatório do lançamento por homologação		53
2.5	O procedimento nos casos de lançamento de ofício		55
	2.5.1	Noções iniciais	55
	2.5.2	A fiscalização	56
		2.5.2.1 Fiscalização e denúncia espontânea	58
		2.5.2.2 A segurança do procedimento escrito	59
		2.5.2.3 Dever de informar e livros obrigatórios	59
		2.5.2.4 Fiscalização e sigilo bancário	60
		2.5.2.5 Prazo para conclusão da fiscalização e o abuso do poder de fiscalizar	66
	2.5.3	O "lançamento" efetuado no âmbito da Justiça do Trabalho e a EC nº 20/98	68
2.6	O ato de lançamento. Natureza e requisitos		69
2.7	Apreensão de mercadorias e devido processo legal		73
2.8	A decadência do direito de a Fazenda Pública efetuar o lançamento		75
	2.8.1	Noções elementares	75

2.8.2	Matéria privativa de lei complementar	75
2.8.3	O disciplinamento da decadência no CTN	77
2.8.4	Decadência e causas suspensivas de exigibilidade do crédito tributário	87

3 Processo de controle interno da legalidade administrativa 91

   3.1   Noções iniciais 91

      3.1.1 A possibilidade de impugnação dos atos administrativos em geral 91

      3.1.2 Impugnação administrativa e lançamento por homologação ... 93

      3.1.3 Aplicação analógica da legislação relativa ao processo judicial.... 99

      3.1.4 Vantagens de se utilizar a esfera administrativa 101

      3.1.5 Questionamento judicial e "renúncia" à esfera administrativa..... 103

      3.1.6 Impugnação administrativa e suspensão dos efeitos do ato impugnado 105

      3.1.7 Formalidades e nulidades no processo administrativo 109

      3.1.8 Impossibilidade de o julgador administrativo declarar a inconstitucionalidade de uma lei 110

   3.2   As várias etapas do processo administrativo fiscal. Disciplinamento normativo 113

      3.2.1 Impugnação. Outras formas de início do processo 113

      3.2.2 Manifestação da autoridade autuante 118

      3.2.3 Produção de provas 118

            3.2.3.1 Noções iniciais.. 118

            3.2.3.2 Ônus da prova no processo administrativo.................... 119

            3.2.3.3 Apreciação da prova e o valor jurídico da "confissão" 124

            3.2.3.4 Meios de prova.. 126

                  3.2.3.4.1 Documentos.. 127

                  3.2.3.4.2 Realização de perícias e diligências.............. 130

                  3.2.3.4.3 Ouvida de testemunhas................................... 132

                  3.2.3.4.4 Prova emprestada.. 133

                  3.2.3.4.5 Fatos que independem de prova..................... 134

                  3.2.3.4.6 Hipóteses de indeferimento 135

                  3.2.3.4.7 Posições inusitadas. Cerceamento de defesa ... 137

            3.2.3.5 Decisão de primeiro grau.. 137

                  3.2.3.5.1 Decisões de primeiro grau colegiadas e o princípio da publicidade............................... 139

            3.2.3.6 Recurso voluntário e recurso de ofício 139

                  3.2.3.6.1 Tempestividade, depósito recursal e arrolamento. Competência para exame................... 140

            3.2.3.7 Julgamento de segundo grau... 142

            3.2.3.8 Recursos excepcionais.. 144

            3.2.3.9 O fim (e o retorno) do "voto de qualidade" 147

PROCESSO TRIBUTÁRIO – *Machado Segundo*

	3.2.3.10 Agravamento ou mudança na fundamentação da exigência e devido processo legal	151
	3.2.3.11 Julgamento definitivo	153
	3.2.3.11.1 Coisa julgada administrativa ou preclusão administrativa	154
	3.2.3.11.2 Impossibilidade de questionamento judicial pela própria Administração	156
3.3	Prazo para conclusão do processo administrativo	157
3.4	Inscrição em dívida ativa	161
3.5	Processo administrativo no âmbito do Imposto sobre Bens e Serviços – IBS	163
4	**Outras espécies de procedimentos, de atos e de processos administrativos de controle da legalidade destes**	164
4.1	Reconhecimento de isenções ou imunidades	164
4.2	Homologação de compensações ou deferimento de restituições	168
4.3	Deferimento de parcelamento	175
4.3.1	Noções gerais	175
4.4	Conclusão do procedimento e a possibilidade de impugnação	179
4.5	Consulta fiscal	179
5	**Transação e outros métodos extrajudiciais de solução de litígios**	186
5.1	A apontada "ineficiência" do Poder Judiciário e a "cultura do litígio"	186
5.2	Transação tributária, a Lei 13.988/2020 e o voto de qualidade	186
5.3	Cessão onerosa de créditos tributários e LC 208/2024	188

CAPÍTULO 4 – PROCESSO JUDICIAL TRIBUTÁRIO 189

1	**Noções gerais**	189
1.1	Conceito	189
1.1.1	Processo tributário e processo "civil"	189
1.1.2	A prestação da tutela jurisdicional	190
1.2	As várias espécies de tutela jurisdicional	191
1.2.1	Tutela, ação, provimento e processo	192
1.3	Formalidade e formalismo. Instrumentalidade e proporcionalidade	192
1.4	Ações de iniciativa do Fisco e ações de iniciativa do contribuinte	195
2	**Ações de iniciativa do Fisco**	196
2.1	Execução fiscal	196
2.1.1	Noções gerais	196
2.1.2	Petição inicial	197
	2.1.2.1 Sujeição passiva e responsabilização de terceiros	198
	2.1.2.2 Os juros de mora, demais acréscimos legais e sua forma de cálculo	214
	2.1.2.3 Liquidez e certeza da CDA	215
	2.1.2.3.1 Execução fiscal e rescisória	215

2.1.3	Substituição da CDA		217
2.1.4	Citação do executado		218

2.1.4.1 Juízo de admissibilidade na execução fiscal e as chamadas "exceções de pré-executividade" 221

| 2.1.5 | Pagamento ou garantia da execução | 225 |

2.1.5.1 Garantia insuficiente, posterior reforço e prazo para embargar 228

2.1.5.2 Garantia insuficiente e o direito de embargar 229

2.1.5.2.1 Completa ausência de bens penhoráveis 231

2.1.5.2.2 Existência de bens em valor insuficiente para garantir a execução 232

2.1.5.3 Demora na propositura da execução e tutela provisória para antecipar sua garantia 237

2.1.5.4 Indisponibilidade *on-line* de bens e o art. 185-A do CTN 242

2.1.5.4.1 A alteração trazida pela Lei Complementar nº 118/2005 242

2.1.5.4.2 Hipótese de incidência da norma veiculada no art. 185-A do CTN 243

2.1.5.4.3 Trata-se, realmente, de uma "penhora on-line"? 244

2.1.5.4.4 No que o dispositivo inovou? 245

2.1.5.4.5 A regra do art. 185-A do CTN e o postulado da proporcionalidade 246

2.1.6	Oposição de embargos e suspensão da execução	255
2.1.7	Substituição de bens e reforço de penhora	257
2.1.8	Honorários de sucumbência na execução fiscal	259

2.1.8.1 Execução fiscal embargada. Duas condenações sucumbenciais? 260

2.1.8.2 Execução fiscal, "erro do contribuinte" e princípio da causalidade 261

2.1.8.3 Execução fiscal não embargada e os honorários de sucumbência 264

2.1.9	Execução fiscal, embargos do executado e ação anulatória. Relações	267
2.1.10	Suspensão da execução e prescrição intercorrente	271
2.2	**Cautelar fiscal**	**274**
2.2.1	Noções gerais	274
2.2.2	Hipóteses de cabimento	276

2.2.2.1 Pressupostos para a concessão de tutelas cautelares em geral 276

2.2.2.2 Cautelar fiscal e a possibilidade de provimento liminar 276

2.2.2.3 Requisitos da inicial 277

	2.2.3	Efeitos do provimento que concede a medida cautelar fiscal...	277
		2.2.3.1 Indisponibilidade dos bens do sujeito passivo..............	277
		2.2.3.2 Requerido pessoa jurídica: bens do ativo permanente e de seus dirigentes	277
	2.2.4	Resposta do requerido.......................	283
	2.2.5	Perda de eficácia da cautelar fiscal	283
	2.2.6	Arrolamento de bens pela autoridade lançadora	284
	2.2.7	A averbação pré-executória veiculada pela Lei 13.606/2018	285
3	Ações de iniciativa do contribuinte............................		291
3.1	Legitimidade ativa *ad causam* nas ações de iniciativa do contribuinte.....		291
	3.1.1	Na substituição tributária.......................	294
	3.1.2	No fornecimento de energia elétrica.......................	297
	3.1.3	Transferência contratual da sujeição passiva tributária	300
	3.1.4	Pessoa jurídica dividida entre matriz e filiais......................	301
3.2	Embargos do executado		303
	3.2.1	Noções iniciais	303
	3.2.2	Requisitos da inicial.......................	303
		3.2.2.1 O juízo competente para o processamento e o julgamento dos embargos.......................	303
		3.2.2.2 Nome e qualificação do embargante e do embargado	304
		3.2.2.3 Fato e fundamentos jurídicos do pedido......................	304
		3.2.2.4 Pedido e suas especificações.......................	304
		3.2.2.5 Valor da causa	305
		3.2.2.6 Provas.......................	305
		3.2.2.7 O requerimento para que a exequente seja chamada a impugnar os embargos	306
	3.2.3	Impugnação do embargado.......................	306
	3.2.4	Matérias "vedadas" aos embargos à execução fiscal..................	307
	3.2.5	Audiência de instrução e julgamento.......................	313
	3.2.6	Prolação da sentença e indistinção do rito, no âmbito recursal	313
	3.2.7	Os embargos de terceiro	315
3.3	Mandado de segurança.......................		316
	3.3.1	Noções gerais	316
	3.3.2	Direito líquido e certo.......................	318
	3.3.3	Cabimento em matéria tributária.......................	319
		3.3.3.1 Mandado de segurança e compensação	319
		3.3.3.2 Mandado de segurança como meio de impugnação judicial do lançamento.......................	324
		3.3.3.3 Mandado de segurança e as chamadas "sanções políticas".......................	324
		3.3.3.4 Mandado de segurança e o devido processo legal administrativo.......................	326

	3.3.4	Partes. Legitimidade ativa e passiva	327
		3.3.4.1 Impetração por terceiro e a questão da legitimidade ativa *ad causam*	330
		3.3.4.2 Mandado de segurança coletivo	330
	3.3.5	Impetração preventiva e mandado de segurança contra "lei em tese"	331
	3.3.6	O prazo de 120 dias	333
	3.3.7	Petição inicial	334
	3.3.8	Informações da autoridade impetrada	337
	3.3.9	Medida liminar	338
		3.3.9.1 Noção e fundamento legal	338
		3.3.9.2 Pressupostos para o seu deferimento	339
		3.3.9.3 Natureza jurídica	341
		3.3.9.4 Fundamento constitucional	342
		3.3.9.5 Liminares "satisfativas"	342
		3.3.9.6 Liminar e depósito	344
		3.3.9.7 Liminares e compensação de tributos	344
		3.3.9.8 Deferimento de ofício	346
		3.3.9.9 Agravo de instrumento, efeito suspensivo e antecipação dos efeitos da tutela recursal	347
		3.3.9.10 O pedido de suspensão de liminar e de suspensão de segurança	350
		3.3.9.11 Invalidade de um "prazo de vigência" para a medida liminar	353
		3.3.9.12 Efeito da liminar em face da final denegação da segurança	353
	3.3.10	Ministério Público	354
	3.3.11	Sentença e recursos	355
3.4		Ação anulatória de lançamento	358
	3.4.1	Noção	358
	3.4.2	Anulatória e depósito judicial	359
		3.4.2.1 Depósito e parcelamento	361
	3.4.3	Petição inicial	363
	3.4.4	Contestação	365
	3.4.5	Réplica	365
	3.4.6	Julgamento antecipado do mérito	365
	3.4.7	Dilação probatória	366
	3.4.8	Sentença e recursos	367
	3.4.9	Outras espécies de ação anulatória	371
3.5		Ação declaratória	371
	3.5.1	Conceito	371

	3.5.2	Cabimento em matéria tributária	372
		3.5.2.1 O art. 38 da Lei de Execuções Fiscais	372
		3.5.2.2 É relevante que o lançamento tributário ainda não tenha sido efetuado?	373
		3.5.2.3 Ação declaratória e depósito judicial	373
		3.5.2.4 Ação declaratória e tutelas de urgência	374
		3.5.2.5 Propositura incidental	375
	3.5.3	Efetividade da sentença meramente declaratória e a coisa julgada	376
	3.5.4	Improcedência de pedido declaratório e execução fiscal	384
3.6	Ação de repetição do indébito		385
	3.6.1	O direito à restituição	385
	3.6.2	Fundamento constitucional do direito à restituição	386
	3.6.3	Tributo indevido não é tributo?	387
	3.6.4	Repetição do indébito e repercussão	388
		3.6.4.1 Compensação e repercussão	395
	3.6.5	Prazo para o exercício do direito à restituição	397
		3.6.5.1 Natureza	397
		3.6.5.2 Previsão legal	397
		3.6.5.3 Termo inicial	402
		3.6.5.3.1 Extinção do crédito tributário	402
		3.6.5.3.2 Reforma, anulação, "revogação" ou rescisão de decisão "condenatória"	406
		3.6.5.3.3 Declaração de inconstitucionalidade da lei em face da qual o tributo foi pago	407
	3.6.6	Petição inicial	408
		3.6.6.1 Acréscimos legais e pedido expresso	409
		3.6.6.2 Tutela antecipada e precatório	410
	3.6.7	Contestação	411
	3.6.8	Réplica	411
	3.6.9	Julgamento antecipado do mérito	411
	3.6.10	Dilação probatória	412
	3.6.11	Sentença e recursos	412
		3.6.11.1 Cumprimento de sentença, precatório e compensação	413
		3.6.11.2 O "parcelamento" dos precatórios	415
		3.6.11.3 Direito ao recebimento do precatório e prova de regularidade fiscal	418
		3.6.11.4 Precatórios e as ECs 94/2016, 99/2017, 109/2021, 113/2021 e 114/2021	420
3.7	Algumas notas sobre as tutelas provisórias em matéria tributária		423
	3.7.1	O tempo e a utilidade dos provimentos judiciais	423
	3.7.2	Classificação dos provimentos	424
	3.7.3	Tutelas provisórias em matéria tributária	425

	3.7.4	Fundamento constitucional das tutelas provisórias e proporcionalidade	426
	3.7.5	Tutela provisória cautelar e antecipatória	428
	3.7.6	O argumento da "proliferação de liminares"	429
	3.7.7	Satisfatividade e irreversibilidade	430
	3.7.8	Tutelas de urgência e depósito	431
	3.7.9	Tutelas de urgência e compensação	431
	3.7.10	Tutelas de urgência e ação rescisória	437
	3.7.11	Tutelas de urgência e suspensão da exigibilidade do crédito tributário	439
	3.7.12	Tutelas de urgência e sanções políticas	439
	3.7.13	Recursos	439
3.8		Ação de consignação em pagamento	440
	3.8.1	Conceito e fundamento legal	440
	3.8.2	Utilidade em casos de conflito de competência	441
	3.8.3	Algumas notas sobre o procedimento a ser seguido	444
		3.8.3.1 Juízo ao qual deve ser dirigida	444
		3.8.3.2 Situação processual do contribuinte	445
3.9		Honorários advocatícios de sucumbência	447
	3.9.1	Colocação do problema	447
	3.9.2	Aspectos constitucionais do problema	448
	3.9.3	O art. 85 do CPC/2015	449
	3.9.4	Causalidade, lançamento por homologação e a sucumbência do vencido	452
	3.9.5	Os "encargos legais" nas execuções movidas pela União	453
3.10		A prova no processo judicial	455
	3.10.1	Preliminarmente	455
	3.10.2	Ônus da prova	455
	3.10.3	Documentos "particulares" e a presunção de validade do ato administrativo	456
	3.10.4	O objeto da prova pericial	456
	3.10.5	Pretensão fundada em mais de uma causa de pedir e julgamento antecipado	458
3.11		O Simples Nacional e o processo tributário	458
4		Ações de controle de constitucionalidade	460
4.1		O controle de constitucionalidade pelo Judiciário	460
4.2		Controle "difuso" e controle "concentrado" de constitucionalidade	460
4.3		Ação direta de inconstitucionalidade	462
4.4		Ação declaratória de constitucionalidade	463
4.5		*Jura novit curia* e as ações de controle concentrado de constitucionalidade	465
4.6		Participação de terceiros na ADIn e na ADC	465

4.7	Controle concentrado de constitucionalidade e leis municipais	466
	4.7.1 ADIn e ADC	466
	4.7.2 ADPF	467
4.8	Medida cautelar nas ações de controle concentrado de constitucionalidade	467
4.9	Efeitos da decisão que declara, em tese, a inconstitucionalidade de ato normativo	468
	4.9.1 O caso das agroindústrias	469
4.10	A arguição de descumprimento de preceito fundamental (ADPF)	471
5	**Ações da coletividade**	475
5.1	Ação popular	475
	5.1.1 Conceito e fundamentos	475
	5.1.2 Cabimento em matéria tributária	475
	5.1.3 Procedimento	477
5.2	Ação civil pública	478
	5.2.1 Conceito e fundamentos	478
	5.2.2 Descabimento em matéria tributária	479
5.3	Emenda Constitucional 132/2023 e impactos no processo tributário	480

BIBLIOGRAFIA 483

ÍNDICE REMISSIVO 501

ÍNDICE ONOMÁSTICO 507

Capítulo 1
NOÇÕES FUNDAMENTAIS

Acesse o *QR Code* e assista ao vídeo sobre o tema.

> http://uqr.to/1wt2a

1 O DIREITO E O PROCESSO

1.1 O Direito

O ser humano, para preservar sua existência e a de sua espécie, há de alimentar-se, proteger-se e reproduzir-se. A racionalidade dá-lhe a capacidade de abstrair, representar o futuro,[1] e planejar, potencializando-lhe as necessidades, impelindo-o à busca por conforto, conhecimento, e uma infinidade de outros bens. A busca por esses bens pode ser chamada de *interesse*.[2] A sociabilidade, outra característica humana, faz com que os seres humanos procurem viver em grupos, e dá margem a que surjam interesses conflitantes: dois indivíduos com necessidades iguais e um bem apto a atender a apenas um deles. Esse *conflito de interesses* há de ser disciplinado por algum critério que limite liberdades, para que continue possível a vida em sociedade.[3]

A prevalência da maior força detida por uma das partes em conflito é uma maneira possível de equacioná-lo. Desse modo, por exemplo, é resolvida a disputa entre animais irracionais pelo alimento. Prevalecem, e sobrevivem, os mais fortes, sagazes e poderosos. A racionalidade humana, contudo, permite a criação de realidades institucionais e a construção de um instrumento superior para a solução de conflitos, de sorte a que não prevaleça o querer do mais forte, mas sim e em igual intensidade o querer de todos. Tem-se, assim, o Direito, como forma de compartir a liberdade humana através de normas preestabelecidas, que *devem*

---

[1] Sobre a representação do futuro como distinção entre o ser humano e os demais animais, confira-se Pontes de Miranda, *Garra, Mão e Dedo*, revisto e prefaciado por Vilson Rodrigues Alves, Campinas, Bookseller, 2002. Atualmente, diríamos que é a capacidade de criar *realidades institucionais* a distinção mais marcante entre o ser humano e os outros animais.

[2] Cf. Francesco Carnelutti, *Sistema de Direito Processual Civil*, tradução de Hiltomar Martins Oliveira, Classicbook, 2000, v. 1, p. 55 ss; *Como se Faz um Processo*, tradução de Hebe Caletti Marenco, Campinas: Mineli, 2002, p. 34 ss.

[3] Cf. Arnaldo Vasconcelos, *Teoria da Norma Jurídica*. 5. ed., São Paulo: Malheiros, 2000, p. 11.

orientar-se segundo critérios de justiça, segurança e razoabilidade.[4] Pode-se dizer, portanto, que o Direito é instrumento de convivência inerente à criatura humana, por decorrer de aspectos essenciais desta: a racionalidade e a sociabilidade.[5]

Esse instrumento exprime-se através de enunciados, cuja forma e procedimento de criação variam conforme a sociedade que os idealiza, mas que, essencialmente: (a) prescrevem genericamente valores a serem realizados na medida do que for factual e juridicamente possível (princípios); (b) preveem determinadas hipóteses e prescrevem condutas a serem observadas *se* e *quando* tais hipóteses se concretizarem (regras), estes dois primeiros de natureza hipotética (normas); ou, finalmente, (c) determinam a conduta a ser seguida em determinado caso concreto, de sorte a pôr termo aos conflitos de interesses (ordens ou provimentos). O sistema hierárquico composto pela totalidade desses enunciados prescritivos denomina-se ordenamento jurídico.

1.2 O Estado, o Direito Público e o Direito Tributário

Desde o seu surgimento, o ser humano vive entre semelhantes. Os primeiros grupos sociais, famílias, clãs, tribos etc., cresceram em quantidade e em complexidade, ensejando a criação de uma entidade organizada maior, o Estado, cuja finalidade precípua é tornar efetivas as normas jurídicas e proteger seus integrantes, tanto uns dos outros como principalmente de fatores externos ao mesmo.

Criado o Estado, este atraiu para si a tarefa de elaborar normas jurídicas, e de procurar fazê-las eficazes, o que fez com que doutrinadores incorressem no equívoco de confundir Estado com Direito, ou de somente reconhecer como jurídico aquilo que fosse produzido pelo Estado e imposto coativamente aos "súditos". Colocada a questão nesses termos, não seria a rigor possível submeter o Estado ao Direito, pois inexistiria um poder superior que lho impusesse.[6] Curioso, nesse particular, é observar o que determinavam as Ordenações Filipinas, segundo as quais *"nenhuma lei, pelo rei feita, o obriga, senão enquanto ele, fundado na razão e igualdade, quiser a ela submeter o seu poder real"* (Livro 2, Título 35, § 21).

Hoje essa concepção deve ser vista como superada. O Direito é inerente a qualquer grupo social, sendo historicamente anterior ao Estado, com este não se confundindo. Embora atualmente o Estado elabore grande parte das normas de um ordenamento, e procure assegurar sua eficácia através da coação institucionalizada, não se pode negar a existência

---

[4] Cf. Hugo de Brito Machado, *Uma Introdução ao Estudo do Direito*. São Paulo: Dialética, 2000, p. 16. É certo que tais critérios nem sempre são observados, e jamais são completamente atingidos, mas não se deve esquecer que o Direito, como toda obra humana, é imperfeito, sofrendo constantes aprimoramentos (e, às vezes, alguns retrocessos) ao longo da História.

[5] É verdade que a própria distinção entre o homem (racional) e os outros animais (irracionais) não é estanque, mas sim gradual. O homem possui mais características "animais", e os outros animais mais características antes tidas como apenas "humanas", do que à primeira vista pode parecer. Entre animais não humanos, por exemplo, há também manifestações que revelam a existência de um senso ético ou moral, notadamente entre primatas, que talvez não seja uma autêntica e pura "criação" da razão humana, mas fruto, assim como ela, do processo de seleção natural. Confira-se, a propósito: WAAL, Frans B. M. de. *Good natured*: the origins or right and wrong in humans and other animals. Cambridge: Harvard University Press, 2003. Isso, porém, não refuta o que dissemos acima. Muito pelo contrário. Como adverte Norbert Rouland, as "sociedades animais, também elas, souberam inventar regras que não lhes eram dadas e sancioná-las. Mas o homem se distingue para sempre do animal pela amplitude do que constrói" (*Nos Confins do Direito*, tradução de Maria Ermantina de Almeida Prado Galvão, São Paulo: Martins Fontes, 2003, p. 4).

[6] Cf. Arnaldo Vasconcelos, *Teoria da Norma Jurídica*, 5. ed., São Paulo: Malheiros, 2000, p. 43.

de fontes do direito não estatais, tais como o costume, os princípios gerais do direito e a doutrina; tampouco se pode ignorar a existência de princípios superiores, fundamentais, inerentes à própria dignidade da pessoa humana, ao qual o Direito Estatal se deve submeter. É exatamente por isso, e porque o Estado é corporificado por seres humanos, tão falíveis quanto os demais integrantes da sociedade, que o Direito deve disciplinar também os atos estatais. A parcela do ordenamento jurídico a tanto incumbida é denominada **Direito Público**, e o Estado que submete a sua conduta a normas previamente estabelecidas é chamado **Estado de Direito**.

O Direito Público pode ser ainda subdividido em outras ramificações, conforme a parcela da atividade estatal disciplinada. Assim, temos o Direito Penal, o Direito Administrativo etc. No que mais de perto interessa ao presente estudo, o conjunto das normas que disciplinam a maneira como o Estado exige compulsoriamente dos cidadãos os recursos financeiros de que necessita para desempenhar suas atividades denomina-se **Direito Tributário**.

É de ressaltar, contudo, que referidas divisões não têm fundamento científico.[7] Têm propósito exclusivamente didático, sendo feitas no *estudo* do Direito, e não neste enquanto objeto do conhecimento. O Ordenamento Jurídico é uno e indivisível,[8] não sendo possível falar-se de um Direito autônomo, que regre os atos do Estado, distinto, paralelo e incomunicável com um outro, que discipline a conduta dos cidadãos entre si. Essa ideia deve ser repelida, especialmente por conduzir ao equívoco segundo o qual o Direito Público estabelece relações de subordinação dos súditos aos governantes, enquanto o Direito Privado estabelece relações de coordenação entre cidadãos iguais.

Na verdade, as relações jurídicas não se confundem com as relações de poder,[9] e devem ensejar, sempre, a coordenação de condutas com o necessário equilíbrio das partes envolvidas, quaisquer que sejam.[10] Esse é o papel a ser desempenhado pelo Direito, e deve sempre estar na consciência dos que o elaboram, interpretam e aplicam.

---

[7] Alfredo Augusto Becker, *Teoria Geral do Direito Tributário*, 3. ed., São Paulo: Lejus, 1998, p. 115 ss. No mesmo sentido: José Geraldo Ataliba Nogueira. *Noções de Direito Tributário*. São Paulo: RT, 1964, p. 4.

[8] Valmir Pontes ensina que "o Direito é uno e essencialmente indivisível. Não tem compartimentos estanques, isto é, inteiramente isolados uns dos outros. Por isso mesmo, todas as divisões do Direito se interligam, ou se intercomunicam, através de um fio ininterrupto que as percorre e lhes imprime unidade e harmonia. Essa interligação ou intercomunicação dos vários compartimentos do Direito é que forma a *ordem jurídica,* conjunto sistematizado das normas de Direito" (*Elementos de Direito Administrativo*, 2. ed., São Paulo: Sugestões Literárias, 1968, p. 31). Aliás, toda e qualquer divisão na realidade é de algum modo arbitrária, sendo feita pela mente humana apenas para fins de organização da atividade cognitiva.

[9] O poder, lembra Karl Engisch, certamente pode influir na elaboração do Direito, na medida em que é considerado na valoração efetuada pelo legislador na elaboração de regras jurídicas, mas, mesmo quando isso acontece, o interesse do detentor do poder será apenas *um* entre os muitos elementos axiológicos a serem considerados pelo legislador, todos submetidos a um "processo de seleção jurídica através do qual se julga com certa liberdade da legitimidade de cada um deles e da posição que lhe cabe na hierarquia do conjunto. E assim teremos de dizer que, com a valoração dos interesses e de outros fatores causais da constituição do Direito, ascendemos a um plano mais alto no qual novos conceitos e ideias se nos deparam: os conceitos de justiça, da equidade, da responsabilidade moral, da dignidade humana, do respeito pela pessoa etc." (Karl Engisch, *Introdução ao Pensamento Jurídico*, 8. ed., tradução de J. Baptista Machado, Lisboa: Fundação Calouste Gulbenkian, 2001, p. 377 e 378).

[10] Vicente Ráo, a propósito, destaca que não existe liberdade entre os homens se não houver reciprocidade entre as faculdades e as obrigações a eles atribuídas (*O Direito e a Vida dos Direitos*, 5. ed., São Paulo: RT, 1999, p. 53).

1.3 O processo

Entre as normas que compõem o Direito, algumas tratam da distribuição dos bens da vida, de sorte a que, se observadas por todos, os conflitos de interesses sejam imediatamente superados. Exemplos dessa espécie de norma são as que disciplinam as relações de família, as relativas à propriedade, aos contratos, às espécies de tributos, suas alíquotas, bases de cálculo, prazos para pagamento, isenções etc. Tais normas integram o **direito material**, também chamado direito substancial.

Quanto mais justas e legítimas forem essas normas, menos numerosas serão as suas violações e, por conseguinte, menos frequente será a verificação de conflitos.[11] O completo fim destes, porém, é meta inalcançável, na medida em que toda regra de conduta envolve, necessariamente, a possibilidade de sua violação. Trata-se de algo inerente à própria natureza humana,[12] em cuja essência está a capacidade de abstrair, que faz com que o homem anteveja o futuro e suas inúmeras possibilidades, conferindo-lhe o livre-arbítrio e a possibilidade de escolha entre uma série de valores contraditórios, tais como a bondade e a maldade, o egoísmo e o altruísmo etc. Além disso, existem muitas outras circunstâncias, cujo exame não se comporta nos limites desta obra, que também levam à inobservância das normas, tais como o desconhecimento de quem as deveria observar, a completa inexistência de condições materiais (v. g., o devedor que simplesmente não tem patrimônio), ou, no caso de normas que disciplinem a conduta de agentes públicos, a natural tendência dos que têm poder a abusar do mesmo, ou ainda o bastante comum desprezo que autoridades detentoras de outras espécies de conhecimento, especialmente na área da Economia, têm pelo Direito na condução dos assuntos do Estado.

Em muitas circunstâncias, o conflito decorre de controvérsia quanto à ocorrência, ou não, no mundo fenomênico, dos fatos previstos nas regras jurídicas. Faz-se indispensável, então, a produção de provas, tais como a ouvida de testemunhas e a realização de perícias, a fim de esclarecer a ocorrência do fato em face do qual as partes discutem. São as chamadas questões de fato.

Às vezes, porém, os conflitos não dizem respeito à ocorrência de fatos, mas giram em torno do significado jurídico desses fatos; ou do significado das próprias normas jurídicas, em razão da vaguidade ou da ambiguidade, inevitáveis nas expressões utilizadas; ou ainda do cotejo destas com as demais normas constantes do ordenamento, notadamente as de superior hierarquia e de natureza principiológica. São as chamadas questões de direito.

Tais questões tanto podem surgir em suas formas puras, nas quais se discutem apenas o significado e a validade das normas ou apenas a ocorrência de certos fatos, mas também se podem apresentar de forma mesclada, em conflitos nos quais as partes discutem tanto questões de fato quanto questões de direito.

Em todos esses casos, o simples disciplinamento de condutas através de normas jurídicas não se mostra suficiente para pôr fim aos conflitos de interesses. Impõe-se a adoção de um mecanismo próprio para garantir a efetividade, no caso concreto, do direito previsto mas não observado. Esse mecanismo, composto de uma série de atos que culminam, se necessário for, na aplicação forçada do direito violado, é denominado **processo**. Por isso é que Pontes de Miranda diz, com inteira propriedade, que "o processo nada mais é do que o corretivo da

---

[11]   Cf. Arnaldo Vasconcelos, *Teoria da Norma Jurídica*, 5. ed., São Paulo: Malheiros, 2000, p. 258.

[12]   E, dentro de certos limites, de alguns outros animais também. Confira-se, a propósito, WAAL, Frans B. M. de. *Good natured*: the origins or right and wrong in humans and other animals. Cambridge: Harvard University Press, 2003, passim.

Capítulo 1 · NOÇÕES FUNDAMENTAIS | 5

imperfeita realização automática do Direito objetivo".[13] Com a criação do Estado, a este foi atribuído quase que exclusivamente o uso legítimo da força, e, por conseguinte, do exercício da função jurisdicional, entendida como a incumbência de resolver de forma definitiva os conflitos de interesses, nos termos do devido processo legal, dizendo o direito aplicável ao caso concreto, resguardando-o de danos iminentes, ou, se for o caso, aplicando-o forçadamente.[14] O conjunto das normas que disciplinam a prática desses atos, por sua vez, é denominado **direito processual**.

1.4 Outros significados da expressão *processo*. Processo e procedimento

Por vezes, encontramos a expressão *processo* empregada em sentido bastante amplo, que engloba não apenas o conjunto de atos tendentes a restabelecer de forma definitiva o direito violado em determinado caso concreto, mas igualmente abrange quaisquer séries de atos tendentes a produzir um efeito jurídico final. É o que ocorre na elaboração de uma lei, criada nos termos de um processo legislativo. Outro exemplo é o processo administrativo no qual se faz o controle interno da legalidade de atos da Administração Pública, o qual não necessariamente põe termo ao conflito de interesses de forma definitiva, mas não deixa de ser uma sequência de atos cuja finalidade é a aplicação de normas pelo Poder Executivo, no exercício de uma *autotutela vinculada*, mais propriamente denominada *autocontrole*.[15]

É importante notar que, entre todas essas espécies de processo em sentido amplo, existem algumas nas quais não há a necessária participação ou influência de vários sujeitos no resultado final. É o que ocorre durante a fiscalização de um contribuinte, por exemplo, atividade administrativa típica que é dividida em vários atos apenas em virtude de sua complexidade, mas que não tem por fim resolver um conflito, e que por essa razão não se submete a algumas garantias constitucionais processuais como o contraditório e a ampla defesa. Já outras espécies de processo em sentido amplo são semelhantes a um processo judicial, havendo a necessária participação e influência das partes no resultado final, que envolve a resolução de um *conflito*. São tidas como atividades de caráter jurisdicional, ou "quase jurisdicional", que são excepcionalmente desenvolvidas por outros Poderes do Estado, ou ainda por outros órgãos não estatais. Exemplo dessa espécie é o processo administrativo de controle da legalidade do lançamento tributário. Precisamente por existir um conflito que lhes é subjacente, nessas

---

[13] Pontes de Miranda, *Comentários ao Código de Processo Civil*, 5. ed., atualizada por Sérgio Bermudes, Rio de Janeiro: Forense, 2001, p. 78; *Comentários à Constituição de 1967*, São Paulo: Revista dos Tribunais, 1967, p. 43.

[14] Confira-se, a propósito, a definição bastante completa de José de Albuquerque Rocha, para quem jurisdição é a "função de atuação terminal do direito, realizada por órgãos do Judiciário independentes e imparciais, decidindo conflitos de interesses através do devido processo legal" (*Estudos sobre o Poder Judiciário*, São Paulo: Malheiros, 1995, p. 34).

[15] Costumávamos empregar, para designar esse "autocontrole" da Administração Pública, a expressão *autotutela* (Cf. "Impossibilidade de declaração de inconstitucionalidade de lei pela autoridade administrativa de julgamento", em *Revista Dialética de Direito Tributário*, nº 96, p. 91 ss). A expressão *autotutela*, contudo, pode gerar incompreensões, especialmente porque se presta para designar a forma arbitrária de solução dos conflitos pela parte mais forte (cf. Napoleão Nunes Maia Filho, *Estudo Sistemático da Tutela Antecipada*, Fortaleza: Gráfica Nacional, 2003, p. 29). Para sanar essa impropriedade, há quem prefira a expressão *autotutela vinculada*, ressalvando sua estrita vinculação à lei (James Marins, *Direito Processual Tributário Brasileiro – Administrativo e Judicial*, 2. ed., São Paulo: Dialética, 2002, p. 86). Acatamos, contudo, a lição de Alberto Xavier, que muito nos honrou ao nos retificar, demonstrando que a expressão *autocontrole* é mais apropriada ("A questão da apreciação da inconstitucionalidade das leis pelos órgãos judicantes da Administração Fazendária", em *Revista Dialética de Direito Tributário*, nº 103, p. 17 ss.).

espécies de processo devem ser observados os princípios constitucionais da ampla defesa, do contraditório etc.

São muitos os autores que empregam a palavra *processo* com a amplitude acima descrita, sem cuidar que às vezes designam com o mesmo termo realidades diferentes, submetidas a regramento jurídico inteiramente distinto. Isso não parece recomendável, pois leva a uma desnecessária imprecisão na linguagem.[16] A precisão científica impõe uma distinção terminológica.

É preferível chamar de **meros procedimentos** aquelas sequências de atos ordenados com vistas à produção de um efeito jurídico final, mas que não asseguram a participação dos interessados, pois não visam à produção de um efeito jurídico final que tenha de ser legitimado por essa participação. Diversamente, quando a série de atos ordenados envolve a possibilidade de participação dos sujeitos interessados na decisão final, seja porque cuida de solucionar um conflito, através da atividade jurisdicional, ou de atividades com feição[17] jurisdicional, seja porque cuida de produzir qualquer outro resultado final que deva ser *legitimado* pela participação dos interessados,[18] tem-se não apenas o procedimento, considerado como a série de atos em seu aspecto formal, mas também um **processo**.

Note-se que, sendo o procedimento o conjunto de atos visto sob seu aspecto *formal*, servindo assim para designar qualquer série ordenada de atos, e significando a palavra *processo* esse mesmo conjunto de atos considerado por seu aspecto *substancial*, no qual as partes em conflito podem interagir na formação de um resultado final,[19] podemos dizer que todo processo é também um procedimento (ou, mais precisamente, desenvolve-se no âmbito de um procedimento), enquanto nem todo procedimento pode ser chamado de processo.[20]

Desse modo, pode-se afirmar a existência de um processo em sentido estrito, que é o processo judicial, no qual órgãos do Poder Judiciário exercem a função de dizer o direito no caso concreto e em última instância;[21] e de um processo em sentido amplo, que pode ser definido como qualquer série ordenada de atos tendentes à produção de um efeito jurídico final,[22] e que se divide em *processos*, nos quais há uma necessária participação e influência

---

[16] "Em ciência, se empregamos palavras que não têm sentido (e vale o mesmo terem mais de um), erramos de começo. Não saberemos, no momento de dificuldade, ao tratarmos dos problemas, de que é que estávamos ou estamos a falar. Nada mais perigoso, nem mais contrário aos propósitos de resultados lógicos, precisos, verificáveis, da ciência" (Pontes de Miranda, *Comentários à Constituição de 1967*, São Paulo: Revista dos Tribunais, 1967, p. 55).

[17] Essa "feição" jurisdicional faz com que Pontes de Miranda chame o órgão que profere esses atos de "*judiciariforme*, e não *judicial*, porque muito embora julgue, a sua inserção no Poder Executivo, ou, o que é também possível, no Poder Legislativo, não inclui as garantias de imparcialidade completa e não poderia dar às suas resoluções a força de sentença judicial". Daí, em suas palavras, "não haver, contra o administrado, coisa julgada material quanto à cognição da *res* pela justiça" (*Comentários à Constituição de 1967, com a Emenda nº 1 de 1969*, 2. ed., São Paulo: Revista dos Tribunais, 1971, t. V, p. 378-379).

[18] Essa é a concepção de processo, por exemplo, de Elio Fazzalari (Cf. *Istituzioni di Diritto Processuale*, 8. ed., Pádua: Cedam, 1996, passim), que nos permite incluir entre as espécies de processo, com pequena ampliação na ideia do contraditório, não apenas aqueles *contenciosos* (aos quais se aplicam, *v. g.*, as garantias do art. 5º, LV, da CF/88), mas também aqueles não contenciosos nos quais a atuação dos interessados é, não obstante, essencial (licitação, concurso público, processo legislativo etc.).

[19] Cf. Willis Santiago Guerra Filho, *Teoria Processual da Constituição*, São Paulo: Celso Bastos Editor, 2000, p. 20.

[20] James Marins, *Direito Processual Tributário – Administrativo e Judicial*, São Paulo: Dialética, 2001, p. 69.

[21] José de Albuquerque Rocha, *Teoria Geral do Processo*, 3. ed., São Paulo: Malheiros, 1996, p. 86.

[22] José de Albuquerque Rocha, *Teoria Geral do Processo*, 3. ed., São Paulo: Malheiros, 1996, p. 41.

de vários sujeitos na formação do ato final, e em *meros procedimentos*,[23] quando não há tais participação e influência, mas tão somente a sequência de atos em seu aspecto formal. O conjunto de normas e princípios que disciplinam esses processos, por lógica, divide-se também em Direito Processual em sentido estrito e em sentido amplo.

Assim, esquematicamente, temos:

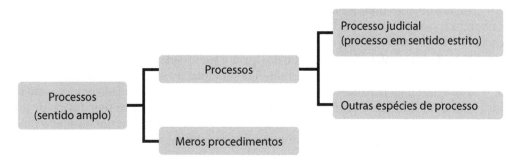

No que diz respeito ao direito tributário, podemos dizer que as normas que definem e limitam competências, instituem tributos, majoram alíquotas, atribuem responsabilidade, concedem isenções etc. são normas de **direito material tributário**. As normas que regulam os atos de fiscalização, o modo como deve ser feita a apuração do montante do tributo devido (lançamento do tributo), o prazo para o contribuinte impugná-lo, a interposição de recursos administrativos, a competência da autoridade julgadora etc. são normas de direito processual em sentido amplo, disciplinando o **processo administrativo tributário**, que se desenvolve ainda no âmbito da Administração Tributária, inicialmente de forma não contenciosa, em **mero procedimento** verificado antes da prática do ato de lançamento, e, depois, de modo contencioso, como uma forma de controle interno da legalidade deste, consubstanciando esta última etapa o **processo administrativo tributário propriamente dito**. Por fim, as normas que tratam da execução do crédito apurado pelo Fisco, da penhora de bens, da interposição de embargos pelo contribuinte, ou da propositura de ação para anular o lançamento, para obter a restituição de tributos pagos indevidamente etc., são normas de direito processual em sentido estrito, e tratam do **processo judicial tributário**.

É relevante notar que os termos empregados não contam com aceitação pacífica na leitura especializada. Alguns empregam a palavra *procedimento* para nomear todo o conjunto de atos praticados no âmbito administrativo, tenham por fim a resolução de um conflito com a participação dos interessados, ou não. Outros preferem designar toda essa realidade de processo administrativo, sem distinguir o mero procedimento que há em seu início. Como toda questão terminológica, não se pode dizer que determinada corrente doutrinária está *correta* e outra *errada*. O que se pode, quando muito, é dizer que alguns termos são adequados para significar a realidade a que dizem respeito, e outros são insuficientes. Preferimos dar um nome diferente à fase não litigiosa da atividade administrativa tributária, meramente procedimental (procedimento administrativo), tornando-a distinta da fase litigiosa, processual

---

[23] Hely Lopes Meirelles, por exemplo, e com inteira propriedade, faz alusão aos processos administrativos propriamente ditos ("aqueles que encerram um litígio entre a Administração e o administrado ou o servidor"), e aos *impropriamente ditos*, que ele prefere chamar de *simples expedientes* ("que tramitam pelos órgãos administrativos, sem qualquer controvérsia entre os interessados"), sendo estes últimos precisamente os que chamamos de "meros procedimentos" ao longo deste livro (Cfr. Hely Lopes Meirelles, *Direito Administrativo Brasileiro*, 22. ed., São Paulo: Malheiros, 1997, p. 592).

8 | PROCESSO TRIBUTÁRIO – *Machado Segundo*

(processo administrativo), porque, embora ambas possam ser consideradas como integrantes do processo administrativo tributário em sentido amplo, a primeira está submetida a regime jurídico radicalmente distinto da segunda, não sendo prudente designá-las de modo igual.

1.4.1 Processo tributário e direito processual tributário

Em face do que vimos até aqui, a rigor, e tomando a expressão *processo* em seu sentido mais amplo possível, podemos detectar no âmbito da aplicação do Direito Tributário a existência de três processos diferentes.

Há uma série de atos por intermédio dos quais a autoridade competente verifica a ocorrência do fato gerador do tributo, determina-lhe o montante, define o sujeito passivo e, se for o caso, aplica uma penalidade. Ao cabo dessa série de atos, a autoridade pratica o ato de lançamento, constituindo o **crédito tributário** (CTN, art. 142). Trata-se sem dúvida de um processo em sentido amplo, série de atos encadeados que culminam em um resultado final, mas que não gira ainda em torno da resolução de um conflito, nem conta com a necessária participação e influência dos sujeitos interessados na formação do resultado final,[24] não se submetendo, portanto, a muitos dos princípios constitucionais processuais. Assim, a rigor, e considerando a distinção que fizemos no item anterior, denominamos essa fase de **procedimento administrativo preparatório do lançamento**, no qual é exercida atividade tipicamente administrativa, ou Executiva, sem nenhuma feição ou caráter jurisdicional ou judicante.

Após a feitura do ato administrativo de lançamento, o contribuinte deve ser notificado para pagar o montante do crédito tributário apurado ou, se o considerar indevido, e quiser, oferecer impugnação, dando início a um processo contraditório, no qual poderá haver produção de provas, interposição de recursos etc., a fim de que se obtenha um julgamento por parte de uma autoridade da administração fazendária. Tem-se, então, um processo administrativo através do qual é feito o controle da legalidade do lançamento. Por conta do conflito que lhe é subjacente, a ensejar a aplicação dos princípios constitucionais processuais, essa fase é geralmente denominada de **processo administrativo tributário** propriamente dito. Não se cuida, nessa fase, de atividade tipicamente executiva, ou de administração, mas sim de atividade de feições jurisdicionais exercida pelo Poder Executivo de modo *atípico*.

Embora a impugnação de um lançamento seja a forma mais comum de início de um processo administrativo tributário contencioso, este se pode instaurar, também, em face do indeferimento de um pedido de restituição ou compensação feito pelo contribuinte, em razão de um ato administrativo de suspensão de imunidade etc. Existem, também, outras espécies de procedimento, além daquele verificado antes do lançamento. O assunto será tratado com mais vagar no Capítulo 3 deste livro.

Finalmente, os conflitos entre Fisco e contribuintes podem ser resolvidos, também, por intermédio de um processo instaurado no âmbito do Poder Judiciário. Tem-se, no caso, o **processo judicial tributário**, por intermédio do qual é exercida a função jurisdicional. A ele tanto podem recorrer contribuintes, com o fito de obter o controle jurisdicional dos atos da administração tributária, após sucumbirem no processo administrativo fiscal, ou mesmo antes, prescindindo deste; como também o Fisco, com a finalidade de receber compulsoriamente o crédito tributário não pago (execução fiscal), ou assegurar-lhe o pagamento ulterior

---

[24] O Conselho Administrativo de Recursos Fiscais (CARF), órgão de julgamento administrativo tributário no âmbito federal, por exemplo, tem entendimento sumulado, a esse respeito, segundo o qual "O lançamento de ofício pode ser realizado sem prévia intimação ao sujeito passivo, nos casos em que o Fisco dispuser de elementos suficientes à constituição do crédito tributário" (Súmula CARF nº 46).

(cautelar fiscal). Aliás, podem valer-se do processo judicial também terceiros, no âmbito das chamadas "ações da coletividade" (ação popular e ação civil pública), e das ações de controle concentrado de constitucionalidade, embora nestas últimas não seja exercida a jurisdição em sua feição clássica, mas atividade mais assemelhada à de um legislador negativo, tutelando-se não direitos subjetivos mas a higidez da ordem jurídica constitucional, em tese.

É de se ressaltar que o Fisco, em regra, não se pode utilizar de ações de conhecimento, no âmbito do processo judicial tributário, mas somente da execução fiscal e da cautelar fiscal.[25] Às ações de conhecimento só recorrem os contribuintes, e a razão é simples. O Fisco, como a Administração Pública de uma maneira geral, constitui seus próprios títulos executivos, unilateralmente. É desnecessário, portanto, buscar o Poder Judiciário para constituí-los, em uma ação de conhecimento.[26] A decisão proferida no âmbito do processo administrativo fiscal, por seu turno, é sempre do próprio Fisco, razão pela qual este não pode recorrer ao Judiciário para pugnar pelo seu desfazimento.

O processo judicial tributário é regido em grande parte pelas normas gerais aplicáveis ao processo civil, que convivem paralelamente com normas específicas, a exemplo da lei de execução fiscal. É do que cuidaremos no Capítulo 4 deste livro.

---

[25] O Poder Público pode tomar a iniciativa, é certo, de propor "ações" de controle concentrado de constitucionalidade. Tais "ações", contudo, como já foi dito, não são "de conhecimento". Aliás, não são sequer ações, no sentido estrito da palavra, pois não provocam o exercício da atividade de "dizer o direito no caso concreto".

[26] É possível, em casos excepcionais, a utilização da ação cognitiva pelo Poder Público, no caso, por exemplo, de demanda entre dois Estados-membros, ou entre Estado e a União, a ser processada perante o STF (CF/88, art. 102, I, f). Também podem ser apontados como exemplo os embargos a uma execução de sentença promovida pelo cidadão e a ação rescisória de uma sentença ou de um acórdão proferidos em ação de conhecimento anterior, movida pelo cidadão. Estes dois últimos exemplos, contudo, dizem respeito a ações de conhecimento que, conquanto autônomas, estão diretamente ligadas a ações de conhecimento anteriores, movidas pela iniciativa do contribuinte. Em qualquer caso, porém, são hipóteses nas quais a pretensão da Fazenda Pública não pode ser satisfeita com a fabricação, por ela própria, de um título executivo, e por isso mesmo são exceções que só confirmam a regra geral anunciada no texto mencionado.

Poderíamos sintetizar esquematicamente o que foi dito assim:

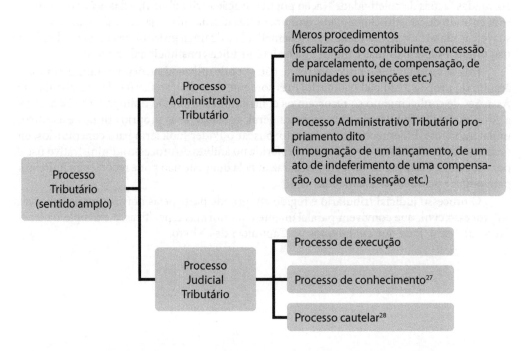

Todas essas formas de "processo" têm o seu desenvolvimento disciplinado por normas jurídicas, cujo conjunto denominamos **direito processual tributário**, divisão que se faz aqui com propósito exclusivamente didático, tendo em vista a unidade do Direito enquanto sistema hierárquico de normas.

É importante lembrar, porém, que, embora não exista um Direito Processual Tributário autônomo e distinto do Direito Processual Civil, do Direito Administrativo ou do Direito Constitucional, em razão da unidade do sistema normativo, a realidade em face da qual se desenvolve o processo tributário é diferente daquela subjacente a um processo no qual litigam sócio e sociedade, servidor público e administração, contratante e contratado. É o que basta para justificar, à saciedade, o estudo autônomo do processo tributário e do sistema jurídico em face dele considerado.[29] A necessidade de os cientistas do direito se dedicarem a esse

---

[27] As "ações da coletividade" (ação civil pública e ação popular) não foram enumeradas separadamente acima, mas são ações de conhecimento, que dão origem à formação de um processo de conhecimento como outro qualquer, que pode ser inclusive acautelado ou tornado efetivo por uma das outras duas espécies de processo. O mesmo pode ser dito a respeito das ações de controle concentrado de constitucionalidade, com a ressalva, aqui já feita, de que nelas não há exercício de uma "jurisdição" propriamente dita. O assunto será tratado com maior detalhamento na parte final deste livro.

[28] Com o advento do novo CPC, a maior parte das medidas cautelares passou a poder ser deferida no âmbito do processo principal, sincrético. Continua sendo possível, porém, falar-se em "processo cautelar", pois subsistem algumas exceções a essa regra, como é o caso da cautelar fiscal, objeto de estudo em item específico deste livro.

[29] Como tem insistido Cassio Scarpinella Bueno, para melhor compreender o próprio sistema processual civil, é indispensável partir da premissa metodológica segundo a qual o processo deve ser estudado "a partir do 'tipo' de direito material que nele é veiculado para resolução perante o Estado-juiz. Trata-se, em última análise, da aproximação máxima do que vem sendo destacado pela doutrina do direito processual: a necessária minimização do binômio 'direito-processo', vale dizer, a assunção

estudo é inequívoca, e demonstra o acerto daqueles que veem na doutrina o papel de fonte do direito, pois a ausência de uma doutrina específica pode fazer surgir, na prática, um processo tributário disforme, desigual e iníquo, que inutilizará as conquistas obtidas pelos contribuintes nos últimos séculos no campo do direito material.[30]

---

definitiva que o direito processual é mero condutor de relações materiais conflituosas ao Poder Judiciário e que, de uma forma ou de outra, amolda-se (ou, quando menos, é desejável que se amolde) ao próprio direito nele veiculado ou reage diferentemente a cada espécie de direito material nele contido" ("Mandado de Segurança Impetrado por Filial e o Novo art. 253, II, do Código de Processo Civil", em *Problemas de Processo Judicial Tributário*, 5o vol., coord. Valdir de Oliveira Rocha, São Paulo: Dialética, 2002, p. 35-36). No mesmo sentido, Marcelo Abelha doutrina que "se o processo vive em função do direito material para impor as soluções nele previstas, é sinal de que diversos serão os pontos de contato entre esses dois planos, especialmente porque toda ferramenta que se preze deve ser moldada de forma a atender melhor o desiderato para o qual ela serve. Isso se passa com o processo, que recebe influxos do direito material, que, em razão de suas peculiaridades, molda e torna adequada a ferramenta processual apta a ampará-lo" (*Elementos de Direito Processual Civil*, 3. ed., São Paulo: Revista dos Tribunais, 2003. v. 1, p. 71).

[30] James Marins, *Direito Processual Tributário Brasileiro (Administrativo e Judicial)*, São Paulo: Dialética, 2001, p. 11.

Capítulo 2
PRINCÍPIOS JURÍDICOS DO PROCESSO TRIBUTÁRIO

 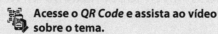

Acesse o *QR Code* e assista ao vídeo sobre o tema.

> http://uqr.to/1wt29

1 CONCEITO DE PRINCÍPIO JURÍDICO

Princípio – a própria linguagem coloquial está a dizer – é o primeiro momento da existência de algo, ou, ainda, o que serve de base a alguma coisa; causa primeira, raiz, razão.[1] No plano jurídico não é diferente. Se bem observarmos, veremos que todo Ordenamento Jurídico é composto de um ou alguns princípios fundamentais, que se desdobram em outros princípios decorrentes, e, posteriormente, em regras.[2]

Como já se acenou no Capítulo 1, as normas jurídicas podem conter descrições hipotéticas de determinados fatos, e prescrições a serem seguidas *se* e *quando* tais hipóteses se concretizarem, sob pena da cominação de uma sanção. Nesse caso, são chamadas *regras*. A imprevisibilidade das situações futuras, porém, torna insuficiente um ordenamento jurídico composto apenas de regras, pois os fatos futuros não ocorrem exatamente tal como descritos nas regras anteriormente elaboradas.

Nesse contexto, assumem importância os princípios, espécie de norma jurídica que não prevê hipóteses nem prescreve determinadas condutas, mas sim consagra determinados valores, fins ou objetivos, a serem seguidos, na medida do que for jurídica e factualmente possível, na elaboração, na interpretação e na aplicação de outros princípios, e especialmente das regras jurídicas.

Cumpre esclarecer, quanto aos conceitos acima oferecidos, que a literatura jurídica brasileira costuma designar como princípios algumas normas que não necessariamente têm a citada estrutura (algumas são, a rigor, regras). E isso se deve ao fato de que, para alguns autores, também são consideradas como "princípios" aquelas normas que, independentemente de sua estrutura normativa, consubstanciam a positivação ou o desdobramento de valores

---

[1] *Dicionário Houaiss da Língua Portuguesa*, Rio de Janeiro: Objetiva, 2001, p. 2299.
[2] Klaus Tipke. *Moral Tributaria del Estado y de los contribuyentes (Besteuerungsmoral und Steuermoral)*, tradução de Pedro M. Herrera Molina, Madrid/Barcelona: Marcial Pons, 2002, p. 31.

fundamentais para a ordem jurídica.[3] É o caso da legalidade e da anterioridade, as quais, a rigor, têm estrutura de regras.[4]

Essa questão terminológica, contudo, não tem muita relevância, caso se tenha o cuidado de fazer com que cada norma seja observada e aplicada conforme a sua estrutura lógica, pouco importando o nome que se lhe dê. Assim, embora se possa chamar a regra da legalidade de "princípio", jamais se poderá "sopesar" a legalidade, "relativizando-a" em face de princípios constitucionais como o da eficiência da administração, por exemplo.

Feita essa advertência, e com o propósito de evitar incompreensões, não pudemos deixar de incluir, na enumeração abaixo, algumas dessas regras que, por sua fundamentalidade, são, talvez impropriamente, chamadas de princípios.

2   PAPEL DOS PRINCÍPIOS JURÍDICOS NA ATUAL TEORIA GERAL DO DIREITO

Após a Segunda Grande Guerra, especialmente em razão do impacto causado pelas atrocidades cometidas pela Alemanha nazista, atrocidades estas autorizadas e algumas vezes até impostas pelo ordenamento jurídico nacional-socialista, os teóricos do Direito passaram a admitir a positividade de certos princípios, a exemplo do princípio da justiça, da segurança jurídica, da razoabilidade e da dignidade da pessoa humana, reconhecendo a sua força normativa e teorizando a sua interpretação e aplicação.[5] A partir de então, os princípios passaram de uma posição subsidiária à lei, na qual eram aplicáveis – de modo *praeter legem* – somente na hipótese de lacuna, para uma posição de superioridade. Foram positivados[6] na Constituição da maioria dos Estados, ou tidos pela doutrina e pela jurisprudência como nela implicitamente

---

[3]   Para um estudo comparado das várias doutrinas a respeito dos princípios jurídicos, e para uma crítica ao "sincretismo metodológico" eventualmente nelas verificado, cfr. Virgílio Afonso da Silva. "Princípios e Regras: Mitos e Equívocos Acerca de uma Distinção", artigo publicado na *Revista Latino-Americana de Estudos Constitucionais*, nº 1, janeiro/junho 2003, Belo Horizonte: Del Rey, 2003, p. 607. Confira-se, ainda: Humberto Bergmann Ávila, *Teoria dos Princípios*, 4. ed., São Paulo: Malheiros, 2004, passim, e *Sistema Constitucional Tributário*, São Paulo: Saraiva, 2004, p. 38 ss.

[4]   Exemplificando, um tributo criado por meio de um decreto será *sempre* inválido, não sendo possível qualquer tipo de "sopesamento de princípios" para validá-lo. Isso porque a legalidade, a rigor, é uma regra. Já uma lei que estabeleça limitações à livre iniciativa, desde que o faça de modo a conciliar proporcionalmente a livre iniciativa com outros princípios (proteção ao trabalho humano, ao meio ambiente, ao consumidor etc.), poderá ser constitucional. Isso porque a proteção à livre iniciativa é um verdadeiro princípio, do ponto de vista de sua estrutura normativa.

[5]   Nem se diga, em oposição, que não seriam tais "princípios" que poderiam conter pessoas como Hitler, Stalin ou Mussolini, que, depois de elevados à condição de ditadores, passaram a usar em seu favor a força bruta. Na verdade, o arbítrio cresce silenciosa e gradativamente. Um governo democrático não se transforma em ditadura de forma instantânea e confessa, em um único ato, através do qual explícita e imediatamente se revogam todos os direitos do cidadão e se atribuem poderes ilimitados aos governantes. Não. Geralmente, o processo é lento e dissimulado, às vezes não propositalmente querido por uma pessoa determinada, e não raro imperceptível para os que estão inseridos no correspondente momento histórico. Robert Alexy, a esse respeito, faz alusão à natureza "gradativa" da implantação de uma ditadura, e aponta ser nesses momentos que as doutrinas não positivistas prestam maiores serviços à democracia e aos direitos fundamentais, pois fornecem ao julgador meios de conter o arbítrio quando isso ainda é possível (*El Concepto y la Validez Del Derecho y Otros Ensayos*, tradução de Jorge M. Seña, Barcelona: Gedisa, 1994, p. 55).

[6]   Cumpre notar que são mais antigas do que isso as disposições constitucionais das quais se extraem os aludidos princípios. A Constituição brasileira de 1824, por exemplo, tinha disposições (art. 179) bastante semelhantes às que constam do art. 5º da Constituição de 1988. O que depois da Segunda Guerra Mundial se modificou, em larga medida, foi a *maneira* como tais textos são vistos.

Capítulo 2 · PRINCÍPIOS JURÍDICOS DO PROCESSO TRIBUTÁRIO | 15

presentes, orientando assim a interpretação de todo o ordenamento jurídico e determinando o conteúdo das normas infraconstitucionais.[7]

Em face disso, é de fundamental importância para o trato de qualquer questão jurídica o conhecimento dos princípios jurídicos pertinentes, especialmente porque o modo implícito como alguns desses princípios estão positivados na Constituição impõe à doutrina a devida explicitação.

No que diz respeito ao processo tributário, considerando a existência de três realidades distintas (mero procedimento administrativo, processo administrativo e processo judicial), trataremos dos princípios preponderantes em cada uma delas também separadamente. Primeiro cuidaremos de alguns princípios gerais, aplicáveis a quaisquer das três etapas, porquanto inerentes ao Direito como um todo, como é o caso da segurança e da justiça, e ainda dos princípios pertinentes ao Direito Público de uma maneira geral, como a legalidade e a publicidade, para em seguida tratarmos dos princípios relacionados precipuamente a cada uma dessas três etapas.

3 PRINCÍPIOS GERAIS

3.1 Relação processual como relação jurídica submetida a princípios

A atividade de resolução de conflitos através da aplicação do Direito por meio de um processo foi, durante muito tempo, arbitrária. Assim como o Direito não disciplinava as atividades materiais do Estado, também a função jurisdicional não se submetia a normas preestabelecidas, especialmente quando o Estado era *parte*.[8] Tal compreensão derivava da própria ideia que se tinha do Estado, infalível e irresponsável. *The king can do no wrong*. Bastante ilustrativa, a propósito, era a postura adotada em alguns julgamentos na Europa Medieval, nos quais o direito de defesa era tido por absolutamente desnecessário em face da diligência dos julgadores, que sempre teriam o discernimento suficiente para reconhecer os inocentes. Seria uma heresia qualquer defesa, na medida em que ou seria uma tentativa de enganar o julgador, ou pressuporia a insuficiência deste em descobrir a verdade sozinho.

A evolução que se operou, neste ponto, foi notável, à medida que governante chamou a si a função de julgar, e que a perdeu, quando a distribuição da justiça saiu das mãos dos reis para os "tribunais dos reis" e, mais tarde, para os tribunais dos Estados constitucionais e, finalmente, democráticos – quer dizer, para os tribunais perante os quais comparecem também os reis e governantes.[9] Com efeito, paralelamente ao direito material, que passou a disciplinar

---

[7] Para exposição notável da evolução que se operou, após a Segunda Guerra Mundial, no âmbito da Teoria do Direito, confira-se Paulo Bonavides, *Teoria Constitucional da Democracia Participativa*, São Paulo: Malheiros, 2001, p. 207-208.

[8] A História não é linear, sendo certo que a evolução a que nos reportamos no texto não ocorreu sempre com a passagem de um período com menos garantias para um com mais. Na democracia ateniense do século IV a.C., por exemplo, houve mais razoável disciplinamento do processo que na Santa Inquisição havida aproximadamente mil anos depois. Mas, em linhas gerais, considerados em conjunto todos os avanços e retrocessos (cujo exame pormenorizado não seria pertinente aqui), pode-se dizer que houve sim uma evolução. Sobre os princípios do Direito Tributário no âmbito do Direito Romano, confira-se Antonio Fernández de Buján, "Principios tributarios: una visión desde el Derecho Romano. *Ius fiscale*: instrumentos de política financiera y principios informadores del sistema tributario romano", Juan Arrieta Martínez, Miguel Ángel Collado Yurrita e Juan Zornoza Pérez, *Tratado sobre la Ley General Tributaria*. Navarra: Aranzadi/Thomsom Reuters, 2010, t. I, p. 111 ss.

[9] Cfr. Pontes de Miranda, *Comentários ao Código de Processo Civil*, 5. ed., Rio de Janeiro: Forense, 2001, t. I, p. 37.

a conduta do Estado e dos que o corporificam, evoluiu naturalmente o direito processual, a fim de lhe assegurar a efetividade. Isso mostra que o direito material e o processo "caminham juntos, de modo que este é instrumento daquele e, aliás, se dignifica na razão direta em que se manifesta como buscando a estabilidade e a justiça".[10]

Atualmente, portanto, não apenas devem existir regras que disciplinem a atividade jurisdicional, mas essa atividade deve ser exercida por órgãos independentes, que consigam impor ao Estado e às pessoas que o corporificam o cumprimento do Direito. A relação processual é uma relação jurídica, submetida a uma série de princípios, em sua maioria constitucionais, que estabelecem diretrizes a serem seguidas pelas partes e especialmente pelo julgador no exercício da função de aplicar o direito na resolução de conflitos, quer na esfera judicial, no exercício da atividade jurisdicional propriamente dita; quer na esfera administrativa, na qual a resolução de conflitos por meio de um processo contraditório se submete aos praticamente mesmos princípios do processo judicial. E mesmo os meros procedimentos administrativos não contenciosos, nos quais é exercida a atividade administrativa própria, ou típica – tais como o procedimento de fiscalização, de reconhecimento de imunidades ou isenções etc. –, submetem-se a princípios inerentes ao Direito como um todo, e especialmente ao Direito Público.

Vejamos, sucintamente, e de modo evidentemente não exaustivo, os mais importantes deles.

3.2 Justiça

A justiça é o princípio fundamental, que deve orientar a elaboração de todos os demais princípios e regras de um Ordenamento Jurídico. Encontra limites válidos apenas em um outro princípio fundamental, o da segurança jurídica, com o qual deve conviver equilibradamente. É da justiça que se desdobram princípios como o da dignidade da pessoa humana, da tributação de acordo com a capacidade contributiva, da isonomia, entre outros.

Alguns doutrinadores de respeito afastam a justiça das preocupações do jurista, daquele que estuda o Direito. Seria um problema de quem o elabora, do legislador, exclusivamente. A justiça, para o jurista, significaria apenas a exata aplicação da lei, tal como elaborada. Essa visão, contudo, não encontra mais amparo na moderna Teoria Geral do Direito. Reconhecida a injustiça de determinada regra de inferior hierarquia, ou de sua aplicação em determinado caso concreto – o que é um outro problema –, o jurista não pode insistir no "faz de conta" de transferir a questão para outras ciências ou para outras pessoas.

Primeiro, porque houve uma grande modificação na maneira de conceber o Ordenamento Jurídico, bem como na visão do papel do cientista do direito e do juiz na interpretação e na aplicação das normas jurídicas, que sempre comportam mais de um entendimento se vistas apenas no seu aspecto formal, abrindo margem para correções exegéticas que lhes aperfeiçoam o conteúdo.

Segundo, porque a positivação de certos princípios, explícita ou implícita, e o reconhecimento de sua força normativa impõem mesmo ao mais arraigado positivista a sua aplicação. No caso do Brasil, nossa Constituição consagra uma série de princípios que, considerados de modo sistemático, impõem ao julgador a adoção de soluções justas, como é o caso dos princípios da razoabilidade, da proporcionalidade e da isonomia, adiante tratados, e da própria justiça, expressamente positivada no art. 3º, I, da Carta de 1988.

---

[10] Vicente Greco Filho, *Direito Processual Civil Brasileiro*, 8. ed., São Paulo: Saraiva, 1993, v. 1, p. 29.

Doutrinadores mais legalistas sempre invocam, quando se lhes opõe uma solução hermenêutica calcada em princípios, a excessiva liberdade que seria conferida ao magistrado, e os possíveis abusos que poderiam daí decorrer. Não nos parece ser este, contudo, um problema sem solução. Também não está a solução, definitivamente, com o legalismo. Senão vejamos.

Não nos parece um problema, pois a proporcionalidade oferece critério de conciliação dos vários princípios consagrados em uma ordem jurídica, e não a preponderância absoluta de um deles sobre todos os demais. Entre tais princípios, a propósito, podem ser elencados os seguintes, de modo evidentemente não exaustivo, que se prestam para afastar o citado temor: (a) segurança jurídica e democracia, que impõem a observância das regras legais, editadas por representantes eleitos; (b) razoabilidade, segundo a qual deve haver compatibilidade entre a solução encontrada e o senso comum; e, ainda, (c) a necessária e racional fundamentação das decisões judiciais, que faz com que o magistrado demonstre as razões pelas quais, de acordo com todos esses princípios, e ainda com outros eventualmente envolvidos, chegou à conclusão posta na sentença. Tudo isso faz com que o magistrado não tenha o alegado "excesso de liberdade".

E, por outro lado, não nos parece que a solução para a "liberdade do juiz" possa tampouco ser encontrada no legalismo, pois, como advertia o próprio Kelsen, a ciência positiva do direito, "pura" e alheia a valores, é incapaz de oferecer uma única interpretação correta de suas normas, mas apenas um quadro ou moldura de vários significados possíveis, sendo a escolha de um deles – para Kelsen, que não admitia o estudo científico de valores subjetivos – uma opção política do intérprete.[11]

O emprego dos princípios na interpretação jurídica, portanto, ainda que de princípios "vagos" como a justiça, por mais subjetivo e fluido que possa parecer, ainda é mais racional, objetivo e controlável que a escolha "política" a que aludia Kelsen.

Quanto ao conteúdo do princípio da justiça, em torno do qual gravitam inúmeras controvérsias doutrinárias, este se encontra em grande parte explicitado em outros princípios constitucionais como o da proteção à vida, da dignidade da pessoa humana e da isonomia. Ademais, é importante destacar que somente uma injustiça evidente e incontroversa autoriza a prevalência absoluta do princípio da justiça sobre o da segurança, prevalência esta que ensejaria o expresso afastamento da regra ou do ato injusto (embora aparentemente válido sob o aspecto formal, e ainda à luz de outras normas).[12] Nesse caso, a injustiça seria evidente e chocaria a todos os membros da comunidade, dispensando maiores digressões quanto ao seu conteúdo.[13]

Seja como for, o ordenamento jurídico, complexo e permeado de princípios e regras os mais diversos, sempre oferecerá ao intérprete mais de uma solução formalmente possível. Na escolha de uma delas, o art. 3º, I, de nossa Constituição impõe que se adote a mais justa.

---

[11] Hans Kelsen, *Teoria Pura do Direito*, tradução de João Baptista Machado, 6. ed., São Paulo: Martins Fontes, 2000, p. 369.

[12] É o que adverte Karl Larenz, para quem "sólo ante una injusticia crasa y evidente hay que negar la obrigatoriedad de la norma, que ya no puede quedar legitimada por la fuerza de la validez del ordenamiento juridico en su totalidad" (*Derecho Justo – Fundamentos de Etica Juridica*, tradução de Luis Díez-Picazo, Madri: Civitas, 2001, p. 30).

[13] Registre-se que a biologia e a neurociência contemporâneas têm demonstrado a existência de sentimentos morais comuns, tanto em seres humanos como em outros animais, os quais são produto do processo de seleção natural. Confira-se, a propósito, Hugo de Brito Machado Segundo, "Direito Natural à Luz da Biologia e da Neurociência", orgs. José Alcebíades de Oliveira Júnior, Robison Tramontina e André Leonardo Copetti Santos, *Filosofia do Direito I*, Florianópolis: Conpedi, 2014, v. 1, p. 390-408.

18 | PROCESSO TRIBUTÁRIO – *Machado Segundo*

Devemos lembrar, finalmente, que a dificuldade na delimitação do conteúdo de um objeto não pode autorizar o cientista a tomar a cômoda decisão de ignorá-lo, pois assim não se faz ciência, e a que está feita não evolui.

3.3 Segurança jurídica

O princípio fundamental da justiça tem o seu alcance delimitado por outro princípio basilar, que com ele tem de conviver harmonicamente. Trata-se do princípio da segurança, que impõe a atribuição da maior previsibilidade e estabilidade possível às relações humanas.

Se bem observarmos, toda a ordem jurídica desdobra-se, ou pelo menos deve desdobrar-se, a partir desses dois princípios fundamentais, segurança e justiça, que se completam e se limitam reciprocamente. Assim, por exemplo, a *justiça* impõe que uma sentença incorreta, mesmo transitada em julgado, possa ser revista. A *segurança*, contudo, determina que isso só possa ocorrer em certos casos, em ação própria (ação rescisória), e dentro de prazo previamente estabelecido. Caso admitíssemos a imodificabilidade absoluta da coisa julgada, a justiça seria em alguns casos inaceitavelmente suprimida por um exagerado prestígio conferido à segurança. Entretanto, se fosse permitida a revisão de toda e qualquer decisão transitada em julgado, a qualquer tempo e por qualquer razão, a segurança seria excessivamente diminuída, praticamente extinta, em razão de um demasiado apego à justiça. Ambos os valores, pois, hão de conviver harmonicamente, sendo proporcionalmente dosados em cada caso concreto.

O princípio da segurança foi também expressamente positivado em nossa Constituição Federal, especialmente por conta da referência a ele feita no seu Preâmbulo, e no *caput* do seu art. 5º.

No âmbito do processo tributário de uma maneira geral, o princípio da segurança dá fundamento à existência de prazos para a realização de procedimentos de fiscalização, de prazos de decadência do direito de a Fazenda Pública lançar tributos que considera devidos, de prazos para a interposição de recursos, da preclusão e da coisa julgada etc.

Recente alteração na Lei de Introdução às Normas do Direito Brasileiro – LINDB destina-se a efetivar esse princípio no âmbito da Administração Pública, determinando, por exemplo, que (art. 24) "a revisão, nas esferas administrativa, controladora ou judicial, quanto à validade de ato, contrato, ajuste, processo ou norma administrativa, cuja produção já se houver completado levará em conta as orientações gerais da época, sendo vedado que, com base em mudança posterior de orientação geral, se declarem inválidas situações plenamente constituídas". No âmbito tributário, trata-se de algo semelhante ao que já constava do art. 146 do CTN, mas que pode representar proteção adicional à boa-fé do administrado que, por exemplo, comporta-se em termos admitidos pela jurisprudência do CARF (mas não pelas autoridades de lançamento da Receita Federal), e, em sendo autuado, tem seu recurso apreciado pelo CARF alguns anos depois, quando a orientação na qual se fiara já pode ter sido alterada. Ao prevalecer o disposto na LINDB, o novo posicionamento jurisprudencial, se contrário ao contribuinte, não poderia ser aplicado àquele que comprovadamente tivesse partido do entendimento anterior para pautar suas condutas. Algo importante em um ambiente em que precedentes guiam cada vez mais o comportamento das pessoas, mas são alterados pelas Cortes administrativas e judiciais sem maior atenção às regras de direito intertemporal.

3.4 Isonomia

Decorrência direta do princípio da justiça, o princípio da isonomia está expressamente positivado na Constituição Federal de 1988, que em seu art. 5º, *caput*, dispõe que "todos são iguais perante a lei, sem distinção de qualquer natureza", e pode ser visto sob dois aspectos: formal e substancial.

Em seu aspecto formal, impõe que as prescrições do Direito sejam aplicáveis indistintamente a todos, no que é atendida com a mera hipoteticidade de normas jurídicas.

Trata-se, contudo, de aspecto tão necessário quanto insuficiente para definir a isonomia em sua completude, pois, como já registrava Aristóteles, seguido de Leon Diguit e Rui Barbosa, a verdadeira igualdade consiste em tratar igualmente os iguais, e desigualmente os desiguais, na medida em que se desigualam.[14] Impõe-se, portanto, a consideração do princípio da isonomia em seu aspecto material, ou substancial, que impõe tratamentos diferenciados para situações diferenciadas.

A questão que se coloca, então, é qual critério deve ser adotado pelo legislador para fazer discriminações, e, ainda, qual deve ser a finalidade dessas discriminações, pontos nos quais o princípio da isonomia toca o princípio da justiça, com ele confundindo-se em larga medida. Com efeito, esse tratamento diferenciado deve guardar relação lógica direta com a finalidade buscada pela norma jurídica,[15] sendo também pertinente, na avaliação de sua validade, a invocação dos princípios da razoabilidade e da proporcionalidade, dos quais cuidaremos logo abaixo.

Hugo de Brito Machado oferece exemplo bastante elucidativo:

> "[...] em um concurso para o cargo de Juiz, pode a norma exigir que os candidatos sejam bacharéis em Direito (critério finalístico plausível, tendo-se em vista as funções do cargo). Não pode, todavia, exigir que os candidatos tenham determinada altura, ou peso. Já em se tratando de uma seleção para competição esportiva acontecerá precisamente o contrário. A exigência de altura, ou peso, pode ser um critério seletivo plausível, enquanto não o será a exigência do título de bacharel em Direito".[16]

No âmbito processual, o princípio da isonomia vincula não apenas o legislador, mas também o administrador e especialmente o juiz, os quais não podem permitir o surgimento de situações que favoreçam injustificadamente um contribuinte em detrimento dos demais, ou, o que é mais comum, beneficiem a Fazenda Pública em detrimento dos contribuintes em geral.

Há quem afirme que a Fazenda Pública, precisamente porque é *distinta* dos cidadãos em geral, reclama, do mesmo modo, tratamento diferenciado. Essa afirmação é em princípio verdadeira. O problema é o demasiado elastério que dão a ela, fazendo-a justificativa para toda sorte de abusos e injustificados privilégios.

É importante ter em mente que o "tratamento desigual para os desiguais" não é uma válvula de escape para arbitrariedades, mas sim, como visto acima, uma solução racional diretamente relacionada com um propósito legítimo. Por isso mesmo, é evidente que a condição "diferenciada" da Fazenda Pública não é suficiente para validar todos os privilégios que eventualmente se lhe concedem, tais como diminuição e até dispensa de honorários advocatícios de sucumbência, recursos que lhe são privativos etc.

---

[14] Hugo de Brito Machado, *Os Princípios Jurídicos da Tributação na Constituição de 1988*, 4. ed., São Paulo: Dialética, 2001, p. 59.

[15] Celso Antônio Bandeira de Mello, *Conteúdo Jurídico do Princípio da Igualdade*, 3. ed., São Paulo: Malheiros, 1993, p. 37 ss.

[16] Hugo de Brito Machado, *Curso de Direito Tributário*, 21. ed., São Paulo: Malheiros, 2002, p. 45.

3.5 Legalidade

Por legalidade entende-se a garantia concedida aos cidadãos de que estes somente por lei poderão ser obrigados a fazer ou a deixar de fazer alguma coisa. Consagrada no art. 5º, II, da Constituição Federal de 1988, a legalidade impõe-se nas relações processuais como nos atos do Poder Público de uma maneira geral. Desse modo, não apenas os procedimentos administrativos preliminares (*v.g.*, uma fiscalização tributária), como também o processo administrativo de controle interno da legalidade dos atos administrativos, e o processo judicial tributário, enfim, toda a atividade processual tributária desenvolve-se, como não poderia deixar de ser, nos termos em que prevista previamente em lei.

Embora consagrado na doutrina e na jurisprudência o uso da expressão *princípio da legalidade*, na verdade nem sempre a legalidade poderá ser vista como um princípio, mas sim como uma regra, como já explicamos no item 1 (Capítulo 2). Não raro, a exigência de legalidade não se mostra como a positivação direta de um valor, que deverá ser atendido na medida do possível, sendo sopesado com outros que lhe são antagônicos à luz de cada caso concreto, como é o caso da capacidade contributiva, da justiça, da segurança, da proteção à livre iniciativa, ao meio ambiente, ao pleno emprego, da economia e instrumentalidade processuais, da efetividade da tutela jurisdicional etc. Não. Em muitas situações, a legalidade estrutura-se tal como as regras jurídicas, e a sanção para o ato desprovido de amparo legal é a nulidade. Não existem, ou pelo menos não devem existir, temperamentos.[17]

Em matéria processual, a legalidade, embora assaz relevante, é como que tornada desnecessária quando isoladamente considerada, porquanto tida como englobada pelo princípio do devido processo legal. A importância da legalidade subsiste na esfera dos meros procedimentos, como é o caso do procedimento de fiscalização, especialmente porque há quem não considere aplicável a esse tipo de atividade meramente procedimental o princípio do devido processo legal. Voltaremos ao assunto oportunamente.

3.6 Razoabilidade

Outro princípio que orienta a elaboração e aplicação das regras jurídicas, e dos atos com base nelas praticados, especialmente quando se tratar da conduta do Poder Público, é o da razoabilidade, tido pelo STF como positivado implicitamente na Constituição Federal, podendo ser deduzido de seu art. 5º, inciso LIV, que trata do devido processo legal.

No entendimento afinal prevalente no Supremo Tribunal Federal, caso o "devido processo legal" pudesse ser entendido como uma mera imposição a que o processo fosse disciplinado por lei, sem uma referência constitucional ao *conteúdo* dessa lei que o disciplinaria, ter-se-ia uma mera repetição desnecessária do princípio da legalidade. Que o processo deve ser regido por lei, isso a legalidade já impõe: devido processo legal, nos termos do art. 5º, LIV, da CF/88, é processo regido por leis *razoáveis*, que regulem *devidamente* o processo. Extraiu-se, daí,

---

[17] Humberto Ávila doutrina que, a rigor, do dispositivo constitucional que veicula a "legalidade tributária" podem ser extraídos um princípio, uma regra e um postulado, a depender das circunstâncias. Ao determinar ao aplicador que dê primazia às normas contidas na lei, diante de contradição com normas veiculadas em decreto, a legalidade apresenta-se como postulado. Alguns ideais, por sua vez, são estabelecidos pela legalidade (formalidade, previsibilidade, calculabilidade, mensurabilidade, representatividade, liberdade), e evidentemente não o são de modo absoluto: trata-se da legalidade princípio. Finalmente, ao exigir a edição de lei para a criação de tributo e impor a invalidade como sanção para o não atendimento dessa exigência (*v. g.*, tributo criado por decreto é inválido), a legalidade mostra-se como regra. Nesse sentido, confira-se: "Legalidade Tributária Multidimensional", em *Princípios e Limites da Tributação*, coord. Roberto Ferraz, São Paulo: Quartier Latin, 2005, p. 279 ss.

não apenas o princípio do devido processo legal em seu aspecto substantivo, mas o próprio princípio da razoabilidade, que se derramou para além do Direito Processual e de outros ramos que disciplinam a aplicação de normas jurídicas, e passou a exercer influência sobre a ordem jurídica como um todo.

Tida por muitos como sinônimo de proporcionalidade, a razoabilidade na verdade com ela não se confunde, embora ambas tenham algumas semelhanças. Assim como a proporcionalidade, a razoabilidade possibilita um maior controle dos atos do Poder Público quando estes tenham uma finalidade lícita, mas empreguem na consecução dessa finalidade meios não admissíveis, seja porque excessivos, seja porque desviados. As semelhanças, contudo, não são muito maiores que essas, visto que a *maneira* como esses dois princípios possibilitam um controle da relação entre meios e fins é um tanto diferente.

Pelo princípio da razoabilidade, originário do Direito norte-americano e inglês, os meios empregados para atingir determinada finalidade devem não apenas ser adequados e necessários a essa finalidade, mas devem, também, estar em conformidade com o senso comum, o que nos conduz a uma ideia de consenso, de legitimidade, de compatibilidade com os valores prevalentes naquela comunidade na qual o princípio será aplicado. Além disso, a razoabilidade pode ser usada não apenas na aplicação de princípios a serem conciliados, mas também na aplicação de *regras jurídicas,* assemelhando-se, nesse caso, à equidade.

3.7 Proporcionalidade

O princípio da proporcionalidade possui, como dissemos no item anterior, um núcleo comum com o princípio da razoabilidade. Ambos têm por finalidade viabilizar o controle das relações entre meios e fins, especialmente quando a Constituição imponha ao Poder Público a consecução de determinada finalidade sem apontar-lhe os meios a tanto necessários. É relevante destacar, nesse ponto, que ambos devem orientar a conduta do intérprete e do aplicador das normas jurídicas, visto que não se excluem, ao contrário, se somam, na difícil tarefa de controlar os abusos do Poder Público.

De acordo com o princípio da proporcionalidade, o ato estatal praticado como meio à consecução de um fim, ainda que lícito esse fim, e além de naturalmente atender a outros requisitos decorrentes de outras normas jurídicas, deve ser *adequado, necessário* e *proporcional em sentido estrito.*

Diz-se adequado o meio que realmente alcançará a finalidade pretendida, sem ainda perquirir-se sobre os "efeitos colaterais" desse meio sobre outros direitos fundamentais envolvidos. Basta saber se o meio realmente se presta ao fim visado.

Ultrapassado o quesito da adequação, verifica-se se o meio é necessário, isto é, se não existe outro meio igualmente adequado, e que ao mesmo tempo seja menos nocivo, ou menos agressivo, a outros direitos fundamentais relacionados.

Caso esse meio seja realmente adequado e necessário, passa-se então ao requisito final, que é o da proporcionalidade em sentido estrito, que consiste em saber se, da conciliação entre o ato praticado, a finalidade por ele buscada, e o valor a eles subjacente, de um lado, e outros princípios constitucionais, de outro, devem prevalecer, à luz do caso concreto, os primeiros ou os últimos.

É nesse derradeiro quesito que a proporcionalidade diferencia-se com mais nitidez da razoabilidade, pois, enquanto a razoabilidade faz o controle da relação entre meios e fins de acordo com o "senso comum", a proporcionalidade o faz conciliando os princípios pertinentes que estejam positivados na Constituição. Essa conciliação se dá com a atribuição de maior peso, ou de maior eficácia, ao princípio que, em determinado caso concreto, em sendo aplicado, cause

PROCESSO TRIBUTÁRIO – *Machado Segundo*

menor estrago aos demais com os quais está sendo conciliado. Isso pode fazer com que, à luz das circunstâncias, em um determinado caso deva prevalecer o princípio X sobre o princípio Y, e, em outra situação, em face de outras peculiaridades, o mesmo princípio X deva ceder espaço para a preponderância do princípio Y.[18]

Como a Constituição Federal de 1988 possui um imenso rol de princípios, uma quantidade assaz grande de normas que impõem finalidades, sem apontar exaustivamente os meios, sendo essas finalidades, se consideradas de modo absoluto, muitas vezes contraditórias entre si, o princípio da proporcionalidade é o método de conciliação de princípios por excelência. Não se concebe a aplicação das normas constitucionais, especialmente as de cunho principiológico, sem a utilização dos critérios oferecidos pela proporcionalidade. Tem-se, por isso, que o princípio da proporcionalidade não está expressamente positivado em nenhum dispositivo de nossa Constituição, sendo antes uma decorrência inexorável da admissão da força normativa dos princípios constitucionais, na medida em que representa a única maneira de conciliá-los e aplicá-los satisfatoriamente.

Em matéria processual, exemplo bastante elucidativo da aplicação da proporcionalidade na conciliação de princípios reside na concessão de medidas liminares, na exigência de garantia de juízo como condição para a oposição de embargos à execução, no estabelecimento de determinadas formalidades processuais para o conhecimento de recursos, entre outros temas dos quais trataremos oportunamente ao longo deste livro.

Como já escrevemos em outra ocasião, em coautoria com Raquel Cavalcanti Ramos Machado, a proporcionalidade, assim como a razoabilidade, é princípio inerente não apenas ao direito, mas à conduta de uma maneira geral, frente à vida. Toda pessoa racional e de bom senso os concretiza a cada passo, a cada escolha realizada. De todo modo, o mérito dos modernos doutrinadores da Teoria Geral do Direito e do Direito Constitucional foi o de procurar teorizar a aplicação de tais princípios, explicando objetivamente como isso deve ser feito.[19]

3.8 Publicidade

Outro princípio da maior importância no disciplinamento da conduta daqueles que corporificam o Poder Público, especial, mas não exclusivamente no âmbito das relações processuais, é o da *publicidade*. Trata-se, em verdade, de um desdobramento lógico dos princípios republicano e democrático. Como a Fazenda Pública não é dos governantes, mas do povo que eles em tese representam, é indispensável que o povo conheça o que em seu nome é feito com os bens e direitos que, em última análise, são também seus. Poderíamos acrescentar, ainda no rol dos fundamentos do princípio da publicidade, o princípio do Estado de Direito, na medida em que a publicidade é o principal instrumento através do qual as ilegalidades são levadas a público e devidamente impugnadas e desfeitas.

Assim é que o princípio da publicidade transparece em inúmeros dispositivos da Constituição, tais como no seu art. 1º, II, que cuida da cidadania, e respectivo parágrafo único, que assevera emanar do povo o poder exercido pelos governantes, no inciso LX do art. 5º, pertinente à publicidade dos atos processuais, e ainda no *caput* do art. 37, que trata da publicidade como vetor da conduta da Administração Pública.

---

[18] Paulo Bonavides, *Curso de Direito Constitucional*, 8. ed., São Paulo: Malheiros, 1999, p. 251.

[19] "As Contribuições no Sistema Tributário Brasileiro", artigo integrante do livro *As Contribuições no Sistema Tributário Brasileiro*, coord. Hugo de Brito Machado, São Paulo/Fortaleza: Dialética/ICET, 2003, p. 271.

A publicidade, portanto, é de ser observada não apenas no processo judicial, por força da literalidade do inciso LX do art. 5º da Constituição Federal, mas também nos procedimentos e nos processos administrativos, bem como em todos os demais atos do Poder Público.

Deve ser destacado que, no âmbito dos processos, a publicidade tem função ainda mais ampla que a de prestigiar o princípio democrático: viabilizar a participação das partes, bem como um controle, por parte da opinião pública, da função de julgar. Esse controle da opinião pública, contudo, se se mostrou relevante à época das revoluções burguesas, quando havia julgamentos secretos, inteiramente arbitrários, pode ser prejudicial nos dias de hoje, em alguns casos. São aquelas hipóteses nas quais a publicidade pode trazer mais desvantagens que vantagens, por implicar exposição prejudicial à intimidade das partes, ou ao interesse social. Por essa razão foi que a Constituição cuidou de estabelecer exceções à regra geral de publicidade dos atos processuais. Assim, por exemplo, certos atos de um procedimento ou mesmo de um processo administrativo podem ter sua publicidade restringida para que se preserve o *sigilo fiscal* do contribuinte.

É muito importante referir, contudo, que a restrição da publicidade de atos processuais admitida pela Constituição diz respeito somente a terceiros, e nunca às partes. Estas jamais podem ser privadas do conhecimento de todo e qualquer ato do Poder Público, condição indispensável para o exercício do controle da legalidade, administrativo ou judicial. São inteiramente inconstitucionais, portanto, as orientações dominantes em muitas repartições da Administração Tributária, em face das quais certos atos do processo administrativo, e em alguns casos o processo inteiro, são ocultados do contribuinte sob as mais descabidas justificativas.

A propósito, o STJ tem considerado nulo o processo administrativo, quando o administrado não tem assegurado o acesso aos autos:

> "Administrativo – Direito de defesa – Impossibilidade de acesso aos autos – Ineficácia. I – No processo administrativo, a intimação para a defesa visa três objetivos: fixar o início do prazo; delimitar a matéria a ser impugnada e, finalmente, determinar o local em que se encontram os autos, para exame. II – É ineficaz a intimação, se o intimado não tem acesso aos autos porque eles foram remetidos a outro local que não aquele indicado."[20]

3.9 Reflexos processuais dos princípios inseridos na CF/88 pela EC 132/2023

Com o advento da EC 132/2023, que implementou uma reforma constitucional nas competências atinentes à tributação do consumo, aproveitou-se o ensejo para inserir no art. 145 da CF/88 parágrafos assim redigidos:

> "§ 3º O Sistema Tributário Nacional deve observar os princípios da simplicidade, da transparência, da justiça tributária, da cooperação e da defesa do meio ambiente. (Incluído pela Emenda Constitucional nº 132, de 2023)
>
> § 4º As alterações na legislação tributária buscarão atenuar efeitos regressivos. (Incluído pela Emenda Constitucional nº 132, de 2023)"

---

[20] Ac. da 1ª S do STJ – mv – MS 6.045/DF – Rel. para o Ac. Min. Humberto Gomes de Barros – j 26.5.1999 – Impte.: Tales Oscar Castelo Branco; Impdo.: Ministro de Estado da Justiça *DJU* I 27.9.1999, p. 37 – ementa oficial – *Repertório IOB de Jurisprudência* nº 22/99, c. 1, p. 630.

A defesa do meio ambiente e a atenuação da regressividade são metas ou objetivos, veiculados em normas com estrutura de princípio, que talvez pouco reflexo ou repercussão tenham no âmbito processual, embora sejam de inegável relevo para o direito material tributário. Quanto à redução da regressividade, talvez seja o caso apenas de lembrar que a compreensão que a jurisprudência ainda tem do art. 166 do CTN é contrária a tais objetivos, pois torna o ônus incidente sobre o consumo praticamente imune ao controle jurisdicional, se consumado o pagamento, abrindo espaço para que seja majorado à margem ou à revelia da ordem jurídica. Embora não haja relação direta, em tese, neste caso há uma clara contrariedade ao princípio, levada a efeito pela maneira como incoerentemente estruturada a repetição do indébito dos tributos tidos como "indiretos" no Brasil (veja-se o item 3.6.4, do cap. 3, *infra*).

Já os princípios da transparência, da cooperação, da justiça fiscal e da simplicidade têm impacto mais direto e relevante no campo processual tributário.

Não há justiça fiscal quando as normas materiais, que estabelecem quanto, em que circunstâncias, por quem, e até que ponto, o tributo pode ser exigido, forem desrespeitadas, e esse desrespeito restar impune por conta de formalidades processuais, o que deve valer não apenas para quando o desrespeitador é o contribuinte, mas também e especialmente para quando a ilegalidade ou a inconstitucionalidade provém da Fazenda Pública. Não há como realizar a justiça, por exemplo, aplicando normas erradas, porque há suportes fáticos inexistentes ou inocorrentes, exigindo-se o tributo sem fato gerador que o justifique, apenas porque não se deu a devida atenção ao direito da parte de produzir e ver adequadamente valoradas as provas, não raras tidas por julgadores como um favor.

Falta cooperação, por igual, quando autoridades, de fiscalização e julgadoras, tratam o instituto da denúncia espontânea com avareza, restringindo ao máximo o âmbito de sua aplicação. Não raro o contribuinte, tendo errado de boa-fé e tentando se regularizar, é ainda assim sujeito a pesadas multas, pela adoção de interpretações que restringem ao máximo o alcance da norma veiculada pelo art. 138 do CTN, o que atenta, até mais não poder, com a ideia de cooperação subjacente ao art. 145, § 3º, da CF/88.

Também contraria o princípio da cooperação a prática, não rara no âmbito de muitas Fazendas e amparada pela legislação processual administrativa de alguns estados (e por certa interpretação que as Delegacias Regionais de Julgamento fazem da própria legislação federal), de passar meses ou anos fiscalizando um contribuinte, e, ao notificá-lo ao final do procedimento, de que um pesado e complexo auto de infração foi lavrado, conceder-se prazo exíguo para a apresentação de defesa, e ainda exigir-se que toda a prova seja carreada de modo pré-constituído com essa defesa, amesquinhando o direito de ver a verdade esclarecida depois, com perícias e diligências. Não se pense que "cooperação" significa apenas o dever do contribuinte de "cooperar pagando o tributo". Quando se cogita (co)operar, pressupõe-se ação conjunta, coordenada, no caso, destinada a viabilizar o cumprimento da lei, a efetivação da relação tributária. Cumprir a lei não significa apenas pagar o tributo, mas criar condições para que isso ocorra (esclarecendo dúvidas do contribuinte), bem como fazê-lo mesmo em situações em que isso não implique arrecadação, como com o reconhecimento de isenções, hipóteses de não incidência, consumação de prescrição ou decadência etc.

Se se lembrar que a cooperação não deve ocorrer apenas entre a Fazenda e o contribuinte, mas envolver por igual o Judiciário, dela decorre, ou se reforça, a noção de que o magistrado precisa motivar suas decisões de modo a se manifestar com clareza sobre os argumentos levantados pelas partes, e fazê-lo com a transparência e a simplicidade necessárias a que elas compreendam e, dentro do possível, como decorrência, aceitem a decisão.

4 PRINCÍPIOS VETORES DA CONDUÇÃO DE PROCEDIMENTOS ADMINISTRATIVOS

4.1 A peculiar classificação do "mero procedimento". Atividade administrativa típica

Os princípios arrolados no item 3, assim como todos os demais princípios e regras inerentes à atividade estatal, aplicam-se naturalmente a todas as fases do processo tributário em sentido amplo, desde os procedimentos que antecedem a prática de atos de lançamento, de parcelamentos, de compensações, de reconhecimento de imunidades e isenções etc., ao processo administrativo de controle da legalidade desses mesmos atos, e, finalmente, ao processo judicial tributário, também chamado processo tributário em sentido estrito.

O processo judicial tributário, contudo, assim como o processo administrativo de controle interno da legalidade de atos administrativos, tem um conflito de interesses que lhe é subjacente, sendo o seu propósito o de dirimi-lo. Aplicam-se a tais processos, portanto, com toda a intensidade, os princípios do devido processo legal, da ampla defesa e do contraditório, e todos os que deles decorrem.

Os meros procedimentos que antecedem a prática de alguns atos administrativos, a exemplo de lançamentos, reconhecimentos de imunidades ou isenções, o deferimento de compensações etc., estes não têm por fim resolver um conflito de interesses. Pelo contrário, constituem mera sequência de atos logicamente encadeada, mas cujo fim não é resolver um conflito, nem viabilizar a participação dos interessados, mas apenas operacionalizar a prática de atos administrativos típicos, atos inerentes à atividade do Poder Executivo. Tais procedimentos, exatamente porque não contam com a participação dos interessados como forma de legitimar a formação do resultado final, nem têm por fim resolver um conflito de interesses (conflito que asseguraria tal participação sob a forma de um *contraditório*), não são *processos* no sentido estrito do termo. Sua finalidade é tão somente a de viabilizar um maior controle e propiciar melhor organização da atividade administrativa, não se submetendo por isso a princípios como o da ampla defesa e do contraditório durante o seu trâmite, nem ao princípio do devido processo legal em seu aspecto substancial mais comum. Essa é a razão pela qual se diz que o contribuinte pode defender-se do auto de infração contra si lavrado, mas não tem, necessariamente, oportunidades de defesa *antes* da feitura do lançamento, em face da mera fiscalização em seu estabelecimento, por exemplo, até porque o procedimento de fiscalização tem por fim uma mera conferência do cumprimento espontâneo da norma tributária, e não a solução de uma lide. Lide poderá haver em momento posterior, se for o caso, na hipótese de ser efetuado um lançamento.

É por isso que se diz que, no âmbito do processo tributário em sentido amplo, têm-se, nos meros procedimentos, garantias constitucionais em grau mínimo; nos processos administrativos, garantias constitucionais em grau intermediário e, no processo judicial, em grau máximo.[21] Isso não quer dizer, contudo, que tais princípios constitucionais processuais não tenham nenhum significado dentro dos procedimentos. De maneira nenhuma.

Quanto ao devido processo legal, é importante referir que, em sua concepção mais ampla, já admitida pelo STF, tal princípio consiste na própria materialização da razoabilidade. Seu conteúdo estende-se, portanto, ao Ordenamento Jurídico como um todo, e a todos os atos,

---

[21] James Marins, *Direito Processual Tributário Brasileiro*, São Paulo: Dialética, 2001, p. 5. No mesmo sentido: Francisco Gérson Marques de Lima, *Fundamentos Constitucionais do Processo*, São Paulo: Malheiros, 2002, p. 158 ss.

públicos ou particulares, com base no Direito praticados. Assim, embora não se possa exigir que um procedimento de fiscalização assegure prévia oportunidade de defesa ao contribuinte, isso não libera o agente fiscal de seguir um procedimento calcado não apenas na lei formal (legalidade), mas *também* no que for razoável.

No que diz respeito ao contraditório e à ampla defesa, decorrências do princípio do devido processo legal relativamente aos processos de solução de conflitos, é importante referir por que o mero procedimento não os tem de observar previamente: isso ocorre porque o mero procedimento, quando de seu término, pode ensejar a prática de um ato que não resolva nem muito menos crie conflito algum, como o do fiscal que conclui uma fiscalização afirmando que a situação do contribuinte é regular, ou apura tributo que o contribuinte reconhece como devido, e paga. Trata-se, na verdade, de mero exercício da função administrativa típica, ou da função própria do Poder Executivo, sem envolver qualquer julgamento de conflitos de interesses ou a prática de qualquer outro ato que reclame, para se tornar legítimo, ampla participação dos sujeitos interessados.

Apesar disso, o mero procedimento, seja de fiscalização, seja de reconhecimento de isenção etc., não pode desenvolver-se e restar concluído de tal maneira que inviabilize a efetividade dos princípios do contraditório e da ampla defesa que eventualmente podem ser importantes para o cidadão contribuinte em momento posterior.

Assim, por exemplo, não é porque no âmbito do mero procedimento o contribuinte não tem necessariamente oportunidades de defesa que esse procedimento pode ser concluído de modo obscuro, com a lavratura de um ato de infração sem fundamentação. Do mesmo modo, esse procedimento não pode ser concluído com a prática de um ato contra o qual o contribuinte não possa oferecer impugnação *com efeito suspensivo* perante a autoridade administrativa competente, dando início a um processo de controle interno da legalidade de tal ato sem ônus para a sua defesa ou para o exercício de outros direitos fundamentais que lhe assistem.

Voltaremos ao assunto quando tratarmos concretamente dos meros procedimentos, no Capítulo 3 deste livro. Por ora, vejamos quais princípios constitucionais orientam a sua instauração e o seu desenvolvimento.

4.2   Oficialidade

Pelo princípio da oficialidade, tem-se que a Administração Tributária tem a faculdade de agir "de ofício" na instauração de procedimentos, bem como na prática de atos tendentes ao seu término. Enfim, cabe à Administração instaurar, desenvolver e concluir seus procedimentos.

Isso porque, como já afirmamos, os meros procedimentos consubstanciam a prática de atos tipicamente administrativos, que em face da sua complexidade exigem a prática de atos anteriores, preparatórios. Neles não se resolve um conflito, e por isso mesmo não se assegura a participação *dialética* (em contraditório) dos interessados. Assim, embora alguns procedimentos possam ser instaurados por iniciativa dos administrados, todos eles podem igualmente ter início por iniciativa da Administração, que também deve impulsioná-los e concluí-los independentemente de provocação.

Saliente-se que o dever de agir de ofício independe da questão de saber se isso atenderá aos interesses arrecadatórios do Estado, ou se beneficiará o cidadão. O dever da autoridade é o de cumprir a lei, pouco importando a quem isso "beneficiará", sendo absurdo pretender que tais atos de ofício somente deveriam ser praticados quando desfavoráveis ao cidadão, devendo os que o beneficiam ser praticados apenas se houver requerimento. Posturas assim *minam* a legitimidade da relação tributária, fazendo com que o cidadão veja no Fisco alguém de quem deve desconfiar, e na lei um instrumento que só é valorizado pela Fazenda quando isso a interessa. Deve-se reconhecer que os processos administrativos contenciosos, de controle da legalidade do ato administrativo, também devem ser impulsionados e concluídos pela autoridade competente. Alguns deles podem inclusive ser instaurados de ofício, o que é menos comum em matéria tributária. Em outros termos, *o princípio da oficialidade também se aplica aos processos administrativos contenciosos, ou processos administrativos propriamente ditos.*

4.3 Inquisitoriedade

Os meros procedimentos são inquisitórios, no sentido de que levados a cabo unilateralmente pela Administração, sem a necessária participação do contribuinte. Trata-se de decorrência do fato de os procedimentos operacionalizarem atividade administrativa típica, sem conteúdo decisório acerca de um conflito de interesses.

Aliás, é precisamente na inquisitoriedade que os *meros procedimentos*, tais como o procedimento de fiscalização, diferenciam-se dos *processos*,[22] seja o processo de controle interno da legalidade dos atos administrativos, seja o processo judicial, pois nos processos há de ser oportunizada a participação dos sujeitos envolvidos na decisão final, a qual, dado o seu conteúdo judicante, e em face do conflito de interesses que lhe é subjacente, submete-se ao princípio do devido processo legal e a todos os seus desdobramentos processuais, a exemplo da ampla defesa e do contraditório. O princípio da inquisitoriedade, portanto, é *exclusivo* dos meros procedimentos, não tendo abrangência sobre os processos administrativos contenciosos, e muito menos sobre os processos judiciais.

Daí não se conclua que os meros procedimentos podem ser arbitrários, ou discricionários, secretos, ou que se possam desenvolver ao modo da medieval "Santa Inquisição". De maneira nenhuma. Além de se submeterem aos princípios elencados na parte inicial deste capítulo (justiça, segurança, legalidade, razoabilidade, proporcionalidade, publicidade etc.), os procedimentos, como qualquer atividade tributária, são desenvolvidos mediante atividade administrativa plenamente vinculada.[23]

4.4 Cientificação

Decorrência do princípio da publicidade, o princípio da cientificação impõe que a instauração de procedimentos administrativos em face de determinado contribuinte seja-lhe comunicada previamente. Com efeito, ainda que o contribuinte não tenha necessariamente oportunidades de participação no âmbito do mero procedimento, que é inquisitório em razão de sua natureza *não contenciosa*, não se pode negar ao contribuinte a oportunidade de *conhecer* o procedimento, de acompanhar o desenrolar de suas fases, a fim de que possa efetuar o posterior e eventual controle da legalidade das mesmas, quer junto à própria Administração, quer junto ao Judiciário.

Esclareça-se que os processos administrativos propriamente ditos também se submetem ao princípio da cientificação. Uma decisão proferida por um órgão de julgamento, por exemplo, deve ser levada ao conhecimento dos interessados, que devem ser dela *cientificados*. O mesmo se diga da própria instauração do processo, quando não provocada pelo próprio cidadão envolvido na questão. No processo administrativo, porém, a necessidade de cientificação é uma decorrência

---

[22]   James Marins, *Direito Processual Tributário Brasileiro*, São Paulo: Dialética, 2001, p. 180.

[23]   James Marins, *Direito Processual Tributário Brasileiro*, São Paulo: Dialética, 2001, p. 180.

28 | PROCESSO TRIBUTÁRIO – *Machado Segundo*

evidente do princípio da ampla defesa. Assim, o destaque a esse princípio aqui, no que toca aos meros procedimentos, é feito porque, mesmo sem que o contribuinte possa "defender-se" da instauração de um mero procedimento, não se pode afastar o seu direito de ser dele cientificado.

4.5 Busca pela verdade real

De acordo com o princípio da busca pela verdade real, também conhecido como princípio da busca pela verdade material, decorrente direto da regra da legalidade, a Administração não pode agir baseada apenas em presunções, sempre que lhe for possível descobrir a efetiva ocorrência dos fatos correspondentes.

Diz-se decorrência direta da legalidade porque o efetivo conhecimento dos fatos é indispensável a que haja a correta observância das leis que lhes são aplicáveis. Presumindo a ocorrência de um fato que na verdade não ocorreu, a Administração termina por aplicar ao caso uma lei que, a rigor, sobre ele não incidiu, não lhe sendo aplicável. Pratica-se, em outras palavras, uma ilegalidade em face do desconhecimento da verdade.[24]

É natural que, em face de uma verdadeira impossibilidade de se conhecer a "verdade material", e em decorrendo essa impossibilidade de falta imputável ao contribuinte, a Administração não pode ter a sua atividade tolhida. Assim, por exemplo, caso o contribuinte simplesmente não possua escrituração contábil, nem disponha de qualquer elemento capaz de indicar seu lucro real, é óbvio que não poderá exigir que o seu Imposto de Renda seja necessariamente calculado sobre esse lucro real, nesse momento já de impossível aferição.

Importa referir, quanto a esse ponto, que o princípio da verdade material impõe que o arbitramento seja realmente a *última solução* para o cálculo de um tributo (*v. g.*, Imposto de Renda), adotada quando não é possível, de nenhuma maneira, conhecer, ao menos aproximadamente, a efetiva realidade a ser "arbitrada". O arbitramento não pode ser visto como uma "penalidade" pelo mero descumprimento de deveres acessórios irrelevantes ou pouco importantes.

É a lição, como sempre precisa, de Alberto Xavier:

> "Existindo escrituração regular, o Fisco está vinculado à sua adoção como *base de prova* da base de cálculo primária, podendo socorrer-se de outros meios probatórios para confirmar ou informar a sua correspondência com a realidade. Caso constate a inveracidade de um ou mais lançamentos contábeis, deve proceder à sua retificação, recompondo a verdade material do objeto do procedimento e procedendo, se caso disso, ao lançamento de ofício das parcelas tributáveis (Cfr. Paulo Bonilha, *Da prova no processo administrativo tributário*, cit. 107).
>
> Não pode, porém, o Fisco, na existência de escrituração regular, deixar de cumprir o seu *dever de investigação analítica* dos fatos concernentes à base de cálculo primária, socorrendo-se direta e imediatamente do mecanismo do arbitramento.
>
> É a este princípio que a jurisprudência alude, salientando o *caráter excepcional* do arbitramento, cujo recurso só deve ser adotado em casos extremos (Veja-se, por todos, o Ac. CSRF 01.0.017, de 23.11.79). A excepcionalidade do arbitramento resulta da

---

[24] Como esclarece Tesauro, pouco ou nenhum valor teriam as normas de direito material tributário, a estabelecer em quais hipóteses os tributos seriam devidos, se a autoridade, ao lançar esse tributo, não precisasse provar a ocorrência dos fatos previstos em lei como necessários e suficientes ao surgimento da correspondente obrigação de pagá-los, e se ao contribuinte não assistisse o direito de produzir provas em contrário. Cf. TESAURO, Francesco. Giusto Processo e Processo Tributario. In: PIETRO, Adriano (Coord.). *Per una Constituzione Fiscale Europea*. Milano: Cedam, 2008, p. 344.

preferência da lei pela prova direta como forma de revelação da verdade material (Em Itália, cfr. Fantozzi, *Diritto Tributario, cit*, 315 ss.).

Tal recurso, já o vimos, só é legítimo se a escrituração não existir, não for apresentada ao Fisco ou 'contiver vícios, erros ou deficiências que a tornam imprestável para determinar o lucro real ou presumido, ou revelar evidentes indícios de fraude.'"[25]

Em seguida, Alberto Xavier conclui que a força do princípio da verdade material é tão grande, que

> "o dever de investigação do Fisco só cessa na medida e a partir do limite em que o seu exercício se tornou *impossível*, em virtude do não exercício ou do exercício deficiente do dever de colaboração do particular em matéria de escrituração mercantil".[26]

Feita essa advertência, podemos afirmar que são válidos os critérios legais que tratam do chamado *arbitramento*, desde que corretamente aplicados, pois do contrário a Administração não poderia exigir o tributo por conta da omissão do contribuinte em escriturar os fatos contábeis ocorridos no exercício de suas atividades. A conclusão vale para quaisquer outras formas de presunção legal relativa, sempre que a presunção decorra de fortes indícios gerados pelo descumprimento de obrigações acessórias por parte do sujeito passivo, e que esse descumprimento torne *impossível* para a Administração descobrir a verdade, ou seja, a efetiva ocorrência e dimensão do fato tributável. Exemplificando, no caso de uma fiscalização estadual, destinada a apurar eventual omissão de saídas (venda sem documentação fiscal), detectar um "estouro de caixa" no estabelecimento do contribuinte, presumindo assim ter havido "omissão de receitas", será necessário, ainda, para confirmar esse indício, fazer-se uma contagem dos estoques (naturalmente, se existirem meios e documentos que o permitam), para *confirmar* essa presunção. É a lição de Adelmo da Silva Emerenciano:

> "A Administração deve sempre buscar a verdade substancial como forma de realizar o interesse público. Aponta Alberto Xavier que 'a instrução do processo tem como finalidade a descoberta da verdade material no que toca ao seu objeto; e daí a lei fiscal conceder aos seus órgãos de aplicação meios instrutórios vastíssimos que lhe permitam formar a convicção da existência e conteúdo do fato tributário'. Esse princípio importa ainda em que não pode o agente fiscal deixar de realizar diligências probatórias necessárias pela natureza ínsita do objeto fiscalizado. Traduzindo de forma objetiva, podemos dizer, *v. g.*, que no caso de verificar vendas sem correspondente emissão de notas fiscais, indispensável se torna a contagem física dos estoques e a verificação da movimentação que se presume ter ocorrido. Sem estas providências, no exemplo citado, descumprido terá sido o princípio (da verdade material), sob análise."[27]

Pelas mesmas razões acima expostas, nas demais situações em que o conhecimento dos fatos for *possível*, e o contribuinte simplesmente não conseguir comprová-los a tempo, ou não lograr fazê-lo através do *meio* que a Administração deseja, o Fisco não poderá valer-se

---

[25] Alberto Xavier. *Do Lançamento. Teoria Geral do Ato, do Procedimento e do Processo Tributário*, 2. ed., Rio de Janeiro: Forense, 1997, p. 138-139.

[26] Alberto Xavier. *Do Lançamento. Teoria Geral do Ato, do Procedimento e do Processo Tributário*, 2. ed., Rio de Janeiro: Forense, 1997, p. 141.

[27] Adelmo da Silva Emerenciano, *Procedimentos Fiscalizatórios e a Defesa do Contribuinte*, Campinas: Copola, 1995, p. 203.

30 | PROCESSO TRIBUTÁRIO – *Machado Segundo*

da sanável insuficiência dos elementos fornecidos pelo contribuinte para tributá-lo, ou por qualquer meio prejudicá-lo, em face apenas dessa sua falta de diligência na demonstração da verdade. Imagine-se que agentes fiscais peçam ao contribuinte a comprovação de certas despesas escrituradas como dedutíveis para fins de Imposto de Renda. A assinatura do *Diário da Justiça*, por parte de um escritório de advocacia, por exemplo. A Administração constata que tais *Diários da Justiça* foram realmente adquiridos, estão todos na biblioteca do escritório, e são indispensáveis ao exercício da atividade produtora da renda (advocacia). Mas a Administração exige que a "despesa" relativa à assinatura do *Diário da Justiça* seja comprovada por meio de determinada nota fiscal, com determinado formato e cor, e o escritório de advocacia só dispõe de recibo fornecido pela Imprensa Oficial, que, imune, não emite notas fiscais. Dispõe ainda de cópia do cheque utilizado para pagar dita assinatura. Mas não da nota fiscal exigida. É da maior evidência que no exemplo acima, estando demonstrada a efetiva ocorrência da despesa dedutível da base de cálculo do Imposto de Renda, a Administração não pode se recusar a admiti-la ante o argumento de que deveria ser apresentada nota fiscal, e não outros meios de prova (ainda que mais contundentes e irrefutáveis!). Do contrário, estar-se-á exigindo Imposto de Renda não por conta da inocorrência da despesa (que se sabe que houve), mas por conta da ausência de determinado meio de prova.

O princípio da verdade real aplica-se, igualmente, aos processos administrativos contenciosos, nos quais a Administração exerce de modo excepcional e atípico a função julgadora. Voltaremos a ele mais adiante, especialmente quando cuidarmos do exercício do direito de defesa, e da produção de provas, no âmbito de processos administrativos.

4.6   Subordinação hierárquica

As autoridades que desenvolvem os meros procedimentos, exatamente porque cuidam de atividades executivas, também chamadas atividades administrativas típicas, submetem-se ao chamado *poder hierárquico*. Como a atividade administrativa tributária é plenamente vinculada, as autoridades superiores exercem esse poder hierárquico precipuamente através da edição de normas infralegais, tais como instruções normativas, portarias, ordens de serviço etc., às quais as autoridades que lhes são subordinadas devem obediência.

A conduta de um servidor público que eventualmente contrarie as disposições de seus superiores pode ser por eles apreciada e corrigida independentemente de provocação ou previsão legal para tanto, porquanto fundada no poder hierárquico.

Isso tudo ocorre, é importante repetir, apenas e tão-somente no âmbito dos meros procedimentos, através dos quais se exerce atividade administrativa típica, de cunho executivo. Não existe essa mesma subordinação hierárquica no que diz respeito aos *órgãos julgadores*, em relação à sua atividade atípica de julgamento. Estes, até por conta do princípio do devido processo legal, não se submetem ao poder hierárquico, podendo considerar ilegal uma determinada Instrução Normativa, ou mesmo Decreto, não obstante exarados pelo Secretário da Receita Federal, e pelo Presidente da República, respectivamente.

4.7   Dever de fundamentação

Como os meros procedimentos nada mais são que o desenvolvimento de atividades administrativas típicas, ou seja, atividades executivas, inerentes ao Poder Executivo, a eles se aplica o princípio da fundamentação, nada mais que uma decorrência da necessária motivação dos atos administrativos. Por tal princípio, tem-se que os atos que compõem os procedimentos, e especialmente o ato praticado ao final destes, devem contar com a devida fundamentação.

Aliás, o princípio da fundamentação é uma decorrência dos princípios do Estado Democrático de Direito, da publicidade, da ampla defesa, e do amplo acesso ao Judiciário, na medida em que é através da fundamentação que se pode avaliar a legitimidade do ato praticado, sua finalidade, viabilizando assim a defesa do administrado por ele atingido e o controle – por meio de um processo administrativo ou jurisdicional – de sua validade. Trata-se de importante limite por meio do qual se procura vincular a autoridade que decide à ordem jurídica que deve disciplinar a relação objeto da decisão.[28]

Como as decisões proferidas no âmbito dos processos, tanto administrativos como judiciais, também exigem fundamentação, e como a questão da presunção da validade do ato administrativo possui implicações diretas na fundamentação dessas decisões, especialmente no deferimento e na valoração das provas, voltaremos ao assunto posteriormente.

5   PRINCÍPIOS DO PROCESSO

5.1   Princípios inerentes aos processos administrativo e judicial

Os processos em sentido próprio, já se disse, são aquelas séries de atos logicamente encadeados com vistas à resolução de um conflito, com o necessário oferecimento de oportunidades de participação às partes envolvidas pela decisão a ser finalmente proferida. Operacionalizam, em regra, o exercício da função de julgar, pondo termo a conflitos de interesses.

Quando o processo tem por finalidade resolver de modo definitivo o conflito de interesses, por meio dos órgãos do Poder Judiciário, tem-se o processo judicial, instrumento da prestação jurisdicional. Quando o processo tem por finalidade resolver o conflito de modo não necessariamente definitivo, numa espécie de autotutela vinculada, ou autocontrole, exercido por órgãos do Poder Executivo, tem-se o processo administrativo,[29] que viabiliza o exercício de função administrativa atípica com feição jurisdicional, como já explicamos.

A todos esses processos são aplicáveis os princípios jurídicos referidos no item 3, e em seus subitens, por se tratar de princípios pertinentes à atividade estatal de uma maneira geral. Entretanto, exatamente porque o desfecho de tais processos tende ao reconhecimento do direito subjetivo a uma das partes envolvidas, em prejuízo da outra cujo interesse é conflitante, esses mesmos processos, sejam eles administrativos ou judiciais, submetem-se a princípios específicos, tais como o do devido processo legal e da ampla defesa e do contraditório.

Como o processo administrativo não impõe uma solução definitiva ao cidadão contribuinte, que pode, insatisfeito, socorrer-se do Judiciário, e como o órgão de julgamento administrativo integra a própria estrutura de uma das partes interessadas, alguns princípios constitucionais processuais não lhe são aplicáveis em toda a intensidade. O processo judicial, por sua vez, enseja a resolução definitiva dos conflitos, por órgãos que, pelo menos em tese, atuam como terceiros em relação às partes, razão pela qual os princípios constitucionais do processo são, a este último, aplicáveis com maior intensidade.

---

[28]   Precisamente por isso, a Câmara Superior de Recursos Fiscais já decidiu que a "ausência de uma precisa descrição dos fatos que possibilite a ampla defesa é causa de nulidade do Auto de Infração, em razão de vício de natureza material, por deixar de atender não só exigência da norma reguladora do Processo Administrativo Fiscal, como também da norma geral tributária (art. 10, III, e 59, II, do Decreto 70.235/72, e art. 142 do CTN)." (CARF, CSRF, AC. 9303-007.874).

[29]   Lembramos que, conforme explicado na parte inicial deste livro, a expressão *processo* não se aplica apenas àquela série de atos destinada a dar solução (definitiva ou não) a um conflito, ou a uma lide, abrangendo na verdade toda série encadeada de atos que visa a um resultado final que deva ser legitimado pela participação (ou pela possibilidade de participação) dos interessados.

32 | PROCESSO TRIBUTÁRIO – *Machado Segundo*

É desses princípios específicos do processo, comuns ao processo judicial e ao processo administrativo, que cuidamos a seguir.

5.1.1 Devido processo legal

No ordenamento jurídico brasileiro, o princípio do devido processo legal encontra-se positivado no inciso LIV do art. 5º da Constituição Federal, no qual se assegura que ninguém será privado da liberdade ou de seus bens sem o devido processo legal.

Importa, porém, precisar o que é "devido processo legal". A doutrina costuma atribuir dois sentidos à expressão, um formal e outro substancial. Pelo devido processo legal formal entende-se que ninguém poderá ser privado da liberdade ou de seus bens senão através de um processo que se desenvolva com observância a normas legais preestabelecidas. Não se discute, contudo, o conteúdo dessas normas: basta que disciplinem o processo para que reste atendido o princípio.

A evolução da ciência jurídica, contudo, revelou no todo insuficiente o princípio em sua acepção meramente formal. Para que a garantia do devido processo legal seja efetiva, faz-se mister limitar, positiva e negativamente, o conteúdo das normas jurídicas que disciplinam o processo, a fim de garantir a igualdade das partes envolvidas, o contraditório e a ampla defesa etc. Chegou-se, assim, ao princípio em sua expressão substancial.

Tais significações não se excluem. Ao revés, se completam, pelo que podemos definir o princípio em comento como sendo aquele segundo o qual ninguém poderá ser privado da liberdade ou de seus bens senão através de um processo regulado por normas legais previamente estabelecidas, que assegurem a igualdade material das partes em conflito, e a possibilidade de essas partes influenciarem na convicção do julgador para a prolação de uma decisão justa, razoável, e a mais próxima possível da determinada pelo Direito material. Se bem percebermos, praticamente todos os demais princípios jurídicos do processo são desdobramentos do devido processo legal.[30]

No que diz respeito ao processo tributário, o princípio em referência deve orientar não apenas o processo judicial, mas também o processo administrativo de controle de legalidade do lançamento. Daí extrai-se que o cidadão tem direito à existência de um processo administrativo de controle da legalidade dos atos do poder público, processo este que há de ser *útil*, ou seja, a sua instauração deve ensejar a suspensão dos efeitos do ato nele impugnado.[31] Tem direito, ainda, a que esse processo desenvolva-se de maneira equilibrada e razoável.

Aliás, embora a abrangência do devido processo legal se devesse restringir, em tese, aos processos nos quais as partes se encontrem em conflito, não se aplicando aos chamados "meros procedimentos", a exemplo do procedimento de fiscalização, o moderno constitucionalismo tem dado aplicação bastante ampla ao princípio do devido processo legal, especialmente em sua acepção substantiva, impondo a sua observância em toda criação ou aplicação de normas jurídicas. Esse entendimento, que conta com o aval do STF, vê no dispositivo em comento a própria positivação do princípio da razoabilidade. Assim considerado, o princípio do devido processo legal vincula toda a atividade estatal, tenha ela cunho processual ou não.

---

[30] Para um profundo exame do tema, confira-se Napoleão Nunes Maria Filho, "Conteúdos Históricos, Jurídicos e Garantísticos do Devido Processo Legal", no livro, do mesmo autor, intitulado *Estudos Temáticos de Direito Constitucional*, Fortaleza: UFC/Casa de José de Alencar, 2000, p. 17-59. Conforme observa Humberto Ávila, o princípio do devido processo legal, a rigor, é um sobreprincípio que indica como as demais garantias constitucionais processuais devem ser entendidas e incide (impondo a extração de regras implícitas) sempre que há situação não protegida pelas tais regras ou subprincípios mais específicos (Cf. Humberto Ávila, *Teoria dos Princípios*, 4. ed., São Paulo: Malheiros, 2004, p. 79).

[31] É o que consta, por exemplo, do art. 151, III, do CTN.

5.1.2 Ampla defesa e contraditório

Em explicitação ao princípio do devido processo legal, no inciso subsequente àquele que o consagra, a Constituição Federal de 1988 dispõe que aos litigantes, em processo judicial ou administrativo, e aos acusados em geral são assegurados o contraditório e a ampla defesa, com os meios e recursos a ela inerentes (CF/88, art. 5º, inciso LV). Trata-se de desdobramento do princípio do devido processo legal, mas que somente diz respeito a processos propriamente ditos de natureza contenciosa, ou seja, séries organizadas de atos concatenados, administrativas ou judiciais, que tenham por fim a resolução de um *conflito*, com a necessária participação das partes. Não incide sobre os meros procedimentos, os quais, não obstante, não podem ser desenvolvidos nem concluídos de modo a inviabilizar o posterior direito de defesa (com a lavratura de auto de infração desprovido de fundamentação, por exemplo). Também não incide sobre outras espécies de processo, que exigem a participação dos interessados para legitimar o resultado final, mas não cuidam de resolver conflito de forma dialética/contraditória (*v. g.*, processo legislativo, licitação, concurso público).

Por ampla defesa entende-se que às partes em litígio devem ser assegurados todos os meios necessários à articulação de suas pretensões, à comprovação dos fatos sobre os quais estas se fundam e à reforma de decisões eventualmente equivocadas. Como aponta Vicente Greco Filho, "consideram-se inerentes à ampla defesa: (a) ter conhecimento claro da imputação; (b) poder apresentar alegações contra a acusação; (c) poder acompanhar a prova produzida e fazer a contraprova; (d) ter defesa técnica por advogado, cuja função, aliás, agora, é essencial à Administração da Justiça (CF, art. 133); e (e) poder recorrer da decisão desfavorável".[32]

No âmbito tributário, o princípio de que se cuida tem consequências bastante relevantes, que nem sempre são percebidas. Um auto de infração, por exemplo, deve conter detalhadamente a descrição do fato imputado ao sujeito passivo, gerador do dever de pagar o tributo ou a multa então lançados, bem como dos dispositivos legais que a Administração entende aplicáveis. A falta desses requisitos, porque dificulta ou até inviabiliza a defesa do sujeito passivo, é causa para a nulidade da autuação. Não supre a exigência de fundamentação a mera referência lacunosa a uma "diferença de imposto apurada", ou outras frases igualmente vagas, que se enquadrariam a qualquer autuação, e por isso mesmo não fundamentam validamente nenhuma.

Quanto à ampla defesa no âmbito administrativo, Oliveira Franco aponta, com apoio em Gordillo, as seguintes consequências no campo da produção de provas: (a) direito a que toda prova razoavelmente proposta seja produzida, ainda que quem deva fazê-lo seja a própria administração; (b) direito a que as provas devem ser produzidas *antes* de se tomar uma decisão a respeito do tema a ser provado; (c) direito de controlar a produção de provas pela administração, seja ela testemunhal ou pericial.[33] É importante acrescentar a esse rol, por óbvio, o direito a uma decisão fundamentada a respeito dos meios de prova disponíveis, assim entendida aquela que examina especialmente aqueles em tese incompatíveis com a conclusão firmada pelo julgador, que há de explicar motivadamente por que não os acolhe.[34] Tais consequências podem parecer evidentes, e realmente o são, mas não são poucos os casos em que não são respeitadas.

---

[32] Vicente Greco Filho, *Direito Processual Civil Brasileiro*, 8. ed., São Paulo: Saraiva, 1993, v. 1, p. 47.

[33] Manoel de Oliveira Franco Sobrinho, *A Prova Administrativa*, São Paulo: Saraiva, 1972, p. 50.

[34] Michele Taruffo, *La semplice verità. Il giudice e la costruzione dei fatti*, Roma: Laterza, 2009, p. 243.

O contraditório, por sua vez, embora não se confunda com a ampla defesa, pode ser considerado um desdobramento desta, ou o seu "instrumento técnico".[35] Trata-se de princípio segundo o qual deve ser dada ciência às partes do que se faz ou que se pretende que seja feito no processo e a possibilidade de cooperar e contrariar.[36] Através dele se estabelece a bilateralidade do processo, com a necessária oportunidade das partes de participarem em seu resultado final, a fim de que a sentença seja o mais equilibrada possível.

Relativamente ao direito ao contraditório, e a suas relações com o direito à ampla defesa, Alberto Xavier ensina:

> "O princípio do contraditório encontra-se relacionado com o princípio da ampla defesa por um vínculo instrumental: enquanto o princípio da ampla defesa afirma a *existência* de um direito de audiência do particular, o princípio do contraditório reporta-se ao *modo do seu exercício*."

Ainda segundo o citado autor, esse modo de exercício caracteriza-se por dois traços distintos: um deles é a paridade das posições jurídicas das partes no processo, "de tal modo que ambas tenham a possibilidade de influir, por igual, na decisão ('princípio da igualdade de armas')"; o outro é o "caráter *dialético* dos métodos de investigação e de tomada de decisão, de tal modo que a cada uma das partes seja dada a oportunidade de contradizer os fatos alegados e as provas apresentadas pela outra".[37]

É muito importante ter em mente que tais princípios não existem para "privilegiar sonegadores", como preconceituosamente pensam alguns. São, na verdade, fruto da longa evolução da ciência jurídica através dos séculos, consistindo em uma das mais elementares garantias do cidadão. Deve-se partir da premissa, de veracidade incontestável, de que partes e julgadores são falíveis. Não apenas por dolo, mas muitas vezes por erro. São humanos. E a única maneira de fazer com que não prevaleça uma acusação equivocada, uma autuação infundada, uma demanda improcedente etc., é assegurando às partes interessadas o direito ao contraditório e à ampla defesa. Enfim, é através da ampla defesa e do contraditório que se reduzem a níveis aceitáveis as possibilidades de erro na aplicação do Direito.

5.1.3 Instrumentalidade e economia processuais

A expressão *instrumentalidade processual*, a rigor, encerra uma tautologia,[38] na medida em que o processo não é outra coisa senão um instrumento de realização concreta do direito material. Não obstante tautológico, o princípio em questão é assaz relevante em face de alguns juristas, de mentalidade excessivamente formalista, que veem no processo não um instrumento de realização do direito material através do autocontrole administrativo (processo administrativo), ou da prestação da tutela jurisdicional (processo judicial), mas um fim em si mesmo. E, como o princípio consagra um *valor* que deve orientar a interpretação das demais regras processuais, sempre que o intérprete estiver diante de duas interpretações em tese possíveis, deverá adotar aquela que melhor consagre o processo em sua feição instrumental, e não sacramental.

---

[35] Vicente Greco Filho, *Direito Processual Civil Brasileiro*, 8. ed., São Paulo: Saraiva, 1993, v. 1, p. 47.

[36] Cândido Rangel Dinamarco, Apud Marcelo Lima Guerra, *Execução forçada – controle de admissibilidade*, 2. ed., São Paulo: RT, 1998, p. 27.

[37] Alberto Xavier, *Do Lançamento, Teoria Geral do Ato, do Procedimento e do Processo Tributário*, 2. ed., Rio de Janeiro: Forense, 1997, p. 163.

[38] José de Albuquerque Rocha, *Teoria Geral do Processo*, 3. ed., São Paulo: Malheiros, 1996, p. 55.

Capítulo 2 · PRINCÍPIOS JURÍDICOS DO PROCESSO TRIBUTÁRIO | 35

Trata-se de decorrência direta do princípio do devido processo legal, sendo certo que *devido* é aquele processo que se presta da maneira mais efetiva possível à finalidade a que se destina, e não aquele que faz com que as partes se embaracem em um emaranhado de formalismos e terminem vendo naufragar a sua pretensão de ver resolvido o conflito de interesses no qual estão envolvidas.

Tanto no processo judicial, como no processo administrativo, o cumprimento de qualquer formalidade só será exigível quando, além de previsto em lei, e compatível com os demais princípios jurídicos, for adequado, necessário e proporcional ao atendimento das finalidades às quais citados processos se destinam. A existência de maiores formalidades no processo judicial, que a doutrina opõe a um "formalismo moderado" verificado no processo administrativo, apenas se justifica na medida em que as finalidades de tais processos são ligeiramente distintas. No processo judicial, a forma existe para, entre outros fins, conter eventuais abusos do julgador *em face de ambas as partes* (deve-se recordar que o julgador é um terceiro). No processo administrativo, ao contrário, tem-se que o autocontrole poderia ser exercido até mesmo independentemente de processo, *desde que para favorecer o administrado*, o que faz com que a forma só seja exigida para instrumentalizar e viabilizar a defesa do administrado.

É relevante destacar ainda que, embora deva orientar a condução de toda e qualquer espécie de processo, e esteja reconhecidamente presente no processo administrativo, o princípio da instrumentalidade *ainda carece de maiores atenções* por parte dos estudiosos dos processos judiciais, precisamente porque se trata da seara onde sofre o maior número de violações. O excessivo apego a formalidades inócuas, no âmbito do Poder Judiciário, chega muitas vezes às raias do absurdo.

Já o princípio da economia processual enseja a adoção, no decorrer do processo, de meios menos onerosos e mais simples, a fim de que com o menor esforço se obtenha o mais proveitoso resultado. É esse princípio, por exemplo, que orienta os institutos do litisconsórcio, da reunião de processos, da prova emprestada etc.

5.1.4 Duplo grau de jurisdição

Segundo o princípio do duplo grau de jurisdição, a parte insatisfeita com determinada decisão tem direito a recorrer a um segundo órgão julgador, com idêntico poder e amplitude de conhecimento do órgão recorrido, para que este dite nova decisão substitutiva da precedente.[39]

Há quem considere que referido princípio não encontra amparo na Constituição, tanto porque nela não está explícito, como porque existem decisões irrecorríveis, como aquelas proferidas pelo Plenário do STF em última ou única instância. Por conta disso, ou seja, porque não está "escrito" literal e expressamente na CF/88 que existe o direito ao duplo grau de jurisdição, esse direito seria um simples "favor legal", que poderia ser suprimido pelo legislador a qualquer tempo, especialmente no âmbito do processo administrativo.[40]

Não é bem assim, contudo. Em Direito, de modo geral, e em relação aos direitos e garantias fundamentais especificamente, é necessário ver algo mais que o literalmente explícito

---

[39] José de Albuquerque Rocha, *Teoria Geral do Processo*, 3. ed., São Paulo: Malheiros, 1996, p. 54.

[40] No caso do processo administrativo, no Brasil, não se tem propriamente jurisdição, mas exercício do autocontrole, pelo que talvez seja mais apropriado falar-se em duplo grau de controle, ou de julgamento.

36 | PROCESSO TRIBUTÁRIO – *Machado Segundo*

nos textos normativos. Do contrário, para atribuição do título de bacharel em Direito seria suficiente a alfabetização, e todo "doutor do ABC", aos seis anos de idade, seria, também, doutor em Direito...[41]

É evidente que, embora referido princípio não se encontre expressamente positivado em nossa Constituição, podemos considerá-lo implícito nas disposições que tratam do devido processo legal e da ampla defesa (das quais decorre o direito de impugnar um julgado que se considera equivocado), bem como, no que diz respeito especificamente ao processo judicial, nas normas constitucionais que tratam da competência dos tribunais.

Cândido Rangel Dinamarco, com a precisão que lhe é peculiar, doutrina:

> "Sem que haja uma autêntica *garantia* do duplo grau de jurisdição, poder-se-ia pensar na compatibilidade constitucional de disposições legais que o excluíssem, criando bolsões de irrecorribilidade. Casos assim extremos transgrediriam o essencial *fundamento político* do duplo grau, que em si mesmo é projeção de um dos pilares do regime democrático, abrindo caminho para o arbítrio do juiz não sujeito a controle algum (Const. Art. 5º, § 2º). Além disso, uma disposição dessa ordem seria incompatível com os padrões do *devido processo legal* – esse, sim, garantido constitucionalmente."[42]

Como nem toda decisão está submetida somente a recursos a graus de jurisdição superiores, havendo recursos, tanto na esfera administrativa como judicial, a julgadores do mesmo grau daquele que prolatou a decisão recorrida, e como essa realidade é em certos casos admitida pela própria Constituição, realmente talvez fosse mais acertado falar-se em *princípio da existência de meios de impugnação das decisões judiciais*,[43] direito fundamental do indivíduo que há de conciliar-se com outros princípios, como o da efetividade da tutela jurisdicional, o da segurança jurídica etc., que lhe impõem os devidos limites: deve haver um prazo para a interposição do recurso, não podem existir infinitos recursos, e assim por diante.

Quanto às decisões proferidas pelo STF em última ou única instância, trata-se de mera decorrência do caráter relativo do princípio em questão (que está presente em todo princípio, norma com estrutura de um *mandamento de otimização* – e não apenas neste), e de sua necessária conciliação com o princípio da segurança jurídica e seus desdobramentos, e com o próprio direito à tutela jurisdicional, a qual, para ser prestada, há de sê-lo por meio de um processo que um dia possa chegar ao fim.

---

[41] Sobre o assunto, Pontes de Miranda observa que "o aplicar a lei porque está na lei, o resolver pelo sentido literal, porque assim quis o legislador, corresponde ao fazer porque está no Evangelho, no Tamulde, no Korão, no *Corpus Iuris*, porque o nosso pai fez, e ao ingênuo 'porque mamãe disse' das criancinhas (Compare-se L. v. Petrazycki, *Uber die Motive des Handelns und uber das Wesen der Moral und des Rechts*, Berlin, 1907, 20, sobre explicação psicológica das normas éticas). Em tudo isso há muitíssimo de oracular e revela a relativa infância dos povos, da Humanidade. À Ciência e não somente a ela, mas, pelo menos, principalmente à Ciência, é que deveremos o sair o *infantilismo* social e político, que nos acorrenta a ridículos preconceitos, que não servem à ordem social" (Pontes de Miranda, *Sistema de Ciência Positiva do Direito*, Atualizado por Vilson Rodrigues Alves, São Paulo: Bookseller, 2000, v. 2, p. 102 e 103).

[42] Cândido Rangel Dinamarco, *Instituições de Direito Processual Civil*, 3. ed., São Paulo: Malheiros, 2003, v. 1, p. 241.

[43] Mantovanni Colares Cavalcante, *Recursos Especial e Extraordinário*, São Paulo: Dialética, 2003, p. 28.

5.1.5 Necessária fundamentação das decisões

Assim como os atos administrativos proferidos ao longo e cabo dos meros procedimentos, também os processos, tanto os administrativos como os judiciais, têm de ser conduzidos por atos fundamentados da autoridade julgadora. Não apenas o ato final, que lhe põe termo, mas todos os atos com carga decisória devem ser fundamentados, a fim de que se possa realizar o controle de sua validade. Afinal, o direito à impugnação das decisões, o controle da validade destas pelas instâncias superiores, a avaliação de sua legitimidade e de sua aceitabilidade por quem a ela se submete, e pela comunidade como um todo etc., tudo depende de uma fundamentação completa, clara e coerente.[44]

O dever de fundamentação é de ser observado em todos os casos, e a sanção para o seu descumprimento é a nulidade. Isso sugere que sua estrutura não é propriamente a de um princípio, mas a de verdadeira regra. Reconheça-se, contudo, que o conteúdo dessa fundamentação há de ser limitado. O juiz não pode ser obrigado a dar o fundamento de toda afirmação que faz ao julgar, e assim sucessivamente, pois isso o conduziria a um regresso ao infinito, tal como o das crianças na fase dos "porquês". Exige-se a fundamentação suficiente, assim entendida aquela capaz de inverter o ônus argumentativo. Em determinado ponto, atingida a fundamentação suficiente, o juiz já não precisa mais responder por que considera certo fundamento correto, cabendo à parte, em eventual recurso, indicar por que ele não é correto.[45]

No que diz respeito às decisões proferidas pelo Poder Judiciário, a Constituição Federal cuidou de elaborar regra expressa exigindo a fundamentação, sob pena de nulidade. É o que dispõe o seu art. 93, inciso IX:

> "Todos os julgamentos dos órgãos do Poder Judiciário serão públicos, e fundamentadas todas as decisões, sob pena de nulidade, podendo a lei limitar a presença, em determinados atos, às próprias partes e a seus advogados, ou somente a estes, em casos nos quais a preservação do direito à intimidade do interessado no sigilo não prejudique o interesse público à informação" (Redação dada pela EC 45/2004).

Mas daí não se extraia que as decisões proferidas no âmbito do processo administrativo não precisam ser fundamentadas. O dispositivo transcrito é meramente didático e explicitante de uma regra que decorre inexoravelmente do princípio do devido processo legal substantivo, e de todos os seus desdobramentos, como os princípios da ampla defesa e do contraditório, do amplo acesso ao Judiciário, do duplo grau de jurisdição, e da própria necessidade de serem fundamentados os atos administrativos. Acrescente-se a isso o fato de que o art. 15 do CPC/2015 prescreve a aplicação supletiva das disposições daquele Código a outras espécies de processo, indicando entre elas, expressamente, o processo administrativo, cujos julgadores se submetem, portanto, ao dever de fundamentar suas decisões nos termos em que explicitado naquele diploma legislativo (art. 489, § 1.º).

---

[44] Sobre a fundamentação das decisões e demais atos de aplicação de normas jurídicas, confira-se Chaïm Perelman, *Lógica Jurídica*, tradução de Vergínia K. Pupi, São Paulo: Martins Fontes, 2000, p. 210.

[45] Veja-se, a esse respeito, Marcelo Lima Guerra, "Notas sobre o dever constitucional de fundamentar as decisões judiciais (CF, art. 93, IX)", orgs. Luiz Fux, Nelson Nery Junior e Teresa Arruda Alvim Wambier, *Processo e Constituição*: estudos em homenagem ao Professor José Carlos Barbosa Moreira, São Paulo: Revista dos Tribunais, 2006, p. 517-541.

5.2 Princípios peculiares ao processo administrativo

5.2.1 Peculiaridades do processo desenvolvido no âmbito da administração

Os processos desenvolvidos no âmbito da Administração Pública, como qualquer outra atividade estatal, submetem-se, naturalmente, aos princípios norteadores da conduta do Estado de uma maneira geral, alguns dos quais foram indicados no item 3 anterior, como a justiça, a segurança, a isonomia, a proporcionalidade, a razoabilidade etc.

Dada a sua natureza não meramente procedimental, mas também *processual*, visto que propicia a participação dos interessados na formação do resultado final (que, no caso, é a solução de uma *lide*, um conflito de interesses), instrumentalizando o exercício de atividade com feição jurisdicional exercida de modo atípico pelo Poder Executivo, o processo administrativo submete-se também a princípios gerais do processo, tais como o devido processo legal, a ampla defesa, o contraditório, o duplo grau de jurisdição, a instrumentalidade e a economia processuais etc.

E, pela mesma razão, ao processo administrativo não se aplicam os princípios inerentes à atividade administrativa típica, ou seja, à atividade executiva exercida no âmbito dos *meros procedimentos*, como é o caso do princípio da inquisitoriedade e da subordinação hierárquica.

É sabido que as funções do Estado não são divididas entre os "Três Poderes" de forma absoluta e estanque, mas de modo precípuo e não exclusivo. Assim, o Poder Judiciário tem por função preponderante julgar, mas também administra e edita normas. O Poder Legislativo tem por função preponderante editar normas, mas também administra, e também julga. Do mesmo modo, o Poder Executivo tem por função precípua a administração da coisa pública, mas também edita normas, e também julga. Seus julgamentos ocorrem no âmbito dos processos administrativos, por meio dos quais é exercida de modo *atípico* a função de julgar. Como não se trata de um julgamento com todas as características daquele proferido no âmbito da função jurisdicional propriamente dita, diz-se que o executivo exerce aí atividade que tem apenas uma *"feição" jurisdicional.*

São precisamente essas pequenas diferenças entre o processo administrativo e o processo judicial que fazem com que cada um deles, embora submetidos a um núcleo comum de princípios constitucionais processuais, reclame a aplicação também de princípios específicos, condizentes com suas peculiaridades. No caso do processo administrativo, os mais importantes deles são os princípios da *utilidade do processo administrativo*, da *não submissão do órgão julgador ao poder hierárquico*, da *verdade material* e da *oficialidade*, estes dois últimos também presentes, embora com consequências um pouco distintas, nos meros procedimentos.

5.2.2 Utilidade do processo administrativo

O processo administrativo, enquanto instrumento de controle da legalidade dos atos da administração, há de ser útil. Trata-se, como se pode facilmente perceber, de princípio análogo ao da *efetividade da tutela jurisdicional*, presente no âmbito dos processos judiciais. Isso significa, entre outras coisas, que não se pode admitir que, antes de concluído o processo, uma das partes envolvida sofra dano de tal ordem que a decisão a ser finalmente proferida perca a sua finalidade.

Essa afirmação parece de evidência tal que não seria necessário sequer escrevê-la aqui, mas na prática são muitos os casos nos quais suas consequências não são observadas.

Não são raros os casos, por exemplo, nos quais o contribuinte espera por uma manifestação da Administração Pública acerca da validade de um lançamento tributário, e, antes que essa manifestação seja proferida, já se lhe negam o direito à impressão de blocos de notas fiscais, ou se lhe cancela o CNPJ, CGF ou cadastro que o valha etc. O Fisco impõe ao contribuinte ônus ilegais, com a finalidade de coagi-lo indiretamente ao pagamento do tributo em relação ao qual apresentou defesa, e os danos causados por tais sanções oblíquas tornam insuportável a espera por uma manifestação da administração. Paga-se o tributo, e o processo administrativo de controle da legalidade do ato de lançamento perde completamente a finalidade. O mesmo vale para as hipóteses em que o contribuinte solicita à autoridade administrativa a feitura de uma compensação tributária, e esta, enquanto "examina" a existência do crédito a ser usado pelo contribuinte no encontro de contas, encaminha para inscrição em dívida ativa e cobrança executiva o débito que com ele seria compensado, conduta que tem sido seguidamente repelida pela jurisprudência do Superior Tribunal de Justiça.[46]

Na verdade, até como corolário do direito de petição, e da própria existência dos processos administrativos, expressamente previstos no dispositivo que cuida do devido processo legal, é da maior evidência que o administrado, no caso o contribuinte, tem o direito a que por meio desse processo lhe seja dada uma resposta útil ao conflito submetido à *autotutela vinculada*, mais propriamente chamada de *autocontrole*, da Administração Pública. É inconstitucional a imposição de gravames ao contribuinte, ainda que oblíquos, se o fato que supostamente enseja a aplicação de tais gravames ainda está sob a apreciação da administração pública. Essa é uma das razões pelas quais o Ministério Público não pode apresentar denúncia penal por crime de supressão ou redução de tributo, baseado na lavratura de auto de infração, se esse mesmo auto de infração ainda está pendente de decisão pela própria Administração Tributária (Súmula Vinculante nº 24).

Ainda como desdobramento desse princípio, a EC nº 45/2004 inseriu, no rol do art. 5º da CF/88, o inciso LXXVIII, segundo o qual "a todos, no âmbito judicial e administrativo, são assegurados a razoável duração do processo e os meios que garantam a celeridade de sua tramitação". Trata-se, evidentemente, de disposição meramente didática, e desnecessária, pois ninguém, em sã consciência, dirá que antes da promulgação de citada emenda todos não já tivessem esse direito. O problema, no caso, é que o mesmo não é *respeitado*, mas essa é uma outra questão, que seguramente não será resolvida com a sua inclusão explícita no texto constitucional.

5.2.3 Não submissão do órgão julgador ao poder hierárquico

Como já afirmamos anteriormente, ao exercer atividade julgadora, a autoridade administrativa está exercendo atividade *atípica*, distinta de sua atividade *típica* que é a de administrar.[47] É sabido que a divisão das funções entre os "poderes" do Estado não é absoluta, sendo certo que o Judiciário edita normas e administra o funcionamento de seus órgãos; o Legislativo igualmente administra o seu próprio funcionamento, e eventualmente julga; e o Executivo, além de editar normas, também julga.

---

[46]   Veja-se, por exemplo: STJ, 1ª T, REsp 1.149.115/PR, Rel. Min. Luiz Fux, *DJe* de 15.4.2010.

[47]   Poder-se-ia dizer que o julgamento administrativo, por envolver o exercício do "autocontrole", decorrente do princípio da legalidade, consistiria em algo próprio da função típica administrativa, e não jurisdicional. Preferimos, porém, entender que há aspectos nessa atividade que a aproximam da jurisdicional, razão que justifica a opção feita no texto. De uma forma ou de outra, o importante é saber que na realidade não existem divisões estanques, as quais são, na verdade, criações da mente humana para melhor compreendê-la. A existência de ornitorrincos, seres que têm penas e bicos e põem ovos, mas possuem glândulas mamárias para alimentar os filhotes, é demonstração suficiente do que se está aqui a dizer.

Ao julgar, portanto, a autoridade administrativa está adstrita aos princípios constitucionais processuais acima já elencados, e não aos ditames específicos que disciplinam as funções típicas da administração. É por essa razão que um fiscal de tributos, por exemplo, segue fielmente as instruções normativas editadas por seus superiores hierárquicos, mas o órgão incumbido de apreciar a validade de um auto de infração lavrado por esse mesmo fiscal poderá – aliás, deverá – desconsiderar essas mesmas instruções normativas, caso as considere contrárias à lei.

Os órgãos julgadores, em outros termos, estão adstritos ao poder hierárquico do Ministro do Estado, ou do Secretário Estadual ou Municipal, somente no que diz respeito às suas funções administrativas típicas, tais como horário de funcionamento da repartição, critérios de nomeação etc., mas não no que se relaciona ao *mérito* de suas decisões.[48]

Tal princípio também está presente, por óbvio, no âmbito do processo judicial. Um juiz não está vinculado ao entendimento do tribunal, nem pode ter suas decisões reformadas de ofício e a qualquer tempo em virtude do "poder hierárquico". Cuidou-se desse princípio aqui, em separado, por uma singela razão: a confusão entre o poder hierárquico administrativo e a competência material dos julgadores não ocorre no âmbito do processo judicial, sendo um tanto sem sentido tratar dela em item destinado ao processo judicial, mas ocorre, com grande intensidade, na esfera dos processos administrativos contenciosos, ou propriamente ditos.

5.2.4   Verdade material

O princípio da verdade material, conforme vimos anteriormente, está presente também no âmbito dos meros procedimentos administrativos. Decorre, em verdade, do princípio da legalidade, porquanto para bem aplicar a lei – sem importar a quem essa aplicação eventualmente favoreça – a Administração deve conhecer os fatos que reclamam a sua aplicação.

Destacamos o citado princípio novamente, agora no trato dos princípios pertinentes ao processo administrativo fiscal, porque aqui as suas consequências são um pouco distintas e abrangentes daquelas que têm na esfera dos meros procedimentos, especialmente no que diz respeito à dilação probatória e à preclusão, e ainda à chamada "presunção de veracidade dos atos administrativos".

Isso porque, como adverte Celso Antônio Bandeira de Mello, nada importa

> "que a parte aceite como verdadeiro algo que não o é, ou que negue a veracidade do que é, pois no procedimento administrativo, independentemente do que haja sido aportado aos autos pela parte, ou pelas partes, a Administração deve sempre buscar a verdade substancial".[49]

Assim, não pode a Administração exigir que determinada afirmação sobre um fato só se considere provada através do meio de prova "x", se através de outros meios de prova a Administração consegue chegar à certeza de que aquele mesmo fato ocorreu. A esse respeito, o Conselho de Contribuintes do Ministério da Fazenda já decidiu que:

---

[48]   Nesse sentido, Adriano Pinto, "Processo Administrativo – Recurso Hierárquico", artigo publicado na *Revista Dialética de Direito Tributário* nº 92, São Paulo: Dialética, maio de 2003, p. 7 ss.

[49]   Celso Antônio Bandeira de Mello, *Curso de Direito Administrativo*, 9. ed., São Paulo: Malheiros, 1997, p. 322-323.

"[...] Sendo o interesse substancial do Estado a justiça, é dever da autoridade utilizar-se de todas as provas e circunstâncias de que tenha conhecimento, na busca da verdade material. Diante da impossibilidade do contribuinte de apresentar os documentos que se extraviaram, e tendo ele diligenciado junto aos seus fornecedores para obter a prova da efetividade do passivo registrado, deve a autoridade utilizar-se dessas provas, desde que elas reúnam condições para demonstrar a verdade real dos fatos. Recurso provido em parte."[50]

Do mesmo modo, no âmbito de um processo no qual a produção de prova pericial se faça indispensável, a Administração não pode indeferir essa prova apenas porque o contribuinte a solicitou em momento ou de modo "inadequado". É comum, a propósito, que a Administração Tributária, de todas as esferas de poder tributante, profira decisões administrativas que são verdadeiras pérolas da contradição: negam pedidos de produção de provas formulados por contribuintes e, subsequentemente, julgam improcedente a reclamação ou a defesa apresentada, por "falta de provas". O absurdo, e a violação evidente ao princípio da verdade material, dispensam comentários.

Quanto à presunção de "veracidade" dos atos administrativos, é evidente que ela não impede que a própria Administração procure confirmar se os fatos sobre os quais se fundamenta o ato impugnado realmente ocorreram, ainda que diante de defesa apresentada por contribuinte desacompanhada das "provas" de todas as suas afirmações. Basta que se aponte, na defesa, a necessidade de serem produzidas outras provas com as quais a citada "presunção", que não é absoluta, será afastada.

Confira-se, a esse respeito, a seguinte decisão do então Conselho de Contribuintes do Ministério da Fazenda, atualmente denominado Conselho Administrativo de Recursos Fiscais – CARF:

"PAF – ÔNUS DA PROVA – cabe à autoridade lançadora provar a ocorrência do fato constitutivo do direito de lançar do fisco. Comprovado o direito de lançar do fisco cabe ao sujeito passivo alegar fatos impeditivos, modificativos ou extintivos e além de alegá-los, comprová-los efetivamente, nos termos do Código de Processo Civil, que estabelece as regras de distribuição do ônus da prova aplicáveis ao PAF, subsidiariamente. [...]".[51]

5.2.5 Oficialidade

Pelo princípio da oficialidade, já vimos, cumpre à autoridade administrativa a instauração, o impulso e a conclusão do processo administrativo. Nos processos administrativos contenciosos, ou processos administrativos propriamente ditos (e não meros procedimentos), a sua instauração ocorre mais frequentemente por provocação do contribuinte, e em situações menos frequentes por iniciativa da própria Administração.

Isso não quer dizer, contudo, que o princípio não tenha influência sobre os processos contenciosos de controle da legalidade do ato administrativo. Cabe à autoridade competente

---

[50] Ac. un. da 1ª C do 1º CC – nº 101-92.819 – Rel. Cons.ª Sandra Maria Faroni – j. 15.9.1999 – *DOU*-e 1 23.11.1999, p. 3 – ementa oficial – *Repertório IOB de Jurisprudência* – 1ª quinzena de março de 2000 – nº 5/2000 – Caderno 1 – p. 118.

[51] Ac. un. da 8ª C do 1º CC, Recurso nº 133.271 – Acórdão nº 108-07.602 – Processo 10120.006617/2002-04 – Rel. Ivete Malaquias Pessoa Monteiro – j. 5.11.2003.

zelar pelo impulso célere do processo, e especialmente por sua conclusão. Esse fato, a propósito, tem consequências assaz relevantes.

No âmbito do processo judicial, cumpre ao Juiz impulsionar o feito. Mas, em face de sua inércia e de sua imparcialidade, se as partes não manifestarem interesse, o processo é extinto sem julgamento de mérito (CPC/2015, art. 485, II). Põe-se fim à relação processual, mas não ao conflito, que pode ressurgir posteriormente.

No processo administrativo é diferente. Precisamente porque a autoridade administrativa está vinculada à legalidade estrita e à verdade material, o processo deve ser concluído de modo célere, mas com um pronunciamento definitivo acerca do entendimento da Administração Pública sobre o conflito nele tratado.

Não é possível, em outros termos, que um lançamento seja impugnado, dando início ao processo administrativo de controle de sua legalidade, e esse mesmo processo permaneça inerte por anos, quase décadas. Iniciado o processo administrativo, cumpre à autoridade competente impulsioná-lo, obtendo um pronunciamento da Administração Tributária acerca do conflito que lhe foi submetido, sob pena de *perempção*. Trataremos com maior detalhe desse ponto quando do exame dos processos administrativos, no Capítulo 3 deste livro.

5.3 Princípios peculiares ao processo judicial

5.3.1 Peculiaridades do processo judicial

Finalmente, neste capítulo destinado aos princípios, cabe examinar aqueles aplicáveis precipuamente ao processo judicial, e à função jurisdicional propriamente dita, conceituada pela doutrina como "função de atuação terminal do direito, realizada por órgãos do Judiciário independentes e imparciais, decidindo conflitos de interesses através do devido processo legal".[52]

Exatamente por ensejar a solução definitiva do conflito, pelo menos na esfera do Direito, o processo judicial reclama não apenas uma aplicação mais cuidadosa dos princípios pertinentes ao processo de uma maneira geral, como a ampla defesa e o contraditório, mas especialmente enseja a necessária consideração de princípios que lhe são próprios. É o caso, por exemplo, do princípio da inafastabilidade da jurisdição, do qual decorrem os princípios da efetividade da tutela jurisdicional, da inércia e da imparcialidade do julgador e, em certa medida, também o princípio da impropriamente chamada "verdade formal", que, nos dias atuais, tem sido visto com algumas reservas pela doutrina processualista. É do que passamos, sucintamente, a tratar.

5.3.2 Inafastabilidade da jurisdição

Conforme garante o art. 5º, inciso XXXV, da Constituição Federal de 1988, "a lei não excluirá da apreciação do Poder Judiciário lesão ou ameaça a direito". Essa expressão literal, embora sintética, encerra significado assaz abrangente, dando gênese a vários princípios.

Inicialmente, dela se deduz o princípio da *inafastabilidade da jurisdição* em sua feição mais evidente e formal, que é a impossibilidade jurídica de haver um conflito de interesses juridicamente tutelados que não possa, em princípio, ser levado ao conhecimento do Poder Judiciário pelas partes interessadas.

Mas no citado artigo está contida disposição bem mais ampla.

Dele se extrai, como decorrência, que o Poder Judiciário detém o *monopólio da jurisdição*. Outros órgãos ou entes podem exercer atividade julgadora, e assim dirimir conflitos

---

[52] José de Albuquerque Rocha, *Estudos sobre o Poder Judiciário*, São Paulo: Malheiros, 1995, p. 34.

(é o que ocorre, por exemplo, no processo administrativo tributário), mas a *definitividade* do pronunciamento e, especialmente, o recurso legítimo à coação jurídica como medida extrema para torná-lo eficaz, esses são exclusivos do Poder Judiciário.

Como exceção à regra de que a definitividade dos pronunciamentos pertence exclusivamente ao Poder Judiciário, poderiam ser apontadas a decisão proferida por juízo arbitral e, também, a decisão proferida ao cabo de um processo administrativo contencioso, quando favorável aos interesses do administrado ou do servidor público que litiga com a Administração. Tais exceções, contudo, não invalidam a regra.

Quanto ao processo administrativo, uma vez concluído de modo favorável aos interesses do administrado, com o insucesso da Administração, tem-se que foi a própria Administração que, no exercício do chamado *autocontrole*, corrigiu uma ilegalidade por ela própria praticada, fazendo "voluntariamente" com que desaparecesse o conflito. Não se trata, portanto, de exceção à inafastabilidade do controle jurisdicional, mas sim de hipótese na qual a parte litigante reconhece o seu equívoco e põe termo à disputa.

Já no que toca à arbitragem, tem-se que foram as partes envolvidas que, voluntariamente (e não por uma imposição legal), optaram por caminho alternativo para a solução da controvérsia. Como a arbitragem somente pode ser empregada no âmbito de conflitos verificados entre direitos individuais disponíveis, dos quais as partes poderiam abrir mão inteiramente, nada impede que, por ato de sua livre vontade,[53] submetam a dicção acerca de tais direitos a um árbitro. Além de tudo isso, caso a decisão arbitral não seja cumprida, o recurso extremo ao uso da força não poderá ser feito legitimamente de outra maneira que não através do Poder Judiciário, que prestará a chamada tutela jurisdicional executiva.

Ressalte-se, contudo, que a arbitragem é aqui referida exclusivamente a título de exemplo, para ilustrar a explicação relacionada com a inafastabilidade da tutela jurisdicional. Como seu âmbito de utilização se resume aos conflitos entre direitos individuais disponíveis, evidentemente não pode ser empregada na solução de lides tributárias, tendo em vista a indisponibilidade do patrimônio público. Além disso, seria um contrassenso a Fazenda Pública lançar mão dela, instrumento empregado por particulares que desejam alternativas ao Poder Judiciário, que consideram lento e ineficiente: o Estado estaria, em última análise, valendo-se dos defeitos de sua própria atuação como fundamento para buscar a arbitragem como forma de solução dos litígios e que se visse envolvido.

É importante notar, ainda, que, no que tange aos processos em que o Poder Público é parte, o direito à jurisdição deve ser visto não apenas pela ótica do autor, ou de quem provoca a atuação do Poder Judiciário, mas principalmente pelo prisma de quem figura como réu. No passado, o detentor do poder político exigia, de forma unilateral e livre de limites jurídicos, a quantia que lhe considerava devida, sem a intermediação de terceiros incumbidos de dizer se, como e até que ponto referida pretensão poderia ser levada a efeito. Atualmente, portanto, pode-se dizer que o cidadão tem o *direito* de ser acionado pelo Poder Público, em sede executiva ou cautelar, formas de tutela que envolvem, de uma maneira ou de outra, definitiva ou provisória, a intromissão do Estado na esfera de direitos do particular.

Finalmente, do monopólio da jurisdição decorrem, ainda, aspectos de ordem substancial. Não basta que o legislador não proíba expressamente o acesso ao Judiciário, tampouco que esse

---

[53] Pode eventualmente uma das partes ser coagida, por qualquer circunstância, a aceitar a arbitragem como meio de solução para determinado conflito. Nesse caso, porém, ter-se-á vício na própria pactuação da arbitragem, o que é um outro problema, e que poderá, evidentemente, ser levado à apreciação do Poder Judiciário, que reputará nulo o acordo de vontades e, por conseguinte, a decisão proferida pelo árbitro.

PROCESSO TRIBUTÁRIO – *Machado Segundo*

Poder detenha o monopólio da jurisdição. É preciso, igualmente, que todos tenham condições materiais de acesso à jurisdição, que deve ser *efetiva*, prestada através de instrumentos adequados, acessíveis e eficazes.[54] Trata-se do princípio da efetividade da tutela jurisdicional, extraído também do inciso XXXV do art. 5º da Constituição Federal, princípio do qual se trata a seguir.

5.3.3 Efetividade da tutela jurisdicional

Precisamente por haver tomado para si o monopólio da jurisdição, ao Estado cumpre assegurar que essa jurisdição seja prestada de modo *efetivo*, ou seja, *útil*, *célere*, *adequado*, assegurando a máxima coincidência possível entre o resultado que a prestação jurisdicional proporciona à parte vitoriosa e o resultado que esta última obteria caso a parte vencida tivesse respeitado espontaneamente o direito afinal reconhecido.[55] É o que se extrai do art. 5º, XXXV, da CF/88.

O princípio de que se cuida, de importância fundamental ao Direito Processual Civil, orienta, entre outras coisas: (a) a existência de procedimentos específicos adequados à tutela de determinados direitos; (b) a possibilidade *de fato* de os cidadãos – de qualquer classe social – recorrerem ao Poder Judiciário; (c) a existência e o deferimento de tutelas de urgência adequadas à preservação da máxima efetividade possível do provimento final etc.

Nas palavras de Barbosa Moreira, para que a tutela jurisdicional seja efetiva, é necessário que haja

> "instrumentos de tutela adequados a todos os direitos ou a outras posições jurídicas de vantagem; que esses instrumentos possam ser praticamente utilizáveis pelos titulares dos direitos ou em seu favor; que os meios de prova reconhecidos sejam aptos a assegurar condições propícias à exata e completa reconstituição dos fatos relevantes, em correspondência com a realidade; que o resultado do processo seja tal que assegure à parte vitoriosa o gozo pleno da específica utilidade a que faz jus; que o jurisdicionado possa atingir semelhante resultado com o mínimo dispêndio de tempo e energias".[56]

Trata-se, enfim, da finalidade por excelência a ser buscada através do processo. Suas implicações e desdobramentos, acima elencados em termos sucintos e meramente exemplificativos, são de tal amplitude que somente à luz de cada caso concreto o intérprete pode determinar-lhe o sentido e a abrangência.

Aliás, em se tratando, como efetivamente se trata, de um direito fundamental, deve o intérprete ter em mente a lição de Paulo Bonavides, para quem

> "os métodos tradicionais, embora aplicáveis satisfatoriamente às leis do campo do Direito Privado, são, porém, de todo inadequados e insuficientes para captar o sentido das cláusulas não raro *principais* de uma Constituição ou o alcance normativo pluridimensional de um direito fundamental. A Constituição, de natureza, se apresenta, tanto quanto aquele, aberta e indeterminada, contendo cláusulas gerais e principais, cujo conteúdo só se completa no ato concreto de aplicação em face do problema".[57]

---

54   Luigi Paolo Comoglio, Corrado Ferri e Michele Taruffo, *Lezioni sul Processo Civile*, 2. ed., Bologna: Il Mulino, 1998, p. 29-30.

55   Cfr. Marcelo Lima Guerra, *Estudos sobre o Processo Cautelar*, São Paulo: Malheiros, p. 11.

56   José Carlos Barbosa Moreira, "Notas Sobre o Problema da Efetividade do Processo", em *Temas de Direito Processual*, terceira série, São Paulo: Saraiva, 1984, p. 27 ss.

57   Paulo Bonavides, *Curso de Direito Constitucional*, 7. ed., São Paulo: Malheiros, 1997, p. 556-557.

Capítulo 2 · PRINCÍPIOS JURÍDICOS DO PROCESSO TRIBUTÁRIO | 45

É em cada caso, portanto, que o intérprete há de concretizar o disposto no inciso XXXV do art. 5º da Constituição Federal. Nesse momento deverá levar em consideração dados do problema que está a resolver, de sorte a assegurar a aplicação de dispositivo tão abstrato quanto importante para o ordenamento jurídico de um Estado que pretende ser Democrático de Direito. Espera-se que nesse momento o intérprete não se embarace com exegese tacanha, literal e desproporcional de dispositivos infraconstitucionais.

Merecem destaque, nesse particular, as dificuldades inerentes à efetivação da tutela jurisdicional em face do Poder Público, que em matéria tributária é dotado da "tríplice função" de elaborar as normas disciplinadoras das relações de que participa, regulamentá-las, aplicá-las, e julgar os conflitos decorrentes dessa aplicação[58]. Embora a separação de poderes, de algum modo, mitigue os problemas decorrentes dessa circunstância (sendo, por isso mesmo, tão importante para o Direito Tributário), ela não o faz inteiramente, pois, quando se trata da cobrança de tributos, não raro Executivo, Legislativo e Judiciário têm interesse no objeto dos conflitos entre o Estado de que fazem parte e os cidadãos.

Ilustrativamente, no âmbito do Direito europeu, a diferença entre a jurisprudência dos tribunais nacionais e o entendimento da Corte de Justiça Europeia (CJE), em questões tributárias, demonstra eloquentemente o que se está a dizer: em nome do princípio da efetividade do direito comunitário, a CJE muitas vezes considera inválidas práticas adotadas pelos Fiscos europeus em relação às quais o Poder Judiciário dos respectivos países ou se mostra complacente ou cria obstáculos de ordem processual para nada fazer contra elas. A modulação de efeitos de decisões declaratórias da invalidade de cobranças e a criação de obstáculos intransponíveis à devolução de tributos ditos "indiretos", ligados ao suposto "repasse" destes a consumidores finais, são apenas alguns exemplos, e qualquer semelhança com a jurisprudência dos tribunais brasileiros sobre os mesmos assuntos não é mera coincidência[59].

5.3.4   Imparcialidade, inércia e "verdade formal"

Em virtude do caráter inafastável da atividade jurisdicional, e sobretudo em face da definitividade de seus resultados, o princípio do devido processo legal impõe que aquele que conduz o processo judicial seja *imparcial*. A exigência se justifica como condição para que o julgamento seja efetivamente conforme ao Direito.

É importante referir que a imparcialidade não se confunde com a neutralidade. Não se exige que o juiz seja neutro, o que, aliás, seria impossível. O juiz possui valores, vive em determinado momento histórico, e não tem como ser "descontextualizado". O que não pode haver é parcialidade, assim entendida a atuação de um julgador que previamente ao efetivo exame do problema já se inclina a favorecer uma das partes, julgando a questão procurando a todo custo alcançar esse intento.[60] Não é parcial o juiz que considera o Estado como algo muito importante, e o tributo sua fonte de custeio primordial, levando tais valores em consideração ao interpretar as normas pertinentes ao caso que julga: parcial é o juiz que, por conta de tais

---

[58]   MARINS, James. *Defesa e Vulnerabilidade do Contribuinte*. São Paulo: Dialética, 2009, *passim*.

[59]   MACHADO SEGUNDO, Hugo de Brito. Ainda a Restituição dos Tributos Indiretos. *Revista Nomos*, v. 32.2. Fortaleza: UFC, 2012, p. 223-274.

[60]   Chaïm Perelman e Lucie Olbrechts-Tyteca, *Tratado da Argumentação – A Nova Retórica*, tradução de Maria Ermantina Galvão, São Paulo: Martins Fontes, 2000, p. 67.

premissas, procura de qualquer modo manter exigências fiscais inválidas, já examinando o problema à cata de um argumento – qualquer que seja, ainda que sinceramente não o convença – para julgar a questão em benefício da Fazenda Pública, e, pior, fingindo que não vê argumentos ou provas que, considerados, levariam a decisão contrária àquele que ele deseja tomar. Essa é uma das razões pelas quais o art. 489, § 1º, IV, do CPC impõe ao julgador o enfrentamento de todos os aspectos – de fato ou de direito – capazes de conduzir a conclusão diversa da adotada.

A imparcialidade, consequentemente, impõe aos órgãos do Poder Judiciário também a *inércia*, em face da qual a instauração do processo depende de provocação das partes, não podendo ser levada a cabo de ofício pelo julgador. Com efeito, pudesse o julgador tomar iniciativa de iniciar e conduzir até o seu final um processo judicial, restariam seriamente prejudicados o princípio do juiz natural, e, especialmente, a sua imparcialidade.

Em face disso, no processo judicial diz-se que não prevalece, pelo menos não com a mesma intensidade que no processo administrativo, o chamado *princípio da verdade material*. Em razão de sua inércia e de sua imparcialidade, o órgão do Poder Judiciário deveria contentar-se com os elementos dos autos, e com o que as partes tomam a iniciativa de demonstrar, razão pela qual a doutrina afirma que, no processo judicial, prevalece o princípio da *verdade formal*.

Mesmo no processo judicial, porém, essa "verdade formal" deve ser vista com muita cautela. O Juiz realmente não pode assumir o lugar de parte e formular pedidos no lugar desta, mas isso não tem relação com seu dever de buscar a verdade quanto aos fatos. O CPC prevê, *por exemplo*, que o Juiz pode formular quesitos em uma perícia (CPC/2015, art. 470, II), ou ainda determinar de ofício a inquirição ou a acareação de testemunhas (CPC/2015, art. 461, I e II).

Aliás, em face das transformações pelas quais tem passado o processo judicial, e sobretudo a doutrina a respeito dele, a chamada "verdade formal" tem sido cada vez mais mitigada, em favor da verdade real, ou material. A própria distinção, aliás, pode ser vista como algo superado.[61] Marcelo Abelha, a propósito, observa que "deve o juiz envolver-se com o processo de modo a descobrir a verdade. Não deve folhear as páginas dos autos como se fossem uma dessas revistas (normalmente velhas e desatualizadas) que ficam nas salas de espera dos consultórios médicos. Só se envolvendo com a verdade dos fatos e atos da causa é que cumprirá o dever de prestar a tutela jurisdicional justa. Para aqueles que pensam que estaríamos diante de uma conduta parcial ao agir o juiz dessa forma pode-se dizer que é preferível um juiz desses do que aquele que comete a mais grave das parcialidades ao manter-se omisso às agruras das vidas que estão imprimidas nos autos de um processo".[62]

A observação da conduta (ainda comum) de alguns juízes, que se mantêm inertes ao longo de toda a instrução probatória para em seguida manter lançamentos sabidamente descabidos invocando dogmas como o da "presunção de validade do ato administrativo" demonstram, à saciedade, o acerto das palavras de Abelha.

---

[61] Para Michele Taruffo, a própria distinção entre verdade material e verdade formal é inaceitável, como, em suas palavras, a doutrina "menos superficial" demonstrou há muito tempo. Cf. TARUFFO, Michele. *La prueba de los hechos*, 3. ed., Traducción de Jordi Ferrer Beltrán. Madrid: Trotta, 2009, p. 24.

[62] Marcelo Abelha Rodrigues, *Elementos de Direito Processual Civil*, 3. ed., São Paulo: Revista dos Tribunais, 2003, v.1, p. 92.

6 QUADRO ESQUEMÁTICO

A divisão entre os princípios feita nos itens anteriores pode ser representada através de conjuntos, da seguinte maneira:

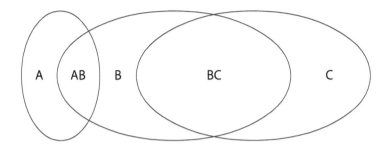

A = princípios aplicáveis aos meros procedimentos administrativos;
B = princípios aplicáveis aos processos administrativos propriamente ditos;
C = princípios aplicáveis aos processos judiciais.
Consideradas as zonas de interseção, temos:

"A" contém princípios como o da inquisitoriedade e da subordinação hierárquica, inerentes tão somente aos procedimentos.

"AB", zona de interseção entre os princípios aplicáveis tanto aos procedimentos como aos processos administrativos, contém os princípios da oficialidade e da verdade real.

Em "B" estão os princípios do processo administrativo útil e da não submissão do órgão julgador ao poder hierárquico, relativos aos processos administrativos.

Em "BC", zona de interseção de maior extensão, estão os princípios do devido processo legal e todos os seus desdobramentos, tais como os princípios da ampla defesa e do contraditório, da economia e da instrumentalidade processuais, do duplo grau de jurisdição etc., aplicáveis a todos os "processos", sejam administrativos ou judiciais.

E, finalmente, em "C", estão aqueles princípios inerentes apenas à atividade jurisdicional propriamente dita, de caráter definitivo, exercida pelos órgãos do Poder Judiciário, a exemplo dos princípios da inafastabilidade da tutela jurisdicional, da efetividade da tutela jurisdicional, da inércia e da imparcialidade do Judiciário etc.

Evidentemente, todos os três conjuntos, "A – procedimentos administrativos", "B – processos administrativos" e "C – processos judiciais", com suas respectivas zonas de interseção, estão contidos em um grande conjunto formado pelos princípios gerais, atinentes ao Direito e à atividade do Poder Público como um todo, a exemplo dos princípios da justiça, da segurança, da isonomia, da legalidade, da razoabilidade, da proporcionalidade etc.

Capítulo 3
PROCESSO ADMINISTRATIVO TRIBUTÁRIO

 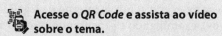

Acesse o *QR Code* e assista ao vídeo sobre o tema.

> http://uqr.to/1wt28

1 ESPÉCIES E FUNDAMENTOS

No Estado de Direito contemporâneo, o funcionamento da Administração Pública se dá predominantemente através de atos interligados, tendentes a um resultado final. Essa série de atos possibilita um maior controle – interno e externo – da atividade administrativa, além de viabilizar a interferência e a participação dos sujeitos interessados. Isso ocorre na admissão de novos servidores, na punição de servidores faltosos, na compra de bens ou serviços, na quantificação do tributo a ser exigido do contribuinte etc. Pontes de Miranda, a propósito, refere-se à natureza "essencialmente processualista" do Estado moderno, inclusive no que diz respeito à Administração.[1]

Como aponta Celso Antônio Bandeira de Mello, essa processualidade na conduta da Administração é relevante, pois é um "meio apto a controlar o 'iter' de formação das decisões estatais, o que passou a ser um recurso extremamente necessário a partir da multiplicação e do aprofundamento das ingerências do Poder Público sobre a Sociedade".[2]

Deve-se lembrar, aqui, a distinção feita nos capítulos anteriores deste livro, entre os *processos propriamente ditos*, e os *meros procedimentos*.

Sempre que houver apenas a série de atos tendentes a um resultado final considerada em seu aspecto formal, mas que não tenha como finalidade a produção de um resultado que deva ser legitimado pela participação dos interessados (participação esta que ocorre de forma dialética, ou contraditória, se o resultado final consistir na solução de um conflito), tem-se um *mero procedimento*. Quando essa série de atos tiver por propósito produzir um resultado que deva ser legitimado pela participação dos interessados (*v. g.*, dirimir uma lide, um conflito, reconhecendo o direito subjetivo detido por uma das partes litigantes, sobretudo oferecendo a essas partes possibilidades de participação), tem-se, além do procedimento considerado em seu aspecto formal, também um *processo propriamente dito*.

Na esfera da Administração Tributária, e dos processos que em seu âmbito se desenvolvem, não é diferente. Têm-se os meros procedimentos administrativos, nos quais podemos

---

[1] Pontes de Miranda, *Comentários ao Código de Processo Civil*, 5. ed., atualizada por Sérgio Bermudes, Rio de Janeiro: Forense, 2001, t. I, p. 36.

[2] Celso Antônio Bandeira de Mello, *Curso de Direito Administrativo*, 9. ed., São Paulo: Malheiros, 1997, p. 311.

incluir o procedimento de fiscalização, de reconhecimento de uma imunidade ou de uma isenção etc.; e os processos administrativos propriamente ditos, contenciosos, dentre os quais assume maior relevância o processo de impugnação do lançamento tributário.

Tanto o mero procedimento, como especialmente o processo administrativo contencioso são de inegável importância para o adequado equacionamento das relações entre o Estado arrecadador de tributos (Fisco) e os contribuintes e responsáveis submetidos à respectiva exigência de seu pagamento.

Os processos administrativos contenciosos contam com previsão constitucional implícita e explícita. Decorrem, implicitamente, do fato de o Brasil ser um Estado Democrático de Direito submetido à legalidade e à moralidade, e que tem a cidadania como um de seus fundamentos. Tudo isso impõe à Administração que adote um *devido processo legal administrativo* no âmbito do qual possa exercer o controle interno da legalidade de seus atos (autocontrole dos atos administrativos), examinando e procurando resolver os seus conflitos com os cidadãos, dando a estes ainda o direito de provocar esse exame, conforme está previsto, explicitamente, no art. 5º, incisos XXXIV, *a*, LIV e LV, da CF/88.

No que se relaciona aos meros procedimentos, estes são indispensáveis a que a atuação dos agentes públicos assuma a transparência necessária a que se afira a sua validade, possibilitando o posterior controle perante a própria Administração, ou perante o Poder Judiciário. Em suma, a complexidade da atuação do Poder Público e a necessidade de se controlar juridicamente essa mesma atuação impõem a *procedimentalização* da conduta da Administração.[3]

Observe-se que a finalidade de tais disciplinamentos – da organização da "série encadeada de atos" nos termos da Constituição e das leis – destina-se a viabilizar o respeito à ordem jurídica, por parte de quem exerce a atividade administrativa, e o controle da legalidade dessa atividade. A finalidade, especialmente do processo administrativo de controle da legalidade do lançamento, não é arrecadar tributos, mas realizar o *controle da legalidade* dessa arrecadação que, inclusive, e a História o demonstra, não dependeria disso para acontecer. Daí por que, quando se cogitar da "eficiência" de tais procedimentos e processos, não é de fazer com que arrecadem mais e mais rápido que se deverá estar cogitando, mas de fazer com que melhor identifiquem e corrijam ilegalidades que estejam presentes na cobrança.

2 LANÇAMENTO TRIBUTÁRIO

2.1 Noções iniciais

Das várias espécies de *meros procedimentos* presentes na conduta da Administração Tributária, certamente a que assume maior relevo é aquela que antecede a prática do

---

[3] Confira-se, a propósito, "A Processualidade Administrativo-tributária como Garantia Fundamental dos Contribuintes diante da Atividade da Receita Federal", de Juraci Mourão Lopes Filho, na *Revista Dialética de Direito Tributário – RDDT*, nº 84, p. 75 ss.

lançamento tributário, especialmente quando se trata de *fiscalização* que culmina na feitura de lançamento de ofício.

Para que se compreenda o que é lançamento, é importante conhecer a distinção entre *obrigação* e *crédito*, expressões que, no âmbito do Direito Tributário, possuem significados distintos.

Quando norma contida na lei tributária incide sobre o fato nela previsto como "gerador" do dever de pagar determinado tributo, ou determinada multa, surge uma relação com efeitos jurídicos mínimos, ainda em estágio embrionário, que o CTN chama de *obrigação tributária* (art. 113). Essa relação jurídica de grau mínimo dá ao Fisco apenas o direito potestativo de acertá-la e liquidá-la, e ao sujeito passivo (contribuinte ou responsável), o dever de submeter--se a essa possibilidade de acertamento.

Esse acertamento é feito através do *lançamento tributário*, no qual são identificados o sujeito ativo e o sujeito passivo da relação, determinada e quantificada a prestação à qual o segundo está obrigado em face do primeiro etc. Em outros termos, o lançamento aperfeiçoa a relação tributária preexistente, conferindo-lhe efeitos jurídicos em grau máximo, tornando--a líquida, certa e exigível. A partir de então, a obrigação tributária passa a ser chamada de *crédito tributário*.

Em vista disso foi que o art. 142 do CTN definiu lançamento como sendo o procedimento administrativo tendente a verificar a ocorrência do fato gerador da obrigação correspondente, determinar a matéria tributável, calcular o montante do tributo devido, identificar o sujeito passivo e, sendo o caso, propor a aplicação da penalidade cabível.

Essa definição, contudo, é objeto de algumas críticas por parte da literatura especializada.

Primeiro, porque existem alguns tributos, especialmente taxas, que são cobrados em valores fixos, que não necessitam de nenhum cálculo, hipótese na qual, embora haja lançamento, não se pode afirmar que através dele se tenha de calcular o montante do tributo devido. Segundo, porque a autoridade que efetua o lançamento não *propõe* a aplicação de uma penalidade. Na verdade, quando é o caso, a autoridade desde logo aplica a penalidade.[4]

E, finalmente, autores de respeito questionam ainda a parte inicial do art. 142 do CTN, que define o lançamento tributário como *procedimento*. Isso porque, no entender desses autores, o lançamento seria, em verdade, um ato administrativo.[5]

Realmente, o lançamento tributário é, a rigor, um *ato administrativo*. Entretanto, esse ato é sempre praticado ao cabo de um *procedimento preparatório*, que pode ter complexidade e extensão maior ou menor. Pode o referido ato, eventualmente, ser ainda sucedido por um processo administrativo de controle de sua legalidade, processo este chamado por alguns doutrinadores como *fase contenciosa do lançamento*.[6] Em vista disso, parece-nos que podemos empregar a expressão *lançamento* de modo mais rigoroso, a significar apenas o ato administrativo de constituição do crédito tributário; ou de modo mais amplo, a englobar, também, o mero procedimento que antecede a prática desse ato, ou, com extensão ainda maior, o processo administrativo de controle de sua legalidade.

Ao longo deste livro, porém, optou-se pelo uso da expressão *lançamento* em seu sentido estrito, de ato administrativo de constituição do crédito tributário, sendo certo que todas as

---

[4] Nesse sentido, Hugo de Brito Machado, *Curso de Direito Tributário*, 22. ed., São Paulo: Malheiros, 2002, p. 152.

[5] Alberto Xavier, *Do Lançamento – Teoria Geral do Ato, do Procedimento e do Processo Tributário*, 2. ed., Rio de Janeiro: Forense, 1997, p. 24.

[6] Hugo de Brito Machado, *Curso de Direito Tributário*, 22. ed., São Paulo: Malheiros, 2003, p. 412.

52 | PROCESSO TRIBUTÁRIO – *Machado Segundo*

vezes em que a palavra for empregada com significado mais amplo isso será expressamente referido no texto.

Compreendido em linhas gerais o significado da expressão *lançamento tributário*, o que nos interessa, por ora, são as várias espécies de procedimentos administrativos que antecedem a sua prática. É do que cuida o item seguinte.

2.2   As várias espécies de lançamento

Mantendo a coerência com o dispositivo que define o lançamento como *procedimento* (art. 142), o CTN classifica o lançamento conforme o procedimento preparatório que o antecede, o grau de participação do contribuinte nesse procedimento, a titularidade da iniciativa pela sua instauração etc. Refere-se, então, às modalidades *por declaração, por homologação* e *de ofício*.

Embora as regras gerais inerentes a cada procedimento estejam devidamente traçadas no CTN, as peculiaridades a eles inerentes, especialmente no que diz respeito ao procedimento de fiscalização para eventual lançamento de ofício, são determinadas pela legislação de cada ente tributante. Isso torna inviável, aqui, o exame pormenorizado de cada uma delas.

Não podemos esquecer, contudo, que a legislação da União, do Distrito Federal e de cada um dos Estados e Municípios brasileiros está subordinada ao CTN e especialmente aos princípios constitucionais já mencionados no Capítulo 2 deste livro. Em vista disso, trataremos de tais procedimentos à luz dessas normas gerais. Quando cuidarmos do procedimento de fiscalização antecedente ao lançamento de ofício, dada a sua maior relevância e complexidade, teremos em mente ainda o disciplinamento específico feito pela legislação federal, e faremos alusão, sempre que possível, ao tratamento da matéria no âmbito da legislação de outros entes federados.

2.3   O procedimento preparatório do lançamento por declaração

A modalidade de lançamento por declaração hoje é figura bastante rara no Direito Brasileiro, presente apenas em alguns tributos, como é o caso do imposto sobre transmissão de bens imóveis (ITBI), e do imposto sobre transmissões *causa mortis* e doações (ITCD).[7]

Caracteriza-se essa forma de lançamento, segundo o art. 147 do CTN, quando as informações sobre a matéria de fato, indispensáveis à sua efetivação, são prestadas à autoridade administrativa pelo sujeito passivo ou por terceiro. Diante dessas informações, a autoridade efetiva o lançamento e notifica o sujeito passivo a pagá-lo ou a impugná-lo dentro de determinado prazo.

Ao examinar as informações prestadas, a autoridade pode corrigir de ofício os erros por ela apurados, bem como arbitrar o valor atribuído pelo declarante aos bens, direitos, serviços ou atos jurídicos a serem tributados, quando este valor for omisso ou não mereça fé. Assim, por exemplo, se o contribuinte declara as informações necessárias a que a autoridade municipal efetue o lançamento do ITBI, mas esta considera que o preço atribuído à transferência do imóvel correspondente é excessivamente baixo, incompatível com a realidade do mercado imobiliário, a autoridade pode arbitrar esse preço.

É importante referir, contudo, que não é possível à autoridade estabelecer, previamente, pautas com valores e preços predeterminados, a título de presunção absoluta, como acontece em algumas repartições fiscais, nas quais se presume que certos bens têm determinado preço,

---

[7]   O imposto sobre propriedade territorial rural (ITR), antes sujeito ao lançamento por declaração, é atualmente submetido ao lançamento por homologação.

e mesmo que o contribuinte declare e comprove, por documentação idônea, que o preço efetivamente praticado foi ligeiramente menor, o lançamento é feito sobre o valor presumido. Essa presunção absoluta e preestabelecida, chamada comumente de *pauta fiscal* e aplicada inclusive em outras modalidades de lançamento, é flagrantemente inválida, e vem sendo repelida há décadas pela jurisprudência, na medida em que faz com que o tributo seja calculado não sobre a realidade econômica indiscutivelmente revelada no fato gerador correspondente, previsto em lei, mas sim sobre um valor imaginado pela autoridade administrativa.

Mesmo nas hipóteses em que a desconsideração dos valores declarados e o seu consequente arbitramento são em tese válidos, porque efetuados com base em fundada suspeita, à luz do caso concreto, de que os valores declarados não merecem fé, sempre assiste ao sujeito passivo o direito de contestar os valores arbitrados, submetendo-o a uma avaliação contraditória, administrativa ou judicial (CTN, art. 148). Feita essa avaliação contraditória, há de prevalecer o valor nela encontrado, e não aquele inicialmente fixado pela autoridade lançadora.

2.4   O procedimento preparatório do lançamento por homologação

Intitula-se lançamento por homologação aquele no qual o sujeito passivo realiza toda a atividade de apuração dos dados necessários à constituição do crédito tributário, tendo o dever de *antecipar o pagamento* do valor respectivo antes de qualquer manifestação do Fisco sobre essa apuração. Concordando com a atividade desenvolvida pelo sujeito passivo, o Fisco a homologará, se exata, ou procederá ao lançamento de ofício em caso contrário.[8]

Percebe-se que a principal distinção entre o lançamento por declaração e o lançamento por homologação reside na obrigação de *antecipar o pagamento* presente nesta última modalidade. Enquanto no lançamento por declaração o sujeito passivo apenas está obrigado ao pagamento depois de notificado pela autoridade competente da realização do lançamento, depois de examinadas as suas declarações, na modalidade por homologação o pagamento é feito antes de qualquer exame por parte da autoridade.

Por conta disso, o procedimento de apuração, no lançamento por homologação, é quase que integralmente realizado pelo contribuinte. Limita-se a autoridade a homologá-lo, notadamente a sua conclusão, a fim de atribuir-lhe o *status* de ato administrativo de lançamento.

Homologação é "aprovação, ratificação ou confirmação, por autoridade judicial ou administrativa, de certos atos particulares, a fim de que possam investir-se de força executória ou apresentar-se com validade jurídica".[9] Desse modo, facilmente se compreende que, na modalidade de lançamento de que se cuida, o sujeito passivo realiza os atos necessários à constituição do crédito tributário, efetuando o pagamento respectivo, mas submetendo tais atos à aprovação, ratificação ou confirmação da autoridade competente. Homologada a atividade, esta passa a considerar-se como tendo sido desempenhada pela autoridade competente para lançar.

Merecem atenção, a propósito do tema, as palavras de Geraldo Ataliba:

> "O lançamento por homologação – impropriamente chamado autolançamento – ocorre quando a lei atribuiu ao sujeito passivo a incumbência de todo o preparo material e técnico do ato, que, destarte, se reduz a uma simples homologação.

---

[8]   Cfr. Hugo de Brito Machado Segundo e Paulo de Tarso Vieira Ramos, "Lançamento tributário e decadência", em *Lançamento Tributário e Decadência*, coord. Hugo de Brito Machado, São Paulo/Fortaleza: Dialética/Icet, 2002, p. 251.

[9]   *Dicionário Houaiss da Língua Portuguesa*, Rio de Janeiro: Objetiva, 2001, p. 1548.

O lançamento persiste sendo ato privativo do fiscal. O contribuinte é mero preparador. O lançamento, propriamente dito, no caso, consiste na homologação."[10]

Aliás, hoje a jurisprudência do STJ já é pacífica no sentido de que, em se tratando de débito declarado e não pago, no âmbito de tributos sujeitos ao lançamento por homologação, o mesmo pode ser inscrito em dívida ativa e executado, independentemente de notificação do sujeito passivo para apresentar impugnação administrativa.[11] Sem questionar ainda a necessidade de respeito ao direito de defesa, o que é um outro problema, do qual trataremos oportunamente, o que importa é que seria indefensável a atuação do Fisco ao exigir o crédito com base nas declarações do contribuinte, se não a presidisse a homologação expressa de tais declarações. A não ser assim, teria o Fisco de valer-se ou do lançamento de ofício ou do lançamento por declaração, aplicando as normas dos arts. 147 e 149 do CTN, o que na verdade não ocorre.[12]

Poder-se-ia objetar que, na maioria das vezes, quando o sujeito passivo paga a quantia apurada e levada ao conhecimento da autoridade, esta não homologa expressamente tal atividade apuratória. Nesse caso, porém, a consumação da *decadência* do direito de efetuar essa homologação expressamente, ou de lançar de ofício quaisquer diferenças não declaradas ou não recolhidas, dá margem a que se fale de uma *homologação tácita*. Trata-se de primorosa criação de Rubens Gomes de Sousa, autor do anteprojeto de CTN, que conciliou a realidade fática das apurações feitas pelos próprios sujeitos passivos com a natureza *ex lege* da obrigação tributária e a competência privativa das autoridades fiscais para constituírem o crédito tributário através do lançamento.

No mesmo sentido escreve Misabel Abreu Machado Derzi:

> "O Código Tributário Nacional, partindo do pressuposto correto de que o lançamento é ato privativo da Administração pública (art. 142), não adotou a expressão comumente utilizada pela legislação e doutrina de outros países (autoaccertamento para os italianos ou autoliquidación para os espanhóis) – autolançamento – para designar a espécie de lançamento prevista no art. 150. Somente é lançamento, no sentido técnico-jurídico, o ato jurídico emanado da Administração. Particular não pratica ato administrativo, não lança tributo, por isso mesmo, inteiramente cabível a terminologia legal: lançamento por homologação."[13]

Como já escrevemos, em coautoria com Paulo de Tarso Vieira Ramos,[14] apesar de a solução adotada pelo CTN ser duramente criticada por parte da doutrina brasileira, é elogiada por estudiosos de outros países. Soarez Martinez, após sumariar a extensa e controversa doutrina

---

[10] Geraldo Ataliba, *Apontamentos de Ciência das Finanças, Direito Financeiro e Tributário,* São Paulo: RT, 1969, p. 287 e 288.

[11] Súmula 436 do STJ: "A entrega de declaração pelo contribuinte, reconhecendo o débito fiscal, constitui o crédito tributário, dispensada qualquer outra providência por parte do Fisco."

[12] Cfr. Hugo de Brito Machado Segundo e Paulo de Tarso Vieira Ramos, "Lançamento tributário e decadência", em *Lançamento tributário e decadência,* coord. Hugo de Brito Machado, São Paulo/Fortaleza: Dialética/Icet, 2002, p. 253.

[13] Misabel Abreu Machado Derzi, em *Comentários ao Código Tributário Nacional,* coord. Carlos Valder do Nascimento, Rio de Janeiro: Forense, 1997, p. 401.

[14] Hugo de Brito Machado Segundo e Paulo de Tarso Vieira Ramos, "Lançamento Tributário e Decadência", em *Lançamento Tributário e Decadência,* coord. Hugo de Brito Machado, São Paulo/Fortaleza: Dialética/ICET, 2002, p. 257.

Capítulo 3 · PROCESSO ADMINISTRATIVO TRIBUTÁRIO | 55

europeia acerca da chamada *autoliquidação*, por uns considerada ato administrativo, e por outros liquidação realizada pelo contribuinte no uso de delegação do Fisco, refere e elogia a solução brasileira, afirmando que semelhante entendimento poderia ser defendido também no Direito Fiscal português.[15]

Em virtude das peculiaridades dessa modalidade de procedimento, uma série de divergências surgiu no âmbito da doutrina e da jurisprudência, relacionadas à possibilidade de impugnação administrativa do ato de homologação, à decadência e à prescrição, entre outras. Delas trataremos oportunamente.

2.5   O procedimento nos casos de lançamento de ofício

2.5.1   Noções iniciais

Diz-se *de ofício* aquele lançamento efetuado pela autoridade administrativa sem que se faça necessária qualquer iniciativa ou participação do sujeito passivo, conforme previsto no art. 149 do CTN. Embora existam alguns (poucos) tributos cujo lançamento normalmente se opera por esta modalidade, como o IPTU, é importante destacar que todo e qualquer tributo pode ser objeto de um lançamento de ofício.[16] É o que acontece, com tributos lançados por declaração ou por homologação, na hipótese de omissão, imprecisão ou falsidade nas informações prestadas pelo sujeito passivo, ou mesmo com tributos normalmente sujeitos a lançamento de ofício, quando detectado equívoco no lançamento anterior. No primeiro caso, diz-se que o lançamento de ofício é *ordinário* e, no outro, que é *revisional*.

Na hipótese de tributos ordinariamente submetidos ao lançamento de ofício, como é o caso do IPTU, o procedimento preparatório é bastante simples, sendo pouco relevante examinar cada um de seus passos. Em alguns Municípios, nos quais constam de arquivos eletrônicos os registros dos imóveis e seus respectivos valores, praticamente todo o procedimento é efetuado de modo automático, sendo relevante, então, apenas o exame do ato de lançamento ao seu final proferido.[17]

Já em se tratando de lançamento efetuado em face da revisão de ofício de um lançamento anterior, ou em razão de omissão do sujeito passivo no cumprimento de seus deveres no que diz respeito a tributos submetidos a lançamento por declaração ou por homologação, assume muita importância o *procedimento* observado pela autoridade lançadora. A *fiscalização* enseja a ingerência do Fisco no âmbito das atividades desempenhadas pelo sujeito passivo, com a entrada de agentes fiscais em seus estabelecimentos, a retenção e o exame de documentos fiscais etc. Ademais, pode surgir, ao final desse procedimento oficioso, não apenas a manifestação de discordância com os atos praticados pelo sujeito passivo no âmbito de um lançamento por homologação ou por declaração, mas provavelmente também a imposição de penalidades. A atuação da autoridade lançadora, enfim, pode efetuar-se em tensão com direitos fundamentais do contribuinte (propriedade, livre iniciativa, intimidade etc.), os quais evidentemente devem ser por ela respeitados (CF/88, art. 145, § 1º). Tudo isso enseja que o procedimento a ser observado, nesse caso, seja exaustivamente disciplinado em lei.

---

[15]   Soares Martinez, *Direito Fiscal*, 7. ed., Coimbra: Almedina, 1995, p. 312 e 313.

[16]   Hugo de Brito Machado Segundo e Paulo de Tarso Vieira Ramos, "Lançamento Tributário e Decadência", em *Lançamento Tributário e Decadência*, coord. Hugo de Brito Machado, São Paulo/Fortaleza: Dialética/ICET, 2002, p. 251.

[17]   Que pode, naturalmente, ser objeto de posterior revisão pela própria Administração, seja de ofício, seja mediante requerimento do interessado, que pode estar, por exemplo, inconformado com o valor atribuído ao seu imóvel.

2.5.2 A fiscalização

De acordo com o CTN, o procedimento de fiscalização deverá ser documentado através de termos específicos, dos quais o sujeito passivo sempre deverá ficar com cópia autenticada pela autoridade competente (art. 196). Isso torna clara a natureza formal do procedimento, com vistas a assegurar o respeito aos direitos fundamentais do cidadão e limitar os poderes da autoridade fiscalizadora.

Convém advertir, ainda, que o CTN deve ser interpretado, assim como as demais normas atinentes ao procedimento de fiscalização, em conjunto com a Constituição Federal, que assegura ao Fisco a atribuição de fiscalizar o patrimônio, os rendimentos e as atividades econômicas dos contribuintes, como forma de viabilizar uma tributação conforme a capacidade econômica de cada um, *mas desde que respeitados os direitos individuais e nos termos da lei*.[18]

O procedimento de fiscalização, portanto, não pode desenvolver-se em desarmonia com o direito do contribuinte à intimidade, à inviolabilidade de seu domicílio, de sua correspondência etc., ainda que isso esteja previsto em lei. A lei que autorizar tais abusos, se não puder ser interpretada *conforme a Constituição*, será simplesmente inválida.

Exemplificando, um agente fiscal não poderá violar o domicílio de um contribuinte (ou, o que é o mesmo, a parte de seu estabelecimento que não é aberta ao público),[19] nele penetrando à força, *sem* autorização do fiscalizado, salvo se munido de *ordem judicial*.[20] O art. 200 do CTN deve ser entendido em harmonia com os arts. 5º, XI, e 145, § 1º, da CF/88. Em casos em que essa violação ocorre sem amparo em ordem judicial, é nulo o procedimento, bem como o lançamento que com base nele tenha sido efetuado, dada a ilicitude presente na obtenção das provas necessárias à sua feitura.[21]

Acolhendo expressamente essa ideia, o Supremo Tribunal Federal já decidiu:

> "[...] Sem que ocorra qualquer das situações excepcionais taxativamente previstas no texto constitucional (art. 5º, XI), nenhum agente público, ainda que vinculado à administração tributária do Estado, poderá, contra a vontade de quem de direito ('invito domino'), ingressar, durante o dia, sem mandado judicial, em espaço privado não aberto ao público, onde alguém exerce sua atividade profissional, sob pena de a prova resultante da diligência de busca e apreensão assim executada reputar-se inadmissível,

---

[18] CF/88, art. 145, § 1º.

[19] Pontes de Miranda, *Comentários à Constituição de 1967*, 2. ed., São Paulo: RT, 1971, p. 185.

[20] CF/88, art. 5º, XII.

[21] CF/88, art. 5º, LVI. A fiscalização não pode apreender, sem ordem judicial, livros e documentos fiscais (STJ, 1ª T., REsp 300.065/MG, Rel. Min. José Delgado, *DJ* de 18.6.2001, p. 117). Também não pode invadir, sem prévia autorização judicial, o domicílio ou o estabelecimento do contribuinte (STF, Pleno, HC 79.512, Rel. Min. Sepúlveda Pertence, *DJ* de 16.5.2003, p. 92). Nesse sentido: "Conforme o art. 5º, XI, da Constituição – afora as exceções nele taxativamente previstas ('em caso de flagrante delito ou desastre, ou para prestar socorro') só a 'determinação judicial' autoriza, e durante o dia, a entrada de alguém – autoridade ou não – no domicílio de outrem, sem o consentimento do morador. [...] Em consequência, o poder fiscalizador da administração tributária perdeu, em favor do reforço da garantia constitucional do domicílio, a prerrogativa da autoexecutoriedade, condicionado, pois, o ingresso dos agentes fiscais em dependência domiciliar do contribuinte, sempre que necessário vencer a oposição do morador, passou a depender de autorização judicial prévia" (STF, 1ª T., RE 331.303 AgR/PR, Rel. Min. Sepúlveda Pertence, j. em 10.2.2004, v.u., *DJ* de 12.3.2004, p. 42). Nesse sentido: Adelmo da Silva Emerenciano, *Procedimentos Fiscalizatórios e a Defesa do Contribuinte*, Campinas: Copola, 1995, p. 190 ss.

Capítulo 3 · PROCESSO ADMINISTRATIVO TRIBUTÁRIO | 57

porque impregnada de ilicitude material. Doutrina. Precedentes específicos, em tema de fiscalização tributária, a propósito de escritórios de contabilidade (STF)."[22]

Além de respeitar os direitos individuais, a atividade de fiscalização, como já foi dito, deve desenvolver-se nos termos em que disciplinada em lei. No âmbito federal, esse disciplinamento é feito pelo Decreto 70.235/72, que foi recepcionado pela CF/88 com *status* de lei ordinária.[23] No âmbito de Estados e Municípios, as disposições legais pertinentes ao tema praticamente repetem, com algumas alterações, os dispositivos do citado Decreto.

De acordo com o art. 7º do Decreto 70.235/72, o procedimento tem início com: (I) "o primeiro ato de ofício, escrito, praticado por servidor competente, cientificando o sujeito passivo da obrigação tributária ou seu preposto"; (II) "a apreensão de mercadorias, documentos ou livros"; ou com (III) "o começo de despacho aduaneiro de mercadoria importada".

No primeiro caso (I), tem-se o chamado "termo de início de fiscalização", que pode receber denominação diversa no âmbito de outras entidades tributantes, e que deve conter a identificação do sujeito passivo, o período a ser fiscalizado, o tempo de duração do procedimento de fiscalização, a identificação das autoridades fiscalizadoras etc., delimitando assim as atribuições destas e levando ao conhecimento do sujeito passivo os limites de sua obrigação de *tolerar* a fiscalização à qual será submetido. Essa minudência do documento que formaliza o início do procedimento presta-se para afastar a discricionariedade na condução do procedimento fiscal,[24] bem como assegurar o respeito ao princípio da impessoalidade, e pode ensejar a nulidade do ato de lançamento eventualmente constituído em desconformidade com os limites nele traçados.

Com o propósito de resguardar o contribuinte de "fiscalizações" desautorizadas pela repartição competente, levadas a cabo com propósitos inconfessáveis, ou mesmo para evitar excessos em fiscalizações originariamente regulares, o Fisco Federal tem adotado uma série de precauções. Em face disso, têm constado do termo de início de fiscalização, além de outras informações essenciais, o nome e os telefones da autoridade supervisora dos fiscais, bem como um número de identificação, que pode ser conferido pela Internet, no *site* da Receita Federal. Essa conferência pela Internet revela ao contribuinte todas as informações relativas

---

[22] STF, 2ª T., HC 82.788-8/RJ, Rel. Min. Celso de Mello, j. em 12/4/2005.

[23] Cléber Giardino, citado por Valdir de Oliveira Rocha, explica que o Decreto 70.235/72 contém "normas jurídicas de caráter extraordinário, editadas pelo Poder Executivo no exercício de faculdades legislativas excepcionalmente autorizadas, sob o regime dos atos institucionais". Adiante, Giardino acrescenta que "hoje, mero decreto regulamentar, fundado no art. 81, III, da CF, *não poderia* alterar os preceitos e o alcance desse decreto. Nele se traduziu delegação (Dec-lei 822, de 5.9.69), hoje impossível, mas lícita à época em que ocorrida. De todo modo, só lei poderá, agora, derrogar esse estatuto; e essa circunstância atribui, ao texto, autoridade e 'força de lei', obviamente superior à dos meros decretos executivos" (Cléber Giardino, "Instituto da consulta fiscal em matéria tributária – declaração de ineficácia", *Revista de Direito Tributário* nº 39, p. 224, destaques no texto do autor transcrito, Apud Valdir de Oliveira Rocha, *A consulta fiscal*, São Paulo: Dialética, 1996, p. 30 e 31).

[24] Adelmo da Silva Emerenciano, nesse sentido, observa, com inteira propriedade: "O princípio da objetividade exige também que o termo de início da fiscalização delimite o objeto a ser fiscalizado, também em homenagem ao princípio da segurança jurídica, e, tratando-se de ato administrativo, em atendimento à causa e à finalidade. Não bastasse tal incidência, a norma contida no art. 138 do CTN assegura a exclusão de responsabilidade, na denúncia espontânea, da infração e dos juros de mora. Ora, o fim colimado previsto no parágrafo único do referido artigo, consistente em admitir a exclusão somente ao que não é objeto da fiscalização, impõe, por decorrência lógica, que os objetivos da fiscalização sejam definidos e delimitados. Desse modo, não há espaço na área das condutas administrativas válidas para fiscalizações genéricas e de objetivo ou conteúdo incertos" (*Procedimentos Fiscalizatórios e a Defesa do Contribuinte*, Campinas: Copola, 1995, p. 174).

à fiscalização, as quais podem ser cotejadas com aquelas constantes do termo fornecido pela autoridade que se apresentou como fiscalizadora, deixando fora de dúvida a legitimidade da instauração do procedimento. São prestigiados, com essa postura, os princípios da publicidade e da cientificação, assegurando-se, ainda que não integralmente, a impessoalidade que deve estar presente na conduta dos que compõem a Administração Tributária.

Em se tratando de apreensão de mercadorias ou livros (II), é igualmente necessária a lavratura de um termo, que nesta hipótese denominar-se-á termo de apreensão, mas que terá o mesmo efeito de dar início ao procedimento de fiscalização, que, neste caso, será tendente a verificar o cumprimento das obrigações tributárias eventualmente evidenciadas pela posse das mercadorias, ou pelo que constar dos livros. Disposição idêntica consta da legislação de muitos, senão de todos, os Estados-membros, sendo comum o procedimento preparatório de um lançamento de ofício de ICMS ter início com a apreensão de mercadorias em situação supostamente irregular.

Entretanto, a apreensão das mercadorias e dos livros só se faz necessária à identificação do sujeito passivo e à comprovação da ocorrência do fato gerador do tributo ou de eventuais penalidades. Depois disso, e uma vez constituído o crédito tributário relativo ao tributo e à penalidade eventualmente devidos, as mercadorias ou os livros apreendidos devem ser liberados, salvo, é claro, nas hipóteses de aplicação de pena de perdimento, no plano da legislação aduaneira. Voltaremos ao tema oportunamente.

E, ainda de acordo com o Decreto 70.235/72, o começo de despacho aduaneiro de mercadoria importada também dá início a um procedimento de fiscalização, neste caso chamado de *desembaraço aduaneiro*, no qual será constatada a regularidade da importação de bens oriundos do exterior. No decorrer do citado procedimento as autoridades poderão conferir a equivalência entre as quantidades declaradas pelo importador e aquelas efetivamente importadas, os respectivos valores, a classificação fiscal adotada para os produtos, as alíquotas aplicadas etc.

Como vimos ao tratar dos princípios atinentes ao procedimento e ao processo administrativo, a fiscalização desenvolve-se de modo *inquisitório*, dada a sua natureza de mero procedimento investigativo e não contencioso. Em seu decorrer a autoridade pode solicitar e examinar livros e documentos etc., tudo devendo ser objeto de formalização em termos próprios. Saliente-se que, embora em algumas situações a autoridade solicite informações ou esclarecimentos ao contribuinte, não é de uma oportunidade de "defesa" que se cuida, até porque nada lhe está sendo imputado nesse momento.

2.5.2.1 Fiscalização e denúncia espontânea

O início do procedimento de fiscalização, do qual o sujeito passivo tenha sido validamente cientificado, a teor do que dispõe o art. 138 do CTN, devidamente explicitado no art. 7º, § 1º, do Decreto 70.235/72, exclui a espontaneidade do sujeito passivo em relação aos atos anteriores. Isso quer dizer que todas as infrações eventualmente praticadas antes de iniciada a fiscalização não mais podem ser objeto de denúncia espontânea e consequente pagamento sem imposição de multas.

Em acréscimo ao que contém o CTN, o Decreto 70.235/72 afirma ainda que a espontaneidade é excluída inclusive no que diz respeito a terceiros envolvidos nas infrações, independentemente de intimação desses terceiros. A disposição é razoável, pois parte da premissa de que, em tais circunstâncias, uma eventual confissão da prática das infrações por parte de tais terceiros não seria "espontânea", mas motivada pela possibilidade de descoberta dos ilícitos praticados por conta do início da fiscalização de um dos contribuintes envolvidos.

Cabe frisar, porém, que a fiscalização somente tem o efeito de excluir a espontaneidade do sujeito passivo no que diz respeito ao descumprimento das obrigações objeto da fiscalização. Como tem decidido o Conselho de Contribuintes do Ministério da Fazenda, atualmente denominado Conselho Administrativo de Recursos Fiscais, "o início do procedimento não exclui a espontaneidade do sujeito passivo em relação aos demais atos não envolvidos nas infrações verificadas".[25] Assim, se um contribuinte for cientificado do início de um procedimento de fiscalização tendente a verificar a regularidade do recolhimento do imposto de importação devido em operações passadas, isso obviamente não excluirá sua espontaneidade no que diz respeito a eventuais infrações à legislação do Imposto de Renda, ou do Imposto Territorial Rural.

2.5.2.2 A segurança do procedimento escrito

Para conferir segurança, lisura e eficiência ao procedimento fiscalizatório, seja em que unidade federada este estiver se desenvolvendo (União, Estados-membros, Distrito Federal ou Municípios), as solicitações da autoridade fiscalizadora, assim como as respostas oferecidas pelo contribuinte, devem ser feitas todas por escrito. É do interesse de todos que seja assim, devendo o contribuinte recusar-se a atender a solicitações simplesmente verbais.

Não se trata de formalismo estéril. O registro escrito representa sutil freio para alguns excessos (que são praticados com menos conforto quando são documentados); possibilita a prova, necessária à fundamentação de eventual ato de lançamento, ou à defesa do contribuinte em futuro processo litigioso; e ainda facilita posteriores esclarecimentos e conferências. Essa importância é conhecida dos que atuam ou já atuaram na defesa de contribuintes, certamente testemunhas de que muitas autoridades praticam ilegalidades flagrantes, mas não dão ao contribuinte qualquer registro dessa ilegalidade para evitar que este reclame perante o Poder Judiciário. Intimadas a prestarem informações em sede de mandado de segurança, afirmam, com insólita naturalidade, que nunca praticaram tal ato, realmente ilegal, mas que em suas palavras seria fruto tão somente da imaginação do contribuinte.

Imagine-se, ainda, a seguinte hipótese. Em virtude de um procedimento de fiscalização federal, um fiscal da Receita Federal leva determinado livro contábil do contribuinte, para examiná-lo em sua repartição. Poucos dias depois, antes de o citado livro ser devolvido, tem início um outro procedimento de fiscalização (por exemplo, da Secretaria da Fazenda do Estado), e é feita solicitação desse mesmo livro. Ao justificar as razões pelas quais não pode entregá-lo imediatamente a essa segunda fiscalização, será de suma importância que o contribuinte junte o termo no qual está documentada a requisição e a entrega do citado livro ao fiscal da Receita Federal.[26]

2.5.2.3 Dever de informar e livros obrigatórios

No que diz respeito ao atendimento de solicitações para exibição de livros contábeis ou fiscais, é importante esclarecer que o contribuinte somente está obrigado a fazê-lo em relação

---

[25] Ac. mv. da 3ª C. do 1º CC nº 103-10.310 – DOU I 15.10.1990, p. 19570 – *Repertório IOB de Jurisprudência* nº 22/90, p. 361, c. 01.

[26] Como observa Adelmo da Silva Emerenciano, "se o direito de examinar tem delimitado como correlato o dever de exibir, esse raciocínio leva-nos a concluir que inexiste direito à guarda temporária do documento, no sentido de manter-se em poder do agente fiscal longe das vistas do fiscalizado e sem um motivado termo de apreensão" (*Procedimentos Fiscalizatórios e a Defesa do Contribuinte*, Campinas: Copola, 1995, p. 185).

60 PROCESSO TRIBUTÁRIO – *Machado Segundo*

aos livros que *por lei* sejam exigíveis.[27] Entretanto, caso o livro, embora facultativo, tenha sido escriturado, e o fiscal o veja no estabelecimento do fiscalizado, é possível o seu exame. A distinção entre as duas situações é apontada, com propriedade, por Hugo de Brito Machado:

> "O direito de examinar abrange todos os livros e papéis que os comerciantes, industriais ou produtores possuam, sejam ou não obrigatórios. A obrigação de exigir evidentemente só é efetiva em se tratando de livros ou papéis cuja existência seja obrigatória. Note-se a diferença. Se um agente fiscal encontra um livro *caixa*, por exemplo, no escritório de uma empresa, tem direito de examiná-lo, mesmo se tratando, como se trata, de livro não obrigatório. Entretanto, se o contribuinte afirma não possuir livro *caixa*, ou *razão*, ou qualquer outro, não obrigatório, evidentemente não estará sujeito a sanção alguma. Não sendo legalmente obrigado a possuir determinado livro ou documento, obviamente não pode ser obrigado a exibi-lo. Entretanto, se de fato o possui, tanto que o fiscal o viu, não pode impedir o seu exame.
>
> Ao constatar a existência de livro ou documento não obrigatório, deve o fiscal fazer imediatamente a respectiva apreensão. Se não o faz, depois não terá como obrigar o contribuinte a exibi-lo, a menos que este confesse a existência do livro ou documento questionado."[28]

Pelas mesmas razões, o contribuinte não é obrigado a elaborar "planilhas", "resumos" ou "demonstrativos" para as autoridades fiscalizadoras, que às vezes fazem tais solicitações diante de escrituração contábil complexa e volumosa. Tais demonstrativos devem ser elaborados pelas autoridades fiscalizadoras, que para tanto são remuneradas pelo Poder Público, cabendo ao contribuinte o dever de *tolerar* a fiscalização e de a ela disponibilizar todos os livros e documentos fiscais e contábeis que a lei o obriga a possuir.

2.5.2.4 Fiscalização e sigilo bancário

Ainda a propósito do conflito entre os poderes de fiscalização (necessários à efetividade dos princípios da isonomia e da capacidade contributiva), e os direitos individuais do contribuinte fiscalizado (intimidade, privacidade, propriedade, livre iniciativa etc.), questão de grande relevo diz respeito ao *sigilo bancário* e à sua quebra por autoridades administrativas, assegurada pela LC nº 105/2001.

Defensores da validade da citada lei sempre procuram, propositalmente ou não, desviar o foco da questão. Defendem a *relatividade* do direito à intimidade, a inexistência de "direitos absolutos", e a necessidade de serem prestigiados também os princípios da isonomia e da capacidade contributiva. Como existem sonegadores que se valem do sigilo bancário para ocultar rendimentos e não os submeter à tributação, a quebra desse sigilo seria do interesse de todos os que não são sonegadores.

Na argumentação acima resumida, entretanto, há duas falácias evidentes.

A maior delas consiste em defender a validade da LC nº 105/2001 utilizando argumentos relativos à possibilidade de quebra do sigilo bancário (há muito admitida pela doutrina, e pelo

---

[27] Nesse sentido: "As empresas que são contribuintes do Imposto de Renda com base no lucro presumido não estão obrigadas ao fornecimento de informações, perante o Fisco Federal, de sua escrita contábil. II – Inteligência dos arts. 394 do Decreto 6.468/77, então em vigência. III – Apelação e remessa oficial improvidas" (Ac. un. da 3ª T. do TRF da 5ª R. – AMS 93.05.41294-7-CE – Rel. Juiz Nereu Santos, *DJU* 2, de 28.7.1995, p. 46.954).

[28] Hugo de Brito Machado, *Curso de Direito Tributário*, 22. ed., São Paulo: Malheiros, 2003, p. 218.

Poder Judiciário), quando na verdade o que se discute é *quem* está autorizado a efetuar essa quebra, se a Administração, a interessada nos dados, e por isso mesmo parcial, ou se o Poder Judiciário. É o que Irving Copi define como falácia da conclusão irrelevante, ou *ignoratio elenchi*, segundo a qual "um argumento que pretende estabelecer uma determinada conclusão é dirigido para provar uma conclusão diferente".[29]

Se é certo que o direito ao sigilo não é absoluto, devendo ser conciliado com as atribuições de uma fiscalização a fim de prestigiar os princípios da capacidade contributiva e da isonomia, é igualmente certo que as atribuições dessa fiscalização também não são absolutas, e não podem suprimir o direito ao sigilo de que se cuida. A regra é o respeito ao sigilo, sendo *exceção* a sua quebra, em face de circunstâncias que justifiquem a atribuição de maior *peso* aos princípios que justificam a fiscalização que aos que protegem a intimidade do fiscalizado.

Por isso mesmo, é inconstitucional o dispositivo que praticamente torna esse sigilo inexistente, ao determinar que o Poder Executivo disciplinará (por decreto...) a periodicidade e os critérios segundo os quais as instituições financeiras informarão à administração tributária da União as operações financeiras efetuadas pelos usuários de seus serviços (LC nº 105/2001, art. 5º). Com efeito, citado artigo não apenas "relativiza" o direito ao sigilo, possibilitando sua conciliação com outros à luz de um caso concreto. Não. Citado artigo transforma a "quebra" do sigilo em uma regra sem exceções.

E, mesmo que assim não fosse, o artigo padeceria de outra inconstitucionalidade (que também vicia o art. 6º da mesma lei complementar), porquanto deixa nas mãos da administração, parte interessada, e não do Poder Judiciário, em tese imparcial, o juízo acerca da presença das circunstâncias que justificam a quebra.

Precisas, sobre o tema, são as palavras de James Marins:

> "Torna-se lugar comum se aludir à relatividade do sigilo ante ao interesse público, premissa essa que não pode ser negada. O que demanda análise mais detida é justamente a quem compete pronunciar-se pela existência, ou não, de interesse social relevante face a um caso concreto. Tal competência por expressa injunção constitucional está cometida ao Poder Judiciário como único órgão do Estado autorizado a sopesar os valores constitucionais da inviolabilidade de dados e das comunicações telefônicas diante de específica necessidade fundada no interesse público – demonstrado concretamente pela Fazenda Pública – para fins de seu *momentâneo afastamento*.
>
> Ora, retirar tal competência do órgão institucionalmente investido da prerrogativa de agir de forma imparcial, a quem compete se manifestar concretamente a respeito dos direitos dos cidadãos, é esvaziar de forma temerária as atribuições constitucionais do Poder Judiciário, aquele que diz o direito. Atente-se que se caso fosse permitido à Administração Tributária a possibilidade de quebrar o sigilo dos cidadãos se estaria a centrar na mesma figura os papéis de parte e de juiz, o que não se admite em se tratando de respeito a direitos fundamentais da pessoa humana."[30]

A outra falácia contida na argumentação resumida parágrafos acima consiste em associar a defesa do direito ao sigilo à defesa da prática impune de irregularidades. Parte-se da premissa, obviamente falsa, de que irregularidades são praticadas apenas pelos indivíduos fiscalizados,

---

[29] Irving M. Copi, *Introdução à Lógica*, tradução de Álvaro Cabral, 2. ed., São Paulo: Mestre Jou, 1978, p. 86.

[30] James Marins, *Direito Processual Tributário Brasileiro (Administrativo e Judicial)*, São Paulo: Dialética, 2001, p. 243.

nunca pelas autoridades fiscalizadoras.[31] Trata-se de falácia perigosa, recorrente em regimes autoritários, não sendo demais lembrar a ideia que a Santa Inquisição fazia do direito de defesa: uma heresia, pois, se o acusado realmente fosse culpado, o direito de defesa representaria o direito de mentir, e, se o acusado fosse inocente, o direito de defesa pressuporia a inabilidade das sacrossantas autoridades julgadoras de descobrirem a verdade sozinhas.

Não se invoque, ainda na defesa dos dispositivos da LC nº 105/2001, o chamado "sigilo fiscal", segundo o qual não haveria propriamente uma "quebra" de sigilo, mas apenas uma "transferência" desse sigilo para o Fisco, que não poderia divulgar nada daí decorrente. Na verdade, o cidadão não tem direito à privacidade apenas em face de determinadas pessoas, mas sim em face de toda a coletividade. Não se pode afirmar, portanto, que a violação ao sigilo é válida porque perpetrada "apenas" pelas autoridades fazendárias. A propósito, direitos fundamentais como o da inviolabilidade de dados, do domicílio, de comunicações telefônicas etc. foram concebidos precisamente para serem opostos ao Poder Público, quem historicamente mais os violou. Além de tudo isso, paralelamente à LC nº 105/2001, foi editada também a LC nº 104/2001, que procedeu a alterações no art. 198 do CTN que praticamente aboliram o dever de sigilo fiscal, autorizando a "divulgação" de informações relativas a uma série de situações que enumera.

Apesar disso, depois de alguma oscilação, com a prolação de acórdão admitindo a validade da LC 105/2001, e, pouco tempo depois, de outro afirmando-a inválida,[32] o Supremo Tribunal Federal, quando do julgamento das ADIs 2.390, 2.397, 2.859 e 2.386, e do RE 601.314, posicionou-se definitivamente pela validade da quebra de sigilo bancário sem prévia autorização judicial, nos termos da LC 105/2001. A posição adotada pela Corte, algum tempo depois, tornou-se ainda mais fragilizadora dos direitos individuais garantidos na Constituição, pois o que seria apenas uma "transferência" do sigilo bancário, que seria usado apenas pela Receita, a qual deveria resguardar o sigilo fiscal, terminou por ser tido como passível de compartilhamento pela Receita Federal com o Ministério Público e as autoridades policiais, tornando letra morta a garantia da inviolabilidade de dados, porquanto desnecessária a prévia autorização judicial (RE 1.055.941).

Merecem exame cuidadoso, também, as conclusões que a fiscalização tributária poderá tirar dos dados bancários do contribuinte, mesmo quando obtidas de forma legítima.

A movimentação bancária certamente pode representar indício de capacidade contributiva. Uma pessoa física que em suas declarações afirma receber rendimentos anuais equivalentes a "x", mas movimenta, no mesmo período, "10x", possivelmente possui capacidade contributiva superior àquela pela qual está sendo tributada. Pode ter omitido rendimentos em sua declaração. Não se pode dizer, porém, que os "10x" movimentados sejam, todos, rendimentos tributáveis, a serem onerados pelo IRPF.

---

[31]   Talvez essa ideia nefasta tenha inspirado o redator do art. 3º, § 1º, da LC nº 105/2001, segundo o qual "dependem de prévia autorização do Poder Judiciário a prestação de informações e o fornecimento de documentos sigilosos solicitados por comissão de inquérito administrativo destinada a apurar responsabilidade de servidor público por infração praticada no exercício de suas atribuições, ou que tenha relação com as atribuições do cargo em que se encontre investido". Segundo o citado parágrafo, como se vê, os integrantes do Poder Público, no que diz respeito às suas atribuições públicas, têm direito a que seu sigilo somente seja quebrado por meio do Poder Judiciário. Cidadãos, contudo, titulares do direito à individualidade, à intimidade e à privacidade, podem ter suas informações bancárias vasculhadas independentemente de interferência judicial. Sua inconstitucionalidade é ainda mais evidente que a dos demais dispositivos da citada lei, por violação ao princípio da isonomia, e inversão completa do princípio da publicidade.

[32]   Cf. STF, Pleno, RE 389.808, Rel. Min. Marco Aurélio, j. em 15.12.2010, *DJe*-086, de 10.5.2011.

É comum contribuintes sacarem valores, utilizarem-nos parcialmente, e depositarem o restante novamente na mesma conta; transferirem valores de uma conta para outra; sacarem valores para realizar um negócio qualquer, o qual posteriormente não é concretizado, com o retorno integral dos valores para a conta correspondente etc. Esses fatos podem justificar, no todo ou em parte, a movimentação bancária não declarada, razão pela qual a fiscalização não pode simplesmente considerar cada depósito bancário como "rendimento", para fins de cobrança do imposto de renda. É necessário comprovar que o depósito não declarado realmente equivale a um rendimento omitido na respectiva declaração.

O Tribunal Federal de Recursos, a propósito, através de sua Súmula 182, consolidou o entendimento segundo o qual "é ilegítimo o lançamento do imposto de renda arbitrado com base apenas em depósitos bancários".

A Câmara Superior de Recursos Fiscais, última instância no julgamento de processos administrativos tributários federais, manifestou-se sobre a questão nos seguintes termos:

> "IRPF – Omissão de rendimentos – Depósitos bancários – A existência de depósitos bancários em montante incompatível com os dados da declaração de rendimentos, por si só não é fato gerador de imposto de renda. O lançamento baseado em depósitos bancários só é admissível quando ficar comprovado o nexo causal entre cada depósito e o fato que represente omissão de rendimentos. Recurso provido."[33]

Há quem entenda que, em face da Lei 9.430/96, especialmente de seu art. 42, a mera existência de depósitos não declarados já poderia ser objeto de tributação pelo Imposto de Renda (no caso de pessoas físicas), ou pelos tributos incidentes sobre a renda e a receita (no caso de pessoas jurídicas), pois geraria uma *presunção relativa* de omissão de rendimentos ou de omissão de receitas, a ser elidida pelo contribuinte. Segundo o referido artigo, caracterizam omissão de receita ou de rendimento "os valores creditados em conta de depósito ou de investimento mantida junto a instituição financeira, em relação aos quais o titular, pessoa física ou jurídica, regularmente intimado, não comprove, mediante documentação hábil e idônea, a origem dos recursos utilizados nessas operações".[34]

---

[33] Ac. da 1ª T. da CSRF – mv. – nº 01-02.641 – Rel. Cons. Antonio de Freitas Dutra – j. 16.3.1999 – *DOU*-e 1 11.8.99, p. 12 – ementa oficial – *Repertório IOB de Jurisprudência* – 1ª quinzena de outubro de 1999 – caderno 1 – p. 567.

[34] Registre-se que, sendo a conta-corrente movimentada por mais de uma pessoa, é necessário intimar para justificar a origem dos depósitos todos os que a movimentam. Nesse sentido, aliás, é o entendimento sumulado do Conselho Administrativo de Recursos Fiscais (CARF): "Todos os cotitulares da conta bancária devem ser intimados para comprovar a origem dos depósitos nela efetuados, na fase que precede à lavratura do auto de infração com base na presunção legal de omissão de receitas ou rendimentos, sob pena de nulidade do lançamento" (Súmula CARF nº 29, vinculante). Referida Súmula teve sua redação atualizada em Sessão de setembro de 2018, para fazer distinção relativamente aos cotitulares que não apresentem declaração de imposto de renda em conjunto (hipótese na qual a intimação de ambos não seria necessária), passando a dispor: "Os cotitulares da conta bancária que apresentem declaração de rendimentos em separado devem ser intimados para comprovar a origem dos depósitos nela efetuados, na fase que precede à lavratura do auto de infração com base na presunção legal de omissão de receitas ou rendimentos, sob pena de exclusão, da base de cálculo do lançamento, dos valores referentes às contas conjuntas em relação às quais não se intimou todos os cotitulares" (Súmula revisada conforme Ata da Sessão Extraordinária de 03.09.2018, *DOU* 11.09.2018) (Vinculante, conforme Portaria ME nº 129, de 01.04.2019, *DOU* 02.04.2019).

PROCESSO TRIBUTÁRIO – *Machado Segundo*

Em face do citado artigo, o Conselho de Contribuintes, antiga denominação do atual Conselho Administrativo de Recursos Fiscais, proferiu alguns acórdãos alterando o entendimento antes ali já sedimentado:

> "Insubsiste o lançamento realizado com base exclusivamente em depósitos bancários, sem vinculação deles à receita desviada, por ferir o princípio da reserva legal consagrado nos arts. 3, 97 e 142 do Código Tributário Nacional. O lançamento por presunção de omissão de receitas com base em depósitos bancários de origem não comprovada somente tem lugar a partir do ano calendário de 1997, por força do disposto no art. 42, da Lei 9.430, de 27 de dezembro de 1996."[35]

Não nos parece, contudo, que norma veiculada através de lei ordinária tenha a aptidão de alterar os critérios de *fundamentação* do lançamento tributário, por se tratar de decorrência do princípio constitucional do devido processo legal, essencial ao exercício do direito de defesa por parte do contribuinte.

Com efeito, muitas vezes é impossível produzir a prova negativa de que um determinado depósito não representa riqueza nova, mas sim valor já recebido e devidamente declarado e tributado. Merecem transcrição, sobre o assunto em questão, as reflexões de Raquel Cavalcanti Ramos Machado:

> "É de se ressaltar, porém, que uma lei não pode mudar a necessidade de fundamentação concreta e comprovada da ocorrência do fato gerador, pois essa exigência decorre da própria natureza da fundamentação do ato administrativo, e ainda dos elementos necessários ao exercício do direito de defesa do contribuinte. E, mais, como será adiante desenvolvido, essa exigência decorre da natureza do lançamento tributário, que é atividade privativa da administração.
>
> Aliás, importa lembrar que o exame dessa questão pelo extinto Tribunal Federal de Recursos deu-se exatamente à luz da natureza da atividade de lançamento e dos elementos necessários ao exercício do direito de defesa por parte do contribuinte:
>
> 'Tributário. IR. Lançamento de Ofício. Presunção. Depósito Bancário. Sinais Exteriores da Riqueza.'
>
> I – 'É ilegítimo o lançamento de ofício do imposto de renda, tomando-se como renda simples existência de depósito bancário' (EAC 72.975-RJ, rel. Min. Justino Ribeiro, 2ª Seção, 04.11.82).
>
> II – 'A presunção *hominis* adotada pela autoridade lançadora pode ser elidida mediante a demonstração de que os indícios utilizados pela administração são insuficientes para evidenciar a ocorrência do fato gerador', pois, 'mera presunção não permite a instauração de processo fiscal'. (AMS 72.745-SP, rel. Min. Otto Rocha, 1ª Turma, 25.08.75).
>
> III – Os depósitos bancários, embora possam refletir sinais exteriores de riqueza, não caracterizam, por si só, rendimentos tributáveis.
>
> IV – Precedentes. Remessa oficial desprovida (Ac. da 5ª Turma do TFR – rel. Min. Pedro Acioli – REO 83606 – *DJ* 30/05/85 – EJ vol. 5579-01, p. 48)
>
> Isso reforça a contestação de que, ainda que a Lei 9.430/96 afirmasse que a mera existência de um depósito bancário, sem outro dado exterior que comprove omissão de

---

[35] Ac. da 8ª C. do 1º CC – nº 108-06.870 – Rel. Cons. Nelson Lósso Filho; *DOU* I de 22.10.2002, p. 33 – *Jurisprudência IR* – IOB – Anexo ao Bol. 2/2003 – p. 1 e 2.

Capítulo 3 · PROCESSO ADMINISTRATIVO TRIBUTÁRIO | 65

rendimento, autoriza a tributação pelo Imposto de Renda e transfere o ônus de prova em contrário para o contribuinte, essa norma seria inválida.

Isso porque o fato meramente alegado, ou cuja ocorrência não é demonstrada, simplesmente não tem o condão de obrigar o contribuinte. Nesses casos, para não se submeter à exigência, em vez de tentar produzir prova muitas vezes de difícil realização, deve o contribuinte, em verdade, demonstrar o vício na formação do ato administrativo. Essa é a lição de Marco Aurélio Greco, ao afirmar que, nesses casos, o ônus do contribuinte:

'(...) não é o de produzir prova negativa ou prova impossível, mas sim o de demonstrar que a exigência feita padece de vícios, dentre os quais pode se encontrar o de não ter a Administração realizado prova suficiente da ocorrência do fato gerador do tributo.

(...)

Não cabe ao contribuinte provar a inocorrência do fato gerador; incumbe ao fisco, isto sim, demonstrar sua ocorrência' ('Do Lançamento', in *Caderno de Pesquisas Tributárias* nº 12, São Paulo, Editora Resenha Tributária e Centro de Extensão Universitária, p. 170-171)."[36]

A partir da Lei 9.430/96, portanto, pode-se até admitir um abrandamento no entendimento anterior do Conselho de Contribuintes, hoje Conselho Administrativo de Recursos Fiscais, segundo o qual o Fisco teria de associar *cada* depósito a um fato específico que consubstanciasse omissão de rendimentos ou omissão de receitas. Esse abrandamento significa que o Fisco pode fazer esse mesmo lançamento com base nos depósitos bancários associados a *outros* indícios de omissão de rendimentos, sem ter de associá-los a cada um dos depósitos individualmente, desde que o somatório de todos esses indícios consubstancie acervo probatório suficiente para gerar uma presunção relativa e assim inverter o ônus da prova em desfavor do contribuinte. Isso porque a presunção criada, nesse caso, não decorrerá simplesmente dos depósitos, nem imporá ao contribuinte o ônus da prova impossível.

Esse entendimento, aliás, harmoniza-se com aquele sempre adotado pelo Poder Judiciário, segundo o qual o que estaria vedado ao Fisco seria o lançamento baseado *exclusivamente* em depósitos bancários, vedação que, por decorrer da Constituição e não das leis, continua existindo independentemente do que dispõe a Lei 9.430/96.

Vale registrar, contudo, que esse não tem sido o pensamento da Secretaria da Receita Federal, sendo possível, também, apontar acórdãos do Superior Tribunal de Justiça que consideram "inaplicável" o entendimento cristalizado na Súmula 182 do TFR às situações posteriores à Lei 9.430/96 e à LC 105/2001.[37] É preciso cuidado com esse entendimento, não sendo possível estendê-lo a todo e qualquer caso concreto. Deve-se, ainda, ter muita cautela com suas repercussões no âmbito penal tributário, sob pena de violar-se o princípio constitucional da presunção de inocência, invertendo-se o ônus da prova no processo penal.[38] Por isso mesmo, a questão foi levada ao Supremo Tribunal Federal, com repercussão geral já reconhecida, tendo a Corte decidido pela validade da tributação calcada apenas em depósitos bancários prevista no art. 42 da Lei 9.430/96 (RE 855.649/RS – RG, Tema 842).

---

[36] Raquel Cavalcanti Ramos Machado, "A Prova no Processo Tributário: Presunção de Validade do Ato Administrativo e Ônus da Prova", artigo publicado na *Revista Dialética de Direito Tributário* nº 96, São Paulo: Dialética, setembro de 2003, p. 82 e 83.

[37] Nesse sentido: STJ, 1a T., REsp 792.812/RJ, Rel. Min. Luiz Fux, j. em 13.3.2007, *DJ* de 2.4.2007, p. 242.

[38] Confira-se, a esse respeito, a coletânea coordenada por Hugo de Brito Machado (*Sanções Penais Tributárias*, São Paulo/Fortaleza: Dialética/ICET, 2006, p. 25, 422, 423 e *passim*).

Entendeu o STF que "o artigo 42 da Lei 9.430/1996 não ampliou o fato gerador do tributo; ao contrário, trouxe apenas a possibilidade de se impor a exação quando o contribuinte, embora intimado, não conseguir comprovar a origem de seus rendimentos. 5. Para se furtar da obrigação de pagar o tributo e impedir que o Fisco procedesse ao lançamento tributário, bastaria que o contribuinte fizesse mera alegação de que os depósitos efetuados em sua conta corrente pertencem a terceiros, sem se desincumbir do ônus de comprovar a veracidade de sua declaração. Isso impediria a tributação de rendas auferidas, cuja origem não foi comprovada, na contramão de todo o sistema tributário nacional, em violação, ainda, aos princípios da igualdade e da isonomia. 6. A omissão de receita resulta na dificuldade de o Fisco auferir a origem dos depósitos efetuados na conta corrente do contribuinte, bem como o valor exato das receitas/rendimentos tributáveis, o que também justifica atribuir o ônus da prova ao correntista omisso. Dessa forma, é constitucional a tributação de todas as receitas depositadas em conta, cuja origem não foi comprovada pelo titular. 7. Recurso Extraordinário a que se nega provimento. Tema 842, fixada a seguinte tese de repercussão geral: "O artigo 42 da Lei 9.430/1996 é constitucional" (RE 855649).

Com todo o respeito, a dificuldade de o Fisco comprovar a ocorrência de um fato gerador, por si só, não é argumento hábil a justificar o estabelecimento de uma presunção e a inversão do ônus da prova. Para uma pessoa natural, lembrar a origem de todos os depósitos havidos em sua conta, três ou quatro anos depois, é tarefa muito difícil, sendo irrazoável a inversão notadamente quando a conta bancária e seus saldos inicial e final tiverem sido declarados ao Fisco tempestivamente e forem compatíveis com os rendimentos informados. Não se pode ignorar, contudo, que não foi essa a posição acolhida pelo Supremo Tribunal Federal, conforme decisão anteriormente transcrita.

A situação se torna mais grave quando se considera que, em momento mais recente, o Supremo Tribunal Federal entendeu válido o acesso irrestrito e indiscriminado que se concedeu às Fazendas Estaduais aos dados de transações com cartão de crédito e via *pix*, não só daqueles suspeitos de infrações, mas de todos os contribuintes, e de todos os que transacionam com estes (ADI 7.276), independentemente de qualquer suspeita. A decisão, com o máximo respeito, viola o direito à privacidade e ao sigilo de dados, bem como ao devido processo legal substantivo, seguindo em equivocada e perigosa onda de tornar públicos os dados privados, e sigilosos os dados públicos, expressões cujos oximoros que representam dispensam considerações adicionais quanto à sua invalidade.

2.5.2.5 Prazo para conclusão da fiscalização e o abuso do poder de fiscalizar

Como se sabe, o procedimento de fiscalização é indispensável a que se verifique se o fiscalizado está cumprindo suas obrigações tributárias, em respeito aos princípios da capacidade contributiva e da isonomia. A ausência de uma atividade fiscalizadora causaria maus tratos a tais princípios, na medida em que viabilizaria o não cumprimento eficaz de obrigações tributárias. Aliás, causaria desgaste ao próprio princípio que assegura as liberdades profissional e econômica, na medida em que o cumprimento de obrigações tributárias por parte de um contribuinte poderia significar a sua eliminação por concorrentes que não as cumprem.

A fiscalização, portanto, é necessária à preservação da efetividade de alguns princípios fundamentais da ordem jurídica.

Entretanto, dada a sua natureza invasiva, investigativa e inquisitória, a fiscalização representa inegável perturbação às atividades do contribuinte, podendo embaraçá-las sensivelmente, estiolando a privacidade, a propriedade e as liberdades profissionais e econômicas que assistem ao fiscalizado. Prejudica, enfim, a efetividade de outros princípios igualmente fundamentais.

Dessa forma, a ordem jurídica deve prever e autorizar o procedimento de fiscalização, mas fazê-lo estabelecendo as limitações indispensáveis a que não haja *excesso* por parte da autoridade fiscalizadora. Enfim, é a própria Constituição que assegura ao Fisco o direito de fiscalizar, a fim de assegurar efetividade ao princípio da capacidade contributiva, mas desde que respeitados os direitos individuais (art. 145, § 1º). Em vista de tudo isso, as atribuições fiscalizatórias somente serão válidas na medida em que – além de respeitarem o que estiver expressamente previsto nas *regras* jurídicas veiculadas em leis – forem adequadas e necessárias à finalidade a que se destinam, e sobretudo compatíveis com os demais *princípios* inerentes à questão.

Por conta de tudo isso, um procedimento de fiscalização, ainda que se submeta às várias outras limitações que lhe são impostas, não pode durar indefinidamente. Como o tempo necessário à feitura de uma fiscalização pode variar bastante conforme as peculiaridades de cada caso concreto, a legislação não tem dado à questão tratamento exaustivo, e isso, lamentavelmente, levou também os intérpretes a não dedicarem a ele a importância merecida.

As várias entidades tributantes geralmente fixam prazos para a conclusão do procedimento, mas estabelecem a possibilidade de prorrogação. No plano da hipoteticidade, não se poderia realmente fazer muito mais que isso, pois, a depender do caso concreto, um predeterminado número de dias poderia ser insuficiente, ou abusivo, conforme o volume de informações a ser fiscalizado e a sua complexidade.

Entretanto, a aparente flexibilidade dos textos normativos não pode ser entendida como uma autorização a que fiscalizações sejam sistematicamente prorrogadas (ou refeitas),[39] por atos desprovidos de qualquer fundamentação. O caráter plenamente vinculado da atividade administrativa tributária e a necessária fundamentação dos atos administrativos, notadamente dos restritivos de direitos individuais, impõem à autoridade que prorroga uma fiscalização que o faça fundamentadamente. Em face da referida fundamentação, poderá o contribuinte submeter ao Poder Judiciário eventual abuso representado pela continuidade desnecessária de um procedimento de fiscalização. Além disso, a continuidade do procedimento, sem que tenha sido regularmente proferido o ato de prorrogação de que se cuida, é causa para a nulidade dos atos que subsequentemente forem praticados, inclusive do próprio lançamento.[40]

---

[39] A necessidade de fundamentação está presente, com maior razão ainda, quando se trata de nova fiscalização sobre um mesmo período, já fiscalizado anteriormente. A esse respeito, o Conselho de Contribuintes do Ministério da Fazenda já decidiu que, "em relação ao mesmo exercício, só é possível um segundo exame, mediante ordem escrita do Superintendente, do Delegado ou do Inspetor da Receita Federal (Lei 2.354, de 1954, art. 7º, 2º, e Lei 3.740, de 1958, art. 34). [...]" (Trecho do Acórdão nº 104-18.938 da 4ª Câmara do 1º Conselho de Contribuintes, Relator-Designado Nelson Mallmann, *DOU* 1 de 28.11.2002, p. 287, *Jurisprudência IOB IR*, Anexo ao Bol. 6/2003, p. 1 e 2). Confira-se, ainda, Francisco José Soares Feitosa, "Do direito de fiscalizar: quantas vezes? Do direito de refazer o auto de infração", em *RDDT* 37, p. 46. Para esse autor, em face do art. 146 do CTN, uma nova fiscalização sobre o mesmo período, em tese, não é possível, senão na hipótese de que cuida o art. 149, IX, do CTN, ou seja, "quando se comprove que, no lançamento anterior, ocorreu fraude ou falta funcional da autoridade que o efetuou, ou omissão, pela mesma autoridade, de ato ou formalidade essencial".

[40] Nesse sentido, o TJ/CE já decidiu, em acórdão relatado pelo Desembargador Fernando Ximenes, exímio Professor de Direito Constitucional, que "as diligências fiscais, como poder-dever do Estado, devem ser concluídas dentro do prazo legal, só podendo ser prorrogadas por ato devidamente motivado da autoridade competente [...]. A repetição de referidas diligências, sem observância dos prazos legais e autorizadas por ato imotivado, constitui desvio de poder ou de finalidade, acarretando nulidade do ato viciado por manifesta ilegalidade [...]. Segurança concedida" (Ac. un. do Pleno do TJ/CE, MS 5.036 – Rel. Des. Fernando Luiz Ximenes Rocha, *RT* 13/95, p. 286).

2.5.3   O "lançamento" efetuado no âmbito da Justiça do Trabalho e a EC nº 20/98

Há quem afirme que o lançamento tributário nem sempre é efetuado pela autoridade administrativa, existindo exceção à regra contida no art. 142 do CTN. Por força da EC nº 20/98, essa exceção estaria contida no § 3º do art. 114 da CF/88, norma que, em função da EC nº 45/2004, passou a ser veiculada no inciso VIII do mesmo artigo, assim:

> "Art. 114. Compete à Justiça do Trabalho processar e julgar:
> [...]
> VIII – a execução, de ofício, das contribuições sociais previstas no art. 195, I, *a*, e II, e seus acréscimos legais, decorrentes das sentenças que proferir".

Realmente, trata-se de determinação ao Juiz do Trabalho para que, diante de sentença trabalhista que reconheça a ocorrência do fato gerador de tais contribuições (pagamento de salários ou demais remunerações decorrentes da relação de emprego), apure e execute o crédito tributário correspondente.

Não nos parece, contudo, haver lançamento por parte do Juiz. Este apenas inicia o procedimento de apuração, o qual não prescinde da atuação (ainda que tácita) da autoridade administrativa competente. Como aponta Estevão Horvath, a legislação infraconstitucional assevera que a União deverá manifestar-se sobre as quantias apuradas pelo Juiz, homologando-as tácita ou expressamente (art. 879, § 3º, da CLT), razão pela qual, nesse caso, "não se haverá de falar em lançamento realizado pelo juiz, uma vez que, para a 'constituição' do crédito, houve a participação da 'autoridade administrativa' competente". Ainda em suas palavras:

> "Quer-nos parecer, a todas as luzes, que a manifestação provinda do INSS acerca do cálculo efetuado, como prescreve o dispositivo citado, consubstanciará o ato de lançamento a que se refere o art. 142 do CTN. Posicionando-se a favor ou contrariamente à conta apresentada, o seu parecer (ou a falta dele, quando, então, tacitamente, terá aquiescido ao que consta dos autos) espelha a sua 'formalização' do crédito tributário relativo àquelas contribuições."[41]

Entretanto, apesar de haver "lançamento" por parte da autoridade competente, que homologa o procedimento e a apuração levados a cabo pelo Juiz, a autorização veiculada pela EC nº 20/98 revela-se inconstitucional, tendo sido inserida na CF/88 em malferimento ao art. 60, § 4º, III e IV, que assevera não poder ser objeto sequer de deliberação uma proposta de emenda constitucional tendente a abolir a separação dos Poderes e os direitos e garantias individuais.

A separação dos Poderes é maltratada na medida em que o Juiz do trabalho enfeixa em suas funções o papel de fiscal, procurador e juiz, em notório prejuízo para a sua *inércia* e, por conseguinte, para a sua *imparcialidade*. Em outras palavras, o Poder Executivo e o Poder Judiciário se fundem no papel de cobrador de tributos, o que o art. 2º da CF/88 não admite.

Os direitos individuais, por sua vez, são violados na medida em que a junção de Executivo e Judiciário na constituição e cobrança de ofício de créditos tributários prejudica a *imparcialidade* do julgador, e, por conseguinte, o controle jurisdicional de seus possíveis

---

[41]   Estevão Horvath, "A Competência da Justiça do Trabalho, Atribuída por Emenda Constitucional, para Executar de Ofício Contribuições Previdenciárias Decorrentes de Decisões que Proferir", artigo publicado no livro *Grandes Questões Atuais do Direito Tributário*, v. 6, coord. Valdir de Oliveira Rocha, São Paulo: Dialética, 2002, p. 77. A referência do autor ao INSS deve ser entendida como dizendo respeito à União, no que tange ao período posterior à Lei 11.457, de 16 de março de 2007.

Capítulo 3 · PROCESSO ADMINISTRATIVO TRIBUTÁRIO | 69

equívocos, causando sérios danos no princípio do devido processo legal substantivo e em todos os princípios que dele decorrem. A norma inserida pela EC nº 20/98 poderia ser válida, e conveniente, se se partisse da premissa de que os Juízes do Trabalho não são humanos, mas sim entes infalíveis, o que evidentemente não é verdade.

2.6   O ato de lançamento. Natureza e requisitos

Concluído o procedimento preparatório do lançamento, a autoridade competente lavra então o *ato administrativo de lançamento*, através do qual constitui o crédito tributário. Muito se tem discutido, no plano acadêmico, a respeito dos efeitos do lançamento, se constitutivos, ou meramente declaratórios, sendo hoje pacífica a sua natureza declaratória em relação à obrigação tributária, mas constitutiva do crédito tributário enquanto realidade formal autônoma. Nas palavras de Hugo de Brito Machado:

> "A natureza jurídica do lançamento já foi objeto de grandes divergências doutrinárias. Hoje, porém, é praticamente pacífico o entendimento segundo o qual o lançamento não cria direito. Seu efeito é simplesmente declaratório. Entretanto, no Código Tributário Nacional o crédito tributário é algo diverso da obrigação tributária. Ainda que, em essência, crédito e obrigação sejam a mesma relação jurídica, o crédito é um momento distinto. É um terceiro estágio na dinâmica obrigacional tributária. E o lançamento é precisamente o procedimento administrativo de determinação do crédito tributário. Antes do lançamento existe a obrigação. A partir do lançamento surge o crédito.
>
> O lançamento, portanto, é *constitutivo do crédito tributário*, e apenas *declaratório da obrigação* correspondente."[42]

Como qualquer ato administrativo, o lançamento deve atender a determinados requisitos, tais como portar a devida *fundamentação*, sob pena de invalidade.

Referida fundamentação será mais complexa, ou menos complexa, a depender da modalidade do lançamento, ou, mais propriamente, do procedimento preparatório que o antecedeu.

Em se tratando de lançamento por homologação, a fundamentação estará contida na própria atividade desenvolvida pelo contribuinte, que a autoridade simplesmente ratifica, *desde que não altere o quantum apurado pelo sujeito passivo*. Entretanto, caso haja alteração em tal *quantum* (*v. g.*, com a imposição de penalidades), ou caso se trate de qualquer outra modalidade de lançamento, uma fundamentação explícita é indispensável, até como forma de viabilizar o direito de defesa do sujeito passivo.

Na hipótese de lançamento por declaração, essa fundamentação poderá consistir na simples aceitação das informações declaradas, e na indicação dos dispositivos legais aplicáveis, em face dos quais se chegou ao montante finalmente lançado. Caso não sejam aceitos os valores declarados, a fundamentação deverá indicar, detalhadamente, as razões correspondentes, bem como o critério adotado para se chegar aos valores efetivamente utilizados para o cálculo do tributo. Semelhante deverá ser a fundamentação, em se tratando de lançamento de ofício efetuado de maneira ordinária, em relação a tributo já normalmente submetido a essa modalidade de lançamento, como é o caso do IPTU.

Maior detalhe, rigor e exaustividade são requeridos quando se tratar da fundamentação de um lançamento de ofício efetuado de forma a exigir valores que o Fisco entenda que deveriam ter sido lançados anteriormente, por quaisquer das modalidades anteriores de

---

[42]   Hugo de Brito Machado, *Curso de Direito Tributário*, 22. ed., São Paulo: Malheiros, 2003, p. 153.

lançamento, mas que não o foram. Nesse caso, assim como na hipótese de recusa dos valores declarados, no âmbito do lançamento por declaração, como o lançamento é manifestação de discordância entre o Fisco e o contribuinte, é indispensável que este último conheça as razões das imputações que lhe estão sendo feitas, até para que possa efetuar de modo útil a sua defesa, se for o caso. Sempre que ausente ou insuficiente a fundamentação, há nulidade no ato de lançamento, conforme tem reconhecido o Conselho Administrativo de Recursos Fiscais, atual denominação do antigo Conselho de Contribuintes:

> "IRPJ – Lançamento – O lançamento do crédito tributário não deverá ser constituído quando forem insuficientes os elementos de comprovação da ocorrência do fato gerador. Simples informações, fornecidas em função de cláusula contratual, isoladamente, não são suficientes para fundamentar a cobrança de tributos."[43]

> "Processo administrativo fiscal – Nulidade do auto de infração. A imperfeita descrição dos fatos, aliada à falta de menção dos dispositivos legais infringidos, quando acarreta perceptível prejuízo ao direito de defesa do contribuinte, enseja a nulidade do Auto de infração. Recurso a que se dá provimento."[44]

> "IRPJ – Processo administrativo fiscal – Lançamento tributário. Pressupostos. Consistência jurídica. Nulidade. O lançamento tributário, por constituir-se em Ato Administrativo, está sujeito aos princípios da Legalidade e da Publicidade, nos termos do artigo 37, 'caput', da Constituição Federal. É assegurado ao contribuinte, o direito ao contraditório e ampla defesa (C.F., art. 5º, inciso LV), o que somente se verifica quando a matéria tributária estiver adequadamente descrita, com o consequente enquadramento legal das infrações apuradas. A falta desses requisitos essenciais, torna nulo o ato Administrativo de Lançamento, e, de consequência, insubsistente a exigência do crédito tributário constituído. Declarada a nulidade do Lançamento Tributário."[45]

> "Auto de infração. Ausência de motivação. Nulidade. Vício material. A ausência da descrição completa dos motivos que levaram a autoridade fiscal a lavrar o lançamento constitui causa de nulidade, caracterizando-se como vício material. Recurso voluntário provido."[46]

A *nomenclatura* dos atos de lançamento de ofício varia um pouco conforme a entidade tributante, e, a rigor, não é relevante. Nos lançamentos de contribuições previdenciárias, mesmo depois da instituição da Receita Federal do Brasil, que unifica a arrecadação dessas contribuições com os demais tributos antes administrados pela Secretaria da Receita Federal, usava-se "Notificação Fiscal de Lançamento de Débito (NFLD)", para exigência de obrigações principais e das multas referentes ao seu atraso, e "Auto de Infração (AI)", para a exigência de penalidades pecuniárias relativas ao descumprimento de obrigações acessórias. Nos Estados e Municípios, o termo *Auto de Infração* também é bastante utilizado, especialmente por se considerar que o tributo, em tais circunstâncias, é quase sempre exigido juntamente com penalidades, seja

---

[43] Ac. un. da 3ª C. do 1º CC – nº 103-11.089 – Rel. Cons. Márcio Machado Caldeira – *DOU* 17.1.1992, p. 660 – *Repertório IOB de Jurisprudência* nº 6/92, p. 96, c. 1.

[44] Ac. un. da 1ª C. do 1º CC – nº 101-79.775 – *DOU* I 5.6.90, p. 10651 – *Repertório IOB de Jurisprudência* nº 14/90, p. 207, c. 1.

[45] Ac. un. da 1ª C. do 1º CC – nº 101-87.272 – Rel. Cons. Sebastião Rodrigues Cabral – *DOU* I 5.6.1995, p. 7975 – *Repertório IOB de Jurisprudência* nº 16/95, p. 276, c. 1.

[46] CARF, Ac. 3301-004.178.

pelo descumprimento de obrigações acessórias, seja apenas pela infração representada pela mora. No âmbito federal, em relação à generalidade dos tributos administrados pela Receita Federal, são utilizados os termos *notificação de lançamento* e *auto de infração*.

De acordo com o art. 10 do Decreto 70.235/72, o auto de infração deverá conter, obrigatoriamente, a qualificação do autuado, o local, a data e a hora da lavratura, a descrição do fato, a disposição legal infringida a penalidade aplicável, a determinação da exigência e a intimação para cumpri-la ou impugná-la no prazo de 30 dias, e a assinatura do autuante e a indicação de seu cargo ou função e o número de matrícula.

Já a notificação de lançamento, nos termos do art. 11 do mesmo Decreto, deverá conter, sob pena de nulidade, a qualificação do notificado, o valor do crédito tributário e o prazo para recolhimento ou impugnação, a disposição legal infringida, se for o caso, e a assinatura do chefe do órgão expedidor ou de outro servidor autorizado e a indicação de seu cargo ou função e número de matrícula, ressaltando que prescinde de assinatura a notificação de lançamento emitida por processo eletrônico.

A notificação de lançamento, porque pode consubstanciar exigência decorrente da revisão das declarações do próprio contribuinte, feita automaticamente, pode ser emitida eletronicamente, dispensando a assinatura da autoridade lançadora, *o que não ocorre em se tratando de auto de infração*, instrumento através do qual se exige, além do tributo eventualmente devido, também *penalidades* pelo descumprimento de obrigações acessórias, ou pelo inadimplemento da obrigação principal.

Como já afirmado anteriormente, o ato de lançamento deve ser fundamentado, tendo o Fisco o dever de explicar detalhadamente a ocorrência dos fatos que o justificaram, e ainda *comprovar* tais afirmações. Ato desacompanhado dessa fundamentação, e dessa comprovação, é nulo, e não gera a tão alegada quanto equivocada "presunção de validade" do ato administrativo. Confira-se, a propósito, o que *didaticamente* dispõe o art. 9º do Decreto 70.235/72:

> "Art. 9º A exigência do crédito tributário e a aplicação de penalidade isolada serão formalizados em autos de infração ou notificações de lançamento, distintos para cada tributo ou penalidade, os quais deverão estar instruídos com todos os termos, depoimentos, laudos e demais elementos de prova indispensáveis à comprovação do ilícito."[47]

Sobre a questão da necessária fundamentação do ato administrativo, e das relações desse requisito com a presunção de validade de tais atos, Raquel Cavalcanti Ramos Machado adverte que

> "[...] para que o ato administrativo goze da presunção de validade, o mesmo deve, pelo menos formalmente, ser válido. E, para tanto, é necessário que o ato seja fundamentado, ainda que as afirmações contidas nessa fundamentação não sejam verdadeiras.
>
> Fundamentar um ato é, em termos mais genéricos, explicar as razões pelas quais tal ato foi praticado. Essa explicação, evidentemente, não há de ser qualquer afirmação sobre ditas razões, mas uma explicação que atenda à lógica e que permita ao acusado conhecer as imputações que lhe estão sendo feitas e delas se defender.
>
> Nesse sentido, já se pronunciou o STJ:
>
> 'TRIBUTÁRIO. LANÇAMENTO FISCAL. REQUISITOS DO AUTO DE INFRAÇÃO E ÔNUS DA PROVA.

---

[47] *Caput,* com redação dada pela Lei 11.941/2009.

O lançamento fiscal, espécie de ato administrativo, goza da presunção de legitimidade; essa circunstância, todavia, não dispensa a Fazenda Pública de demonstrar, no correspondente auto de infração, a metodologia seguida para o arbitramento do imposto – exigência que nada tem a ver com a inversão do ônus da prova, resultado da natureza do lançamento fiscal, que deve ser motivado. Recurso Especial não conhecido' (Ac. un. da 2ª T. do STJ – Rel. Min. Ari Pargendler – REsp 48516 – *DJ* 13.10.1997, p. 51553). Além disso, essa fundamentação envolve a indicação do dado fático, concreto e individualizado, que a motivou. Isso porque, caso fosse possível à Administração simplesmente afirmar que um determinado fato ocorreu, sem individualizar e apontar concretamente esse fato, o administrado muitas vezes ver-se-ia obrigado à produção de uma prova negativa".[48]

O Conselho de Contribuintes do Ministério da Fazenda, atualmente denominado Conselho Administrativo de Recursos Fiscais, no mesmo sentido, já decidiu:

"PAF – ÔNUS DA PROVA – cabe à autoridade lançadora provar a ocorrência do fato constitutivo do direito de lançar do fisco. Comprovado o direito de lançar do fisco cabe ao sujeito passivo alegar fatos impeditivos, modificativos ou extintivos e além de alegá-los, comprová-los efetivamente, nos termos do Código de Processo Civil, que estabelece as regras de distribuição do ônus da prova aplicáveis ao PAF, subsidiariamente [...]".[49]

Pode-se afirmar, a propósito, que a presunção de validade do ato administrativo apenas atribui ao cidadão o *ônus de impugnar* o ato, que, caso não seja impugnado, ou caso a impugnação não seja acolhida, pode ser *executado*.[50]

Finalmente, cumpre destacar que é requisito essencial à completude do lançamento a notificação do sujeito passivo, determinando-lhe um prazo para pagamento *ou* para impugnação administrativa, devendo este último direito ser expressamente informado ao contribuinte na referida notificação.[51] Somente a partir de então se pode considerar lançado o crédito tributário, seja para fins de oferecimento de impugnação administrativa, seja para fins de verificação da ocorrência de decadência do direito de lançar. Pouco importa que o lançamento tenha sido elaborado pela autoridade antes de consumada a decadência: se o contribuinte somente é notificado *depois* de consumada a decadência, o lançamento é caduco.[52]

---

[48] Raquel Cavalcanti Ramos Machado, "A Prova no Processo Tributário: Presunção de Validade do Ato Administrativo e Ônus da Prova", artigo publicado na *Revista Dialética de Direito Tributário* nº 96, São Paulo: Dialética, set. 2003, p. 78 e 79.

[49] Ac. un. da 8ª C do 1º CC, Recurso nº 133.271 – acórdão nº 108-07.602 – Processo 10120.006617/2002-04 – Rel. Ivete Malaquias Pessoa Monteiro – j. em 5.11.2003.

[50] Doutrina Adelmo da Silva Emerenciano, com inteira propriedade, que, "[q]uando se fala em ônus da prova no campo da tributação, imediatamente surgem vozes a afirmar que, em decorrência da presunção de legitimidade dos atos administrativos, o ônus é integralmente do contribuinte no que tange a demonstrar a inocorrência do descumprimento da obrigação ou da infração. É absolutamente anacrônico e superado este entendimento. Se o contribuinte não realizou o pagamento de algum tributo compete exclusivamente ao fisco demonstrar que o fato jurídico tributário ocorreu" (*Procedimentos Fiscalizatórios e a Defesa do Contribuinte*, Campinas: Copola, 1995, p. 196).

[51] O STJ já decidiu que a "regularidade do lançamento tributário é uma garantia do contribuinte e constitui condição de eficácia do ato praticado pela administração, figurando, em verdade, como pressuposto para a exigibilidade do crédito". Por isso, a notificação "que não traz prazo para impugnação mostra-se irregular e viola o devido processo legal, a ampla defesa e o contraditório, acarretando a nulidade do lançamento do crédito tributário" (STJ, 2ª T, REsp 1.227.676/PR, *DJe* de 10.2.2012).

[52] Nesse sentido tem se orientado a jurisprudência do Superior Tribunal de Justiça, conforme se depreende do que restou assentado no julgamento do REsp 738.205/PR, no qual inclusive foram

Capítulo 3 · PROCESSO ADMINISTRATIVO TRIBUTÁRIO | 73

Caso não seja oferecida impugnação, e em não havendo na legislação específica previsão para julgamento de ofício, o lançamento considera-se finalizado, e o crédito tributário, definitivamente constituído. Caso o contribuinte ofereça impugnação, ou haja o chamado julgamento de ofício, tem início um *processo administrativo propriamente dito*, contencioso e com feição jurisdicional, no qual a Administração Tributária, no exercício do *autocontrole*, realiza o controle da legalidade do ato administrativo de lançamento, e do procedimento que o antecedeu. É o que o art. 14 do Decreto 70.235/72 chama de "fase litigiosa do procedimento". O mesmo se dá quando se inicia, excepcionalmente, modalidade extrajudicial de composição do litígio, a qual igualmente suspende a exigibilidade até que se dê a sua conclusão definitiva (art. 14-A do Decreto 70.235/72).

2.7   Apreensão de mercadorias e devido processo legal

Como afirmado no item antecedente, uma vez efetuado o lançamento, e documentada a prática de eventuais infrações, as mercadorias ou os livros não podem continuar apreendidos, com a sua liberação condicionada ao pagamento de tributos ou penalidades, de forma a coagir o sujeito passivo ao pagamento do crédito tributário.

Apesar disso, é bastante comum, especialmente no âmbito dos Estados-membros, que as mercadorias apreendidas permaneçam em poder da autoridade fiscal mesmo depois de efetuado o lançamento. E isso ocorre precisamente para forçar o contribuinte a pagar imediatamente os valores lançados, sem questionamentos, na medida em que os mesmos diplomas legais ou infralegais que determinam a apreensão condicionam a liberação correspondente ao pagamento imediato, ao depósito ou a prestação de garantias referentes ao valor do crédito tributário que o Fisco entende devido.

Em alguns Estados, chega-se ao cúmulo de determinar a apreensão de mercadorias ou bens, inclusive do equipamento de emissão de cupom fiscal, de contribuintes "habitualmente inadimplentes",[53] o que é simplesmente absurdo. Trata-se de brutalidade irracional mesmo se considerada sob uma ótica extremada de que "os fins justificam os meios", na medida em que, sem suas mercadorias, e sem os bens necessários ao exercício regular de sua atividade econômica (equipamento de emissão de cupom fiscal), o contribuinte sequer terá condições de pagar o que deve.

Tais medidas são da mais flagrante inconstitucionalidade. Os bens do sujeito passivo não podem ser confiscados como forma de execução indireta, pois isso implica grave cerceamento de seu direito de defesa. O sujeito passivo é colocado em uma situação na qual ou paga o crédito tributário da maneira como este foi lançado pela autoridade, sem nada questionar, ou se vê

---

feitas diversas remissões a outros julgados, análogos, de ambas as turmas de Direito Público do STJ. Consignou-se, a propósito, que "a notificação do lançamento do crédito tributário constitui condição de eficácia do ato administrativo tributário, mercê de figurar como pressuposto de procedibilidade de sua exigibilidade". Por isso, "a sua falta implica em ausência de pressuposto válido e regular de constituição e desenvolvimento do processo" (STJ, 1ª T., Rel. Min. Luiz Fux, *DJ* de 30.10.2006, p. 249). Também assim decide o Conselho de Contribuintes do Ministério da Fazenda, para quem "a conclusão do ato de lançamento se opera com a notificação ao interessado e uma vez ocorrida após o término do prazo destinado para lançamento, opera-se a decadência" (CC, 3ª C, Recurso 129.916, Rel. Cons. Nilton Luiz Bártoli, Processo 10140.003734/2002-70, acórdão 303-33.068, j. em 26.4.2006). Conferir ainda: "Tendo em vista que a notificação do lançamento foi efetuada após o prazo decadencial de 5 anos, independente de seu marco inicial, ou seja, arts. 150 e 175 (sic) do CTN, deve-se considerar caduco o presente auto de infração" (1º CC, 7ª C, Recurso 147.160, Rel. Cons. Hugo Correia Sotero, Processo 10283.000255/2003-58, acórdão 107-08.398, sessão de 8.12.2005).

53   Exemplo disso pode ser encontrado no art. 564 do Regulamento do ICMS Paulista de 1991 (Dec. nº 33.118/91, *DOE* de 15.3.1991).

PROCESSO TRIBUTÁRIO – *Machado Segundo*

privado dos bens de que necessita para dar continuidade às suas atividades profissionais. A apreensão, nesses moldes, desrespeita a propriedade, da qual o cidadão somente será privado mediante justa indenização.[54] Estiola também as liberdades profissional e econômica, consagradas nos arts. 5º, XIII, e 170, parágrafo único, da Constituição Federal de 1988, na medida em que o contribuinte tem a continuação de suas atividades previamente condicionada ao pagamento de tributos.

Mais claro e patente, porém, é o desrespeito ao devido processo legal,[55] do qual o contraditório e a ampla defesa são desdobramentos. A apreensão descabida põe o contribuinte na condição de escolher o exercício de seu direito de defesa em face de uma exigência fiscal que considera indevida *ou* a liberação de mercadorias ou bens indispensáveis à suas atividades econômicas mediante o pronto pagamento de tudo que lhe é exigido, sem questionamentos.

Há malferimento grave, ainda, à proporcionalidade. O meio mais adequado e menos gravoso para a cobrança de tributos é aquele que, se por um lado assegura ao fisco o recebimento do que lhe é de direito, por outro garante ao contribuinte o controle da legalidade da exigência que lhe é feita. Concilia-se, com isso, o direito do Estado ao recebimento de tributos com o direito do contribuinte a que o valor exigido não ultrapasse os limites fixados em lei. Com a cobrança feita através da apreensão de mercadorias, expediente oblíquo, verdadeira execução indireta administrativa, a Fazenda leva às últimas consequências o seu direito ao recebimento do tributo que entende devido, com o completo desprezo ao direito do contribuinte ao devido processo legal, à ampla defesa e aos demais princípios apontados nos parágrafos acima.

Exatamente por isso, tal atitude há décadas é repelida pelo Poder Judiciário. O STF, através da Súmula 323, pacificou ser *"inadmissível a apreensão de mercadorias como meio coercitivo para o pagamento de tributo"*. E, em momento mais recente, o Superior Tribunal de Justiça tem decidido que

> "[...] a Fazenda Pública só poderá cobrar seus créditos através de execução fiscal e na forma da Lei 6.830/80, não tendo a autoridade administrativa autorização para apreender, reter e leiloar mercadorias para receber multas e taxas – Súmula 323 do STF".[56]

Deve ser feita a ressalva, naturalmente, em relação às hipóteses excepcionais de aplicação da pena de perdimento, no plano federal, no caso de bens importados de maneira fraudulenta. Isso porque, nesse caso, a apreensão e o perdimento das mercadorias não são medidas coercitivas para a cobrança de tributos ou penalidades, que cessam quando do pagamento destas, mas a própria penalidade em si mesma.

Mais recentemente, o Supremo Tribunal Federal, no seio de uma série de julgamentos levados a efeito durante a pandemia da Covid-19, talvez preocupado com possível queda na arrecadação decorrente do confinamento social e seus reflexos na economia, abriu exceção a tal compreensão, no que tange às importações. No julgamento do RE 1.090.591/SC, a Corte entendeu que "surge compatível com a Constituição Federal o condicionamento, do desembaraço aduaneiro de bem importado, ao pagamento de diferença tributária apurada por arbitramento da autoridade fiscal." Para excepcionar a Súmula 323/STF, a meu ver de modo equivocado (e incorrendo em mero jogo de palavras), o STF asseverou que "não se tem coação indireta objetivando a quitação tributária, mas regra segundo a qual o recolhimento

---

[54]   CF/88, art. 5º, XXII, XXIII e XXIV.

[55]   CF/88, art. 5º, LIV e LV.

[56]   Ac. un. da 1ª T. do STJ – Rel. Min. Garcia Vieira – ROMS 10.678/PB – *DJ* de 27.9.1999, p. 46 – *RSTJ* 128, p. 82.

Capítulo 3 · PROCESSO ADMINISTRATIVO TRIBUTÁRIO | 75

das diferenças fiscais é condição a ser satisfeita na introdução do bem no território nacional, sem o qual não se aperfeiçoa a importação."

2.8   A decadência do direito de a Fazenda Pública efetuar o lançamento

2.8.1   Noções elementares

Em respeito ao princípio da segurança jurídica, o direito de a Fazenda Pública constituir o crédito tributário através do lançamento não pode subsistir indefinidamente. É necessário que o ordenamento jurídico imponha um limite temporal ao seu exercício.

O direito de a Fazenda Pública efetuar o lançamento é de natureza *potestativa*,[57] na medida em que pode ser exercitado independentemente da colaboração de terceiros ou da atuação do Poder Judiciário. Submete-se, por conta disso, a prazos dentro dos quais deve ser exercitado, sob pena de perecimento do próprio direito. É a decadência do direito de lançar.

2.8.2   Matéria privativa de lei complementar

Nos termos do art. 146, III, *b*, da Constituição Federal de 1988, a decadência do direito de lançar é matéria privativa de lei complementar. São inconstitucionais, portanto, quaisquer disposições contidas em leis ordinárias, dos Municípios, dos Estados-membros, do Distrito Federal ou da União, fixando prazos decadenciais distintos daqueles estabelecidos em lei complementar federal. É o caso, por exemplo, do art. 45 da Lei 8.212/91, que fixava prazo de 10 anos para o exercício do direito potestativo da Fazenda Pública de lançar contribuições previdenciárias.

Referido dispositivo, aliás, chegou a ser invocado pela Secretaria da Receita Federal, mesmo antes de sua unificação com a Secretaria da Receita Previdenciária (que deu origem à Receita Federal do Brasil), que pretendia dispor do citado prazo de 10 anos para lançar contribuições de seguridade sob sua administração, e teve sua aplicação rejeitada pelo Conselho de Contribuintes – hoje Conselho Administrativo de Recursos Fiscais – nos seguintes termos:

> "Contribuição Social Sobre o Lucro – Decadência – A contribuição social sobre o lucro líquido, embora não compondo o elenco dos impostos, tem caráter tributário, devendo seguir as regras inerentes aos tributos, no que não colidir com as constitucionais que lhe forem específicas. Em face do disposto nos arts. 146, III, *b*, e 149, da Carta Magna de 1988, a decadência do direito de lançar as contribuições sociais deve ser disciplinada em lei complementar. À falta de lei complementar específica dispondo sobre a matéria, ou de lei anterior recebida pela Constituição, a Fazenda Pública deve seguir as regras de caducidade previstas no Código Tributário Nacional."[58]

> "Decadência – Contribuições sociais – Lei ordinária – Prazo de dez anos – Improcedência em face de dispositivo constitucional – A teor do artigo 146, inciso III, letra 'b', da Constituição Federal de 1988, somente à lei complementar cabe estabelecer normas

---

[57]   Sobre a natureza potestativa do direito de lançar, merece leitura o voto do Ministro Moreira Alves, proferido no julgamento do ERE 94.462-1, no qual referido Ministro refuta diversas teses contrárias a essa classificação, asseverando ser o direito de lançar um *direito potestativo modificativo*, através do qual o Fisco modifica uma situação jurídica preexistente, transformando a obrigação tributária, até então ilíquida, em uma obrigação líquida (crédito tributário).

[58]   Ac. da 7ª C. do 1º CC – mv – ac. nº 107-06.212 – Rel. Cons. Paulo Roberto Cortes – j. 21.3.2001 – *DOU*-e I de 21.6.2001, p. 13 – *Repertório de Jurisprudência IOB* cad. 1 nº 21/2001 p. 612.

76 | PROCESSO TRIBUTÁRIO – *Machado Segundo*

gerais em matéria tributária, especialmente sobre obrigação, lançamento, crédito, prescrição e decadência tributários."[59]

No mesmo sentido, e manifestando-se expressamente pela submissão das contribuições aos prazos de caducidade fixados no CTN, o Supremo Tribunal Federal já se exprimiu, pelas palavras do Ministro Carlos Velloso, nos seguintes termos:

> "A questão da prescrição e da decadência, entretanto, parece-me pacificada. É que tais institutos são próprios da lei complementar de normas gerais (art. 146, III, *b*). Quer dizer, os prazos de decadência e de prescrição inscritos na lei complementar de normas gerais (CTN) são aplicáveis, agora, por expressa previsão constitucional, às contribuições parafiscais (CF, art. 146, III, *b*; art. 149)."[60]

O Superior Tribunal de Justiça, por sua vez, suscitou a inconstitucionalidade do art. 45 da Lei 8.212/91, por ofensa ao art. 146, III, *b*, da CF/88, afetando a questão à Corte Especial daquela Corte, que concluiu pela invalidade do dispositivo.[61]

Realmente, a decadência do direito de lançar é hoje disciplinada pelos arts. 150, § 4º, e 173 do CTN, ato normativo que, embora seja formalmente uma lei ordinária, é dotado de *status* de lei complementar.[62]

Não obstante, alguns doutrinadores chegaram a afirmar a natureza *meramente didática*, ou *dispositiva*, dos prazos decadenciais previstos no CTN. Fundamentam-se, para tanto, em alguns argumentos insustentáveis: (a) cabe à lei complementar fixar normas gerais, mas isso não impede que a lei ordinária de cada ente tributante disponha de modo diverso, em casos específicos; (b) violaria o princípio federativo admitir que uma lei federal estabelecesse prazos de caducidade de observação obrigatória para Estados-membros, Distrito Federal e Municípios; (c) o próprio art. 150, § 4º, do CTN admite que a lei de cada ente tributante estipule prazo diferente para a homologação.

Com todo o respeito, tais argumentos não nos parecem acertados.

Quanto ao argumento (a), ele equivale a transformar em letra morta o art. 146 da CF/88, o que consideramos inadmissível porque é exatamente o oposto do que se espera da interpretação de um dispositivo constitucional. Na lição de Pontes de Miranda, "se há mais de uma interpretação da mesma regra jurídica inserta na Constituição, tem de preferir-se aquela que lhe insufle a mais ampla extensão jurídica".[63] Com efeito, a prevalecer referido argumento, qualquer dispositivo de lei ordinária federal, estadual, distrital ou municipal

---

[59] Ac. un. da 3ª C. do 1º CC – nº 103-20.766 – Rel. Cons. Márcio Machado Caldeira – j. 7.11.2001 – *DOU* I 1º.2.2002, p. 32 – *Repertório de Jurisprudência IOB* cad. 1 nº 6/2002, p. 182.

[60] Voto do Min. Carlos Velloso, proferido no RE 138.284/CE, e transcrito no voto, do mesmo ministro, no julgamento da ADI 2.556-2/DF, STF, Pleno, ADI 2.556 MC/DF, Rel. Min. Moreira Alves, j. em 9.10.2002, m.v., *DJ* de 8.8.2003, p. 87.

[61] Arguição de Inconstitucionalidade no REsp 616.348-MG, Rel. Min. Teori Albino Zavascki, julgada em 15.8.2007.

[62] Na lição de Hugo de Brito Machado, "muitos afirmam que o Código Tributário Nacional é hoje uma lei complementar, não obstante tenha sido aprovado como lei ordinária. A afirmação precisa ser explicada. Na verdade o Código Tributário Nacional continua sendo uma lei ordinária. Ocorre que ele trata de matéria que, hoje, está reservada a lei complementar. Matéria que hoje somente por lei complementar pode ser tratada" (*Curso de Direito Tributário*, 22. ed., São Paulo: Malheiros, 2003, p. 73 e 74).

[63] Pontes de Miranda, *Comentários à Constituição Federal de 1967*, t. I, São Paulo: Revista dos Tribunais, 1967, p. 293.

poderia dispor de modo contrário à lei complementar que traça normas gerais, que estaria sempre fazendo-o "em um caso específico". As normas gerais fixadas em lei complementar e nada equivaleriam precisamente à mesma coisa. Tal conclusão, porém, parece-nos incompatível com o papel atribuído pela Constituição à lei complementar, de traçar parâmetros válidos à uniformização da legislação tributária dos mais de mil entes tributantes existentes em nossa federação.

O argumento (b) ignora o fato de que o princípio federativo não se pode sobrepor, de modo absoluto, ao princípio da segurança jurídica, com o qual tem de conviver. E a segurança jurídica restaria seriamente comprometida se a União e cada um dos Estados--membros e Municípios de nossa federação pudessem estabelecer prazos de caducidade distintos para cada um de seus tributos. Seriam milhares de prazos diferentes. Além disso, é o mesmo texto constitucional, produto do poder constituinte originário, que define as bases de nossa federação e estabelece a matéria a ser tratada pela lei complementar. É inegável, nesse contexto, o papel *unificador* da lei complementar, que reduz a vaguidade do texto constitucional e traça um "esboço" dentro do qual podem laborar os legisladores de cada um dos entes federados. Ainda quanto a esse ponto, não se pode esquecer que a lei complementar fixa prazos idênticos a serem seguidos por todos os entes (e não prazos maiores para a União e menores para os Estados, por exemplo), não representando assim qualquer desequilíbrio no pacto federativo.

Finalmente, quanto ao argumento (c), parece-nos que através da ressalva dispositiva contida no § 4º do art. 150 do CTN admite-se a fixação de prazos decadenciais *menores* que cinco anos, e não maiores, como esclarece, com inteira propriedade, Alberto Xavier:

> "A lei a que se refere o artigo 150, § 4º só pode ter o alcance de reduzir o prazo de 5 (cinco) anos, baseado no reconhecimento da suficiência de menor período para o exercício do poder de controle, mas nunca o de excedê-lo, funcionando assim os cinco anos como *limite máximo* do prazo decadencial. A proibição de dilatação do prazo, a livre alvedrio do legislador ordinário, decorre logicamente da função garantística que a lei complementar desempenha em matéria de prescrição e decadência, cuja limitação no tempo é corolário do princípio da segurança jurídica, que é um limite constitucional implícito ao poder de tributar."[64]

Por tudo isso, repita-se, são inconstitucionais as disposições de lei ordinária que fixam prazos de decadência do direito de lançar superiores àqueles previstos no CTN, em seus arts. 150 e 173, dos quais tratamos no item seguinte. Foi o que o STF reiterou, pacificando o assunto, quando editou a Súmula Vinculante nº 8, podendo-se afirmar definitivamente resolvida essa questão no âmbito de sua jurisprudência. Hoje, o art. 45 da Lei 8.212 encontra-se até mesmo revogado (pela LC 128/2008), mas a jurisprudência e toda a questão aqui referidas seguem atuais, no sentido de que só a lei complementar pode tratar do assunto, sendo certo que a LC 128/2008, conquanto formalmente habilitada a tanto, não alterou os prazos previstos no CTN.

2.8.3   O disciplinamento da decadência no CTN

O CTN trata da decadência do direito de lançar, no que diz respeito aos tributos submetidos ao lançamento por homologação, em seu art. 150, § 4º, que dispõe:

---

[64]   Alberto Xavier, *Do Lançamento – Teoria Geral do Ato, do Procedimento e do Processo Tributário*, 2. ed., Rio de Janeiro: Forense, 1997, p. 94.

"Art. 150. [...]

§ 4º Se a lei não fixar prazo à homologação, será ele de 5 (cinco) anos, a contar da ocorrência do fato gerador; expirado esse prazo sem que a Fazenda Pública se tenha pronunciado, considera-se homologado o lançamento e definitivamente extinto o crédito, salvo se comprovada a ocorrência de dolo, fraude ou simulação."

No que se refere aos tributos submetidos a lançamento por declaração, ou de ofício, o prazo aplicável é o previsto no art. 173 do CTN, que tem a seguinte redação:

"Art. 173. O direito de a Fazenda Pública constituir o crédito tributário extingue-se após 5 (cinco) anos, contados:

I – do primeiro dia do exercício seguinte àquele em que o lançamento poderia ter sido efetuado;

II – da data em que se tornar definitiva a decisão que houver anulado, por vício formal, o lançamento anteriormente efetuado.

Parágrafo único. O direito a que se refere este artigo extingue-se definitivamente com o decurso do prazo nele previsto, contado da data em que tenha sido iniciada a constituição do crédito tributário pela notificação, ao sujeito passivo, de qualquer medida preparatória indispensável ao lançamento."

É importante ressaltar que os dois artigos acima transcritos tratam de prazos de decadência correspondentes a situações de fato completamente *distintas*. São excludentes um do outro, e por isso mesmo obviamente não se somam. Assim, em se tratando de *lançamento por homologação*, o direito de a Fazenda Pública homologar o lançamento – ou, obviamente, de não fazê-lo, e lançar eventuais diferenças – extingue-se em cinco anos, contados da ocorrência do fato gerador. Após o transcurso desse prazo, considera-se homologado o lançamento e definitivamente extinto o crédito tributário, salvo se verificado dolo, fraude ou simulação. Constatada a ocorrência desses vícios, ou em qualquer outra hipótese na qual não ocorra o lançamento por homologação, aplicável será a regra mais abrangente contida no art. 173 do CTN.

A advertência quanto à impossibilidade da soma de prazos é relevante, na medida em que o STJ, em alguns julgados, chegou a decidir o seguinte:

"TRIBUTÁRIO – TRIBUTOS SUJEITOS A LANÇAMENTO POR HOMOLOGAÇÃO – DECADÊNCIA – PRAZO.

Estabelece o artigo 173, inciso I do CTN que o direito da Fazenda de constituir o crédito tributário extingue-se após 5 (cinco) anos, contados do primeiro dia do exercício seguinte àquele em que o lançamento por homologação poderia ter sido efetuado. Se não houve pagamento, inexiste homologação tácita. Com o encerramento do prazo para homologação (5 anos), inicia-se o prazo para a constituição do crédito tributário.

Conclui-se que, quando se tratar de tributos a serem constituídos por lançamento por homologação, inexistindo pagamento, tem o fisco o prazo de 10 anos, após a ocorrência do fato gerador, para constituir o crédito tributário. Embargos recebidos."[65]

---

[65] Ac. un. da 1ª S. do STJ – Rel. Min. Garcia Vieira – ERESP 132.329/SP – *DJU* I de 7.6.1999, p. 38 – *JSTJ*, v. 7, p. 125 – *RDR*, v. 15, p. 182.

Em parecer emitido em coautoria com Hugo de Brito Machado, já tivemos a oportunidade de criticar o entendimento acolhido pelo acórdão acima transcrito, nos seguintes termos:

> "O equívoco no qual incorreram os construtores dessa tese, *data venia*, decorre de duas razões igualmente insustentáveis. A primeira delas consiste na indevida interpretação do art. 150, § 4º, transformando a ressalva nele contida para os casos de dolo, fraude ou simulação, casos nos quais a doutrina tem entendido aplicável a norma do art. 173, I, do CTN, em regra aplicável a todos os casos. A segunda razão, igualmente insustentável, está na interpretação atribuída ao art. 173, I, do CTN, no qual consta a expressão 'do exercício seguinte àquele em que o lançamento poderia ter sido efetuado', que a doutrina praticamente unânime entende como 'do exercício seguinte àquele em que o lançamento *já* poderia ter sido efetuado', mas que tem sido entendida pelo STJ como significando 'do exercício seguinte àquele em que o lançamento *ainda* poderia ter sido efetuado'.
>
> É certo que a palavra 'já' não está escrita no questionado dispositivo, mas a sua compreensão exige que assim seja entendido porque se sabe que o prazo decadencial tem início a partir do momento em que o direito a que se refere *já* pode ser exercitado. Inadmissível é a compreensão da norma como se nela estivesse a palavra 'ainda', que também ali não está escrita, nem poderia estar, por imperativo lógico, sob pena de tornar infinito o prazo de caducidade do direito de lançar. Se o início do prazo extintivo desse direito ocorresse no exercício seguinte àquele em que o lançamento *ainda* pudesse ser feito, esse prazo sempre seria renovado, automaticamente. Um verdadeiro *looping*."[66]

Realmente, quando do término do prazo a que alude o art. 150, § 4º, do CTN, opera-se a decadência do direito de a Fazenda Pública lançar, considerando-se "definitivamente extinto o crédito tributário". É por isso, por não ser mais possível efetuar o exame da apuração feita pelo contribuinte, nem lançar eventuais diferenças, que o Código recorreu à ficção da "homologação tácita".

A única hipótese na qual um tributo, embora submetido ao lançamento por homologação, pode ser objeto de lançamento nos termos do art. 173 do CTN é aquela na qual há *dolo, fraude* ou *simulação*. É o caso, por exemplo, de contribuinte que não se identifica junto ao Fisco, ou, apesar de identificado, não apresenta as declarações nas quais apura o tributo a ser pago antecipadamente, e tampouco faz esse pagamento antecipado. Em tais casos, como não se pode cogitar de lançamento por homologação, incide o art. 173 do CTN, contando-se o prazo de decadência do primeiro dia do exercício seguinte àquele em que o lançamento *já* poderia ter sido efetuado, ou seja, do primeiro dia do exercício seguinte àquele no qual ocorreu o fato gerador. Alberto Xavier trata da questão com muita propriedade, asseverando que é "por razões ligadas à inexistência de informações prévias que a lei deixa de submeter ao prazo mais curto do artigo 150, § 4º os casos de 'dolo, fraude ou simulação', para implicitamente os sujeitar ao prazo mais longo do artigo 173".[67] Mas, insista-se, incide o art. 173 em *substituição* ao art. 150, § 4º, e não como um insólito *acréscimo* ao prazo ali fixado.

Talvez por conta de tais equívocos, e da crítica que a eles a doutrina dirigiu, o STJ modificou o citado entendimento. Por meio de sua Primeira Seção, proferiu o seguinte acórdão:

---

[66] Hugo de Brito Machado e Hugo de Brito Machado Segundo, "Tributário. Arts. 150, § 4º e 174 do CTN. Decadência e prescrição. Prazos. Contagem", parecer publicado na *Revista Dialética de Direito Tributário* nº 91, abr. 2003, p. 137.

[67] Alberto Xavier, *Do Lançamento – Teoria Geral do Ato, do Procedimento e do Processo Tributário*, 2. ed., Rio de Janeiro: Forense, 1997, p. 93.

"TRIBUTÁRIO. DECADÊNCIA. TRIBUTOS SUJEITOS AO REGIME DO LANÇA-MENTO POR HOMOLOGAÇÃO. Nos tributos sujeitos ao regime do lançamento por homologação, a decadência do direito de constituir o crédito tributário se rege pelo artigo 150, § 4º, do Código Tributário Nacional, isto é, o prazo para esse efeito será de cinco anos a contar da ocorrência do fato gerador; a incidência da regra supõe, evidentemente, hipótese típica de lançamento por homologação, aquela em que ocorre o pagamento antecipado do tributo. Se o pagamento do tributo não for antecipado, já não será o caso de lançamento por homologação, hipótese em que a constituição do crédito tributário deverá observar o disposto no artigo 173, I, do CTN. Embargos de divergência acolhidos."[68]

Posteriormente, as duas Turmas de Direito Público do STJ passaram a adotar o mesmo entendimento:

"Processual e Tributário. ICM. Execução Fiscal. Embargos do Devedor. Decadência. Precedente.

1. A caducidade opera-se em relação ao direito material de constituir o crédito tributário.

2. Transcorridos mais de cinco anos do fato gerador até a constituição do crédito tributário, extingue-se definitivamente o direito do fisco de cobrá-lo.

3. Recurso especial improvido."[69]

"TRIBUTÁRIO – DECADÊNCIA – LANÇAMENTO POR HOMOLOGAÇÃO (ART. 150 § 4º E 173 DO CTN).

1. Nas exações cujo lançamento se faz por homologação, havendo pagamento antecipado, conta-se o prazo decadencial a partir da ocorrência do fato gerador (art. 150, § 4º, do CTN).

2. Somente quando não há pagamento antecipado, ou há prova de fraude, dolo ou simulação é que se aplica o disposto no art. 173, I, do CTN.

3. Em normais circunstâncias, não se conjugam os dispositivos legais.

4. Recurso especial improvido."[70]

"[...] 1. Nas exações cujo lançamento se faz por homologação, havendo pagamento antecipado, conta-se o prazo decadencial a partir da ocorrência do fato gerador (art. 150, § 4º, do CTN), que é de cinco anos.

2. Somente quando não há pagamento antecipado, ou há prova de fraude, dolo ou simulação é que se aplica o disposto no art. 173, I, do CTN.

[...]

4. Embargos de divergência providos."[71]

---

[68] Ac. un. da 1ª S. do STJ – Rel. Min. Ari Pargendler – ERESP 101.407/SP – *DJU* I de 8.5.2000, p. 53 – *RDDT* nº 58, p. 141.

[69] Ac. un. da 1ª T. do STJ – Rel. Min. Peçanha Martins – REsp 178.433/SP – *DJ* 21.8.2000.

[70] Ac. un. da 2ª T. do STJ – REsp 395.059/RS – Rel. Min. Eliana Calmon – *DJU* I de 21.10.2002. No mesmo sentido: REsp 279.473/SP, *DJ* 8.4.2002, p. 177; REsp 183.606/SP, *DJ* 13.8.2001, p. 88.

[71] STJ, 1ª S., EREsp 572.603/PR, Embargante: Atílio e Cia. Ltda., Rel. Min. Castro Meira, j. em 8.6.2005, *DJ* de 5.9.2005, p. 199.

Capítulo 3 · PROCESSO ADMINISTRATIVO TRIBUTÁRIO | 81

"[...] O crédito tributário constitui-se, definitivamente, em cinco anos, porquanto mesmo que o contribuinte exerça o pagamento antecipado, a Fazenda dispõe de um quinquênio para o lançamento, que pode se iniciar, *sponte sua*, na forma do art. 173, I, ou tacitamente quando então deve estar ultimado no quinquênio do art. 150, § 4º.

8. A partir do referido momento, inicia-se o prazo prescricional de cinco anos para a exigibilidade em juízo da exação, implicando na tese uniforme dos cinco anos, acrescidos de mais cinco anos, a regular a decadência na constituição do crédito tributário e a prescrição quanto à sua exigibilidade judicial.

9. Inexiste, assim, antinomia entre as normas dos arts. 173 e 150, § 4º do Código Tributário Nacional.

10. Deveras, é assente na doutrina: a aplicação concorrente dos artigos 150, § 4º e 173, o que conduz a adicionar o prazo do artigo 173 – cinco anos a contar do exercício seguinte àquele em que o lançamento poderia ter sido praticado – com o prazo do artigo 150, § 4º – que define o prazo em que o lançamento poderia ter sido praticado como de cinco anos contados da data da ocorrência do fato gerador. Desta adição resulta que o *dies a quo* do prazo do artigo 173 é, nesta interpretação, o primeiro dia do exercício seguinte ao do *dies ad quem* do prazo do artigo 150, § 4º. A solução é deplorável do ponto de vista dos direitos do cidadão porque mais que duplica o prazo decadencial de cinco anos, arraigado na tradição jurídica brasileira como o limite tolerável da insegurança jurídica. Ela é também juridicamente insustentável, pois as normas dos artigos 150, § 4º e 173 não são de aplicação cumulativa ou concorrente, antes são reciprocamente excludentes, tendo em vista a diversidade dos pressupostos da respectiva aplicação: o art. 150, § 4º aplica-se exclusivamente aos tributos 'cuja legislação atribua ao sujeito passivo o dever de antecipar o pagamento sem prévio exame da autoridade administrativa'; o art. 173, ao revés, aplica-se aos tributos em que o lançamento, em princípio, antecede o pagamento. [...]

A ilogicidade da tese jurisprudencial no sentido da aplicação concorrente dos artigos 150, § 4º e 173 resulta ainda evidente da circunstância de o § 4º do art. 150 determinar que considera-se 'definitivamente extinto o crédito' no término do prazo de cinco anos contados da ocorrência do fato gerador. Qual seria pois o sentido de acrescer a este prazo um novo prazo de decadência do direito de lançar quando o lançamento já não poderá ser efetuado em razão de já se encontrar 'definitivamente extinto o crédito'?

Verificada a morte do crédito no final do primeiro quinquênio, só por milagre poderia ocorrer sua ressurreição no segundo" (Alberto Xavier, *Do Lançamento. Teoria Geral do Ato, do Procedimento e do Processo Tributário*, Rio de Janeiro: Forense, 1998, 2ª edição, p. 92-94).

"11. *In casu*, considerando que os débitos relativos à COFINS referem-se ao período de junho a dezembro de 1992, e que o auto de infração foi lavrado em 27.07.1999, consoante assentado pelas instâncias ordinárias, não merece acolhida a pretensão do recorrente, por isso que o lançamento foi efetivado após o prazo de cinco anos, previsto no art. 150, § 4º, do CTN.

12. Precedentes da Primeira Seção: ERESP 276142/SP; Rel. Min. Luiz Fux, *DJ* de 28.02.2005; ERESP 279473/SP, Rel. Min. Teori Albino Zavascki, *DJ* de 11.10.2004.

13. Recurso especial improvido."[72]

---

[72] Ac. un. da 1ª T. do STJ, REsp 638.962/PR, Rel. Min. Luiz Fux, j. em 2.6.2005, v. u., *DJ* de 1º.8.2005, p. 329.

Neste último julgado, que se fundamenta na sólida e muitíssimo bem construída doutrina de Alberto Xavier, a Primeira Turma do STJ deixou muito claro que a única soma de prazos que pode ocorrer, a rigor, é entre o prazo de decadência do direito de lançar e o prazo de prescrição para *executar* as quantias que eventualmente tenham sido lançadas dentro do primeiro prazo.

Subsistem, apesar disso, algumas questões relacionadas à interpretação de cada um desses artigos, isoladamente.

A primeira delas diz respeito à questão de saber em quais hipóteses o termo inicial do prazo de decadência é a data do fato gerador (art. 150, § 4º, do CTN), e em quais hipóteses esse mesmo é o primeiro dia do ano seguinte àquele no qual ocorrido o fato gerador (art. 173, I, do CTN).

Em alguns pronunciamentos da jurisprudência, inclusive naqueles que corretamente afastaram a tese da "soma" dos prazos decadenciais, acima examinados, tem-se afirmado que, se não há pagamento, não há o que homologar, logo o prazo de decadência aplicável é o do art. 173, I, do CTN, notadamente porque os valores não pagos serão objeto de lançamento de ofício.

Não nos parece, contudo, que essa conclusão seja acertada, especialmente por partir de premissas equivocadas. Como já escrevemos, juntamente com Paulo de Tarso Vieira Ramos:

> "O tratamento da decadência em dois dispositivos distintos, aplicáveis a hipóteses também distintas, tem criado algumas controvérsias a nosso ver inteiramente descabidas. Uma delas diz respeito ao tributo sujeito ao lançamento por homologação, não pago ou pago a menor. As diferenças eventualmente apuradas, porque sujeitas a um possível lançamento de ofício, poderiam ser lançadas no prazo previsto no art. 173, I, do CTN?
>
> É relevante lembrar, neste ponto, que o objeto da homologação é a atividade de apuração desenvolvida pelo contribuinte, e não o pagamento. Quando impropriamente se diz haver a homologação do pagamento, em verdade se está fazendo referência à homologação da atividade que motivou aquele pagamento. Assim, *se o contribuinte procedeu à apuração do crédito tributário*, realizando a atividade a ser ulteriormente homologada pela Fazenda Pública, a decadência do direito de lançar o tributo declarado mas *não pago*, total ou parcialmente, consuma-se em cinco anos contados da data em que ocorrido o fato gerador da obrigação respectiva, não importando se esse pagamento *a menor* deriva de erro do contribuinte em relação aos fatos declarados, ou se decorre de distinta interpretação de seu significado jurídico (Se declarou mas não pagou, porque entendeu que o fato declarado é isento, ou configura hipótese de não incidência, por exemplo). Transcorrido o prazo do art. 150, § 4º do CTN, a decadência impede a exigência de qualquer quantia eventualmente não paga, considerando-se corretos a apuração feita pelo contribuinte e o que eventualmente em face dela tiver sido pago, salvo se verificada a ocorrência de dolo, fraude ou simulação.
>
> É certo que tais diferenças, se verificadas tempestivamente, serão objeto de lançamento ou de revisão de ofício, mas isso não lhes altera o termo inicial do prazo de decadência, que continua sendo o previsto no art. 150, § 4º, do CTN, que prevalece sobre o art. 173 do mesmo Código em face do *princípio da especialidade* (LICC, art. 1º, § 2º, que simplesmente consagra princípio elementar de hermenêutica jurídica). Transcorrido esse lapso temporal, e não se tendo verificado os vícios previstos na parte final do dispositivo, estará definitivamente extinto o direito da Fazenda Pública. Nem poderá haver revisão do lançamento, em face do parágrafo único do art. 149 do CTN, nem poderá haver novo lançamento, porque o anterior fora tacitamente aceito e homologado. Não fosse assim,

Capítulo 3 • PROCESSO ADMINISTRATIVO TRIBUTÁRIO | **83**

restaria inteiramente inócuo o art. 150, § 4º, do CTN, especialmente em sua parte final, que não teria qualquer utilidade.

[...]."[73]

Os Conselhos de Contribuintes do Ministério da Fazenda – hoje Conselho Administrativo de Recursos Fiscais – e a Câmara Superior de Recursos Fiscais vinham decidindo, nesse sentido, que o termo inicial do prazo de decadência não é definido pela existência de pagamento antecipado, mas pelo regime jurídico do lançamento do tributo (lançamento por homologação), ressalvada apenas a hipótese de dolo, fraude ou simulação:

> "Processo Administrativo Fiscal. – Decadência – I.R.P.J. – O imposto de renda pessoa jurídica se submete à modalidade de lançamento por homologação, eis que é exercida pelo contribuinte a atividade de determinar a matéria tributável, o cálculo do imposto e pagamento do 'quantum' devido, independente de notificação, sob condição resolutória de ulterior homologação. Assim, o fisco dispõe do prazo de 5 (cinco) anos, contados da ocorrência do fato gerador, para homologá-lo ou exigir seja complementado o pagamento antecipadamente efetuado, caso a lei não tenha fixado prazo diferente e não se cuide da hipótese de sonegação, fraude ou conluio (*ex vi* do disposto no parágrafo 4º do art. 150 do CTN). A ausência de recolhimento do imposto não altera a natureza do lançamento, vez que o contribuinte continua sujeito aos encargos decorrentes da obrigação inadimplida (atualização, multa, juros etc. a partir da data de vencimento originalmente previsto, ressalvado o disposto no art. 106 do CTN). Preliminar que se acolhe. Por unanimidade de votos, acolher a preliminar de decadência do direito de a Fazenda Pública Federal de constituir o crédito tributário."[74]

> "Decadência – Tratando-se de lançamento por homologação (art. 150 do CTN), o prazo para a Fazenda Pública constituir o crédito tributário decai em 5 (cinco) anos contados da data do fato gerador. A ausência de recolhimento da prestação devida não altera a natureza do lançamento, já que o que se homologa é a atividade exercida pelo sujeito passivo. Por unanimidade de votos, declarar o lançamento decadente."[75]

Alberto Xavier, que defendia entendimento diverso (segundo o qual o prazo do art. 150, § 4º, do CTN somente seria aplicável diante de pagamento antecipado), passou a defender que o prazo de decadência deve ser determinado pelo regime jurídico do tributo (se dos que são lançados por homologação ou não), e não em face do que o sujeito passivo fez ou deixou de fazer (ressalvada apenas a hipótese de dolo, fraude ou simulação). Em suas palavras,

> "[...] embora tenhamos aderido a esta teoria, na segunda das suas variantes (*Do Lançamento: teoria geral do ato, do procedimento e do processo tributário*, Rio de Janeiro, 1997, 90 ss), uma reflexão amadurecida leva-nos a abandoná-la para perfilhar a *teoria objetiva* ou do *regime jurídico*, segundo a qual o âmbito de aplicação do art. 150, § 4º e do art. 173 deve buscar-se apenas na modalidade de lançamento adotada pela lei para cada espécie de tributo.

---

[73] Hugo de Brito Machado Segundo e Paulo de Tarso Vieira Ramos, "Lançamento Tributário e Decadência", em *Lançamento Tributário e Decadência*, coord. Hugo de Brito Machado, São Paulo/Fortaleza: Dialética/Icet, 2002, p. 263.

[74] Ac. da 1ª C. do 1º CC – Ac. 101-93.260 – Sessão de 8.11.2000 – Rel. Sebastião Rodrigues Cabral – *DOU* I-E 29.11.2000, p. 15 – *Revista Dialética de Direito Tributário* nº 65, p. 226.

[75] Ac. da 1ª C. do 1º CC – Ac. 101-92.642 – Sessão de 14.4.1999 – Rel. Raul Pimentel – *DOU* I-E 30.6.2000, p. 6 – *Revista Dialética de Direito Tributário* nº 60, p. 231.

Várias razões podem ser aduzidas nesse sentido.

Em primeiro lugar, o *caput* do art. 150, quando alude à 'tomada de conhecimento' pelo Fisco da atividade do contribuinte está simplesmente a afirmar que o conhecimento ou constatação do pagamento é condição necessária para a respectiva homologação, homologação essa que nada mais é que a declaração, com valor de quitação, que o tributo foi corretamente recolhido. Tal expressão não pode ser interpretada para significar o que em parte alguma está dito na lei: que o conhecimento (ou cognoscibilidade) do comportamento concreto do contribuinte, através do pagamento ou de outra forma, é um requisito limitativo do âmbito de aplicação do § 4º, conducente a deixar de considerar o fato gerador como termo *a quo* do prazo decadencial.

Em segundo lugar, se fosse exato que o 'conhecimento' (através do pagamento), a que se refere o 'caput' do art. 150, fosse requisito essencial de aplicação do prazo especial do § 4º (e do consequente afastamento do prazo geral do art. 173), então esse prazo deveria ter o seu início contado não da data do fato gerador (como afirma a lei), mas da data do seu conhecimento, pelo pagamento ou outra forma (o que a lei não afirma).

Em terceiro lugar, porque ainda que a expressão 'tomar conhecimento' se referisse não ao pagamento do tributo, como natural condição de sua homologação, mas ao próprio fato gerador (o que a lei não permite entender), ainda assim não haveria razão para fazer variar o prazo de decadência em função da disponibilidade de meios de conhecimento facultados por iniciativa do contribuinte, ignorando-se que o Fisco, longe de ser um ente passivo receptor de informações dos particulares, tem um dever de iniciativa da fiscalização com vista à descoberta da verdade material, sendo, aliás, dotado para o efeito de um poderosíssimo arsenal de instrumentos de investigação. 'Tomar conhecimento' não significa necessariamente 'receber conhecimento'.

Em quarto e último lugar – e este argumento afigura-se-nos decisivo – não é lógico aplicar o § 4º do art. 150 a uma hipótese em que se verificou o pagamento apenas *parcial* do tributo devido (ainda que em fração ínfima), em razão de erro de cálculo do contribuinte, e deixar de aplicar o mesmo preceito no caso de inexistência de recolhimento, notadamente por o contribuinte, em função de sua própria interpretação da lei, entender que o tributo não é devido. O absurdo desta consequência mais se evidencia se se atentar para que ela permitira ao contribuinte manipular, em seu benefício, o prazo decadencial, procedendo a um recolhimento simbólico mesmo nos casos em que considere indevido o tributo.

Entendemos, pois, que não deve ser a situação fática concreta (existência ou não de pagamento, total ou parcial, ou cumprimento ou não de obrigação declarativa) que determina a aplicabilidade do § 4º do art. 150, mas sim e tão somente o *regime jurídico do tributo em causa*.

Neste sentido aponta decisivamente o 'caput' do art. 150, quando se refere aos 'tributos cuja legislação atribua ao sujeito passivo o dever de antecipar o pagamento sem prévio exame da autoridade administrativa'. O que é relevante, pois, é saber se, em face da legislação, o contribuinte tem ou não o dever de antecipar o pagamento, pouco importando se o dever de pagar foi ou não efetivamente cumprido, no todo ou em parte.

[...]

Em razão destes argumentos filiamo-nos à *teoria objetiva* ou do *regime jurídico*, que passou a ser consagrada pela Câmara Superior de Recursos Fiscais."[76]

---

[76] Alberto Xavier, *Do Lançamento no Direito Tributário Brasileiro*, 3. ed., Rio de Janeiro: Forense, 2005, p. 99 ss.

Capítulo 3 · PROCESSO ADMINISTRATIVO TRIBUTÁRIO | 85

Assim, e em suma, o correto seria considerar que o prazo para a Fazenda Pública efetuar o lançamento é de cinco anos, contados:

i)   da data da ocorrência do fato gerador, em se tratando de tributo submetido a lançamento por homologação, mesmo quando não há pagamento, desde que não tenha havido dolo, fraude ou simulação;

ii) do primeiro dia do ano seguinte àquele em que o lançamento já poderia ter sido efetuado, e não o foi, nos casos de tributos ordinariamente submetidos a lançamento de ofício, ou por declaração, ou ainda a lançamento por homologação, caso tenha havido dolo, fraude ou simulação por parte do contribuinte.

No âmbito do Superior Tribunal de Justiça, porém, tem prevalecido o entendimento segundo o qual, mesmo em relação a tributos submetidos ao lançamento por homologação, quando não há pagamento antecipado, a decadência deve ser contada nos termos do art. 173, I, do CTN. O art. 150, § 4º, do CTN somente seria aplicável nas hipóteses em que o sujeito passivo declara e paga o tributo devido, e o Fisco discorda da apuração feita, procedendo ao lançamento de ofício revisional.[77] Esse entendimento se acha atualmente cristalizado na Súmula 555 do STJ, segundo a qual "quando não houver declaração do débito, o prazo decadencial quinquenal para o Fisco constituir o crédito tributário conta-se exclusivamente na forma do art. 173, I, do CTN, nos casos em que a legislação atribui ao sujeito passivo o dever de antecipar o pagamento sem prévio exame da autoridade administrativa".

Bem definidos os casos aos quais se referem o § 4º do art. 150 e o art. 173, I, do CTN, bem como a impossibilidade de somar os referidos prazos, resta o exame do inciso II e do parágrafo único do art. 173 do CTN.

---

[77]   "1. O prazo decadencial quinquenal para o Fisco constituir o crédito tributário (lançamento de ofício) conta-se do primeiro dia do exercício seguinte àquele em que o lançamento poderia ter sido efetuado, nos casos em que a lei não prevê o pagamento antecipado da exação ou quando, a despeito da previsão legal, o mesmo inocorre, sem a constatação de dolo, fraude ou simulação do contribuinte, inexistindo declaração prévia do débito.[...] 2. É que a decadência ou caducidade, no âmbito do Direito Tributário, importa no perecimento do direito potestativo de o Fisco constituir o crédito tributário pelo lançamento, e, consoante doutrina abalizada, encontra-se regulada por cinco regras jurídicas gerais e abstratas, entre as quais figura a regra da decadência do direito de lançar nos casos de tributos sujeitos ao lançamento de ofício, ou nos casos dos tributos sujeitos ao lançamento por homologação em que o contribuinte não efetua o pagamento antecipado (Eurico Marcos Diniz de Santi, "Decadência e Prescrição no Direito Tributário", 3ª ed., Max Limonad, São Paulo, 2004, págs. 163/210). 3. O *dies a quo* do prazo quinquenal da aludida regra decadencial rege-se pelo disposto no artigo 173, I, do CTN, sendo certo que o "primeiro dia do exercício seguinte àquele em que o lançamento poderia ter sido efetuado" corresponde, iniludivelmente, ao primeiro dia do exercício seguinte à ocorrência do fato imponível, ainda que se trate de tributos sujeitos a lançamento por homologação, revelando-se inadmissível a aplicação cumulativa/concorrente dos prazos previstos nos artigos 150, § 4º, e 173, do Codex Tributário, ante a configuração de desarrazoado prazo decadencial decenal (Alberto Xavier, "Do Lançamento no Direito Tributário Brasileiro", 3ª ed., Ed. Forense, Rio de Janeiro, 2005, págs. 91/104; Luciano Amaro, "Direito Tributário Brasileiro", 10ª ed., Ed. Saraiva, 2004, págs. 396/400; e Eurico Marcos Diniz de Santi, "Decadência e Prescrição no Direito Tributário", 3ª ed., Max Limonad, São Paulo, 2004, págs. 183/199). 5. *In casu*, consoante assente na origem: (i) cuida-se de tributo sujeito a lançamento por homologação; (ii) a obrigação *ex lege* de pagamento antecipado das contribuições previdenciárias não restou adimplida pelo contribuinte, no que concerne aos fatos imponíveis ocorridos no período de janeiro de 1991 a dezembro de 1994; e (iii) a constituição dos créditos tributários respectivos deu-se em 26.03.2001. 6. Destarte, revelam-se caducos os créditos tributários executados, tendo em vista o decurso do prazo decadencial quinquenal para que o Fisco efetuasse o lançamento de ofício substitutivo" (STJ, 1ª S., REsp 973733/SC, *DJe* de 18.9.2009).

Segundo o inciso II do já citado art. 173 do CTN, o prazo de decadência tem início, também, a partir de quando se tornar definitiva a decisão que anular lançamento anterior, por vício formal. Em outras palavras, sempre que um lançamento for considerado formalmente nulo, um novo prazo de decadência tem início a partir da decisão, administrativa ou judicial, que reconhecer essa nulidade. São exemplos de vícios formais a falta de fundamentação no ato de lançamento, ou a fundamentação deficiente; a ausência de assinatura da autoridade lançadora; enfim, qualquer vício na *formalização* do crédito tributário, mas que não implique, necessariamente, a inexistência de uma obrigação tributária subjacente.[78]

Essa norma do art. 173, II, do CTN poderia, em um primeiro exame, ser vista como uma "exceção" à regra segundo a qual os prazos de decadência não se suspendem nem se interrompem. Com efeito, constituído o crédito tributário através do lançamento, a sua ulterior anulação por vício formal ensejaria o reinício do prazo de decadência, em autêntico exemplo de interrupção desse prazo. Não se trata, contudo, de verdadeira interrupção, mas da abertura de um *novo* prazo de caducidade, pertinente apenas ao lançamento que vier a corrigir o vício formal causador da nulidade. A distinção pode parecer cerebrina, mas não o é. Caso se tratasse de interrupção do prazo de decadência, a Fazenda Pública teria a "reabertura" desse prazo, podendo lançar novamente inclusive quantias não abrangidas no primeiro lançamento, o que na verdade não acontece. Com efeito, um lançamento anulado por vício formal só pode ser refeito, no prazo de cinco anos contados da decisão que o anulou, para exigir os mesmos valores já lançados, com a mera correção do defeito formal. Não é possível "aproveitar" o novo prazo, surgido com a declaração da nulidade formal, para exigir *outras* quantias não lançadas inicialmente, pois em relação a estas se operou inevitavelmente a decadência.[79]

Além disso, só se pode interromper um prazo que ainda está em curso, sendo certo que muitas vezes o vício formal de um lançamento pode ser reconhecido depois de consumado o prazo decadencial previsto no art. 173, I, do CTN, incidindo a norma veiculada no inciso II do mesmo artigo, o que não ocorreria se se tratasse de autêntica interrupção. Suponha-se, por exemplo, que os fatos geradores tenham ocorrido em 2005, e o lançamento, eivado de vício formal, seja efetuado em 2008. Caso esse vício formal venha a ser reconhecido em 2012, já estaria consumada a decadência para lançar quantias referentes a 2005, nos termos do art. 173, I, do CTN, pelo que a incidência da norma contida no inciso II implica não a interrupção dele, mas o início de um novo prazo para que apenas se corrija o lançamento inicialmente efetuado de forma deficiente.

Ainda com relação ao art. 173, II, do CTN merece registro a circunstância, pouco mencionada, de que sua constitucionalidade é duvidosa. Com efeito, trata-se da concessão

---

[78] Como já decidiu o Conselho Administrativo de Recursos Fiscal (CARF), o "erro na interpretação da regra-matriz de incidência no que concerne ao sujeito passivo da obrigação tributária (o que inclui tanto o contribuinte como o responsável tributário) gera um lançamento nulo por vício material, não se aplicando a regra especial de contagem do prazo decadencial do art. 173, II, do CTN. Inteligência da Solução de Consulta Interna Cosit nº 08/2013. CARF, AC. 1301-004.444." (AC. 1301-004.444)

[79] "IRPJ – Pelo disposto no inciso II, do art. 173, quando ocorre anulação, por vício formal, é dado ao fisco mais 5 anos 'da data em que se tornar definitiva a decisão que houver anulado, por vício formal, o lançamento anteriormente efetuado', para realizar novo lançamento. Só que o sujeito ativo deve se limitar a corrigir os vícios formais e manter o valor originariamente exigido, não sendo permitido suplementar a exigência pela ampliação da base de cálculo e do valor do imposto, porque em relação aos valores adicionais incide a decadência ou a homologação do crédito, que são formas de extinção do crédito tributário, em face dos incisos V e VII do art. 156 do CTN. Recurso negado" (Ac. un. da 5ª C. do 1º CC – Ac. nº 105-13.033 – Rel. Cons. Ivo de Lima Barboza – jul. 8.12.1999 – *DOU*-e I 27.3.2000, p. 6 – *Repertório de Jurisprudência IOB* cad. 1 nº 11/2000 p. 273).

de verdadeiro prêmio à Fazenda, o qual decorre, em última análise, do fato de ela haver formalizado um crédito tributário de forma viciada. Um prêmio pela prática de uma ilicitude, portanto. E não só. Ele consiste na reabertura de um prazo de cinco anos, a partir de quando se tornar definitiva a decisão que extingue por vício formal o lançamento inicialmente efetuado, o que pode ocorrer dez, quinze (ou mais...) anos depois do encerramento do prazo inicial. Parece haver malferimento aos princípios da segurança jurídica, da razoabilidade e da eficiência da Administração Pública. A tese, porém, não tem sido suscitada com frequência, não havendo sobre ela, em razão disso, pronunciamento do STF.

Finalmente, em qualquer hipótese de aplicação do art. 173, I, do CTN, caso haja o início de um procedimento preparatório do lançamento (*v. g.*, o início de uma fiscalização) antes do primeiro dia do exercício seguinte àquele no qual ocorreu o fato gerador, é a data do início desse procedimento preparatório, e não o primeiro dia do exercício seguinte, o termo inicial do prazo de decadência (art. 173, parágrafo único).

2.8.4 Decadência e causas suspensivas de exigibilidade do crédito tributário

Questão de grande relevo diz respeito à fluência dos prazos decadenciais, e as causas suspensivas, ou impeditivas, da exigibilidade do crédito tributário. É sabido que a decadência não se suspende, nem se interrompe,[80] até porque diz respeito ao prazo para o exercício de um direito potestativo, que pode ser exercido unilateralmente, independentemente de qualquer condição ou da colaboração ou participação de terceiros.

Caso já tenha sido constituído o lançamento, através de um auto de infração, por exemplo, a suspensão da exigibilidade do crédito tributário correspondente, seja através de depósito judicial em ação anulatória, seja através de tutela de urgência, não terá qualquer efeito sobre o direito de lançar, que já foi exercido. Por outro lado, no que diz respeito à *prescrição* da ação de execução desse crédito já lançado, qualquer causa suspensiva da exigibilidade do crédito tributário é, também, suspensiva da respectiva prescrição, por conta do princípio da *actio nata*. Assim, cessada a causa suspensiva da exigibilidade do crédito (cassada uma medida liminar, por exemplo), o auto de infração subsiste plenamente exigível.[81]

O mesmo se pode dizer em relação às reclamações e aos recursos, e à moratória, institutos que pressupõem a prévia constituição do crédito tributário (afastando, portanto, qualquer alegação de decadência), e que, por suspenderem sua exigibilidade, suspendem por igual o curso da prescrição.

Diferente é a situação na hipótese em que o contribuinte *se antecipa* à autoridade lançadora e obtém *judicialmente* a suspensão do crédito tributário antes mesmo de sua constituição. Nesses casos, aliás, é mais correto falar-se de *suspensão do dever jurídico de antecipar o pagamento, e do crédito tributário a ser eventual e ulteriormente constituído*. É o caso de uma medida liminar, concedida no âmbito de um mandado de segurança preventivo, que assegure (de modo provisório, como é natural a todas as tutelas de urgência) ao contribuinte o direito de não se submeter à cobrança de determinado tributo. Nessa hipótese, caso a autoridade não efetue o lançamento dentro do prazo decadencial respectivo, não poderá fazê-lo posteriormente.

---

[80] Exceção seja feita apenas ao art. 173, II, do CTN, que conforme já salientamos não cuida propriamente de causa interruptiva da decadência do direito de lançar, mas que poderia ser visto como tendo essa natureza interruptiva.

[81] "[...] A jurisprudência desta Corte possui o entendimento de que nos casos em que houver suspensão da exigibilidade depois do vencimento do prazo para o pagamento, o prazo prescricional continuará sendo a data da constituição do crédito, mas será descontado o período de vigência do obstáculo à exigibilidade. [...]" (STJ, 1ª T., AgRg no Ag 1.331.941/RS, *DJe* de 10.2.2011).

88 | PROCESSO TRIBUTÁRIO – *Machado Segundo*

Nem se argumente que, em tais casos, o provimento jurisdicional *impede* o lançamento, impedindo, por conseguinte, o curso do prazo de decadência. Na verdade, o que o provimento jurisdicional impede é a *cobrança*, a *exigibilidade*, do valor lançado, o que é completamente diferente.[82] Cabe à autoridade efetuar o lançamento, para evitar a consumação da decadência, mas abster-se de cobrá-lo, por quaisquer meios, em respeito à decisão judicial. Nesse sentido, aliás, posicionou-se a jurisprudência do Superior Tribunal de Justiça:

> "A suspensão da exigibilidade do crédito tributário na via judicial impede o Fisco de praticar qualquer ato contra o contribuinte visando à cobrança de seu crédito, tais como inscrição em dívida, execução e penhora, mas não impossibilita a Fazenda de proceder à regular constituição do crédito tributário para prevenir a decadência do direito de lançar."[83]

> "PROCESSUAL CIVIL E TRIBUTÁRIO. MEDIDA LIMINAR EM MANDADO DE SEGURANÇA. SUSPENSÃO DO LANÇAMENTO DO CRÉDITO TRIBUTÁRIO. IMPOSSIBILIDADE. DECADÊNCIA CONFIGURADA.
> 1. A ordem judicial suspensiva da exigibilidade do crédito tributário não atinge a sua regular constituição, não estando, por conseguinte, a Fazenda Pública impedida de efetuar o respectivo lançamento.
> 2. Recurso especial conhecido e provido."[84]

> "TRIBUTÁRIO – CONSTITUIÇÃO DO CRÉDITO TRIBUTÁRIO – LANÇAMENTO – DECADÊNCIA.
> 1. O fato gerador faz nascer a obrigação tributária, que se aperfeiçoa com o lançamento, ato pelo qual se constitui o crédito correspondente à obrigação (arts. 113 e 142, ambos do CTN).
> 2. Dispõe a FAZENDA do prazo de cinco anos para exercer o direito de lançar, ou seja, constituir o seu crédito.
> 3. O prazo para lançar não se sujeita a suspensão ou interrupção, sequer por ordem judicial.
> 4. A liminar em mandado de segurança pode paralisar a cobrança, mas não o lançamento.
> 5. Recurso especial não conhecido."[85]

> "[...] 1. Ocorrido o fato gerador da obrigação tributária, a Administração tem o prazo de cinco anos para constituir o crédito tributário.
> 2. O prazo de decadência não se interrompe e não se suspende, porquanto o lançamento deverá ser efetuado no interregno estabelecido no art. 173, I, do CTN.
> [...]."[86]

---

[82] Como adverte James Marins, eventuais provimentos judiciais que proíbam a autoridade de efetuar o lançamento são incorretos, e devem ser impugnados através de agravo de instrumento (James Marins, *Direito Processual Tributário (Administrativo e Judicial)*, São Paulo: Dialética, 2001, p. 215). Nesses casos excepcionais, a decadência realmente não pode fluir, pois o próprio direito de cuja caducidade se cogita teve o seu exercício obstaculizado por ordem judicial.

[83] STJ, 1ª S, EREsp 572.603/PR, Rel. Min. Castro Meira, j. em 8.6.2005, *DJ* de 5.9.2005, p. 199.

[84] Ac. un. da 2ª T. do STJ, REsp 216.298/SP, Rel. Min. João Otávio de Noronha, j. em 19.4.2005, *DJ* de 1º.8.2005, p. 370.

[85] Ac. un. da 2ª T. do STJ, REsp 119.986/SP, Rel. Min. Eliana Calmon, j. em 15.2.2001, *DJ* de 9.4.2001, p. 337, *RSTJ* 147/154.

[86] Ac. un. da 1ª T. do STJ, REsp 106.593/SP, Rel. Min. Milton Luiz Pereira, j. em 23.6.1998, *DJ* de 31.8.1998, p. 15, *RDDT* 38/160.

Em sendo *o depósito* a razão da suspensão da exigibilidade do dever de antecipar o pagamento, no âmbito dos tributos sujeitos a lançamento por homologação, a questão se torna mais complexa. Há quem sustente que também nesse caso a autoridade administrativa deve efetuar o lançamento tributário para prevenir a decadência. Caso tal lançamento não seja feito, e transcorra o prazo decadencial, o contribuinte, mesmo perdedor da ação na qual foram feitos depósitos judiciais, poderia levantá-los.[87]

Não nos parece que seja assim. Ao efetuar toda a atividade de apuração do tributo, depositando o valor encontrado, o contribuinte o submete à concordância do Fisco. Tanto é assim que o Fisco não considera os efeitos do art. 151 do CTN na hipótese de reputar insuficiente o valor depositado. Por isso, pensamos que, em havendo depósito suspensivo da exigibilidade do crédito tributário, e anuência do Fisco quanto aos valores depositados, opera-se o *lançamento por homologação*. Não é correto, portanto, exigir-se a feitura de um lançamento de ofício apenas para prevenir a decadência, nem tampouco autorizar-se o levantamento de depósitos por parte de contribuintes perdedores de ações judiciais.

Poder-se-ia afirmar, em oposição, que não se trata de lançamento por homologação porque é o procurador[88] quem concorda com o valor dos depósitos, autoridade não dotada de competência para lançar. Cabe advertir, porém, que para manifestar anuência com os valores depositados o procurador necessariamente consulta a autoridade fazendária competente, única dotada de condições para avaliar a integridade dos depósitos, sendo esta, e não o procurador, que faz a respectiva homologação.

Por isso mesmo foi que a Lei 9.430/96, em seu art. 63, asseverou que na constituição de crédito tributário destinada a prevenir a decadência, relativa a tributo de competência da União, cuja exigibilidade houver sido suspensa na forma dos incisos IV e V do art. 151 do CTN, não caberá lançamento de multa de ofício. A lei não referiu o crédito tributário cuja exigibilidade houver sido suspensa por depósito (inciso II do art. 151 do CTN), não porque nessa hipótese caiba a exigência de multa (seria absurdo), mas porque nessa hipótese é *desnecessário* o lançamento de ofício.

A esse respeito, Hugo de Brito Machado doutrina ser importante:

> "[...] a distinção que se há de ter presente entre o depósito e a medida liminar, no que diz respeito ao lançamento do tributo, para não incorrermos no equívoco de cogitar da extinção, pela decadência, do direito de a Fazenda Pública lançar tributo cujos valores estão depositados em juízo.
>
> Não obstante produzam o mesmo efeito suspensivo, ou impeditivo da exigibilidade do crédito tributário, depósito do seu valor integral, e medida liminar, na verdade são inconfundíveis. O depósito é ato do contribuinte que, por haver ingressado em juízo para impugnar a cobrança do tributo, coloca o valor correspondente à disposição do juízo, para garantir a efetividade da decisão que porventura a final venha a ser proferida a favor da Fazenda Pública na ação correspondente. A medida liminar, diversamente, tem por finalidade garantir a eficácia da sentença que a final julgue improcedente a cobrança.
>
> O depósito pressupõe a determinação do valor que a Fazenda Pública pretende que lhe seja devido a título de tributo. Pressupõe o acertamento da relação tributária, no

---

[87] Manuel Luís da Rocha Neto, "Prazo Decadencial para Constituição do Crédito Tributário – Levantamento das Quantias Depositadas em Juízo", artigo publicado na *Revista Dialética de Direito Tributário* nº 47, ago. 1999, p. 78.

[88] *V. g.,* Procurador do Município, do Estado, do Distrito Federal, do INSS, ou da Fazenda Nacional.

seu aspecto quantitativo. Assim, somente será possível sua realização se já houver lançamento, ou então, se inexistente este, mediante um lançamento por homologação. Para fazê-lo o contribuinte realiza toda a atividade de lançamento, que lhe incumbe, e apenas não faz o pagamento da quantia correspondente porque sustenta ser tal pagamento indevido. Deposita essa quantia, que fica em juízo até que seja decidida a questão de saber se efetivamente o tributo questionado é devido, ou não.

A medida liminar, diversamente, pode ser deferida independentemente de tal acertamento. O juiz, para deferir a liminar, não precisa saber qual é o valor do tributo que está em disputa.

Por isto mesmo a diferença entre as duas situações é de grande relevo. Em se tratando de situação na qual o contribuinte obteve medida liminar, mas não depositou o valor do tributo que está em disputa, a Fazenda Pública tem de fazer a apuração deste. Tem de lançar. Embora não possa exigir, porque a exigibilidade está suspensa".

Adiante, no mesmo artigo, o citado doutrinador acrescenta que

"[...] existindo depósito o lançamento se perfaz simplesmente pela concordância, expressa ou tácita, da Fazenda Pública, com os valores depositados.

Realmente, a exigibilidade somente estará suspensa se o depósito é do valor integral. A Fazenda Pública tem o dever de cobrar, portanto, qualquer diferença porventura existente entre o que entende lhe ser devido, e o valor depositado. Para tanto há de ser cientificada pelo juiz do valor depositado. Intimada do depósito, se entende que o valor não é integral, deve manifestar sua discordância, em face do que o interessado depositará a diferença, ou o crédito não estará com a exigibilidade suspensa. Se entende que o valor depositado corresponde ao valor integral do crédito tributário, basta que não se manifeste e estará, assim, concordando com o depósito.

A concordância da Fazenda Pública, com os valores depositados, constitui a homologação de que trata o art. 150, do Código Tributário Nacional. Se não ocorrer de forma expressa, dar-se-á tacitamente, nos termos do § 4º, do referido art. 150, pelo decurso do prazo de cinco anos, contados do fato gerador do tributo em disputa".[89]

Pode ocorrer, ainda, de a ação ser julgada extinta, sem julgamento de mérito. Nesse caso, o contribuinte tem indiscutível direito de levantar as quantias depositadas, ainda que se tenha operado a decadência do direito de o Fisco lançar o crédito tributário correspondente. Parece-nos, porém, que de tal decadência não se deve mais cogitar, pois, assim como no caso do levantamento indevido acima referido, também aqui se terá operado a homologação dos valores depositados, e o lançamento pode considerar-se como efetuado por homologação. Desse modo, e como não houve o pagamento antecipado (houve o depósito, que foi levantado), o Fisco poderia considerar tal valor como lançado, e exigi-lo. Hugo de Brito Machado, a esse respeito, afirma que se "ocorre a extinção do processo, sem julgamento de mérito, o crédito já estava constituído pela homologação da atividade desenvolvida pelo contribuinte para a determinação do valor que depositara".[90]

O STJ chegou a acolher a tese contrária. Como se depreende do acórdão cuja ementa se transcreve a seguir, nele se decidiu que o depósito suspensivo do dever jurídico de antecipar

---

[89] Hugo de Brito Machado, "Depósito Judicial e Lançamento por Homologação", artigo publicado na *Revista Dialética de Direito Tributário* nº 49, São Paulo: Dialética, out. 1999, p. 53 e 54.

[90] Hugo de Brito Machado, "Lançamento para Evitar a Decadência", artigo publicado na *Revista Dialética de Direito Tributário* nº 51, São Paulo: Dialética, dez. 1999, p. 69 e 70.

o pagamento, no âmbito do lançamento por homologação (e, por conseguinte, suspensivo da exigibilidade de um crédito tributário ainda não constituído) não dispensa a autoridade competente de constituir o crédito tributário através de um lançamento de ofício, a fim de prevenir a consumação da decadência:

> "Tributário – Constituição do crédito tributário – Decadência. 1. O fato gerador faz nascer a obrigação tributária, que se aperfeiçoa com lançamento, ato pelo qual se constitui o crédito correspondente à obrigação (arts. 113 e 142 do CTN). 2. Dispõe a Fazenda do prazo de cinco anos para exercer o direito de lançar, ou seja, constituir o seu crédito tributário. 3. O prazo para lançar não se sujeita a suspensão ou interrupção, nem por ordem judicial, nem por depósito do devido. 4. Com depósito ou sem depósito, após cinco anos do fato gerador, sem lançamento, ocorre a decadência. Recurso Especial provido."[91]

Assim, e para evitar tais questionamentos, a autoridade administrativa até poderia efetuar o *lançamento de ofício para prevenir a decadência*, não apenas nas hipóteses de suspensão de exigibilidade decorrente de provimento jurisdicional, mas também nos casos de depósito do montante integral do crédito tributário.[92] Insista-se que não será devida, em quaisquer desses casos, a imposição da chamada "multa de ofício", já que não se trata de lançamento de ofício efetuado em face da inadimplência do contribuinte, e tampouco de "multa de mora", pois mora não terá havido, salvo, é claro, em se tratando de medida liminar, na excepcional hipótese de essa medida haver sido deferida *depois* de vencido e não pago o tributo.[93] Esse lançamento, porém, não é necessário, seja por conta do que se explicou anteriormente, seja porque, de uma forma ou de outra, o STJ terminou por rejeitar a mencionada tese, acolhendo – por suas duas Turmas de Direito Público – a que se defendia desde a primeira edição deste livro, no sentido de que se opera o lançamento por homologação das quantias compensadas, não se devendo mais cogitar de decadência.[94]

3   PROCESSO DE CONTROLE INTERNO DA LEGALIDADE ADMINISTRATIVA

3.1   Noções iniciais

3.1.1   A possibilidade de impugnação dos atos administrativos em geral

Vinculada como está ao princípio do Estado de Direito, e à regra da legalidade, a Administração Pública pode e deve rever seus próprios atos, sempre que estes estiverem eivados

---

[91]   Ac. un. – 2ª T. – STJ – REsp 332.693/SP – Rel. Min. Eliana Calmon – j. 3.9.2002 – *DJU* I 4.11.2002, p. 181 – *Repertório de Jurisprudência IOB* cad. 1 nº 23/2002, p. 866.

[92]   A MP nº 449/2008, nesse sentido, dispunha, em seu art. 49, que "para efeito de interpretação do art. 63 da Lei 9.430, de 1996, prescinde do lançamento de ofício destinado a prevenir a decadência, relativo ao tributo sujeito ao lançamento por homologação, o crédito tributário cuja exigibilidade houver sido suspensa na forma do inciso II do art. 151 da Lei 5.172, de 25 de outubro de 1966 – Código Tributário Nacional". Mesmo tendo desaparecido quando da conversão em lei da referida MP, a disposição tem o valor didático de reiterar o que se afirma no texto.

[93]   Nesse sentido: "Inobstante a suspensão da exigibilidade do crédito tributário pela realização do depósito judicial, legítima a sua constituição pela autoridade administrativa, visando preveni-lo da decadência. Improcedente, porém, a imposição de acréscimos legais, sem observância das efetivas datas dos depósitos. Recurso voluntário parcialmente provido" (Ac. un. da 3ª C do 1º CC – Rel. Cândido Rodrigues Neuber – *DOU* 1 de 22.1.1997, p. 1.186, *RDDT* nº 18, p. 161).

[94]   Confira-se, a propósito: STJ, 1ª S, EREsp 767.328/RS, Rel. Min. Herman Benjamin, j. em 11.4.2007.

de ilegalidades. É a *autotutela vinculada*,[95] mais propriamente chamada *autocontrole*, da Administração Pública.

Tendo em vista essa possibilidade de autocontrole, a Constituição assegura a todas as pessoas, físicas ou jurídicas, "o direito de petição aos Poderes Públicos em defesa de direitos ou contra ilegalidade ou abuso de poder".[96] O cidadão, portanto, pode *provocar* o exercício do autocontrole da Administração.

É muito importante referir que o direito de petição envolve, necessariamente, o direito a uma *resposta fundamentada*. Não a uma resposta favorável, que obviamente dependerá do que for pedido, mas a uma resposta. Seja para deferir o pedido, seja para indeferi-lo, seja para nem apreciá-lo em seu mérito por eventual incompetência, a autoridade tem a obrigação de oferecer resposta em tempo hábil, devidamente fundamentada. Caso não o faça, sua omissão pode ser atacada mediante mandado de segurança.[97]

Mas a Constituição não garante apenas a possibilidade de autocontrole, e a faculdade de qualquer interessado de provocá-lo. Vai além. Esse autocontrole, quando provocado por quem se sentiu lesado por ato ilegal ou abusivo da própria administração, deve necessariamente ser exercido no âmbito de um *devido processo legal*,[98] em face do conflito que lhe é subjacente.

Em síntese, a existência de um processo administrativo de controle interno da legalidade dos atos da Administração Pública é decorrência inexorável dos princípios do Estado de Direito e do devido processo legal, e da regra que assegura o direito de petição. Não pode, portanto, ser afastada, ou amesquinhada, pelo legislador infraconstitucional. Muito menos pode o processo administrativo ser visto como ferramenta destinada a aumentar a arrecadação. Seu propósito é contribuir para que a arrecadação se dê em conformidade com a lei.

Por tudo isso, a ausência de legislação infraconstitucional que preveja a existência de um processo administrativo (o que eventualmente pode ocorrer em alguns Municípios) não pode ser invocada como justificativa válida para que a Administração Pública não respeite o direito de petição, ou deixe de exercer o autocontrole nos termos de um devido processo legal. Os dispositivos constitucionais, de fundamentalidade indiscutível, e induvidosamente autoaplicáveis,[99] impõem a existência de um processo administrativo, que há de seguir-se conforme regras que podem ser extraídas implicitamente da Constituição, ou, analogicamente, de dispositivos da legislação de outros entes tributantes. Como o processo administrativo, hoje,

---

[95] Considerando que, ao realizar essa autotutela, a Administração deve estrita obediência à lei, James Marins denomina-a *autotutela vinculada*, a fim de diferenciá-la de outras formas de autotutela, estas últimas mais associadas a uma arbitrária justiça de mão própria, desatentas a critérios legais preestabelecidos (James Marins, *Direito Processual Tributário Brasileiro*: Administrativo e Judicial, 2. ed., São Paulo: Dialética, 2002, p. 86).

[96] CF/88, art. 5º, XXXIV, *a*.

[97] O direito de petição confere a todo cidadão a faculdade de formular requerimentos ao Poder Público, que deve apreciá-los e respondê-los em tempo hábil. Assim como o direito de ação, que é abstrato, o direito de petição não assiste apenas àqueles que têm pedidos procedentes a fazer. Daí por que era absurdamente inconstitucional a multa prevista no art. 74, § 15, da Lei 9.430/96, com a redação dada pelo art. 62 da Lei 12.249/2010, que punia com penalidade de 50% do valor do crédito tributário reclamado todo contribuinte que formulasse pedido de restituição do indébito que viesse a ser indeferido pela Administração Pública. Essa disposição foi revogada pela Lei 13.137/2015.

[98] CF/88, art. 5º, LIV, que faz referência expressa a "processos administrativos". Cabe lembrar, porém, que o princípio do devido processo legal tem abrangência muito maior que a mera aplicabilidade aos processos de controle interno da legalidade administrativa. Aplica-se a processos disciplinares, e aos atos do Poder Público de maneira geral, porquanto visto pela literatura especializada e pela jurisprudência como a própria positivação do princípio da razoabilidade.

[99] CF/88, art. 5º, § 1º.

Capítulo 3 · PROCESSO ADMINISTRATIVO TRIBUTÁRIO | 93

é disciplinado no plano federal, em linhas gerais (e muito bem traçadas), pela Lei 9.784/99, pode-se defender a aplicação analógica[100] dessa lei no âmbito de todo e qualquer ente tributante que não disponha de legislação específica sobre o assunto. A Lei 9.784/99 aplica-se, ainda, subsidiariamente, ao próprio processo administrativo fiscal federal, em tudo o que não for incompatível com o Decreto 70.235/72.[101]

Assim, e em síntese, os atos praticados pela Administração Tributária de uma maneira geral, tais como o ato de lançamento, o ato de indeferimento de isenção, de uma imunidade, de indeferimento ou rescisão de parcelamento, de exclusão de um contribuinte do âmbito do REFIS[102] etc., são essencialmente impugnáveis, podendo ser objeto de questionamento perante a própria Administração Pública. Surge, então, o chamado *processo administrativo propriamente dito*, no qual é assegurada a participação dos interessados, participação esta que, por conta do conflito que lhe é subjacente, desenvolve-se de modo dialético, com submissão a princípios constitucionais processuais como o da ampla defesa e do contraditório.

3.1.2   Impugnação administrativa e lançamento por homologação

Tornou-se frequente, no âmbito da jurisprudência, o entendimento segundo o qual não seria necessária a existência de um processo administrativo de impugnação, em se tratando de tributo lançado por homologação, sempre que o lançamento consistir em mera homologação expressa da apuração feita pelo sujeito passivo. Entende-se, nesses casos, que não seria cabível uma defesa do contribuinte "contra si próprio". É o que se depreende dos seguintes acórdãos:

> "Tributário. Lançamento de ofício. Declaração do próprio contribuinte. 1 – O colendo Supremo Tribunal Federal e o então e Egrégio Tribunal Federal de Recursos assentaram, no seio da jurisprudência, que é legítima a execução fiscal, oriunda da declaração do próprio contribuinte, pelo que é dispensável, em tais situações, o processo administrativo para a inscrição e cobrança da dívida. 2. O devido processo legal é uma garantia constitucional que visa impor respeito, sem limitações, ao princípio da defesa. 3. Havendo declaração do contribuinte, não há que se exigir formalismo processual que nada tem a apurar. 4. Apelação e remessa oficial providas."[103]

> "Tributário – ICMS – Execução fiscal – Débito declarado e não pago – Autolançamento – Prévio processo administrativo – Desnecessidade – Violação à Lei Federal não configurada – Correção monetária – UFESP – IPC/ FIPE – Lei Estadual 6.374/89 – Decretos estaduais regulamentares – Precedentes jurisprudenciais. Tratando-se de débito declarado e não pago (CTN, art. 150), caso típico de autolançamento, não tem lugar a homologação formal, dispensado o prévio procedimento administrativo."[104]

---

[100]   O CTN, a propósito, admite expressamente o emprego da analogia em matéria tributária, desde que não enseje a cobrança de tributo não previsto expressamente em lei (CTN, art. 108).

[101]   James Marins, *Direito Processual Tributário Brasileiro*: Administrativo e Judicial, São Paulo: Dialética, 2001, p. 249.

[102]   Confira-se, a propósito, Raquel Cavalcanti Ramos Machado, artigo publicado na *Revista Dialética de Direito Tributário* nº 92, São Paulo: Dialética, 2003, p. 47 ss.

[103]   Ac. un. da 2ª T. do TRF da 5ª R. – AC 2.834-PE – *DJ* PE 28.4.1990, p. 34 – *Repertório IOB de Jurisprudência* nº 12/90, p. 169, c. 1.

[104]   Ac. un. da 2ª T. do STJ – REsp 120.699-SP – Rel. Min. Francisco Peçanha Martins – j. 18.5.1999 – Recte.: Sanpress Comercial de Tubos e Conexões Ltda.; Recda.: Fazenda do Estado de São Paulo – *DJU* – e 1 23.8.1999, p. 96 – *Repertório IOB de Jurisprudência* da 1ª quinzena de outubro de 1999, c. 1, p. 571.

Esse entendimento, aliás, encontra-se hoje sumulado: "A entrega de declaração pelo contribuinte, reconhecendo o débito fiscal, constitui o crédito tributário, dispensada qualquer outra providência por parte do Fisco" (Súmula 436/STJ).

O fato de encontrar-se consolidado na jurisprudência, porém, não impede um entendimento de ser examinado criticamente, pelo que, nas linhas que se seguem, procuraremos demonstrar por que a ideia subjacente à Súmula 436/STJ não nos parece acertada.

A obrigação tributária é *ex lege*. Decorre da lei, ou, mais propriamente, da incidência da norma jurídica contida na lei sobre os fatos nela descritos. Por isso mesmo é que o contribuinte, mesmo nos casos de tributo lançado por homologação, pode sempre pleitear a restituição do indébito, independentemente de que o tributo pago indevidamente tenha decorrido de erro seu, ou não. Esse pedido de restituição, quando formulado à autoridade administrativa, dá ensejo a um processo administrativo, no qual será discutida precisamente a retidão das apurações que o próprio sujeito passivo fez. Há muitas décadas, realmente, foi superada a visão segundo a qual o tributo indevido somente poderia ser restituído – e vale o mesmo para a impugnação do tributo lançado e ainda não pago – se fosse provado um "vício no consentimento" do contribuinte que o recolheu. Fosse de outra forma, a hipótese de incidência do tributo passaria a ser o erro presente na apuração do contribuinte, ou a vontade deste ao elaborar essa apuração equivocada, e não o fato signo presuntivo de capacidade contributiva descrito na lei tributária. Isso, é até desnecessário dizer, seria simplesmente absurdo.

Essa é a doutrina de Alberto Xavier, que, em profundo exame da questão, adverte que a quase unanimidade da jurisprudência não o demove de "criticar veementemente a orientação que consagra, por violadora dos princípios fundamentais do Estado de Direito, de disposições da lei complementar e da lei ordinária".[105] Com inteira propriedade, o citado professor demonstra que o entendimento ora criticado parte de premissas equivocadas (a existência de um autolançamento, de resto incompatível com o disposto no art. 142 do CTN),[106] e chega a conclusões contrárias à Constituição, ao Código Tributário Nacional e à Lei de Execuções Fiscais.

O lançamento, adverte Xavier, é privativo da autoridade administrativa. De posse da apuração feita pelo contribuinte, constante de suas declarações, deve efetuar o lançamento. Essa apuração, "por versar direitos e deveres indisponíveis, submetidos ao princípio da legalidade da tributação",[107] não pode simplesmente ser equiparada a uma "confissão", para fins de imediata execução fiscal. Há de ser efetuado o lançamento, o qual, ainda que entendido como a mera homologação da apuração feita pelo contribuinte, deve ser levado ao seu conhecimento, em respeito aos princípios da publicidade e da cientificação, a fim de que se possa exercitar o direito à ampla defesa e ao contraditório, notadamente o direito a uma *prévia audiência*.

Em honestidade intelectual típica dos verdadeiros cientistas, Alberto Xavier não apenas expõe o *seu* entendimento. Transcreve, cita e explica, com absoluta fidelidade e completude, os pensamentos contrários ao seu, para então submetê-los à sua autorizada crítica. Agindo assim também na análise do problema de que se cuida, Xavier consigna que ao sujeito passivo deve ser assegurado o direito de defesa, e pondera:

---

[105] Alberto Xavier, *Do Lançamento – Teoria Geral do Ato, do Procedimento e do Processo Tributário*, 2. ed., Rio de Janeiro: Forense, 1997, p. 408.

[106] Confira-se, a propósito, o item 2.4 do Capítulo 3 deste livro, no qual é examinado o lançamento por homologação.

[107] Alberto Xavier, *Do Lançamento – Teoria Geral do Ato, do Procedimento e do Processo Tributário*, 2. ed., Rio de Janeiro: Forense, 1997, p. 409.

"Mas não poderá dizer-se que o direito de audiência foi exercido efetiva, embora ante-cipadamente, através das próprias declarações do contribuinte sobre os elementos de fato relevantes para a tributação? Redondamente não. Desde logo porque a ideia de defesa pressupõe antecipada é uma 'contradictio in terminis', pois a defesa pressupõe logicamente uma prévia manifestação da autoridade administrativa, em relação à qual o particular manifesta as razões de fato e de direito em defesa de seus interesses. Em segundo lugar, porque é inadmissível confundir com o direito de defesa o cumprimento de um dever dos particulares de colaboração instrutória para a descoberta da verdade material. Ao prestar declarações o particular não está a defender-se, nem a confessar: está, isso sim, a informar elementos instrutórios relevantes para o procedimento de lançamento. Uma coisa é o exercício de um dever de colaboração, outra, totalmente distinta, o exercício do direito de defesa."[108]

Além disso, podem estar presentes *outras* circunstâncias, que não só o erro na apuração do contribuinte, suficientes a que o crédito apurado pelo contribuinte não seja exigido. Como já tivemos oportunidade de escrever, em coautoria com Paulo de Tarso Vieira Ramos,

"[...] de posse das informações do contribuinte, e estando estas corretas, a atividade do Fisco restringir-se-á a homologar expressamente o lançamento e, de imediato, notificar o sujeito passivo para efetuar o pagamento, ou defender-se, sob pena de inscrição do débito na Dívida Ativa. Entendemos ser necessária tal notificação, porque pode o Fisco ter aplicado alguma penalidade ao contribuinte, da qual não teve ele ainda oportunidade de defesa; pode também o contribuinte ou o próprio Fisco haver incorrido em algum erro a merecer retificação; pode ainda o contribuinte, visando à extinção do crédito tributário, ter-se valido da compensação; pode, igualmente, ter-se verificado o próprio pagamento do débito, ou o seu depósito em juízo, sem que tenha esse fato chegado ao conhecimento do Fisco; além disso, deve ser dada ao contribuinte a oportunidade de pagar o tributo sem o acréscimo dos honorários advocatícios decorrentes da sucumbên-cia na execução fiscal. Todas essas circunstâncias estão a demonstrar a necessidade da notificação, na hipótese analisada, até mesmo para se evitar o ajuizamento de execuções indevidas, assoberbando-se inutilmente as Procuradorias Fiscais e o Poder Judiciário, impondo-se, ademais, ao contribuinte ônus e constrangimentos desnecessários".[109]

Pensamos que a atitude mais acertada, nesse ponto, era[110] a adotada pela legislação do Estado do Ceará. O tributo submetido a lançamento por homologação, quando apurado e declarado pelo próprio contribuinte, mas não é pago, submetia-se a processo administrativo *sumário*.[111] Partia-se da premissa, correta, de que não se pode suprimir o direito de defesa, mas

---

[108] Alberto Xavier, *Do Lançamento – Teoria Geral do Ato, do Procedimento e do Processo Tributário*, 2. ed., Rio de Janeiro: Forense, 1997, p. 413.

[109] Hugo de Brito Machado Segundo e Paulo de Tarso Vieira Ramos, "Lançamento tributário e decadên-cia", em *Lançamento Tributário e Decadência*, coord. Hugo de Brito Machado, São Paulo/Fortaleza: Dialética/ICET, 2002, p. 254. No mesmo sentido: Alberto Xavier, *Do Lançamento – Teoria Geral do Ato, do Procedimento e do Processo Tributário*, 2. ed., Rio de Janeiro: Forense, 1997, p. 414.

[110] Lei Estadual nº 12.732, de 24 set. 1997, arts. 50 e 51. Dizemos *era* porque tais dispositivos já não estão mais em vigor, tendo sido alterados por lei subsequente, que amoldou o processo adminis-trativo no Estado do Ceará, neste ponto, à posição jurisprudencial que criticamos no texto.

[111] No Estado do Piauí há disposição semelhante, e até mais adequada. A Lei Estadual 4.819/95 estabelece a possibilidade de inscrição em dívida ativa dos valores declarados e não pagos, mas determina: (*i*) a intimação do sujeito passivo, para que efetue o pagamento (com a dispensa de multas!) ou

96 PROCESSO TRIBUTÁRIO – *Machado Segundo*

que, por outro lado, não seria necessário um processo mais complexo, pois, tendo a apuração sido feita pelo próprio sujeito passivo, os pontos de divergência tendem a ser menores. Por vias tortas, foi esse procedimento sumário o que a Lei 11.051/2004 terminou instituindo, no plano federal, pois faculta ao sujeito passivo a apresentação de "pedido de revisão" de quantias "autolançadas", conferindo-lhe o direito à obtenção de certidões positivas com efeito de negativa enquanto tal pedido não for apreciado (art. 13). O problema, no caso, é que o citado dispositivo de lei, além de estranhamente dizer que essa certidão somente será fornecida durante o prazo de um ano contado da publicação da lei (prazo que a esta altura já está há muito encerrado), ainda limita o tal pedido de revisão às hipóteses em que o débito já esteja pago.

De todo modo, mesmo admitindo, por questões exclusivamente pragmáticas, o entendimento da jurisprudência, que dispensa a existência de processo administrativo quando a exigência é feita com base nas apurações feitas pelo sujeito passivo,[112] deve-se procurar aplicar esse entendimento *coerentemente*. Primeiro, cabe observar que a jurisprudência entende que o processo é dispensável, ou seja, não é imposição constitucional, mas não impede União, Estados-membros, Distrito Federal e Municípios de reconhecerem, no âmbito de suas leis ordinárias, a necessidade de observância de um processo.

Além disso, cabe deixar claro que o processo administrativo somente é considerado dispensável quando a Fazenda Pública se limita a homologar a apuração feita pelo sujeito passivo, sem alterá-la. Homologar é fazer sua a apuração, tal como apresentada pelo contribuinte. Em outras palavras, o processo só é dispensável quando o contribuinte declara a ocorrência de uma série de fatos, interpreta-os à luz das normas que entende aplicáveis, e apura o montante do tributo devido como sendo de R$ "X", a autoridade limita-se a exigir esses tais R$ "X". Qualquer tipo de "recálculo", ou de inclusão, ou de aplicação de normas diferentes, é um lançamento *diferente* daquele "feito" pelo contribuinte e submetido à homologação da autoridade competente, e por isso mesmo não dispensa o exercício do direito de defesa, nem, por conseguinte, a formação de um processo administrativo contencioso em face dessa defesa.[113]

Em outras palavras, sempre que a autoridade aproveitar as declarações do sujeito passivo para formular exigências distintas daquelas por ele apuradas, deve oferecer-lhe o direito à impugnação, sob pena de cerceamento de direito de defesa, ainda que se admita como correta a

---

demonstre já estar o valor quitado; ou (*ii*) apresente nova declaração, retificadora, também sem a imposição de quaisquer multas, corrigindo eventuais erros cometidos na anterior e que tenham ensejado a indevida cobrança.

[112] Note-se, contudo, que a maior parte dos pronunciamentos do STF sobre o assunto data de quando aquela Corte, submetida ainda à Carta de 1969, detinha a competência que hoje é do STJ. Não se descarta – ao revés, é o que se espera – a possibilidade de o STF, hoje, reexaminar a questão, diante da CF/88 e de sua nova composição plenária, e alterar o entendimento inicialmente adotado. Espera-se que o STF restabeleça a supremacia da Constituição, e reconheça que mesmo quando apurado pelo próprio contribuinte, e apenas homologado pela autoridade, o lançamento deve ser objeto de controle administrativo de legalidade.

[113] Sem razão, *data venia*, o acórdão proferido pela 4ª T. do TRF da 5ª R., no julgamento do AGTR nº 49.416/02-CE, no qual se considerou que a Fazenda poderia alterar toda a apuração efetuada pelo contribuinte, aplicando outras leis e chegando a outros valores, e ainda assim não lhe dar direito de defesa porque a apuração teria sido feita (?) por ele próprio. Ora, com todo o respeito, essa conclusão, segundo a qual a Fazenda poderia homologar "com alterações" a apuração feita pelo contribuinte, inclusive aplicando outras leis, outros critérios de cálculo etc., é tão absurda quanto dizer que um juiz pode homologar um acordo celebrado entre as partes, mas modificando-o posteriormente e não mais ouvindo as partes sobre essa modificação sob o pretexto de estar apenas "cumprindo a sua vontade". Não existe homologação "com alterações". Ou a Fazenda diz sua, homologando, a apuração feita, ou não a aceita, e nesse caso tem necessariamente de dar ao contribuinte oportunidade de se manifestar sobre a aplicação desses "novos critérios".

jurisprudência criticada parágrafos acima. Isso porque, insista-se, para que haja "dispensa" do processo administrativo, nos termos da jurisprudência hoje dominante, não basta que a autoridade aproveite os "fatos" declarados pelo contribuinte. Deve aproveitar toda a sua apuração, ou seja, também a significação jurídica e contábil dada pelo sujeito passivo aos tais fatos. A não ser assim, há conflito, sendo necessário assegurar-se o direito ao processo administrativo. O mesmo vale para a apuração do IBS e da CBS, nos termos dos arts. 45 e 60 da LC 214/2025, não se podendo admitir a "homologação com alterações" ou a consideração de que teria havido confissão de valores apurados com base em informações constantes em documentos fiscais, se ausente o reconhecimento, pelo contribuinte, de que haveria valores de tributos devidos e não pagos.

É o que ocorre, por exemplo, caso o contribuinte declare ter apurado um determinado faturamento, mas não recolha a COFINS respectiva por entender, e assim declarar, ser titular de direito à isenção. Nesse caso, jamais poderá ser feito um lançamento "por homologação", com atropelo do direito de defesa, pois a apuração a ser homologada afirma não haver tributo devido. Para lançar a COFINS sobre o faturamento declarado, a autoridade terá de *mudar* a apuração feita pelo contribuinte (na parte em que este entendeu haver isenção), e, em face dessa mudança, torna-se imperioso oferecer-lhe o direito de defesa, mesmo considerando a jurisprudência há pouco referida.[114]

Também podem ser apontadas como fruto de uma aplicação coerente desse entendimento a recusa de certidões negativas ao sujeito passivo que declarou débitos e não os pagou (Súmula 446/STJ) e a afirmação de que tampouco se pode cogitar de denúncia espontânea dos débitos declarados e pagos com atraso (Súmula 360/STJ). Afinal, se o débito declarado e não pago já se considera lançado, correndo inclusive o prazo de prescrição, não se pode fornecer ao contribuinte certidão negativa, ou cogitar-se da realização de denúncia espontânea.

Ainda em relação a quantias declaradas e não pagas, no âmbito do lançamento por homologação, um ponto que está a merecer esclarecimentos é aquele relativo à sucumbência da Fazenda Pública em uma execução fiscal considerada improcedente, fundada em declaração equivocada do contribuinte. Nesses casos, existem algumas manifestações da jurisprudência nas quais se considera que, em face do princípio da "causalidade", deve o contribuinte – vencedor na ação de embargos – ser ainda assim condenado nos ônus da sucumbência, pois foi seu erro que motivou a propositura da execução fiscal. Trataremos da questão com maior detalhamento no item destinado à execução fiscal, no Capítulo 4 deste livro, mas de logo podemos adiantar que, com a devida vênia, tal compreensão é inteiramente descabida.

É kafkiano, para dizer o menos, transferir ao contribuinte um ônus que é do Fisco, consistente na apuração do *quantum* da dívida tributária, e, diante disso, estabelecer que: (a) apurações de quantias inferiores às devidas sujeitam o contribuinte a severas multas; (b) apurações superiores às devidas não poderiam ser corrigidas posteriormente, em um processo administrativo, pois foi "o próprio contribuinte quem as fez". Como se isso fosse pouco, ainda se estabelece que, corrigido judicialmente o erro – que deveria ter sido corrigido pela Fazenda, ao homologar as declarações –, deve o contribuinte ser condenado nos ônus da sucumbência, como se fosse perdedor da demanda, ou como se tivesse dado causa à mesma.

---

[114] O mesmo deve ser dito em relação à exclusão de contribuintes do âmbito do REFIS. Há quem afirme, de modo completamente despropositado, que, se os débitos incluídos no REFIS foram "autolançados", não é necessário o respeito ao direito de defesa. A afirmação beira o disparate, pois é evidente que uma coisa é a discussão a respeito da validade de um crédito tributário, e outra coisa, completamente diferente, é a discussão sobre o direito de pagá-lo no âmbito do REFIS. O fato de o contribuinte haver apurado o montante devido não significa que haja concordância quanto à acusação que justifica a sua exclusão do programa.

98 | PROCESSO TRIBUTÁRIO – *Machado Segundo*

Na verdade, o lançamento é atividade privativa da autoridade administrativa. Para executar créditos tributários oriundos de apurações feitas pelo contribuinte, o Fisco teve, antes, de homologar tais apurações, fazendo-as suas (CTN, art. 142). Não procede, portanto, a afirmação de que a execução de um tributo declarado equivocadamente foi causada pelo erro do contribuinte. Ao homologar tal declaração, a Administração fez sua toda a atividade apuratória. Deveria ter corrigido eventuais erros, e não o fez, *nem deu ao contribuinte oportunidade para que o fizesse.* Logo, é a Fazenda exequente, e não o contribuinte executado, quem deve arcar com os ônus sucumbenciais decorrentes de uma execução indevida.[115]

Finalmente, caso se admita que a Fazenda, de posse da declaração apresentada pelo sujeito passivo, pode desde logo executá-lo, sem instaurar processo administrativo nem lhe dar oportunidade de defesa, será forçoso admitir que o prazo de *prescrição* a que alude o art. 174 do CTN tem início nesse momento. Com efeito, se, diante da declaração do sujeito passivo e do escoamento do prazo estabelecido como "vencimento" da dívida respectiva, a Fazenda já pode propor a execução (pois que se trata de um "lançamento definitivo"), nesse momento a Fazenda já possui o direito de ação, que deve ser exercido no lapso de cinco anos, sob pena de *prescrição.*[116] É o que tem decidido, com inteira coerência, o Superior Tribunal de Justiça:

> "[...] Nos casos em que o contribuinte declara o débito do ICMS por meio da Guia de Informação e Apuração (GIA), considera-se constituído definitivamente o crédito tributário a partir da apresentação dessa declaração perante o Fisco. A partir de então, inicia-se a contagem do prazo de cinco anos para a propositura da execução fiscal. [...]"[117]

> "[...] Em se tratando de tributos lançados por homologação, ocorrendo a declaração do contribuinte, por DCTF, e na falta de pagamento da exação no vencimento, mostra-se incabível aguardar o decurso do prazo decadencial para o lançamento. Tal declaração elide a necessidade da constituição formal do débito pelo Fisco, podendo este ser imediatamente inscrito em dívida ativa, tornando-se exigível, independentemente de qualquer procedimento administrativo ou de notificação ao contribuinte.
> 3. O termo inicial do lustro prescricional, em caso de tributo declarado e não pago, não se inicia da declaração, mas da data estabelecida como vencimento para o pagamento da obrigação tributária constante da declaração. No interregno que medeia a declaração e o vencimento, o valor declarado a título de tributo não pode ser exigido pela Fazenda Pública, razão pela qual não corre o prazo prescricional da pretensão de cobrança nesse período."[118]

> "[...] Nos tributos sujeitos a lançamento por homologação, considera-se constituído o crédito tributário a partir do momento da declaração realizada, que se dá por meio da entrega da Declaração de Contribuições de Tributos Federais (DCTF). Precedentes.
> 4. A declaração do contribuinte elide a necessidade da constituição formal do crédito tributário, sendo este exigível independentemente de qualquer procedimento administrativo,

---

[115] Confira-se, a propósito: Schubert de Farias Machado, "A sucumbência do vitorioso nos embargos à execução fiscal", em *Revista Dialética de Direito Tributário* nº 87, p. 73.

[116] A prescrição tem início no vencimento da dívida declarada e não paga, caso a declaração tenha sido entregue *antes* disso. Caso, porém, a declaração tenha sido entregue depois do vencimento da dívida declarada (*v. g.,* declaração entregue de forma extemporânea), o prazo de prescrição tem início com a entrega da declaração. Em qualquer caso, incide o princípio da *actio nata*: se o fisco já pode executar o contribuinte, já corre o prazo para o exercício dessa pretensão.

[117] Ac. un. da 1ª T. do STJ – rel. Min. Teori Albino Zavascki – REsp 437.363/SP – *DJ* de 19.04.2004, p. 154.

[118] STJ, 2ª T., REsp 658.138/PR, Rel. Min. Castro Meira, j. em 8.11.2005, *DJ* de 21.11.2005, p. 186.

de forma que, não sendo o caso de homologação tácita, não se opera a incidência do instituto da decadência (CTN, art. 150, § 4º), incidindo apenas prescrição nos termos delineados no art. 174 do CTN. Precedentes."[119]

Em suma:

a) a jurisprudência tem entendido que, nos tributos sujeitos ao lançamento por homologação, quando o Fisco se limita a exigir valor apurado como devido pelo próprio sujeito passivo, é dispensável a existência de direito de defesa e de um processo administrativo de controle de legalidade;

b) embora o processo administrativo seja, nesses casos, considerado dispensável, o que apenas para argumentar se admite, é imprescindível que haja pelo menos a intimação do sujeito passivo para pagar (cobrança "amigável"), antes da inscrição em dívida ativa. Isso evita uma execução desnecessária, possibilitando que o sujeito passivo demonstre já haver pago, ou compensado, o citado crédito. Assegura-se, ainda, o direito do sujeito passivo de efetuar o pagamento antes da inclusão dos "encargos" inerentes à inscrição em dívida ativa;

c) para que o processo administrativo se faça "prescindível", nos termos da jurisprudência citada, é necessário que o Fisco tenha apenas homologado a *apuração* feita pelo contribuinte, e esteja exigindo precisamente os valores encontrados pelo próprio contribuinte. Qualquer acréscimo, "recálculo", ou alteração no *montante devido*, ainda que decorrente dos mesmos *fatos* declarados, torna imprescindível que se assegure o direito ao devido processo legal administrativo, com amplas oportunidades de defesa, sob pena de nulidade;

d) uma execução fiscal indevida, ainda que decorrente de "erro" contido nas apurações do sujeito passivo, é "causada" pela Fazenda exequente, que fez suas as apurações no momento da homologação, momento no qual tinha o dever de ofício de corrigir eventuais equívocos. Assim, o *"executado faz jus ao reembolso das custas que houver adiantado e ao pagamento dos honorários de advogado que foi obrigado a contratar, mesmo ocorrendo a desistência da execução ou o cancelamento do débito, pela Fazenda Pública"*;[120]

e) se o direito de propor a execução nasce no momento em que o sujeito passivo não paga no vencimento o débito por ele próprio declarado, nesse momento tem início, também, o prazo de prescrição da ação de execução fiscal a que alude o art. 174 do CTN.

3.1.3 Aplicação analógica da legislação relativa ao processo judicial

Como foi visto ao longo do capítulo anterior, destinado aos princípios jurídicos do processo, o processo administrativo propriamente dito, contencioso, possui inúmeras semelhanças com o processo judicial. Ambos têm por escopo solucionar um conflito mediante a aplicação do direito supostamente violado a um caso concreto.

Por conta dessa semelhança, esses dois tipos de processo têm alguns fundamentos em comum. Buscam amparo, e submetem-se aos mesmos princípios constitucionais, como é o caso do devido processo legal, da publicidade, da ampla defesa e do contraditório, entre outros enumerados no capítulo anterior deste livro, naturalmente de forma não exaustiva.

---

[119] STJ, 2ª T., REsp 285.192/PR, Rel. Min. Otávio de Noronha, j. em 4.10.2005, *DJ* de 7.11.2005, p. 174.

[120] Ac. un. da 2ª T. do STJ – rel. Peçanha Martins – REsp 85.869/SC – *DJU* 8.3.1999, p. 184.

Os princípios constitucionais do processo são fundamento e dão origem às *regras legais* pertinentes, especificamente, ao processo administrativo e ao processo judicial; são elaboradas tendo em conta também as *diferenças* entre essas duas espécies de processo. Como visto também no capítulo anterior, essas diferenças decorrem, em síntese, do fato de que o processo administrativo instrumentaliza o exercício do *autocontrole* por parte do Poder Executivo (definitivo apenas para a Administração), enquanto o processo judicial é meio através do qual o Poder Judiciário presta a *tutela jurisdicional* (definitiva para ambas as partes, dando origem à coisa julgada).

Pode ocorrer, nesse disciplinamento, de as regras específicas do processo administrativo não tratarem de determinadas situações, surgindo uma *lacuna*. Em outras palavras, pode surgir uma dada situação concreta, ocorrida no âmbito de um processo administrativo, para a qual a legislação específica não preveja tratamento.

A rigor, de um ponto de vista *lógico formal*, não existem lacunas na ordem jurídica. A falta de previsão legal para determinada situação significa que a mesma é permitida aos cidadãos de uma maneira geral, não podendo a sua prática implicar quaisquer resultados gravosos. E, para as autoridades em geral, o fato de não haver autorização normativa para a realização de uma determinada conduta significa que essa mesma conduta *não* pode ser realizada, por falta de competência.

Como toda e qualquer lacuna pode ser assim solucionada, diz-se que o ordenamento jurídico possui "plenitude lógica".

Ocorre que, muitas vezes, a solução simplista que apela para o princípio da legalidade e para as suas duas facetas (segundo o qual, para o cidadão, "o que não está proibido é permitido", e, para a autoridade, "o que não está permitido é proibido") gera um momento de incongruência no sistema. Faz com que, em determinado caso concreto, a solução formalmente dada pela ordem jurídica (em face da lacuna) seja conflitante com os valores objetivamente consagrados nas demais regras e especialmente nos princípios integrantes dessa mesma ordem jurídica. Nesse segundo caso, surge a lacuna verdadeira, a demonstrar a existência de plenitude lógica (formal), mas a inexistência de uma plenitude axiológica (substancial) na ordem jurídica. Quanto a esse aspecto axiológico, o ordenamento não é pleno, mas é "completável", através do recurso à integração, cujo meio mais importante é justamente a analogia.

Quando do surgimento de tais lacunas, no âmbito do processo administrativo, o intérprete deve buscar a sua superação através da analogia. Pode recorrer, nessa tarefa, à legislação de outras espécies de processo administrativo, ou de processos administrativos de outras entidades federadas, ou ainda de normas relativas ao *processo judicial* (respeitadas, neste último caso, as diferenças entre ambos). O que importa é que a situação regrada pela norma existente, e a situação à qual essa norma será aplicada por analogia, possuam elementos de semelhança que justifiquem a integração.

Uma decisão administrativa omissa, ou contraditória, por exemplo, pode dar ensejo à interposição de embargos de declaração, previstos no CPC, ainda que a legislação específica de referido processo administrativo não preveja a existência do citado recurso.

Podem ser enumeradas, é certo, inúmeras correntes doutrinárias a respeito do emprego da analogia, assunto que é objeto de profundas divergências entre os teóricos do Direito. O aprofundamento de tais questões, todavia, embora muito importante em um outro livro, não seria pertinente aqui.[121] É relevante ter em mente, apenas, que a ausência de regramento

---

[121] A esse respeito, um aprofundamento poderia ser iniciado com a leitura de Karl Engisch, *Introdução ao Pensamento Jurídico*, traduzido por J. Baptista Machado, 8. ed., Lisboa: Fundação Calouste Gul-

Capítulo 3 · PROCESSO ADMINISTRATIVO TRIBUTÁRIO | **101**

jurídico para determinada situação e o reconhecimento de que essa ausência deve ser suprida pela regra geral da legalidade/licitude podem decorrer de imposição de valores consagrados na própria ordem jurídica. São os valores consagrados pela ordem jurídica, em síntese, que impõem a *falta* de norma expressa para determinada conduta, e disciplinam as consequências dessa falta (é o caso da ausência de normas autorizando o uso de gravata de determinada cor, ou modelo).

A analogia somente será invocável quando a omissão, ao contrário do exemplo citado no parágrafo anterior, causar não o atendimento, ou o prestígio, de determinados princípios constitucionais, mas sim implicar o seu amesquinhamento. Ou seja, sempre que *não* for adequada e necessária ao prestígio de um valor consagrado na ordem jurídica, e implicar, ao mesmo tempo, violação de um outro valor, gerando um momento de incongruência no sistema, a omissão legal pode ser considerada uma lacuna verdadeira, a ser suprida mediante o emprego da analogia, ou de outros critérios de integração, conforme o caso.

Voltemos ao exemplo que utilizamos, do emprego dos embargos de declaração em um processo administrativo no qual não exista previsão legal expressa de referido recurso. Admitir que uma decisão contraditória ou omissa prevaleça pode implicar muitas vezes a própria denegação do direito de petição, ou do direito a uma decisão administrativa fundamentada. Por outro lado, caso consideremos que os embargos de declaração não objetivam, em princípio, uma reforma da decisão, mas apenas a correção de imperfeições que dificultam a sua compreensão, admiti-lo por analogia no âmbito do processo administrativo não causa qualquer ofensa à sistemática recursal específica prevista na legislação própria. Plenamente cabível, nesse caso, a integração analógica.

Finalmente, ressalte-se que o CTN prevê expressamente a possibilidade do emprego da analogia pelo intérprete e pelo aplicador da lei tributária, desde que isso não implique a cobrança de tributo não previsto em lei (CTN, art. 108, § 1º). Em outros termos, a analogia só não pode implicar exceções à regra da estrita legalidade, mas pode ser perfeitamente empregada em outras situações, especialmente no âmbito do processo administrativo, para prestígio do princípio do devido processo legal substantivo.

O que aqui se está a explicar decorre, ainda, do art. 15 do CPC/2015, que se reporta não apenas à aplicação subsidiária, mas também supletiva de suas disposições aos processos administrativos, o que significa que são invocáveis sempre que não forem contrárias a disposições expressas e mais específicas, ou à natureza mesmo desse outro tipo de processo.

3.1.4   Vantagens de se utilizar a esfera administrativa

Diante da possibilidade de acesso ao Poder Judiciário, pode parecer desnecessário, "na prática", o exercício, pelo cidadão, de seu direito de impugnar administrativamente atos que considere ilegais e abusivos. Melhor seria socorrer-se desde logo do Poder Judiciário.

Não é bem assim, contudo.

O processo administrativo pode eventualmente apresentar, é certo, algumas desvantagens em relação ao processo judicial. A autoridade julgadora, além de não possuir a independência e a imparcialidade que, em tese, os juízes têm, não goza de competência para declarar a inconstitucionalidade de uma lei.[122] Além disso, como não é requerido o

---

benkian, 2001; e de Norberto Bobbio, *Teoria do Ordenamento Jurídico*, tradução de Maria Celeste Cordeiro Leite dos Santos, 10. ed., Brasília: UnB, 1999.

[122] "Processo administrativo – fiscal – arguição de inconstitucionalidade de lei – impossibilidade de sua apreciação. Compete aos órgãos do Poder Judiciário manifestar-se acerca de inconstitucionalidade

bacharelado em direito para o exercício da função de julgamento na esfera administrativa, os órgãos julgadores algumas vezes têm uma visão pouco sistêmica do Direito, faltando-lhes ainda o domínio de conceitos de teoria geral do direito e de hermenêutica jurídica.

Tais inconvenientes, porém, não desaconselham o uso do processo administrativo, por parte do cidadão que se considere prejudicado por um ato da administração tributária.

De início, porque nem sempre tais inconvenientes estão presentes. Diversas questões podem ser resolvidas sem que seja necessário declarar a inconstitucionalidade de leis. Além disso, algumas vezes os órgãos julgadores administrativos, especialmente os colegiados, decidem com preparo e independência não verificáveis em muitos membros do Poder Judiciário.

Por outro lado, é de se ressaltar que o processo administrativo é, em regra, mais célere, menos formal, menos dispendioso, dispensa a contratação de advogado e, em seu transcurso, os gravames causados pelo ato impugnado mantêm-se suspensos. Ademais, as autoridades julgadoras possuem maior conhecimento da legislação específica, e das peculiaridades dos fatos em questão.

E, não bastasse tudo isso, o eventual êxito do cidadão ainda na esfera administrativa, porque implica o reconhecimento da Administração Pública de que o ato impugnado era equivocado, encerra definitivamente o conflito, com economia para todos os envolvidos.

Enfim, trata-se de instância de solução do conflito tributário que não deve ser desprezada pelo cidadão, a não ser em casos excepcionais, nos quais este tenha urgência por uma solução definitiva, e já se saiba com antecedência que no processo administrativo não há qualquer chance de êxito.

Por essas razões, e para fazer valer o seu direito de percorrer de modo escorreito toda essa esfera processual administrativa, o cidadão sujeito de relações jurídicas tributárias, caso tenha *cerceado* o seu direito ao devido processo legal administrativo (tenha negada a produção de uma prova, ou o direito à interposição de um recurso, por exemplo), pode socorrer-se do Poder Judiciário pugnando não pela solução do conflito de Direito Material Tributário, mas tão somente pelo restabelecimento de seu direito subjetivo de natureza processual administrativa. É a lição de Hugo de Brito Machado:

> "Pode parecer estranho que o contribuinte, dispondo da via judicial para a defesa de suas pretensões concernentes à tributação, vá a Juízo para defender o seu direito a uma decisão administrativa sobre as mesmas. Quem militou na defesa de contribuintes na via administrativa, porém, sabe que muitas vezes o exame dos fatos, no processo administrativo fiscal, se faz com mais conhecimento de causa. E muitas questões de direito ordinário são também melhor apreciadas. A legislação específica de cada tributo é muito melhormente conhecida das autoridades administrativas julgadoras do que da maioria dos Juízes.
>
> Quando o deslinde do caso depende da aplicação de princípios jurídicos, depende de uma visão mais geral e sistêmica do Direito, evidentemente o Juiz será melhor julgador do que a autoridade administrativa. Mas quando o adequado deslinde do caso depende

---

de lei ou de sua aplicação a caso concreto, sendo defeso aos órgãos julgadores de jurisdição administrativa manifestar-se a respeito, posto que é da sua exclusiva competência apenas o exame da conformidade dos procedimentos fiscais ou das decisões recorridas com as normas legais vigentes. Tal procedimento, por parte da autoridade administrativa, não implica em cerceamento do direito de defesa do contribuinte, mormente quando a mesma expressamente decide alegando sua incompetência para tal mister. Recurso não provido" (Ac. un. do 1º CC – Rel. Jonas Francisco de Oliveira – Ac. nº 107-0.595 – *DOU* I, de 7.1.1997, p. 290 – *Revista Dialética de Direito Tributário* nº 18, p. 123).

apenas do conhecimento específico de certas normas da legislação tributária, ou do conhecimento do que rotineiramente ocorre na atividade empresarial, seguramente o contrário acontece.

Casos, aliás, já ocorreram, nos quais o contribuinte, autuado, foi a Juízo e a final perdeu a causa, enquanto outros, em situações exatamente iguais, tiveram seus direitos assegurados no julgamento das respectivas ações fiscais na via administrativa.

Importante é observar que decidindo em última instância a autoridade administrativa contra o contribuinte, tem este a seu dispor a via judicial. 'Não tem sido, entretanto, facultado à Fazenda Pública ingressar em Juízo pleiteando a revisão das decisões dos Conselhos que são finais quando lhes sejam desfavoráveis' (Dejalma de Campos, *Direito Processual Tributário*, São Paulo: Atlas, 1993, p. 60).

Seja como for, a decisão administrativa é mais uma possibilidade que o sistema jurídico oferece ao contribuinte, para uma adequada solução de seus conflitos com o Fisco, e constitui um direito seu, amparável pela via do mandado de segurança."[123]

Em suma, eventualmente pode ser mais vantajoso ao cidadão socorrer-se diretamente do Poder Judiciário, nas hipóteses acima explicadas. O processo administrativo, contudo, é uma *faculdade* que sempre deverá estar à sua disposição. E, na prática, ressalvados os casos de já previsível insucesso, é recomendável o uso do processo administrativo na tentativa de solucionar eventuais conflitos junto à Administração Tributária. No caso de fracasso na via administrativa, pode o interessado sem prejuízos valer-se do Poder Judiciário.

3.1.5   Questionamento judicial e "renúncia" à esfera administrativa

A fim de evitar soluções eventualmente contraditórias para um mesmo conflito, e tendo em vista a inafastabilidade do controle judicial, os órgãos de julgamento administrativo têm entendimento pacífico segundo o qual o questionamento judicial de determinado ato administrativo implica a "renúncia" do cidadão à instância administrativa. O Conselho Administrativo de Recursos Fiscais do Ministério da Fazenda, por exemplo, tem entendido que "a submissão de uma matéria à tutela autônoma e superior do Poder Judiciário prévia ou posteriormente ao lançamento, inibe o pronunciamento da autoridade administrativa, pois que a solução dada ao litígio pela via judicial há de prevalecer".[124]

É o que dispõe, a propósito, o parágrafo único do art. 38 da Lei 6.830/80, segundo o qual a propositura, pelo contribuinte, de ação judicial com o propósito de discutir os termos da relação tributária "importa em renúncia ao poder de recorrer na esfera administrativa e desistência do recurso acaso interposto".[125]

---

[123]   *Mandado de Segurança em Matéria Tributária*, 5. ed., São Paulo: Dialética, 2003, p. 274.

[124]   Ac. un. da 8ª C. do 1º CC – nº 108-06.522 – Relatora Conselheira Tânia Koetz Moreira – j. 23.5.2001 – DOU I 8.8.2001, p. 36 – *Repertório IOB de Jurisprudência* nº 19/2001, c. 1, p. 539. A matéria, aliás, hoje se encontra sumulada: "Importa renúncia às instâncias administrativas a propositura pelo sujeito passivo de ação judicial por qualquer modalidade processual, antes ou depois do lançamento de ofício, com o mesmo objeto do processo administrativo, sendo cabível apenas a apreciação, pelo órgão de julgamento administrativo, de matéria distinta da constante do processo judicial" (Súmula CARF nº 1).

[125]   Muito antes da edição da citada lei, Valmir Pontes já ensinava que "não deve haver confusão entre o direito de agir judicialmente contra a administração pública. Em qualquer hipótese, o administrado pode desde logo escolher a via judicial e atacar por essa via o ato que o tiver ofendido, desprezando os recursos administrativos, como igualmente pode, mesmo depois de utilizar qualquer recurso administrativo, abandonar esse recurso para pedir a proteção do Poder Judiciário. Para tanto, nem

Assim, uma vez lavrado um auto de infração contra determinado contribuinte, por exemplo, a propositura imediata de uma ação anulatória, ou de um mandado de segurança, a fim de impugnar judicialmente a exigência, afasta a possibilidade de serem oferecidas impugnações e recursos na esfera administrativa. Do mesmo modo, caso o contribuinte proponha a ação judicial *antes* do lançamento, a posterior feitura do lançamento não lhe dá direito a discutir na esfera administrativa questões já submetidas ao Judiciário.

Não nos parece que o dispositivo em comento, ou mesmo a ideia de "renúncia" à esfera administrativa, seja inconstitucional. Não há "cerceamento" ao devido processo legal administrativo, mas uma *opção* do contribuinte por não o utilizar, até porque nada o obriga a propor desde logo a ação judicial, sem aguardar pelo desfecho, ou mesmo pela instauração, do processo administrativo, o qual tem inclusive o efeito de manter suspensa a exigibilidade do crédito tributário (CTN, art. 151, III). Nesse sentido, aliás, posicionou-se o STF (RE 233.582/RJ).

Vale ressaltar, contudo, que essa "renúncia" diz respeito exclusivamente à matéria questionada judicialmente, a ser deslindada pelo *dispositivo* da sentença, e não a todo e qualquer aspecto relacionado ao ato impugnado, conforme têm entendido os órgãos de julgamento administrativo tributário do Ministério da Fazenda:

> "IPI – Normas processuais – Nulidade – Não caracteriza renúncia à via administrativa pleito de matéria que, mesmo relacionada diretamente com a demanda na esfera judicial, seja de natureza diferenciada, daí importar em cerceamento de direito de defesa a manutenção de decisão que não toma conhecimento de pedido, nessa circunstância, sob o fundamento da suposta renúncia. Processo anulado a partir da decisão que não tomou conhecimento do pleito."[126]

Para melhor compreender a distinção, imaginemos que determinado contribuinte tem contra si lavrado um auto de infração pelo Fisco Estadual, formalizando a exigência de ICMS e de multa. E, por conta desse auto de infração, diversas mercadorias são ilegalmente apreendidas. É perfeitamente possível impugnar administrativamente a exigência do ICMS e da multa formulada no auto de infração, e, paralelamente, mover ação judicial pleiteando exclusivamente a liberação das mercadorias. Não há, nesse caso, que se cogitar de renúncia à via administrativa para a impugnação do lançamento.

O mesmo acontece quando contribuinte, que discutia judicialmente a validade de determinada exigência desde antes da feitura do lançamento, tem contra si lavrado um auto de infração apenas "para prevenir a decadência", e nesse auto de infração é indevidamente incluída a exigência de penalidades absolutamente descabidas. Nesse caso, porque a citada penalidade não está sendo discutida na ação judicial, é evidente que o contribuinte poderá oferecer impugnação em relação a ela,[127] não havendo, também, que se cogitar de "renúncia" à esfera administrativa.

---

precisa o administrado desistir formalmente do recurso administrativo, que haja interposto. Basta que ingresse no Judiciário para entender-se que abandonou a via administrativa" (*Programa de Direito Administrativo*, 2. ed., São Paulo: Sugestões Literárias, 1968, p. 77).

[126] Ac. un. da 2ª C. do CC – Rel. Antonio Carlos Bueno Ribeiro – Ac. nº 202-09.650 – recda.: DRJ em Florianópolis-SC – *DOU* I 7.7.1998, p. 18 – *Revista Dialética de Direito Tributário* nº 36, p. 218.

[127] "Normas processuais – Concomitância com processo administrativo – Impossibilidade – A submissão de uma matéria à tutela autônoma e superior do Poder Judiciário prévia ou posteriormente ao lançamento, inibe o pronunciamento da autoridade administrativa, pois que a solução dada ao litígio pela via judicial há de prevalecer. Tributo com exigibilidade suspensa – Multa *ex officio* – Juros de mora – Incabível a imposição de multa de ofício e juros de mora se o tributo está com

Capítulo 3 · PROCESSO ADMINISTRATIVO TRIBUTÁRIO | **105**

Cabe destacar que, em algumas situações peculiares, pode não ser fácil – como o é nos exemplos acima – distinguir o objeto do questionamento judicial daquele versado na impugnação administrativa. Em razão disso, há grande controvérsia na jurisprudência, administrativa e judicial, a respeito da questão da renúncia à esfera administrativa. O relevante, para o deslinde de tais questões, é examinar os pedidos formulados na inicial da ação judicial (e não importa que seja um mandado de segurança, ou uma ação declaratória, ou anulatória), e, por conseguinte, os limites dentro dos quais será proferido o *dispositivo* da sentença. É essa matéria, delimitada pelo pedido formulado na ação judicial, que não pode ser objeto de decisão administrativa. É somente em relação a ela que se pode falar de "renúncia" da via administrativa pelo fato de já haver impugnação judicial.

De qualquer modo, considerando-se que não houve a renúncia, entende-se que a indevida recusa do julgador administrativo de conhecer impugnações, sob o fundamento de que a mesma se verificou, é causa para a nulidade do processo a partir da citada decisão. Confira-se, a propósito, a seguinte ementa:

> "Processo Administrativo Tributário – Concomitância com Ação Judicial – Cerceamento ao Direito de Defesa: Não havendo plena identidade entre a matéria submetida ao crivo do Poder Judiciário, e aquela formalizada no lançamento tributário, deve a autoridade administrativa encarregada do julgamento conhecer das razões da impugnação que não colidem com a controvérsia levada a Juízo, sob pena de restar caracterizado o cerceamento de defesa.
>
> Nulidade de Decisão de Primeira Instância: É nula a decisão de primeiro grau que deixa de apreciar controvérsia para qual inexiste óbice para seu conhecimento.
>
> Preliminar acolhida. Decisão anulada."[128]

3.1.6   *Impugnação administrativa e suspensão dos efeitos do ato impugnado*

Consequência assaz relevante da apresentação de *impugnação administrativa* a um ato praticado pela Administração Tributária é a suspensão dos seus efeitos enquanto não oferecida *solução definitiva* ao problema suscitado pelo impugnante. Trata-se de decorrência do direito a um processo administrativo, que há de oferecer uma solução *útil*, ou seja, há de assegurar ao administrado uma manifestação definitiva do Poder Público sobre a legalidade do ato questionado *antes* que esse ato produza efeitos gravosos sobre a esfera de direitos do administrado. Para Alberto Xavier, trata-se de decorrência do direito à ampla defesa, "nos termos do qual nenhum ato administrativo suscetível de produzir consequências desfavoráveis para o administrado poderá ser praticado de modo definitivo sem que a este tenha sido dada a oportunidade de apresentar as razões (fatos e provas) que achar convenientes à defesa dos seus interesses".[129]

Em outras palavras, para que haja respeito aos direitos de petição, ao devido processo legal administrativo, à ampla defesa e ao contraditório, é preciso não apenas que os mesmos sejam formalmente reconhecidos pelas respectivas legislações, mas também que seja vedado

---

exigibilidade suspensa por depósito judicial. Recurso parcialmente provido" (Ac. un. da 8ª C. do 1º CC – nº 108-06.522 – Rel. Tânia Koetz Moreira – j. 23.5.2001 – *DOU*-1 8.8.2001, p. 36 – *Repertório IOB de Jurisprudência* nº 19/2001, c. 1, p. 539).

[128] Ac. un. da 8ª C. do 1º CC – Proc. 13808.000321/96-86 – Rec. 116.292/SP – Rel. Cons. José Antônio Minatel – *DOU* de 25.2.1999, p. 13 – *Revista Dialética de Direito Tributário* nº 44, p. 233.

[129] Alberto Xavier, *Do Lançamento, Teoria Geral do Ato, do Procedimento e do Processo Tributário*, 2. ed., Rio de Janeiro: Forense, 1997, p. 162.

ao Poder Público criar restrições indiretas ou oblíquas ao seu exercício. Não é possível, por exemplo, reconhecer o direito de impugnar administrativamente um determinado lançamento, mas impor ao administrado/impugnante sanções pelo fato de haver preferido questionar o ato em vez de efetuar prontamente o pagamento da quantia nele exigida.

O art. 151 do CTN, em seu inciso III, traz mera explicitação dos princípios constitucionais antes referidos, e preconiza:

> "Art. 151. Suspendem a exigibilidade do crédito tributário:
> [...]
> III – as reclamações e os recursos, nos termos da leis reguladoras do processo tributário administrativo;"

Adiante, em seus arts. 205 e 206, o CTN mais uma vez esclarece:

> "Art. 205. A lei poderá exigir que a prova da quitação de determinado tributo, quando exigível, seja feita por certidão negativa, expedida à vista de requerimento do interessado, que contenha todas as informações necessárias à identificação de sua pessoa, domicílio fiscal e ramo de atividade e indique o período a que se refere o pedido.
> [...]
> Art. 206. Tem os mesmos efeitos previstos no artigo anterior a certidão de que conste a existência de créditos não vencidos, em curso de cobrança executiva em que tenha sido efetivada a penhora, ou cuja exigibilidade esteja suspensa."

Em outras palavras, o cidadão que tem contra si formalizada a exigência de um crédito tributário, e oferece impugnação administrativa, dando origem a um processo administrativo contencioso, contraditório etc., tem direito a que o crédito em disputa seja considerado como *não exigível*, fazendo jus a certidões que espelhem essa situação, e que têm os mesmos efeitos de uma certidão negativa.

Pois bem. Não obstante a clareza dos artigos transcritos, que, como afirmado, não fazem mais que explicitar o texto constitucional, não são poucas as vezes nas quais o Fisco, direta ou indiretamente, cerceia o direito do administrado ao devido processo legal administrativo através do não reconhecimento da suspensão dos efeitos do ato impugnado. Não obstante assegurado nas leis tributárias o direito à impugnação administrativa, há quem entenda possível que as mercadorias permaneçam apreendidas, ou que a impressão de novos blocos de notas fiscais seja proibida, ou até que o contribuinte seja processado criminalmente por crime de supressão ou redução de tributos, pelo simples fato de a quantia exigida no auto de infração haver sido objeto de impugnação e não de pagamento. Isso, no entanto, é da mais flagrante inconstitucionalidade.

Apreciando questão na qual o INSS[130] inscrevera em dívida ativa débito que, segundo o contribuinte, ainda era objeto de questionamento administrativo, os TRF da 3ª e da 5ª Região já decidiram:

---

[130] Sabe-se que, antes da criação da Receita Federal do Brasil (Lei 11.457/2007), o Instituto Nacional do Seguro Social (INSS) possuía capacidade tributária ativa, fiscalizando, lançando e executando os créditos tributários relativos a contribuições previdenciárias, e ainda litigando nos processos judiciais a eles referentes. Atualmente, tais atribuições cabem à Receita Federal e à Procuradoria da Fazenda Nacional (União), respectivamente.

Capítulo 3 · PROCESSO ADMINISTRATIVO TRIBUTÁRIO | 107

"TRIBUTÁRIO. EMBARGOS À EXECUÇÃO FISCAL. REQUISITOS PARA INSCRIÇÃO EM DÍVIDA ATIVA.

– As reclamações e recursos administrativos impedem a exigibilidade do crédito tributário, pois este só se torna exigível com sua constituição definitiva.

– A dívida ativa regularmente inscrita goza da presunção de certeza e liquidez, só podendo ser ilidida por prova em contrário a cargo do executado. Não pode ser considerada regular a inscrição feita quando está pendente recurso administrativo.

– O INSS poderia ter demonstrado o exaurimento do processo administrativo (questionado pelo embargante às fls. 121), todavia, não o demonstrou, deixando de demonstrar a regularidade da inscrição para que o crédito possa gozar da presunção de certeza e liquidez. Não sendo possível exigir-se do contribuinte prova negativa, ou seja, prova de que não houve decisão administrativa irrecorrível a respeito dos recursos de ofício.

– Apelação cível provida, para reconhecer a ilegalidade da inscrição em dívida ativa sem que haja sido proferida decisão administrativa irrecorrível."[131]

"Administrativo e Tributário. Certidão Negativa de Débito INSS. Débito sob julgamento administrativo. Ilegalidade da negativa da concessão. – Estando o débito sob julgamento administrativo, possui o contribuinte direito à certidão negativa de débito. – Art. 151, II, do CTN; Art. 5º, XXXIV, da CF. Art. 85, II, do Regulamento da Organização e do Custeio da Seguridade Social. – Apelação e remessa oficial improvidas."[132]

"A existência de dívida pendente de decisão administrativa não constitui óbice à expedição de certidão negativa de débito, em face de essa situação constituir causa de suspensão de sua exigibilidade, nos termos dos arts. 151, III, e 206 do Código Tributário Nacional, bem como da Súmula 29 do extinto Tribunal Federal de Recursos."[133]

A Súmula 29 do extinto TFR, a propósito, tem a seguinte redação: "os certificados de quitação e de regularidade não podem ser negados, enquanto pendente de decisão, na via administrativa, o débito levantado".[134]

Quanto ao processamento do contribuinte por crime de supressão ou redução de tributo *antes* do pronunciamento definitivo da Administração sobre a existência e a validade do crédito tributário supostamente suprimido, Hugo de Brito Machado sempre defendeu, como juiz e como doutrinador, que

"[...] admitir o início da ação penal antes da manifestação definitiva da autoridade administrativa sobre a ocorrência da supressão ou redução do tributo, resultado que integra o tipo definido no art. 1º da Lei 8.137/90, implica maus tratos à garantia constitucional da ampla defesa no processo administrativo".[135]

---

[131] Ac. un. da 4ª T. do TRF 5ª R. – AC 231.646/AL – Des. Fed. Napoleão Maia Filho – j. 20.6.2001 – *DJU* 10.9.2001 – *Boletim de Jurisprudência do TRF* – 5ª R. – nº 140/2001, p. 73/74.

[132] Ac. un. da 2ª T. do TRF da 5ª R. – AMS 43435-PE – Rel. Des. Fed. Araken Mariz – *DJU* 2 18.11.1994, p.66564 – *Repertório IOB de Jurisprudência* nº 5/95, c. 1, p. 93.

[133] Ac. un. da 5ª T. do TRF da 3ª R. – REOMS 93.03.088254-7 – Rela. Juíza Suzana Camargo – COAD/ADV nº 15/96, p. 198.

[134] *DJ* de 29.1.1980, p. 310.

[135] Ac. un. da 1ª T. do TRF da 5ª R. – HC 591/CE – Rel. Des. Fed. Hugo de Brito Machado, *DJ* de 19.4.1996, p. 25.602.

Em suas palavras,

> "a exigência de prévio exaurimento da via administrativa, para que validamente possa ser proposta a ação penal, nos crimes contra a ordem tributária, é indiscutivelmente uma forma de fazer efetivas as garantias constitucionais do devido processo legal e da ampla defesa, induvidoso como é o direito do contribuinte ao regular e prévio procedimento administrativo de acertamento".[136]

Ainda sobre o uso da ação penal como forma de cercear o direito à defesa na esfera administrativa, merecem transcrição alguns trechos dos votos dos Ministros Nélson Jobim e Sepúlveda Pertence, quando do julgamento do HC 77.002. Embora a questão relativa especificamente ao Direito Penal Tributário não seja pertinente aqui, os fundamentos utilizados pelos Ministros o são, e muito, senão vejamos.

Para o Ministro Nélson Jobim,

> "[...] restaria ao contribuinte a opção de pagar para evitar a ação penal.
>
> Ou, não pagar e não evitar a ação penal.
>
> Na primeira alternativa, o contribuinte, porque decide pagar, renuncia ao direito constitucional de discutir a legalidade do lançamento tributário, na esfera administrativa.
>
> Na segunda, o exercício do direito ao contraditório e ampla defesa na esfera administrativa, sujeita o contribuinte à ação penal.
>
> Só o pagamento, sem discussão, evita a ação penal.
>
> Dito de uma forma mais inteligível para o leigo e retoricamente forte, o contribuinte está sob ameaça.
>
> Se não pagar e discutir, será réu em ação penal.
>
> Com todas as consequências daí decorrentes.
>
> É um preço alto.
>
> [...]
>
> Concedo o *HABEAS*".[137]

O Ministro Sepúlveda Pertence, no mesmo sentido, afirmou que a propositura de ação penal por crime contra a ordem tributária sem o prévio exaurimento da via administrativa representaria

> "[...] abuso do poder de instaurar o processo penal para constranger o cidadão a render-se incondicionalmente aos termos da exigência do Fisco, com a renúncia não só da faculdade – que a lei complementar lhe assegura –, de impugnar o lançamento mediante procedimento administrativo nela previsto, mas também, principalmente, de eminentes garantias constitucionais, sintetizadas na do 'devido processo legal'.

---

[136] Hugo de Brito Machado, *Estudos de Direito Penal Tributário*, São Paulo: Atlas, 2002, p. 162.

[137] Voto do Ministro Nélson Jobim, no julgamento do HC 77.002, pelo STF. O *habeas corpus* foi considerado prejudicado, por perda do objeto, porque antes de seu julgamento definitivo o paciente foi absolvido nas ações penais correspondentes (*DJ* de 2.8.2002) – Inteiro teor do acórdão, e dos votos citados, pode ser obtido em <www.stf.gov.br>.

Que a ordem jurídica não o permite, mostraram-no – entre outros juristas de vulto – o voto do Ministro **Jobim**, já recordado, e o trabalho doutrinário do Prof. **Hugo de Brito Machado**".[138]

Enfim, como decorrência do devido processo legal, do direito de petição e do direito à ampla defesa e ao contraditório, e ainda da explicitude dos arts. 151, III, e 206 do CTN, o oferecimento de impugnação administrativa e a pendência de sua solução definitiva são causas suspensivas da exigibilidade do crédito tributário impugnado, e impedem que esse mesmo crédito produza, direta ou obliquamente, quaisquer efeitos restritivos de direitos em face daquele apontado como sendo o seu devedor.

Finalmente, cumpre advertir que essa consequência suspensiva não abrange apenas a impugnação ao ato de lançamento, como à primeira vista poderia parecer. Possui o mesmo efeito o oferecimento de um pedido de compensação, e especialmente a impugnação oferecida contra o ato que o indeferir, pois de nada adiantaria a Administração reconhecer, posteriormente, a possibilidade do encontro de contas, quando uma dessas contas (a dívida do contribuinte) já houvesse sido paga. Aliás, para indeferir o pedido de compensação e inviabilizar qualquer impugnação do contribuinte bastaria *não o apreciar*, e cobrar o crédito tributário a ser compensado. O mesmo vale para o ato de indeferimento ou de rescisão de um parcelamento, e para o ato de exclusão de um contribuinte do âmbito de parcelamento como o REFIS.[139] Aliás, no caso de exclusão do REFIS, ou a autoridade competente assegura o direito de defesa *previamente* ao ato de exclusão, ou, então, admite o oferecimento de impugnação administrativa com efeito suspensivo. O que não é juridicamente admissível é a exclusão sumária e unilateral, cujos efeitos se consumam independentemente do exercício do direito de defesa.

3.1.7 Formalidades e nulidades no processo administrativo

No âmbito dos processos administrativos, vigora o princípio do formalismo moderado, segundo o qual as formas somente são exigíveis quando indispensáveis à finalidade à qual o processo se destina, ou seja, quando indispensáveis ao prestígio do princípio do devido processo legal em seu aspecto substantivo e de todos os seus desdobramentos (ampla defesa, contraditório etc.).

O princípio deve orientar, em certa medida, também os processos judiciais. Entretanto, como no processo administrativo é exercido o autocontrole por parte da Administração, e como esse processo existe para a garantia dos direitos do cidadão, a amplitude atribuída ao citado princípio é bem maior, pois entende-se que o cumprimento de formalidades pode ser dispensado sempre que for possível ao julgador conhecer todos os aspectos da controvérsia sem prejuízo da defesa do administrado.

---

[138] Voto do Ministro Sepúlveda Pertence, no julgamento do HC 77.002, pelo STF. Os grifos estão no original. O *habeas corpus* foi considerado prejudicado, por perda do objeto, porque antes de seu julgamento definitivo o paciente foi absolvido das ações penais correspondentes (*DJ* de 2.8.2002) – Inteiro teor do acórdão, e dos votos citados, pode ser obtido em <www.stf.gov.br>. A mesma questão foi apreciada pelo STF – desta feita pela integralidade de sua composição plenária – quando do julgamento do HC 81.611, no qual a ordem fora concedida pela maioria dos seus integrantes, vencidos apenas os Ministros Joaquim Barbosa, Carlos Ayres Britto e Ellen Gracie.

[139] Com inteiro acerto, o TRF da 4ª Região já decidiu que "a interposição de recurso administrativo contra ato que excluiu o impetrante do REFIS suspende a exigibilidade tributária", reconhecendo o direito à certidão positiva com efeito de negativa (Ac. un. da 1ª T. do TRF da 4ª R. – Rel. Juíza Maria Lúcia Luz Leiria – AMS 83.139/RS – j. 25.6.2003 – *DJU* de 13.8.2003, p. 113).

Note-se a sutileza. Tanto no processo judicial, como no processo administrativo, o cumprimento de qualquer formalidade só será exigível quando, além de previsto em lei, e compatível com os demais princípios jurídicos, for adequado, necessário e proporcional ao atendimento das finalidades às quais citados processos se destinam. No processo judicial, porém, tais finalidades são mais numerosas, ou mais extensas, pois nele a forma existe para viabilizar uma efetiva prestação jurisdicional, organizando e otimizando os atos a serem praticados e contendo eventuais abusos do julgador *em face de ambas as partes* (deve-se recordar que o julgador é um terceiro). No processo administrativo, ao contrário, tem-se que o autocontrole poderia ser exercido até mesmo independentemente de processo, *desde que para favorecer o administrado*. Para prejudicá-lo, impondo-lhe ônus restritivos de direitos, é que se faz importante o devido processo legal.

É o que tem decidido o Conselho de Contribuintes – hoje Conselho Administrativo de Recursos Fiscais – do Ministério da Fazenda:

> "Normas processuais – Nulidade – Podendo decidir a favor do contribuinte, deixa-se de declarar a nulidade para se dar provimento ao recurso. Multa – Não-atendimento a intimação – Quando o não atendimento for por parte do contribuinte sob investigação, a penalidade pelo não atendimento se dará pelo agravamento da multa de ofício, descabendo qualquer multa, se nada é apurado contra o contribuinte. Recurso provido."[140]

Mas não se invoque, aqui, a possibilidade de serem "relevadas" certas nulidades prejudiciais à defesa do sujeito passivo, no âmbito de um processo administrativo, com fundamento no "princípio da eficiência". Ora, entre outros vícios que poderiam ser apontados no argumento, deve-se atentar ao fato de que eficiente é aquilo que se presta da maneira a mais otimizada possível ao atendimento de suas finalidades. No caso, a finalidade do processo administrativo não é a de viabilizar a cobrança de tributos. Tributos foram cobrados, ao longo da história, independentemente de qualquer disciplinamento jurídico, não sendo necessário um processo administrativo para viabilizá-los. A finalidade do processo administrativo é a de realizar o *controle interno da legalidade* dos atos da Administração Pública, assegurando ao administrado o *substantive due process of law*. O princípio da eficiência, portanto, apenas autoriza a desconsideração do descumprimento de formalidades *que não prejudiquem a defesa do contribuinte*, pois, estas, sim, não são hábeis a tornar o processo administrativo eficiente. Formalidades necessárias à defesa do administrado, estas, por conta dos princípios do devido processo legal, da ampla defesa, do contraditório, e da eficiência, não podem ser desconsideradas, sob pena de nulidade.

3.1.8 Impossibilidade de o julgador administrativo declarar a inconstitucionalidade de uma lei

A autoridade julgadora de um processo administrativo não pode, conforme já acenamos, declarar a inconstitucionalidade de uma lei. Trata-se de decorrência elementar do princípio da separação dos poderes, já assentada no âmbito do Conselho de Contribuintes – hoje Conselho Administrativo de Recursos Fiscais – do Ministério da Fazenda:

> "INCONSTITUCIONALIDADE – A apreciação da constitucionalidade ou não de lei regularmente emanada do Poder Legislativo é de competência exclusiva do Poder

---

[140] Ac. un. da 6ª C. do 1º CC – nº 106-7.690 – Rel. Cons. Mário Albertino Nunes – j. 9.11.1995 – *DOU* I 5.6.1997, p. 11.591 – *Repertório IOB de Jurisprudência* nº 17/97, c. 1, p. 399.

Capítulo 3 · PROCESSO ADMINISTRATIVO TRIBUTÁRIO | **111**

Judiciário, pelo princípio da independência dos Poderes da República, como preconizado na nossa Carta Magna.

[...]".[141]

Hugo de Brito Machado, no mesmo sentido, doutrina:

"Se um órgão do Contencioso Administrativo Fiscal pudesse examinar a arguição de inconstitucionalidade de uma lei tributária, disso poderia resultar a prevalência de decisões divergentes sobre um mesmo dispositivo de uma lei, sem qualquer possibilidade de uniformização.

Acolhida a arguição de inconstitucionalidade, a Fazenda não pode ir ao Judiciário contra a decisão de um órgão que integra a própria Administração. O contribuinte, por seu turno, não terá interesse processual, nem de fato, para fazê-lo. A decisão tornar-se-á, assim, definitiva, ainda que o mesmo dispositivo tenha sido, ou venha a ser, considerado constitucional pelo Supremo Tribunal Federal, que é, em nosso ordenamento jurídico, o responsável maior pelo deslinde de todas as questões de constitucionalidade, vale dizer, o 'guardião da Constituição'.

É certo que também uma decisão de um órgão do Poder Judiciário, dando pela inconstitucionalidade de uma lei, poderá tornar-se definitiva sem que tenha sido a questão nela abordada levada à apreciação do Supremo Tribunal Federal. Isto, porém, pode acontecer eventualmente, como resultado da falta de iniciativa de alguém, que deixou de interpor o recurso cabível, mas não em virtude da ausência de mecanismo do sistema jurídico, para viabilizar aquela apreciação.

Diversamente, uma decisão do Contencioso Administrativo Fiscal, que diga ser inconstitucional uma lei, e por isto deixe de aplicá-la, tornar-se-á definitiva à míngua de mecanismo no sistema jurídico, que permita levá-la ao Supremo Tribunal Federal.

É sabido que o princípio da supremacia constitucional tem por fim garantir a unidade do sistema jurídico. É sabido também que ao Supremo Tribunal Federal cabe a tarefa de garantir essa unidade, mediante o controle da constitucionalidade das leis. Não é razoável, portanto, admitir-se que uma autoridade administrativa possa decidir a respeito dessa constitucionalidade, posto que o sistema jurídico não oferece instrumentos para que essa decisão seja submetida à Corte Maior.

A conclusão mais consentânea com o sistema jurídico brasileiro vigente, portanto, há de ser no sentido de que a autoridade administrativa não pode deixar de aplicar uma lei por considerá-la inconstitucional, ou mais exatamente, a de que a autoridade administrativa não tem competência para decidir se uma lei é ou não é inconstitucional.

Tal conclusão, que aparentemente contraria o princípio da supremacia constitucional, na verdade o realiza melhor do que a solução oposta, na medida em que preserva a unidade do sistema jurídico, que é o objetivo maior daquele princípio."[142]

Doutrinadores respeitáveis, contudo, não partilham desse entendimento. Para eles, como a Constituição é a norma mais importante do ordenamento, não pode a Administração

---

[141] Ac. do 1º CC – mv – Rel. Rosa Maria de Jesus da Costa de Castro – j. 13.9.2000 – Rec. nº 121.777 – Proc. nº 13921.000224/99-01 – Ac. nº 105-13.287.

[142] Hugo de Brito Machado, "Algumas Questões do Processo Administrativo Tributário", em *Processo Administrativo Tributário*, 2. ed., coord. Ives Gandra da Silva Martins, São Paulo: Revista dos Tribunais, 2002, p. 153 e 154.

112 | PROCESSO TRIBUTÁRIO – *Machado Segundo*

deixar de aplicá-la. Afirmam que, se pode ser feito o autocontrole em relação aos atos administrativos ilegais, com maior razão esse autocontrole deve ser exercido em se tratando de atos administrativos inconstitucionais.

Entretanto, e com todo o respeito, não lhes assiste razão.

Além das ponderações acima transcritas, de Hugo de Brito Machado, e de considerações outras que poderiam ser feitas, há uma questão, relativa aos fundamentos do processo administrativo, que nos parece decisiva para o deslinde dessa questão, e não vem contando com a atenção que merece por parte dos doutrinadores. Vejamos.

Não se nega a possibilidade de a Administração declarar a inconstitucionalidade de seus atos, nem de aplicar "diretamente" a Constituição. Com efeito, caso um agente fiscal viole o domicílio de um contribuinte, ou sua correspondência, a Administração não só pode, como efetivamente tem declarado a inconstitucionalidade do ato de lançamento, porque efetuado ao arrepio de dispositivos constitucionais.

Questão diferente é aquela na qual o ato administrativo está rigorosamente de acordo com a lei, e é a lei que está permeada do vício de inconstitucionalidade. Nesse caso, um órgão administrativo que declare a inconstitucionalidade de uma lei não estará praticando simplesmente o autocontrole, mas estará declarando a invalidade de ato praticado por *outro poder*. Nesse segundo caso, insista-se, a Administração não estará simplesmente revendo um ato seu, mas julgando um ato do Poder Legislativo, o que não tem, nem pode ter, fundamento no princípio da legalidade, nem muito menos no exercício do autocontrole que dele decorre. Assim, se o processo administrativo existe para instrumentalizar o exercício do autocontrole, e esse autocontrole não autoriza julgamentos sobre atos praticados por outros poderes, não é possível à autoridade administrativa de julgamento declarar a inconstitucionalidade de uma lei.[143]

Saliente-se que quando já existe manifestação do Supremo Tribunal Federal declarando a inconstitucionalidade de leis, ainda que no âmbito do chamado controle difuso de constitucionalidade, o Conselho de Contribuintes do Ministério da Fazenda – atualmente denominado Conselho Administrativo de Recursos Fiscais – passa a acatar tais decisões:

> "Pis/faturamento. Alíquota e base de cálculo. Após o Acórdão STF, RE 148.754/2-RJ, é constitucionalmente inexigível o PIS com fundamento nos Decretos-leis n°s 2.445/88 e 2.449/88. O princípio da economicidade no dispêndio de recursos públicos, ínsito no artigo 70 da CF, impõe a aplicação daquele Acórdão, evitando-se à Administração desnecessários gastos com honorários de sucumbência, acaso a exigência extrapole ao Poder Judiciário."[144]

---

[143] Também sustentando a impossibilidade de a autoridade administrativa de julgamento declarar a inconstitucionalidade de uma lei pronunciaram-se Seabra Fagundes e Celso Agrícola Barbi. Confira-se, a propósito, Celso Agrícola Barbi, *Do Mandado de Segurança*, 6. ed. Rio de Janeiro: Forense, 1993, p. 77. Em sentido contrário, confira-se: Alberto Xavier, "A questão da apreciação da inconstitucionalidade das leis pelos órgãos judicantes da Administração Fazendária", em *Revista Dialética de Direito Tributário* nº 103, p. 17.

[144] Ac. un. da 1ª C. do 1º CC – nº 101-87.770 – Rel. Cons. Roberto William Gonçalves – *DOU* I 4.7.1995, p. 9904 – *Repertório IOB de Jurisprudência* nº 16/95, p. 276, c. 1. Nesse sentido, aliás, o art. 26-A do Decreto 70.235/72, nele inserido pela MP nº 449/08, dispõe: "Art. 26-A. No âmbito do processo administrativo fiscal, fica vedado aos órgãos de julgamento afastar a aplicação ou deixar de observar tratado, acordo internacional, lei ou decreto, sob fundamento de inconstitucionalidade. Parágrafo único. O disposto no *caput* não se aplica aos casos de tratado, acordo internacional, lei ou ato normativo: I – que já tenha sido declarado inconstitucional por decisão plenária definitiva do Supremo Tribunal Federal; II – que fundamente crédito tributário objeto de: a) dispensa legal de constituição ou de ato declaratório do

Note-se que, nesse caso, não está havendo "controle" administrativo sobre um ato legislativo, o que seria absurdo na hipótese. Não está havendo invasão de um Poder nas atribuições de outro. Nada disso. Há simples respeito aos princípios da moralidade e da harmonia entre os poderes, pois a inconstitucionalidade já foi declarada pelo Judiciário, ainda que no controle difuso de constitucionalidade, restando à Administração – que, afinal, foi parte da ação que originou a declaração – apenas respeitá-la.

3.2 As várias etapas do processo administrativo fiscal. Disciplinamento normativo

O processo administrativo é objeto de disciplinamento específico pela legislação de cada entidade federada. A maior parte dos Estados e Municípios, porém, segue, em linhas gerais, o disposto na legislação tributária federal, especialmente no Decreto 70.235/72, o qual, repita-se, foi recepcionado pela CF/88 e hoje integra a ordem jurídica brasileira com o *status* de uma lei ordinária.

Ao processo administrativo desenvolvido no âmbito das várias entidades tributantes da federação, inclusive da União Federal, aplica-se, também, a Lei 9.784/99, até porque referida lei, em muitos pontos, consubstancia desdobramento e explicitação de princípios contidos na Constituição Federal.

Nos itens seguintes, trataremos das várias etapas do processo administrativo fiscal federal previsto no Decreto 70.235/72, fazendo, sempre que possível e pertinente, referências a tratamentos peculiares por parte da legislação de algum Estado-membro, ou Município.

3.2.1 Impugnação. Outras formas de início do processo

A forma mais comum de início de um processo administrativo tributário propriamente dito, especialmente no caso de impugnação ao lançamento tributário, é o oferecimento de impugnação por parte do sujeito passivo da relação tributária.

Nos termos do art. 15 do Decreto 70.235/72, a impugnação deverá ser apresentada no prazo de 30 (trinta) dias, contados da data em que o impugnante for intimado do ato impugnado, e será formalizada por escrito, devendo ser instruída com os documentos em que se fundamentar. No âmbito dos Estados-membros, e dos Municípios, esse prazo é eventualmente diferente, de 20 (vinte) ou 15 (quinze) dias, devendo o sujeito passivo estar sempre atento ao mesmo, que deve estar contido expressamente no documento que formaliza o ato impugnado, sob pena de invalidade.

Ressalte-se que o termo inicial do prazo para o oferecimento da impugnação é a intimação *válida*, a qual deve ocorrer no local onde o sujeito passivo mantém seu domicílio. É nula a intimação efetuada em outros endereços, sempre que isso prejudicar a defesa do sujeito passivo no âmbito administrativo:

> "A intimação do lançamento fiscal do Imposto de Renda contra pessoa física deve ser feita no local em que esta mantém seu domicílio. Não vale intimação dirigida a local onde o contribuinte manteve antigo escritório, nada importando a circunstância de a mudança do endereço profissional não ter sido comunicada ao Fisco. É improcedente

Procurador-Geral da Fazenda Nacional, na forma dos arts. 18 e 19 da Lei 10.522, de 19 de junho de 2002; b) súmula da Advocacia-Geral da União, na forma do art. 43 da Lei Complementar nº 73, de 10 de fevereiro de 1993; ou c) pareceres do Advogado-Geral da União aprovados pelo Presidente da República, na forma do art. 40 da Lei Complementar nº 73, de 1993."

a execução, se o crédito fiscal em cobrança resultou de lançamento nulo, por ineficácia da respectiva intimação."[145]

"PROCESSO ADMINISTRATIVO – NOTIFICAÇÃO REMETIDA A ENDEREÇO DE TERCEIRO – ESCRITÓRIO DE CONTABILIDADE – INVALIDADE
Processo Civil. Execução Fiscal. Embargos. Verificação de Renda não Declarada. IRPF. Ausência de Notificação do Contribuinte no Procedimento Administrativo. Ofensa aos Princípios do Contraditório e da Ampla Defesa. Cerceamento de Defesa. Nulidade do Lançamento.
I. O lançamento tributário pressupõe uma atividade plenamente vinculada e deve assegurar, inclusive, a observância aos princípios constitucionais do contraditório e da ampla defesa, ambos decorrentes do princípio do devido processo legal (*due process of law*).
II. Há, portanto, nulidade do processo administrativo, se a notificação do lançamento correspondente não foi remetida ao endereço correto do contribuinte, sujeito passivo da obrigação tributária (AC nº 1997.01.00.037822-7-MT, Relª. Juíza Vera Carla Cruz, *DJU* II de 26.05.2000 e AC nº 89.01.03980- BA, Rel. Juiz Vicente Leal, *DJU* II de 10.06.1991).
III. Na hipótese, inválida é a notificação remetida e entregue no endereço de escritório de contabilidade, responsável pela apresentação do IR do apelante, se inexiste autorização para tanto.
IV. Cerceamento de defesa configurado.
V. Apelação a que se dá provimento."[146]

Idêntico raciocínio é aplicável para a hipótese de intimação por edital, quando outras formas de intimação, mais eficazes, são possíveis.

O efeito da declaração de nulidade da intimação, nos moldes dos acórdãos acima transcritos, é o reinício do processo administrativo, da data em que a intimação deveria ter sido regularmente efetuada, e não o foi. Caberá ao sujeito passivo, então, oferecer sua impugnação, com o normal desenvolvimento do processo administrativo.

Ainda em proteção ao direito de defesa, caso seja proferida decisão administrativa *agravando* a situação do impugnante, esta deverá ser considerada como um novo ato administrativo, sujeito à nova impugnação, e que dará origem a um novo processo administrativo tributário. Nessa hipótese, da qual cuidaremos com mais vagar mais adiante, o prazo para o sujeito passivo impugnar esse agravamento de sua situação é contado de quando for intimado da decisão correspondente.

A respeito da impugnação, o Decreto 70.235/72, em seu art. 16, dispõe ainda que:

"Art. 16 – A impugnação mencionará:
I – a autoridade julgadora a quem é dirigida;
II – a qualificação do impugnante;
III – os motivos de fato e de direito em que se fundamenta, os pontos de discordância e as razões e provas que possuir;

---

[145] Ac. un. da 1ª T. do STJ – Rel. Min. Gomes de Barros – REsp. 186.815/DF – *DJ* de 15.3.1999 – *ADV – Jurisprudência* nº 29/99, p. 450.

[146] Ac. un. da 3ª T. do TRF da 1ª R. – j. 18.9.2000 – Rel. convocado Exmo. Sr. Juiz Reynaldo Soares da Fonseca – Apelação Cível nº 95.01.09478-2/MG – *DJU* II de 10.11.2000, p. 28/9 – *Revista Dialética de Direito Tributário*, nº 64, p. 236.

IV – as diligências, ou perícias que o impugnante pretenda sejam efetuadas, expostos os motivos que as justifiquem, com a formulação dos quesitos referentes aos exames desejados, assim como, no caso de perícia, o nome, o endereço e a qualificação profissional do seu perito.

V – se a matéria impugnada foi submetida à apreciação judicial, devendo ser juntada cópia da petição.

§ 1º Considerar-se-á não formulado o pedido de diligência ou perícia que deixar de atender aos requisitos previstos no inciso IV do art. 16.

§ 2º É defeso ao impugnante, ou a seu representante legal, empregar expressões injuriosas nos escritos apresentados no processo, cabendo ao julgador, de ofício ou a requerimento do ofendido, mandar riscá-las.

§ 3º Quando o impugnante alegar direito municipal, estadual ou estrangeiro, provar--lhe-á o teor e a vigência, se assim o determinar o julgador.

§ 4º A prova documental será apresentada na impugnação, precluindo o direito de o impugnante fazê-lo em outro momento processual, a menos que:

a) fique demonstrada a impossibilidade de sua apresentação oportuna, por motivo de força maior;

b) refira-se a fato ou a direito superveniente;

c) destine-se a contrapor fatos ou razões posteriormente trazidas aos autos.

§ 5º A juntada de documentos após a impugnação deverá ser requerida à autoridade julgadora, mediante petição em que se demonstre, com fundamentos, a ocorrência de uma das condições previstas nas alíneas do parágrafo anterior.

§ 6º Caso já tenha sido proferida a decisão, os documentos apresentados permanecerão nos autos para, se for interposto recurso, serem apreciados pela autoridade julgadora de segunda instância."

A necessidade de designação da autoridade competente, no início da petição de impugnação, deve ser compreendida com muita moderação, em atenção ao princípio do devido processo legal e seus desdobramentos (ampla defesa, instrumentalidade etc.). É nula a decisão que deixa de conhecer uma impugnação apenas porque incorreta a designação da autoridade (*v. g.*, porque faça menção a "Receita Federal", quando deveria aludir aos membros das "turmas de julgamento da delegacia da receita federal"). O mesmo raciocínio vale para a qualificação do impugnante, que há de identificar-se, naturalmente, mas que não pode ter sua defesa cerceada por conta da omissão de algum detalhe de sua qualificação, especialmente se considerar-se que essa qualificação já deve constar do documento que consubstancia o lançamento impugnado, sob pena de nulidade.[147]

Mais importantes, dentre os requisitos da impugnação, certamente são os enumerados no inciso III, acima. Como todo direito subjetivo decorre do binômio *norma-fato*, os motivos de fato e de direito que fundamentam a impugnação são precisamente as razões pelas quais o impugnante entende que o direito subjetivo consagrado no ato impugnado não existe, quer porque *não ocorreram* os fatos nele descritos; quer porque *ocorreram* fatos impeditivos,

---

[147] Mesmo quando as imprecisões contidas na impugnação forem expressivas, isso não deve impedir o seu recebimento e o seu conhecimento. Cabe não esquecer o que preconiza o art. 6º, parágrafo único, da Lei 9.784/99, neste ponto inteiramente aplicável ao processo administrativo tributário: "É vedada à Administração a recusa imotivada de recebimento de documentos, devendo o servidor orientar o interessado quanto ao suprimento de eventuais falhas."

extintivos ou modificativos do alegado direito nele concretizado; quer porque a legislação invocada é inválida, ou não se aplica ao caso na medida em que não incide sobre os apontados fundamentos de fato do ato impugnado. É importante referir, nesse ponto, que a legislação federal considera não impugnada a matéria que não tenha sido expressamente contestada pelo impugnante. Assim, caso o impugnante não se conforme com a exigência em sua totalidade, deve expressamente questioná-la em sua totalidade.

Caso o sujeito passivo não questione a exigência em sua totalidade, mas apenas em parte, a parte incontroversa poderá ser objeto de cisão, e encaminhada desde logo para cobrança.[148] Isso pode ocorrer, em face da legislação federal vigente, em face de impugnação parcial, quando do início da "fase contenciosa" do lançamento, ou, como preferimos dizer, antes do início do processo administrativo de controle de sua legalidade. Não há previsão legal para se fazer o mesmo diante de recurso voluntário parcial, ou de recurso especial parcial. Mas, mesmo que em relação a tais recursos tal desmembramento fosse admissível, é importante ressaltar que somente seria possível efetuá-lo, tal como ocorre em face de uma impugnação parcial, em relação a parcelas cindíveis do lançamento,[149] vale dizer, parcelas que poderiam constar de autuações autônomas, e por conveniência ou economia foram lançadas num mesmo auto. Caso o contribuinte se insurja contra a forma de cálculo utilizada, ou a forma de arbitramento utilizada, não poderá haver cisão, ainda que da adoção da forma propugnada pelo contribuinte remanesça quantia a pagar. Afinal, é o lançamento, enquanto realidade *una*, que está sendo questionado em seus fundamentos. O questionamento é integral, ainda que, quando de sua solução, possa remanescer parte da exigência.

A impugnação deve ser redigida em linguagem clara, direta e objetiva, a mais sucinta possível, como deve ser a redação de qualquer peça processual. Isso porque, embora os julgamentos administrativos revelem maior atenção dos julgadores ao caso concreto (atenção não revelada por algumas decisões judiciais), uma peça muito extensa, conquanto muito bem fundamentada, sempre correrá o risco de não ser lida com a devida atenção, provocando resultados menos satisfatórios que uma peça sucinta, que contenha somente o essencial, mas que seja integralmente lida e compreendida pelo julgador ao qual se destina.

No que diz respeito às questões de direito, de interpretação das normas jurídicas pertinentes ao problema, a impugnação deve ater-se, se possível, em precedentes, de preferência nos precedentes do órgão julgador ao qual a impugnação é dirigida, ou do órgão julgador de segunda instância, ao qual será dirigido o eventual recurso. Em se tratando de impugnação oferecida à Delegacia de Julgamento da Receita Federal, por exemplo, é recomendável a invocação – se existirem, naturalmente – de precedentes de suas Turmas Julgadoras de Primeira Instância e do Conselho Administrativo de Recursos Fiscais.

Curiosamente, traz melhores resultados, nessa fase do processo administrativo, a invocação de normas infralegais, mais específicas, como instruções normativas, portarias, decretos e regulamentos. Isso porque essas normas são geralmente observadas de modo mais fiel pelas autoridades de primeira instância que as leis em geral e o Código Tributário Nacional. Por isso, considerando essa visão invertida que muitas autoridades têm da

---

[148] O art. 21, § 1º, do Decreto 70.235/72, a propósito, dispõe: "No caso de impugnação parcial, não cumprida a exigência relativa à parte não litigiosa do crédito, o órgão preparador, antes da remessa dos autos a julgamento, providenciará a formação de autos apartados para a imediata cobrança da parte não contestada, consignando essa circunstância no processo original."

[149] Nesse sentido: Alberto Xavier, *Do Lançamento. Teoria Geral do Ato, do Procedimento e do Processo Tributário*, 2. ed., Rio de Janeiro: Forense, 1997, p. 333; Marcos Vinícius Neder e Maria Tereza Martinez Lopéz, *Processo Administrativo Fiscal Federal Comentado*, São Paulo: Dialética, 2002, p. 220.

Capítulo 3 · PROCESSO ADMINISTRATIVO TRIBUTÁRIO | **117**

hierarquia do ordenamento jurídico, e sem prejuízo da invocação de outros argumentos mais consistentes, o impugnante deve ser prático e buscar amparo também nas normas infralegais, sempre que isso for possível.

No que se relaciona aos fundamentos de fato da impugnação, devem ser descritas as razões pelas quais se considera que os fatos descritos no ato impugnado não ocorreram, ou as razões pelas quais se considera que ocorreram fatos modificativos, impeditivos ou extintivos do direito eventualmente gerado pelos fatos descritos no ato impugnado. Essa descrição deve ser acompanhada do pedido de produção das provas necessárias à demonstração de sua veracidade.

Destaque-se que a alusão à prévia instrução com os documentos (§ 4º) não impede o sujeito passivo de juntá-los em momento posterior, sempre que for impossível instruir a defesa com os mesmos, ou sempre que apenas posteriormente essa juntada se fizer pertinente. A autoridade administrativa, por força do *princípio da verdade material*, não poderá ignorar documentos juntados após o oferecimento da impugnação e antes de prolatada a sua decisão, sob pena de cerceamento ao direito de defesa do impugnante.

É o que ensinam Marcos Vinicius Neder e Maria Teresa Martínez López:

> "A tendência atual dos tribunais administrativos é a de atenuar, via construções jurisprudenciais, os rigores desta norma, pois não se deve esquecer que o processo fiscal tem por finalidade primeira garantir a legalidade da apuração do crédito tributário, devendo o julgador pesquisar exaustivamente se, de fato, ocorreu a hipótese abstratamente prevista na norma e, em caso de impugnação do contribuinte, verificar aquilo que realmente é verdade, independente do alegado e provado."[150]

No mesmo sentido tem decidido o Conselho de Contribuintes do Ministério da Fazenda, cuja denominação fora alterada para Conselho Administrativo de Recursos Fiscais:

> "Processo Administrativo Fiscal – Princípio da Verdade Material – Nulidade – A não apreciação de documentos juntados aos autos depois da impugnação tempestiva e antes da decisão fere o princípio da verdade material, com ofensa ao princípio constitucional da ampla defesa. No processo administrativo predomina o princípio da verdade material, no sentido de que aí se busca descobrir se realmente ocorreu ou não o fato gerador, pois o que está em jogo é a legalidade da tributação. O importante é saber se o fato gerador ocorreu e se a obrigação teve seu nascimento. Preliminar acolhida. Recurso provido."[151]

É de se ressaltar, finalmente, que, embora a legislação federal não contenha essa previsão, a legislação de Estados ou Municípios pode eventualmente contemplar a possibilidade de um "julgamento de ofício", vale dizer, todo e qualquer auto de infração, ainda que não impugnado, é objeto de um julgamento de ofício por parte do julgador de primeira instância. Proferido esse primeiro julgamento, o sujeito passivo pode interpor recurso ao Conselho de Recursos Tributários, ainda que não tenha oferecido defesa originalmente. Trata-se de forma peculiar de início de um processo administrativo tributário de impugnação do ato de lançamento,

---

[150] Marcos Vinicius Neder e Maria Teresa Martínez López, *Processo Administrativo Fiscal Federal Comentado*, São Paulo: Dialética, 2002, p. 205.

[151] Ac. un. da 3ª C. do 1º CC. – Rel. Cons. Sandra Maria Dias Nunes – Proc. 13822.000097/95-72 – Rec. 116.868/SP – *DOU* I de 11.2.1999, p. 4 – *Revista Dialética de Direito Tributário*, nº 44, p. 235/6.

elogiável sob todos os aspectos, na medida em que revela preocupação da Administração Pública com a legalidade de seus próprios atos.

3.2.2 Manifestação da autoridade autuante

Embora não haja previsão legal explícita, pelo menos no âmbito federal,[152] algumas vezes o julgador de primeira instância, quando entende necessário, determina a ouvida da autoridade responsável pelo ato impugnado, para que esta esclareça eventuais dúvidas surgidas em face da impugnação. Trata-se de decorrência do princípio da verdade real, ou material, que determina ao julgador administrativo o emprego, ainda que de ofício, de todos os meios lícitos que forem necessários ao esclarecimento da verdade a respeito dos fatos em questão.

Cabe lembrar que é imprescindível, por força do direito ao contraditório, que seja concedida ao impugnante oportunidade de se manifestar sobre quaisquer elementos novos trazidos aos autos, inclusive sobre os eventuais esclarecimentos prestados pela autoridade responsável pelo ato impugnado.

3.2.3 Produção de provas

3.2.3.1 Noções iniciais

Caso a impugnação oferecida baseie-se, parcial ou totalmente, em elementos de fato, ou seja, em afirmações quanto à ocorrência de fatos em moldes distintos daqueles descritos no ato impugnado, assume relevância a figura da *prova*.[153]

Como todo ato de aplicação do direito, o julgamento administrativo realiza uma atividade de subsunção[154]. Verifica a ocorrência de fatos, determina e interpreta quais normas lhes são aplicáveis, e declara ter havido a *incidência* das mesmas, reconhecendo o nascimento, ou não, do direito subjetivo correspondente. Nesse contexto, as alegações das partes quanto à ocorrência de fatos, em regra, demandam comprovação, a fim de que o julgador possa, com certa margem de segurança, aplicar corretamente o Direito.

É certo que o mundo dos fatos, ou o mundo fenomênico, compreende também o Direito, que está nele inserido. Assim, a afirmação quanto ao *fato* de existir uma determinada norma jurídica, a rigor, poderia ter também de ser provada. Entretanto, o princípio da segurança

---

[152] Havia o art. 19 do Decreto 70.235/72, que no entanto foi revogado pela Lei 8.748/93.

[153] Cabe advertir, porém, que a *prova* não tem a sua importância adstrita aos *processos*. Pode ser exigida em juízo, mas também fora dele. "Pensar-se em prova judicial quando se fala de prova é apenas devido à importância espetacular do litígio, nas relações jurídicas entre os homens. As provas destinam-se a convencer da verdade; tal o fim. Aludem a algum enunciado de fato (*tema probatório*), que se há de provar. Não só têm por fim convencerem juízes, nem só se referem a enunciados de fato que se fizeram perante juízes" (Pontes de Miranda, *Comentários ao Código de Processo Civil*, 3. ed., atualização legislativa de Sérgio Bermudes, Rio de Janeiro: Forense, 2001, t. IV, p. 246). No mesmo sentido é a lição de Moacyr Amaral Santos, que diferencia a prova em sentido amplo da *prova judiciária* (Cf. Moacyr Amaral Santos, *Comentários ao Código de Processo Civil*, Rio de Janeiro: Forense, 1976, v. IV, p. 10).

[154] Tem sido frequente encontrar, na Teoria do Direito, autores criticando a visão segundo a qual a aplicação do direito dar-se-ia por meio de subsunção. É preciso notar, contudo, que isso não significa que a subsunção não aconteça. A crítica deve ser entendida, na verdade, no sentido de que a atividade de subsunção é feita quando já se conhecem as premissas (norma e fato), sendo na fixação de tais premissas que reside praticamente todo o problema.

jurídica, do qual decorre a presunção de ser a lei conhecida por todos, levou o legislador a dispensar tal prova. Com efeito, se ninguém se escusa de cumprir a lei, alegando que não a conhece, o julgador, também, não pode alegar não a conhecer como justificativa para não a aplicar. Daí o enunciado *jura novit curia*.[155] São exceções a esse princípio apenas o direito municipal, estadual, estrangeiro e consuetudinário, quando sua existência é suscitada no âmbito de processos judiciais,[156] ou de processos administrativos fiscais federais.[157] Tais exceções são aplicáveis, por analogia, aos processos administrativos de outros entes federados, mas, naturalmente, o direito municipal não precisará ser provado perante autoridade administrativa do Município correspondente, nem o direito estadual demandará prova no âmbito de processo administrativo estadual.[158]

3.2.3.2   Ônus da prova no processo administrativo

No que diz respeito à prova no processo administrativo tributário, um dos questionamentos mais importantes, e infelizmente nem sempre adequadamente tratados, é o de saber a quem incumbe o *ônus da prova*. Em face da leitura dos dispositivos da legislação pertinente ao processo administrativo tributário federal, pode parecer, em um primeiro exame, que o ônus de produzir provas é todo do impugnante. Essa afirmação poderia ser reforçada com uma outra, nem sempre bem entendida, segundo a qual o ato impugnado gozaria de *presunção de validade*, presunção esta que inverteria o ônus da prova em desfavor do administrado/impugnante. Diante dessa situação, a insuficiência no acervo probatório favoreceria a Administração, e implicaria a manutenção do ato impugnado.

Mas, na verdade, não é assim.

Ainda centrados na legislação processual tributária federal, veremos que o art. 9º do Decreto 70.235/72 impõe à autoridade autuante que instrua o ato de lançamento com "todos os termos, depoimentos, laudos e demais elementos de prova indispensáveis à comprovação do ilícito". Em outras palavras, cabe à autoridade que profere o ato administrativo de lançamento (ou qualquer outro ato administrativo), *fundamentá-lo*, e instruí-lo com os elementos de prova das afirmações contidas na citada fundamentação. O ônus da prova, nesse momento, é da Administração, e não do Administrado.[159] Trata-se de regra aplicável a quaisquer atos administrativos, decorrente do dever que tem a administração de fundamentá-los,[160] e da regra de Teoria Geral das Provas, segundo a qual o ônus de provar é de quem tem o ônus de alegar

---

[155]   Pontes de Miranda, *Comentários ao Código de Processo Civil*, 3. ed., atualização legislativa de Sérgio Bermudes, Rio de Janeiro: Forense, 2001, t. IV, p. 245.

[156]   CPC/2015, art. 376.

[157]   Decreto 70.235/72, art. 16, § 3º.

[158]   Em um processo administrativo estadual, ou municipal, a autoridade poderá até exigir a prova do direito de *outro* Município, ou de *outro* Estado, quando isso for relevante, mas nunca a prova da existência de norma jurídica emanada da própria entidade federativa que representa.

[159]   Raquel Cavalcanti Ramos Machado, "A Prova no Processo Tributário – Presunção de Validade do Ato Administrativo e Ônus da Prova", artigo publicado na *Revista Dialética de Direito Tributário*, nº 96, São Paulo: Dialética, set. 2003, p. 77 ss.

[160]   Pontes de Miranda adverte que, como em regra o ônus da prova incumbe a quem alega, deve-se perquirir, em verdade, quem tem o *ônus de alegar*, para então se descobrir quem tem o *ônus de provar* (Pontes de Miranda, *Comentários ao Código de Processo Civil*, 3. ed., atualização legislativa de Sérgio Bermudes, Rio de Janeiro: Forense, 2001, t. IV, p. 249). Como se nota, a lição ponteana tem inteira pertinência aqui: ao fundamentar um ato administrativo qualquer (inclusive um ato de lançamento), a autoridade competente deverá *afirmar* a ocorrência dos fatos que lhe dão suporte, cabendo à Administração, por conseguinte, o ônus da prova quanto a esses fatos.

120 | PROCESSO TRIBUTÁRIO – *Machado Segundo*

(no caso, de fundamentar). Desse modo, caso seja efetuado um lançamento tributário contra determinado cidadão, e esse lançamento não contiver, em sua fundamentação, a narração detalhada dos fatos, acompanhada dos elementos comprobatórios da ocorrência dos mesmos, o cidadão não precisará provar que tais fatos "não ocorreram". Bastará demonstrar, para o sucesso de sua impugnação, que o ato impugnado é nulo por falta de fundamentação,[161] ou que os fatos narrados nessa fundamentação não foram devidamente comprovados. Tanto é assim que o próprio Conselho Administrativo de Recursos Fiscais do Ministério da Fazenda tem decidido, no que diz respeito ao IRPF, que

> "o fato gerador do imposto de renda é a aquisição da disponibilidade econômica ou jurídica, cabendo à autoridade administrativa demonstrar sua ocorrência. Cancela-se o lançamento a título de omissão de rendimento, por não ter ficado comprovado nos autos a existência do acréscimo patrimonial a descoberto e de sinais exteriores de riqueza".[162]

E, mais especificamente quanto ao ônus da prova:

> "PAF – ÔNUS DA PROVA – cabe à autoridade lançadora provar a ocorrência do fato constitutivo do direito de lançar do fisco. Comprovado o direito de lançar do fisco cabe ao sujeito passivo alegar fatos impeditivos, modificativos ou extintivos e além de alegá--los, comprová-los efetivamente, nos termos do Código de Processo Civil, que estabelece as regras de distribuição do ônus da prova aplicáveis ao PAF, subsidiariamente. [...]."[163]

Pelo que se vê, o ônus de provar os fatos constitutivos do direito da Fazenda, direito este exercido através do ato impugnado, é da administração tributária, e não do impugnante, o qual ver-se-ia muitas vezes obrigado a produzir uma impossível "prova negativa". Na verdade, o que ao impugnante cabe provar são os fatos modificativos, extintivos ou impeditivos do direito da Fazenda Pública. Assim, por exemplo, caso ofereça impugnação a um lançamento alegando já haver sido pago o tributo lançado, ou alegando a existência de imunidade ou isenção, o impugnante terá de provar a ocorrência de tais fatos.

Cabe ressaltar que, na hipótese de o ato impugnado se basear em uma série de *fortes indícios*,[164] e em expressa *previsão legal* que os considere suficientes à inversão do ônus da prova, ao Fisco bastará comprovar, em sua fundamentação, que os fatos constitutivos do indício ocorreram. Por exemplo, para lançar o Imposto de Renda das pessoas jurídicas com base em arbitramento, basta à Administração comprovar que o contribuinte não possui livros fiscais hábeis à determinação do lucro real, e que estão presentes elementos que possibilitam o arbitramento desse lucro. Nesse caso, para se insurgir contra o arbitramento, caberá ao

---

[161] Raquel Cavalcanti Ramos Machado, "A Prova no Processo Tributário – Presunção de Validade do Ato Administrativo e Ônus da Prova", artigo publicado na *Revista Dialética de Direito Tributário* nº 96, São Paulo: Dialética, set. 2003, p. 79.

[162] Ac. un. da 2ª C. do 1º CC – Ac. nº 102-43335 – Recurso 13.926 – Processo 10830.007830/93-94 – Rel. Cons. Sueli Efigênia Mendes de Britto – sessão de 23.9.1998.

[163] Ac. un. da 8ª C. do 1º CC, Recurso nº 133.271 – Acórdão nº 108-07.602– Processo 10120.006617/2002-04 – Rel. Ivete Malaquias Pessoa Monteiro – Julgado em 5.11.2003.

[164] "Chamamos 'indícios' àqueles fatos que têm na verdade a vantagem de serem acessíveis à nossa percepção e apreensão atuais, mas que em si mesmos seriam juridicamente insignificativos se nos não permitissem uma conclusão para aqueles fatos de cuja subsunção às hipóteses legais se trata e a que nós chamamos 'fatos diretamente relevantes'" (Karl Engisch. *Introdução ao pensamento jurídico,* traduzido por J. Baptista Machado, 8ª ed., Lisboa: Fundação Calouste Gulbenkian, 2001, p. 88).

impugnante comprovar que os fatos apontados como indício não ocorreram, ou que ocorreram fatos incompatíveis com o fato presumido através dos indícios, para com isso obter a desconstituição do ato impugnado. Voltando ao exemplo do lucro arbitrado, o contribuinte poderá impugnar o lançamento e: (a) apresentar seus livros fiscais, nos quais está apurado prejuízo, ou lucro real inferior à quantia arbitrada (fazendo desaparecer o indício que autorizou o arbitramento); ou (b) demonstrar que já havia encerrado suas atividades no período questionado, não tendo auferido lucro nenhum (fato incompatível com o lucro cuja existência é presumida através dos indícios).

Entretanto, essa possibilidade de inversão do ônus da prova em face de fortes indícios não é privativa do processo administrativo, nem decorre do "interesse público", nem de qualquer atributo do ato administrativo. É uma consequência da Teoria Geral da Prova, como ensina Raquel Cavalcanti Ramos Machado, apoiada na doutrina de Cândido Rangel Dinamarco:

> "A inversão do ônus da prova decorrente de robustas provas indiciárias não é privilégio da Administração Pública lançadora de tributos. Trata-se de decorrência da teoria da prova, inerente ao Processo Civil de uma maneira geral, como se depreende da lição de Cândido Rangel Dinamarco:
>
> 'Nunca os encargos devem ser tão pesados para uma das partes, que cheguem ao ponto de dificultar excessivamente a defesa de seus possíveis direitos. Considera-se cumprido o *onus probandi* quando a instrução processual houver chegado à demonstração razoável da existência do fato, sem os extremos da certeza absoluta que muito dificilmente se atingirá. A certeza, em termos absolutos, não é requisito para julgar' (*Instituições de Direito Processual Civil*, 3. ed., São Paulo: Malheiros, 2003, v. III, p. 81)."[165]

A propósito, note-se que a circunstância de a lei criar presunções relativas, e admitir a inversão do ônus da prova em face de fortes indícios, é a demonstração cabal de que, na generalidade das outras situações, o dever de provar os fatos sobre os quais se funda o ato administrativo é da Administração Pública.[166] Pode-se dizer, em face disso, que o ônus da prova no processo administrativo é dividido entre as partes em termos muito semelhantes aos do processo judicial. É o que doutrina Hugo de Brito Machado:

> "O desconhecimento da teoria da prova, ou a ideologia autoritária, tem levado alguns a afirmarem que no processo administrativo fiscal o ônus da prova é do contribuinte. Isto não é, nem poderia ser correto em um Estado de Direito democrático. O ônus da prova no processo administrativo fiscal é regulado pelos princípios fundamentais da teoria da prova, expressos, aliás, pelo Código de Processo Civil, cujas normas são aplicáveis ao processo administrativo fiscal.
>
> No processo administrativo fiscal para apuração e exigência do crédito tributário, ou procedimento administrativo de lançamento tributário, autor é o Fisco. A ele, portanto, incumbe o ônus de provar a ocorrência do fato gerador da obrigação tributária que serve de suporte à exigência do crédito que está a constituir. Na linguagem do Código de Processo Civil, ao autor incumbe o ônus da prova do fato constitutivo de seu direito

---

[165] Raquel Cavalcanti Ramos Machado, "A Prova no Processo Tributário – Presunção de Validade do Ato Administrativo e Ônus da Prova", artigo publicado na *Revista Dialética de Direito Tributário* nº 96, São Paulo: Dialética, set. 2003, p. 87.

[166] Alberto Xavier, *Do Lançamento, Teoria Geral do Ato, do Procedimento e do Processo Tributário*, 2. ed., Rio de Janeiro: Forense, 1997, p. 146.

(Código de Processo Civil, art. 333, I). Se o contribuinte, ao impugnar a exigência, em vez de negar o fato gerador do tributo, alega ser imune, ou isento, ou haver sido, no todo ou em parte, desconstituída a situação de fato geradora da obrigação tributária, ou ainda, já haver pago o tributo, é seu o ônus de provar o que alegou. A imunidade, como a isenção, impede o nascimento da obrigação tributária. São, na linguagem do Código de Processo Civil, fatos impeditivos do direito do Fisco. A desconstituição, parcial ou total, do fato gerador do tributo, é fato modificativo ou extintivo, e o pagamento é fato extintivo do direito do Fisco. Deve ser comprovado, portanto, pelo contribuinte, que assume no processo administrativo de determinação e exigência do tributo posição equivalente a do réu no processo civil."[167]

Sem prejuízo do inteiro acerto da lição, de resto irretocável, há um detalhe a ser esclarecido, e que torna a questão da prova, no processo administrativo, sutilmente distinta da prova no processo judicial. Trata-se do princípio da verdade material.

Quando se fala em ônus da prova, podem ser identificados em verdade *dois* ônus abrangidos pela expressão, um relacionado à produção da prova em si mesma, e outro ligado aos *efeitos* de sua não produção. Note-se a sutileza: uma coisa é dizer quem deve produzir a prova, e outra – que pode parecer a mesma, mas não é – é dizer quem arcará com as consequências de determinada afirmação não ter sido comprovada.

Quando o impugnante alega a ocorrência de um fato extintivo, modificativo ou impeditivo do direito da Fazenda Pública, a não comprovação desse fato implicará a sua não consideração pela autoridade administrativa julgadora, tal como ocorre no processo judicial. Mas isso não significa que caiba apenas ao impugnante esforçar-se para comprová-lo, sendo esse o momento no qual assume importância o já referido princípio da verdade material. De acordo com esse princípio, como visto no Capítulo 2 (item 5.2.4), a autoridade administrativa deve buscar o conhecimento da verdade quanto aos fatos, independentemente do que for acostado aos autos pela parte ou pelas partes. Isso porque, em face de sua vinculação à legalidade, não é dado ao Fisco exigir tributo com base na omissão, na inércia ou na ineficiência do contribuinte na demonstração de fatos importantes ao adequado deslinde da questão.

Assim, por exemplo, caso determinado contribuinte ofereça impugnação a um lançamento tributário, e nessa impugnação alegue o seu direito à isenção, caberá ao contribuinte comprovar essa isenção. Apesar disso, eventual insuficiência da prova pelo contribuinte trazida aos autos não autorizará a desconsideração pura e simples da citada isenção. Caberá ao julgador administrativo investigar a ocorrência dos fatos necessários ao gozo da citada isenção. Somente na hipótese de nem o contribuinte nem a autoridade administrativa conseguirem obter a demonstração dos fatos necessários ao gozo da isenção é que essa não poderá ser reconhecida, e o lançamento deverá ser mantido.

É por isso que Paulo Celso B. Bonilha afirma serem sujeitos da prova "tanto o contribuinte quanto a Fazenda, com o intuito de convencer a autoridade julgadora da veracidade dos fundamentos de suas opostas pretensões", esclarecendo, em virtude do princípio da verdade material e da necessária busca da autoridade administrativa pelo esclarecimento dos fatos, que "esse direito de prova dos titulares da relação processual convive com o poder atribuído

---

[167] Hugo de Brito Machado, *Mandado de Segurança em Matéria Tributária*, 5. ed., São Paulo: Dialética, 2003, p. 273. Esclareça-se que o artigo do CPC citado na transcrição diz respeito ao CPC de 1973, correspondendo, no CPC/2015, ao art. 373, I.

às autoridades (preparadora e julgadora) de complementar a prova".[168] Alberto Xavier,[169] no mesmo sentido, aduz que, em face do princípio da verdade material, a averiguação que o Fisco deve realizar a respeito da ocorrência dos fatos em disputa não é um simples ônus, mas um dever jurídico.[170] A Administração tem o *dever* de averiguar a ocorrência, ou a inocorrência, dos fatos alegados pelas partes, assim como de todos os fatos relevantes ao deslinde do feito. Nesse sentido, Alberto Xavier adverte que

> "[...] as diligências instrutórias promovidas pela Administração fiscal não têm como fim exclusivo a prova dos fatos constitutivos da obrigação tributária ou dos fatos que se traduzem numa ampliação do seu quantitativo, antes – *nobile officium* – se dirigem indistintamente a estes e aos que tenham caráter impeditivo daquela obrigação ou que determinem uma diminuição do seu quantitativo ou respeitem à preclusão do exercício do direito ao lançamento".[171]

Seguindo esse raciocínio, o Decreto 70.235/72 assevera claramente que a autoridade julgadora de primeira instância poderá determinar de ofício a realização de perícias ou diligências que considerar necessárias, indeferindo apenas aquelas que considerar prescindíveis ou impraticáveis (art. 18). A Lei 9.784/99, no mesmo sentido, dispõe que cabe ao interessado a prova dos fatos que tenha alegado, *sem prejuízo do dever atribuído ao órgão competente para a instrução* (art. 36).

De tudo isso, em síntese, pode-se concluir que:

a) em face da necessária fundamentação dos atos administrativos, os fatos que justificam a feitura de um ato administrativo – inclusive de um ato de lançamento – devem ser devidamente descritos e comprovados pela autoridade competente para a sua emissão;

b) a não comprovação de tais fatos pela autoridade não implica o dever de o administrado produzir a prova de que os mesmos não ocorreram, mas sim enseja a nulidade do ato (falta de fundamentação, ou falta da prova dos fatos descritos nessa fundamentação);

c) por tudo isso, o ônus da prova, no processo administrativo, reparte-se em termos semelhantes aos do processo judicial, pois é a entidade pública emissora do ato administrativo impugnado quem detém o ônus de provar os fatos nele afirmados, sendo do administrado/impugnante o ônus de provar a ocorrência de fatos impeditivos, modificativos ou extintivos do direito subjetivo consubstanciado no ato impugnado;

d) em face do princípio da verdade material, sempre que o ato impugnado for formalmente válido, porque razoavelmente demonstrada a ocorrência dos fatos que o justificam, mas o impugnante *suscitar* a ocorrência de fatos relevantes ao deslinde da questão, a autoridade administrativa deverá, independentemente do que o impugnante conseguir trazer aos autos, determinar de ofício a produção das provas que

---

[168] Paulo Celso B. Bonilha, *Da Prova no Processo Administrativo Tributário*, São Paulo: LTr, 1992, p. 83.

[169] Alberto Xavier, *Do Lançamento, Teoria Geral do Ato, do Procedimento e do Processo Tributário*, 2. ed., Rio de Janeiro: Forense, 1997, p. 145.

[170] Sobre a diferença entre dever jurídico e ônus da prova, merece leitura Pontes de Miranda, *Comentários ao Código de Processo Civil*, 3. ed., atualização legislativa de Sérgio Bermudes, Rio de Janeiro: Forense, 2001, t. IV, p. 253 e 254.

[171] Alberto Xavier, *Do Lançamento, Teoria Geral do Ato, do Procedimento e do Processo Tributário*, 2. ed., Rio de Janeiro: Forense, 1997, p. 156.

124 PROCESSO TRIBUTÁRIO – *Machado Segundo*

se mostrarem necessárias à elucidação de tais fatos. A não produção de tais provas somente será admissível caso sejam prescindíveis, ou impraticáveis.

3.2.3.3 Apreciação da prova e o valor jurídico da "confissão"

Assim como acontece nos processos judiciais, também a autoridade administrativa julgadora pode realizar a *livre apreciação (motivada) da prova*. Em outros termos, o julgador pode apreciar as provas conforme o seu livre convencimento, sem se prender a uma "hierarquia" entre meios de prova, nem muito menos ao que a parte ou as partes concluíram das provas produzidas. Deve, contudo, fazê-lo fundamentadamente, indicando sobretudo as razões pelas quais desacolhe os meios de prova que sugerem conclusão diversa daquela contida em sua decisão.[172]

O livre convencimento na apreciação da prova não está restrito à prova dos fatos sobre os quais se assentam as alegações das partes. Como ensina Pontes de Miranda, abrange também os fatos que ocorreram durante o trâmite do processo, inclusive os atos processuais das partes. Em suas palavras, para "apreciar a prova, deve o juiz considerar o elemento probatório que foi produzido, os debates, as recusas em confirmar ou em dar informes, as infrações ao dever de veracidade, a qualidade e a atitude das testemunhas e recusas a depoimento".[173] Realmente, muitas vezes o comportamento das partes, sua disposição e boa-fé na tentativa de demonstrar a verdade, ou, ao contrário, a má-fé e a tentativa de encobri-la, revelam fatos que não poderiam ser percebidos da mera apreciação formal das provas acostadas aos autos. E o julgador administrativo, assim como o juiz, firma o seu convencimento a partir de todos esses elementos.

A forma como o juiz realiza a apreciação da prova é descrita em termos bastante precisos por Pontes de Miranda, descrição perfeitamente aplicável à apreciação realizada pelo julgador administrativo:

> "A atividade, que o juiz exerce, para pesar o valor das provas, medir-lhes a força probatória, adicionando ou subtraindo valores, eliminando algumas, porque as contrárias têm força probatória maior, ou só lhes aproveitando a parte não destruída pela força probatória da prova contrária, denomina-se *apreciação da prova*. Quando ele encontra duas testemunhas acordes, porém existem dados contra a credibilidade delas, esse levar em conta a eficácia e a atendibilidade é a *pesagem* da prova. O mesmo ocorre com a verificação da autenticidade do documento. Se, em vez disso, o julgador verifica até que ponto as testemunhas acordam entre si e desde que ponto discordam, para separar a parte confirmada e a parte díspar, *mede* as provas. Tal como se procurasse o que há de resultar do que depuseram as testemunhas e do que consta de outros motivos de prova, documentais ou indiciários, pró ou contra os depoimentos."[174]

Aspecto relevante, no que diz respeito à prova no âmbito tributário, e à sua apreciação, tanto no processo administrativo como também no processo judicial, está relacionado

---

[172] Michele Taruffo, *La semplice verità. Il giudice e la costruzione dei fatti*, Roma: Laterza, 2009, p. 243. Era o que há muito mais tempo defendia Pontes de Miranda (*Comentários ao Código de Processo Civil*, 3. ed., Rio de Janeiro: Forense, 1999, t. 4, p. 253). Sobre o tema, confira-se ainda Lucas Buril de Macedo e Ravi Peixoto, *Ônus da prova e sua dinamização*, Salvador: Juspodivm, 2014, p. 80.

[173] Pontes de Miranda, *Comentários ao Código de Processo Civil*, 3. ed., atualização legislativa de Sérgio Bermudes, Rio de Janeiro: Forense, 2001, t. IV, p. 252.

[174] Pontes de Miranda, *Comentários ao Código de Processo Civil*, 3. ed., atualização legislativa de Sérgio Bermudes, Rio de Janeiro: Forense, 2001, t. IV, p. 258.

à "confissão" eventualmente representada por declarações ou documentos elaborados ou apresentados pelo próprio sujeito passivo. Há autoridades que, diante de tais documentos, simplesmente afirmam haver "confissão", e não admitem a produção de outras provas, nem examinam as alegações do sujeito passivo de que existem erros no documento inicialmente elaborado, ou, o que é muito pior, não consideram nem mesmo os argumentos de cunho *jurídico* contidos na impugnação, como se fosse possível confessar o significado de normas jurídicas.[175]

É o caso, por exemplo, de contribuinte que comete equívoco no preenchimento da declaração de Imposto de Renda, ou na escrituração de livros de ICMS, e depois, em face de lançamento de ofício exigindo um desses impostos, oferece impugnação apontando o erro inicialmente cometido. Nesses casos, há autoridades julgadoras que se recusam a produzir provas, ou a examinar provas trazidas aos autos pelo impugnante, e até mesmo ignoram outros aspectos da impugnação, eminentemente "de direito", sob o argumento de que a "confissão" torna prescindíveis maiores perquirições quanto à ocorrência dos fatos descritos no ato impugnado. São carentes de razão. Como destacado no item 3.1.2, anterior, a relação tributária, dado o seu caráter compulsório, não possui a vontade como ingrediente formador. Em outras palavras, a vontade não faz parte do "fato gerador" da obrigação tributária, diversamente do que ocorre nas obrigações contratuais, nas quais a vontade é elemento essencial. Assim, se não ocorreu o fato descrito em lei como necessário e suficiente para fazer nascer a obrigação tributária, ou especialmente se a lei não tem o significado que lhe atribuiu a autoridade responsável pelo ato impugnado, pouco importa o que o sujeito passivo confessou, ou deixou de confessar. Por outro lado, se restar demonstrado que os fatos ocorreram tal como descrito pela autoridade, e que a interpretação das normas pertinentes é aquela contida no ato impugnado, será essa demonstração, e não a confissão, que terá o condão de justificar uma decisão que considerar válido o ato impugnado.

Além disso, o princípio da verdade material impõe à autoridade que examine os elementos de prova trazidos aos autos pelo impugnante, e considere a possibilidade de ter havido erro nos documentos por ele próprio elaborados. A não ser assim, os atos administrativos, inclusive o ato de lançamento, teriam por pressuposto de fato a prática de um equívoco, e não a ocorrência do fato descrito em lei como necessário e suficiente ao surgimento da relação correspondente.[176]

A propósito dos efeitos de declarações equivocadas prestadas pelo próprio contribuinte, e da possibilidade de as mesmas serem afastadas com base em outros elementos de prova, o Conselho de Contribuintes – hoje Conselho Administrativo de Recursos Fiscais – do Ministério da Fazenda já se pronunciou nos seguintes termos:

> "IRPJ – Lançamento Suplementar – Erro de Fato – Retificação de Declaração – Uma vez comprovado o erro cometido no Preenchimento da Declaração, caracterizado pela inadequada classificação de desembolso – *in casu*, *royalties* e assistência técnica do país em lugar de custos operacionais –, esta pode ser retificada através de pedido formulado

---

[175] Como ensina Pontes de Miranda, "só existe confissão de fato, e não de direito; o direito incide: está, portanto, fora da órbita da confissão. Ninguém confessa que o contrato é de mútuo ou de hipoteca, confessa fatos de que pode resultar tratar-se de mútuo, ou de hipoteca" (*Comentários ao Código de Processo Civil*, 3. ed., atualização legislativa de Sérgio Bermudes, Rio de Janeiro: Forense, 2001, t. IV, p. 320).

[176] Como adverte Hugo de Brito Machado, a utilidade da confissão reside unicamente "em inverter o ônus da prova. Comprovado o fato, pela confissão, fica a Administração Tributária dispensada de produzir qualquer outra prova do fato cujo acontecimento gerou a dívida" ("Confissão de Dívida Tributária", artigo publicado na *Revista Jurídica LEMI* nº 184, Belo Horizonte: Lemi, mar. 1983, p. 10).

126 | PROCESSO TRIBUTÁRIO – *Machado Segundo*

pelo contribuinte antes de notificado o lançamento e, depois disso, mediante impugnação apresentada ou revisão de ofício pela administração tributária. Ademais, havendo – a partir do teor da impugnação oferecida – indícios de que possa ter havido erro material quando da elaboração da DIRPJ objeto do procedimento revisional, impõe-se à autoridade administrativa, em nome do princípio da verdade material, promover as averiguações e/ou diligências necessárias a confirmar – ou não – a sua efetiva ocorrência, sem limitar-se simplesmente, a acatar como verdadeiro e inconteste o que se encontra expresso – ainda que erroneamente – na declaração de rendimentos apresentada pelo contribuinte. Recurso provido."[177]

Advirta-se, ainda, que livre convencimento na apreciação da prova não se traduz como *arbítrio* na apreciação da prova. A autoridade julgadora é livre para firmar seu convencimento, mas não está livre de descrever detalhadamente, na fundamentação de sua decisão, as razões que a levaram ao tal convencimento. É a lição de Pontes de Miranda:

> "Tem o juiz de dar os fundamentos, que lhe assistiram, para a apreciação das provas: porque desprezou umas e acolheu outras, porque não atribuiu o valor, que fora de esperar--se, a alguma, ou algumas, e porque chegou às conclusões que expende. Sobretudo, não há de se deixar de considerar algum ponto do pedido ou da defesa, ou qualquer exceção de direito material que foi oposta."[178]

Na fundamentação de sua decisão, portanto, a autoridade deve explicar analiticamente as razões que a levaram a concluir pela ocorrência de determinado fato, ou pela inocorrência de outro, apontando a relevância, ou a irrelevância, de cada prova produzida na formação de seu convencimento. A ausência de fundamentação relativamente à apreciação da prova, nas hipóteses em que essa apreciação é decisiva para determinar o sentido do julgamento, implica a nulidade da decisão.[179]

3.2.3.4 Meios de prova

A palavra *prova* é plurissignificativa. Processualmente, entre outros sentidos, pode designar o ônus de demonstrar a ocorrência de um fato, o produto dessa demonstração, ou ainda o *instrumento* utilizado para fazer essa demonstração. Neste último significado, cuida-se mais propriamente do chamado "meio de prova", assim entendido aquilo que leva ao julgador os elementos ou motivos de prova,[180] ou seja, leva ao julgador informações sobre os fatos em disputa (*v. g.*, documentos, testemunhas), ou julgamentos sobre esses fatos à luz de outras ciências (*v. g.*, perícias).

Qualquer prova é admissível em juízo, desde que não tenha sido obtida ilicitamente. Assim, os meios de prova situam-se no fértil campo da *licitude*, no qual tudo o que não está

---

[177] Ac. un. da 7ª C. do 1º CC – Rel. Mariangela Reis Varisco – *DOU* I de 2.1.1997, p. 67 – *Revista Dialética de Direito Tributário* nº 18, p. 174.

[178] Pontes de Miranda, *Comentários ao Código de Processo Civil*, 3. ed., atualização legislativa de Sérgio Bermudes, Rio de Janeiro: Forense, 2001, t. IV, p. 253.

[179] O art. 38, § 1º, da Lei 9.784/99 é bastante claro ao preconizar que "os elementos probatórios deverão ser considerados na motivação do relatório e da decisão", e ainda ao ressaltar, no § 2º, que "somente poderão ser recusadas, *mediante decisão fundamentada*, as provas propostas pelos interessados quando sejam ilícitas, impertinentes, desnecessárias ou protelatórias".

[180] Pontes de Miranda, *Comentários ao Código de Processo Civil*, 3. ed., atualização legislativa de Sérgio Bermudes, Rio de Janeiro: Forense, 2001, t. IV, p. 257.

Capítulo 3 · PROCESSO ADMINISTRATIVO TRIBUTÁRIO | 127

proibido é permitido. Cuidaremos, adiante, somente daqueles mais usualmente utilizados no âmbito de processos administrativos tributários, como é o caso dos documentos, das perícias e das diligências e das testemunhas.

3.2.3.4.1 Documentos

No dizer de Pontes de Miranda, "documento, como meio de prova, é toda coisa em que se expressa por meio de sinais, o pensamento. Esse é o sentido restrito e técnico, que supõe o conteúdo intelectual como elemento definidor do documento".[181] São documentos, portanto, escrituras, certidões, atas, livros comerciais, bilhetes escritos a mão, notas fiscais, recortes de jornal, fotografias etc. Registros eletrônicos também são documentos, embora neles os sinais que expressam o pensamento sejam considerados independentemente da "coisa" que os veicula (que pode ser um disquete, um CD, um *pendrive*, o disco rígido de um servidor etc.).

Os documentos talvez sejam, juntamente com a perícia contábil (que nada mais é que o exame de documentos), o meio de prova mais utilizado no âmbito do processo tributário. Devem acompanhar a fundamentação do ato administrativo (de lançamento, de concessão ou indeferimento de isenções etc.), a fim de demonstrar a ocorrência dos fatos que justificam a prática desse ato. A impugnação ao ato administrativo, por igual, também deve estar acompanhada de documentos, sempre que estes sejam necessários à comprovação dos fatos nela alegados. É o que dispõem, no plano federal, os arts. 9º e 16, § 4º, do Decreto 70.235/72.

A legislação federal exige que a prova documental, quando invocada pelo impugnante, seja necessariamente apresentada juntamente com a impugnação. A juntada posterior somente é admitida quando ficar demonstrada a impossibilidade de sua apresentação oportuna, por motivo de força maior; quando o documento referir-se a fato ou direito superveniente; ou quando se destinar a contrapor fatos ou razões posteriormente trazidas aos autos. Assim, exemplificativamente, documentos poderão ser juntados posteriormente quando:

a) não houverem sido acostados aos autos juntamente com a impugnação porque se haviam extraviado, ou estavam em poder de terceiros;

b) alguma autoridade questionar a suficiência dos documentos inicialmente acostados à impugnação, hipótese na qual o impugnante poderá juntar outros, em "reforço" aos primeiros, por se tratar da necessidade de se afastar uma razão posteriormente trazida aos autos;[182]

c) alguma autoridade suscitar a ocorrência de *outros* fatos, ou a incidência de *outras* normas, suscitação esta que justifique a juntada de novos documentos tendentes a afastá-la, ou confirmá-la;

d) seja editada norma jurídica posterior ao ato impugnado, e à impugnação, conceden-do uma remissão, ou uma anistia, em face da qual se faça necessário comprovar o atendimento de determinados requisitos.

---

[181] Pontes de Miranda, Comentários ao Código de Processo Civil, 3. ed., atualização legislativa de Sérgio Bermudes, Rio de Janeiro: Forense, 2001, t. IV, p. 357.

[182] Na lição de Pontes de Miranda, se "o documento teve de ser junto porque posterior alegação da parte adversa tinha de ser rebatida, ou se serve a reforçar prova feita por documento apresentado com a inicial ou com a defesa, devido a argumento contrário, o juiz não pode recusar a juntada" (*Comentários ao Código de Processo Civil*, 3. ed., atualização legislativa de Sérgio Bermudes, Rio de Janeiro: Forense, 2001, t. IV, p. 411).

É importante insistir, porém, que a jurisprudência tem aplicado com bastante prudência a exigência de que os documentos invocados pelo contribuinte sejam em regra trazidos todos aos autos juntamente com a impugnação. Como explicamos no item 3.2.1, ao cuidarmos dos requisitos da impugnação, o princípio constitucional da *verdade material* impõe ao julgador administrativo que considere e aprecie *todos* os documentos juntados aos autos até a data da prolação de sua decisão. Assim, o órgão julgador de primeiro grau deve considerar todos os documentos acostados aos autos até o momento de sua decisão, e o órgão de segundo grau deve considerar todos juntados até a data do julgamento do recurso.

A Lei 9.784/99, a propósito, afirma que o interessado poderá, desde que antes da tomada da decisão correspondente, juntar documentos aos autos, e que tais elementos probatórios deverão ser considerados na motivação do relatório e da decisão (art. 38).

Nem poderia ser diferente. O princípio da verdade material impõe à Administração o *dever de investigação* relativo à ocorrência de todos os fatos pertinentes ao deslinde da questão, ainda que o resultado dessa investigação possa implicar a diminuição ou o desaparecimento da pretensão fiscal contida no ato impugnado. Trata-se de decorrência, como já explicado, do princípio da legalidade, e do próprio Estado de Direito, considerando-se que não há aplicação correta da lei a fatos errados.[183] Em vista disso, não seria mesmo admissível que a autoridade julgadora ignorasse um documento apenas porque juntado a destempo, tornando consumada uma possível ilegalidade apenas por conta da preclusão.

Em relação à autenticidade do documento, e à sua força probante, muitos equívocos têm sido praticados, e algumas ponderações precisam ser feitas.

A primeira delas diz respeito à força probante de documentos "particulares", produzidos pelo próprio contribuinte ou por terceiros. Há quem entenda que tais documentos não prevalecem sobre documentos "confeccionados" por autoridades administrativas, o que é completamente carente de razão. Caso não haja razões para se duvidar da autenticidade do documento, a sua força probante é igual a de qualquer outro. Um livro contábil ou fiscal, uma nota fiscal, uma fatura ou um conhecimento de transporte, por exemplo, não "provam menos" que uma certidão emitida por um órgão público.

Quanto à autenticidade de documentos, questão relevante diz respeito aos chamados "documentos eletrônicos", assim entendidos os livros fiscais, as declarações e outras formas de registro de informações em meios digitais ou eletrônicos. Como tais informações podem ser alteradas sem deixar registros, especialmente quanto à autoria, cuidados especiais têm de ser tomados para que tais documentos possam ser validamente invocados no âmbito de um processo administrativo, especialmente quando essa invocação se dá *contra* quem os elaborou.

Imagine-se, por exemplo, que os computadores que contêm a escrituração contábil de determinado contribuinte sejam apreendidos e levados às dependências da repartição fiscal. Em tese, as informações neles contidas poderiam ser adulteradas, e o contribuinte não teria meios para demonstrar que os dados apresentados como constando em seus computadores não refletem a realidade, e foram inseridos em momento posterior.[184] É por isso que, nesses casos, o exame do conteúdo dos disquetes e discos rígidos somente pode ser feito se oferecida

---

[183] Michele Taruffo, *La prueba de los hechos*, 3. ed traducción de Jordi Ferrer Beltrán, Madrid: Trotta, 2009, p. 86.

[184] Para Paulo de Barros Carvalho, as reproduções depois feitas dos dados contidos nos computadores e disquetes "são passíveis de alterações, às vezes profundas e radicais, dando ensejo a deturpações irreparáveis e a montagens que consubstanciam em modificações substanciais da realidade. É óbvio que a apreensão de materiais nessas condições, inteiramente susceptíveis a manipulações de toda a ordem, não outorgam veracidade às conclusões que deles venham a ser extraídas" ("A prova no

Capítulo 3 • PROCESSO ADMINISTRATIVO TRIBUTÁRIO | 129

ao contribuinte, ou a pessoa por ele indicada, a oportunidade de *presenciar* esse exame. Os disquetes e discos rígidos devem ser apreendidos e de alguma forma *lacrados*,[185] com a posterior abertura do lacre e exame de seu conteúdo ocorrendo sob as vistas do contribuinte,[186] a fim de evitar divergências quanto às informações correspondentes.

Por essa mesma razão, as declarações de rendimentos e demais documentos elaborados e transportados eletronicamente têm de ser dotados de registros e métodos de segurança que permitam ao contribuinte permanecer com cópia inviolável do que foi entregue ao Fisco, a fim de permitir eventuais conferências, perícias etc., tal como ocorre com os documentos veiculados em suportes físicos convencionais.

Outro aspecto que tem suscitado incompreensão e que enseja decisões completamente despropositadas refere-se à juntada aos autos de prova documental através de fotocópias. Algumas autoridades têm mentalidade tão obtusa que dão mais valor a uma cópia "autenticada" que ao próprio original, como se a autenticidade declarada pelo oficial do cartório dissesse respeito à relação entre a cópia e os fatos por ela demonstrados, e não à mera relação entre a cópia e o documento original.

Aliás, mesmo os julgadores que não adotam o infundado entendimento aludido no parágrafo anterior costumam condicionar a apreciação de quaisquer cópias à sua respectiva autenticação. A questão, porém, precisa ser resolvida com alguma razoabilidade. Caso não seja colocada em dúvida a autenticidade da cópia trazida aos autos pelo impugnante, ou caso seja possível aferir a sua autenticidade por outros meios,[187] não é necessária a exigência de apresentação de cópias autenticadas em cartório. Do contrário, haveria clara inversão dos princípios da presunção de inocência e da presunção de boa-fé, pois qualquer documento trazido aos autos por um cidadão seria considerado "falso até que se prove o contrário". E, ainda nos casos em que essa autenticação seja realmente exigível, será o caso de intimar o contribuinte para que a providencie, ou junte o documento original, não sendo possível simplesmente ignorar as cópias apresentadas e julgar o processo como se as mesmas não existissem.

Há grande intransigência, ainda, no que diz respeito à *valoração* e à *apreciação* da prova documental, especialmente quando são objeto de exame notas fiscais tidas como "inidôneas". No âmbito da legislação estadual, algumas autoridades consideram inidôneas notas fiscais apenas porque nelas o número do CNPJ do contribuinte está com um dígito trocado, porque não foi afixado o "selo fiscal", ou, pior, simplesmente porque transcorrido o "prazo de validade" da nota fiscal. Nesses casos, não é raro o contribuinte sofrer autuação com a exigência

---

procedimento administrativo tributário", parecer publicado na *Revista Dialética de Direito Tributário* nº 34, São Paulo: Dialética, jul. 1998, p. 113).

[185] No plano federal, em disposição meramente didática, desdobramento do princípio do devido processo legal substantivo, a Lei 9.430/96 dispõe: "Art. 36. A autoridade fiscal encarregada de diligência ou fiscalização poderá promover a lacração de móveis, caixas, cofres ou depósitos onde se encontram arquivos e documentos, toda vez que ficar caracterizada a resistência ou o embaraço à fiscalização, ou ainda quando as circunstâncias ou a quantidade de documentos não permitirem sua identificação e conferência no local ou no momento em que foram encontrados. Parágrafo único. O sujeito passivo e demais responsáveis serão previamente notificados para acompanharem o procedimento de rompimento do lacre e identificação dos elementos de interesse da fiscalização."

[186] Paulo de Barros Carvalho, "A prova no procedimento administrativo tributário", parecer publicado na *Revista Dialética de Direito Tributário* nº 34, São Paulo: Dialética, jul. 1998, p. 112 e 113.

[187] Em sendo juntada aos autos uma cópia de um comprovante de pagamento de um tributo, por exemplo, o Fisco tem como averiguar se o pagamento nele documentado realmente ocorreu, mediante consulta aos seus sistemas informatizados. Nesse caso, é despropositado exigir, para considerar "provado" o pagamento, que o contribuinte apresente cópia autenticada do documento correspondente.

130 | PROCESSO TRIBUTÁRIO – *Machado Segundo*

do ICMS acrescido de multa proporcional ao valor da operação – tudo como se se tratasse de uma operação desacompanhada de documentação fiscal e na qual não tivesse havido o pagamento do imposto correspondente. O mais curioso é que, embora considere a nota "imprestável" como prova de que a operação foi registrada, e daí presuma que o imposto não foi pago, o agente autuante utiliza precisamente o valor da operação nela documentado, que, nesse momento, contraditoriamente, passa a ser considerado "válido", contendo informação idônea.

Ao oferecer impugnação contra tão descabida autuação, bastará ao contribuinte demonstrar que a operação documentada através da nota "inidônea" foi devidamente escriturada, com o pagamento do ICMS eventualmente devido. Essa demonstração independe dos vícios contidos na nota, não sendo possível, apenas porque a nota continha vícios, impedir o contribuinte de, por outros meios, demonstrar o registro da operação e o pagamento do imposto. E, uma vez efetuada essa demonstração, a alegada "inidoneidade" justificará, quando muito, a exigência de uma multa fixa, pelo mero descumprimento de um dever formal. Nunca uma multa proporcional ao valor da operação, nem muito menos o imposto dela decorrente.

3.2.3.4.2   Realização de perícias e diligências

O esclarecimento dos fatos relevantes ao processo administrativo tributário pode, eventualmente, demandar exame na escrita contábil e fiscal do sujeito passivo, ou de terceiros. Pode, ainda, necessitar da manifestação de especialistas em outras áreas do conhecimento, como a medicina ou a engenharia. Assume importância, nesses casos, como meio de prova, a realização de perícias, e de diligências.

A perícia serve à prova de fato que dependa de conhecimento especial,[188] e, no âmbito do processo tributário, esse conhecimento especial geralmente é de Ciências Contábeis: examina-se a escrituração contábil do contribuinte a fim de que se verifique se realmente houve prejuízo, se determinadas despesas foram efetivamente realizadas, ou se houve omissão de saídas etc.

Pode ocorrer, contudo, a necessidade de serem esclarecidos fatos que demandem outras formas de conhecimento. Imagine-se, por exemplo, que determinado contribuinte tenha por atividade empresarial a produção de sal de cozinha. Adquire o sal em estado bruto, tal como oriundo das salinas, submete-o a um processo de purificação, refino etc. e, finalmente, o embala e disponibiliza para consumo humano. Em tal processo industrial ocorrem perdas, pois uma quantidade de sal é perdida no refino, no transporte etc. A determinação do percentual de perda – que é feita por engenheiros – pode ser determinante para afastar, ou confirmar, uma acusação de omissão de entradas, ou de omissão de saídas, feita pela fiscalização do ICMS. O mesmo pode ocorrer em uma empresa de confecções, na qual há um percentual de perda dos tecidos utilizados na feitura das roupas vendidas (retalhos).

Pode ocorrer, ainda, de um contribuinte pretender demonstrar que sofre de uma moléstia grave (*v. g.*, cardiopatia grave, neoplasia maligna etc.), a fim de gozar da isenção de Imposto de Renda concedida pela legislação tributária aos portadores de tais enfermidades. Nesse caso, pode fazer-se necessária a realização de uma perícia médica.

De acordo com o Decreto 70.235/72, caso o impugnante pretenda produzir prova pericial, deverá requerê-la logo em sua impugnação, formulando os quesitos que deseja ver respondidos. Aqui, mais uma vez, insistimos na relatividade desse preceito, pois, em

---

[188]   Pontes de Miranda, *Comentários ao Código de Processo Civil*, 3. ed., atualização legislativa de Sérgio Bermudes, Rio de Janeiro: Forense, 2001, t. IV, p. 472.

virtude do princípio da verdade material, dúvidas que sejam suscitadas de modo plausível na impugnação e que reclamem a realização de perícia para o seu esclarecimento ensejam a realização dessa modalidade de prova ainda que *de ofício*. Nesse caso, ao impugnante deverá ser facultada a indicação de assistente técnico, e a formulação de quesitos, ainda que estes não constem expressamente da impugnação. A estrita legalidade à qual a atividade de cobrança de tributos está vinculada repele que autoridades se valham de falhas na defesa apresentada pelo contribuinte para formular exigências indevidas.

A legislação federal e as leis estaduais e municipais fazem referência, sempre que tratam das perícias, também à possibilidade de serem realizadas "diligências". Este último termo é um tanto impreciso, podendo significar, em um sentido amplo, toda e qualquer providência investigatória determinada pelo julgador, sentido que abrange a própria perícia. A propósito, há quem chame a perícia de "diligência processual",[189] e existem leis estaduais que se referem a "perícias e outras espécies de diligências", em clara alusão à perícia como um tipo de diligência, gênero no qual se encartam todos os atos praticados por determinação da autoridade julgadora com o propósito de aferir a ocorrência de fatos relevantes ao deslinde da questão. É nesse sentido que às vezes se determina a "conversão do feito em diligência", hipótese na qual se susta o julgamento,

> "[...] para que se obtenham novos esclarecimentos, a fim de que, orientado por eles, possa o julgador tomar uma justa decisão. As diligências podem ser pedidas pelas próprias partes em demanda, como podem ser decretadas *ex officio* pelo juiz da causa".[190]

Em sentido estrito, consideramos que uma sutil distinção pode ser estabelecida, à luz da legislação federal (Decreto 70.235/72). Pode-se dizer que prova pericial consiste em exame técnico, especializado (*v. g.*, verificação contábil para apurar a existência de prejuízo), enquanto a diligência enseja uma mera verificação *in loco* da ocorrência de determinado fato, verificação que dispensa conhecimentos específicos (*v. g.*, constatar se o estabelecimento realmente funciona no endereço indicado).

Essa distinção é a pontada por A. A. Contreiras de Carvalho, que esclarece:

> "A diligência, como a perícia, tem por escopo deixar evidente um fato, ou circunstância, necessário muitas vezes, ao acerto da decisão; mas, enquanto a primeira expressa uma providência que pode ser de pronto atendimento, a segunda indica muitas vezes uma tarefa penosa e complexa, a demandar maior tempo para a sua realização."[191]

No processo administrativo, a perícia é efetuada por servidor público. Quando há necessidade de conhecimentos distintos do contábil, geralmente são requisitados médicos ou engenheiros vinculados a outros órgãos públicos.

Por imposição do devido processo legal substantivo, o perito não pode ser a própria autoridade subscritora do ato impugnado, por maior que seja o conhecimento especializado que detenha na matéria. Isso porque a impugnação, a existência de um processo administrativo e o deferimento da prova pericial partem da premissa segundo a qual o ato impugnado está, ou

---

[189] Pontes de Miranda, *Comentários ao Código de Processo Civil*, 3. ed., atualização legislativa de Sérgio Bermudes, Rio de Janeiro: Forense, 2001, t. IV, p. 476.

[190] De Plácido e Silva, *Vocabulário Jurídico*, Rio de Janeiro: Forense, 1999, p. 267.

[191] A. A. Contreiras de Carvalho, *Processo Administrativo Tributário*, 2. ed., São Paulo: Resenha Tributária, 1978, p. 116.

pode estar, equivocado, premissa que a autoridade responsável pelo ato naturalmente não aceita, comprometendo o resultado da perícia. A tendência seria a de não ocorrer um "re-exame" dos fatos relevantes ao deslinde da causa, mas uma repetição do exame inicialmente efetuado, tornando inócuo o oferecimento da impugnação.

Finalmente, importa observar que, em atenção ao princípio constitucional do contraditório, deve ser facultada ao impugnante a oportunidade de se manifestar sobre as conclusões do trabalho pericial. Essa manifestação é importante não apenas para que sejam apontados eventuais equívocos, ou solicitada a prestação de algum esclarecimento, mas especialmente para que o impugnante ofereça a sua interpretação a respeito das conclusões do perito. Caso não seja oferecida essa oportunidade ao impugnante, os atos processuais subsequentes e a decisão administrativa correspondente são nulos por cerceamento ao seu direito de defesa.[192]

3.2.3.4.3 Ouvida de testemunhas

Quando pessoas são chamadas a aparecer no processo, sem serem partes da relação jurídica processual, para expor o que conhecem dos fatos relevantes ao deslinde da questão, diz-se que são *testemunhas*. Essa exposição dos fatos, feita pela testemunha, é apenas a descrição, a narração, tal como a faz o homem comum. Nesse ponto reside sua distinção essencial em relação ao perito, pois na participação deste último intervém como elemento essencial seu conhecimento específico, decorrente do ofício, da arte, da técnica, da ciência.[193]

Embora pouco empregada no âmbito de um processo administrativo fiscal, a prova testemunhal pode, em algumas hipóteses, ser bastante útil, não podendo ser previamente descartada como meio de prova. Aliás, tal prova é por vezes empregada pela própria Administração Fazendária, quando da apuração de responsabilidade pessoal pela prática de determinada infração, e especialmente na investigação a respeito da efetiva titularidade de empresas ou de contas bancárias formalmente geridas por interpostas pessoas (vulgarmente chamadas de "laranjas"). Empregando-a largamente quanto lhe convém, a Administração não pode ignorar a possibilidade de produção de prova testemunhal, quando esta seja pertinente e hábil a comprovar afirmações do administrado/impugnante.

Deve-se examinar, naturalmente, a pertinência da declaração da testemunha, sua relação com as partes envolvidas, seu interesse no deslinde do feito, entre outros aspectos que podem eventualmente comprometer sua força probante, a ser apreciada pelo julgador. Esse aspecto, porém, está igualmente presente no processo judicial.

Várias são as afirmações quanto à matéria fática que podem ser provadas através de testemunhas, muitas vezes o único meio de prova de que dispõe o administrado/impugnante. Adiante estão indicadas, exemplificativamente, algumas hipóteses:

---

[192] "IRPJ – PROCESSO ADMINISTRATIVO FISCAL – NULIDADE DA DECISÃO DE PRIMEIRO GRAU – CERCEAMENTO DO DIREITO DE DEFESA – OCORRÊNCIA – É nula a decisão de primeiro grau que não abre, ao sujeito passivo, a oportunidade de se manifestar sobre o resultado de diligência realizada, notadamente quando dessa providência fatos ou argumentos novos são trazidos não só para a mantença, como também para agravar a exigência tributária. Preliminar acatada. Por unanimidade de votos, acolher a preliminar de nulidade de primeiro grau. [...]" (Ac. nº 101-93.804 da 1ª C. do 1º CC – Rel. Sebastião Rodrigues Cabral – *DOU* I de 16.7.2002, p. 34 – *Repertório IOB de Jurisprudência* nº 32/2002, p. 2).

[193] Pontes de Miranda, *Comentários ao Código de Processo Civil*, 3. ed., atualização legislativa de Sérgio Bermudes, Rio de Janeiro: Forense, 2001, t. IV, p. 420.

Capítulo 3 · PROCESSO ADMINISTRATIVO TRIBUTÁRIO | **133**

a) o impugnante comparece à repartição fiscal para cumprir determinada exigência no último dia do prazo que lhe foi fixado (apresentar defesa, manifestar-se sobre a perícia, interpor recurso etc.), e encontra a repartição vazia, de modo anômalo, antes do término do expediente normal. Indagando a respeito do servidor responsável pelo protocolo de petições, é informado pelo porteiro que o mesmo "teve de sair mais cedo". Nesse caso, o testemunho do porteiro – e do servidor que "teve de sair mais cedo" – são essenciais para demonstrar a tempestividade do ato praticado no dia seguinte;

b) uma fiscalização estadual apreende livros contábeis de determinado contribuinte, mas, de modo ilegal, não lhe fornece qualquer "termo de apreensão". Em momento posterior, o mesmo contribuinte é fiscalizado pela Receita Federal, que lhe exige os mesmos livros. Testemunhas poderão atestar que os tais livros existem, estão escriturados, e não foram apresentados porque se encontram em poder do Fisco Estadual, que pode inclusive ser requisitado a apresentá-los, devolvê-los ao contribuinte, ou pelo menos confirmar a apreensão;

c) fiscais de uma fronteira interestadual apreendem todo o carregamento de um determinado caminhão, e condicionam a liberação ao pagamento de quantias de ICMS que entendem devidas. Não obstante isso, não fornecem nenhum documento que comprove a apreensão. Qualquer providência por parte do contribuinte, seja para liberar as mercadorias, seja para questionar a exigência do imposto, quer no âmbito administrativo, quer no âmbito judicial, depende do testemunho do motorista, e de outras pessoas envolvidas, de que houve a apreensão abusiva.

Nesses casos, ou em quaisquer outros nos quais a documentação seja insuficiente ou inexistente, mas seja possível a comprovação das alegações do impugnante através de testemunhas, estas devem ser intimadas a comparecer à repartição fiscal, para então serem ouvidas pela autoridade julgadora.

3.2.3.4.4 Prova emprestada

Assim como ocorre no âmbito do processo judicial, é possível que haja a produção de determinada prova no âmbito de um processo administrativo, tornando desnecessária sua repetição em outro processo administrativo. Nesse caso, a prova feita em um processo pode ser utilizada de modo "emprestado" em outro.

Imagine-se, por exemplo, que um contribuinte é autuado pelo Fisco Estadual por haver supostamente praticado *omissão de saídas*. Vendeu algumas mercadorias e não emitiu as respectivas notas fiscais, tampouco escriturou a prática de tais operações nos livros fiscais próprios. Suponha-se que, por conta da mesma infração, o contribuinte é também autuado por parte do Fisco Federal, em face da COFINS, do PIS, da CSSL e do IRPJ que deixaram de ser recolhidos na mesma oportunidade. Oferecida impugnação aos autos de infração, realiza-se uma perícia, no âmbito estadual, a qual comprova que não ocorreu omissão de saídas: por equívoco, o fiscal autuante computou uma mesma entrada várias vezes, e deixou de considerar algumas devoluções. Essa perícia pode ser perfeitamente juntada pelo impugnante, no processo administrativo federal, a fim de demonstrar que, como não houve a omissão de saídas, consequentemente não houve a omissão de receitas apontadas no auto de infração federal. Trata-se de dever de coerência, e sobretudo de economia processual.

Finalmente, é necessário, quanto à prova emprestada utilizada pela administração para *agravar* a situação do sujeito passivo, que sejam respeitados os princípios constitucionais

134 PROCESSO TRIBUTÁRIO – *Machado Segundo*

do devido processo legal, da ampla defesa e do contraditório. Para tanto, é importante que a Administração colha emprestada a *prova* produzida em outro processo, e não a *decisão* proferida com base em tais provas. É o que se depreende das seguintes decisões do Conselho de Contribuintes – atualmente, Conselho Administrativo de Recursos Fiscais – do Ministério da Fazenda, citadas por Paulo Celso Bergstrom Bonilha:

> "'IRPJ – OMISSÃO DE RECEITAS – EMPRESA QUE PAGA O IMPOSTO COM BASE EM LUCRO PRESUMIDO – PROVA EMPRESTADA. Não pode prosperar presunção de omissão de receita baseada, unicamente, em prova emprestada do fisco estadual que não é conclusiva quanto a saídas de mercadorias não escrituradas, máxime quando a fiscalização procedeu ao lançamento mediante simples menção ao auto lavrado na área estadual; o que se toma emprestado é a prova e não o auto de infração estadual' (Proc. nº 10.665/000.825/87-16, 3ª Câmara do 1º CC, *DOU* 3.4.1989, p. 4.940).
>
> 'IRPJ – EMPRÉSTIMO DE PROVAS DO FISCO ESTADUAL – LEGITIMIDADE. É legítimo o empréstimo de provas do fisco estadual, de fatos que repercutem na área do imposto de renda. O que se tem rejeitado é o empréstimo puro e simples de conclusões de outra esfera tributante, mormente se o contribuinte, no processo do imposto de renda, logra abalar a consistência dos fatos que estão à base das conclusões tomadas como empréstimos. Recurso desprovido' (Proc. nº 13.675/000.104/87-76, 3ª Câmara do 1º CC, *DOU* 6.9.1989, p. 15669)."[194]

Inteira razão têm os citados julgamentos, pois não é o fato de ter havido um processo administrativo, no qual foi produzida a prova que se colhe por empréstimo, que *suprime* o direito do sujeito passivo de defender-se da nova imputação que lhe é feita, no âmbito de *outro* processo administrativo.

3.2.3.4.5 Fatos que independem de prova

Cabe ressaltar, ainda no que diz respeito às provas, que algumas afirmações quanto à ocorrência de fatos *prescindem* de prova. É o caso dos fatos notórios, e dos incontroversos.

Fatos notórios são aqueles do conhecimento de todos, inclusive do julgador (que, se não o conhece, *deveria* conhecê-lo), o que torna a prova desnecessária: não é preciso convencer o julgador a respeito da ocorrência de um fato, pois esse convencimento é anterior à prova. Dizem-se notórios "os fatos conhecidos, sem ser pela prova feita, não porque sejam da ciência privada do juiz, porém como fato que ele *deva conhecer*".[195] É o caso, por exemplo, de o contribuinte alegar que alguns documentos fiscais foram extraviados por conta de uma inundação ocorrida na cidade, inundação que foi amplamente noticiada nos meios de comunicação, e sentida na própria repartição fiscal, que teve igualmente móveis e documentos destruídos pelas águas.

Note-se que o fato notório só dispensa a produção de provas caso se aceite a sua notoriedade. Do contrário, as "partes podem discutir essa notoriedade, e fazer dela, da sua existência, *tema probatório*".[196]

---

[194] Paulo Celso B. Bonilha, *Da Prova no Processo Administrativo Tributário*, São Paulo: LTr, 1992, p. 122.

[195] Pontes de Miranda, *Comentários ao Código de Processo Civil*, 3. ed., atualização legislativa de Sérgio Bermudes, Rio de Janeiro: Forense, 2001, t. IV, p. 274.

[196] Pontes de Miranda, *Comentários ao Código de Processo Civil*, 3. ed., atualização legislativa de Sérgio Bermudes, Rio de Janeiro: Forense, 2001, t. IV, p. 276.

Lorenzo Carnelli faz restrições ao "fato notório". Para ele, não se deve esquecer que o

> "[...] notório define e alimenta o saber que ainda admite que o Sol gira em torno da Terra e defende a tese vitalista da geração espontânea; a cultura do 'que se vê', ou parece, e não a *do que é*.
>
> O juiz não deve referendar às cegas o notório. E, ainda, terá que, muitas vezes, combatê-lo. Porque as aparências enganam, tanto nos grandes acontecimentos como nos pormenores cotidianos. [...] Quantas crenças, ideias, notícias, já desvirtuadas, persistem no acervo médio de um povo pela só inércia de sua notoriedade?"[197]

A ressalva é relevante, e há de ser considerada na livre apreciação que faz o julgador de todos os elementos probatórios. Mas – note-se a distinção – o fato de ser notória a ocorrência de um fato torna prescindível a prova desse fato, mas não inibe a parte adversa de demonstrar a ocorrência de *outro* fato, que torna irrelevante a ocorrência do fato notório. No exemplo que citamos parágrafos acima, o fato notório da inundação pode ser tornado irrelevante, no processo, por declaração de testemunhas, ou por inspeção local, que demonstre não ter a área do estabelecimento do contribuinte sido afetada pela elevação das águas.

Quanto aos fatos incontroversos, tem-se que são aqueles afirmados por uma parte e não refutados pela outra. Nas precisas palavras de Pontes de Miranda, "são os fatos, a que alude na petição inicial, a contestação e qualquer outro ato processual em que houve comunicação de conhecimento, mas para a qual nenhuma comunicação de conhecimento contrária foi feita, conforme apreciação do juiz".[198]

Tanto o fato notório quanto o incontroverso tornam desnecessária a prova. No primeiro caso, porque já se presume formado o convencimento do julgador a respeito da ocorrência do fato; no segundo, porque não há contradição entre o que as partes afirmam sobre o fato.

Note-se, finalmente, que, no âmbito do processo administrativo, mesmo o fato admitido pelo administrado pode, por vezes, ser objeto de investigação da autoridade julgadora. Isso ocorre quando, à luz de outros elementos, for incerta a efetiva ocorrência do fato admitido, o que impõe a sua investigação em respeito ao princípio da verdade material.

3.2.3.4.6 Hipóteses de indeferimento

A legislação federal, no que é repetida pelas leis da maior parte dos Estados-membros e Municípios, afirma que a prova somente será recusada quando ilícita, impertinente, desnecessária ou protelatória.[199] A essas hipóteses o Decreto 70.235/72 acrescenta as que sejam impraticáveis.

Ilícita é a prova obtida por meios que a ordem jurídica repele, como a escuta clandestina, a invasão não autorizada de um domicílio, a violação do sigilo de dados ou de correspondência etc.

Impertinente é a prova de um fato que não está sendo discutido em juízo, e, por isso mesmo, não é relevante para determinar o sentido da decisão. Prescindível, por sua

---

[197] Lorenzo Carnelli, *O Fato Notório*, tradução de Érico Maciel, Rio de Janeiro: José Konfino Editor, 1957, p. 224.

[198] Pontes de Miranda, *Comentários ao Código de Processo Civil*, 3. ed., atualização legislativa de Sérgio Bermudes, Rio de Janeiro: Forense, 2001, t. IV, p. 276.

[199] Lei 9.784/99, art. 38, § 2º.

vez, é a prova de fato que não é contestado pela parte adversa, que é público e notório, ou que já pode considerar-se provado por outros elementos dos autos. Protelatória, acreditamos, não é característica distinta de impertinente e prescindível. Uma prova só poderá ser considerada protelatória quando for, também, impertinente, ou prescindível, ou seja, *desnecessária*.

Finalmente, impraticável é aquela prova de produção *factualmente* impossível, e não aquela cuja produção a autoridade, por comodidade, não está disposta a determinar. Hugo de Brito Machado, a propósito, explica:

> "Questão das mais relevantes reside em saber o que se deve entender por uma diligência *prescindível*, e por uma diligência *impraticável*.
>
> Será *prescindível* uma diligência requerida pelo contribuinte quando o fato que este deseja comprovar já esteja suficientemente comprovado. Mas, será que se pode ter como *prescindível* uma diligência com a qual o contribuinte pretende comprovar um fato, porque a autoridade preparadora entende estar suficientemente provado fato com ele incompatível, já demonstrado pelos agentes do fisco, capaz de justificar uma decisão a este favorável?
>
> Parece que a melhor solução consiste em somente deixar de realizar a diligência, ou oferecer oportunidade à produção da prova, quando o fato alegado pelo contribuinte já se considere provado. Ou então, nos casos em que o fato, mesmo existente, seja absolutamente irrelevante para o deslinde do caso. Se o fato pode ter algum relevo no julgamento do caso, a prova requerida para demonstrar sua existência deve ser deferida.
>
> Assim não agindo a autoridade, não estará ela assegurando ao contribuinte a ampla defesa garantida pela Constituição, e o processo administrativo poderá ter declarada sua nulidade, quer pela autoridade administrativa superior, quer pelo Judiciário.
>
> Será *impraticável* a realização de uma diligência nos casos em que inexistentes os meios para tanto necessários. Não é impraticável uma diligência apenas porque a autoridade administrativa não disponha de pessoa habilitada para a tarefa, ou porque não disponha de verba para o custeio respectivo. A impraticabilidade não se confunde com a dificuldade de realização."[200]

Note-se que em todas essas hipóteses a prova não teria – ainda que realizada – o condão de alterar a defesa apresentada. Seu indeferimento, portanto, não agride o direito de defesa do contribuinte. Em quaisquer outras hipóteses, contudo, o indeferimento da produção de provas, ou da apreciação destas, é causa para a nulidade da decisão, por cerceamento de direito de defesa.

Tais hipóteses não impedem a parte de juntar documentos (que poderão, contudo, ser fundamentadamente desconsiderados pela decisão, precisamente por serem desnecessários ou ilícitos), mas autorizam a autoridade julgadora a *indeferir* a produção de provas que dependam da Administração, como é o caso de perícias e demais diligências. Sobre a perícia, Pontes de Miranda fornece exemplos de inutilidade, ou superfluidade, os quais, apesar de imaginados em face do processo judicial, dão a noção exata de quando essa modalidade de prova pode ser indeferida:

> "Se A tem ação de despejo e requer perícia para responder se o locatário tem noventa anos, é inútil a perícia. Se, tendo havido a confissão do réu de que deve, por culpa sua, os três meses de aluguel, A requer que o perito verifique se os recibos que foram

---

[200] Hugo de Brito Machado, *Mandado de Segurança em Matéria Tributária*, 5. ed., São Paulo: Dialética, 2003, p. 271.

Capítulo 3 · PROCESSO ADMINISTRATIVO TRIBUTÁRIO | 137

juntos foram lidos pelo réu que neles deixou as impressões digitais, a fim de provar a mora, é supérflua pois desnecessária a prova pericial. Se A deseja que o perito lhe responda se a casa fica na rua X e tem janelas, é sem sentido, relativamente à petição e à defesa."[201]

Finalmente, advirta-se que, ao indeferir a produção da prova, ou ao desconsiderar provas trazidas aos autos pelo impugnante, a autoridade julgadora deverá *fundamentar* detalhadamente sua decisão,[202] expondo as razões pelas quais considera ser a prova desnecessária, impertinente, protelatória, ilícita ou impraticável. A falta dessa fundamentação implica, igualmente, nulidade da decisão.

3.2.3.4.7 *Posições inusitadas. Cerceamento de defesa*

Não obstante os dispositivos constitucionais e legais que asseguram ao administrado, no âmbito do processo administrativo, o direito à ampla defesa, com a possibilidade de produção de quaisquer provas que não sejam ilícitas ou desnecessárias, não são poucas as manifestações, especialmente de julgadores de primeira instância, que *cerceiam* o direito à produção de provas. E, pior, o fazem da maneira mais contraditória e incoerente possível, negando o direito à produção da prova (que consideram desnecessária), e, paralelamente, julgando a impugnação improcedente por "falta de provas".

Na maior parte das vezes, a autoridade julgadora de primeiro grau deseja que o impugnante apresente as provas de suas afirmações, todas, juntamente com a petição de impugnação, através de documentos. Se isso não é feito – há casos em que só uma perícia pode fazer essa demonstração – considera-se que as afirmações "não foram provadas", e, em suprema incoerência, indefere-se a perícia solicitada.

Tais decisões, além de equivocadas, são bastante prejudiciais aos interesses da Administração, pois não raro implicam a declaração da *nulidade* de todo o processo administrativo no âmbito do Poder Judiciário. Nesses casos, uma vez declarado nulo todo o processo administrativo, como a Administração não tem a integração necessária entre a procuradoria e a repartição fiscal, a nulidade nem sempre é corrigida, e a obrigação subjacente ao ato impugnado termina, na prática, sendo também e definitivamente alcançada pela decisão anulatória.

3.2.3.5 Decisão de primeiro grau

Na prática, os órgãos julgadores de primeira instância têm, em regra, autonomia assaz reduzida. Costumam limitar-se a homologar o ato impugnado, por mais absurda que seja a exigência nele contida ou por maiores os vícios que se tenham verificado no procedimento preparatório. As poucas hipóteses nas quais os julgamentos de primeira instância consideram procedente, no todo ou em parte, a impugnação apresentada, são aquelas nas quais se discutem apenas aspectos de fato, demonstráveis objetivamente com documentos juntados à impugnação: através de documento, por exemplo, o contribuinte demonstra que já pagou o imposto lançado.

Quando são discutidas questões de fato um pouco mais complexas, as perícias são obtusamente consideradas "protelatórias" (vide item 3.2.3.4.7, *supra*); e, quando há discussão

---

[201] Pontes de Miranda, *Comentários ao Código de Processo Civil*, 3. ed., atualização legislativa de Sérgio Bermudes, Rio de Janeiro: Forense, 2001, t. IV, p. 478.

[202] Lei 9.784/99, art. 38, § 2º.

"de direito", os argumentos do impugnante são afastados em função de mera repetição dos termos já empregados na fundamentação do ato impugnado.

Isso, repita-se, em regra.

Tal fato deve-se à menor "imparcialidade orgânica" de tais órgãos, os quais, não obstante dotados de especialização funcional (são julgadores, e não fiscalizadores, o que já lhes assegura tênue imparcialidade),[203] são normalmente vinculados à mesma organização que prolatou o ato impugnado.

Na maior parte dos entes tributantes, o julgamento de primeiro grau é feito por julgador monocrático. No plano federal também era assim: havia o Delegado de Julgamento, incumbido de julgar em primeira instância o processo administrativo fiscal federal. Esse órgão monocrático, contudo, foi substituído por Delegacias de Julgamentos, órgãos de deliberação interna e natureza colegiada da Receita Federal, no âmbito das quais os julgamentos são feitos por Turmas Julgadoras, compostas de servidores da Administração Fazendária (não se trata de órgão paritário, como o Conselho Administrativo de Recursos Fiscais). Após a criação da "Receita Federal do Brasil", que unificou Secretaria da Receita Federal e Secretaria da Receita Previdenciária, tais Turmas Julgadoras passaram a apreciar, também, impugnações de lançamentos de contribuições previdenciárias.

Assim como acontece no plano judicial, a autoridade julgadora, ao proferir sua decisão, tem o dever de manifestar-se sobre todas as razões aduzidas pelo impugnante, nem que seja para afirmar, fundamentadamente, a sua impertinência ou improcedência. A propósito, o Conselho Administrativo de Recursos Fiscais – nova denominação do Conselho de Contribuintes do Ministério da Fazenda – tem entendido que implica "preterição do direito de defesa a omissão da autoridade em consignar na decisão os argumentos que embasaram suas razões de decidir, tornando-a, em consequência, imotivada".[204] Aliás, entende o Conselho – com inteiro acerto – que devem constar da decisão não apenas os seus fundamentos, mas a apreciação, nessa fundamentação, dos argumentos e das provas trazidos aos autos pelo impugnante:

> "IRPJ – Processo administrativo fiscal – Cerceamento do direito de defesa – Ocorrência. A não apreciação, pela autoridade julgadora singular, de todos os argumentos e provas apresentados na fase impugnativa, por constituir preterição do direito de defesa, determina a ineficácia do ato administrativo e, de consequência, implica declaração de nulidade da decisão de primeiro grau, a teor do disposto no artigo 49, inciso II, do Decreto 70.235, de 1972, com a redação que lhe foi dada pela Lei 8.748, de 1993. Recurso conhecido e provido, em parte."[205]

Trata-se de decorrência do direito de petição (que implica, obviamente, uma resposta *ao que foi pedido*), do direito à ampla defesa e ao contraditório (para recorrer da decisão, ou conformar-se com ela, aceitando-a, é preciso saber *por que* os argumentos aduzidos na impugnação não foram por ela acolhidos), enfim, de todas as regras e princípios que impõem à Administração que responda *fundamentadamente* aos requerimentos que lhe são dirigidos.

---

[203] Alberto Xavier, *Do Lançamento – Teoria Geral do Ato, do Procedimento e do Processo Tributário*, 2. ed., Rio de Janeiro: Forense, 1997, p. 290 e 291.

[204] Ac. un. da 1ª C. do 2º CC – Acórdão nº 201-66.140 – Recurso nº 80.999.

[205] Ac. un. da 1ª C. do 1º CC – acórdão nº 101.93.131 – Rel. Cons. Sebastião Rodrigues Cabral – j. 15.8.2000 – *DOU*-e 1 18.10.2000, p. 5 – *Repertório IOB de Jurisprudência* nº 24/2000, p. 610, c. 1.

3.2.3.5.1 *Decisões de primeiro grau colegiadas e o princípio da publicidade*

Questão de relevo, quanto às Delegacias de Julgamentos da Receita Federal, diz respeito à publicidade de suas sessões de julgamento, pois as "Turmas Julgadoras" das citadas Delegacias vêm realizando sessões secretas, às quais os interessados simplesmente não são autorizados a comparecer. Para justificar o segredo das sessões, as autoridades julgadoras invocam o sigilo fiscal e a inexistência de previsão legal para que o sujeito passivo assista às sessões de julgamento.

Tais argumentos, contudo, nos parecem insustentáveis.

Quando uma decisão é elaborada por julgador singular, o princípio da publicidade dos atos processuais (e também administrativos) resta atendido no momento em que a decisão é acostada aos autos, facultando-se aos interessados o exame correspondente. Se a decisão está devidamente fundamentada (se não estiver é nula, mas isso é uma outra questão), nela podem ser encontrados todos os motivos que levaram o julgador a firmar seu convencimento. Não tem qualquer relevância acompanhar a transferência das ideias do cérebro do julgador monocrático ao papel.

Já o julgamento colegiado ocorre de maneira assaz distinta. O relator elabora o seu voto, e o submete, *oralmente*, à apreciação dos demais integrantes do órgão julgador. O impugnante tem o direito de assistir à sessão, para ver como a questão será narrada, e votada, pelo relator, e quais argumentos serão utilizados para convencer algum colega que eventualmente ensaie divergência. Enfim, deve ser transparente, pelo menos para as partes – no caso, para o administrado – a maneira como se forma o pensamento colegiado.[206]

Não se invoque o direito ao sigilo fiscal, pois ao sujeito passivo poderia ser facultado assistir apenas ao julgamento do seu processo. Além disso, os julgamentos ocorridos no âmbito do Conselho Administrativo de Recursos Fiscais não são fechados nem secretos, sendo inclusive oportunizadas às partes a feitura de sustentação oral e a pesquisa da jurisprudência do órgão pela Internet. Também não se argumente com a falta de um dispositivo legal específico, prevendo a possibilidade de o administrado assistir à sessão de julgamento, pois esse direito decorre diretamente do art. 5º, incisos LIV e LV, da CF/88, cuja aplicabilidade imediata é indiscutível (CF/88, art. 5º, § 1º).

Por tudo isso, caso o impugnante requeira sua intimação para comparecer à sessão correspondente, e esta seja negada, o processo torna-se nulo por violação ao princípio da publicidade dos atos processuais, e cerceamento ao direito de defesa do impugnante.

3.2.3.6   Recurso voluntário e recurso de ofício

Proferida a decisão de primeiro grau, o princípio do devido processo legal substantivo impõe a existência de uma segunda instância, à qual a questão possa ser submetida para reexame. Trata-se de decorrência da própria falibilidade humana, a impor, nos processos em geral, a possibilidade de impugnação das decisões proferidas.

Na hipótese de a decisão de primeiro grau ser prejudicial aos interesses da Fazenda Pública (por considerar inválido, total ou parcialmente, o ato impugnado), e dependendo dos valores em disputa, a legislação dos vários entes tributantes geralmente prevê um *recurso de ofício*, a ser interposto pela própria autoridade julgadora. Não se trata, propriamente, de um recurso, mas do reexame de ofício da questão.

---

[206] Nunca se cogitou, por exemplo, de o advogado ter de presenciar o ato do juiz de redigir e assinar a sentença. O juiz pode fazê-lo em sua sala, ou em casa, e o advogado é cientificado no momento oportuno. Já os julgamentos ocorridos nos tribunais podem ser livremente acompanhados pelos advogados e pelas partes, por conta do necessário acesso que devem ter ao debate verificado entre os membros do colegiado.

140 | PROCESSO TRIBUTÁRIO – *Machado Segundo*

A propósito do recurso de ofício no âmbito federal (art. 34 do Decreto 70.235/72), Marcos Vinicius Neder e Maria Teresa Martinez López suscitam a relevante questão de o citado recurso não ser interposto pela autoridade competente. Para eles, a decisão administrativa, nesse caso, não "transita em julgado", podendo ser suprida a omissão e interposto o recurso de ofício a qualquer tempo, *desde que respeitada a limitação temporal de 5 (cinco) anos, a contar da omissão, nos termos do art. 54 da Lei 9.784/99.*[207]

Quanto aos pontos favoráveis à Fazenda Pública, e prejudiciais ao impugnante, estes podem ser submetidos a reexame de instância superior através de *recurso voluntário*, a ser interposto dentro do prazo fixado em lei, e necessariamente explícito no ato de intimação da decisão de primeira instância.

Apesar de o termo *recurso voluntário* encerrar uma tautologia (na verdade, todo recurso é voluntário), e de a expressão *recurso de ofício* conter uma impropriedade (não se trata de recurso, mas de reexame obrigatório), tais expressões já se encontram sedimentadas no âmbito dos processos administrativos.

Questão de relevo, relacionada aos recursos, especialmente ao "voluntário", diz respeito à possibilidade de juntada de documentos, ou de outros elementos de prova. Como já adiantamos em itens anteriores, o princípio da verdade material impõe à administração a busca por um esclarecimento dos fatos o mais completo possível, o que a impede de recusar-se a considerar provas sob o argumento de que trazida aos autos em momento inadequado. Entende-se que, desde que submetida à autoridade antes do julgamento, a apreciada.[208]

Seguindo essa orientação, o Conselho Administrativo de Recursos Fiscais do Ministério da Fazenda já decidiu:

> "Prova Acostada aos Autos em Face de Recurso – O julgador de 2º Grau pode e deve apreciar todas as provas trazidas pelo contribuinte/recorrente em grau de recurso e, se entender que a mesma atende aos pressupostos legais e poderá aproveitá-la em prol do mesmo, não há como recusar-se a analisá-la. Recurso provido."[209]

Considera-se que, ao contrário do que ocorre no processo judicial – no qual o juiz deve, dentro do razoável, manter-se inerte, não podendo atropelar as formas para favorecer uma das partes –, no processo administrativo a Administração deve estar interessada em corrigir a ilegalidade de seus atos. É de seu interesse, assim, tanto quanto do administrado, a elucidação dos fatos, não podendo a forma processual implicar, em hipótese alguma, prejuízo para aquele em cujo benefício foi instituída.

3.2.3.6.1 *Tempestividade, depósito recursal e arrolamento. Competência para exame*

Uma vez proferida a decisão de primeira instância, e interposto recurso voluntário ao órgão de julgamento de segunda instância, coloca-se a questão de saber *qual* autoridade é competente para fazer o juízo acerca da *admissibilidade* do recurso, ou seja, qual autoridade pode afirmar que o recurso é cabível, tempestivo, e preenche as demais exigências legais à sua interposição. A resposta a essa questão, em princípio, depende do que dispuser a legislação

---

[207] Marcos Vinicius Neder e Maria Teresa Martinez López, *Processo Administrativo Fiscal Federal Comentado*, São Paulo: Dialética, 2002, p. 337.

[208] O art. 36 da Lei Cearense nº 12.732/97, por exemplo, admite de modo expresso a juntada de novos documentos no momento da interposição de recurso voluntário.

[209] Ac. un. da 2ª C. do 1º CC – Rel. Maria Goretti Azevedo dos Santos – Ac. 102-44.198 – j. 11.4.2000 – *DOU* I-E de 27.12.2000, p. 4, *Revista Dialética de Direito Tributário* nº 66, p. 237.

específica de cada ente tributante. No âmbito federal, tal competência é exclusiva do órgão de segunda instância ao qual o recurso é dirigido. Autoridades "preparadoras", de "acompanhamento processual", de "encaminhamento de recursos", ou seja, qual for o título que detenham, não podem negar seguimento a recursos dirigidos ao Conselho Administrativo de Recursos Fiscais, atual denominação dos Conselhos de Contribuintes do Ministério da Fazenda. Apreciando questão relacionada à intempestividade, o TRF da 5ª R. já decidiu:

> "Administrativo. Recurso dirigido ao Conselho de Contribuintes. Cabe ao órgão superior examinar o mérito do recurso administrativo, relativo à tempestividade, e não conhecera da impugnação. Remessa improvida."[210]

Só o órgão de segunda instância, portanto, pode deixar de conhecer o recurso, por considerá-lo intempestivo, exame que não lhe pode ser subtraído por outras autoridades administrativas.[211]

Em edições anteriores deste livro fazíamos referência também, nesta parte, à competência para avaliar a suficiência e a adequação de "garantia recursal" exigida do contribuinte como condição para o exercício de seu direito ao recurso (depósito de 30%, arrolamento etc.). Afirmávamos, com apoio em Alberto Xavier,[212] a invalidade dessas exigências, mas que, se fossem afinal consideradas válidas pelos Tribunais, só a autoridade de julgamento de segunda instância poderia aferir seu preenchimento, não sendo esse exame lícito às autoridades "preparadoras" dos recursos em primeira instância.

Entretanto, depois disso, o Supremo Tribunal Federal, por seu Plenário, declarou a inconstitucionalidade da exigência dessas garantias, no julgamento conjunto dos RREE 388.359, 389.383 e 390.513. Considerou-se, com inteiro acerto, que a exigência implica ofensa à isonomia, e ao devido processo legal administrativo, além de dizer respeito à matéria privativa de lei complementar, não podendo ser tratada, como foi, por lei ordinária. A matéria, atualmente, consta da Súmula Vinculante nº 21, segundo a qual "é inconstitucional a exigência de depósito ou arrolamento prévios de dinheiro ou bens para admissibilidade de recurso administrativo". O STJ, a propósito, vem seguindo a orientação do STF, tendo decidido, no julgamento do AgRg no Ag 829.932-SP (j. em 20.9.2007, Rel. Min. João Otávio de Noronha), que "a exigência do depósito prévio de trinta por cento do valor da dívida como requisito para a interposição de recurso administrativo não mais pode prevalecer, sob pena de que seja esvaziado o direito dos administrados de recorrerem administrativamente" (*Informativo STJ nº 332/2007*). Também no STJ a matéria foi sumulada, estabelecendo-se que "é ilegítima a exigência de depósito prévio para admissibilidade de recurso administrativo" (Súmula nº 373/STJ).

Assim, reconhecida como inválida a necessidade de se proceder à garantia recursal, não cabe mais nem discutir a quem competiria o exame de seu atendimento. Em face de autoridades administrativas, de quaisquer instâncias, que eventualmente insistam na exigência, será o caso de manejar-se mandado de segurança pugnando pela subida do recurso independentemente de seu atendimento, nos termos em que já decidido pelo STF.

---

[210] Ac. un. da 2ª T. do TRF da 5ª R. – REO 61.826-CE – Rel. Juiz Lázaro Guimarães – *DJU* 2 16.10.1998, p. 391- *Repertório IOB de Jurisprudência* nº 2/99, c. 1, p. 42.

[211] Ac. da 1ª C. do 2º CC – Ac. nº 201.71223 – Rel. Expedito Terceiro Jorge Filho – *DOU* de 19.6.1998, p. 14 – *Revista de Estudos Tributários* – nº 2, jul./ago. 1998, p. 132.

[212] Alberto Xavier, "Da Inconstitucionalidade da Exigência de Garantia como Condição de Admissibilidade de Recurso no Processo Administrativo em Geral e no Processo Administrativo Fiscal em Particular", publicado na *Revista Dialética de Direito Tributário* nº 101, p. 35.

Interessante questão que pode ser colocada, a propósito, diz respeito aos efeitos do reconhecimento dessa inconstitucionalidade sobre situações concretas passadas, nas quais o órgão administrativo de julgamento já tenha negado seguimento a recurso do contribuinte por conta da falta de garantia. Tais decisões, em nosso entendimento, são nulas, por cerceamento do direito de defesa na via administrativa.

3.2.3.7 Julgamento de segundo grau

Na maior parte dos entes tributantes,[213] o julgamento de segundo grau é feito por órgãos colegiados compostos de representantes da Fazenda Pública e de representantes dos contribuintes, estes últimos geralmente indicados pelas entidades de classe correspondentes. No âmbito federal, esse julgamento é feito por uma das turmas que compõem as seções integrantes do Conselho Administrativo de Recursos Fiscais do Ministério da Fazenda. Com a criação da Receita Federal do Brasil, oriunda da unificação da Secretaria da Receita Federal e da Secretaria da Receita Previdenciária, a esse Conselho foi transferida também a competência para apreciar questões ligadas a contribuições previdenciárias.

Nesses órgãos colegiados ocorre um julgamento menos submisso, ensejando um mais efetivo controle da legalidade do ato impugnado. Talvez por isso mesmo a legislação tributária federal tenha, nos últimos anos, de modo reprovável, procurado restringir o acesso do sujeito passivo aos Conselhos de Contribuintes, atualmente denominados Conselho Administrativo de Recursos Fiscais do Ministério da Fazenda.

Alberto Xavier destaca que esse julgamento representa um segundo estágio de imparcialidade orgânica, pois há ruptura

> "[...] de dependência orgânica do órgão de revisão, que deixa de pertencer à mesma organização hierárquica (Secretaria da Receita Federal, no caso dos tributos federais) para ser atribuído a um corpo autônomo, ainda que sob a égide do mesmo órgão do Poder Executivo – o Ministério da Fazenda. Acresce que o Conselho de Contribuintes é integrado, em igual número, não apenas por funcionários do Poder Executivo, mas por particulares indicados pelo setor privado, constituindo um 'órgão paritário'".[214]

Como normalmente ocorre em órgãos de julgamento colegiado, a depender do número de integrantes pode haver a divisão em diversas câmaras ou turmas de julgamento, com ou sem especialização destas quanto à matéria tratada. Tudo dependerá do que dispuser a legislação de cada Estado, e de cada Município. No âmbito federal, o Conselho Administrativo de Recursos Fiscais é dividido em seções, que ainda se subdividem em diversas turmas.

Uma vez recebido o recurso, de ofício ou voluntário, é este distribuído a um relator, o qual deverá estipular uma data para o julgamento (colocando-o na "pauta" correspondente). Essa estipulação é da maior importância porque, através dela, a parte ou seu advogado poderão comparecer à sessão respectiva, a fim de sustentar oralmente suas razões de defesa. A propósito,

---

[213] Com exceção de alguns Municípios, notadamente os de menor porte, nos quais, quando há previsão expressa de um julgamento administrativo em matéria tributária, este é feito em primeira instância pelo Secretário de Finanças e, em segunda instância, pelo Prefeito.

[214] Alberto Xavier, *Do Lançamento – Teoria Geral do Ato, do Procedimento e do Processo Tributário*, 2. ed., Rio de Janeiro: Forense, 1997, p. 291.

se houver previsão na legislação específica (como é o caso de alguns Estados-membros),[215] a parte ou o seu advogado (sabe-se que o manejo do processo administrativo pode ser feito diretamente pela parte, sem a interveniência de advogado) pode requerer a correspondente *intimação* para comparecer à sessão de julgamento. Com isso, não precisará acompanhar a publicação das pautas de julgamento, bastando aguardar pela intimação – que geralmente se dá pelo correio – para comparecer à sessão respectiva.

A sustentação oral é instrumento de exercício do direito de defesa da maior importância, no âmbito do processo administrativo fiscal. Através dela, a parte pode interferir na formação do pensamento do órgão colegiado, tornando menos decisiva a postura adotada pelo relator, sanando-lhe omissões ou insuficiências etc. Com efeito, a parte tem como levar ao conhecimento dos demais membros do colegiado um relato, e uma visão do enquadramento jurídico dos fatos relatados, distinta daquela fornecida pelo relator, tornando mais rica a discussão. É o que ensina Dejalma de Campos:

> "A sustentação oral do recurso se reveste de grande importância, porquanto a viva exposição de detalhes do processo, assim como o esclarecimento verbal de particularidades, enseja, de pronto, a todos os juízes, um melhor conhecimento dos mesmos, que só o juiz-relator até então sabia."[216]

É frequente a presença de representante dos interesses da Fazenda Pública enquanto *parte* (que de certa forma é, nesse momento, dissociada da Fazenda *julgadora*). O Procurador da Fazenda Nacional, Procurador do Distrito Federal, do Estado ou do Município, conforme o caso, atua junto ao órgão colegiado, podendo, inclusive, sustentar oralmente as razões pelas quais considera que o recurso voluntário deve ser improvido. No âmbito do Conselho Administrativo de Recursos Fiscais, há o costume de considerar o Procurador da Fazenda, na hipótese de recurso voluntário, como "advogado de defesa" (porquanto a Fazenda seria a "parte recorrida"), facultando-lhe a oportunidade de falar por último, ou seja, depois da sustentação oral feita pelo sujeito passivo ou por seu advogado. Trata-se, evidentemente, de uma equivocada distorção: em verdade, a Administração, no âmbito do processo administrativo, em qualquer etapa ou instância, nunca exercerá o papel de *defendente*. O sujeito passivo é quem, através da petição inicialmente oferecida, procura defender-se de ilegalidade ou de abuso de poder, pugnando por sua revisão. O fato de haver uma impugnação ou um recurso *contra* um ato do poder público não põe a Fazenda na condição de "ré", à qual se tenha de conceder os privilégios inerentes aos acusados em geral.

Advirta-se, finalmente, que, no plano federal, caso haja recurso de ofício (ver item 3.2.3.6, *supra*), o sujeito passivo não é intimado para apresentar contrarrazões ou qualquer outra forma de defesa. Trata-se de simples remessa da decisão para ratificação por parte do órgão de segunda instância. Até o advento da Lei 11.941/2009, caso o Conselho Administrativo de Recursos Fiscais (CARF) desse provimento ao recurso de ofício, reformando a decisão de primeiro grau para restabelecer, no todo ou em parte, o ato impugnado, o sujeito passivo poderia interpor *recurso voluntário* contra essa decisão. Para assegurar-se-lhe o direito ao duplo grau de jurisdição, seu recurso voluntário era dirigido à Câmara Superior de Recursos Fiscais (CSRF), instância especial da qual cuidamos no item seguinte, mas

---

[215] Isso não acontece, vale registrar, no âmbito do Conselho Administrativo de Recursos Fiscais (CARF) do Ministério da Fazenda, em relação ao qual o sujeito passivo ou o seu defensor deverá manter-se atento às publicações de pauta de julgamentos, para que compareça às sessões, querendo, para sustentar oralmente suas razões de recurso.

[216] Dejalma de Campos, *Direito Processual Tributário*, 5. ed., São Paulo: Atlas, 1998, p. 62.

PROCESSO TRIBUTÁRIO – *Machado Segundo*

que, nesse caso, atuava como segunda instância de julgamento, com a ampla competência para conhecer e julgar a matéria. Esse recurso, porém, foi extinto pela Lei 11.941/2009, juntamente com o "recurso do procurador", do qual se cuidará adiante, permanecendo apenas o recurso cabível no caso de divergência jurisprudencial entre turmas do CARF ou entre estas e a CSRF.

3.2.3.8 Recursos excepcionais

Embora os processos administrativos tributários, especialmente os de controle da legalidade de atos de lançamento, na prática, tenham o seu julgamento definitivo prolatado pelo órgão colegiado de segundo grau, a legislação federal, assim como a de alguns outros entes tributantes, prevê a possibilidade de interposição de recurso a instâncias especiais.

No âmbito federal, tais recursos eram inicialmente dirigidos ao Ministro da Fazenda.[217] Sua finalidade era a de contornar pronunciamentos independentes do então chamado Conselho de Contribuintes, por bem do "interesse público". A intenção era a de submeter ao Ministro as decisões do Conselho que anulassem lançamentos ilegais, a fim de que este desse a palavra final e, se fosse o caso, restabelecesse o ato impugnado. Entretanto, tal forma de recurso terminou mostrando-se prejudicial aos próprios interesses arrecadatórios. Decisões do Conselho de Contribuintes favoráveis à Fazenda Pública, desacolhendo pretensões de grandes devedores seus, passaram a ser objeto de recursos dirigidos ao Ministro. Embora a previsão legal fosse de interposição apenas pela Fazenda, invocava-se o "poder hierárquico" em face do qual todo recurso dirigido ao chefe da pasta deveria ser conhecido, o que implicava eventual reforma de acórdãos do Conselho por decisões desprovidas de fundamentação convincente, por razões nem sempre jurídicas, e em relação às quais nada mais se podia fazer.

Diante desse quadro, o legislador suprimiu o recurso especial dirigido ao Ministro da Fazenda, manejável apenas pelo Fisco, e instituiu a Câmara Superior de Recursos Fiscais (CSRF), órgão colegiado composto de membros dos próprios Conselhos de Contribuintes (hoje, CARF),[218] cuja competência era inicialmente mais ampla, e envolvia o julgamento de recurso especial interposto contra: *(i)* decisão não unânime de Câmara de Conselho de Contribuintes, quando contrária à lei ou à evidência da prova; e *(ii)* decisão que desse à lei tributária interpretação divergente da que lhe tivesse dado outra Câmara de Conselho de Contribuintes ou a própria Câmara Superior de Recursos Fiscais, sendo certo que, na primeira hipótese, o recurso somente poderia ser manejado pela Fazenda Nacional, restrição que nos parecia contrária ao princípio da isonomia. Cabia à CSRF julgar, também, recurso

---

[217] Era o que dispunha o § 1º do art. 37 do Decreto 70.235/72, que assegurava (apenas à Fazenda) o direito de recorrer ao Ministro da Fazenda, no prazo de trinta dias, de decisões não unânimes contrárias à lei ou à evidência da prova.

[218] "A *Câmara Superior de Recursos Fiscais* é integrada pelo Presidente e Vice-Presidente do Primeiro Conselho de Contribuintes, na qualidade de Presidente e Vice-Presidente da Câmara, e ainda pelo Presidente e Vice-Presidente das demais Câmaras do Primeiro Conselho de Contribuintes, quando se tratar de recurso interposto de decisão prolatada por qualquer das Câmaras do mesmo Conselho; pelo Presidente e Vice-Presidente do Segundo Conselho de Contribuintes e pelo Presidente e Vice-Presidente da Primeira e Segunda Câmaras do Terceiro Conselho de Contribuintes, quando se tratar de recurso interposto de decisão proferida pelo Segundo Conselho; e pelo Presidente e Vice-Presidente das Câmaras do Terceiro Conselho de Contribuintes, quando se tratar de recursos interpostos de decisão prolatada por qualquer das Câmaras do mesmo Conselho" (Alberto Xavier, *Do Lançamento – Teoria Geral do Ato, do Procedimento e do Processo Tributário*, 2. ed., Rio de Janeiro: Forense, 1997, p. 289).

voluntário interposto pelo sujeito passivo contra decisão do Conselho de Contribuintes que desse provimento à remessa de ofício.

Com o advento da conversão em lei da MP 449/2008 (Lei 11.941/2009), que alterou a estrutura dos Conselhos de Contribuintes, substituindo-os pelo Conselho Administrativo de Recursos Fiscais, a competência da CSRF foi bastante reduzida. Foram extintos o recurso especial privativo do procurador, cabível no caso de decisão de segunda instância não unânime, e o recurso voluntário interposto pelo contribuinte contra decisão que dá provimento à remessa de ofício, mencionado na parte final do item 3.2.3.7, *supra*). Manteve-se apenas o recurso cabível na hipótese de divergência entre as turmas ou câmaras do Conselho Administrativo de Recursos Fiscais, passível de interposição tanto pelo sujeito passivo como pela Fazenda Pública (a depender de quem tenha sucumbido diante da decisão recorrida, naturalmente), destinado a uniformizar a jurisprudência do órgão.

A função desse recurso, no âmbito do contencioso administrativo fiscal federal, é semelhante à do recurso de *embargos de divergência* no processo judicial, tendo a CSRF função uniformizadora semelhante à de uma Seção do Superior Tribunal de Justiça, ou do Plenário do Supremo Tribunal Federal. Aliás, também os julgamentos da CSRF se restringem à matéria da divergência, devidamente prequestionada, não havendo o efeito devolutivo total que há no recurso voluntário dirigido ao Conselho Administrativo de Recursos Fiscais. A propósito, e com inteira propriedade, Marcos Vinicius Neder e Maria Teresa Martinez López ensinam que o recurso especial em questão "não tem, por escopo, a proteção de direito individual do sujeito passivo; sua finalidade principal é garantir a correta compreensão da aplicação da legislação federal no contencioso administrativo".[219] Para eles, a Câmara Superior de Recursos Fiscais

> "[...] não deve exercer papel de terceira instância de revisão, deve apenas apreciar o recurso especial com relação à divergência arguida já que nem toda a matéria decidida na instância *a quo* lhe é devolvida pela interposição do recurso especial. Decerto, a existência de interpretações divergentes do direito positivo entre as diversas Câmaras do Conselho de Contribuinte prejudica a efetividade e a uniformização da jurisprudência administrativa. A instância especial, portanto, protege a coerência do sistema, eliminando controvérsias e afastando julgamentos contraditórios em situações fáticas e jurídicas idênticas".[220]

Ainda quanto a esse recurso, fundado na divergência entre as Câmaras do Conselho (note-se que não há necessidade de que a decisão recorrida seja não unânime), cabe referir que a parte recorrente deve demonstrar, em suas razões recursais, de modo analítico, a divergência entre a decisão recorrida e as decisões das outras turmas, apontadas como paradigma. Como anotam Marcos Vinicius Neder e Maria Teresa Martinez López,[221] a Lei 9.784/99, em seu art. 37, tornou prescindível que a parte apresentasse o inteiro teor da decisão, já que prevê que o órgão competente para a instrução processual deverá prover de ofício os documentos existentes na própria repartição.

---

[219] Marcos Vinicius Neder e Maria Teresa Martinez López, *Processo Administrativo Fiscal Federal Comentado*, São Paulo: Dialética, 2002, p. 346.

[220] Marcos Vinicius Neder e Maria Teresa Martinez López, *Processo Administrativo Fiscal Federal Comentado*, São Paulo: Dialética, 2002, p. 346.

[221] Marcos Vinicius Neder e Maria Teresa Martinez López, *Processo Administrativo Fiscal Federal Comentado*, São Paulo: Dialética, 2002, p. 347.

A estrutura parece bastante adequada. Diante de eventuais equívocos de Câmara ou turma do CARF, que esteja em desarmonia com a jurisprudência de outras Câmaras ou turmas, há possibilidade de reexame *por outro órgão igualmente colegiado*, mediante recurso a ser interposto no prazo legalmente estabelecido para tanto. Não há margem para discricionarismos ministeriais, nem para a insegurança jurídica de uma reforma por meios não convencionais e sem limitações temporais.

Caso o julgamento proferido por uma das turmas do Conselho Administrativo de Recursos Fiscais conclua pela parcial procedência do lançamento, a interposição do recurso à Câmara Superior de Recursos Fiscais por uma das partes abre a possibilidade para que a outra, no prazo de que dispõe para oferecer *contrarrazões,* possa também recorrer de forma adesiva, por aplicação analógica do art. 997, § 2º, do CPC/2015 naturalmente se estiverem presentes os seus pressupostos de admissibilidade (*v. g.,* a divergência entre a decisão recorrida e o entendimento de outras câmaras).

Alguns entes tributantes seguiram o exemplo da legislação federal, e criaram órgãos especiais de julgamento administrativo em termos semelhantes à CSRF.[222]

Em outros entes, porém, há previsão legal de recurso excepcional, não para outro órgão colegiado, mas para o próprio Secretário de Fazenda, de Finanças, ou seja qual for o nome que tenha o titular da pasta correspondente. Coloca-se, então, a questão de saber se um órgão colegiado, paritário, pode ter suas decisões reformadas por um julgador singular. Parece-nos que não, sob pena de malferimento ao princípio do devido processo legal substantivo. O Secretário de Estado, ou de Finanças, autor da maior parte dos atos infralegais cuja validade o órgão colegiado aprecia, possui imparcialidade e autonomia muito menores que as do julgador de primeiro grau, implicando a supressão, na prática, do próprio direito a um processo administrativo. É quase o mesmo que atribuir à autoridade lançadora competência exclusiva para julgar a validade do lançamento.

O STJ, não obstante, a esse respeito já decidiu:

> "Constitucional, Tributário e Administrativo – Mandado de Segurança – Ato de Secretário de Estado – Processo administrativo-fiscal – Decisão, por maioria, do Conselho de Contribuintes – Recurso exclusivo do representante da Fazenda – Previsão legal – alegação de violação aos princípios da isonomia processual, do devido processo legal e da ampla defesa – Legalidade do ato impugnado – Recurso Ordinário – Improvimento.
>
> I – Na espécie, tem respaldo na legislação de regência, o recurso exclusivo administrativo interposto pelo representante da Fazenda contra decisão do Conselho de Contribuintes, quando a decisão é de Câmara ou acordada por menos de ¾ (três quartos) do Conselho Pleno, desfavorável à Fazenda, for Dívida Ativa e deixar de determiná-la, desde que findo o procedimento administrativo (artigo 266, inciso II, do Decreto-lei 5/75).
>
> II – Compete ao Secretário de Estado de Fazenda julgar, em instância especial, os recursos de decisão do Conselho de Contribuintes, interpostos pelo Representante da Fazenda (artigo 124 do Decreto 2.473/79).

---

[222] Na legislação tributária do Estado do Ceará, por exemplo, existe a possibilidade de recurso ao "Plenário" do Conselho de Recursos Tributários, no caso de divergência de entendimento entre as câmaras (Recurso Especial – art. 45 da Lei 12.732/97), ou no caso de decisão contrária à decisão de primeira instância, não unânime, e que tenha deixado de apreciar matéria de fato ou de direito apreciada no julgamento singular (Recurso Extraordinário – art. 46 da Lei 12.732/97).

III – Não há como caracterizar pela via do *mandamus*, no caso, violação aos princípios da isonomia processual, do devido processo legal e da ampla defesa.

IV – Recurso improvido."[223]

É de se esperar que o citado entendimento não prevaleça na jurisprudência, especialmente do Supremo Tribunal Federal, instância que certamente será provocada por se tratar de matéria constitucional.

Deve-se observar que a feição jurisdicional que possui o processo administrativo, imprimida pelos princípios inerentes ao *devido processo legal*, impõe que a possibilidade de julgamento por uma instância especial, ou extraordinária, conte com expressa previsão em lei. O recurso há de ser interposto nos termos e no prazo previstos em lei, não havendo espaço para o chamado "recurso hierárquico", fundado apenas no poder hierárquico (sem previsão legal) e que por isso mesmo não se submete nem a prazos nem a formas legais.

3.2.3.9   O fim (e o retorno) do "voto de qualidade"

Ainda no que tange aos julgamentos feitos por órgãos colegiados, registre-se que a legislação federal previa, até 2020, um "voto de qualidade", para os casos de empate. Ou seja, caso o órgão, de composição paritária, chegasse a um empate na apreciação da validade do lançamento tributário, o Presidente do órgão, servidor público fazendário, poderia votar uma segunda vez, de modo a desempatar o julgamento, o que na maior parte das vezes se dava em favor da Fazenda Pública. Trata-se de algo diverso de um mero "voto de desempate", pois o

---

[223]   Ac. un. da 1ª T. do STJ – ROMS 11.920/RJ – Rel. Min. Garcia Vieira – j. em 20.9.2001 – *DJU I* 22.10.2001, p. 266 – ementa oficial – *Repertório de Jurisprudência IOB* nº 02/2001, p. 37, c. 1. Tal entendimento está hoje consolidado na jurisprudência do STJ: "[...] 1. É pacífico nesta Corte Superior o entendimento segundo o qual é possível a reforma da decisão do Conselho de Contribuintes pelo Secretário Estadual de Fazenda por meio de interposição de recurso hierárquico, na forma prevista no Código Tributário Estadual do Rio de Janeiro. 2. Tem-se aí a única conclusão possível porque, se ao contribuinte é dado recorrer ao Judiciário em caso de decisão contrária a seus interesses, a Fazenda não pode fazê-lo com o objetivo de anular atos próprios. 3. Não há violação ao devido processo legal, ao contraditório e à ampla defesa, uma vez que a previsão de cabimento do recurso hierárquico tem sede legal, pendendo a seu favor a presunção de constitucionalidade, na medida em que se desconhece impugnação acerca da compatibilidade dessas normas com a Constituição da República vigente. 4. Precedentes das Turmas que compõem a Primeira Seção. 5. A redação do art. 266, § 2º, do Decreto-lei 5/75 (Código Tributário do Estado do Rio de Janeiro), com redação dada pela Lei 4.014/02, é clara ao asseverar que '[d]ás decisões do Conselho cabe recurso: [...] para o Secretário de Estado de Fazenda, quando a decisão de Câmara, ou a decisão acordada por menos de 3/4 (três quartos) do Conselho Pleno, desfavorável à Fazenda, for contrária à legislação tributária ou à evidência da prova constante no processo, e não couber o recurso previsto no inciso anterior, mantido o princípio do contraditório'. 6. A menção à 'decisão desfavorável' engloba tanto as decisões de admissibilidade como as de mérito, daí porque incabível a interpretação pretendida pela contribuinte-agravante. 7. Lembre-se, por fim, que, na espécie, o procedimento administrativo já ocorreu na vigência da nova redação do art. 266, § 2º, do Decreto-lei 5/75. 8. Agravo regimental não provido" (STJ, 2ª T., AgRg no RMS 26.512/RJ, *DJe* de 27.4.2010).

Note-se, porém, que conquanto a Corte use eventualmente a expressão "recurso hierárquico", não é de um recurso dessa natureza que se cogita. De fato, diz-se hierárquico o recurso que se funda tão somente na superioridade hierárquica de um órgão ou autoridade sobre outro, e não em expressa previsão legal. Os recursos examinados pelo STJ, nos precedentes apontados, têm previsão em lei. O que se pode discutir é a validade de tal previsão, como apontado no texto, mas essa é outra questão.

Outro aspecto importante a ser observado é a que, no precedente cuja ementa se transcreve nesta nota, o STJ deixa bastante clara a impossibilidade de a Fazenda ajuizar ação para discutir as decisões proferidas em sede de processo administrativo, assunto que será examinado no item 3.2.3.11.2, *infra*.

Presidente, no caso, p. ex., do CARF, participa normalmente dos julgamentos, e no caso de empate vota uma segunda vez. Em se tratando de "voto de desempate", que existe em órgãos estaduais e municipais de julgamento administrativo, tem-se o presidente do colegiado como um membro adicional, que torna ímpar a sua composição, mas que normalmente não vota, limitando-se a conduzir a sessão de julgamento; apenas no caso de empate é-lhe oportunizado votar. Registre-se que, enquanto no plano de estados e municípios subsiste a prática do voto de desempate, o "voto de qualidade" foi extinto pela Lei 13.988/2020, a qual, embora originalmente editada para tratar da transação tributária, aproveitou o ensejo e alterou a Lei 10.522/2002, nela inserindo um art. 19-E (atualmente revogado, como a seguir será esclarecido), segundo o qual, no caso de empate prevalece o resultado favorável ao sujeito passivo.

Tão logo aprovada a Lei 13.988/2020, questionou-se, inclusive com a propositura de ADIs perante o STF (ADIs 6.399, 6.403 e 6.415), a validade da alteração. Apontaram-se, basicamente, invalidades de cunho material e formal. Os vícios materiais decorreriam de uma suposta violação ao interesse público e à presunção de validade do ato administrativo. Suscita-se, ainda, uma quebra da igualdade, pois o contribuinte pode, perdedor no processo administrativo, provocar o Poder Judiciário, faculdade que não assiste à Fazenda Pública. Quanto aos vícios formais, eles consistiriam, em suma, no fato de a extinção do voto de qualidade ser um "jabuti", fruto de um contrabando legislativo. Diria respeito a matéria diversa da tratada originalmente na medida provisória. Isso supostamente levaria à invalidade formal da norma, havendo inclusive precedente do STF nesse sentido.

Tais argumentos, contudo, não procedem.

Como explicado, o voto de qualidade não é o mesmo que um mero "voto de desempate", como existe em alguns Tribunais, e em órgãos administrativos fiscais de determinados Estados e Municípios. No voto de desempate, tem-se a atuação do Presidente do órgão, que até o empate não profere juízo algum quanto ao julgamento, limitando-se a conduzir a sessão. Se não houver empate, o Presidente simplesmente não vota. No caso do "voto de qualidade", que a Lei 13.988/2020 aboliu, a situação é diferente: a composição do órgão é par, incluindo-se o Presidente. Na hipótese de, com o voto do Presidente, que o profere por último, verificar-se o empate, seu voto passa a ter "peso duplo", o que leva ao desempate no sentido do entendimento por ele manifestado. Parece o mesmo que o voto de desempate, mas não é, pois há, no voto de qualidade, maltrato à regra da igualdade entre os julgadores, diante de alguém que preside, conduz, sempre vota, e ainda pode fazê-lo duas vezes, em notória influência sobre os demais. É evidente, ainda, que o "segundo" voto do Presidente terá sempre e necessariamente o mesmo teor do primeiro. Isso não ocorre no caso de autêntico voto de desempate, quando o Presidente só vota uma vez e só se houver empate, situação que torna possível tanto o desempate dar-se em um sentido, quanto em outro, pelo menos em tese.

Mas o fato é que todas essas inconveniências do voto de qualidade nunca haviam levado à decretação de sua inconstitucionalidade. Ou mesmo a tanto inconformismo como agora se verifica. Dizia-se situada a questão dentro da zona de liberdade ou de conformação do legislador infraconstitucional. A questão, porém, é que o mesmo pode ser dito agora: por igual motivo, não há qualquer inconstitucionalidade no fim do voto de qualidade. Nem toda norma que nos desagrada, ou que adota solução que não nos parece a mais acertada, é, só por isso, inconstitucional. Os argumentos invocados pelos críticos da Lei 13.988/2020 de que o Fisco não pode ir ao Judiciário, enquanto o contribuinte sim, e de que o ato administrativo se presume válido, presunção que no empate deveria militar pela sua manutenção, e não pelo seu afastamento, são pontos que podem ser colocados em um debate legislativo sobre a conveniência da alteração. Não em um debate judicial sobre sua constitucionalidade.

Não há, com efeito, no texto constitucional, uma imposição de que o empate em órgãos administrativos seja resolvido em prol da Fazenda Pública. Tampouco de que, no caso de dúvida (e o empate objetivamente indica essa dúvida, senão na mente de cada julgador, claramente no órgão formado pelo conjunto), os lançamentos devam ser mantidos, cabendo ao contribuinte, se quiser, levar a disputa ao Judiciário. *Na dúvida sobre se um ato é ilegal, deve-se praticá-lo e quem achar ruim que "judicialize"?* Isso não se nos afigura correto, sendo de resto o motivo pelo qual o Poder Judiciário está praticamente inviabilizado com uma quantidade absurda de processos, a maioria deles tendo a Fazenda Pública como parte. É preciso mudar essa cultura, em vez de apenas se defender genericamente com o uso de "métodos alternativos" de solução de conflitos. O fato é que a Constituição não obriga a que a dúvida objetiva, verificada no órgão cuja composição está dividida ao meio quanto à legalidade de uma cobrança, seja resolvida em favor da manutenção da exigência. Não há, pois, invalidade material alguma.

Quanto a esse ponto, adicione-se que nem sempre conselheiros oriundos dos quadros do Fisco votam contra o Fisco, e vice-versa, não sendo raro conselheiros indicados por entidades representativas de classes de contribuintes votarem em favor da Fazenda. Todos estão sujeitos aos humores do chefe, e o que muda, entre conselheiros indicados pelo Fisco, e por contribuintes, além do *background,* que lhes confere horizontes hermenêuticos diferentes, enriquecendo as discussões tanto fáticas quanto jurídicas, é o regime jurídico que lhes é aplicável. Em suma, as garantias que eles têm para julgar conforme considerem correto, mesmo desagradando o Fisco.

Some-se a isso o fato de que os Conselheiros que são servidores fazendários efetivos recebem um adicional de produtividade que de algum modo é reflexo dos autos que mantêm, ao passo que os indicados por contribuintes devem dedicar-se exclusivamente ao ofício, sendo-lhes vedadas outras atividades, mas se adoecerem, ou se Conselheiras ficarem grávidas, e em virtude disso deixarem de comparecer às sessões, simplesmente deixam de receber, não havendo nenhuma segurança no âmbito trabalhista ou remuneratório.

Essa fragilização da posição de ambos, cada uma à sua maneira, faz que posicionamentos em favor do contribuinte não sejam tomados de maneira confortável, a indicar que, em uma questão, se se verificar o empate, a probabilidade de que a exigência seja de fato indevida é incrivelmente maior do que o contrário. Ou seja: se o subordinado do chefe, mesmo com todos os riscos, ousa dizer que ele não tem razão, ou se o órgão chega pelo menos a um empate em torno disso, a possibilidade de isso ser verdade é enorme. Gigantesca. Tão grande ou talvez maior que a de uma decisão unânime do STJ envolvendo apenas interesses de dois particulares, sem o mais remoto impacto ou reflexo na vida ou nas carreiras dos Ministros. Isso põe por terra o argumento relacionado à presunção de validade do ato administrativo, que, aliás, no caso do lançamento, ocorre apenas quando da inscrição em dívida ativa (CTN, art. 204), algo que somente ocorre depois do julgamento pelo CARF, convém lembrar.

Em suma, tudo o que se diz contra o fim do voto de qualidade poderia, quando muito, embasar discussão política em torno de uma reforma no processo administrativo tributário. Não a inconstitucionalidade material do art. 28 da Lei 13.988/2020. Aliás, é curioso que o fim do voto de qualidade seja visto, por servidores fazendários, como algo contrário à Fazenda e favorável ao contribuinte, pois subjaz a esse pensamento, como premissa, a ideia de que o voto de qualidade – que deveria ser imparcial –, se proferido, seria favorável ao Fisco.

Quanto aos alegados vícios formais, tampouco há inconstitucionalidade. Nas hipóteses anteriores em que o STF considerou inconstitucionais eventuais "jabutis", tinham-se artigos inseridos para tratar de assuntos totalmente diversos, sendo certo que o grupo afetado pela alteração não teve qualquer oportunidade de participar ou influir no processo, pois nem sabia que aquela disposição estava a ser votada no meio de uma norma dedicada ao programa social referido. Não foi o que se deu com a Lei 13.988/2020, porque a lei trata de transação, forma não apenas de extinção do crédito tributário, mas de finalização de litígios, tal como as decisões do CARF, que também os encerram. Estimular o uso da transação e evitar levar ao Judiciário questões de legalidade duvidosa, que passam a ser resolvidas em prol do contribuinte ainda na via administrativa, são medidas convergentes com um mesmo objetivo: reduzir a litigiosidade tributária e a carga de processos levados ao Judiciário.

Em outros termos, nada mais razoável, nesse âmbito, que tratar na lei oriunda da MP também da regra que dispõe a respeito dos efeitos do empate no processo de controle da legalidade do crédito, que também é uma forma de resolução de litígio e de extinção do crédito tributário. Como se isso não bastasse, diversamente do caso dos técnicos em contabilidade, no caso da MP 899/2019, a lei oriunda da sua conversão, na qual supostamente se inseriu o "jabuti", foi posteriormente examinada, e sancionada (poderia ter sido vetada!) pelo Presidente da República, Chefe do Executivo, do qual fazem parte o Ministério da Economia e o CARF. Situação muito, muito diferente, a tornar inaplicável o precedente.

Por outro lado, se a Constituição tem algumas regras expressas "antijabuti", como a constante do art. 150, § 6º, da CF/88, não faz sentido considerar que tais práticas estariam vedadas de maneira ampla e irrestrita. Não pudesse, nunca, uma lei tratar de um assunto e ver-se inserido em seu corpo disposição para tratar de outro, qual o sentido da proibição constante do já citado art. 150, § 6º, da CF/88? Afinal, não seriam só as regras concessivas de isenção, anistia ou remissão, mas quaisquer outras.

Em verdade, além de chamar a atenção para a necessidade de aprimoramentos no processo tributário, notadamente no administrativo, a extinção do voto de qualidade suscita uma discussão da maior importância: qual o efeito da dúvida, da hesitação, da incerteza, da indefinição, presente objetivamente em órgãos da Administração Tributária relativamente à própria procedência da cobrança que se pretende levar a efeito? Na dúvida, empurra para a frente e o contribuinte que se vire, levando ao Judiciário o problema? Ou, na dúvida, não se exige, pois a diminuição do patrimônio do sujeito passivo, como fruto de uma exação tributária, demanda uma certeza razoável a respeito da validade da exigência? É preciso mudar essa cultura, de manter exigências de validade duvidosa e transferir sempre ao Judiciário a tarefa de as invalidar. Além de desigual, pois nem todos têm fôlego para prosseguir na discussão, e de assoberbar desnecessariamente juízes e tribunais, a medida é covarde: não se assumem responsabilidades, as quais são sempre dos juízes. "Para se preservar", autoridades chegam mesmo a cometer os maiores absurdos, e até aconselham suas vítimas a procurar a tutela jurisdicional para resolvê-los. Nesse contexto, o *in dubio pro contribuinte* da Lei 13.988 é um pequeno, mas importante passo rumo à correção dessa visão, que, embora equivocada, permeia toda a sociedade brasileira.

A resistência ao fim do voto de qualidade foi tamanha, contudo, que ele terminou por ser reintroduzido no ordenamento jurídico, primeiro pela MP 1.160/2023, que não foi aprovada pelo Congresso Nacional, mas que, depois de algum debate, teve parte de suas disposições aproveitadas na Lei 14.689/2023. Desse modo, atualmente, nos termos da Lei 14.689/2023, o voto de qualidade foi restabelecido, cabendo ao presidente do órgão votar uma segunda vez, ou ter seu voto computado duplamente. Estabeleceram-se, contudo, importantes consequências para a hipótese de o voto de qualidade desempatar a questão em favor da Fazenda Pública, a saber: (i) excluem-se as multas e cancela-se a representação penal para fins fiscais, mantendo-se apenas a exigência do tributo e dos juros; (ii) caso o contribuinte pague a exigência mantida por voto de qualidade, em até noventa dias, em vez de discuti-la judicialmente, excluem-se também os juros; e (iii) caso o contribuinte decida questionar judicialmente a exigência mantida por voto de qualidade, dispensa-se a apresentação de garantia judicial, se o contribuinte

Capítulo 3 · PROCESSO ADMINISTRATIVO TRIBUTÁRIO | **151**

for considerado dotado de "capacidade de pagamento", a ser demonstrada em cada caso nos termos do § 2º do art. 4º da Lei 14.689/2023.

3.2.3.10 Agravamento ou mudança na fundamentação da exigência e devido processo legal

Pode ocorrer de a decisão administrativa, seja de primeira instância, de segunda instância, ou de instância especial, concluir pela validade da exigência impugnada, mas por motivos distintos daqueles apresentados no ato administrativo questionado. Nesse caso, considerando-se que a defesa oferecida pelo contribuinte questionou os fundamentos do ato impugnado, e não os novos fundamentos que lhe foram inseridos pela autoridade julgadora, ao contribuinte deve ser dada oportunidade de oferecer *nova impugnação*.

É o que tem decidido o Conselho de Contribuintes – hoje Conselho Administrativo de Recursos Fiscais – do Ministério da Fazenda:

> "IRPJ – Processo Administrativo Fiscal. Mudança do fundamento jurídico do lançamento. Duplo grau de jurisdição. – Ocorrendo alteração no fundamento jurídico do lançamento, deve a autoridade julgadora monocrática reabrir prazo para o sujeito passivo impugnar a nova exigência tributária, permitindo assim que seja exercitado o mais amplo direito de defesa, como também que se observe o princípio do duplo grau de jurisdição. Recurso que se remete à repartição de origem para o fim proposto."[224]

> "Processo administrativo fiscal – Alteração do critério de lançamento – imprescindibilidade de intimação do contribuinte para nova impugnação. Alterando a autoridade lançadora o critério adotado para o lançamento do tributo, necessária a intimação da contribuinte para apresentar impugnação, ainda que se trate de critério já anteriormente adotado e depois abandonado em face de impugnação anterior apresentada no mesmo processo administrativo fiscal. No caso, houve inicialmente arbitramento de lucro. Posteriormente, em virtude de impugnação, foi realizada diligência, em que se admitiu a determinação pelo lucro real, mas se constatou omissão de receita por saldo credor de caixa. Em nova impugnação, a contribuinte requereu perícia, na qual se entendeu ser imprestável a escrita, pretendendo-se, pois, que prevalecesse o arbitramento. Para tanto, contudo, imprescindível a intimação da contribuinte para que, querendo, apresente nova impugnação. Recurso que se recebe como se impugnação fosse, para que a Autoridade de primeira instância decida como entender de direito."[225]

Essa mesma conclusão há de ser adotada, com muito mais razão, quando a instância julgadora (qualquer que seja) decide pelo *agravamento* da exigência, ou seja, quando a impugnação ou o recurso oferecidos pelo sujeito passivo dão ensejo à prolação de uma decisão ainda mais gravosa aos seus interesses que o próprio ato impugnado. Nesse caso, porque a revisão do ato administrativo implicou não apenas a manutenção do ato impugnado, mas também a prática de outro ato, que lhe é complementar, deve ser dada ao sujeito passivo a possibilidade de impugnar esse novo ato, sob pena de flagrante e brutal cerceamento ao seu direito de defesa.

---

[224] Acórdão nº 105-5.741, da 5ª C. do 1ª CC – mv – Rel. Cons. Sebastião Rodrigues Cabral – *DOU* I 21.1.1992, p. 770 – *Repertório IOB de Jurisprudência* nº 6/92, c. 1, p. 97.

[225] Acórdão nº 101-79.108, da 1ª C. do 1º CC – unânime – *DOU* I 19.9.1990, p. 17.899 – *Repertório IOB de Jurisprudência* nº 21/90, c. 1, p. 342.

152 | PROCESSO TRIBUTÁRIO – *Machado Segundo*

No plano federal, no processo de controle da legalidade do ato de lançamento, a necessidade de desmembramento do processo, com a possibilidade de oferecimento de impugnação à parte agravada, objeto do desmembramento, está explícita no § 3º do art. 18 do Decreto 70.235/72, que dispõe:

> "§ 3º Quando, em exames posteriores, diligências ou perícias, realizados no curso do processo, forem verificadas incorreções, omissões ou inexatidões de que resultem agravamento da exigência inicial, inovação ou alteração da fundamentação legal da exigência, será lavrado auto de infração ou emitida notificação de lançamento complementar, devolvendo-se, ao sujeito passivo, prazo para impugnação no concernente à matéria modificada."

O Conselho Administrativo de Recursos Fiscais, em atenção ao citado dispositivo, e ao princípio constitucional do devido processo legal, e à ampla defesa e ao contraditório que dele decorrem, tem considerado nulos os atos do processo administrativo praticados após o agravamento, quando não há o desmembramento e a oportunidade de nova impugnação. Confiram-se, a propósito, as seguintes ementas:

> "Processo Administrativo Fiscal – Decisão de Primeira Instância – Agravamento da exigência inicial procedida por DRJ – Nulidade. A competência atribuída às Delegacias da Receita Federal de julgamento nos termos do disposto no artigo 2º da Lei 8.748/93, não contempla a função de lançamento tributário, de modo a agravar a exigência impugnada, sob pena de nulidade do ato decisório nos termos do disposto no artigo 59 do Decreto 70.235/72. Recurso provido."[226]

> "Processo Administrativo Fiscal. A majoração do crédito tributário pela autoridade julgadora singular corresponde a lançamento de tributo, na parte agravada, impondo-se a devolução de instância em respeito ao duplo grau de jurisdição que preside o contencioso administrativo fiscal da União."[227]

> "[...] No desdobramento de processo com decisão de primeiro grau que agrava a exigência inicial, toda a matéria agravada deve ser transferida para o processo resultante do desdobramento. Quanto isso não ocorre e não há certeza sobre qual matéria está inserida em qual processo, a defesa do contribuinte resulta prejudicada e se enseja a declaração de nulidade a partir do ato de desdobramento."[228]

Assim, em conclusão, qualquer agravamento do ato inicialmente impugnado, porque implica a prática de um novo ato, oportuniza ao sujeito passivo o oferecimento de nova impugnação, com o início de um novo processo administrativo em relação à parte agravada. Como se trata de decorrência dos princípios constitucionais processuais, idêntica conclusão impõe-se no âmbito de quaisquer processos administrativos, de quaisquer outros entes

---

[226] Ac. un. da 7ª C. do 1º CC – rel. Maurílio Leopoldo Schimitt – Ac. nº 107-04.128 – *DOU* I 24.11.1998, p. 5 – *Revista Dialética de Direito Tributário* nº 41, p. 224.

[227] Ac. mv da 3ª C do 1º CC – nº 103-12.380 – Rel. Cons. Cândido Rodrigues Neuber – *DOU* I 9.11.1993 p. 16815 – *Repertório IOB de Jurisprudência* nº 1/94, c. 1, p. 5.

[228] Ac. nº 106.11148, un. da 6ª C. do 1º CC – Rel. Cons. Luiz Fernando Oliveira de Moraes – Recurso nº 13258 – j. 22.2.2000 – Processo nº 10410.000389/95-50.

tributantes (Estados-membros, Distrito Federal, Municípios), independentemente do que dispuser a legislação específica.

Naturalmente, o agravamento da exigência somente será possível enquanto não extinto pela decadência o direito da Fazenda Pública de fazê-lo.[229] Em outras palavras, só pode haver o agravamento da situação do sujeito passivo caso não se tenha consumado a decadência do direito da Fazenda Pública de praticar o ato que consiste no agravamento. Essa ressalva é da maior importância, especialmente porque o processo administrativo não raro se prolonga por período superior ao prazo de decadência do direito de lançar quantias complementares daquela objeto da impugnação. Suponha-se, por exemplo, que um contribuinte seja fiscalizado por agentes da Receita Federal durante o ano de 2011, e tenha contra si efetuado um lançamento de COFINS relativo a fatos ocorridos em fevereiro de 2007. Oferecida impugnação administrativa em 2011, esta vem a ser julgada apenas em 2014. Obviamente, ainda que nesse julgamento se conclua pela necessidade de agravar a exigência inicial, o Fisco não mais poderá fazê-lo, porque extinto pela decadência o seu direito de lançar as quantias correspondentes. Apenas a quantia já lançada poderá ser exigida.

3.2.3.11 Julgamento definitivo

Em homenagem ao princípio da segurança jurídica e da impossibilidade de serem perenizados os conflitos, o processo administrativo, assim como o processo judicial, possui um número finito de recursos, e hipóteses específicas nas quais tais recursos são cabíveis. Esgotados todos os recursos, ou não interpostos os ainda eventualmente disponíveis, diz-se que a decisão administrativa é definitiva. O mesmo ocorre quando o ato administrativo não é impugnado, e não há previsão legal para julgamento de ofício.

Caso conclua pela ilegalidade do ato impugnado, essa decisão extingue-o definitivamente, operando-se a chamada *preclusão administrativa*, da qual cuidaremos no item seguinte. Entretanto, na hipótese de o processo concluir pela validade do ato impugnado, total ou parcial, ter-se-á manifestação definitiva da administração a respeito dele. Nesse momento, essa manifestação da autoridade julgadora, em princípio, só judicialmente poderá ser questionada pelo administrado. Iniciam-se, então, os atos tendentes à *execução* da decisão.

Na hipótese específica de uma decisão que mantenha, no todo ou em parte, ato de lançamento, inicia-se a cobrança do valor finalmente considerado devido. Realiza-se, então, a chamada "cobrança amigável", ou "administrativa", que consiste no envio de correspondência ao sujeito passivo, para que este pague a dívida definitivamente apurada, sob pena de inscrição em dívida ativa e cobrança através de execução fiscal. Ressalte-se que se essa manutenção se der por voto de qualidade, no âmbito federal, abre-se a oportunidade para pagamento com exclusão de juros de mora e outras facilidades, como parcelamento e possibilidade de utilização de prejuízos de IRPJ e CSLL, nos termos do art. 25-A do Decreto 70.235/72, inserido pela Lei 14.689/2023.

---

[229] Trata-se de imposição do parágrafo único do art. 149 do CTN, o qual, aliás, possui evidente imprecisão terminológica. Como adverte Alberto Xavier, "a revisão não somente deve 'iniciar-se', mas também 'concluir-se' dentro do prazo decadencial assinalado por lei para o exercício do próprio poder de lançar" (*Do Lançamento – Teoria Geral do Ato, do Procedimento e do Processo Tributário*, 2. ed. Rio de Janeiro: Forense, 1997, p. 248).

3.2.3.11.1 Coisa julgada administrativa ou preclusão administrativa

É importante repetir que, concluído o processo administrativo, seja porque foram percorridas todas as instâncias disponíveis, seja porque recursos eventualmente ainda cabíveis não foram oportunamente manejados, opera-se a chamada *preclusão administrativa*, também chamada por alguns autores como *coisa julgada administrativa*, que significa a imodificabilidade da decisão pela Administração Pública.

Para Hely Lopes Meirelles,

> "[...] o que ocorre nas decisões administrativas finais é, apenas, preclusão administrativa, ou a irretratabilidade do ato perante a própria Administração. É sua imodificabilidade na via administrativa, para estabilidade das relações entre as partes. Por isso, não atinge nem afeta situações ou direitos de terceiros, mas permanece imodificável entre a Administração e o administrado destinatário da decisão interna do Poder Público".[230]

Com precisão e didática, Valmir Pontes, saudoso professor de Direito Administrativo da UFC, há muito tempo ensina que

> "a coisa julgada é instituto de Direito Processual, protegido entre nós pela Constituição Federal. A coisa julgada significa situação particular ou individual definitivamente decidida pelo Poder Judiciário, sem possibilidade de recurso algum. Só as decisões do Poder Judiciário podem produzir coisa julgada. Assim, é impróprio, ou impertinente, falar em coisa julgada fora do âmbito das decisões do Poder Judiciário.
>
> Mas, por extensão, se aplica às decisões do poder administrativo, quando definitivas, isto é, insuscetíveis de qualquer recurso, a conceituação de coisa julgada. Diz-se, então, que as decisões finais ou definitivas da administração pública, proferidas sobre os recursos administrativos, constituem *coisa julgada administrativa,* para significar que as matérias, apreciadas e resolvidas por aquelas decisões, não podem mais ser objeto de exame ou apreciação pela própria administração".[231]

No âmbito do processo administrativo a Administração exerce a chamada *autotutela vinculada*, mais propriamente denominada *autocontrole*. Assim, a decisão definitiva proferida no âmbito de um processo administrativo é a palavra final da Administração Pública sobre a questão ali discutida, que por isso mesmo só pode ser impugnada judicialmente, e pelo administrado (nunca pela própria administração).

Valmir Pontes, a propósito, adverte que

> "as decisões proferidas pelos órgãos ou autoridades administrativas, na apreciação dos recursos que lhes sejam submetidos, constituem *julgamentos administrativos*. [...] Mas não são julgamentos definitivos, ou conclusivos, como o são os julgamentos do Poder Judiciário, a não ser quando favoráveis aos administrados, hipótese em que as decisões administrativas possuem caráter vinculativo para a administração, que não poderá recuar para modificar os seus atos em prejuízo dos particulares neles interessados".[232]

---

[230] Hely Lopes Meirelles, *Direito Administrativo Brasileiro*, 22. ed. São Paulo, Malheiros, 1997, p. 589.
[231] Valmir Pontes, *Programa de Direito Administrativo,* 2. ed., São Paulo: Sugestões Literárias, 1968, p. 77.
[232] Valmir Pontes, *Programa de Direito Administrativo*, 2. ed., São Paulo: Sugestões Literárias, 1968, p. 77.

No mesmo sentido, Francisco Campos observa, com apoio em Walter Jellinek e Ludwig von Köhler, que os atos administrativos que têm por conteúdo uma decisão devem ter eficácia de *res judicata*, "particularmente quando a decisão é tomada mediante processo, ou com a audiência e a contradição da outra parte".[233] Em casos assim, vale dizer, quando a lei "prescreva à administração um processo contraditório, ou do qual participem os interessados", diz Francisco Campos, "nenhum motivo existe para que à decisão proferida pela administração não se atribua a força própria da coisa julgada, isto é, a forma de vincular a Administração às próprias decisões, no sentido de não poderem as mesmas ser modificadas ou revogadas por ela".[234]

Nem se invoque, aqui, o chamado *poder hierárquico*, em face do qual a autoridade superior àquela prolatora da decisão definitiva poderia "revisá-la" a qualquer tempo e por qualquer razão, até mesmo de ofício. Os julgamentos realizados no âmbito de um processo administrativo não se confundem com atos administrativos típicos, não se lhes aplicando o chamado "poder hierárquico". São atos com feições jurisdicionais, praticados no âmbito de um processo contraditório e disciplinado em lei, no qual é feito o controle interno da legalidade dos atos da administração. Exatamente por isso, as autoridades julgadoras por definição não podem estar submetidas ao citado poder. Do contrário, um órgão de julgamento estadual jamais poderia considerar *ilegal* um ato normativo assinado pelo Secretário de Fazenda, o que seria simplesmente absurdo.

No Processo Administrativo Tributário, não é o poder hierárquico que fundamenta a existência e a interposição de recursos. E, ainda que o fosse, teria tal poder necessariamente de ser exercido na forma e dentro dos prazos previstos em lei. Esgotados os recursos previstos em lei, a Administração não mais poderia "rever" a decisão correspondente.[235] Trata-se de decorrência do princípio do devido processo legal, considerado em seus aspectos formal e substancial. Sem o reconhecimento da definitividade de tais decisões, *em relação à Administração Pública*, o processo administrativo não faria sentido algum.[236] Seria pura perda de tempo.[237]

---

[233] Francisco Campos, *Direito Administrativo*, Rio de Janeiro: Freitas Bastos, 1958, v. II, p. 100.

[234] Francisco Campos, *Direito Administrativo*, Rio de Janeiro: Freitas Bastos, 1958, v. II, p. 23.

[235] A propósito, Alberto Xavier destaca que sistemas "baseados numa ilimitada revisibilidade dos atos tributários por iniciativa da Administração só podem conceber-se em ordens jurídicas de inspiração totalitária, avessas à ideia de segurança jurídica, como a do nacional-socialismo alemão que, no § 19 da *Steuereinfachungsverordnung*, de 14 de setembro de 1944, autorizava a Administração fiscal a corrigir, sem quaisquer limites, os erros das suas decisões" (*Do Lançamento – Teoria Geral do Ato, do Procedimento e do Processo Tributário*, 2. ed. Rio de Janeiro: Forense, 1997, p. 247).

[236] Também não é possível a revisão de decisões administrativas definitivas pelo Tribunal de Contas. Nesse sentido, o STF decidiu, considerando que o Tribunal de Contas é órgão auxiliar do Legislativo, e que o processo administrativo é modalidade de controle *interno* da Administração Pública, que "não cabe ao Poder Legislativo apreciar recursos interpostos contra decisões tomadas em processos administrativos nos quais se discuta questão tributária". Do contrário, entendeu o STF, a nosso ver com inteiro acerto, haveria violação ao art. 2º e ao art. 70 da CF/88 (STF, Pleno, ADI N. 523-PR, Rel. Min. Eros Grau).

[237] Francisco Campos observa que "admitir que a Administração possa renovar indefinidamente o exame da situação individual, com o poder de modificar a decisão por ela tomada anteriormente" é o mesmo que admitir que "são, no fundo, destituídas de qualquer seriedade ou consistência, ou que, em substância, os direitos individuais estão sujeitos, na esfera administrativa, a um regime de tratamento que se caracteriza pela futilidade ou versatilidade de opinião, em contraste com o fim que a lei teve em mira ao conferir à autoridade administrativa o poder de decisão, cujo fundamento está, precisamente, na necessidade ou na conveniência de criar um estado de certeza que permita à

156 PROCESSO TRIBUTÁRIO – *Machado Segundo*

3.2.3.11.2 Impossibilidade de questionamento judicial pela própria Administração

Ainda como consequência de o processo administrativo representar forma de *autocontrole*, ou seja, de controle interno da legalidade dos atos da administração, uma decisão proferida no âmbito de tal processo não pode ser judicialmente questionada pela própria administração. Se, por exemplo, um contribuinte questiona administrativamente a validade de um auto de infração, e obtém, junto ao órgão de julgamento administrativo, acórdão que considera inválido o referido auto, a Administração não pode pretender o "desfazimento" judicial da referida decisão administrativa.

Nem se argumente, em oposição, que isso representaria ofensa ao inciso XXXV do art. 5º da CF/88, que garante a inafastabilidade da tutela jurisdicional. Na verdade, não se trata de negar o acesso ao Judiciário, mas de não admitir que alguém ingresse em juízo contra si mesmo, o que é bem diferente. Quando um processo administrativo é concluído de modo favorável ao cidadão, é a própria administração, através de um de seus órgãos, que assim o *reconhece*. Seria insólito admitir que a Administração questionasse judicialmente um ato dela própria, pois isso colocaria o ente público correspondente na condição de autor e réu da mesma ação.

Na verdade, os atos administrativos, quando eivados de vícios, podem ser anulados pela própria Administração. É o chamado *autocontrole* ao qual já nos referimos. Assim, caso a decisão administrativa ainda comporte recurso, cabe à Administração interpô-lo. Se de citada decisão não mais cabe recurso, opera-se a *preclusão* à qual nos reportamos no item anterior. Em qualquer hipótese, não há espaço para impugnação judicial por parte da Administração, pois foi *ela mesma que, exercendo o autocontrole*, reconheceu o direito do contribuinte através da decisão administrativa.

A preclusão administrativa e a impossibilidade de impugnação judicial por parte da administração decorrem, em última análise, de uma questão de atribuição de competência. O Poder Público é composto de *órgãos*, cada um dotado de competência para o exercício de determinadas funções. Quando há decisão administrativa *definitiva*, tem-se que foi a Administração, através do órgão competente, que decidiu pela validade, ou invalidade, do ato impugnado pelo contribuinte. Assim, outros órgãos, como Procuradorias de Fazenda, Coordenações de Arrecadação etc., simplesmente não têm competência para rever tal decisão, e o ente público por eles integrado não tem *interesse de agir* para questionar judicialmente um ato dele próprio.

Trata-se, mais uma vez, de imposição do princípio do devido processo legal. Além de todos os aspectos acima apontados, se admitíssemos que a Administração Pública pode ingressar em juízo contra decisões dela própria, nas quais reconhece a ilegalidade de seus atos, o processo administrativo seria completamente inútil.[238]

---

ação administrativa desenvolver-se com firmeza, continuidade e segurança" (*Direito Administrativo*, Rio de Janeiro: Freitas Bastos, 1958, v. II, p. 25). Nesse sentido, o STJ já decidiu que "em observância ao princípio da segurança jurídica, o administrado não pode ficar à mercê de posterior revisão de decisão definitiva em processo administrativo regularmente prolatada" (STJ, 2ª T., REsp 572.358/CE, Rel. Min. João Otávio de Noronha, j. em 10.10.2006, v. u., *DJ* de 6.12.2006, p. 239).

[238] No mesmo sentido: Schubert de Farias Machado. "A decisão definitiva no processo administrativo tributário e o ingresso da Fazenda Pública em juízo", em *Revista Dialética de Direito Tributário* nº 76, São Paulo: Dialética, Janeiro de 2002, p. 102.

3.3 Prazo para conclusão do processo administrativo

O princípio da segurança jurídica impõe, como sabido, limitações temporais ao exercício de certos direitos (decadência), bem como à possibilidade de se exigir do Poder Judiciário que impila terceiros a adimpli-los (prescrição). Isso faz com que, no âmbito da relação tributária, sejam fixados prazos de decadência do direito de lançar, e de prescrição da ação de execução das quantias lançadas.

Contudo, entre esses dois momentos (o lançamento e a execução da quantia lançada), existe o processo administrativo de controle interno da legalidade do ato de lançamento, o qual suspende a exigibilidade do crédito tributário, e para o qual, aparentemente, não existem limitações temporais explícitas.

Coloca-se, então, a questão de saber se a Fazenda Pública possui um prazo dentro do qual tenha de concluir o processo administrativo de controle da legalidade de seus atos, especialmente quando se tratar de processo de controle da legalidade do ato de lançamento.

O STF, ao decidir a questão relacionada aos prazos de decadência do direito de lançar e prescrição da ação de execução, deixou implícita a inexistência de prazo para a conclusão do processo administrativo de controle da legalidade do lançamento tributário, conforme se depreende das seguintes ementas:

> "Prazos de prescrição e de decadência em direito tributário.
> Com a lavratura do auto de infração, consuma-se o lançamento do crédito tributário (art. 142 do C.T.N.). Por outro lado, a decadência só é admissível no período anterior a essa lavratura; depois, entre a ocorrência dela e até que flua o prazo para a interposição do recurso administrativo, ou enquanto não for decidido o recurso dessa natureza de que se tenha valido o contribuinte, não mais corre prazo para decadência, e ainda não se iniciou a fluência de prazo para prescrição; decorrido o prazo para interposição do recurso administrativo, sem que ela tenha ocorrido, ou decidido o recurso administrativo interposto pelo contribuinte, há a constituição definitiva do crédito tributário, a que alude o artigo 174, começando a fluir, daí, o prazo de prescrição da pretensão do fisco.
> É esse o entendimento atual de ambas as turmas do S.T.F.
> Embargos de divergência conhecidos e recebidos."[239]

> "Crédito Tributário. Extinção. Decadência e Prescrição. O Código Tributário Nacional estabelece três fases inconfundíveis: a que vai até a notificação do lançamento ao sujeito passivo, em que corre prazo de decadência (art. 173, I e II); a que se estende da notificação do lançamento até a solução do processo administrativo, em que não correm prazos de decadência, nem de prescrição, por estar suspensa a exigibilidade do crédito tributário (art. 151, III); a que começa na data da solução final do processo administrativo, quando corre prazo de prescrição da ação judicial da Fazenda (art. 174)."[240]

O exame do inteiro teor das decisões transcritas revela que a controvérsia deslindada não tratava especificamente de um prazo para a conclusão do processo administrativo de controle da legalidade do lançamento. Discutia-se a questão dos termos finais e iniciais dos prazos de decadência e prescrição, que foram afinal devidamente fixados pelo STF.

---

[239] Ac. un. do Plenário do STF – Rel. Min. Moreira Alves – ERE 94.462/SP – *DJU* de 17.12.1982, p. 13209 – Ementário v. 1280/6, p. 1390 – *RTJ* 106/01, p. 263.

[240] Ac. un. da 2ª T. do STF – Rel. Min. Décio Miranda – RE 95.365-5/MG – *DJ* de 4.12.1981 – Ementário nº 1.237-3 – Inteiro teor obtido na Internet, em <www.stf.gov.br>.

158 | PROCESSO TRIBUTÁRIO – *Machado Segundo*

Temos por certo que um prazo relativo a essa fase não seria nem de decadência, de que não mais se cogita, pois o Fisco já exerceu o direito potestativo de constituir o crédito tributário, nem propriamente de prescrição, que ainda não se iniciou, uma vez que a exigibilidade do crédito restara suspensa. É o que defende Marco Aurélio Greco, para quem o citado prazo é de *perempção*:

> "Este tipo de prazo juridicamente determinado não é tecnicamente nem de decadência (pois não há propriamente um específico direito potestativo a ser exercido), nem de prescrição, pois não se trata de iniciar o processo judicial. Este prazo, que tem natureza específica, corresponde ao que a doutrina conhece por prazo de perempção.
>
> Noção deste instituto em se tratando de matéria administrativa encontramos, por exemplo, na Enciclopedia del Diritto (vol. XXXIII), onde se lê:
>
> 'Perenzione è la denominazione normativa del modo di estinzione dei processi amministrativi per abbandono.' (perempção é a denominação normativa do modo de extinção do processo administrativo pelo abandono).
>
> Quer dizer, o prazo estabelecido para a conclusão de um procedimento, sob pena de sua extinção, corresponde a um prazo de perempção."[241]

Existe, contudo, previsão de citado prazo no direito positivo brasileiro?

Parece-nos que sim, podendo o mesmo ser tido como implícito no art. 173, parágrafo único, do CTN.

É certo que o citado artigo não cuida, explicitamente, da hipótese de perempção. Refere-se, em verdade, a uma antecipação do termo inicial da decadência, no caso de tributos submetidos ao prazo de que cuida o *caput* do art. 173, conforme foi visto no item 2.8.3, *supra*. Entretanto, dele pode ser extraída a existência de um prazo de perempção, de cinco anos, dentro do qual a Administração Pública há de concluir o processo administrativo. Em outros termos, se, para ultimar o lançamento tido como "provisório" pelo Pretório Excelso, o Fisco dispõe de cinco anos, o mesmo prazo, por consequência, limitará no tempo o exercício de seu dever de torná-lo definitivo, dando cabo à fase contraditória de controle de sua legalidade.[242]

Aliás, se o CTN prevê prazos para a decadência e a prescrição em nome da segurança jurídica, seria inadmissível que deixasse em aberto um prazo intermediário, o que instauraria a insegurança jurídica, estiolando praticamente a finalidade em razão da qual estabelecera aqueles prazos.[243] É irrazoável estabelecer um prazo de decadência, e outro de prescrição, se entre eles há um hiato infinito que é o tempo para a conclusão do processo administrativo.

Tem o Fisco, por conseguinte, de impulsionar o processo administrativo de controle da legalidade do crédito tributário, sob pena de sua extinção definitiva pela perempção. Essa interpretação se nos afigura, entre as formalmente possíveis dentro do quadro ou moldura que

---

[241] Marco Aurélio Greco, "Perempção no Direito Tributário", publicado em *Princípios Tributários no Direito Brasileiro e Comparado – Estudos em Homenagem a Gilberto de Ulhôa Canto*, Rio de Janeiro: Forense, 1988, p. 508.

[242] Cfr. Hugo de Brito Machado Segundo e Paulo de Tarso Vieira Ramos, "Lançamento Tributário e Decadência", em *Lançamento Tributário e Decadência*, coord. Hugo de Brito Machado, São Paulo/Fortaleza: Dialética/ICET, 2002, p. 270.

[243] No dizer de Marco Aurélio Greco, haveria uma "neutralização de toda a sistemática de prazos, pois estes pouco significariam, especialmente o de prescrição, se o processo administrativo pudesse demorar quinze ou vinte anos, ou mesmo indefinidamente" ("Perempção no Direito Tributário", publicado em *Princípios Tributários no Direito Brasileiro e Comparado – Estudos em Homenagem a Gilberto de Ulhôa Canto*, Rio de Janeiro: Forense, 1988, p. 504). Conferir ainda, do mesmo autor: *Dinâmica da tributação*: uma visão funcional, 2. ed., Rio de Janeiro: Forense, 2007, p. 212 ss.

nos fornecem as normas contidas no CTN, a única capaz de conciliar a sistemática de prazos adotada pelo legislador complementar com os princípios constitucionais da razoabilidade e da segurança jurídica. Pode eventualmente ocorrer, é certo, de o processo administrativo demorar mais de cinco anos em face da elevada complexidade da matéria, e do intenso exercício (e do efetivo respeito) do direito de defesa do impugnante. Pode ocorrer, por exemplo, de mostrar-se necessária a realização de uma perícia, que, em face de alguns vícios, é depois refeita a pedido do próprio contribuinte. Nesses casos, note-se, *não* há a perempção, embora decorram mais de cinco anos desde o início até a data da conclusão do processo administrativo, pois a Administração não deixou por cinco anos *abandonado* o processo.

A necessidade de uma delimitação temporal ao processo administrativo fiscal levou doutrinadores de respeito a vislumbrarem, nessa situação de abandono, a ocorrência da chamada *prescrição intercorrente*.[244] A tese é consistente, e, a nosso ver, apenas adota outra nomenclatura para uma mesma realidade jurídica. Preferimos o termo perempção, apenas, por conta dos já transcritos pronunciamentos do STF, nos quais se afirma que o *termo inicial* do prazo prescricional é a constituição "definitiva" do crédito tributário, ou seja, a data da conclusão do processo administrativo correspondente.

Pode-se, porém, afirmar que os citados julgados laboraram – neste ponto – em equívoco, ou em imprecisão, justificável exatamente porque não era o prazo para a conclusão do processo administrativo o problema que lhe estava sendo submetido. Assim, poder-se-ia admitir o emprego do termo *prescrição intercorrente*, principalmente porque, no caso, o crédito já foi constituído, e há a extinção apenas do direito de propor a ação de execução fiscal (prescrição), por inércia do exequente (precisamente o abandono do processo administrativo).

É certo que o oferecimento da impugnação suspende a exigibilidade do crédito tributário, suspendendo também o curso da prescrição. Mas se o Fisco abandona o processo por mais de cinco anos, já não se pode dizer que é o simples oferecimento de uma impugnação que o está impedindo de propor a execução fiscal: é o abandono do processo – que implica a indevida não-apreciação da impugnação – que enseja a demora na propositura da execução, sendo plenamente cabível falar-se, sim, em prescrição intercorrente.

Na verdade, as duas teses – da perempção e da prescrição intercorrente – não são contraditórias, mas sim completam uma à outra. A inércia da Fazenda Pública e o abandono do processo implicam a sua extinção pela perempção, e, como consequência, levam à extinção do direito de propor a ação de execução fiscal e, por conseguinte, do próprio crédito tributário (CTN, art. 156, V).

A jurisprudência do antigo TFR manifestou-se algumas vezes no sentido de *acolher* a tese da prescrição intercorrente:

> "Execução fiscal. Multa aplicada pelo IAA Processo Administrativo que permaneceu paralisado por longos oito anos, sem culpa do contribuinte. Hipótese em que se tem por verificada a prescrição intercorrente, extintiva da pretensão executória do crédito fiscal. Apelação provida."[245]

---

[244] Marcos Rogério Lyrio Pimenta, "A prescrição intercorrente no processo administrativo tributário", publicado na *Revista Dialética de Direito Tributário* nº 71, p. 119; Djalma Bittar, "Prescrição intercorrente em processo administrativo de consolidação do crédito tributário", publicado na *Revista Dialética de Direito Tributário* nº 72, p. 18.

[245] Ac. un. da 4ª T. do TFR – AC 161.096-PR – *DJU* I de 27.2.1989.

160 | PROCESSO TRIBUTÁRIO – *Machado Segundo*

"Processual civil. Prescrição intercorrente só tem lugar, tratando-se de execução fiscal, quando o feito permanece paralisado, por tempo igual ou superior a 05 (cinco) anos, por culpa exclusiva da exequente. Recurso provido. Ag 49852-RS (7904908) rel. Min. Carlos Mario Velloso. DJ 06/11/86. Execução fiscal. Contribuições previdenciárias. Embargos. Prescrição intercorrente. Se o procedimento administrativo fiscal ficou paralisado oito anos, por culpa exclusiva das autoridades fazendárias, e de ser proclamada a prescrição intercorrente. Apelação provida."[246]

Não obstante, no STJ, Corte atualmente competente para o julgamento da matéria, já existe decisão em sentido contrário, ou seja, decisão que considera *inexistir* qualquer prazo para que seja concluído o processo administrativo de controle da legalidade do lançamento.[247] É o que se depreende, também, de sua Súmula 622, segundo a qual a "notificação do auto de infração faz cessar a contagem da decadência para a constituição do crédito tributário; exaurida a instância administrativa com o decurso do prazo para a impugnação ou com a notificação de seu julgamento definitivo e esgotado o prazo concedido pela Administração para o pagamento voluntário, inicia-se o prazo prescricional para a cobrança judicial."

O STF, por sua vez, na ADI 124/SC, relatada pelo Ministro Joaquim Barbosa, se por um lado acena no sentido da conveniência de que exista tal prazo, por outro afirma que, no momento, ele não existe. É conferir:

"CONSTITUCIONAL. TRIBUTÁRIO. NORMA DO ESTADO DE SANTA CATARINA QUE ESTABELECE HIPÓTESE DE EXTINÇÃO DO CRÉDITO TRIBUTÁRIO POR TRANSCURSO DE PRAZO PARA APRECIAÇÃO DE RECURSO ADMINISTRATIVO FISCAL. CONSTITUIÇÃO DO ESTADO, ART. 16. ATO DAS DISPOSIÇÕES CONSTITUCIONAIS TRANSITÓRIAS DA CONSTITUIÇÃO ESTADUAL, ART. 4º. ALEGADA VIOLAÇÃO DO ART. 146, III, B, DA CONSTITUIÇÃO. A determinação do arquivamento de processo administrativo tributário por decurso de prazo, sem a possibilidade de revisão do lançamento equivale à extinção do crédito tributário cuja validade está em discussão no campo administrativo. Em matéria tributária, a extinção do crédito tributário ou do direito de constituir o crédito tributário por decurso de prazo, combinado a qualquer outro critério, corresponde à decadência. Nos termos do Código Tributário Nacional (Lei 5.172/1996), a decadência do direito do Fisco ao crédito tributário, contudo, está vinculada ao lançamento extemporâneo (constituição), e não, propriamente, ao decurso de prazo e à inércia da autoridade fiscal na revisão do lançamento originário. Extingue-se um crédito que resultou de lançamento indevido, por ter sido realizado fora do prazo, e que goza de presunção de validade até a aplicação dessa regra específica de decadência. O lançamento tributário não pode durar indefinidamente, sob risco de violação da segurança jurídica, mas a Constituição de 1988 reserva à lei complementar federal aptidão para dispor sobre decadência em matéria tributária. Viola o art. 146, III, b, da Constituição federal norma que estabelece hipótese de decadência do crédito tributário não prevista em lei complementar federal. Ação direta de inconstitucionalidade conhecida e julgada procedente."

---

[246] Ac. do TFR – AC 96.666-RJ (5811481). Rel. Min. Ilmar Galvão – *DJU* I de 18.9.1986.

[247] Confira-se, por exemplo, o REsp nº 435.896-SP, relatado pela Ministra Eliana Calmon, e cujo inteiro teor está publicado na *Revista Dialética de Direito Tributário* nº 100, p. 158 a 165. Embora não se discutisse especificamente o "abandono" do processo administrativo por mais de cinco anos, a Ministra relatora consignou, em seu voto, que não corre nenhum prazo, de nenhuma natureza, no hiato existente entre a feitura do ato de lançamento e o julgamento administrativo definitivo do processo que se origina com sua impugnação.

Capítulo 3 · PROCESSO ADMINISTRATIVO TRIBUTÁRIO | 161

Pelo que se vê, o STF não só afirmou (mero *obiter dictum*, é certo) a inexistência do tal prazo em lei complementar, como declarou a inconstitucionalidade de lei estadual que fixava um prazo dessa natureza, por ofensa ao art. 146, III, *b*, da CF/88.

Vale registrar, finalmente, que a jurisprudência tem decidido, em relação a processos administrativos de restituição do indébito tributário, pela aplicação do prazo previsto no art. 49 da Lei 9.784/99 (30 dias a partir do término da instrução), ou no art. 24 da Lei 11.457/2007 (360 dias a contar da data do protocolo da petição), a depender da data em que protocolado o requerimento de cuja apreciação se cogita.[248] A pena aplicada ao descumprimento do prazo, contudo, não tem sido a extinção do crédito da Fazenda (no caso de processo administrativo de controle da legalidade do lançamento), nem a declaração do direito do contribuinte (no caso de pedido de restituição), mas o estabelecimento de multa diária, ou, em entendimento acolhido pelo STJ, o estabelecimento da "mora" do Fisco a partir dos aludidos 360 dias, no caso de pedido de aproveitamento de créditos escriturais, os quais, em regra, não seriam passíveis de atualização.[249]

3.4 Inscrição em dívida ativa

Após a conclusão de um processo administrativo de controle da legalidade do lançamento, caso seja mantido, no todo ou em parte, o crédito tributário, este se considera, nas palavras do CTN, "definitivamente constituído". Deve ser feita, então, a chamada cobrança amigável, depois da qual a quantia devida deve ser inscrita em dívida ativa e executada judicialmente.

Naturalmente, quantias lançadas e não impugnadas, uma vez não recolhidas em face da chamada cobrança amigável, devem ser igualmente inscritas em dívida ativa e exigidas em ação de execução fiscal.

Além de outros requisitos – dos quais cuidaremos no capítulo seguinte –, a Certidão de Dívida Ativa deverá conter, sob pena de nulidade, a referência ao processo administrativo que a originou. Essa formalidade possibilita que se conheça a origem da dívida consubstanciada na CDA, os fatos que a geraram, seu fundamento legal etc., sendo, portanto, essencial ao controle da validade do crédito executado, em juízo, em sede de embargos à execução. O Superior Tribunal de Justiça tem entendido, com acerto, que a ausência de menção ao processo administrativo é causa para a nulidade da CDA:

> "EXECUÇÃO FISCAL – CDA – AUSÊNCIA DE MENÇÃO AO PROCESSO ADMINISTRATIVO – NULIDADE
>
> O termo de inscrição da dívida ativa indicará, obrigatoriamente, o número do processo administrativo de que se originou o crédito, acarretando, sua ausência, causa de nulidade da inscrição e do procedimento dela decorrente. Recurso improvido."[250]

---

[248] Confiram-se, a esse respeito, as decisões constantes da *RDDT* 145, p. 211-213.

[249] "2. Incidência do enunciado n. 411, da Súmula do STJ:'É devida a correção monetária ao creditamento do IPI quando há oposição ao seu aproveitamento decorrente de resistência ilegítima do Fisco' e do recurso representativo da controvérsia REsp. nº 1.035.847 – RS, Primeira Seção, Rel. Min. Luiz Fux, julgado em 24.6.2009. [...] 3. Por força do art. 24 da Lei 11.457/07, o Fisco deve ser considerado em mora a partir do término do prazo de 360 (trezentos e sessenta) dias contado da data do protocolo do pedido de ressarcimento. Cabendo, a partir daí, a correção monetária. [...] Precedente: recurso representativo da controvérsia REsp. n. 1.138.206/RS, Primeira Seção, Rel. Min. Luiz Fux, julgado em 9.8.2010. [...]" (STJ, 2ª T., AgRg no REsp 1353195/SP, *DJe* de 5.3.2013).

[250] Ac. da 1ª T. do STJ – REsp. 212.974/MG – 99.0039844-0 – Rel. Min. Garcia Vieira – *DJU* de 27.9.1999, p. 58 – *Revista de Estudos Tributários* nº 10, nov./dez. 99, p. 97.

É importante referir que o ato de inscrição em dívida ativa não é mera formalidade automática. Trata-se de mais uma forma de controle interno da legalidade dos atos da Administração Pública, conforme dispõe o art. 2º, § 3º, da Lei 6.830/80.[251] Naturalmente, o Procurador responsável pela inscrição não poderá fazer um "julgamento" de todo o mérito da exigência, pois não é instância julgadora, mas poderá corrigir erros relacionados ao ato de inscrição. Pode ocorrer, por exemplo: (a) o julgador administrativo acolhe defesa do contribuinte, extinguindo o crédito tributário, mas por erro o valor correspondente é encaminhado para inscrição em dívida ativa; (b) o crédito a ser inscrito é considerado inconstitucional pelo STF, no âmbito do controle concentrado de constitucionalidade; (c) o valor a ser inscrito corresponde a crédito tributário que já foi pago, parcelado, compensado com créditos do sujeito passivo etc. Em quaisquer dessas hipóteses, o Procurador responsável pela inscrição não deverá efetuá-la, ou a deverá cancelar, por provocação do sujeito passivo, ou mesmo independentemente de qualquer provocação, desde que por meio de ato devidamente fundamentado.

Em virtude da nova redação[252] do art. 185 do CTN, a partir da inscrição do débito em dívida ativa presume-se fraudulenta a alienação de patrimônio levada a efeito pelo sujeito passivo, caso não remanesçam bens em valor suficiente para a satisfação do débito.[253] Essa presunção, nos termos da jurisprudência do STJ,[254] independe de prova da má-fé do alienante ou de conluio deste com o adquirente dos bens.

Vale lembrar, finalmente, em relação aos tributos administrados pela Receita Federal do Brasil, que a inscrição em dívida ativa não se confunde com a inscrição no CADIN, sigla sob a qual é conhecido o Cadastro Informativo de Créditos Não Quitados do Setor Público Federal, disciplinado pela Lei 10.522/2002. Enquanto a inscrição em dívida ativa é ato de controle de legalidade praticado pela Fazenda Nacional a fim de concluir o processo de formação do título executivo (com a emissão da respectiva CDA) e viabilizar a propositura da execução fiscal, a inscrição no CADIN presta-se apenas para permitir o controle, pelo Fisco, de contribuintes

---

[251] Como adverte Alberto Xavier, trata-se de "um controle suplementar da legalidade do lançamento, efetuado pela própria Administração, que pode ter por efeito impedir a instauração de processos de execução infundados" (Cfr. *Do Lançamento: Teoria Geral do Ato, do Procedimento e do Processo Tributário*, 2. ed., Rio de Janeiro: Forense, 1997, p. 398).

[252] Antes da alteração que nele foi efetuada pela LC nº 118/05, o art. 185 do CTN exigia, para que se presumisse fraudulenta a alienação, que a dívida estivesse em fase de execução. Por isso, sua aplicação só era admitida pela jurisprudência em relação às alienações ocorridas depois da citação do sujeito passivo na ação de execução fiscal.

[253] "(...) Não há como se presumir a alienação fraudulenta quando de tal operação não decorrer de situação de insolvência do devedor. 2. A alienação de bens isoladamente considerada não é capaz de atrair a presunção de que trata o art. 185 do CTN, vez que esta somente pode ser entendida como fraudulenta quando ocasiona a diminuição patrimonial do executado. [...]" (STJ, 2ª T, REsp 493.131/ RS, Rel. Min. Eliana Calmon, j. em 4.8.2005, *DJ* de 10.10.2005, p. 282).

[254] Precedente da Primeira Seção submetido ao rito do artigo 543-C, do CPC/73: REsp 114.1990/PR, Rel. Min. Luiz Fux, julgado em 10.11.2010, *DJe* 19.11.2010. Como se vê, a jurisprudência do STJ mudou radicalmente, nesse ponto. Isso porque, conforme noticiado em edições anteriores deste livro, aquela Corte tinha entendimento pacífico no sentido de que, apesar da literalidade do art. 185 do CTN, não bastaria, para que se presumisse a fraude à execução, que o devedor tivesse alienado bens depois de haver sido inscrito o débito em dívida ativa (ou citado, relativamente ao período anterior à vigência da LC nº 118/05), sem reservar bens suficientes ao pagamento da execução. Considerava-se preciso, ainda, que o credor comprovasse a existência de má-fé, ou de conluio, entre o executado e o terceiro, a qual seria revelada, por exemplo, se se demonstrasse que o terceiro tinha conhecimento do débito (Cf., *v. g.*, STJ, 1ª T, AgRg no REsp 726.549/RS, Rel. Min. Francisco Falcão, j. em 14.6.2005, *DJ* de 29.8.2005, p. 210).

Capítulo 3 · PROCESSO ADMINISTRATIVO TRIBUTÁRIO | **163**

considerados inadimplentes, para permitir a aplicação das restrições relativas à concessão de financiamentos, de incentivos, à contratação com o Poder Público etc. Tanto que, uma vez determinada a suspensão da exigibilidade do crédito tributário (ou garantida a dívida em sede de execução fiscal), afigura-se inconstitucional manter a sua inscrição no CADIN, que passa a funcionar como oblíquo instrumento de cobrança, à margem do *due process of law.*[255]

Vale mencionar, ainda, que, com o advento da Lei 13.606/2018, a inscrição em dívida ativa, no âmbito federal, enseja a notificação do contribuinte para que pague o débito em até cinco dias, sob pena de bloqueio de seus bens e inscrição do nome do devedor nos cadastros de proteção de crédito. Trata-se da "averbação pré-executória", examinada em item específico no próximo capítulo deste livro, dedicado ao processo judicial tributário (item 2.2.7), que representa forma desproporcional de "cautelar fiscal administrativa" contra todo contribuinte que venha a atrasar o pagamento de débitos tributários inscritos em dívida ativa, valendo destacar que o Supremo Tribunal Federal já reconheceu sua inconstitucionalidade, na parte em que permite a indisponibilização ou o bloqueio de bens do cidadão, sem prévia manifestação de autoridade judiciária (ADIs 5.881, 5.886, 5.890, 5.925, 5.931, 5.932).

3.5 Processo administrativo no âmbito do Imposto sobre Bens e Serviços – IBS

A reforma tributária que se está levando a efeito, no plano constitucional, unifica alguns tributos, além de promover algumas modificações pontuais em outros. Exemplo desse segundo tipo de alteração se tem com o IPVA, que passa a poder alcançar embarcações e aeronaves, contornando-se entendimento do Supremo Tribunal Federal em sentido contrário. E, no que tange à primeira alteração, cita-se o ICMS e o ISS, que serão unificados no âmbito de um Imposto Sobre Bens e Serviços (IBS).

Unificam-se também as contribuições PIS e COFINS, e, de algum modo, parte do IPI, no que tange à sua função fiscal, em uma contribuição federal também incidente sobre bens e serviços (CBS). Esta seguirá o mesmo regime de incidências, não incidências e imunidades do IBS, com alteração basicamente de sujeito ativo (que será a União) e de alíquotas. CBS e IBS, juntos, formarão o que se tem chamado de Imposto sobre o Valor Agregado dual (IVA-Dual).

Este livro de processo tributário não é o ambiente adequado para se discutirem tais mudanças, que se operam no campo do direito material, não no direito processual. Entretanto, as alterações levadas a efeito no IBS terão importantes reflexos processuais.

Estados-membros, Distrito Federal e Municípios continuarão tendo órgãos de lançamento, e de controle interno desses lançamentos, no que diz respeito aos seus demais impostos (IPVA, ITCMD, IPTU, ITBI...). E, mesmo em relação ao ICMS e ao ISS, haverá um longo período de transição no qual as estruturas administrativas atuais continuarão competentes para lidar com eles. Mas, no que guarda respeito ao IBS, será preciso criar estrutura administrativa nova, competente para lançar, e especialmente realizar o controle interno da legalidade desses lançamentos, especialmente para dar uniformidade e harmonia à interpretação a ser adotada em cada canto do país.

Em clara demonstração de que direito material e direito processual andam juntos, a unificação de ICMS e ISS implicará a necessidade de unificarem-se, também, os órgãos de lançamento e de controle, os quais não podem, em respeito ao devido processo legal, ser os mesmos, tampouco se devem confundir com aquele competente para regulamentar no plano infralegal a cobrança de tais exações.

---

[255] Nesse sentido: STF, ADIn 1.155-MC, 15.2.1995, Rel. Min. Marco Aurélio e ADIn 1.454-MC, Rel. Min. Octavio Gallotti, *RTJ* 179/1.

Quanto a este ponto, o PLP 108/2024, projeto de lei complementar que tramita no Congresso Nacional ao tempo em que se escrevem estas linhas, contém disposições preocupantes no tocante à disciplina do processo administrativo tributário de IBS.

A título exemplificativo, o PLP veda que a autoridade de julgamento administrativo realize a declaração de ilegalidade de um ato normativo editado pela própria administração. Exemplificando, se a lei determinar que o tributo é devido no valor de R$ X, e uma instrução normativa extrapolar o comando legal para determinar como devida a quantia de R$ 2X, a autoridade de julgamento não poderá invalidar auto de infração lavrado com base nessa instrução normativa, reconhecendo a sua inculpabilidade com a lei. Essa providência deixa a Administração inteiramente livre para regulamentar leis de maneira excessiva e ilegal, vez que tira de seus órgão de controle interno a possibilidade de correção. A consequência, óbvia, deste amesquinhamento do processo administrativo, se aprovado pelo Congresso Nacional, será um aumento de demandas levadas ao Judiciário, algo que contraria todos os princípios retoricamente anunciados pelas administrações tributárias brasileiras, de redução de litigiosidade, cooperação etc.

Outro ponto preocupante, já constante da própria LC 214/2025, que institui o IBS e a CBS, é a criação de órgãos de unificação de entendimentos, cujos pronunciamentos serão vinculantes inclusive aos órgãos de julgamento (art. 323). Isso pode esvaziar por completo o poder desses órgãos de realizar o controle interno da legalidade dos atos de lançamento, além de tornar meramente ornamental a sua praritariedade, visto que tais instâncias de unificação nem serão paritárias nem poderão ser sequer provocadas pelo contribuinte (LC 214/2025, art. 323, parágrafo único). Ou seja: a paridade na segunda instância será meramente ornamental, destinada apenas a enganar o intérprete incauto, o que por igual é contrário aos princípios da transparência e da cooperação, além de violar o devido processo legal substantivo.

4 OUTRAS ESPÉCIES DE PROCEDIMENTOS, DE ATOS E DE PROCESSOS ADMINISTRATIVOS DE CONTROLE DA LEGALIDADE DESTES

4.1 Reconhecimento de isenções ou imunidades

Como vimos, praticamente toda a atividade da Administração desenvolve-se através de *procedimentos,* ao final dos quais são praticados *atos administrativos,* podendo estes ser submetidos a um processo administrativo de controle interno de sua legalidade. No que diz respeito ao reconhecimento, ou à suspensão, de imunidades e de isenções, não é diferente, sendo também observado um procedimento próprio.

Não seria adequado tratarmos, aqui, em um livro de processo tributário, da definição e das características das imunidades e das isenções, bem como das diferenças que existem entre tais institutos. Trata-se de questão tipicamente relacionada ao direito material. Basta que saibamos que as imunidades têm matriz constitucional, e representam verdadeira *limitação* à competência tributária; as isenções, por outro lado, constituem manifestação do poder

Capítulo 3 · PROCESSO ADMINISTRATIVO TRIBUTÁRIO | 165

legislativo do próprio ente tributante, que poderia tributar determinado fato, mas não o faz, estabelecendo *exceção* à regra matriz de incidência do tributo de cuja isenção se cogita. Na lição de Pontes de Miranda, "na isenção, o débito de imposto não surge, somente porque a lei competente abriu exceção às próprias regras jurídicas de imposição; na imunidade, a lei de imposição seria contrária à Constituição se não abrisse tal exceção: abrindo-a, apenas explicita o que se teria de entender, com ela, ou sem ela".[256]

Seja como for, tanto a imunidade como a isenção podem dizer respeito a situações de fato que prescindam de qualquer constatação específica. É o caso, por exemplo, da imunidade concedida às operações com livros, jornais ou periódicos, ou da isenção concedida aos rendimentos auferidos na caderneta de poupança. Em tais hipóteses, obviamente, não se há de cogitar de qualquer procedimento tendente a reconhecê-las.

Pode ocorrer, contudo, que a imunidade, ou a isenção, seja instituída sobre situações específicas, cuja ocorrência seja de constatação mais complexa. Nesses casos, é necessário que se faça um exame tendente a verificar se estão sendo preenchidos os requisitos necessários à incidência da norma isentiva ou imunizante. A imunidade concedida a instituições de assistência social sem fins lucrativos, por exemplo, somente pode ser reconhecida mediante comprovação do atendimento dos requisitos exigidos em lei (não distribuição de lucros ou de parcelas do patrimônio, escrituração contábil regular etc.).[257] Outro exemplo é a isenção concedida a pessoas jurídicas que instalem empreendimentos em determinadas zonas do território nacional, e que atendam a determinados requisitos.

A verificação do atendimento de tais requisitos é feita através de um procedimento, findo o qual a autoridade profere ato reconhecendo o direito ao gozo do benefício, ou não. É o que se depreende do art. 179 do CTN, segundo o qual a "isenção, quando não concedida em caráter geral, é efetivada, em cada caso, por despacho da autoridade administrativa, em requerimento com o qual o interessado faça prova do preenchimento das condições e do cumprimento dos requisitos previstos em lei ou no contrato para sua concessão".

É importante destacar que o ato que reconhece o direito ao gozo da imunidade, ou da isenção, é meramente declaratório. O direito subjetivo à isenção depende exclusivamente do atendimento dos requisitos legais,[258] e o direito ao gozo das imunidades, apenas dos requisitos constitucionais e legais, dentre os quais *não* está a vontade da autoridade administrativa, que simplesmente reconhece o atendimento de tais requisitos. É o que há muito tem decidido o STF:

> "ISENÇÃO TRIBUTÁRIA ESPECIAL. INTERPRETAÇÃO DO ART. 179 DO C.T.N. O ato administrativo que a reconhece é declaratório e não constitutivo. O requerimento é pressuposto para o desfrute da isenção, mas não para o seu nascimento. Isenção especial reconhecida desde a vigência da lei que a instituiu no interesse geral, uma vez verificados os seus requisitos legais. Dissídio jurisprudencial não demonstrado. Súmula 291. RE não conhecido."[259]

---

[256] Pontes de Miranda, *Comentários à Constituição de 1967*, São Paulo: Revista dos Tribunais, 1967, p. 391.

[257] Tais requisitos estão arrolados no art. 14 do CTN.

[258] Excepcionalmente, a isenção pode decorrer não apenas de lei, mas também de contrato celebrado com o ente público respectivo. A celebração do contrato, que pode eventualmente exigir o cumprimento de requisitos adicionais, pode ser colocada pela lei como condição para o deferimento de certas isenções.

[259] Ac. da 2ª T. do STF – Rel. Min. Cordeiro Guerra – RE 85471/RJ – j. em 2.12.1976, Publicado no *DJU* I 18.3.1977.

Tal conclusão decorre da circunstância de que "no suporte fático da regra de isenção não está contido o ato jurídico de reconhecimento da autoridade, mas tão somente a realização dos atos-fatos necessários ao seu deferimento. Por isso, diz-se que a isenção, assim como a obrigação tributária, é *ex lege*".[260] Essa é também a lição de José Souto Maior Borges,[261] Hugo de Brito Machado[262] e Pontes de Miranda.[263]

E nem poderia mesmo ser diferente, especialmente se considerarmos a hipótese inversa: o descumprimento dos requisitos necessários ao gozo da isenção, ou da imunidade, por parte de contribuinte para o qual o benefício já foi reconhecido. Imagine-se uma entidade assistencial, sem fins lucrativos, que há muitas décadas tem reconhecido o seu direito à imunidade tributária a que alude o art. 150, VI, *c*, da CF/88. Suponha-se, ainda, que a partir de determinado momento a referida entidade passa a *descumprir* tais requisitos, mas somente após três anos de descumprimento, e de gozo indevido da imunidade, a autoridade competente o descobre. É evidente que os tributos são devidos a partir de quando os requisitos necessários ao gozo da imunidade deixaram de ser cumpridos, e não a partir de quando esse descumprimento foi constatado pela autoridade. Em suma, seja para reconhecer, seja para suspender o direito ao gozo de uma imunidade, ou de uma isenção, o que importa é o atendimento, ou não, dos requisitos legais a tanto exigidos, e não o ato administrativo que formalmente reconhece tal cumprimento, ou descumprimento.

Existe, a propósito, também um procedimento destinado a averiguar se tais requisitos, depois de reconhecida a isenção, ou a imunidade, continuam sendo cumpridos, e que pode culminar, se for o caso, na suspensão do benefício (CTN, art. 14, § 1º). No âmbito de muitos Estados e Municípios, esse procedimento não é individualizado nem específico. Há, não raro, procedimento para a *concessão* de tais benefícios, mas o seu cancelamento confunde-se, tanto na fase procedimental, como na fase processual, com a própria feitura dos lançamentos decorrentes da desconsideração da imunidade, ou da isenção. No plano federal, contudo, tal procedimento é disciplinado pelo art. 32 da Lei 9.430/96[264], que dispõe:

> "Art. 32. A suspensão da imunidade tributária, em virtude de falta de observância de requisitos legais, deve ser procedida de conformidade com o disposto neste artigo.
>
> § 1º Constatado que entidade beneficiária de imunidade de tributos federais de que trata a alínea 'c' do inciso VI do art. 150 da Constituição Federal não está observando requisito ou condição previsto nos artigos 9º, § 1º, e 14, da Lei 5.172, de 25 de outubro de 1966 – Código Tributário Nacional, a fiscalização tributária expedirá notificação

---

[260] Hugo de Brito Machado Segundo, Isenção Tributária Individual, artigo publicado em *Tributo – Revista do Instituto Cearense de Estudos Tributários* nº 1, Fortaleza: ICET, jul./dez. 2000, p. 76.

[261] José Souto Maior Borges. *Isenções Tributárias*, São Paulo: Sugestões Literárias, 1969, p. 43.

[262] Hugo de Brito Machado. *Curso de Direito Tributário*, 13. ed., São Paulo: Malheiros, 1998, p. 156/157.

[263] Pontes de Miranda, *Comentários à Constituição de 1946*, Rio de Janeiro: Borsoi, 1960, t. II, p. 97/98.

[264] Registre-se que, embora o STF tenha reconhecido que somente *lei complementar* pode cuidar dos requisitos necessários ao gozo da imunidade tributária, a teor do disposto no art. 146, II, da CF/88, essa decisão não alcança o art. 32 da Lei 9.430/96, que cuida apenas do *procedimento* a ser seguido quando da possível suspensão da imunidade. As normas de direito material que cuidam dos requisitos a serem atendidos são as constantes do art. 14 do CTN, cabendo à legislação ordinária, no caso, cuidar do procedimento administrativo. Confira-se: "O art. 32 da Lei 9.430/96, que estabelece o procedimento administrativo de fiscalização da imunidade tributária, permanece plenamente eficaz e é aplicável à espécie" (STF, Pleno, Rcl 7.811 AgR, *DJe*-026, publicado em 7.2.2012).

fiscal, na qual relatará os fatos que determinam a suspensão do benefício, indicando inclusive a data da ocorrência da infração.

§ 2º A entidade poderá, no prazo de trinta dias da ciência da notificação, apresentar as alegações e provas que entender necessárias.

§ 3º O Delegado ou Inspetor da Receita Federal decidirá sobre a procedência das alegações, expedindo o ato declaratório suspensivo do benefício, no caso de improcedência, dando, de sua decisão, ciência à entidade.

§ 4º Será igualmente expedido o ato suspensivo se decorrido o prazo previsto no § 2º sem qualquer manifestação da parte interessada.

§ 5º A suspensão da imunidade terá como termo inicial a data da prática da infração.

§ 6º Efetivada a suspensão da imunidade:

I – a entidade interessada poderá, no prazo de trinta dias da ciência, apresentar impugnação ao ato declaratório, a qual será objeto de decisão pela Delegacia da Receita Federal de Julgamento competente;

II – a fiscalização de tributos federais lavrará auto de infração, se for o caso.

§ 7º A impugnação relativa à suspensão da imunidade obedecerá às demais normas reguladoras do processo administrativo fiscal.

§ 8º A impugnação e o recurso apresentados pela entidade não terão efeito suspensivo em relação ao ato declaratório contestado.

§ 9º Caso seja lavrado auto de infração, as impugnações contra o ato declaratório e contra a exigência de crédito tributário serão reunidas em um único processo, para serem decididas simultaneamente.

§ 10. Os procedimentos estabelecidos neste artigo aplicam-se, também, às hipóteses de suspensão de isenções condicionadas, quando a entidade beneficiária estiver descumprindo as condições ou requisitos impostos pela legislação de regência.

§ 11. (Revogado pela Lei 13.165/2015)

§ 12. A entidade interessada disporá de todos os meios legais para impugnar os fatos que determinam a suspensão do benefício."

No caso, é importante notar que o *mero procedimento*, unilateral, inquisitório etc. desenvolve-se no âmbito da fiscalização tributária, e é concluído quando as autoridades "constatam" que os requisitos necessários ao gozo da imunidade ou da isenção estão sendo desatendidos, expedindo notificação fiscal na qual determinam a suspensão do benefício (§ 1º).

Depois desse mero procedimento, instaura-se fase *litigiosa*, pois já existe pretensão fiscal contrária aos interesses da entidade imune. Tanto é assim que ao contribuinte é ofertado direito de defesa, podendo apresentar em trinta dias as alegações e provas que entender necessárias (§ 2º). Trata-se de processo preliminar, específico, que não prejudica o posterior exame da questão pela Delegacia de Julgamento e pelo Conselho Administrativo de Recursos Fiscais, mas que não pode ser confundido com um mero procedimento, a fim de com isso ceifar-se o direito de defesa da entidade de cuja imunidade se cogita.

Algumas autoridades negam a produção de provas, quando da apresentação da defesa a que alude o § 2º do art. 32 da Lei 9.430/96, acima transcrito, sob o argumento de que tais provas poderão ser produzidas posteriormente, quando da impugnação ao ato de suspensão da imunidade. Trata-se, contudo, de evidente sofisma. Primeiro, porque o citado § 2º refere-se expressamente ao direito à produção de provas. Segundo, porque o simples fato de ser proferido o ato de suspensão de imunidade já causa prejuízos à entidade imune, notadamente em face da ausência de efeito suspensivo das reclamações e recursos em face dele interpostos,

168 | PROCESSO TRIBUTÁRIO – *Machado Segundo*

devendo, portanto, ser assegurado o direito de defesa *prévio* à prolação desse ato. E, terceiro, o argumento conduz a conclusão que neutraliza completamente, tornando inócuos os dispositivos que cuidam de tal processo de forma distinta e autônoma.

A propósito, cabe referir que o § 2º transcrito não faz qualquer restrição aos *tipos* de provas que podem ser apresentadas pela entidade, não sendo possível ao seu intérprete fazê-lo. Caso a entidade imune considere descabidos os argumentos contidos na "notificação de suspensão de imunidade", e necessite de uma perícia contábil para demonstrá-lo, assiste-lhe todo o direito de ver produzida a citada prova, sob pena de invalidade do ato de suspensão ulteriormente proferido por cerceamento ao seu direito de defesa.

Finalmente, caso o Delegado da Receita Federal mantenha a imunidade, por não acolher as alegativas contidas na "notificação" feita pelos agentes fiscais, a questão considera-se, no que se refere ao período fiscalizado, definitivamente resolvida; caso, porém, a imunidade seja suspensa, o contribuinte poderá *impugnar* o ato de suspensão, dando origem a um processo administrativo contencioso mais complexo, submetido às mesmas normas do processo de impugnação de lançamento tributário.

4.2   Homologação de compensações ou deferimento de restituições

Quando o contribuinte solicita a restituição de um tributo que considera haver pago indevidamente, ou o reconhecimento da compensação desse valor pago de modo indevido com outros realmente devidos, há um *mero procedimento*, inquisitório, através do qual a autoridade competente deve verificar a existência e o montante do crédito a ser restituído, ou submetido à compensação.

Note-se que esse procedimento, inicialmente, não é contencioso, na medida em que a autoridade pode concordar com o contribuinte quanto à natureza indevida, ao montante, e à possibilidade de ressarcimento, atendendo ao pedido por ele formulado. Pode ocorrer, também, de a autoridade indeferir o pedido, e o contribuinte conformar-se com citado indeferimento, em face das convincentes razões que o fundamentam. E poderia mesmo – pelo menos em tese – a autoridade constatar a existência de um pagamento indevido e proceder à sua restituição de ofício, sem qualquer participação ou mesmo provocação do interessado. Em qualquer caso, não haverá conflito a ser solucionado. Assim como no lançamento, e no reconhecimento de isenções, conflito pode haver depois, se houver discordância do contribuinte em relação ao ato de indeferimento da compensação ou da restituição requerida.

Mas como muitos são os motivos encontrados por autoridades fazendárias para indeferir pedidos de restituição, ou de compensação, mesmo quando cabíveis e procedentes, conflitos invariavelmente surgem. No plano federal, e na generalidade dos Estados e Municípios, tais conflitos são submetidos a processo administrativo contencioso no todo semelhante ao processo de impugnação do ato de lançamento.

Embora o contribuinte tenha o *direito* de requerer administrativamente a restituição, ou a compensação de tributos, e de ver esse requerimento julgado por todas as instâncias administrativas, isso não pode ser colocado como *condição* para que a mesma pretensão seja submetida à apreciação do Poder Judiciário, até em face da garantia da inafastabilidade da jurisdição (CF/88, art. 5º, XXXV).[265]

---

[265] "Tributário. Repetição de indébito. Desnecessidade do exaurimento das vias administrativas. – Não é necessário o esgotamento das vias administrativas para que a parte pleiteie em juízo repetição de indébito tributário. – Recurso não conhecido" (Ac. un. da 2ª T. do STJ – REsp 8.206-SP – Rel. Min. José de Jesus Filho – *DJU* I 30.3.1992, p. 3971 – *Repertório IOB de Jurisprudência* nº 12/92, p. 229, c.1).

Advirta-se que o uso da esfera administrativa não é obrigatório, mas em alguns casos é altamente recomendável, não apenas porque é menos dispendioso, mas porque representa oportunidade de abreviar uma solução definitiva para o problema. Além disso, as autoridades fazendárias dispõem, em razão de seu ofício, de conhecimento específico e profundo da legislação tributária, o que não é o caso da maior parte dos Juízes.

Caso, porém, o fundamento da restituição, ou da compensação, seja a inconstitucionalidade (ainda não declarada pelo STF) da cobrança respectiva, ou caso já seja conhecido o entendimento desfavorável da Administração a respeito do pedido que se pretende formular, não só pode como deve o contribuinte, desde logo, valer-se do Poder Judiciário.

No que diz respeito especificamente a pedido administrativo de *compensação*, existe um aspecto muito importante, relacionado à sua utilidade, que não pode ser esquecido. Enquanto a autoridade fiscal examina a viabilidade da compensação requerida, e enquanto esse exame não é *definitivamente* julgado pela Administração, o débito do contribuinte, a ser objeto do encontro de contas, não pode ser cobrado. Deve permanecer com a sua *exigibilidade suspensa*.[266] A razão é simples. Se o objeto do pedido administrativo é promover a compensação de um débito com um crédito, esse pedido perderia completamente a finalidade se, paralelamente à sua apreciação (que muitas vezes é demorada), o contribuinte fosse compelido ao pagamento de seu débito. Haveria ofensa oblíqua, mas evidente, ao devido processo legal, e ao direito de petição, que assistem ao requerente da compensação. Para contornar o seu dever de apreciar e responder o pedido de compensação, bastaria à autoridade engavetá-lo, e dar seguimento à cobrança do crédito tributário a ser compensado.[267]

Após muita controvérsia, e alguns desacertos, na doutrina e especialmente na jurisprudência, a compensação tributária encontrou disciplinamento legal relativamente adequado, pelo menos no plano federal, através de alteração procedida no art. 74 da Lei 9.430/96, pelo art. 49 da Lei 10.637/2002 e pelo art. 17 da Lei 10.833/2003, e que agora passou a dispor:

> "Art. 74. O sujeito passivo que apurar crédito, inclusive os judiciais com trânsito em julgado, relativo a tributo ou contribuição administrado pela Secretaria da Receita Federal, passível de restituição ou de ressarcimento, poderá utilizá-lo na compensação de débitos próprios relativos a quaisquer tributos e contribuições administrados por aquele Órgão. (Redação dada pela Lei 10.637, de 2002)
>
> § 1º A compensação de que trata o *caput* será efetuada mediante a entrega, pelo sujeito passivo, de declaração na qual constarão informações relativas aos créditos utilizados e aos respectivos débitos compensados. (Incluído pela Lei 10.637, de 2002)
>
> § 2º A compensação declarada à Secretaria da Receita Federal extingue o crédito tributário, sob condição resolutória de sua ulterior homologação. (Incluído pela Lei 10.637, de 2002)

---

[266] Isso está muito bem explicitado, no plano federal, no art. 74, § 11, da Lei 9.430/96, com a redação que lhe deu a Lei 10.833/2003.

[267] Nesse sentido tem decidido, com inteiro acerto, o STJ, que afirma, fundado nos postulados da ampla defesa e do contraditório: "formulado na esfera administrativa pedido de compensação de exação declarada inconstitucional com débitos referentes a tributos da mesma espécie, não pode a Fazenda Pública ignorar a reclamação (CTN, art. 151, III), e inscrever o débito, executando-o judicialmente" (Ac. un. da 1ª T. do STJ – Rel. Min. Luiz Fux – REsp 491.557/RS – j. em 26.8.2003 – *DJU* I de 20.10.2003, p. 194).

§ 3º Além das hipóteses previstas nas leis específicas de cada tributo ou contribuição, não poderão ser objeto de compensação mediante entrega, pelo sujeito passivo, da declaração referida no § 1º: (Redação dada pela Lei 10.833, de 2003)

I – o saldo a restituir apurado na Declaração de Ajuste Anual do Imposto de Renda da Pessoa Física; (Incluído pela Lei 10.637, de 2002)

II – os débitos relativos a tributos e contribuições devidos no registro da Declaração de Importação. (Incluído pela Lei 10.637, de 2002)

III – os débitos relativos a tributos e contribuições administrados pela Secretaria da Receita Federal que já tenham sido encaminhados à Procuradoria-Geral da Fazenda Nacional para inscrição em Dívida Ativa da União; (Incluído pela Lei 10.833, de 2003)

IV – o débito consolidado em qualquer modalidade de parcelamento concedido pela Secretaria da Receita Federal – SRF; (Redação dada pela Lei 11.051, de 2004)

V – o débito que já tenha sido objeto de compensação não homologada, ainda que a compensação se encontre pendente de decisão definitiva na esfera administrativa; (Redação dada pela Lei 13.670, de 2018)

VI – o valor objeto de pedido de restituição ou de ressarcimento já indeferido pela autoridade competente da Secretaria da Receita Federal, ainda que o pedido se encontre pendente de decisão definitiva na esfera administrativa. (Redação dada pela Lei 13.670, de 2018)

VII – o crédito objeto de pedido de restituição ou ressarcimento e o crédito informado em declaração de compensação cuja confirmação de liquidez e certeza esteja sob procedimento fiscal; (Redação dada pela Lei 13.670, de 2018)

VIII – os valores de quotas de salário-família e salário-maternidade; e (redação dada pela Lei 13.670, de 2018)

IX – os débitos relativos ao recolhimento mensal por estimativa do Imposto sobre a Renda das Pessoas Jurídicas (IRPJ) e da Contribuição Social sobre o Lucro Líquido (CSLL) apurados na forma do art. 2º desta Lei. (Redação dada pela Lei 13.670, de 2018)

§ 4º Os pedidos de compensação pendentes de apreciação pela autoridade administrativa serão considerados declaração de compensação, desde o seu protocolo, para os efeitos previstos neste artigo. (Incluído pela Lei 10.637, de 2002)

§ 5º O prazo para homologação da compensação declarada pelo sujeito passivo será de 5 (cinco) anos, contado da data da entrega da declaração de compensação. (Redação dada pela Lei 10.833, de 2003)

§ 6º A declaração de compensação constitui confissão de dívida e instrumento hábil e suficiente para a exigência dos débitos indevidamente compensados. (Incluído pela Lei 10.833, de 2003)

§ 7º Não homologada a compensação, a autoridade administrativa deverá cientificar o sujeito passivo e intimá-lo a efetuar, no prazo de 30 (trinta) dias, contado da ciência do ato que não a homologou, o pagamento dos débitos indevidamente compensados. (Incluído pela Lei 10.833, de 2003)

§ 8º Não efetuado o pagamento no prazo previsto no § 7º, o débito será encaminhado à Procuradoria-Geral da Fazenda Nacional para inscrição em Dívida Ativa da União, ressalvado o disposto no § 9º. (Incluído pela Lei 10.833, de 2003)

§ 9º É facultado ao sujeito passivo, no prazo referido no § 7º, apresentar manifestação de inconformidade contra a não homologação da compensação. (Incluído pela Lei 10.833, de 2003)

Capítulo 3 · PROCESSO ADMINISTRATIVO TRIBUTÁRIO | **171**

§ 10. Da decisão que julgar improcedente a manifestação de inconformidade caberá recurso ao Conselho de Contribuintes. (Incluído pela Lei 10.833, de 2003)

§ 11. A manifestação de inconformidade e o recurso de que tratam os §§ 9º e 10 obedecerão ao rito processual do Decreto 70.235, de 6 de março de 1972, e enquadram-se no disposto no inciso III do art. 151 da Lei 5.172, de 25 de outubro de 1966 – Código Tributário Nacional, relativamente ao débito objeto da compensação. (Incluído pela Lei 10.833, de 2003)

§ 12. Será considerada não declarada a compensação nas hipóteses: (Redação dada pela Lei 11.051, de 2004)

I – previstas no § 3º deste artigo; (Incluído pela Lei 11.051, de 2004)

II – em que o crédito: (Incluído pela Lei 11.051, de 2004)

a) seja de terceiros; (Incluída pela Lei 11.051, de 2004)

b) refira-se a "crédito-prêmio" instituído pelo art. 1º do Decreto-lei 491, de 5 de março de 1969; (Incluída pela Lei 11.051, de 2004)

c) refira-se a título público; (Incluída pela Lei 11.051, de 2004)

d) seja decorrente de decisão judicial não transitada em julgado; ou (Incluída pela Lei 11.051, de 2004)

e) não se refira a tributos e contribuições administrados pela Secretaria da Receita Federal – SRF. (Incluída pela Lei 11.051, de 2004)

f) tiver como fundamento a alegação de inconstitucionalidade de lei, exceto nos casos em que a lei: (Redação dada pela Lei 11.941, de 2009)

1 – tenha sido declarada inconstitucional pelo Supremo Tribunal Federal em ação direta de inconstitucionalidade ou em ação declaratória de constitucionalidade; (Incluído pela Lei 11.941, de 2009)

2 – tenha tido sua execução suspensa pelo Senado Federal; (Incluído pela Lei 11.941, de 2009)

3 – tenha sido julgada inconstitucional em sentença judicial transitada em julgado a favor do contribuinte; ou (Incluído pela Lei 11.941, de 2009)

4 – seja objeto de súmula vinculante aprovada pelo Supremo Tribunal Federal nos termos do art. 103-A da Constituição Federal. (Incluído pela Lei 11.941, de 2009)

§ 13. O disposto nos §§ 2º e 5º a 11 deste artigo não se aplica às hipóteses previstas no § 12 deste artigo. (Incluído pela Lei 11.051, de 2004)

§ 14. A Secretaria da Receita Federal – SRF disciplinará o disposto neste artigo, inclusive quanto à fixação de critérios de prioridade para apreciação de processos de restituição, de ressarcimento e de compensação. (Incluído pela Lei 11.051, de 2004)

§ 15. (Revogado pela Lei 13.137/2015)

§ 16. (Revogado pela Lei 13.137/2015)

§ 17. Será aplicada multa isolada de 50% (cinquenta por cento) sobre o valor do débito objeto de declaração de compensação não homologada, salvo no caso de falsidade da declaração apresentada pelo sujeito passivo. (Redação dada pela Lei 13.097/2015).

§ 18. No caso de apresentação de manifestação de inconformidade contra a não homologação da compensação, fica suspensa a exigibilidade da multa de ofício de que trata o § 17, ainda que não impugnada essa exigência, enquadrando-se no disposto no inciso III do art. 151 da Lei 5.172, de 25 de outubro de 1966 – Código Tributário Nacional. (Incluído pela Lei 12.844, de 2013)"

Com isso, pode-se dizer que foram *unificadas* muitas das características dos dois regimes de compensação anteriormente existentes, o previsto no art. 66 da Lei 8.383/91, que assegurava ao contribuinte a possibilidade de efetuar a compensação por sua conta e risco, sem nada ter de informar à Receita Federal, desde que no âmbito de tributos com a mesma destinação constitucional; e o previsto na redação originária do art. 74 da Lei 9.430/96, segundo o qual a compensação se poderia operar entre qualquer tributo administrado pela Secretaria da Receita Federal, desde que isso ocorresse através do deferimento de requerimento específico do interessado. Na verdade, o direito à compensação decorre da Constituição Federal, e não pode ser objeto de restrição pela lei, que lhe deve simplesmente disciplinar o procedimento. Restrições irrazoáveis são inadmissíveis, porque inconstitucionais.

Há importante observação no que tange ao que deve fazer o Fisco na hipótese de não aceitar a compensação declarada. Se ela tiver sido apresentada quando vigente a redação originária da Lei 9.430/96, o Fisco não pode simplesmente "aproveitar em parte" a declaração apresentada e encaminhar para cobrança a dívida correspondente. É preciso proceder ao lançamento de ofício da quantia equivalente. Caso, porém, a declaração de compensação aconteça já sob a vigência das Leis 10.637/2002 e 10.833/2003, será preciso seguir o procedimento nelas previsto, vale dizer, caso discorde do encontro de contas, o fisco deverá de forma expressa recusar a sua homologação, abrindo margem para que o contribuinte apresente manifestação de inconformidade e dê início ao processo administrativo de controle de legalidade correspondente, conforme será explicado a seguir.[268]

A propósito, e especialmente em função das alterações levadas a efeito no art. 74 da Lei 9.430/96 pela Lei 11.051, de 2004, pode ser questionada a validade das restrições feitas ao direito de compensar, a exemplo da restrição aos créditos obtidos junto a terceiros. É certo que o direito de compensar, como qualquer direito, não é absoluto, e pode comportar restrições. Mas essas restrições devem ser razoáveis e proporcionais à finalidade a que com elas se quer chegar.

Em princípio, pode ser razoável a limitação relativa aos créditos obtidos junto a terceiros, a fim de tornar possível o controle da Administração Tributária Federal.[269] Entretanto, caso esse crédito tenha sido apurado em processo judicial (do qual a Fazenda participou, como parte interessada, até seu final desfecho), e tenha sido cedido pelo terceiro no âmbito do citado processo judicial, a restrição pode se afigurar exagerada, desnecessária e, por isso, uma inconstitucional restrição ao direito de propriedade do cedente e do cessionário.

O grande mérito do atual disciplinamento da compensação, seguramente, diz respeito à situação do contribuinte *enquanto* a citada compensação não é definitivamente apreciada pela autoridade administrativa. O contribuinte poderá apresentar a declaração de compensação, com os débitos e créditos por ele próprio apurados, e a partir de então, até que ocorra eventual *discordância* da autoridade competente, o crédito tributário por ele devido, e submetido à compensação, considera-se extinto.[270] O contribuinte tem direito, portanto, a ser

---

[268] Cf. STJ, 2.ª T, REsp 1.332.376/PR, *DJ* de 24.3.2014.

[269] Nesse sentido posicionou-se a Segunda Turma do STJ, no julgamento do REsp 653.553/MG, que, entretanto, limitou-se aos aspectos *legais* (e não constitucionais) do problema (Cf. *Informativo STJ* 327/2007).

[270] Fundada em normas infralegais, a Receita Federal passou a exigir, para que se formule a declaração de compensação, que primeiro o contribuinte "habilite" o seu crédito. Tal habilitação, contudo, tem caráter meramente formal, a fim de que se determine, através dela, por exemplo, a efetiva existência do processo judicial (quando o crédito houver nele sido declarado), a origem do crédito alegado etc. Não é juridicamente admissível, porém, que a autoridade incumbida de examinar a "habilitação" do

considerado *não devedor* do citado valor, fazendo jus, por conseguinte, a que o mesmo não conste em certidões de débitos fiscais.

Caso a autoridade expressamente homologue a compensação requerida, ou mantenha-se inerte por período superior ao prazo de que dispuser para constituir ou exigir os créditos tributários objeto da compensação, esta se considera definitiva.

Entretanto, caso a autoridade não concorde com a compensação feita pelo contribuinte, seja por considerar inexistente, ou insuficiente, o crédito devido ao contribuinte, seja por considerar inexistente o direito à compensação, deverá praticar ato manifestando essa discordância. Tal ato, que expressamente *não homologará* a compensação, restabelecerá a dívida tributária provisoriamente extinta pela compensação (se isso ainda for possível, naturalmente, tendo o dispositivo em comento de ser entendido em consonância com o art. 150, § 4º, do CTN), e poderá ser objeto de impugnação administrativa, dando origem a um processo contencioso submetido às mesmas regras do processo administrativo de impugnação de lançamento, que já examinamos anteriormente.

Quanto à não homologação de compensações, e ao indeferimento de pedidos de restituição, merece destaque, ainda, o acréscimo dos §§ 15 a 17 no aludido art. 74 da Lei 9.430/96, levado a efeito pela Lei 12.249/2010. Os mencionados parágrafos possuíam a seguinte redação:

> "§ 15. Será aplicada multa isolada de 50% (cinquenta por cento) sobre o valor do crédito objeto de pedido de ressarcimento indeferido ou indevido. (*Incluído pela Lei 12.249, de 2010*)
>
> § 16. O percentual da multa de que trata o § 15 será de 100% (cem por cento) na hipótese de ressarcimento obtido com falsidade no pedido apresentado pelo sujeito passivo. (*Incluído pela Lei 12.249, de 2010*)
>
> § 17. Aplica-se a multa prevista no § 15, também, sobre o valor do crédito objeto de declaração de compensação não homologada, salvo no caso de falsidade da declaração apresentada pelo sujeito passivo. (*Incluído pela Lei 12.249, de 2010*)"

Os §§ 15 e 16 foram posteriormente revogados pela Lei 13.137/2015, tendo sido preservado apenas o § 17, com a redação dada pela Lei 13.097/2015. A revogação é digna de aplauso, pois a multa prevista no § 15 é de inconstitucionalidade flagrante. A Constituição assegura aos cidadãos o direito de petição, sendo um despropósito transformar todo pedido, apenas por ter sido indeferido, em ilícito administrativo, sujeito à multa de 50% do valor reclamado. Não consta do art. 5º, XXIV, da CF/88 apenas o direito de formular pedidos que a Administração considere procedentes, mas o direito de formular quaisquer pedidos. Se houver fraude por parte do requerente, o que é outra questão, que se puna essa fraude, mas não é possível penalizar alguém que nenhum ilícito praticou, tendo apenas exercitado direito que a Constituição lhe confere. A disposição em comento era tão absurda quanto o seria condenar como "litigante de má-fé" todo aquele que formulasse a um juiz pedidos que viessem a ser considerados improcedentes. E mesmo o § 17, pelas razões indicadas, teve sua inconstitucionalidade reconhecida pelo STF, que fixou a seguinte tese de repercussão geral: "É inconstitucional a multa isolada prevista em lei para incidir diante da mera negativa de homologação de compensação tributária por

---

crédito adentre no mérito do pedido e "indefira" a compensação, pois ela não tem competência para tanto.

não consistir em ato ilícito com aptidão para propiciar automática penalidade pecuniária" (Tema de Repercussão Geral 736 e ADI 4.905).

Cabe insistir que, enquanto não for concluído, definitivamente, o processo administrativo de impugnação do ato que indeferir a compensação, o contribuinte tem direito a que o débito por ele devido, e submetido à compensação, mantenha-se com a exigibilidade suspensa, nos termos do art. 151, III, do CTN.

Embora tenhamos nos reportado a uma unificação de grande parte das características dos regimes de compensação, parece-nos que o encontro de contas a que alude o art. 66 da Lei 8.383/91 subsiste. Não foi revogado pela nova disciplina da compensação, mas obviamente somente incide quando se tratar de tributo com a mesma destinação constitucional. Um contribuinte que recolha indevidamente a COFINS, por exemplo, pode compensar as quantias correspondentes com a própria COFINS devidas nos meses subsequentes, por sua conta e risco, independentemente das declarações e do procedimento a que alude a Lei 9.430/96.

Questão relevante, ainda relacionada à compensação no plano dos tributos administrados pela Secretaria da Receita Federal, diz respeito à incidência da nova legislação aos processos em curso. A nova sistemática, prevista na atual redação da Lei 9.430/96, pode ser aplicada aos processos iniciados antes de sua publicação? No STJ, há julgados nos quais se repele a aplicação imediata da lei nova, continuando a Corte a impor as restrições previstas na legislação vigente quando da propositura da ação, mas ressalvando a possibilidade de o sujeito passivo pleitear administrativamente a compensação com apoio na legislação posterior, e, se for o caso, propor uma nova ação.[271] Com a devida vênia dos que pensam de modo diverso, não nos parece haver qualquer impedimento a que se reconheça a procedência de um pedido de compensação de COFINS com IRPJ, por exemplo, formulado em petição inicial protocolada em 1995, mas julgada definitivamente pelo STJ apenas depois de 2002, pois quando da prolação da sentença tal pretensão é admissível. Tendo o STJ decidido que a compensação, quando questionada judicialmente, somente pode ser efetivada, definitivamente, após o trânsito em julgado da sentença respectiva, a possibilidade de aplicação do direito superveniente se torna ainda mais clara, até porque a compensação deve ser regida pela legislação vigente quando da ocorrência do encontro de contas.

No âmbito dos Estados, e dos Municípios, cabe à lei específica disciplinar o procedimento de compensação. Caso haja omissão a esse respeito, aplica-se, por analogia, o disciplinamento

---

[271] Ac. un. da 2ª T. do STJ, REsp 748.430/SP, Rel. Min. Castro Meira, j. em 16.6.2005, *DJ* de 22.8.2005, p. 256. **No mesmo sentido:** "A Primeira Seção, nos Embargos de Divergência nº 488.992/MG, concluiu que deve ser observada, na compensação tributária, a legislação vigente à época do ajuizamento da ação, não podendo ser julgada a causa à luz do direito superveniente, ressalvando-se o direito da parte autora de proceder à compensação dos créditos pela via administrativa, em conformidade com as normas posteriores, desde que atendidos os requisitos próprios. 2. Se a ação, com pedido de compensação tributária, foi proposta quando vigente a Lei 9.430/96, não pode ser julgada a lide com base na Lei 10.630/02, até porque ausente o indispensável prequestionamento. Precedentes de ambas as Turmas de Direito Público e da Primeira Seção" (Ac. un. da 1ª S. do STJ, AEREsp 644.682/ PB, Rel. Min. Castro Meira, j. em 22.6.2005, *DJ* de 1º.8.2005, p. 312). Segundo esse entendimento, a decisão judicial não se manifestaria sobre a nova legislação, também produzindo coisa julgada sobre o assunto. Resolveria que, à luz da legislação vigente quando da propositura da ação, a compensação não seria possível, mas nada diria a respeito da nova sistemática, não impedindo novo questionamento, administrativo ou judicial, a respeito da mesma. Embora ressalve o direito do contribuinte, tal medida é no todo contrária ao princípio da economia processual.

Capítulo 3 · PROCESSO ADMINISTRATIVO TRIBUTÁRIO | **175**

federal.[272] A analogia, no caso, pode ser feita também em face do Código Civil,[273] e impõe-se não apenas por autorização do CTN,[274] mas por respeito à Constituição Federal. Estando o contribuinte na situação de credor, e de devedor, de um mesmo ente público, é imoral, contrário aos princípios gerais de direito, ao direito de propriedade e ao princípio da isonomia, não efetuar o encontro de contas, pois isso habilita a Fazenda a, na prática, protrair ao máximo o pagamento de sua dívida, coagindo, paralelamente, o contribuinte a solver a dele.

4.3 Deferimento de parcelamento

4.3.1 Noções gerais

Praticamente toda a atividade administrativa é procedimentalizada. No âmbito do deferimento de pedidos de parcelamento não é diferente, desenvolvendo-se tal procedimento desde o requerimento do interessado, passando pela verificação feita pela autoridade competente a respeito do preenchimento dos requisitos legais exigidos como condição ao deferimento do parcelamento, até o aperfeiçoamento do ato que o concede.

Não cuidaremos, aqui, de doutrina pertinente ao instituto do parcelamento, pois isso fugiria aos propósitos deste livro. Para tanto, o leitor deverá procurar livros de *direito material tributário*. Quanto ao *procedimento* em face do qual o parcelamento é deferido, porém, devemos advertir que é *nele* que todas as exigências legalmente necessárias à concessão do benefício devem ser formuladas.

---

[272] O CTN veicula normas gerais de Direito Tributário, razão pela qual a compensação, conquanto nele genericamente referida, deverá ser disciplinada por lei editada pelo respectivo ente tributante. Em sentido contrário ao entendimento que expusemos no texto, há acórdão do Superior Tribunal de Justiça no qual se afirma que "a compensação de ICMS só é permitida se existir lei estadual que a autorize. Não se aplica o art. 66, da Lei 8.383/91, cuja área de atuação é restrita aos tributos federais. [...] Conforme expressamente exige o art. 170, do CTN, só se admite compensação quando existir lei ordinária a regulamentá-la, em cada esfera dos entes federativos. [...]" (STJ, AgRg no REsp 331.323/RJ, Rel. Min. Milton Luiz Pereira, Rel. p/ ac. Min. José Delgado, j. em 26.11.2002, m.v., *DJ* de 10.3.2003, p. 92). É importante ressaltar, porém, que no citado aresto o contribuinte pretendia compensar quantias que considerava haver recolhido *a maior*, no âmbito da substituição tributária "para frente", por haver praticado preço final inferior ao previsto nas antecipações. Nesse contexto, embora o voto vencedor, do Min. Delgado, tenha se fundado na falta de lei estadual a autorizar a compensação, os demais Ministros que o acompanharam, negando provimento ao recurso do contribuinte, o fizeram por outro fundamento, vale dizer, pela inexistência de direito à devolução do excesso, reconhecida pelo STF no julgamento da ADI 1.851/AL. A rigor, e com a devida vênia, parece-nos que nada impede que a Lei 8.383/91, ou mesmo o Código Civil, sejam aplicados por analogia no âmbito de Estado-membro ou Município que eventualmente não disponham de qualquer previsão legal para a realização de uma compensação, tendo em vista o fundamento constitucional do direito de compensar.

[273] O atual Código Civil trazia, em seu art. 374, esclarecimento de que seus dispositivos relativos à compensação aplicam-se, também, aos créditos e débitos da Fazenda Pública. Mesmo com a revogação desse artigo, por medida provisória (revogação de duvidosa constitucionalidade), parece-nos que os dispositivos do atual Código Civil continuam aplicáveis à compensação dos débitos e créditos da Fazenda Pública, pois o silêncio decorrente da mera revogação não pode ser visto como uma proibição. A vedação é que teria de ser expressa, como o era no âmbito do Código Civil anterior (art. 1.017), e que mesmo assim era considerada por muitos doutrinadores como não recepcionada pela CF/88. Mesmo a medida provisória veiculadora de revogação tendo sido convertida em lei (Lei 10.677/2003), isso não supre o vício de origem e, com ele, a manifesta inconstitucionalidade formal.

[274] CTN, art. 108, I. Note-se que a analogia pode ser amplamente utilizada, sendo vedada apenas quando "resultar na exigência de tributo não previsto em lei" (§ 1º).

PROCESSO TRIBUTÁRIO – *Machado Segundo*

Em outras palavras, não é facultado ao Fisco conceder um parcelamento e, posteriormente, formular exigências *novas* como condição para o reconhecimento dos efeitos a ele correspondentes. O parcelamento, ou quaisquer de seus efeitos, só poderá ser pelo Fisco desconsiderado caso o contribuinte dê causa para a sua rescisão.

Não obstante, acontece de parcelamentos serem eventualmente concedidos e, posteriormente, terem o respeito aos efeitos que lhe são próprios condicionado ao cumprimento de novas exigências. É sabido que o parcelamento é causa para a suspensão da exigibilidade do crédito parcelado (CTN, art. 151, I e, repetitivamente, VI).[275] Pois bem. Às vezes ocorre de o fisco conceder parcelamento e, depois, condicionar o fornecimento de certidão positiva com efeito de negativa (CTN, art. 206) ao fornecimento de garantias. O contribuinte só é considerado como não sendo devedor de nenhuma dívida *exigível* e *vencida* caso indique bens para garantir o débito parcelado, o que não encontra amparo no CTN. Ora, se o fisco deseja garantir o crédito tributário parcelado, e é razoável que o faça, deve formular a exigência de garantias como condição para a concessão do parcelamento (desde que isso esteja previsto em lei, naturalmente), e não como condição para respeitar um parcelamento já regularmente deferido. Em casos assim, o STJ tem decidido, com inteiro acerto, que o contribuinte "tem direito à certidão de que trata o art. 206, do CTN, mesmo na hipótese de parcelamento do respectivo débito, desde que as parcelas venham sendo pagas regularmente". Como consequência disso, "se o credor não exige garantia para a celebração do acordo de parcelamento, não pode, no curso do negócio jurídico firmado, inovar".[276]

Em face da natureza plenamente vinculada da atividade administrativa tributária, as exigências necessárias para a concessão do parcelamento, bem como os termos deste (número de parcelas, juros aplicáveis, penalidades pelo descumprimento etc.), devem ser disciplinadas em lei. Não têm validade disposições que condicionam a concessão do benefício ao discricionarismo da autoridade administrativa. Expressões como "a autoridade poderá...", por exemplo, devem ser entendidas como "desde que presentes os requisitos legais, a autoridade deverá...".

Entre as exigências legais ao deferimento de parcelamentos, as leis dos vários entes federados geralmente incluem o fato de não se tratar de parcelamento de quantias objeto de parcelamento anteriormente descumprido (reparcelamento), ou de não se tratar de contribuinte que tenha praticado ato definido como crime contra a ordem tributária. Quanto a este último requisito, contido na legislação inerente às contribuições de seguridade social, o Superior Tribunal de Justiça tem decidido pela necessidade de se aguardar o trânsito em julgado da decisão condenatória, como condição para que sejam negados parcelamentos sob tal fundamento:

> "(...) A vedação imposta pelo parágrafo 3º, do art. 38, da Lei 8.212/91, no sentido de não ser concedido parcelamento a quem tenha cometido ilícito tributário, há de ser entendida como exigindo trânsito em julgado da sentença penal condenatória.

---

[275] Na lição de Hugo de Brito Machado, "a Lei Complementar nº 104, de 10.1.2001, incluiu um novo inciso no art. 151 do CTN, prevendo como hipótese de suspensão da exigibilidade do crédito tributário *o parcelamento*. É mais uma inovação inteiramente inútil porque o parcelamento nada mais é do que uma modalidade de moratória" (*Curso de Direito Tributário*, 22. ed., São Paulo: Malheiros, 2003, p. 163).

[276] Ac. un. da 1ª T. do STJ – Rel. Min. José Delgado – AgRg AgIn nº 248.510/SC – j. 19.10.1999 – *DJU* de 29.11.1999 – *Revista Tributária e de Finanças Públicas* – nº 32 de maio/jun. 2000 – Revista dos Tribunais, p. 325.

Capítulo 3 · PROCESSO ADMINISTRATIVO TRIBUTÁRIO | **177**

2. A Lei proíbe a concessão de parcelamento em favor de quem haja obtido, em qualquer tempo, vantagem ilícita provocadora de prejuízo à seguridade social, por meio da prática de crime previsto no art. 5, alínea 'j', da Lei 8.212/91.

3. Só pode ser considerado como produzindo efeito impeditivo do parcelamento essa situação quando for reconhecida por sentença penal trânsita em julgado.

4. Homenagem ao princípio de presunção de inocência até o pronunciamento judicial reconhecedor da prática de delito, com trânsito em julgado.

5. Recurso improvido."[277]

Deve ser entendido com o devido cuidado, também, o termo *confissão de dívida* contido nos formulários preenchidos pelo contribuinte que requer um parcelamento. Não se pode esquecer que a obrigação tributária é *ex lege*. Nasce da incidência da norma jurídica tributária sobre o fato nela previsto, e a *vontade* do contribuinte não é ingrediente formador desse fato.[278] Assim, se o crédito tributário a ser objeto do parcelamento não encontra amparo em lei, ou encontra amparo em lei inconstitucional, o fato de o contribuinte haver "confessado" a dívida é absolutamente irrelevante,[279] e não impede o posterior questionamento judicial das quantias parceladas. O Fisco poderá rescindir o parcelamento, em face do questionamento judicial, mas isso é uma outra questão. A confissão só terá algum relevo no que se refere aos elementos *de fato* nos quais se funda o lançamento, mas, mesmo nesse caso, pode ser objeto de ulterior prova em contrário. Registre-se que, no âmbito da sistemática dos "recursos repetitivos", o Superior Tribunal de Justiça decidiu nesse sentido, tendo, porém, sido um tanto mais inflexível quanto à possibilidade de rediscussão judicial de fatos eventualmente confessados:

"(...) 1. A Administração Tributária tem o poder/dever de revisar de ofício o lançamento quando se comprove erro de fato quanto a qualquer elemento definido na legislação tributária como sendo de declaração obrigatória (art. 145, III, c/c art. 149, IV, do CTN).

2. A este poder/dever corresponde o direito do contribuinte de retificar e ver retificada pelo Fisco a informação fornecida com erro de fato, quando dessa retificação resultar a redução do tributo devido.

3. Caso em que a Administração Tributária Municipal, ao invés de corrigir o erro de ofício, ou a pedido do administrado, como era o seu dever, optou pela lavratura de cinco autos de infração eivados de nulidade, o que forçou o contribuinte a confessar o débito e pedir parcelamento diante da necessidade premente de obtenção de certidão negativa.

4. Situação em que o vício contido nos autos de infração (erro de fato) foi transportado para a confissão de débitos feita por ocasião do pedido de parcelamento, ocasionando a invalidade da confissão.

---

[277] Ac. un. da 1ª T. do STJ – REsp 328.583/SC (2001/0067763-3) – Rel. Min. José Delgado – j. 21.8.2001 – *DJU* 8.10.2001 – *Repertório de Jurisprudência IOB*, cad. 1, nº 24/2001, p. 708.

[278] Nesse sentido: Alexandre Macedo Tavares, "O Parcelamento de Débito Tributário e a Ineficácia das Condicionantes Cláusulas de 'Confissão Irretratável' e de 'Renúncia de Discussão Administrativa e Judicial' do Objeto Parcelado", em *RDDT* 123, dez./2005, p. 9.

[279] Não tem o relevo de fazer dev5ida a dívida que não o é, esclareça-se, mas há efeitos práticos a serem destacados, sobre o fluxo da prescrição. Como tal ato implica o reconhecimento da dívida, nessa condição, é causa de interrupção da prescrição, conforme entendimento sumulado do STJ: **Súmula 653 do STJ:** "O pedido de parcelamento fiscal, ainda que indeferido, interrompe o prazo prescricional, pois caracteriza confissão extrajudicial do débito."

178 | PROCESSO TRIBUTÁRIO – *Machado Segundo*

5. A confissão da dívida não inibe o questionamento judicial da obrigação tributária, no que se refere aos seus aspectos jurídicos.

Quanto aos aspectos fáticos sobre os quais incide a norma tributária, a regra é que não se pode rever judicialmente a confissão de dívida efetuada com o escopo de obter parcelamento de débitos tributários. No entanto, como na situação presente, a matéria de fato constante de confissão de dívida pode ser invalidada quando ocorre defeito causador de nulidade do ato jurídico (*v.g.*, erro, dolo, simulação e fraude). Precedentes: REsp 927.097/RS, Primeira Turma, Rel. Min. Teori Albino Zavascki, julgado em 8.5.2007; REsp 948.094/PE, Rel. Min. Teori Albino Zavascki, Primeira Turma, julgado em 6.9.2007; REsp 947.233/RJ, Rel. Min. Luiz Fux, Primeira Turma, julgado em 23.6.2009; REsp 1.074.186/RS, Rel. Min. Denise Arruda, Primeira Turma, julgado em 17.11.2009; REsp 1.065.940/SP, Rel. Min. Francisco Falcão, Primeira Turma, julgado em 18/09/2008. (...)".[280]

O acórdão parece-nos equivocado, na parte em que transplanta para a gênese da obrigação tributária elementos típicos de obrigações contratuais, ligados à manifestação da vontade, como se nota das alusões ao "erro" e ao fato de o contribuinte estar "premido" a Fazenda o parcelamento. De qualquer forma, merece aplauso pelo fato de admitir a rediscussão das premissas jurídicas de uma obrigação tributária "confessada". A "confissão" e a renúncia ao direito de questionar a dívida parcelada devem ser vistas como condições impostas ao deferimento de um parcelamento, ou à eventual redução de juros, ou à concessão de algum outro desconto, no âmbito de uma transação ou de um parcelamento especial. Mas, rescindido o parcelamento por qualquer razão, da mesma forma como as multas e os juros eventualmente objeto de redução passam a ser novamente exigidos, com o restabelecimento do crédito sem os descontos – pois há o retorno ao *status quo ante* –, procedendo o Fisco à cobrança de todo o valor lançado (com o abatimento apenas das parcelas já pagas), o direito de questionar essa cobrança há de ser igualmente restabelecido.

Quanto às condições para o deferimento do parcelamento, insista-se, estas hão de estar legalmente previstas em lei, sendo o seu descumprimento a única causa para o indeferimento ou para a rescisão do parcelamento. Por conta disso, dessa vinculação da autoridade administrativa fiscal à lei, é evidente que o ato que exclui o sujeito passivo do âmbito de um parcelamento, ou indefere a sua entrada no mesmo, há de ser fundamentado, e é impugnável, não só judicial como também administrativamente.

Muito se discutiu no passado a respeito das relações entre o ato que defere o parcelamento e o instituto da denúncia espontânea, de que cuida o art. 138 do CTN. Questiona-se se o contribuinte que realiza a denúncia espontânea e obtém o parcelamento das quantias devidas teria, ou não, direito à exclusão das penalidades correspondentes ao ilícito denunciado.

A jurisprudência, depois de algumas idas e vindas, sedimentou-se a respeito da questão. O STJ, através de suas Primeira e Segunda Turmas, e de sua Primeira Seção, inicialmente fundado na Súmula 208 do extinto Tribunal Federal de Recursos, rejeitava a tese segundo a qual a denúncia espontânea seguida de pagamento parcelado enseja, também, a incidência do art. 138 do CTN. Em seguida, passou a aceitá-la para, adiante, refutá-la novamente, entendimento que tem mantido até o presente.[281]

---

[280] STJ, 1.ª S., REsp 1.133.027/SP, j. em 13/10/2010, *DJe* de 16/03/2011.

[281] "Consoante entendimento sumulado do extinto TFR, 'a simples confissão da dívida, acompanhada do pedido de parcelamento, não configura denúncia espontânea'. – Para exclusão da responsabilidade pela denúncia espontânea é imprescindível a realização do pagamento do tributo devido,

4.4 Conclusão do procedimento e a possibilidade de impugnação

Assim como ocorre em relação ao procedimento preparatório do lançamento, e ao ato administrativo que o ultima, também os procedimentos de deferimento de isenção, parcelamento, compensações, de adesão ou exclusão ao REFIS, ao SIMPLES, e quaisquer outros que se desenvolvam no âmbito da Administração Pública, e os atos administrativos em geral que são praticados ao cabo de tais procedimentos, são *impugnáveis*, ou seja, podem ser questionados pelo cidadão que por eles se considerar indevidamente prejudicado.

Esse questionamento pode ocorrer perante o Poder Judiciário, em face do princípio do Estado de Direito, e da consequente possibilidade de controle jurisdicional dos atos administrativos (CF/88, art. 5º, XXXV). Antes disso, contudo, e caso o contribuinte assim o queira, o inconformismo pode ser dirigido à própria Administração, dando origem a um *processo administrativo propriamente dito*, no qual a Administração, através de seu poder de *autocontrole*, poderá rever o ato questionado. Essa possibilidade de impugnação é inafastável pelo legislador infraconstitucional (seja ele complementar ou ordinário), tendo em vista o *status* constitucional dos direitos de petição e ao devido processo legal administrativo (CF/88, art. 5º, XXXIV, *a*, LIV e LV).

4.5 Consulta fiscal

Fundado diretamente no direito de petição (CF/88, art. 5º, XXXIV, *a*), o processo de consulta fiscal tem por finalidade sanar um estado de incerteza do administrado quanto à conduta que a Administração Pública entende deva ser adotada em face de determinada situação de fato.

Valdir de Oliveira Rocha define a consulta fiscal como a *"modalidade de processo administrativo em que um interessado apresenta dúvida sobre situação de fato ao Fisco-Administração, para obter deste decisão vinculante a respeito. A resposta à consulta fiscal é decisão do Fisco-Administração que a ela fica vinculada".*[282]

Embora nem sempre se desenvolva de modo efetivamente contencioso (o consulente pode estar efetivamente em dúvida, e aderir prontamente à resposta que lhe for oferecida), a consulta fiscal é um *processo*, e não um *mero procedimento*. Primeiro, porque nela é assegurada a *participação dos interessados* (Fazzalari), cabendo ao consulente não apenas provocar uma resposta da administração, mas também interferir na formação dessa decisão com a sua compreensão a respeito do problema, devidamente exposta na consulta. Não há mera sequência de atos, unilateral e inquisitória, como é o caso do procedimento de fiscalização. Segundo, porque em muitos casos há efetivo conflito a ser dirimido, havendo divergência entre o entendimento sugerido pelo interessado, em sua consulta (que é formulada "em defesa de direitos"), e o entendimento adotado pela Administração Tributária ao respondê-la, divergência que pode ensejar inconformismo do administrado, a apresentação de recurso etc. Entendemos que a consulta fiscal é processo peculiar, distinto, no qual a participação dos interessados é fundamental, e que pode apresentar uma fase não contenciosa, na qual

---

acrescido da correção monetária e juros moratórios; somente o pagamento integral extingue o débito, daí a legalidade da cobrança da multa em face da permanência do devedor em mora. Entendimento consagrado pela eg. 1ª Seção quando do julgamento do REsp. 284.189/SP. Recurso especial da FAZENDA NACIONAL conhecido e provido, prejudicado o recurso especial de URBANO AGROINDUSTRIAL LTDA" (STJ, 2ª T., REsp 505.826/SC, Rel. Min. Peçanha Martins, j. em 17.11.2005, v.u., *DJ* de 13.2.2006, p. 729).

[282] Valdir de Oliveira Rocha, *A Consulta Fiscal*, São Paulo: Dialética, 1996, p. 27.

a autoridade simplesmente responde à dúvida suscitada pelo contribuinte, e uma fase contenciosa, na qual o contribuinte pode questionar a resposta dada, sendo-lhe assegurados o contraditório e o direito à interposição de recurso.

O que importa é que a consulta é processo que tem por finalidade sanar um estado de incerteza por parte do consulente quanto ao enquadramento jurídico-tributário que a Administração entende pertinente a determinado fato. A dúvida pode residir na presença de uma lacuna, na existência de normas aparentemente contraditórias, no surgimento de dispositivos novos etc.

Há alguma semelhança entre o instituto da consulta fiscal e da denúncia espontânea, detectada por Valdir de Oliveira Rocha. Em suas palavras,

> "determinado fato acontecido poderá ter gerado a obrigação de pagar o tributo. Passado pouco ou muito tempo, o interessado se põe em dúvida a respeito. Como está em dúvida, não será o caso de proceder a denúncia espontânea, porque nem sequer sabe se houve infração. Nem será o caso de pagar 'o tributo' e depois repetir, se for o caso. Em situação como essa, entendo que o interessado poderá perfeitamente se utilizar da consulta fiscal".[283]

Em sua petição de consulta, o cidadão deve descrever a situação de fato pertinente à consulta, apontar a dúvida que entende estar presente, e indicar a solução que considera adequada, pedindo ao final o pronunciamento da Administração Tributária a respeito do problema.

É relevante a distinção que faz Valdir de Oliveira Rocha, na monografia já citada, no sentido de que a dúvida não precisa ser relativa ao entendimento do consulente, que pode estar seguro quanto à retidão de determinada interpretação. A dúvida do consulente pode residir precisamente na incerteza a respeito de qual interpretação será adotada pelo Fisco, o que é diferente.[284]

Imagine-se, por exemplo, que determinado cidadão adote como atividade empresarial a edição e a comercialização de livros de plástico, destinados a crianças de pouca idade. Tais livros são impressos em PVC, EVA ou borracha, para serem mais resistentes, laváveis, usados durante o banho, de modo a desenvolver o gosto pela leitura em bebês.

O cidadão produtor e vendedor dos "livros de plástico" ou "de brinquedo" pode estar intimamente seguro de que os seus produtos estão abrangidos pela imunidade tributária consagrada no art. 150, VI, "d", da CF/88, para fins de incidência do ICMS. Apesar dessa certeza pessoal, o cidadão tem dúvida quanto ao entendimento do Fisco a respeito do tratamento tributário de tais operações. Poderá, então, sanar a dúvida através da formulação de consulta fiscal.

Como já afirmado, a resposta dada à consulta fiscal vincula a Administração. Assim, caso a autoridade competente responda ao consulente, no exemplo acima imaginado, afirmando a não incidência do ICMS em face da imunidade tributária, agentes fiscais não poderão exigir referido imposto sobre as operações praticadas pelo consulente com "livros de brinquedo".

Essa vinculação, naturalmente, não alcança o consulente, mas apenas a Administração consultada. Esclarece Valdir de Oliveira Rocha:

---

[283] Valdir de Oliveira Rocha, *A Consulta Fiscal*, São Paulo: Dialética, 1996, p. 55.

[284] Valdir de Oliveira Rocha, *A Consulta Fiscal*, São Paulo: Dialética, 1996, p. 34.

Capítulo 3 · PROCESSO ADMINISTRATIVO TRIBUTÁRIO | **181**

"Administração fica vinculada a observar a decisão dada à consulta formulada pelo administrado. Mas o administrado não fica obrigado a observá-la, porque, se entender que a resposta dada obsta ou ameaça direito seu, sempre poderá ver sua posição apreciada pelo Poder Judiciário (art. 5º, inciso XXXV, da Constituição de 1988)."[285]

A vinculação da Administração, é ainda relevante esclarecer, diz respeito apenas aos fatos postos na consulta, e serve como *proteção ao consulente*. Isso significa que a orientação dada em resposta à consulta pode ser alterada, mesmo em relação precisamente aos fatos e ao período consultado, desde que em benefício do consulente. Imagine-se, por exemplo, que o consulente, insatisfeito com a resposta dada à sua consulta, não a observa, deixando que a Administração lance as quantias que entender devidas. Posteriormente, apresentando impugnação administrativa ao lançamento efetuado, esse contribuinte pode submeter a orientação dada em resposta à sua consulta – que fundamentou o lançamento ora impugnado – à apreciação do órgão de julgamento, que pode – desde que em benefício do consulente/impugnante – alterá-la, julgando improcedente o lançamento dela decorrente. Pode haver alteração do entendimento manifestado na consulta, também, em prejuízo do consulente, mas nesse caso é indispensável que o contribuinte seja notificado dessa alteração, que somente poderá produzir efeitos em relação aos fatos ocorridos *após* essa notificação (CTN, art. 146). Voltando ao exemplo dos "livros de brinquedo" citado alguns parágrafos acima, imagine-se que a Secretaria da Fazenda do Estado decide rever seu entendimento, dois anos de respondida a consulta no sentido de que o ICMS não é devido. O entendimento é revisto e se considera que o imposto é devido, pois não se estaria diante de "livro", mas de "brinquedo", a ser normalmente tributado pelo imposto. Nesse caso, a Administração deverá notificar o contribuinte a respeito dessa alteração, e só em relação aos fatos geradores ocorridos depois de tal notificação poderá exigir o ICMS.[286]

A propósito, a manifestação da autoridade fazendária, ao responder a uma consulta fiscal, pode ainda ser atacada judicialmente, inclusive através de mandado de segurança, pois consubstancia a manifestação explícita do entendimento adotado pelo Fisco a respeito de determinada questão jurídica. Em face da resposta à consulta, impugnada judicialmente, não será mais discutida a ocorrência de fatos, mas tão somente a interpretação que a Administração deu a esses fatos. Confira-se, a propósito, o seguinte julgado do STJ:

> "Mandado de Segurança. Tributário. Retenção do Imposto de Renda na Fonte. Consulta com resposta positiva vinculando o contribuinte consulente. Adequação da Via Mandamental. Decretos-Leis nºˢ 2.030/83 e 2.397/87. 1. A manifestação concreta da autoridade administrativa referente à prática (ou omissão) do ato, diante de sintomática ilegalidade ou abuso de poder, gera o direito de ação. 2. A resposta positiva, quanto à retenção do Imposto de Renda na fonte, afetando o direito do contribuinte consulente, enseja a impetração de segurança contra ato concreto da administração pública. 3. Recurso improvido."[287]

---

[285] Valdir de Oliveira Rocha, *A Consulta Fiscal*, São Paulo: Dialética, 1996, p. 25.

[286] Exigência que, naturalmente, poderá ser questionada pelo sujeito passivo, inclusive judicialmente. Mas, no período anterior à notificação, nem que a imunidade, ao fim e ao cabo, não fosse aplicável aos tais livros, a Fazenda não poderia formular a exigência em contrariedade ao que respondera em sede de consulta fiscal.

[287] Ac. un. da 1ª T. do STJ – REsp 37.551.7.PE – Rel. Min. Milton Luiz Pereira – *DJU* I 10.4.1995 p. 9258 – IOB nº 10/95 p. 171 c. 1.

Por decorrer diretamente do inciso XXXIV, alínea *a*, do art. 5º da CF/88, a consulta fiscal, a rigor, não depende de disciplinamento no plano legal. Ainda que não exista lei ordinária específica, federal, estadual, distrital ou municipal, disciplinando o processo de consulta fiscal, a mesma poderá ser empregada pelo cidadão que se vir em situação de incerteza perante o poder tributante respectivo. Naturalmente, se houver disciplinamento legal específico, não contrário à Constituição Federal, deverá o mesmo ser seguido.

No plano federal, a consulta é disciplinada pelos arts. 46 a 58 do Decreto 70.235/72, o qual, como já explicamos, tem *status* de lei ordinária federal, em face das peculiaridades do período no qual foi editado, de exceção, ditatorial, no qual o Poder Executivo dispunha de poderes hipertrofiados. Também são pertinentes à consulta, no plano da Secretaria da Receita Federal do Brasil, os arts. 48 a 50 da Lei 9.430/96.

As disposições do citado decreto federal, relativas à consulta fiscal, assim como aquelas pertinentes ao procedimento de lançamento, e ao processo de controle de sua legalidade, influenciaram a elaboração de leis específicas em diversos Estados e Municípios. Por isso, algumas referências a elas serão aqui bastante pertinentes, e de certa forma abrangerão também dispositivos de Estados e Municípios a respeito da questão.

De acordo com o art. 46 do Decreto 70.235/72, a consulta poderá ser formulada pelo sujeito passivo, versando sobre "dispositivos da legislação tributária aplicáveis a fato determinado". A referência a sujeito passivo, a rigor, é uma imprecisão, pois a consulta não é facultada apenas a sujeitos passivos de obrigações tributárias. Aliás, o consulente pode indagar precisamente a respeito dessa sujeição passiva, por entender *não ser* contribuinte nem responsável em relação ao tributo consultado. O parágrafo único do mesmo artigo assegura o direito à consulta, também, aos órgãos da administração pública e às entidades representativas de categorias econômicas ou profissionais.

Insista-se, porém, que o direito à consulta tem fundamento constitucional, e assiste a todo e qualquer cidadão que esteja em situação de incerteza diante da interpretação da legislação tributária pertinente a determinada situação de fato. O art. 46 do Decreto 70.235/72 é mera explicitação desse direito.

A consulta deverá ser apresentada por escrito, no domicílio tributário do consulente, ao órgão incumbido de administrar o tributo sobre o qual versa a consulta (art. 47). A exigência de petição escrita justifica-se, especialmente em face da segurança que gera para o próprio consulente, que tem uma comprovação de que fez a consulta, e de todos os seus termos.[288] Consultas verbais, que ensejam respostas também verbais, seriam de comprovação muito mais difícil, senão impossível, dificultando a produção dos efeitos aos quais esse processo se destina. O caráter escrito da resposta à consulta é indispensável a que sejam prestigiados os princípios da publicidade (com a divulgação da resposta), e da *liberdade de concorrência*, na medida em que todas as pessoas em iguais condições às do consulente terão como conhecer a interpretação que a Administração adotou na consulta então formulada, e pugnar por igual ou análogo tratamento.[289]

O órgão ao qual se deve dirigir a consulta, naturalmente, deve ser aquele incumbido de administrar o tributo objeto da consulta, por uma decorrência óbvia de competência. Se o consulente deseja saber o entendimento do Fisco a respeito das normas aplicáveis a uma

---

[288] Cabe aqui a advertência de Valdir de Oliveira Rocha, segundo o qual a consulta poderia, em tese, *de jure condendo*, ser formulada oralmente, mas imediatamente reduzida a termo pela autoridade que a recebesse (Valdir de Oliveira Rocha, *A Consulta Fiscal*, São Paulo: Dialética, 1996, p. 51).

[289] Valdir de Oliveira Rocha, *A Consulta Fiscal*, São Paulo: Dialética, 1996, p. 105.

situação de fato determinada, deve consultar o órgão competente para efetuar a aplicação dessas normas.

A consulta fiscal, uma vez formulada, impede a instauração de procedimentos fiscais contra o consulente, relativamente ao objeto da consulta. Esse efeito perdura até 30 dias depois de cientificado o consulente da decisão administrativa definitiva, proferida pela autoridade competente. É nulo um auto de infração lavrado antes de solucionada uma consulta apresentada pelo contribuinte a respeito do mesmo fato, como já decidiu o Conselho de Contribuintes do Ministério da Fazenda, anterior denominação do atual Conselho Administrativo de Recursos Fiscais (CARF):

> "FINSOCIAL – Processo de consulta – Auto de infração lavrado antes da solução – Improcedência – É improcedente o lançamento fiscal realizado antes da solução definida em relação à matéria objeto de consulta. Recurso a que se dá provimento."[290]

De acordo com o art. 161, § 2º, do CTN, a consulta, desde que formulada dentro do prazo para o pagamento do crédito tributário sobre o qual versar, enseja ainda a não incidência de juros, na hipótese de a resposta da Administração indicar que o citado crédito tributário realmente é devido. Assim, por exemplo, se um contribuinte efetua determinadas operações, e tem dúvida quanto à incidência do ICMS sobre as mesmas, pode efetuar consulta ao órgão fiscal competente antes de vencido o prazo para o pagamento do tributo. Respondida a consulta no sentido de que o ICMS realmente não é devido, obviamente não se há de cogitar de cobrança de imposto, muito menos de juros. Entretanto, caso a Administração responda afirmando que incide o ICMS, e o faça, digamos, cinco meses depois de consultada, o consulente terá direito de efetuar o pagamento do imposto devido, sem o acréscimo de juros ou de multas. Note-se que isso não significa que a consulta deva, *necessariamente*, ser formulada antes do vencimento do tributo sobre o qual há dúvida. Não. A formulação da consulta dentro do prazo de pagamento do tributo é exigida apenas para que não fluam os juros eventualmente devidos durante o período consultado.[291]

A consulta não terá esse efeito impeditivo da instauração de procedimentos de fiscalização, da fluência de juros, e da lavratura de autos de infração, chamando-se *ineficaz*, quando desatender a determinados requisitos essenciais (quando não for formulada por escrito, ou perante órgão incompetente etc.), e, também: (a) quando o consulente já tiver sido intimado

---

[290] Ac. un. da 2ª C. do 2º CC – nº 101.990 – Rel. Cons. Alexandre Magno Rodrigues Alves – j. 22.5.2001 – *DOU* I 13.3.2002, p. 20 – *Repertório de Jurisprudência IOB* cad. 1 nº 9/2002, p. 309.

[291] Já decidiu o STJ, porém, que, para que produza esses efeitos, a consulta tem de ser formulada pelo próprio sujeito passivo, e não por entidade que o represente coletivamente. "O disposto nos arts. 48 e seguintes da Lei 9.430/96 tem seu campo de incidência limitado ao âmbito da Secretaria da Receita Federal, conforme expressamente estabelece o caput do citado dispositivo, não sendo, portanto, aplicável aos procedimentos de consulta na esfera de atuação dos Fiscos estaduais. [...]. O Sindicato ou entidade representativa de categoria econômica ou profissional, em razão do que dispõe o art. 8º, III, da Constituição Federal, tem legitimidade para formular consulta de interesse da classe a que representa ao Fisco, todavia consulta de natureza geral, que não diga respeito a interesse específico de um determinado contribuinte, não tem, 'ex vi' do disposto no § 2º do art. 161 do CTN, o condão de suspender a exigibilidade do crédito tributário e consequentemente afastar os consectários da mora e muito menos impedir que a Administração Pública possa proceder à autuação do contribuinte em virtude da inobservância das normas tributárias. [...]. A exclusão da multa e dos juros de mora, em razão do não recolhimento tempestivo do tributo a que se refere o art. 161, § 2º do CTN, pressupõe consulta fiscal formulada pelo próprio devedor ou responsável antes de esgotado o prazo legal para pagamento do crédito" (STJ, 2ª T., REsp 555.608/MG, Rel. Min. João Otávio de Noronha, j. em 5.10.2004, v.u., *DJ* de 16.11.2004, p. 237).

a cumprir obrigações relacionadas a fatos objeto da consulta; (b) quando o consulente estiver sob procedimento de fiscalização iniciado para apurar fatos que se relacionem com a matéria consultada; (c) quanto o fato mencionado na consulta já houver sido objeto de decisão anterior, ainda não modificada, proferida em consulta ou litígio em que tenha sido parte o consulente; (d) quando o fato objeto da consulta estiver disciplinado em ato normativo, publicado antes de sua apresentação; (e) quando o fato descrito na consulta estiver definido ou declarado em disposição literal da lei; (f) quando o fato for definido como crime ou contravenção penal; (g) quando a petição de consulta não descrever, completa ou exatamente, a hipótese a que se referir, ou não contiver os elementos necessários à sua solução, salvo se a inexatidão ou omissão for escusável, a critério da autoridade julgadora (art. 51 do Decreto 70.235/72).

A hipótese (a) justifica-se porque se o consulente já foi intimado a cumprir obrigações relacionadas a fatos objeto da consulta, caberá a ele *impugnar*, se for o caso, o ato administrativo do qual foi intimado, dando início a um processo administrativo contencioso. Ademais, se a Administração já intimou o consulente a cumprir obrigação decorrente de um fato determinado, não mais existe dúvida quanto à compreensão oficial das normas aplicáveis a esse fato, que não pode, portanto, ser objeto de consulta.

Quanto à situação elencada na alínea (b), tem-se que a consulta não pode mais impedir o curso de um procedimento de fiscalização já iniciado, até porque, assim como na hipótese anterior, a dúvida quanto ao entendimento da administração será sanada ao cabo do procedimento de fiscalização, e poderá ser discutida no processo administrativo contencioso, de impugnação ao ato de lançamento.

O impedimento acima mencionado com a letra (c), por seu turno, decorre de imposição do princípio do devido processo legal, e de seus desdobramentos representados pela preclusão administrativa, pela litispendência, e pela coisa julgada. O consulente não pode formular consulta, cuja resposta vincula a Administração consultada, a respeito de fatos objeto de decisão anterior, proferida em consulta ou em litígio. A referência a "litígio", aliás, revela que o processo de consulta não é considerado "litigioso" pelo Decreto 70.235/72. A consulta também não pode versar o enquadramento jurídico de fatos alcançados por decisões judiciais, definitivas ou não, pois isso implicaria uma tentativa de contornar obliquamente decisão judicial eventualmente desfavorável ao consulente. Por óbvio, a limitação não alcança a consulta que verse fato objeto de decisão anterior, caso se esteja questionando outro aspecto jurídico não suscitado na primeira consulta (como a interpretação de normas editadas posteriormente, ou a interpretação de normas que, por coincidência, têm o mesmo suporte fático, mas atribuem a esse suporte fático significados completamente diferentes e não relacionados com aqueles objeto da primeira consulta). Exemplificando, um contribuinte pode oferecer consulta relacionada aos efeitos de determinado fato perante a legislação da COFINS, e, posteriormente, oferecer outra consulta, relativa aos efeitos desse mesmo fato diante da legislação do Imposto de Renda e da contribuição social sobre o lucro, desde que demonstre que a resposta dada à consulta relacionada à COFINS, favorável ou não, não soluciona a dúvida relativa ao IRPJ.

Devemos recordar, aqui, a noção elementar de Teoria Geral do Direito, segundo a qual um mesmo fato pode ter consequências jurídicas diferentes, em razão de estar previsto como "hipótese de incidência" de normas jurídicas diferentes. A morte de uma pessoa, por exemplo, pode ter um significado perante o Direito Penal (homicídio), outro perante o Direito Civil (abertura da sucessão), outro perante o Direito Comercial (pagamento de seguro de vida), outro perante o Direito Tributário (hipótese de incidência do imposto de transmissão) etc. Do mesmo modo, no âmbito do Direito Tributário, um fato pode ter um significado perante a legislação específica de um tributo, e outro significado, diferente,

Capítulo 3 · PROCESSO ADMINISTRATIVO TRIBUTÁRIO | **185**

perante a legislação de outro tributo. Um mesmo fato, por tudo isso, pode ser objeto de mais de uma consulta fiscal, desde que cada uma das consultas verse sobre *efeitos jurídicos distintos* desse fato. Isso mostra que a consulta, a rigor, não consiste numa indagação quanto ao significado de uma norma, *em tese* (direito objetivo). Ao revés, está sempre relacionada ao significado de uma norma à luz de uma situação de fato. A dúvida que o consulente deseja sanar, em última análise, está relacionada com a *incidência* de normas determinadas, e com os efeitos dessa incidência (direito subjetivo). Essa situação de fato pode já ter ocorrido, ou não, mas precisa, de qualquer modo, ser determinada, vale dizer, ainda que diga respeito a fatos futuros, a consulta deverá descrevê-los de forma detalhada e específica, de modo a que os efeitos da resposta somente se produzam diante da futura ocorrência desses fatos nos exatos moldes em que descritos.

No que se refere às hipóteses (d), (e) e (f), entende-se que o disciplinamento jurídico dos fatos é claro, seja por estar veiculado em ato normativo, em disposição literal de lei, ou por estar definido como crime ou contravenção, não havendo objetivamente uma razão para a dúvida suscitada pelo consulente, cuja consulta poderia ser considerada como infundada, dada a inexistência de estado de incerteza. Tais hipóteses de ineficácia da consulta são de verificação bastante problemática, pois, como adverte Chaïm Perelman,[292] a clareza de um texto legal decorre muito mais da falta de imaginação de seus intérpretes do que da univocidade da linguagem empregada em sua redação. Sempre será possível a ocorrência de um fato em moldes distintos daqueles previstos na "literal disposição de lei", ou no "ato normativo", com peculiaridades tais que ensejem a dúvida e, por conseguinte, a viabilidade da consulta.

Finalmente, a ineficácia acima elencada sob a letra (g) diz respeito à consulta cuja narração dos fatos é demasiadamente vaga, não oferecendo à autoridade consultada elementos que lhe permitam respondê-la categoricamente. É o caso de quando o consulente omite de sua petição de consulta fatos indispensáveis a que a autoridade determine quais normas são aplicáveis à situação consultada, ou para que determine que interpretação deve ser dada a essas normas.

Em todos os casos já explicados, repita-se, a consulta não terá o efeito de impedir a instauração de procedimentos de fiscalização, a fluência de juros, ou a lavratura de autos de infração, relacionados à situação consultada, recebendo a denominação de consulta fiscal *ineficaz.*

A legislação federal assegurava ao consulente o direito à interposição de recurso, com efeito suspensivo, em face da decisão de primeira instância que apreciasse a consulta formulada, estabelecendo ainda que tal recurso seria interposto de ofício sempre que a decisão de primeira instância fosse favorável ao consulente. A previsão de tal recurso merecia elogios, pois prestigiava o princípio do devido processo legal e desdobramentos constitucionais, tendo em vista o inconformismo que pode surgir com o advento da primeira resposta oferecida à consulta. Entretanto, com o advento do art. 48 da Lei 9.430/96, a consulta fiscal passou a ser solucionada, no plano federal, em instância única, sendo cabível "recurso especial" apenas no caso de uma mesma questão ser solucionada de modo divergente por distintos órgãos regionais da Secretaria da Receita Federal (Lei 9.430/96, art. 48, § 5º). Vale registrar que esse julgamento em instância única não viola o direito do contribuinte ao devido processo legal administrativo, pois, caso ele venha a ser autuado por não seguir a orientação dada na resposta à consulta, assistir-lhe-á o uso do processo administrativo de impugnação ao lançamento, com todas as oportunidades recursais a ele inerentes.

---

[292]   Chaïm Perelman, *Lógica Jurídica*, tradução de Vergínia K. Pupi, São Paulo: Martins Fontes, 2000, p. 51.

5 TRANSAÇÃO E OUTROS MÉTODOS EXTRAJUDICIAIS DE SOLUÇÃO DE LITÍGIOS

5.1 A apontada "ineficiência" do Poder Judiciário e a "cultura do litígio"

Um excesso de demandas judiciais e uma suposta incapacidade do Poder Judiciário de lidar com elas tem inspirado debates e discussões a respeito de métodos alternativos, extrajudiciais, de solução de conflitos, inclusive em matéria tributária. Fala-se, então, em usarem-se mecanismos como a transação como forma de solução de litígios entre o Fisco e contribuintes. É preciso, contudo, fazer algumas observações preliminares, antes de se examinarem tais formas alternativas.

Primeiro, quanto à sobrecarga do Poder Judiciário, e à sua incapacidade de lidar com ela. Grande parcela dos processos que ocupa os órgãos judiciários tem a Fazenda Pública como litigante. E muitos deles existem por conta de uma "cultura da judicialização", decorrente do fato de as autoridades não desejarem assumir a responsabilidade pelos atos que praticam, especialmente quando esses atos não favorecem diretamente a entidade de que fazem parte. Por outras palavras, quando um cidadão formula uma pretensão diante da Administração Pública, há grande conforto, por parte da autoridade, para negá-la, principalmente quando o seu acolhimento implicar algum "ônus" para a Administração (*v.g.*, devolução de tributo pago indevidamente). Mas, se for o caso de deferi-la, isso só será feito se houver absoluta certeza, e normatização interna (não basta a lei) autorizando. Do contrário, o pleito será negado, até para a autoridade não ficar "mal vista" entre os colegas. E a autoridade, ciente de que o cidadão tem razão, dirá, de forma informal, àquele que viu denegada sua pretensão: "o Sr. tem razão! Eu não posso reconhecer isso administrativamente 'porque tenho que me preservar', mas vá ao Judiciário que o Sr. ganha. A jurisprudência lhe é favorável!". É essa cultura, presente na Administração Pública brasileira em geral, que faz com que as questões sejam judicializadas em excesso, em nosso país, e isso não será resolvido caso se transfira para o próprio Fisco a atribuição de resolver tais conflitos, por meio, *v.g.*, de transação.

Por outro lado, muitos dos processos que o Judiciário não tem conseguido resolver, como é o caso de execuções fiscais que não logram êxito na satisfação do crédito tributário, não são adequadamente deslindados por defeitos ou falhas que não são imputáveis ao Judiciário, mas à própria Fazenda exequente. Aplicam-se, também aqui, as ideias constantes do item 2.2.7, do próximo capítulo, no qual se examina uma tentativa de introduzir, aos poucos, uma "execução fiscal administrativa", nos termos da Lei 13.606/2018. Com efeito, execuções não são efetivas porque o Fisco não localiza o devedor, ou bens que possam ser penhorados, e isso não mudará se o feito executivo processar-se no âmbito administrativo, e tampouco será remediado com a regulamentação da transação tributária, pois não se pode igualmente transigir com quem não é encontrado.

5.2 Transação tributária, a Lei 13.988/2020 e o voto de qualidade

Regulamentando o disposto no art. 171 do CTN, o Presidente da República editou a Lei 13.988/2020, que criou uma espécie de "REFIS" sem prazo para adesão. Outra grande diferença, além da ausência de limite temporal para adesão, é que o Fisco terá ampla discricionariedade para conceder, ou não, o desconto de multas, e de juros, ao contribuinte que desistir do litígio para pagar, à vista ou parceladamente, o seu débito.

Pode-se questionar, diante de tamanha discricionariedade concedida às autoridades administrativas encarregadas de realizar a transação, possível violação ao art. 3º do CTN, que esclarece ser o tributo prestação pecuniária cobrada mediante atividade administrativa plenamente vinculada. Mas há bons argumentos em sentido contrário: a transação não alcançaria o tributo, mas apenas multas e juros, bem como prazo e condições de pagamento. Por outro lado, o próprio art. 171 do CTN a permitiria, figurando assim como norma mais específica, a excepcionar a regra do art. 3.º do mesmo Código.

É possível questionar, também, a possibilidade ou a conveniência prática de tais transações, pois acordos assim pressupõem alguma paridade, algum equilíbrio entre as partes, não sendo compatíveis com cenários em que um dos lados tem incomparavelmente mais poder do que o outro, como é o caso de "negociações" entre o Fisco e o cidadão contribuinte, pelo menos se se considerarem os contribuintes em sua generalidade, e não alguns poucos dotados de maior poder de barganha.

Isso conduz a mais um questionamento: a possibilidade de realizar acordos que implicam a cobrança do tributo em termos diferenciados pode ser vista como contrária aos princípios da moralidade e da impessoalidade, dependendo de como os acertos venham a ser feitos. Caso se realizem transações apenas com contribuintes que de outro modo não teriam como pagar seus débitos, ou em situações nas quais o Fisco também ganhe diante da desistência, por parte do contribuinte, de questionamentos nos quais ele teria eventualmente chance de se sair exitoso, pode-se preservar a integridade de tais princípios, pois se estarão tratando diferentemente pessoas em situação diferente, com uma flexibilidade que uma cobrança uniforme e generalizante não permitiria.

A Lei 13.988/2020 determina que as autoridades sigam tais princípios, mas as exime de qualquer responsabilidade, pelas transações que vierem a fazer, ressalvada apenas a hipótese de agirem dolosamente para auferir benefício pessoal para si ou para terceiro. Essa ressalva, além de ser de constitucionalidade duvidosa, pode criar ambiente que reforçará a cultura da desconfiança e da arbitrariedade (apenas contra o cidadão), citadas anteriormente. Afinal, por mais flagrante que seja a ilegalidade que praticarem no âmbito de uma transação, se dela não houver benefício para o contribuinte, ou para a autoridade pessoalmente, mas apenas para o ente público, ninguém poderá ser responsabilizado.

É preciso, especialmente, dar publicidade às transações efetuadas, para garantirem-se princípios caros ao Estado de Direito, como a igualdade e a impessoalidade. Embora reportando-se a anteprojeto anterior, diverso da MP 899/2019, a qual resultou na Lei 13.988/2020, Simone Anacleto Lopes faz observações que continuam pertinentes. Para ela, não basta fixar limites percentuais aos descontos a serem dados, sendo importante também estabelecer os critérios a serem observados na concessão deles, e, principalmente, dar-se publicidade. Em nome da necessidade de se proteger o sigilo fiscal, que a Lei 13.988/2020 reitera, é possível que se publiquem apenas trechos dos resultados das transações tributárias, se muito, o que, em suas palavras,

> "(...) não deixa de estar correto. O problema é que a ausência de publicidade quanto à motivação acarreta a inexistência de mecanismos que garantam minimamente que todos os que se encontram em situação semelhante receberão o mesmo tratamento".[293]

Trata-se da grande dificuldade a ser enfrentada, sempre que se afasta a legalidade estrita e a impessoalidade, em prol de critérios particulares e casuísticos.

---

[293] Simone Anacleto Lopes. Anteprojeto de lei geral de transação em matéria tributária: uma análise jurídica. *Revista Fórum de Direito Tributário – RFDT*. Belo Horizonte: Fórum, ano 7, n. 38, p. 9-26, mar./abr./2009, p. 22.

5.3 Cessão onerosa de créditos tributários e LC 208/2024

A Lei Complementar 208/2024 alterou a legislação atinente ao Direito Financeiro (Lei 4.320/64), para permitir que União, Estados-membros, Distrito Federal e Municípios cedam onerosamente ("vendam"), nos termos de lei específica que o autorize (lembrando que se trata – a LC 208 e a Lei 4.320 – de diploma de "normas gerais"), direitos originados de créditos tributários e não tributários, inclusive quando inscritos em dívida ativa, a pessoas jurídicas de direito privado ou a fundos de investimento regulamentados pela Comissão de Valores Mobiliários (CVM).

O crédito que se origina do direito cedido, vale dizer, o crédito do Poder Público junto à instituição financeira que tiver "comprado" o crédito tributário, preserva suas características, vale dizer, as garantias e os privilégios próprios ao crédito tributário. Também se mantêm as vinculações e destinações constitucionais. Se a União "vende" a um banco um crédito tributário de COFINS que tem para receber de certo contribuinte, e recebe pela operação apenas uma parte do valor integral (porque obviamente a venda se dá com deságio), essa parte recebida deverá ser integralmente destinada à Seguridade Social, tal como o seria o valor de COFINS que tivesse sido recebido do próprio contribuinte devedor, se não tivesse incorrido em inadimplência.

Bancos públicos controlados pelo ente público cedente não podem participar da operação, comprando créditos tributários de titularidade de seus controladores. Objetiva-se com isso, seguindo princípio já presente na Lei de Responsabilidade Fiscal, impedir eventual conflito de interesses, e o fato de a operação não se dar em obediência ao princípio do *arm's lenght*, aspectos que poderiam levar o banco a adquirir tais créditos em circunstâncias desfavoráveis para si, financiando a entidade pública que o controla de maneira distorcida.

Parece haver aqui uma ressurreição do antiquíssimo instituto dos "publicanos", ou coletores de impostos no Império Romano, aos quais se delegava a função de cobrar tributos, exigindo-se deles determinada quantia, e todo o "excedente" que conseguissem arrancar dos contribuintes lhes pertenceria. O Império assim contava com uma receita certa, e não dispendia recursos com a cobrança. Exatamente o que se parece desejar com a LC 208/2024. É preciso, contudo, lembrar dos problemas e das dificuldades inerentes ao instituto, sobre os quais a História pode dar algumas lições. Em Roma, os coletores de impostos eram odiados pela forma abusiva e arbitrária com que exigiam os tributos, o que pode não ocorrer na atualidade, pois o crédito continuará sendo pautado pela lei tributária, não perdendo sua origem e os limites que dela decorrem.

A experiência pode ser interessante, pois os bancos talvez não contem com a mesma benevolência que os juízes têm para com o Fisco, notadamente quando se tratar de possível ação de reparação de danos por eventual excesso no qual incorrerem na cobrança.

Registrem-se, por fim, dois pontos.

O primeiro é o de que a LC 208/2024 estabelece que a prescrição do crédito tributário passa a ser interrompida também pelo protesto extrajudicial, e não só pelo judicial. Para evitar situações de imprescritibilidade, deve-se aplicar o princípio geral de direito, explicitado no Código Civil, mas aplicável a outras situações, de que as causas de interrupção de prescrição agem, quanto a um mesmo prazo, apenas uma vez. Não é possível interromper o curso da prescrição de um mesmo crédito tributário, portanto, mais de uma vez, mantendo a dívida imprescritível mediante seguidos e reiterados protestos.

O segundo é o de que a LC 208/2024 procede a verdadeira abertura no acesso aos dados pessoais de contribuintes (§§ 4º e 5º inseridos no art. 198 do CTN), o que deve ser compatibilizado com a Constituição, que assegura o direito à proteção de dados como fundamental (art. 5º, LXXIX). Deve haver um propósito específico e legítimo para cada dado pessoal coletado, requisitado ou compartilhado, não se podendo coletar e compartilhar dados genéricos do cidadão contribuinte *just in case*, procedimento de evidente inconstitucionalidade.

Capítulo 4
PROCESSO JUDICIAL TRIBUTÁRIO

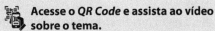

Acesse o *QR Code* e assista ao vídeo sobre o tema.
> http://uqr.to/1wt25

1 NOÇÕES GERAIS

1.1 Conceito

1.1.1 *Processo tributário e processo "civil"*

O processo judicial tributário – viu-se sucintamente no primeiro capítulo deste livro – é a série encadeada de atos por meio da qual o Estado-Juiz presta a *tutela jurisdicional*, solucionando definitivamente, porque em última instância, os conflitos havidos entre o Estado-Fisco e os contribuintes através da aplicação do direito ao caso concreto. Esse processo é disciplinado por normas jurídicas, cujo conjunto chama-se *Direito Processual*, e que têm por finalidade: (a) assegurar a efetividade da tutela buscada; (b) permitir a participação dos interessados; e (c) definir e delimitar a atuação dos juízes, impondo-lhes deveres e impedindo-lhes a prática de excessos e abusos.[1]

Note-se que o processo judicial tributário é, em quase toda a sua extensão, o mesmo *processo civil* no qual são solucionadas as lides de uma maneira geral. Não há um processo e um Direito Processual específicos, como ocorre, por exemplo, no âmbito do Processo Penal, mas apenas o *processo* e o *Direito Processual Civil* aplicados à solução de conflitos verificados nas relações jurídicas tributárias.[2] Mesmo assim, cogita-se do *Processo Tributário*, como *disciplina jurídica* autônoma, pois as peculiaridades do direito material subjacente ao processo eventualmente influenciam na interpretação e na aplicação das normas processuais, fazendo com que possam ser entendidas de modo peculiar, conforme explicado no Capítulo 1 (item 1.4.1) deste livro.

---

[1] Cândido Rangel Dinamarco, *Instituições de Direito Processual Civil*, 3. ed., São Paulo: Malheiros, 2003, v. 1, p. 37.
[2] "O nome 'processo civil' já hoje não corresponde ao velho processo civil em que só se apresentavam pedidos de direito civil. Litígios que, nos nossos dias, se travam em processo civil, pertencem, em grande parte, ao direito público, e nada têm com o direito civil" (Pontes de Miranda, *Comentários ao Código de Processo Civil*, 5. ed., atualizada por Sérgio Bermudes, Rio de Janeiro: Forense, 2001, t. I, p. 70).

1.1.2 A prestação da tutela jurisdicional

O estabelecimento de normas jurídicas disciplinando as relações entre seres humanos – no caso do Direito Tributário, entre os que corporificam o Estado cobrador de tributos e os que a essa tributação estão submetidos – nem sempre é suficiente para debelar completamente o surgimento de *conflitos*. Seja por incompreensão do significado das prescrições normativas, seja por incerteza quanto à ocorrência dos fatos sobre os quais tais prescrições incidem, seja ainda por razões outras, tais como o propósito mesmo de exorbitar o poder que se tem (por parte de autoridades fazendárias), ou de se exonerar ilicitamente do ônus tributário (por parte dos contribuintes), o fato é que as normas jurídicas podem ter suas prescrições *violadas*, fazendo-se necessária a composição do conflito com a restauração do direito malferido.

Como se sabe, a regra jurídica, quando incide sobre o fato nela hipoteticamente previsto, torna esse fato um fato *jurídico*. Dele, então, irradia-se uma relação jurídica, a qual confere direitos, pretensões de ver tais direitos adimplidos, e a possibilidade de se reclamar esse adimplemento. Nesse contexto, o direito subjetivo (*v. g.*, direito ao recebimento de um tributo) pode existir, mas não ser ainda *exigível* (não houve lançamento, ou ainda não está "vencida" a dívida). O seu titular não tem ainda a *pretensão*, e não pode, por conseguinte, reclamar o seu adimplemento. Caso surja a pretensão (houve lançamento, e "venceu-se" a dívida lançada), o titular passa a poder reclamar o seu cumprimento; em não ocorrendo esse cumprimento, nasce, então, o *conflito*, decorrente de uma *pretensão resistida*.

Tendo vedado – ou pelo menos restringido a casos excepcionalíssimos – a justiça de mão própria, o Estado obrigou-se, por consequência, a solucionar tais conflitos, *tutelando* todos aqueles que entendem possuir direitos malferidos (pretensões indevidamente resistidas). É a lição de Pontes de Miranda:

> "Se o Estado chamou a si a decisão das questões, a função de justiça, criou a todos os interessados a pretensão à tutela jurídica, a que corresponde o seu dever de prestar aos figurantes o que prometera. Seria absurdo que se visse no Estado o dever do Estado, a sua obrigação de resolver os litígios, e não se visse no autor, no réu e nos que podem intervir ou serem chamados *o direito e a pretensão a que a entidade estatal faça aquilo que retirou aos que lutariam de mão própria*."[3]

É daí que se deduz o princípio da *efetividade da tutela jurisdicional*, segundo o qual a tutela jurídica prestada pelo Estado há de ser *útil*, assegurando à parte vencedora da demanda um resultado que corresponda – com a maior coincidência possível – àquele que obteria caso a outra parte houvesse adimplido espontaneamente a prestação à qual estava obrigada.

Note-se não ser necessário, para que se pleiteie o exercício da tutela jurisdicional, que aquele que o provoca *tenha* direito a ser tutelado. É necessário, isto sim, que a parte *entenda ter* direito a ser tutelado, ou seja, entenda possuir uma pretensão indevidamente resistida, a ensejar a atuação do Poder Judiciário, pois a "ação" é autônoma e abstrata, isto é, independe da efetiva existência do direito a que visa proteger. Trata-se, no dizer preciso de José de Albuquerque Rocha, do "poder que tem a parte de desencadear a função jurisdicional do Estado e de participar necessariamente do desenvolvimento da atividade processual, tendo em vista

---

[3] Pontes de Miranda, *Comentários ao Código de Processo Civil*, 5. ed., atualizada por Sérgio Bermudes, Rio de Janeiro: Forense, 2001, t. I, p. XVII – grifou-se.

Capítulo 4 · PROCESSO JUDICIAL TRIBUTÁRIO | 191

a obtenção de um provimento jurisdicional, relativamente a uma situação jurídica subjetiva ou objetiva *afirmada*".[4]

A prestação da tutela jurisdicional é, insista-se, monopólio do Estado, que a exerce através dos órgãos do Poder Judiciário. No âmbito tributário, caso o conflito não seja equacionado na esfera administrativa, seja porque o administrado não a utilizou, seja porque não se satisfez com o seu resultado, sempre haverá a possibilidade de acesso ao Poder Judiciário, único competente para impor às partes uma solução *definitiva* para o conflito.[5]

1.2 As várias espécies de tutela jurisdicional

A tutela jurisdicional pode ser classificada de várias maneiras diferentes, a depender do critério adotado. Afinal, as classificações não são *certas* nem *erradas*, mas simplesmente podem, desde que existam, ser *mais úteis* ou *menos úteis*[6]. O critério mais difundido, e acolhido pelo legislador brasileiro, separa as espécies de *tutela jurisdicional* conforme a *finalidade* do provimento correspondente. Segundo esse critério, a tutela jurisdicional pode ser (a) de conhecimento; (b) executiva; (c) cautelar.

Diz-se "de conhecimento" a tutela por meio da qual o Judiciário afirma a existência, ou a inexistência, no caso concreto, do direito invocado pela parte. Afere-se a ocorrência de fatos, discute-se a interpretação das normas a eles aplicáveis, e, ao final, declara-se o direito subjetivo decorrente da incidência ali reconhecida. Sua finalidade é a de dizer "quem" é o titular do direito subjetivo (seja apenas *declarando* relação preexistente; seja declarando e *condenando* a parte demandada prestação dele decorrente; seja *constituindo* situação jurídica nova, ou desconstituindo situação preexistente). Executiva, por sua vez, é a tutela na qual não se perquire sobre a existência do direito, seja porque já reconhecido por sentença, seja porque presumido em certos títulos extrajudiciais: busca-se, tão somente, o adimplemento forçado do direito. Finalmente, cautelar é a tutela cuja finalidade é a de assegurar a efetividade de uma das anteriores (conhecimento e executiva), afastando situações que poderiam levar à inutilidade delas.[7]

Não é demais repetir que a Fazenda Pública, dotada da competência de editar atos administrativos e constituir seus próprios títulos executivos, e de desconstituir atos que entende emitidos ilegalmente, em regra não tem *interesse* nem *legitimidade* para invocar a prestação da tutela jurisdicional de conhecimento. Através da já apontada *autotutela vinculada*, ou *autocontrole*, a Fazenda *acerta* as relações nas quais está envolvida e se verifica um conflito, cabendo-lhe apenas valer-se da *tutela executiva* (execução fiscal) ou da *tutela*

---

[4] José de Albuquerque Rocha, *Teoria Geral do Processo*, 3. ed. São Paulo: Malheiros, 1996, p. 169, o grifo na palavra *afirmada* não está no original.

[5] Cabe lembrar, aqui, que quando o contribuinte obtém êxito ainda no processo administrativo não há propriamente a "imposição" desse êxito à Administração (como ocorre no Poder Judiciário), pois é a própria administração, através do órgão a tanto competente, que está *reconhecendo* o direito do administrado, fazendo, com esse reconhecimento, com que desapareça o conflito.

[6] Genaro Carrió. *Notas sobre Derecho y Lenguage*. 6. ed. Buenos Aires: Abeledo Perrot, 2011, p. 99.

[7] Nesse sentido: Alfredo Buzaid, *Estudos e Pareceres de Direito Processual Civil*, com notas de adaptação ao Direito vigente de Ada Pellegrini Grinover e Flávio Luiz Yarshell, São Paulo: Revista dos Tribunais, 2002, p. 223. Em sentido contrário, Zavascki defende que as tutelas são apenas, a rigor, declaratórias e executivas. A tutela cautelar parte de critério diverso que, em verdade, mescla um pouco das outras duas. Cf. ZAVASCKI, Teori. *Antecipação de tutela*, 3. ed., São Paulo: Saraiva, 2000.

192 | PROCESSO TRIBUTÁRIO – *Machado Segundo*

cautelar (cautelar fiscal). Ao cidadão inconformado é que caberá reclamar ao Poder Judiciário a anulação do ato administrativo, se for o caso.[8]

1.2.1   Tutela, ação, provimento e processo

Como vimos, a tutela jurisdicional é a composição de conflitos pelo Estado-juiz, em última instância, no âmbito de um devido processo legal, chamando-se de "ação" a faculdade que as pessoas têm de *provocar* o exercício dessa tutela. A doutrina processualista faz alusão, ainda, aos *provimentos*, que são as *ordens* através das quais a tutela jurisdicional é prestada, ou seja, são as ordens emitidas pelas autoridades judiciárias com o propósito de compor os conflitos a elas submetidos.[9]

Note-se que tais conceitos, embora intimamente relacionados, não se confundem, nem devem ser baralhados com a ideia de *processo judicial*, série encadeada de atos (provocada pelo exercício da ação), através da qual são emitidos *provimentos* a fim de que seja exercida a *tutela jurisdicional*.

A *tutela jurisdicional*, já se disse, pode ser classificada em *cognitiva, executiva* ou *cautelar*, a depender da finalidade para a qual é prestada. A mesma classificação pode ser atribuída às ações (poder de provocar o exercício dessa tutela), aos provimentos (ordens através das quais essa tutela é prestada) e aos processos (série de atos no âmbito da qual os provimentos são exarados). Mas deve haver muito cuidado nesse "alongamento" da classificação – que a rigor só é exata no âmbito das espécies de tutela –, pois muitas vezes em um mesmo *provimento* podem ser encontradas tutelas de naturezas diversas, com *preponderância* de uma delas. Também não é raro que em um mesmo tipo de processo sejam emitidos provimentos de natureza diferenciada (*v. g.*, medida liminar, com natureza cautelar, no âmbito de um processo de conhecimento).

Assim, por exemplo, um provimento de natureza cautelar pode conter, eventualmente, certo julgamento quanto à verossimilhança do *direito subjetivo* a ser por ele protegido (cognição, ainda que sumária). E, da mesma maneira, em um processo de conhecimento pode ser emitido, de modo incidental, provimento de natureza cautelar, o que aliás passou a ser a regra no âmbito do CPC/2015. Na verdade, a classificação acima apontada leva em consideração a *preponderância* do elemento cognitivo, executivo ou cautelar, e não a existência pura e absoluta apenas de um desses elementos.

1.3   Formalidade e formalismo. Instrumentalidade e proporcionalidade

Um grande problema do processo civil e, por conseguinte, do processo judicial tributário, ainda hoje, é o formalismo processual, ou seja, o apego a formas desnecessárias a que o processo atinja a finalidade a que se destina. É o caso, por exemplo, de um entendimento que lamentavelmente chegou a ser acolhido pelo Supremo Tribunal Federal, segundo o qual um recurso interposto depois de proferida e autuada a decisão recorrida, mas antes de sua

---

[8]   A propósito, confira-se: James Marins, "Ação Declaratória em Matéria Tributária – Notas sobre suas Particularidades", em *Problemas de Processo Judicial Tributário*, v. 4, coord. Valdir de Oliveira Rocha, São Paulo: Dialética, 2000, p. 152.

[9]   Cfr. Cândido Rangel Dinamarco, *Instituições de Direito Processual Civil*, 3. ed., São Paulo: Malheiros, 2003, v. 1, p. 147.

Capítulo 4 · PROCESSO JUDICIAL TRIBUTÁRIO | 193

publicação na imprensa oficial, seria "intempestivo" porque interposto fora ("antes") do prazo correspondente, que se inicia com a publicação.[10]

Muitos outros exemplos poderiam ser aqui referidos, não apenas no âmbito recursal (*v. g.*, recursos não conhecidos por conta de carimbos ilegíveis), mas em todas as outras etapas do processo (*v. g.*, iniciais indeferidas porque se referiam ao réu como sendo a "União", e não a "União Federal").[11]

Na verdade, tais compreensões excessivamente formalistas devem ser combatidas. Não deve o intérprete esquecer que o Direito Processual serve para (a) assegurar a efetividade da tutela buscada; (b) permitir a participação dos interessados; e (c) definir e delimitar a atuação dos juízes, impondo-lhes deveres e impedindo-lhes a prática de excessos e abusos.[12] Qualquer formalidade que não se preste ao atendimento de nenhuma das finalidades (a), (b) ou (c), acima transcritas, é desnecessária, e, por isso, prejudicar a parte pelo seu descumprimento é *mero formalismo*, inconstitucional porque ofensivo ao direito uma tutela jurisdicional efetiva e ao devido processo legal substantivo.

Pontes de Miranda, a propósito, escreve:

> "A principal regra jurídica de interpretação do direito processual é a que se pode formular do modo seguinte: 'A regra jurídica processual há de entender-se mera regra para que se realize o direito objetivo e, pois, no sentido de não atingir o direito material. [...]'. Na interpretação mesma da regra de direito processual não se deve adotar a que lhe atribua dificultar ou diminuir eficácia das regras de direito material, como se ela criasse óbice ou empecilho à prestação do direito material."[13]

No mesmo sentido vêm se pronunciando inúmeros outros processualistas, entre os quais, nesse ponto, certamente se destaca Cândido Rangel Dinamarco, que ensina:

> "Uma das características do processo civil moderno é o *repúdio ao formalismo*, mediante a flexibilização das formas e interpretação racional das normas que as exigem, segundo os objetivos a atingir. É de grande importância a regra da *instrumentalidade das formas*, concebida para conduzir a essa interpretação e consistente na afirmação de que, realizado por algum modo o objetivo de determinado ato processual e não ocorrendo prejuízo

---

[10] Para análise crítica desse entendimento, confira-se Hugo de Brito Machado Segundo e Raquel Cavalcanti Ramos Machado, "O Formalismo e a Instrumentalidade do Processo – Questões Relativas à Instrução do Agravo de Instrumento", em *Revista Dialética de Direito Processual*, nº 2, São Paulo: Dialética, maio de 2003, p. 29 ss. No novo Código de Processo Civil (Lei 13.105, de 16 de março de 2015), este e outros entendimentos excessivamente formalistas são combatidos, esperando-se que os valores que permeiam as disposições do novo diploma processual sensibilizem os magistrados de que sua função não é criar mas resolver problemas, prestando a jurisdição e examinando o mérito das questões que lhes são submetidas. A propósito da tese segundo a qual o "recurso prematuro" seria intempestivo, ela foi expressamente abolida pelo art. 218, § 4º, do CPC/2015.

[11] Para esses e outros exemplos, e uma profunda análise crítica do problema, confira-se Hugo de Brito Machado, "O Processualismo e o Desempenho do Poder Judiciário", artigo integrante da coletânea *Desafios do Século XXI*, coord. Ives Gandra da Silva Martins, São Paulo: Pioneira: Academia Internacional de Direito e Economia, 1997.

[12] Cândido Rangel Dinamarco, *Instituições de Direito Processual Civil*, 3. ed., São Paulo: Malheiros, 2003, v. 1, p. 37.

[13] Pontes de Miranda, *Comentários ao Código de Processo Civil*, 5. ed., atualizada por Sérgio Bermudes, Rio de Janeiro: Forense, 2001, t. I, p. 69.

PROCESSO TRIBUTÁRIO – *Machado Segundo*

a qualquer dos litigantes ou ao correto exercício da jurisdição, nada há a anular ainda quando omitido o próprio ato ou realizado em transgressão a exigências formais."[14]

Sobre formalidades e formalismos, e tendo em vista os princípios constitucionais a serem em cada caso conciliados no regramento do processo, já escrevemos, com Raquel Cavalcanti Ramos Machado, que:

"[...] como as formalidades processuais, e o processo como um todo, são meio através do qual é prestada a tutela jurisdicional, no todo pertinente, ainda, ao exame de sua validade, é a invocação do princípio da proporcionalidade, instrumento por excelência utilizado para o controle da adequação entre meios e fins. Esse controle é feito à luz de cada problema a ser resolvido, com a conciliação dos princípios e direitos fundamentais envolvidos (Como adverte Karl Larenz, '*hay que encontrar una composición del conflicto que permita la subsistencia de cada uno de los derechos con el máximo contenido posible. Esto significa que ningún derecho tiene que retroceder más de lo que sea necesario para no recortar el del otro de un modo que sea no exigible*' (*Derecho Justo – Fundamentos de Etica Juridica*, tradução de Luis Díez-Picazo, Madrid: Civitas, 2001, p. 63). É a metodologia hermenêutica do novo constitucionalismo e da moderna Teoria Geral do Direito, que se aplica com toda pertinência ao Direito Processual.

Pois bem. É sabido que o princípio da proporcionalidade se divide nos subprincípios da *aptidão*, da *necessidade* e da *proporcionalidade em sentido estrito*. Diz-se *apto* aquele meio cujo emprego realmente conduz à finalidade buscada. *Necessário* é o meio que além de apto é o menos oneroso. E, finalmente, uma vez apto e necessário, o ato será *proporcional em sentido estrito* quando sua realização, que ocorre em prestígio de um valor, não implicar um demasiado desprestígio de outros valores igualmente caros à ordem jurídica.

As formalidades a serem observadas no curso do processo, portanto, como todo meio utilizado à consecução de um fim legítimo, além de deverem obediência aos demais requisitos de validade exigidos pela ordem jurídica (*v. g.* previsão em lei), devem atender a esses três subprincípios, sob pena de inconstitucionalidade por desproporcionalidade".[15]

Dentro dessa concepção de formalidade, e sempre atentando para a *proporcionalidade* da exigência formulada às partes na relação processual,[16] serão examinados, nos itens seguintes, de modo específico, o processo judicial tributário, seus desdobramentos, os instrumentos processuais existentes etc.

---

[14] Cândido Rangel Dinamarco, *Instituições de Direito Processual Civil*, 3. ed., São Paulo: Malheiros, 2003, v. 1, p. 39.

[15] Hugo de Brito Machado Segundo e Raquel Cavalcanti Ramos Machado, "O Formalismo e a Instrumentalidade do Processo – Questões Relativas à Instrução do Agravo de Instrumento", em *Revista Dialética de Direito Processual*, nº 2, São Paulo: Dialética, maio 2003, p. 32 e 33.

[16] Como adverte, com inteira propriedade, Napoleão Nunes Maia Filho, "as regras que regem o esforço do Juiz para encontrar a solução da lide, que guarde compatibilidade com o sistema jurídico, são frequentemente produtoras de perplexidades, quando analisadas sem o indispensável contraponto constitucional" (*Estudo Sistemático da Tutela Antecipada – Os Princípios Constitucionais da Igualdade e do Acesso à Jurisdição nas Ações contra o Poder Público*, Fortaleza: Gráfica Nacional, 2003, p. 11).

1.4 Ações de iniciativa do Fisco e ações de iniciativa do contribuinte

No estudo do processo judicial tributário, a literatura especializada costuma dividir as "ações"[17] conforme a parte que as detém, o Fisco ou o contribuinte, ou seja, conforme a parte que pode provocar a respectiva tutela jurisdicional. Fala-se, então, de "ações de iniciativa do Fisco" e de "ações de iniciativa do contribuinte", considerando-se a ideia – aqui já explicada – segundo a qual a Fazenda Pública não se vale, em regra, da tutela de conhecimento, visto que tem o poder de elaborar, unilateralmente, se for o caso, seus próprios títulos executivos.

Ao contribuinte, portanto, cabe a utilização das ações de conhecimento de maneira geral, bem como das ações cautelares (a partir do CPC/2015, tutela provisória cautelar no âmbito do processo de conhecimento) e executivas que se fizerem necessárias à proteção e à efetivação forçada do direito reconhecido na primeira, enquanto à Fazenda Pública assiste a faculdade de reclamar, em regra, unicamente o exercício da tutela executiva e da tutela cautelar.

O disciplinamento jurídico do processo judicial tributário é, em sua maior parte, o mesmo do processo civil. Embora existam algumas leis específicas, a exemplo da Lei de Execuções Fiscais (Lei 6.830/80), a maior parte do processo tributário é disciplinada pelas normas de Direito Processual Civil, especialmente pelo CPC. Pelo menos no plano normativo, não existe um disciplinamento autônomo do processo tributário, a exemplo do que ocorre com o processo trabalhista e com o processo penal.

E mesmo com relação a determinadas leis que poderiam ser consideradas especificamente "processuais tributárias", como a Lei de Execuções Fiscais,[18] não se deve esquecer que, como já acenamos na parte inicial deste livro, a autonomia de um ramo do direito é sempre um problema falso, dada a unidade do Ordenamento Jurídico. O Direito é um sistema, que *deve ser* considerado pelo intérprete de modo uno, harmônico e coerente, não sendo possível conceber uma de suas partes como destacada das demais. Assim, ainda que existisse uma legislação completa e exclusiva destinada ao processo tributário, não se poderia dizer que essa forma de processo e o ramo do Direito que dele se ocupa são ontologicamente "autônomos". A autonomia é apenas didática.[19]

---

[17] A rigor, "ação" é o direito de provocar o Judiciário, pleiteando a prestação, por este, da tutela jurisdicional. Nesse sentido, a ação é una, sendo descabido falar em classificações. Mas está já assente, na linguagem forense, o uso da palavra *ação* para designar, a rigor, o processo que em face de seu exercício se instaura. É nesse sentido, mais amplo e impróprio, que o termo é utilizado quando se examinam as "ações de iniciativa do contribuinte" e as "ações de iniciativa do fisco".

[18] A rigor, a Lei 6.830/80 não diz respeito apenas à execução de créditos de natureza tributária, mas a quaisquer outros detidos pelo Poder Público, a exemplo de créditos decorrentes da aplicação de multas pela violação à legislação de trânsito, ou do meio ambiente etc.

[19] Utilizada a palavra *direito* para designar "ramo do conhecimento", ou "ciência jurídica", pode-se falar na autonomia (relativa) deste ou daquele "Direito". Entretanto, empregada a palavra como "objeto do conhecimento", vale dizer, aquilo que é estudado, não existe a autonomia, sendo a secção de determinadas normas feita apenas para fins de estudo, tal como ocorre com um órgão ou um sistema do corpo humano, que é estudado por disciplina autônoma da medicina, mas não existe desmembrado do organismo que integra. Sobre a questão da autonomia dos vários ramos do Direito, confira-se Alfredo Augusto Becker, *Teoria Geral do Direito Tributário*, 3. ed. São Paulo: Lejus, p. 115 ss.

2 AÇÕES DE INICIATIVA DO FISCO

2.1 Execução fiscal

2.1.1 Noções gerais

O processo de execução fiscal, disciplinado pela Lei 6.830/80, é uma espécie de *processo de execução por quantia certa, fundado em título extrajudicial*, através do qual se busca a prestação da *tutela jurisdicional executiva*. Isso significa que através dele não se busca o *acertamento* da relação conflituosa, mas sim a *satisfação* do direito já acertado e não adimplido, representado pelo título executivo que é a Certidão de Dívida Ativa. Seu papel, no âmbito tributário, é o de obter o adimplemento do crédito tributário (da União, dos Estados-membros, do Distrito Federal, dos Municípios, e de suas respectivas autarquias ou fundações.) devidamente constituído, vencido, exigível e não pago.

A propósito do processo de execução, e de sua distinção em relação ao processo de conhecimento, bastante claras são as palavras de Francesco Carnelutti. Para ele, no processo de execução

> "[...] não nos encontramos mais perante duas partes que reciprocamente disputam entre si a razão e um juiz que busca qual das duas a tenha na verdade, e sim perante uma parte que quer ter uma coisa e outra que não a quer dar, enquanto que o órgão do processo retira a esta para ser dada àquela".[20]

Mas não se conclua, daí, que no processo de execução fiscal o crédito executado deva ser satisfeito a qualquer custo. Na verdade, a presunção estabelecida pelo título executivo é apenas relativa, e o crédito executado pode não ser devido, não ter a dimensão que lhe foi atribuída pelo exequente, ou não ser devido por aquele de quem o Fisco pretende cobrá-lo. Isso, aliás, não é raro em matéria tributária, dada a maneira como são constituídos os créditos da Fazenda Pública.

De fato, os títulos executivos extrajudiciais, à exceção da certidão de dívida ativa, são de constituição necessariamente *bilateral* e, o que é mais importante, *consensual*. Já a certidão de dívida ativa, que aparelha a execução fiscal, pode representar uma obrigação constituída de modo inteiramente unilateral.[21] É certo que, em princípio, ao administrado *deve* ter sido oferecido direito de defesa, com a possibilidade de se provocar a instauração de um processo administrativo, mas isso não necessariamente acontece, e mesmo esse processo administrativo nem sempre transcorre com a lisura e a imparcialidade que seriam necessárias. Pode ocorrer de a Administração, não obstante a pujança das defesas e recursos apresentados, e das provas

---

[20] Francesco Carnelutti, *Sistema de Direito Processual Civil*, tradução de Hiltomar Martins Oliveira, São Paulo: Classicbook, 2000, v. 1, p. 294.

[21] Cf. Leonardo Greco, "Exceção de Pré-executividade na Execução Fiscal", em *Problemas de Processo Judicial Tributário*, v. 4, coord. Valdir de Oliveira Rocha, São Paulo: Dialética, 2000, p. 188.

Capítulo 4 · PROCESSO JUDICIAL TRIBUTÁRIO | 197

produzidas, simplesmente manter o ato impugnado, por maiores que sejam as ilegalidades nele presentes. E isso se dá com alguma frequência.

Por outro lado, não se pode esquecer de que a execução é um processo judicial – no qual é exercida a tutela jurisdicional – precisamente porque se faz necessária a atuação de um terceiro, em tese imparcial (Poder Judiciário), na resolução do problema, a fim de que a expropriação de bens do executado não se dê de maneira desproporcional, abusiva, em desrespeito aos princípios constitucionais etc. Nem tudo o que a Fazenda exequente requer, portanto, deve ser atendido pelo juiz, e não é razoável que as Varas de Execução Fiscal se convertam, como vem ocorrendo em algumas Seções Judiciárias, em verdadeiros departamentos de cobrança das repartições fiscais exequentes.

A esse respeito, é interessante notar que a Lei 6.830/80, tão logo editada, contou com a crítica da literatura especializada, especialmente porque implicou "a instituição de privilégios exagerados e injustificáveis para a Fazenda Pública, que foi cumulada com favores extremos que chegam, em vários passos, a repugnar à tradição e à consciência jurídica do direito nacional".[22] Apesar disso, lamentavelmente é comum juízes de Varas de Execuções Fiscais adotarem, mais de quatro décadas depois de editada a Lei de Execuções Fiscais, e já sob a égide de uma nova Constituição (bem mais democrática que a anterior), postura ainda mais fiscalista que a autorizada pela citada Lei.

A propósito, embora regulada pela Lei 6.830/80, à execução fiscal aplicam-se também as normas contidas no CPC,[23] tanto aquelas relativas às execuções de maneira geral, desde que não sejam conflitantes com as disposições da LEF; como também as normas gerais de processo, naturalmente no que forem compatíveis com a natureza específica do processo de execução.

2.1.2   Petição inicial

De modo compatível com a natureza do processo de execução, o art. 6º da Lei 6.830/80 exige que a petição inicial da execução fiscal indique, apenas, o juiz a quem é dirigida,[24] o pedido e o requerimento para a citação do executado. Deve a petição, naturalmente, ser instruída, sob pena de nulidade, com a Certidão de Dívida Ativa, que é o título executivo cujo adimplemento se pretende obter. Em virtude do art. 798, II, "c", do CPC/2015, a Fazenda Pública exequente poderá indicar, também, já na inicial, os bens que deseja ver penhorados.

---

[22]   Humberto Theodoro Júnior, *Lei de Execução Fiscal*, 2. ed. São Paulo: Saraiva, 1986. p. 4.

[23]   O art. 1º da Lei 6.830/80, a propósito, dispõe que "a execução judicial para a cobrança da dívida ativa da União, dos Estados, do Distrito Federal, dos Municípios e respectivas autarquias será regida por esta Lei e, subsidiariamente, pelo Código de Processo Civil". Por conta disso, aliás, as alterações havidas no processo de execução, por força da Lei 11.382/2006 ao CPC/73, ou mesmo aquelas trazidas pelo atual CPC (Lei 13.105/2015), somente se aplicam à execução naquilo em que não forem contrárias à Lei de Execuções Fiscais, não só à sua literalidade, mas também ao seu espírito, aferível de uma visão sistemática de suas disposições.

[24]   Quanto à competência do juízo processante da execução fiscal, o art. 5º da Lei 6.830/80 dispõe que "a competência para processar e julgar a execução da Dívida Ativa da Fazenda Pública exclui a de qualquer outro juízo, inclusive o da falência, da concordata, da liquidação, da insolvência ou do inventário". Note-se, porém, que isso não significa que a execução possa ser processada e julgada de modo completamente autônomo, independente e desligado de eventual processo de falência, até mesmo por conta da preferência dos créditos, que deve ser observada. Assim, a execução tramita de modo autônomo e independente, até a alienação do bem penhorado. Apurado o valor correspondente, na execução fiscal, o mesmo deve ser remetido ao juízo falimentar, para que este satisfaça, com ele, eventuais créditos que estejam acima do tributário na ordem de preferências (STJ, 1ª S, EDIv no RESP 536.033-RS, Rel. Eliana Calmon, *DJ* de 9.2.2005, p. 181, *RDDT* nº 115, p. 226).

Lembre-se, ainda, que, "em ações de execução fiscal, é desnecessária a instrução da petição inicial com o demonstrativo de cálculo do débito, por tratar-se de requisito não previsto no art. 6º da Lei 6.830/1980" (Súmula 559/STJ). O importante é que, a partir da inicial, e do título que a acompanha, se possa calcular a dívida no momento de seu pagamento, por estarem indicados o valor originário e os critérios de atualização. Registre-se, ainda, que, com o advento da Lei 13.606/2018, que inseriu um art. 20-C na Lei 10.522/2002, a Fazenda Federal passou a poder *não ajuizar* uma execução fiscal, quando de antemão sabe que o executado não tem bens que possam ser penhorados. Isso não significa, por certo, remissão da dívida, que continuará exigível e poderá ser cobrada por outros meios. Apenas, na mesma linha de disposições que tratavam do não ajuizamento de ações relativamente a valores reduzidos, inferiores ao custo do próprio processo, tem-se a observância dos princípios da eficiência administrativa e da economia processual.

A Certidão de Dívida Ativa, por sua vez, deverá conter (a) o nome do devedor, dos corresponsáveis e, sempre que conhecido, o domicílio ou residência de um e de outros; (b) o valor originário da dívida, bem como o termo inicial e a forma de calcular os juros de mora e demais encargos previstos em lei ou contrato; (c) a origem, a natureza e o fundamento legal ou contratual da dívida; (d) a indicação, se for o caso, de estar a dívida sujeita a atualização monetária, bem como o respectivo momento legal e o termo inicial para o cálculo; (e) a data e o número da inscrição, no registro de dívida ativa; e (f) o número do processo administrativo ou do auto de infração, se neles estiver apurado o valor da dívida. Quanto à identificação do devedor, vale lembrar que, "em ações de execução fiscal, a petição inicial não pode ser indeferida sob o argumento da falta de indicação do CPF e/ou RG ou CNPJ da parte executada" (Súmula 558/STJ). Trata-se, com efeito, de excesso de rigor que nada acrescenta à prestação jurisdicional, devendo ser evitado, por igual, nas ações de iniciativa do contribuinte.

Examinemos, a seguir, alguns desses requisitos de conteúdo e aspectos relevantes a eles relacionados.

2.1.2.1 Sujeição passiva e responsabilização de terceiros

O primeiro requisito exigido em relação à Certidão de Dívida Ativa (CDA) é que esta contenha o nome do devedor, dos corresponsáveis e, sempre que conhecido, o domicílio ou a residência de um e de outros. Note-se que o endereço só há de ser omitido quando for desconhecido, sendo inválida a CDA que não o contenha quando for conhecido (isso pode ser aferido, por exemplo, caso o endereço conste do processo administrativo, ou do cadastro mantido pelo contribuinte junto à repartição fiscal respectiva). Pode haver cerceamento de direito de defesa em face de vício na citação correspondente. Além disso, o domicílio é relevante para a determinação da própria competência para processamento da execução, a teor do art. 46, § 5º, do CPC/2015, segundo o qual "a execução fiscal será proposta no foro de domicílio do réu, no de sua residência ou no do lugar onde for encontrado."[25]

O devedor é aquele contra o qual houver sido constituído o crédito, ou seja, aquele originariamente responsável pelo pagamento respectivo. No âmbito do Direito Tributário, pode ser tanto o *contribuinte*, pessoa física ou jurídica que realizou o fato imponível e, por isso, é

---

[25] Vale lembrar, ainda, que, a teor da Súmula 58 do STJ, "[proposta a execução fiscal, a posterior mudança de domicílio do executado não desloca a competência já fixada."Recorde-se, ainda, que o STF declarou inconstitucional a disposição, sem redução de texto, fazendo uma interpretação conforme a Constituição nos casos em que Estados, Distrito Federal e Municípios são demandados, restringindo sua aplicação aos limites do território de cada ente subnacional, ou ao local da ocorrência do fato gerador do tributo (ADI 5.737).

devedora da prestação tributária dele nascida, como também pode ser o *responsável*, pessoa física ou jurídica que, conquanto não tenha realizado o fato gerador, esteve a ele vinculado, recebendo expressamente da lei o dever jurídico de recolher o tributo dele decorrente (CTN, arts. 121 e 128).[26]

Pode haver, ainda, corresponsáveis, ou seja, pessoas que, solidária ou subsidiariamente, também poderão responder pelo crédito tributário executado. A corresponsabilidade, note-se, não é matéria a ser apurada na execução fiscal, mas sim em momento anterior, no bojo do procedimento preparatório do lançamento, ou do processo administrativo propriamente dito, de controle de sua legalidade. A execução não busca o exercício da tutela de conhecimento, mas da tutela executiva. Assim, a Certidão de Dívida Ativa, como título executivo que é, deveria indicar, desde logo, o nome de todos, do devedor e dos corresponsáveis, sob pena de não poder a execução ser movida, ou "redirecionada" contra estes, posteriormente. É a lição de Humberto Theodoro Júnior:

> "Não sendo a execução forma de apurar responsabilidade, mas apenas de realizar créditos líquidos, certos e exigíveis, toda execução tem por base e por limite o título executivo (CPC, art. 583).
>
> Para definir-se a legitimação passiva do executivo, portanto, não basta pesquisar quem, em tese, pode responder pela dívida. É indispensável identificar quem, concretamente, se acha vinculado ao *título*, já que *nulla executio sine titulo*.
>
> Assim, o espólio, a massa, o sucessor etc. poderão figurar como sujeitos passivos da execução fiscal apenas na medida em que existir Certidão de Dívida Ativa que se lhes possa opor, sem que haja questões controvertidas a apurar em torno da própria identidade do devedor originário e de sua substituição posterior.
>
> Enfim é o procedimento administrativo que precede à inscrição que enseja a oportunidade para definir quem vem a ser o devedor principal, subsidiário ou corresponsável."[27]

A jurisprudência do STF inicialmente inclinou-se no sentido de admitir a responsabilização de terceiros, no âmbito da execução fiscal, ainda que seus nomes não constem da CDA correspondente. Após 1988, porém, a questão passou à competência do STJ, que evoluiu consideravelmente no trato do problema. Além de pacificar entendimento contrário à responsabilização geral e irrestrita de gerentes, administradores e dirigentes, aspecto que examinaremos a seguir, o STJ passou a exigir que o nome dos corresponsáveis conste da CDA, como condição para que sua responsabilidade seja presumida de modo *juris tantum* e a execução possa ser contra eles movida.

O correto, nesses casos, é exigir que a responsabilidade dos terceiros seja apurada no processo administrativo de constituição do crédito tributário, assegurando-se-lhes amplas oportunidades de participação e defesa como condição para a constituição de uma CDA na qual constem como corresponsáveis. Nesse sentido, aliás, já decidiu o TRF da 2ª Região:

---

[26] Note-se que, embora não muito comum, o devedor pode ser, inclusive, uma pessoa jurídica de direito público (STJ, Súmula 279), o que ocorre, por exemplo, quando um Município é responsável por contribuições previdenciárias devidas por seus servidores, quando vinculados ao regime geral de previdência social. Nessa hipótese, porém, a execução fiscal reger-se-á pelo rito do aplicável à execução contra a Fazenda Pública, notadamente no que tange à sistemática de precatórios.

[27] Humberto Theodoro Júnior, *Lei de Execução Fiscal*, 2. ed. São Paulo: Saraiva, 1986, p. 18. O artigo referido no trecho citado, evidentemente, diz respeito ao CPC/73. No CPC/2015, seu correspondente é o art. 783.

200 | PROCESSO TRIBUTÁRIO – *Machado Segundo*

"A inobservância do procedimento administrativo prévio, que confira ao sócio cotista oportunidade de defesa sobre a imputação de fraude, importa violação ao 'due process of law'. A simples condição de sócio não o alça à condição de devedor inscrito, porque de fato e de direito, ainda não o foi. A inscrição em dívida existente refere-se à pessoa jurídica."[28]

O STJ, entretanto, examinando casos nos quais a CDA referia-se apenas ao nome do devedor, e não aos corresponsáveis, tem admitido que a execução seja "redirecionada" contra estes últimos, desde que o exequente prove, no processo de execução, a ocorrência das condições de fato que autorizem essa responsabilização. Ao que parece, eram situações nas quais as causas da corresponsabilidade eram posteriores à constituição definitiva do crédito executado, peculiaridade que justificaria, na visão dos Ministros do STJ, a decisão adotada. Confiram-se, a propósito, as seguintes ementas:

"[...]
2. O artigo 2º, § 5º, I, da Lei 6.830/80, dispõe que: 'O Termo de Inscrição de Dívida Ativa deverá conter: I – o nome do devedor, dos corresponsáveis e, sempre que conhecido, o domicílio ou residência de um e de outros'.
3. A Corte, à luz do Princípio da Economia Processual visando emprestar maior efetividade à prestação jurisdicional, admite a possibilidade de o Juiz Singular, sendo a Certidão de Dívida Ativa omissa, determinar a comprovação da responsabilidade patrimonial secundária de outrem, que não consta do título executivo.
4. 'I – A presunção de liquidez da certidão de dívida ativa só alcança as pessoas nela referidas.
II – Para admitir que a execução fiscal atinja terceiros, não referidos na CDA, é lícito ao juiz exigir a demonstração de que estes são responsáveis tributários, nos termos do CTN (Art. 135).' Resp nº 272.236-SC, Relator Ministro Humberto Gomes de Barros, *DJ* de 25.6.2001).
5. Embargos rejeitados."[29]

"[...]
I – A presunção de liquidez da certidão de dívida ativa só alcança as pessoas nela referidas.
II – Para admitir que a execução fiscal atinja terceiros, não referidos na CDA, é lícito ao juiz exigir a demonstração de que estes são responsáveis tributários, nos termos do CTN (Art. 135)."[30]

Com o devido respeito, tais decisões não se afiguram inteiramente acertadas. O processo de execução não se confunde com o processo de conhecimento, e não se presta à "apuração" de responsabilidade, nem à "comprovação" de quaisquer fatos. O entendimento é tão equivocado quanto o seria admitir que uma execução contra o signatário de uma nota promissória fosse "redirecionada" contra terceiro, nem mesmo referido no título cambial, diante de "provas" produzidas pelo exequente de que este terceiro seria também devedor da obrigação representada

---

[28] Ac. un. da 5ª T. do TRF 2ª R. – Rel. Des. Fed. Chalu Barbosa – AI 99.02.08513-0/ES – j. 14.3.2000 – *DJU* 2 6.7.2000, p. 224 – *Revista Dialética de Direito Tributário* nº 60, p. 233. No mesmo sentido: AI nº 98.02.18968-5/ES – j. em 23.11.1998 – *DJU* 2 de 10.2.2000, p. 245 – *Revista Dialética de Direito Tributário* nº 55, p. 227.

[29] Ac. do STJ – EDRESP 400.600/SC – Rel. Min. Luiz Fux – *DJ* de 19.12.2002, p. 338.

[30] Ac. un. da 1ª T. do STJ – REsp 272.236/SC – Rel. Min. Humberto Gomes de Barros – j. em 17.4.2001 – *DJ* de 25.6.2001, p. 120 – *RJADCOAS* 31/55.

no título. Seria transformar a ação executiva (viável contra o devedor apontado no título) em ação de conhecimento (em face da "comprovação" da responsabilidade de terceiros). Isso passa a ser possível, por certo, com o advento do CPC/2015, no âmbito do chamado incidente de desconsideração da personalidade jurídica (art. 133), mas fazê-lo no seio do processo executivo, durante a vigência do CPC/73, parecia-nos subverter a natureza e a finalidade da execução. Seja como for, ainda sob a vigência do CPC/73, a jurisprudência do STJ firmou-se nesse sentido, sendo de se reconhecer que houve grande avanço em relação à antiga orientação do STF, que admitia tal redirecionamento mesmo sem comprovação alguma.

Deixando mais clara a distinção entre as situações em que o corresponsável consta e aquelas em que ele não consta da CDA, sobretudo no que diz respeito aos seus efeitos processuais, o STJ decidiu, no âmbito da sistemática dos "recursos repetitivos", o seguinte:

> "1. A orientação da Primeira Seção desta Corte firmou-se no sentido de que, se a execução foi ajuizada apenas contra a pessoa jurídica, mas o nome do sócio consta da CDA, a ele incumbe o ônus da prova de que não ficou caracterizada nenhuma das circunstâncias previstas no art. 135 do CTN, ou seja, não houve a prática de atos 'com excesso de poderes ou infração de lei, contrato social ou estatutos'.
>
> 2. Por outro lado, é certo que, malgrado serem os embargos à execução o meio de defesa próprio da execução fiscal, a orientação desta Corte firmou-se no sentido de admitir a exceção de pré-executividade nas situações em que não se faz necessária dilação probatória ou em que as questões possam ser conhecidas de ofício pelo magistrado, como as condições da ação, os pressupostos processuais, a decadência, a prescrição, entre outras. [...]."[31]

A tese firmada no acórdão, relativamente aos efeitos da inclusão do nome do sócio na CDA quanto ao ônus da prova, é correta. Entretanto, é preciso ter cautela nas conclusões que se extraem dela.

Na verdade, para que um sócio ou administrador seja inserido no corpo de uma certidão de dívida ativa (CDA), é preciso que tenha havido a prévia apuração de sua responsabilidade tributária, no âmbito do processo administrativo de constituição do crédito tributário. Não é possível simplesmente acrescentar seu nome ao documento, quando da confecção deste, sem que isso seja o reflexo do que se apurou no processo administrativo, do qual a CDA deve ser apenas o espelho. O Supremo Tribunal Federal, inclusive, já sinalizou nesse sentido,[32] bem como o Superior Tribunal de Justiça.[33]

---

[31] STJ, 1ª S, REsp 1.104.900/ES, *DJe* de 1º.4.2009.

[32] "[...] Os princípios do contraditório e da ampla defesa aplicam-se plenamente à constituição do crédito tributário em desfavor de qualquer espécie de sujeito passivo, irrelevante sua nomenclatura legal (contribuintes, responsáveis, substitutos, devedores solidários etc.). Porém, no caso em exame, houve oportunidade de impugnação integral da constituição do crédito tributário, não obstante os lapsos de linguagem da autoridade fiscal. Assim, embora o acórdão recorrido tenha errado ao afirmar ser o responsável tributário estranho ao processo administrativo (motivação e fundamentação são requisitos de validade de qualquer ato administrativo plenamente vinculado), bem como ao concluir ser possível redirecionar ao responsável tributário a ação de execução fiscal, independentemente de ele ter figurado no processo administrativo ou da inserção de seu nome na certidão de dívida ativa (Fls. 853), o lapso resume-se à declaração lateral (*obiter dictum*) completamente irrelevante ao desate do litígio. Agravo regimental ao qual se nega provimento" (STF, 2ª T., RE 608.426, *DJe*-204, publicado em 24.10.2011).

[33] "[...] No caso destes autos, esclareça-se, é inaplicável a orientação firmada sob o rito do art. 543-C do CPC no acórdão do REsp 1.104.900/ES, Rel. Min. Denise Arruda, *DJe* 1º.4.2009 – de que, se o nome do sócio consta da CDA, a ele incumbe o ônus da prova de que não ficou caracterizada nenhuma das

Em algumas situações, é certo, essa prévia apuração pode não ter acontecido, ou mesmo ser impossível em virtude de a violação à lei ter ocorrido depois da inscrição em dívida ativa ou do próprio ajuizamento da execução. Nesse caso, caberá à Fazenda, no âmbito do processo executivo, demonstrar a ocorrência dos pressupostos necessários à responsabilização de administradores, nos termos há algum tempo já admitidos pelo STJ. Com o atual CPC (Lei 13.105/2015), como dito, passou a existir um procedimento específico para isso, que é o incidente de desconsideração da personalidade jurídica, previsto em seu art. 133, o qual elimina a distorção referida há alguns parágrafos, representada pelo fato de se transformar a ação de execução em um processo de conhecimento no que tange aos corresponsáveis cuja responsabilidade seria em seu âmbito apurada. Apesar do nome, o aludido incidente pode ser usado sempre que for necessário apurar se sócio ou dirigente da pessoa jurídica é responsável por seus débitos, ainda que não se proceda, de forma integral, à sua desconsideração.[34]

Duas observações, a esse respeito, são pertinentes. A primeira é a de que, sempre que se responsabiliza sócio ou dirigente de pessoa jurídica por um débito que seria desta, está-se, de algum modo, desconsiderando sua personalidade, ainda que isso não seja feito de maneira integral. Por isso, e para corrigir a distorção que é transformar o processo de execução em um processo de conhecimento (no que tange aos pressupostos necessários à responsabilização de terceiros), é que se considera pertinente a aplicação do incidente previsto no art. 133 do CPC/2015. A segunda é a de que o incidente consiste apenas em instrumento de ordem processual. Os requisitos, de direito material, que ensejam a responsabilização continuam sendo aqueles previstos no CTN, notadamente em seus arts. 134 e 135. Negar a aplicação do incidente, nessa ordem de ideias, significa apenas negar ao pretenso corresponsável um ambiente no qual sua responsabilidade possa ser apurada de maneira mais adequada, em atenção a suas garantias constitucionais processuais, sem nenhum benefício direto para a Fazenda, o que não parece justificável.[35]

---

circunstâncias previstas no art. 135 do CTN –, porque no caso sob análise se considerou ilegítima a própria inclusão do Sócio na CDA, dada a ausência de ilícito atribuível à pessoa física, a fim de impor-lhe responsabilidade pelas dívidas da pessoa jurídica. 4. E pontue-se, por fim, que reexaminar os autos para concluir que a parte ora Recorrida não teria demonstrado a inocorrência de ilícito, nos termos do art. 135 do CTN, é medida inviável no âmbito do Recurso Especial, a teor da orientação firmada na Súmula 7 do STJ. [...]" (STJ, 1ª T., AgRg no REsp 1.268.688/DF, DJe 29.6.2016).

[34] No mesmo sentido, considerando aplicável ao caso o incidente previsto no art. 133 do CPC/2015, CUNHA, Leonardo Carneiro da. A Fazenda Pública em Juízo. 13. ed. Rio de Janeiro: Forense, 2016, p. 412.

[35] O STJ tem decisões no sentido de que a aplicação do incidente previsto no art. 133 do CPC depende do fundamento usado pelo Fisco para pleitear a responsabilidade do eventual terceiro. Se calcada a pretensão no art. 134 ou no art. 135 do CTN, o uso do incidente não seria necessário. Se, contudo, tratar-se de pedido de desconsideração da personalidade jurídica formulado em termos mais amplos, amparado no art. 50 do Código Civil, o incidente seria aplicável. (AREsp 1173201/SC, Rel. Min. Gurgel de Faria, j. em 21.2.2019, DJe de 01/03/2019). O tema se acha hoje afetado à sistemática dos recursos repetitivos, ainda sem julgamento de mérito (Tema 1.209). Com todo o respeito, não vemos motivo para a distinção, baseada no documento que veicula a regra de direito material. O que importa é que, para aplicar o direito material (esteja ele previsto no CC ou no CTN), terá de ser exercida a cognição, e especialmente com o equacionamento de questões fáticas. Ou o incidente seria aplicável sempre, ou não precisaria ser aplicado em nenhuma hipótese, sendo a primeira solução, pelas razões expostas no texto, a que nos parece mais acertada, com todo o respeito. Pode-se traçar um paralelo com a exceção de pré-executividade: quando a invalidade da execução pode ser demonstrada de plano, ela é cabível, não sendo necessário movimentar um outro processo, que seria o de embargos. Mas, se a complexidade da cognição for maior, só em sede de embargos o executado se pode opor à pretensão executiva, sob pena de desnaturação do próprio processo de execução. Exatamente o mesmo se dá com a responsabilização de terceiros na execução, de modo a apartar as situações nas quais a Fazenda pode pedi-la em simples petição, daquelas em que se faz necessário o IDPJ.

Por outro lado, caso tenha seu nome inserido em uma CDA sem qualquer apuração administrativa prévia (*v. g.* por conta da aplicação, pelo fisco, do disposto no – hoje revogado – art. 13 da Lei 8.620/93),[36] o sócio ou o administrador não precisará provar a inocorrência de fatos que justifiquem sua responsabilidade. Poderá provar apenas que essa apuração não aconteceu, não havendo título executivo validamente constituído contra si.

Finalmente, quando a discussão a respeito da responsabilidade girar em torno do significado de textos legais, ou da validade e do alcance das normas por meio deles veiculadas, sem controvérsia factual, a exceção de pré-executividade – da qual se cuidará a seguir – pode ser validamente empregada, ainda que constem da CDA os nomes dos responsáveis. Isso porque a invalidade da exigência, em tais casos, não demandará exame de fatos para ser demonstrada, mas, sim, o deslinde de questões "meramente de direito", sobre as quais não tem relevo a presunção gerada pela CDA. A jurisprudência às vezes tem sido insensível a isso, aplicando, de forma generalizada e nem sempre apropriada, o entendimento segundo o qual a inclusão do nome do terceiro na CDA impõe que a discussão em torno de sua responsabilidade se dê em sede de embargos, não distinguindo a existência de situações nas quais essa discussão é "de direito", e não "de fato".[37]

A esse respeito, a Lei 13.606/2018 inseriu na Lei 10.522/2002 um art. 20-D, o qual permite à Procuradoria da Fazenda Nacional instaurar, em seu âmbito, processo administrativo destinado a apurar tais responsabilidades. Pode parecer, com isso, que se atendeu à exigência de prévio processo administrativo como condição para a inserção de nomes de terceiros na Certidão de Dívida Ativa (CDA), mas a inovação legislativa, a rigor, tem efeito contrário ao sugerido pela sua aparência, pois se afigura contrária aos princípios da separação dos poderes e do devido processo legal. Primeiro, porque o artigo permite que isso ocorra em relação a dívidas "ajuizadas ou não", o que implica a possibilidade de uma execução já em curso, em cuja CDA não constam os nomes de quaisquer terceiros, tenha toda a discussão sobre a possibilidade de redirecionamento subtraída do âmbito judicial: a própria Fazenda decide a respeito na via administrativa e substitui a CDA para incluir o terceiro e imputar a ele o ônus da prova em contrário relativamente às circunstâncias que autorizariam sua responsabilização. Além disso, o processo é julgado pela própria Procuradoria da Fazenda, a mesma que formulava os pedidos que, indeferidos pelo Judiciário, levaram à formação da jurisprudência comentada neste item, mais à frente, que rejeita a responsabilidade no caso de mero inadimplemento (Súmula 430/STJ), que não permite a responsabilização de sócios não administradores etc. Considera-se, por isso, que o art. 20-D da Lei 10.522/2002 é inconstitucional, pois, para que o nome do terceiro conste da CDA, é preciso que sua responsabilidade tenha sido apurada

---

[36] Referido dispositivo encontra-se hoje revogado, além de ter tido sua inconstitucionalidade declarada pelo Supremo Tribunal Federal, conforme será explicado adiante, mas, apesar disso, foi por muito tempo aplicado pelo Fisco quando da propositura de execuções visando a exigir contribuições previdenciárias, suscitando a questão referida no texto.

[37] "[...] 1. Só é cabível exceção de pré-executividade quando atendidos simultaneamente dois requisitos, um de ordem material e outro de ordem formal: (a) que a matéria invocada seja suscetível de conhecimento de ofício pelo juiz; e (b) que a decisão possa ser tomada sem necessidade de dilação probatória. 2. Conforme assentado em precedentes da Primeira Seção, inclusive sob o regime do art. 543-C do CPC (REsp 1.104.900, Min. Denise Arruda, *DJe* 01/04/2009), é inadmissível Exceção de pré-executividade em execução fiscal promovida contra sócio que figura como responsável na Certidão de Dívida Ativa – CDA. 3. A presunção de legitimidade assegurada à CDA impõe ao executado que figura no título executivo o ônus de demonstrar a inexistência de sua responsabilidade tributária, demonstração essa que, por demandar prova, deve ser promovida no âmbito dos embargos à execução. 4. Orientação reafirmada pela Primeira Seção do STJ no julgamento do Recurso Especial 1.110.925/SP. [...]" (STJ, 1ª T., AgRg no AREsp 223.785/PA, *DJe* de 7.12.2012).

quando da elaboração do lançamento, por obra da autoridade lançadora, oportunizando-se ao terceiro submeter o tema às autoridades de julgamento administrativas. Do contrário, não estando o nome na CDA por não ter o tema sido ventilado no lançamento, apenas em juízo se pode estabelecer a discussão.

Quanto a *quem* pode ser arrolado como corresponsável, o art. 4º da Lei 6.830/80 dispõe que a execução poderá ser promovida não apenas contra o devedor, mas também contra: o fiador; o espólio; a massa; o responsável, nos termos da lei, por dívidas, tributárias ou não, de pessoas físicas ou jurídicas de direito privado; e os sucessores a qualquer título.

Note-se que o espólio e a massa, na verdade, serão sempre executados na condição de "devedores", e não de "corresponsáveis", na medida em que o espólio e a massa são a universalidade de bens do que restou do patrimônio do devedor. Quanto ao fiador, sua responsabilidade, que certamente não exclui a do devedor principal, decorre da fiança (e não diretamente da lei, como no caso, *v. g.*, de dirigentes de pessoas jurídicas), nos termos do direito privado, figura que em matéria tributária é bastante utilizada, por exemplo, para liberar mercadorias arbitrariamente apreendidas etc.[38]

Os sucessores, cuja responsabilidade é determinada nos arts. 129 a 133 do CTN, são, por exemplo, os adquirentes de bens imóveis, em relação aos tributos incidentes sobre os mesmos em períodos anteriores; os herdeiros, os legatários e o cônjuge meeiro, em relação aos tributos devidos pelo *de cujus* e até o limite do patrimônio deixado por este; a pessoa jurídica de direito privado que resulte de fusão, transformação, incorporação de outra ou em outra, em relação aos tributos devidos pelas pessoas jurídicas fusionadas, transformadas ou incorporadas etc. Sucessores também não são responsabilizados propriamente como "terceiros", mas como pessoas que assumiram, em virtude da sucessão, o lugar do devedor principal, que por eles foi sucedido (CTN, arts. 129 a 133).[39]

Quanto à responsabilidade legal tributária de terceiros, que mais de perto nos interessa neste ponto, cabe inicialmente separar a responsabilidade do substituto tributário, atribuída por lei e surgida no momento do nascimento da obrigação (*v. g.*, responsabilidade da fonte pagadora pelo Imposto de Renda devido pelo beneficiário do pagamento), da responsabilidade daquele que se torna sujeito passivo por fato *posterior* ao nascimento da obrigação tributária, como é o caso dos sócios e dirigentes de pessoas jurídicas. No primeiro caso, tem-se que o responsável é o próprio devedor principal, sendo apropriado falar-se de corresponsáveis na execução fiscal apenas no segundo caso, qual seja, de terceiros que se tornam responsáveis por fatos posteriores ao nascimento da obrigação.

Sobre a responsabilidade de tais terceiros, chamados comumente de corresponsáveis, tratam os arts. 134 e 135 do CTN. O primeiro deles tem a seguinte redação:

> "Art. 134. Nos casos de impossibilidade de exigência do cumprimento da obrigação principal pelo contribuinte, respondem solidariamente com este nos atos em que intervierem ou pelas omissões de que forem responsáveis:

---

[38] Dada a própria natureza da relação que se estabelece entre o credor e o fiador, não há de se exigir que o fiador tenha participado do processo administrativo de constituição do título executivo. Sua obrigação decorre do contrato acessório de fiança, e não diretamente da lei, como ocorre com dirigentes de pessoas jurídicas, por exemplo, os quais têm direito de demonstrar, administrativamente, não haverem cometido infração de lei para os fins do art. 135, III, do CTN.

[39] A propósito, o STJ já decidiu pela possibilidade de o fisco substituir a CDA e alojar no polo passivo da execução fiscal o novo proprietário do imóvel, no caso de dívida de IPTU (REsp 840.623-BA, Rel. Min. Luiz Fux, j. em 6.9.2007).

I – os pais, pelos tributos devidos por seus filhos menores;

II – os tutores e curadores, pelos tributos devidos por seus tutelados ou curatelados;

III – os administradores de bens de terceiros, pelos tributos devidos por estes;

IV – o inventariante, pelos tributos devidos pelo espólio;

V – o síndico e o comissário, pelos tributos devidos pela massa falida ou pelo concordatário;

VI – os tabeliães, escrivães e demais serventuários de ofício, pelos tributos devidos sobre os atos praticados por eles, ou perante eles, em razão do seu ofício;

VII – os sócios, no caso de liquidação de sociedade de pessoas.

Parágrafo único. O disposto neste artigo só se aplica, em matéria de penalidades, às de caráter moratório."

Examinemos cada um desses dispositivos.

O art. 134 cuida, como se vê, de responsabilidade subsidiária (refere-se aos casos de impossibilidade de cumprimento da obrigação tributária pelo contribuinte). É relevante notar, como faz Hugo de Brito Machado, que essa responsabilidade exige para se configurar, além da impossibilidade de cumprimento da obrigação pelo contribuinte, que exista relação entre a obrigação tributária e o comportamento do terceiro responsável.[40] É por isso, aliás, que o *caput* do art. 134 alude à responsabilidade dos terceiros nos atos em que intervierem e pelas omissões de que forem responsáveis.

Assim, pais, tutores, curadores e administradores de bens de terceiros só respondem pelos tributos devidos por filhos, tutelados, curatelados, e pelos proprietários dos bens administrados, respectivamente, diante da impossibilidade de pagamento por parte destes, e, mesmo assim, somente no que diz respeito aos atos em que intervierem e pelas omissões de que forem responsáveis. Essa é a regra, contida no *caput*, a ser observada na interpretação de todos os incisos.

Exatamente por isso, por responderem apenas em relação aos atos em que intervierem e pelas omissões de que forem responsáveis, os inventariantes, síndicos e comissários são responsáveis apenas pelos tributos devidos pelo espólio, pela massa e pelo concordatário, respectivamente, depois de aberta a sucessão ou decretada a falência, a insolvência ou a concordata. O síndico não responde, nos termos do art. 134 do CTN, por tributos devidos pela pessoa jurídica falida ou declarada insolvente, desde antes da falência ou da insolvência, mas somente pelos tributos que se fizerem devidos (cujos fatos geradores ocorrerem) *depois de iniciada sua tarefa de síndico*. E, mesmo em relação a estes, nos atos em que intervier, ou pela omissão de que for responsável (p. ex., o síndico deixa de pagar débito tributário e paga, por equívoco, débito de hierarquia inferior na ordem de preferências).[41] A não ser assim, aliás, tendo em vista que a massa tem por definição mais débitos que meios de pagamento, ninguém em sã consciência assumiria o mister de síndico.

Os tabeliães, escrivães e demais serventuários de ofício, do mesmo modo, só respondem pelos tributos devidos sobre os atos praticados por eles, ou perante eles, em razão do seu ofício, quando os tributos correspondentes não houverem sido pagos por conta de omissão

---

[40] Hugo de Brito Machado, *Curso de Direito Tributário*, 22. ed. São Paulo: Malheiros, 2003, p. 138.

[41] A esse respeito, em explicitação do art. 134 do CTN, o § 1º do art. 4º da Lei de Execuções Fiscais dispõe que o síndico, o comissário, o liquidante, o inventariante e o administrador, se, antes de garantidos os créditos da Fazenda Pública, alienarem ou derem em garantia quaisquer dos bens administrados, respondem, solidariamente, pelo valor desses bens.

206 PROCESSO TRIBUTÁRIO – *Machado Segundo*

sua. Como ensina Hugo de Brito Machado, aos serventuários de ofício cumpre o dever de fiscalizar o pagamento do tributo devido em face de atos ou negócios cuja instrumentalização tenham feito, "assim, são responsáveis em razão da omissão no cumprimento desse dever, que é um ônus inerente à função pública que desempenham".[42]

Finalmente, o inciso VII do art. 134 do CTN cuida da responsabilidade dos "sócios das sociedades de pessoas", que respondem pelos tributos devidos por estas no caso de liquidação da pessoa jurídica. O dispositivo, aliás, tem conteúdo semelhante ao do art. 350 do antigo Código Comercial, que asseverava que "os bens dos sócios não podem ser executados por dívidas da sociedade, senão depois de executados todos os bens sociais".

Observe-se, porém, que se faz necessário seguir o disposto no *caput* do art. 134, aplicável na interpretação de todos os incisos: assim como os pais não respondem por todo e qualquer tributo devido pelos filhos, o inventariante não responde por todo e qualquer tributo devido pelo espólio, o sócio não responde por todo e qualquer tributo devido pela sociedade liquidada. A regra é a responsabilidade dos sócios *nos termos da lei societária*, a qual pode perfeitamente estabelecer hipóteses nas quais não há responsabilidade (*v. g.*, nas sociedades limitadas). O ponto essencial está *nos atos em que os sócios intervierem e nas omissões de que forem responsáveis*. Assim, se se trata da liquidação de uma sociedade limitada cujo capital social fora integralizado, o sócio em princípio não responde. Entretanto, se se tratar da *dissolução irregular* dessa sociedade, tem-se a prática de atos ou omissões imputáveis aos sócios, que provocaram a impossibilidade de o tributo ser adimplido e por isso respondem pelo débito tributário respectivo. Foi o que afinal prevaleceu, depois de alguns desacertos, na jurisprudência do STJ: "[...] 5. A dissolução irregular da pessoa jurídica é causa que, a teor do art. 134, VII, do CTN, permite a responsabilização solidária do sócio pelos débitos da sociedade por cotas de responsabilidade limitada. [...]" (STJ, 1ª T., REsp 728.461/SP, Rel. Min. Teori Albino Zavascki, j. em 6.12.2005, *DJ* de 19.12.2005, p. 251).

Precisamente porque o ato que enseja a atribuição de responsabilidade ao sócio é a dissolução irregular da sociedade, o ex-sócio, que se desliga da sociedade antes de esse evento acontecer, e dele não participa, não pode ter a cobrança redirecionada contra si. Daí ter decidido o STJ, no "Tema Repetitivo 962", que o "redirecionamento da execução fiscal, quando fundado na dissolução irregular da pessoa jurídica executada ou na presunção de sua ocorrência, não pode ser autorizado contra o sócio ou o terceiro não sócio que, embora exercesse poderes de gerência ao tempo do fato gerador, sem incorrer em prática de atos com excesso de poderes ou infração à lei, ao contrato social ou aos estatutos, dela regularmente se retirou e não deu causa à sua posterior dissolução irregular, conforme art. 135, III, do CTN."

A contrário, se não houve liquidação, ou se a dissolução deu-se *regularmente* e a falta de pagamento do tributo não decorreu de conduta imputável especificamente a nenhum dos sócios, mas ao infortúnio do negócio, não se pode cogitar de sua responsabilidade, a menos que a legislação relativa ao tipo específico de sociedade a preveja e permita.[43] E mesmo diante

---

[42] Hugo de Brito Machado, *Comentários ao Código Tributário Nacional*, São Paulo: Atlas, 2004, v. 2, p. 579.

[43] É o entendimento do STJ: "[...] nos termos dos precedentes desta Corte, em caso de decretação de falência da empresa, a responsabilidade é inteiramente da pessoa jurídica extinta – com o aval da Justiça –, sem ônus para os sócios, exceto em casos de comportamento fraudulento – fato não constatado pelo Tribunal de origem. [...] No caso concreto, a despeito do nome do sócio constar na CDA, o Tribunal de origem, soberano das circunstâncias fáticas e probatórias da causa, admitiu a exceção de pré-executividade ao considerar a inexistência de prova de que o sócio-gerente da empresa executada agiu com excesso de mandato, infringência à lei ou a contrato social, descabido,

de uma *dissolução irregular*, embora se possa presumir que os sócios são todos responsáveis tributários, o STJ tem arestos nos quais exclui do rol dos responsáveis os sócios sem poderes de gerência,[44] e, mesmo em relação aos gerentes, dirigentes ou administradores, admite que provem não ter concorrido para tal dissolução. A dissolução irregular operaria uma presunção relativa, que poderia ser elidida em sede de embargos.[45]

Na mesma parte do CTN, mas tratando de forma distinta de responsabilidade, o art. 135 do CTN dispõe:

> "Art. 135. São pessoalmente responsáveis pelos créditos correspondentes a obrigações tributárias resultantes de atos praticados com excesso de poderes ou infração de lei, contrato social ou estatutos:
>
> I – as pessoas referidas no artigo anterior;
>
> II – os mandatários, prepostos e empregados;
>
> III – os diretores, gerentes ou representantes de pessoas jurídicas de direito privado."

O inciso I do art. 135, acima transcrito, deixa bastante claro que a responsabilidade a que alude este artigo, em seu *caput* e em todos os seus incisos, não se dá automaticamente em face do mero inadimplemento por parte do devedor principal. Do contrário, a remissão feita às "pessoas referidas no artigo anterior" seria absolutamente desnecessária.

Na verdade, a responsabilidade de que trata o art. 135 do CTN decorre, diversamente do que ocorre em relação ao art. 134, da prática de atos – por parte de quem age *em nome de terceiro* – com excesso de poderes ou infração das leis, contratos ou estatutos que disciplinem o exercício desses poderes. Sempre que o terceiro praticar um ato em nome do contribuinte, e o fizer excessivamente, em descompasso com os poderes que lhe foram atribuídos, responde *pessoalmente* pelos tributos correspondentes, pois o ato não pode ser considerado do contribuinte, mas da própria pessoa que deveria exercer a função de representante. Veja-se, a propósito, nesse mesmo sentido, o que esclarece, didaticamente, o art. 50 do Código Civil, com a redação que lhe deu a Lei 13.874/2019, no que tange a atos praticados de forma abusiva e que justificam a desconsideração da personalidade jurídica.

Quanto aos diretores, gerentes ou representantes de pessoas jurídicas de direito privado, muitas arbitrariedades ainda têm sido praticadas pelas várias esferas de poder tributante, com suposto amparo no inciso III do art. 135 do CTN. A maior delas, e que praticamente engloba ou dá origem a todas as outras, consiste em considerar os dirigentes de pessoas jurídicas indistintamente responsáveis pelos tributos devidos por estas. Afirma-se, para tanto, de modo demasiadamente simplista, que o não pagamento de tributo no prazo é "infração de lei", e os que dirigem pessoas jurídicas que não pagam determinado tributo são responsáveis pelo

---

assim, o redirecionamento contra aquele, na qualidade de responsável tributário. [...]" (STJ, 2ª T, EDcl no AgRg no AgRg no REsp 638.765/RS, j. em 19.11.2009, *DJe* de 27.11.2009).

[44] "Em caso de dissolução irregular da pessoa jurídica, somente as pessoas com poder de mando devem ser responsabilizadas. Sendo incontroverso nos autos que a empresa (sociedade por quotas de responsabilidade limitada) foi dissolvida irregularmente e que a sócia executada não detinha poderes de gerência, descabe a sua responsabilização (art. 10 do Decreto 3.708/1919). [...]" (STJ, 2ª T., REsp 656.860/RS, Rel. Min. Eliana Calmon, j. em 7.8.2007, *DJ* de 16.8.2007, p. 307).

[45] "[...] Em matéria de responsabilidade dos sócios de sociedade limitada, é necessário fazer a distinção entre empresa que se dissolve irregularmente daquela que continua a funcionar. [...] Em se tratando de sociedade que se extingue irregularmente, cabe a responsabilidade dos sócios, os quais podem provar não terem agido com dolo, culpa, fraude ou excesso de poder. [...]" (STJ, 2ª T., REsp 796.345/PR, Rel. Min. Eliana Calmon, j. em 7.3.2006, *DJ* de 4.5.2006, p. 165).

208 | PROCESSO TRIBUTÁRIO – *Machado Segundo*

seu adimplemento. A tese, conquanto hoje superada, chegou a encontrar defensores tanto na doutrina quanto na jurisprudência.[46]

Alguns autores, com entendimento mais moderado, embora igualmente equivocado, *data venia*, consideram infração à lei para fins do dispositivo legal transcrito o não pagamento de tributos cujo ônus foi supostamente suportado por terceiros, como o ICMS e o IPI. E, com base nessa doutrina, os Estados-membros têm considerado os sócios-gerentes de sociedades por quotas de responsabilidade limitada como corresponsáveis por todo e qualquer débito de ICMS da pessoa jurídica. Sempre que a pessoa física do sócio-gerente solicitar uma certidão negativa, os tributos eventualmente devidos pela sociedade serão também arrolados, independentemente de qualquer condição. A Execução Fiscal, nessa mesma linha, é promovida contra a pessoa jurídica e contra as pessoas naturais que a dirigem.

De plano, importa perceber que o art. 135, III, do CTN faz alusão a diretores, gerentes e representantes de pessoas jurídicas de direito privado, e não a *sócios*. É de se afastar, portanto, desde logo, e independentemente de qualquer cogitação, a responsabilidade daqueles sócios que não têm poder de gerência, ou de representação, da sociedade.[47]

E, mesmo quanto àqueles que realmente atuam *em nome* da sociedade, como órgãos desta, é de se frisar que a sua responsabilidade não se configura em face do mero inadimplemento da sociedade dirigida. Aliás, como dito, o inciso I do art. 135 do CTN torna evidente que a responsabilidade de que cuida este artigo não decorre do inadimplemento do devedor principal, inadimplemento em relação ao qual o terceiro teria apenas "participado" ou "contribuído" (desta cuida o art. 134). Sua responsabilidade decorre da prática de atos dolosos (pelo dirigente, não pela pessoa jurídica dirigida) contrários às leis societárias e ao estatuto ou contrato social, pois, nessas hipóteses, tem-se um ato ilícito praticado pela pessoa do dirigente (que atuou fora dos limites da competência que detinha, para agir como órgão da pessoa jurídica dirigida). Se há o mero inadimplemento de um tributo, tem-se que a infração foi praticada pela pessoa jurídica, e não por seu dirigente, não sendo possível responsabilizar este pelos tributos devidos por aquela.

Por tudo isso, para um adequado entendimento do art. 135 do CTN, não é relevante saber se o não pagamento de um tributo é infração à lei. O importante é aferir *quem* praticou essa infração, se a pessoa jurídica através de seu órgão, ou se a pessoa física que a corporifica.

Não se pode pretender que a pessoa jurídica somente pratique atos lícitos, excluindo de sua responsabilidade a violação de normas jurídicas, supostamente imputável apenas aos seus sócios ou dirigentes. Se o ato foi praticado pela pessoa jurídica, através de órgão seu, a responsabilidade é da pessoa jurídica, e não da pessoa física que validamente exercia a função de órgão. Ao revés, "se a pessoa ou as pessoas que compõem o órgão atuam fora dos limites da competência, o ato não é ato de órgão; portanto, não é ato *da pessoa jurídica*".[48]

---

[46] "[...] Os sócios-gerentes são responsáveis pela dívida tributária resultante de atos praticados com infração à lei e quem deixa de recolher tributos devidos pela sociedade comete infração à lei. Recurso improvido" (Ac. un. da 1ª T. do STJ – REsp 203.878/RJ – Rel. Min. Garcia Vieira – *DJU* I de 21.6.1999, p. 96).

[47] "O sócio-gerente responde por ser gerente, não por ser sócio" (REsp 260.524/RS – *Revista Dialética de Direito Tributário* no 75/2001, p. 226). Aqueles que são meros sócios-quotistas podem responder, eventualmente, apenas na hipótese de liquidação irregular da sociedade, com amparo nos arts. 135, I, e 134, VI, do CTN, mas não por atos praticados no exercício de uma "gerência" que jamais desempenharam.

[48] Pontes de Miranda, *Tratado de Direito Privado*, 3. ed., Rio de Janeiro: Borsoi, 1970, v. 1, p. 290.

Dessa forma, os diretores, gerentes e representantes de pessoas jurídicas apenas podem ser responsabilizados, nos termos do art. 135 do CTN, quanto atuem fora dos limites de sua competência. Essa atuação, obviamente, é aquela que se dá com *infração das normas que limitam essa competência*, que são exatamente a lei societária, o contrato social ou os estatutos. Sendo assim, a violação da lei societária pode ocorrer, dando azo à responsabilização do sócio-gerente ou diretor, em dois momentos distintos. O primeiro, quando o fato gerador é praticado pelo diretor ou sócio-gerente fora de suas funções, extrapolando os limites impostos pelos atos constitutivos ou pela lei societária. É o caso, por exemplo, do sócio-gerente que realiza operação mercantil vedada pelo contrato social. O segundo, quando, embora o fato gerador tenha sido realizado pela pessoa jurídica, a dívida tributária não for adimplida em virtude de ato contrário à lei societária praticado pelo diretor ou sócio-gerente, como é o caso da liquidação irregular da sociedade, do desvio de recursos desta para a pessoa natural do diretor,[49] ou quaisquer outros atos que, no dizer de Misabel Abreu Machado Derzi, embora praticados em nome do contribuinte, são contrários aos seus interesses.[50]

Para a aferição dessa responsabilidade, portanto, é inteiramente irrelevante a natureza do tributo não pago. Aliás, nem precisa entrar na tormentosa discussão da repercussão dos tributos[51] para demonstrar a erronia de se considerar infração à lei praticada pelo diretor o não pagamento de impostos indiretos. Em qualquer espécie de repercussão do tributo, seja qual for a doutrina acatada nesse ponto, a responsabilidade dos gerentes e diretores não será diferente. Deve-se distinguir, repita-se, o ato da pessoa jurídica do ato da pessoa natural que a corporifica, para se saber quem praticou a infração à lei. Se o tributo (direto ou indireto) não é pago pela pessoa jurídica, que não dispõe de recursos, ou os utiliza para outros fins lícitos (*v. g.*, pagamento de folha de salários), tem-se uma dívida da sociedade, não paga pela sociedade. Entretanto, se esse mesmo tributo (direto ou indireto) não é pago porque desfalcado o patrimônio da pessoa jurídica pelos que a dirigem, que dolosamente não recolhem o tributo e do valor respectivo se apropriam, em infração da lei societária, tem-se nítida a incidência da norma contida no art. 135, III, do CTN. Neste último caso, ressalte-se, não foi da pessoa jurídica o ato que infringiu a lei, não pagando o tributo, mas do seu diretor ou gerente, enquanto pessoa natural.

Importante é verificar que não existe uma infração à lei para fins de responsabilidade tributária, outra para fins de responsabilidade civil, outra para fins comerciais e outra para fins trabalhistas. A infração à lei capaz de responsabilizar o diretor ou sócio-gerente é uma só, em virtude de configurar-se com a violação das disposições de direito comercial que regem o exercício da função do órgão que corporificam.

Nesse sentido, aliás, a jurisprudência do STJ é pacífica,[52] decidindo que quem

> "está obrigada a recolher os tributos devidos pela empresa é a pessoa jurídica, e, não obstante ela atue por intermédio de seu órgão, o diretor ou o sócio-gerente, a obrigação

---

[49] Como já decidiu o TRF da 4ª Região, "a responsabilidade do administrador depende da comprovação da prática de ato ilícito que tenha encoberto a obrigação tributária ou diminuído as garantias do crédito tributário" (TRF da 4ª R, 2ª T, AC 2003.72.08.005559-6/SC, j. em 1º.6.2005, *DJ* de 7.7.2004, p. 376).

[50] Misabel Abreu Machado Derzi, em notas de atualização ao *Direito Tributário Brasileiro*, de Aliomar Baleeiro, 11. ed. Rio de Janeiro: Forense, 1999, p. 757.

[51] Para quem no tema se quiser aprofundar, recomendamos a leitura de Alfredo Augusto Becker, *Teoria Geral do Direito Tributário*, 3. ed. São Paulo: Lejus, 1998, p. 540.

[52] Ac. un. da 1ª Seção do STJ – Rel. Min. José Delgado – EREsp 100.739/SP (1999/0017927-7) – *DJ* 28.2.2000, p. 32.

210 | PROCESSO TRIBUTÁRIO – *Machado Segundo*

tributária é daquela, e não destes. Sempre, portanto, que a empresa deixa de recolher o tributo na data do respectivo vencimento, a impontualidade ou a inadimplência é da pessoa jurídica, não do diretor ou do sócio-gerente, que só respondem, e excepcionalmente, pelo débito, se resultar de atos praticados com excesso de mandato ou infração à lei, contrato social ou estatutos, exatamente nos termos do que dispõe o artigo 135, inciso III, do Código Tributário Nacional".[53]

Não obstante alguns julgados antigos da 1ª T. do STJ em sentido contrário, finalmente prevaleceu naquele Tribunal Superior que o mero inadimplemento de tributo não justifica a incidência do art. 135 do CTN, pois "não se pode atribuir a responsabilidade substitutiva para sócios, diretores ou gerentes, prevista no artigo 135, III, do CTN, sem que seja antes apurada a prática de ato ou fato eivado de excesso de poderes ou infração de lei, contrato social ou estatutos", pois "não ocorre a substituição tributária pela simples circunstância de a sociedade achar-se em débito para com o Fisco".[54] A matéria, hoje, se acha sumulada: "O inadimplemento da obrigação tributária pela sociedade não gera, por si só, a responsabilidade solidária do sócio-gerente" (Súmula nº 430/STJ).

Depois de esse entendimento estar pacificado na Primeira Seção do STJ, houve quem procurasse sustentar que ele não seria aplicável aos débitos relativos a contribuições previdenciárias, por conta do que dispunha o art. 13 da Lei 8.620/93, segundo o qual todos os sócios (gerentes ou não) de uma sociedade limitada responderiam solidariamente pelos débitos desta perante a Previdência Social, independentemente de qualquer condição. Essa tese chegou a ser acolhida em alguns julgados da Primeira Turma do STJ,[55] mas, com a devida vênia, é equivocada, como já demonstrou Raquel Cavalcanti Ramos Machado, em artigo que chega às seguintes conclusões:

> "a) o art. 124, II do CTN não trata da *atribuição* de responsabilidade; apenas autoriza o legislador ordinário a estipular a *forma* com que será exigida a responsabilidade já validamente tratada em outra norma;
>
> b) além disso, não se pode dar ao art. 124, II do CTN interpretação que esvazie o sentido de outras normas do mesmo Código;
>
> c) em face do art. 128 do CTN, é sempre necessária a vinculação do responsável com o fato gerador, e essa vinculação não existe em relação ao sócio sem poder de gerência. Se o art. 124, II, do CTN autorizasse o legislador ordinário a alojar qualquer pessoa no

---

53 Ac. un. da 2ª T. do STJ – REsp 100.739/SP (1996/0043179-5) – Rel. Min. Ari Pargendler – *DJ* 1º.2.1999, p. 138 – *RSTJ* 117, p. 287.

54 Ac. un. – STJ – 1ª T. – publ. 1º.10.2001 – REsp 260.524/RS (2000/0051191-9) – j. 14.8.2001 – Rel. Min. Gomes de Barros – Jurisprudência COAD/ADV no 05/2002, p. 66 – *Revista Dialética de Direito Tributário* no 75/2001, p. 226.

55 "[...] 1. Há que distinguir, para efeito de determinação da responsabilidade do sócio por dívidas tributárias contraídas pela sociedade, os débitos para com a Seguridade Social, decorrentes do descumprimento de obrigações previdenciárias 2. Por esses débitos, dispõe o art. 13 da Lei 8.620/93 que 'os sócios das empresas por cotas de responsabilidade limitada respondem solidariamente, com seus bens pessoais'. Trata-se de responsabilidade fundada no art. 124, II, do CTN, não havendo cogitar, por essa razão, da necessidade de comprovação, pelo credor exequente, de que o não recolhimento da exação decorreu de ato praticado com violação à lei, ou de que o sócio deteve a qualidade de dirigente da sociedade devedora. 3. Cumpre salientar que o prosseguimento da execução contra o sócio-cotista, incluído no rol dos responsáveis tributários, fica limitado aos débitos da sociedade no período posterior a Lei 8.620/93 [...]" (Ac. un. da 1ª T. do STJ – rel. Min. Teori Albino Zavascki – REsp 652.750/RS – *DJ* 6.9.2004, p. 181).

polo passivo da relação tributária, a norma veiculada no art. 128 do mesmo diploma não teria sentido algum;

d) seja como for, a responsabilidade dos sócios é disciplinada pelo CTN nos arts. 134 (todos os sócios) e 135 (diretores e sócios com poderes de gerência);

e) de acordo com essas normas, é sempre necessária a demonstração da prática de ato pessoal que tenha implicado o não pagamento de tributo para que se configure a responsabilização;

f) se as normas que atribuem responsabilidade ao sócio não a atribuem por essa sua simples condição, exigindo sempre essa prática de ato pessoal, a norma do art. 124, II do CTN, que trata do modo como responsabilidade já estabelecida será exercida, não pode, evidentemente, ser fundamento de validade para lei ordinária que atribui responsabilidade solidária ao sócio meramente cotista por essa sua simples condição, pelo pagamento de todo e qualquer tributo devido pela pessoa jurídica por ele integrada;

g) norma ordinária dessa natureza viola o CTN e, consequentemente, o art. 146, III, 'b' da CF/88 que afirma caber à lei complementar o disciplinamento de normas gerais sobre obrigação tributária;

h) de qualquer modo, ainda que de acordo com a lógica formal restassem dúvidas quanto aos casos de responsabilidade do sócio pelo não pagamento de tributo por parte da sociedade, uma vez considerada a lógica do razoável, não se poderia admitir sua responsabilização indiscriminada. Isso porque tal interpretação desconsidera a prática da organização empresarial, esvazia a figura do sócio sem poder de gerência, e traz graves e desnecessários prejuízos à economia, com o desestímulo à formação de novas pessoas jurídicas."[56]

No mesmo sentido, e seguindo os mesmos fundamentos, posicionou-se a Primeira Seção do Superior Tribunal de Justiça, que finalmente rejeitou a tese segundo a qual, em matéria de contribuições previdenciárias, a responsabilidade de sócios seria solidária, indistinta, incondicionada e integral.[57] Posteriormente, a matéria foi submetida ao STF, que, confirmando o entendimento doutrinário, e a jurisprudência do STJ, decidiu:

"[...] O art. 13 da Lei 8.620/93 também se reveste de inconstitucionalidade material, porquanto não é dado ao legislador estabelecer confusão entre os patrimônios das pessoas física e jurídica, o que, além de impor desconsideração *ex lege* e objetiva da personalidade jurídica, descaracterizando as sociedades limitadas, implica irrazoabilidade e inibe a iniciativa privada, afrontando os arts. 5º, XIII, e 170, parágrafo único, da Constituição. 8. Reconhecida a inconstitucionalidade do art. 13 da Lei 8.620/93 na parte em que determinou que os sócios das empresas por cotas de responsabilidade limitada responderiam solidariamente, com seus bens pessoais, pelos débitos junto à Seguridade Social. [...]" (STF, Pleno, j. em 3.11.2010, Repercussão Geral, *RDDT* nº 187, 2011, p. 186-193).

---

[56] Raquel Cavalcanti Ramos Machado, "Responsabilidade do sócio por créditos tributários lançados contra a pessoa jurídica – os arts. 124, II, 134 e 135 do CTN, o art. 13 da Lei 8.620/93 e a razoabilidade", em *RDDT* 114, p. 93. No mesmo sentido: Gustavo Saad Diniz. *Responsabilidade dos Administradores por Dívidas das Sociedades Limitadas*, 2. ed., Porto Alegre: Síntese, 2004, *passim*.

[57] Ac. da 1ª S. do STJ, REsp 749.034/SP, Rel. Min. José Delgado, j. em 28.9.2005, m.v., *DJ* de 19.12.2005, p. 206, *RDDT* 126, p. 156 ss.

Em nosso entendimento, para atribuir responsabilidade tributária às pessoas referidas no artigo 135 do CTN é indispensável que isso tenha sido objeto de lançamento, e posterior discussão, no processo administrativo de controle da legalidade correspondente. Trata-se, aliás, de um privilégio do Fisco, vez que os demais credores se têm de valer de ação judicial. O puro e simples "redirecionamento" da execução fiscal para as pessoas referidas no art. 135, III, do CTN, em regra, só é possível nas hipóteses em que, quando da busca de bens para penhora, constata-se o irregular e completo desaparecimento da pessoa jurídica.[58] Essa hipótese, aliás, autoriza o redirecionamento de qualquer execução, e não apenas da promovida pela Fazenda Pública.[59]

Esse desaparecimento da pessoa jurídica, registre-se porque implica a sua dissolução irregular, em desatenção ao direito de seus credores, não se confunde com a impossibilidade de pagamento por parte de pessoa jurídica existente e em funcionamento, tampouco com a liquidação regular[60] ou ainda com a falência da pessoa jurídica inadimplente. Mais uma vez

---

[58] Súmula nº 435/STJ: "Presume-se dissolvida irregularmente a empresa que deixar de funcionar no seu domicílio fiscal, sem comunicação aos órgãos competentes, legitimando-se o redirecionamento da execução fiscal para o sócio-gerente." Mesmo nesse caso, contudo, entende o STJ que não é possível responsabilizar qualquer sócio, mas apenas aqueles que tenham exercido a gerência: "[...] 1. A Súmula 435 do STJ diz que se presume dissolvida irregularmente a empresa que deixar de funcionar no seu domicílio fiscal, sem comunicação aos órgãos competentes, legitimando o redirecionamento da execução fiscal contra o sócio-gerente. 2. Porém, para o redirecionamento da execução fiscal é imprescindível que o sócio-gerente a quem se pretenda redirecionar tenha exercido a função de gerência, no momento dos fatos geradores e da dissolução irregular da empresa executada. Precedentes [...] 3. Agravo Regimental da Fazenda Nacional a que se nega provimento" (STJ, 1ª T., AgRg no AREsp 764.758/BA, DJe 11.12.2015).

[59] Mesmo nesse caso, os sócios e dirigentes responsabilizados podem ainda demonstrar que não têm responsabilidade. Podem não ter concordado com a dissolução irregular, ou mesmo podem ter sido ludibriados pelos demais sócios. Há apenas inversão do ônus de fazer essa prova, em face da presunção gerada pela dissolução irregular. Como já decidiu o STJ, "em matéria de responsabilidade dos sócios de sociedade limitada, é necessário fazer a distinção entre empresa que se dissolve irregularmente daquela que continua a funcionar. Em se tratando de sociedade que se extingue irregularmente, cabe a responsabilidade dos sócios, os quais podem provar não terem agido com dolo, culpa ou excesso de poder. Se não há extinção da sociedade, a prova em desfavor do sócio passa a ser do exequente" (Ac. un. da 2ª T. do STJ – REsp 420.663-SG – AgRg – Rel. Min. Eliana Calmon – j. em 13.8.2002 – DJU I de 9.9.2002, p. 220). Em termos semelhantes: "[...] A certidão emitida pelo Oficial de Justiça atestando que a empresa devedora não mais funciona no endereço constante dos assentamentos da junta comercial é indício de dissolução irregular, apto a ensejar o redirecionamento da execução para o sócio-gerente, a este competindo, se for de sua vontade, comprovar não ter agido com dolo, culpa, fraude ou excesso de poder, ou ainda, não ter havido a dissolução irregular da empresa" (Precedentes: REsp 1.144.607/MG, Rel. Ministro CASTRO MEIRA, SEGUNDA TURMA, julgado em 20.4.2010, DJe 29.4.2010; AgRg no Ag 1.113.154/RJ, Rel. Ministro MAURO CAMPBELL MARQUES, SEGUNDA TURMA, julgado em 15.4.2010, DJe 5.5.2010; AgRg no Ag 1.229.438/RS, Rel. Ministro LUIZ FUX, PRIMEIRA TURMA, julgado em 23.3.2010, DJe 20.4.2010; REsp no 513.912/MG, Segunda Turma, Rel. Min. Peçanha Martins, DJ de 1º.8.2005) [...]" (STJ, REsp 1.104.064/RS, DJe 14.12.2010).

[60] "A jurisprudência tem identificado como ato contrário à lei, caracterizados da responsabilidade pessoal do sócio-gerente, a dissolução irregular da sociedade, porque a presunção aí é a de que os bens foram distraídos em benefício dos sócios ou de terceiros, num e noutro caso em detrimento dos credores; não se cogita, todavia, dessa responsabilidade, se a sociedade foi dissolvida regularmente, por efeito de insolvência civil processada nos termos da lei. Recurso Especial não conhecido" (REsp no 45.366/SP – Rel. Min. Ari Pargendler – DJ de 28.6.1999). No mesmo sentido: "[...] a executada foi dissolvida regularmente por processo falimentar encerrado, sem que houvesse quitação total da dívida, razão pela qual carece o fisco de interesse processual de agir para a satisfação de débito tributário. 3. Inocorrentes quaisquer das situações previstas no art. 135 do CTN (atos praticados com excesso de poderes ou infração de lei, contrato social ou estatuto), não

Capítulo 4 • PROCESSO JUDICIAL TRIBUTÁRIO | 213

é o caso de lembrar o que didaticamente dispõe o art. 50 do Código Civil, com a redação que lhe deu a "Lei da Liberdade Econômica" (Lei 13.874), a evidenciar o tipo de ato que justifica o afastamento da personalidade jurídica – total ou parcialmente – de sorte a que se alcancem os seus membros.

Em suma, é indispensável, para que a Fazenda exequente possa "redirecionar" a execução contra as pessoas referidas no art. 135, III, do CTN, que seja demonstrado: (a) a apuração da responsabilidade no processo administrativo, que culmina com a inclusão do nome do responsável na respectiva CDA;[61] ou (b) o desaparecimento irregular da sociedade; ou, ainda, (c) a prática de atos contrários à lei ou aos estatutos, devidamente comprovada em juízo pela Fazenda exequente.[62] Não basta simples petição transcrevendo o art. 135 do CTN e pedindo o redirecionamento, e o despacho que determina o seguimento da execução contra os diretores ou gerentes da pessoa jurídica, fora das hipóteses "a", "b" e "c" antes mencionadas, é desacertado, desafiando agravo de instrumento. Ausente a prévia apuração administrativa, quando da constituição do crédito que originou a CDA, e havendo controvérsia em torno da presença dos requisitos autorizadores do redirecionamento, é imprescindível, como já apontado, a instauração do incidente de que cuida o art. 133 do CPC/2015. Deve-se aplicar, aqui, com coerência, a mesma lógica subjacente à exceção de pré-executividade, instituto que leva a que discussões próprias à concessão da tutela cognitiva sejam travadas no bojo do processo de execução: se a questão não demandar a solução de controvérsia fática e puder ser deslindada de plano, admite-se; do contrário, exige-se a oposição de embargos. O mesmo, só que em relação à exequente que pretende ampliar a tutela executiva a pessoas não referidas no título, vale para o redirecionamento e o IDPJ.

Citados em execução fiscal, na condição de "corresponsáveis", o sócio ou o dirigente da pessoa jurídica passam a figurar como *executados*. Nessa condição, podem defender-se por meio de "exceção de pré-executividade", se para tanto não for necessária dilação probatória,[63] o que ocorre quando a Fazenda simplesmente requer sua inclusão no polo passivo do processo executivo, sem nada que o justifique. E, havendo constrição patrimonial, poderão opor

---

há se falar em redirecionamento. 4. Inexiste previsão legal para suspensão da execução, mas para sua extinção, sem exame de mérito, nas hipóteses de insuficiência de bens da massa falida para garantia da execução fiscal. Deveras, é cediço na Corte que a insuficiência de bens da massa falida para garantia da execução fiscal não autoriza a suspensão da execução, a fim de que se realize diligência no sentido de se verificar a existência de codevedores do débito fiscal, que implicaria em apurar a responsabilidade dos sócios da empresa extinta (art. 135 do CTN). Trata-se de hipótese não abrangida pelos termos do art. 40 da Lei 6.830/80 (precedentes: REsp 718.541 – RS, Segunda Turma, Relatora Ministra Eliana Calmon, *DJ* 23 de maio de 2005 e REsp 652.858 – PR, Segunda Turma, Relator Ministro Castro Meira, *DJ* 16 de novembro de 2004)" (STJ, REsp 755.153/RS, Rel. Min. Luiz Fux, *DJ* de 1º.12.2005, p. 308/309, *RDDT* 126, p. 193).

[61] Como ressaltado anteriormente, o STJ entende que basta a referência ao nome do corresponsável na CDA para que se faça possível a execução contra ele, invertendo-se o ônus da prova (REsp 1.104.900/ ES). Passaria ao sócio-gerente o ônus de provar a inocorrência dos pressupostos exigidos pelo art. 135, III, do CTN, o que, em regra, deveria ocorrer em sede de embargos à execução. Consideramos, porém, que esse aspecto, de cunho processual, não altera o dever, de direito material, da Fazenda, de *justificar* as razões que a levaram a incluir o nome do terceiro na CDA, o que torna imperiosa a apuração dessas razões em sede de processo administrativo.

[62] Como já afirmado, essa possibilidade nos parece equivocada, pois transforma o processo executivo, iniciado em face da existência de título executivo contra uma pessoa, em processo de conhecimento contra o terceiro, cuja responsabilidade será nela "apurada". Trata-se, contudo, de entendimento aceito pelo STJ (ERESP no 702.232/RS).

[63] Nesse sentido: STJ, 2ª T., REsp 720.595/RS, Rel. Min. Eliana Calmon, j. em 1.9.2005, v.u., *DJ* de 19.9.2005, p. 296, *RDDT* 126, p. 154 ss.

214 | PROCESSO TRIBUTÁRIO – *Machado Segundo*

embargos, que nesse caso devem ser *embargos do executado,* e não *embargos de terceiro,* pois se trata de pessoa inserida no polo passivo da execução como suposto devedor, e não de terceiro alheio à questão que simplesmente comparece ao feito para proteger seu patrimônio, indevidamente atingido.[64] Note-se, porém, que isso ocorre quando o redirecionamento se funda na mera remissão ao nome do terceiro na CDA, ou em simples pedido formulado pelo exequente e aceito pelo juiz, sem maior cognição. Se, ao revés, essa responsabilidade tiver sido apurada previamente em incidente de desconsideração da personalidade jurídica (CPC, art. 133), não será possível, por mera exceção, nos autos da execução fiscal, ou mesmo nos embargos,[65] revolver o assunto, que deverá ser discutido no âmbito do aludido incidente, em fase recursal, se for o caso.

Finalmente, quanto à sujeição passiva, cabe notar que, nos termos do § 3º do art. 4º da Lei de Execuções Fiscais, os responsáveis "poderão nomear bens livres e desembaraçados do devedor, tantos quantos bastem para pagar a dívida". Ainda conforme o citado dispositivo, contudo, os bens dos responsáveis ficarão sujeitos à execução, "se os do devedor forem insuficientes à satisfação da dívida". Com isso, torna-se claro que o corresponsável só há de ter seus bens constritos no âmbito da execução fiscal diante da insuficiência do patrimônio do devedor principal. Há julgados do STJ[66] nos quais se afirma que, nas situações em que incide o art. 135 do CTN, a responsabilidade seria exclusiva do terceiro ali indicado, com exclusão da responsabilidade do devedor principal. Isso implicaria responsabilizar apenas e exclusivamente o sócio-gerente autor da "infração de lei", afastando-se a subsidiariedade de sua responsabilidade em relação à pessoa jurídica. É preciso, porém, deixar claro que em tais casos se examinava o pleito de terceiros que pretendiam se eximir da responsabilidade, sob o argumento de que a pessoa jurídica ainda possuiria bens. Esse pleito poderia ser afastado, porém, sob a consideração de que a responsabilidade em comento é solidária (CTN, art. 135), e não subsidiária (CTN, art. 134). Não é preciso cogitar-se de "exclusividade", termo que não está contido no artigo de que se cuida, e que poderia ensejar a prática de fraudes por parte de empresas que, dotadas de patrimônio expressivo, imputariam a um diretor desprovido de bens a responsabilidade por infrações, a fim de se eximirem do ônus tributário.

2.1.2.2 Os juros de mora, demais acréscimos legais e sua forma de cálculo

A Certidão de Dívida Ativa deve conter, também, o valor originário da dívida, o termo inicial e a forma de calcular os juros de mora e demais encargos previstos em lei ou contrato, e ainda a indicação, se for o caso, de estar a dívida sujeita a atualização monetária, bem como o respectivo momento legal e o termo inicial para o cálculo. Trata-se de decorrência da *liquidez* que se exige presente no título executivo, e, por outro lado, de uma maneira de viabilizar um maior controle sobre a correção do valor executado.

---

[64] Conquanto o correto seja a propositura de embargos do executado, e não embargos de terceiro, o equívoco não pode ser motivo para suprimir o direito do embargante ao exame do acolhimento da ação e ao exame de seus pedidos. Impõe-se a *fungibilidade,* aqui, até porque a ninguém prejudica. Nesse sentido tem decidido, com inteiro acerto, o Superior Tribunal de Justiça, que recebe os *embargos de terceiro* propostos pelo sócio-gerente como se *embargos do executado* fossem, *desde que presentes os requisitos de admissibilidade deste último,* sobretudo a não expiração do prazo de trinta dias contados da intimação da penhora. Confira-se, a propósito, o acórdão proferido quando do julgamento do REsp 508.333-RS, *DJ* de 15.12.2003.

[65] Tais instrumentos até podem ser usados pelo terceiro, é claro, mas não para discutir sua mera responsabilidade, e sim para questionar, se for o caso, o débito em si mesmo.

[66] STJ, REsp 1.104.064/RS, *DJe* 14.12.2010.

É de se perceber que, à míngua desses elementos, mesmo que a CDA indique claramente o valor atual da dívida, não será possível aferir *como* o valor principal assumiu o montante indicado pelo credor. Enfim, não será possível ao devedor nem ao Poder Judiciário aferirem a validade dos juros e dos demais encargos acrescidos ao valor principal da dívida.

2.1.2.3 Liquidez e certeza da CDA

A certidão de dívida ativa, como título executivo extrajudicial que é, deve naturalmente representar crédito *líquido* e *certo* em favor do ente público exequente. Isso significa que, *em princípio* (presunção relativa, ou *juris tantum*), a dívida executada já está devidamente *quantificada* (houve um "acertamento" do valor correspondente), e é *devida*. Na execução não se buscará mais qualquer quantificação, nem qualquer discussão quanto à validade ou exigibilidade do crédito executado; objetivar-se-á tão somente o seu adimplemento.

Se, por acaso, existe qualquer circunstância, ou mesmo qualquer pendência, em face da qual não se possa dizer que a CDA não espelha a quantia devida (*v. g.*, houve pagamento parcial, ou compensação, antes da inscrição em dívida ativa), a execução não pode prosperar, por falta de liquidez do título.[67]

2.1.2.3.1 Execução fiscal e rescisória

Pertinente, ainda, é o exame de tese desenvolvida pela Fazenda Nacional, a nosso ver descabida, segundo a qual seria possível propor execução fiscal de sentença proferida em ação rescisória.

Essa tentativa tem ocorrido em casos nos quais o contribuinte ajuíza ação de conhecimento, de rito ordinário, visando a discutir determinada exigência tributária, e logra êxito, operando-se o trânsito em julgado da sentença. Tempo depois, a Fazenda Pública ajuíza ação rescisória (contra a sentença que deu razão ao contribuinte), e vence, com a desconstituição da sentença anterior. Caso a ação proposta pelo contribuinte tenha sido uma anulatória de ato de lançamento já devidamente constituído, a decisão proferida na ação rescisória restabelece esse lançamento, que pode ser normalmente executado (o ato de lançamento, e não a sentença proferida no âmbito da ação rescisória), dentro do prazo prescricional de cinco anos contados da decisão que o restabeleceu. Entretanto, caso a ação proposta inicialmente seja uma *declaratória da inexistência de relação jurídica que obrigue o contribuinte ao adimplemento de determinada exigência*, e não tenha havido o lançamento respectivo, é bastante provável que a decadência impeça a Fazenda, após o julgamento da rescisória, de constituir os créditos tributários decorrentes da relação jurídica ora declarada existente.

Não obstante, em casos assim, verificando não haver mais como *lançar* as quantias correspondentes em face da decadência, a Fazenda então *executa a sentença proferida no âmbito da ação rescisória*, como se esta fosse um título executivo judicial produzido em seu favor.

Trata-se, porém, de verdadeiro absurdo jurídico.

---

[67] Já decidiu o STJ que "A CDA é título formal, cujos elementos devem estar bem delineados para não impedir a defesa do executado", e, por isso, uma CDA que "deixou de discriminar os valores do IPTU cobrado por exercício, bem como os juros e a multa" é inválida porque "prejudica a defesa do executado, que se vê tolhido de questionar as importâncias e a forma de cálculo" (STJ, 2ª T., REsp 815.739/RS, Rel. Min. Eliana Calmon, *DJ* de 9.5.2006).

216 | PROCESSO TRIBUTÁRIO – *Machado Segundo*

Na verdade, a sentença proferida no âmbito da ação rescisória limita-se a remover do mundo jurídico a sentença[68] anterior, substituindo-a, se for o caso,[69] por outra sentença. Se o contribuinte propôs ação de conhecimento para que fosse declarada a inexistência de relação jurídica que o obrigasse a pagar determinado tributo, e seus pedidos foram julgados procedentes, a rescisão da sentença respectiva somente terá o efeito, no máximo, de inserir em seu lugar uma sentença que considere *improcedentes* os pedidos formulados na inicial da ação de conhecimento, declarando a existência de relação jurídica que o obrigue a pagar o tributo. Essa declaração, porém, não torna prescindível o *lançamento*.

Tanto é assim que, quando o contribuinte maneja ação judicial para impugnar a validade de determinada exigência de tributo, ainda que seja obtida a suspensão da exigibilidade do crédito tributário (a rigor, do dever jurídico de antecipar o seu pagamento, no caso de tributos submetidos ao lançamento por homologação), isso não exime a Fazenda Pública de efetuar o chamado "lançamento para prevenir a decadência", de que trata o art. 63 da Lei 9.430/96. Se não for feito o lançamento, a quantia em disputa não poderá ser cobrada, ainda que o contribuinte perca a demanda, não sendo possível à Fazenda "executar" a sentença que deu pela improcedência dos pedidos formulados pelo autor da ação.[70]

Isso porque a sentença que nega a pretensão do contribuinte de ver declarada a inexistência de uma determinada relação jurídica não *lança* o tributo, nem poderia lançá-lo, não apenas por incompetência, mas porque se o fizesse estaria atuando de modo *extra petita*. A feitura de um lançamento, por razões óbvias, não é requerida na inicial. O pedido feito pelo contribuinte autor da ação, mesmo negado, não implica esse acertamento. A Fazenda Pública, por sua vez, também não pede ao juiz, nem poderia pedir, que este faça o lançamento, por falta de interesse processual.[71] É verdade que o juiz afirma, *a contrario sensu*, que a relação tributária existe, e que o Fisco pode lançar (se não houver outros óbices além daqueles apreciados pela sentença), mas não verifica a efetiva ocorrência do fato gerador da obrigação correspondente, não determina a matéria tributável, não calcula o montante do tributo devido, não identifica o sujeito passivo nem aplica a penalidade cabível, atividades que consubstanciam a prática do lançamento e que competem, privativamente, à autoridade administrativa (CTN, art. 142). Não há, portanto, a formação de um título executivo.

Assim, a "execução fiscal de sentença", seja de sentença que dê pela improcedência de ação declaratória movida por contribuinte, seja de sentença que julgue procedente pedido formulado pela Fazenda Pública em ação rescisória, é flagrantemente inválida. Equivale a uma execução fiscal *desprovida* de título executivo, sendo um dos casos de cabimento da chamada "exceção de pré-executividade", da qual cuidamos oportunamente.

---

[68] Ou acórdão, conforme o caso.

[69] Caso a rescisória tenha sido proposta porque a sentença rescindenda violou literal disposição de lei, ou foi proferida por juiz impedido, absolutamente incompetente, ou corrompido, por exemplo, terá de ser proferida *outra* decisão em substituição à que se rescinde. Entretanto, caso a rescisória tenha por fundamento a ofensa à coisa julgada, não haverá "substituição" da decisão anterior, mas apenas a sua retirada do mundo jurídico, para que volte a prevalecer a anterior, que por ela fora violada.

[70] Sem razão, com todo o respeito, José Augusto Delgado, "A reforma do processo civil (2005 a 2007) e a sua repercussão no Processo Judicial Tributário. Alguns aspectos." *Revista Fórum de Direito Tributário – RFDT,* Belo Horizonte, ano 5, nº 28, p. 31.

[71] É importante insistir em que o título executivo que aparelha a execução fiscal é *extrajudicial*. É a Fazenda Pública quem, internamente, elabora e constitui seu próprio título, que, no caso do Direito Tributário, origina-se com o *lançamento*. A Fazenda Pública não tem interesse processual, por isso, para propor ação de conhecimento, com a finalidade de obter uma sentença a ser posteriormente executada.

Capítulo 4 · PROCESSO JUDICIAL TRIBUTÁRIO | **217**

A propósito, apreciando exatamente essa questão, no âmbito de uma exceção de pré--executividade, o TRF da 5ª Região proferiu acórdão que porta a seguinte ementa:

"Ação Rescisória. Processual Civil. Execução. Ausência de Título Executivo. Objeção à Executividade. Admissibilidade. Procedência. Custas e Honorários Advocatícios. Cabimento.

1. A *exceção de pré-executividade*, também chamada *exceção de rito executivo* (Des. Antonio Carlos Costa e Silva) ou *defesa direta contra a execução* (Des. Federal Ridalvo Costa), pode ser exercida logo após a citação do devedor, independentemente da prévia garantia do juízo pela penhora e mediante simples petição, quando ao título em que se funda a execução faltar qualquer dos seus elementos essenciais, qual a própria obrigação cuja realização forçada se pretende.

2. Um dos eixos do processo de execução por título judicial é a sua estrita vinculação aos termos da *res judicata*, que não pode ser ampliada, inadmitindo-se a inclusão de obrigação não positivada expressamente na decisão exequenda, que deve ser processada dentro dos seus rigorosos limites objetivos e subjetivos (princípio da fidelidade à coisa julgada).

3. A rescisão de acórdão que proclamara, em ação declaratória negativa, a inexistência de relação jurídica obrigacional tributária não produz, por si só, a sujeição da parte ao dever de pagar o tributo, cujo lançamento não se fez, nem ao de restituir valores do depósito voluntário levantados após o trânsito em julgado da decisão que veio a ser rescindida, por não constar do contexto do título fundante da execução.

4. Acolhimento da exceção, para reconhecer a inexistência de título executivo judicial."[72]

2.1.3 Substituição da CDA

Determina o § 8º do art. 2º da Lei 6.830/80 que, até a decisão de primeira instância, a Certidão de Dívida Ativa poderá ser emendada ou substituída, assegurada ao executado a devolução do prazo para embargos.

Como explicam Maury Ângelo Bottesini, Odmir Fernandes, Ricardo Cunha Chimenti, Carlos Henrique Abrão e Manoel Álvares, essa substituição pode ocorrer "até o julgamento, em primeira instância, da execução ou dos embargos opostos a ela". Mas, em não havendo qualquer sentença, a substituição não pode ocorrer *depois* da lavratura do auto de arrematação ou adjudicação dos bens constritos no âmbito da execução, pois isso violaria "os princípios da segurança das relações jurídicas desfazendo atos que contaram com a participação de terceiros (os arrematantes), e da ampla defesa, sabido que muitas vezes o executado só se conforma com o leilão dos seus bens por acreditar que assim estará satisfazendo uma dívida cujo valor já lhe foi informado pela citação e pela intimação do leilão".[73]

Note-se, porém, que essa possibilidade de substituição tem por finalidade, exclusivamente, permitir a correção de erros materiais. Não tem, contudo, a força de permitir a convalidação de nulidade plena do procedimento ou do processo administrativo, como a que decorre da

---

[72] Ac. un. do Pleno do TRF da 5ª Região – Rel. Des. Fed. Napoleão Nunes Maia Filho – EXAR 86-CE – 95.05.27344-4. Esse julgado foi confirmado pelo STJ (AgRg no REsp 799.574 – CE, *DJ* de 21.10.2009).

[73] Maury Ângelo Bottesini, Odmir Fernandes, Ricardo Cunha Chimenti, Carlos Henrique Abrão e Manoel Álvares. *Lei de Execução Fiscal Comentada e Anotada*, 3. ed. São Paulo: Revista dos Tribunais, 2000, p. 54.

prática do ato de lançamento por autoridade incompetente, ou com o uso de provas ilícitas, ou ainda quando se verificar cerceamento de direito de defesa no âmbito do processo administrativo.[74] A CDA deve ser o espelho do processo administrativo que a originou, e por isso mesmo a sua "retificação" não pode ocorrer para que nela se alterem aspectos substanciais do lançamento, que não foram apurados no referido processo. É o caso, por exemplo, de uma substituição destinada a trazer aos autos uma CDA que contenha o nome de terceiros, cuja responsabilidade tenha sido apurada depois pela Fazenda Nacional com amparo no art. 20-C da Lei 10.522/2002, nela inserido pela Lei 13.606/2018. Esse outro processo administrativo, posterior ao do lançamento, não pode simplesmente "remendá-lo", eventualmente até depois de expirado o prazo decadencial, para inserir novas pessoas em seu polo passivo, ainda mais quando isso é levado em conta pela Procuradoria, e não pelos órgãos de lançamento. Referida previsão serve, na verdade, para subtrair do Judiciário o prévio exame a respeito da presença dos requisitos autorizadores do redirecionamento, impondo ao terceiro o ônus de provar, depois de sua consumação, que ele não poderia ter ocorrido.

A propósito, a possibilidade de substituição da CDA, até antes da prolação da sentença, deixa claro que essa sentença não pode, em acolhendo os embargos apenas em parte, dar seguimento à execução pelo saldo. Caso isso fosse possível, ou seja, caso o juiz pudesse "corrigir" a CDA, refazendo o lançamento a ela subjacente, e determinar o seguimento da execução pelo saldo, a previsão legal para a substituição da CDA não teria sentido algum (cfr. item 3.2.6, *infra*).[75]

Com a substituição, como a rigor tem-se *novo* título executivo, ao executado é renovada a oportunidade de oposição de *embargos do executado*, ou de aditar os embargos eventualmente já ajuizados.

2.1.4 Citação do executado

A Lei de Execuções Fiscais dispõe, em seu art. 8º, I, que a citação será feita pelo correio, se a Fazenda Pública não a requereu por outra forma (*v. g.*, através de oficial de justiça). Na hipótese de citação postal, que deve ocorrer com aviso de recepção, a data da citação considera-se como sendo aquela constante do aviso de recepção, ou, na falta desta data, dez dias contados da entrega da carta na agência postal. Em qualquer caso, porém, com ou sem a data do recebimento, o aviso há de haver retornado. Caso não retorne o aviso, a citação será então feita através de oficial de justiça, ou por edital.

Diferentemente do que ocorre no âmbito do processo de conhecimento, na execução fiscal, como nas execuções de uma maneira geral, o réu (executado) é citado para *pagar* ou *garantir a execução*. Isso porque, como já foi explicado, o processo de execução tem por finalidade instrumentalizar o cumprimento de uma obrigação já previamente acertada, não

---

[74] Cfr. Humberto Theodoro Júnior, *Lei de Execução Fiscal*, 2. ed. São Paulo: Saraiva, 1986, p. 14.

[75] Acolhendo esse argumento, o Superior Tribunal de Justiça decidiu que, "se a parcela substancial de certidão de dívida ativa refere-se a crédito inexistente, é necessário substituir-se a certidão nula, antes da decisão de primeiro grau (CTN, art. 203). Do contrário, quedará nula a execução" (STJ, REsp 385.388-MG – Rel. Min. Humberto Gomes de Barros – j. em 17.12.2002, *DJ* de 17.2.2003 – *Boletim Informativo Juruá* no 343, 15.5.2003, p. 29). Entretanto, ainda no entendimento do STJ, se a parcial procedência dos pedidos feitos nos embargos, ou em ação anulatória, implicar a redução do crédito tributário devido, mas a exclusão das parcelas indevidas puder ser feita por simples cálculo aritmético, não restam comprometidas a liquidez e a certeza da CDA (STJ, 1ª T., REsp 535.943/SP, Rel. Min. Teori Albino Zavascki, j. em 24.8.2004, v. u, *DJ* de 13.9.2004, p. 174).

Capítulo 4 · PROCESSO JUDICIAL TRIBUTÁRIO | **219**

mais se discutindo, no âmbito do processo de execução, a existência, a validade ou o montante dessa obrigação.

Cabe salientar que, se for o caso de responsabilizar dirigentes da pessoa jurídica executada, ou qualquer outro "corresponsável" (item 2.1.2.1, *supra*), deve haver a citação dos mesmos. Não basta citar o devedor principal. Nem poderia mesmo ser diferente, pois, para que alguém seja executado, é imprescindível que haja a citação, para que participe como *parte* da relação processual. Imagine-se, por exemplo, como seria absurdo, em uma execução de uma nota promissória, citar apenas o devedor principal e pretender ver penhorados bens de avalistas ou endossantes: não há interesse público que justifique tratamento diferente para a execução fiscal.

No caso de citação de corresponsáveis, esta deve ocorrer em no máximo cinco anos, contados do despacho que determina a citação do devedor principal, sob pena de consumar--se a prescrição da pretensão executiva em relação àqueles.[76] Pessoas distintas do devedor principal, os corresponsáveis – ainda que constem do título executivo e tenham dado azo à sua responsabilização –, têm de ser executados dentro do prazo de prescrição que para tanto dispõe a Fazenda Pública. A citação[77] do devedor principal (no período posterior à LC 118/2005, o despacho determinando essa citação) é motivo apenas para a interrupção da prescrição, cujo curso é subsequentemente retomado, e, ao cabo de cinco anos, torna juridicamente inviável executar os corresponsáveis.[78]

---

[76] Em face da LC nº 118/2005, a prescrição passou a ser interrompida não mais pela *citação* do devedor, mas pelo *despacho* que ordena essa citação, tendo sido alterado o inciso I parágrafo único do art. 174 do CTN. Para Renato Lopes Becho, essa alteração é inconstitucional, por ofensa ao princípio do devido processo legal, pois o despacho determinando a citação é ato do qual a parte não toma conhecimento de imediato, e podem se passar muitos anos entre o despacho e a efetiva citação ("Interrupção do prazo de prescrição, pela citação, na Lei Complementar nº 118/05", *RDDT* 115, p. 108 ss). Seja como for, caso se admita a validade da alteração, a ideia é a mesma: entre o *despacho* que determina a citação da pessoa jurídica e o *despacho* que determina a citação da pessoa natural do sócio-gerente ou do diretor deve haver lapso temporal inferior a cinco anos, sob pena de consumar--se a prescrição da pretensão executiva em relação a estes últimos.

[77] Evidentemente, o efeito de interromper a prescrição, que era conferido pela lei à citação do executado, somente poderia ser produzido diante de *citação válida*. Conforme já decidiu a Primeira Seção do STJ, "em execução fiscal, o art. 8º, § 2º, da LEF deve ser examinado com cautela, pelos limites impostos no art. 174 do CTN, de tal forma que só a citação regular tem o condão de interromper a prescrição" (REsp 327.268/PE, Rel. Min. Eliana Calmon, j. em 12.3.2003, v.u., *DJ* de 26.5.2003, p. 254). Registre-se, porém, que, com o advento da LC nº 118/2005, o *despacho que determina a citação* passou a ser causa interruptiva desta, a teor do art. 174, I, do CTN. Para a inconstitucionalidade dessa alteração, confira-se: Ricardo Lopes Becho, "Interrupção do prazo de prescrição, pela citação, na Lei Complementar nº 118/05", *RDDT* 115, p. 108 ss.

[78] "O redirecionamento da execução fiscal contra os sócios coobrigados, após decorridos 5 (cinco) anos desde a citação da pessoa jurídica autoriza a declaração da ocorrência da prescrição" (Ac. un. da 2ª T. do STJ – Rel. Min. Francisco Peçanha Martins – REsp 234.547/SP – *DJ* 20.5.2002, p. 119). No mesmo sentido: Ac. un da 1ª Seção do STJ – Rel. Min. Peçanha Martins – *DJU* 18.2.2002, p. 223. É preciso fazer, contudo, a seguinte distinção: se o nome do corresponsável consta originalmente da CDA (pelo que poderia, desde o início, ter sido formulada a pretensão executiva contra ele), a citação do devedor principal (ou o despacho que a determina) interrompe a prescrição, que já estava em curso também em relação ao corresponsável, nos moldes dos acórdãos citados. Após cinco anos, não será possível à Fazenda exercer a pretensão executiva em relação ao corresponsável, em face da prescrição. Entretanto, se o nome do corresponsável não consta da CDA, *e o fato que motiva sua corresponsabilidade é posterior à própria propositura da execução fiscal*, a prescrição da pretensão executiva em relação a ele não é interrompida com a citação do devedor principal ou com o despacho que a determina, pois ainda nem estava em curso. Em tais casos, como a Fazenda só dispõe de pretensão contra o corresponsável depois de apurado o fato que enseja a sua corresponsabilidade,

Registre-se que, a teor do art. 174 do CTN, a execução deve ser proposta no prazo de cinco anos, contados da constituição definitiva do crédito tributário. Em se tratando de tributo sujeito a lançamento por homologação, em relação ao qual o contribuinte tenha declarado um débito e não o tenha recolhido antecipadamente no prazo legal, esse prazo tem início na data do vencimento da dívida, ou da entrega da declaração, se esta tiver ocorrido posteriormente ao vencimento. Em se tratando de outra modalidade de lançamento (*v. g.*, lançamento de ofício revisional, por meio de auto de infração), o prazo tem início com o advento da definitividade desse lançamento no âmbito administrativo: caso tenha havido impugnação, com a instauração de processo administrativo, a prescrição somente tem início quando do encerramento do processo.

Quanto ao momento em que se considera exercida a pretensão de cuja prescrição se cogita, pode-se dizer que é o da *propositura da ação*. Quando, porém, pode-se dizer que ela foi proposta? Com o simples protocolo da inicial? A relação processual só se perfectibiliza com a citação do réu, pelo que a sistemática prevista no art. 240 do CPC/2015 parece bastante adequada: considera-se exercido o direito na data do protocolo da inicial, desde que a citação do réu ocorra até 10 dias depois da prolação do despacho que a determina. Caso ela não aconteça nos 10 dias posteriores a esse despacho, não se pode considerar que a pretensão foi exercida na data do protocolo, mas apenas quando efetiva da citação, que se não acontecer nos cinco anos contados desde a constituição definitiva do crédito, enseja a ocorrência da prescrição.

Essa lógica, já prevista no art. 219 do CPC/73,[79] em relação às execuções fiscais, foi alterada, inicialmente, pela LC nº 118/2005, que estabeleceu ser o despacho que determina a citação a causa para a interrupção do prazo, sem dizer explicitamente que isso dependeria da data em que viesse a ocorrer a efetiva citação. Assim, admitindo-se a validade dessa alteração, poder-se-ia seguir adotando o mesmo raciocínio, só que com a possibilidade de o mero

---

só a partir de então tem início a prescrição em relação a ele. Confira-se, a propósito, MACHADO, Hugo de Brito. Redirecionamento da execução fiscal e prescrição. *RDDT* nº 181, p. 71. Foi o que prevaleceu na jurisprudência do STJ, que firmou a seguinte tese, no julgamento dos "recursos repetitivos" (REsp 1.201.993/SP): "o prazo de redirecionamento da Execução Fiscal, fixado em cinco anos, contado da diligência de citação da pessoa jurídica, é aplicável quando o referido ato ilícito, previsto no art. 135, III, do CTN, for precedente a esse ato processual; (ii) a citação positiva do sujeito passivo devedor original da obrigação tributária, por si só, não provoca o início do prazo prescricional quando o ato de dissolução irregular for a ela subsequente, uma vez que, em tal circunstância, inexistirá, na aludida data (da citação), pretensão contra os sócios-gerentes (conforme decidido no REsp 1.101.728/SP, no rito do art. 543-C do CPC/1973, o mero inadimplemento da exação não configura ilícito atribuível aos sujeitos de direito descritos no art. 135 do CTN). O termo inicial do prazo prescricional para a cobrança do crédito dos sócios-gerentes infratores, nesse contexto, é a data da prática de ato inequívoco indicador do intuito de inviabilizar a satisfação do crédito tributário já em curso de cobrança executiva promovida contra a empresa contribuinte, a ser demonstrado pelo Fisco, nos termos do art. 593 do CPC/1973 (art. 792 do novo CPC – fraude à execução), combinado com o art. 185 do CTN (presunção de fraude contra a Fazenda Pública); e (iii) em qualquer hipótese, a decretação da prescrição para o redirecionamento impõe seja demonstrada a inércia da Fazenda Pública, o lustro que se seguiu à citação da empresa originalmente devedora (REsp 1.222.444/RS) ou ao ato inequívoco mencionado no item anterior (respectivamente, nos casos de dissolução irregular precedente ou superveniente à citação da empresa), cabendo às instâncias ordinárias o exame dos fatos e provas atinentes à demonstração da prática de atos concretos na direção da cobrança do crédito tributário no decurso do prazo prescricional." (STJ, 1ª S., REsp 1201993/SP, Rel. Min. Herman Benjamin, j. em 8.5.2019, *DJe* 12.12.2019)

[79] No CPC de 1973, o prazo de 10 dias poderia ser prorrogado por mais 90, possibilidade que foi suprimida do CPC de 2015, que, em contrapartida, estabelece de maneira expressa o entendimento, já definido na jurisprudência, de que a demora imputável exclusivamente ao serviço judiciário não pode prejudicar a parte (art. 240, § 3.º).

despacho interromper o prazo prescricional, independentemente de quando viesse a ocorrer a efetiva citação, que assim poderia acontecer dentro dos cinco anos subsequentes. Ou, mais correto, não só porque adequado à literalidade das disposições pertinentes (do CTN e do CPC), que devem ser harmonizadas, como porque compatível com o princípio da segurança jurídica, seria o caso de considerar que a interrupção do prazo pelo despacho, nos termos do art. 174, parágrafo único, I, do CTN, depende da efetiva citação no prazo de 10 dias previsto no art. 240 do CPC/2015, com o qual deve ser conciliada, nos termos do § 2.º do mesmo artigo.

Toda essa discussão parece ter perdido o objeto, porém, visto que o STJ, julgando o REsp 1.120.295/SP, adotou entendimento ainda mais complacente em relação à contagem do prazo prescricional para a propositura da execução fiscal. Decidiu a Corte, no âmbito da sistemática dos recursos repetitivos, que o simples protocolo é suficiente para que se considere exercida a pretensão de cuja prescrição se cogita, não mais fazendo sentido falar-se em prescrição depois disso. Não teria importância, por essa ótica, se o despacho determinando a citação, ou a própria citação, viessem a ocorrer muitos anos depois.

Esse entendimento, com todo o respeito, é equivocado, pois, além de fazer letra morta dos parágrafos do art. 219 do CPC/73 (e, pela mesma razão, dos parágrafos do art. 240 do CPC/2015), ignora o disposto no próprio parágrafo único, I, do art. 174 do CTN, tornando inócuas as normas ali veiculadas. Além disso, abre-se espaço para que se criem situações gravemente contrárias à segurança jurídica, pois o contribuinte pode ser surpreendido com uma execução fiscal décadas depois da constituição de um lançamento (que pode ter ocorrido unilateralmente, sem que sequer ele tenha ficado sabendo).[80]

Espera-se, por isso, que o STF, provocado a se manifestar sobre o assunto, reveja o mencionado entendimento, ou mesmo que o próprio STJ o retifique, de sorte a restabelecer a vigência do disposto no Código de Processo Civil a respeito do assunto, inclusive nas questões em que for parte a Fazenda Pública. Aliás, o STJ pode até mesmo ter ainda a oportunidade de *esclarecer* o conteúdo da tese firmada no acórdão proferido no REsp 1.120.295/SP, pois, em seu voto condutor, o Ministro Fux refere ao art. 219 do CPC de 1973 para afirmar que a interrupção da citação retroage à data do protocolo da inicial, bem como invoca a Súmula 106 do STJ, para destacar que a demora imputável exclusivamente ao Judiciário não pode prejudicar o credor. Mas, apesar dessas remissões, não se debateu, no acórdão, se teria havido essa demora imputável apenas ao Judiciário, e se seria por isso (o que talvez tenha ficado implícito), e não por atropelo à letra dos demais parágrafos do art. 219 do CPC de 1973 (art. 240 do CPC de 2015), que a prescrição estaria sendo afastada naquele caso específico. É possível, portanto, que a própria Corte, instada a explicar o teor da tese, tenha oportunidade de esclarecer que, nas hipóteses de demora na citação imputável ao próprio credor (*v.g.*, que fornece endereço errado do devedor e abandona a execução depois, quando intimado a fornecer o endereço atualizado), a prescrição não é afetada pela protocolização da inicial dentro do prazo, nos termos dos parágrafos do art. 240 do CPC.

2.1.4.1 Juízo de admissibilidade na execução fiscal e as chamadas "exceções de pré-executividade"

Em razão da proliferação de execuções fiscais descabidas, nas quais a Fazenda Pública buscava o adimplemento de créditos inexistentes, já pagos, ou constituídos em

---

[80] Veja-se, a propósito, BECHO, Renato Lopes. A interrupção da prescrição pelo ajuizamento da execução fiscal: questões constitucionais. In: ROCHA, Valdir de Oliveira (Coord.). *Grandes questões atuais do Direito Tributário*, São Paulo: Dialética, 2013, 17 v., p. 249 ss.

PROCESSO TRIBUTÁRIO – *Machado Segundo*

processos administrativos eivados de flagrantes nulidades, ganhou corpo, na doutrina e na jurisprudência relativa ao Processo Judicial Tributário, a ideia de uma *exceção de pré-executividade*,[81] espécie de defesa apresentada pelo executado antes ou independentemente de garantida a execução.[82]

Deve-se lembrar, no exame desta questão, de que o processo de execução, no qual é prestada a tutela jurisdicional de execução, não comporta, em princípio, discussões a respeito da *existência* e da *validade* do crédito executado. Busca-se apenas o seu adimplemento, e discute-se a respeito dos meios que podem ser utilizados para esse fim. Admitir a plena discussão a respeito da própria quantia executada, nos autos da execução, implica tornar sem sentido a própria divisão entre as espécies de processo e de tutela jurisdicional. Essa discussão sobre o crédito executado pode ocorrer em sede de embargos, ação de conhecimento própria para esse fim, e que deve ser processada e julgada independentemente da integral garantia da execução, sempre que essa garantia integral não for possível ao executado.

Entretanto, existem situações nas quais não há sequer condições de ser admitida a ação de execução fiscal. Situações nas quais o Juiz, caso tivesse examinado detidamente a inicial antes de recebê-la, a teria indeferido. É o caso, por exemplo, de uma execução desacompanhada de título executivo, ou acompanhada de título executivo visivelmente ilíquido, ou em cujo título executivo não consta o nome daquele que se pretende devedor, nem consta qualquer demonstração de sua "corresponsabilidade". Ou, ainda, de execução de quantia claramente alcançada pela decadência, ou pela prescrição (notadamente a intercorrente), ou movida contra pessoa imune, quando a caracterização dessa imunidade independa de dilação probatória.[83] Nessas hipóteses, e em muitas outras semelhantes que poderiam ser aqui enumeradas, admite-se, desde que não haja questionamento quanto aos *fatos*, a manifestação do executado, antes da penhora, que pode, eventualmente, ensejar a extinção da execução, pois a rigor são questões

---

[81] O termo *exceção de pré-executividade* não conta com aceitação pacífica no âmbito doutrinário, sendo muitos os processualistas de nomeada que o criticam. Apesar disso, para facilitar a compreensão do leitor, ao longo do texto rendemo-nos ao termo *exceção de pré-executividade*. Conquanto impreciso tecnicamente, é o que mais vem sendo empregado pela jurisprudência, já estando assaz difundido.

[82] Confiram-se, a propósito, e de modo evidentemente não exaustivo: Carlos Henrique Abrão, "Exceção de Pré-executividade na Lei 6.830/80", *RDDT* 22/11; Cleide Previtalli Cais, *O Processo Tributário*, 3. ed. São Paulo: RT, 2001, p. 459; e também "Exceção de pré-executividade em execução fundada em título extrajudicial", *RDDT* 43/22; Francisco Wildo Lacerda Dantas, "Exceção de Pré-executividade: Aspectos Teóricos e Práticos", *RDDT* 24/21; Hugo de Brito Machado, "Juízo de Admissibilidade na Execução Fiscal", *RDDT* 22/20; James Marins, *Direito Processual Tributário*, 3. ed. São Paulo: Dialética, 2003, p. 633; Leonardo Augusto Santos Melo, "A Exceção de Pré-executividade na Execução Fiscal", *RDDT* 78/57; Leonardo Greco, "Exceção de Pré-Executividade na Execução Fiscal", em *Problemas de Processo Judicial Tributário*, v. 4, coord. Valdir de Oliveira Rocha, São Paulo: Dialética, 2000, p. 185-202; Maria Lúcia Luz Leiria, "Exceção de Pré-Executividade na Execução Fiscal", *RDDT* 94/78; Mantovanni Colares Cavalcante, "Aspectos Relevantes da Exceção de Pré-Executividade", em *Problemas de Processo Judicial Tributário*, v. 4, coord. Valdir de Oliveira Rocha, São Paulo: Dialética, 2000, p. 203-232; Rodrigo César Caldas de Sá, "Exceção de Pré-Executividade e a Fazenda Pública: Pode Alguém ser Submetido a Processo Executivo sem Pressupostos ou Condições de Constituição ou Desenvolvimento Regular?", *RDDT* 54/95; Schubert de Farias Machado, "Defesa do Executado antes da Penhora", *RDDT* 22/63.

[83] "[...] Conforme jurisprudência assente nesta Corte, possível a arguição de imunidade tributária incidente em exceção de pré-executividade nas hipóteses em que ela é comprovada de plano, sem necessidade de dilação probatória. [...] Ainda que já realizada a penhora, pode o executado suscitar matérias passíveis de serem conhecidas de ofício pelo juiz por meio da exceção de pré-executividade (Precedentes do STJ). Agravo regimental improvido" (STJ, 2ª T, AgRg no AREsp 12.591/RJ, *DJe* de 14.3.2012).

que poderiam ser conhecidas de ofício pelo magistrado, ou que, conquanto não fossem verificáveis de ofício, podem ser demonstradas de plano pelo executado, independentemente de dilação probatória.[84]

Como observa Roberto Rosas, a exceção de pré-executividade é, a rigor, uma imposição do princípio da proporcionalidade, pois se apresenta como a forma mais adequada e menos gravosa de se demonstrar a presença de certos vícios na execução. Vícios que, porque demonstráveis de plano, tornam desnecessária, e excessiva, a exigência de penhora, e de oposição de embargos.[85] Schubert de Farias Machado, no mesmo sentido, após lembrar que a execução deve ser feita do modo menos gravoso para o devedor, doutrina não ser razoável que o executado "seja constrangido pela penhora em bens de seu patrimônio quando inexiste o título executivo respectivo".[86]

Posicionando-se de modo restritivo – mas não impeditivo – ao uso das chamadas "exceções de pré-executividade", o STJ já decidiu que

> "[...] o processo executivo fiscal foi concebido como instrumento compacto, rápido, seguro e eficaz, para realização da dívida ativa pública. Admitir que o executado, sem a garantia da penhora, ataque a certidão que o instrumenta, é tornar insegura a execução. Por outro lado, criar instrumentos paralelos de defesa é complicar o procedimento, comprometendo-lhe rapidez. [...] Nada impede que o executado – antes da penhora – advirta o Juiz, para circunstâncias prejudiciais (pressupostos processuais ou condições da ação) suscetíveis de conhecimento *ex officio*. Transformar, contudo, esta possibilidade em defesa plena, com produção de provas, seria fazer 'tabula rasa' do preceito contido no Art. 16 da LEF. Seria emitir um convite à chicana, transformando a execução fiscal em ronceiro procedimento ordinário (REsp 14357/Humberto)".[87]

Advirta-se, quanto ao acórdão transcrito, que a lição nele contida não diz respeito apenas ao processo de execução fiscal, como pode parecer de sua fundamentação, mas, a rigor, refere-se aos processos de execução de uma maneira geral. E o entendimento nele contido não impede que a exceção de pré-executividade seja empregada em uma série de hipóteses nas quais não são necessárias nem a produção de provas, nem o exercício da defesa plena, nem a instauração de um "ronceiro procedimento ordinário", mas tão somente a advertência ao Juiz de certas nulidades presentes na CDA. Uma situação na qual é bastante comum o oferecimento, e o acolhimento, de exceção de pré-executividade é a execução de créditos tributários com exigibilidade suspensa,[88] hipóteses nas quais é admitida pelo próprio STJ:

---

[84] "A defesa através de petição direta no processo de execução, dita exceção de pré-executividade, pode ser utilizada para arguir matéria de ordem pública (falta de pressupostos e das condições), pagamento, prescrição ou qualquer vício do título, desde que demonstrados de plano" (Ac. un. – TRF 5ª R. – Agtr 41.205/PE – Rel. Des. Federal Ridalvo Costa – j. 8.8.2002 – Íntegra *Boletim de Jurisprudência do TRF 5ª R.*, nº 156/2002, p. 67).

[85] Roberto Rosas, "Exceção de Pré-Executividade e Devido Processo Legal", em *Revista Dialética de Direito Tributário* nº 1, São Paulo: Dialética, abr. 2003, p. 175.

[86] Cf. Schubert de Farias Machado, "Defesa do Executado antes da Penhora", em *Revista Dialética de Direito Tributário* nº 22, São Paulo: Dialética, jul. 1997, p. 65.

[87] Ac. do STJ – Medida Cautelar 4.212/SP (2001/0121009-8) – Rel. Min. Humberto Gomes de Barros – j. 25.9.2001 – *DJU* I de 19.10.2001, p. 197 – *Revista Dialética de Direito Tributário* no 75/2001, p. 193.

[88] Cf. Hugo de Brito Machado, "Juízo de Admissibilidade na Execução Fiscal", em *Revista Dialética de Direito Tributário* nº 22, São Paulo: Dialética, jul. 1997, p. 20.

"[...] É mister reconhecer a nulidade da CDA, pois, se não pode admitir a expedição de título extrajudicial fundado em débito suspenso e, ao que tudo indica, indevido pelo contribuinte, uma vez que a sentença, ainda não transitada em julgado, reconheceu a sua isenção.

Não há óbice ao reconhecimento da nulidade do título nos próprios autos da execução, conquanto não se desconheça tratar-se de matéria afeta aos embargos, uma vez que tal reconhecimento, no caso dos autos, dispensa produção de provas e não traz qualquer prejuízo para a exequente [...]."[89]

Quanto ao cabimento da "exceção de pré-executividade" em matéria tributária, quando verificada a *prescrição* da dívida executada,

"a jurisprudência do STJ oscilou, até que a Corte Especial, no EREsp 388.000/RS (sessão de 16/03/2005), firmou entendimento de que é possível reconhecer a prescrição em sede de exceção de pré-executividade, desde que não haja necessidade de dilação probatória e seja verificável de plano, nos termos do voto do Ministro José Delgado, relator para acórdão (ainda não publicado)".[90]

O Código de Processo Civil em vigor, de algum modo, prevê a figura da exceção de pré-executividade, ou algo a ela assemelhado, quando estabelece que a nulidade da execução (v.g., por inexigibilidade do título) será pronunciada pelo juiz, de ofício ou a requerimento da parte, independentemente de embargos à execução (art. 803, parágrafo único).

Note-se que o fato de não serem amplamente admissíveis, mas apenas em hipóteses restritas, as "exceções de pré-executividade", não causa grandes embaraços ao executado, pois, como veremos, para que seus embargos sejam conhecidos e processados, não é necessário que esteja garantida *toda* a dívida. Esse posicionamento, aliás, conta com ampla aceitação por parte da jurisprudência do STJ. Assim, não nos parece que a execução se deva transformar em palco para discussões relacionadas ao "mérito" da dívida executada, inclusive relacionadas a aspectos de fato. Sairia perdendo o executado, que teria a seu dispor, para demonstrar suas alegações, um procedimento "ronceiro", para usar as palavras do Min. Gomes de Barros. Sairia perdendo também o exequente, que veria fenecer seu direito a uma tutela de execução efetiva.

Na hipótese de uma exceção de pré-executividade ser acolhida, dando ensejo à extinção do processo executivo, a irresignação da Fazenda Pública deve ser exteriorizada através de recurso de apelação (havendo, de qualquer sorte, a "remessa *ex officio*", ou "remessa necessária",

---

[89]   Ac. un. da 2ª T. do STJ – Rel. Min. Franciulli Netto – REsp 193.402/RS – *DJ* de 31.3.2003, p. 184.

[90]   Ac. un. da 2ª T. do STJ – Rel. Min. Eliana Calmon – REsp 696.438/RJ, *DJ* de 19.12.2005, p. 348. Sobre o tema, o STJ posteriormente decidiu: "1. A exceção de pré-executividade é servil à suscitação de questões que devam ser conhecidas de ofício pelo juiz, como as atinentes à liquidez do título executivo, aos pressupostos processuais e às condições da ação executiva, desde que não demandem dilação probatória (exceção *secundum eventus probationis*) (REsp 1.110.925/SP, Rel. Ministro Teori Albino Zavascki, Primeira Seção, julgado em 22.04.2009, *DJe* 04.05.2009). 2. O espectro das matérias suscitáveis através da exceção tem sido ampliado por força da exegese jurisprudencial mais recente, admitindo-se a arguição de prescrição e de ilegitimidade passiva do executado, que prescindam de dilação probatória. 3. A prescrição, causa extintiva do crédito tributário, é passível de ser veiculada em exceção de pré-executividade, máxime quando fundada na inconstitucionalidade do artigo 46, da Lei 8.212/91, reconhecida, com efeitos *ex tunc*, pelo Supremo Tribunal Federal [...] e que culminou na edição da Súmula Vinculante 8/STF, *verbis*: 'São inconstitucionais o parágrafo único do artigo 5º do Decreto-Lei 1.569/1977 e os artigos 45 e 46 da Lei 8.212/1991, que tratam de prescrição e decadência de crédito tributário'" (STJ, 1ª S., REsp 1.136.144/RJ, *DJe* de 1º.2.2010).

à luz do art. 496, I, do CPC/2015).[91] Este, se provido, implicará o retorno dos autos para o juízo singular, para que tenha continuidade o processamento da execução. Na hipótese de não ser acolhida a exceção de pré-executividade, o recurso cabível é o de agravo de instrumento, o que, uma vez provido pelo Tribunal de Apelação, implicará a extinção da execução fiscal.

Registre-se que a exceção de pré-executividade tende a perder espaço, no âmbito do processo de execução previsto no CPC, pois a garantia da execução não é mais condição para o processamento dos embargos. Entretanto, como a Lei de Execução Fiscal – mais específica (LEF, art. 16, § 1º) – continua exigindo a garantia, sua análise segue pertinente em relação ao processo tributário, pelo menos até que se altere a Lei de Execução Fiscal, nesse ponto.[92]

2.1.5 Pagamento ou garantia da execução

Diante da citação, o executado tem cinco dias para pagar a dívida, ou garantir a execução através de depósito em dinheiro, fiança bancária, seguro-garantia[93] ou nomeação de bens à penhora. Note-se que esses cinco dias não têm relação com o prazo para a oposição de embargos do executado, mas apenas para a feitura do pagamento, ou para que se garanta a execução. Ultrapassados esses cinco dias, na prática, o que ocorre é a transferência, para o exequente, da atribuição de escolher os bens que serão penhorados.

Observe-se que, com o advento da Lei 14.689/2023, nos casos em que o lançamento do tributo tenha sido mantido, na esfera administrativa, por voto de qualidade, dispensa-se o oferecimento de garantia àqueles contribuintes que, em cada caso, comprovem ter "capacidade de pagamento", nos termos do art. 4º da referida lei. Essa mesma lei modificou o art. 9º da Lei 6.830/1980 para explicitar que as garantias apresentadas sob a forma de seguro-garantia ou fiança bancária só podem ser liquidadas, no todo ou parcialmente, após o trânsito em julgado de decisão de mérito em desfavor do contribuinte, vedada sua liquidação antecipada.

Quanto aos bens a serem utilizados para garantir a execução, merece referência o fato de que o STJ não tem admitido a constrição de bens considerados impenhoráveis (*v. g.* imóvel que serve de residência ao devedor)[94] *mesmo quando a indicação desses bens é feita pelo próprio executado*. No julgamento do REsp 813.546/DF, a Primeira Turma do STJ considerou, por maioria, que a "indicação do bem de família à penhora não implica renúncia ao benefício conferido pela Lei 8.009/1990 quanto a sua impenhorabilidade, máxime se tratar de norma cogente contendora de princípio de ordem pública, consoante a jurisprudência do STJ. Assim, essa indicação não produz

---

[91]   No CPC de 1973, a remessa *ex officio* estava disciplinada, em termos semelhantes, no art. 475.

[92]   "[...] Havendo previsão expressa no § 1º, do art. 16, da Lei 6.830/80, mantém-se a exigência de prévia garantia do juízo para que possa haver a oposição dos embargos à execução fiscal. [...]" STJ, 2ª T, AgRg no REsp 1.257.434/RS, *DJe* de 30.8.2011.

[93]   A Lei 13.043/2014 inseriu no art. 7.º, II, da Lei 6.830/80 a possibilidade de a execução ser garantida por seguro-garantia, modalidade adicional ao depósito, à fiança e à penhora de bens. Isso implicou alteração na jurisprudência do STJ, até então resistente a essa forma de garantia: "[...] 2. A jurisprudência do STJ possuía entendimento segundo o qual não era possível a utilização do 'seguro-garantia judicial' como caução à execução fiscal, por ausência de previsão legal específica. Contudo, com a entrada em vigor da Lei 13.043/2014, que deu nova redação ao art. 9.º, II, da LEF, facultou-se expressamente ao executado a possibilidade de 'oferecer fiança bancária ou seguro-garantia'. E sendo a referida lei norma de cunho processual, possui aplicabilidade imediata aos processos em curso. Precedente. 3. Aplica-se as alterações trazidas pela Lei 13.043/2014 inclusive aos casos em que a decisão que indeferiu o pedido de utilização do seguro-garantia se deu antes da vigência da referida norma. Agravo regimental improvido" (STJ, 2.ª T, AgRg no REsp 1534606/MG, *DJe* de 2.9.2015).

[94]   Observe-se, ainda em relação ao tema, que, a teor da Súmula 364 do STJ, "o conceito de impenhorabilidade de bem de família abrange também o imóvel pertencente a pessoas solteiras, separadas e viúvas".

efeito capaz de ilidir aquele benefício".[95] É possível indicar para a penhora crédito representado por precatório, ainda que não seja da Fazenda Pública exequente, mas esta poderá recusá-lo, cabendo ao magistrado avaliar, à luz da existência de outros bens, a legitimidade da recusa.[96]

Caso haja pagamento parcial, a execução pode continuar pelo saldo – desde que o pagamento ocorra após a inscrição em dívida ativa,[97] que é precisamente o que ocorre quando o executado paga depois de citado. Pode haver, naturalmente, inclusive, a oposição de embargos do executado, em face da parte não paga, uma vez garantida a execução em relação a esse montante remanescente. Isso porque "o executado pode pagar a parcela da dívida que considerar incontroversa e garantir a execução do saldo devedor".[98]

Garantido o juízo, inicia-se o prazo de trinta dias[99] para que o executado maneje a ação de embargos do executado, da qual cuidará a parte dedicada às "ações de iniciativa do contribuinte", *infra*. É importante referir que, em tratando de depósito, a rigor é da data de sua efetivação que tem início o prazo para oposição de embargos, pouco importando a data na qual o comprovante correspondente foi juntado aos autos (LEF, art. 16, I).[100] Não obstante,

---

[95]   *Informativo de Jurisprudência do STJ* nº 316, 2 a 13 de março de 2007.

[96]   1."O crédito representado por precatório é bem penhorável, mesmo que a entidade dele devedora não seja a própria exequente, enquadrando-se na hipótese do inciso XI do art. 655 do CPC, por se constituir em direito de crédito"(EREsp 881.014/RS, 1ª Seção, Rel. Min. Castro Meira, *DJ* de 17.3.08). 2. A penhora de precatório equivale à penhora de crédito, e não de dinheiro. 3. Nos termos do art. 15, I, da Lei 6.830/80, é autorizada ao executado, em qualquer fase do processo e independentemente da aquiescência da Fazenda Pública, tão somente a substituição dos bens penhorados por depósito em dinheiro ou fiança bancária. 4. Não se equiparando o precatório a dinheiro ou fiança bancária, mas a direito de crédito, pode a Fazenda Pública recusar a substituição por quaisquer das causas previstas no art. 656 do CPC ou nos arts. 11 e 15 da LEF"(STJ, 1ª S., REsp 1.090.898 SP, *DJe* 31.8.2009). Os artigo referidos dizem respeito ao CPC/73. No CPC/2015, a ordem dos bens a serem objeto de penhora consta do art. 835, que no inciso XIII se refere ao direito de crédito. Já a substituição da penhora está disciplinada, neste particular em termos semelhantes, no art. 848. Vale registrar, ainda, que ao rol do art. 15, I, da Lei 6.830/80 se acrescentou, posteriormente, o seguro-garantia, que por igual pode motivar uma substituição independentemente da aquiescência da Fazenda.

[97]   Caso o executado demonstre que a dívida havia sido paga, ainda que apenas parcialmente, antes da inscrição em dívida ativa, a execução fiscal é nula, por falta de liquidez do título executivo.

[98]   Maury Ângelo Bottesini, Odmir Fernandes, Ricardo Cunha Chimenti, Carlos Henrique Abrão e Manoel Álvares. *Lei de Execução Fiscal Comentada e Anotada*, 3. ed. São Paulo: Revista dos Tribunais, 2000, p. 121.

[99]   Esse prazo é contado da data da penhora, e não da data na qual ocorre a juntada aos autos do mandado de intimação. É importante, porém, que, ao ser cientificado da feitura da penhora, o executado seja alertado sobre o início do prazo de trinta dias para interposição dos embargos. A falta dessa advertência no termo de penhora, ou mesmo a alusão apenas a "prazo legal", e não a "prazo de trinta dias", faz com que não se possa considerar a fluência do prazo. Conforme tem decidido reiteradamente o Superior Tribunal de Justiça, "no processo de execução fiscal, para que seja o devedor efetivamente intimado da penhora, é necessária a sua intimação pessoal, devendo constar, expressamente, no mandado, a advertência do prazo para o oferecimento dos embargos à execução. [...]. O oficial de justiça deverá advertir o devedor, também de modo expresso, de que o prazo de trinta dias para oferecimento de embargos inicia-se a partir daquele ato. [...]. A obrigatoriedade de menção categórica do prazo justifica-se exatamente no intuito de que o destinatário da intimação fique ciente do período de tempo de que dispõe para tomar as providências que lhe proverem, sendo irrelevante que do mandado conste, tão somente, a expressão 'prazo legal'. [...]" (Ac. un. da 1ª T. do STJ, REsp 328.000/RS, Rel. Min. José Delgado, j. em 21.8.2001, *DJ* de 24.9.2001, p. 251). Mais recentemente, no mesmo sentido: STJ, 1ª S., RMS 32.925/SP, *DJ* de 19.9.2011.

[100]   "Conta-se do depósito o prazo para embargos, e não da juntada de seu comprovante aos autos (STJ, 2ªT., Ag 154.026-AgRg, Rel. Min. Ari Pargendler, j. 16.6.1998, negaram provimento, v.u., *DJU* 3.8.1998, p. 217; JTA 117/23)" (Theotonio Negrão e José Roberto Ferreira Gouveia, *Código de Processo Civil e Legislação Processual em Vigor*, 35. ed. São Paulo: Saraiva, 2003, p. 1300).

Capítulo 4 • PROCESSO JUDICIAL TRIBUTÁRIO | **227**

considerando ser "absurdo que, por ter depositado antecipadamente o que lhe é cobrado, o contribuinte tenha o seu prazo para se defender reduzido",[101] a jurisprudência do STJ tem entendido que "o prazo para oferecimento dos embargos não começa a fluir do depósito. Inaplicável, pois, o disposto no art. 16, inciso I, da Lei 6.830. A contagem do prazo inicia-se a partir da intimação da penhora, que, tendo sido feita em dinheiro, será convertida em depósito, nos termos dos arts. 11, § 2º, e 9º, inciso I, da Lei 6.830/80".[102] Em se tratando de fiança, ou de seguro-garantia, esse prazo inicia-se com a juntada aos autos da prova da fiança bancária ou do seguro-garantia (LEF, art. 16, II), e, quando houver penhora de bens, seu início é a data em que tiver havido a intimação ao executado da respectiva penhora (LEF, art. 16, III).[103]

Note-se que o depósito, para preencher os requisitos dos arts. 9º, I, e 16, I, da LEF, há de ser feito em dinheiro, naturalmente, e em *estabelecimento oficial de crédito*.[104] Entretanto, quando o executado efetuar depósito em estabelecimento não oficial, e deixá-lo à disposição do juiz da execução, isso não quer dizer que a execução não esteja garantida. Pode-se considerar havida a nomeação à penhora do *dinheiro* constante da conta-corrente, com o prazo para embargar iniciando-se a partir de quando tal valor for aceito pelo juiz, com a formalização da penhora sobre o mesmo.

Garantida a dívida, caso não a considere devida, no todo ou em parte, o executado deve interpor os respectivos embargos à execução.[105] Recomenda-se que o prazo para oposição de embargos não seja utilizado até o seu final, para não se correr o risco de vê-lo escoado por eventuais equívocos em sua contagem, ou a fatos imprevistos, surgidos de última hora, pois a perda do prazo para tanto pode trazer ao executado prejuízos de reparação bastante difícil. Deve-se salientar, porém, que uma execução fiscal não embargada *não faz coisa julgada*. Nela não há julgamento "de mérito".[106] Assim, nada impede que o executado, não embargando

---

[101] Theotonio Negrão e José Roberto Ferreira Gouveia, *Código de Processo Civil e Legislação Processual em Vigor*, 35. ed. São Paulo: Saraiva, 2003, p. 1301.

[102] *RSTJ* 132/225. Esse entendimento, a propósito, foi ratificado pela Corte Especial do STJ, no julgamento do EREsp 767.505/RJ.

[103] "Havendo nomeação de bens à penhora, deve esta ser tomada a termo a fim de que produza os efeitos. É necessária a intimação pessoal do devedor, com expressa advertência do prazo para oferecimento dos embargos à execução" (*RSTJ* 132/225). Ainda no entender do STJ, a advertência de que o prazo para embargar "se inicia a partir daquele ato e de que o mesmo é de trinta dias deve constar expressamente do mandado, sendo insuficiente a mera menção à expressão 'prazo legal'" (STJ – 1ª T., REsp 362.516-RS, Rel. Min. José Delgado, j. 11.12.2001, deram provimento, v.u., *DJU* 4.3.2002, p. 215, Apud Theotonio Negrão e José Roberto Ferreira Gouveia, *Código de Processo Civil e Legislação Processual em Vigor*, 35. ed. São Paulo: Saraiva, 2003, p. 1301).

[104] O art. 32 da LEF assevera que os depósitos judiciais em dinheiro serão obrigatoriamente feitos: (i) na Caixa Econômica Federal; ou (ii) na Caixa Econômica ou banco oficial da unidade federativa ou, à sua falta, na Caixa Econômica Federal, quando relacionados com execução fiscal proposta pelo Estado, Distrito Federal, Municípios e suas autarquias.

[105] Caso a penhora seja realizada em juízo distinto daquele no qual é processada a execução (*v. g.*, através de carta precatória, é feita a penhora de bens situados em outro Estado, ou em outro Município), os embargos devem ser oferecidos ao juízo no qual estão sendo processados os embargos (deprecante), e não ao juízo no qual foi feita a penhora (deprecado). Entretanto, a apresentação perante este último não deve prejudicar o executado. Na verdade, quando a penhora tenha sido feita no juízo deprecado, a petição entregue neste dentro do prazo de trinta dias, dirigida ao juízo deprecante, é considerada tempestiva ainda que ingresse no juízo deprecante depois desse prazo (Cfr. STJ, REsp 408.384-SP – Rel. Min. José Delgado, j. em 26.3.2002 – *DJ* de 22.4.2002 – *BIJ Atualidades Tributárias Juruá* – jul. 2002, p. 7).

[106] "Inocorre preclusão, e portanto a validade e eficácia do título executivo extrajudicial podem ser objeto de posterior ação de conhecimento, quando na execução não forem opostos embargos do devedor, e igualmente quando tais embargos, embora opostos, não foram recebidos ou apreciados em seu mérito. Inexistência de coisa julgada material, e da imutabilidade dela decorrente. Agravo

228 | PROCESSO TRIBUTÁRIO – *Machado Segundo*

tempestivamente a execução, pague o que lhe é exigido e depois promova a restituição do indébito, ou mesmo proponha ação anulatória *antes* que esse pagamento aconteça na via executiva.[107]

2.1.5.1 Garantia insuficiente, posterior reforço e prazo para embargar

Aspecto prático de grande importância, no que diz respeito à garantia da execução como condição para a interposição de embargos, diz respeito ao termo inicial do prazo para embargar, na hipótese em que *a garantia é feita de modo insuficiente, e depois é reforçada*. A jurisprudência entende, de modo pacífico, que o prazo, nesses casos, inicia-se da intimação da penhora, ou do depósito, ou da juntada aos autos da prova da fiança bancária ou do seguro-garantia, *e não do eventual reforço posteriormente verificado*. É o que se depreende dos acórdãos a seguir ementados:

> "[...]
> Intimada a executada da penhora, a partir daí começa a correr o prazo para apresentação dos embargos do devedor. Essa penhora deve ser suficiente para a satisfação do débito, não importa. Pode ser excessiva, não importa. Pode ser ilegítima, como no caso de constrição sobre bens impenhoráveis, também não importa. Na primeira hipótese a penhora poderá ser aplicada. Na segunda, poderá ser reduzida. Na terceira, poderá ser substituída. Em qualquer dos três casos, haverá intimação do executado, mas o prazo para a apresentação dos embargos inicia-se da intimação da primeira penhora, mesmo que seja insuficiente, excessiva ou ilegítima, e não da sua ampliação, redução ou substituição (Acórdão recorrido, fl. 87).
> Recurso especial não conhecido.
> Decisão por unanimidade de votos."[108]

> "[...]
> 1. O prazo para interposição de embargos de devedor começa a correr desde o ato de intimação da penhora.
> 2. Não há reabertura de prazo quando realizado reforço de penhora, em face da avaliação ter apurado a insuficiência do valor do bem para pagamento do crédito.
> 3. Se a parte foi intimada pessoalmente da penhora realizada assinando o respectivo termo, a relação jurídica processual está instaurada e iniciado o prazo para embargar. Intimação posterior de ato de penhora pública no diário da Justiça não desnatura o prazo já em curso.
> [...]".[109]

---

regimental rejeitado" (Ac. un. da 4ª T. do STJ – AgRg no AgIn 8.089-SP – 91.416-2 – Rel. Min. Athos Carneiro, *DJ*-I 20.5.1991, p. 6537). Isso não quer dizer, esclareça-se, que o processo de execução não tenha "mérito". Tem. Entretanto, o seu mérito diz respeito ao que foi pedido pelo exequente, e atendido pelo juiz, o que diz respeito pura e simplesmente à satisfação da dívida e aos meios a tanto empregados. Não se julga, em regra, a existência ou a validade do direito representado pelo título que embasa a execução, não sendo possível, por isso mesmo, a decisão correspondente fazer "coisa julgada" em relação a isso. Quando muito, a *res judicata* material abrangeria apenas a extinção da dívida pelo pagamento, extinção essa que não mais poderia ser rediscutida.

107   Nesse sentido: REsp 336.995/PR, 1ª T., Rel. Min. José Delgado, j. em 18.10.2001, *DJ* de 4.2.2002, p. 309; REsp 135.355/SP, 3ª T., Rel. Min. Eduardo Ribeiro, *DJ* de 19.6.2000.

108   Ac. da 2ª T. do STJ – REsp 244.923/RS – Rel. Min. Franciulli Netto – j. 16.10.2001 – *DJU* de 11.3.2002 – *Informativo de Jurisprudência do STJ* nº 114, de 22 a 26.10.2001 (Internet).

109   Ac. un. da 1ª T. do STJ – Rel. Min. José Delgado – *DJU* 22.9.1997, p. 46339.

Capítulo 4 • PROCESSO JUDICIAL TRIBUTÁRIO | **229**

Assim, caso seja efetuada a penhora de bem cujo valor é insuficiente para garantir toda a dívida executada, deve o executado, caso pretenda insurgir-se contra a execução, interpor desde logo os respectivos embargos, sob pena de perder o prazo de que dispõe para tanto.[110] Essa circunstância, aliás, torna interessante a discussão a respeito da relação entre a *suficiência* da penhora e o direito de opor embargos do executado, assunto do qual nos ocupamos no próximo item.

2.1.5.2   Garantia insuficiente e o direito de embargar

A execução fiscal, conforme ficou dito no item 2.1.1, *supra*, não tem por finalidade viabilizar uma ampla discussão a respeito do crédito executado, mas simplesmente obter o seu adequado adimplemento. Como pode ocorrer de o crédito executado ser inválido, ou excessivo, ao executado a lei faculta a possibilidade de opor a ação de embargos, na qual será prestada ampla tutela de conhecimento, e, ao fim, poderá ser desconstituído o título executivo e extinta a execução. Como, no âmbito da execução fiscal, ainda é condição para o manejo da ação de embargos a prévia *garantia da execução*, surge, como dissemos, a questão de saber se devem ser recebidos os embargos diante de uma garantia *insuficiente*.

O art. 16, § 1º, da Lei 6.830/80 é taxativo ao afirmar que "não são admissíveis embargos do executado antes de garantida a execução", razão pela qual alguns juízes federais considera-ram que a penhora de bens em valor inferior à quantia executada não autoriza a oposição de embargos do executado. Mesmo se admitíssemos essa conclusão, caberia ainda perguntar qual o destino desses bens, e da execução fiscal, enquanto não sejam penhorados *outros* que a garantam suficientemente.

A esse respeito, o art. 40 da Lei 6.830/80 dispõe que "o juiz suspenderá o curso da execução, enquanto não for localizado o devedor *ou encontrados bens sobre os quais possa recair a penhora*" (grifamos). Considerando-se insuficiente a penhora, portanto, a solução seria suspender o recebimento dos embargos, e também o curso da execução, até que fosse feito o reforço (*RSTJ*, 110/72). Nada obstante, os mesmos juízes que inadmitem os embargos por conta da insuficiência da penhora recusam-se a suspender a execução até que sejam encontrados outros bens. Afirmam ser aplicável o art. 40 da LEF apenas aos casos de *completa ausência* de bens penhoráveis, e de modo unilateral e irrefreável levam à hasta pública aqueles bens sobre os quais já recaiu a constrição.

Coloca-se, então, a questão de saber se o patrimônio do executado pode ser alienado sem que lhe seja facultada a oposição de embargos. Questão essa que há de ser respondida negativamente, sob pena de aceitação da absurda realidade de confisco de bens do contribuinte pelo Estado, sem oportunidade de oposição ou defesa, em desprezo a direitos fundamentais constitucionalmente garantidos, "ficando o Juiz, em tal hipótese perversa, na condição de algoz do executado indefeso".[111]

Em seu art. 5º, inciso XXXV, a Constituição Federal de 1988 assevera que a lei não excluirá da apreciação do Poder Judiciário lesão ou ameaça a direito, consagrando assim o direito a uma tutela jurisdicional efetiva. Adiante, no inciso LV do mesmo artigo, assegura aos litigantes,

---

[110]   "A anulação da penhora implica reabertura de prazo para embargar, não assim o reforço ou a redu-ção, posto permanecer de pé a primeira constrição, salvo para alegação de matérias suscitáveis a qualquer tempo ou inerente ao incorreto reforço ou diminuição da extensão da constrição. [...]" (STJ, Corte Especial, REsp 1.116.287/SP, *DJe* de 4.2.2010).

[111]   Despacho proferido pelo Desembargador Federal Napoleão Nunes Maia Filho, do TRF da 5ª R., no Agravo de Instrumento nº 38.406/CE, publicado no *DJU II* de 16.10.2001, e também na *Revista Dialética de Direito Tributário* no 76, p. 199 e 200.

em processo judicial ou administrativo, e aos acusados em geral, o contraditório e a ampla defesa, com os meios e recursos a ela inerentes. Prestigiando de modo proporcional esses dois valores, a lei ordinária disciplina o exercício dos diferentes tipos de tutela jurisdicional, entre os quais está a tutela executiva, prestada pelo Estado através do processo de execução. Nessa espécie de processo, como já foi explicado, em razão da importância atribuída ao direito que nele se busca efetivar, é dado maior prestígio ao direito do exequente a uma tutela efetiva, ficando a participação contraditória do executado adstrita ao modo como a execução será efetuada. Não é possível ao executado, no estreito âmbito do processo executivo, opor-se de forma ampla[112] à pretensão do autor, pois

> "[...] de nada adiantaria a instituição dos títulos executivos como condição necessária e suficiente da instauração do processo de execução, garantindo-se assim a tempestividade (vale dizer, a efetividade) da tutela executiva, se, em razão da apresentação de defesa pelo devedor, a prestação dessa tutela não pudesse também ser prontamente indicada e realizada. Seria uma franca contradição com a existência mesma dos títulos executivos como condição indispensável da execução, se se admitisse que o credor pudesse se opor à execução, no próprio processo executivo, obstando assim a sua marcha".[113]

O executado, contudo, é também titular do direito à tutela jurisdicional. Dada a possibilidade de ser indevida a execução, não se lhe pode cercear o acesso ao Poder Judiciário, que efetuará o controle da legalidade do crédito representado pelo título executivo. Assim, de modo a conciliar o direito do exequente a uma tutela executiva efetiva com o direito do executado de insurgir-se contra essa execução, o ordenamento prevê o uso da ação de embargos, mas condiciona a sua admissibilidade à garantia da execução. No caso da execução fiscal, que mais de perto interessa a este estudo, o art. 16, § 1º, da Lei 6.830/80 assevera que "não são admissíveis embargos do executado antes de garantida a execução".

A defesa do executado, portanto, não ocorre no âmbito do processo de execução, mas em ação de conhecimento,[114] autônoma porém umbilicalmente ligada à execução, cuja admissão é condicionada à segurança do juízo, e que tem por finalidade, no caso das execuções fiscais em matéria tributária, desconstituir total ou parcialmente o crédito tributário que arrima a Certidão de Dívida Ativa, retirando-lhe a liquidez e certeza e, consequentemente, extinguindo a execução.

A exigência de garantia do juízo como condição para a oposição de embargos, embora em princípio pareça confrontar dispositivos da Carta Magna, é na verdade compatível com a Constituição, pelo menos em tese, por duas razões.

A primeira diz respeito ao próprio sopesamento que deve ser feito entre o direito de oposição do executado, de um lado, e o direito a uma tutela efetiva por parte do exequente, de outro. Admitir a defesa do executado de modo amplo e incondicional, dentro do processo de execução, conduziria ao total fenecimento do direito do exequente a uma

---

[112] Destaquem-se, contudo, as hipóteses de objeção do executado, impropriamente chamadas de "exceção de pré-executividade", nas quais essa defesa se faz possível diante da ausência dos requisitos necessários à admissibilidade da execução, e das quais cuidamos no item 2.1.4.1, *supra*.

[113] Marcelo Lima Guerra, *Execução Forçada – Controle de Admissibilidade*, 2. ed. São Paulo: RT, 1998, p. 40.

[114] Na doutrina de Pontes de Miranda, "contra-ação" de cognição, na qual o executado poderá opor-se à execução (*Comentários ao Código de Processo Civil*, 2. ed., com atualização legislativa de Sérgio Bermudes, Rio de Janeiro: Forense, 2001, p. 167).

tutela eficaz.[115] Por outro lado, conceber essa execução como uma expropriação unilateral e irrefreável consubstanciaria lesão grave ao direito do executado de submeter ao crivo do Judiciário o controle da legalidade do crédito subjacente à execução. Facultando ao devedor o manejo da ação de embargos do executado, na qual pode ser aduzida toda a sua "defesa" em face da execução, mas ao mesmo tempo condicionando-a à garantia da execução, a legislação processual prestigiou de modo equilibrado dois princípios igualmente nobres, viabilizando-lhes a convivência.

A segunda razão, assaz simples, é a seguinte: somente depois de efetivada a penhora, que é o ato com que se inicia a expropriação forçada que o processo executivo tem por finalidade,[116] ou prestada qualquer outra forma de garantia, é que o devedor estará sujeito, efetivamente, a ser privado de seus bens em virtude do crédito tributário que considera indevido. A partir de quando há a constrição de seus bens nasce-lhe de modo inafastável o direito de defendê-los da exigência improcedente, o que faz por intermédio dos embargos, nesse momento indiscutivelmente cabíveis. Antes de ser efetuada penhora sobre quaisquer bens, não lhe assiste em princípio o direito de opor embargos, mas por outro lado o credor não logrará avanço em sua pretensão executiva, pois, conforme preconiza o art. 40 da Lei de Execuções Fiscais, a não localização de bens que garantam a execução é causa para a sua suspensão.

É importante ter essas duas razões em mente, a fim de aferir a validade da tese que preconiza a alienação de bens penhorados, sem o conhecimento dos embargos tempestivamente interpostos, sempre que estes bens não sejam de valor igual ou superior ao do crédito tributário executado.

2.1.5.2.1   Completa ausência de bens penhoráveis

Conforme a expressão literal do art. 40 da Lei 6.830/80 (LEF), a completa ausência de bens que garantam a execução implica a sua suspensão. Em casos assim, a questão que se coloca é a de saber se o executado pode opor embargos, em razão da impossibilidade material de adimplir a exigência legal feita pelo art. 16, § 1º, da Lei de Execuções Fiscais. Questão que é respondida afirmativamente por respeitáveis processualistas, pois, na específica hipótese de inexistência de bens que permitam ao executado atender ao ônus da segurança do juízo, a limitação de seu direito de ação à penhora de bens se afigura "totalmente inútil (e, por isso mesmo, injustificável), já que em nada contribui para assegurar o direito de ação (executiva) do credor".[117]

Seja como for, nessa hipótese de completa ausência de bens, mesmo quem não admite a tese acima transcrita, e opta por amesquinhar princípios constitucionais em favor da exegese literal de dispositivo de lei ordinária, reconhece que a alternativa à admissão dos embargos seria a suspensão da execução nos moldes do art. 40 da LEF. Assim, estaria de todo modo aberta para o executado a via da ação anulatória, que, em razão da suspensão da execução pela ausência de bens, teria praticamente os mesmos efeitos da ação de embargos.

---

[115]   Conduziria, aliás, ao fim do processo de execução, restando como "válidos" apenas os processos de conhecimento e cautelar.

[116]   Pontes de Miranda, *Comentários ao Código de Processo Civil*, Rio de Janeiro: Forense, 1976, t. X, p. 214 e 215.

[117]   Marcelo Lima Guerra, *Execução Forçada – Controle de Admissibilidade*, 2. ed. São Paulo: Revista dos Tribunais, 1998, p. 72.

232 | PROCESSO TRIBUTÁRIO – *Machado Segundo*

Pensamos ser de interesse da própria Fazenda o conhecimento e o processamento dos embargos, nessas hipóteses de completa inexistência de bens. De fato, no curso dos embargos a garantia poderia ser continuamente buscada, além de afastar-se, com êxito, a possibilidade de consumar-se a *prescrição intercorrente*, que vem sendo reconhecida pela jurisprudência sempre que a execução permanece suspensa, nos termos do art. 40 da LEF (item 2.1.10, *infra*), por mais de cinco anos.[118]

2.1.5.2.2 *Existência de bens em valor insuficiente para garantir a execução*

A questão não se afigura tão simples quando há bens, que são penhorados, mas cujo valor é inferior ao da execução. Em casos assim, há quem entenda que a solução acertada seria a de extinguir os embargos, se já opostos, seja qual for a fase em que se encontrem, dando--se normal seguimento ao processo executivo e alienando-se os bens já penhorados. Para os defensores desse entendimento, a indicação de bens em valor suficiente para a garantia do juízo seria um dever do executado, cujo inadimplemento teria como sanção a supressão de seu direito de opor embargos, com o normal transcurso da execução em relação aos bens já constritos. O "interesse público" não estribaria outro posicionamento.

Trata-se de tese verdadeiramente absurda.

Inicialmente, porque mesmo uma interpretação literal da Lei de Execuções Fiscais não a autoriza. A solução, se considerássemos a penhora insuficiente como "ausência de garantia", seria a busca por outros bens e, no caso de insucesso, a *suspensão* da execução. Os embargos não seriam "rejeitados", mas apenas teriam a sua admissibilidade diferida para a data em que houvesse a completa garantia da execução. Apesar de assaz formalista, essa solução não implicaria a completa violência do direito do executado de opor-se a uma execução descabida (CF/88, art. 5º, XXXV).

Ressalte-se, contudo, que as disposições que tratam da garantia da execução, na Lei 6.830/80, não impõem a segurança total e completa. Na lição de Humberto Theodoro Júnior,

> "[...] não exige a lei que a segurança seja total ou completa. Pode, muitas vezes acontecer que inexistam bens do executado para cobrir todo o valor da dívida exequenda. Nem por isso a execução deixará de prosseguir para alcançar, pelo menos, o resgate parcial do título executivo.
>
> A circunstância, pois, de os bens encontrados e penhorados não cobrirem toda a dívida exequenda não inibe o devedor de opor seus embargos. Se sofre ele execução, tanto que penhora exista, aberta se acha a possibilidade da via processual dos embargos".[119]

Além disso, as disposições de lei ordinária que tratam da tutela executiva, e condicionam a oposição de embargos à garantia do juízo, fundam-se no equilíbrio entre o direito a uma execução efetiva por parte do exequente, de um lado, e o direito de ação do executado, de outro. A solução que leva a hasta pública bens do executado, sem que lhe seja oferecida oportunidade de opor embargos, leva às últimas consequências o direito de ação da Fazenda

---

[118] "Se o processo executivo fiscal ficou paralisado por mais de cinco anos, especialmente porque o exequente permaneceu silente, deve ser reconhecida a prescrição suscitada pelo devedor. A regra inserta no art. 40 da Lei 6.830/80 não tem o condão de tornar imprescritível a dívida fiscal, já que não resiste ao confronto com o art. 174, § único, I, do CTN" (STJ, 1ª Seção, ED no REsp 97.328-PR, Rel. Min. Adhemar Maciel, j. 12.8.1998, *DJU* de 15.5.2000, p. 114).

[119] Humberto Theodoro Júnior, *Execução, Direito Processual Civil ao Vivo*, Rio de Janeiro: Aide, 1996, v. 3, p. 48.

Pública, com a total extinção do direito do executado de obter o controle jurisdicional do crédito executado. O desequilíbrio fere o princípio da proporcionalidade, o mesmo que, em situações ordinárias, torna válida a exigência de garantia do juízo como condição de admissibilidade dos embargos.

Mas não é só. Como já salientado, um dos fundamentos que justifica a constitucionalidade da exigência da garantia do juízo como condição para a oposição de embargos é o fato de que, até então, o patrimônio do executado não está ameaçado de ser diminuído em razão do suposto crédito do exequente. O principal direito cuja proteção se busca através dos embargos, que é a defesa do bem do executado,[120] tão logo ameaçado através da constrição, dá ao seu titular o direito de manejar a ação específica para protegê-lo. Por conta disso, uma vez realizada a constrição, ainda que parcial, o direito do executado à interposição dos embargos é inafastável, não sendo possível admitir como eficaz uma penhora para fins de alienação dos bens respectivos, e ineficaz para permitir a oposição de embargos, sob pena de evidente violação aos princípios constitucionais consagrados nos incisos XXXV e LV do art. 5º da CF/88.

Isso se torna ainda mais evidente nas execuções de títulos extrajudiciais, como é o caso da Execução Fiscal, nas quais a tutela executiva *antecede* a tutela de conhecimento. Pontes de Miranda, por essa razão, doutrina que

> "se não forem encontrados bens do réu, ou os encontrados foram insuficientes, e é extrajudicial o título executado, a demanda prossegue, porque a pretensão à execução, nos processos executivos de títulos extrajudiciais, está *ajuntada* à pretensão a ter sentença definitiva de condenação. A ação prossegue (não em virtude do art. 250), assinando-se prazo para os embargos do devedor, depois da certidão do oficial de justiça".[121]

Não se diga – seria absurdo – que, em se tratando de execução fiscal, em razão do "interesse público", ou da "presunção de validade dos atos administrativos", a lição ponteana não teria aplicação, porque escrita à luz de normas de processo civil aplicáveis a particulares. Na verdade, em se tratando de Execução Fiscal, há de ser respeitado com muito maior intensidade o direito de oposição do executado, porquanto, ao contrário do que ocorre com os títulos executivos extrajudiciais de uma maneira geral, a Certidão de Dívida Ativa é constituída *unilateralmente* pela Fazenda Pública, e envolve a exigência de crédito de natureza *ex lege* e compulsória. O interesse público e a presunção de legalidade dos atos administrativos já serviram de fundamento para que o legislador arrolasse como título executivo extrajudicial, entre outros constituídos pela vontade do executado, a Certidão de Dívida Ativa, não podendo ser invocados mais uma vez, agora pela via exegética, para dar à mesma tratamento ainda mais vantajoso que o concedido aos demais títulos executivos extrajudiciais.

Aliás, especificamente em relação à Execução Fiscal, em artigo publicado na *Revista Dialética de Direito Tributário* nº 79, Carlos Henrique Abrão assevera incogitável

---

[120] Apesar de a mera existência de uma execução descabida já representar prejuízos ao executado, especialmente de ordem moral e creditícia, não se pode negar que o maior prejuízo advém da expropriação de bens. Essa, que se inicia com a garantia da execução, torna absolutamente inafastável o seu direito de opor embargos.

[121] Pontes de Miranda, *Comentários ao Código de Processo Civil*, Rio de Janeiro: Forense, 1976, t. X, p. 262 e 263. A citação, evidentemente (Pontes de Miranda faleceu em 1979), reporta-se às disposições do CPC *anteriores* à Lei 10.832/2006, sendo portanto inteiramente aplicável, ainda, à Lei 6.830/80, que continua exigindo a garantia do juízo como condição para o processamento dos embargos.

234 | PROCESSO TRIBUTÁRIO – *Machado Segundo*

"[...] determinar, pela insuficiência de bens, a impossibilidade ampla do contraditório e a venda judicial daquilo penhorado, sem qualquer perspectiva ao devedor, ferindo princípios elementares, fechando-se a porta da discussão, tornando absoluta a presunção relativa que preside a certidão de dívida ativa".[122]

É importante ter em mente, no exame desse e de qualquer outro problema jurídico, que, "seja qual for a técnica de raciocínio utilizada em direito, este não pode desinteressar-se da reação das consciências diante da iniquidade do resultado ao qual tal raciocínio conduziria",[123] e não se pode negar que, além de ilegal e de inconstitucional, a alienação de bens de um suposto devedor sem que lhe seja atribuída a faculdade de opor embargos é terrivelmente iníqua.

Assim, admitida a impossibilidade de, em razão da insuficiência da garantia, dar-se seguimento à execução sem apreciar os embargos tempestivamente opostos pelo executado, resta-nos responder à seguinte indagação: nesse caso, deve o juiz admitir os embargos, ou suspender a admissão destes juntamente com a execução fiscal, nos termos do art. 40 da Lei 6.830/80?

Seria razoável admitir que, em cada caso, o Juiz optasse por uma solução, ou por outra, a depender da relação entre o valor dos bens penhorados e o valor da execução. A penhora de bens em valor pouco inferior ao da execução viabilizaria a oposição de embargos, ao passo que a pouca significação desses mesmos bens diante do crédito executado ensejaria a incidência do art. 40 da LEF.

Parece-nos, contudo, que a admissão e o julgamento dos embargos não devem ser prejudicados pela insuficiência dos bens penhorados, ainda que o valor destes seja pequeno em relação ao da execução. Realizada a penhora, pode o executado opor embargos, que devem ser processados e julgados normalmente. Os arts. 16, § 1º, e 40 da Lei 6.830/80 devem sofrer temperamentos, em cada caso concreto, em favor dos princípios constitucionais que asseguram a todos uma tutela jurisdicional efetiva.

Não se argumente que, com isso, resta esvaziada a exigência de garantia à execução como condição para a interposição de embargos. Primeiro, porque referida exigência só terá razão de ser se realmente existirem bens. Segundo, porque a necessidade de garantia, veiculada em lei ordinária, não se pode sobrepor às normas constitucionais. Terceiro, porque interessa à efetividade da tutela executiva da própria Fazenda a admissão dos embargos, não apenas para ver apreciada a legalidade de sua exigência, mas também para, nesse intervalo, seguir diligenciando a busca de bens e para, ao final, caso julgados improcedentes os embargos, obter a satisfação, ainda que parcial, de seu crédito. Aliás, o processamento dos embargos torna também menos provável a consumação da prescrição intercorrente, que, como já foi dito, poderia alcançar o crédito executado se aplicado o art. 40 da LEF.

Vale insistir, ainda, que a jurisprudência considera *termo inicial* do prazo para a oposição de embargos a data em que garantida a execução, *ainda que deficientemente*. Um reforço de penhora ou uma complementação de depósito não têm o condão de reabrir o prazo para embargos. É importante que juízes singulares tenham essa circunstância sempre em mente, pois não é raro o indeferimento de embargos em face da insuficiência da penhora no momento de sua interposição. Nessas situações, mesmo quando o executado tem patrimônio que garante à saciedade o débito, o simples lapso temporal entre a constrição dos vários bens

---

[122] Carlos Henrique Abrão, "Insuficiência de Bens na Execução", publicado na *Revista Dialética de Direito Tributário*, no 79, p. 36.

[123] Chaïm Perelman, *Lógica Jurídica*, São Paulo: Martins Fontes, 2000, p. 13.

Capítulo 4 · PROCESSO JUDICIAL TRIBUTÁRIO | **235**

indicados à penhora é suficiente para inviabilizar a oposição de embargos. Se o executado os opõe em face da penhora, são rejeitados por insuficiência desta. Opostos depois do reforço, são intempestivos. O absurdo dispensa comentários.

Na verdade, se o prazo para a oposição de embargos flui da penhora, e não de seu reforço, duas evidentes conclusões podem ser extraídas: a primeira, de que a suficiência da penhora não é condição para a interposição dos embargos; a segunda, decorrência lógica da primeira, de que o reforço há de ser buscado paralelamente ao normal processamento dos embargos.

A não ser assim, aliás, restaria em situação bastante difícil o executado que, bastante tempo depois de interpor os respectivos embargos, experimentasse depreciação no valor dos bens penhorados. Isso não é raro, especialmente se considerada a constante atualização do crédito executado. Nesses casos, a jurisprudência tem de modo lúcido decidido que

> "[...] a ocorrência de substituição não é empecilho para o processamento dos embargos, ainda que o bem indicado pelo credor seja de menor valor que a dívida cobrada. A interpretação inversa geraria enorme insegurança para o executado, que teria seu direito a ampla defesa tolhido por ato unilateral da Fazenda".[124]

Os Tribunais, em especial o STJ, têm apreciado com frequência a questão tratada neste texto. É lamentável que tantas decisões arbitrárias sejam proferidas, dando margem aos recursos que formaram a jurisprudência a seguir transcrita. Serve de conforto, contudo, observar a precisão com que as duas Turmas de Direito Público do STJ resolveram a questão.

> "PROCESSUAL – EXECUÇÃO FISCAL – PENHORA INSUFICIENTE – EMBARGOS DO DEVEDOR – ADMISSIBILIDADE.
>
> I – Embora desejável, não é essencial para a admissibilidade dos embargos do devedor que o bem penhorado satisfaça integralmente o débito exequendo.
>
> II – A insuficiência da penhora não obsta a apreciação dos embargos do devedor, mormente se não restou provada, mediante prévia avaliação, que o valor dos bens constritos não atende à cobertura total da cobrança.
>
> III – A possibilidade de reforço da penhora contemplada por aplicação subsidiária do Código de Processo Civil à Lei de Execução Fiscal impede que se retire do devedor a faculdade de embargar a execução, violando o princípio do contraditório.
>
> IV – Realizada a penhora, considera-se seguro o juízo, impondo-se o recebimento e o processamento dos embargos do devedor e não sua liminar extinção, por não se encontrar seguro o juízo.
>
> V – Recurso improvido."[125]

> "PROCESSUAL – EXECUÇÃO FISCAL – PENHORA INSUFICIENTE – EMBARGOS A EXECUÇÃO – POSSIBILIDADE.
>
> – Circunstância de o bem penhorado ser insuficiente para garantir a satisfação integral do crédito, não retira do devedor a faculdade de embargar a execução.

---

[124] Ac. un. da 4ª T. do TRF da 5ª R. – Rel. Des. Fed. Alberto Gurgel de Faria – AGTR 32.132-CE – *DJU* 9.3.2001, p. 506.

[125] Ac. un. da 2ª T. do STJ – Rel. Min. Nancy Andrighi – REsp 80.723/PR – *DJU* 1º.8.2000, p. 218.

– Aproveitar a penhora, apenas para dar curso à execução, sem abrir ao devedor o direito de embargar é praticar odiosa restrição ao direito de defesa. É transformar a execução em confisco."[126]

Hoje esse entendimento é pacífico no âmbito da 1ª Seção do STJ, como se depreende do acórdão a seguir ementado:

"[...] 1. Consideradas as circunstâncias factuais do caso concreto, inexistindo ou insuficientes os bens do executado para cobrir ou para servir de garantia total do valor da dívida exequenda, efetivada a constrição parcial e estando previsto o reforço da penhora, a lei de regência não impede o prosseguimento da execução, pelo menos, para o resgate parcial do título executivo. Ficaria desajustado o equilíbrio entre as partes litigantes e constituiria injusto favorecimento ao exequente a continuação da constrição parcial, se impedido o devedor de oferecer embargos para a defesa do seu patrimônio constrito. Se há penhora, viabilizam-se os embargos, decorrentes da garantia parcial efetivada com a penhora.
2. Embargos rejeitados."[127]

Assim, em suma, (a) se o executado não possui quaisquer bens penhoráveis, a solução imposta pelo art. 40 da Lei 6.830/80 é a de suspender a execução. Para o executado, trata-se de solução razoável, porquanto é viável o manejo de uma ação anulatória, que teria os mesmos efeitos de uma ação de embargos, tendo em vista a suspensão da execução. Para a Fazenda exequente, contudo, é vantajosa a admissão dos embargos, pois implica maior tempo para diligenciar na busca de bens que garantam a execução, e dificulta, por outro lado, a ocorrência de prescrição intercorrente; (b) se o executado possui bens penhoráveis, mas em valor inferior ao da execução, é inconstitucional e contrária à Lei 6.830/80 a conduta do juiz que rejeita os embargos tempestivamente opostos, e leva à hasta pública os bens já penhorados. A partir da realização da penhora, não se pode afastar o direito do executado de opor embargos, e de tê-los processados, salvo, quanto a esse processamento, se optar o juiz pela suspensão da execução, nos termos do art. 40 da Lei de Execuções Fiscais.

Insista-se, ainda, que embora o Código de Processo Civil admita, de forma expressa, a oposição de embargos independentemente de penhora, o entendimento e as decisões já citadas continuam pertinentes em relação à execução fiscal, diante do que preconiza o art. 16, § 1º, da Lei 6.830/80.[128]

---

[126] Ac. un. da 1ª T. do STJ – Rel. Min. Gomes de Barros – REsp 79.097/SP – *DJU* 6.5.1996, p. 14386.

[127] Ac. da 1ª Seção do STJ – mv – EREsp 80.723/PR – Rel. Min. Milton Luiz Pereira – j. em 10.4.2002 – *DJ* de 17.6.2002, p. 183 – *RDDT* 87/160 – *RT* 805/196.

[128] Tanto que, mesmo depois da vigência da Lei 11.382/2006, o STJ mantém o entendimento de que "é possível o recebimento de Embargos do Devedor, ainda que insuficiente a garantia da Execução Fiscal" (STJ, 2ª T., AgRg no Ag 1.325.309/MG, *DJe* de 3.2.2011). Hoje a matéria se acha pacificada, na sistemática dos "recursos repetitivos": "[...] 1. A Primeira Seção do STJ, no julgamento do REsp 1.127.815/SP, em 24.11.2010, Relator Ministro Luiz Fux, submetido à sistemática do art. 543-C do CPC, consolidou entendimento segundo o qual a insuficiência da penhora não impede o recebimento de embargos do devedor na execução fiscal. [...] 'A eventual insuficiência da penhora será suprida por posterior reforço, que pode se dar 'em qualquer fase do processo' (Lei 6.830/80, art. 15, II), sem prejuízo do regular processamento dos embargos' (REsp 1.115.414/SP, Rel. Ministro Teori Albino Zavascki, Primeira Turma, julgado em 17.05.2011, *DJe* 26.05.2011). [...]" (STJ 2ª T., AgRg no AREsp 261.421/AL, *DJe* de 2.5.2013).

Ainda quanto à suficiência da penhora, é importante destacar que a mesma deve ser aferida quando da realização da constrição. Caso, em momento posterior, em virtude das "atualizações" por que passa o crédito tributário, este pareça superior ao valor dos bens penhorados, eventual reforço somente deverá ser determinado após uma *reavaliação* dos bens penhorados, a fim de que também estes tenham o seu valor atualizado. Do contrário, como o crédito tributário é atualizado mensalmente, qualquer penhora, por suficiente que seja, em poucos meses poderá se tornar insuficiente. E, em relação à certidão positiva com efeito de negativa, à qual o contribuinte com débito garantido em execução faz jus, a Fazenda somente poderá negá-la *depois dessa nova avaliação, caso através dela se conclua pela desvalorização dos bens, e pela consequente insuficiência destes para garantir a execução, não providenciando o executado o respectivo reforço.* Antes disso, não, pois a autoridade fazendária não tem competência para determinar a suficiência da penhora, nem os efeitos dessa insuficiência.[129]

2.1.5.3 Demora na propositura da execução e tutela provisória para antecipar sua garantia

Não raro acontece de a Fazenda, conquanto já tenha inscrito em dívida ativa o débito de determinado contribuinte, não o executar prontamente. Seja pelo excesso de trabalho ao qual estão submetidos seus procuradores, seja porque prefere coagir o sujeito passivo por meios indiretos, negando-lhe certidões de regularidade fiscal, o fato é que muitos débitos são represados por meses ou até por anos, sem que se proponha a respectiva execução fiscal.

A consequência é que o sujeito passivo se vê impossibilitado de indicar bens à penhora e, com isso, caso não possa fazer o depósito em sede de ação anulatória, e não consiga obter o deferimento de tutela antecipada que suspenda a exigibilidade do crédito tributário (*v. g.* por existir complexa questão de fato a ser deslindada), o sujeito passivo ficará simplesmente privado de certidões com efeito de negativa, com todos os efeitos restritivos de direitos daí decorrentes.

Em casos assim, considerávamos, à luz do CPC de 1973, ser plenamente viável a propositura de ação cautelar, na qual se pediria ao Juiz que, em face da demora na propositura da execução fiscal, suspendesse a exigibilidade do crédito tributário tomando como garantia, desde logo, bens oferecidos pelo contribuinte. Uma espécie de "antecipação da penhora" que, a teor dos arts. 151, V, e 206 do CTN daria ao sujeito passivo o direito às tão necessárias certidões de regularidade fiscal. A cautelar poderia ser proposta de forma preparatória a uma ação anulatória, na qual se discutiria então a validade do débito tributário. Sobrevindo a execução, formalizar-se-ia a penhora sobre os bens já oferecidos como garantia, e o contribuinte poderia então opor embargos, os quais deveriam ser julgados com a anulatória, em virtude da conexão. Aliás, poder-se-ia simplesmente suspender a execução e processar a anulatória como se fosse o processo de embargos, pois nada impede "que o devedor se antecipe à execução e promova, em caráter preventivo, pedido de nulidade do título ou a

---

[129] Cf. Raquel Cavalcanti Ramos Machado, "Competência para declarar a insuficiência da penhora e seus reflexos na emissão de certidão positiva com efeito de negativa", em *RDDT* 123, p. 73 ss. Nesse sentido, o TRF da 5ª Região já decidiu, com inteiro acerto, que "estando o débito objeto de execução fiscal devidamente garantido por meio de penhora, tem a impetrante o direito à obtenção de certidão positiva de débito com efeito de negativa. Inteligência do art. 206 do CTN", e que a penhora "somente pode ser considerada insuficiente pela avaliação ou pela alienação judicial, o que não restou comprovado na espécie" (Ac. un. da 1ª T. do TRF da 5ª R – rel. Des. Fed. Paulo Machado Cordeiro – REO 80.745 – *DJ* de 25.8.2004, p. 789).

238 | PROCESSO TRIBUTÁRIO – *Machado Segundo*

declaração de inexistência de relação obrigacional. Nesse caso, sobrevindo a execução, a ação cognitiva já proposta substitui os embargos de devedor com o mesmo objeto e causa de pedir, cuja propositura acarreta litispendência".[130]

Inicialmente, o STJ admitiu expressamente essa "antecipação da penhora" por meio de ação cautelar. É conferir:

> "PROCESSUAL CIVIL E TRIBUTÁRIO. AÇÃO CAUTELAR PARA ASSEGURAR A EXPEDIÇÃO DE CERTIDÃO POSITIVA COM EFEITOS DE NEGATIVA.
>
> 1. Dispõe o artigo 206 do CTN que: tem os mesmos efeitos previstos no artigo anterior a certidão de que conste a existência de créditos não vencidos, em curso de cobrança executiva em que tenha sido efetivada a penhora, ou cuja exigibilidade esteja suspensa. A caução oferecida pelo contribuinte, antes da propositura da execução fiscal é equiparável à penhora antecipada e viabiliza a certidão pretendida.
>
> 2. É viável a antecipação dos efeitos que seriam obtidos com a penhora no executivo fiscal, através de caução de eficácia semelhante. A percorrer-se entendimento diverso, o contribuinte que contra si tenha ajuizada ação de execução fiscal ostenta condição mais favorável do que aquele contra o qual o Fisco não se voltou judicialmente ainda. Precedentes (REsp 363.518, REsp 99.653 e REsp 424.166).
>
> 3. Deveras, não pode ser imputado ao contribuinte solvente, isto é, aquele em condições de oferecer bens suficientes à garantia da dívida, prejuízo pela demora do Fisco em ajuizar a execução fiscal para a cobrança do débito tributário. Raciocínio inverso implicaria em que o contribuinte que contra si tenha ajuizada ação de execução fiscal ostenta condição mais favorável do que aquele contra o qual o Fisco ainda não se voltou judicialmente.
>
> 4. *Mutatis mutandis* o mecanismo assemelha-se ao previsto no art. 570 do CPC, por força do qual o próprio devedor pode iniciar a execução.
>
> Isso porque, as obrigações, como vínculos pessoais, nasceram para serem extintas pelo cumprimento, diferentemente dos direitos reais que visam à perpetuação da situação jurídica nele edificada.
>
> 5. Outrossim, instigada a Fazenda pela caução oferecida, pode ela iniciar a execução, convertendo-se a garantia prestada por iniciativa do contribuinte na famigerada penhora que autoriza a expedição da certidão.
>
> 6. Recurso Especial desprovido."[131]

Também na Segunda Turma do STJ admitiu que "é possível ao devedor, enquanto não promovida a execução fiscal, ajuizar ação cautelar para antecipar a prestação da garantia em juízo com o objetivo de obter a expedição de certidão positiva com efeito de negativa".[132]

É importante registrar, contudo, que em alguns acórdãos da Primeira Turma do STJ, durante certo período, por influência do Ministro Zavascki, prevaleceu o entendimento inverso:

---

[130] STJ, 1ª T., REsp 719.907/RS, Rel. Min. Teori Albino Zavascki, j. em 17.11.2005, v. u., *DJ* de 5.12.2005, p. 235.

[131] STJ, 1ª T., REsp 536.037/PR, Rel. Min. Teori Albino Zavascki, Rel. p/ Acórdão Min. Luiz Fux, j. em 12.04.2005, m.v., *DJ* de 23.5.2005, p. 151, *RDDT* nº 120, p. 139. No mesmo sentido: STJ, 1ª T., REsp 424.166/MG, Rel. Min. Luiz Fux, j. em 13.8.2002, *DJ* de 18.11.2002, p. 164. O artigo do CPC referido no acórdão, naturalmente, diz respeito ao CPC de 1973, atualmente revogado. O entendimento acolhido no julgado, porém, continua pertinente e aplicável sob a égide do CPC/2015.

[132] STJ, 2ª T., REsp 686.075/PR, Rel. Min. Eliana Calmon, j. em 19.4.2005, *DJ* de 23.5.2005, p. 234.

"[...] Os embargos à execução não são a única forma de defesa dos interesses do contribuinte perante o Fisco. O sistema lhe oferece outros modos, que independem de oferta de qualquer garantia, para desde logo se livrar de exigências fiscais ilegítimas: o mandado de segurança, a ação declaratória de nulidade, a ação desconstitutiva. Em qualquer destas demandas poderá o devedor, inclusive, obter liminar que suspenda a exigibilidade do crédito (e, consequentemente, permita a expedição de certidão), bastando para tanto que convença o juiz de que há relevância em seu direito. Se, entretanto, optar por outorga de garantia, há de fazê-lo pelo modo exigido pelo legislador: o depósito integral em dinheiro do valor do tributo questionado. 7. É falaciosa, destarte, a ideia de que o Fisco causa 'dano' ao contribuinte se houver demora em ajuizar a execução, ou a de que o contribuinte tem o 'direito' de ser executado pelo Fisco. A ação baseada em tais fundamentos esconde o seu real motivo, que é o de criar nova e artificiosa condição para obter a expedição de certidão negativa de um débito tributário cuja exigibilidade não foi suspensa nem está garantido na forma exigida por lei. A medida, portanto, opera em fraude aos arts. 151 e 206 do CTN e ao art. 38 da Lei 6.830/80. 8. Por outro lado, não se pode equiparar o oferecimento de caução, pelo devedor, à constituição da penhora, na execução fiscal. A penhora está cercada de formalidades próprias, que acobertam o crédito com garantia de higidez jurídica não alcançável pela simples caução de um bem da livre escolha do devedor, nomeadamente: (a) a observância obrigatória da ordem prevista no art. 11 da Lei 6.830/80, em que figura, em primeiro lugar, a penhora de dinheiro; (b) a submissão da indicação do bem ao controle da parte contrária e à decisão do juiz; c) o depósito judicial do dinheiro ou a remoção do bem penhorado, com a nomeação de fiel depositário; (d) a avaliação do bem, o reforço ou a substituição da penhora, com a finalidade de averiguar a sua suficiência e adequação da garantia à satisfação do débito com todos os seus acessórios. 9. Em verdade, o objetivo da ação é o de obter uma certidão negativa que, pelas vias legais normais, não poderia ser obtida, já que o débito fiscal existe, não está contestado, não está com sua exigibilidade suspensa e não está garantido na forma exigida por lei. [...]."[133]

Com todo o respeito, parece-nos inaceitável o entendimento consagrado na ementa que se acabou de transcrever, que ignora que o provimento judicial urgente é um dos instrumentos hábeis, nos termos do art. 151, V, do CTN, a suspender a exigibilidade do crédito tributário. Não se trata, portanto, de "nova e artificiosa condição".[134] Quanto à ordem legal, à avaliação e a outras formalidades que cercam a penhora, naturalmente só depende do juiz que deferir a medida exigir o seu cumprimento também no oferecimento da caução real. Uma vez ajuizada a execução, a penhora pode então ser formalizada, nos termos da lei, pelo juízo competente. Não se deve esquecer que em inúmeras oportunidades a Fazenda Pública, ciente de que o contribuinte tem grandes chances de obter êxito nos embargos (porque a exigência é indevida), *represa* a execução fiscal para coagir o sujeito passivo ao pagamento da quantia correspondente por vias indiretas, através do indeferimento de certidões de regularidade fiscal.

---

[133] STJ, 1ª T., REsp 545.871/PR, Rel. Min. Teori Albino Zavascki, j. em 3.3.2005, v. u., *DJ* de 28.3.2005, p. 189.

[134] Convém lembrar, contudo, que não se trata, propriamente, de "suspensão da exigibilidade do crédito tributário", nos termos do art. 151, V, do CTN. Tanto que a Fazenda não resta impossibilidade de ajuizar a ação de execução fiscal (e, por isso, também não há suspensão da prescrição). O que ocorre é a *antecipação* da garantia à execução indevidamente represada pela Fazenda, que dá ao sujeito passivo o direito à CPD-EN em razão do disposto na parte final do art. 206 do CTN.

240 | PROCESSO TRIBUTÁRIO – *Machado Segundo*

Forte nesses argumentos, a Primeira Seção do STJ reexaminou a questão, e dirimiu a divergência entre suas duas Turmas no sentido de admitir a "antecipação da penhora" por meio de ação cautelar. Em seu voto (vencedor), a Ministra Eliana Calmon consignou o seguinte:

> "Sabe-se que uma empresa sem certidão negativa para com o fisco praticamente tem sua atividade inviabilizada, pois não pode transacionar com os órgãos estatais, firmar empréstimos mesmo com empresas privada ou ainda participar de concorrência pública etc. Fica tal empresa na situação de 'devedor remisso' e por maior repúdio que faça a jurisprudência às sanções administrativas impostas ao remisso, não se pode negar que elas existem. A certidão negativa ou mesmo a certidão positiva com efeito negativo é a chave da porta da produtividade da empresa.
>
> Na prática, o inadimplente pode assumir duas atitudes: a) paga ou garante o seu débito com o depósito no valor integral, o que lhe rende, na última hipótese, a possibilidade de até suspender a exigibilidade do crédito tributário, nos termos do art. 151 do CTN; ou b) aguarda a execução para, só a partir daí, garantindo o juízo com a penhora, defender-se ou mesmo obter a certidão positiva com efeito negativo, nos termos do art. 206 do CTN.
>
> A hipótese dos autos encerra situação peculiar e que merece atenção: está o contribuinte devedor, sem negar que deve, aguardando que o fisco o execute para só a partir daí assumir a atitude de pagar ou discutir, sem pleitear naturalmente a suspensão do crédito tributário já constituído, certamente por não dispor de numerário suficiente para realizar o depósito no montante integral.
>
> Quero deixar consignado que embora não se possa interpretar o direito tributário sob o ângulo econômico, é impossível que o magistrado não se sensibilize com a situação econômico-financeira das empresas brasileiras que estão a enfrentar uma exorbitante carga tributária, um elevadíssimo custo do dinheiro, provocado pelas altas taxas de juros e um recesso econômico refletido no pouco crescimento do país abaixo da medíocre taxa prevista pelo IPEA.
>
> Voltando à questão, diante do quadro traçado uma empresa que pretende discutir, por exemplo, o montante do seu débito, não negado, o que fazer para dar continuidade às suas atividades, se não pode sequer embargar?
>
> Na hipótese, a empresa utilizou-se de uma cautelar para, por via da tutela de urgência, de logo garantir a execução pelo depósito de bens do seu patrimônio, devidamente avaliado e formalizado para servir de garantia à futura execução ou até mesmo aos futuros embargos. Ora, o que muda esta situação da outra que é a da oferta de penhora quando executado? Entendo que é apenas uma questão de tempo, porque nenhuma outra consequência pode ser extraída do depósito de bens em garantia, ofertado pelo contribuinte, antes de ser executado.
>
> O depósito em garantia, requerido como cautelar, longe de ser um absurdo, é perfeitamente factível como veículo de antecipação de uma situação jurídica, penhora, para adredemente obter o contribuinte as consequências do depósito: certidão positiva com efeito negativo, tão somente, na medida em que está a questão restrita aos limites traçados pelo acórdão que apenas concedeu a segurança para o fim determinado.
>
> Com estas considerações, reportando-me aos argumentos constantes do acórdão impugnado, que é da Segunda Turma por mim relatado, voto pelo conhecimento mas improvimento dos embargos de divergência."[135]

---

[135] Trecho do voto proferido pela Min. Eliana Calmon, relatora para o acórdão, no julgamento do EREsp 815.629/RS (STJ, 1ª S, j. em 11.10.2006, *DJ* de 6.11.2006, p. 299). No mesmo sentido, e esclarecendo não haver, propriamente, suspensão de exigibilidade (tanto que deverá ser proposta a execução

Capítulo 4 · PROCESSO JUDICIAL TRIBUTÁRIO | **241**

Aliás, frise-se que a Fazenda Pública nenhum prejuízo sofre com a admissão da tese em questão. Ao contrário: trata-se de medida que tem os efeitos de uma "cautelar fiscal", só que proposta pelo contribuinte! Num contexto em que se fala tanto em contribuintes que esvaziam seu patrimônio antes da citação na execução, em que se antecipa o termo inicial da presunção de fraude à execução (LC nº 118/2005, no que alterou o art. 185 do CTN), procuram-se meios – nem sempre proporcionais – para localizar bens penhoráveis (Lei 13.606/2018), mostra--se incompreensível não admitir que um contribuinte *se antecipe* e forneça, antes mesmo de proposta a execução, os bens que poderão ser penhorados.

Como se sabe, com o advento do CPC de 2015, foi abolido, como regra, o processo cautelar enquanto figura autônoma, pelo que as providências referidas neste item, embora continuem passíveis de manejo pelo contribuinte, precisam seguir o rito do art. 305 do CPC/2015. O contribuinte formula o pedido de "antecipação da penhora" em caráter antecedente e, em seguida, o pedido principal (para que se anule o lançamento) nos mesmos autos, nos termos do art. 308.

Não se alegue, em oposição a essa modalidade de "antecipação" da penhora, que ela seria contrária ao disposto na Súmula 112 do STJ, segundo a qual "o depósito somente suspende a exigibilidade do crédito tributário se for integral e em dinheiro". Isso porque não se trata, no caso, de depósito, tampouco se pretende, com a "antecipação" da penhora, suspender-se a exigibilidade do crédito tributário.

A diferença é clara. Haveria violação à Súmula 112/STJ se o contribuinte promovesse ação anulatória, oferecesse bens como garantia, e pretendesse, com isso, que a exigibilidade do crédito tributário estivesse automaticamente suspensa, nos termos do art. 151, II, do CTN, o que realmente só pode ocorrer se o depósito for feito em dinheiro. Muito diversa, porém, é a situação na qual o contribuinte pleiteia uma tutela provisória, sendo ela, à luz dos requisitos a tanto necessários, que tem o condão de suspender a exigibilidade, se for o caso, e não a pura e simples apresentação da garantia. Por outro lado, como dito, quando se pleiteia a "antecipação" da penhora, não há suspensão da exigibilidade, tanto que a execução será proposta em seguida: há apenas a garantia do crédito que será executado, o que enseja o fornecimento de certidão positiva de débitos, com efeito de negativa, nos termos do art. 206 do CTN.

---

de cuja garantia se cogita): "[...] 2. A jurisprudência da aceitação da medida cautelar de caução real prévia ao ajuizamento da execução fiscal surge com o entendimento de que à garantia prestada deve ser dado tratamento análogo à existência de penhora em execução fiscal. Precedentes: EDcl nos EREsp. no 815.629-RS, Primeira Seção, Rel. Min. Eliana Calmon, julgado em 13.12.2006; REsp 912.710/RN, Primeira Turma, Rel. Min. Luiz Fux, *DJ* 7.8.2008; EREsp 574.107/PR, Primeira Seção, Rel. Min. João Otávio de Noronha, *DJ* 7.5.2007; EREsp 779.121/SC, Primeira Seção, Rel. Min. Castro Meira. *DJ* 7.5.2007. 3. Desse modo, muito embora a penhora e a medida cautelar de caução possam ensejar a expedição da certidão positiva de débitos com efeitos de negativa (art. 206, do CTN), não são elas meios aptos a suspender a exigibilidade do crédito tributário, pois não previstas no art. 151, do CTN. Sendo assim, se a penhora e a medida cautelar de caução não suspendem a exigibilidade do crédito tributário, não podem ensejar a suspensão do registro no Cadin pelo art. 7º, II, da Lei 10.522/2002. Só a penhora, quando associada aos embargos do devedor, é que pode suspender o registro no Cadin por força do art. 7º, I, da Lei 10.522/2002, o que não se aplica à medida cautelar de caução, por não consistir em ação onde se discute a natureza da obrigação ou seu valor. 4. Em se tratando de medida cautelar de caução real, não pode a Fazenda Pública exigir a ordem estabelecida no art. 11, da Lei 6.830/80 e arts. 655 e 656, do CPC, para o fim de garantia do débito mediante depósito em dinheiro, pois isso equivaleria à suspensão da exigibilidade do crédito tributário consoante o art. 151, II, do CTN, eliminando a utilidade da própria ação, pois impediria o ajuizamento da execução fiscal correspondente. 5. Recurso especial parcialmente provido apenas para afastar a suspensão do registro no Cadin em razão da caução ofertada" (STJ, 2ª T., REsp 1.307.961/MT, *DJe* de 12.9.2012). Os artigos do CPC citados no acórdão naturalmente dizem respeito ao Código revogado, de 1973. No CPC atual, correspondem ao art. 835.

Com o advento da Lei 13.606/2018, criou-se a figura da indisponibilidade de bens *anterior* à propositura da execução fiscal, a qual ocorre se o devedor, notificado pela Procuradoria da Fazenda Nacional, não paga o débito em 5 dias. A ideia seria garantir, desde logo, a futura execução, havendo a possibilidade de o devedor, nesse prazo, em vez de pagar, indicar bens, os quais, se aceitos pela Fazenda e suficientes para garantir toda a dívida, ensejariam o fornecimento de certidão positiva com efeito de negativa, nos mesmos termos da tutela cautelar aqui referida. Trata-se, porém, de uma inconstitucional tentativa de esvaziar a cautelar fiscal, fazendo com que tudo o que o Fisco federal poderia obter por meio dela (depois de convencer um juiz a esse respeito) seja feito por ela própria, administrativamente. Tanto é assim que, na sistemática da Lei 13.606/2018 (que inseriu o art. 20-B na Lei 10.522/2002), apenas se o Fisco aceitar os bens há o fornecimento de garantia, algo que, na cautelar aqui referida, depende da aceitação do juiz (e não necessariamente do Fisco). Tanto é assim que, julgando as ADIs 5.881, 5.932, 5.890, 5.925 e 5.931, o STF declarou inconstitucional a "averbação pré-executória", entendendo que a Fazenda até pode averbar (fazendo anotações ou registros), mas não pode declarar indisponíveis os bens, sem decisão judicial prévia e respeito ao contraditório.

2.1.5.4   Indisponibilidade *on-line* de bens e o art. 185-A do CTN

2.1.5.4.1   A alteração trazida pela Lei Complementar nº 118/2005

A Lei Complementar nº 118/2005, editada com a finalidade de "adaptar" o Código Tributário Nacional à nova "lei de falências", nele inseriu o artigo 185-A, assim redigido:

> "Art. 185-A. Na hipótese de o devedor tributário, devidamente citado, não pagar nem apresentar bens à penhora no prazo legal e não forem encontrados bens penhoráveis, o juiz determinará a indisponibilidade de seus bens e direitos, comunicando a decisão, preferencialmente por meio eletrônico, aos órgãos e entidades que promovem registros de transferência de bens, especialmente ao registro público de imóveis e às autoridades supervisoras do mercado bancário e do mercado de capitais, a fim de que, no âmbito de suas atribuições, façam cumprir a ordem judicial.
>
> § 1º A indisponibilidade de que trata o *caput* deste artigo limitar-se-á ao valor total exigível, devendo o juiz determinar o imediato levantamento dos bens ou valores que excedem esse limite.
>
> § 2º Os órgãos e entidades aos quais se fizer a comunicação de que trata o *caput* deste artigo enviarão imediatamente ao juízo a relação discriminada dos bens e direitos cuja indisponibilidade houverem promovido."

De plano, se percebe, além da violência ao vernáculo,[136] que o dispositivo nada tem a ver com a nova Lei de Falências. O mesmo pode ser dito da alteração "interpretativa" da forma de contagem do prazo para se pleitear a restituição do indébito tributário e de outras "novidades" trazidas pela LC nº 118/2005. É o que Aires F. Barreto e Gilberto Rodrigues Gonçalves chamam de *expediente de ética discutível*, configurado quando a Administração federal "leva ao exame do Congresso Nacional, ou projetos de lei ou medidas provisórias,

---

[136]   "O dispositivo agride o vernáculo: não se diz 'na hipótese de [...] não forem encontrados bens', mas sim na de não o *serem*" (Luciano Amaro, *Direito Tributário Brasileiro*, 11. ed., São Paulo: Saraiva, 2005, p. 475).

nos quais mistura assuntos diferentes, sempre com algum aspecto benéfico aos contribuintes sobre o qual gera ampla repercussão, ao mesmo tempo em que escamoteia do debate outros dispositivos gravosos para a coletividade".[137]

Pondo de lado a questão de como o processo legislativo foi conduzido, e os desdobramentos que a mesma poderia trazer à legitimidade da norma em exame, o certo é que se trata de regra editada com o propósito de dar maior efetividade à tutela executiva fiscal. É sabido que a maior parte dos órgãos judiciários encarregados de processar as ações de execução fiscal, no Brasil, está bastante sobrecarregada. Essa sobrecarga, somada a outras causas não menos relevantes, faz com que muitas dessas demandas terminem não satisfeitas. A medida determinada pelo art. 185-A do CTN, já alcunhada de "penhora *on-line*", tem o claro propósito de evitar que isso aconteça.

O fim visado pela regra, portanto, é válido. Entretanto, a menos que se aceite a máxima de que "os fins justificam os meios", de resto incompatível com um Estado Democrático de Direito, isso não basta para se considerar válida a alteração legislativa de que se cuida. Deve-se examinar se a mesma, além de visar ao atendimento de um fim válido, é também meio *adequado, necessário* e *proporcional em sentido estrito* para chegar a esse fim.

2.1.5.4.2 Hipótese de incidência da norma veiculada no art. 185-A do CTN

Para sabermos se a "indisponibilidade" veiculada pelo art. 185-A do CTN configura meio *proporcional* para chegar ao fim a que se destina, devemos, primeiro, examinar em que hipóteses, e como, a mesma pode ser decretada. Vejamos.

Pelo que se pode perceber do texto no qual a norma em exame é veiculada, para a sua incidência são exigidos os seguintes pressupostos de fato: (i) existência de um processo de execução fiscal; (ii) realização de citação válida; (iii) decurso *in albis* do prazo legal para pagamento ou oferecimento de bens a serem penhorados; (iv) insucesso na tentativa de localização de bens pelo exequente e pelo órgão judiciário.

É preciso, em outras palavras, que o sujeito passivo da relação tributária, tendo sido executado, *saiba* da existência da execução, e propositadamente se mantenha inerte, não procurando solver a dívida nem oferecer garantias para discuti-la. E ainda: é preciso que o exequente e o juízo da execução tenham tentado encontrar bens penhoráveis e não os tenham localizado. Só depois disso é que a medida extrema poderá ser aplicada.

Percebe-se, portanto, ainda sem fazer qualquer consideração quanto à validade da "indisponibilidade" em questão, que a mesma não pode ser decretada se o executado, citado, apresenta bens à penhora, ainda que estes não sejam aceitos pela Fazenda Pública, ou sejam considerados insuficientes. Do mesmo modo, se, citado, o executado deixa transcorrer o prazo de que dispõe para pagar ou oferecer bens (muitos fazem isso, pois tudo o que perdem é o direito de indicar sobre quais bens a constrição irá recair), a "indisponibilidade" não poderá ser decretada *sem que antes sejam procurados, bens penhoráveis*. Só depois de essa procura ser realizada, caso haja total insucesso, a medida poderá ser decretada. Se não houver a tentativa frustrada de cumprimento de mandado de penhora e avaliação, ou se forem localizados bens (ainda que em valor insuficiente), a indisponibilidade também não poderá ser decretada.

É importante fazer essa ressalva para que a norma não seja aplicada de modo indevido, com a decretação de medidas ainda mais gravosas, excessivas e desnecessárias que as que dela

---

[137] Aires F. Barreto e Gilberto Rodrigues Gonçalves, "A penhora 'on-line' na execução fiscal e a LC 118", em *Revista Dialética de Direito Tributário* nº 116, São Paulo: Dialética, maio de 2005, p. 12.

PROCESSO TRIBUTÁRIO – *Machado Segundo*

normalmente já decorreriam. Frise-se, ainda, que sua especificidade faz com que a norma de que se cuida prevaleça, em matéria tributária, sobre o que dispõe o CPC,[138] que aparentemente admite a indisponibilidade *on-line* em termos mais amplos e incondicionados que os do art. 185-A do CTN. Não se pode esquecer da diferença que existe entre execuções trabalhistas, nas quais a medida já é aplicada há algum tempo, execuções de títulos executivos extrajudiciais nos moldes do CPC, e execuções fiscais. As primeiras são antecedidas de um processo de conhecimento, com amplas oportunidades de participação aos interessados, e visam a tornar efetiva decisão transitada em julgado. As segundas visam a tornar efetivo um título em cuja formação colaborou decisivamente a vontade do executado (contrato, cheque, promissória etc.). As certidões de dívida ativa, diversamente, não decorrem de processo judicial, e às vezes nem mesmo de processo administrativo, sendo não raras vezes apuradas eletrônica e automaticamente pelo "sistema". Além disso, a formação do crédito tributário, todos sabem, dá-se unilateralmente. Tudo isso recomenda não seja dado o mesmo tratamento a essas três espécies de execução, sobretudo no que toca ao avanço inaudito sobre o executado, nem sempre verdadeiramente devedor.

2.1.5.4.3 Trata-se, realmente, de uma "penhora on-line"?

Já está difundida, nos meios forenses e acadêmicos, a designação "penhora *on-line*" para a decretação de indisponibilidade de que se cuida. O adjetivo *on-line* deve-se ao fato de que a mesma será feita "preferencialmente por meios eletrônicos".

Mas, é realmente de uma penhora que se está tratando?

Parece-nos que não.

A decretação de indisponibilidade não é, ainda, a penhora. Não dispensa – em nosso entendimento – a formalização da penhora, a partir da qual se inicia o prazo para a oposição de embargos. A natureza da indisponibilidade, do ponto de vista da Teoria do Processo, é de uma "medida cautelar", destinada a garantir a futura realização da penhora e, por conseguinte, a efetividade da tutela jurisdicional executiva.[139]

Não se trata de mera filigrana, ou questão terminológica sem importância. Não. A rigor, a distinção é relevante, tanto para fins de contagem do prazo de oposição de embargos do executado, como porque a pessoa à qual a ordem de "indisponibilidade" é dirigida (*v. g.*, autoridade de trânsito) não tem competência para realizar atos que são próprios da autoridade vinculada ao Poder Judiciário (avaliação, eventual remoção etc.).

Assim, uma vez indisponíveis, os bens poderão ser penhorados. É para isso, aliás, que os órgãos e entidades aos quais se fizer a comunicação de que trata o *caput* do art. 185-A deverão enviar ao juízo, "imediatamente", relação discriminada dos bens e direitos cuja indisponibilidade houverem promovido (§ 2º). De posse das "relações" que receber de todos os órgãos e entidades, o juízo então determinará a realização da penhora sobre aqueles considerados necessários e suficientes à garantia da execução.

Só depois disso é que começará a fluir o prazo para oposição dos embargos.

---

[138] CPC/2015, art. 854.

[139] Nesse sentido: "[...] 1. A finalidade do dispositivo 185-A é evitar que o patrimônio do devedor seja transferido a terceiro, em prejuízo da execução. Trata-se de Medida Cautelar para garantir que, enquanto a Fazenda Nacional procura os bens do devedor, se evite a frustração de seus créditos, e daí a decretação genérica de indisponibilidade. [...]" (STJ, 2ª T, AgRg no AREsp 272.275/PB, *DJe* de 13.6.2013).

2.1.5.4.4 No que o dispositivo inovou?

Outro dado que merece ser lembrado é o de que muitos juízes de varas de execução fiscal já vinham decretando (*ex officio* e *ad cautelam*) a indisponibilidade de bens do executado. Em alguns casos, distribuída a execução, já se procedia à indisponibilidade, junto à autoridade do Departamento de Trânsito, de todos os veículos registrados no nome do executado. Sem requerimento da Fazenda exequente e muitas vezes sem nenhuma necessidade.[140]

O dispositivo, sob esse prisma, veio, em certo sentido – por incrível que pareça –, *restringir* as hipóteses em que tal decretação pode ocorrer. Como apontado no item anterior, não basta que exista a execução, sendo necessário que o executado seja citado, não pague nem indique bens, nem sejam encontrados quaisquer bens. Os juízes que decretavam "indisponíveis" veículos sem obediência a esses requisitos agora terão de observá-los.

Mas a indisponibilidade que já vinha ocorrendo dizia respeito, no mais das vezes, apenas a veículos. E era decretada em relação a bens *determinados*. O art. 185-A do CTN representa, nesse ponto, grande inovação, pois faz alusão também a imóveis, ao mercado de capitais e à autoridade supervisora do mercado bancário (Banco Central), o que poderá implicar o bloqueio de todas as contas bancárias do executado.

E mais: o dispositivo expressamente prevê a possibilidade factual de serem decretados indisponíveis bens em montante superior ao necessário à garantia da execução, determinando, em tal hipótese, o "imediato" levantamento dos que excedam esse limite. E o excesso não raro ocorrerá, pois, como observa Luciano Amaro, mesmo se o juiz informar a cada destinatário da ordem o "total exigível" do crédito executado, isso não impedirá "que cada destinatário, na melhor das hipóteses, bloqueie bens até esse valor (o que já multiplica o efeito do gravame). Como, para piorar, os destinatários da comunicação judicial não necessariamente saberão o valor dos bens, isso os levará a bloquear tudo o que houver, até que o juiz, quando estiver de posse das relações recebidas dos vários órgãos e entidades, e puder ter uma avaliação desses bens, tenha condições de, efetivamente, determinar o levantamento (que, nessa ocasião, já não se poderá qualificar de 'imediato') da indisponibilidade do que for excedente".[141]

Aires F. Barreto e Gilberto Rodrigues Gonçalves observam, a esse respeito, que "imediato, urgente, rigoroso, prioritário e outros belos adjetivos fazem parte do festival de expressões sem credibilidade por quantos militam no espaço dos serviços públicos. [...] Com a conhecida sobrecarga da máquina judiciária, em que prazo se pode esperar liberado o excesso de penhora?"[142] Esses mesmos autores lembram, ainda, que "imediato", para fins de restituição do tributo pago antecipadamente no regime de substituição tributária "para frente", na hipótese de o fato gerador presumido não acontecer (CF/88, art. 150, § 7º), equivale a 90 dias (LC nº 87/96, art. 10). "Por isso, razoável a dúvida: se o 'imediato' constitucional pode ser transformado em 90 dias, quantos dias poderá alcançar o 'imediato' do art. 185-A?"[143]

---

[140] Diante de posturas assim, não raro adotadas por juízes em ações em que a Fazenda Pública é parte, convém recordar a lição de Antônio Carlos de Araújo Cintra, Cândido Rangel Dinamarco e Ada Pellegrini Grinover, para quem "[...] a experiência ensina que quando o juiz toma a iniciativa do processo ele se liga psicologicamente de tal maneira à ideia contida no ato de iniciativa, que dificilmente teria condições para julgar imparcialmente" (*Teoria Geral do Processo*, 18. ed. São Paulo: Malheiros. 2002, p. 135).

[141] Luciano Amaro, *Direito Tributário Brasileiro*, 11. ed., São Paulo: Saraiva, 2005, p. 475.

[142] Aires F. Barreto e Gilberto Rodrigues Gonçalves, "A penhora 'on-line' na execução fiscal e a LC 118", em *Revista Dialética de Direito Tributário* nº 116, p. 14.

[143] Aires F. Barreto e Gilberto Rodrigues Gonçalves, "A penhora 'on-line' na execução fiscal e a LC 118", em *Revista Dialética de Direito Tributário* nº 116, p. 14.

246 | PROCESSO TRIBUTÁRIO – *Machado Segundo*

São essas considerações que nos levam a ponderar a respeito da *proporcionalidade* da medida.

2.1.5.4.5 A regra do art. 185-A do CTN e o postulado da proporcionalidade

Hoje é relativamente pacífico, nos meios acadêmicos e nos Tribunais, que as leis e demais atos do poder público, normativos ou não, além de deverem ser elaborados com observância de exigências formais (competência, legalidade etc.), devem ter o propósito de atingir finalidades constitucionalmente determinadas. E, além disso, devem representar medidas *proporcionais* ao atendimento dessas finalidades. A proporcionalidade, portanto, é uma exigência adicional de validade. Como doutrina J. J. Gomes Canotilho, com a precisão que lhe é peculiar, com a proporcionalidade "é possível recolocar a administração (e, de um modo geral, os poderes públicos) num plano menos sobranceiro e incontestado relativamente ao cidadão".[144]

Não é nosso propósito, aqui, alongar a discussão a respeito do postulado da proporcionalidade.[145] Basta lembrarmos que, para que o mesmo seja atendido, é necessário que o meio ou o instrumento cuja validade se examina seja adequado, necessário e proporcional em sentido estrito para chegar à finalidade a que se destina. Isso, em outros termos, significa que: (i) o instrumento deve efetivamente conduzir ao fim visado; (ii) não devem existir outras medidas que também conduzam ao fim visado de modo menos gravoso a outros direitos fundamentais relacionados com o problema; (iii) a medida deve implicar o menor sacrifício possível aos direitos fundamentais em tensão, ou, em outras palavras, trazer mais benefícios que malefícios.

Vejamos, então, se a indisponibilidade de que cuida o art. 185-A do CTN atende a essas exigências.

Com a indisponibilidade dos bens do executado, será possível tornar efetiva a execução? A resposta, ao que nos parece, é sim. Se o executado possuir dinheiro em instituições financeiras, veículos, ações ou imóveis registrados em seu nome, a execução poderá ser com eles garantida, e, posteriormente, se for o caso, o crédito será satisfeito. Dar-se-á plena otimização ao princípio da efetividade da tutela jurisdicional executiva.

Isso, porém, não é suficiente para garantir a proporcionalidade da medida, que ainda pode ser considerada desnecessária ou desproporcional em sentido estrito. Não há "hierarquia" entre as subdivisões do postulado da proporcionalidade. Condenar à morte os devedores de tributos também poderia ser "apto", nesse sentido, pois conduziria (de fato) ao fim visado (imediato pagamento), mas a gravidade da lesão a outros direitos fundamentais dispensa comentários adicionais, sendo certo que a medida seria desnecessária e completamente desproporcional em sentido estrito.

Entretanto, mesmo essa adequação não subsiste de modo tão nítido caso se recorde que o fim da execução fiscal não é satisfação do crédito tributário a qualquer custo. Fosse assim, a participação do Judiciário, e a procedimentalização da cobrança, seriam desnecessárias.

---

[144] J. J. Gomes Canotilho, *Direito Constitucional e Teoria da Constituição*, 6. ed., Coimbra: Almedina, 2002, p. 268.

[145] Para a preferência pelo termo *postulado*, em vez de *princípio*, ou *regra*, e para a distinção entre razoabilidade e proporcionalidade, confira-se Humberto Bergmann Ávila, *Teoria dos Princípios*, 4. ed., São Paulo: Malheiros, 2004, *passim*. Para a aplicação da proporcionalidade ao Direito Tributário, confira-se Helenilson Cunha Pontes, *O Princípio da Proporcionalidade e o Direito Tributário*, São Paulo: Dialética, 2000, passim. Para mais exemplos de sua aplicação em matéria tributária, e, especialmente, para outras referências bibliográficas, confira-se Hugo de Brito Machado Segundo e Raquel Cavalcanti Ramos Machado, "O Razoável e o Proporcional em Matéria Tributária", em *Grandes Questões Atuais do Direito Tributário*, 8° v., coord. Valdir de Oliveira Rocha, São Paulo: Dialética, 2004.

A finalidade da execução é satisfazer o crédito tributário *devido*, nos termos do devido processo legal, e da maneira menos gravosa possível ao executado. Vista a finalidade da execução por esse prisma, a "indisponibilidade" pode, em muitos casos, mostrar-se inadequada.

E, na sequência, se lembrarmos que a ineficiência da execução não é causada apenas por contribuintes "sonegadores" que "se escondem", mas em larga medida pela propositura açodada e automática de execuções "feitas pelo sistema", e, sobretudo, pela falta de aparelhamento do Poder Judiciário, ver-se-á que a "adequação" da medida passa a ser duvidosa.

As considerações feitas nos dois últimos parágrafos do item anterior já nos permitem questionar se a medida de que se cuida é necessária. Existem outros meios que também chegariam à mesma finalidade, de modo menos gravoso? A resposta, ao que nos parece, é sim. A indisponibilidade de que se cuida é medida demasiadamente gravosa, e sua aplicação só se justificaria em casos assaz extremados (previstos, *v. g.*, para o deferimento de uma cautelar fiscal). Nunca como algo ordinário.

Devemos lembrar que a citação, na ação de execução fiscal, não raro é feita com a entrega do mandado a preposto do executado que não detém poderes de decisão. Por conta disso, ocorre com frequência de só depois de muito tempo o executado dela tomar conhecimento. E, no caso de execuções oriundas de "autolançamento", o contribuinte apresenta declarações, que acredita estarem pagas, mas "erros do sistema" fazem com que o valor seja imediatamente inscrito em dívida ativa e executado, sem nenhuma intimação prévia.[146] Por tais razões, com o advento do art. 185-A do CTN, pode ocorrer de muitos contribuintes só tomarem conhecimento da execução já quando do bloqueio de seus bens.

Além disso, como foi apontado acima, muitos dos órgãos ou entidades que receberem a ordem de "indisponibilidade" não terão como avaliar os bens. O Oficial do Registro de Imóveis, por exemplo, à luz de escrituras e registros efetuados há muitas décadas, em outra moeda, tornará indisponíveis quantos imóveis, se não tem como saber o valor de mercado destes? Por conta disso, terminarão sendo indisponibilizados todos. O mesmo vale para a autoridade de trânsito. Aliás, como cada órgão não saberá quantos bens já foram tornados "indisponíveis" por outros órgãos, tornará indisponíveis todos aqueles que estiverem sob sua fiscalização, fazendo com que o executado sofra bloqueio diversas vezes superior ao montante do crédito executado.

É curioso como se diz, em defesa da medida veiculada pelo art. 185-A do CTN, que as Varas de Execução Fiscal estão sobrecarregadas, que para praticar um simples ato processual levam-se meses etc., o que justificaria a medida *on-line*. Quando se lhes opõe a possibilidade de excesso, o que poderia inviabilizar o prosseguimento de uma atividade econômica, ou a própria subsistência do cidadão, a saída apontada é a previsão de "imediata" liberação do patrimônio excedente. Ora, o "imediato", aqui, não poderia ser mais onírico, entre outras razões, pela mesma sobrecarga que leva à ineficiência do executivo fiscal. Apenas substituiu-se a parte prejudicada pela demora, pondo-se os ônus dela decorrentes nas costas do cidadão contribuinte, que não tem poderes para filtrar execuções descabidas nem para aumentar o número de juízes e servidores nos órgãos judiciários.

Imagine-se que, hoje, um Juiz de uma Vara de Execuções Fiscais, na qual tramitam aproximadamente 60 mil processos, resolva "tornar indisponíveis" os bens dos executados

---

[146] "[...] Pacífica jurisprudência desta Corte no sentido de que, nos tributos lançados por homologação, verificada a existência de saldo devedor nas contas apresentadas pelo contribuinte, o órgão arrecadador poderá promover sua cobrança independentemente da instauração de processo administrativo e de notificação do contribuinte" (Ac. un. da 2ª Turma do STJ, rel. Min. Castro Meira, AGA 512.823/MG, *DJ* de 15.12.2003, p. 266).

248 | PROCESSO TRIBUTÁRIO – *Machado Segundo*

que se enquadram na hipótese de incidência da norma veiculada pelo art. 185-A do CTN. Suponha-se que, desse imenso universo de feitos, em apenas 60 (sessenta) deles haja bloqueio excessivo (0,1%), e esses 60 então peticionem ao juiz para "liberar" o excedente. Em quanto tempo tais pedidos serão apreciados e deferidos? O que farão esses executados se, diante do bloqueio de suas contas bancárias, não puderem pagar empregados, fornecedores, água, luz e telefone? A quem responsabilizarão pelo erro, causador de inegáveis danos?

Nem o pagamento imediato de toda a quantia exigida, sem qualquer questionamento quanto à sua validade, faria tal "bloqueio" desaparecer com a rapidez necessária, pois o juiz que o deferiu levaria semanas, talvez meses, até ter condições de tomar todas as providências para o reverter.

Existem, seguramente, maneiras menos gravosas de se tornar efetiva a execução fiscal, sem com isso pôr em risco de total destruição a subsistência do executado e das atividades por ele desempenhadas.

Como se disse, o excesso de execuções fiscais não satisfeitas não é causado apenas por "contribuintes desonestos que se evadem". Não. Estes, aliás, são responsáveis por diminuta parcela de execuções, como demonstram, com inteira propriedade, Aires F. Barreto e Gilberto Rodrigues Gonçalves.[147] A maior causa do excesso de execuções é a propositura "automática" de execuções fiscais, sem nenhum controle prévio de sua retidão, procedência e viabilidade. A segunda causa, depois da propositura automática de execuções descabidas, é a falta de aparelhamento dos órgãos judiciários, falta de servidores etc.

Não é razoável corrigir o problema, gerado por essas duas causas, com o tiro de canhão representado pela "indisponibilidade" de que cuida o art. 185-A do CTN, que de resto mais prejudica quem menos tem responsabilidade pelo problema, e ainda obriga o juiz a tomar "de ofício" uma medida que, se fosse o caso, deveria ser requerida pela parte. A inércia e a imparcialidade do órgão judiciário restam, igualmente, prejudicadas, colocando-se o juiz no papel de cobrador de tributos.

Quais seriam, então, os meios mais adequados e menos gravosos para a resolução do problema?

Primeiro, impor à Fazenda exequente, e não ao Judiciário, o papel de localizar bens penhoráveis. Essa postura faria com que somente fossem propostas execuções viáveis, e certamente desafogaria as Varas de Execução Fiscal, livrando-as de milhares de processos fadados ao arquivamento. Essa medida, aliás, consta do anteprojeto de uma nova de lei execuções fiscais, atualmente em discussão,[148] cuja aprovação praticamente esvaziará o disposto

---

[147] Aires F. Barreto e Gilberto Rodrigues Gonçalves, "A penhora *'on-line'* na execução fiscal e a LC 118", em *Revista Dialética de Direito Tributário* nº 116, p. 10 e 11.

[148] O anteprojeto veiculado através da Consulta Pública nº 1/2005, do Ministério da Justiça, foi elaborado por uma comissão formada no âmbito do Conselho da Justiça Federal, coordenada pelo Ministro Teori Zavascki, composta de representantes do Centro de Estudos Judiciários do Conselho da Justiça Federal (Juízes Federais Ricardo Perlingeiro e Maria Helena Rau de Souza), da Procuradoria da Fazenda Nacional (Dr. Vandré Augusto Búrigo), do Instituto Brasileiro de Direito Processual (Dr. Petrônio Calmon Filho) e da Universidade Federal Fluminense (Professores Leonardo Greco e Agostinho Netto). Na exposição de motivos consta que "os órgãos de defesa judicial da Fazenda Pública, ainda quando cientes da improbabilidade de sucesso na cobrança, vêm-se compelidos, por dever legal, a promover a ação executiva tão somente para interromper a prescrição. Assim, a atividade, meramente burocrática e sem natureza jurisdicional, de localizar o devedor ou os seus bens penhoráveis, é simplesmente transferida aos cartórios judiciais, com inevitável congestionamento e escassa probabilidade de êxito, o que torna injustificável, sob todos os aspectos, a manutenção do atual sistema". Assim, ainda segundo sua exposição de motivos, a principal finalidade do antepro-

no art. 185-A do CTN. A Lei 13.606/2018, ao inserir um art. 20-C na Lei 10.522/2002, deu importante passo nesse sentido.[149]

Segundo, exigir da Fazenda exequente, nos casos de tributos submetidos a lançamento por homologação, quando simplesmente homologar quantias apuradas pelo próprio contribuinte, que o notifique previamente, antes de inscrever em dívida ativa e executar eventuais diferenças declaradas e não pagas. Essa prévia notificação evitaria um sem-número de execuções descabidas, devidas a erros do "sistema", que executa créditos já pagos (e não considerados por divergências nos "códigos de receita"), já compensados, decorrentes de erros no preenchimento de guias etc.

Terceiro, melhor aparelhar os órgãos do Poder Judiciário, às vezes carentes de oficiais de justiça para cumprir mandados e até de juízes para decidir os feitos.

E mesmo que se diga que tais medidas não substituiriam as vantagens trazidas pelo art. 185-A do CTN, seria o caso de indagar: por que tornar indisponíveis os bens? A lei bem poderia determinar que tais autoridades informassem ao Poder Judiciário a existência dos bens, e sua descrição, quantidade etc. Já tendo a execução sido ajuizada, qualquer alienação posterior poderia ser considerada fraudulenta.[150] De posse dessas informações,[151] o juiz então determinaria a realização da penhora, que então teria todas as condições para não mais ser excessiva, sendo realizada apenas e tão somente sobre os bens cujo valor fosse suficiente à satisfação do crédito executado.

Poder-se-ia dizer, em oposição, que essa mera comunicação feita pelos órgãos a que alude o *caput* do art. 185-A, sem o prévio bloqueio, não seria eficiente, pois, em se tratando de dinheiro em contas bancárias, o executado o sacaria antes que se fizesse possível a penhora. O argumento parece razoável, mas de logo se percebe que não tem aplicação no que diz respeito a veículos, imóveis e demais bens. Só tem pertinência em relação ao dinheiro, o que é suficiente para demonstrar o *excesso* da medida. E, mesmo em relação a este, o sistema informatizado através do qual o bloqueio é feito pode perfeitamente ser programado de sorte a que não ocorram excessos na constrição, que, ainda assim, somente em último caso deve ser feita, para não atingir indevidamente contas de recebimento de salário, aposentadorias etc.

Por outro lado, se a questão é a possibilidade de saque, um ponto deve ser ponderado: esse saque só seria feito por um executado que estivesse a acompanhar de perto o processo executivo. Só esse acompanhamento cuidadoso permitiria o saque no período posterior

---

jeto é a de submeter "ao exame e atuação do Poder Judiciário apenas as demandas que, sem êxito extrajudicial, tenham alguma base patrimonial para a execução forçada". Por todas essas razões, o art. 7º do anteprojeto da nova lei de execuções fiscais dispõe que: "Art. 7º A petição inicial indicará o juiz a quem é dirigida e os bens a serem penhorados e será instruída com a certidão da dívida ativa, que dela fará parte integrante, podendo ambas constituir um único documento, preparado inclusive por processo eletrônico." Tal norma, se vier a ser positivada, tornará praticamente inócuo o art. 185-A do CTN.

[149] "Art. 20-C. A Procuradoria-Geral da Fazenda Nacional poderá condicionar o ajuizamento de execuções fiscais à verificação de indícios de bens, direitos ou atividade econômica dos devedores ou corresponsáveis, desde que úteis à satisfação integral ou parcial dos débitos a serem executados. Parágrafo único. Compete ao Procurador-Geral da Fazenda Nacional definir os limites, critérios e parâmetros para o ajuizamento da ação de que trata o *caput* deste artigo, observados os critérios de racionalidade, economicidade e eficiência".

[150] Aliás, com o advento da LC 118/2005, o termo inicial da presunção de fraude à execução foi antecipado para o momento da inscrição em dívida ativa – CTN, art. 185.

[151] O art. 185-A, a propósito, prevê o envio de tais informações ao juízo, mas só *depois* de o bloqueio haver-se consumado (§ 2º).

à informação e anterior à penhora. Um contribuinte que assim estivesse a acompanhar a execução, ciente da existência e da possibilidade de aplicação do art. 185-A do CTN, poderia zerar o saldo de suas contas bancárias tão logo fosse citado. O argumento, portanto, não se presta para inviabilizar apenas a solução aqui proposta, mas também a aplicação do próprio art. 185-A do CTN, tal como redigido...

Ademais, em muitos casos a decretação da indisponibilidade dos recursos existentes em uma conta bancária pode implicar o próprio encerramento das atividades de uma pessoa jurídica, ou pôr em risco a própria subsistência de uma pessoa física. A depender do valor do crédito executado, e do porte do contribuinte, a medida pode absorver toda a sua liquidez. Ora, se a jurisprudência do STJ chegou a admitir[152] a *penhora do faturamento*, mas restrita a hipóteses excepcionais, e ainda assim limitada em percentuais reduzidos (5%),[153] para não prejudicar a subsistência da empresa, como se admitir a "indisponibilidade" de recursos que pode representar gravame superior à penhora de 100% do faturamento?[154] Se tal medida é necessária – o que não nos parece ser –, deve-se proceder ao exame da sua proporcionalidade em sentido estrito. Não se está levando longe demais o princípio da efetividade da tutela executiva?[155]

É preciso ter em conta, ao ponderar o princípio da efetividade da tutela executiva com outros que com ele estejam em tensão, que a execução fiscal é aparelhada com título executivo que não pode ser comparado com os demais. Os títulos executivos judiciais são "fabricados" em um processo judicial, contraditório, com todas as garantias e formalidades a ele inerentes (*v. g.* imparcialidade do julgador). Já os demais títulos executivos extrajudiciais, em regra, são de formação consensual e bilateral. A margem para questionamentos razoáveis, por parte do executado, é muito pequena. A CDA, não. É formada de modo unilateral, e, muitas vezes, automático e eletrônico, sem qualquer participação do sujeito passivo.[156] Isso é suficiente

---

[152] "A Primeira Seção deste Superior Tribunal de Justiça assentou o entendimento de que é possível a penhora sobre percentual do faturamento ou rendimento de empresas, desde que em caráter excepcional, ou seja, após não ter tido resultado a tentativa de constrição sobre outros bens arrolados nos incisos do art. 11 da Lei de Execução Fiscal, e ainda, que haja nomeação de administrador, com apresentação da forma de administração e esquema de pagamento, consoante o disposto nos artigos 677 e 678 do CPC" (STJ – 2ª T. – REsp 723.038/SP, Rel. Min. Castro Meira – j. em 19.4.2005, *DJ* de 20.6.2005, p. 246).

[153] STJ, 1ª T., AgRg no REsp 686.157/RJ, Rel. Min. Luiz Fux, j. em 7.6.2005, *DJ* de 27.6.2005, p. 256.

[154] Note-se que o STJ tem equiparado a penhora de saldo bancário à penhora sobre o estabelecimento, limitando-a a hipóteses excepcionalíssimas: "a penhora em saldo bancário do devedor equivale à penhora sobre o estabelecimento comercial. 2. Somente em situações excepcionais e devidamente fundamentadas, é que se admite a especial forma de constrição" (STJ, 2ª T., REsp 769.545/SP, Rel. Min. Eliana Calmon, j. em 4.10.2005, *DJ* de 24.10.2005, p. 297). Em sendo assim, a indisponibilidade *on-line*, de que se cuida, medida potencialmente ainda mais gravosa que a penhora de determinado saldo bancário, é de fato de proporcionalidade bastante duvidosa.

[155] "Consistindo tal indisponibilidade em medida de extrema violência, cumpre ao juiz aplicar, no caso, o postulado da proporcionalidade, somente determinando a indisponibilidade, se realmente não houver outro meio de garantir a execução" (DIDIER JR., Fredie; CUNHA, Leonardo José Carneiro da; BRAGA, Paula Sarno; OLIVEIRA, Rafael. *Curso de Direito Processual Civil*. 3. ed. Salvador: Juspodivm, 2011, v. 5, p. 763).

[156] É certo que, em se tratando da execução de quantias lançadas de ofício, pode ter havido processo administrativo de controle de sua legalidade, prévio à inscrição em dívida ativa, contraditório, com possibilidade de produção de provas etc. Isso não equipara, porém, a CDA a um título no qual a vontade do executado participou. Muito menos a um título constituído ao cabo de um processo judicial. O controle de legalidade realizado no processo administrativo fiscal tem deficiências e li-

Capítulo 4 · PROCESSO JUDICIAL TRIBUTÁRIO | **251**

para que não se dê a esse princípio, relativamente à execução fiscal, o mesmo prestígio que ele (seguramente) tem em face de outras espécies de execução.[157]

Em tensão com o princípio da efetividade da tutela executiva está o direito do executado de somente ser privado da parcela de seu patrimônio necessária à satisfação do crédito. Esse direito, nem é preciso dizer, é ignorado, completamente estiolado, pelo art. 185-A do CTN. Aliás, a "indisponibilidade" nele prevista, se adotada de forma indiscriminada (como ele literalmente parece autorizar), poderá trazer prejuízos irreparáveis à liberdade econômica e profissional, à livre iniciativa e, em alguns casos, à própria subsistência do executado, tudo em prol de uma maior otimização à afetividade da tutela executiva fiscal, a qual, de resto, pode ser obtida por outros meios, e não restará ineficaz caso não se proceda à indisponibilidade de que se cuida.

Não é demais insistir que, na elaboração, interpretação e aplicação de regras que busquem a efetivação de normas com estrutura de princípio jurídico, deve-se "*encontrar una composición del conflicto que permita la subsistencia de cada uno de los derechos con el máximo contenido posible. Esto significa que ningún derecho tiene que retroceder más de lo que sea necesario para no recortar el del otro de un modo que sea no exigible*".[158]

Por tudo isso, o que nos parece proporcional, no caso, é o juízo da execução determinar às entidades e aos órgãos mencionados no art. 185-A do CTN que informem a existência, a descrição, a quantidade e os valores dos bens submetidos ao seu registro ou controle, *sem, no entanto, os tornar "indisponíveis"*. De posse da relação enviada por cada um deles, o juiz então poderá determinar a realização da penhora, que nessa ocasião poderá ocorrer de modo não excessivo, somente sobre os bens necessários à garantia da execução e à satisfação do crédito que a fundamenta.

Note-se que, caso se adote sistema informatizado que permita ao juiz realizar o bloqueio ou decretar a indisponibilidade apenas sobre valor correspondente à dívida, sem a possibilidade de excesso, como passou a ser feito na maioria das seções judiciárias, a desproporcionalidade apontada desaparece. Ter-se-á, porém, a mera penhora de dinheiro, prevista no CPC, ocorrendo por meio eletrônico, e não o bloqueio indiscriminado de bens, o qual tem maiores chances de tornar-se desproporcional.

Em suma:

a) a decretação da "indisponibilidade" de que cuida o art. 185-A do CTN pressupõe: (i) existência de um processo de execução fiscal; (ii) realização de citação válida; (iii) decurso *in albis* do prazo legal para pagamento ou oferecimento de bens a serem penhorados; (iv) insucesso na tentativa de localização de bens pelo exequente e pelo órgão judiciário. Não se pode, portanto, aplicar o CPC, no que eventualmente permita a indisponibilidade em termos mais amplos (depois da reforma do processo de execução), por conta da existência dessa norma mais específica, no CTN, que torna impossível a invocação da "subsidiariedade" do CPC;

---

mitações que dispensam maiores digressões, e seguramente "deixa passar" uma série de exigências descabidas.

[157] Nesse sentido: Aires F. Barreto e Gilberto Rodrigues Gonçalves, "A penhora 'on-line' na execução fiscal e a LC 118", em *Revista Dialética de Direito Tributário* nº 116, p. 13. E ainda: Hugo de Brito Machado Segundo, "Penhora Insuficiente e o Direito de Embargar", em *Revista Dialética de Direito Tributário* no 82, p. 32.

[158] Karl Larenz, *Derecho Justo – Fundamentos de Etica Juridica*, tradução de Luis Díez-Picazo, Madrid: Civitas, 2001, p. 63.

252 | PROCESSO TRIBUTÁRIO – *Machado Segundo*

b) mesmo respeitadas tais premissas, a "indisponibilidade" de bens não será necessariamente válida, pois pode implicar medida *desproporcional* para chegar ao fim a que se destina;

c) considerada como medida para tornar efetiva a execução a qualquer custo, a "indisponibilidade" até pode ser *adequada*, ou *apta* para chegar a esse fim. Caso se considere que a finalidade da execução não seja a satisfação incondicional do alegado crédito e que os problemas que assolam a efetividade do processo de execução não sejam causados pelo mal que o art. 185-A do CTN visa a evitar, essa adequação não se mostra mais tão evidente;

d) existem muitos outros meios mais adequados e menos gravosos para resolver o acúmulo de processos nas Varas de Execução Fiscal e a ineficiência do processo de execução fiscal, a exemplo de: (i) um maior controle da Fazenda exequente (notadamente em face de execuções "automáticas" feitas pelo "sistema"); (ii) um maior aparelhamento do Judiciário; (iii) determinar-se a comunicação, pelas mesmas entidades e órgãos a que alude o *caput* do art. 185-A do CTN, da existência de bens, sem que contudo os mesmos sejam tornados indisponíveis antes de um exame do juiz quanto à sua existência, quantidade, valor etc.;

e) a jurisprudência do STJ considera possível a penhora do faturamento das pessoas jurídicas, mas apenas em casos excepcionais, e ainda assim limitada a pequeno percentual deste. Isso para preservar a subsistência das atividades do contribuinte. A "indisponibilidade" incondicionada de bens, notadamente de contas bancárias, pode comprometer percentual bem maior (ou mesmo a totalidade) do faturamento, o que demonstra a sua natureza *excessiva* e, portanto, inconstitucional por desproporcionalidade;

f) caso se proceda a uma tensão de princípios, ver-se-á que a decretação indiscriminada da "indisponibilidade" de bens do cidadão executado poderá trazer prejuízos irreparáveis à sua liberdade econômica e profissional, à livre iniciativa e, em alguns casos, à sua própria subsistência, tudo em prol de uma maior otimização à afetividade da tutela executiva fiscal, a qual, de resto, pode ser obtida por outros meios, e não restará ineficaz caso não se proceda à indisponibilidade de que se cuida;

g) o correto, para que a Constituição seja respeitada, será o juízo da execução determinar às entidades e aos órgãos mencionados no art. 185-A do CTN que informem a existência, a descrição, a quantidade e os valores dos bens submetidos ao seu registro ou controle, sem no entanto torná-los "indisponíveis", a fim de que o juiz, de posse da relação enviada por cada um deles, determine a realização da penhora, que nesse momento já terá como não ocorrer de modo excessivo. O mesmo resultado pode ser obtido com a adoção de sistema informatizado que permita ao juiz realizar o bloqueio ou decretar a indisponibilidade apenas sobre valor correspondente à dívida, sem a possibilidade de excesso.

Com base em tais premissas, o STJ diferencia a penhora de dinheiro prevista no CPC e o bloqueio generalizado de bens previsto no art. 185-A do CTN, para afirmar que a primeira pode ser adotada ordinariamente, enquanto o segundo só em último caso pode ser adotado. A razão de ser dessa distinção é exatamente evitar possíveis excessos, nos termos explicados nos parágrafos anteriores. Confira-se, a propósito, o que se afirmou no seguinte julgado, bastante ilustrativo da diferença:

> "[...] 2. A indisponibilidade universal de bens e de direitos, nos termos do art. 185-A do CTN, não se confunde com a penhora de dinheiro aplicado em instituições financeiras,

Capítulo 4 · PROCESSO JUDICIAL TRIBUTÁRIO | 253

por meio do sistema Bacen Jud, disciplinada no art. 655-A do CPC (redação conferida pela Lei 11.382/2006). 3. O instituto sob análise encontra-se estabelecido no art. 185-A do CTN, que tem a seguinte redação: 'Art. 185-A. Na hipótese de o devedor tributário, devidamente citado, não pagar nem apresentar bens à penhora no prazo legal e não forem encontrados bens penhoráveis, o juiz determinará a indisponibilidade de seus bens e direitos, comunicando a decisão, preferencialmente por meio eletrônico, aos órgãos e entidades que promovem registros de transferência de bens, especialmente ao registro público de imóveis e às autoridades supervisoras do mercado bancário e do mercado de capitais, a fim de que, no âmbito de suas atribuições, façam cumprir a ordem judicial'. 4. Consoante previsão do art. 185-A do CTN, são requisitos para a concessão do provimento em questão: (a) haver devedor tributário; (b) ocorrer citação; (c) faltar nomeação de bens à penhora; e (d) ser impossível localizar bens passíveis de constrição. 5. A indisponibilidade de bens torna-se possível quando o devedor tributário, devidamente citado, não pagar nem apresentar bens à penhora no prazo legal e não forem encontrados bens penhoráveis. Esta última exigência conduz à conclusão lógica de que a medida sob análise deve suceder às tentativas de penhora. 6. Consoante precedentes do STJ, a referida prerrogativa da Fazenda Pública (requerimento de indisponibilidade de bens) pressupõe a comprovação do esgotamento das diligências para localização de bens do devedor (AgRg no REsp 1.230.835/MG, Segunda Turma, Rel. Min. Cesar Asfor Rocha, *DJe* 30.9.2011; AgRg no Ag 1.164.948/SP, Segunda Turma, Rel. Ministro Herman Benjamin, *DJe* 2.2.2011; AgRg no REsp 1.125.983/BA, Segunda Turma, Rel. Ministro Humberto Martins, *DJe* 5.10.2009). 7. Entende-se como 'esgotamento de diligências' o uso dos meios ordinários que possibilitam o encontro de bens e direitos de titularidade da parte executada, como, por exemplo, o acionamento do sistema Bacen Jud e a expedição de ofícios aos registros públicos de bens para que informem se há patrimônio em nome do devedor. Por outro lado, não se pode exigir que a Fazenda Pública realize busca em todos os registros de imóveis do País. A razoabilidade impõe que tal providência seja adotada no cartório do domicílio do executado. 8. No presente caso, ao afastar a pretensão da agravante, o Tribunal *a quo* aferiu que não foram esgotadas as tentativas de localização de bens dos executados, principalmente imóveis, o que torna inviável a pretensão da exequente. 9. Diferentemente, a penhora de dinheiro por meio do Bacen Jud tem por objeto bem certo e individualizado (recursos financeiros aplicados em instituições bancárias). No regime instituído pela Lei 11.382/2006, é medida prioritária, tendo em vista que a reforma processual visava primordialmente a resgatar a efetividade na tutela jurisdicional executiva. Independe, portanto, da comprovação de esgotamento de diligências para localização de outros bens. 10. Dito de outro modo, como o dinheiro é o bem sobre o qual preferencialmente deve recair a constrição judicial, é desnecessária a prévia comprovação de esgotamento das diligências (note-se, para localização de bens classificados em ordem inferior), conforme sedimentado no julgamento dos apelos examinados sob o rito do art. 543-C do CPC: REsp 1.184.765/PA, Primeira Seção, Rel. Ministro Luiz Fux, *DJe* 3.12.2010 e REsp 1.112.943, Corte Especial, Rel. Min. Nancy Andrighi, *DJe* 23.11.2010. 11. No REsp 1.184.765/PA, sob o regime do art. 543-C do CPC, a Primeira Seção realizou a interpretação sistemática do art. 655-A do CPC com o art. 185-A do CTN, mas o objeto da controvérsia era a penhora eletrônica de depósitos e aplicações financeiras pelo Bacen Jud. 12. Conforme se percebe, sobretudo nos itens 12 e 13 da ementa do aludido recurso representativo da controvérsia, adiante transcritos, o que prescinde do exaurimento de diligências extrajudiciais por parte do exequente é a penhora eletrônica de depósitos ou aplicações financeiras, instituto distinto da indisponibilidade dos bens e direitos do devedor: '12. Assim, a interpretação sistemática dos artigos 185-A, do CTN, com os artigos 11, da Lei 6.830/80 e 655 e 655-A, do CPC, autoriza a penhora eletrônica de depósitos ou aplicações financeiras independentemente do exaurimento de diligências extrajudiciais por parte do exequente. 13. À luz da regra de direito intertemporal que preconiza a aplicação imediata da lei nova de índole processual, infere-se a existência de dois regimes normativos no que concerne à penhora eletrônica de dinheiro em depósito ou aplicação financeira: (i) período anterior à égide da Lei 11.382, de 6 de dezembro de 2006 (que obedeceu a *vacatio legis* de 45 dias após a publicação), no qual a utilização do Sistema BACEN-JUD pressupunha a demonstração de que o exequente não lograra êxito em suas tentativas de obter as informações sobre o executado e seus bens; e (ii) período posterior à *vacatio legis* da Lei 11.382/2006 (21.1.2007), a partir do qual se revela prescindível o exaurimento de diligências extrajudiciais a fim de se autorizar a penhora eletrônica de depósitos ou aplicações financeiras' (REsp 1.184.765/PA, Rel. Ministro Luiz Fux, Primeira Seção, *DJe* 3.12.2010). 13. Precedentes posteriores do STJ, na linha do que foi decidido no citado recurso repetitivo, mencionam o art. 185-A do CTN juntamente com o art. 655-A do CPC, para autorizar, independentemente de prévia busca por bens penhoráveis, a penhora de ativos financeiros pelo Bacen Jud (AgRg no AREsp 66.232/PR, Rel. Ministro Humberto Martins, Segunda Turma, *DJe* 3.4.2012; REsp 1.229.689/PR, Rel. Ministro Castro Meira, Segunda Turma, *DJe* 16.2.2012). 14. O provimento previsto no art. 185-A do CTN possui natureza cautelar, da mesma forma que o instituído pelo art. 4º da Lei 8.397/1992, segundo o qual a decretação da Medida Cautelar fiscal produzirá, de imediato, a indisponibilidade dos bens do requerido, até o limite da satisfação da obrigação. Não há como confundi-los com a penhora, ato de constrição judicial sobre patrimônio específico da parte executada. [...]" (STJ, 2ª T., AgRg no AREsp 242.742/PR, *DJe* de 19.12.2012).

A distinção foi uma solução encontrada para a aparente antinomia entre as normas do CPC e as do CTN a respeito do mesmo assunto, talvez mais adequada que a anteriormente acolhida "teoria do diálogo das fontes". O entendimento do Superior Tribunal de Justiça em torno do tema, aliás, encontra-se atualmente sumulado: "A decretação da indisponibilidade de bens e direitos, na forma do art. 185-A do CTN, pressupõe o exaurimento das diligências na busca por bens penhoráveis, o qual fica caracterizado quando infrutíferos o pedido de constrição sobre ativos financeiros e a expedição de ofícios aos registros públicos do domicílio do executado, ao Denatran ou Detran" (Súmula 560/STJ).

Essa Súmula revela o quão desproporcional, no caso, é o disposto na Lei 13.606/2018, que inseriu na Lei 10.522/2002 um art. 20-B, a preconizar o bloqueio de todos os bens do devedor – sem sequer afirmar ele limitado ao valor do débito – sempre que o devedor, notificado, não efetuar o pagamento em cinco dias. Essa providência, que passou a ser chamada de "averbação pré-executória", é inconstitucional por tornar totalmente desnecessária a tutela cautelar fiscal, seja a concedida no âmbito do art. 185-A do CTN, seja aquela de que trata a Lei 8.397/92 (ação cautelar fiscal). Transformou-se em algo automático e imediato à mera inscrição em dívida algo que, até então, só em último caso, e em juízo, poderia ocorrer. Por isso mesmo, o STF, apreciando diversas Ações Diretas de Inconstitucionalidade ajuizadas em torno do dispositivo (v.g., ADIs 5.886 e 5.890), entendeu que a Fazenda até pode "averbar" a existência de tais bens, como acima preconizado, mas não os pode tornar indisponíveis sem prévia decisão judicial e direito ao contraditório.

2.1.6 Oposição de embargos e suspensão da execução

Garantida a execução, total ou parcialmente, nos termos já explicados, o devedor pode, caso considere indevido o valor executado, ajuizar os *embargos do executado à execução fiscal*, ação de conhecimento na qual, através de ampla dilação probatória, poderá demonstrar as razões fáticas e jurídicas pelas quais considera deva ser desconstituído o título executivo.

Os embargos do executado constituem processo autônomo, no qual é prestada a tutela jurisdicional de conhecimento. Formam autos apartados, que são apensos aos do processo executivo. A interposição dos embargos, em nosso entendimento, *suspende* o curso da execução fiscal, na qual podem ser praticados apenas atos que tenham por finalidade garantir ou reforçar a garantia da dívida, mas não de alienação dessa garantia.

Caso a garantia não tenha sido suficiente para satisfazer toda a quantia executada, mas tenham sido opostos embargos do executado,[159] é admissível que a execução continue, em relação à parte não garantida, *mas obviamente só até o momento em que ocorrer a complementação da garantia*. Não pode haver alienação de bens enquanto não forem apreciados os embargos, sob pena de completo desvirtuamento dos princípios do devido processo legal e da garantia a uma tutela jurisdicional efetiva, que assistem também ao executado.

Com o advento da Lei 11.382/2006, que promoveu a reforma no processo de execução, o art. 739-A do CPC de 1973 passou a estabelecer que os embargos não suspendem a execução, a menos que o juiz assim determine. No mesmo sentido dispõe o art. 919 do CPC/2015. Coloca-se, então, a questão de saber se tais disposições se aplicam à execução fiscal. Parece-nos que não. O CPC somente se aplica de modo subsidiário naquilo em que não for incompatível com a Lei de Execuções Fiscais, e nela a sistemática adotada para a execução funda-se na natureza suspensiva dos embargos. Tanto que o art. 18 da LEF determina à Fazenda Pública que se manifeste sobre a garantia da execução *caso não sejam oferecidos embargos*, em nítida afirmação de que a apresentação dos embargos posterga essa discussão até que eles sejam apreciados. Confirmação disso está no art. 19 da LEF, segundo o qual apenas na hipótese de não oferecimento de embargos, *ou de rejeição destes*, haverá intimação do terceiro para remir o bem ou pagar a dívida, sob pena de prosseguimento da execução contra ele.

Em suma, vistos em seu conjunto, os artigos da LEF deixam claro que a execução fiscal somente terá continuidade diante da improcedência dos pedidos formulados nos embargos (arts. 18, 19, 24, I e 32, § 2º). Existem, é verdade, decisões em sentido contrário,[160] que parecem ignorar, solenemente, os tais artigos, mas se espera que a jurisprudência do STJ finalmente se posicione – o que não tem ocorrido até o momento – pela inaplicabilidade do CPC às execuções fiscais, nesse ponto, sendo ele incompatível com a letra e com a razão de ser das disposições da Lei 6.830/80.

De fato, sabe-se que a execução fiscal pode ser garantida por depósito, fiança, seguro--garantia ou penhora de bens. No caso de penhora de dinheiro, a mesma será convertida em depósito (LEF, art. 11, § 2º). Pois bem. Vejamos, então, se há alguma hipótese em que, de acordo com a Lei 6.830/80, a execução pode continuar seu curso a despeito da oposição de embargos.

Caso seja feito o depósito, ou a penhora de dinheiro, e haja a oposição de embargos, a quantia correspondente só pode ser entregue à Fazenda Pública *depois do trânsito em julgado da sentença que julgar improcedentes os pedidos do embargante*. É o que consta, claramente, do art. 32, § 1º, da LEF. Não sendo o caso de depósito, mas de fiança bancária, também só se pode exigir

---

[159] Como tratado no item 2.1.5.2.2, supra, os embargos podem ser interpostos mesmo diante de uma garantia insuficiente da execução.

[160] Cf., v. g., decisões monocráticas de Desembargadores do TRF da 1ª Região (*RDDT* 148:166), do TRF da 3ª Região (*RDDT* 148:180), do TRF da 4ª Região (*RDDT* 145:193), e do TRF da 5ª Região (*RDDT* 145:196).

o seu adimplemento por parte da instituição financeira fiadora na hipótese de rejeição ou não interposição de embargos (LEF, art. 19, II).[161] O mesmo vale para o seguro, que não deixa de ser uma modalidade de garantia prestada por terceiro. Aliás, no que tange à garantia prestada por seguro-garantia ou fiança bancária, o § 7º do art. 9º da Lei 6.830/1980, com a redação dada pela Lei 14.689/2023, veda expressamente sua liquidação antecipada, deixando claro que sua liquidação só pode ocorrer, no todo ou em parte, após o trânsito em julgado de decisão desfavorável ao executado, a qual reconheça a procedência da execução e julgue improcedentes os embargos. Finalmente, caso tenha havido a penhora de bens, a alienação destes há de aguardar o desfecho dos embargos. É o que consta do art. 24, I, que, além de dever ser interpretado em conjunto com os anteriormente apontados (arts. 32, § 1º, e 19), estabelece nitidamente a seguinte ordem cronológica: *(1º)* desfecho dos embargos, ou não oposição destes; *(2º)* adjudicação antes do leilão, pelo preço da avaliação; *(3º)* adjudicação depois do leilão, com igualdade de condições com a melhor oferta. Se a adjudicação, para ocorrer *antes do leilão,* há de ser posterior ao desfecho dos embargos, é evidente que, *a fortiori,* o leilão igualmente só há de ser feito depois de rejeitados os embargos.

Diante de tão claras disposições da Lei 6.830/80, que veicula normas mais específicas, evidentemente não se deve cogitar de aplicação "subsidiária" de normas mais gerais, contidas no Código de Processo Civil. Nem é preciso dizer, no caso, que só se cogita de aplicação subsidiária como forma de *complementar* eventuais omissões da lei a ser "subsidiada", e não de sorte a contrariar o que nela se acha disposto.

E nem poderia ser diferente, em face da já apontada natureza diferenciada do título executivo que aparelha a execução fiscal, fabricado – diversamente daqueles executados pela sistemática do CPC – unilateralmente pelo credor.[162]

O STJ, porém, como dito, tem acolhido entendimento diverso. É conferir:

"PROCESSUAL CIVIL. EMBARGOS À EXECUÇÃO FISCAL. EFEITO SUSPENSIVO. ART. 739-A DO CPC. APLICAÇÃO SUBSIDIÁRIA. GRAVE DANO DE DIFÍCIL OU INCERTA REPARAÇÃO. REVISÃO FÁTICO-PROBATÓRIA. SÚMULA 7/STJ.

1. Eventuais embargos opostos à execução fiscal seguirão subsidiariamente as disposições previstas no art. 739-A do CPC (implementado pela Lei 11.382/2006), ou seja, somente serão dotados de efeito suspensivo caso haja expresso pedido do embargante nesse sentido e estiverem conjugados os requisitos, a saber: a) relevância da argumentação apresentada; b) grave dano de difícil ou incerta reparação; e c) garantia suficiente para caucionar o juízo.

2. Precedentes de ambas as Turmas de Direito Público.

3. Na espécie, o Tribunal de origem expressamente consignou que não vislumbrou o possível dano de difícil ou incerta reparação decorrente dos atos executórios, sendo que a revisão de tal posicionamento atrai o óbice da Súmula 7/STJ.

4. Recurso especial não provido."[163]

---

[161] É, aliás, o que tem decidido o STJ, mesmo antes da explicitação levada a efeito pela Lei 14.689/2023, para quem o levantamento da fiança bancária oferecida como garantia da execução fiscal fica condicionado ao trânsito em julgado dos respectivos embargos (REsp 643.097-RS, *DJ* 18.4.2006; REsp 543.442-PI, *DJ* 21.6.2004, EREsp 479.725-BA, *DJ* 26/9/2005 e REsp 1.033.545-RJ, Rel. Min. Luiz Fux, julgado em 28.4.2009). Não há, com todo o respeito, maneira de conciliar esse entendimento com a afirmação de que os embargos à execução fiscal não têm efeito suspensivo.

[162] Nesse sentido: Igor Mauler Santiago e Frederico Menezes Breyner, "Eficácia suspensiva dos Embargos à execução fiscal em face do art. 739-A do Código de Processo Civil", em *Revista Dialética de Direito Tributário* nº 145, p. 54 ss.

[163] STJ, 2ª T., REsp 1.195.977/RS, *DJe* de 20.9.2010.

Capítulo 4 · PROCESSO JUDICIAL TRIBUTÁRIO | **257**

Apesar disso, é importante destacar que mesmo aplicando às execuções fiscais o art. 739-A[164] do CPC/73, conforme entendem os julgados do STJ antes referidos (no CPC/2015, trata-se do art. 919, de conteúdo análogo), nos casos em que os embargos não forem recebidos no efeito suspensivo, a execução somente poderá prosseguir até a alienação dos bens eventualmente penhorados, de sorte que se obtenha o numerário suficiente à satisfação do crédito. No caso de seguro-garantia ou fiança, também não pode ocorrer a liquidação antecipada, antes do trânsito em julgado da decisão que rejeitar os embargos, por força do § 7º do art. 9º da Lei 6.830/80, com a redação dada pela Lei 14.689/2023. Não será possível entregar esse valor, desde logo, à Fazenda. Isso porque, além de tal satisfação integral criar uma situação de difícil reversibilidade para o devedor (considerando-se que se trata da Fazenda Pública, e que a restituição seria feita por meio de precatório), violar-se-ia a expressa dicção do § 7º do art. 9º e do art. 32, § 2º, da LEF.[165]

2.1.7 Substituição de bens e reforço de penhora

Dispõe o art. 15, I, da LEF que, em qualquer fase do processo, a Fazenda Pública poderá requerer a substituição dos bens penhorados por outros, independentemente da ordem numerada no art. 11 da mesma lei, sempre que os bens oferecidos sejam de difícil alienação. Com base nesse artigo, então, não é raro que a Fazenda exequente solicite a substituição dos bens penhorados, muitas vezes arbitrariamente, razão pela qual a questão está, a nosso ver, carente ainda de algumas ponderações.

Literal e isoladamente, o citado artigo confere poderes praticamente absolutos à Fazenda, mas não se deve esquecer de que há um sistema no qual o mesmo está encartado, sistema este que deve ser respeitado, mantendo-se sua coerência e sua harmonia. De plano, e em respeito ainda à própria literalidade do dispositivo, deve-se observar que a substituição dos bens

---

[164] Correspondentes, em linhas gerais, ao art. 919 do atual CPC.

[165] Mesmo admitindo a aplicabilidade do art. 739-A do CPC/73 (e do art. 919 do CPC/2015) às execuções fiscais, Fredie Didier, Leonardo José Carneiro da Cunha, Paula Sarno Braga e Rafael Oliveira observam que "há, contudo, uma hipótese em que o efeito suspensivo será automático: quando se chega à fase satisfativa da execução. Nesse momento, os embargos à execução fiscal têm efeito suspensivo automático, pois a adjudicação depende do trânsito em julgado da sentença dos embargos. De igual modo, o levantamento da quantia depositada em dinheiro depende do trânsito em julgado da sentença dos embargos. Na verdade, há uma peculiaridade na relação entre o particular e a Fazenda Pública que impõe tal regime: convertido o dinheiro em renda para a Fazenda Pública, o particular somente poderia reavê-lo por demanda própria, submetida à sistemática do precatório. Tal situação revela-se bastante prejudicial ao particular. Então, até para protegê-lo, institui-se esse regime de a conversão em renda somente ser feita após o trânsito em julgado" (DIDIER JR., Fredie; CUNHA, Leonardo José Carneiro da; BRAGA, Paula Sarno; OLIVEIRA, Rafael. *Curso de Direito Processual Civil*. 3. ed. Salvador: Juspodivm, 2011, v. 5, p. 770-771). Esse foi o entendimento acolhido pelo STJ: '[...] 2. "O art. 32, § 2º, da Lei 6.830/80 é norma especial, que deve prevalecer sobre o disposto no art. 587 do CPC, de modo que a conversão em renda do depósito em dinheiro efetuado para fins de garantia da execução fiscal somente é viável após o trânsito em julgado da decisão que reconheceu a legitimidade da exação. Em virtude desse caráter especial da norma, não há falar na aplicação do entendimento consolidado na Súmula 317/STJ' (EREsp 734.831/MG, Rel. Ministro Mauro Campbell Marques, Primeira Seção, *DJe* 18.11.2010). 3. Esse entendimento deve ser estendido para os valores decorrentes de penhora *on-line*, via Bacen-Jud, na medida em que o art. 11, § 2º, da Lei 6.830/80, preconiza que '[a] penhora efetuada em dinheiro será convertida no depósito de que trata o inciso I do art. 9º'. Assim, tendo em vista que a penhora em dinheiro, por expressa determinação legal, também é efetivada mediante conversão em depósito judicial, o seu levantamento ou conversão em renda dos valores deve, de igual forma, aguardar o trânsito em julgado da sentença dos embargos à execução fiscal. [...]" (STJ, 1ª S., EREsp 1.189.492/MT, *DJe* de 7.11.2011).

258 | PROCESSO TRIBUTÁRIO – *Machado Segundo*

penhorados deve ser requerida em petição *devidamente fundamentada*, na qual a exequente deve demonstrar, analiticamente, as razões pelas quais considera ser de difícil alienação o bem penhorado, e de mais fácil alienação o bem com o qual o pretende substituir. A falta dessa fundamentação torna juridicamente impossível o atendimento de seu pedido, sem que para isso se tenha sequer que analisar outros aspectos da questão. É o que tem entendido o STJ, que exige sempre, para autorizar a substituição, que se trate de "justificada impugnação da credora quanto à indicação de bens, pela devedora".[166] O acórdão abaixo transcrito trata da questão em termos bastante elucidativos:

> "[...]
> Na execução fiscal, se não restou demonstrada a inconveniência na indicação dos bens oferecidos a penhora pelo devedor, não se justifica a substituição, feita de forma mais gravosa, recaindo a constrição sobre imóvel onde funciona o estabelecimento comercial da executada.
> Recurso provido. Decisão unânime."[167]

Devem ser respeitados, ainda, aspectos relativos à *preclusão*. Caso o executado indique bens à penhora, e a exequente recuse-os, a questão é submetida ao juiz da execução. Em despacho fundamentado, o juiz pode acolher as alegações da Fazenda, e assim não determinar a penhora sobre o bem indicado, buscando penhorar outros; ou pode refutar as razões da exequente, e determinar a penhora sobre o bem indicado pelo executado. Nessa segunda hipótese, o despacho do juiz pode ser objeto de eventual agravo de instrumento, no prazo legal, mas é óbvio que não poderá ser contornado com mero pedido de substituição, protocolado dias depois, salvo se comprovada a ulterior depreciação ou a insuficiência do valor do bem, ou algum outro fato superveniente, o que é um outro problema.

Há de se observar que a nomeação de bens à penhora é um *direito* do executado. Apenas na hipótese de o executado não exercer esse direito, não indicando bens a serem penhorados nem garantindo de nenhum outro modo a execução, é que a faculdade de escolher os bens a serem objeto de constrição passa à Fazenda Pública. Não fosse assim, o art. 9º, III, da LEF, não teria sentido algum, como observou, com inteira propriedade, o TRF da 1ª R.:

> "[...]
> A Fazenda Pública pode em qualquer fase do processo pedir a substituição dos bens penhorados por outros, cf. art. 15, item II, da Lei de Execuções Fiscais, mas essa hipótese pressupõe penhora anteriormente realizada, e, se a nomeação foi feita pelo devedor, a substituição só tem lugar, a requerimento da Fazenda, no caso de nomeação ineficaz. De outro modo, a posterior substituição anularia o direito de nomeação."[168]

Não se deve esquecer, porque pertinente ao tema, o que preconiza o art. 805 do CPC/2015 (art. 620 do CPC/73), segundo o qual, "quando por vários meios o exequente puder promover a execução, o juiz mandará que se faça pelo modo menos gravoso para o executado". Trata-se,

---

[166] Ac. un. da 1ª T. do STJ – Rel. Min. Demócrito Reinaldo – REsp 37974/SP (1993/0023524-9) – *DJ* 5.12.1994, p. 33530.

[167] Ac. un. da 1ª T. do STJ – Rel. Min. Demócrito Reinaldo – REsp 149740/SP (1997/0067861-0) – *DJ* 24.8.1998, p. 16 – *RT* 758/168.

[168] Ac. un. da 3ª T. do TRF da 1ª R. – Rel. Juiz Candido Ribeiro – Processo 1997.010.00.15992-2/MG – *DJ* de 30.9.1999, p. 72.

Capítulo 4 · PROCESSO JUDICIAL TRIBUTÁRIO | **259**

aliás, de mera decorrência, ou explicitação, do princípio da proporcionalidade, na medida em que impõe a escolha, entre meios igualmente *adequados* à satisfação do crédito executado, aquele que for *menos gravoso* ao devedor.[169]

Essa ideia está muito bem expressa na jurisprudência do STJ, que entende que se faz "a execução pelo modo menos gravoso para o devedor. A nomeação regular de bens móveis feita pelo executado deve ser tida por eficaz, só podendo haver substituição a requerimento justificado da Fazenda Pública, no caso de comprovada ineficácia".[170] Em outro julgado, o referido STJ considerou que "não se justifica a substituição de bens, se a penhora recaiu sobre bem que garante a execução e pelo modo menos gravoso".[171]

A pura e simples substituição do bem penhorado e suficiente para garantir a execução, portanto, só é admissível caso a nomeação tenha sido feita pela própria Fazenda. Caso o bem penhorado tenha sido indicado pelo executado, a substituição só é possível caso a nomeação seja ineficaz.[172] Essa é a lição de Theotonio Negrão, para quem "a substituição só é possível se a nomeação de bens à penhora foi feita pelo exequente; se pelo executado, a substituição só tem lugar, a requerimento da Fazenda Pública, no caso de nomeação ineficaz".[173] Assim, sempre que o bem penhorado houver sido indicado pelo executado, e for suficiente para garantir a execução, sua substituição não deve ser deferida.

Caso o bem penhorado seja insuficiente para garantir toda a dívida, pode haver a sua substituição por um que seja suficiente, como já foi dito, ou pode haver o *reforço* da penhora. Nessa segunda hipótese, faz-se a constrição sobre outros bens que, conquanto não sejam necessariamente de valor igual ou superior ao da dívida executada, podem, somados com aquele ou aqueles já penhorados, garanti-la em sua inteireza. Destaque-se que, nesse caso, o reforço da penhora não reabre o prazo para oposição de embargos (item 2.1.5.1, *supra*).

2.1.8   Honorários de sucumbência na execução fiscal

É princípio geral de Direito Processual Civil que aquele que sucumbe, por haver indevidamente resistido à pretensão do autor (réu sucumbente), ou por ter feito, sem razão, o réu defender-se de pretensão improcedente (autor sucumbente), submete-se ao pagamento dos *honorários advocatícios de sucumbência*.

Aspectos gerais, relativos aos honorários de sucumbência, sua natureza jurídica, quantificação etc., conquanto assaz relevantes, não se comportariam nos limites deste livro. Parece-nos adequado, porém, o trato de algumas questões, relacionadas especificamente à execução fiscal.

---

[169]   Não se pode esquecer, quanto ao assunto, o disposto no parágrafo único do mesmo artigo, segundo o qual "ao executado que alegar ser a medida executiva mais gravosa incumbe indicar outros meios mais eficazes e menos onerosos, sob pena de manutenção dos atos executivos já determinados". Com isso, procura-se evitar que a alegativa de que o meio não seria o "menos gravoso" não seja usada pelo executado de forma infundada e vazia.

[170]   Ac. un. da 2ª T. do STJ – Rel. Min. Hélio Mosimann – (1994/0027701-6) – *DJ* 12.12.1994, p. 34342.

[171]   Ac. un. da 2ª T. do STJ – Rel. Min. Hélio Mosimann – REsp 141.599/RS – (1997/0051735-7) – *DJ* 15.6.1998, p. 103.

[172]   "1. A justificativa da Fazenda para requerer a substituição do bem penhorado mostra-se errônea em face do documento juntado pelo executado comprovando a existência do veículo. 2. Merece reparo a decisão agravada na medida em que o executado tem direito líquido e certo ao respeito à preferência dos bens penhorados (*RT* 683/106). 3. Agravo provido" (Ac. un. da 4ª T. do TRF da 1ª R. – Rel. Min. Hilton Queiroz – AG 01216022/MG – *DJ* de 17.3.2000, p. 198).

[173]   Theotonio Negrão e José Roberto Ferreira Gouveia, *Código de Processo Civil e Legislação Processual em Vigor*, 35. ed. São Paulo: Saraiva, 2003, nota no 6 ao art. 15 da LEF, p. 1299.

2.1.8.1 Execução fiscal embargada. Duas condenações sucumbenciais?

Uma das questões suscitadas, em relação aos honorários de sucumbência na execução fiscal, diz respeito a uma possível dualidade de condenações, caso haja interposição de embargos do executado. Procedentes os embargos, a consequência é a extinção da execução: deve a Fazenda ser condenada ao pagamento de honorários de sucumbência nos dois processos? E, na hipótese contrária, de improcedência dos embargos, deve o contribuinte ser condenado ao pagamento de honorários de sucumbência nos embargos, e na execução?

A 1ª Seção do STJ consolidou o entendimento de que, no âmbito da execução fiscal, não é possível condenar exequente/embargada ou executado/embargante *duas vezes* no pagamento de honorários advocatícios. Ao final do julgamento dos embargos, conclua-se pela procedência ou pela improcedência destes, a sucumbência é única:

> "Processual Civil. Execução. Embargos ao Devedor. Honorários Advocatícios. Impossibilidade de duas verbas honorárias (Execução e Embargos). CPC, Art. 20. Lei 6.830/80 (Arts. 1º, 2º, § 2º, e 19, II). Súmula 153/STJ. 1. Os embargos não se confundem com ação de execução (Liebman). Conquanto assim seja, embargada a execução, obvia-se contradita aos honorários prévia e provisoriamente fixados na inicial da execução, a final, verificando-se única sucumbência. Improcedentes os embargos, a parte embargante (executado) pela seteira de uma só sucumbência pagará somente os honorários da condenação nos embargos, excluindo-se os estabelecidos no processo da execução fiscal. 2. Embargos acolhidos."[174]

Cabe acrescentar somente que os honorários de advogado devidos à exequente, nas execuções movidas pela União Federal, não são – e por mais estranho que isso possa parecer, a jurisprudência o aceita – fixados pelo juiz, mas previamente "embutidos" no título executivo, pelo percentual de 20%, conforme preconiza o Decreto-lei 1.025/69. Assim, como tais honorários já estão "incluídos" no título executivo, e em seu percentual máximo, não há mais condenação do contribuinte em honorários de sucumbência na execução fiscal, nem nos embargos do executado, em face da "unicidade de sucumbência" consagrada pelo STJ.[175] Apenas no caso de *procedência* dos pedidos feitos pelo embargante é que haverá condenação, também única, da União Federal. Como no âmbito do CPC/2015 os honorários nem sempre terão como teto o percentual de 20%, podendo ser menor o limite conforme o valor da condenação (art. 85, § 3º), suscita-se a questão de saber se tais "encargos legais", se têm natureza de honorários, não teriam sido revogados. Voltar-se-á ao assunto oportunamente, *infra* (item 3.9.5).

Há julgados do STJ que, por outros fundamentos, chegam à mesma conclusão. Afirma-se que é possível haver uma condenação nos embargos, e outra na execução, mas ambas não podem ultrapassar o limite legal de 20%. É conferir:

---

[174] Ac. da 1ª S. do STJ – mv – EDiv em REsp 20.641-SP – Rel. Min. Milton Luiz Pereira – j. 22.10.1997 – Embte.: Fazenda do Estado de São Paulo; Embda.: Central de Produtos Químicos Ltda. – *DJU* I 28.9.1998, p. 2 – ementa oficial – *Repertório IOB de Jurisprudência* 21/98, c. 1, p. 530.

[175] Era o que decidia o Tribunal Federal de Recursos: "o encargo de 20% do Decreto-lei 1.025, de 1969, é sempre devido nas execuções fiscais da União e substitui, nos embargos, a condenação do devedor em honorários advocatícios" (Súmula 168/TFR). Esse entendimento foi integralmente mantido pelo Superior Tribunal de Justiça (Cf., *v. g.*, 1ª T., AgRg no Ag 491.151/SP, Rel. Min. Teori Albino Zavascki, j. em 16.10.2003, *DJ* 10.11.2003, p. 162).

Capítulo 4 · PROCESSO JUDICIAL TRIBUTÁRIO | **261**

"[...] I. Cabível a condenação em honorários de advogado em execução fundada em título extrajudicial, com aqueles fixados no julgamento de embargos do devedor julgados improcedentes.

II. Limitação do percentual, todavia, a 20% (vinte por cento) na integralidade do processo.

III. Precedentes do STJ.

IV. Recurso conhecido e provido."[176]

A relação entre as duas ações, no que tange à fixação dos honorários, ficou mais clara com o advento do CPC de 2015. Nos termos de seu art. 827, ao despachar a execução o juiz fixará os honorários em 10%, valor que será reduzido para 5% caso o pagamento ocorra nos três dias posteriores à citação, ou elevado para 20%, caso sejam interpostos embargos e estes venham a ter seus pedidos julgados improcedentes. Tais disposições, naturalmente, dizem respeito a execuções movidas entre particulares, devendo ser compatibilizadas, naquelas em que a Fazenda Pública for parte, com o disposto no art. 85, § 3.º, do CPC. De uma forma ou de outra, trata-se de critério objetivo à determinação dos honorários, no tocante a essas duas ações e às relações que entre si se estabelecem.

2.1.8.2 Execução fiscal, "erro do contribuinte" e princípio da causalidade

Como já acenamos no Capítulo 3 deste livro, existem algumas decisões judiciais que, embora considerem a execução fiscal descabida, extinguindo-a, ainda assim condenam o contribuinte – vencedor – nos ônus da sucumbência. Confiram-se, a propósito, as seguintes ementas:

"TRIBUTÁRIO E PROCESSUAL CIVIL. SUCUMBÊNCIA DA FAZENDA PÚBLICA. COBRANÇA INDEVIDA CAUSADA POR ERRO DO CONTRIBUINTE.

1. Ainda que acolhidos os embargos à execução, não deve a Fazenda Pública ser condenada nas verbas da sucumbência se a cobrança foi proposta em razão de erro do contribuinte quando se autolançou de tributo que era indevido.

2. É mais que milenar o brocardo jurídico no sentido de que 'a ninguém é lícito beneficiar-se do próprio erro ou da nulidade a que deu causa', consagrado em dispositivo do nosso CPC e perfeitamente aplicável ao caso.

– Apelação provida."[177]

---

[176] STJ, REsp nº 168.538/MG, Rel. Min. Aldir Passarinho Júnior, *DJ* de 9.10.2000. Posteriormente: "1. A jurisprudência desta Corte Superior firmou-se no sentido de que, constituindo-se os embargos do devedor verdadeira ação de conhecimento que não se confunde com a ação de execução, os honorários advocatícios devem ser fixados de forma autônoma e independente em cada uma das referidas ações, desde que a cumulação da verba honorária não exceda o limite de 20% (vinte por cento), estabelecido no artigo 20, § 3º, do Código de Processo Civil. [...]" (STJ, 2ª T., REsp 1.240.497/RS, *DJe* de 15.4.2011). No mesmo sentido: "(...) Este Superior Tribunal de Justiça possui entendimento consolidado no sentido de que é possível a cumulação das condenações em honorários fixados em execução fiscal e nos respectivos embargos, por constituírem ações autônomas, devendo-se observar, entretanto, o limite máximo de 20% (art. 20, § 3º, do CPC) na soma das duas verbas. (...)" (AgRg no AREsp n. 770.001/SC, Rel. Min. Mauro Campbell Marques, Segunda Turma, julgado em 27.10.2015, *DJe* de 05.11.2015).

[177] Ac. un. do TRF 5ª R. – Ac. 171.576/AL – Rel. Des. Fed. Castro Meira – jul. 17.8.2000 – *DJU* II de 27.10.2000, p. 1483 – *Boletim de Jurisprudência TRF* 5ª R. nº 133/200, p. 81.

"HONORÁRIOS ADVOCATÍCIOS. EMBARGOS DO DEVEDOR. EXECUÇÃO FISCAL AJUIZADA EM VIRTUDE DE ERRO DE ESCRITURAÇÃO POR PARTE DO CONTRIBUINTE. APLICAÇÃO DO PRINCÍPIO DA CAUSALIDADE. DISSÍDIO JURISPRUDENCIAL NÃO DEMONSTRADO.

1. O princípio da sucumbência, adotado pelo art. 20, do CPC, encontra-se contido no princípio da causalidade, segundo o qual aquele que deu causa à instauração do processo deve arcar com as despesas dele decorrentes. Assim, se em embargos do devedor se demonstra que a execução fiscal foi ajuizada em virtude de erro de escrituração do contribuinte, a este incumbem os ônus sucumbenciais.

2. Para que o recurso especial seja conhecido pela alínea *c*, o acórdão recorrido e o paradigma devem ter dado soluções diversas a casos semelhantes.

3. Recurso parcialmente conhecido e, nessa parte, desprovido."[178]

O entendimento consagrado nos acórdãos transcritos parece acolher o chamado *princípio da causalidade*, segundo o qual deve arcar com os ônus da sucumbência aquele que deu causa à ação. Tal entendimento, contudo, e com todo o respeito, parte de duas premissas desacertadas, não merecendo de forma alguma prosperar.

A primeira delas é a de que o princípio da causalidade teria a aplicação ampla que os acórdãos lhe pretendem atribuir. Na verdade, o CPC adotou como regra para a condenação nos ônus da sucumbência o fato objetivo da perda da ação. Exceções a essa regra devem ser, e o são, sempre explícitas, o que não é o caso.

O segundo desacerto, cuja demonstração é igualmente hábil a espancar o equívoco contido na tese acolhida pelos acórdãos acima ementados, consiste em imaginar que teria sido o contribuinte, ao apurar erradamente o montante do tributo, quem teria "dado causa" à execução fiscal. Ora, o lançamento é ato privativo da autoridade administrativa, que, ao homologar as declarações do contribuinte, faz suas as apurações ali contidas, sobre as quais deve exercer amplo controle de legalidade, especialmente no momento da correspondente inscrição em dívida ativa. É dever da autoridade constatar eventuais equívocos contidos nessa apuração, seja para exigir diferenças ali não computadas, seja para restituir valores eventualmente pagos a maior. Além disso, a falta de pagamento que motiva a execução fiscal indica precisamente que o contribuinte opôs resistência à ilegal cobrança, não tendo sido portanto o "culpado" pela propositura indevida da mesma.[179]

Merece transcrição, a propósito, a precisa doutrina de Schubert de Farias Machado:

"Não podemos esquecer que o direito é um sistema e assim deve ser considerado. A solução apresentada para determinado caso deve se encartar harmonicamente no ordenamento, sob pena de causar desequilíbrio cujos efeitos não demoram a surgir. A questão sobre a qual aqui nos debruçamos mostra isso muito bem. De fato, os Tribunais cederam ao apelo fazendário e decidiram que a Fazenda Pública pode inscrever na sua *dívida ativa* os valores apurados pelo sujeito passivo no exercício da atividade prevista no art. 150 do CTN, e em seguida propor a respectiva ação de execução fiscal sem notificá-lo previamente para que pague ou apresente defesa. Com isso, provocaram

---

[178] Ac. un. da 1ª T. do STJ – REsp 299.621/SC – Rel. Min. José Delgado – (2001/0003592-2) j. em 3.5.2001 – *DJ* de 13.8.2001, p. 73. O art. 20 citado no acórdão, naturalmente, é do Código de Processo Civil de 1973. No CPC/2015, trata-se do art. 85.

[179] Schubert de Farias Machado, "A 'sucumbência' do vitorioso na execução fiscal", em *TRIBUTO – Revista do Instituto Cearense de Estudos Tributários* nº 3, Fortaleza: ICET, jul./2001 a jul./2002, p. 207 e 208.

Capítulo 4 · PROCESSO JUDICIAL TRIBUTÁRIO | **263**

o desequilíbrio no ordenamento ao qual nos referimos, cujo reflexo tem se mostrado perverso. O sujeito passivo teve subtraído o seu direito à oportunidade de abertura da fase contenciosa do lançamento tributário. Isto implica a possibilidade de vir a sofrer todos os constrangimentos provocados por uma ação de execução fiscal baseada em crédito apurado com erro. Posto nesta situação, a lei exige que o sujeito passivo contrate advogado para apresentar os embargos, através dos quais pode demonstrar que o tributo não é devido. Todavia, segundo a orientação que nesses casos tem aplicado o *princípio da causalidade* para atribuir a responsabilidade processual, o sujeito passivo ficaria privado da indenização pelas despesas processuais, podendo ainda vir a ser condenado a pagar os honorários do advogado da Fazenda."

Que isso não é possível, o citado doutrinador o demonstra com clareza, ao afirmar que

"[...] a atividade apuratória do valor do tributo não é própria do sujeito passivo e, por isto mesmo, não pode ser a ele atribuída a responsabilidade por eventual erro que leve o fisco a cobrar tributo indevido. Se o fisco, por mera comodidade, para efetuar o lançamento se vale unicamente da apuração procedida pelo sujeito passivo, assume toda a responsabilidade processual pela propositura da respectiva ação de cobrança".[180]

Realmente, deve haver um controle da legalidade dos valores cuja apuração é homologada, sobretudo no momento de sua inscrição em dívida ativa (art. 2º, § 3º, da Lei 6.830/80). Ao não efetuar esse controle, e sobretudo ao deixar de notificar o contribuinte para que pague o valor apurado, ou explique as razões pelas quais não o pagou, o Fisco submete-se inteiramente aos riscos de propor uma execução equivocada. Demonstrado o descabimento da execução, são devidos, ao executado, os correspondentes honorários de sucumbência.

Não obstante, apreciando a questão no âmbito da sistemática dos "recursos repetitivos", o STJ pacificou seu entendimento no sentido de que os mencionados honorários são devidos pelo contribuinte vencedor, *ressalvada a hipótese de ele ter procurado retificar seu erro e isso não ter sido levado em consideração pela Fazenda*. Na oportunidade, o STJ deixou claro, ainda, que são devidos honorários de sucumbência na execução fiscal, mesmo não embargada, não sendo aplicável o art. 1º-D da Lei 9.494/97, aspecto que será examinado no próximo item. É conferir:

"[...] 2. Em sede de execução fiscal é impertinente a invocação do art. 1º-D, da Lei 9.494/97, tendo em vista que o Plenário do STF, em sessão de 29.09.2004, julgando o RE 420.816/PR (*DJ* 06.10.2004) declarou incidentemente a constitucionalidade da MP nº 2.180-35, de 24.08.2001 restringindo-lhe, porém, a aplicação à hipótese de execução, por quantia certa, contra a Fazenda Pública (CPC, art. 730).
3. É jurisprudência pacífica no STJ aquela que, em casos de extinção de execução fiscal em virtude de cancelamento de débito pela exequente, define a necessidade de se perquirir quem deu causa à demanda a fim de imputar-lhe o ônus pelo pagamento dos honorários advocatícios. Precedentes: AgRg no REsp. nº 969.358-SP, Segunda Turma, Rel. Min. Mauro Campbell Marques, julgado em 6.11.2008; EDcl no AgRg no AG nº 1.112.581-SP, Segunda Turma, Rel. Min. Mauro Campbell Marques, julgado em 23.7.2009; REsp nº 991.458-SP, Segunda Turma, Rel. Min. Mauro Campbell Marques, julgado em 2.4.2009; REsp. nº 626.084-SC, Primeira Turma, Rel. Min. Denise Arruda,

---

[180] Schubert de Farias Machado, "A 'sucumbência' do vitorioso na execução fiscal", em *TRIBUTO – Revista do Instituto Cearense de Estudos Tributários* nº 3, Fortaleza: ICET, jul./2001 a jul./2002, p. 209 e 210.

julgado em 7.8.2007; AgRg no REsp 818.522/MG, 1ª Turma, Rel. Min. José Delgado, *DJ* de 21.8.2006; AgRg no REsp 635.971/RS, 1ª Turma, Rel. Min. Luiz Fux, *DJ* de 16.11.2004.

4. Tendo havido erro do contribuinte no preenchimento da Declaração de Débitos e Créditos Tributários Federais – DCTF, é imprescindível verificar a data da apresentação do documento retificador, se houver, em cotejo com a data do ajuizamento da execução fiscal a fim de, em razão do princípio da causalidade, se houver citação, condenar a parte culpada ao pagamento dos honorários advocatícios.

5. O contribuinte que erra no preenchimento da Declaração de Débitos e Créditos Tributários Federais – DCTF deve ser responsabilizado pelo pagamento dos honorários advocatícios, por outro lado, o contribuinte que a tempo de evitar a execução fiscal protocola documento retificador não pode ser penalizado com o pagamento de honorários em execução fiscal pela demora da administração em analisar seu pedido.

6. Hipótese em que o contribuinte protocolou documento retificador antes do ajuizamento da execução fiscal e foi citado para resposta com a consequente subsistência da condenação da Fazenda Nacional em honorários.

7. Recurso especial parcialmente conhecido e, nessa parte, não provido. Acórdão submetido ao regime do art. 543-C do CPC e da Resolução STJ 08/2008".[181]

2.1.8.3 Execução fiscal não embargada e os honorários de sucumbência

Consta do art. 26 da Lei 6.830/80 que, "se antes da decisão de primeira instância, a inscrição de dívida for, a qualquer título, cancelada, a execução fiscal será extinta, sem qualquer ônus para as partes". A referência a "partes" é obviamente retórica, para não deixar transparecer o excessivo privilégio que se tentou conferir à Fazenda Pública, pois é óbvio que os ônus decorrentes dessa extinção seriam – como o são – todos dela, e não da parte executada.

Corretamente, a jurisprudência afastou a aplicação de tal dispositivo, quando a execução fiscal já houver sido objeto de ação de embargos. O cancelamento da CDA, nessa hipótese, implica reconhecimento do direito do embargante, ensejando a procedência da ação de embargos e a condenação da Fazenda exequente nos ônus da sucumbência.[182] Nem poderia mesmo ser diferente, pois a parte executada já experimentou, nesse caso, o ônus de constituir advogado para defender-se, não sendo possível extinguir-se a execução "sem ônus" para ela. O ônus já houve, e há de ser ressarcido por quem indevidamente deu causa à descabida execução.

Posteriormente, com a proliferação de execuções descabidas,[183] e da correspondente apresentação, pelo executado, de "defesas" anteriores à penhora (através das chamadas "exceções de pré-executividade" – item 2.1.4.1, *supra*), surgiu a questão de saber se também seriam devidos honorários pela Fazenda Pública, em face da extinção do processo executivo motivada pela atuação do executado sem que fossem interpostos embargos. Como não poderia deixar de ser, à vista do ônus que a execução já representou para o executado, o STJ conferiu a tais situações o mesmo tratamento já cristalizado em sua Súmula 153, asseverando ser "dever da Fazenda arcar com a responsabilidade de honorários advocatícios da executada quando

---

[181] STJ, 1ª S, REsp 1.111.002/SP, j. em 23.9.2009, *DJe* de 1º.10.2009. O acórdão foi proferido sob a vigência do CPC/73, que por isso teve seus dispositivos nele referidos, mas o entendimento ali adotado segue pertinente, também, sob a vigência do CPC/2015.

[182] De acordo com a Súmula 153 do STJ, "a desistência da execução fiscal, após o oferecimento dos embargos, não exime o exequente dos ônus da sucumbência".

[183] Motivadas, em sua maior parte, por "erros do sistema informatizado", e especialmente pelo pouco zelo que se tem pelos direitos do cidadão brasileiro.

Capítulo 4 · PROCESSO JUDICIAL TRIBUTÁRIO | **265**

indevidamente promove execução fiscal, embora desista antes da apresentação dos embargos de devedor. Suficiente, para tanto, que o advogado tenha sido contratado e apresente manifestação no curso da execução".[184] Esse entendimento foi consagrado nas duas Turmas de Direito Público dessa Corte Superior.[185]

Em acórdão relatado pelo Ministro Luiz Fux, o STJ pronunciou-se de modo bastante claro, e elucidativo, a respeito do assunto. Confira-se:

> "RECURSO ESPECIAL. PROCESSUAL CIVIL. EXECUÇÃO FISCAL. DESISTÊN-
> CIA. NÃO INTERPOSIÇÃO DE EMBARGOS À EXECUÇÃO. EXCEÇÃO DE PRÉ-
> -EXECUTIVIDADE. HONORÁRIOS. CABIMENTO.
>
> 1. A verba honorária é devida pela Fazenda exequente tendo em vista o caráter contencioso da exceção de pré-executividade e da circunstância em que ensejando o incidente processual, o princípio da sucumbência implica suportar o ônus correspondente.
>
> 2. A *ratio legis* do art. 26 da Lei 6830 pressupõe que a própria Fazenda, *sponte sua*, tenha dado ensejo à extinção da execução, o que não se verifica quando ocorrida exceção de pré--executividade, situação em tudo por tudo assemelhada ao acolhimento dos embargos.
>
> 3. Raciocínio isonômico que se amolda à novel disposição de que são devidos honorários na execução e nos embargos à execução (§ 4º do art. 20 – 2ª parte).
>
> 4. A novel legislação processual, reconhecendo as naturezas distintas da execução e dos embargos, estes como processo de cognição introduzido no organismo do processo executivo, estabelece que são devidos honorários em execução embargada ou não.
>
> 5. Deveras, reflete nítido, do conteúdo do artigo 26 da LEF, que a norma se dirige à hipótese de extinção administrativa do crédito com reflexos no processo, o que não se equipara ao caso em que a Fazenda, reconhecendo a ilegalidade da dívida, desiste da execução.
>
> 6. Forçoso reconhecer o cabimento da condenação da Fazenda Pública em honorários advocatícios na hipótese de desistência da execução fiscal após a citação e o oferecimento da exceção de pré-executividade, a qual, mercê de criar contenciosidade incidental na execução, pode perfeitamente figurar como causa imediata e geradora do ato de disponibilidade processual, sendo irrelevante a falta de oferecimento de embargos à execução, porquanto houve a contratação de advogado, que, inclusive, peticionou nos autos.
>
> 7. Recurso especial desprovido."[186]

Por isso, em síntese, chegou a entender o STJ, corretamente, serem devidos honorários advocatícios de sucumbência, mesmo em face de desistência da Fazenda Pública, sempre que o executado houver oposto embargos, ou de qualquer modo provocado a desistência da Fazenda, ainda que mediante manifestação no bojo do próprio processo executivo ("exceção de pré-executividade").

Para tentar alterar essa realidade, foi editada a Medida Provisória nº 2.180-35, que inseriu na Lei 9.494/97 um art. 1º-D, dispondo que "não serão devidos honorários pela Fazenda Pública nas execuções não embargadas". A norma, contudo, é visivelmente inconstitucional. Primeiro,

---

[184] Ac. do STJ – Ag. Reg. No Ag. Inst. 177.375/SP, Rel. Min. José Delgado – *DJU* de 17.8.1998.

[185] Ac. un. da 1ª T. do STJ – Rel. Milton Luiz Pereira – AGA 198.906/SP – *DJU* de 24.5.1999, p. 111; Ac. un. da 2ª T. do STJ – REsp 85.869/SC – Rel. Min. Peçanha Martins – *DJU* de 8.3.1999, p. 184.

[186] REsp 508.301/MG – Rel. Min. Luiz Fux – *DJ* de 29.9.2003, p. 166. O art. 20, § 4.º, do CPC/73, no que tange ao assunto mencionado no acórdão, a saber, o cabimento da condenação em honorários mesmo em execuções não embargadas, teve seu teor mantido no art. 85, § 1.º, do CPC/2015.

porque malfere, até não mais poder, o princípio da isonomia, criando discriminação absolutamente injustificada em favor do Poder Público. Segundo, porque causa maus-tratos ao art. 133 da CF/88, que assevera ser o advogado indispensável à administração da Justiça, ao deixar tal profissional, conquanto indispensável, sem a devida remuneração. Terceiro, porque malfere o princípio do Estado de Direito, e da efetividade da tutela jurisdicional, pois deixa a parte sem a devida reparação pelos ônus inerentes à sua defesa, apenas porque essa defesa fora exercida contra o Poder Público. Voltaremos ao assunto dos honorários oportunamente, em item próprio.

Com base nesses fundamentos, o STF já se pronunciou sobre o art. 1º-D da Lei 9.494/97, declarando sua inconstitucionalidade sem redução de texto, vale dizer, afirmando sua constitucionalidade, *"desde que entendido como a excluir a condenação de honorários apenas nos casos em que, executada, a Fazenda não apresenta embargos e paga o débito executado"*. Nos casos em que a Fazenda é a exequente, e a execução é extinta sem embargos por conta da propositura de exceção de pré-executividade, por exemplo, o dispositivo legal não pode ser aplicado.[187]

Posteriormente, ainda no esforço de livrar a Fazenda dos ônus sucumbenciais, editou-se a Lei 12.844/2013, em face da qual o Superior Tribunal de Justiça passou a entender pela "isenção ao pagamento de honorários sucumbenciais quando a Fazenda nacional manifesta concordância com os argumentos defendidos pelo executado/excipiente, em momento posterior à entrada em vigor da Lei 12.844/2013" (EREsp 1.849.898/PR, Rel. Min. Manoel Erhardt (Des. convocado do TRF da 5ª R.), 1ª S., j. 12.05.2021, *DJe* 20.05.2021).

Assim, se oposta exceção, e a Fazenda contra ela se insurgir, mesmo que não haja embargos do executado, e o juízo extinguir a execução contrariando a posição da Fazenda e acolhendo a do executado, são devidos os honorários. Se a Fazenda, ao revés, concorda desde logo com a exceção, pedindo a desistência da execução, não. Trata-se de entendimento que estimula a irresponsabilidade fazendária na utilização da máquina judiciária, com todo o respeito. A dispensa é contrária à isonomia, pois quando o contribuinte, em atenção a uma nova orientação jurisprudencial, desiste das demandas que possui contra a Fazenda e adere a algum parcelamento ou paga a quantia em disputa, não se lhe dispensam os honorários. E mesmo a lei em comento apenas os dispensa nas hipóteses que indica, de conformidade com entendimentos firmados pelas Cortes Superiores em precedentes vinculantes ou que sejam objeto de ato declaratório da PGFN, não se aplicando em situações que a cobrança é indevida em razão de erros de fato ou qualquer outro equívoco ou divergência.

Registre-se, ainda, que, na hipótese de o executado utilizar-se de exceção de pré-executividade, e esta, em vez de ser acolhida (dando cabimento à condenação da Fazenda em honorários advocatícios), for rejeitada, não será o caso de, por isso, condená-lo, o executado, nos ônus de sucumbência. Isso porque os tais ônus serão aqueles inerentes (e, no caso de execuções movidas pela Fazenda Nacional, já incluídos pelo percentual de 20%[188]) à execução fiscal, que prosseguirá, ensejando o pagamento tanto da quantia executada como dos honorários advocatícios devidos ao exequente.[189]

---

[187] "Fazenda Pública: execução não embargada: honorários de advogado: MPr 2.180/2001: constitucionalidade declarada pelo STF, com interpretação conforme ao art. 1º-D da L. 9.494/97, na redação que lhe foi dada pela MPr 2.180-35/2001, de modo a reduzir-lhe a aplicação à hipótese de execução por quantia certa contra a Fazenda Pública (C. Pr. Civil, art. 730), excluídos os casos de pagamento de obrigações definidos em lei como de pequeno valor (CF/88, art. 100, § 3º) (RE 420.816, Plenário, 29.9.2004, red. p/acórdão Pertence, *DJ* 06.10.2004)" (STF, 1ªT., RE-AgR 453.056/RS, Rel. Min. Sepúlveda Pertence, j. em 6.12.2005, *DJ* de 3.2.2006).

[188] Inseridos por força do Decreto 1.025/69. Sobre ele, confira-se o que está explicado no item 3.9.5, *infra*.

[189] É o que tem decidido, com acerto, o STJ: "a sucumbência, por força da exceção de pré-executividade, pressupõe extinção total ou parcial da execução, não incidindo quando há prosseguimento da

Capítulo 4 · PROCESSO JUDICIAL TRIBUTÁRIO | 267

2.1.9   Execução fiscal, embargos do executado e ação anulatória. Relações

Não raras vezes, a execução fiscal é proposta e, paralelamente, existe ação anulatória na qual se discute precisamente a validade do crédito tributário que, inscrito em dívida ativa, serve de fundamento à pretensão executiva. Uma série de questões, então, são colocadas, tais como: (a) a existência da ação anulatória inibe a propositura da execução? (b) há conexão entre ambas? (c) faz diferença o fato de a ação anulatória haver sido proposta antes, ou depois, da propositura da execução? (d) a existência de depósito, ou de medida liminar suspensiva da exigibilidade do crédito, é relevante?

Vejamos.

O art. 38 da LEF preconiza que a discussão judicial da dívida ativa da Fazenda Pública só é admissível em execução,[190] salvo as hipóteses de mandado de segurança, ação de repetição do indébito ou ação anulatória do ato declarativo da dívida, esta precedida do depósito preparatório do valor do débito. Diante desse dispositivo, literal e isoladamente considerado, o sujeito passivo que não se conformasse com uma exigência tributária poderia impugná-la "sem maiores ônus", apenas em sede de mandado de segurança (e isso somente caso a demonstração da invalidade do lançamento não dependesse da superação de nenhuma divergência quanto aos fatos). Do contrário, teria de depositar o montante integral da dívida, submeter-se à penhora de bens, ou pagar para depois pleitear a restituição. Tal solução, porém, é evidentemente contrária ao princípio do amplo acesso à jurisdição, eivando-se de invalidade por ofensa ao art. 5º, XXXV, da CF/88.

Logo que submetido aos tribunais o exame do art. 38 da LEF, reconheceu-se que o depósito nele referido não é pressuposto da ação anulatória do débito fiscal (TFR – Súmula 247). O depósito, na verdade, enseja a suspensão da exigibilidade do crédito tributário, impedindo a sua execução (não se pode executar título não exigível), razão pela qual a sua ausência apenas não inibe[191] a Fazenda de executar o débito questionado na anulatória.

Quanto à conexão, não consideramos apropriado invocá-la entre a execução fiscal e a ação de conhecimento proposta com o fim de anular o débito tributário, pois seus objetos são diferentes.[192] São processos distintos, nos quais se buscam tutelas jurisdicionais de espécies diferentes.

---

execução fiscal, com possibilidade de interposição de embargos à execução. [...] A exceção de pré--executividade rejeitada não impõe ao excipiente condenação em ônus sucumbenciais (Precedentes do STJ: AgRg no REsp 999.417/SP, Rel. Ministro José Delgado, Primeira Turma, julgado em 01.04.2008, *DJ* 16.04.2008; REsp 818.885/SP, Rel. Ministra Eliana Calmon, Segunda Turma, julgado em 06.03.2008, *DJ* 25.03.2008; EDcl no REsp 698.026/CE, Rel. Ministro Felix Fischer, Quinta Turma, julgado em 15.12.2005, *DJ* 06.02.2006; e AgRg no Ag 489.915/SP, Rel. Ministro Barros Monteiro, Quarta Turma, julgado em 02.03.2004, *DJ* 10.05.2004). 3. Recurso especial desprovido" (STJ, 1ª T, REsp 806.362/PR, Rel. Min. Luiz Fux, j. em 16.9.2008, *DJe* de 6.10.2008).

[190]   O que é impreciso, pois, a rigor, a discussão se dá no âmbito dos embargos à execução.

[191]   Destaque-se que pode ocorrer de ser deferida uma antecipação dos efeitos da tutela jurisdicional, no âmbito de uma ação anulatória de débito fiscal, nos termos do art. 300 e seguintes do CPC/2015 (art. 274 do CPC/73, nele inserido pela Lei 8.952/94). Essa possibilidade, naturalmente não prevista no art. 38 da LEF, pode fazer com que eventualmente uma ação anulatória, mesmo sem depósito, implique a impossibilidade de executar-se o débito questionado, por haver sua exigibilidade sido suspensa nos termos do art. 151, V, do CTN.

[192]   A reunião, de qualquer modo, se justifica, a teor do art. 55 do CPC/2015, notadamente de seus §§ 2.º e 3.º, que dispõem: "§ 2.º Aplica-se o disposto no *caput*: I – à execução de título extrajudicial e à ação de conhecimento relativa ao mesmo ato jurídico; II – às execuções fundadas no mesmo título executivo. § 3.º Serão reunidos para julgamento conjunto os processos que possam gerar risco de prolação de decisões conflitantes ou contraditórias caso decididos separadamente, mesmo sem conexão entre eles".

Existe conexão, a nosso ver, entre os *embargos do executado* e a ação anulatória, pois se trata de dois processos de conhecimento, com as mesmas partes, e cuja finalidade é obter um pronunciamento de mérito a respeito da existência e da validade de um mesmo crédito tributário.[193] Com efeito, admitir que sejam processados e julgados separadamente, os embargos do executado e a ação anulatória do crédito tributário cuja inscrição em dívida ativa ampara a execução, implica admitir a possibilidade de julgamentos conflitantes a respeito da mesma matéria, julgamentos que só contribuirão à insegurança jurídica e ao descrédito do Poder Judiciário.[194]

Registre-se que essa reunião diz respeito à execução fiscal e à ação anulatória, não a diversas execuções diferentes. Com relação a este último caso, "a reunião de execuções fiscais contra o mesmo devedor constitui faculdade do Juiz" (Súmula 515/STJ).

Não nos parece relevante, para estabelecer essa conexão, ou a viabilidade da propositura da ação anulatória, saber se a execução lhe é anterior, ou não. O STJ, porém, chegou a decidir que a ação de conhecimento que visa a desconstituir o crédito tributário não pode ser proposta depois da execução,[195] mas somente antes desta. Isso porque, depois de proposta a execução, o crédito tributário nela exigido somente poderia ser questionado de modo útil em sede de embargos do executado. Caso se aceite esse entendimento, deve-se necessariamente considerar o momento da *citação* do executado, e não do protocolo da inicial da execução, como momento a partir do qual se considera "proposta" a execução, para fins de impossibilitar o manejo da ação anulatória. Entretanto, e com todo o respeito, a compreensão de que não é cabível a ação anulatória depois de proposta a execução fiscal é incorreta. Não há absolutamente nada que impeça essa propositura, que pode em muitos casos ser desejável, quer porque há excessiva demora na efetivação da penhora de bens indicados pelo executado, quer porque não há bens a penhorar; nessas duas situações, o processo de conhecimento poderia ser iniciado e, depois de efetuada a penhora, utilizados os atos já praticados, as provas já produzidas etc., para aproveitamento no âmbito da ação de embargos. O próprio STJ, aliás, possui outros julgados, posteriores,[196] que admitem essa possibilidade, aceitando inclusive que embargos do executado interpostos intempestivamente sejam recebidos como ação anulatória.[197]

---

[193] Nesse sentido, REsp 289.420/PR – Rel. Min. José Delgado – *DJ* de 2.4.2001, p. 262.

[194] Nesse sentido, REsp 517.891/PB – Rel. Min. Luiz Fux – *DJ* de 29.9.2003, p. 169, onde se consignou que "refoge à razoabilidade permitir que a ação anulatória do débito caminhe isoladamente da execução calcada na obrigação que se quer nulificar, por isso que, exitosa a ação de conhecimento, o seu resultado pode frustrar-se diante de execução já ultimada. 8. Reunião das ações no juízo suscitante da execução fiscal, competente para o julgamento de ambos os feitos. 9. Precedentes do E. STJ, muito embora nalguns casos somente se admita a conexão quando opostos embargos na execução e depositada a importância discutida".

[195] No já referido REsp 517.891/PB, afirmou-se que "proposta a execução torna-se despicienda e portanto falece interesse de agir a propositura de ação declaratória porquanto os embargos cumprem os desígnios de eventual ação autônoma".

[196] "[...] O atual entendimento do STJ é de que o ajuizamento de Execução Fiscal não obsta que o devedor exerça o direito constitucional de ação para ver declarada a nulidade do título ou a inexistência da obrigação. Precedentes: AgRg no REsp 822.491/RR, Rel. Ministro Herman Benjamin, Segunda Turma, DJe 13/3/2009; REsp 786.721/RJ, Rel. Ministro Teori Albino Zavascki, Primeira Turma, DJ 9.10.2006. [...]" (STJ, 2.ª T, AgRg no AREsp 836.928/SP, *DJe* de 27.05.2016).

[197] "Embargos à execução, visando ao reconhecimento da ilegitimidade do débito fiscal em execução, têm natureza de ação cognitiva, semelhante à da ação anulatória autônoma. Assim, a rigor, a sua intempestividade não acarreta necessariamente a extinção do processo. Interpretação sistemática e teleológica do art. 739, I, do CPC, permite o entendimento de que a rejeição dos embargos intempestivos não afasta a viabilidade de seu recebimento e processamento como ação autônoma, ainda que sem a eficácia de suspender a execução. Esse entendimento é compatível com o princípio da instrumentalidade das formas e da economia processual, já que evita a propositura de outra ação,

Como já consignou, com inteira propriedade, o Ministro Teori Albino Zavascki, ao relatar o REsp 719.907/RS,

> "Se é certo que a propositura de qualquer ação relativa ao débito constante do título não inibe o direito do credor de promover-lhe a execução (CPC, art. 585, § 1º), o inverso também é verdadeiro: o ajuizamento da ação executiva não impede que o devedor exerça o direito constitucional de ação para ver declarada a nulidade do título ou a inexistência da obrigação, seja por meio de embargos (CPC, art. 736), seja por outra ação declaratória ou desconstitutiva.
>
> [...] Nada impede, outrossim, que o devedor se antecipe à execução e promova, em caráter preventivo, pedido de nulidade do título ou a declaração de inexistência da relação obrigacional. Nesse caso, sobrevindo a execução, a ação cognitiva já proposta substitui os embargos do devedor com o mesmo objeto e causa de pedir, cuja propositura acarreta litispendência. Independentemente dos embargos, os atos executivos, nas circunstâncias, podem ser suspensos mediante o oferecimento de garantia à execução."[198]

Lapidar o julgado, na parte em que admite que anulatória, previamente ajuizada, seja "recebida como embargos" tão logo garantida a execução. Não nos parece acertado, contudo, na parte em que afirma haver litispendência entre os embargos, caso sejam manejados, e a anulatória. Os objetos não são rigorosamente idênticos, e o executado não pode ser colocado na difícil situação de, para não ser punido com a decretação de litispendência, ter de deixar passar *in albis* o prazo para oposição dos embargos, *confiando* em que o juiz aceitará receber a anulatória como se embargos fossem. A solução pragmática recomendável, em tais casos, consiste em pedir ao juiz da execução, tão logo feita a penhora (ou de outro modo garantido o juízo), que receba a anulatória preexistente como embargos, mas aduzindo, nessa mesma petição, uma síntese das razões de defesa, e os pedidos que seriam aduzidos nos embargos, para o caso de o primeiro pedido não ser acolhido. Em tal caso, não se poderia dizer que o contribuinte incorreu em "litispendência" por haver oferecido embargos.

Se a anulatória for anterior à execução, pode ser o caso não de reunir os feitos, mas de simplesmente suspender a execução, quando houver a garantia, e aguardar-se o desfecho definitivo da anulatória, a tramitar em juízo diverso, de modo a evitar os julgamentos contraditórios. A anulatória seguiria fazendo as vezes de embargos, de algum modo, mas respeitar-se-ia o princípio do juiz natural, e ela seguiria tramitando onde originalmente distribuída. "Segundo entendimento firmado pela 1ª Seção desta Corte, a ação anulatória de débito tributário e a execução fiscal poderão tramitar separadamente quando um dos juízos for incompetente para apreciar uma das demandas, cabendo ao juízo no qual tramita o executivo fiscal decidir acerca da sua eventual suspensão."[199]

Caso, antes de proposta a execução fiscal, o contribuinte ajuíze ação anulatória, ou impetre mandado de segurança, e efetue o depósito do montante integral do crédito tributário discutido,

---

com idênticas partes, causa de pedir e pedido da anterior, só mudando o nome (de embargos para anulatória). [...]" (STJ, 1ª T., REsp 729.149/MG, Rel. Min. Teori Albino Zavascki, j. em 24.5.2005, v.u., *DJ* de 6.6.2005, p. 229). O julgado, em razão da época em que proferido, reporta-se ao CPC de 1973, mas o entendimento subsiste sob a vigência do CPC/2015, cujo dispositivo correspondente ao que foi citado é o art. 918, I.

[198] *RDDT* nº 126, p. 141 ss. O acórdão refere-se a artigos do CPC/73, vigente à época de sua prolação. No CPC/2015, ora em vigor, são correspondentes os arts. 984, § 1º, e 914.

[199] AgInt no CC 159.553/DF, Rel. Min. Regina Helena Costa, Primeira Seção, julgado em 01.09.2020, *DJe* de 08.09.2020.

270 PROCESSO TRIBUTÁRIO – *Machado Segundo*

ou obtenha tutela de urgência suspendendo a exigibilidade do crédito tributário, nos termos do art. 151 do CTN, o título executivo torna-se carente de *exigibilidade*. Não pode, portanto, ser executado, devendo ser extinta (e não suspensa) execução eventualmente ajuizada.[200]

---

[200] "Efetuado o depósito na ação anulatória antes do ajuizamento da execução fiscal ou da constituição definitiva do crédito, torna-se impedida a propositura da ação executiva. Caso esta já tenha sido proposta, o depósito terá a virtude de suspender o processo executivo em curso até a solução final da ação de conhecimento, de natureza desconstitutiva. *In casu*, o contribuinte realizou o depósito no mesmo dia em que ajuizada a execução fiscal, ou seja, quando nem sequer havia sido aperfeiçoada a relação processual a ser instaurada no processo executivo, o que ocorre com a citação da parte contrária para apresentar sua defesa. Em casos que tais, *data venia* do entendimento da Corte de origem no sentido da possibilidade de coexistência de ambas as ações, a extinção do processo executivo é de rigor, em respeito ao disposto no artigo 151, II, do CTN. Precedentes: REsp 174.000/RJ, Rel. Min. Eliana Calmon, *DJU* 25/06/2001 e REsp 62.767/PE, Rel. Min. Antônio de Pádua Ribeiro, *DJU* 28/04/1997. Recurso especial provido" (STJ, 2ª T., REsp 255.701/SP, rel. Min. Franciulli Netto, j. em 27.4.2004, *DJ* de 9.8.2004, p. 198). No mesmo sentido: "1. O depósito do montante integral do débito, nos termos do artigo 151, inciso II, do CTN, suspende a exigibilidade do crédito tributário, impedindo o ajuizamento da execução fiscal por parte da Fazenda Pública. [...] 2. É que as causas suspensivas da exigibilidade do crédito tributário (art. 151 do CTN) impedem a realização, pelo Fisco, de atos de cobrança, os quais têm início em momento posterior ao lançamento, com a lavratura do auto de infração. 3. O processo de cobrança do crédito tributário encarta as seguintes etapas, visando ao efetivo recebimento do referido crédito: a) a cobrança administrativa, que ocorrerá mediante a lavratura do auto de infração e aplicação de multa: exigibilidade-autuação; b) a inscrição em dívida ativa: exigibilidade-inscrição; c) a cobrança judicial, via execução fiscal: exigibilidade-execução. 4. Os efeitos da suspensão da exigibilidade pela realização do depósito integral do crédito exequendo, quer no bojo de ação anulatória, quer no de ação declaratória de inexistência de relação jurídico-tributária, ou mesmo no de mandado de segurança, desde que ajuizados anteriormente à execução fiscal, têm o condão de impedir a lavratura do auto de infração, assim como de coibir o ato de inscrição em dívida ativa e o ajuizamento da execução fiscal, a qual, acaso proposta, deverá ser extinta. 5. A improcedência da ação antiexacional (precedida do depósito do montante integral) acarreta a conversão do depósito em renda em favor da Fazenda Pública, extinguindo o crédito tributário, consoante o comando do art. 156, VI, do CTN, na esteira dos ensinamentos de abalizada doutrina, *verbis*: "Depois da constituição definitiva do crédito, o depósito, quer tenha sido prévio ou posterior, tem o mérito de impedir a propositura da ação de cobrança, vale dizer, da execução fiscal, porquanto fica suspensa a exigibilidade do crédito. [...] Ao promover a ação anulatória de lançamento, ou a declaratória de existência de relação tributária, ou mesmo o mandado de segurança, o autor fará a prova do depósito e pedirá ao Juiz que mande cientificar a Fazenda Pública, para os fins do art. 151, II, do Código Tributário Nacional. Se pretender a suspensão da exigibilidade antes da propositura da ação, poderá fazer o depósito e, em seguida, juntando o respectivo comprovante, pedir ao Juiz que mande notificar a Fazenda Pública. Terá então o prazo de 30 dias para promover a ação. Julgada a ação procedente, o depósito deve ser devolvido ao contribuinte, e se improcedente, convertido em renda da Fazenda Pública, desde que a sentença de mérito tenha transitado em julgado" (MACHADO, Hugo de Brito. Curso de Direito Tributário. 27a ed., p. 205/206). 6. *In casu*, o Tribunal *a quo*, ao conceder a liminar pleiteada no bojo do presente agravo de instrumento, consignou a integralidade do depósito efetuado, às fls. 77/78: 'A verossimilhança do pedido é manifesta, pois houve o depósito dos valores reclamados em execução, o que acarreta a suspensão da exigibilidade do crédito tributário, de forma que concedo a liminar pleiteada para o fim de suspender a execução até o julgamento do mandado de segurança ou julgamento deste pela Turma Julgadora.' 7. A ocorrência do depósito integral do montante devido restou ratificada no aresto recorrido, consoante dessume-se do seguinte excerto do voto condutor, *in verbis*: 'O depósito do valor do débito impede o ajuizamento de ação executiva até o trânsito em julgado da ação. Consta que foi efetuado o depósito nos autos do Mandado de Segurança impetrado pela agravante, o qual encontra-se em andamento, de forma que a exigibilidade do tributo permanece suspensa até solução definitiva. Assim sendo, a Municipalidade não está autorizada a proceder à cobrança de tributo cuja legalidade está sendo discutida judicialmente.' 8. *In casu*, o Município recorrente alegou violação do art. 151, II, do CTN, ao argumento de que o depósito efetuado não seria integral, posto não coincidir com o valor constante da CDA, por isso que inapto a garantir a execução, determinar sua suspensão ou extinção, tese insindicável

É de se verificar, finalmente, que o art. 38 da LEF realiza corte aparentemente inadmissível no rol de instrumentos processuais dos quais dispõe o sujeito passivo para questionar a validade de exigências tributárias, excluindo, por exemplo, a ação declaratória, no âmbito da qual pode ser feito depósito integral para os mesmos fins e com os mesmos efeitos daquele efetuado no âmbito da ação anulatória. Desse ponto, contudo, cuidaremos no momento oportuno, quando tratarmos, ao longo do item 3, *infra*, das ações de iniciativa do contribuinte.

2.1.10 *Suspensão da execução e prescrição intercorrente*

Determina o art. 40 da LEF que, quando não for localizado o devedor, ou quando não forem encontrados bens sobre os quais possa recair a penhora, o juiz suspenderá o curso da execução. Caso o processo permaneça suspenso por um ano, sem que seja localizado o devedor ou encontrados bens penhoráveis, o juiz deverá ordenar o arquivamento dos autos.

A principal questão que se coloca, em relação à suspensão da execução e ao arquivamento dos autos, diz respeito à prescrição. Primeiro, porque o referido art. 40 da LEF assevera expressamente que, durante essa suspensão, "não correrá o prazo de prescrição" (Lei 6.830/80, art. 40, *caput*), e que, "encontrados que sejam, a qualquer tempo, o devedor ou os bens, serão desarquivados os autos para prosseguimento da execução" (Lei 6.830/80, art. 40, § 3º).

Alguns autores entendem que se trata de disposição inválida, não recepcionada pela Constituição Federal de 1988, na medida em que a prescrição do crédito tributário seria matéria privativa de lei complementar (CF/88, art. 146, III, *b*). Outros, porém, consideram-na válida, mas afirmam que a suspensão da prescrição ocorre apenas durante um ano. Depois, arquivada a execução, inicia-se a chamada *prescrição intercorrente*, e se não forem encontrados o devedor ou bens penhorados ao cabo de cinco anos contados do arquivamento, ocorre a extinção do crédito tributário.[201]

Seja como for, o importante é perceber que não pode haver dívidas imprescritíveis. Arquivado o processo de execução, e permanecendo arquivado por cinco anos, com a completa inércia da Fazenda exequente, não é possível considerar-se suspensa também a prescrição, em ofensa ao princípio geral da prescritibilidade das obrigações, decorrente do princípio fundamental da segurança jurídica. Raciocinando assim, o STJ entende que não há invalidade nas disposições do art. 40 da Lei 6.830/80 a respeito da prescrição, *desde que sejam interpretadas em consonância com o art. 174 do CTN*. Essa interpretação harmônica conduz à conclusão de que a prescrição mantém-se suspensa por um ano, enquanto suspensa mantiver-se a execução, mas inicia-se novamente tão logo escoado este um ano e arquivada a execução fiscal. É o que se conclui dos acórdãos a seguir ementados:

"PROCESSUAL CIVIL. EXECUÇÃO FISCAL. PRESCRIÇÃO. ARTS. 40, DA LEI 6.830/80 E 174 DO CTN. PRECEDENTES.

1. O art. 40 da Lei 6.830/80 está em consonância com o art. 174 do Código Tributário Nacional, devendo ser interpretados harmonicamente.

---

pelo STJ, mercê de a questão remanescer quanto aos efeitos do depósito servirem à fixação da tese repetitiva. 9. Destarte, ante a ocorrência do depósito do montante integral do débito exequendo, no bojo de ação antiexacional proposta em momento anterior ao ajuizamento da execução, a extinção do executivo fiscal é medida que se impõe, porquanto suspensa a exigibilidade do referido crédito tributário" (STJ, 1ª S., REsp 1.140.956 SP, *DJe* de 3.12.2010).

[201] Maury Ângelo Bottesini, Odmir Fernandes, Ricardo Cunha Chimenti, Carlos Henrique Abrão e Manoel Álvares. *Lei de Execução Fiscal Comentada e Anotada*, 3. ed., São Paulo: Revista dos Tribunais, 2000, p. 321 e 322.

2. Inadmissível estender-se o prazo prescricional por prazo indeterminado, devido à suspensão do processo por período superior a cinco anos.

3. Orientação consagrada pela Eg. 1ª Seção corroborando o entendimento das Turmas que a integram.

4. Recurso especial conhecido, porém, improvido."[202]

"AGRAVO EM RECURSO ESPECIAL – PROCESSUAL CIVIL E TRIBUTÁRIO – EXECUÇÃO FISCAL – SUSPENSÃO – PRESCRIÇÃO INTERCORRENTE.

A aplicação do art. 40 da Lei 6.830/80 (LEF) se sujeita aos limites impostos pelo art. 174 do CTN. Assim, após o transcurso do prazo quinquenal sem a manifestação da Fazenda Pública, impõe-se a decretação da prescrição intercorrente. Precedentes.

Agravo regimental a que se nega provimento."[203]

O transcurso do prazo prescricional, como se vê, é pacífico no âmbito da jurisprudência do STJ. Tanto é assim que a Primeira Seção confirmou, em 12.12.2005, o enunciado da Súmula nº 314 do STJ, do seguinte teor: "em execução fiscal, não localizados bens penhoráveis, suspende-se o processo por um ano, findo o qual se inicia o prazo da prescrição quinquenal intercorrente."

Questão correlata, mas distinta, é a de saber se o juiz pode, ou não, decretar de ofício a consumação da prescrição intercorrente, a qual vinha sendo respondida negativamente pelas duas Turmas de Direito Público daquela Corte Superior.[204]

Talvez para contornar esse entendimento, foi editada a Lei 11.051, de 29 de dezembro de 2004, inserindo um § 4º no art. 40 da Lei 6.830 (Lei de Execuções Fiscais), dispondo: "Se da decisão que ordenar o arquivamento tiver decorrido o prazo prescricional, o juiz, depois de ouvida a Fazenda Pública, poderá, de ofício, reconhecer a prescrição intercorrente e decretá-la de imediato."[205]

Há quem afirme que tal disposição é inconstitucional, pois teria cuidado de matéria privativa de lei complementar (CF/88, art. 146, III, "b"). Tal argumento, porém, não se sustenta. É importante perceber que a Lei 11.051/2004 não cuidou de prazos prescricionais. Não alterou a forma de contá-los, seus termos inicial e final, nem o número de anos ao cabo dos quais estão consumados. Não. Limitou-se a dispor sobre norma de direito processual civil, relativa aos poderes do juiz de declarar uma situação preexistente. A prescrição consumou-se por conta da incidência do art. 174 do CTN, tendo a alteração legislativa apenas dado ao juiz o poder de reconhecer isso *ex officio*. Não se pode cogitar, portanto, de agressão ao art. 146, III, "b", da CF/88.

---

[202] Ac. un. da 2ª T. do STJ – REsp 194.296/SC – Rel. Min. Peçanha Martins – j. em 23.11.1999 – *DJU* I de 1º.8.2000, p. 235.

[203] Ac. un. da 1ª T. do STJ – AGREsp 439.560/RO – Rel. Min. Paulo Medina – j. em 11.3.2003 – *DJU* I de 14.4.2003, p. 186. No mesmo sentido: Ac. un. da 2ª T. do STJ – AGA 275.900/RS – Rel. Min. Eliana Calmon – j. em 20.6.2000 – *DJU* I de 1º.8.2000, p. 248.

[204] Ac. un. da 2ª T. do STJ – REsp 432.586/RO – Rel. Min. Eliana Calmon – j. em 13.5.2003 – *DJU* I de 2.6.2003, p. 274; Ac. un. da 1ª T. do STJ – AGA 503.946/PE – Rel. Min. José Delgado – j. em 26.8.2003 – *DJU* I de 22.9.2003, p. 270; Ac. un. da 2ª T. do STJ – REsp 263.632/RO – Rel. Min. João Otávio de Noronha – j. em 20.3.2003 – *DJU* I de 7.4.2003, p. 256.

[205] Nos termos do parágrafo quinto do mesmo artigo de lei, essa manifestação prévia da Fazenda é dispensada no caso de cobranças cujo valor seja inferior ao mínimo fixado por ato do Ministro de Estado da Fazenda.

Por outro lado, não se pode esquecer de que não há qualquer utilidade, para a Fazenda Pública, em manter arquivadas, nas Secretarias das Varas, milhares de execuções fiscais inteiramente inviáveis, propostas contra pessoas inexistentes, ou que não têm como ser localizadas. É muito melhor concentrar o tempo, os esforços e as energias do Judiciário, e das procuradorias das fazendas exequentes, naquelas execuções viáveis, em face das quais o Poder Público tem chances de efetivamente receber o que lhe é devido.

No âmbito da sistemática dos "recursos repetitivos", o Superior Tribunal de Justiça firmou as seguintes teses, relativamente à prescrição intercorrente e à sua contagem:

"4. Teses julgadas para efeito dos arts. 1.036 e seguintes do CPC/2015 (art. 543-C, do CPC/1973):

4.1.) O prazo de 1 (um) ano de suspensão do processo e do respectivo prazo prescricional previsto no art. 40, §§ 1º e 2º da Lei 6.830/80 – LEF tem início automaticamente na data da ciência da Fazenda Pública a respeito da não localização do devedor ou da inexistência de bens penhoráveis no endereço fornecido, havendo, sem prejuízo dessa contagem automática, o dever de o magistrado declarar ter ocorrido a suspensão da execução; 4.1.1.) Sem prejuízo do disposto no item 4.1., nos casos de execução fiscal para cobrança de dívida ativa de natureza tributária (cujo despacho ordenador da citação tenha sido proferido antes da vigência da Lei Complementar n. 118/2005), depois da citação válida, ainda que editalícia, logo após a primeira tentativa infrutífera de localização de bens penhoráveis, o Juiz declarará suspensa a execução. 4.1.2.) Sem prejuízo do disposto no item 4.1., em se tratando de execução fiscal para cobrança de dívida ativa de natureza tributária (cujo despacho ordenador da citação tenha sido proferido na vigência da Lei Complementar n. 118/2005) e de qualquer dívida ativa de natureza não tributária, logo após a primeira tentativa frustrada de citação do devedor ou de localização de bens penhoráveis, o Juiz declarará suspensa a execução.

4.2.) Havendo ou não petição da Fazenda Pública e havendo ou não pronunciamento judicial nesse sentido, findo o prazo de 1 (um) ano de suspensão inicia-se automaticamente o prazo prescricional aplicável (de acordo com a natureza do crédito exequendo) durante o qual o processo deveria estar arquivado sem baixa na distribuição, na forma do art. 40, §§ 2º, 3º e 4º da Lei 6.830/80 – LEF, findo o qual o Juiz, depois de ouvida a Fazenda Pública, poderá, de ofício, reconhecer a prescrição intercorrente e decretá-la de imediato.

4.3.) A efetiva constrição patrimonial e a efetiva citação (ainda que por edital) são aptas a interromper o curso da prescrição intercorrente, não bastando para tal o mero peticionamento em juízo, requerendo, v.g., a feitura da penhora sobre ativos financeiros ou sobre outros bens. Os requerimentos feitos pelo exequente, dentro da soma do prazo máximo de 1 (um) ano de suspensão mais o prazo de prescrição aplicável (de acordo com a natureza do crédito exequendo) deverão ser processados, ainda que para além da soma desses dois prazos, pois, citados (ainda que por edital) os devedores e penhorados os bens, a qualquer tempo – mesmo depois de escoados os referidos prazos –, considera-se interrompida a prescrição intercorrente, retroativamente, na data do protocolo da petição que requereu a providência frutífera.

4.4.) A Fazenda Pública, em sua primeira oportunidade de falar nos autos (art. 245 do CPC/73, correspondente ao art. 278 do CPC/2015), ao alegar nulidade pela falta de qualquer intimação dentro do procedimento do art. 40 da LEF, deverá demonstrar o prejuízo que sofreu (exceto a falta da intimação que constitui o termo inicial – 4.1., onde o prejuízo é presumido), por exemplo, deverá demonstrar a ocorrência de qualquer causa interruptiva ou suspensiva da prescrição.

4.5.) O magistrado, ao reconhecer a prescrição intercorrente, deverá fundamentar o ato judicial por meio da delimitação dos marcos legais que foram aplicados na contagem do respectivo prazo, inclusive quanto ao período em que a execução ficou suspensa.

5. Recurso especial não provido. Acórdão submetido ao regime dos arts. 1.036 e seguintes do CPC/2015 (art. 543-C, do CPC/1973)".[206]

Finalmente, observe-se que a prescrição só reinicia o seu curso, de modo intercorrente, quando o arquivamento da execução acontece por não haver sido encontrado o executado, ou bens penhoráveis, nos termos do art. 40 da LEF. É óbvio que, se a suspensão é causada por outra circunstância, como, por exemplo, a determinação de juiz perante o qual é processada uma ação anulatória, ou mesmo pela interposição dos embargos, essa prescrição não tem lugar. Isso porque a prescrição intercorrente pressupõe a *inércia* do exequente, o que não ocorre quando a suspensão se deve à determinação judicial, ou a qualquer outra circunstância que implique a suspensão da própria pretensão executiva.[207] É por isso que dizemos que, para a própria Fazenda Pública, é muito mais vantajoso e racional admitir o processamento dos embargos do executado, mesmo diante de penhora insuficiente (item 2.1.5.2, *supra*), na medida em que a alternativa seria considerar a execução como "não garantida", suspendê-la nos termos do art. 40 da LEF, e com isso submeter-se ao risco da prescrição intercorrente. Ora, uma vez embargada, além de afastar o risco de prescrição, a Fazenda poderia manter-se diligente e, paralelamente ao processamento dos embargos, procurar obter o reforço da penhora e a integralidade da garantia. Na pior das hipóteses, a Fazenda teria – naturalmente caso fossem julgados improcedentes os pedidos formulados nos embargos – como receber pelo menos parte do crédito tributário.

2.2 Cautelar fiscal

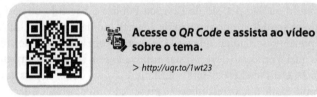

Acesse o *QR Code* e assista ao vídeo sobre o tema.

> http://uqr.to/1wt23

2.2.1 Noções gerais

Como já afirmamos ao longo deste livro, a Fazenda Pública, em regra, não se vale de processos de conhecimento. Não tem interesse nem legitimidade para tanto, visto que dotada da aptidão de constituir unilateralmente seus próprios títulos executivos. O Estado-Fisco

---

[206] STJ, 1ª S., REsp 1.340.553/RS, *DJe* 16.10.2018.

[207] Nesse sentido, o STJ tem decidido, com acerto, que, "em sede de execução fiscal, o mero transcurso do tempo, por mais de cinco anos, não é causa suficiente para deflagrar a prescrição intercorrente, se para a paralisação do processo de execução não concorre o credor com culpa. Assim, se a estagnação do feito decorre da suspensão da execução determinada pelo próprio juiz em face do ajuizamento de anulatórias de débito fiscal a serem julgadas, em conjunto, com os embargos do devedor opostos, em razão da conexão havida entre elas, não é possível reconhecer a prescrição intercorrente, ainda que transcorrido o quinquídio legal" (Ac. un. da 2ª T. do STJ – REsp 242.838/PR – Rel. Min. Nancy Andrighi – j. em 15.8.2000 – *DJU* I de 11.9.2000, p. 245 – *RSTJ* 138/218). No mesmo sentido, mas especificamente em relação à suposta prescrição por conta da demora no julgamento dos embargos de devedor: REsp 198.205/RS – *DJU* I de 21.6.1999, p. 86.

Capítulo 4 · PROCESSO JUDICIAL TRIBUTÁRIO | **275**

necessita, isso sim, do processo *executivo*, para obter o adimplemento do crédito por ele próprio lançado, e, eventualmente, pode necessitar de um processo *cautelar*, para assegurar a efetividade do processo de execução. Do processo executivo manejado pela Fazenda Pública cuidamos no item 2.1, *supra*, dedicado à execução fiscal.[208] Trataremos, aqui, da *cautelar fiscal*, processo de natureza cautelar, utilizado pela Fazenda para ver assegurado o adimplemento de crédito tributário lançado, ou a efetividade da execução desse mesmo crédito, tornando indisponíveis os bens do sujeito passivo, de sorte a que este não possa utilizar de meios sub-reptícios para não adimplir o crédito da Fazenda Pública (pondo seus bens em nome de terceiros, contraindo dívidas fictícias etc.). Trata-se de processo destinado à concessão de tutela cautelar específica, bastante semelhante ao arresto disciplinado no art. 813 do CPC/73. Com o fim dos processos cautelares, no âmbito do CPC/2015, a cautelar fiscal subsiste como uma exceção à regra segundo a qual as tutelas cautelares são deferidas no âmbito do processo de conhecimento (ou de execução), de forma preparatória ou incidental. No caso da execução fiscal, isso já se verifica no que tange à medida prevista no art. 185-A do CTN, que tem natureza de tutela cautelar, conforme já explicado, mas permanece possível o uso do processo específico e autônomo para a obtenção dessa modalidade de tutela.

A disciplina normativa da cautelar fiscal é feita pela Lei 8.397, de 6 de janeiro de 1992, que assevera ser possível a sua propositura antes ou no curso da execução fiscal, sendo desta sempre dependente (art. 1º). Poderá ser requerida sempre que o devedor da Fazenda Pública, de crédito regularmente constituído, tributário ou não, adotar conduta indicativa do propósito de frustrar seu adimplemento.

A doutrina tem apontado uma série de inconvenientes, e de inutilidades, na cautelar fiscal. Hugo de Brito Machado, por exemplo, assevera que a medida é inútil, pois somente poderia ser requerida em face da constituição do crédito tributário, situação que já confere à Fazenda Pública o direito de propor a execução fiscal, e obter a penhora de bens, instrumento incomparavelmente mais adequado e eficaz para garantir o adimplemento da quantia executada.[209] O STJ, contudo, tem admitido a sua propositura antes da conclusão do processo administrativo,[210] sendo ela instrumento adequado para evitar que o contribuinte se utilize de recursos administrativos protelatórios para, antes da conclusão do processo administrativo, alienar seu patrimônio sem incorrer na vedação contida no art. 185 do CTN,[211] esvaziando a execução fiscal e inviabilizando a satisfação do crédito tributário.

---

[208] Pode ocorrer, eventualmente, de a Fazenda Pública, quando da execução de *outro ente público*, ter de valer-se de processo executivo distinto, regrado pelos arts. 534 ss. e 910 ss. do CPC/2015.

[209] Hugo de Brito Machado, *Curso de Direito Tributário*, 22. ed., São Paulo: Malheiros, 2003, p. 427.

[210] "[...] A medida cautelar fiscal, ensejadora de indisponibilidade do patrimônio do contribuinte, pode ser intentada mesmo antes da constituição do crédito tributário, nos termos do artigo 2º, inciso V, 'b', e inciso VII, da Lei 8.397/92 (com a redação dada pela Lei 9.532/97) [...]" (REsp 689.472/SE, Rel. Min. Luiz Fux, j. em 5.10.2006, *DJ* de 13.11.2006, p. 227).

[211] "Art. 185. Presume-se fraudulenta a alienação ou oneração de bens ou rendas, ou seu começo, por sujeito passivo em débito para com a Fazenda Pública, por crédito tributário regularmente inscrito como dívida ativa. Parágrafo único. O disposto neste artigo não se aplica na hipótese de terem sido reservados, pelo devedor, bens ou rendas suficientes ao total pagamento da dívida inscrita".

2.2.2 Hipóteses de cabimento

2.2.2.1 Pressupostos para a concessão de tutelas cautelares em geral

A tutela cautelar é definida por sua finalidade, que é a de assegurar a eficácia, ou a utilidade, da tutela de conhecimento, ou da tutela executiva. Seus pressupostos básicos, portanto, residem na existência de uma situação de perigo à efetividade de uma prestação jurisdicional, e na possibilidade de essa prestação vir a ocorrer em favor de quem a requer. É o que a doutrina processualista costuma chamar de perigo da demora, e de aparência do direito, respectivamente.

Tais pressupostos autorizam, presentes no caso concreto, a que o juiz atribua maior peso, ou prestígio, ao direito a uma tutela jurisdicional efetiva por parte de quem requer a tutela cautelar que ao direito a um devido processo legal, com ampla instrução probatória, prévio a qualquer ato restritivo de direitos, por parte de quem sofre seus efeitos.

No que diz respeito à cautelar fiscal, seus pressupostos não diferem muito dos acima resumidamente explicados. A Fazenda Pública há de possuir em seu favor um crédito regularmente constituído em processo administrativo (aparência do direito), e esse crédito deve estar com seu adimplemento ameaçado por atos do sujeito passivo que revelem seu propósito de furtar-se fraudulentamente do respectivo pagamento (perigo da demora).

2.2.2.2 Cautelar fiscal e a possibilidade de provimento liminar

Presentes os requisitos necessários, o juiz poderá conceder *liminarmente* a medida cautelar fiscal, em despacho que pode ser impugnado através de agravo de instrumento.

A fumaça do bom direito, necessária à concessão de uma cautelar fiscal, é representada pela existência de um crédito regularmente constituído.

Em algumas situações, a Lei 8.397/92 permite o manejo da cautelar fiscal à luz de um ato de lançamento ainda não definitivamente julgado, hipótese na qual a execução fiscal deverá ser proposta em até 60 dias contados de seu julgamento administrativo definitivo. É o caso do art. 1º, parágrafo único, da Lei 8.397/92, que dispõe: "O requerimento da medida cautelar, na hipótese dos incisos V, *b*, e VII, do art. 2º, independe da prévia constituição do crédito tributário." Os citados incisos, a propósito, cuidam de quando o sujeito passivo, notificado para pagar o débito, põe ou tenta pôr seus bens em nome de terceiro, ou aliena bens ou direitos sem proceder à devida comunicação à Fazenda Pública, quando esta comunicação for exigida por lei (*v. g.* no caso de arrolamento de bens quando da lavratura do auto de infração).

Em tese, é possível questionar se as normas constitucionais que asseguram o direito ao devido processo legal administrativo, e a ampla defesa e o contraditório, tolerariam que uma lei ordinária submetesse o sujeito passivo às consequências do "inadimplemento" de um crédito, cuja existência e validade ainda estão sob o crivo da autoridade administrativa. Aliás, o art. 151, III, do CTN, é bastante claro quando assevera possuírem as reclamações e recursos administrativos o condão de *suspender a exigibilidade* do crédito tributário. Entretanto, o direito de defesa, e a suspensão da exigibilidade do crédito tributário, não autorizam o contribuinte a defender-se apenas para se desfazer de todo o seu patrimônio, sobretudo se uma coisa não está ligada à outra.

Isso não quer dizer, naturalmente, que a indisponibilidade de bens deva ser sempre concedida. A presença dos requisitos, a serem cuidadosamente aferidos pelo juiz em cada caso, é indispensável.

Quanto ao perigo da demora, não basta que a Fazenda o alegue, genericamente, sem demonstrar concreta e objetivamente a sua presença. É preciso justificar o seu receio de que, não deferida a medida cautelar fiscal, o direito a ser satisfeito no processo executivo poderá restar esvaziado.

2.2.2.3 Requisitos da inicial

De acordo com o art. 6º da Lei 8.397/92, a medida cautelar fiscal deverá ser pleiteada pela Fazenda Pública em petição na qual *fundamentará* a necessidade de sua concessão, e, ainda, deverá indicar: I – o juiz a quem é dirigida; II – a qualificação e o endereço, se conhecido, do requerido; III – as provas que serão produzidas; IV – o requerimento para citação. O juiz competente para conhecer e julgar a cautelar fiscal é o mesmo que detiver a competência para fazê-lo em relação à execução fiscal.

2.2.3 *Efeitos do provimento que concede a medida cautelar fiscal*

2.2.3.1 Indisponibilidade dos bens do sujeito passivo

O efeito do provimento jurisdicional que defere uma medida cautelar fiscal, em suma, é o de tornar *indisponíveis* os bens do sujeito contra o qual se requereu a medida. Trata-se, enfim, de uma forma de garantir o adimplemento do crédito a ser posteriormente objeto de execução fiscal.

Deve-se observar, porém, que essa indisponibilidade só pode alcançar os bens necessários à satisfação do alegado crédito. A cautelar fiscal não pode implicar a indisponibilidade de bens em montante *superior* ao dos créditos que justificaram sua concessão, seja por que motivo for. Não é possível tornar indisponíveis todos os bens do devedor, não obstante o crédito contra ele constituído seja de valor bem inferior à totalidade de tais bens, sob a justificativa de que "outros" créditos poderiam vir a ser constituídos. Haveria, nesse caso, além de ilegalidade, afronta ao princípio da proporcionalidade.

2.2.3.2 Requerido pessoa jurídica: bens do ativo permanente e de seus dirigentes

A indisponibilidade dos bens do requerido, no caso de pessoa jurídica, recairá somente sobre os bens do ativo permanente (*v. g.*, imóvel onde funciona a sociedade), o que significa que não poderão ser tornados indisponíveis bens do chamado "ativo circulante", tais como mercadorias em estoque, por exemplo.[212] A ressalva tem por finalidade impedir que a pessoa jurídica tenha suas atividades "paralisadas" por conta da medida, o que poderia implicar desnecessária e abusiva ofensa à liberdade de iniciativa e à liberdade empresarial, asseguradas constitucionalmente.

Quanto à hipótese de o requerido, na ação cautelar fiscal, ser uma pessoa jurídica, a Lei 8.397/92 assevera ainda que a indisponibilidade poderá "ser estendida aos bens do acionista controlador e aos dos que em razão do contrato social ou estatuto tenham poderes para fazer a empresa cumprir suas obrigações fiscais, ao tempo: (a) do fato gerador, nos casos de

---

[212] Em situações excepcionais, o STJ tem admitido a decretação da indisponibilidade de bens da pessoa jurídica, ainda quando não constituam seu ativo permanente. Mas, mesmo nesses casos, não é possível comprometer-se a sua viabilidade. (REsp 365.546/SC, Rel. Min. João Otávio Noronha, 2ª T., j. em 6.6.2006, *DJ* de 4.8.2006, p. 294). É o caso de quando a pessoa jurídica *já está com suas atividades paralisadas,* ou de quando, tendo sido manejada a execução, não são localizados quaisquer bens que possam ser penhorados (REsp 513.078/AL).

278 | PROCESSO TRIBUTÁRIO – *Machado Segundo*

lançamento de ofício; (b) do inadimplemento da obrigação fiscal, nos demais casos". Note-se, aí, a expressão *poderá*, que serve para viabilizar uma interpretação *conforme a Constituição*, e, também, *conforme o CTN*, pois não será em qualquer caso que os bens dos que decidem em nome da pessoa jurídica poderão ser alcançados pelas dívidas fiscais desta (cfr. item 2.1.2.1, *supra*).

Captando com muita agudeza essa realidade, o STJ já decidiu que

> "[...] a responsabilidade excepcional do sócio-gerente somente se configura quando, no exercício da atividade de administração da pessoa jurídica, restar demonstrado que este agiu com abuso de poder, infração à lei, contrato social ou estatutos, a teor do disposto no artigo 135 do CTN, ou, ainda, se a sociedade foi dissolvida irregularmente.
>
> Não deve prevalecer, portanto, o disposto no artigo 4º, § 2º, da Lei 8.397/92, ao estabelecer que, na concessão de medida cautelar fiscal, 'a indisponibilidade patrimonial poderá ser estendida em relação aos bens adquiridos a qualquer título do requerido ou daqueles que estejam ou tenham estado na função de administrador'. Em se tratando de responsabilidade subjetiva, é mister que lhe seja imputada a autoria do ato ilegal, o que se mostra inviável quando o sócio sequer era administrador da sociedade à época da ocorrência do fato gerador do débito tributário pendente de pagamento. [...]."[213]

Para obter a extensão dos efeitos da medida cautelar fiscal sobre os que integram os *órgãos* da pessoa jurídica requerida, portanto, a Fazenda Pública terá de demonstrar a ocorrência da situação de fato que autoriza a extensão da responsabilidade tributária correspondente, nos termos do art. 135, III, do CTN, do mesmo modo como tem de fazer para obter o "redirecionamento" da execução fiscal correspondente.

Relativamente a esse ponto, vale referir, aqui, o uso que eventualmente a Fazenda Pública, tanto a Federal como a de Estados-membros, tem feito da cautelar fiscal para pleitear o bloqueio de bens de pessoas, físicas e jurídicas, sequer integrantes do quadro societário da

---

[213] Ac. un. da 2ª T. do STJ – REsp 197.278/AL – Rel. Min. Franciulli Netto – j. em 26.2.2002 – *DJU* I de 24.6.2002, p. 233 – *RTFP* 46/313. Mais recentemente: "[...] É assente na Corte que o redirecionamento da execução fiscal, e seus consectários legais, para o sócio-gerente da empresa, somente é cabível quando reste demonstrado que este agiu com excesso de poderes, infração à lei ou contra o estatuto, ou na hipótese de dissolução irregular da empresa [...]. Os requisitos necessários para a imputação da responsabilidade patrimonial secundária na ação principal de execução são também exigidos na ação cautelar fiscal, posto acessória por natureza. [...] Consectariamente, a indisponibilidade patrimonial, efeito imediato da decretação da medida cautelar fiscal, somente pode ser estendida aos bens do acionista controlador e aos dos que em razão do contrato social ou estatuto tenham poderes para fazer a empresa cumprir suas obrigações fiscais, desde que demonstrado que as obrigações tributárias resultaram de atos praticados com excesso de poderes ou infração de lei, contrato social ou estatutos (responsabilidade pessoal), nos termos do artigo 135, do CTN. No caso de liquidação de sociedade de pessoas, os sócios são 'solidariamente' responsáveis (artigo 134, do CTN) nos atos em que intervieram ou pelas omissões que lhes forem atribuídas. 6. Precedente da Corte no sentido de que: '[...] Não deve prevalecer, portanto, o disposto no artigo 4º, § 2º, da Lei 8.397/92, ao estabelecer que, na concessão de medida cautelar fiscal, a indisponibilidade patrimonial poderá ser estendida em relação aos bens adquiridos a qualquer título do requerido ou daqueles que estejam ou tenham estado na função de administrador'. Em se tratando de responsabilidade subjetiva, é mister que lhe seja imputada a autoria do ato ilegal, o que se mostra inviável quando o sócio sequer era administrador da sociedade à época da ocorrência do fato gerador do débito tributário pendente de pagamento.[...]' (REsp 197.278/AL, Relator Ministro Franciulli Netto, Segunda Turma, *DJ* de 24.6.2002) [...]" (REsp 722.998/MT, Rel. Min. Luiz Fux, 1ª T., j. em 11.4.2006, *DJ* de 28.4.2006, p. 272).

pessoa jurídica indicada como devedora do débito lançado. Pretende-se, com tais demandas, ver declarada a responsabilidade de tais pessoas, a serem posteriormente alojadas no polo passivo da execução fiscal correspondente.

Embora se trate de questão de direito material, relacionada à conformação do polo passivo da relação jurídica tributária, é conveniente mencioná-la aqui, em razão de seus desdobramentos de ordem processual. Com fundamento no art. 135 do CTN, eventualmente se imputa responsabilidade a pessoas que seriam "sócias de fato" da sociedade executada. E, com amparo no art. 124, I, do CTN, imputa-se responsabilidade a pessoas, físicas ou jurídicas, que integrariam o mesmo "grupo econômico" daquela pessoa executada, ainda que sem fazer parte de seu quadro societário, ou que seriam responsáveis por terem – como advogados ou consultores – dado *orientações indevidas* à pessoa executada.

Suponha-se que uma firma de consultoria orienta uma pessoa jurídica a conduzir-se de determinada maneira, de sorte a reduzir seu ônus tributário. É o caso daquelas que sugerem planejamentos tributários, por exemplo. Poderia o Fisco, ao desconsiderar o planejamento tributário seguido pelo contribuinte, responsabilizar pelo tributo (e pelas penalidades) também a firma de consultoria que forneceu a orientação? Afinal, poder-se-ia dizer, ela teria sido "a responsável" por todos os fatos e condutas que, afinal, levaram à autuação.

Sem entrar no mérito da questão de saber se e em quais hipóteses um planejamento tributário poderia ser desconsiderado pelo Fisco, o fato é que a responsabilização do consultor externo que o houver sugerido não encontra amparo na ordem jurídica brasileira. Ele e a atividade por ele exercida junto ao contribuinte não se encaixam em nenhuma das hipóteses elencadas nos arts. 134 e 135 do CTN, pois não se trata de alguém que age em nome e por conta do contribuinte. O consultor apenas sugere ou orienta, mas a decisão sobre adotar ou não a conduta sugerida é de quem efetivamente administra a sociedade, tendo poderes para agir em seu nome.

Aliás, mesmo o administrador da própria sociedade não pode ser responsabilizado, caso o Fisco apenas desconsidere planejamento tributário considerado abusivo e lance os tributos daí decorrentes. Se houve mesmo um planejamento, tendo o contribuinte registrado e declarado ao fisco a ocorrência de todos os *fatos*, residindo a controvérsia entre ele e a Fazenda apenas no que tange ao *enquadramento jurídico* desses fatos, tudo o que se poderá exigir do contribuinte (e não de seu administrador) é o tributo devido, acrescido de juros e multa pelo lançamento de ofício, se for o caso.[214] Se, porém, houve ocultação dos fatos, considerados em sua pura facticidade, pode-se sim cogitar da prática de infração, que, em princípio, ensejaria a cobrança de tributo, juros e multa da pessoa jurídica e, dependendo de quem estivesse nela envolvido e tivesse com ela se beneficiado, também das pessoas referidas no art. 135 do CTN, conforme explicado anteriormente. Quanto às multas, o terceiro poderia por elas responder nas hipóteses do art. 137 do CTN.[215] Tudo isso, porém, não é pertinente em se tratando de elisão fiscal.

---

[214] Confira-se, a propósito: Hugo de Brito Machado, *Introdução ao planejamento tributário*, São Paulo: Malheiros, 2014, p. 120 ss. Vale lembrar que, na regulamentação constante da MP no 66/2002 ao art. 116, parágrafo único, do CTN, a desconsideração de planejamentos tributários nem mesmo à aplicação de penalidades poderia dar ensejo, exigindo-se apenas o tributo dela decorrente. O fato de essa regulamentação não ter sido convertida em lei, quando da edição da Lei 10.637/2002, em vez de motivar a aplicação de tal multa, a rigor seria causa para que sequer se pudessem desconsiderar tais planejamentos.

[215] "Art. 137. A responsabilidade é pessoal ao agente: I – quanto às infrações conceituadas por lei como crimes ou contravenções, salvo quando praticadas no exercício regular de administração, mandato, função, cargo ou emprego, ou no cumprimento de ordem expressa emitida por quem de direito;

Dependendo do caso, pode igualmente ser possível ao contribuinte, uma vez autuado pelo Fisco por haver seguido uma consultoria externa cujas orientações foram depois consideradas desastradas, responsabilizar essa consultoria pelos danos sofridos, no plano cível. Sem discutir aqui a questão de saber se essa demanda seria ou não procedente, o que evidentemente dependeria das circunstâncias específicas de cada situação,[216] esse, de qualquer modo, é outro problema, que nada tem a ver com a responsabilidade tributária. Apenas se pretende esclarecer, aqui, que, por mais desastrada que seja a consultoria, não se estabelece liame jurídico obrigacional entre o Fisco e o consultor, mas entre o Fisco e o contribuinte que seguiu as orientações desse consultor.

Outra situação que tem levado autoridades da Fazenda Pública a responsabilizar terceiros não referidos no CTN como possíveis sujeitos passivos, como dito, é a de pessoas consideradas "sócios de fato", assim entendidas aquelas pessoas que, conquanto não figurem no contrato social da pessoa jurídica, são os verdadeiros proprietários dos recursos utilizados em sua abertura, tomam decisões em seu nome, participam de suas atividades e se beneficiam do resultado destas. É o caso, por exemplo, de quem constitui pessoa jurídica em nome de "laranjas", "testas de ferro" ou, para usar a expressão técnica, "interpostas pessoas".

Ao descobrir que as pessoas formalmente apontadas no contrato social nem sabem disso, ou ignoram o que se passa no âmbito da sociedade, e não possuem patrimônio ou condição financeira que justifique sua posição de sócias, o Fisco não raro inicia uma investigação destinada a apurar quem realmente está camuflado por tais pessoas, administrando de fato a sociedade e beneficiando-se de seus resultados positivos. Nessa investigação, pode eventualmente descobrir a existência dos tais "sócios de fato", que são então responsabilizados solidariamente pela dívida, em termo anexo ao auto de infração no qual se lança o crédito tributário devido, onde geralmente se mencionam os arts. 135, III, e 124, I, do CTN.[217]

É razoável admitir que se responsabilizem "sócios de fato", desde que realmente se demonstre essa condição, vale dizer, a efetiva participação do terceiro na condição de sócio-gerente, que meramente não é refletida no contrato social. Para tanto, é preciso que se comprove que o terceiro: *(i)* é proprietário dos recursos usados na constituição da sociedade; *(ii)* decide em nome da pessoa jurídica, representando-a perante fornecedores, bancos, clientes etc.; *(iii)* beneficia-se dos lucros obtidos pela pessoa jurídica, que são revertidos em seu favor, e não em benefício daqueles que figuram formalmente como sócios. Com relação a estes, os sócios que seriam "interpostas pessoas", é preciso que se prove, ainda, que não têm rendimento ou patrimônio que justifique a origem dos recursos usados na constituição da sociedade. Mas isso se justifica pelo disposto no art. 135, III, do CTN, quando o tal "sócio de fato" seja, a rigor, não apenas sócio, mas "administrador de fato". Pode-se considerar que são fraudulentos os atos

---

II – quanto às infrações em cuja definição o dolo específico do agente seja elementar; III – quanto às infrações que decorram direta e exclusivamente de dolo específico: a) das pessoas referidas no artigo 134, contra aquelas por quem respondem; b) dos mandatários, prepostos ou empregados, contra seus mandantes, preponentes ou empregadores; c) dos diretores, gerentes ou representantes de pessoas jurídicas de direito privado, contra estas."

216 A legislação tributária é demasiadamente complexa, não sendo possível responsabilizar um consultor, em princípio, apenas porque agentes do Fisco ou membros do Judiciário não comungam do mesmo entendimento firmado em uma orientação dada pelo tal consultor. Sobretudo quando pertinentes ao futuro, a necessidade de que as coisas ocorram tal como previstas pelo consultor deve ser vista com muito cuidado. Sobre a imprevisibilidade, confira-se Nassim Nicholas Taleb, *El Cisne Negro*: el impacto de lo altamente improblable, tradução de Roc Filella, 3ª impressão da 1ª edição, Barcelona: Paidós, 2013, e Leonard Mlodinow, *O Andar do Bêbado*, tradução de Diego Alfaro, Rio de Janeiro: Zahar, 2009.

217 "Art. 124. São solidariamente obrigadas: I – as pessoas que tenham interesse comum na situação que constitua o fato gerador da obrigação principal; II – as pessoas expressamente designadas por lei. Parágrafo único. A solidariedade referida neste artigo não comporta benefício de ordem."

constitutivos da empresa que não correspondem à realidade. O art. 124, I, sozinho, não autoriza a responsabilização de tais pessoas, como de resto não pode implicar a responsabilização de ninguém. A rigor, conforme explicado anteriormente, o art. 124 do CTN trata da forma como pessoas, que já podem ser consideradas sujeitos passivos em virtude de outras disposições do CTN (situadas entre os arts. 128 e 135), poderão responder, se solidária ou subsidiariamente. Não há, no referido artigo, autorização para que se responsabilizem pessoas, que de outro modo não seriam responsáveis, apenas pelo fato de se encaixarem em algum de seus incisos.

Ainda dentro do exame de situações que têm levado a Administração Fazendária a um alargamento das hipóteses de responsabilidade tributária previstas no CTN encontra-se a de alegada formação de "grupo econômico". Quando, na visão do Fisco, várias empresas possuem a direção ou a administração centralizada ou comum, com sócios e dirigentes em comum, passariam a ser tratadas como uma entidade só, levando à responsabilidade solidária de todos os seus integrantes pelas dívidas uns dos outros. Pretende a Fazenda aplicar à esfera tributária raciocínio semelhante ao que subjaz ao art. 2º, § 2º, da CLT, segundo o qual sempre "que uma ou mais empresas, tendo, embora, cada uma delas, personalidade jurídica própria, estiverem sob a direção, controle ou administração de outra, ou ainda quando, mesmo guardando cada uma sua autonomia, integrem grupo econômico, serão responsáveis solidariamente pelas obrigações decorrentes da relação de emprego".

Nessa ordem de ideias, o art. 30, IX, da Lei 8.212/91 estabelece que "as empresas que integram grupo econômico de qualquer natureza respondem entre si, solidariamente, pelas obrigações decorrentes desta Lei", o que aparentemente daria amparo legal para essa responsabilização, pelo menos no que tange a contribuições previdenciárias.

Não há, porém, no Código Tributário Nacional, qualquer disposição que justifique a responsabilização de uma pessoa jurídica por débitos de outra, apenas pelo fato de possuírem sócios-gerentes em comum, sendo certo que a matéria, no caso, é reservada à lei complementar (CF/88, art. 146, III, *b*).

Por isso mesmo, a circunstância de integrarem um mesmo grupo econômico, por si só, não justifica a atribuição de responsabilidade a uma pessoa jurídica por débitos de outra, por razões que serão explicadas adiante. Caso se comprove que uma ou várias pessoas jurídicas são usadas abusivamente com o propósito de encobrir a prática de atos ilícitos, havendo inclusive confusão patrimonial entre elas, com a configuração de fraude ou simulação, todas poderiam, em tese, ser desconsideradas, mas essa é outra questão, que nada tem a ver com o enquadramento de várias sociedades como um "grupo econômico" a fim de se responsabilizarem todas elas solidária e reciprocamente.

Como não há previsão no CTN para a responsabilidade de sociedades pelo fato de integrarem um mesmo "grupo econômico", poder-se-ia defender, de uma maneira ou de outra, a viabilidade dessa pretensão, com amparo no art. 124 do CTN. É o que a Fazenda tem procurado fazer, especialmente no âmbito federal, tal como nas hipóteses em que verifica a existência de pessoas que considera "sócias de fato".

Entretanto, cabe insistir que o art. 124 do CTN não cuida da *atribuição* de responsabilidade. Ele dispõe sobre a forma como pessoas que já são responsáveis, em razão da incidência de outros dispositivos do Código, poderão ser chamadas a responder, vale dizer, se solidária ou subsidiariamente. Por isso mesmo, o STJ tem decidido que, "*nos termos do art. 124 do CTN, existe responsabilidade tributária solidária entre empresas de um mesmo grupo econômico, apenas quando ambas realizem conjuntamente a situação configuradora do fato gerador, não bastando o mero interesse econômico na consecução de referida situação*".[218] Desse modo, por exemplo, o

---

[218]   STJ, 2ª T., AgRg no AREsp 429.923/SP, *DJe* de 16.12.2013.

282 | PROCESSO TRIBUTÁRIO – *Machado Segundo*

fato de duas ou mais empresas terem sócios em comum, ou serem sócias uma da outra, pode fazer com que tenham interesse econômico umas nos negócios das outras, pois eventual êxito em tais negócios pode trazer-lhes vantagens econômicas no futuro, mas isso não significa que estejam todas a realizar o tal negócio ou a diretamente participar dele, sendo assim responsáveis pelos tributos que incidem sobre sua prática. Aliás, o próprio art. 50 do Código Civil, não raro invocado pelo Fisco para atribuir responsabilidade tributária a terceiros em termos eventualmente mais extensos que os previstos no CTN, estabelece que a mera existência de grupo econômico, sem a presença dos demais requisitos ali previstos (*v.g.*, confusão patrimonial), não autoriza a desconsideração da personalidade da pessoa jurídica (§ 4.º).

Assim, caso duas ou mais pessoas tenham interesse jurídico comum[219] na situação que configura o fato gerador, e não meramente econômico, pode-se dizer que essas duas ou mais pessoas podem ser por lei consideradas sujeitos passivos da obrigação tributária correspondente, na condição de contribuintes. É o caso de um imóvel registrado em nome de duas ou mais pessoas,[220] hipótese que as coloca, todas, como contribuintes desse imposto, passíveis, *em decorrência do art. 124, I, do CTN*, de responder solidariamente pela dívida. Em se tratando do inciso II do art. 124, as pessoas que a lei pode considerar solidariamente responsáveis são, por igual, aquelas que, mesmo não tendo interesse jurídico comum na situação que configura fato gerador, podem ser consideradas responsáveis por outra razão, a saber, em virtude de lei específica editada em função do art. 128 do CTN (e, nessa condição, indiretamente vinculadas à situação que configura o fato gerador), ou de se subsumirem a uma das hipóteses previstas nos arts. 130 a 135. Nunca o art. 124, II, poderia ser visto como uma autorização para que o legislador ordinário de cada pessoa tributante eleja arbitrariamente qualquer pessoa como responsável solidário, pois isso equivaleria não apenas a tornar desnecessários todos os demais artigos do CTN dedicados à responsabilidade (a começar pelo art. 128), mas ainda seria incompatível com relevantes disposições constitucionais pertinentes ao tema.

Releva notar que tanto o STJ como o STF já tiveram oportunidade de se manifestar sobre tema no todo semelhante ao presente, quando reconheceram a invalidade do (hoje revogado) art. 13 da Lei 8.620/93, assunto já examinado em outro ponto deste livro (item 2.1.2.1).

Paralelamente às discussões de direito material, ligadas à questão de saber quem pode ser considerado responsável, e em quais hipóteses, assumem importância as questões processuais, relativas a quem deve alegar e provar a ocorrência dos fatos que levam a essa responsabilização, e em qual esfera ou instância isso deve ocorrer. São aspectos relevantes porque, dependendo de como sejam compreendidos, podem deitar por terra tudo o que se estabeleceu no plano do direito material.

Tendo em vista que cabe ao Fisco, como autor do ato administrativo de lançamento, o dever de motivá-lo, cabe a ele, por igual, o ônus de apresentar as provas relativas aos fatos, ou às afirmações quanto a fatos, contidas nessa motivação. É o que se acha previsto, de maneira meramente didática, no art. 9º do Decreto 70.235/72. Só os fatos que ocorrem deixam marcas, podendo ser fotografados, testemunhados, contabilizados etc. Por isso, quem alega a ocorrência de um fato deve indicar os elementos destinados a fundamentar essa alegativa, gerando em terceiros a crença a respeito de sua veracidade. Essa é a razão de se afirmar, no âmbito da Teoria Geral da Prova, que o ônus da prova "cabe a quem alega e não a quem nega".

---

[219] A propósito, Hugo de Brito Machado faz importante observação, distinguindo *interesse comum* de *interesse contraposto*. Comprador e vendedor, por exemplo, no âmbito de um contrato de compra e venda, têm interesses contrapostos, e não comuns. Não podem, pois, só por essa condição, ser colocados como devedores solidários. Confira-se, a propósito: Hugo de Brito Machado, *Comentários ao Código Tributário Nacional*, São Paulo: Atlas, 2004, v. 2, p. 463.

[220] Sacha Calmon Navarro Coelho, *Curso de Direito Tributário Brasileiro*, 8. ed., Rio de Janeiro: Forense, 2005, p. 712.

Como à Fazenda incumbe o dever de motivar os atos que pratica, inclusive os atos de lançamento e de atribuição de responsabilidade a terceiros, é seu o ônus de indicar os elementos de convicção de que os fatos narrados nessa motivação aconteceram ou, por outras palavras, de que as afirmações feitas relativamente a fatos são verdadeiras.

Dessa forma, caso pretenda alojar no polo passivo da relação tributária acertada por meio do lançamento um terceiro, sob a alegativa, por exemplo, de que seria "sócio-gerente de fato", é preciso que o Fisco demonstre, quando da feitura do lançamento ou do "termo de responsabilidade solidária", a ocorrência dos fatos que, à luz das normas do CTN, dariam ensejo a essa responsabilização.[221] Só isso poderá justificar a inserção do nome de tais pessoas na Certidão de Dívida Ativa (CDA). Caso a sua responsabilidade seja apurada *depois*, será igualmente da Fazenda o ônus de demonstrar a ocorrência dos fatos que a ensejam, no âmbito da execução fiscal ou da cautelar fiscal, cabendo a tais terceiros, seja no âmbito de tais processos, seja em sede de embargos do executado, provar o contrário, se for o caso.

2.2.4   Resposta do requerido

Deferida liminarmente a medida cautelar, ou não, o requerido deverá ser citado para contestar, em quinze dias, a ação. O prazo é contado da juntada aos autos do mandado: (a) de citação; ou (b) de execução da medida cautelar fiscal, quando concedida liminarmente.

Em sua contestação, o requerido deverá demonstrar a ausência dos pressupostos que autorizaram a concessão da medida, seja questionando a existência ou a validade do crédito (*fumus*), seja negando a ocorrência de atos que justifiquem o receio de que esse crédito não será adimplido (*periculum*). Poderá, caso deseje tornar *disponíveis* os bens alcançados pela medida cautelar fiscal (já deferida), ou evitar a concessão da mesma (caso não tenha sido objeto de provimento liminar), ou oferecer desde logo *garantia* à dívida objeto de futura execução, nos termos do art. 9º da LEF (depósito, fiança, seguro ou penhora de bens). Caso o crédito esteja realmente definitivamente constituído, e o sujeito passivo deseje discuti-lo judicialmente, é esta a melhor solução, pois antecipa a penhora e os seus efeitos inerentes à situação de regularidade fiscal do contribuinte (CTN, art. 206). Garante o direito da Fazenda Pública e possibilita ao sujeito passivo livrar-se desde já dos prejuízos decorrentes da falta da certidão de regularidade fiscal.

2.2.5   Perda de eficácia da cautelar fiscal

Deferida a medida cautelar fiscal, seja liminarmente, seja após a instrução, a Fazenda Pública deverá, no prazo de sessenta dias, contados de quando a exigência se tornar irrecorrível na esfera administrativa, propor a correspondente ação de execução fiscal. A medida cautelar mantém sua eficácia durante esses sessenta dias, e durante todo o tempo em que estiver pendente o processo executivo, salvo, naturalmente, expressa revogação ou modificação pelo juízo que a concedeu, ou pelas instâncias que lhe são superiores.

A medida cautelar fiscal perde a eficácia, ainda, na hipótese de ser deferida e não ser executada dentro de trinta dias; no caso de o débito ser pago; ou ainda caso a execução fiscal seja julgada extinta (*v. g.*, em face de a Fazenda dela desistir, ou de haver sido julgada procedente ação de embargos, oposta pelo executado).

A cautelar fiscal também perde o sentido quando da efetivação da garantia na execução fiscal. Nesse caso, em sendo a penhora realizada sobre os bens inicialmente atingidos pela

---

[221]   O assunto está abordado de forma mais detida em Hugo de Brito Machado (Coord.), *A prova em questões tributárias,* São Paulo: Malheiros, 2014, *passim*.

284 | PROCESSO TRIBUTÁRIO – *Machado Segundo*

indisponibilidade, pode-se dizer que a medida "se resolve" em penhora, como afirmava o art. 818 do CPC/73.[222] Terá atingido, nesse caso, a finalidade para a qual foi idealizada. Caso a garantia seja efetivada por meio diverso da penhora dos bens já indisponibilizados (*v. g.*, depósito), a medida deve ser revogada, com a liberação destes, pois de qualquer sorte terão desaparecido as condições que justificaram sua concessão (Lei 8.397/92, art. 10).

Registre-se que, por perda de eficácia ou por julgamento que dá pela improcedência do pedido, no âmbito da cautelar fiscal são devidos honorários advocatícios de sucumbência,[223] entendimento que tem prevalecido no Superior Tribunal de Justiça.[224]

2.2.6 Arrolamento de bens pela autoridade lançadora

No plano federal, o lançamento de um crédito tributário em valor superior a R$ 2.000.000,00 *e* a 30% do patrimônio declarado do sujeito passivo faz com que a autoridade lançadora tenha de proceder ao arrolamento dos bens deste.[225] Esse arrolamento não se confunde com aquele que chegou a ser exigido como condição para a interposição de recurso ao Conselho de Contribuintes (atual Conselho Administrativo de Recursos Fiscais – CARF), e que foi considerado inconstitucional pelo STF. Aliás, convém destacar, a esse respeito, que o reconhecimento da inconstitucionalidade do arrolamento como forma de "garantia recursal" não afeta o arrolamento efetuado pela autoridade lançadora que lavra auto de infração superior a R$ 2.000.000,00[226] *e* superior a 30% do patrimônio conhecido do sujeito passivo.

Esse arrolamento de bens consiste em mero inventário, ou relação, de todo o patrimônio do sujeito passivo, a fim de informar o Poder Público a respeito dos bens que poderão ser gravados em eventual execução fiscal, e permitir o controle de eventuais fraudes, consistentes na dilapidação desse patrimônio inventariado com a finalidade de esvaziar a tutela executiva fiscal.

Não é possível, entretanto, que a Fazenda Pública, pelo simples fato de haver procedido ao arrolamento, pretenda obter os mesmos efeitos do deferimento de uma cautelar fiscal. Na verdade, o mero inventário dos bens de um contribuinte não é suficiente, sozinho, para impedi-lo de efetuar uma venda, por exemplo. Os bens arrolados podem ser livremente negociados pelo sujeito passivo, que deve apenas comunicar essas alienações à Fazenda Pública. Para que haja o bloqueio desses bens, é necessário que a Fazenda promova a ação cautelar fiscal, com a demonstração da presença do fundado receio de fraude, ou de dissipação simulada do patrimônio. Do contrário, a prevalecer a ideia de que o mero arrolamento já consistiria em uma indisponibilidade, malferir-se-ia gravemente o princípio do devido processo legal administrativo.[227]

---

[222] O art. 818 do CPC/73 diz respeito ao arresto, medida cautelar típica que guarda grande semelhança com a cautelar fiscal. No atual CPC, as cautelares ditas "nominadas" foram extintas, sendo abrangidas pelos provimentos cautelares inominados e gerais previstos no art. 301.

[223] STJ, 2ª T., AgRg no REsp 908.710/MG, *DJe* 12.11.2008.

[224] Tem entendido a Corte que a "questão decidida na ação cautelar prévia de caução tem natureza jurídica de incidente processual inerente à execução fiscal, não guardando autonomia a ensejar condenação em honorários advocatícios em desfavor de qualquer das partes" (AREsp 1.521.312).

[225] Lei 9.532/97, art. 64 e Decreto 7.573/2011.

[226] O valor originalmente previsto na lei (Lei 9.532/97, art. 64, § 7º) é de R$ 500.000,00 (quinhentos mil reais), mas foi modificado para R$ 2.000.000,00 (dois milhões de reais) pelo Decreto 7.573/2011. Embora questionável a alteração, por ato infralegal, do limite legalmente estabelecido, o fato de a mudança dar-se em favor do cidadão contribuinte torna inaplicável, sob a nossa ótica, o princípio da reserva legal, sendo invocável, por analogia, a ideia subjacente à Súmula 654 do STF.

[227] Confira-se, a esse respeito, James Marins, *Direito Processual Tributário Brasileiro*, 3. ed., São Paulo: Dialética, 2003, p. 518 ss.

2.2.7 A averbação pré-executória veiculada pela Lei 13.606/2018

Dando um passo decisivo na tentativa de implementar uma "execução fiscal administrativa", a Lei 13.606/2018 inseriu na Lei 10.522/2002 um art. 20-B que tem a seguinte redação:

> "Art. 20-B. Inscrito o crédito em dívida ativa da União, o devedor será notificado para, em até cinco dias, efetuar o pagamento do valor atualizado monetariamente, acrescido de juros, multa e demais encargos nela indicados.
>
> § 1º A notificação será expedida por via eletrônica ou postal para o endereço do devedor e será considerada entregue depois de decorridos quinze dias da respectiva expedição.
>
> § 2º Presume-se válida a notificação expedida para o endereço informado pelo contribuinte ou responsável à Fazenda Pública.
>
> § 3º Não pago o débito no prazo fixado no *caput* deste artigo, a Fazenda Pública poderá:
>
> I – comunicar a inscrição em dívida ativa aos órgãos que operam bancos de dados e cadastros relativos a consumidores e aos serviços de proteção ao crédito e congêneres; e
>
> II – averbar, inclusive por meio eletrônico, a certidão de dívida ativa nos órgãos de registro de bens e direitos sujeitos a arresto ou penhora, tornando-os indisponíveis."

A medida, que ficou conhecida como "averbação pré-executória", torna inteiramente inócua a cautelar fiscal, que passa a acontecer inteiramente na via administrativa, e de forma automática e generalizada, prescindindo de qualquer "perigo da demora". Se a indisponibilidade decorrente do arrolamento, aplicável apenas a situações bastante excepcionais, já poderia ser considerada inconstitucional, nos termos explicados no item anterior, a averbação de que se cuida é de desproporcionalidade ainda mais evidente. Permite-se que a Fazenda faça justiça com suas próprias mãos, no que tange à tutela cautelar, que deixa de ser, no caso, "jurisdicional". Há ofensa ao direito à jurisdição, que, notadamente nas relações com o Poder Público, envolve não apenas o direito do autor de provocar o Judiciário, mas especialmente o direito do réu de ser processado perante uma autoridade imparcial, em vez de ser espoliado diretamente pelo próprio credor.

Há, ainda, desproporcionalidade na ferramenta, que a invalida ainda que seus fins sejam legítimos. A lei sequer limita o bloqueio a bens que correspondam ao valor do débito, algo que fica a depender ainda de regulamentação em normas infralegais. Um débito de pequena monta, nesse sentido, pode fazer com que todo o patrimônio do contribuinte, mesmo correspondendo a várias vezes o montante da dívida, seja bloqueado como forma de coagir ao pagamento, assemelhando-a às sanções políticas, instrumentos oblíquos de cobrança que a jurisprudência do STF sempre repeliu (Súmulas 70, 323 e 547). Ofendem-se, com isso, os arts. 185, parágrafo único, e 185-A do CTN, pois o primeiro só considera fraudulenta a alienação de bens feita por devedor com débito inscrito em dívida ativa quando o patrimônio remanescente se torna incapaz de solver a dívida, e o segundo, como já explicado, condiciona o bloqueio, a ser determinado judicialmente, à propositura da execução, à citação, ao não pagamento e à ausência de indicação de quaisquer garantias.

Poder-se-ia imaginar que a finalidade da medida seria proteger terceiros de eventuais efeitos da presunção de fraude prevista no art. 185 do CTN.[228] Além disso, com ela se resguardaria o patrimônio do devedor, que dele não se poderia desfazer, permitindo,

---

[228] "Art. 185. Presume-se fraudulenta a alienação ou oneração de bens ou rendas, ou seu começo, por sujeito passivo em débito para com a Fazenda Pública, por crédito tributário regularmente inscrito como dívida ativa."

assim, a posterior cobrança executiva, se necessária. O fato de o bloqueio não estar limitado ao valor do débito nem condicionado à insuficiência do patrimônio do devedor, porém, mostra que não é esse o caso, sendo certo que o terceiro poderia proteger-se simplesmente pedindo àquele com quem negocia uma certidão negativa de débitos em dívida ativa, sem a necessidade de se bloquear todo o patrimônio de qualquer devedor que não pague um débito tributário em cinco dias.

Em verdade, percebe-se com a Lei 13.606/2018, nesse particular, o propósito de afastar, gradativamente, a cobrança da dívida, e os conflitos que eventualmente podem surgir em torno dela, da apreciação do Judiciário, pois o que a lei agora autoriza a Fazenda Nacional a fazer, antes, somente por meio do Poder Judiciário, seria possível realizar. A cautelar fiscal, como visto, presta-se justamente para tornar indisponíveis os bens do contribuinte e, com isso, garantir a efetividade da execução fiscal. Mas para isso era preciso a Fazenda provar a presença de requisitos correspondentes à fumaça do bom direito e, especialmente, ao perigo da demora, os quais seriam avaliados pelo juízo. Com a averbação pré-executória aqui examinada, essa ação, prevista na Lei 8.397/1992, perde completamente a sua razão de ser.

É importante ter em conta a dimensão de se fazerem desnecessários uma ação judicial, o estabelecimento do contraditório, a apresentação de razões e de provas para convencer um terceiro que ocupa a posição, em tese imparcial, de julgador. Esses fatores representam uma proteção, propiciada por instituições construídas por um longo processo histórico de tentativa e erro. Antes disso, o detentor do poder de tributar exigia o tributo sem a necessidade de intermediação de um terceiro imparcial, o que abria mais amplas oportunidades para o arbítrio. Nessa ordem de ideias, antes de qualquer consideração pautada na ordem jurídica brasileira, percebe-se o retrocesso representado pelo afastamento de mecanismos processuais destinados a tornar mais efetivos os limites preestabelecidos à tributação.

Veja-se que a jurisdição, o direito à tutela jurisdicional, é geralmente associado a quem a provoca, como polo ativo da relação processual. Fala-se, nesse contexto, no direito de ação, ou no direito à jurisdição. Entretanto, exame da História mostra que esse instituto, a jurisdição, foi alçado à condição de *garantia constitucional* muito mais como forma de proteção do réu, especialmente nos casos em que este é demandado pelo Poder Público. O direito à jurisdição e ao processo, nessa ordem de ideias, é uma proteção assegurada pelas Constituições modernas ao cidadão que, antes delas, era espoliado diretamente pelo governante, sem a intermediação de terceiros teoricamente imparciais. E foram os abusos verificados nessas espoliações que levaram, no processo de tentativa e erro que marca a criação e a evolução das instituições sociais, à previsão de que tais cobranças deveriam ser intermediadas por alguém dotado de garantias capazes de lhe assegurar alguma autonomia, de modo que tivesse condições de impor ao governante a observância de limites.

Surgido para fazer valer as regras de conduta e, com isso, garantir a coesão do grupo social, o poder político coloca, de fato, a questão de saber como garantir essas regras contra aqueles que o exercem. No já referido processo de tentativa e erro, que a racionalidade humana permite replicar do processo de seleção natural dos seres vivos à seleção de ideias e instituições usadas na solução de problemas, no âmbito da cultura,[229] surgiram, para tentar fazer com que as regras de conduta sejam usadas eficazmente para disciplinar *também* os que corporificam o Estado, institutos como a separação de poderes, a rigidez constitucional e princípios como os da legalidade e da irretroatividade.

---

[229] POPPER, Karl. *A lógica das ciências sociais*, Tradução de Estévão de Rezende Martins, 3. ed., Rio de Janeiro: Tempo Brasileiro, 2004, p. 13-34.

Realmente, não há como fazer com que o governante se submeta às regras de conduta se ele mesmo as elabora, aplica, e julga eventuais conflitos decorrentes dessa aplicação. E menos ainda se puder alterá-las de forma retroativa em seu próprio benefício. Em um cenário assim, ele, o governante, não faria regras com as quais discordasse, não as aplicaria quando isso não o interessasse, jamais reconheceria o próprio erro quando da apreciação de conflitos nos quais estivesse envolvido; e, em último caso, alteraria a regra de forma retroativa para corrigir aqueles seus lapsos que não tivesse como de outra forma tangenciar ou negar. Daí a necessidade de normas jurídicas a estabelecer a separação de poderes, a legalidade e a irretroatividade, situadas em um plano que o próprio elaborador de normas não pode, ordinariamente, alterar; vale dizer, estabelecidas em uma Constituição rígida.

Esse exame da História mostra que, em períodos anteriores ao surgimento de figuras modernas de limitação ao poder político, o respeito a certos limites e critérios por parte das autoridades do poder público era mais dependente do governante do momento, e de circunstâncias outras, de natureza não jurídica. Exemplificando, na Grécia Antiga, bem como no Império Romano,[230] houve períodos em que se respeitava o mínimo existencial, com isenções tributárias concedidas a pessoas pobres, se combatia a prática de arbitrariedades por autoridades fazendárias etc.; entretanto, bastava mudar o governante para que todo o arcabouço normativo que instrumentalizava tais práticas fosse abandonado ou alterado.[231] Faltavam instituições que estivessem acima dos governantes, limitando-os.[232]

E se o aparecimento de tais instituições se deu lentamente, sua implementação seguiu o mesmo caminho. Como, aliás, ocorre com as realidades culturais de uma forma geral, as quais seguem, de algum modo, os mesmos padrões das realidades naturais, embora em velocidades distintas.[233] Por essa razão, como parece óbvio, não se assistiu à adoção da ideia de *no taxation without representation* em todas as partes do globo logo depois da assinatura da Magna Carta pelo Rei João Sem Terra, em 1215, ou da Independência Americana em 1776. O processo de seleção de ideias e instituições seguiu – e segue – seu rumo até hoje, cabendo aos seres humanos, como se trata de processo também artificial, contribuir para a sua condução. Assim, mesmo hoje não é inteiramente adequada, tampouco totalmente eficaz, a forma como tais instituições funcionam, razão pela qual é importante compreendê-las, entender seu surgimento e sua história, e ter noção de suas falhas e imperfeições, para que se possa contribuir com seu aprimoramento, evitando, ainda, eventuais retrocessos.

Nessa ordem de ideias, retirar do Judiciário a decisão sobre se os bens do cidadão devem ser indisponibilizados, e em que medida, transferindo-a ao próprio credor, constitui claro retrocesso, notadamente se se pensar que a separação de poderes, ainda que minimamente, ainda representa uma importante forma de fazer com que as instituições limitadoras do poder político funcionem. O princípio democrático não garante a proteção dos contribuintes, pois os políticos invariavelmente se elegem prometendo gastar mais, o que envolve maior necessidade de recursos e a necessidade de uma Suprema Corte destinada a conter abusos nas tentativas

---

[230] BUJÁN, Antonio Fernández de. Principios tributarios: una visión desde el Derecho Romano. *Ius fiscale*: instrumentos de política financiera y principios informadores del sistema tributario romano. In: MARTÍNEZ, Juan Arrieta; YURRITA, Miguel Ángel Collado; PÉREZ, Juan Zornoza. *Tratado sobre la Ley General Tributaria*, Navarra: Aranzadi/Thomsom Reuters, 2010, t. I.

[231] ADAMS, Charles. *For good and evil*: the impact of taxes on the course of civilization, 2. ed., New York: Madison Books, 2001, p. 60.

[232] BONAVIDES, Paulo. *Ciência política*, 10 ed., São Paulo: Malheiros, 1995, p. 180.

[233] Seres vivos e realidades culturais, como a economia, os idiomas e os institutos jurídicos, passam por processos evolucionários muito semelhantes, embora sujeitos a velocidades diferentes. Cf. RIDLEY, Matt. *The evolution of everything*: how new ideas emerge, New York: Harper Collins, 2015.

de obter esses recursos,[234] e isso para não referir as falhas de estado, frequentemente esquecidas por quem imagina que ele sempre utilizará os recursos arrecadados de maneira mais proveitosa para a sociedade do que os particulares que deles foram privados com a tributação.[235] Tampouco a mera separação de poderes, pois os três poderes têm interesse na arrecadação tributária, por pertencerem ao credor tributário,[236] que os mantém.[237] Daí a importância de garantias e de instituições destinadas a atribuir maior imparcialidade a quem aplica normas jurídicas na conflituosa relação entre fisco e contribuintes, e a viabilizar uma mais adequada tutela dos direitos decorrentes das normas de direito material, garantias e instituições que, no caso da Lei 13.606/2018, são afastadas.

Veja-se, ainda, que a lei permite a inscrição do nome do devedor em cadastros de proteção do crédito. Quanto a esse ponto, é preciso observar que, como seu nome está a dizer, tais cadastros existem para proteger o *crédito*, algo que apenas por uma derivação, ou por uma analogia, é designado pela mesma palavra usada para rotular o direito da Fazenda de receber determinada quantia de um cidadão, quando oriunda da cobrança de tributos. Ter crédito significa ser confiável, por honrar a palavra dada. Quando se diz, por exemplo, que alguém é digno de crédito, sendo possível *acreditar* no que diz, faz-se alusão à sua aptidão de honrar compromissos assumidos com a palavra. Obrigações contratuais, portanto. É para que os terceiros saibam em quem confiar, quando se trata de *dar a palavra*, que tais cadastros existem. Não há nenhuma relação, portanto, com o inadimplemento de dívidas decorrentes de tributo, prestação pecuniária *compulsória* em cuja gênese a vontade (a ser acreditada) não participa. E pode mesmo ocorrer de um contribuinte não ter pago um tributo por discordar da autoridade que o lançou, por considerá-lo ilegal, e apenas não ter conseguido suspender-lhe a exigibilidade, levando, assim, ao não pagamento no prazo de cinco dias referido na lei, sem que isso signifique que se trata de alguém que não honra os contratos que celebra ou em quem não se possa confiar. A inscrição do devedor em cadastros de inadimplentes, nessa ordem de ideias, afigura-se desproporcional, por desvio de finalidade.

Mesmo que se entenda que não haveria problema na inscrição do devedor em tais cadastros, pois, afinal, ele estaria mesmo devendo o valor ali apontado, seja ele decorrente da lei ou do contrato, como sinalizou o STF ao admitir como válido o protesto de CDA, deve-se notar, ainda, que *o direito é uma via de mão dupla*, devendo ser aplicado de maneira isonômica e coerente. Dessa forma, se o Fisco passar a fazer uso de tais cadastros, submeter-se-á, por igual, aos ônus incidentes sobre quem neles faz uma inserção indevida. Seja porque o cidadão nada devia ao Fisco, seja porque a dívida já havia sido paga, ou compensada, ou estava suspensa por

---

[234] KIRCHHOF, Paul. *Tributação no Estado Constitucional*, Tradução de Paulo Adamy, São Paulo: Quartier Latin, 2016, p. 17.

[235] Veja-se, a respeito: BUCHANAN, James. *The limits of liberty*: between anarchy and leviathan, Indianapolis: Liberty fund, 2000, p. 196.

[236] Confira-se, a propósito, MARINS, James. *Defesa e vulnerabilidade do contribuinte*, São Paulo: Dialética, 2009, *passim*.

[237] Como nota Charles Adams, "congressional representatives are more concerned with pleasing the tax man who butters their bread than with the plight of taxpayers who produce the butter." ADAMS, Charles. *For good and evil*: the impact of taxes on the course of civilization, 2. ed., New York: Madison Books, 2001, p. 449. Em uma tradução livre, "os representantes no Congresso estão mais preocupados em agradar a autoridade tributária que passa manteiga no pão deles do que com a situação difícil dos contribuintes que produzem a manteiga". Na mesma ordem de ideias, Klaus Tikpe registra que, conquanto os parlamentares devessem proteger os contribuintes da tributação, eles são, paradoxalmente, as maiores fontes de gasto público e, nessa condição, de aumento de imposto... Cf. TIPKE, Klaus. *Moral tributaria del estado e de los contribuyentes*, Tradução de Pedro M. Herrera Molina, Madrid: Marcial Pons, 2002, p. 57.

medida liminar que, inadvertidamente, não fora observada, uma inscrição indevida conduzirá, inafastavelmente, ao dever da Fazenda de indenizar o dano causado, não sendo de se afastar a possibilidade de *responsabilizar-se pessoalmente*,[238] por meio de ação de regresso, ou por iniciativa direta do cidadão, a autoridade que, por dolo ou culpa, tenha contribuído para tanto.

A ação cautelar fiscal era usada, também, conforme explicado anteriormente, para a apuração da responsabilidade de terceiros, de forma a permitir a posterior penhora de bens destes em sede de execução fiscal. Também essa finalidade foi tornada inócua, apesar de a lei tentar dizer o contrário, como se nota do art. 20-D também veiculado pela Lei 13.606/2018:

> "Art. 20-D. Sem prejuízo da utilização das medidas judicias para recuperação e acautelamento dos créditos inscritos, se houver indícios da prática de ato ilícito previsto na legislação tributária, civil e empresarial como causa de responsabilidade de terceiros por parte do contribuinte, sócios, administradores, pessoas relacionadas e demais responsáveis, a Procuradoria-Geral da Fazenda Nacional poderá, a critério exclusivo da autoridade fazendária:
>
> I – notificar as pessoas de que trata o *caput* deste artigo ou terceiros para prestar depoimentos ou esclarecimentos;
>
> II – requisitar informações, exames periciais e documentos de autoridades federais, estaduais e municipais, bem como dos órgãos e entidades da Administração Pública direta, indireta ou fundacional, de qualquer dos Poderes da União, dos Estados, do Distrito Federal e dos Municípios;
>
> III – instaurar procedimento administrativo para apuração de responsabilidade por débito inscrito em dívida ativa da União, ajuizado ou não, observadas, no que couber, as disposições da Lei 9.784, de 29 de janeiro de 1999."

Como explicado anteriormente, o nome do terceiro somente pode ser inserido na Certidão de Dívida Ativa (CDA) se tiver havido um prévio processo de apuração dessa responsabilidade, no âmbito administrativo. A CDA é um espelho do processo administrativo, ou do que nele foi apurado, não podendo indicar como devedor alguém contra o qual o lançamento não foi feito e que não teve oportunidade de no processo de controle de legalidade impugnar a exigência ou questionar a sua responsabilização. Assim, ou a responsabilidade foi apurada anteriormente, na via administrativa, ou o nome do terceiro, corresponsável, não pode constar da CDA. E, nesse caso, não constando o nome do terceiro na CDA, a responsabilização deste ainda é possível, mas cabe ao Fisco comprovar a ocorrência dos fatos que ensejariam essa responsabilidade. O Judiciário admitia que isso acontecesse nos próprios autos do processo de execução fiscal, quando do pedido de "redirecionamento", mas o advento do atual Código de Processo Civil fez surgir, na doutrina, questionamento sobre a necessidade e se aplicar, nesse caso, o incidente de desconsideração da personalidade jurídica, previsto no art. 133 do CPC,[239] o qual corrigiria a impropriedade de se usar o processo de execução como instrumento da tutela de conhecimento, porquanto por meio dele a Fazenda, detentora de título executivo apenas contra o contribuinte, "provaria" possuir crédito também contra o terceiro, que depois disso seria trazido para o polo passivo do feito executivo. Com a utilização do incidente, a questão seria resolvida.

---

[238] MACHADO, Hugo de Brito. *Responsabilidade pessoal do agente público por danos ao contribuinte*, São Paulo: Malheiros, 2017, *passim*.

[239] CUNHA, Leonardo Carneiro da. *A Fazenda Pública em Juízo*, 13. ed., Rio de Janeiro: Forense, 2016, p. 412.

Esse foi o contexto no qual se inseriu o art. 20-C na Lei 10.522/2002, permitindo à Procuradoria da Fazenda Nacional instaurar um processo administrativo para apurar tais responsabilidades e, assim, inserir o nome dos terceiros que considerar responsáveis na CDA, viabilizando a execução contra estes.

Pode parecer, em um primeiro exame, que a inovação é adequada, pois precedimentalizou, com oportunidades de defesa por parte dos afetados pela decisão final, a apuração de responsabilidade. A adequação, contudo, é apenas aparente, tendo a nova lei, em verdade, incorrido neste ponto em mais uma providência de afastamento da jurisdição, reforçando, aos poucos, os poderes de cobrança administrativa da Fazenda Nacional.

Com efeito, a disposição legal se reporta a dívida "ajuizada ou não". Isso significa que uma dívida já ajuizada, em execução fiscal cuja CDA não indicava o nome do terceiro, agora poderá ser objeto de apuração administrativa de corresponsabilidade, ensejando a retificação da CDA e o redirecionamento da execução contra o terceiro *sem que seja necessário convencer um juiz a esse respeito*. Ou seja, antes da inovação, nos casos de lançamento e de CDA não alusivos ao nome de terceiros, era preciso provar em juízo e obter um provimento judicial para alcançar esses terceiros, e agora isso pode ser feito administrativamente, mesmo em relação à dívida já ajuizada. Uma vez mais, tal como no que tange à indisponibilidade de bens e à cautelar fiscal, dá-se à Fazenda a competência para fazer algo que, antes, só do Judiciário poderia obter.

Poder-se-ia objetar que se trata de um processo administrativo, análogo ao que se desenvolve em face do lançamento, destinado apenas a complementar-lhe o polo passivo. Há de se observar, contudo, que esse processo administrativo se desenvolve perante a própria Procuradoria da Fazenda Nacional, a mesma que, em juízo, *pedia* aquilo que, agora, *decidirá*. Não há órgão dotado de condições mínimas destinadas a garantir alguma, ainda que diminuta, imparcialidade, como ocorre com o Conselho Administrativo de Recursos Fiscais (CARF) e mesmo com as Delegacias Regionais de Julgamento (DRJ), que examinam a validade de lançamentos em primeira instância.

Por outro lado, não se pode afirmar, simplesmente, que tudo isso depois poderá ser objeto de controle judicial, pois a inserção do nome do terceiro na CDA, por obra da própria PFN, jogará aos ombros daquele todo o ônus de demonstrar a inocorrência de condições que autorizem sua responsabilização, o que pode ter repercussões práticas importantes. Caso a PFN apure ter havido "infração de lei", e com base nisso insira o nome de um sócio-gerente em uma CDA, poderá ser muito difícil, para ele, demonstrar o contrário, produzindo prova negativa, no âmbito judicial.

Em suma, o procedimento em questão, e os poderes concedidos à própria Fazenda para responsabilizar terceiros, incorre em inconstitucionalidade por ofensa ao devido processo legal e à separação de poderes. Se o terceiro é responsável, isso deveria ter sido apurado quando do lançamento do tributo, ou, senão, no âmbito de um processo judicial. Não é possível "remendar" o título executivo com base em um processo administrativo posterior, instaurado e julgado pela própria Procuradoria interessada em responsabilizar os terceiros que irá julgar.

O processo em questão suscita, ainda, relevante problema pertinente à prescrição e à decadência. Para alterar o lançamento, no âmbito administrativo, o Fisco precisa observar prazos de decadência. Não pode um lançamento, feito há muito tempo, ser modificado em seu polo passivo mais de cinco anos contados dos respectivos fatos geradores.

Caso, porém, se entenda que a responsabilidade não decorre de alteração do lançamento, mas de fatos previstos em lei e que ensejam essa responsabilização, que inclusive pode ser bastante posterior ao lançamento (v.g., no caso de sucessão), será preciso considerar a existência de prazos de prescrição para que tal pretensão seja exercitada. Tais prazos contar-se-ão a partir da constituição definitiva do lançamento, nos termos do art. 174 do CTN, e a prescrição não será reaberta, ou reiniciada, apenas porque próximo do final desse prazo se instaurou o dito procedimento para inserir o nome de terceiros no polo passivo da execução. A citação do devedor principal interrompe tal prazo, nos termos previstos no CTN, e apenas no caso de a responsabilização decorrer de fatos posteriores a isso se pode cogitar de o início do prazo prescricional *da pretensão a ser deduzida contra o terceiro* ter início depois de referida citação, a partir da ocorrência de tais fatos.

Como se pode notar, decadência e prescrição evidenciam a incongruência sistêmica criada pelo processo administrativo em comento. De rigor, desde a ocorrência do fato gerador da obrigação tributária, ou do primeiro dia do ano seguinte ao da ocorrência desse fato, conta-se um prazo de decadência para a Fazenda efetuar o lançamento. Efetuado o lançamento dentro do prazo, e concluído o processo administrativo de controle de sua legalidade, tem início o prazo de prescrição para que ele seja executado. O lançamento é o divisor de águas entre decadência e prescrição. No caso do processo em questão, o lançamento pode já ter sido feito, e a dívida pode já ter sido ajuizada, não se cogitando, propriamente, nem mais de decadência ou de prescrição. Mas, para o terceiro, ainda não há lançamento, nem execução. Assim, ou se considera a necessidade de respeito aos prazos de decadência para alterar o lançamento e nele acrescentar o nome do terceiro, ainda na via administrativa, ou a imposição de observância aos prazos de prescrição no que tange à exigência dos valores já lançados, a qual não será suspensa nem interrompida pela pendência do processo em comento. Não é possível, contudo, o Fisco instaurar o processo em questão (caso fosse considerado válido) a qualquer tempo, sem qualquer preocupação com prazos decadenciais, e pretender que a prescrição para perseguir os terceiros assim inseridos na CDA somente teria início a partir da conclusão do referido processo administrativo.

Note-se que o art. 20-B, § 3º, II, inserido na Lei 10.522/2002 pela Lei 13.606/2018, foi declarado inconstitucional pelo Supremo Tribunal Federal, no julgamento da ADI 5.886. Entendeu a Corte que a Fazenda até pode averbar, mas não tornar indisponíveis os bens do contribuinte, o que dependeria de prévia decisão judicial a respeito do bloqueio. Não houve, porém, impugnação e, portanto, decisão do STF a respeito do art. 20-D da mesma lei, o qual nos afigura igualmente inválido pelos fundamentos anteriormente apontados.

3 AÇÕES DE INICIATIVA DO CONTRIBUINTE

Acesse o *QR Code* e assista ao vídeo sobre o tema.
> http://uqr.to/1wt22

3.1 Legitimidade ativa *ad causam* nas ações de iniciativa do contribuinte

Nas ações de iniciativa de contribuintes, aspecto ainda carente de atenção, pela doutrina e pela jurisprudência, diz respeito à legitimidade ativa *ad causam*, ou, em outras palavras, à legitimidade para estar em juízo na condição de autor da ação. Na generalidade das situações, esse aspecto pode ser de fácil deslinde. Ao proprietário de um imóvel, que nele reside com sua família, por exemplo, assiste legitimidade para a restituição do IPTU eventualmente pago de modo indevido; afinal, o pagamento do imposto, tido pelo contribuinte como indevido, violou seu direito subjetivo de somente pagar tributos instituídos e cobrados nos termos da Constituição e das leis. A questão, contudo, torna-se menos simples quando esse proprietário aluga o imóvel e faz constar no contrato de locação cláusula obrigando o inquilino ao pagamento de quaisquer tributos incidentes sobre o mesmo. Nessa hipótese, assistiria legitimidade ao inquilino, ou ao proprietário? Situação semelhante ocorre em se tratando de substituição tributária, "para trás" e "para frente", em retenções feitas por fontes pagadoras etc. Em todos esses casos, nos quais disposições legais ou contratuais eventualmente alteram aspectos da sujeição passiva tributária, dar uma solução simplista ao problema da legitimidade ativa *ad causam* pode estiolar o disposto na CF/88, art. 5º, XXXV e, com ele, potencialmente, todos os direitos e garantias fundamentais do contribuinte.

Na verdade, a legitimidade para discutir em juízo exigências tributárias depende, em primeiro lugar, de saber se existe relação jurídica tributária – ou relação meramente factual – entre aquele que propõe a ação e a entidade pública demandada. Se há relação jurídica, há legitimidade para discutir aspectos dessa mesma relação, entre eles, e, principalmente, o tributo que no seu âmbito é, ou deve ser, pago. A segunda variável, relevante apenas em se tratando de ação de repetição do indébito, consiste em saber quem, no âmbito dessa relação jurídica, efetivamente arcou com o ônus do tributo cuja restituição se requer.

Cumpre assinalar que a repercussão jurídica – e, por conseguinte, a bipartição da sujeição passiva tributária – ocorre quando normas jurídicas elegem como sujeito passivo pessoa distinta daquela que realiza o fato tributável, signo presuntivo de capacidade contributiva, e outorgam a esse sujeito passivo *meios jurídicos* de reter ou reaver da pessoa que realizou esse fato o tributo pago.[240] Exemplo clássico é a retenção, pela fonte pagadora, do imposto sobre a renda auferida por terceiro. Nessas hipóteses, em princípio, as duas pessoas situadas no polo passivo da relação têm legitimidade para discutir judicialmente aspectos dessa mesma relação, ressalvando-se apenas a hipótese de restituição do indébito, na qual essa legitimidade assiste apenas a quem houver efetivamente arcado com o ônus do tributo, ou estiver autorizado por quem o arcou. Tanto substituto quanto substituído, por exemplo, podem questionar aspectos da substituição tributária, ou do tributo pago em seu âmbito, restringindo-se essa legitimidade nos termos do art. 166 do CTN apenas nas hipóteses de restituição do indébito.

Por outro lado, quando o fato tributável, signo presuntivo de capacidade contributiva, é realizado pelo próprio sujeito passivo, e inexiste instrumento jurídico que lhe outorgue o *direito subjetivo* de exigir de terceiro o tributo pago, sendo o seu "ressarcimento" feito de forma difusa, na negociação de valores em contratos que celebrar,[241] há repercussão simplesmente econômica.[242]

Na primeira forma de repercussão, na qual duas pessoas são *juridicamente* afetadas pela forma de tributação indireta, ambas possuem legitimidade para questionar a validade dessa tributação. A única restrição que se faz à sua legitimidade ativa *ad causam* diz respeito à repetição

---

[240] Cfr. Alfredo Augusto Becker, *Teoria Geral do Direito Tributário*, 3. ed. São Paulo: Lejus, 1998, p. 534.

[241] Na compra de matéria-prima por preços mais módicos; no pagamento de salários inferiores, ou a menor quantidade de empregados; na venda de seus produtos por preços superiores; na menor distribuição de lucros aos acionistas; no pagamento de aluguéis mais baixos pelo imóvel que serve de estabelecimento; na economia de energia elétrica; em todas essas hipóteses o sujeito passivo está "repercutindo" economicamente o tributo pago. Confira-se, nesse sentido: Aliomar Baleeiro, *Uma Introdução à Ciência das Finanças,* 15. ed., atualizada por Dejalma de Campos, Rio de Janeiro: Forense, 1998, p. 166.

[242] Alfredo Augusto Becker, *Teoria Geral do Direito Tributário*, 3. ed. São Paulo: Lejus, 1998, p. 577.

do indébito,[243] exigindo-se, para atribuir-se a legitimidade, a prova de haver o promovente sofrido o ônus respectivo. Já a segunda forma de repercussão, simplesmente econômica, não existe para o direito. Um empregado, por exemplo, não pode questionar a exigência de um tributo devido pelo seu empregador, alegando representar esse tributo um custo a mais para a empresa, em face do qual a sua demissão poderá ocorrer. Não importa, no caso, saber se há efetiva repercussão ou não, até porque essa aferição, na prática, é impossível.[244] Não tem relevo, outrossim, tratar-se de ação de restituição, ou anulatória, ou ainda simplesmente declaratória, pois aquele que apenas economicamente sofre com a incidência do tributo não tem relação jurídica com a Fazenda Pública de qualquer natureza, não possuindo qualquer direito a ser contra esta reclamado.

Facilmente se vislumbra a diferença entre esses dois tipos de repercussão através do exame de sua necessária relação jurídica com a existência do tributo. Se for revogada toda a legislação do Imposto de Renda, não será lícito à fonte pagadora reter qualquer quantia sobre os pagamentos que efetuar, pois não mais existirá Imposto de Renda a reter. Caso seja extinta a contribuição previdenciária incidente sobre a remuneração do trabalhador, não será juridicamente possível ao empregador descontar essa mesma contribuição do salário de seus empregados. Em outras palavras, não é lícita a repercussão jurídica de tributo indevido, ou maior que o devido.

Já em se tratando de repercussão meramente econômica, o suposto "repasse" pode haver mesmo que não mais haja o tributo a repassar. Extinto ou reduzido o ICMS, um supermercado poderá vender seus produtos exatamente pelos mesmos preços, ou até majorá-los. Revogada toda a legislação do Imposto de Renda, médicos, advogados, contadores e demais profissionais liberais poderão exigir de seus clientes os mesmos honorários. Não há relação jurídica entre o preço pago por quem sofre a incidência simplesmente econômica do tributo e a validade ou mesmo a existência desse tributo. Não há, portanto, um *direito subjetivo* de eximir-se do mesmo.[245]

É por isso que nas hipóteses de repercussão jurídica têm legitimidade para discutir a forma de tributação não apenas o substituto, mas também o substituído, porquanto o substituído não está legalmente obrigado a suportar transferência de tributo indevido, ou maior que o devido. E, nas hipóteses de repercussão econômica, ainda que haja transferência do ônus do tributo, a legitimidade é somente do sujeito passivo, pois o preço pelo qual este vende suas mercadorias, por exemplo, não tem vinculação com o fato de ser o tributo eventualmente nele "embutido" devido ou não.

Para determinar a legitimidade ativa *ad causam* em cada caso, portanto, essencial é saber: (a) a natureza da transferência do ônus tributário e (b) o tipo de ação intentada contra a exigência. Quanto à questão (b), as peculiaridades a ela pertinentes serão abordadas, quando cabível, no exame de cada ação específica, de iniciativa do contribuinte. No que se relaciona ao ponto (a), porém, algumas ponderações podem desde logo ser feitas.

É o que se passa a examinar.

---

[243] É a essas hipóteses, de repercussão jurídica, que se aplica o art. 166 do CTN, e não às transferências meramente econômicas, que ocorrem no âmbito do ICMS e do IPI, que são embutidos nos preços das mercadorias da mesma forma que o são a COFINS, o IRPJ, a folha de salários, uma indenização trabalhista paga, enfim, todos os custos da pessoa jurídica, quando possível.

[244] Alfredo Augusto Becker, *Teoria Geral do Direito Tributário*, 3. ed. São Paulo: Lejus, 1998, p. 548.

[245] Confira-se, a propósito: MACHADO SEGUNDO, Hugo de Brito. *Repetição do Tributo Indireto*: incoerências e contradições. São Paulo: Malheiros, 2011, *passim*; Ainda a restituição dos tributos indiretos. *Revista Nomos*, v. 32.2. Fortaleza: UFC, p. 223-274, 2012.

3.1.1 Na substituição tributária

A substituição tributária é o regime no qual há transferência, por lei, da titularidade do dever jurídico de recolher o tributo. Atribui-se a outrem, que não o contribuinte, o dever de recolher o tributo, assegurando-lhe meios de cobrar o tributo daquele que efetivamente realizou o fato signo presuntivo de capacidade contributiva.

Quando o dever jurídico de recolher o tributo decorre do já consumado fato gerador da obrigação tributária, diz-se que houve uma substituição tributária "para trás". É o caso da retenção do Imposto de Renda, da contribuição sobre folha de salários ou do imposto sobre serviços, feita por empregadores e tomadores de serviços em geral. É também exemplo o pagamento da contribuição previdenciária devida pelo produtor rural, por parte da indústria que beneficia produtos rurais. Posteriormente, a criatividade dos que integram a administração fazendária, em uma tentativa de contornar fraudes surgidas em face do regime da não cumulatividade no ICMS, criou a substituição tributária "para frente", na qual o dever jurídico de recolher o tributo surge para o substituto antes da ocorrência do fato gerador respectivo. Utilizada inicialmente no âmbito do ICMS, a sistemática foi depois adotada no âmbito de outros tributos, em face da praticidade que conferiu à arrecadação.[246]

Em qualquer dessas formas de substituição tributária, o que importa para os fins deste capítulo é a existência de alguém que realiza o fato tributável, signo presuntivo de capacidade contributiva, e de terceira pessoa, a quem é atribuído o dever jurídico de recolher o tributo respectivo. E, o mais importante, a existência de um *direito* de reembolso ou de retenção do tributo por parte do contribuinte substituto.[247]

É importante perceber que, juridicamente, tanto o contribuinte substituto como o contribuinte substituído participam do regime. O primeiro, contudo, geralmente tem menor interesse (de fato) em questioná-lo, exatamente em face dos instrumentos *jurídicos* de que dispõe para não arcar com o ônus respectivo. É simples arrecadador. O segundo, por sua vez, arca com o ônus de pagar o tributo ao substituto, tendo o direito de propriedade violado por uma tributação indevida. No caso da substituição tributária "para frente", o substituído usualmente se vê obrigado a despender previamente quantia calculada sobre base de cálculo superior à efetivamente realizada, sendo a restituição preconizada pela parte final do § 7º do art. 150 da Constituição Federal paradoxalmente tida pelo STF como devida apenas nas hipóteses em que o "fato gerador presumido" não se realiza.

Tanto o substituto como o substituído, portanto, possuem legitimidade ativa *ad causam* para a propositura de ações questionando a validade de aspectos do regime, ou

---

[246] Esse fato demonstra a semelhança que existe entre a COFINS e o ICMS. A não cumulatividade do imposto estadual e o âmbito de incidência um pouco mais largo da contribuição não escondem a semelhança de seu elemento nuclear, sendo despropositado batizar o imposto de "indireto" e a contribuição de "direta" apenas em função de seus nomes. "A antiguidade e a simplicidade desta classificação, bem como a natureza político-fiscal de seu critério, com o decorrer do tempo, foram imprimindo a cada espécie de tributo o batismo de direto e indireto, de tal modo que, pela simples enunciação do nome, uns tributos são imediatamente considerados diretos e outros indiretos" (Alfredo Augusto Becker, *Teoria Geral do Direito Tributário*, 3. ed. São Paulo: Lejus, 1998, p. 536). A semelhança, com a não cumulatividade da COFINS, instituída pela Lei 10.833/2003, torna-se ainda mais evidente.

[247] Em Estados que consagraram, em sua Constituição, o princípio da capacidade contributiva, esse direito de reembolso ou de retenção é condição *sine qua non* para a validade do regime, porquanto, se não foi o substituto que realizou o fato signo presuntivo de capacidade contributiva, não pode sobre ele incidir o ônus da tributação. O regime de substituição há de assegurar-lhe meios *jurídicos* de reaver o valor pago em substituição.

mesmo a sua totalidade.[248] Ambos integram a relação jurídica tributária. O substituto tem o *direito subjetivo* de não pagar tributo indevido e de não ter de reter ou descontar tributo indevido, e o substituído tem o direito de não ter retido ou descontado tributo indevido. A única restrição que se faz, insista-se, diz respeito à ação de restituição do indébito, para a qual terá legitimidade quem provar haver efetivamente arcado com o ônus do tributo.[249] Note-se que nessa hipótese será viável a prova, e aquele que tiver arcado com o tributo terá todo o interesse (também de fato) em pleitear a sua restituição. Aplica-se, portanto, o artigo 166 do CTN, não para cercear o acesso ao judiciário, amesquinhando direitos fundamentais, mas para assegurar esse acesso a quem teve *direito* violado.

Em alguns pronunciamentos, a 2ª T. do STJ chegou a decidir que o contribuinte substituído não tem legitimidade ativa *ad causam* para questionar o regime de substituição tributária, pois não integra a relação jurídica tributária com o Fisco.[250] Melhor orientação, porém, é a que foi adotada em decisões anteriores daquela 2ª T., e também em alguns julgados da Primeira Turma do STJ. Realmente, não é razoável admitir que alguém possua o dever de juridicamente arcar com o ônus do tributo, realize o fato gerador respectivo e não seja dotado de legitimidade para discutir essa exigência. Se o contribuinte substituído realiza o fato gerador, e se tem o dever de arcar com o ônus do tributo, que pelo substituto é em princípio apenas retido e entregue aos cofres públicos, é evidente que integra o polo passivo da relação jurídica tributária, tendo todo o interesse em questionar a sua validade.

Ressalte-se ainda que, nos termos do art. 166 do CTN, assiste legitimidade para repetir o indébito a qualquer dos contribuintes, substituto ou substituído. Basta o contribuinte provar haver assumido o ônus, ou estar autorizado por quem o houver sofrido.[251] *A contrario sensu*, em não se tratando de ação de repetição do indébito, mas sim de anulatória de lançamento tributário, ou declaratória de inexistência de relação jurídica, a legitimidade assiste tanto ao substituto como ao substituído. Isso porque, nas hipóteses de substituição tributária, retenção na fonte etc., existem *duas* relações jurídicas, intimamente relacionadas. Uma, entre o substituído e o Estado, na qual nasce a obrigação tributária. Outra, entre o substituto e o Estado, na qual o substituto é obrigado a recolher o tributo devido pelo substituído. Não se pode, portanto, negar legitimidade a este último, sob o argumento de que não integra a relação jurídica. Essa é a lição de Pontes de Miranda:

> "A assunção ou a criação da responsabilidade do portador do impôsto de modo nenhum atinge a esfera jurídica do devedor do impôsto, para prejuízo seu: só lhe aproveita; não

---

[248] Embora tido como válido, em tese, pelo STF, é importante lembrar que existem vícios na legislação de muitos Estados-membros, que, por exemplo, delegam à Portaria do Secretário da Fazenda a disposição acerca das mercadorias sujeitas ao regime; estipulam valor irreal a ser considerado como base de cálculo presumida etc.

[249] Essa restrição vale para todas as formas de repercussão jurídica. Ressalva seja feita apenas no que diz respeito à retenção do Imposto de Renda na fonte, porquanto, por determinação legal, o montante efetivamente pago presume-se sempre líquido. Assim, se a fonte eventualmente não descontar o imposto, presumir-se-á que a remuneração foi maior, e o desconto houve. Sempre, portanto, assistirá ao substituído (aquele que auferiu a renda) a legitimidade para repetir o IRRF.

[250] Ac. un. da 2ª T. do STJ – Rel. Min. Peçanha Martins – EDREsp 89.761/PR (1996/0013775-7) – *DJ* 11.9.2000, p. 233.

[251] Imagine-se, por exemplo: instituição financeira assume o ônus da CPMF devida por seus correntistas; empregador não desconta as contribuições do salário de seus empregados, por benevolência ou por considerá-los autônomos, classificação esta depois impugnada pela Fazenda; enfim, é sempre possível que o substituto, embora legalmente autorizado, não transfira o ônus do tributo, arcando com o mesmo. É a essas hipóteses que se refere o art. 166 do CTN.

lhe pode desaproveitar. O portador do impôsto fica no lugar do devedor do impôsto, quanto a todos os atos que aquêle deveria praticar e quanto a tôdas as pretensões que tenha, contra o Estado, quanto à contrariedade à Constituição ou às leis, por parte de regras jurídicas ou atos do Estado. Inclusive, a ação executiva é dirigida contra o portador do impôsto, e não contra o devedor, se houve dissociação por força de lei; salvo se a lei mesma estabelece a responsabilidade subsidiária (cf. Blumenstein, *Schweizerisches Steuerrecht*, 114). Porém o devedor do impôsto não perde as pretensões que tenha contra o Estado, porque, no final das contas, êle – e não o portador do impôsto – é que sofre a diminuição patrimonial. O sujeito passivo da imposição não pode ser privado da legitimação para se opor, pela via administrativa, ou pela via judiciária, à pretensão impositiva do Estado. A jurisprudência italiana, que se tem invocado, no sentido de fazer único legitimado o portador do impôsto, é de repelir-se enèrgicamente. Proveio de não se terem analisado, suficientemente, a relação jurídica de imposição e a relação jurídica de que resulta a responsabilidade de alguém, como portador do impôsto, pelo impôsto devido por outrem. Certo, hoje, A. D. Giannini (*Il Rapporto giuridico d'Imposta*, 144: '... non può essere contestato il suo diritto di intervenire, in sede amministrativa o giudiziaria, per opporsi alla pretesa dell'Amministrazione finanziaria')."[252]

Ressalte-se que existe manifestação anterior daquela 2ª T. do STJ, da lavra do Ministro Pádua Ribeiro, que reconheceu a legitimidade ativa *ad causam* do contribuinte substituído. O acórdão foi assim ementado:

"Tributário. ICMS. Revenda de Veículos Automotores. Substituição Tributária Para Frente. Legalidade. Concessionária. Legitimidade para a Causa.
I – A concessionária, revendedora dos veículos automotores, tem legitimidade para a causa em que se discute sobre a legalidade da exigência do recolhimento antecipado do ICMS, pela empresa fabricante, porquanto é ela que desembolsa, por antecipação, o dinheiro destinado ao pagamento do imposto. Ofensa aos arts. 3º e 6º do CPC não caracterizada.
[...]."[253]

Ao refutar o argumento fazendário, segundo o qual faleceria ao contribuinte substituído legitimidade para a causa, o Ministro Pádua Ribeiro assim se manifestou:

"Com efeito, ao contrário do que se sustenta, a impetrante, na qualidade de substituída na relação jurídica tributária, não é estranha à lide e tem legítimo interesse de insurgir--se contra a pretensão do Fisco, porquanto é ela que desembolsa, por antecipação, o dinheiro destinado ao pagamento do imposto. O substituto tributário posiciona-se como mero repassador da quantia retida e, é claro, que, nessa confortável situação, nunca irá decidir-se a discutir a questão. Impedir o substituído de discuti-la, no caso, ele que, na verdade, é o titular do direito material em litígio, implica atentar contra o princípio do livre acesso ao Judiciário."[254]

---

[252] Pontes de Miranda, *Comentários à Constituição de 1967*, São Paulo: Revista dos Tribunais, 1967, t. II, p. 396.

[253] Ac. un. da 2ª T. do STJ – Rel. Min. Pádua Ribeiro – REsp nº 38.357/SP (1993/0.024.575-9) – *DJ* 16.9.1996, p. 33711.

[254] Trecho do voto do Ministro Relator, proferido no julgamento do REsp nº 38.357/SP, obtido na Internet em <www.stj.gov.br>.

Essa, aliás, foi a posição que afinal prevaleceu na 1ª Seção do STJ:

> "O STJ, por suas 1ª e 2ª turmas de Direito Público, admite a legitimidade do contribuinte substituído para discutir judicialmente a sistemática do recolhimento antecipado do ICMS, no regime de substituição tributária, já que, embora não figure na legislação como responsável pelo pagamento do tributo, é sobre ele que recai o ônus da imposição fiscal."[255]

3.1.2 No fornecimento de energia elétrica

Outro caso de repercussão jurídica do ônus tributário que demanda exame da questão da legitimidade ativa *ad causam* é o do ICMS incidente sobre o consumo de energia elétrica. Há nítida repercussão jurídica, apesar de aparentemente o ICMS ser tributo devido apenas pela concessionária de energia elétrica, que o repercutiria ao consumidor de forma meramente econômica.

No fornecimento de energia, o preço é tarifado, e o imposto é juridicamente cobrado como um "*plus*".[256] Há, portanto, clara repercussão jurídica do imposto, como aliás preconizam Alfredo Augusto Becker[257] e Hugo de Brito Machado.[258] O ICMS não é custo do fornecedor de energia. Seus custos são cobertos pela tarifa. Na verdade, a lei apenas conferiu ao concessionário o dever jurídico de recolher o ICMS, mas atribuiu-lhe também o *direito* de exigir do consumidor o reembolso respectivo.[259] Há, inclusive, semelhança entre a incidência do ICMS na energia elétrica e a sistemática de arrecadação do *sale tax* norte-americano. O consumidor conhece o preço do item consumido *sem o imposto*, que, após a compra, no momento do pagamento, é adicionado.[260]

Em face disso, entender que o consumidor não possui legitimidade para questionar o ICMS, no caso, implica estiolar a garantia constitucional do amplo acesso à jurisdição, consagrada pelo art. 5º, XXXV, da Constituição Federal. O Fisco estaria livre para onerar da

---

[255] Ac. un. da 2ª T. do STJ – REsp 209.485/SP, j. 16.8.2001, *DJU* I de 29.4.2002, p. 211; *Repertório IOB de Jurisprudência* nº 12/2002, 2ª q. jun. 2002, c. 1, p. 421.

[256] Nos contratos de concessão, o poder concedente autoriza a cobrança da tarifa, que já remunera todos os custos do concessionário, e determina ainda a cobrança do ICMS. Nesses mesmos contratos, a receita proveniente da cobrança do ICMS não é considerada como receita da concessionária, que figura como mera arrecadadora, a exemplo das fontes pagadoras para fins de Imposto de Renda.

[257] Alfredo Augusto Becker, *Teoria Geral do Direito Tributário*, 3. ed. São Paulo: Lejus, 1998. p. 414.

[258] *Repetição do Indébito e Compensação no Direito Tributário*, Coordenador: Hugo de Brito Machado, Vários Autores, São Paulo/Fortaleza: Dialética/ICET, 1999, p. 17.

[259] Ver Alfredo Augusto Becker, *Teoria Geral do Direito Tributário*, 3. ed. São Paulo: Lejus, 1998. p. 414.

[260] A questão é interessante para demonstrar a impropriedade da invocação da chamada "repercussão" do imposto, nos casos ordinariamente tributados pelo ICMS. Diferentemente da concessionária de energia elétrica, um comerciante de tecidos, por exemplo, somente repercute o imposto para o comprador se o mercado o permitir. Não há previsão jurídica para tanto. Como não há tabelamento de preços, o comerciante poderá, se o mercado permitir, vender suas mercadorias por um preço que cubra todos os seus custos, e lhe proporcione lucros astronômicos. E pode também não o conseguir, e, após amargar prejuízos, falir. Por isso, mesmo sendo supostamente "repassado", o ICMS representa pesado ônus para os comerciantes, que, sempre que possível, o questionam. Isso não ocorre na distribuição de energia elétrica, pois, além de não haver livre mercado, o preço da energia é tabelado, sendo acrescido o ICMS após o consumo e o cálculo do preço devido pelo consumidor. Alto ou baixo, o ônus do tributo não é arcado pelo vendedor da energia, que, exatamente por isso, não tem interesse em discuti-lo.

maneira desejada as concessionárias de energia,[261] que, por não sofrerem com a incidência do imposto, e por serem um seleto grupo de empresas não interessadas em questionar atos do Poder Público, contra a exigência dificilmente se rebelariam. O ICMS sobre a energia poderia ser majorado por decretos ou portarias, sem obediência aos princípios da anterioridade, isonomia, irretroatividade etc., sem que os efetivamente prejudicados pudessem reclamar ao Judiciário. Essa conclusão, porque importa no fim do Direito Tributário e de todas as garantias constitucionais do contribuinte, obviamente não pode subsistir.

É interessante notar que, embora por fundamento equivocado, o Superior Tribunal de Justiça já reconheceu legitimidade ativa *ad causam* ao consumidor de energia elétrica:

> "Embora não seja contribuinte de direito, o consumidor de energia o é, indiretamente, eis que é ele que sofre o ônus tributário (ICMS) embutido no consumo, tendo legítimo interesse de promover ação visando eximir-se da exação."[262]

O desacerto do julgado é considerar o consumidor, no caso específico da energia elétrica, como um mero "contribuinte de fato", que paga o imposto embutido na energia consumida. Na verdade, no preço da energia não há qualquer ICMS embutido, não se podendo equiparar o consumidor de energia ao consumidor de carne, ou de frango, este sim mero contribuinte "de fato". O consumidor de energia paga o ICMS "por fora" do negócio jurídico respectivo, não sofrendo a concessionária qualquer ônus com a sua incidência. De todo modo, merece aplausos o acórdão transcrito, pois prestigiou dispositivos constitucionais da mais alta hierarquia, preservando a eficácia de todo o direito material tributário.

Merece registro o fato de que o STJ, ao submeter a questão à sistemática dos "recursos repetitivos", inicialmente modificou esse seu entendimento, relativamente à legitimidade ativas *ad causam* do consumidor de energia elétrica. Passou a entender que este seria um mero "contribuinte de fato", que não teria, por isso mesmo, legitimidade para questionar os termos da relação jurídica tributária:

> "TRIBUTÁRIO. ICMS. ENERGIA ELÉTRICA. DEMANDA CONTRATADA. IMPOSTO INDIRETO. MANDADO DE SEGURANÇA. LEGITIMIDADE ATIVA *AD CAUSAM*. CONTRIBUINTE DE DIREITO.
>
> 1. A partir do julgamento do REsp 903.394/AL, realizado sob o rito do art. 543-C do Código de Processo Civil (recurso repetitivo), ficou decidido que apenas o contribuinte de direito tem legitimidade ativa *ad causam* para demandar judicialmente a restituição de indébito referente a tributos indiretos.
>
> 2. No julgamento do REsp 928.875/MT, a Segunda Turma reviu sua posição para considerar que somente o contribuinte de direito possui legitimidade *ad causam* para figurar no polo ativo das demandas judiciais que envolvam a incidência do ICMS sobre a demanda contratada de energia elétrica.
>
> 3. Nas operações internas com energia elétrica, o contribuinte é aquele que a fornece ou promove a sua circulação (definição disposta no art. 4º, *caput*, da Lei Complementar

---

[261] Atualmente, apesar de essencial, a energia elétrica é gravada pelas mais altas alíquotas de ICMS na maioria dos Estados, o que pode ser questionado por seus consumidores (*RDDT* 62/70). Isso para não referir as imunidades subjetivas, que poderão ser invocadas por seus titulares para afastar a cobrança do imposto em exame.

[262] REsp nº 48.135-0-SP, Rel. Min. Demócrito Reinaldo, 1ª T., unânime, *DJU* de 19.9.1994, *Ementário da Jurisprudência do STJ*, nº 10, p. 211-212.

87/1996). Assim, ainda que se discuta a condição da concessionária, é certo que não é possível enquadrar o consumidor final na descrição legal de contribuinte de direito.

4. Na ausência de uma das condições da ação – legitimidade ativa da parte recorrida –, impõe-se a denegação da segurança, sem resolução do mérito, consoante disposto no art. 6º, § 5º, da Lei 12.016/09.

5. Recurso especial provido."[263]

O citado acórdão deixa bastante claro que, ao "consolidar" a tese no âmbito da lei dos recursos repetitivos, o que se achava consolidado foi radicalmente alterado – o que não tem sido incomum, embora seja muito estranho, no âmbito dessa sistemática – e a corte passou a entender que o contribuinte "de fato" não tem legitimidade ativa *ad causam* para pleitear a restituição do indébito (REsp 903.394/AL) *nem para discutir aspectos outros da relação tributária* (REsp 928.875/MT). Consolidou-se, com isso, a tese de que o contribuinte de fato seria um "contribuinte castrado."[264]

Mesmo sem discutir o desacerto da tese, sob o prisma do direito material, salta aos olhos a inconstitucionalidade da situação com ela criada, que representa enorme obstáculo ao acesso à jurisdição. A Constituição assevera, no art. 5º, XXXV, que a lei não excluirá da apreciação ao Judiciário lesão ou ameaça a direito, mas o STJ criou situação inusitada na qual, a teor do art. 166 do CTN, essa exclusão acontece, e de forma brutal, pois se o tributo tido por "indireto" tiver sido repassado economicamente ao consumidor final, nem este, nem o contribuinte de direito, poderão pleitear em juízo a sua restituição.[265] Além disso, no caso especificamente da energia elétrica, é preciso insistir na circunstância de que, diversamente do que acontece na generalidade das operações tributadas pelo ICMS, a energia é tarifada. E mais: a tarifa é fixada por órgão federal, que nesse procedimento não leva em conta o valor do ICMS, até porque este é diferente em cada Estado-membro. Tanto que os contratos de concessão asseguram às concessionárias o direito de exigir dos usuários a tarifa fixada pela Agência Nacional de Energia Elétrica (ANEEL) e o ICMS incidente na operação, em típico exemplo de repercussão jurídica (tal como se dava em relação às instituições financeiras e seus clientes, relativamente à CPMF). Desse modo, ainda que válidas e pertinentes todas as premissas recentemente fixadas pelo STJ para negar legitimidade ativa *ad causam* àqueles considerados "meros contribuintes de fato", elas não poderiam ser aplicadas em relação ao ICMS incidente sobre a energia, quando a restituição fosse postulada pelo consumidor.

Em momento posterior, talvez sensível às críticas recebidas da comunidade acadêmica e advertido dos efeitos nefastos dos seus entendimentos em torno da tributação indireta vistos em conjunto, o STJ abriu exceção, apenas, para os consumidores de energia elétrica, em face

---

[263] STJ, 2ª T., REsp 1.147.362/MT, *DJe* de 19.8.2010.

[264] No dizer de Ives Gandra da Silva Martins, a figura do contribuinte de fato, além de não encontrar amparo no art. 121 do CTN, "seria um 'contribuinte castrado', já que, teoricamente, seria o titular do direito, mas não o poderia exercer diretamente. Vale dizer, seria um contribuinte capaz de impedir a restituição do indébito, mas não um contribuinte capaz de repetir." MARTINS, Ives Gandra da Silva. Repetição do Indébito. In: MARTINS, Ives Gandra da Silva (Coord.). *Repetição do Indébito*. São Paulo: Resenha Tributária, 1983, p. 161.

[265] Como observa Gilberto de Ulhôa Canto, "se à Fazenda, que pode, sem dúvida, recusar a restituição ao contribuinte econômico pelo fato de com ele não ter tido vínculo jurídico também se permitir recusar a devolução ao contribuinte de direito, com a alegação de que ele transferiu a terceiro o encargo financeiro, é certo que se perpetua a ilegalidade consistente no próprio pagamento indevido, o que não pode, evidentemente, ser o objetivo do intérprete e do aplicador da lei" (CANTO, Gilberto de Ulhôa. Repetição do indébito. In: MARTINS, Ives Gandra da Silva (Coord.). *Repetição do indébito*. São Paulo: Resenha Universitária, 1983, p. 6). Não deve ser, como aponta Ulhôa Canto, mas infelizmente *é, de fato*, muitas vezes, esse o objetivo: perpetuar a ilegalidade.

da natureza peculiar da relação entre estes e as empresas concessionárias e da forma como é definido o valor das tarifas correspondentes. O entendimento, veja-se, não foi inteiramente modificado, mas apenas esclareceu-se não ser ele aplicável aos casos de energia elétrica, embora alguns julgados anteriores, que eram de consumidores de energia, sugerissem o contrário.[266]

Essa oscilação na jurisprudência criou algumas situações paradoxais, as quais talvez só deixem mais evidente o equívoco na forma como têm sido tratados os impostos considerados indiretos no Brasil. De fato, durante o largo período em que o STJ reconhecia legitimidade aos consumidores de energia, muitos desses iniciaram demandas questionando o ICMS incidente na energia consumida. E pleiteavam não apenas a restituição do indébito, mas retificação dos valores cobrados, em relação ao período futuro. Muitos obtiveram liminares, confirmadas por sentenças e acórdãos de TJ, suspendendo a exigibilidade dos valores questionados, a serem extintos quando do respectivo trânsito em julgado (CTN, art. 156, X). Quando tais processos chegaram ao STJ, este alterou o entendimento até então pacífico em sua jurisprudência e passou a negar legitimidade aos contribuintes de fato. A consequência foi a extinção, sem julgamento de mérito, de muitos dos referidos processos, o que gerou uma situação paradoxal: de quem a Fazenda Estadual poderia cobrar os valores "atrasados", não pagos em virtude da liminar?

Se pretendesse cobrar das concessionárias, estas diriam, com razão, que não haviam descontado os valores dos consumidores de energia, em cumprimento a uma decisão judicial, não podendo ser compelida a pagá-los agora. E, se cobrasse dos consumidores, esses seriam colocados na inusitada situação de contribuintes de uma exação que não puderam discutir judicialmente por não serem seus... contribuintes!

Com a retificação da jurisprudência, esse paradoxo pode ser resolvido, mas subsistem outros, seja pelo fato de se negar legitimidade aos demais contribuintes "de fato", seja pelo fato de se negar essa legitimidade, como regra geral, aos contribuintes "de direito".

3.1.3 Transferência contratual da sujeição passiva tributária

Pode ocorrer, também, de o dever jurídico de recolher o tributo incidente sobre determinado fato ser transferido a terceira pessoa não por lei, mas por força de contrato. Contratos de locação ou de arrendamento de bens imóveis geralmente transferem ao locatário ou ao arrendatário, respectivamente, o dever de pagar todos os tributos incidentes sobre o imóvel. A legitimidade ativa *ad causam*, nesse caso, é questão assaz relevante.

Com arrimo no art. 123 do CTN,[267] não são poucas as vozes que proclamam a ilegitimidade daquele que, contratualmente, assume o ônus de pagar o tributo. Nesse sentido, aliás, é a orientação do STJ:

> "Tributário e Processual Civil. IPTU. Lançamento. Locatário. Ilegitimidade 'ad causam'.
>
> 1 – O locatário é parte ilegítima para impugnar o lançamento do IPTU, pois não se enquadra na sujeição passiva como contribuinte e nem como responsável tributário (art. 121 do CTN).
>
> 2 – Recurso improvido."[268]

---

[266] STJ, 1ª S., REsp 1.278.668/RS e REsp 1.299.303/SC.

[267] "Art. 123. Salvo disposições de lei em contrário, as convenções particulares, relativas à responsabilidade pelo pagamento de tributos, não podem ser opostas à Fazenda Pública, para modificar a definição legal do sujeito passivo das obrigações tributárias correspondentes."

[268] Ac. da 1ª T. do STJ – mv – Rel. Min. Humberto Gomes de Barros – Rel. p/ acórdão: Min. José Delgado – REsp 117.771/SP – *DJ* 24.5.1999, p. 98.

A argumentação do Ministro José Delgado, que resume a de todos os que preconizam a ilegitimidade do inquilino para questionar o IPTU que paga por força de cláusula contratual, é, em síntese, a de que o inquilino não é o contribuinte do IPTU, não se prestando o contrato para conferir-lhe legitimidade para tanto em face do art. 123 do CTN.

O argumento é razoável, mas sem razão, *data venia*. Assiste legitimidade ao inquilino, o que não se confunde com a conduta vedada pelo art. 123 do CTN.

A finalidade do art. 123 do CTN é impedir que, por meio de convenções particulares, um contribuinte transfira a responsabilidade pelo adimplemento de tributos a alguém desprovido de patrimônio para solvê-las, ludibriando assim a Fazenda Pública. Trata-se, aliás, de disposição meramente didática, porquanto não poderia mesmo um contrato alterar norma cogente, tampouco vincular o Fisco, pessoa que nele não exprimiu vontade. Na verdade, não poder modificar a definição legal do sujeito passivo significa não poder *eximir de responsabilidade* aquele que, por lei, é sujeito passivo da relação tributária. Não há no dispositivo, em absoluto, vedação a que seja atribuído a terceiro, *também*, o dever jurídico pelo pagamento do tributo.

Assim, o locador não pode *obrigar* a Fazenda Pública a exigir o IPTU do locatário. A Fazenda Pública não possui o dever de considerar o locatário como sujeito passivo, cientificando-o de autuações, por exemplo. Nada impede, contudo, o locatário, uma vez obrigado contratualmente, de se insurgir contra a exigência que está obrigado a pagar. O fato de *a* e não *b* estar questionando a validade do tributo não significa estar sendo oposta à Fazenda Pública uma modificação contratual na definição legal do sujeito passivo, em absoluto. Tanto é assim que poderia constar no contrato cláusula outorgando ao locatário poderes para, em nome do locador, questionar os tributos cujo dever de recolhimento lhe fora transferido, sem qualquer ofensa ao art. 123 do CTN.

Todavia, ainda que o contrato não contenha cláusula explícita outorgando poderes para a impugnação do lançamento, é evidente que tal disposição resta implícita na transferência do dever jurídico pelo recolhimento do tributo. Afinal, o contrato obriga o inquilino a recolher apenas os tributos devidos, não havendo obrigação de recolher algo indevido, sendo a outorga de direito para impugnar indissociável da outorga da obrigação de pagar o tributo.

Não se pode esquecer, na interpretação do art. 123 do CTN, do disposto em normas de superior hierarquia. Citado artigo, de forma clara, veda apenas que contratos desonerem o sujeito passivo legalmente definido de suas responsabilidades. Não impede o uso, por parte do contratualmente obrigado a pagar o tributo, do processo administrativo fiscal, no qual prevalece a verdade real, que impõe à administração a consideração de qualquer manifestação que lhe seja dirigida, tampouco cerceia o acesso ao Judiciário. Interpretá-lo de modo diferente, além de equivocado, torná-lo-ia inconstitucional.

Feito esse esclarecimento preliminar, relativo à legitimidade ativa *ad causam*, passemos ao exame de cada "ação" específica manejada por contribuintes para questionar aspectos da relação tributária.

3.1.4   *Pessoa jurídica dividida entre matriz e filiais*

Tem suscitado algum questionamento, no âmbito da jurisprudência, a questão da legitimidade *ad causam*, tanto ativa quando passiva, relativamente a pessoas jurídicas que possuem vários estabelecimentos (matriz e filiais). Caso os débitos fossem gerados no âmbito de uma filial, seria possível cobrá-los da matriz? Caso o pagamento indevido tenha sido feito por uma filial, poderia outra, ou a matriz, pleitear a sua restituição.

PROCESSO TRIBUTÁRIO – *Machado Segundo*

Trata-se, porém, e com todo o respeito, de um debate equivocado, talvez mais preocupado em criar problemas destinados a obstaculizar a prestação jurisdicional do que em resolvê-los. Prova disso é a forma contraditória com que tais questões têm sido resolvidas.

Quanto à legitimidade *ad causam* para figurar no polo passivo de uma execução fiscal, o STJ entende, corretamente, que a pessoa jurídica é uma só, pelo que pouco importa se os débitos foram gerados no âmbito deste ou daquele estabelecimento: todo o seu patrimônio responde por eles.[269]

Entretanto, de forma contraditória com esse entendimento, e equivocada, sob a ótica da Teoria Geral do Direito, do Direito Processual Civil, do Direito Tributário e do Direito Empresarial, o mesmo Tribunal Superior entende, no que tange à restituição do indébito, que tributos pagos indevidamente por uma filial não podem ter sua restituição pleiteada por outro, ou pela matriz:

> "[...] Nos termos da jurisprudência pacífica desta Corte, em se tratando de tributo cujo fato gerador operou-se de forma individualizada tanto na matriz quanto na filial, não se outorga àquela legitimidade para demandar, isoladamente, em juízo, em nome das filiais. Isso porque, para fins fiscais, ambos os estabelecimentos são considerados entes autônomos. 2. Precedentes: AgRg no AREsp 73.337/MA, Rel. Min. Mauro Campbell Marques, Segunda Turma, julgado em 6.12.2011, *DJe* 13.12.2011; EDcl no AgRg no REsp 1.075.805/SC, Rel. Min. Humberto Martins, Segunda Turma, julgado em 5.3.2009, *DJe* 31.3.2009; AgRg no REsp 642.928/SC, Rel. Ministra Denise Arruda, Primeira Turma, julgado em 6.3.2007, *DJ* 2.4.2007, p. 233. [...]."[270]

Na verdade, são precisamente os argumentos usados para reconhecer a possibilidade de o patrimônio de todos os estabelecimentos responderem pelas dívidas contraídas no âmbito de um deles que indicam o equívoco deste último julgado. A autonomia dos estabelecimentos é uma técnica destinada apenas a viabilizar o cálculo de alguns tributos, para os quais o controle de estoque, por exemplo, é necessário. Mas não se pode concluir, a partir dela, que cada estabelecimento seja uma pessoa jurídica diversa e independente. Todos são divisões de uma mesma pessoa jurídica, que tanto pode demandar como ser demandada por meio de qualquer deles. Essa questão somente teria alguma relevância se, situados em cidades ou mesmo Estados distintos, tais estabelecimentos estivessem submetidos a juízos diferentes. Nesse caso, porém, a questão é de competência territorial (que é relativa), e não de ilegitimidade ativa. A pessoa jurídica é uma só, podendo-se discutir[271] a questão de saber onde deve propor a ação, mas não extinguir o feito sem exame de mérito por ilegitimidade ativa *ad causam* decorrente da propositura por este e não por aquele estabelecimento.

---

[269] STJ, REsp 1.355.812-RS, Rel. Min. Mauro Campbell Marques, julgado em 22.5.2013.

[270] STJ, 2ª T., AgRg nos EDcl no REsp 1.283.387/RS, Rel. Min. Humberto Martins, *DJe* 19.4.2012.

[271] Discussão que, se diga de passagem, é de fácil solução. Sendo a ação movida contra a União, pode o autor promovê-la junto à seção judiciária onde for domiciliado, naquela onde houver ocorrido o ato ou fato que deu origem à demanda ou onde esteja situada a coisa, ou, ainda, no Distrito Federal, nos termos do art. 109, § 2º, da CF/88.

3.2 Embargos do executado

3.2.1 Noções iniciais

Os "embargos do executado" representam ação de conhecimento autônoma, mas estreitamente relacionada com a execução. Seu principal objetivo é o de obter a invalidação, total ou parcial, do título executivo, e, por conseguinte, obter a extinção da execução por ele aparelhada.

Embora as questões terminológicas não nos pareçam essenciais, não consideramos adequada a expressão *embargos de devedor*. Isso porque o executado não necessariamente *deve* a quantia que lhe é exigida, que pode ser inexistente, ou inválida. Aliás, através dos embargos o executado pretende, exatamente, demonstrar que *não é* devedor. A expressão *embargos à execução*, por sua vez, conquanto não seja "incorreta", é imprecisa, eis que os embargos de terceiro – que com os embargos do executado não se confundem – também são opostos "à execução". Mais pertinente, por tudo isso, é a expressão *embargos do executado*, que será preferencialmente adotada ao longo deste livro.

Questões relacionadas ao prazo para a interposição dos embargos, à necessidade de garantia da execução, à suspensão da execução até o julgamento definitivo dos embargos, entre outras, foram já abordadas no capítulo destinado à execução fiscal. Cuidaremos, nos itens seguintes, apenas de pontos mais relacionados ao processo de embargos, seu trâmite e seu julgamento, tais como: (a) requisitos da inicial; (b) presunção de validade da CDA e ônus da prova; (c) matérias "vedadas" aos embargos, entre outros. Vejamos.

3.2.2 Requisitos da inicial

A inicial dos embargos do executado deve conter toda a exposição, de fato e de direito, em face da qual o executado, então embargante, entende não proceder à exigência que lhe é feita no âmbito executivo. Como petição inicial de processo de conhecimento que é, deve naturalmente conter informações indispensáveis ao seu processamento, tais como: (a) o juízo ao qual é dirigida; (b) nome, qualificação e endereço de embargante e embargado; (c) fato e fundamentos jurídicos do pedido; (d) o pedido, com suas especificações; (e) o valor da causa; e, finalmente, (f) as provas com que o embargante pretende demonstrar a veracidade de suas afirmações quanto aos fatos. Vejamos, sucintamente, cada um desses pontos.

3.2.2.1 O juízo competente para o processamento e o julgamento dos embargos

Dada a estreita ligação que há entre os embargos e a execução fiscal que através deles é impugnada, o juízo competente para o julgamento dos embargos é o mesmo perante o qual se vinha processando a execução fiscal.

Embora sejam processados pelo mesmo juízo, é conveniente juntar, no âmbito dos embargos, cópia do processo de execução, ou pelo menos de suas principais peças, cujo exame, dependendo da tese discutida, pode-se fazer necessário nas instâncias superiores.

304 | PROCESSO TRIBUTÁRIO – *Machado Segundo*

Pode parecer repetição desnecessária de papéis, mas não se deve esquecer que, havendo apelação, não raro são remetidos à superior instância apenas os autos dos embargos, permanecendo no juízo de primeiro grau a execução. No âmbito do processo eletrônico, a providência é desnecessária.

3.2.2.2   Nome e qualificação do embargante e do embargado

Como em qualquer petição inicial, é necessário que na inicial dos embargos se identifiquem e qualifiquem as partes, atendendo, de resto, no que couber, a tudo o que exige o art. 319 do CPC/2015. Não é razoável, contudo, que se exija o cumprimento dessa formalidade com o mesmo rigor que se exigiria em se tratando de uma ação de conhecimento, de rito ordinário, movida por um cidadão contra outro. Primeiro, porque tais dados já estão contidos no processo de execução. Segundo, porque é pública e notória a qualificação e o endereço dos entes que compõem a Fazenda Pública, sendo muitas vezes suficiente a afirmação de que a ação é proposta "contra a União"; os dados do embargante, por outro lado, ainda que não constem da inicial, necessariamente estarão contidos no instrumento procuratório que a acompanha.

3.2.2.3   Fato e fundamentos jurídicos do pedido

O embargante deve narrar, em suas razões de embargos, a situação jurídica da qual entende decorrer o seu direito de não se submeter à execução. Essa situação, como se sabe, é composta de um ingrediente de fato, e de outro ingrediente normativo, ou seja, os fatos e as normas que, à luz desses fatos, fazem com que a quantia cobrada na execução seja total ou parcialmente indevida.

Em face do princípio do *jura novit curia*, cumpre às partes a narração e a comprovação dos fatos em face dos quais entendem possuir o direito subjetivo reclamado, sendo do juiz o mister de conhecer e aplicar as normas pertinentes. Não é necessário, portanto, que o embargante indique nominalmente os artigos de lei, ou da Constituição, dos quais entende decorrer seu direito de não se submeter à quantia executada. Basta que narre os fatos e indique o significado que entende ser atribuído a esses fatos pelo Direito.

3.2.2.4   Pedido e suas especificações

O principal pedido a ser formulado na inicial dos embargos à execução é o de que o título executivo seja considerado insubsistente, com a extinção do processo executivo. Como essa insubsistência pode, eventualmente, dizer respeito apenas a aspectos formais (*v. g.*, cerceamento de direito de defesa no processo administrativo), os quais não impedem a constituição de novo crédito e, futuramente, a propositura de outra execução; ou pode dizer respeito a aspectos substanciais, tais como a própria inocorrência do fato gerador do tributo respectivo, ou a invalidade da norma que o criou, um dispositivo que simplesmente considerasse "extinta a execução" poderia não ser suficiente para atender aos anseios do embargante. Pensamos, por isso, que no âmbito dos embargos é possível pedir ao juiz que declare, expressamente, a inexistência de relação jurídica que autorize a exigência da exação executada (em face, *v. g.*, da invalidade da norma que a prevê).

Essa declaração de inexistência de relação jurídica, por certo, estaria necessariamente contida na sentença que julgasse os embargos procedentes, mas o pedido expresso do embargante faz com que a declaração conste de modo expresso do dispositivo, com os efeitos daí decorrentes, notadamente no que diz respeito à coisa julgada.

3.2.2.5 Valor da causa

O valor que deve ser atribuído à causa na inicial dos embargos é o mesmo atribuído à execução, caso esta seja impugnada em seu todo. Na hipótese de nos embargos se impugnar apenas *parte* da execução, o valor da causa será o equivalente a essa quantia impugnada. Será sobre esse valor que deverão ser calculadas as custas, na hipótese de serem devidas (em alguns Estados, os embargos à execução são isentos de custas judiciais).

3.2.2.6 Provas

A petição inicial dos embargos à execução deve requerer, ainda, a produção das provas com as quais se pretende demonstrar a ocorrência dos fatos nela afirmados. Na parte deste livro destinada ao processo administrativo tributário, cuidamos já dos principais meios de prova, não sendo o caso de repetir aqui o que lá já foi dito. Basta consignar que nos embargos do executado, como em qualquer outro processo de conhecimento, todos aqueles meios de prova podem ser utilizados, sendo mais frequente, em questões tributárias, o emprego da perícia contábil, e da juntada de documentos.

Exige o art. 16, § 2º, da Lei 6.830/80 que a inicial seja desde logo acompanhada dos documentos a serem juntados aos autos, bem como do rol de testemunhas a serem ouvidas em juízo (até três ou, a critério do juiz, o dobro desse limite). Não há, em princípio, a opção de juntar documentos, ou de depositar o rol de testemunhas, em momento posterior, como ocorre na generalidade das ações de conhecimento, de rito ordinário. Essa exigência, porém, há de ser considerada com temperamentos, notadamente à luz das normas constitucionais que consagram a garantia a um devido processo legal substantivo, e à ampla defesa e ao contraditório. Pode ocorrer de somente após a impugnação da embargada mostrar-se relevante a ouvida de determinada testemunha, ou a juntada de algum documento. Se o juiz pode determinar a produção de provas até mesmo de ofício, no interesse de apurar a verdade e bem aplicar o Direito, não se justifica que se ampare em uma infundada preclusão para negar a produção de provas relevantes e assim prestigiar uma execução descabida. Conquanto alguns magistrados de varas especializadas revelem-se mais zelosos para com os interesses das exequentes que seus próprios procuradores, não é essa a postura que se espera de um integrante do Poder Judiciário, em tese, imparcial. O juiz deve indeferir a produção de tais provas quando estas se mostrarem irrelevantes ou desnecessárias para o deslinde da causa, e não simplesmente por não haverem acompanhado desde o início a exordial.

Ainda quanto à produção de provas, especificamente no âmbito da ação de embargos à execução fiscal, merece destaque a questão relativa à "presunção de validade" da CDA, e do ônus da prova daquele que se insurge contra essa validade.

Com efeito, a CDA, como qualquer título executivo, goza de presunção de liquidez e certeza. Esse fato, aliado à "presunção de validade" que se costuma atribuir aos atos emitidos pelo Poder Público de uma maneira geral, têm gerado uma falsa ideia segundo a qual o ônus da prova, no âmbito dos embargos à execução, seria *integralmente* do embargante, e de que toda a dúvida porventura existente teria de ser resolvida favoravelmente à Fazenda exequente.

Mas não deve ser exatamente assim.

Na condição de *autor* da ação de embargos, realmente incumbe ao embargante demonstrar a insubsistência da CDA. Muitas vezes, porém, a invalidade da CDA não decorre de questões de fato, mas de questões de Direito (invalidade, ou má aplicação, das normas que a fundamentam), hipótese na qual não se há de cogitar de produção de provas. Mesmo assim, se a insubsistência da CDA decorrer de aspectos de fato incumbirá ao embargante a prova da ocorrência desses mesmos fatos. Isso não significa, porém, que se deva demonstrar a

306 | PROCESSO TRIBUTÁRIO – *Machado Segundo*

inocorrência dos fatos sobre os quais se funda o lançamento respectivo. Basta que se demonstre que a autoridade competente não comprovou essa ocorrência. Realmente, provando que a autoridade lançadora não demonstrou a ocorrência dos fatos sobre os quais se funda o ato de lançamento, o embargante estará tornando clara a invalidade desse mesmo ato, por vício em sua fundamentação.[272]

3.2.2.7 O requerimento para que a exequente seja chamada a impugnar os embargos

É conveniente incluir, na inicial dos embargos à execução fiscal, pedido para que a Fazenda Pública exequente seja intimada para oferecer impugnação, peça no todo semelhante à contestação apresentada pelo réu de uma ação de conhecimento comum. Em vista disso, há magistrados que não aceitam iniciais de embargos nas quais não conste esse pedido de intimação.

A exigência, contudo, é carente de razão.

Primeiro, porque mesmo nos processos de conhecimento, de rito ordinário, o requerimento de citação do réu é, a rigor, desnecessário, podendo-se considerar implícito na inicial que identifica e qualifica o réu, e afirma dirigir-se contra ele a pretensão deduzida em juízo. Segundo, porque, ainda que essa exigência seja cabível no âmbito de uma inicial de processo de conhecimento, de rito ordinário, não é isso que ocorre em relação aos embargos à execução. Tanto a LEF (art. 17) quanto o CPC (art. 920, I) dispõem claramente que o juiz, ao receber os embargos, mandará ouvir o exequente (art. 920, I), não fazendo qualquer alusão à necessidade de que isso tenha de ser requerido pelo embargante.

3.2.3 Impugnação do embargado

Recebidos os embargos, o juiz mandará intimar a exequente para, querendo, impugnar os embargos, em peça que, como dissemos no item anterior, em tudo se assemelha à contestação oferecida pelo réu em qualquer ação de conhecimento de rito ordinário. Como observa Humberto Theodoro Junior, a Lei 6.830/80 conservou em linhas gerais o procedimento da ação de embargos já previsto à época no art. 740 do CPC/73. Em suas palavras, "a alteração situou-se apenas nos prazos de impugnação e de sentença que foram, ambos, ampliados de dez para trinta dias".[273]

A propósito de prazos, como os fixados pela Lei 6.830/80, já são expressa e especificamente dirigidos aos atos de Fazenda Pública, não se há, por óbvio, de se cogitar de sua contagem em dobro, ou em quádruplo. Com efeito, a regra do CPC que elastece os prazos para a prática de atos pela Fazenda Pública em juízo só incide sobre circunstâncias nas quais há um prazo fixado para *qualquer* parte, sendo esse prazo excepcionalmente ampliado quando essa parte for a Fazenda Pública; e não quando uma norma específica já prevê um prazo para a Fazenda Pública (e ninguém mais) realizar determinado ato (CPC/2015, art. 183, § 2º).

---

[272] Cfr. item 2.6, do Capítulo 3 deste livro, destinado ao processo administrativo tributário, onde inclusive está comentada a disposição, meramente didática, do art. 9º do Decreto 70.235/72, que dispõe: "A exigência do crédito tributário e a aplicação de penalidade isolada serão formalizados em autos de infração ou notificações de lançamento, distintos para cada tributo ou penalidade, os quais deverão estar instruídos com todos os termos, depoimentos, laudos e demais elementos de prova indispensáveis à comprovação do ilícito".

[273] Humberto Theodoro Junior, *Lei de Execução Fiscal*, São Paulo: Saraiva, 1986, p. 59.

Na impugnação aos embargos, a exequente deverá refutar os embargos em todos os seus termos, indicando as razões, de fato e de Direito, pelas quais entende não prosperar a pretensão do embargante. Muitas vezes, junto da impugnação, a Fazenda exequente anexa todo o processo administrativo que culminou com a inscrição em dívida ativa da quantia executada. Essa juntada é de todo recomendável, não apenas para trazer aos autos elementos que permitem conhecer a natureza e os fundamentos do crédito executado, mas especialmente para verificar se não houve vício em sua constituição ou no controle interno de sua legalidade (*v. g.*, cerceamento do direito de defesa). Assim, se o embargante e a embargada não juntarem aos autos cópia do processo administrativo, deve o juiz requerer que a embargada o junte, a fim de que haja uma adequada compreensão da controvérsia.

3.2.4 Matérias "vedadas" aos embargos à execução fiscal

Dispõe o art. 16, § 3º, da Lei 6.830/80, que "não será admitida reconvenção, nem compensação, e as exceções, salvo a de suspeição, incompetência e impedimentos, serão arguidas como matéria preliminar e serão processadas e julgadas com os embargos". Merecem exame essas limitações.

Quanto à reconvenção, é mesmo lógico que não seja viável, em sede de execução fiscal. Os embargos não são uma "contestação" à execução, mas processo de espécie diferente, através do qual é prestada tutela de conhecimento, e não a tutela executiva. Através dos embargos se busca a extinção da execução, com a declaração de que não subsiste a dívida cujo adimplemento através dela se objetiva. No âmbito dos embargos, portanto, só se pode discutir a existência, a validade e a exigibilidade do crédito executado, e não outras questões que possam existir entre o executado e a exequente. Além de tudo isso, a limitação à reconvenção não malfere qualquer direito do executado, que pode, a qualquer tempo, mover ação autônoma, de conhecimento, contra a Fazenda exequente, deduzindo em juízo a mesma pretensão que deduziria na reconvenção cujo manejo é legalmente vedado.

Em se tratando de compensação, porém, não é acertada a vedação legalmente estabelecida, que somente se explica em face de haver sido elaborada por Procuradores da Fazenda Nacional durante os "anos de chumbo". No momento atual, é imprescindível considerar que a compensação é amplamente autorizada por lei (o que não ocorria em 1980, e talvez explique haver-se pensado, à época, em positivar a vedação),[274] e que a Constituição ora em vigor, promulgada em 1988, tem feição incomparavelmente mais democrática.

Não nos parece haver amparo jurídico, nem moral, para que o ente público, reconhecidamente devedor, postergue o adimplemento de suas dívidas, e, paralelamente, exija coercitivamente os valores que esse mesmo credor lhe deve. Coexistindo débitos e créditos compensáveis, o encontro de contas é medida que se impõe, não apenas – no caso de tributos federais – por conta do disposto no art. 74 da Lei 9.430/96, mas também como decorrência lógica da própria razoabilidade. Nem se alegue que o crédito que o executado afirma possuir pode não existir, ou não ser suficiente para extinguir por compensação toda a quantia executada: essas questões são "de mérito", e devem ser discutidas no âmbito dos embargos à

---

[274] Interpretando a vedação à luz do direito vigente em 1980, e da evolução que se operou desde então, a doutrina hoje entende que "a compensação, em matéria tributária, só pode ser deduzida na ação de embargos do executado quando autorizada por lei, segundo disposição expressa do art. 170 do CTN. [...]. Havendo lei que decrete a compensação, ela pode ser invocada na ação de embargos" (Maury Ângelo Bottesini, Odmir Fernandes, Ricardo Cunha Chimenti, Carlos Henrique Abrão e Manoel Álvares. *Lei de Execução Fiscal Comentada e Anotada*, 3. ed., São Paulo: Revista dos Tribunais, 2000, p. 133).

308 | PROCESSO TRIBUTÁRIO – *Machado Segundo*

execução. O que não é possível é afastar – sem exame – toda e qualquer questão relacionada à compensação, apenas porque o art. 16, § 3º, da LEF o determina.

Abrandando o disposto no citado dispositivo de lei, o TRF da 4ª R. já entendeu viável alegar-se a compensação no âmbito de embargos à execução fiscal, desde que a coexistência dos débitos e créditos seja anterior à execução:

> "Execução Fiscal. Direito de Crédito Compensável Anterior à Execução Fiscal. Encontro de Contas Legítimo. Regra geral, incabível a compensação, em sede de embargos do devedor, por força do art. 16, § 3º, da Lei 6.830/80. Este dispositivo continua, em pleno vigor, pois o art. 66, 'caput', e parágrafos da Lei 8.383/91 (e alterações) autoriza a compensação de créditos do contribuinte, com débitos tributários futuros, não sendo aplicável, aos valores já lançados, em dívida ativa, e em fase de execução. Contudo, na presente hipótese, o contribuinte já contava com evidente direito de crédito compensável, antes mesmo do ajuizamento da execução fiscal. Legítimo, seu procedimento, de acerto de contas, em sua escritura fiscal, eis que amparado por provimento jurisdicional com trânsito em julgado. À autoridade fiscal caberá a aferição da correção das contas, e, caso não concordar, deverá efetuar lançamento tributário complementar, garantindo, ao contribuinte, o contraditório, e a ampla defesa. Sentença Reformada. CDA desconstituída. Extinta, a execução fiscal. Apelação da Embargante conhecida e provida."[275]

Como se percebe, o citado acórdão interpreta o § 3º do art. 16 da LEF como impeditivo somente de questionamentos a respeito de compensação do valor executado com créditos ainda em discussão e que, por isso, seriam reconhecidos apenas na sentença que julgasse procedentes os embargos à execução. Créditos já reconhecidos em outras ações judiciais, ou não refutados pela Fazenda, podem, sem embaraços, ter sua compensação alegada nos embargos.

Embora tenha chegado a conclusão válida, algumas das premissas do acórdão em exame não são corretas. Na verdade, proibir-se que se alegue a compensação, no âmbito dos embargos à execução fiscal, viola: (a) o direito a uma tutela jurisdicional efetiva por parte do embargante; (b) o princípio da isonomia; (c) o princípio da moralidade; (d) o princípio da economia processual.

Malfere-se o direito a uma tutela efetiva porque, a prevalecer a limitação estabelecida pelo art. 16, § 3º, da LEF quanto à compensação, o embargante, autor da ação, não terá instrumentos processuais hábeis para fazer com que seu direito subjetivo à compensação seja implementado. Será compelido a pagar o débito que possui, e ver-se-á obrigado a manejar ação de conhecimento para haver o adimplemento (sabe-se lá quando) do seu crédito. Reduz-se à nada aquela *maior coincidência possível* que deve haver entre o adimplemento espontâneo do direito subjetivo reclamado em juízo (compensação imediata de créditos e débitos) e o resultado do provimento jurisdicional obtido.

Viola-se a isonomia porque a Fazenda exequente tem a seu dispor, para receber seus créditos, processo executivo de rito diferenciado, no qual lhe são deferidos uma série de privilégios, deixando-se ao cidadão administrado, para o recebimento de créditos que poderiam ser perfeitamente compensados com os valores devidos à Fazenda, a morosa via da ação de conhecimento, de rito ordinário, seguida da execução através de precatório.

Estiola-se, por completo, a moralidade, considerando-se que a vedação, na prática, termina por autorizar a Fazenda exequente a não solver seus débitos e, inobstante, exigir

---

[275] Ac. un. da 1ª T. do TRF 4ª R. – Ac. nº 1998.04.01.086918-01/RS – Rel. Juíza Maria Isabel Pezzi Klein – j. 9.8.2001 – *DJU* II de 26.9.2001, p. 1435 – *Revista Dialética de Direito Tributário* no 75/2001, p. 223.

o pronto pagamento de seus créditos, contrariando a própria razoabilidade que preside o instituto da compensação no âmbito do direito das obrigações: só se explica que uma parte recuse a compensação se não se estiver pretendendo pagar o débito a ser objeto do encontro de contas, postura cuja imoralidade dispensa comentários.

Caso, apenas para argumentar, se considere moralmente plausível dar continuidade à execução de um crédito da Fazenda Pública, para, depois, ter o executado de manejar ação de conhecimento, e posteriormente submeter-se ao precatório, não se pode deixar de admitir que essa via, excessivamente mais longa, poderia ser abreviada, com economia de esforços para as partes e para o Poder Judiciário, caso o encontro de contas fosse apreciado e reconhecido logo no âmbito dos embargos à execução, medida que se impõe em face do princípio da economia processual.

Apreciando a questão, o Superior Tribunal de Justiça já decidiu pela plena possibilidade de se arguir, em sede de embargos à execução, a compensação do débito executado. É conferir:

> "TRIBUTÁRIO. PROCESSUAL CIVIL. ARGUIÇÃO DE COMPENSAÇÃO COMO MATÉRIA DE DEFESA, EM SEDE DE EMBARGOS À EXECUÇÃO FISCAL. POSSIBILIDADE.
>
> 1. Supervenientemente ao art. 16, 3º, da Lei 6.830/80, criou-se, no sistema, nova modalidade de extinção do crédito tributário, a compensação, circunstância que não pode ser desconsiderada em interpretação e aplicação atual desse dispositivo. Não pode haver dúvida que, atualmente, é admissível, como matéria de embargos, a alegação de que o crédito executado foi extinto por uma das formas de extinção prevista em lei, nomeadamente mediante compensação ou dedução, do valor devido, com valor indevidamente recolhido em período anterior, sem prejuízo do exercício, pela Fazenda, do seu poder-dever de apurar a regularidade da dedução efetuada pelo contribuinte. [...]."[276]

A questão é tratada em termos bastante lúcidos no seguinte aresto:

> "[...] 2. O art. 16, § 2º, da LEF deve ser lido com tempero. O que não é permitido é, em defesa na execução fiscal, o executado apresentar créditos que possui (indébitos tributários, créditos presumidos ou premiais ou outros créditos contra o ente público exequente tais como: precatórios a receber e ações diversas ajuizadas) a fim de abater os créditos tributários em execução. No entanto, nada impede que alegue a existência de compensações efetivamente já realizadas, efetivadas e reconhecidas, em processo administrativo ou judicial, com os créditos que são objeto da CDA, e que, por esse motivo, não poderiam ali estar (compensações tributárias pretéritas). Hipótese em que o crédito tributário veiculado na CDA foi incorretamente inscrito. [...]."[277]

Insistimos que a questão da *existência* do crédito alegado pelo embargante, e sua compensabilidade com o débito objeto da execução fiscal, são questões "de mérito" que nada têm a ver com o que examinamos neste tópico. Caso a compensação seja arguida, é óbvio que o

---

[276] Ac. un. da 1ª T. do STJ, REsp 395.448/PR, Rel. Min. Teori Albino Zavascki, j. em 18.12.2003, *DJ* de 16.2.2004, p. 205. Mais recentemente, confira-se o que restou decidido no REsp 1.008.343/SP (*DJ* de 1º.2.2010), oportunidade na qual a Corte deixou muito claro que, se a alegação é a de que a compensação se operou *antes* da propositura da execução fiscal, ela pode ser perfeitamente formulada nos embargos, não sendo vedada pelo § 3º do art. 16 da LEF.

[277] STJ, 2ª T., REsp 1.252.333/PE, *DJe* de 3.8.2011.

magistrado deverá examinar a sua ocorrência, o que é outro problema. O que não admitimos é que tais questões não sejam sequer consideradas sob a invocação do § 3º do art. 16 da LEF.

Como dito, o Superior Tribunal de Justiça vinha aplicando de maneira mais branda o referido dispositivo legal, tendo-o como inaplicável às hipóteses nas quais o crédito executado decorre da prévia e indevida recusa de uma compensação na via administrativa:

> "[...] 1. A compensação tributária adquire a natureza de direito subjetivo do contribuinte (oponível em sede de embargos à execução fiscal), em havendo a concomitância de três elementos essenciais: (i) a existência de crédito tributário, como produto do ato administrativo do lançamento ou do ato-norma do contribuinte que constitui o crédito tributário; (ii) a existência de débito do fisco, como resultado: (a) de ato administrativo de invalidação do lançamento tributário, (b) de decisão administrativa, (c) de decisão judicial, ou (d) de ato do próprio administrado, quando autorizado em lei, cabendo à Administração Tributária a fiscalização e ulterior homologação do débito do fisco apurado pelo contribuinte; e (iii) a existência de lei específica, editada pelo ente competente, que autorize a compensação, ex vi do artigo 170, do CTN.
>
> 2. Deveras, o § 3º, do artigo 16, da Lei 6.830/80, proscreve, de modo expresso, a alegação do direito de compensação do contribuinte em sede de embargos do executado.
>
> [...]
>
> 4. A alegação da extinção da execução fiscal ou da necessidade de dedução de valores pela compensação total ou parcial, respectivamente, impõe que esta já tenha sido efetuada à época do ajuizamento do executivo fiscal, atingindo a liquidez e a certeza do título executivo, o que se dessume da interpretação conjunta dos artigos 170, do CTN, e 16, § 3.º, da LEF, sendo certo que, ainda que se trate de execução fundada em título judicial, os embargos do devedor podem versar sobre causa extintiva da obrigação (artigo 714, VI, do CPC).
>
> [...]
>
> 6. Consequentemente, a compensação efetuada pelo contribuinte, antes do ajuizamento do feito executivo, pode figurar como fundamento de defesa dos embargos à execução fiscal, a fim de ilidir a presunção de liquidez e certeza da CDA, máxime quando, à época da compensação, restaram atendidos os requisitos da existência de crédito tributário compensável, da configuração do indébito tributário, e da existência de lei específica autorizativa da citada modalidade extintiva do crédito tributário.
>
> [...]
>
> 10. Recurso especial provido. Acórdão submetido ao regime do artigo 543-C, do CPC, e da Resolução STJ 08/2008".[278]

Nada está dito, no acórdão, sobre a necessidade de a compensação prévia já ter sido expressamente aceita pelo Fisco. Até porque, se ela tivesse sido aceita, dificilmente se estaria diante de uma execução exigindo a quantia extinta por compensação já homologada.

Entretanto, em momento mais recente, terminou por prevalecer compreensão mais fiscalista e, com todo o respeito, inaceitável, que praticamente inviabiliza qualquer objeção fundada na invalidade do crédito que nasceu da ilegal recusa de uma compensação. Essa orientação limita a possibilidade de se invocar a compensação àquelas hipóteses em que ela já tiver sido aceita na via administrativa, e por erro, apesar disso, tiver sido proposta a

---

[278] REsp 1.008.343/SP, Rel. Min. Luiz Fux, Primeira Seção, j. em 9.12.2009, DJe 1.º.2.2010.

execução do débito por ela previamente extinto, tornando, em nossa ótica, o art. 16, § 3º da LEF inconstitucional. Está assim livre o caminho para o Fisco exigir o que entende ser-lhe devido, sem que o Judiciário possa sequer apreciar a questão de saber se é legítimo indeferimento da compensação que subjaz a cobrança:

"[...]

1. Na origem, trata-se de Embargos à Execução Fiscal nos quais se alegou que o débito objeto da execução se encontra extinto pelo pagamento, porquanto foi objeto de compensação com crédito válido decorrente de pagamento em duplicidade, a qual, todavia, não foi homologada pela autoridade administrativa ao argumento de que o crédito da contribuinte foi utilizado para quitação de outros débitos, não restando disponível para compensação dos débitos informados no PER/DCOMP.

[...]

3. A Primeira Seção do STJ, por ocasião do julgamento do REsp 1.008.343/SP, sob a sistemática repetitiva do art. 543-C do CPC/1973, consolidou entendimento de que a existência de compensação pretérita e reconhecida pelo Fisco, ou mesmo judicialmente, pode ser arguida como matéria de defesa em sede de Embargos à Execução Fiscal. No voto condutor do julgado, de relatoria do eminente Ministro LUIZ FUX, registrou-se que a compensação efetuada pelo contribuinte, antes do ajuizamento do feito executivo, pode figurar como fundamento de defesa dos embargos à execução fiscal, a fim de ilidir a presunção de liquidez e certeza da CDA, máxime quando, à época da compensação, restaram atendidos os requisitos da existência de crédito tributário compensável, da configuração do indébito tributário, e da existência de lei específica autorizativa da citada modalidade extintiva do crédito tributário.

4. A extinção do débito ou a dedução de valores pela compensação total ou parcial impõe, contudo, que esse acerto de contas já tenha sido postulado e homologado à época do ajuizamento do executivo fiscal, atingindo, assim, a liquidez e a certeza do título executivo, conforme se dessume da interpretação conjunta dos arts. 3º e 16 da LEF e 204 do CTN.

5. Logo, se a compensação apresentada pelo contribuinte não foi convalidada, resultando na inscrição em dívida ativa de valores não compensáveis, aferir o mérito dessa decisão administrativa, com vistas a convalidar o procedimento compensatório efetuado pelo contribuinte e administrativamente glosado pelo Fisco, significa, na prática, realizar a própria compensação em sede de Embargos à Execução, o que encontra óbice intransponível no referido § 3º do art. 16 da Lei 6.830/1980.

6. Destaca-se que essa orientação mais restritiva, favorável à Fazenda Pública, prevalece em ambas as Turmas de Direito Público, havendo reiterados julgados no sentido de que somente seria possível a alegação, em Embargos à Execução Fiscal, de compensação tributária, caso esta já tenha sido reconhecida administrativa ou judicialmente antes do ajuizamento do feito executivo, sendo vedada a utilização da ação de embargos como verdadeira impugnação ao ato administrativo que indeferiu o procedimento compensatório (AgInt no REsp 1.884.188/SP, Rel. Ministro Mauro Campbell Marques, Segunda Turma, julgado em 12/4/2021, *DJe* 15/4/2021; AgInt no AREsp 1.670.993/RJ, Rel. Ministro Herman Benjamin, Segunda Turma, julgado em 24/2/2021, *DJe* 1º/3/2021; AgInt no AREsp 1.054.229/RJ, Rel. Ministro Napoleão Nunes Maia Filho, Primeira Turma, julgado em 31/8/2020, *DJe* 3/9/2020; AgRg no Ag 1.352.136/RS, Rel. Ministro Benedito Gonçalves, Primeira Turma, julgado em 15/12/2011, *DJe* 2/2/2012).

7. Gize-se que o entendimento aqui adotado não está a afastar da análise do Poder Judiciário o ato administrativo que indeferiu a compensação pleiteada pelo contribuinte à vista de erro de códigos de arrecadação nos pedidos de revisão. Contudo, é certo que os embargos à execução não são a via adequada para a perquirição tais questões, as quais devem ser ventiladas em meio judicial próprio, eis que a execução fiscal deve caminhar 'pra frente', não sendo lícito ao juiz, por força do óbice do art. 16, § 3º, da Lei nº 6.830/80, homologar compensação em embargos à execução quando tal pleito foi administrativamente negado pelo Fisco (AgRg no AgRg no REsp. 1.487.447/RS, Rel. Min. Mauro Campbell Marques, *DJe* 12.2.2015).

8. Agravo Interno da contribuinte a que se nega provimento".[279]

Sem maior debate, o "repetitivo" (REsp 1.008.343/SP) foi contornado, e invertido, como se nele se tivesse decidido na verdade o inverso do que dele consta, dando-se a matéria hoje como pacífica no seio da Corte:

"Processual civil e tributário. Embargos de divergência. Embargos à execução fiscal. Compensação. Indeferimento administrativo. Matéria de defesa. Inviabilidade. Dissenso atual. Inexistência.

1. Ambas as Turmas que compõem a Primeira Seção do Superior Tribunal de Justiça entendem que não pode ser deduzida em embargos à execução fiscal, à luz do art. 16, § 3º, da Lei n. 6.830/1980, a compensação indeferida na esfera administrativa, não havendo mais que se falar em divergência atual a ser solucionada.

2. Incide, na hipótese, o óbice da Súmula 168 do STJ, *in verbis*: 'Não cabem embargos de divergência, quando a jurisprudência do Tribunal se firmou no mesmo sentido do acórdão embargado.' 3. Embargos de divergência não conhecidos".[280]

Com todo o respeito, é equivocada a compreensão firmada nos dois últimos acórdãos cuja ementa se acaba de transcrever. Ela faz letra morta a legislação alusiva à compensação tributária (*v.g.*, no plano federal, o art. 74 da Lei 9.430/96), pois qualquer violação a ela é excluída da apreciação do Poder Judiciário, quando culmina com a propositura de uma execução indevida. Na verdade, não deve importar se a compensação foi deferida ou indeferida na via administrativa, pois isso implica colocar nas mãos do exequente a decisão sobre se o pressuposto da execução será passível de controle judicial ou não. É óbvio que, se a compensação tiver sido aceita pela autoridade, a execução sequer será proposta, pelo que essa nova orientação, além de atropelar o que a Corte decidiu em sede de "repetitivos", restringe o debate sobre a compensação tributária a situações praticamente impossíveis de serem verificadas.

Não há razão legítima para suprimir do controle do Poder Judiciário a tutela a uma lesão ao direito do contribuinte, só porque esse direito diz respeito à extinção de obrigações por meio de um encontro de contas que uma das partes foi provocada para aceitar, mas se recusou a fazê-lo. Se não existe o crédito, ou se não há possibilidade jurídica de compensação, essa é outra questão a ser enfrentada no julgamento dos embargos; mas suprimir a faculdade de levar esse debate ao Judiciário é contrário ao próprio direito a uma prestação jurisdicional útil.

Isso nada tem a ver com o fato de a execução dever "caminhar para frente" ou para trás. Se a demanda executiva é fruto de uma compensação indevidamente indeferida, ela não

---

[279] AgInt no AgInt no AREsp 1238111/RJ, Rel. Min. Manoel Erhardt – Desembargador Convocado do TRF5, Primeira Turma, j. em 24.8.2021, DJe 8.9.2021.

[280] EREsp 1795347/RJ, Rel. Min. Gurgel de Faria, Primeira Seção, j. em 27.10.2021, *DJe* 25.11.2021.

deveria ter sequer começado a andar, cabendo ao Judiciário, sim, em sede de embargos, reconhecer isso, pois a questão reside na juridicidade da constituição do crédito que se executa. Veja-se que uma coisa é a execução legitimamente proposta, em face de crédito validamente constituído, e em relação à qual o único óbice levantado pelo devedor é a possível existência de um crédito a ser ainda apurado e oposto ao débito executado; outra, muito diferente, é a execução que já decorre, diretamente, do indeferimento de uma compensação previamente submetida à autoridade administrativa. O indeferimento da compensação é causa da propositura da execução fiscal e, se esse indeferimento for ilegal, desaparece a legitimidade do feito executivo, ou seja, discussão típica de embargos à execução.

Note-se que a ofensa, decorrente desse entendimento do STJ, ao art. 5º, XXXV, da CF/88, é clara, pois inexiste outro cenário ou ambiente processual para debater o tema, porquanto a inadequação dos embargos, em tais hipóteses, leva ao prosseguimento inaudito e irrefreável da pretensão executiva. O crédito do contribuinte até pode ser reconhecido em outra ação, assim como o direito à sua compensação, mas esta terminaria tendo de ocorrer em relação a débitos diversos: e mesmo em relação a estes, se o Fisco de novo rejeitar o encontro de contas, e indevidamente executá-los, por meio de embargos que uma vez mais não poderiam ser freados, visto que o argumento para tanto seria a prévia oposição de um encontro de contas não aceito pelo exequente. Opera-se com isso lesão à própria ideia de Estado de Direito, pois boas (e constitucionais) razões precisam ser apresentadas para se restringir a cognição de certas matérias, notadamente em demandas contra o Poder Público, e elas inexistem em relação ao art. 16, § 3º, da LEF. Precisamente por isso, e para que a matéria, que é de índole constitucional – se assim for entendida a LEF pelas instâncias encarregadas de interpretá-la –, seja apreciada pelo STF, ajuizou-se a ADPF 1.023, questionando a validade do dispositivo tal como entendido pelo STJ, a qual se espera, pelas razões apontadas, tenha seus pedidos julgados procedentes.

Por fim, quanto às exceções, as de suspeição, incompetência e impedimentos serão normalmente arguidas e processadas, nos termos do CPC. As demais, por sua vez, devem ser suscitadas na própria petição inicial dos embargos, preliminarmente.

3.2.5   Audiência de instrução e julgamento

Prevê o art. 17 da Lei 6.830/80 a possibilidade de ser realizada, no âmbito dos embargos à execução fiscal, audiência de instrução e julgamento. A ressalva contida no parágrafo único do mesmo artigo, entretanto, faz com que referida audiência seja de verificação bastante rara, pois nele consta que "não se realizará audiência, se os embargos versarem sobre matéria de direito ou, sendo de direito e de fato, a prova for exclusivamente documental [...]".

Na maior parte das execuções fiscais são discutidas apenas questões de direito, ou questões de fato cuja prova é exclusivamente documental. Há, quando muito, a necessidade de ser realizada perícia contábil, que a rigor não passa de um *exame técnico* de alguns documentos (escrituração contábil). Mesmo nesse caso, o deferimento da prova, a nomeação do perito, a formulação de quesitos e indicação de assistente técnico pelas partes, a entrega do laudo, o pedido de esclarecimentos, a prestação desses esclarecimentos etc., tudo ocorre sem que se faça necessária a audiência. Quando muito, dependendo da complexidade dos fatos objeto das atenções do perito, e das dúvidas das partes quanto às suas conclusões, realiza-se a audiência apenas para que sejam prestados esclarecimentos a respeito do laudo.

3.2.6   Prolação da sentença e indistinção do rito, no âmbito recursal

Uma vez proferida a sentença, o rito seguido pelos embargos do executado, no âmbito recursal, é o mesmo de qualquer outra ação de conhecimento, de rito ordinário. Julgados procedentes os pedidos formulados pelo embargante, pode haver a interposição de apelação cível por parte da Fazenda embargada, além da necessária remessa de ofício de que cuida o art. 496, II, do CPC/2015.[281] Caso sejam julgados improcedentes os pedidos do embargante, poderá este manejar recurso de apelação cível, no âmbito do qual poder-se-á discutir, de modo incidental, sobre a circunstância de a execução dever continuar suspensa, ou não.

Como já foi consignado itens acima, o simples fato de pender um julgamento *definitivo* a respeito da validade do título executivo deve ser visto como causa para a suspensão da execução (cfr. item 2.1.6, *supra*). Entretanto, como há vozes discrepantes no âmbito de alguns órgãos do Poder Judiciário, é prudente, notadamente se a execução estiver garantida por bens penhorados, que o apelante peça expressamente a atribuição de efeito suspensivo ao seu recurso de apelação; ou, caso esse efeito não seja atribuído pelo juízo apelado, que requeira ao Tribunal de Apelação o deferimento de medida cautelar com esse propósito, demonstrando a possibilidade de serem-lhe causados danos irreparáveis, ou de difícil reparação, caso seja dado açodado seguimento ao processo executivo.

É importante ressaltar, ainda, que a sentença que considera o lançamento inválido, ainda que apenas em parte, em regra não pode determinar o prosseguimento da execução pelo saldo. Não pode fazer um lançamento substitutivo daquele considerado inválido. O crédito, enquanto realidade formal distinta da obrigação tributária, é nulo como um todo, sem prejuízo, é claro, do direito da Fazenda Pública de efetuar novo lançamento, nos moldes considerados válidos pela sentença.

> "Por isto é que 'até a decisão de primeira instância a Certidão de Dívida Ativa poderá ser emendada ou substituída, assegurada ao executado a devolução do prazo para embargos' (Lei 6.830/80, art. 2º, § 8º). Não efetuada a emenda, ou a substituição, é inadmissível o prosseguimento da execução para haver apenas parte da dívida.
>
> Admite-se, porém, nos casos em que a cobrança diga respeito a parcelas autônomas, como acontece, por exemplo, com a cobrança de imposto de renda de diferentes exercícios financeiros, prossiga a execução pela parcela autônoma, considerada devida."[282]

Uma série de razões, todas suficientes por si, autorizam a conclusão acima, segundo a qual o Juiz não pode corrigir o lançamento e determinar o prosseguimento da execução em face da quantia por ele próprio lançada.

De plano, verifica-se que o Juiz não tem competência para lançar, atribuição exclusiva da autoridade administrativa (CTN, art. 142). O lançamento pode ser anulado, cabendo à autoridade administrativa refazê-lo, se for o caso. Não pode o Juiz imiscuir-se nas atribuições da autoridade lançadora e fazer, por ela, a quantificação do tributo que entende devido.

---

[281] Ressalte-se, apenas, que, se a execução versar valor inferior a 50 OTN (algo atualmente próximo de R$ 700,00), o art. 34 da Lei de Execuções Fiscais limita os recursos a serem interpostos contra a sentença em embargos infringentes e embargos declaratórios, restrição que o STF já reconheceu como *constitucional*: "É compatível com a Constituição norma que afirma incabível apelação em casos de execução fiscal cujo valor seja inferior a 50 ORTN" (STF, ARE 637.975 j. em 9.6.2011, *DJe*-168 de 1º.9.2011). Em face do julgamento dos embargos infringentes, poderá ser cabível, em tese, recurso extraordinário, por se tratar de causa decidida em única ou última instância, a teor do art. 102, III, da CF/88. Não será cabível recurso especial por não se tratar de causa decidida por Tribunal Regional Federal ou por Tribunal de Justiça, nos termos do art. 105, III, da CF/88. A aplicabilidade prática do art. 34 da LEF, porém, tem sido reduzida, pelo menos em matéria tributária, pois os entes públicos têm evitado ajuizar execuções fiscais de valores inferiores a esse limite, por as considerarem antieconômicas.

[282] Hugo de Brito Machado, *Curso de Direito Tributário*, 23. ed. São Paulo: Malheiros, 2003, p. 440.

Não bastasse isso, a nulidade do lançamento, ainda que apenas de uma parcela deste, é suficiente para retirar a liquidez e a certeza do título executivo, com a inviabilidade da execução, o que enseja a total procedência dos pedidos formulados nos embargos.[283] Note-se que o pedido formulado pelas partes não autoriza a feitura de um lançamento substitutivo pelo Juiz (com a formação de um "novo" título executivo, desta feita judicial, em favor da Fazenda). O embargante pede a nulidade do ato de lançamento, mas não requer a feitura de um novo lançamento em valor inferior. A Fazenda embargada, por sua vez, não teria sequer legitimidade para pedir a feitura de um "lançamento judicial", porquanto tem ela própria competência para fazer seus próprios lançamentos, independentemente de atuação judicial.

O Superior Tribunal de Justiça possui julgado no qual afirma que, sendo "possível apurar o saldo devedor, melhor é excluir do montante em cobrança as parcelas relativas não devidas e dar continuidade à execução" (STJ, 1ª T., REsp 476.142/RS, Rel. Min. Gomes de Barros, j. em 18.11.2003, *DJ* de 15-12-2003, p. 194). Exame do acórdão, contudo, revela que se tratava de parcela autônoma (contribuição patronal incidente sobre remuneração de autônomos), que poderia ser excluída do montante devido sem necessidade de feitura de novos cálculos. Tanto que, julgando o EREsp 602.002-SP, relatado pelo Min. Humberto Martins, a Primeira Seção do STJ decidiu – unificando a jurisprudência da Corte a respeito do assunto – que sempre que na CDA constarem valores indevidos, cuja exclusão não seja possível por simples cálculo aritmético, não existe liquidez e certeza, fazendo-se necessária a feitura de novo lançamento. No caso, tratava-se da exclusão do valor do IAA da base de cálculo do ICMS, procedimento que "não comporta um simples recorte no valor da CDA, requer um novo lançamento, nova apuração da base de cálculo do imposto, com a desconstituição de quase toda a escrita fiscal no período, inclusive anulando-se todas as notas fiscais do período para reconstituir o correto cálculo do ICMS sem as parcelas consideradas inconstitucionais" (*Informativo de Jurisprudência do STJ* nº 325).

Voltaremos ao tema posteriormente, quando do exame da sentença que julga procedentes os pedidos formulados pelo autor de ação anulatória de lançamento fiscal, no âmbito da qual pode ser suscitada questão semelhante.

3.2.7   Os embargos de terceiro

Cumpre não confundir os embargos à execução, ou embargos do executado,[284] com a figura dos "embargos de terceiro", instrumento processual através do qual pessoa *que não é o executado* se opõe à turbação ou ao esbulho na posse de seus bens por ato judicial proferido no âmbito da execução (*v. g.*, penhora). Exemplo mais comum de embargos de terceiro, no âmbito de uma execução fiscal, é o do proprietário de automóvel penhorado, ou declarado "intransferível", por conta de execução fiscal de débitos de seu antigo proprietário, penhora esta decorrente de desatualização nos cadastros dos órgãos de trânsito correspondentes.

---

[283] Como já salientado em nota anterior, acolhendo esse argumento, o Superior Tribunal de Justiça decidiu que, "se a parcela substancial de certidão de dívida ativa refere-se a crédito inexistente, é necessário substituir-se a certidão nula, antes da decisão de primeiro grau (CTN, art. 203). Do contrário, quedará nula a execução" (STJ, REsp 385.388-MG – Rel. Min. Humberto Gomes de Barros – j. em 17.12.2002, *DJ* de 17.02.2003 – *Boletim Informativo Juruá* nº 343, 15.5.2003, p. 29).

[284] Reiteramos a inadequação do termo "embargos de devedor", pois não se sabe, antes do julgamento destes, se aquele que os opõe realmente é devedor. Aliás, nos embargos se pretende demonstrar precisamente a inexistência de dívida válida a ser executada. Correto, portanto, é dizer-se que o autor dos embargos é executado (e isso ele realmente é, ainda que indevidamente), e não "devedor".

Nos embargos de terceiro, em regra, não é possível questionar aspectos inerentes à dívida executada, sua existência, validade, liquidez e certeza etc., visto que o terceiro – exatamente por não ser apontado nem como devedor nem como responsável – não tem legitimidade para fazê-lo. Busca apenas se insurgir contra ilegítimos reflexos da execução em seu patrimônio, mas não contra a execução em si mesma.

Em atenção ao princípio da cientificação, desdobramento do direito à ampla defesa e do princípio do devido processo legal substantivo, não se pode cogitar de *prazo* para interposição dos embargos de terceiro enquanto esse terceiro não é cientificado dos atos em relação aos quais poderá se opor. O art. 675 do CPC/2015 dispõe que tais embargos podem ser propostos, em face do processo de execução, a qualquer tempo, *até cinco dias depois da adjudicação, da alienação por iniciativa particular ou da arrematação, mas sempre antes da assinatura da respectiva carta*. Tal prazo, porém, não tem início enquanto o "terceiro" não toma conhecimento da arrematação, da adjudicação ou da alienação, o que, inclusive, pode ocorrer apenas quando do cumprimento do mandato de imissão de posse do bem arrematado em leilão.[285]

Quanto aos honorários, o Superior Tribunal de Justiça pacificou seu entendimento no sentido de que em "embargos de terceiro, quem deu causa à constrição indevida deve arcar com os honorários advocatícios" (Súmula 303/STJ), o que significa que o embargante, caso tenha seus pedidos julgados procedentes, poderá receber seus honorários tanto do exequente como do executado, a depender de quem houver dado causa à indevida constrição. Exemplificando, o executado pode dar causa à constrição indicando à penhora bem que já não é mais seu, enquanto a causa terá sido dada pelo exequente quando tiver sido deste o requerimento de penhora sobre bens não pertencentes ao executado.

3.3 Mandado de segurança

3.3.1 Noções gerais

Desde quando o *Estado de Direito* começou, no Brasil, a dar seus primeiros passos, a doutrina se pôs a procurar um instrumento capaz de controlar atos ilegais e abusivos, praticados por autoridades públicas, e que não dissessem respeito estritamente à liberdade física, ou liberdade de ir e vir (já tutelada pelo *habeas corpus*). Havia o direito material, mas não existia um instrumento que o tutelasse de modo eficaz. Inicialmente, procurou-se ampliar o conceito de liberdade, a fim de alargar o âmbito do *habeas corpus*, corrente defendida de modo expressivo por Rui Barbosa, e que ficou conhecida como "a doutrina brasileira do *habeas corpus*".[286] Outros procuraram utilizar as ações possessórias, tais como reintegração de posse,

---

[285] Cfr. STJ, REsp 298.815-GO – Rel. Min. Nancy Andrighi, *DJU* de 11.3.2002, p. 253 – íntegra no *Boletim Informativo Juruá* nº 326, 1 a 15.8.2001, p. 21. No atual CPC, disposição análoga à referida no texto está contida no art. 675.

[286] Para uma análise crítica dessa doutrina, confira-se Pontes de Miranda, *História e Prática do Habeas Corpus*, atualizado por Vilson Rodrigues Alves, Campinas: Bookseller, 1999, t. I, p. 293.

com a mesma finalidade. Depois de alguma controvérsia, inspirada na citada "doutrina do *habeas corpus*", em *writs* norte-americanos,[287] e no juízo de amparo mexicano, a Constituição de 1934 finalmente positivou a garantia do *mandado de segurança* (o nome deve-se ao constituinte João Mangabeira), repetida em todas as Cartas posteriores, à exceção da outorgada em 1937 por Getúlio Vargas.[288]

Na Constituição vigente, promulgada em 1988, a garantia constitucional de que se cuida está expressamente prevista no art. 5º, LXIX, segundo o qual "conceder-se-á mandado de segurança para proteger direito líquido e certo, não amparado por *habeas corpus*, ou *habeas data*, quando o responsável pela ilegalidade ou abuso de poder for autoridade pública ou agente de pessoa jurídica no exercício de atribuições do Poder Público".

A compreensão de algumas das expressões utilizadas no citado dispositivo constitucional é de grande relevância para que não sejam cometidos alguns equívocos, tão graves quanto comuns, no trato do mandado de segurança. A primeira delas, mais relevante, e fonte dos maiores desacertos, é "direito líquido e certo", tema ao qual se dedica o item 3.3.2, *infra*. Outra, também importante, diz respeito à sua abrangência, determinada por exclusão: qualquer ofensa a direito líquido e certo não amparado pelos outros dois remédios constitucionais, sendo descabido qualquer questionamento no sentido de que o mandado de segurança não poderia ser empregado em hipóteses x ou y. Finalmente, a ofensa ao direito tutelado pelo mandado de segurança há de ter sido provocada por autoridade pública ou agente de pessoa jurídica no exercício de atribuições do Poder Público, o que significa dizer que o instrumento processual de que se cuida é uma garantia do cidadão em face do Poder Público, não podendo ser manejado no âmbito de relações estritamente particulares (*v. g.*, uma peleja entre dois vizinhos), tampouco por uma autoridade pública *contra* um cidadão.

Observe-se que todo direito cuja lesão ou ameaça pode ser submetida ao Judiciário através de um mandado de segurança pode, por igual, ser tutelado através de outros instrumentos processuais, notadamente por uma ação de conhecimento, de rito ordinário, no âmbito da qual pode ser formulado um pedido de antecipação dos efeitos da tutela. Existem, porém, alguns dados que devem ser ponderados por quem vai a juízo, antes de escolher por um desses instrumentos. O mandado de segurança tem rito mais célere e simples, mas, precisamente por isso, em seu âmbito não pode haver dilação probatória. Assim, quando houver possibilidade de a autoridade coatora, em suas informações, suscitar aspectos de fato controvertendo a narração contida na inicial, o manejo de ação de conhecimento de rito ordinário é caminho mais seguro a ser trilhado. Outro ponto a ser considerado é o de que no mandado de segurança não há condenação da parte vencida no pagamento de honorários de sucumbência,[289] o que pode recomendar o emprego desse instrumento para evitar que uma disputa em torno de valores elevados culmine com o agravamento destes em até 20%. Lembre-se, ainda, de que a autoridade coatora deve ser indicada na inicial, devendo a impetração ocorrer perante o

---

[287] Talvez por isso a doutrina e a jurisprudência, no Brasil, usualmente empregam a expressão *writ* como sinônimo de mandado de segurança. Nas linhas que se seguem, neste livro, a expressão *writ* será eventualmente utilizada com esse sentido.

[288] A Carta de 1937, como se sabe, foi feita por Francisco Campos, e, como escreveu o cronista Rubem Braga, todas as vezes que se acendiam as luzes do professor *Chico Ciência*, dava-se um curto circuito nas instituições republicanas (Cfr. Elio Gaspari, *A Ditadura Envergonhada*, São Paulo: Companhia das Letras, 2002, p. 124).

[289] Súmula 512 do STF, confirmada, após a CF/88, pela Súmula 105 do STJ. Posteriormente, o entendimento jurisprudencial fora consolidado no art. 25 da Lei 12.016/2009. Esse entendimento, inclusive, foi consolidado no julgamento da ADI 4.296-DF.

318 | PROCESSO TRIBUTÁRIO – *Machado Segundo*

juízo sob cuja jurisdição a autoridade exerce suas atividades. Por isso, quando a autoridade não for de fácil identificação, ou exercer suas atividades em juízo distante (*v. g.*, em Brasília, sendo o contribuinte residente e domiciliado no Ceará), pode ser preferível manejar ação de conhecimento, de rito ordinário, contra a entidade pública respectiva.

3.3.2 Direito líquido e certo

Muita incompreensão cercou o conceito de "direito líquido e certo", para fins de concessão de mandado de segurança, gerando equívocos que infelizmente ainda hoje se fazem ecoar. O principal problema é a sua associação a uma "certeza", sem que se esclareça sobre *o que* deve haver certeza. Fala-se apenas de direito "de fácil demonstração", ou "incontestável". Diante disso, certos magistrados chegam ao cúmulo de afirmar que, se a inicial do mandado de segurança tem mais que um determinado número de páginas, ou se é "muito complicado"[290] o assunto nela discutido, o direito postulado não é líquido e certo.

Deve-se observar que a liquidez e a certeza do direito a ser tutelado através de mandado de segurança estão diretamente relacionadas à simplicidade do *procedimento* deste, que o diferencia de um processo de conhecimento, de rito ordinário, no âmbito do qual, em tese, qualquer direito subjetivo pode ser tutelado. Essas simplicidade e celeridade não são obtidas limitando o conhecimento do juiz apenas a matérias "simples", de interpretação "não controvertida", mas sim limitando a investigação, realizada no âmbito do processo, quanto à ocorrência de fatos sobre os quais as partes divergem. É a instrução probatória, a realização de perícias, a ouvida de testemunhas etc., que faz demorado um processo de conhecimento comum, de rito ordinário, e não um maior esforço do juiz para interpretar esse ou aquele dispositivo de lei.

Disso se conclui que a liquidez e a certeza de um direito, para fins de mandado de segurança, estão relacionadas ao componente factual, ou à inexistência de controvérsia quanto aos fatos que lhe servem de suporte. Pode-se discutir, até não mais poder, a interpretação das normas, mas não pode haver divergência quanto à ocorrência dos fatos necessários à incidência dessas normas. Em outras palavras, considerando-se que todo direito subjetivo decorre da incidência de uma norma sobre um fato, diz-se que esse direito subjetivo é "líquido e certo" quando não há dúvidas, nem controvérsia, quanto à ocorrência do fato do qual decorre, podendo, naturalmente, haver controvérsia quanto à norma ou às normas correspondentes, sua interpretação, aplicação etc. (Súmula 625, do STF).[291] Há muito, aliás, o STF consignou que direito líquido e certo é aquele que "resulta de fato certo, e fato certo é aquele capaz de ser comprovado de plano, por documento inequívoco".[292]

Assim, e em suma, para que o direito pleiteado no mandado de segurança seja "líquido e certo", basta que o impetrante não questione os fatos tal como narrados no ato contra o qual se insurge (*v. g.*, um lançamento), ou, se for o caso de questioná-los, junte à inicial prova preconstituída, inequívoca, que estribe sua versão quanto a esses mesmos fatos.

---

[290] Pontes de Miranda, após registrar que a liquidez e certeza dizem respeito ao suporte fático do qual decorre o direito subjetivo reclamado em juízo, e não à norma discutida, esclarece que a dúvida ou a incerteza quanto ao sentido da norma é irrelevante, por ser meramente subjetiva, decorrendo de "simples insuficiência do juiz" (Pontes de Miranda, *Comentários à Constituição de 1967, com a Emenda nº 1 de 1969*, 2. ed., São Paulo: Revista dos Tribunais, 1971, t. V, p. 362).

[291] No mesmo sentido, James Marins, *Direito Processual Tributário Brasileiro*, São Paulo: Dialética, 2001, p. 404 e 405.

[292] *RTJ* 83/130.

3.3.3 Cabimento em matéria tributária

Diante do que foi explicado no item anterior, conclui-se que o mandado de segurança pode ser utilizado, no âmbito tributário, sempre que o reconhecimento da invalidade do ato administrativo impugnado independer de solução de controvérsia factual. Com ele pode-se: impugnar um lançamento (por vícios formais ou materiais); afastar óbices indevidamente oferecidos à efetivação de uma compensação (Súmula 213 do STJ); impugnar ato de cancelamento ou suspensão de imunidade ou isenção tributária (por ofensa, por exemplo, ao princípio do devido processo legal); coibir o ato ilegal e abusivo de negar o fornecimento de certidões negativas de débito, ou certidões positivas com efeito de negativa etc.

O mandado de segurança pode ser utilizado, ainda, não propriamente para impugnar de modo direto o ato de lançamento, mas para discutir aspectos do processo administrativo de controle de sua legalidade. Suponha-se, por exemplo, que o sujeito passivo tem contra si lavrado um auto de infração no qual são discutidas inúmeras questões de fato. Apresentada impugnação administrativa, o sujeito passivo solicita a realização de perícia contábil (precisamente para esclarecer os fatos), e a autoridade julgadora indevidamente *indefere* a produção dessa prova. Nesse caso, o mandado de segurança é instrumento adequado para impugnar o ato que indeferiu a produção da prova pericial, a fim de que se obtenha o reconhecimento do direito de produzir essa prova *na instância administrativa.*[293]

É comum, em informações prestadas por autoridades impetradas, a afirmação de que o uso do mandado de segurança, no caso (alega-se isso em qualquer um), viola o princípio da separação de poderes. Se a autoridade negou uma certidão negativa, ou a produção de uma prova no âmbito administrativo, e o Judiciário determina o fornecimento da certidão, ou a produção da prova, diz-se que há "invasão nas atribuições do Executivo". Trata-se, porém, de evidente falácia, cuja prevalência – isso sim – faria ruir o princípio da separação dos poderes, pois o Judiciário não poderia em hipótese alguma controlar os abusos praticados pelos demais poderes. Em verdade, dizer que, com o mandado de segurança, "se derroga o *princípio da separação de poderes* é fácil dito, que revela pouca meditação sobre a natureza do *judicial control*, em cujo âmbito o mandado de segurança e o *habeas corpus* entram por igual".[294]

As possibilidades de emprego do mandado de segurança, em matéria tributária, são vastíssimas. Qualquer ato ilegal e abusivo praticado por autoridades fiscais, ofensivo a direito líquido e certo, pode ser através dele atacado. Nos itens que se seguem examinaremos, de modo sucinto e evidentemente não exaustivo, algumas das mais frequentes dessas situações.

3.3.3.1 Mandado de segurança e compensação

A compensação, viu-se no Capítulo 3 deste livro, dedicado aos processos e aos procedimentos administrativos, é atualmente disciplinada, no plano federal, pelo art. 74 da Lei 9.430/96, que autoriza a compensação entre quaisquer tributos administrados pela Secretaria da Receita Federal, desde que o contribuinte *declare* estar efetuando o encontro de contas, declaração esta que é submetida à *homologação* da autoridade competente.

Não raro, porém, as autoridades fazendárias impõem óbices ilegais à compensação. Em algumas vezes, não reconhecem a existência do crédito; noutras, reconhecem o crédito, mas entendem inviável o encontro de contas diante de disposições restritivas de normas infralegais.

---

[293] Confira-se, a propósito, Hugo de Brito Machado, *Mandado de Segurança em Matéria Tributária*, 5. ed. São Paulo: Dialética, 2003, p. 263 a 274.

[294] Pontes de Miranda, *Comentários à Constituição de 1967, com a Emenda 1, de 1969*, 2. ed. São Paulo: Revista dos Tribunais, 1971, t. V, p. 335.

Coloca-se, então, a questão de saber se o mandado de segurança pode ser utilizado para afastar tais óbices. É evidente que sim, desde que a demonstração da ilegalidade dos tais óbices não dependa da solução de controvérsia quanto à ocorrência de fatos.

É sabido que todo direito subjetivo se funda na, ou decorre da, incidência de uma norma sobre um fato. O direito à compensação, por igual, decorre de normas e de fatos sobre os quais estas incidem. Normas contidas nos dispositivos que mostram ser indevido o tributo pago anteriormente, e devido o tributo que com ele se pretende compensar; e normas contidas nos dispositivos que cuidam da compensação em si. Quando a compensação houver sido indeferida, ou obstaculizada, por conta da compreensão que a autoridade pública tem dessas normas – e não porque a autoridade considere *inocorrentes* os fatos sobre os quais tais normas incidem –, o mandado de segurança é cabível para garantir o direito à compensação.

Muitos equívocos foram perpetrados, nesse ponto, por conta de uma compreensão completamente equivocada de alguns membros do Poder Judiciário a respeito da natureza do lançamento por homologação, e por conta, também, de pedidos mal formulados pelos advogados dos contribuintes, nos quais era requerida a compensação de quantias determinadas e a própria extinção do crédito daí decorrente – o que demandaria dilação probatória.

Na verdade, através do mandado de segurança o contribuinte não deve pedir que seja "efetivada" a compensação, com a extinção de um crédito tributário no valor de "X". O contribuinte deve pedir que seja declarado o seu *direito de efetuar a compensação*, afastando-se o óbice apontado pela autoridade. Caso a autoridade tenha negado a compensação por considerar que o tributo "A" – conquanto realmente indevido – não pode ser compensado com o tributo "B", por exemplo, a impetração terá por finalidade apenas ver reconhecida essa possibilidade, com a determinação de que a autoridade *acate* a compensação do tributo "A" com o tributo "B". No mandado de segurança não será discutido *quanto* de tributo "A" foi pago indevidamente, o que será apurado pelo próprio contribuinte, por sua conta e risco, e submetido à homologação da autoridade competente.

Hugo de Brito Machado, desde há muito, sustenta esse entendimento. Em suas palavras,

> "Como a lei atribui ao contribuinte o direito de fazer a compensação, pode esta dar-se independentemente de qualquer procedimento judicial. Ocorre que em atos normativos infralegais foram colocadas pela Administração algumas restrições tanto ao próprio direito à compensação, como ao modo de exercitá-lo. Assim, se o contribuinte está diante de uma situação em que incidem tais restrições, terá justo receio de vir a ter não homologado o lançamento que venha a fazer, efetuando a questionada compensação. Além disto, em certos casos a Administração questiona o entendimento do contribuinte sobre o haver sido indevido o pagamento do tributo que este pretende compensar.
>
> [...]
>
> Em tais situações geralmente não se estabelece qualquer controvérsia quando aos fatos. Pretende a autoridade administrativa, simplesmente, fazer valer as restrições constantes de atos normativos inferiores. E o contribuinte sustenta serem ilegais tais restrições.
>
> Cabível, pois, o mandado de segurança, posto que as questões em disputa, nesses casos, são exclusivamente *de direito*. Não se questiona a expressão quantitativa do tributo. As quantias, em moeda, não ensejam controvérsia alguma. Gira esta em torno, exclusivamente, de saber, por exemplo, se pode o contribuinte fazer a compensação independentemente de autorização prévia da Administração, ou se determinado tributo pago

indevidamente pode ser compensado com determinado outro tributo, por serem de espécies diversas. Enfim, as controvérsias não envolvem fatos."[295]

Em outros termos, se o óbice colocado consiste em uma questão meramente de direito, o óbice a ser afastado é, obviamente, também essa questão de direito. Não se deve procurar quantificar e mensurar os valores a serem compensados (aspectos de fato), que serão objeto de apuração administrativa; até porque, se houvesse divergência quanto a esses valores, o mandado de segurança não seria cabível, tendo o contribuinte de recorrer às chamadas "vias ordinárias".

Superadas tais divergências, hoje é absolutamente pacífica a possibilidade de emprego do mandado de segurança para garantir o direito à compensação, conforme entendimento sumulado do Superior Tribunal de Justiça.[296] Entretanto, e de modo aparentemente contraditório, o Superior Tribunal de Justiça chegou a sumular também que "a compensação de créditos tributários não pode ser deferida por medida liminar" (Súmula 212/STJ),[297] entendimento que depois, de algum modo, foi desdobrado no art. 170-A do CTN, que assevera ser "vedada a compensação mediante aproveitamento de tributo, objeto de contestação judicial pelo sujeito passivo, antes do trânsito em julgado da respectiva decisão judicial".

O referido art. 170-A do CTN deve ser visto com as devidas cautelas, não apenas porque pode implicar restrição desproporcional ao princípio que assegura a utilidade da prestação jurisdicional, mas também porque seus termos não são tão abrangentes quanto têm parecido a algumas decisões judiciais que o aplicam. Como a vedação não diz respeito especificamente ao mandado de segurança (que pode ser normalmente empregado), mas ao deferimento de tutelas de urgência (no mandado de segurança ou em qualquer outro processo), a ela será dedicado um item específico, abaixo, quando da abordagem de tais provimentos urgentes.

Seja como for, julgando a ADI 4.296, o STF declarou inconstitucionais disposições da Lei 12.016/2009 (art. 7º, § 2º) que, na mesma linha, limitavam a concessão de tutelas provisórias relativamente às compensações tributárias, o que motivou o STJ, em atenção ao efeito vinculante da ADI, a cancelar a Súmula 212 de sua jurisprudência. Na verdade, presentes os requisitos, é inadmissível que o magistrado não possa suspender a exigibilidade de quantias que, quando do desfecho do processo, serão definitivamente extintas pela compensação. Com isso, concilia-se o direito à tutela jurisdicional efetiva com o disposto no art. 170-A do CTN, de modo a que se deva aguardar o trânsito em julgado para que se opere definitivamente a compensação, mas não se impede que, liminarmente, o Fisco seja impedido de cobrar a quantia sujeita ao encontro de contas.

O Superior Tribunal de Justiça admite que sentenças declaratórias, que reconhecem o direito à restituição do indébito, ou à compensação, podem ser objeto de cumprimento tanto por meio da expedição de precatório, para restituição em dinheiro, como por intermédio de compensação a ser posteriormente realizada na via administrativa (Súmula 461/STJ[298]). Isso coloca a questão de saber se a sentença, proferida em sede de mandado de segurança, poderia ser objeto de cumprimento via precatório, para restituição do tributo pago indevidamente em todo o período, abrangendo inclusive os cinco anos anteriores à impetração. Chegou

---

[295] Hugo de Brito Machado, *Mandado de Segurança em Matéria Tributária*, 5. ed. São Paulo: Dialética, 2003, p. 257 e 258.

[296] Súmula 213/STJ.

[297] Algo semelhante se acha previsto no art. 7º, § 2º, da Lei 12.016/2009, que consolidou no plano legislativo o entendimento sumulado pelo STJ em torno do assunto.

[298] "O contribuinte pode optar por receber, por meio de precatório ou por compensação, o indébito tributário certificado por sentença declaratória transitada em julgado."

a prevalecer, no âmbito do STJ, o entendimento de que a concessão da segurança daria ao impetrante o direito de pleitear a restituição, ou a compensação, na via administrativa, não por meio de precatório, visto que o *writ* não pode ser usado como ação de cobrança:

> "[...]
>
> XII – O recurso não encontra amparo na jurisprudência do Superior Tribunal de Justiça, porque busca utilizar-se do mandado de segurança como substitutivo de ação de cobrança (Enunciado Sumular n. 269/STF, por analogia).
>
> XIII – O acórdão recorrido, no particular, está em consonância com a jurisprudência do Superior Tribunal de Justiça, segundo a qual, nos autos do mandado de segurança, a opção pela compensação ou restituição do indébito se refere à restituição administrativa do indébito e não à restituição via precatório ou requisitório. Isso porque a pretensão de restituição de tributo indevidamente pago no passado, viabilizando o posterior recebimento desse valor pela via do precatório, implica utilização do mandado de segurança como substitutiva da ação de cobrança. Confira-se: (REsp 1.918.433/DF, relator Ministro Mauro Campbell Marques, Segunda Turma, *DJe* 15/3/2021.) XIV – Agravo interno improvido."[299]

Esse entendimento, contudo, é incompatível com o art. 100 da CF/88, segundo o qual todo pagamento feito pelo Poder Público como consequência direta de uma condenação judicial deve dar-se por meio de precatório (ou requisição de pequeno valor, conforme o caso). Foi, aliás, o que decidiu, com repercussão geral, o Supremo Tribunal Federal: "Não se mostra admissível a restituição administrativa do indébito reconhecido na via judicial, sendo indispensável a observância do regime constitucional de precatórios, nos termos do art. 100 da Constituição Federal" (Tema 1.262/RG). Lembre-se, ainda, que o mandado de segurança não pode ser usado como ação de cobrança, logo, tampouco pode haver a execução de sua sentença por meio da expedição de precatório. Caso reconhecido o direito de crédito e afastados os óbices ilegais à compensação, por seu intermédio (Súmula 213/STJ), pode dar-se a compensação na via administrativa, não a restituição administrativa em dinheiro, tampouco a expedição de precatório. O seguinte julgado, do Superior Tribunal de Justiça, sintetiza esse entendimento a respeito do tema:

> "PROCESSUAL CIVIL. MANDADO DE SEGURANÇA EM MATÉRIA TRIBUTÁRIA. EFICÁCIA DA SENTENÇA. COMPREENSÃO DO TEMA N. 1.262/STF DA REPERCUSSÃO GERAL. POSSIBILIDADE DO PAGAMENTO DO INDÉBITO VIA PROCEDIMENTO ADMINISTRATIVO DE COMPENSAÇÃO ONDE FEITA A RESTITUIÇÃO OU O RESSARCIMENTO. IMPOSSIBILIDADE DO PAGAMENTO DO INDÉBITO VIA PRECATÓRIOS OU REQUISIÇÃO DE PEQUENO VALOR. IMPOSSIBILIDADE DE RESTITUIÇÃO ADMINISTRATIVA EM ESPÉCIE (DINHEIRO).
>
> 1. Sob o aspecto material, em matéria tributária, o mandado de segurança não pode ser utilizado como substitutivo de ação de repetição de indébito (ação de cobrança). Desta forma, a concessão da segurança, via de regra, não permite o reconhecimento de créditos do contribuinte relacionados a indébitos tributários pretéritos (quantificação) e também não permite a execução via precatórios ou requisições de pequeno valor – RPV's. Precedentes: AgInt no REsp. n. 1.949.812/RS, Primeira Turma, Rel. Min. Regina Helena

---

[299] AgInt no REsp 1938511/RS, Rel. Min. Francisco Falcão, Segunda Turma, j. em 11.10.2021, *DJe* 14.10.2021.

Costa, julgado em 02.10.2023; AgInt no REsp. n. 1.970.575/RS, Segunda Turma, Rel. Min. Francisco Falcão, julgado em 08.08.2022; Súmula n. 269/STF; Súmula n. 271/STF.

2. Consoante a Súmula n. 213/STJ, o mandado de segurança é meio apto a afastar os óbices formais e procedimentais ao Pedido Administrativo de Compensação tributária. Nessas condições, ele pode sim, indiretamente, retroagir, pois, uma vez afastados os obstáculos formais a uma compensação já pleiteada administrativamente (mandado de segurança repressivo), todo o crédito não prescrito outrora formalmente obstado poderá ser objeto da compensação. Do mesmo modo, se a compensação for pleiteada futuramente (mandado de segurança preventivo), todo o crédito não prescrito no lustro anterior ao mandado de segurança poderá ser objeto da compensação. Em ambas as situações, a quantificação dos créditos (efeitos patrimoniais) ficará a cargo da Administração Tributária, não do Poder Judiciário.

3. Quanto ao Pedido Administrativo de Ressarcimento, o mandado de segurança constitui a via adequada para o reconhecimento de créditos escriturais (fictícios, premiais, presumidos etc.) referentes a tributos sujeitos à técnica da não cumulatividade, desde que obedecido o prazo prescricional de 5 (cinco) anos. Precedentes repetitivos: REsp. n. 1.129.971-BA, Primeira Seção, Rel. Min. Mauro Campbell Marques, julgado em 24.2.2010; REsp. n. 1.111.148-SP, Primeira Seção, Rel. Min. Mauro Campbell Marques, julgado em 24.2.2010.

4. Em flexibilização das Súmulas n. 269 e n. 271/STF, o mandado de segurança é meio apto a quantificar o indébito constante de Pedido Administrativo de Compensação tributária, desde que traga prova pré-constituída suficiente para a caracterização da liquidez e certeza dos créditos, não sendo admitida a repetição administrativa em dinheiro ou a repetição via precatórios. Precedentes repetitivos: REsp. n. 1.111.164/BA, Primeira Seção, Rel. Min. Teori Albino Zavascki, julgado em 13.05.2009 e REsp. n. 1.365.095/SP, Primeira Seção, Rel. Min. Napoleão Nunes Maia Filho, julgado em 13.02.2019.

5. Muito embora a sentença mandamental tenha, em alguma medida, eficácia declaratória, a Súmula n. 461/STJ ("O contribuinte pode optar por receber, por meio de precatório ou por compensação, o indébito tributário certificado por sentença declaratória transitada em julgado") em nenhum momento se referiu ao mandado de segurança e em nenhum momento permitiu a restituição administrativa em espécie (dinheiro). Por tais motivos, a sua aplicação ao mandado de segurança se dá apenas mediante adaptações: 1ª) somente é possível a compensação administrativa; 2ª) jamais será permitida a restituição administrativa em (espécie) dinheiro ou 3ª) o pagamento via precatórios/RPV. A restituição permitida é aquela que se opera dentro do procedimento de compensação apenas já que a essa limitação se soma aqueloutra das Súmulas n. 269 e n. 271/STF, que vedam no mandado de segurança a possibilidade da restituição administrativa em espécie (dinheiro) ou via precatórios.

6. Realizado o julgamento do Tema n. 1.262/STF da repercussão geral, em não havendo notícia da expressa superação dos enunciados sumulares 269 e 271 do STF que vigem há décadas – conforme o exige o art. 927, § 4º, do CPC/2015, é de se presumir que permaneçam em vigor, devendo ser obedecidos na forma do art. 927, IV, também do CPC/2015. Assim, a leitura do precedente formado no Tema n. 1.262/STF, em relação ao mandado de segurança, deve ser feita tendo em vista as ações transitadas em julgado com conteúdo condenatório, a despeito das referidas súmulas e da jurisprudência deste STJ que veda, no mandado de segurança, a repetição de indébito tributário pela via dos precatórios e RPV's.

7. No caso concreto, em 7 de dezembro de 2006, o Sindicato dos Lojistas do Comércio de São Paulo – SINDILOJAS impetrou Mandado de Segurança Coletivo (0026776-41.2006.4.03.6100) visando ao reconhecimento do direito de seus associados recolherem as contribuições ao PIS e à COFINS excluindo de suas bases de cálculo a parcela relativa ao ICMS, bem como do direito à compensação dos valores indevidamente recolhidos, atualizados pela Taxa SELIC, tendo obtido julgamento favorável em decisão transitada em julgado em 19 de setembro de 2018. A Corte de Origem também autorizou o pagamento do indébito tributário oriundo de decisão concessiva da ordem, por meio de precatório ou requisição de pequeno valor, o que contraria os precedentes deste Superior Tribunal de Justiça.

8. Acórdãos no mesmo sentido: REsp. n. 2.062.581/SP; REsp. n. 2.070.249/SP e REsp. n. 2.079.547/RS, Segunda Turma, Rel. Min. Mauro Campbell Marques, julgados em 06.02.2024.

9. Recurso especial da FAZENDA NACIONAL parcialmente provido.

(REsp 2.135.870/SP, 2ª T., Rel. Min. Mauro Campbell Marques, j. 13.8.2024, *DJe* de 20.8.2024)

3.3.3.2 Mandado de segurança como meio de impugnação judicial do lançamento

Diante de um ato de lançamento que considere inválido, pode o contribuinte questioná-lo judicialmente através de um mandado de segurança, desde que – insista-se – a demonstração da invalidade do lançamento não dependa de dilação probatória, mas apenas do deslinde de questões "de direito". A impetração, nesse caso, dirigir-se-á contra o ato da autoridade responsável pelo lançamento. Pedirá liminarmente a suspensão da exigibilidade do crédito correspondente e, ao final, a sua extinção.

3.3.3.3 Mandado de segurança e as chamadas "sanções políticas"

É muito frequente, no âmbito tributário, a aplicação das "sanções políticas", assim entendidas as restrições de direitos fundamentais impostas pelo Poder Público com a finalidade oblíqua e desviada de efetuar a cobrança do crédito tributário sem a observância do devido processo legal. Podem ser citadas, a título de exemplo: (a) a suspensão ou o cancelamento da inscrição do contribuinte em cadastros específicos (CNPJ, CGF etc.), sem os quais resta praticamente inviabilizado o exercício da atividade correspondente; (b) a apreensão de mercadorias em condições nas quais a presença física destas não é mais necessária para a comprovação de qualquer infração, e cuja liberação é condicionada ao pagamento de tributos; (c) a proibição de que o contribuinte tido como inadimplente obtenha a impressão de novos blocos de notas fiscais etc.

Tais práticas são de redobrada inconstitucionalidade.[300] Não apenas porque implicam a supressão de um direito fundamental que nenhuma relação tem com a cobrança de tributos (o direito ao exercício de uma atividade econômica assiste também ao inadimplente), mas especialmente porque ensejam a cobrança de tributos em desrespeito ao devido processo legal.

Veja-se que, efetuado um lançamento equivocado, o contribuinte pode oferecer impugnação administrativa, que suspende a exigibilidade do crédito tributário. Caso não haja êxito na esfera administrativa, ou não tenha sido exercida a opção pela sua utilização, o contribuinte pode, uma vez executado, oferecer bens à penhora (se os possuir – veja-se item 2.1.5.2, *supra*),

---

[300] Confira-se, a propósito, Hugo de Brito Machado, "Sanções Políticas no Direito Tributário", em *Revista Dialética de Direito Tributário* nº 30, p. 46.

e discutir, em sede de embargos, a validade do lançamento correspondente. Essa é a maneira *válida* de constituição e cobrança de um crédito tributário, porque assegura o exercício das faculdades decorrentes do devido processo legal. Com a aplicação das sanções políticas, o contribuinte é colocado diante da opção de pagar incondicionalmente o crédito – sem discuti--lo – ou ver ceifado o seu direito ao livre exercício de uma atividade profissional ou econômica.

Diante de situações assim, nas quais se vê coagido por uma sanção política, o contribuinte pode impetrar mandado de segurança contra o ato da autoridade que a aplica, requerendo, liminarmente, a suspensão de seus efeitos. Suponha-se, por exemplo, que um médico, ao procurar inscrever-se como autônomo junto ao Município, para fins de recolhimento do ISS, tenha sua inscrição negada por conta de supostos débitos de IPTU não quitados. Independentemente da discussão a respeito de tais débitos, que podem ser apenas referidos como a ilícita razão pela qual lhe fora negado o cadastro, o médico pode impetrar mandado de segurança contra o ato do Secretário de Finanças do Município, ou da autoridade que lhe faça as vezes, a fim de obter a sua inscrição como autônomo, inscrição essa que nenhuma relação tem com eventuais débitos de IPTU lançados contra esse mesmo contribuinte. O questionamento judicial pode dizer respeito *apenas* à sanção política, cuja ilegalidade independe da questão de saber se o tributo através dela cobrado é devido ou não.

É curioso que as autoridades que integram o Fisco, em suas várias esferas, sabem da invalidade das sanções políticas que aplicam, invalidade essa há décadas sumulada pelo STF,[301] tanto que frequentemente não documentam a sua prática. O médico com débitos não quitados de IPTU tem negada sua inscrição no cadastro do ISS; o contribuinte apontado como inadimplente tem negada a autorização para imprimir novos blocos de notas fiscais, ou tem apreendidas suas mercadorias, mas não recebe qualquer certidão dessa prática. Em alguns casos, as autoridades se recusam até mesmo a protocolar os requerimentos que lhe são dirigidos a respeito, absurdo sem tamanho em um Estado que se pretende Democrático de Direito. Fazem isso exatamente para dificultar o acesso ao Judiciário, procurando deixar o contribuinte carente de provas da ilegalidade sofrida. E o que é pior é ver essas mesmas autoridades, ao prestarem informações em face do mandado de segurança impetrado, negarem sem nenhum embaraço ou cerimônia a ilegalidade praticada. Dizem simplesmente que nunca indeferiram a inscrição requerida, ou que nunca apreenderam a mercadoria reclamada, atribuindo a uma idiossincrasia incompreensível a contratação de um advogado e a adoção de uma medida judicial contra um ato que jamais praticaram.

Diante desse possível não fornecimento de documentos "oficiais" que comprovem a ilegalidade, o impetrante pode valer-se de meios que estejam a seu alcance, como declaração escrita, subscrita por ele e por testemunhas que tenham presenciado o fato; declaração da empresa transportadora, ou dos motoristas (no caso de apreensão de mercadorias em trânsito); cópia dos "documentos de arrecadação" entregues pela autoridade ou por seus subordinados, e cuja quitação é a condição para o "relaxamento" da sanção política etc. Esses elementos, conquanto informativos, são, a rigor, até desnecessários, pois seria mesmo absurdo pretender que alguém impetrasse um mandado de segurança contra uma apreensão de mercadorias, ou contra a suspensão de um cadastro, que na verdade não ocorreu. Exigir documentação fornecida pela autoridade, nesses casos, seria como exigir a documentação de uma prisão ilegal como condição para o deferimento de um *habeas corpus*: bastaria a autoridade não documentar a prisão para suprimir não apenas o direito à liberdade, mas também o remédio constitucional que a garante.

---

[301] Súmulas 70, 323 e 547, do STF.

326 | PROCESSO TRIBUTÁRIO – *Machado Segundo*

3.3.3.4 Mandado de segurança e o devido processo legal administrativo

Emprego ainda pouco frequente, mas assaz relevante, do mandado de segurança, é o destinado a garantir o *devido processo legal administrativo*. Imagine-se, por exemplo, que um contribuinte que tenha negado, na esfera administrativa, o direito à produção de uma determinada prova que considera importante, ou tenha indevidamente obstaculizado o uso de um recurso. Nesses casos, poderá questionar judicialmente o ato que entende haver malferido o seu direito a um devido processo administrativo, pedindo a continuidade desse processo após a correção do vício.[302]

Note-se que o contribuinte não submeterá ao crivo do Poder Judiciário, nesse momento, a questão "de mérito" discutida no processo administrativo. Caso se trate de um processo administrativo de controle da legalidade do ato de lançamento, não questionará no mandado de segurança a legalidade do tributo exigido, mas a higidez do processo administrativo correspondente. Corrigido o vício apontado (determinada a produção da prova, ou o conhecimento do recurso), o processo administrativo seguirá seu trâmite e será julgado pela autoridade administrativa.[303]

É muito importante distinguir, então,

> "[...] a impetração de mandado de segurança para impugnar a exigência do tributo, em que o impetrante coloca em Juízo a questão de direito material, de saber se o tributo é devido, ou não, e a impetração em que é posta em Juízo apenas a questão de saber se ocorreu, ou não, no curso do processo administrativo fiscal de lançamento, alguma ilegalidade. No primeiro caso discute-se em Juízo o mérito da exigência tributária, enquanto no segundo o que se questiona é apenas a forma pela qual aquela exigência está sendo feita".[304]

Tal distinção é importante, para que não se considere que, com o *writ*, o impetrante "renunciou" à esfera administrativa. Na verdade,

> "[...] na impetração em que se questiona apenas um vício formal, o direito que o impetrante pretende ver amparado é exatamente o de ter, na via administrativa, uma decisão que tenha arrimo em um procedimento administrativo regular. Não se questiona se o tributo é devido, ou não, mas, sim, o direito de ter essa questão resolvida pela autoridade da Administração Tributária, com observância do devido processo legal administrativo".[305]

É conveniente, na inicial de mandado de segurança utilizado com a finalidade de assegurar o direito ao devido processo administrativo, insistir-se nos limites do objeto da impetração. Deve-se repetir, até não mais poder, que a tutela jurisdicional buscada presta-se apenas para

---

[302] Pela possibilidade de se utilizar o mandado de segurança para atacar vícios formais no processo administrativo, confiram-se os seguintes precedentes da Segunda Turma do STJ: RMS 16.644/RS, *DJ* de 19.12.2003, p. 379; RMS 18.056/RS, *DJ* de 28.2.2005, p. 256.

[303] Tudo isso sem prejuízo, por óbvio, da futura e eventual impugnação judicial do tributo correspondente, caso o processo administrativo conclua pela validade do lançamento.

[304] Hugo de Brito Machado, *Mandado de Segurança em Matéria Tributária*, 5. ed. São Paulo: Dialética, 2003, p. 273.

[305] Hugo de Brito Machado, *Mandado de Segurança em Matéria Tributária*, 5. ed. São Paulo: Dialética, 2003, p. 273.

Capítulo 4 · PROCESSO JUDICIAL TRIBUTÁRIO | 327

garantir o exercício do direito de defesa, ou de qualquer outro direito processual, no âmbito do processo administrativo, sem incursão no mérito deste. Essa repetição é relevante para evitar que o juiz, em uma leitura rápida da inicial, compreenda-a equivocadamente, e termine por indeferir a inicial por má compreensão desta (*v. g.*, por pensar que o Impetrante pretende produzir em juízo a prova que lhe fora negada na via administrativa).

No tempo necessário à prolação da sentença, o processo administrativo cuja correção se procura pode ser definitivamente julgado, e inclusive culminar com a propositura de execução fiscal. Depois de tudo isso, nenhuma eficácia terá a sentença que, por exemplo, reconhecer o direito do Impetrante de produzir uma perícia no âmbito administrativo. Assim, é recomendável que se requeira medida liminar com o propósito de suspender o curso do processo administrativo (e, por conseguinte, a exigibilidade do crédito tributário nele eventualmente discutido), para que, ao final, possa a sentença, de modo útil, determinar a correção do vício processual administrativo.

3.3.4   Partes. Legitimidade ativa e passiva

Como ocorre na generalidade das ações destinadas à proteção de direitos individuais, o mandado de segurança deve ser proposto pelo titular do direito que se entende haver sido violado, ou estar ameaçado de violação. A legitimidade ativa para impetrá-lo, portanto, assiste ao titular do direito líquido e certo alegado em juízo. Isso, pelo menos, no que diz respeito ao mandado de segurança individual. Do mandado de segurança coletivo, no âmbito tributário, cuidaremos oportunamente, *infra*.

Posta a questão nesses termos, apontar os detentores de legitimidade ativa *ad causam* pode parecer sempre muito simples, quando algumas vezes não o é. Isso porque, em certos casos, o problema é determinar *quem* é o titular do direito líquido e certo que se procura proteger em juízo. Nas hipóteses em que a sujeição passiva é dividida entre mais de uma pessoa (*v. g.*, substituição tributária), por exemplo, há discussão a respeito da legitimidade ativa para estar em juízo, mas não se questiona se o titular do direito líquido e certo tem legitimidade ativa. Não. Questiona-se, isso sim, *quem é* o titular desse direito, se o contribuinte substituto, ou o contribuinte substituído. Como já adiantamos anteriormente, a legitimidade, em casos assim, assiste aos dois, tanto ao substituto, quanto ao substituído. Ambos têm legitimidade para discutir aspectos de uma relação jurídica que os afeta, seja como meros responsáveis por uma retenção e um recolhimento, seja como contribuintes, pois ambos têm *direito subjetivo* a não se submeter a essa mesma relação, caso a mesma esteja eivada de algum vício.

Quanto à legitimidade passiva, ou seja, a legitimidade para constar no polo passivo da relação processual, duas questões são frequentemente suscitadas: (a) a relação entre a autoridade impetrada e o ente público por ela integrado, e seus papéis no âmbito do polo passivo processual; e (b) *quem* deve ser a autoridade impetrada, nos casos em que sua identificação não é facilmente verificável (*v. g.*, nas hipóteses de atos complexos, julgamentos colegiados etc.).

A primeira dessas questões, de menor interesse prático, pode ser suscitada em razão de o ato impugnado ser um ato de determinada autoridade, a qual é intimada para prestar informações, mas que cede lugar ao ente público correspondente quando da interposição de recursos. Indaga-se, então, qual deles seria o "réu", e qual seria a função, no processo, daquele não considerado como sendo o "réu".

A parte passiva, no mandado de segurança, na verdade, é a pessoa jurídica de direito público corporificada pela autoridade impetrada. É essa pessoa jurídica que, em tese, tem "interesse" na prática do ato, e em sua manutenção. Como observa Celso Agrícola Barbi, "a circunstância de a lei, em vez de falar na citação daquela pessoa, haver se referido a 'pedido

328 | PROCESSO TRIBUTÁRIO – *Machado Segundo*

de informações à autoridade coatora' significa apenas mudança de técnica, em favor da brevidade do processo: o coator é citado em juízo como 'representante' daquela pessoa, como notou Seabra Fagundes, e não como parte".[306]

A segunda questão, de consequências práticas mais evidentes, tem complexidade variável conforme a estrutura administrativa no âmbito da qual é proferido o ato impugnado, visto que a autoridade coatora, como se sabe, é aquela que prolatou o ato. As três situações responsáveis pelo maior número de questionamentos são as seguintes: (a) atos administrativos complexos; (b) atos emitidos por órgãos colegiados; (c) atos executados por uma autoridade, mas determinados por outra.

Vejamos cada uma dessas situações.

Exemplo de ato administrativo complexo é o cancelamento de isenção tributária individual em certos Estados-membros e Municípios. O fiscal emite despacho no qual propõe o cancelamento da isenção, mas esse despacho só produz efeitos quando "homologado" pelo superior hierárquico respectivo. Só a partir de então a isenção está "cancelada". Nessa hipótese, considerando que o ato somente adquiriu eficácia jurídica no momento da homologação, é a autoridade autora do ato de homologação a responsável pelo ato homologado, de cancelamento, sendo, por essa mesma razão, a autoridade legitimada para figurar no polo passivo de um mandado de segurança eventualmente movido contra esse cancelamento. Em suma, a autoridade impetrada, nos atos administrativos complexos, é aquela competente para praticar a formalidade última do ato, em face da qual o mesmo se considera complexo e eficaz.

Não se confunda, porém, ato administrativo complexo com processo administrativo. O primeiro é um ato uno, para cuja prática participa a vontade de órgãos diferentes, sendo autoridade impetrada aquela competente para aperfeiçoar o ato e dotá-lo de eficácia jurídica. O segundo é uma série de atos autônomos, mas logicamente encadeados e tendentes a um resultado final. A depender do que se pretende impugnar no processo, a autoridade impetrada não necessariamente será aquela competente para a prática do ato final, mas poderá ser qualquer outra, a depender de qual ilegalidade se busca remediar com o *writ*. Caso o mandado de segurança destine-se a impugnar o ato de lançamento, ou a decisão final do processo administrativo de controle de legalidade que o manteve, a autoridade impetrada será aquela competente para determinar a *cobrança* do crédito tributário respectivo. A Súmula 59 do extinto TFR, a propósito, dispõe: "a autoridade fiscal de primeiro grau que expede a notificação para pagamento do tributo está legitimada passivamente para a ação de segurança, ainda que sobre a controvérsia haja decisão, em grau de recurso, de Conselho de Contribuintes".

A propósito de Conselho de Contribuintes, antiga denominação do atual Conselho Administrativo de Recursos Fiscais (CARF), já é o tempo de destacar que, em se tratando de órgãos colegiados, a impetração deve ser dirigida contra o presidente do mesmo. Sendo a Primeira Turma da Primeira Câmara do CARF a responsável pelo ato ilegal e abusivo, por exemplo, deverá ser o Presidente dessa Turma a autoridade apontada como coatora no mandado de segurança. O mesmo vale para atos de comissões, turmas julgadoras, e quaisquer outros órgãos estatais colegiados, que pratiquem atos ilegais e abusivos, ofensivos a direito líquido e certo.

Pode parecer, à luz do entendimento cristalizado na Súmula 59, do ex-TFR, que um *writ* em matéria tributária dificilmente seria dirigido contra um órgão administrativo de julgamento colegiado. Não é bem assim, contudo. A Súmula diz respeito apenas a um mandado de segurança impetrado para discutir o mérito da exigência, e, além disso, cuida muito mais de uma faculdade do contribuinte – que pode impetrar o mandado de segurança, no âmbito

---

[306] Celso Agrícola Barbi, *Do Mandado de Segurança*, 6. ed., Rio de Janeiro: Forense, 1993, p. 154-155.

Capítulo 4 · PROCESSO JUDICIAL TRIBUTÁRIO | 329

federal, junto à sua cidade, não sendo obrigado fazê-lo em Brasília – do que de um ônus para o mesmo. Na verdade, e exemplificando, o mandado de segurança pode ser empregado – como já visto anteriormente – para assegurar o respeito ao devido processo legal administrativo. Suponha-se que um Conselho de Contribuintes, ou uma Turma Julgadora (de qualquer "grau" de julgamento, e de qualquer ente federativo, tanto faz), recusem-se a admitir um recurso claramente cabível, sem nenhuma razão para tanto; ou neguem o direito à produção de uma prova tida como muito importante pelo contribuinte. O mandado de segurança será cabível, e deverá ser dirigido contra ato do Presidente do Colegiado, a fim de obter-se o restabelecimento do direito ao recurso, ou à produção da prova correspondente.

Existe, é certo, entendimento contrário, no caso de impetração contra ato de órgão colegiado, segundo o qual a autoridade coatora deveria ser o próprio órgão, apenas "representado" pelo seu presidente. Impetrado o mandado de segurança contra ato "do Presidente", e não "do órgão, a ser representado pelo Presidente", seria o caso de extinção sem exame do mérito. Trata-se, porém, de entendimento absolutamente formalista, que usa a forma processual para chegar a finalidades diversas – e mesmo opostas – àquelas às quais ela se destina. Por outros termos, usa-se o processo para dar razão a quem não a tem, sem nada que o justifique. Primeiro, porque não faz a menor diferença, do ponto de vista substancial, impetrar-se o *writ* contra ato do presidente, ou contra ato do colegiado, a ser por ele representado. Em qualquer caso, o polo passivo a rigor é integrado pela pessoa jurídica de direito público, servindo a autoridade impetrada apenas para representá-la em um primeiro momento, prestando informações de maneira mais célere. E essa representação, em qualquer caso, será feita sempre pelo presidente do órgão. Com base nisso, o Superior Tribunal de Justiça não apenas pacificou o entendimento de que o "[...] Presidente do órgão colegiado, por ser representante externo do órgão que preside, tem legitimidade passiva para responder em juízo pelas decisões do órgão colegiado. Precedentes."[307] Em seu voto, o Ministro Relator consignou que, mesmo "cogitando-se que a autoridade coatora é o órgão judicial e não o seu presidente, não é hipótese de julgar extinto o processo sem resolução de mérito, porque, em face da relevância constitucional do mandado de segurança, admite-se o processamento e julgamento do pedido mandamental pelo seu mérito, afastando a aparente ilegitimidade passiva da autoridade apontada na inicial, a fim de que o *writ* efetivamente cumpra seu escopo maior de proteção de direito líquido e certo".

Já em relação aos atos determinados por uma autoridade, mas executados por outra, ambas são consideradas autoridades coatoras. A impetração, em regra, é cabível contra aquela que determina a prática do ato (*v. g.*, Delegado da Receita Federal), pois essa autoridade tem poder de decisão a respeito da ilegalidade praticada. Apesar disso, o mandado de segurança cabe também contra o ato daquela que apenas executa o ato, nas hipóteses em que se pretende apenas a abstenção dessa execução. Seja como for, a indicação errônea da autoridade coatora não é causa para a extinção do mandado de segurança, sendo inteiramente suprida, quando a autoridade coatora, conquanto se diga parte ilegítima, defende a validade do ato coator. Como já decidiu o STJ, "aplica-se a teoria da encampação quando a autoridade apontada como coatora, ao prestar suas informações, não se limita a alegar sua ilegitimidade, mas defende o mérito do ato impugnado, requerendo a denegação da segurança, assumindo a *legitimatio ad causam* passiva".[308]

---

[307] STJ, 6ª T., AgRg no RMS 22.576/BA, *DJe* 16.02.2016.

[308] Ac. un. da 1ª T. do STJ, RMS 19.058/RS, Rel. Min. Luiz Fux, j. em 26.10.2005, *DJ* de 19.12.2005, p. 204, *RDDT* nº 126, p. 235/236. No mesmo sentido: AGA 538.820/PR, Rel. Min. João Otávio de Noronha, *DJ* de 12.4.2004; REsp 574.981/RJ, Rel. Min. Eliana Calmon, *DJ* de 25.2.2004; ROMS 15.262/TO, Rel. Min. Hamilton Carvalhido, *DJ* de 2.2.2004.

330 | PROCESSO TRIBUTÁRIO – *Machado Segundo*

Sentindo-se o impetrante inseguro quanto à autoridade legitimada, ou sendo-lhe de difícil acesso o local onde essa autoridade exerce suas atividades, pode-se optar – o que ocorre com frequência – pela propositura de ação de conhecimento, de rito ordinário, com a finalidade de anular o ato impugnado. Isso porque, como se sabe, em tais ações "ordinárias", o ente público é apontado como réu e não se perquire a respeito da autoridade prolatora do ato cuja nulidade se requer.[309] Caso a dúvida resida apenas entre poucas autoridades, todas submetidas à jurisdição de um mesmo juízo, ou uma delas submetida a um juízo cuja jurisdição atrai as demais (*v. g.*, uma no interior do Estado e outra na Capital), uma alternativa viável é colocá-las *todas* no polo passivo do mandado de segurança. A exclusão de alguma delas, depois que o Juiz se decidir pela efetivamente legitimada, em nada prejudicará a impetração.[310]

3.3.4.1   Impetração por terceiro e a questão da legitimidade ativa *ad causam*

Ainda em relação à legitimidade ativa para a impetração de mandado de segurança, é interessante observar que, a teor do art. 3º da Lei 12.016/2009, "o titular de direito líquido e certo decorrente de direito, em condições idênticas, de terceiro poderá impetrar mandado de segurança a favor do direito originário, se o seu titular não o fizer, no prazo de 30 (trinta) dias, quando notificado judicialmente".

Trata-se de nítido exemplo de substituição processual.

Esse dispositivo, além de tornar inequívoco o direito de sujeitos passivos indiretos de impetrarem mandado de segurança contra exigências tributárias formuladas através de substitutos tributários, que, a rigor, já têm legitimidade independentemente da notificação de que se cuida (item 3.1.1, *supra*), concede legitimidade ativa até mesmo àquelas pessoas que, em regra, não teriam direito de ação por não participarem da relação jurídica com a Fazenda Pública correspondente. Comentando dispositivo análogo contido na Lei 1.533/51, Hugo de Brito Machado afirma, com base nele, que o comprador de um produto em cujo preço está sendo adicionado um tributo indevido pode impetrar mandado de segurança a favor do direito do vendedor de não recolher esse tributo, a fim de que o mesmo não seja adicionado ao preço por ele pago.[311]

3.3.4.2   Mandado de segurança coletivo

De acordo com o inciso LXX do art. 5º da CF/88, o mandado de segurança coletivo pode ser impetrado por (a) partido político com representação no Congresso Nacional, ou por (b) organização sindical, entidade de classe ou associação legalmente constituída e em funcionamento há pelo menos um ano, em defesa dos interesses de seus membros ou associados.

---

[309]   Devem ser ponderadas, porém, a possibilidade de sucumbência e uma possível maior demora no desfecho da ação.

[310]   A solução adequada, na verdade, seriam maiores transigência, razoabilidade e respeito pela Constituição, por parte do Poder Judiciário. A indicação equivocada da autoridade deveria, na pior das hipóteses, ensejar um despacho determinando a *emenda* da inicial, e nunca o seu indeferimento. Como, porém, nem todos os magistrados têm essa visão finalista do processo, o mais adequado, sob um ângulo *pragmático*, é impetrar o mandado de segurança contra todas as autoridades possivelmente legitimadas, ou, então, optar por mover ação de conhecimento, rito ordinário, contra a entidade pública correspondente, com a finalidade de impugnar o mesmo ato ilegal e abusivo, conforme sugerido no texto.

[311]   Hugo de Brito Machado, *Mandado de Segurança em Matéria Tributária*, 5. ed. São Paulo: Dialética, 2003, p. 50.

Trata-se de instrumento de defesa dos mesmos direitos que, em tese, poderiam ser tutelados em um mandado de segurança individual,[312] mas que pode ser manejado, *por substituição processual*, por pessoa distinta do titular do direito correspondente, legitimada a fazê-lo por disposição expressa da Constituição.

Essa legitimação é elogiável por várias razões. Primeiro, torna prescindível a utilização de inúmeros mandados de segurança semelhantes, por cada um dos interessados, que multiplicaria desnecessariamente o trabalho do Poder Judiciário e das partes, ensejando ainda, eventualmente, a prolação de decisões diferentes. Segundo, torna viável a defesa de direitos de pessoas que, seja pelos ônus de uma demanda judicial, seja por desinformação, não buscariam essa defesa individualmente. Terceiro, porque dá maior força, e maior utilidade, às entidades coletivas, notadamente as não dotadas de poder estatal, o que é conveniente para a instituição de um regime democrático. E, finalmente, porque toda forma de ampliar o rol daqueles dotados de legitimidade para reclamar a efetividade da ordem jurídica consiste em um aperfeiçoamento indiscutível desta, saudável sob todos os aspectos.

Advirta-se que o mandado de segurança coletivo não se confunde com as ações de controle concentrado de constitucionalidade. Nele não se busca restabelecer a integridade da ordem jurídica no plano hipotético (geral e abstrato, como preferem alguns). Não. Busca-se a tutela de direitos subjetivos, da mesma maneira que ocorre em mandado de segurança individual, ou em qualquer outra ação na qual se busca o autêntico exercício da jurisdição.[313] Deve a impetrante, por isso mesmo, demonstrar a ocorrência, ou a ameaça, da lesão ao direito daqueles que substitui processualmente.

A propósito, como se trata de substituição processual, e não de "representação", não é necessária procuração dos associados ao impetrante do mandado de segurança coletivo. Tal representação seria necessária se não existisse a figura do mandado de segurança coletivo, e exigi-la implica negar vigência à norma do inciso LXX do art. 5º da CF/88. Nesse sentido, aliás, sedimentou-se a jurisprudência do STF,[314] posteriormente consolidada, quanto a esse ponto, no art. 21 da Lei 12.016/2009.

3.3.5 Impetração preventiva e mandado de segurança contra "lei em tese"

Como se sabe, o mandado de segurança não tem como única hipótese de cabimento a impugnação a um ato, ou a uma omissão, ilegal e abusivo. Não se presta apenas para combater uma lesão a direito, podendo, igualmente, ser empregado como forma de afastar uma *ameaça* a esse mesmo direito. É a chamada impetração preventiva, na qual o impetrante, tendo *justo receio* de que seu direito líquido e certo seja violado, pede ao Juiz que determine à autoridade coatora que *não* pratique a lesão que se receia ver concretizada.

---

[312] Diferente, portanto, de uma ação civil pública, conforme será visto na parte final deste livro.

[313] Por isso mesmo, o STF tem repelido a utilização do mandado de segurança coletivo, por partido político, para proteger direito líquido e certo de toda a coletividade. Nas palavras do acórdão, partido político não está "autorizado a valer-se do mandado de segurança coletivo para, substituindo todos os cidadãos na defesa de interesses individuais, impugnar majoração de tributo" (STF, 1ª T., RE 196.184/AM, Rel. Min. Ellen Gracie, j. em 27.10.2004, v. u, *DJ* de 18.2.2005, p. 6).

[314] STF. Mandado de Segurança nº 22.132/RJ. Fonte *DJU* de 18.11.1996, p. 39.848. Rel. Min. Carlos Veloso. Órgão Julgador: Tribunal Pleno. Decisão de 21.8.1996. A matéria, aliás, encontra-se hoje sumulada: "a impetração de mandado de segurança coletivo por entidade de classe em favor dos associados independe da autorização destes" (Súmula 629/STF).

Essa sua função preventiva, que deveria ser prestigiada,[315] foi durante muito tempo amesquinhada em matéria tributária com a exigência de que o impetrante fizesse sempre e necessariamente a "prova da ameaça". Sem essa prova, considerava-se que o impetrante estava questionando a "lei em tese", com a extinção do mandado de segurança.

Na verdade, não apenas o mandado de segurança, mas nenhum tipo de ação, na qual se exerça autêntica jurisdição, comporta questionamento da lei – ou de qualquer outro ato normativo – em tese. É essa, aliás, a diferença entre as ações nas quais é exercida a jurisdição, dos instrumentos de controle concentrado de constitucionalidade.

No mandado de segurança preventivo, porém, não se questiona a lei em tese. Num mandado de segurança no qual se demonstra a inconstitucionalidade de uma lei que cria determinado tributo, e se pretende afastar o ato ilegal e abusivo da autoridade que irá executar essa mesma lei, não se questiona a validade da lei em tese, mas sim a sua aplicação pela autoridade, que exerce atividade plenamente vinculada. Basta, portanto, que o impetrante comprove a ocorrência dos fatos que autorizam a aplicação da lei, para restar demonstrado o seu justo receio de que essa aplicação aconteça.

Como aponta Hugo de Brito Machado,

> "[...] a atividade administrativa de lançamento é vinculada e obrigatória, sob pena de responsabilidade funcional. Isto significa dizer que, tendo conhecimento da ocorrência de um fato tributável, a autoridade administrativa não pode deixar de fazer o lançamento correspondente. Assim, editada uma lei criando ou aumentando tributo, desde que ocorrida a situação de fato sobre a qual incide, gerando a possibilidade de sua cobrança, desde logo a autoridade está obrigada a exigir o tributo, e impor penalidades aos inadimplentes.
>
> Em tais condições, é viável a impetração de mandado de segurança preventivo. Não terá o contribuinte de esperar que se concretize tal cobrança. Nem é necessária a ocorrência de ameaça dessa cobrança. O *justo receio*, a ensejar a impetração, decorre do dever legal da autoridade administrativa de lançar o tributo, impor as penalidades e fazer a cobrança respectiva".[316]

Essa lição, que inicialmente foi acolhida pelos demais julgadores do TRF da 5ª R., terminou prevalecendo no âmbito do STJ, que hoje entende, com inteiro acerto, que, "no campo do direito tributário, caracterizada a situação fática sobre a qual deverá incidir a lei atacada, cabe a impetração preventiva do '*mandamus*'".[317] Nesses casos, porém, é de se ressaltar que a autoridade coatora não é "quem editou o ato normativo, e sim aquela que tem o dever funcional de responder pelo seu cumprimento".[318] É exatamente por essa razão que consideramos absurdo, para dizer o menos, o pensamento segundo o qual, na impetração preventiva, o prazo de 120 dias para a impetração contar-se-ia da data

---

[315] Observa Hugo de Brito Machado que "prevenir é melhor que reparar, proteger é melhor que recompor, porque de fato nenhuma lesão é completamente reparada ou recomposta" (*Mandado de Segurança em Matéria Tributária*, 5. ed. São Paulo: Dialética, 2003, p. 227).

[316] Hugo de Brito Machado, *Mandado de Segurança em Matéria Tributária*, 5. ed. São Paulo: Dialética, 2003, p. 233.

[317] *RSTJ* 148/91, *Apud* Theotonio Negrão e José Roberto Ferreira Gouveia, *Código de Processo Civil e Legislação Processual em Vigor*, 35. ed. São Paulo: Saraiva, 2003, p. 1667.

[318] *RTJ* 127/157, *Apud* Theotonio Negrão e José Roberto Ferreira Gouveia, *Código de Processo Civil e Legislação Processual em Vigor*, 35. ed. São Paulo: Saraiva, 2003, p. 1667.

da publicação do ato normativo correspondente. Na verdade, em se tratando de impetração preventiva, é descabido falar-se em prazo para a impetração (item 3.3.6, *infra*).

Note-se que essas conclusões não são pertinentes apenas no questionamento de tributos fundados em leis inconstitucionais, ainda não lançados, mas também na impugnação preventiva de toda e qualquer exigência que se considere ilegal e abusiva, mas que tenha fundamento (inválido) em lei, decreto, ou qualquer outro ato normativo, a exemplo do cumprimento de determinadas obrigações acessórias. Ocorrido o fato em face do qual, fundada na norma que se considera inválida, a autoridade poderá praticar a lesão, a impetração preventiva está justificada. Entretanto, se a impetração preventiva não se deve ao receio de que seja cumprida lei inconstitucional, ou decreto ilegal, mas sim à prática de um ato ilegal que não encontra amparo em qualquer diploma normativo preexistente, a prova da ocorrência de fatos que possam ser objetivamente considerados uma "ameaça" é necessária.

De qualquer modo, feita ou não a prova da ameaça, "se, nas suas informações, a autoridade impetrada contestou o mérito da impetração, caracterizada se acha a ameaça da prática do ato malsinado na referida ação".[319]

3.3.6   O prazo de 120 dias

Repetindo os termos do art. 18 da Lei 1.533/51, o art. 23 da Lei 12.016/2009 dispõe que o direito de requerer mandado de segurança extinguir-se-á decorridos 120 dias, contados da ciência, pelo interessado, do ato impugnado. Trata-se de prazo extintivo,[320] não do direito material (que pode ser reclamado em ação de conhecimento, de rito ordinário), mas do direito ao uso desse específico remédio jurídico processual.[321]

Discutiu-se a constitucionalidade da citada norma, quando ainda contida no art. 18 da Lei 1.533/51, que não seria válida por implicar restrição a uma garantia fundamental. Não nos parece, porém, que haja qualquer inconstitucionalidade no citado prazo. Do contrário, seriam inconstitucionais também os prazos de prescrição, por ofensa aos direitos (*v. g.*, propriedade) cuja pretensão é por eles atingida, bem como a figura da ação rescisória, que violaria a garantia da proteção à coisa julgada, apenas para citar dois exemplos no âmbito processual. O direito ao uso do mandado de segurança, como qualquer outro direito fundamental, não é absoluto, e pode ser disciplinado de sorte a conciliar-se com outros valores do ordenamento, entre os quais está o da segurança jurídica, e especialmente o direito ao próprio mandado de segurança.[322]

---

[319]   STJ – 2ª T. – REsp 20.307-0-CE, Rel. Min. Antônio de Pádua Ribeiro, j. 22.9.1993, v.u., *DJU* 11.10.1993, p. 21.305.

[320]   Alguns empregam o termo "decadência", mas a expressão não conta com aceitação pacífica na doutrina. Confiram-se Alfredo Buzaid, *Do Mandado de Segurança*, São Paulo: Saraiva, 1989, p. 159-160; e Hugo de Brito Machado, *Mandado de Segurança em Matéria Tributária*, 5. ed. São Paulo: Dialética, 2003, p. 34.

[321]   Cfr. Hugo de Brito Machado, *Mandado de Segurança em Matéria Tributária*, 5. ed. São Paulo: Dialética, 2003, p. 33.

[322]   Como adverte Hugo de Brito Machado, o mandado de segurança destina-se à proteção de direito líquido e certo, não se compreendendo que o titular de um direito dessa natureza, lesado por ato de autoridade, demore mais de 120 dias para ir a juízo defendê-lo. Se o direito lesado for realmente importante, seu titular vai a juízo imediatamente. Assim, a supressão do citado prazo retiraria do mandado de segurança sua natureza de remédio excepcional, colocando-o na vala comum das ações de procedimento ordinário, com prejuízo para os próprios impetrantes de mandados de segurança relativos a direitos efetivamente relevantes, e que por isso mesmo foram objeto de pronta impetração (Cfr. Hugo de Brito Machado, *Mandado de Segurança em Matéria Tributária*, 5. ed. São Paulo: Dialética, 2003, p. 37 e 38).

Hoje, a propósito, a validade do citado prazo de 120 dias é absolutamente pacífica nos Tribunais, sendo objeto inclusive de Súmula do STF.[323] Assim, o que se deve perquirir não é se pode, ou não, existir um prazo. Deve-se ponderar, isso sim, se o prazo fixado é, ou não, razoável, parecendo-nos plenamente razoável os 120 dias atualmente estabelecidos. Se uma lei o alterasse para 10 dias, por exemplo, aí sim poder-se-ia afirmar, com inteira razão, a inconstitucionalidade do prazo, que, porque irrazoavelmente curto, implicaria, na prática, a própria supressão do remédio.

O prazo de 120 dias tem como termo inicial a data na qual os interessados, que são as pessoas atingidas pelo ato impugnado, tomam conhecimento de sua existência e de seu teor.[324] Para fins de cumprimento desse prazo, a jurisprudência tem entendido, a nosso ver com inteira razão, que relevante é a data do protocolo da petição inicial, *ainda que perante juízo incompetente.*[325] Vale ressaltar, ainda, que se o ato impugnado está ainda submetido a recurso administrativo, o prazo de decadência ainda não flui, visto que o ato ainda se encontra submetido à revisão da própria entidade pública que o exarou, podendo ser por ela revisto, com a superação da ilegalidade a ser eventualmente combatida em juízo.

Naturalmente, em se tratando de impetração preventiva, não se há de cogitar de prazo de decadência, pois "a lesão temida está sempre presente, em um renovar constante".[326] No âmbito do STJ andou sendo esboçada tese segundo a qual o prazo para a impetração preventiva, em matéria tributária, seria contado da data da publicação da lei cuja aplicação é temida pelo contribuinte.[327] Trata-se, porém, de um evidente equívoco. É óbvio que para impetração preventiva não há prazo, e, ainda que houvesse, esse seria contado a partir de quando o contribuinte houvesse *preenchido o suporte fático* da norma que considera inválida, e que por isso mesmo receia sua aplicação. Nunca, jamais, da publicação da lei. A não ser assim, estaria definitivamente extinto o direito de uma empresa recém-constituída impetrar mandado de segurança para eximir-se da exigência de tributo criado alguns anos antes, por exemplo. O absurdo dispensa comentários, razão pela qual nele não nos alongaremos aqui.[328]

3.3.7 Petição inicial

A petição inicial do mandado de segurança, como a inicial de qualquer outra ação, deve conter os elementos que permitam à parte adversa e ao juiz o pleno conhecimento da pretensão deduzida em juízo, facultando à primeira o exercício do direito de participação e defesa, e ao segundo a possibilidade de conceder, ou não, os pedidos nela formulados. Assim é que, segundo o art. 6º da Lei 12.016/2009, a inicial deve preencher os requisitos exigidos

---

[323] Súmula 632 do STF: "É constitucional lei que fixa o prazo de decadência para a impetração de mandado de segurança." Esse entendimento, inclusive, foi reiterado no julgamento da ADI 4.296-DF.

[324] "O prazo para atacar o ato administrativo começa a correr a partir da ciência, pelo interessado, do ato impugnado. Desarrazoado é exigir que os cidadãos devam ler diariamente o diário oficial para não serem desavisadamente afetados nos seus direitos" (STJ, 2ª T. – REsp 24.046-RJ – Rel. Min. Adhemar Maciel, j. 4.9.1998, v. u., *DJ* 8.3.99).

[325] *RTJ* 138/110.

[326] STJ – 1ª T. – REsp 46.174-0-RS – Rel. Min. César Rocha – j. 23.5.1994, v. u., *DJU* 20.6.1994, p. 16.062.

[327] Cf. REsp 242.737-MG – Rel. Min. Peçanha Martins – *DJU* I de 18.2.2002.

[328] Para uma crítica a essa absurda "decadência" do direito à impetração preventiva, confiram-se: Hugo de Brito Machado, *Mandado de Segurança em Matéria Tributária*, 5. ed. São Paulo: Dialética, 2003, p. 238 a 246; Lucia Valle Figueiredo, "Mandado de Segurança Preventivo e Decadência – Breves Considerações", em *RDDT* 80/66, e Mantovanni Colares Cavalcante, "A Decadência no Mandado de Segurança Preventivo em Matéria Tributária", em *RDDT* 80/80.

Capítulo 4 · PROCESSO JUDICIAL TRIBUTÁRIO | **335**

pela legislação processual (CPC/2015, art. 319),[329] referência que obviamente há de ser compreendida considerando-se as peculiaridades do mandado de segurança. Não é razoável, por exemplo, negar o deferimento de uma medida liminar, ainda que presentes claramente seus requisitos, apenas porque a parte não indicou, por desconhecer, o endereço eletrônico da autoridade apontada como coatora, o que, não obstante, magistrados com visão excessivamente burocrática e cartorial ainda insistem em fazer, como se o seu papel fosse o de criar, e não o de resolver problemas.

Sendo assim, a inicial deve identificar e qualificar o impetrante, bem como a autoridade impetrada, apontando o ato praticado por esta última, ou, no caso de impetração preventiva, o ato a ser praticado, e as razões pelas quais se receia que essa prática venha a ocorrer. Deve apontar, ainda, a pessoa jurídica integrada pela autoridade impetrada, à qual ela se acha vinculada ou da qual exerce atribuições.[330] Naturalmente, devem ser indicados os fundamentos de fato e de direito que tornam, na compreensão do impetrante, ilegal e abusivo o ato impetrado. Em razão do princípio do *jura novit curia*, não é essencial que sejam enumerados os dispositivos em face dos quais o impetrante considera possuir direito líquido e certo a ser protegido. Basta narrar os fatos, e as consequências jurídicas que se pretende extrair desses mesmos fatos, naturalmente instruindo a inicial com todos os documentos necessários à sua comprovação.

Em face do rito célere do mandado de segurança, e do próprio conceito de direito líquido e certo, na inicial obviamente não serão formulados pedidos de produção de provas, tais como ouvida de testemunhas, perícias etc. Ressalve-se apenas a hipótese do art. 6º, § 1º, da Lei 12.016/2009, que é aquela na qual a prova do alegado se acha em repartição ou estabelecimento público, ou em poder de autoridade que recuse fornecê-lo por certidão. Nesse caso, e somente nesse caso, o juiz ordenará, preliminarmente, por ofício, que a autoridade exiba esse documento, em original ou em cópia autêntica, no prazo de dez dias.

A impossibilidade de serem produzidas provas, porém, não significa que o impetrante não possa emendar a inicial, juntando procuração não originalmente juntada aos autos, ou substituindo a procuração anteriormente anexada à inicial. Já decidiu o STJ, a esse respeito, referindo-se à legislação anterior (que neste ponto foi repetida pela atual), que "inexiste incompatibilidade entre o art. 6º da Lei 1.533/51 e o art. 13 do CPC, devendo-se oportunizar a regularização da representação processual em sede de mandado de segurança".[331]

O impetrante pode formular pedido de medida liminar, a fim de suspender, total ou parcialmente, os efeitos do ato impugnado, hipótese na qual é recomendável indicar a presença dos requisitos necessários à concessão desse pedido (itens 3.3.9, *infra*, e 3.7, *infra*).

Embora seja comum se formular pedido, na inicial do mandado de segurança, para que o Ministério Público emita parecer, esse pedido não é essencial. Sua falta não altera em nada o

---

[329] A Lei 12.016/2009 não faz remissão numérica aos artigos do CPC cujo preenchimento deve ser cumprido pela inicial do MS. Evitou, com isso, problemas futuros em face de possíveis alterações no CPC (ou mesmo a edição, como se deu em relação ao CPC/73, de um novo Código de Processo Civil), a exemplo do que se deu com a Lei 1.533/51. Esta, como se sabe, fazia remissão aos arts. 153 e 159 do CPC de 1939, remissão que tinha de ser entendida como referente aos arts. 282 e 283 do CPC de 1973, a eles correspondentes.

[330] A inicial não precisa conter o pedido de citação da pessoa jurídica. Primeiro, porque a Lei 12.016/2009 não o exige. E, segundo, porque, apesar de o art. 319 do CPC/2015, aplicável subsidiariamente, fazer alusão a isso, o art. 7º, II, da Lei 12.016/2009 determina de forma expressa ao juiz que dê ciência do feito à pessoa jurídica interessada, não condicionando isso a qualquer requerimento da parte. Entretanto, como há juízes que só querem um pretexto para não prestar a jurisdição que lhes confere razão de ser, convém fazer este pedido também.

[331] STJ, 2ª T., REsp 437.552/PE, Rel. Min. Eliana Calmon, j. em 24.5.2005, v. u., *DJ* de 1º.7.2005, p. 465.

PROCESSO TRIBUTÁRIO – *Machado Segundo*

recebimento da inicial, nem muito menos o julgamento dos demais pedidos nela formulados. É a lei que determina seja dada ao Ministério Público oportunidade de manifestação,[332] sendo irrelevante o pedido da parte a esse respeito.

Pedido essencial, este sim, é o de concessão da segurança, devendo o impetrante indicar o ato coator que considera ilegal e abusivo, e, de modo bastante claro, que providência judicial espera em face da invalidação desse mesmo ato.

A referência da Lei do Mandado de Segurança aos dispositivos do CPC que cuidam da petição inicial da ação de conhecimento, de rito ordinário, tem dado margem a alguns questionamentos relativamente à inicial do mandado de segurança, muitos dos quais revelam desconhecimento ou despreocupação com o rito diferenciado deste último. Talvez o principal desses questionamentos diga respeito ao valor da causa.

Há juízes que chegam a indeferir iniciais, ou procrastinar o seu processamento inutilmente, por conta do valor atribuído pelo impetrante à causa. Consideram que – não obstante não haja no *writ* a condenação da parte vencida no pagamento de honorários de sucumbência – o valor da causa deve refletir o "proveito econômico" a ser obtido pelo impetrante. Tudo isso, repita-se, por conta do que consta do art. 319 do CPC/2015 (arts. 282 e 283 do CPC/73), com completo esquecimento de que tais artigos hão de ser transplantados para o âmbito do *writ* considerando-se todas as peculiaridades deste último.[333]

Não se deve esquecer que o mandado de segurança, remédio cuja nobreza justificou sua positivação como garantia constitucional, é descendente muito próximo do *habeas corpus*. O *habeas corpus*, a propósito, entre os últimos anos do século XIX e as primeiras décadas do século XX, foi utilizado de forma extensiva para tutelar precisamente as situações que hoje são resguardáveis por mandado de segurança. E ninguém, em sã consciência, indeferiria um *habeas corpus* por ausência de valor da causa, ou pretenderia atribuir a este remédio constitucional o valor do "proveito econômico" que o paciente, uma vez livre, obteria de sua liberdade.[334]

Ainda que se admita, por sua consagração pela prática jurídica, a exigência de atribuição de um valor à causa, é arbitrário, desproporcional e inútil prejudicar o direito material subjacente à impetração por conta de exigir-se que esse valor corresponda a um "proveito econômico" eventualmente obtido com a impetração.

Quanto à forma da petição, cumpre lembrar que a mesma deverá ser escrita em linguagem simples e concisa, pois muitos juízes confundem a complexidade do problema com a liquidez e certeza do direito reclamado. Por mais absurdo que possa parecer, já ouvi de um Desembargador, hoje aposentado, que, em seu entendimento, se a petição inicial tem mais de dez páginas, o direito nela reclamado não é líquido e certo. E ele não estava brincando. Finalmente, deve o impetrante protocolar uma via da petição destinada a compor os autos, e tantas cópias quantas forem as autoridades impetradas, cada uma delas acompanhada de cópia também de todos os documentos que instruem a original.

---

[332] Oportunidade de manifestação, e não obrigatoriedade de manifestação, conforme demonstrado no item 3.2.10, *infra*.

[333] Ninguém defenderia, em sã consciência, o direito de produzir uma perícia contábil, no âmbito da instrução de um mandado de segurança, apenas porque o art. 319 do CPC/2015, ao cuidar da petição inicial da ação de conhecimento de rito ordinário, faz referência à produção de provas. O mesmo, *data venia*, pode ser dito em relação ao "valor da causa" na inicial do mandado de segurança.

[334] Sobre o tema, confiram-se: Leonardo Greco, "O Valor da Causa e as Custas Iniciais no Mandado de Segurança", e Mantovanni Colares Cavalcante, "A Atribuição do Valor da Causa e seus Efeitos na Ação de Mandado de Segurança", ambos publicados em *Grandes Questões Atuais do Direito Tributário* – v. 5, Coord. Valdir de Oliveira Rocha, São Paulo: Dialética, 2001, p. 235 e 253, respectivamente.

3.3.8 Informações da autoridade impetrada

De acordo com o art. 7º, I, da Lei 12.016/2009, ao despachar a inicial, o juiz ordenará "que se notifique o coator do conteúdo da petição inicial, enviando-lhe a segunda via apresentada com as cópias dos documentos, a fim de que, no prazo de 10 (dez) dias, preste as informações". É a oportunidade que a autoridade impetrada tem para, querendo, justificar a prática do ato impugnado. Para Celso Agrícola Barbi,[335] trata-se de uma espécie *sui generis* de contestação, oferecida pela entidade pública correspondente, que nesse ato é devidamente "representada" pela autoridade coatora, representação essa que se justifica não apenas para dar maior celeridade ao feito, mas especialmente porque é a autoridade impetrada quem, no momento, dispõe de mais elementos a respeito do ato impugnado. Inovando em relação à legislação anterior, o inciso II do mesmo artigo determina que, também ao despachar a inicial, "se dê ciência do feito ao órgão de representação judicial da pessoa jurídica interessada, enviando-lhe cópia da inicial sem documentos, para que, querendo, ingresse no feito".

Como o prazo de dez dias de que se cuida refere-se, exclusiva e especificamente, à autoridade impetrada no mandado de segurança, não sendo um prazo destinado às partes em geral, obviamente não se lhe aplica a disposição do CPC que cuida de prazos mais elásticos para a Fazenda Pública (art. 183, § 2.º, do CPC/2015).

Quanto ao conteúdo das informações, dependendo da aceitabilidade jurídica do ato impugnado, a autoridade impetrada costuma defendê-lo, invocando as razões de fato e de direito que a levaram a proferi-lo; quando ela própria não encontra argumentos – ou convicção – para defender o ato, limita-se a afirmar que a atividade administrativa tributária é plenamente vinculada, e que nessa condição não poderia deixar de cumprir a norma na qual, no seu entender, estaria determinada a prática do ato impugnado, ou que o fez em atenção ao "interesse público".

Caso a autoridade suscite questões de fato, questões que, em face de sua pertinência e complexidade, demandem instrução probatória, o mandado de segurança mostrar-se-á incabível. Isso ocorrerá sempre que a autoridade, em vez de questionar a interpretação das normas invocadas, impugnar precisamente a ocorrência da situação de fato sobre a qual tais normas incidiriam. A incidência e o direito subjetivo dela decorrente são questionados não por discordância quanto ao sentido da norma, mas por não se considerar ocorrido o seu suporte fático. Em tais situações, em tese, o mandado de segurança mostrar-se-á incabível, sendo possível, entretanto, o manejo de ação de conhecimento, de rito ordinário, na qual tais questões de fato poderão ser devidamente esclarecidas. A autoridade não poderá fazê-lo, naturalmente, quando isso implicar modificação da versão dos fatos já contida na própria motivação do ato apontado como coator, devidamente impugnada pelo impetrante.

Deve-se insistir, ainda, que na apreciação de tais situações o juiz deve usar de muita razoabilidade, e invocar sua experiência em relação ao que geralmente acontece. Isso porque, quando a ilegalidade do ato praticado é evidente, algumas autoridades simplesmente negam que o tenham praticado. Tudo não passaria de uma criação da mente patológica do impetrante.

Suponha-se, por exemplo, que uma autoridade da Secretaria de Finanças do Município "proíba" determinado prestador de serviços de imprimir novos blocos de notas fiscais, recusando-se inclusive a protocolar seu requerimento administrativo no qual dita impressão é solicitada. Tudo isso porque existiriam "pendências" de IPTU, ou de ISS, não resolvidas. Como a jurisprudência é pacífica e reiterada no sentido de que atividade profissional do

---

[335] Celso Agrícola Barbi, *Do Mandado de Segurança*, 6. ed., Rio de Janeiro: Forense, 1993, p. 154 e 155.

contribuinte não pode ser embaraçada como forma de cobrança de tributos,[336] o contribuinte impetra mandado de segurança, mas, como nem mesmo seu requerimento administrativo fora protocolado, não junta à inicial do mandado de segurança nenhuma "prova" da ocorrência ou dos motivos do ato coator. Nesse contexto, e sem o menor constrangimento, há autoridades que prestam informações simplesmente dizendo que em momento algum foram solicitadas a autorizar impressão de notas fiscais, e que, se o fossem, teriam autorizado prontamente a impressão das notas.

Para contornar essa dificuldade, alguns contribuintes enviam o requerimento à autoridade pelo correio, com aviso de recebimento, e impetram o mandado de segurança em face da omissão da autoridade em respondê-lo. Outros comparecem à repartição fiscal com várias testemunhas, que depois assinam, sob as vistas da autoridade, declaração dando conta do ocorrido, a ser juntada como prova pré-constituída na inicial do *writ*. São várias as formas pelas quais a criatividade é utilizada para tentar contornar o arbitrário artifício destinado a tentar subtrair do Judiciário a apreciação da ilegalidade cometida. Nem sempre, porém, tais formas são viáveis. E, além disso, não nos parecem necessárias. O juiz deve, em momentos assim, como dito, utilizar seu senso de razoabilidade, e do que geralmente ocorre segundo sua experiência. Um cidadão não contrataria um advogado e promoveria uma ação judicial apenas por diletantismo, quando nenhuma dificuldade fosse oferecida pela autoridade.

Finalmente, se as questões de fato eventualmente suscitadas pela autoridade forem irrelevantes para o deslinde da questão, o juiz não as deve considerar. É o que ocorre quando, verdadeiras ou não, as afirmações da autoridade não alteram o enquadramento jurídico da situação narrada na inicial.

3.3.9 Medida liminar

3.3.9.1 Noção e fundamento legal

Conforme o inciso III do art. 7º da Lei 12.016/2009, o juiz ordenará, ao despachar a petição inicial, "que se suspenda o ato que deu motivo ao pedido, quando houver fundamento relevante e do ato impugnado puder resultar a ineficácia da medida, caso seja finalmente deferida, sendo facultado exigir do impetrante caução, fiança ou depósito, com o objetivo de assegurar o ressarcimento à pessoa jurídica". É a chamada "medida liminar", assim conhecida porque se trata de provimento judicial expedido "logo no início do processo, com ou sem a audiência da parte contrária".[337]

Através de provimento liminar, portanto, o juiz pode determinar a *suspensão* do ato impugnado. Obviamente, nas hipóteses em que o mandado de segurança for impetrado contra *omissão* da autoridade coatora, o provimento liminar determinará a prática do ato

---

[336] Não é o caso, aqui, de se discutir essa questão de direito material. De qualquer modo, sabe-se que o ato apontado é abusivo e contrário à Constituição por, pelo menos, duas razões. Primeiro, porque as "pendências" relativas a quaisquer tributos devem ser cobradas em obediência ao devido processo legal, a fim de que possam ser submetidas a um controle de legalidade, administrativo e judicial. Não se pode esquecer que erros ocorrem em todos os setores, inclusive nas repartições fiscais. Segundo, porque, ainda que devidas, tais "pendências" não podem implicar o cerceamento do exercício da atividade profissional do contribuinte. É até uma irracionalidade, pois, sem notas fiscais, o contribuinte é colocado em situação na qual ou deixa de prestar serviços (e então não terá como solver seus débitos), ou terá de prestá-los sem efetuar registro (e então não haverá como controlar o adimplemento dos débitos que se forem fazendo devidos).

[337] Hugo de Brito Machado, *Mandado de Segurança em Matéria Tributária*, 5. ed. São Paulo: Dialética, 2003, p. 113.

cuja ausência lesa direito líquido e certo do impetrante. E, em se tratando de mandado de segurança preventivo, determinará à autoridade que se abstenha de praticar o ato receado. Isso, naturalmente, quando estiverem presentes os requisitos respectivos, quais sejam, a relevância do fundamento e a possibilidade de ineficácia da medida, também conhecidos como fumaça do bom direito, ou *fumus boni juris*, e perigo da demora, ou *periculum in mora*.

3.3.9.2 Pressupostos para o seu deferimento

O art. 7º, III, da Lei 12.016/2009 reporta-se, como requisitos necessários à concessão da liminar, à *relevância do fundamento* e à *possibilidade de ineficácia da medida*. São, em outras palavras, os requisitos necessários ao deferimento de tutelas de urgência de uma maneira geral, em outras ocasiões batizados de "plausibilidade do direito" e "perigo de dano irreparável ou de difícil reparação", ou de "fumaça do bom direito" e "perigo da demora".

Como será explicado adiante (itens 3.3.9.4 e 3.7, *infra*), a busca por tais requisitos representa em verdade um roteiro a ser seguido pelo magistrado, em cada caso concreto, para avaliar – resolvendo a tensão entre valores constitucionalmente protegidos – se deve ser atribuído maior "peso" ao direito do autor a uma tutela jurisdicional efetiva; ou se deve preponderar o direito do réu a um pleno e exaustivo contraditório, com amplas oportunidades de participação *antes* da prolação de uma decisão que lhe afete em sua esfera de direitos.

Caso a pretensão do autor não seja considerada, em um primeiro exame, procedente, nem tampouco haja risco de o provimento final que eventualmente a atender restar ineficaz, não se justifica a preponderância do princípio a uma tutela efetiva sobre o princípio do devido processo legal, da ampla defesa e do contraditório. Além de as circunstâncias indicarem que a decisão final dará pela improcedência da ação, não há risco em se esperar por essa decisão final. A liminar, portanto, deve ser indeferida. Diversamente, caso das alegações do autor se perceba, em um primeiro exame, a possibilidade de sua pretensão vir a ser acolhida, e esteja presente a possibilidade de esse acolhimento futuro restar ineficaz, a medida deve ser deferida.

Por "relevância da fundamentação", ou simplesmente fumaça do bom direito, deve- -se compreender aquela fundamentação que convença o juiz, obviamente de modo ainda provisório, da procedência dos pedidos ao final formulados. Em suma, convença o juiz da possibilidade de a segurança vir realmente a ser concedida. Pode ser fundada em precedentes jurisprudenciais, na literatura especializada, ou simplesmente na ilegalidade facilmente demonstrável do ato coator. Como se vê, o exame da relevância da fundamentação confunde-se com um exame – ainda que provisório – do próprio *mérito* da impetração. Por essa razão, não nos parece adequado separar o julgamento "liminar" de um julgamento "de mérito". A decisão final não se opõe à decisão liminar por questões "de mérito", mas sim pela natureza acautelatória, e essencialmente provisória, da segunda.

Quanto à "possibilidade de ineficácia da medida", ou simplesmente perigo da demora, trata-se do risco de o impetrante sofrer dano que torne inócua a segurança, caso esta venha a ser ulteriormente concedida. Como inúmeros equívocos são cometidos quando se perquire sobre esse requisito, talvez algumas ponderações sobre ele se façam pertinentes aqui.

Deve-se lembrar, primeiro, que a liminar é medida destinada a assegurar a eficácia da sentença que, posterior e eventualmente, venha a conceder a segurança. A possibilidade de o impetrante sofrer "danos irreparáveis", por isso mesmo, deve ser avaliada à luz da sentença do mandado de segurança, e não em face de possíveis reparações a serem obtidas através de outras ações. Danos irreparáveis são todos aqueles danos que a sentença do mandado de segurança não seja capaz, ela própria, de corrigir.

É absurdo, por isso mesmo, dizer que não há perigo da demora a justificar a concessão de medida liminar em mandado de segurança impetrado contra exigência de determinado tributo, por exemplo, sob a justificativa de que o impetrante poderia, depois, obter a restituição deste. Ora, o simples fato de se fazer necessária outra ação para reparar o dano sofrido mostra que o mandado de segurança, em face do pagamento do tributo nele questionado, torna-se carente de sentido.[338] Por outro lado, caso o tributo, não obstante exigível, não seja pago, o impetrante é submetido a uma série de gravames, decorrentes da mora, os quais lhe causam danos também irreparáveis pela sentença concessiva do *writ*. Há, por isso mesmo, sério risco de "ineficácia da medida", caso seja mantida a exigibilidade de tributo discutido em sede de mandado de segurança.

Outro ponto a ser considerado é o de que as consequências danosas que ameaçam o impetrante não precisam ser, necessariamente, "anormais". O fato de a cobrança de um tributo ser procedimento "normal" no exercício das atividades administrativas, portanto, não significa que essa mesma cobrança não possa configurar o perigo da demora necessário ao deferimento de uma liminar, diante das peculiaridades do caso, que fazem indevido o tributo correspondente. O perigo, portanto, pode ser representado por uma consequência normal do ato impugnado, mas que, precisamente porque esse ato é considerado inválido, suas consequências devem ser suspensas para que não produzam efeitos que tornem inócuo, no todo ou em parte, o provimento que depois o anular definitivamente.

O julgador deve considerar também, no exame dos requisitos constitucionais, se há risco de *irreversibilidade da medida*, ou o chamado "perigo da demora inverso". Nesse caso, como a liminar pode, de fato, tornar-se definitiva e esvaziar a utilidade dos atos processuais subsequentes, o juiz não deve, em princípio, deferi-la. Entretanto, em casos extremos, nos quais há risco de danos irreparáveis, e de irreversibilidade, de ambos os lados, o juiz pode deferir a medida em face da prestação de uma contracautela por parte do impetrante (sendo a essa possibilidade, que é *excepcional*, que se refere a parte final do art. 7º, III, da Lei 12.016/2009) ou concedê-la mesmo sem essa contracautela, ainda que irreversível, caso a fumaça do bom direito seja eloquente.

Advirta-se que, em princípio, apenas a presença simultânea dos dois requisitos acima apontados autoriza o deferimento da medida liminar. Entretanto, em situações peculiares, essa exigência pode ser flexibilizada. A presença em maior intensidade de um deles pode justificar um menor rigor quanto ao outro. Assim, por exemplo, havendo fumaça do bom direito evidentíssima (*v. g.*, decisões pacíficas e reiteradas do Plenário do STF considerando inválido o tributo impugnado no *writ*), a medida pode ser concedida ainda que o perigo da demora não esteja presente de modo tão claro. Do mesmo modo, estando o perigo da demora presente em altíssima intensidade, sendo certa e iminente a consumação de danos absolutamente irreparáveis, e não havendo o chamado perigo da demora inverso, a medida pode ser deferida sem um exame mais acurado da relevância dos fundamentos invocados pelo impetrante.

Vale notar que, nos processos de competência originária dos tribunais (em razão de quem figura como autoridade coatora, *v.g.*, um secretário de Estado), há o direito à sustentação oral não apenas na sessão que aprecia o mandado de segurança de forma definitiva, mas também naquela destinada ao julgamento do pedido de medida liminar, nos termos da Lei 13.676/2018.

---

[338] Some-se a isso o fato de que a repetição do indébito somente ocorre através dos sofríveis precatórios, parceláveis, quem sabe, em até dez anos. Mesmo que a restituição fosse célere, contudo, o simples fato de fazer-se necessária uma outra ação para consegui-la demonstra a ineficácia da sentença que vier a conceder a segurança.

3.3.9.3 Natureza jurídica

Questão que tem ocupado a atenção da literatura especializada é a de determinar a natureza jurídica da medida liminar deferida no âmbito de um mandado de segurança. Essa determinação tem a importância prática de determinar o regime jurídico aplicável a essa medida. Aferindo-se em que "classe" a medida liminar pode ser encaixada, sabe-se quais normas jurídicas lhe são aplicáveis (as mesmas aplicáveis aos demais componentes da classe).

Como classificar nada mais é que dividir a realidade em parcelas, seguindo um critério predeterminado, é importante estabelecer com precisão esse critério, para evitar confusões e sincretismos. De plano, então, deve-se destacar que ser ou não ser "liminar" é uma classificação que diz respeito ao tempo, ao estágio, à etapa processual em que o provimento é deferido. Não tem relação com seu conteúdo, nem com sua finalidade, embora muitas vezes os provimentos liminares tenham a finalidade de preservar a utilidade do provimento final, assumindo, assim, natureza cautelar.[339]

Dito isso, poder-se-ia então indagar: além de liminar (ou seja, deferida no início do processo), a medida em questão poderia enquadrar-se em quais outras classificações?

Sabemos que os critérios utilizados para classificar os objetos são ilimitados. Dependem apenas da criatividade humana. Assim, existem infinitas classificações nas quais os provimentos liminares em mandado de segurança poderiam ser encaixados. Nem todas essas classificações, porém, seriam úteis em um estudo de Ciência do Direito. A maior utilidade, para quem procura estudar o Direito aplicável a tais provimentos, certamente é daquela classificação que indique qual *regime jurídico* deve ser neles aplicado.

Alguns autores diferenciam, entre os provimentos de cunho liminar, aqueles que "antecipam o mérito" daqueles que apenas "acautelam" o direito em disputa. Seria essa, em sua visão, a diferença essencial entre os provimentos cautelares e antecipatórios.

Não nos parece, contudo, que essa classificação seja adequada.

Realmente existem provimentos que, em seu conteúdo, antecipam a sentença a ser proferida ao final do processo, enquanto outros apenas preservam uma realidade. Essa divisão, contudo, não tem – em nosso entendimento – muita utilidade. Primeiro, porque nem sempre é fácil traçar uma linha entre essas duas espécies de provimento. Segundo, porque embora o seu "conteúdo" seja eventualmente diferente, ambos têm a mesma finalidade, qual seja, preservar a *utilidade* de um provimento final.[340]

Por tudo isso, parece-nos que a liminar em mandado de segurança tem finalidade cautelar, como as tutelas de urgência em geral, embora em algumas situações implique

---

[339] A natureza cautelar, porém, não é determinada pelo fato de o provimento haver sido deferido liminarmente, ou não, mas sim por sua finalidade acautelatória de um provimento principal, executivo ou de conhecimento. Confira-se, a propósito, Marcelo Lima Guerra, *Estudos sobre o Processo Cautelar*, São Paulo: Malheiros, 1997, p. 81 ss.

[340] Cf. Hugo de Brito Machado Segundo e Raquel Cavalcanti Ramos Machado, "Antecipação da Tutela Jurisdicional em Matéria Tributária", em *Problemas de Processo Judicial Tributário* – v. 5, coord. Valdir de Oliveira Rocha, São Paulo: Dialética, 2002, p. 134 e 135. Essa classificação colhemos a partir das lições de Marcelo Lima Guerra (*Estudos sobre o Processo Cautelar*, São Paulo: Malheiros, p. 97 e 98). No mesmo sentido: Francesco Carnelutti, *Sistema de Direito Processual Civil*, tradução de Hiltomar Martins de Oliveira, São Paulo: ClassicBook, 2000, v. 1, p. 323 ss; Piero Calamandrei, *Introdução ao Estudo Sistemático dos Procedimentos Cautelares*, tradução de Carla Roberta Andreasi Bassi, Campinas: Servanda, 2000, p. 49. Essa parece ser a tendência inspiradora do tratamento dado à matéria no atual CPC.

342 | PROCESSO TRIBUTÁRIO – *Machado Segundo*

verdadeira antecipação dos efeitos da sentença final. Voltaremos ao tema oportunamente, em item especificamente destinado às tutelas de urgência, mas desde logo podemos adiantar que tal classificação é a que melhor se amolda ao perfil constitucional de tais provimentos, e ao sopesamento de princípios que deve ser feito quando de sua concessão.

3.3.9.4   Fundamento constitucional

Não faz muito tempo, a doutrina percebeu que a existência de provimentos destinados a assegurar a efetividade da tutela jurisdicional tem fundamento direto na Constituição.[341] Aliás, tem fundamento na própria garantia a uma tutela jurisdicional, decorrência lógica do monopólio da jurisdição detido pelo Estado.

Dito em termos bastante simples, se o Estado proibiu os cidadãos de resolverem seus conflitos por conta própria, reservando para si o monopólio da jurisdição, obrigou-se, por consequência, a efetivamente resolver tais conflitos. Obrigou-se a prestar uma tutela jurisdicional *útil*. Se existem circunstâncias que podem tornar essa tutela inútil, sejam elas decorrentes apenas do decurso do tempo, ou da conduta da parte contrária, tais circunstâncias têm de ser afastadas, a fim de que a tutela – ulteriormente concedida – não se torne ineficaz.

É por isso que um dos requisitos para a concessão de uma liminar em mandado de segurança, conforme preconiza o art. 7º, III, da Lei 12.016/2009, é a possibilidade de ineficácia da medida, caso seja deferida. O outro requisito, que é a relevância dos fundamentos invocados pelo impetrante, diz respeito à possibilidade de essa medida vir a ser deferida ao final. A presença desses requisitos impõe que se atribua um maior "peso" ao direito do impetrante a uma tutela jurisdicional efetiva, e um menor "peso" ao direito da parte contrária a somente ver-se tolhida em sua esfera de direitos por um provimento jurisdicional após o final de um processo.

O tema será tratado com mais vagar no item 3.7, *infra*, dedicado às tutelas de urgência em geral, mas de logo é lícito concluir que, em face do referido fundamento constitucional, os únicos critérios a serem considerados pelo juiz, para conceder ou denegar uma liminar em mandado de segurança, são os requisitos legais previstos no art. 7º, III, da Lei 12.016/2009, que nada mais representam senão um modelo de aferição, à luz do caso concreto, de quais valores constitucionais processuais devem prevalecer. Restrições contidas em normas infraconstitucionais, e que nada tenham a ver com dito sopesamento, são simplesmente inválidas.

3.3.9.5   Liminares "satisfativas"

Termo frequentemente empregado na jurisprudência, e até mesmo em leis ordinárias que tratam do assunto, é o de "satisfatividade". Diz-se que liminares não podem ser satisfativas, sem que se aponte um fundamento preciso para essa conclusão, nem tampouco se defina claramente o que por satisfatividade se deve entender.

Embora o termo fosse invocado com maior insistência no âmbito do antigo processo cautelar, também é verificável em decisões que denegam liminares em mandado de segurança. Em um processo ou em outro, porém, sua invocação é geralmente desarrazoada.

As tutelas provisórias, sejam deferidas no âmbito do processo de conhecimento de rito ordinário (ou em um processo cautelar, como ocorria sob a vigência do CPC/73), sejam ainda no âmbito de um mandado de segurança, podem, em tese, antecipar, no todo ou em

---

[341]   CF/88, art. 5º, XXXV.

parte, o conteúdo do provimento final. O que não podem, em tese, é criar situações de fato irreversíveis, o que não é necessariamente a mesma coisa.

Como já foi dito no item anterior, a tutela de urgência deve ser deferida sempre que, em face das peculiaridades do caso concreto, justificar-se a atribuição de um maior peso ao princípio da efetividade da prestação jurisdicional. Sempre que houver possibilidade de a tutela jurisdicional ser prestada favoravelmente a quem a requer, e essa prestação correr risco de ineficácia, justifica-se que o princípio da efetividade de tutela jurisdicional ponderе sobre o princípio que assegura a ampla defesa e o contraditório à parte submetida à tutela de urgência. O contraditório pode ser feito depois, sem maiores prejuízos à parte, e fazê-lo em sua plenitude *antes* da concessão da tutela de urgência pode implicar o total fenecimento do direito reclamado em juízo.

É precisamente por isso que os provimentos urgentes não podem – em regra[342] – ser irreversíveis, pois a irreversibilidade suprime a utilidade do contraditório posterior, e de todo o transcurso das demais etapas do processo. A "satisfatividade" vedada à liminar em mandado de segurança, e aos provimentos provisórios em geral, portanto, é a mesma satisfatividade vedada, em tese, à própria "tutela provisória de urgência" de que trata o art. 300, § 3.º, do CPC/2015, a qual, conquanto "antecipe" o conteúdo da sentença a ser proferida no processo de conhecimento, não pode ser irreversível. A antecipação de uma situação jurídica, realidade puramente institucional que pode a qualquer tempo ser reformulada pela sentença, não é irreversível e, por isso, não impede a concessão de tutelas de urgência em geral, conceito no qual se inclui a medida liminar em mandado de segurança. Por sinal, a situação jurídica criada pelo provimento urgente, precisamente porque reversível, precisa ser confirmada pela decisão final, sob pena de – revogada ou reformada – ensejar o restabelecimento anterior, inclusive de todos os ônus provisoriamente tidos como ilegais e abusivos. Essa necessidade de confirmação, que lhe dá definitividade, demonstra que o provimento provisório urgente antecipatório, quando não crie situações de fato irreversíveis, não "esgota" todo o conteúdo da sentença, e, por isso mesmo, não a faz desnecessária.

Ainda que se considere, numa interpretação tacanha dos princípios constitucionais, que a "satisfatividade" (mesmo que entendida como mera antecipação de uma situação de direito, reversível) é vedada aos provimentos urgentes, salvo quando autorizada em lei, deve-se observar que o art. 7º, III, da Lei 12.016/2009 prevê expressamente a possibilidade de ser suspenso o ato impugnado no mandado de segurança, suspensão esta que é vista por muitos autores como uma antecipação dos efeitos da sentença final. Embora a distinção entre provimentos "antecipatórios" e "conservativos" seja difícil,[343] não se pode negar que se a suspensão dos efeitos do ato cuja desconstituição se pretende é antecipatória, e por isso "satisfativa", essa antecipação está expressamente prevista na lei.

---

[342] Dizemos em regra porque, em alguns casos, nos quais tanto o deferimento como o indeferimento da tutela de urgência criam uma situação de fato irreversível, o juiz deve ponderar os valores envolvidos, e, à luz apenas da relevância dos fundamentos aduzidos, conceder ou negar o provimento urgente, ainda que irreversível. Foi o que decidiu o STJ, ao conceder medida cautelar determinando a um órgão público a aquisição de um medicamento sem o qual a vida do requerente pereceria (Ac. un. da 1ª T. do STJ, REsp no 97.912-RS – Rel. Min. Garcia Vieira, j. em 27.11.1997, *DJU* I de 9.3.1998, p. 14, e *Repertório IOB de Jurisprudência* no 8/98, 2ª quinzena de abril de 1998, p. 152, texto nº 3/14262 – Cf. Hugo de Brito Machado, *Mandado de Segurança em Matéria Tributária*, 5. ed. São Paulo: Malheiros, 2003, p. 123).

[343] Cf. item 3.3.9.2, *supra;* item 3.7, *infra;* e ainda: Hugo de Brito Machado Segundo e Raquel Cavalcanti Ramos Machado, "Antecipação da Tutela Jurisdicional em Matéria Tributária", em *Problemas de Processo Judicial Tributário* – v. 5, coord. Valdir de Oliveira Rocha, São Paulo: Dialética, 2002, p. 135.

3.3.9.6 Liminar e depósito

Eventualmente, acontece de o magistrado, diante de um pedido de medida liminar que suspenda a exigibilidade do crédito tributário cuja exigência é questionada no *writ*, afirmar que concede a liminar caso o impetrante deposite judicialmente o montante integral do crédito tributário. Trata-se, porém, de pura e simples violação ao art. 151 do CTN, que prevê a liminar como causa suficiente e autônoma para a suspensão da exigibilidade do crédito tributário, ao lado, e independentemente, do depósito. Se a parte efetua o depósito, a liminar é *desnecessária*, pois a suspensão da exigibilidade do crédito tributário, e todas as suas consequências, são obtidas com o próprio depósito. O que deve fazer o juiz é examinar se estão presentes os requisitos legais, a fim de deferir, ou indeferir, o pedido liminar. Caso indefira a liminar, em decisão devidamente fundamentada, será uma escolha da parte tentar obter a reforma da decisão em segunda instância, em sede de agravo de instrumento, ou efetuar o depósito da quantia controvertida. Não pode a falta do depósito, porém, servir de "fundamento" para o indeferimento da liminar.

O que pode ocorrer é de, a depender do conteúdo do provimento urgente requerido, surgir no juiz o receio da irreversibilidade. Nesses casos, para superar essa possível irreversibilidade, também conhecida como "perigo da demora inverso", o depósito, ou uma outra espécie de contracautela, pode ser exigido, como autoriza – para tais situações excepcionais – a parte final do art. 7º, III, da Lei 12.016/2009.

Trata-se, contudo, de situação excepcional, que não se pode converter em regra sob pena de negar-se vigência ao art. 151 do CTN, notadamente ao seu inciso IV, e a todos os princípios constitucionais nele desdobrados, que asseguram a prestação de uma tutela jurisdicional efetiva (itens 3.3.9.3, *supra*, e 3.7, *infra*).[344]

3.3.9.7 Liminares e compensação de tributos

Viu-se no item 3.3.3.1, *supra*, que na hipótese de o administrado se considerar prejudicado por um ato de autoridade, ilegal e abusivo, que viole seu direito líquido e certo de efetuar a compensação de tributos, poderá impugná-lo mediante mandado de segurança. Foi o que restou cristalizado na Súmula 213 do STJ, segundo a qual "o mandado de segurança constitui ação adequada para a declaração do direito à compensação tributária". Naturalmente, para que a impetração seja cabível, a resistência à compensação, oferecida pela autoridade, há de fundar-se em questões de direito, e não em questões de fato que demandem dilação probatória para serem deslindadas.

Não obstante tenha editado a citada Súmula 213, o STJ editou, também, a Súmula 212, que parece ser a ela diametralmente contrária, ao dispor que "a compensação de créditos tributários não pode ser deferida por medida liminar".

Na verdade, como já foi visto (item 3.3.9.3, *supra*), o deferimento de medida liminar em mandado de segurança é uma imposição de princípios constitucionais, desde que estejam presentes os requisitos da relevância da fundamentação e da possibilidade de ineficácia da medida. Dispositivos infraconstitucionais que limitem a concessão de liminares, em hipóteses nas quais estejam presentes os pressupostos constitucionais para o seu deferimento, são simplesmente inválidos.

---

[344] Para um exame do problema, especialmente focado nos princípios constitucionais envolvidos, confira--se também: James Marins, "Incondicionalidade a depósito da liminar no mandado de segurança em matéria tributária (Enfoque constitucional)", em *Repertório de Jurisprudência e Doutrina sobre Processo Tributário*, coord. Teresa Arruda Alvim, James Marins e Eduardo Arruda Alvim, São Paulo: Revista dos Tribunais, 1994, p. 161.

A Súmula 212, portanto, precisava ser vista nos seus devidos termos, e à luz da Constituição. Para Hugo de Brito Machado, não há contradição entre as Súmulas 212 e 213. Em face de ambas, conclui-se que o mandado de segurança é cabível, mas a compensação não pode ser deferida liminarmente. Seria como se o STJ estivesse afirmando, em tese e previamente, que em todas as hipóteses de mandado de segurança destinado a assegurar o direito à compensação tributária os requisitos para o deferimento da liminar não estarão presentes. Por isso, para o citado autor, "a Súmula 212 é de inconsistência flagrante. Não porque esteja em conflito com a Súmula 213, mas porque somente em face do caso concreto é que se pode averiguar se estão presentes, ou não, os requisitos para o deferimento da medida liminar. Não se pode estabelecer o cabimento, nem o descabimento de liminar, como regra para todos os casos".[345]

A Súmula 212 do STJ parece-nos, atualmente, superada em face do art. 170-A do CTN, que tratou da questão de modo um tanto distinto:

> "Art. 170-A. É vedada a compensação mediante o aproveitamento de tributo, objeto de contestação judicial pelo sujeito passivo, antes do trânsito em julgado da respectiva decisão judicial."

Dedicaremos ao assunto um item específico, mas cumpre desde logo registrar que o artigo acima transcrito procurou corrigir algumas imprecisões da Súmula 212 do STJ, as quais levaram a evidentes excessos em sua aplicação.[346]

De plano, está agora bastante claro que se trata de norma aplicável apenas quando há controvérsia judicial quanto ao *crédito* a ser compensado, e não quanto à possibilidade de compensação em si mesma. Se a Fazenda reconhece a existência do crédito do contribuinte, mas nega apenas a existência do direito à compensação, ou discute o modo de a exercer, o art. 170-A não é invocável.

Além disso, percebe-se agora que o legislador acolheu tese sempre defendida pela melhor doutrina. A compensação pode ser feita pelo próprio contribuinte, cabendo à autoridade administrativa apenas homologá-la, caso concorde com seus termos, ou indeferi-la, cobrando os valores que deixaram de ser pagos em virtude do encontro de contas. Essa tese, há muito defendida pela literatura especializada, foi agora expressamente acolhida pelo legislador federal.[347] Nesse contexto, o art. 170-A simplesmente determina que, caso o tributo cuja compensação é submetida à homologação da autoridade esteja sendo ainda questionado judicialmente, tal autoridade deve aguardar pelo trânsito em julgado para considerar definitivamente extinto o crédito.[348] A norma simplesmente é destinada a evitar

---

[345] Hugo de Brito Machado, *Mandado de Segurança em Matéria Tributária*, 5. ed., São Paulo: Malheiros, 2003, p. 259.

[346] O Tribunal Regional Federal da 5ª R. chegou ao cúmulo de, julgando o AGTR 20.302/CE (*DJU* II de 13.8.1999, p. 542), aplicar a malsinada súmula para negar a compensação de crédito apurado em sentença com trânsito em julgado. A situação posta era a seguinte: o contribuinte, vencedor em ação de repetição do indébito, desistiu da expedição do precatório e optou por *compensar* a quantia já inclusive definitivamente liquidada e acertada em execução de sentença passada em julgado. A Fazenda, então, ofereceu abusiva resistência à citada compensação, resistência que motivou a propositura de mandado de segurança com o propósito exclusivo de ver assegurado o direito de compensar. Foi então que, deferida a liminar, o TRF da 5ª R. cassou-a, porque não seria possível autorizar, através de medida liminar, a compensação... O absurdo dispensa maiores comentários.

[347] Lei 9.430/96, art. 74, com a redação dada pelas Leis nos 10.637/2002, 10.833/2003 e 13.670/2018. Confira-se, a esse respeito, o item 4.2 do Capítulo 3 deste livro.

[348] James Marins, "A Compensação Tributária e o art. 170-A do CTN: Regra de Procedimento Dirigida à Autoridade Administrativa ou Regra de Processo Civil Dirigida ao Juiz?", em *Problemas de Processo Judicial Tributário* – v. 5, coord. Valdir de Oliveira Rocha, São Paulo: Dialética, 2002, p. 153 a 162.

346 | PROCESSO TRIBUTÁRIO – *Machado Segundo*

que, tendo o contribuinte submetido a validade de um tributo à esfera judicial, a autoridade administrativa – ao apreciar a compensação a ser homologada – decida sobre a validade desse mesmo tributo. Considera-se que houve "renúncia" a um pronunciamento administrativo, tendo-se de aguardar pela manifestação definitiva do Judiciário. Só isso. Não há qualquer impedimento à concessão de tutelas de urgência destinadas à suspensão da exigibilidade do tributo correspondente,[349] devendo a Súmula 212 do STJ, se válida fosse, ser entendida com esse sentido. Voltaremos ao assunto oportunamente (item 3.7, *infra*). De qualquer modo, com amparo na ADI 4.296, na qual o STF declarou inconstitucionais disposições da Lei 12.016/2009 restritivas do direito à tutela provisória em sede de compensação tributária, o STJ terminou por cancelar a Súmula 212/STJ, o que representa o acolhimento das razões indicadas linhas acima e põe fim à controvérsia.

Apreciando o REsp 1.715.256/SP, em sede de "recursos repetitivos", o STJ deixou clara a diferença entre a situação na qual o contribuinte faz uso do mandado de segurança para ver declarado o seu direito à compensação (sem discutir valores), hipótese na qual o *mandamus* é claramente cabível e a questão é meramente de direito, daquela outra, na qual se discutem valores específicos, a qual pode exigir prova pré-constituída e, a depender da dimensão da controvérsia fática, o mandado de segurança pode sequer mostrar-se cabível.

Finalmente, observe-se que, caso seja seguido procedimentalmente um caminho diferente, formulando-se primeiro declaração de compensação, a qual vem a ser negada, com a constituição do crédito relativamente à dívida do contribuinte, a posterior utilização do mandado de segurança (ou de outra ação judicial) para impugnar a cobrança não estaria, por igual, sujeita à Súmula 212 do STJ, mesmo antes de seu cancelamento, pois não se estava diante de liminar para "autorizar compensação", mas para suspender exigibilidade de crédito tributário constituído porque o fisco discordou de uma compensação, o que é algo diverso. Tanto que o crédito assim constituído somente será extinto quando do trânsito em julgado da sentença que julgar procedentes os pedidos formulados na inicial, em total compatibilidade com o disposto no art. 170-A do CTN.

3.3.9.8 Deferimento de ofício

Em face da redação do art. 7º da Lei 12.016/2009, que não se reporta a pedido específico da parte, mas simplesmente ao dever do juiz de deferir a liminar sempre que presentes os respectivos requisitos, pode-se suscitar, como ocorria em face de disposição análoga da legislação anterior (Lei 1.533/51), a questão de saber se a liminar, em sede de mandado de segurança, pode ser deferida de ofício.

Embora haja respeitáveis entendimentos em sentido contrário, parece-nos que o juiz não só pode, como deve, deferir medida liminar de ofício. Aliás, o chamado "poder geral de cautela" de que é imbuído o magistrado, e que tem por finalidade precípua preservar a utilidade da tutela jurisdicional a ser prestada, pode ser exercido de ofício, não havendo razão para que a liminar em mandado de segurança, que tem finalidade análoga, também não o possa.

---

[349] Hugo de Brito Machado, "O Direito de Compensar e o art. 170-A do CTN", em *Problemas de Processo Judicial Tributário* – v. 5, coord. Valdir de Oliveira Rocha, São Paulo: Dialética, 2002, p. 107 a 124. Nesse sentido, acolhendo expressamente a tese de que o art. 170-A do CTN não veda a mera suspensão da exigibilidade do tributo a ser compensado, vem decidindo mais recentemente o Superior Tribunal de Justiça: Ac. un. da 1ª T. do STJ – REsp 575.867-CE – Rel. Min. Teori Albino Zavascki – j. 5.2.2004 – *DJU* I de 25.2.2004, p. 121; Ac. un. da 1ª T. do STJ – AGA 517.989/DF – Rel. Min. José Delgado – j. 16.10.2003 – *DJU* I de 15.12.2003, p. 214.

A questão do deferimento de ofício da medida liminar pode parecer sem maior interesse prático, eis que os impetrantes sempre formulam esse pedido, mesmo em situações nas quais é visivelmente desnecessário. Sua relevância, contudo, é bastante grande, quando se considera que, se o juiz pode deferir medida liminar de ofício, pode, pela mesma razão, deferir medida liminar *diversa* da que foi pedida pelo impetrante. Embora a liminar destine-se à suspensão dos efeitos do ato impugnado, essa suspensão tem eventualmente muitos desdobramentos. A parte pode formular pedido em relação a alguns deles, e nada referir relativamente a outros, e o juiz, constatando a presença dos requisitos, referi-los todos como abrangidos por seu despacho.[350]

3.3.9.9 Agravo de instrumento, efeito suspensivo e antecipação dos efeitos da tutela recursal

Em face do despacho que defere, ou indefere, o pedido de medida liminar, pode ser interposto agravo de instrumento, nos termos do art. 1.015 do CPC/2015, no prazo de quinze dias.[351] Como o agravo é dirigido à corte que exerce o segundo grau de jurisdição, mas não leva a essa mesma corte os autos correspondentes (que continuam seu trâmite perante o juiz de primeiro grau), deve ser formado um "instrumento", ou seja, autos apartados com cópia das principais peças dos autos principais.[352] Tudo para que o Tribunal possa efetivamente conhecer as circunstâncias do problema que lhe é submetido, avaliando o acerto, ou desacerto, do despacho agravado,[353] sem prejuízo da continuidade do trâmite processual em primeira instância. O agravo, como todo recurso, tem efeito devolutivo, o que significa que submete ao tribunal a matéria apreciada na decisão agravada. A ele pode ser, também, atribuído efeito suspensivo, em face do qual são suspensos os efeitos da decisão agravada até que seja julgado o recurso. Inicialmente, quando não era legalmente possível atribuir efeito suspensivo ao agravo, mandados de segurança eram manejados especificamente com esse fim. Depois, em face de previsão legal específica, suscitou-se a questão de saber qual efeito deveria ser atribuído ao agravo de instrumento manejado contra decisão que *indeferia* a liminar, pois a suspensão da decisão que negou a liminar deixava o impetrante na mesma situação. Foi quando a jurisprudência criou o chamado "efeito suspensivo ativo", por meio do qual o relator do agravo poderia – desde que presentes os requisitos – conceder a liminar que havia sido indeferida pela decisão agravada. Hoje todas essas questões estão superadas, pois o CPC/2015, em seu art. 1.019, I (reproduzindo o que já se achava no art. 527, III, do CPC/73), prevê expressamente a possibilidade de o relator suspender os efeitos da decisão agravada, ou *antecipar os efeitos da tutela recursal*, concedendo a liminar requerida até que o órgão colegiado aprecie, definitivamente, o agravo.

---

[350] Cf. Hugo de Brito Machado, *Mandado de Segurança em Matéria Tributária*, 5. ed. São Paulo: Malheiros, 2003, p. 120 e 121.

[351] Cf. Art. 1.003, § 5.º, do CPC/2015. Esse prazo é de 30 dias para a Fazenda Pública, em face do disposto no art. 183 do mesmo Código.

[352] Isso, em relação a processos físicos, deu espaço a que juízes formalistas criassem uma série de problemas a serem enfrentados por quem queria deles o exercício da jurisdição. Com o advento do processo eletrônico, e à luz de disposições como as constantes dos §§ 3.º, 4.º e 5.º do art. 1.017 do CPC/2015, espera-se que isso desapareça ou, pelo menos, seja minimizado. Sobre o assunto, no que tange à realidade prevalecente no âmbito do processo físico sob a vigência do CPC/73, confira-se: Hugo de Brito Machado Segundo e Raquel Cavalcanti Ramos Machado, "O formalismo e a instrumentalidade do processo – questões relativas à instrução do agravo de instrumento", publicado na *Revista Dialética de Direito Processual*, nº 2, São Paulo: Dialética, p. 29 a 43, maio 2003.

[353] Para um exame detalhado do processamento do agravo de instrumento, no âmbito dos tribunais, confira-se José Carlos Barbosa Moreira, *Comentários ao Código de Processo Civil*, 11. ed. Rio de Janeiro: Forense, 2003, p. 482 ss.

348 | PROCESSO TRIBUTÁRIO – *Machado Segundo*

Da decisão do relator que defere ou indefere a liminar no agravo é possível manejar agravo interno, também conhecido como "regimental", possibilidade que foi objeto de muitos excessos de ambos os lados, tanto por parte dos jurisdicionados que os manejavam como dos magistrados que os apreciavam. O STF, talvez por isso, sumulou seu entendimento no sentido de que "não cabe agravo regimental contra decisão do relator que concede ou indefere liminar em mandado de segurança" (Súmula 622/STF). É verdade que tal enunciado se reporta ao mandado de segurança impetrado diretamente no Tribunal, em relação ao qual o relator concede ou indefere a liminar, não sendo necessariamente aplicável ao agravo de instrumento interposto em face da denegação de liminar em mandado de segurança impetrado perante o juízo singular de primeiro grau. Na mesma ordem de ideias, porém, a Lei 11.187/2005 alterou o art. 527, parágrafo único, do CPC/73, a fim de estabelecer que a decisão do relator que convertesse o agravo de instrumento em agravo retido, ou que deferisse a liminar pleiteada, somente poderia ser reapreciada quando julgamento do agravo, salvo se o relator a reconsiderasse. Havia uma preocupação em restringir o uso do agravo interno, pois neles os advogados muitas vezes apenas reproduziam os argumentos já utilizados na petição de agravo de instrumento, e o relator, por igual, copiava os fundamentos empregados na decisão agravada. Isso fazia, na prática, com que todas as questões de competência dos relatores fossem, de uma forma ou de outra, submetidas aos colegiados dos quais faziam parte, sendo a atribuição de competência aos relatores para que resolvessem certas questões sozinhos mera perda de tempo. Com o CPC/2015, tentou-se equacionar a questão de maneira mais racional: o agravo interno é sempre cabível das decisões do relator (art. 1.021), mas: (i) o agravante deve impugnar especificamente os fundamentos da decisão agravada, não podendo se limitar à reprodução da petição de agravo de instrumento (§ 1.º); (ii) é vedado ao relator limitar-se aos fundamentos da decisão agravada para negar provimento ao agravo interno (§ 3.º); e (iii) o agravo interno manifestamente inadmissível ou improcedente implicará condenação, pelo colegiado, em decisão fundamentada, no pagamento, pelo agravante ao agravado, de multa fixada entre 1% e 5% do valor atualizado da causa (§ 4.º), ficando o manejo de qualquer recurso posterior condicionado ao seu depósito (§ 5.º). O CPC/2015, como se vê, procura superar o pensamento presente em muitas das reformas levadas a efeito no CPC/73, as quais seguiam a ideologia – absolutamente falsa – de que o problema da lentidão do Judiciário está na possibilidade de se recorrer de suas decisões, e não no diminuto número de juízes disponíveis para apreciar as demandas, no desrespeito do Poder Público para o que já está pacificado nos tribunais,[354] e sobretudo, *data maxima venia,* na burocracia e no tecnicismo ainda presentes na mentalidade de muitos julgadores, que dão mais importância à forma processual que à jurisdição através dela prestada, e para a qual seu cargo existe, fazendo tudo para extinguir um processo sem apreciar-lhe o mérito.

É importante lembrar que, se o processo não for eletrônico, o agravante deve juntar aos autos principais, no prazo de três dias contados da interposição do agravo,[355] cópia da petição

---

[354] É tão comum quanto irritante a situação na qual o cidadão procura obter o reconhecimento de um direito seu perante a Administração Pública e é orientado a entrar em juízo. A autoridade reconhece e afirma, sem nenhum constrangimento, que, se o cidadão impetrar mandado de segurança, o Judiciário reconhecerá seu direito, mas que administrativamente isso não será possível. Ora, essa é uma causa evidente, e inaceitável, para o excesso de processos no âmbito do Poder Judiciário, e que mostra que a solução do problema não está no desfalque ao princípio do devido processo legal, com a supressão de recursos e a criação de dificuldades para o acesso à jurisdição.

[355] Note-se que, embora os prazos da Fazenda Pública sejam contados em dobro (CPC/2015, art. 183), isso decorre de uma norma específica, que estabelece exceção às normas que fixam os prazos em termos gerais. E, como toda norma específica, excepcional, não deve ser objeto de interpretações

de agravo, e da relação dos documentos que a acompanharam. Trata-se de mera formalidade, destinada a propiciar o exercício do juízo de retratação por parte do prolator da decisão agravada. Por isso mesmo, seu descumprimento não poderia ensejar a aplicação de sanções ao agravante.[356] Entretanto, a jurisprudência – mais preocupada em *não conhecer* recursos e *não resolver* os conflitos cujo desate é a sua razão de ser – considerou o descumprimento de tal formalidade razão suficiente para o não conhecimento do agravo. Não se sabe de onde essa sanção ao agravante foi extraída do sistema jurídico à época, mas o fato é que, infelizmente, tal orientação foi posteriormente acolhida pelo legislador, sendo inserida no parágrafo único do art. 526 do CPC/73. Hoje, consta expressamente no art. 1.018, § 2.º, do CPC/2015.[357]

Afigura-se relevante, ainda, o exame das relações entre as decisões proferidas no âmbito do agravo, e as decisões tomadas no decorrer do processo principal, no qual foi emitida a decisão agravada. Caso venha a ser reconsiderada pelo juiz a decisão que motivou o agravo, este perde seu objeto, devendo ser extinto. A decisão que veicular essa reconsideração, naturalmente, poderá ser impugnada pela parte adversa, em novo agravo, mas isso é uma outra questão. Já na hipótese de vir a ser proferida pelo juiz singular a sentença, seja ratificando a decisão liminar, seja alterando-lhe os termos, não tendo ainda o agravo sido julgado, este também perde o objeto. Os efeitos da decisão agravada, que deferiu ou indeferiu a medida liminar, são substituídos pelos da sentença, que pode ser impugnada através de recurso apelação, tornando inócuo o julgamento do agravo.[358]

Por fim, caso o agravo seja julgado, definitivamente, pelo Tribunal, suscita-se a questão de saber se seus efeitos perduram, e preponderam, até depois de prolatada a sentença pelo juiz de primeiro grau. Há quem afirme que os efeitos do agravo perduram até que o Tribunal aprecie o recurso de apelação. Não nos parece, contudo, que seja assim. Ao julgar o agravo, o

---

ampliativas. Assim, os demais prazos processuais, como o fixado no art. 1.018, § 2.º, do CPC/2015, destinados a disciplinar a prática de outros atos que não a interposição de recursos, ou o oferecimento de contestações, não são objeto de nenhuma dilatação pelo fato de correrem em desfavor da Fazenda Pública, que tem os mesmos três dias para comunicar, nos autos do processo principal, o manejo de agravo de instrumento, exigência que, reitere-se, no âmbito do atual CPC só subsiste em relação aos processos físicos, e não mais nos eletrônicos.

[356] José Carlos Barbosa Moreira, *Comentários ao Código de Processo Civil*, 11. ed. Rio de Janeiro: Forense, 2003, p. 507.

[357] Cabe ao agravado alegar e provar o descumprimento da exigência. Como esclarece Barbosa Moreira, "essa arguição há de vir na resposta do agravado, pois essa é a única oportunidade que a lei lhe abre para manifestar-se. A prova será feita, ao menos no comum dos casos, por certidão do cartório ou da secretaria, que ateste haver o prazo decorrido *in albis*. Na falta de arguição e prova por parte do agravado, o tribunal não poderá negar-se a conhecer do agravo – salvo, é claro, com fundamento diverso –, ainda que lhe chegue por outro meio a informação de que o agravante se omitiu" (José Carlos Barbosa Moreira, *Comentários ao Código de Processo Civil*, 11. ed. Rio de Janeiro: Forense, 2003, p. 507).

[358] "A prolação de sentença de mérito julgando procedente o pedido esvazia de interesse o agravo, porquanto o provimento vigente restou absorvido pela decisão adotada em cognição exauriente e consequentemente atacado no recurso contra a decisão final" (STJ, 1ª T., AgRg no Ag 502.592/RJ, Rel. Min. Luiz Fux, j. em 18.5.2004, v.u., *DJ* de 21.6.2004, p. 165). No mesmo sentido: "O proferimento de sentença concessiva no mandado de segurança enseja a perda de objeto do agravo de instrumento interposto da decisão indeferitória da liminar pleiteada" (Ac. un. da 3ª T. do TRF da 5ª R. – AGTR nº 21.906/PE – Rel. Des. Fed. Ridalvo Costa – *DJU* II de 10.12.1999, p. 1072). E, também, na hipótese inversa: "a prolação de sentença denegatória no mandado de segurança enseja a perda do objeto do agravo de instrumento interposto contra a decisão concessiva de liminar mandamental cuja eficácia jurídica tenha sido sobrestada em 2º grau de jurisdição pela concessão de efeito suspensivo ao recurso" (Ac. un. da 3ª T. do TRF da 5ª R. – AGTR nº 22.529/PE – Rel. Des. Fed. Paulo Roberto de Oliveira Lima – *DJU* II de 14.8.2000, p. 291).

PROCESSO TRIBUTÁRIO – *Machado Segundo*

Tribunal simplesmente afirma que o juiz deveria ter deferido, ou indeferido, a liminar, diante de um exame provisório da questão. À luz dos elementos até então constantes dos autos. Mas o Tribunal não pode logicamente já estar afirmando que deva ser concedida, ou denegada, a segurança, razão pela qual seu pronunciamento, no agravo, não pode tornar inútil todo o posterior processamento do *writ*, a ouvida das informações e a manifestação do Ministério Público. Tais etapas trazem à convicção do juiz elementos que influem na prolação da sentença, e que não foram submetidos aos julgadores do agravo. Em suma, a decisão emitida no âmbito do agravo pode influenciar a convicção do juiz, mas não o vincula. A sentença pode ser proferida em sentido contrário, e produzir os efeitos que lhe são próprios, independentemente do que ficou resolvido quando do julgamento do agravo.[359]

3.3.9.10   O pedido de suspensão de liminar e de suspensão de segurança

Caso os efeitos de decisão proferida em mandado de segurança, deferindo medida liminar ou concedendo a segurança, causem grave lesão à ordem, à saúde, à segurança e à economia públicas, a parte prejudicada[360] ou o Ministério Público pode requerer ao Presidente do Tribunal, ao qual couber o conhecimento do respectivo recurso, que suspenda, em despacho fundamentado, a sua execução. É a chamada "suspensão de liminar", ou "suspensão de segurança", conforme, naturalmente, seja manejada contra a liminar ou contra a sentença concessiva da segurança.

Não há prazo para a apresentação do pedido de suspensão – a qual não pode ser deferida de ofício –, mas, como por meio dela se busca combater situação de perigo de dano à ordem, à saúde, à economia etc., a urgência é algo inerente, pelo que se entende que deve ser o pedido apresentado em momento contemporâneo à prolação da decisão a ser suspensa. Por outras palavras, embora não exista um prazo específico, a apresentação do pedido muito tempo depois de prolatada a decisão a ser impugnada evidenciaria a ausência de um dos requisitos para a concessão da medida.

Como os requisitos legais para o pedido de suspensão não dizem respeito, literalmente, ao *mérito* da controvérsia, ou seja, não dizem respeito ao direito invocado pela parte, tampouco à possibilidade de ineficácia da sentença, há quem sustente que se trata de decisão de cunho exclusivamente político, e que, por isso mesmo, pode ser concedida ainda que o direito do impetrante seja evidentíssimo. Não é bem assim, contudo. Seria inconcebível que um cidadão, tendo efetivamente lesado um direito líquido e certo, e correndo esse direito risco de total fenecimento, não se pudesse valer de uma efetiva prestação jurisdicional apenas porque isso poderia ensejar lesão à "ordem pública", por exemplo. Como observa Hugo de Brito Machado, esse pensamento é "pura expressão do autoritarismo que predominava na época da edição da Lei 4.348/64".[361]

---

[359]   Até porque existem meios para impugnar a sentença, inclusive com atribuição de efeito suspensivo à apelação, ou deferimento de medida cautelar a ela incidental, se for o caso.

[360]   Conquanto a lei se reporte a "pessoa jurídica de Direito Público" (art. 4º da Lei 4.348/64) e, atualmente, art. 15 da Lei 12.016/2009), a suspensão de segurança, ou de liminar, pode ser manejada também por pessoa jurídica de Direito Privado, a exemplo de concessionárias de serviços públicos, quando forem objeto da impetração atos de seus representantes (cf. Hugo de Brito Machado, *Mandado de Segurança em Matéria Tributária*, 5. ed. São Paulo: Dialética, 2003, p. 131).

[361]   Hugo de Brito Machado, *Mandado de Segurança em Matéria Tributária*, 5. ed. São Paulo: Dialética, 2003, p. 133. Passados mais de 15 anos do advento da Constituição Federal de 1988, parecem distantes as arbitrariedades praticadas pelo Poder Público durante a ditadura militar, especialmente no período compreendido entre 1964 e 1982. Alguns as esqueceram. Muitos, mais jovens, delas nem tiveram conhecimento direto. Deve-se ter maior atenção ao que ocorria no período, porém, por

É lamentável que, em período de plena democracia, a figura da suspensão tenha sido consolidada na própria Lei do Mandado de Segurança (Lei 12.016/2009), em termos até mais autoritários que os originalmente previstos na Lei 4.348/64.

Registre-se que o STF, efetuando uma interpretação da Lei 4.348/64 *conforme* a Constituição de 1988, decidiu, já em 1996, que a suspensão de liminar, ou de segurança, tem natureza cautelar. Sua finalidade é assegurar a eficácia do recurso interposto, ou que venha a ser interposto, contra a decisão de cuja suspensão se cogita. Assim, o perigo de lesão à ordem, à segurança etc. públicas é apenas *um* dos requisitos ao seu deferimento, equiparável ao "perigo da demora" necessário à concessão de medidas cautelares em geral. É indispensável, assim, para que seja deferida a suspensão de segurança, ou de liminar, que também haja uma fundamentação jurídica relevante. Em outras palavras, é preciso que, no mérito, a decisão a ser suspensa seja considerada, pelo menos em um juízo provisório, como juridicamente desacertada.[362]

Angelina Mariz de Oliveira faz relevantíssima observação histórica, a esse respeito, quando adverte para o fato de que, em 1964, quando introduzida a figura da suspensão de liminar de segurança, vigorava ainda o Código de Processo Civil de 1939.[363] Isso significa que, em sede de mandado de segurança, o juiz poderia deferir liminares, ou prolatar sentenças, que só depois de muito tempo seriam reformadas, se fosse o caso, pela instância superior, pois o processo cautelar (que hoje pode ser manejado pela Fazenda para dar efeito suspensivo à apelação) não tinha a feição que lhe deu o Código de 1973, e, sobretudo, não existia o agravo de instrumento com efeito suspensivo, surgido apenas na década de 1990. Nesse contexto, a suspensão de segurança foi a fórmula encontrada para evitar que decisões equivocadas, causadoras de lesão aos bens jurídicos referidos na Lei 4.348/64, provocassem muitos danos até que fossem reformadas. Ora, essa finalidade, na atual sistemática recursal, é, em regra, plenamente atendida pelos recursos existentes, razão pela qual a "suspensão" em comento deve ser reservada a situações muito excepcionais.

Assim, para que a suspensão seja deferida, a decisão há de estar aparentemente equivocada, quanto ao mérito, e ainda causar uma das lesões referidas no art. 15 da Lei 12.016/2009. Obviamente, não basta que a decisão desagrade aos interesses da entidade pública correspondente, sendo necessário que efetivamente cause uma das lesões legalmente referidas como requisitos para a suspensão, que devem ser devidamente demonstradas. Caso não haja tal risco de lesão, serão cabíveis apenas os recursos que seriam "acautelados" pela suspensão de segurança, ou de liminar, como a apelação, ou o agravo de instrumento, conforme o caso.

Na tentativa de demonstrar lesões inexistentes, representantes judiciais da Fazenda Pública invocam argumentos de que a decisão atacada "contraria o interesse público", e que

---

pelo menos duas razões. Primeiro, para evitar que, sob argumentos vagos tais como o do "interesse público" ou do "bem comum", abusos ao Estado de Direito sejam cometidos: era sob tais rótulos que a ditadura agia. Segundo, mas não menos relevante, para compreender, hoje, muitas disposições legais editadas àquela época, e repelir, a todo custo, a interpretação literal das mesmas que não se amolde aos ditames da Carta Democrática de 1988. É interessante conferir, a esse respeito, a obra de Elio Gaspari, na qual se pode encontrar, por exemplo, que o lema da época era o de que "contra a Pátria não há direitos" (*A Ditadura Escancarada*, São Paulo: Companhia das Letras, 2002, p. 17).

[362] STF, SS 775, DJ 2.6.95; AgSS 432, j. em 11.3.92, *RTJ* 144/98. Cf. Hugo de Brito Machado, *Mandado de Segurança em Matéria Tributária*, 5. ed. São Paulo: Malheiros, 2003, p. 132 ss. No mesmo sentido: Angelina Mariz de Oliveira, "Suspensão de liminar e de sentença em mandado de segurança, na jurisprudência das Cortes Superiores", em *RDDP* nº 36, p. 11.

[363] Angelina Mariz de Oliveira, "Suspensão de liminar e de sentença em mandado de segurança, na jurisprudência das Cortes Superiores", em *RDDP* nº 36, São Paulo: Dialética, março 2006, p. 22.

PROCESSO TRIBUTÁRIO – *Machado Segundo*

representa perigo à economia, à segurança ou à ordem pública na medida em que pode ensejar uma "multiplicação" de decisões semelhantes. Não há censura nisso. Embora inteiramente equivocados quanto ao que pedem, estão no exercício legítimo de seus ofícios. Censura deve ser feita, em verdade, aos julgados que, eventualmente, impressionam-se com tais sofismas.

A propósito, Angelina Mariz de Oliveira observa, com inteiro acerto, que

> "a criação de norma inválida determinando o recolhimento aos cofres públicos de quantias a título de tributo, por exemplo, inevitavelmente gerará a propositura de inúmeros mandados de segurança visando à defesa dos contribuintes. Na apreciação de pedidos de segurança é imprescindível que os magistrados analisem o fundamento do mandado de segurança.
>
> Isso porque, aferindo-se a possibilidade de ser ilegal ou inconstitucional o ato impetrado, a economia pública estará sendo mais bem defendida pela negação da suspensão do que pela sua concessão, pois assim se evitará que no futuro as quantias recebidas pelo Estado devam ser devolvidas acrescidas de juros, correção monetária, taxas judiciárias e honorários advocatícios".[364]

O julgador deve avaliar a presença dos requisitos autorizadores da medida liminar. Caso estes estejam presentes, a medida deve ser deferida. O Tribunal somente deve reformar o despacho concessivo da medida liminar caso, em sede de agravo de instrumento, constatar não estarem presentes os respectivos requisitos, ou, em sede de suspensão de liminar, constatar não estar presente a fumaça do bom direito, havendo ainda o risco de grave lesão à ordem, à economia, à saúde etc. públicas. São essas, em face dos princípios constitucionais envolvidos, as condições a serem ponderadas para o deferimento, o indeferimento, a reforma ou a suspensão de uma medida liminar em mandado de segurança, como das tutelas de urgência de uma maneira geral. Afirmar que há risco de "proliferação" de liminares semelhantes somente significa que outros cidadãos também estão sofrendo ofensas a direito líquido e certo, em condições análogas. Em outros termos, significa que a prática da ilegalidade combatida na ação examinada é generalizada. Ora, se outras pessoas estão sofrendo arbitrariedades semelhantes, nada mais justo que aquela liminar – caso estejam presentes os requisitos, o que é uma outra questão – multiplique-se até não mais poder, dando fundamento à prolação de decisões semelhantes para tantas situações semelhantes quantas forem submetidas à apreciação do Judiciário.

Afirmar que, mesmo presentes os requisitos, o juiz deve indeferir a medida liminar quando houver risco de um "efeito multiplicador" é o mesmo que afirmar que ilegalidades isoladas podem ser corrigidas pelo Judiciário, mas abusos generalizados, contra um maior número de cidadãos, podem ficar alheios ao controle jurisdicional. O absurdo, com o devido respeito, dispensa comentários.[365]

Quanto ao argumento fundado no "interesse público", por vezes associado ao da proliferação de liminares, mas em muitas outras empregado isoladamente, dada a sua multiplicidade

---

[364] Angelina Mariz de Oliveira, "Suspensão de liminar e de sentença em mandado de segurança, na jurisprudência das Cortes Superiores", em *RDDP* nº 36, São Paulo: Dialética, março 2006, p. 22.

[365] Com toda a razão, o TRF da 3ª R. já decidiu, por seu órgão especial, que "não prevalece o argumento de proliferação de ações com idêntico objetivo, pois o Poder Judiciário não pode criar obstáculos para o exercício da cidadania, manifestando-se, em grau mais elevado, exatamente pelo acesso à jurisdição" (Ac. un. do Órgão Especial do TRF da 3ª R. – Agr. na Susp. de Seg. 1.864-SP – 96.03.052194-9 – Rel. Juiz Oliveira Lima – *DJU* II de 28.1.1997, p. 2971).

Capítulo 4 · PROCESSO JUDICIAL TRIBUTÁRIO | **353**

de usos e sentidos, deve-se ter em mente que o maior interesse público é o cumprimento da Constituição e das leis com ela compatíveis. Afinal de contas, o Estado foi criado, e até hoje existe, principalmente, para fazer valer as normas de conduta. Não se justifica que invoque o interesse de um "público" – que não se sabe ao certo qual é – para simplesmente mandar às favas as tais normas, quando imponham condutas contrárias aos interesses dos governantes do momento. As liminares, as sentenças e os provimentos jurisdicionais de uma maneira geral devem ser concedidos, reformados ou suspensos, conforme estejam coerentes, ou discrepantes, da Constituição e das leis. Esse é o maior interesse público.[366]

3.3.9.11 Invalidade de um "prazo de vigência" para a medida liminar

De acordo com o art. 1o, b, da Lei 4.348, de 26.6.1964, "a medida liminar somente terá eficácia pelo prazo de 90 (noventa) dias a contar da data da respectiva concessão, prorrogável por 30 dias quando provadamente o acúmulo de processos pendentes de julgamento justificar a prorrogação".

O dispositivo, que bem reflete o momento histórico vivido no Brasil à época, é de flagrante inconstitucionalidade. Simplesmente não foi recepcionado pela Constituição Federal de 1988.

Em primeiro lugar, porque a medida liminar em mandado de segurança, destinada como é a assegurar a efetividade da tutela jurisdicional a ser prestada, tem fundamento constitucional, não podendo ser objeto de restrições pelo legislador ordinário. A única exigência que a lei pode e deve fazer, e que decorre, como visto, dos próprios princípios constitucionais em tensão, é a de que estejam presentes os requisitos de plausibilidade do direito alegado e perigo de ineficácia da sentença. Só isso. Se ao cabo dos tais 90 dias esses requisitos continuam presentes, os efeitos da tutela de urgência continuam necessários para assegurar a supremacia constitucional.

Além disso, soa absurdo punir o impetrante pela demora no exercício da função juris-dicional, demora que, aliás, é imputável ao Poder Público. Havendo práticas protelatórias por parte do impetrante (Lei 12.016/2009, art. 8º), ou verificada, pelo juiz, a ausência dos requisitos, ou qualquer outra circunstância que indique a necessidade de se reconsiderar sua decisão, isso pode ser feito a qualquer tempo, mas não autoriza o legislador ordinário a estabelecer tal prazo de validade, inconstitucional sob todos os aspectos, e que por isso mesmo não vem sendo aplicado pela jurisprudência.

3.3.9.12 Efeito da liminar em face da final denegação da segurança

Outro aspecto que merece referência – no que tange não apenas à liminar em mandado de segurança, mas também a provimentos urgentes de uma maneira geral – diz respeito à situação da parte beneficiada por esse provimento, na hipótese de sua posterior reforma ou reconsideração.

Suponha-se que uma medida liminar em mandado de segurança suspendeu a exigibili-dade de um crédito tributário, e este crédito veio posteriormente a ser considerado devido pela sentença, ou pelo Tribunal de Apelação, ou ainda pelas instâncias especial ou extraordinária. Isso tudo muito tempo depois. Deve o contribuinte arcar com penalidades decorrentes da mora, dado que há muito ultrapassado o prazo de vencimento da dívida?

---

[366] Para um exame mais detalhado da invocação do "interesse público" em matéria tributária, confira--se o artigo de Raquel Cavalcanti Ramos Machado, "O interesse público como fundamento para relativização de direitos do contribuinte", publicado na *Revista Fórum de Direito Tributário*, no 4, Belo Horizonte: Fórum, p. 75, jul./ago. 2003. E, mais recentemente, da mesma autora, o livro *Interesse Público e Direitos do Contribuinte*, São Paulo: Dialética, 2007, passim.

354 | PROCESSO TRIBUTÁRIO – *Machado Segundo*

Na verdade, o desaparecimento de uma liminar – seja por reconsideração, seja por reforma – enseja o retorno das partes à situação jurídica anterior à sua concessão. Se a liminar fora deferida, suspendendo a exigibilidade do crédito tributário, em momento no qual esse crédito ainda não se havia *vencido*, e por isso a multa moratória não era devida, o desaparecimento da liminar deve ensejar, para o contribuinte, a abertura de um prazo dentro do qual ainda poderá recolher, sem multas, o tributo cuja exigibilidade até então estava suspensa. Essa, aliás, é a orientação que prevalece na doutrina, e foi expressamente acolhida pelo legislador.[367]

3.3.10 Ministério Público

Como se sabe, ressalvados os excepcionalíssimos casos nos quais pode figurar como impetrante, ou como impetrado, o Ministério Público normalmente atua no âmbito do mandado de segurança como "fiscal da lei". Zela pela integridade da ordem jurídica, e não necessariamente pelos interesses da entidade pública integrada pela autoridade apontada como coatora.

A Constituição nada prevê a esse respeito, estando a participação do Ministério Público disciplinada apenas no plano da legislação ordinária. A esse respeito, a Lei 12.016/2009 determina, em seu art. 12, que, findo o prazo para as informações da autoridade impetrada, o Ministério Público terá o prazo de 10 dias para a emissão de parecer.

No âmbito da Lei 1.533/51, suscitava-se a questão de saber se o pronunciamento do Ministério Público é *essencial*, implicando a nulidade do julgado quando ausente. Sempre consideramos que o essencial é que se lhe dê oportunidade de participação, e não que essa participação efetivamente aconteça.

Não obstante, o STJ consolidou seu entendimento, com manifestação de sua Corte Especial, no sentido de ser indispensável não apenas a *oportunidade*, mas a efetiva atuação do Ministério Público.[368] Entendeu, por via de consequência, que o descumprimento do prazo de cinco dias previsto no art. 10 da Lei 1.533/51 não possui consequências jurídicas.[369]

Tal entendimento criou situações paradoxais, pois não raro acontecia, especialmente em mandados de segurança impetrados para discutir matéria tributária, de o Ministério Público, instado a se manifestar, pronunciar-se no sentido de que não há interesse social que justifique sua atuação como *custos legis*. Em tais circunstâncias, o STJ admitia que o comparecimento do Ministério Público aos autos apenas para manifestar sua recusa em se manifestar sobre a questão atendia a exigência legal.[370] Formalismo sem tamanho, e sem fundamento, que se prestava apenas ao desperdício de trabalho e de tempo.

---

[367] A Lei 9.430, de 27.12.1996, estabelece: "Art. 63. Na constituição de crédito tributário destinada a prevenir a decadência, relativo a tributo de competência da União, cuja exigibilidade houver sido suspensa na forma dos incisos IV e V do art. 151 da Lei 5.172, de 25 de outubro de 1966, não caberá lançamento de multa de ofício. § 1º O disposto neste artigo aplica-se, exclusivamente, aos casos em que a suspensão da exigibilidade do débito tenha ocorrido antes do início de qualquer procedimento de ofício a ele relativo. § 2º A interposição da ação judicial favorecida com a medida liminar interrompe a incidência da multa de mora, desde a concessão da medida judicial, até 30 dias após a data da publicação da decisão judicial que considerar devido o tributo ou contribuição."

[368] "Consolidou-se a jurisprudência do Superior Tribunal de Justiça no sentido de que, em mandado de segurança, não basta a intimação do Ministério Público, fazendo-se mister o seu efetivo pronunciamento" (Ac. da Corte Especial do STJ – mv – Rel. Min. Paulo Costa Leite – EREsp 26.715/AM – j. 3.6.1998 – *DJU* I de 12.2.2001, p. 91).

[369] REsp 224.787/SP, *DJ* de 1º.7.2002, p. 279.

[370] STJ, 1ª T., REsp 541.199/MG, Rel. Min. Luiz Fux, j. em 8.6.2004, *DJ* de 28.6.2004, p. 195.

Corrigindo o problema, e adotando o entendimento defendido desde a primeira edição deste livro, a Lei 12.016/2009 determina que o juiz sentencie o mandado de segurança *com ou sem* o parecer do Ministério Público. Deixou claro, com isso, que o necessário é que se dê ao órgão ministerial, tão somente, oportunidade e prazo para manifestar-se, não sendo sua efetiva manifestação pressuposto para o julgamento do *writ*.

Ainda quanto à atuação do Ministério Público, e à celeridade no julgamento do mandado de segurança, convém lembrar que a lei prevê a possibilidade de manifestação do *Parquet* apenas em primeira instância. No âmbito dos Tribunais, portanto, o Ministério Público somente deverá atuar, legalmente, em sede de mandado de segurança, quando a impetração ocorrer originariamente perante o Tribunal. As disposições que exigem a manifestação ministerial também em segunda instância, nas apelações em mandado de segurança, têm fundamento puramente regimental, e são de duvidosa constitucionalidade.[371]

3.3.11 Sentença e recursos

Como as sentenças, e os atos com conteúdo decisório de uma maneira geral, a sentença proferida no âmbito de um mandado de segurança deve ser devidamente fundamentada, explicando as razões de fato e de direito pelas quais concede, ou denega, a segurança. A parte vencida há de arcar com as custas judiciais eventualmente pagas (dizemos eventualmente porque, em alguns Estados, o mandado de segurança é isento de custas). De acordo com a jurisprudência já pacífica e reiterada, em mandado de segurança não há condenação do vencido no pagamento de honorários advocatícios de sucumbência,[372] aspecto que, conforme já realçado, deve ser levado em consideração quando da escolha entre esse instrumento e uma ação de conhecimento, de rito ordinário (*v. g.*, uma ação anulatória).

É controvertida, na doutrina, a questão da classificação da sentença do mandado de segurança. É relativamente pacífico que a mesma se encarta entre as sentenças de conhecimento, havendo, contudo, dissenso quanto à espécie de sentença de conhecimento, se declaratória, constitutiva, condenatória, ou, ainda, mandamental.

Ao que nos parece, a sentença do mandado de segurança presta *tutela de conhecimento*, que pode ser declaratória negativa (no caso de denegação da segurança), ou constitutiva negativa (no caso de desconstituição do ato coator impugnado). Em qualquer caso, o que se pretende com o mandado de segurança é que o Poder Público, através da autoridade impetrada, seja condenado a *fazer*, ou a *não fazer* alguma coisa, podendo-se inserir a sentença concessiva do *writ* no rol das sentenças condenatórias. Note-se, porém, que é desnecessário o ulterior manejo de um processo de execução: a sentença desconstitui e condena a uma obrigação de fazer, ou não fazer, mas concede igualmente a tutela executiva. Por isso mesmo, Milton Flaks reconhece que "toda vez que se pretende enquadrar o remédio dentro da clássica composição do quadro geral das ações, resta uma nuance para impedir o perfeito ajustamento".[373]

Assim, embora não exista uma "tutela jurisdicional mandamental", consideramos viável a identificação de uma "sentença mandamental", assim considerada aquela na qual são prestadas,

---

[371] Cfr. Hugo de Brito Machado, *Mandado de Segurança em Matéria Tributária*, 5. ed. São Paulo: Dialética, 2003, p. 89.

[372] Para um exame dessa orientação jurisprudencial, de sua formação no âmbito do STF, e permanência no seio do STJ, inclusive com questionamentos críticos a seu respeito, confira-se Hugo de Brito Machado, *Mandado de Segurança em Matéria Tributária*, 5. ed. São Paulo: Dialética, 2003, p. 181 ss.

[373] Milton Flaks, *Mandado de Segurança*: Pressupostos da Impetração, Rio de Janeiro: Forense, 1980, p. 32.

356 | PROCESSO TRIBUTÁRIO – *Machado Segundo*

de modo conjugado, a tutela de conhecimento, constitutiva negativa e condenatória, e *também* a tutela executiva.[374] Luiz Fux ensina, com inteira propriedade, que a peculiaridade da sentença mandamental "é a sua efetividade pela unidade procedimental da cognição e execução".[375]

Vale ressaltar, porém, apesar dessa "mandamentalidade", que o STJ atribui à sentença que concede a segurança, em certos casos (*v. g.*, quando se reconhece indevida a cobrança de um tributo), eficácia declaratória, passível de posterior execução por meio de precatório. Confira-se:

> "[...] 1. Por preponderar carga de eficácia mandamental na sentença concessiva de segurança, é cabível a adoção de medidas coercitivas imediatas, dispensando o processo de execução autônomo para cumprimento da ordem ali concedida, bem como o trânsito em julgado da sentença, que pode ser executada provisoriamente, conforme previsão da própria Lei 12.016/09, art. 14, § 3º. Nessa seara, o pagamento dos vencimentos e demais vantagens pecuniárias devidos ao servidor público, atinentes ao interstício de tempo compreendido entre a data da decisão concessiva da segurança e a data do efetivo cumprimento, é feito mediante inclusão em folha suplementar de pagamento, não se aplicando o regime do precatório, na forma prescrita no art. 100, *caput*, da Constituição Federal c.c. o art. 730 do Código de Processo Civil. Precedentes: AgRg no REsp 1.200.890/BA, Rel. Min. Herman Benjamin, Segunda Turma, *DJe* de 4.2.2011; AgRg nos EDcl no Ag 814.919/GO, 5ª Turma, Rel. Min. JORGE MUSSI, *DJe* de 13.9.2010.
> 2. Por outro lado, relativamente aos efeitos financeiros pretéritos, o fato de constar na parte dispositiva a determinação imediata do ressarcimento dos vencimentos e demais vantagens, ainda que possa gerar alguma dúvida quanto ao seu alcance, significa tão somente que fica dispensado o processo autônomo de execução, além de prescindir do trânsito em julgado da decisão. Isso porque, em virtude da norma constitucional expressa acerca do pagamento de débitos pela Fazenda Pública, os pagamentos devem ser adimplidos com a estrita observância do sistema de precatório. Nesse sentido, é firme a orientação desta Corte no sentido de que 'o cumprimento do julgado se submete ao inarredável regime constitucional de precatório para os débitos da Fazenda Pública, nada importando eventual natureza alimentar e o fato do débito ser derivado de sentença concessiva de segurança' (Rcl 4.924/DF, Relª. Minª. Maria Thereza de Assis Moura, Terceira Seção, *DJe* 10.2.2012) 3. [...]" (STJ, 1ª S., AgRg no MS 17.499/DF, *DJe* de 18.4.2013).

É preciso ter atenção a essa tese, pois houve caso, já julgado pelo STJ, no qual o contribuinte saiu-se vitorioso em sede de mandado de segurança, eximindo-se da cobrança de tributo indevido em relação ao período atual. Ao ajuizar nova ação, de restituição do indébito, para obter o ressarcimento das quantias já pagas, esta foi extinta por alegada falta de interesse processual, declarando-se a prescrição da pretensão de receber a restituição, em face da passagem de mais de cinco anos desde o trânsito em julgado do mandado de segurança:

> "PROCESSUAL CIVIL. EMBARGOS DE DECLARAÇÃO. SÚMULAS 213 E 461/STJ. OMISSÃO, OBSCURIDADE OU CONTRADIÇÃO. NÃO OCORRÊNCIA.
> 1. Hipótese em que a Segunda Turma aplicou a jurisprudência consolidada pelas Súmulas 213 e 461/STJ, respectivamente: 'O mandado de segurança constitui ação adequada

---

[374] Confira-se, a propósito, Francisco Gérson Marques de Lima, *Fundamentos Constitucionais do Processo*, São Paulo: Malheiros, 2002, p. 43 ss.

[375] Luiz Fux, *Curso de Direito Processual Civil*, 3. ed., Rio de Janeiro: Forense, 2005, p. 47.

Capítulo 4 · PROCESSO JUDICIAL TRIBUTÁRIO | **357**

para a declaração do direito à compensação tributária'; 'O contribuinte pode optar por receber, por meio de precatório ou por compensação, o indébito tributário certificado por sentença declaratória transitada em julgado'.

2. Ademais, reconheceu que o prazo para a execução é o mesmo da ação, ou seja, quinquenal (Súmula 150/STF).

3. Não procede o argumentado nos memoriais, de que não há prescrição, pois é incontroverso que a sentença do Mandado de Segurança, que declarou o indébito tributário (Súmula 213/STJ), transitou em julgado em 19.8.2003 e não houve, até hoje, início da Execução.

4. Inexiste interesse processual em, após reconhecido o indébito tributário no Mandado de Segurança, ingressar com Ação Ordinária para a discussão da mesma matéria.

5. Foi o que decidiu a Primeira Seção, ao julgar o REsp 1.114.404/MG, na sistemática do art. 543-C do CPC (repetitivo que levou à edição da Súmula 461/STJ), consignando que, embora não trate especificamente de Mandado de Segurança, 'a sentença declaratória que, para fins de compensação tributária, certifica o direito de crédito do contribuinte que recolheu indevidamente o tributo, contém juízo de certeza e de definição exaustiva a respeito de todos os elementos da relação jurídica questionada e, como tal, é título executivo para a ação visando à satisfação, em dinheiro, do valor devido'.

6. A demanda recursal foi analisada e julgada integralmente e de modo fundamentado, inexistindo, portanto, omissão, obscuridade ou contradição a ser sanada.

7. Embargos de Declaração rejeitados" (STJ, 2ª T., EDcl no AgRg no AgRg no Ag 1.399.296/RS, *DJe* de 14.11.2011 – registre-se que, no CPC/2015, a sistemática prevista no art. 543-C do CPC de 1973 se acha disposta no art. 1.036).

Quanto aos recursos, a sentença proferida em sede de mandado de segurança desafia apelação (chamada, por isso mesmo, de "apelação em mandado de segurança", ou simplesmente AMS). O rito da apelação em mandado de segurança, conquanto devesse ser tão célere quanto possível, é muitas vezes tornado lento por conta de disposições regimentais, que cuidam, por exemplo, de uma nova manifestação do Ministério Público.

Quanto aos efeitos da coisa julgada, existem alguns aspectos, inerentes especificamente ao mandado de segurança, que merecem exame aqui. Trata-se da eficácia "no futuro" da sentença proferida no âmbito de um mandado de segurança. Há quem afirme que, como se trata apenas de uma ordem, de um mandamento, seus efeitos limitam-se ao ato impugnado, que poderia ser repetido, dias depois, reclamando a propositura de um novo *writ*.

Não nos parece, contudo, que seja exatamente assim.

De plano, deve-se ressalvar da aplicação de tal tese o mandado de segurança preventivo. Nessa modalidade, o remédio processual destina essencialmente a evitar a prática *futura* de um ato ilegal e abusivo que se receia venha a acontecer, sendo logicamente impossível restringir seus efeitos à invalidação de um ato passado.[376] Admitir o contrário tornaria inócua a norma constitucional que garante aos cidadãos a apreciação, pelo Poder Judiciário, não apenas das lesões, mas também das *ameaças* a direito (CF/88, art. 5º, XXXV).

Mesmo quanto ao mandado de segurança repressivo, qual seja, aquele destinado a desconstituir um ato ilegal e abusivo já praticado, a tese segundo a qual os efeitos da coisa julgada se limitam ao ato impugnado deve ser vista com muitas reservas. Tudo depende das

---

[376] No mesmo sentido, James Marins, *Direito Processual Tributário Brasileiro (Administrativo e Judicial)*, São Paulo: Dialética, 2001, p. 429.

peculiaridades do caso, e especialmente do que foi pedido pelo impetrante. Caso o impetrante tenha requerido, além da desconstituição do ato impetrado, também a concessão de tutela que iniba, preventivamente, a prática de outros, pelos mesmos fundamentos, volta-se à situação tratada no parágrafo anterior, e os efeitos futuros da *res judicata* são inquestionáveis.

Na verdade, o que limita os efeitos da coisa julgada no tempo é a situação jurídica submetida ao juízo, em face da qual foi proferida a decisão de cuja eficácia se cogita. Situação jurídica que, como se sabe, decorre da incidência de uma norma sobre um fato. Um direito objetivo e um caso concreto por ele juridicamente qualificado. Tendo o "caso concreto" as mesmas características apreciadas em juízo, e sendo o direito aplicável o mesmo apreciado em juízo, os efeitos da coisa julgada perduram.[377]

Em se tratando de sentença que *denega* a segurança, seus efeitos dependem, obviamente, das razões pelas quais a segurança foi denegada. Caso se reconheça o cabimento do mandado de segurança, e se conclua por sua improcedência, outra ação não poderá ser manejada, para a discussão da mesma relação jurídica.[378] Entretanto, caso se afirme apenas o *descabimento* do mandado de segurança,[379] sem apreciação de seu mérito, a propositura de ação de conhecimento, de rito ordinário, na qual o mesmo ato poderá ser impugnado, por outros ou pelos mesmos fundamentos, é plenamente possível (Lei 12.016/2009, art. 19). Aliás, se as causas do descabimento forem contornáveis (*v. g.*, falta da prova pré-constituída), o próprio *writ* pode ser renovado (Lei 12.016/2009, art. 6º, § 6º).

3.4 Ação anulatória de lançamento

Acesse o *QR Code* e assista ao vídeo sobre o tema.

> http://uqr.to/1wt1z

3.4.1 Noção

A chamada "ação anulatória", tão referida na jurisprudência e nos compêndios de Direito e Processo Tributários, nada mais é que uma ação de procedimento comum, de rito

---

[377] Nesse sentido: "Embargos à execução. Fundamentos em coisa julgada. Sentença mandamental em matéria tributária trânsita em julgado. Relação continuativa. A sentença que entende indevida a cobrança de determinado tributo, sem especificar o exercício, produz efeitos para o futuro, mas sem o caráter de perpetuidade. A coisa julgada faz lei entre as partes, sendo 'o mesmo estado de fato e de direito'. Modificações legislativas. Novo fato gerador. Aplicação da lei nova. Afastamento dos efeitos da coisa julgada" (Ac. ún. da 3ª T. do TRF da 5ª R. – rel. Des. Fed. Ridalvo Costa – apte: Fazenda Nacional – AC 127.233-PE – *DJU* 2 de 29.5.1998, p. 443, *RDDT* nº 36, p. 201). Confira-se ainda, a propósito: Hugo de Brito Machado (coord.), *Coisa Julgada, Constitucionalidade e Legalidade em Matéria Tributária*, São Paulo/Fortaleza: Dialética/ICET, 2006, passim.

[378] Salvo, é claro, uma ação rescisória, caso se configure o suporte fático da norma contida em um ou mais incisos do art. 966 do CPC/2015.

[379] Seria o caso, por exemplo, de sentença que afirmasse: o transcurso de mais de 120 dias entre a data da impetração e a data do ato coator; a necessidade de dilação probatória para avaliar a existência, ou não, de direito; a ilegitimidade da autoridade impetrada etc. Em algumas dessas hipóteses, a correção do vício processual apontado na sentença poderia ensejar inclusive a propositura de um novo mandado de segurança, mas, em qualquer delas, a opção da ação de conhecimento é sempre viável.

ordinário, movida com o propósito de se obter uma tutela jurisdicional que implique o desfazimento do ato administrativo de lançamento por conta de nulidade nele verificada. Essa nulidade pode dizer respeito a questões substanciais (inexistência da obrigação tributária), ou formais (incompetência da autoridade lançadora, vícios no procedimento ou no processo administrativos etc.), e sua demonstração pode envolver não apenas controvérsia quanto à interpretação de normas e ao significado *jurídico* de fatos, mas também divergência quanto à própria ocorrência dos fatos sobre os quais se funda a pretensão do autor, com ampla dilação probatória.

Como ocorre com a maior parte das "ações", na "ação anulatória" não se busca a prestação de uma tutela jurisdicional "pura", apenas condenatória, ou apenas declaratória. A sentença que dá pela procedência dos pedidos formulados pelo autor de uma ação desse tipo tem conteúdo declaratório, constitutivo negativo e, também, condenatório. Declara-se a nulidade do lançamento, que é desconstituído enquanto realidade formal autônoma em relação à obrigação que lhe dá origem. Caso a nulidade deva-se a um vício material, gerado pela inexistência de obrigação tributária a ser lançada, declara-se ainda a inexistência dessa obrigação, e a impossibilidade de ser feito outro lançamento com o mesmo conteúdo. Além disso, condena-se a Fazenda Pública correspondente, não só a *não cobrar* aquela quantia, mas especialmente ao ressarcimento das custas judiciais e dos honorários advocatícios despendidos para a propositura da ação.[380]

Exatamente porque comporta ampla dilação probatória, a ação de conhecimento, de rito ordinário, é instrumento mais amplo que o mandado de segurança para a discussão da validade do crédito tributário. Na ação anulatória, portanto, podem ser discutidos os mesmos lançamentos que seriam judicialmente impugnáveis em sede de mandado de segurança, além de outros que demandem dilação probatória, ou se tenham consumado há mais de 120 dias. Como há condenação do vencido no pagamento de honorários advocatícios de sucumbência, e pagamento de custas mais elevadas (especialmente nas Justiças dos Estados-membros), a ação anulatória pode tornar mais onerosa a discussão judicial do crédito tributário, ponto que também deve ser levado em consideração quando de sua escolha pelo contribuinte.

3.4.2 Anulatória e depósito judicial

Para suspender a exigibilidade do crédito tributário cujo lançamento se pretende anular, o autor da ação pode requerer antecipação parcial dos efeitos da tutela jurisdicional, nos termos do art. 300 do CPC/2015 (art. 273 do CPC/73), e do art. 151, V, do CTN, demonstrando a presença dos requisitos a tanto necessários (item 3.7, *infra*). O mesmo resultado pode ser alcançado através do depósito do montante integral do crédito tributário (CTN, art. 151, II). O depósito, convém insistir, é uma alternativa. É absurda a postura de "condicionar" o deferimento de tutelas de urgência suspensivas da exigibilidade do crédito ao depósito de seu montante integral, pois o depósito, nesses casos, torna a liminar inteiramente desnecessária.

Ressalte-se, a propósito do depósito de que cuida o art. 151, II, do CTN, que montante integral é a quantia exigida pelo Fisco (e que se questiona na ação), e não a quantia que o contribuinte eventualmente considera devida. Embora nos estejamos reportando ao depósito aqui, em item destinado à ação anulatória, o depósito em princípio pode ser feito em qualquer

---

[380] Pode ocorrer inclusive de o contribuinte obter, administrativamente, o parcelamento da quantia respectiva e, só depois de quitar algumas parcelas, resolver propor ação anulatória. Nesse caso, acrescentar-se-ia, ainda, ao rol transcrito no texto, a condenação da Fazenda à devolução das parcelas já pagas.

360 | PROCESSO TRIBUTÁRIO – *Machado Segundo*

tipo de procedimento, sendo direito do contribuinte cujo exercício independe de autorização judicial ou administrativa.

A opção pelo depósito pode ser desvantajosa em certos casos, quando a ilegalidade da cobrança for manifesta, e/ou o valor for demasiadamente elevado para as possibilidades do autor da ação. Trata-se, porém, da forma de suspender a exigibilidade do crédito que deixa o contribuinte em situação de maior segurança, garantindo-lhe definitivamente a regularidade fiscal em relação ao valor questionado e evitando o surgimento de imprevistos indesejáveis, eis que o depósito faz com que os juros passem à responsabilidade da instituição depositária. É o caminho mais seguro a seguir, especialmente nas hipóteses em que o êxito da ação é duvidoso.

Para a feitura do depósito, não é preciso pleitear provimento de natureza cautelar[381] (como já se sustentou), tampouco requerer "autorização" ao juiz. Basta *comunicar* ao juiz a sua feitura, nos autos da própria anulatória, pedindo a cientificação da parte ré para que respeite os efeitos suspensivos que lhe são próprios. O mesmo procedimento pode ser adotado no âmbito do mandado de segurança utilizado para impugnar a validade de lançamento tributário. Trata-se, aliás, de posicionamento hoje pacífico na jurisprudência,[382] que, após alguma divergência, acolheu a tese que há muito vinha sendo defendida pela doutrina.

Insista-se que o depósito é uma faculdade do contribuinte que pretender a suspensão da exigibilidade do crédito tributário discutido em juízo. Não é uma imposição ao exercício do direito de ação, pois o art. 38 da Lei de Execuções Fiscais, que determina a feitura de depósito do montante integral do crédito tributário no âmbito da ação anulatória, deve ser interpretado *conforme a Constituição.*[383] Não se pode vislumbrar em tal artigo um obstáculo à obtenção de uma prestação jurisdicional, ou uma *condição da ação anulatória*, "pois tal representaria

---

[381] O manejo da ação cautelar com o propósito específico de efetuar os depósitos tem sua inutilidade demonstrada diante da constatação de que a ré, na ação cautelar, não teria sequer interesse em contestar ação, vez que a feitura do depósito não fere nenhum direito seu. A Fazenda não só não tem "direito" a que o contribuinte não faça o depósito, mas até tem todo o interesse em que esse depósito seja feito. Trata-se de medida que a ninguém prejudica, só beneficiando as partes e a efetividade da sentença afinal proferida. Por conta disso, o Superior Tribunal de Justiça tem entendido que "para contestar ação é necessário ter interesse", e, no caso, "o Fisco não tem interesse em impedir o depósito preparatório a que se refere o art. 38 da Lei 6.830/80" (Ac. un. da 1ª T. do STJ – Rel. Humberto Gomes de Barros – MC 636/SP – *DJU* I 15.9.1997, p. 44285/6 – *RDDT* 29/111).

[382] "Embargos de divergência. Cautelar. Depósito. Suspensão da exigibilidade do crédito tributário. Possibilidade de ser feito nos próprios autos. Recebimento dos embargos. O depósito previsto no artigo 151, inciso II, do Código Tributário Nacional, pode ser feito nos próprios autos da ação ordinária" (Ac. un. da 1ª S. do STJ – Rel. Hélio Mosimann – ED no REsp. no 40.668-DF – *DJU* I de 19.10.1998, p. 5 – *RDDT* 40/190). Mais recentemente, admitindo (mas não exigindo) o uso do processo cautelar para esse fim: "[...] 1. O depósito do montante integral do crédito tributário controvertido, a fim de suspender a exigibilidade do tributo, constitui direito do contribuinte, prescindindo de autorização judicial e podendo ser efetuado nos autos da ação principal (declaratória ou anulatória) ou via processo cautelar. (Precedentes: AgRg no REsp 517.937/PE, Rel. Ministro HERMAN BENJAMIN, SEGUNDA TURMA, julgado em 28.4.2009, *DJe* 17.6.2009; EDcl no REsp 876.006/SP, Rel. Ministra ELIANA CALMON, SEGUNDA TURMA, julgado em 4.11.2008, *DJe* 24.11.2008; REsp 466.362/MG, Rel. Ministro LUIZ FUX, PRIMEIRA TURMA, julgado em 15.3.2007, *DJ* 29.3.2007; REsp 697.370/RS, Relator Ministro Castro Meira, Segunda Turma, publicado no *DJ* de 4.8.2006; REsp 283.222/RS, Relator Ministro João Otávio de Noronha, Segunda Turma, publicado no *DJ* de 6.3.2006; REsp 419.855/SP, Relator Ministro Franciulli Netto, Segunda Turma, publicado no *DJ* de 12.5.2003; e REsp 324.012/RS, Relator Ministro Humberto Gomes de Barros, Primeira Turma, publicado no *DJ* de 5.11.2001. [...]" (STJ, 1ª T., AgRg no REsp 976.148/SP, *DJe* de 9.9.2010).

[383] Nesse sentido, confira-se a Súmula 247 do extinto Tribunal Federal de Recursos: "Não constitui pressuposto da ação anulatória do débito fiscal o depósito de que cuida o art. 38 da Lei 6.830 de 1980."

uma dupla inconstitucionalidade: a consistente em restrição de acesso aos tribunais e a consistente em violação do princípio da igualdade, discriminando-se em relação a contribuintes com menores recursos".[384]

O depósito só pode ser convertido em renda da entidade pública promovida depois de transitada em julgado sentença de mérito dando pela improcedência dos pedidos formulados pelo autor da ação. Caso a extinção se dê "sem julgamento de mérito", a conversão em renda é um despropósito, pois não há uma decisão judicial que o justifique.[385]

Registre-se, sobre os depósitos judiciais, que a Lei 14.973/2024 revogou a Lei 9.703/98, determinando que os depósitos, quanto a tributos federais, sejam depositados na Caixa Econômica e creditados diretamente à Conta do Tesouro Nacional. Verdadeiro pagamento, que a União restitui sem obediência ao art. 100 da CF/88 no caso de êxito do contribuinte autor da ação. A sistemática é assemelhada à que já existia com a Lei 9.703/98, com uma diferença importante: agora, no caso de vitória do autor da ação, os depósitos são por ele levantados acrescidos de "correção monetária por índice que reflita a inflação". A inconstitucionalidade, contudo, é gritante. O Supremo Tribunal Federal, inclusive (ADI 4.425), já o reconheceu, quando afirmou a invalidade de dispositivos da EC 62/2009: não é lícito ao legislador estabelecer, para a devolução do indébito (ou para a remuneração de depósitos judiciais, tanto faz), índice de atualização diferente do usado na correção de tributos pagos em atraso para o mesmo ente federativo.[386]

3.4.2.1 Depósito e parcelamento

Em algumas situações, contribuintes têm solicitado à Administração Tributária o *parcelamento* do crédito tributário e somente depois o questionam no âmbito de uma ação anulatória, depositando em juízo, mensalmente, as respectivas parcelas. Essa prática às vezes é

---

[384] Alberto Xavier, *Do Lançamento. Teoria Geral do Ato, do Procedimento e do Processo Tributário*, 2. ed. Rio de Janeiro: Forense, 1997, p. 367.

[385] Tanto é assim que a Lei 9.703/98, em seu art. 1º, § 3º, II, assevera que o depósito somente será convertido em renda da União Federal "quando se tratar de sentença ou decisão favorável à Fazenda Nacional. Ora, uma sentença que extingue o processo sem julgamento de mérito não é "favorável" à Fazenda, não podendo, portanto, dar cabimento à tal conversão. Não obstante, de maneira a nosso ver inaceitável, *data venia*, a Primeira Sessão do STJ já decidiu, no julgamento do EREsp 215.589/RJ, que "se a ação intentada, por qualquer motivo, resultar sem êxito, deve o depósito ser convertido em renda da Fazenda Pública. Essa é a interpretação que deve prevalecer. O depósito é simples garantia impeditiva do fisco para agilizar a cobrança judicial da dívida em face da instauração de litígio sobre a legalidade de sua exigência. Extinto o processo sem exame do mérito contra o contribuinte, tem-se uma decisão desfavorável. O passo seguinte, após o trânsito em julgado, é o recolhimento do tributo" (EREsp 215.589/RJ, Rel. Min. José Delgado, j. em 12.9.2007, *Informativo STJ 327/2007*).

[386] É conferir: "[...] 6. A quantificação dos juros moratórios relativos a débitos fazendários inscritos em precatórios segundo o índice de remuneração da caderneta de poupança vulnera o princípio constitucional da isonomia (CF, art. 5º, *caput*) ao incidir sobre débitos estatais de natureza tributária, pela discriminação em detrimento da parte processual privada que, salvo expressa determinação em contrário, responde pelos juros da mora tributária à taxa de 1% ao mês em favor do Estado (*ex vi* do art. 161, § 1º, CTN). Declaração de inconstitucionalidade parcial sem redução da expressão 'independentemente de sua natureza', contida no art. 100, § 12, da CF, incluído pela EC nº 62/09, para determinar que, quanto aos precatórios de natureza tributária, sejam aplicados os mesmos juros de mora incidentes sobre todo e qualquer crédito tributário. 7. O art. 1º-F da Lei 9.494/97, com redação dada pela Lei 11.960/09, ao reproduzir as regras da EC nº 62/09 quanto à atualização monetária e à fixação de juros moratórios de créditos inscritos em precatórios incorre nos mesmos vícios de juridicidade que inquinam o art. 100, § 12, da CF, razão pela qual se revela inconstitucional por arrastamento, na mesma extensão dos itens 5 e 6 *supra*. [...]" (STF, Pleno, ADI 4.425, j. 14.3.2013).

feita por acaso,[387] mas em outras ocasiões é uma alternativa conscientemente empregada para garantir a suspensão da exigibilidade do crédito tributário através do depósito e, ao mesmo tempo, mitigar as dificuldades de se fazer esse depósito de modo imediato.

O depósito de cada parcela que se vence e se torna exigível, porém, torna imperioso o manejo de ação cautelar visando à manutenção do parcelamento. Do contrário, a Fazenda Pública respectiva, tão logo citada para contestar a ação anulatória, poderia rescindir o parcelamento firmado, restabelecendo a exigibilidade imediata de seu montante integral e tornando as quantias já depositadas insuficientes para a sua suspensão.

Por isso, deve-se, em casos assim, pleitear tutela provisória antecedente, com o propósito de *manter* o parcelamento já firmado, e a suspensão do crédito tributário dele decorrente, esclarecendo-se ao juiz que serão depositadas em juízo – em vez de serem pagas – as parcelas que se forem vencendo. Como pressupostos para o deferimento da tutela provisória, poderão ser demonstrados, entre outros fatores: (a) a prévia existência do parcelamento, que inviabiliza o depósito integral (as parcelas não estão todas vencidas e, por isso, não são todas ainda exigíveis); (b) a inexistência de prejuízo para ambas as partes com a manutenção do parcelamento e o depósito das parcelas, pois, conquanto haja dilação no prazo para pagamento das parcelas, o parcelamento implica o acréscimo dos juros inerentes ao financiamento; (c) para que subsista a suspensão da exigibilidade do montante integral do crédito tributário parcelado, cada parcela, na medida em que se vencer, será devidamente depositada, sem qualquer prejuízo para a entidade que concedeu o parcelamento.

Para justificar o deferimento da tutela provisória, além dos fatores apontados no parágrafo anterior, pode ser acrescentada a iminência de o parcelamento ser rescindido, caso não sejam pagas – em vez de depositadas – as suas respectivas parcelas. E, ainda, a inutilidade da sentença que julgar procedentes os pedidos formulados pelo autor da ação anulatória, quando o crédito tributário cuja insubsistência é declarada já houver sido pago.

A propósito desse "depósito judicial parcelado", Leandro Paulsen anota que, "tendo obtido o parcelamento e o estando cumprindo regularmente, tem o contribuinte o dever de quitar sua dívida de forma parcelada e não lhe pode ser exigido mais que o montante de cada parcela, mês a mês. Assim e partindo-se do pressuposto de que não se pode punir o contribuinte pelo exercício de um direito, como também ressaltado nos precedentes atinentes à denúncia espontânea, tem-se que, na hipótese de parcelamento em curso, bastará o periódico depósito integral das parcelas para que se obtenha a suspensão da exigibilidade do crédito".[388] O citado autor, porém, adverte que, como a jurisprudência foi alterada em relação ao parcelamento e à denúncia espontânea, o mesmo pode ocorrer em relação ao parcelamento e ao depósito.

Com a devida vênia, não vemos relação entre uma tese e outra, de modo a, porque o parcelamento não é mais aceito para os fins do art. 138 do CTN, também não ser possível suspender a exigibilidade do crédito tributário com o depósito mensal das parcelas, vencidas mês a mês, de um parcelamento. Até porque, como observa Paulsen, "na atual sistemática dos depósitos judiciais, estes são repassados à conta única do Tesouro, de modo que a

---

[387]   Não é raro que o contribuinte, desinformado, ou premido pela necessidade de obter certidão negativa (a rigor, positiva com efeito de negativa), obtenha o parcelamento de um crédito tributário e, só depois, decida por impugnar esse mesmo crédito judicialmente. Insista-se, nessa hipótese, na absoluta inocuidade da "confissão" que o contribuinte eventualmente é forçado a assinar quando firma tais parcelamentos, confissão que não valida o lançamento nem impede o seu questionamento judicial (confira-se o que escrevemos no Capítulo 3, item 3.2.3.3, deste livro).

[388]   Leandro Paulsen, *Direito Tributário*, 7. ed., Porto Alegre, Livraria do Advogado, 2005, p. 1070.

Capítulo 4 · PROCESSO JUDICIAL TRIBUTÁRIO | **363**

substituição do puro e simples pagamento pelo depósito judicial sequer quebra o fluxo de caixa do governo".[389]

Outro aspecto a ser destacado, na hipótese de o contribuinte optar por questionar o débito, mas depositar parceladamente seu montante, é a compreensão que a jurisprudência vem manifestando em torno dos efeitos do parcelamento. Considera o STJ que a celebração de um parcelamento implicaria "confissão" dos fatos que servem de fundamento à exigência, os quais não poderiam mais ser questionados (REsp 1.133.027/SP). A citada não parece ter acolhido a solução mais acertada, pois, embora corretamente não exclua a possibilidade de se discutirem questões "de direito", dá valor absoluto à confissão quanto às questões "de fato", quando seu efeito deveria ser apenas relativo, *juris tantum*. De uma forma ou de outra, no mesmo julgado, que seguiu a sistemática dos "recursos repetitivos", o STJ ressalva a hipótese de o contribuinte ter feito o parcelamento não por reconhecer a dívida, mas por estar pressionado a tanto, o que é precisamente o caso de quem parcela para ter condições de discutir e depositar parceladamente o montante controvertido, pelo que o precedente firmado no REsp 1.133.027/ SP não deve ser invocado para embaraçar o direito do contribuinte à jurisdição, em tais casos.

3.4.3   Petição inicial

Assim como a inicial de qualquer ação de conhecimento de rito ordinário, a inicial da ação anulatória, nos termos do art. 319 do CPC/2015, deverá indicar: (a) o juízo a que é dirigida; (b) os nomes, os prenomes, o estado civil, a existência de união estável, a profissão, o número de inscrição no Cadastro de Pessoas Físicas ou no Cadastro Nacional da Pessoa Jurídica, o endereço eletrônico, o domicílio e a residência do autor e do réu; (c) o fato e os fundamentos jurídicos do pedido; (d) o pedido com as suas especificações; (e) o valor da causa; (f) as provas com que o autor pretende demonstrar a verdade dos fatos alegados. O CPC/2015 não exige, como fazia o Código de 1973, o requerimento para a citação do réu, no que andou bem, pois não é mesmo necessário que o autor a solicite para que ela tenha de ocorrer. Trata o atual Código, ainda, da opção do autor pela realização ou não de audiência de conciliação ou de mediação, o que, em matéria tributária, não parece aplicável.

Não seria pertinente aqui dissertar longamente sobre tais requisitos, sobre os quais se pode encontrar farta doutrina nos compêndios que tratam do Direito Processual Civil de uma maneira geral. Mais pertinente parece o exame de peculiaridades, inerentes à ação anulatória de lançamento tributário, que podem surgir no preenchimento de cada um deles.

De início, é importante ressaltar que o nome "ação anulatória" não é de maneira alguma essencial. A parte pode denominar a ação de "anulatória de débito fiscal", "anulatória de crédito tributário", "anulatória de lançamento tributário", ou simplesmente "ação ordinária", sem que isso tenha qualquer relevância. O que importa é o pedido formulado. Se é pedida a decretação da nulidade de um ato administrativo de lançamento tributário, tem-se o que a doutrina consagrou como "ação anulatória", pouco importando o nome que lhe deu o autor. Essa regra, aliás, vale para qualquer ação.

A ação anulatória é movida contra a entidade pública responsável pelo ato administrativo de lançamento (União, Estado-membro, Município etc.). Assim, o juízo competente para julgá-la será aquele em cuja competência estiver situada a sede da pessoa jurídica de direito público correspondente. Em se tratando da União Federal, a ação poderá ser movida ainda perante o juízo (Federal) do local onde for domiciliado o autor. Essa é uma peculiaridade das ações de conhecimento, de rito ordinário, que pode ser fundamental para que sejam

---

[389]   Leandro Paulsen, *Direito Tributário*, 7. ed., Porto Alegre, Livraria do Advogado, 2005, p. 1070.

manejadas ao invés de um mandado de segurança (que há de ser impetrado perante o juízo sob cuja jurisdição a autoridade impetrada exerce suas funções, local nem sempre de fácil determinação ou de fácil acesso ao impetrante).

Como sabido, caso se esteja impugnando a validade de lançamento de tributo ou penalidades federais (efetuado, *v. g.*, pela Secretaria da Receita Federal do Brasil), ou de tributo municipal ou estadual devido em algum território federal (o que atualmente é impossível ante a ausência de territórios), a competência será da Justiça Federal, ressalvada apenas a excepcional hipótese de ação destinada a questionar a cobrança do imposto de renda retido na fonte por Estados-membros, Distrito Federal ou Municípios, hipótese em que a competência é da Justiça Estadual, visto que, de acordo com o art. 157, I, da Constituição, nesses casos "o tributo arrecadado se incorpora ao patrimônio dos Estados ou dos Municípios, conforme o caso" (STJ, 1.ª T, AgRg no Ag 153.194/MG, *DJ* 4.5.1998, p. 96). Ao revés, caso o lançamento atacado seja estadual ou municipal, a competência será da Justiça do Estado correspondente.

Entre os pedidos formulados, há de estar, obviamente, o pedido de que seja anulado o ato administrativo de lançamento. É esse pedido – e não o nome constante da primeira página da inicial – que caracteriza a ação como "anulatória". Cumpre observar que, na hipótese de ser requerida apenas a desconstituição do lançamento, a inexistência de relação jurídica que autorize a feitura desse mesmo lançamento será, caso julgado procedente esse pedido, apenas fundamento da sentença, e como tal não terá a força da coisa julgada (que dirá respeito apenas ao dispositivo "anule-se o lançamento tal"). Assim, é conveniente – para obter uma sentença mais abrangente, que inclusive vede a feitura de outros lançamentos além daquele cuja nulidade se requer (*v. g.*, relativamente a outros períodos) – que o autor faça também um pedido declaratório, a fim de que conste do dispositivo da sentença a afirmação de que inexiste relação jurídica que autorize a feitura de outros lançamentos, pelos mesmos fundamentos.

O valor da causa deve ser o valor do crédito tributário cuja constituição é impugnada, incluindo juros, multas e demais acréscimos. Se o contribuinte questiona apenas *parte* do valor lançado (*v. g.*, acolhendo como válida, e inclusive pagando, a parte tida como devida), o valor da causa será somente o dessa parte. Algumas vezes ocorre de a entidade pública demandada, diante do questionamento judicial de créditos tributários de montantes elevados, impugnar o valor atribuído à causa ante o argumento de que "é muito alto", o que pode "prejudicar a Fazenda Pública eventualmente perdedora". Não existe, porém, qualquer amparo jurídico para tais impugnações. O valor da causa é o valor do crédito tributário impugnado, e o fato de ser a Fazenda Pública a parte adversa não altera essa realidade. Pode ocorrer também de, receando a sucumbência, ou para reduzir as custas judiciais devidas, o contribuinte atribuir à causa um valor bem inferior ao do crédito tributário questionado. Nesse caso, caberá à Fazenda demandada impugná-lo.

A inicial deve conter o requerimento para a produção das provas que o autor entende eventualmente necessárias para demonstrar a ocorrência dos fatos sobre os quais se funda sua pretensão. Mesmo que a questão seja eminentemente de direito, convém fazer o pedido de produção de provas, de modo genérico, pois não se sabe ao certo qual será o conteúdo da contestação. Somente depois da resposta do réu poderão ser fixadas as questões de fato controvertidas, verificando-se *se* será necessária a produção de provas, e de quais espécies. Caso uma determinada espécie de prova seja, desde o início, tida como necessária (*v. g.*, uma perícia para demonstrar a ocorrência de um prejuízo), a sua produção pode ser requerida de modo específico na inicial. Convém, mesmo nesse caso, fazer também – juntamente com tal pedido específico – o requerimento genérico, para a produção de todas as demais provas admissíveis juridicamente.

3.4.4 Contestação

Com o CPC/2015, desapareceu a contagem "em quádruplo" do prazo para a Fazenda Pública contestar, que lhe conferia 60 dias para fazê-lo. O prazo é contado em dobro, como ocorre com todos os prazos da Fazenda Pública (com exceção daqueles que já são estabelecidos expressa e especificamente para o ente público – CPC, art. 183, § 2.º), ou seja, é de 30 dias. De uma forma ou de outra, como os interesses do Poder Público são indisponíveis, a falta da contestação nesse prazo, em princípio, não faz com que se considerem verdadeiros todos os fatos alegados na inicial (*RTJ* 84/613).

Na contestação, o ente público réu pode alegar toda a matéria de defesa que lhe parecer pertinente, bem como pedir a produção das provas que entender necessárias. Nesse trabalho, o defensor do ente público geralmente se vale do conteúdo do processo administrativo correspondente, onde pode encontrar as razões da autoridade lançadora, as provas eventualmente produzidas e os fundamentos das decisões administrativas que mantiveram o lançamento impugnado. Por vezes, a contestação é apenas uma compilação dessas peças.

3.4.5 Réplica

De acordo com o disposto nos arts. 350 e 351 do CPC/2015, sempre que o réu alegar preliminares, ou opuser fatos impeditivos, modificativos ou extintivos do direito do autor, este será ouvido no prazo de 15 (quinze) dias. É a chamada "réplica", ou "resposta à contestação", que muitos juízes facultam ao autor mesmo quando não incidem os citados artigos do CPC.

Nessa oportunidade, além de, naturalmente, responder as alegações do réu, o autor deve insistir na produção das provas requeridas na inicial, se ainda se mostrarem necessárias, ou, na hipótese de a contestação revelar inexistência de controvérsia quanto aos fatos, pode-se requerer o julgamento antecipado da lide, nos termos do art. 355 do CPC/2015.

3.4.6 Julgamento antecipado do mérito

Percebendo a desnecessidade de se fazer dilação probatória, ouvindo testemunhas, realizando perícias etc., o juiz pode, em nome da economia e da celeridade processuais, realizar o chamado julgamento antecipado do mérito. No CPC/2015, essa possibilidade se acha prevista nos arts. 355 e 356, podendo o julgamento antecipado ocorrer inclusive parcialmente, em relação a apenas um ou alguns dos pedidos.

Não se deve confundir, porém, julgamento antecipado com deferimento de tutela antecipada, ou de antecipação dos efeitos da tutela jurisdicional, coisas completamente diferentes. O julgamento antecipado da lide é, pura e simplesmente, a supressão da fase de produção de provas, em face da desnecessidade destas. Como não há divergência quanto aos fatos, ou essa divergência pode ser solucionada à luz de documentos já constantes dos autos, o juiz "abrevia" o trâmite do processo e profere a sentença. A antecipação de tutela, por sua vez, tratada no item 3.7, é provimento de urgência, através do qual o juiz antecipa, no todo ou em parte, *mas de modo provisório*, determinação que estaria contida na sentença.

O juiz deve ter muito cuidado ao aplicar o instituto do julgamento antecipado, de sorte a não ensejar cerceamento do direito das partes de produzirem provas. Por mais paradoxal que isso possa parecer, existem julgadores que não realizam a instrução probatória, negando o pedido de produção de provas formulado por uma das partes, e, ao realizarem o julgamento antecipado da lide, indeferem o pedido formulado por essa mesma parte, que não teria conseguido "provar suas afirmações". O absurdo, evidenciado pela contradição que beira a irracionalidade, dispensa comentários.

Merecem especial atenção as situações nas quais existem várias causas de pedir, independentes umas das outras, algumas dependendo de instrução probatória, e outras não, e o juiz acolhe precisa e unicamente aquela que independe de provas. Suponha-se que o autor afirme a nulidade do lançamento de um determinado imposto, e para tanto alegue, ao mesmo tempo: (a) a consumação da decadência do direito de lançar; e (b) a existência de imunidade tributária fundada no art. 150, VI, *c*, da CF/88. Note-se a independência: em face da imunidade, mesmo que não se tivesse consumado a decadência, o imposto não poderia ser exigido, e vice-versa. Para demonstrar o preenchimento dos requisitos legais exigidos para o gozo da imunidade, é necessária a dilação probatória (*v. g.*, uma perícia), o que não é preciso para que se conclua se a decadência está, ou não, consumada. Nessa situação hipotética, caso o juiz entenda que se operou a decadência do direito de lançar, e realize o julgamento antecipado da lide, a parte pode ter problemas futuros, se o Tribunal, reformando a sentença, entender diversamente, afastando a alegação de decadência, pois não há provas de que foram preenchidos os requisitos necessários ao gozo da imunidade. Ao afastar a primeira causa de pedir, acolhida pela sentença, o Tribunal não poderia adotar a segunda, que não estaria comprovada. É importante, portanto, mesmo quando o juiz se impressionar com causa de pedir que autorize o julgamento antecipado, que sejam, na hipótese de a parte as requerer, produzidas provas que permitam ao Tribunal eventualmente acolher as demais causas de pedir. Em não sendo produzidas essas provas, isso deve ser referido nas contrarrazões de apelação, para a hipótese de o Tribunal afastar a causa de pedir acolhida na sentença: como não será possível acolher as demais causas de pedir, por falta de suporte probatório, mas como a parte tem direito à apreciação das mesmas, a sentença deverá ser *anulada*, com o retorno dos autos para a abertura da fase probatória em primeira instância.[390]

3.4.7 Dilação probatória

O processo de conhecimento, de rito ordinário, que é originado pela propositura de uma ação anulatória, permite ampla instrução probatória. Todas as provas em direito admitidas, ou não vedadas, podem ser produzidas no interesse de que seja esclarecida a verdade quanto às afirmações sobre os fatos, desde que não sejam impertinentes, irrelevantes ou desnecessárias.

As provas usualmente empregadas, em matéria tributária, foram tratadas na parte deste livro dedicada ao processo administrativo tributário, à qual remetemos o leitor. Preferimos essa divisão da matéria para evitar repetições, e sobretudo porque é no processo administrativo tributário que a produção de provas tem seus traços mais peculiares, e mais mal compreendidos pelos julgadores. Apesar disso, e conquanto as várias espécies de provas sejam já abordadas, em linhas gerais, pelos compêndios de Direito Processual Civil, dedicaremos ao assunto, e às suas controvérsias mais frequentes em matéria tributária, um item específico, abaixo (item 3.10, *infra*).

Depois de uma instrução probatória, às partes é facultada a apresentação de memoriais, ou razões finais (art. 366 CPC/2015), nas quais, além de uma síntese da controvérsia, devem ser examinadas e comentadas as provas produzidas (laudos, depoimentos etc.), dando as partes as suas interpretações a respeito das mesmas.

---

[390] Nesse sentido: STJ, 2ª T., REsp 324.481/SP, Rel. originária Min. Eliana Calmon, Rel. para o Acórdão Min. João Otávio de Noronha, j. em 24.9.2003, m.v., *Informativo de Jurisprudência do STJ* nº 185, p. 3. Ver ainda: "Situação em que o Tribunal *a quo* examinou somente um dos temas versados na apelação, desprezando os demais, por entendê-los prejudicados. Se o Tribunal *ad quem* afastou a questão prejudicial, os autos devem retornar à Corte de origem, para exame daquelas remanescentes. STJ, Corte Especial, EREsp 215393/SP, j. em 19.12.2000, *DJ* de 19.10.2001, p. 176.

3.4.8　Sentença e recursos

Como em qualquer outro processo, administrativo ou judicial, a sentença que põe fim ao processo, em uma ação anulatória,[391] deve ser proferida pela autoridade competente, devidamente fundamentada etc. É importante referir, apenas, que a sentença não poderá concluir pela nulidade "parcial" do lançamento, *salvo quando este houver sido efetuado em partes autônomas, e a nulidade viciar apenas uma ou algumas delas.*

O juiz não é autoridade lançadora. Se se trata de um lançamento de IPI, e a sua invalidade decorre do fato de a autoridade haver aplicado alíquota de 15%, quando a alíquota correta seria de 5%, o juiz não pode "anular" o lançamento originário e efetuar um outro, aplicando a alíquota que considera correta. O mesmo, aliás, vale para a sentença proferida em sede de embargos do executado, por pelo menos duas razões. A primeira é a de que falta ao juiz competência, à luz do art. 142 do CTN. Cabe-lhe anular o lançamento, e autoridade poderá efetuar outro, com a correção dos vícios apontados na sentença. Nem se argumente com a possibilidade de consumar-se a decadência, pois a extinção de um lançamento por vício formal dá à Fazenda novo prazo de caducidade, de cinco anos, contados de quando se tornar definitiva a decisão que o houver anulado.[392] A segunda é a de que tal "lançamento" feito pelo juiz estaria fora dos pedidos formulados pelas partes. O autor não o requereu, pois pediu a nulidade de um todo incindível, e não a feitura de um novo lançamento, corrigido, pelo juiz. A Fazenda não poderia fazer pedido dessa natureza, por falta de legitimidade processual.

Hugo de Brito Machado, a esse respeito, esclarece "que o Juiz, ao acolher os embargos, se o faz apenas em parte, não poderá fazer um lançamento tributário em substituição àquele feito pela autoridade competente, que considerou incorreto. Assim, não poderá determinar o prosseguimento da execução pela diferença que considere devida".[393]

Em texto específico sobre o tema, Napoleão Nunes Maia Filho adverte que, ao exercer atividade declaratória, ao afirmar, por exemplo, que o lançamento feito é inválido, mas que seria válido lançamento com outro conteúdo, "o Juiz não faz o lançamento de tributo algum e muito menos corrige o ato de lançamento errôneo (inclusive porque não existe lançamento efetuado), mas tão somente declara juridicamente possível (ou seja, potencialmente válido, em abstrato) o ato futuro de lançamento, que poderá ser praticado (ou não) pela autoridade administrativa".[394]

---

[391]　Como se sabe, ação é o direito de pedir a prestação jurisdicional. O exercício desse direito é que dá origem à formação e ao trâmite do processo. Assim, o termo *ação anulatória*, conquanto impreciso, designa o direito de pedir o exercício de prestação jurisdicional que anule um determinado ato. Às vezes o termo *ação anulatória* é empregado, porém, em sentido mais amplo, para designar o processo que dela se origina (*v. g.*, "produzir provas na ação anulatória"). E, do mesmo modo, às vezes se afirma que o juiz "julgou procedente a ação anulatória" quando, em verdade, o que o juiz fez foi julgar procedente o pedido formulado pelo autor da ação anulatória.

[392]　A decisão que considera indevida apenas *parte* do crédito tributário lançado, mas o anula como um todo, conquanto esteja afirmando a presença de um vício material (ausência de obrigação tributária) em uma parte do crédito, anula-o como um todo, enquanto realidade formal. Assim, pode-se dizer que, em relação ao montante devido, sua nulidade decorreu de uma questão formal, relacionada ao fato de que, conquanto válido em si, foi lançado juntamente com parcela indevida. É razoável, portanto, nesses casos, a incidência do art. 173, II, do CTN.

[393]　Hugo de Brito Machado, *Curso de Direito Tributário*, 21. ed. São Paulo: Malheiros, 2002, p. 409.

[394]　Napoleão Nunes Maia Filho, *Temas de Direito Administrativo e Tributário*, Fortaleza: UFC/Programa Editorial da Casa de José de Alencar, 1998, p. 123.

368 | PROCESSO TRIBUTÁRIO – *Machado Segundo*

Assim, conclui o citado autor, "somente poderá o Juiz pronunciar, se for o caso, o juízo de nulidade do ato administrativo, e não proceder à sua revisão".[395]

Como já destacado no item dedicado aos embargos do executado, especialmente à sentença que julga procedentes em parte os pedidos do embargante, o STJ tem entendido que a execução somente pode continuar pelo saldo quando isso é possível mediante simples cálculo aritmético. A título de exemplo, pode ser citada a execução de contribuições previdenciárias, na qual se exigem tanto as contribuições devidas pelo empregador, na condição de contribuinte, como as devidas pelo empregado e que são retidas pelo empregador, como substituto tributário. Em situação assim, diante do reconhecimento de que apenas a contribuição patronal era indevida, o STJ admitiu a continuidade da execução para que se cobrasse a parcela relativa ao empregado.[396] Já no julgamento do EREsp 602.002-SP, relatado pelo Min. Humberto Martins, a Primeira Seção do STJ decidiu – unificando a jurisprudência da Corte a respeito do assunto – que sempre que na CDA constarem valores indevidos, cuja exclusão não seja possível por simples cálculo aritmético, não existe liquidez e certeza, fazendo-se necessária a feitura de novo lançamento. No caso, tratava-se da exclusão do valor do IAA da base de cálculo do ICMS, procedimento que "não comporta um simples recorte no valor da CDA, requer um novo lançamento, nova apuração da base de cálculo do imposto, com a desconstituição de quase toda a escrita fiscal no período, inclusive anulando-se todas as notas fiscais do período para reconstituir o correto cálculo do ICMS sem as parcelas consideradas inconstitucionais" (*Informativo de Jurisprudência do STJ* nº 325).[397]

---

[395] Napoleão Nunes Maia Filho, *Temas de Direito Administrativo e Tributário*, Fortaleza: UFC/Programa Editorial da Casa de José de Alencar, 1998, p. 127.

[396] STJ, 1ª T., REsp 476.142/RS, Rel. Min. Gomes de Barros, j. em 18.11.2003, *DJ* de 15.12.2003, p. 194.

[397] Nesse sentido: "[...] 2. No caso dos autos, a Fazenda Nacional pugna, em execução fiscal, pela realização de perícia contábil nos livros da sociedade empresária para perquirir o correto valor a ser executado; ou pela apresentação, por parte da executada, de cópias das DCTF preenchidas às épocas dos fatos geradores dos tributos devidos. 3. O STJ, em sede de recurso especial, não verifica os elementos necessários à higidez da certidão de dívida ativa, ante o óbice da Súmula n. 7 do STJ. 4. A iliquidez do título executivo é matéria que pode ser conhecida de ofício pelo magistrado, como no caso, que foi motivada pelo fato de a CDA fazer menção a lei declarada inconstitucional pelo STF. 5. Não obstante o art. 2º, § 8º, da Lei 6.830/80 não ter sido devidamente prequestionado (Súmula nº 211 do STJ), a ausência de sua aplicação pela Corte Estadual não enseja o entendimento de que, no caso, houve violação ao art. 535 do CPC. 6. Isso, porque, cotejando as alegações recursais com a realidade dos autos, chega-se à conclusão de que a Fazenda, em verdade, não pretende substituir a CDA, mas proceder a nova constituição do crédito tributário. 7. Por tal razão, não se aplica ao caso específico a jurisprudência do STJ no sentido de que a liquidez e a certeza da CDA não são afetadas, quando necessários simples cálculos aritméticos para a adequação do valor exequendo. 8. Conforme o art. 142 do CTN, o lançamento é 'o procedimento administrativo tendente a verificar a ocorrência do fato gerador da obrigação correspondente, determinar a matéria tributável, calcular o montante do tributo devido, identificar o sujeito passivo e, sendo caso, propor a aplicação da penalidade cabível'. 9. 'A faculdade de substituição da Certidão de Dívida Ativa pelo ente credor, nos moldes dos artigos 203 do Código Tributário Nacional e 2º, parágrafo 8º, da Lei 6.830/80, somente se verifica nas hipóteses de erro material ou formal do título executivo, sendo vedada nos casos em que tal substituição implica verdadeira modificação do próprio lançamento' (AgRg nos EDcl no REsp 1.102.769/SP, Rel. Ministro Hamilton Carvalhido, Primeira Turma, julgado em 27.10.2009, *DJe* 18.11.2009). 10. 'A alteração do fundamento legal da obrigação tributária é procedimento privativo da autoridade administrativa, nos termos do art. 142 do CTN, razão pela qual inviável aproveitar CDA que traz em seu bojo fundamento declarado inconstitucional' (REsp 1.034.171/RS, Rel. Ministra Eliana Calmon, Segunda Turma, julgado em 6.10.2009, *DJe* 19.10.2009). 11. Agravo regimental não provido" (STJ, 1ª T, AgRg no REsp 1.062.931/PE, j em 23.2.2010, *DJe* de 5.3.2010). Como a decisão foi proferida em 2010, o artigo do CPC nela referido naturalmente diz respeito ao Código de 1973. Trata-se do art. 535, que cuidava dos embargos de declaração, correspondendo, no diploma ora em vigor, ao art. 1.022.

Capítulo 4 · PROCESSO JUDICIAL TRIBUTÁRIO | **369**

Posteriormente, no âmbito da sistemática dos "recursos repetitivos", o Superior Tribunal de Justiça reexaminou o assunto, e, paradoxalmente, disse estar mantendo sua jurisprudência, mas na verdade a alterou, proferindo na ocasião acórdão assim ementado:

"Processual civil. Recurso especial representativo de controvérsia. Artigo 543-C, do CPC. Embargos à execução fiscal. Certidão de dívida ativa (CDA) originada de lançamento fundado em lei posteriormente declarada inconstitucional em sede de controle difuso (decretos-leis 2.445/88 e 2.449/88). Validade do ato administrativo que não pode ser revisto. Inexigibilidade parcial do título executivo. Iliquidez afastada ante a necessidade de simples cálculo aritmético para expurgo da parcela indevida da CDA. Prosseguimento da execução fiscal por força da decisão, proferida nos embargos à execução, que declarou o excesso e que ostenta força executiva. Desnecessidade de substituição da CDA.

1. O prosseguimento da execução fiscal (pelo valor remanescente daquele constante do lançamento tributário ou do ato de formalização do contribuinte fundado em legislação posteriormente declarada inconstitucional em sede de controle difuso) revela-se forçoso em face da suficiência da liquidação do título executivo, consubstanciado na sentença proferida nos embargos à execução, que reconheceu o excesso cobrado pelo Fisco, sobressaindo a higidez do ato de constituição do crédito tributário, o que, *a fortiori*, dispensa a emenda ou substituição da certidão de dívida ativa (CDA).

2. Deveras, é certo que a Fazenda Pública pode substituir ou emendar a certidão de dívida ativa (CDA) até a prolação da sentença de embargos (artigo 2º, § 8º, da Lei 6.830/80), quando se tratar de correção de erro material ou formal, vedada, entre outras, a modificação do sujeito passivo da execução (Súmula 392/STJ) ou da norma legal que, por equívoco, tenha servido de fundamento ao lançamento tributário (Precedente do STJ submetido ao rito do artigo 543-C, do CPC: REsp 1.045.472/BA, Rel. Ministro Luiz Fux, Primeira Seção, julgado em 25.11.2009, DJe 18.12.2009).

3. *In casu*, contudo, não se cuida de correção de equívoco, uma vez que o ato de formalização do crédito tributário sujeito a lançamento por homologação (DCTF), encampado por desnecessário ato administrativo de lançamento (Súmula 436/STJ), precedeu à declaração incidental de inconstitucionalidade formal das normas que alteraram o critério quantitativo da regra matriz de incidência tributária, quais sejam, os Decretos--Leis 2.445/88 e 2.449/88.

4. O princípio da imutabilidade do lançamento tributário, insculpido no artigo 145, do CTN, prenuncia que o poder-dever de autotutela da Administração Tributária, consubstanciado na possibilidade de revisão do ato administrativo constitutivo do crédito tributário, somente pode ser exercido nas hipóteses elencadas no artigo 149, do Codex Tributário, e desde que não ultimada a extinção do crédito pelo decurso do prazo decadencial quinquenal, em homenagem ao princípio da proteção à confiança do contribuinte (encartado no artigo 146) e no respeito ao ato jurídico perfeito.

5. O caso *sub judice* amolda-se no disposto no *caput* do artigo 144, do CTN ('O lançamento reporta-se à data da ocorrência do fato gerador da obrigação e rege-se pela lei então vigente, ainda que posteriormente modificada ou revogada.'), uma vez que a autoridade administrativa procedeu ao lançamento do crédito tributário formalizado pelo contribuinte (providência desnecessária por força da Súmula 436/STJ), utilizando-se da base de cálculo estipulada pelos Decretos-Leis 2.445/88 e 2.449/88, posteriormente declarados inconstitucionais pelo Supremo Tribunal Federal, em sede de controle difuso, tendo sido expedida a Resolução 49, pelo Senado Federal, em 19.10.1995.

[...]

7. Assim, ultrapassada a questão da nulidade do ato constitutivo do crédito tributário, remanesce a exigibilidade parcial do valor inscrito na dívida ativa, sem necessidade de emenda ou substituição da CDA (cuja liquidez permanece incólume), máxime tendo em vista que a sentença proferida no âmbito dos embargos à execução, que reconhece o excesso, é título executivo passível, por si só, de ser liquidado para fins de prosseguimento da execução fiscal (artigos 475-B, 475-H, 475-N e 475-I, do CPC).

8. Consectariamente, dispensa-se novo lançamento tributário e, *a fortiori*, emenda ou substituição da certidão de dívida ativa (CDA).

9. Recurso especial desprovido. Acórdão submetido ao regime do art. 543-C do CPC e da Resolução STJ 08/2008."

(1ª S., REsp 1.115.501/SP, Rel. Min. Luiz Fux, j. em 10.11.2010, *DJe* de 30.11.2010)

No caso, tem-se a aplicação de novo regime jurídico, com metodologia de cálculo diversa, pelo que seria necessária, sim, a feitura de novo lançamento, à luz da própria jurisprudência que o STJ está consolidando. Não se trata de mero "decote" de valor indevido, com a subsistência do valor devido mediante meros cálculos aritméticos. De qualquer forma, pode-se dizer que, fosse necessária a conferência de fatos, ou a feitura de conferências contábeis adicionais, o entendimento segundo o qual a CDA deveria ser anulada seguiria sendo aplicável, tendo o Tribunal apenas dado amplitude um pouco maior à noção de "meros cálculos aritméticos" para permitir a subsistência da execução em termos um pouco mais amplos que os usualmente por ele mesmo tolerados.

Proferida a sentença, em sendo indeferidos os pedidos do autor, poderá ele interpor recurso de apelação cível ao Tribunal competente. Caso a sentença atenda ao que foi requerido pelo autor, anulando o lançamento impugnado, além da possibilidade de a Fazenda Pública interpor o recurso de apelação cível, há a remessa de ofício, em face da qual os autos devem ser enviados ao Tribunal para que este faça o reexame obrigatório a que alude o art. 496 do CPC/2015. Em qualquer desses casos, o Tribunal deverá conhecer de toda a matéria, de fato e de direito, discutida nos autos. É o chamado "efeito devolutivo".

O processamento e o julgamento do recurso de apelação, no Tribunal, é o mesmo de qualquer outra apelação cível, não sendo objeto de qualquer tratamento específico pelo fato de versar matéria tributária. Quando muito, nas Cortes onde há turmas especializadas, o recurso é distribuído para essas turmas por conta da especialização.

Quanto aos demais recursos, subsequentes ao julgamento pelo Tribunal, estes são os mesmos que seriam cabíveis em face de qualquer outra apelação cível interposta no âmbito de qualquer outro processo de conhecimento de rito ordinário.

Quanto aos efeitos da coisa julgada, é importante observar os pedidos formulados na inicial. Suponha-se que um contribuinte entende inválido um lançamento de ICMS que contra si fora lavrado, pois considera que o citado imposto não incide sobre a sua atividade. Caso ajuíze ação anulatória, e peça apenas a desconstituição de determinado ato de lançamento, a inexistência de relação jurídica que autorize a cobrança do imposto será apenas um *fundamento* para a prolação do dispositivo. Esse dispositivo, que se revestirá da autoridade da coisa julgada, terá o condão apenas de desconstituir aquele determinado lançamento, não impedindo a Fazenda Pública de constituir outros (*v. g.*, relativamente a outros períodos). A situação será diferente se o contribuinte, além de pedir a desconstituição de determinado ato de lançamento, fizer também pedido de natureza declaratória, a fim de que o juiz afirme a inexistência de relação jurídica que autorize o fisco, em situações como a posta nos autos, a cobrar o ICMS. Nesse segundo caso, o dispositivo da sentença, e a correspondente coisa julgada, não produzirão efeitos apenas sobre o lançamento impugnado (e sobre o crédito tributário enquanto realidade formal), mas sobre a própria relação jurídica obrigacional, impedindo a constituição de futuros créditos tributários sob o mesmo fundamento.

3.4.9 Outras espécies de ação anulatória

A ação que dá origem a um processo de conhecimento, de rito ordinário, destinada a obter a desconstituição de um ato administrativo, pode ter muitos outros usos que não apenas a impugnação judicial de um ato de lançamento. Através dela podem ser impugnados outros atos administrativos, tais como atos de suspensão de imunidade, de revogação de uma isenção condicionada, de indeferimento ou rescisão de um parcelamento etc.

Quando o ato impugnado, conquanto não seja um lançamento, puder implicar a ulterior exigência de tributos – já lançados (*v. g.*, rescisão de parcelamento) ou a serem ainda lançados (*v. g.*, suspensão de imunidade) – é possível requerer a antecipação parcial dos efeitos da tutela, para suspender os efeitos desse ato até o julgamento da questão (cfr. item 3.7, *infra*).

A inicial, o procedimento, enfim, todos os demais aspectos dessas outras espécies de anulatória são no todo semelhantes aos da que tem por finalidade anular um lançamento tributário, e da qual tratamos nos itens acima.

3.5 Ação declaratória

3.5.1 Conceito

A ação declaratória é aquela na qual o autor busca a manifestação do Poder Judiciário a respeito da existência, do modo de ser, ou da inexistência, de uma relação jurídica, ou acerca da autenticidade ou da falsidade de um documento (art. 19 do CPC/2015), a fim de superar um estado de incerteza, de insegurança. A sentença, nesse caso, simplesmente declara, sem condenar, nem constituir ou desconstituir.[398]

Note-se que as ações de conhecimento, de uma maneira geral, ensejam a prolação de sentenças com conteúdo declaratório. A sentença que anula um lançamento tributário por vício material, por exemplo, invariavelmente declara a inexistência da relação jurídica tributária nele acertada. Nesse caso, entretanto, sabendo-se que o que transita em julgado é o dispositivo da sentença, e não os seus fundamentos, o contribuinte não estaria livre de ver contra si efetuados outros lançamentos semelhantes, no futuro. A peculiaridade da ação declaratória reside no fato de que, nela, o que se pede é precisamente a declaração, que será veiculada no dispositivo da sentença. A coisa julgada, portanto, vincula as partes no tocante

---

[398] Pontes de Miranda, *Tratado das Ações*, atualizado por Vilson Rodrigues Alves, Campinas: Bookseller, 1998, t. I, p. 132.

PROCESSO TRIBUTÁRIO – *Machado Segundo*

à relação jurídica declarada, mesmo em relação aos períodos futuros, naturalmente enquanto subsistir o mesmo contexto fático/normativo (item 3.5.3, *infra*).

Vale lembrar da possibilidade, de resto presente em qualquer ação de conhecimento, de serem cumulados pedidos de prestação de tutela jurisdicional de espécies distintas. É possível pedir-se, em uma mesma ação, por exemplo: (a) a declaração da existência, da forma, ou inexistência, de uma relação jurídica; e, como consequência; (b) a desconstituição de um ato administrativo de lançamento discrepante da relação cuja declaração se almeja; e (c) a condenação do ente público correspondente na restituição de quantias eventualmente já pagas a esse título.

3.5.2 Cabimento em matéria tributária

3.5.2.1 O art. 38 da Lei de Execuções Fiscais

Poder-se-ia suscitar dúvida a respeito do cabimento da ação declaratória, em matéria tributária, em face do art. 38 da Lei de Execuções Fiscais. Isso porque o citado dispositivo faz alusão, como instrumentos aptos à discussão judicial do crédito tributário, apenas à execução (a rigor, aos embargos do executado), ao mandado de segurança, a ação anulatória acompanhada do depósito, e à ação de restituição do indébito.

Por óbvio, se o dispositivo fosse visto como um obstáculo ao cabimento da ação declaratória, seria inconstitucional, por representar flagrante e injustificada restrição ao exercício do direito à jurisdição. Não há, contudo, essa restrição, pois, como esclarece Alberto Xavier, fundado na doutrina de Eduardo Bottallo,[399] a não inclusão da ação declaratória na enumeração contida no art. 38 da Lei 6.830/80 se deve "a puras razões de ordem técnica, uma vez que esta ação não é o instrumento normalmente adequado para discutir a dívida ativa da Fazenda 'em execução', mas sim para discutir a existência ou não de relação jurídica tributária que autorize a Fazenda Pública a constituir dívidas ativas contra o contribuinte para efeitos de execução futura".[400]

Atualmente, aliás, o cabimento da ação declaratória, em matéria tributária, é absolutamente pacífico. Trata-se de instrumento de emprego frequente e de grande utilidade. Através dela o contribuinte pode requerer a declaração da inexistência de relação jurídica que o obrigue a pagar determinado tributo, em face da inconstitucionalidade da lei que o instituiu, ou da ilegalidade de normas infralegais que regulamentam a sua cobrança, ou em razão do direito à isenção do qual se considera titular. Pode pleitear, ainda, a declaração da existência de relação jurídica que o autorize a aproveitar determinado crédito no cálculo de tributo não cumulativo (IPI, ICMS, PIS, COFINS...), ou lhe faculte a adoção de determinada forma de apuração ou de cálculo desse tributo. As possibilidades, enfim, são inúmeras. Toda e qualquer relação jurídica tributária pode ter a sua existência, a sua inexistência, ou o seu modo de ser, declarados no âmbito da ação de que se cuida. Eventuais restrições ao emprego dessa ação, diante de certos casos concretos, podem decorrer da inobservância de requisitos essenciais ao seu conhecimento de uma maneira geral, mas não da razão de ser "tributária" a relação jurídica sobre a qual se pede a declaração.

---

[399] Eduardo Bottallo, *Execução fiscal, ação declaratória e repetição do indébito, RDT* 50 (1989), p. 166, *Apud* Alberto Xavier, *Do Lançamento, Teoria Geral do Ato, do Procedimento e do Processo Tributário*, 2. ed. Rio de Janeiro: Forense, 1997, p. 360.

[400] Alberto Xavier, *Do Lançamento, Teoria Geral do Ato, do Procedimento e do Processo Tributário*, 2. ed. Rio de Janeiro: Forense, 1997, p. 360.

Capítulo 4 · PROCESSO JUDICIAL TRIBUTÁRIO | **373**

A esse respeito, por exemplo, é relevante lembrar que a ação declaratória não é cabível para que se formulem "consultas" ao Poder Judiciário, em tese. Como em qualquer outra ação na qual o Poder Judiciário exerce a *jurisdição*, ou seja, afirma o direito que incidiu em determinado caso concreto, é necessário que se tenha consumado a situação de fato da qual irradiaria a relação jurídica sobre a qual se suscita a incerteza, e se pede a declaração. Por exemplo, se um contribuinte de Imposto de Renda deseja ver declarado o seu direito à dedução de determinadas despesas, na apuração do lucro tributável, deverá fazê-lo quando já houver experimentado tais despesas, pedindo a declaração apenas de que são efetivamente dedutíveis. Não é possível ajuizar a ação *antes* de realizar as despesas, para indagar se, caso venham a ser realizadas, as mesmas poderão ser deduzidas da base de cálculo do imposto a pagar. Além disso, a declaração há de dizer respeito à relação jurídica, ou seja, à situação jurídica decorrente de determinados fatos, e das normas a eles aplicáveis, e não à mera ocorrência de um fato.

3.5.2.2   É relevante que o lançamento tributário ainda não tenha sido efetuado?

O art. 20 do CPC/2015 é bastante claro ao destacar ser "admissível a ação declaratória, ainda que tenha ocorrido a violação do direito". Assim, a ação declaratória de inexistência de relação jurídica que obrigue o contribuinte a pagar determinado tributo, por exemplo, pode ser proposta mesmo depois de efetuado um lançamento no qual esse tributo é exigido.

Nem poderia mesmo ser diferente, pois a ação meramente declaratória tem objeto distinto da ação anulatória. Seu pedido, caso atendido, envolve a proibição de serem feitos lançamentos futuros, nos quais se exija precisamente o cumprimento da relação jurídica que o Judiciário considerou inexistente. Não há relação necessária com o lançamento já efetuado, que inclusive terá de ser desconstituído por ação própria, não estando envolvido pelos efeitos da sentença.[401]

O que não nos parece é *conveniente* manejar apenas a ação meramente declaratória, na hipótese de já haver lançamento constituído. Com efeito, o sujeito passivo pode, em situações assim, propor ação formulando um pedido declaratório, e *também* um pedido constitutivo negativo, a fim de que o dispositivo da sentença não apenas declare a inexistência de relação jurídica que obrigue o autor da ação ao pagamento de determinado tributo, mas também desconstitua o lançamento já efetuado.

3.5.2.3   Ação declaratória e depósito judicial

A simples *pendência* de uma ação meramente declaratória não inibe o réu de considerar existente a relação jurídica cuja inexistência o autor pretende ver reconhecida, ou de reputar inexistente a relação jurídica cuja existência se pede seja declarada. Assim, caso o contribuinte pretenda ver assegurada a inexistência de relação jurídica que o obrigue ao pagamento de determinado tributo, a propositura da ação declaratória não será suficiente para que a Fazenda Pública não exija o crédito tributário relativo a esse tributo. Será necessário provocar a incidência do art. 151 do CTN,[402] pleiteando a concessão de um provimento jurisdicional de urgência, ou procedendo-se ao depósito do montante integral do crédito tributário.

Se determinado contribuinte considera-se isento da COFINS, por exemplo, pode mover ação pleiteando exclusivamente a declaração da inexistência de relação jurídica que o obrigue ao recolhimento de tal tributo, por conta da isenção a que entende fazer jus. Nesse

---

[401]   Alberto Xavier, *Do Lançamento, Teoria Geral do Ato, do Procedimento e do Processo Tributário*, 2. ed. Rio de Janeiro: Forense, 1997, p. 362.

[402]   Alberto Xavier, *Do Lançamento, Teoria Geral do Ato, do Procedimento e do Processo Tributário*, 2. ed. Rio de Janeiro: Forense, 1997, p. 362.

caso, o contribuinte pode, a cada mês, depositar o montante integral relativo à COFINS que *seria* devida não fosse a isenção cujo reconhecimento judicial se requer. Trata-se de uma faculdade assegurada ao contribuinte, que a ninguém prejudica. Não faz sentido sequer pedir "autorização" ao Juiz, pois este não poderia jamais negá-la. O contribuinte simplesmente efetua o depósito, e *comunica* ao Juiz que o fez, pedindo a cientificação do ente público correspondente, para que este, querendo, se manifeste sobre a retidão do depósito e, em qualquer caso, abstenha-se de exigir o valor correspondente.

Naturalmente, em se tratando de ação meramente declaratória, ou declaratória verdadeiramente "pura", o depósito a rigor não é pertinente, pois não se discute a específica apuração que culminou com o estabelecimento da quantia depositada. Tanto é assim que, caso a Fazenda Pública, apesar do depósito, venha a fazer um "lançamento para prevenir a decadência", a sentença não será capaz de desconstituir esse lançamento. Apesar disso, não é o caso de "proibir" a feitura do depósito, no âmbito das ações declaratórias em matéria tributária, mas sim o de vislumbrar em tais ações, em virtude do depósito, também um efeito *cominatório*. Não são puras, pois se pede a condenação da Fazenda Pública em uma obrigação de fazer, não fazer, ou tolerar, relativamente à relação jurídica a ser declarada.

Esclareça-se, ainda, que, com o trânsito em julgado da sentença que julgar procedentes os pedidos formulados pelo contribuinte, autor da ação declaratória, o depósito deve ser levantado por ele. Diante da procedência de seus pedidos, não é possível manter o depósito à disposição do juízo, ou convertê-lo em renda em favor do ente público respectivo, nem mesmo sob o argumento de que existem "outros débitos" lançados contra o mesmo contribuinte. Se o depósito suspende a exigibilidade do crédito discutido em juízo, e não de "qualquer" crédito, a declaração de que esse crédito não pode sequer vir a ser constituído libera o depósito efetuado.

Em sendo julgados improcedentes os pedidos formulados pelo autor da ação, esse depósito deve ser convertido em renda do ente público respectivo. Como explicado com maior detalhamento no item 2.8.4 do Capítulo 3 deste livro, essa conversão em renda deve ocorrer mesmo quando não tiver havido o lançamento de ofício das quantias questionadas. Em outras palavras, não é lícito ao contribuinte invocar a consumação da decadência e a inexistência de um lançamento de ofício relativo às quantias depositadas, para com isso levantá-las mesmo tendo perdido a ação. Não se há de cogitar da consumação da decadência do direito da Fazenda Pública de efetuar esse lançamento, no caso, pois a concordância desta em relação ao depósito efetuado configura o lançamento por homologação do crédito tributário correspondente.

3.5.2.4 Ação declaratória e tutelas de urgência

Questão de grande relevo diz respeito à concessão de tutelas de urgência no âmbito da ação declaratória. É possível, por exemplo, requerer uma tutela provisória de urgência, em caráter antecedente ou incidental?

De início, pode parecer que não. Poder-se-ia dizer que a tutela a ser deferida no final é declaratória, não sendo por isso possível "antecipar" efeitos que implicam a condenação do réu a *fazer* ou *não fazer* alguma coisa. A tutela provisória de natureza cautelar, da mesma forma, não seria necessária porque a efetividade da "mera declaração" não dependeria da proteção de nenhum provimento específico para esse fim: o seu efeito, que é apenas o de afastar o estado de incerteza, seria produzido com ou sem a concessão de tutelas cautelares. Provimentos urgentes, antecipatórios ou conservativos seriam cabíveis apenas em face de futuras sentenças condenatórias ou constitutivas.

Não nos parece, contudo, que seja assim. Tal visão, em verdade, não resiste a um exame mais cuidadoso do problema.

A ausência de um dispositivo que expressamente *condene* o réu a dar, fazer ou deixar de fazer alguma coisa não torna a sentença declaratória um mero conselho, uma peça ornamental desprovida de qualquer eficácia jurídica. Não. Declarada a relação jurídica que disciplina a situação de fato levada pelas partes ao conhecimento do juiz, essa relação há de ser respeitada, tal como declarada pelo juiz. A ação declaratória, muitas vezes, até mesmo pela forma através da qual se pede a "mera declaração", tem evidente efeito cominatório, consistente na condenação do réu na obrigação de fazer, não fazer, ou tolerar algo que decorra da relação jurídica declarada. Para que isso ocorra eficazmente, ou seja, para que faça algum sentido o que ao final do processo será declarado, pode fazer-se necessária a concessão de uma tutela de urgência. Desde que estejam presentes os respectivos requisitos, naturalmente, o provimento liminar há de ser deferido como forma de assegurar a própria efetividade da tutela a ser depois concedida.[403]

É importante observar que o pedido de que seja concedida uma tutela de urgência não deve ser indeferido apenas porque formulado no âmbito de uma ação "batizada" de ação declaratória. O magistrado há de avaliar a efetiva natureza dos pedidos formulados, e não o nome atribuído à ação. Tais pedidos, na hipótese em que se requer a concessão de uma tutela de urgência, não raro envolvem – e é assim que devem ser entendidos – a determinação ao réu no sentido de que "reconheça" a relação jurídica declarada, fazendo, não fazendo, ou tolerando algo que dela decorra. A tutela de urgência, portanto, não deve ser indeferida porque a ação é vista como meramente declaratória, mas sim o contrário: a ação deve ser vista como não tendo apenas conteúdo declaratório, sempre que for pedida a concessão de qualquer tipo de provimento que "assegure o respeito" a essa declaração.

3.5.2.5 Propositura incidental

Sob a vigência do CPC de 1973, a ação meramente declaratória poderia ser proposta, ainda, de modo incidental a uma outra ação preexistente, na hipótese de tornar-se litigiosa a existência ou a inexistência de relação jurídica relevante para o julgamento da lide.

Com o CPC de 2015 isso não se faz mais necessário porque, nos termos do art. 503, § 1.º, a coisa julgada abrange "a resolução de questão prejudicial, decidida expressa e incidentemente no processo, se: I – dessa resolução depender o julgamento do mérito; II – a seu respeito tiver havido contraditório prévio e efetivo, não se aplicando no caso de revelia; e III – o juízo tiver competência em razão da matéria e da pessoa para resolvê-la como questão principal."

Percebe-se que o CPC/2015 não propriamente aboliu a ação declaratória incidental, ou transformou substancialmente o instituto da coisa julgada. Parece ter havido, tão somente, uma maior racionalização do disciplinamento do assunto, dispensando-se a propositura de nova ação, com instauração de novo processo. A demanda de cunho declaratório incidental continua existindo, mas ocorre no âmbito do mesmo processo em que inicialmente deduzida a demanda anulatória, sendo ambas deslindadas na mesma sentença. Deve ser observado, quanto a esse questionamento incidental, no âmbito tributário, que, como já foi explicado algumas vezes ao longo deste livro, a Fazenda Pública não tem interesse processual para propor ação declaratória, pois é dotada do direito potestativo de declarar, unilateralmente,

---

[403] Nesse sentido, Vittorio Cassone e Maria Eugenia Teixeira Cassone, *Processo Tributário*, 3. ed. São Paulo: Atlas, 2002, p. 193.

376 | PROCESSO TRIBUTÁRIO – *Machado Segundo*

e independentemente de interferência judicial, a inexistência, a existência ou o modo de ser das relações jurídicas das quais entende participar.

A resolução dessa questão incidental, de forma expressa, é adequada sempre que for proposta ação inicialmente apenas condenatória (*v. g.*, restituição do indébito) ou constitutiva negativa (*v. g.*, anulatória), e não for formulado pedido declaratório. É o caso, por exemplo, da ação de restituição de um tributo pago indevidamente, proposta com base nos seguintes fundamentos: (a) o contribuinte goza de imunidade, ou de isenção, em relação a determinado tributo; (b) apesar disso, pagou-o, por equívoco. Em face de tais fundamentos, o autor formula tão somente o pedido condenatório, de restituição do indébito. Nesse panorama, ao contestar a ação, a Fazenda poderia não discutir a imunidade ou a isenção, mas negar a ocorrência do pagamento, alegar suposta repercussão do tributo a ser restituído, ou ainda a ocorrência de prescrição da pretensão relativa ao direito à restituição. Poderia a Fazenda, contudo, invocando ou não tais argumentos, refutar a própria imunidade ou isenção que o autor entende possuir. Neste último caso, como não foi formulado, na ação principal, o pedido declaratório, e como a sentença meramente condenatória não garantirá ao autor que a Fazenda ré não desrespeitará a imunidade ou a isenção em outras ocasiões, a resolução da questão declaratória incidental presta-se a fabricar para o autor uma sentença que, em seu dispositivo, ponha igualmente claro algo que, de outro modo, não faria coisa julgada.

3.5.3 Efetividade da sentença meramente declaratória e a coisa julgada

Como já foi dito, a principal distinção entre a ação declaratória "pura", ou meramente declaratória, e a ação apenas condenatória é que nesta segunda a "declaração" é simples fundamento da sentença, não integrando o dispositivo respectivo; na primeira, por sua vez, a declaração integra o próprio dispositivo da decisão, precisamente o seu trecho que se reveste dos efeitos e da autoridade da coisa julgada.[404]

A sentença declaratória, portanto, tem efeitos mais abrangentes no tempo, e que envolvem todas as possíveis decorrências da relação jurídica declarada em seu dispositivo. A sentença condenatória, ou constitutiva negativa, por sua vez, tem efeitos mais concretos sobre as partes envolvidas, tais como a desconstituição de um ato ou a condenação à restituição de valores, mas não alcança situações que decorreriam dos fundamentos utilizados na sentença.

Assim, se um contribuinte considera-se *isento* do IPTU, mas propõe ação de restituição do indébito formulando *apenas* o pedido de condenação do Município à devolução do que já houver sido pago, a sentença, devidamente executada, obrigará o Município a efetuar a devolução pretendida, mas não o impedirá de, em outro momento, exigir novamente o IPTU relativo a outros períodos. O mesmo pode ser dito caso seja promovida ação pedindo apenas a desconstituição de um ato de lançamento. Isso porque a isenção, que enseja a inexistência de relação jurídica que obrigue ao pagamento do imposto, terá sido mero fundamento da decisão, e não parte do dispositivo. Por outro lado, se esse mesmo contribuinte propuser ação com pedido meramente declaratório da inexistência de relação jurídica que obrigue ao pagamento do IPTU, e esse pedido for julgado procedente, o Município não poderá mais exigir o imposto, nem mesmo em outros exercícios; mas somente através de uma outra ação – condenatória – poderá ser *compelido* a restituir os valores já pagos.

---

[404] Cândido Rangel Dinamarco, *Instituições de Direito Processual Civil*, 3. ed. São Paulo: Malheiros, 2003. v. III, p. 221 e 222.

É por isso que dizemos, nesses casos, que o autor de ação condenatória, ou constitutiva negativa, deve formular *também*, sempre que possível, pedido de natureza declaratória, a fim de que seja reconhecida a existência, a inexistência ou o modo de ser da relação jurídica que fundamenta a condenação, ou a desconstituição. Assim, atendido de modo definitivo tal pedido declaratório, não haverá apenas a desconstituição do lançamento, nem apenas a condenação à restituição, mas também a declaração de que, enquanto perdurar a mesma situação de fato, e de direito, não há amparo jurídico para que o tributo questionado seja exigido.

Seja como for, em relação à sentença meramente declaratória, é importante consignar, quanto aos atos administrativos que se fundamentam em situação jurídica depois declarada como insubsistente pela sentença, que:

a) caso tenham sido proferidos antes do trânsito em julgado da sentença, não serão por ela desconstituídos. Devem ser atacados em ação específica, na qual não mais será discutida a relação jurídica de fundo (já decidida na declaratória, que tem efeitos *ex tunc*),[405] que vale como preceito,[406] mas apenas a sua pertinência e os seus efeitos quanto ao ato impugnado, cuja desconstituição se requer;[407]

b) caso sejam posteriores ao trânsito em julgado da sentença, são simplesmente desprovidos de validade jurídica, configurando puro e simples descumprimento da decisão judicial correspondente. Ainda assim, caso o ente público insista na lastimável desobediência, e no âmbito administrativo essa desobediência não seja corrigida, será necessário o manejo de ação anulatória, ou de mandado de segurança, conforme o caso, nos quais não mais será discutida a relação jurídica correspondente, mas somente o descumprimento do provimento jurisdicional anterior;[408]

b.1) caso, porém, o autor da ação declaratória tenha formulado pedido cominatório (requerendo, por exemplo, que "seja determinado às autoridades integrantes da Administração que 'respeitem' a relação declarada, abstendo-se de..."), *o que*

---

[405] Cândido Rangel Dinamarco, *Instituições de Direito Processual Civil*, 3. ed. São Paulo: Malheiros, 2003. v. III, p. 228.

[406] Antônio Carlos de Araújo Cintra, Ada Pellegrini Grinover e Cândido Rangel Dinamarco, *Teoria Geral do Processo*, 18. ed. São Paulo: Malheiros, 2002, p. 304.

[407] Alberto Xavier, *Do Lançamento, Teoria Geral do Ato, do Procedimento e do Processo Tributário*, 2. ed. Rio de Janeiro: Forense, 1997, p. 365.

[408] Pode parecer que, em um ou em outro caso ("a" e "b", acima resumidos), os efeitos são sempre os mesmos, pois os atos praticados em desconformidade com a mera declaração, antes ou depois do trânsito em julgado, teriam de ser desconstituídos por ação própria. Não é assim, contudo, havendo sutil diferença a ser observada. Na primeira hipótese, de ação meramente declaratória ainda *pendente* de desfecho definitivo, a Administração Tributária pratica o ato porque ainda não está vinculada por uma determinação judicial a respeito da relação jurídica controvertida. No segundo caso, a decisão lhe é vinculante, e a prática do ato em sentido contrário viola não apenas a relação jurídica declarada, mas também o provimento jurisdicional que expressamente a declarou. A distinção mostra-se muito clara na hipótese em que o contribuinte propõe ação declaratória da inexistência de relação jurídica que o obrigue ao pagamento de determinado tributo, inexistência que se funda na *inconstitucionalidade* da lei que o instituiu. A Administração, até que a ação seja definitivamente julgada, não poderá deixar de aplicar a lei, nem deixar de exigir o tributo. Poderá, portanto, lançar as quantias que considerar devidas, em lançamentos que terão de ser desconstituídos pelas vias apropriadas, posteriormente, caso a ação venha a ser julgada procedente. Diversamente, após o trânsito em julgado de ação que conclua pela procedência da ação, a Administração não mais poderá lançar o citado tributo, não podendo alegar sua subserviência à lei, visto que a sentença já a declarou inconstitucional, reconhecendo a inexistência da relação jurídica que dela decorreria. É a sentença, agora, quem vincula a Administração.

geralmente acontece, a sentença a rigor não é meramente declaratória, e comporta a prolação de provimentos específicos, que assegurem a sua efetividade. Nessa hipótese, os lançamentos posteriores ao trânsito em julgado da sentença poderão ser desconstituídos por provimento específico do juiz prolator da sentença, por serem considerados desrespeito à obrigação de não fazer que fora imposta à ré.

Quanto aos efeitos da sentença declaratória *no tempo*, deve-se insistir que perduram enquanto perdurar a mesma situação fático/jurídica. Em outras palavras, enquanto as normas jurídicas forem iguais, e o fato a elas subsumido for também o mesmo (ou, conquanto posterior, reúna elementos equivalentes ao daquele considerado pela sentença), os efeitos da ação declaratória subsistem. E é bastante lógico que seja assim, pois o juiz "declarou" uma relação jurídica, que nada mais é que o fruto da incidência de uma norma sobre um fato. Permanecendo a norma, e o fato, o mesmo se pode dizer da incidência da primeira sobre o segundo. Por conseguinte, caso haja alteração na situação de fato, ou no direito a ela aplicável, os efeitos da sentença declaratória não podem mais ser invocados. A idêntica conclusão se chega no âmbito do mandado de segurança, caso se tenha feito *expresso* pedido declaratório da invalidade de determinado tributo.[409]

Suponha-se que um contribuinte promova ação declaratória de inexistência de relação jurídica que o obrigue ao pagamento do IPTU. Invocando a legislação municipal específica, pede seja reconhecido o seu direito à isenção de referido imposto, pois é proprietário de apenas um imóvel residencial, no qual vive com a família, e cujo valor não ultrapassa R$ 20.000,00. Constatada a veracidade das afirmações quanto aos fatos, e a previsão legal para a concessão de referido benefício, os pedidos do autor da ação são julgados procedentes, e a sentença transita em julgado. Nesse caso, o Município não poderá exigir-lhe o IPTU, nem mesmo nos exercícios fiscais subsequentes, pois a sentença tem "efeito normativo no que concerne à existência ou à inexistência de relação jurídica entre as partes".[410] Vale dizer, sua eficácia "perdura

---

[409] "[...] 1. A coisa julgada tributária deve ser determinada em função das partes, da causa de pedir e do pedido formulado na inicial. Este último, por sua vez, pode estar delimitado a uma cobrança, num dado exercício financeiro, ou estar relacionado ao tributo, em si mesmo. 2. No primeiro caso, em que o pedido diz respeito a um débito situado em exercício certo, deve ser aplicado o teor da Súmula 239/STF: 'Decisão que declara indevida a cobrança do imposto em determinado exercício não faz coisa julgada em relação aos posteriores.' 3. No segundo caso, não se referindo o pedido a exercício financeiro específico, mas ao reconhecimento da inconstitucionalidade ou ilegalidade da exação, ou de sua imunidade ou isenção, por exemplo, deve ser afastada a restrição inserta na mencionada súmula. Isso porque, nessa hipótese, há uma abrangência no pedido e, portanto, sendo esse julgado procedente, a coisa julgada terá efeitos mais amplos, ou seja, abarcará as situações jurídicas posteriores, não se restringindo a exercício financeiro específico. 4. Assim, deve-se ter em conta que a coisa julgada somente protege o que foi objeto do pedido e, por conseguinte, da decisão, de maneira que, se o pedido foi abrangente, a decisão também o será, não se aplicando a Súmula 239/STF, na medida em que a coisa julgada terá maior amplitude; se o pedido restringir-se a determinado exercício, então a decisão estará limitada a esse, incidindo o enunciado da súmula em apreço. 5. Essa mesma interpretação deve ser dada, em se tratando de ação mandamental. Assim, se o ato ilegal ou abusivo é declarado indevido, de forma genérica, em relação às situações jurídicas a ele ligadas como um todo, a coisa julgada projetar-se-á a exercícios financeiros futuros, até que haja alguma alteração no estado de fato e/ou de direito da decisão. No entanto, se o ato ilegal ou abusivo lastreia-se em exercício financeiro específico, a decisão fará coisa julgada somente em relação a este. [...]" (STJ, 1ª T., REsp 576.926/PE, Rel. Min. Denise Arruda, j. em 16.3.2006, *DJ* 30.6.2006, p. 166).

[410] Antônio Carlos de Araújo Cintra, Ada Pellegrini Grinover e Cândido Rangel Dinamarco, *Teoria Geral do Processo*, 18. ed. São Paulo: Malheiros, 2002, p. 304.

enquanto estiver em vigor a lei em que se fundamentou, interpretando-a"[411] (*RSTJ* 8/341). Caso, porém, o contribuinte ponha abaixo a sua pequena casa e no terreno construa imenso edifício comercial, ou adquira outros imóveis, terá havido mudança no contexto fático, e a declaração da "incidência" contida na sentença não mais produz efeitos futuros. O mesmo se pode dizer no caso de mudança no plano normativo (*v. g.*, revogação da lei isentiva).

Questão de relevo, ainda quanto à eficácia futura de uma sentença declaratória, diz respeito à fixação ou à mudança da jurisprudência das Cortes Superiores, que se posiciona em sentido contrário àquele adotado pela sentença transitada em julgado.

Suponha-se, por exemplo, que um contribuinte ajuizou ação pedindo a declaração da inexistência de relação jurídica que o obrigue ao recolhimento da CSLL. Alegou que a citada contribuição deveria ser arrecadada pelo INSS, e não pela Receita Federal, sob pena de transformar-se num inválido adicional do IRPJ. Seu pedido foi considerado procedente, e a sentença transitou em julgado. Alguns meses depois, o STF se pronuncia sobre o assunto, e afirma a constitucionalidade da CSLL.

O que fazer, nesse caso? Deve a União Federal manejar ação rescisória? E se não houver mais prazo para tanto, o contribuinte poderá eximir-se para todo o sempre da exigência que seus concorrentes todos pagam?

E o contrário também pode ocorrer. Suponha-se que um contribuinte, no passado, questionou a exigência do ISS sobre locação de bens móveis. E perdeu a disputa. Seu pedido de declaração da inexistência de relação jurídica que o obrigasse a recolher o ISS sobre sua receita obtida com a locação de bens móveis é julgado improcedente. Depois, porém, em outro processo, o STF afirma a inconstitucionalidade da incidência do ISS sobre locação de bens móveis. O que fazer? Propor rescisória? E, indaga-se mais uma vez, se não houver mais prazo para tanto, o contribuinte ficará para o resto da vida a pagar um tributo que seus concorrentes todos não pagam?

São questões complexas, cuja resposta envolve a tensão de princípios constitucionais da mais alta fundamentalidade. Foram, a propósito, objeto das pesquisas realizadas pelo Instituto Cearense de Estudos Tributários em 2006, que culminaram com a edição do livro *Coisa Julgada, constitucionalidade e legalidade em matéria tributária* (coord. Hugo de Brito Machado, São Paulo/Fortaleza: Dialética/ICET, 2006, 414 p.), no qual o assunto é abordado por diversos autores.

Caso se trate de sentença que deslindou questão situada, toda ela, no passado, a mera mudança de entendimento, posterior à sua prolação, em princípio não é suficiente para que seja rescindida. Como já escrevemos, em coautoria com Raquel Cavalcanti Ramos Machado, suponha-se, por exemplo,

> "que um contribuinte tenha obtido decisão que o desobriga à feitura do 'depósito recursal' de 30%, exigido pelo INSS como condição para o conhecimento de um recurso administrativo. A decisão judicial que o desobriga à feitura do citado depósito se fundamenta na inconstitucionalidade da lei que exige tal garantia. Em face da ordem judicial, seu recurso é processado, conhecido e provido. O crédito tributário é extinto. Depois disso, o STF declara – em ADIN, ou em outra ação, no controle difuso – a constitucionalidade da exigência de depósito recursal... Ora, não será o fato de o STF haver firmado posição, *depois* da prolação da sentença transitada em julgado, que irá alterar o acerto da mesma.

---

[411] Theotonio Negrão e José Roberto Ferreira Gouvêa, *Código de Processo Civil e Legislação Processual em Vigor*, 35. ed., São Paulo, Saraiva, 2003, p. 490.

Por isso, o INSS não poderá mover 'ação rescisória' para que o recurso (já admitido e até provido) seja rejeitado, com o restabelecimento da decisão administrativa recorrida, e o renascimento do crédito tributário reconhecidamente indevido.

Alguém poderia dizer, em oposição, que haveria ofensa à isonomia, pois alguns contribuintes não obtiveram tal êxito, e submeteram-se ao depósito recursal. É verdade. Poderíamos acrescentar que alguns contribuintes nem se insurgem – nem nunca se insurgiram – contra o depósito recursal. Muitos, aliás, nem ajuízam recursos administrativos. As pessoas são desiguais por natureza, e comportam-se diferentemente. A igualdade há de ser conciliada com a liberdade, que todos temos, de nos comportar diferentemente. A 'ofensa' à isonomia, portanto, neste exemplo do depósito recursal, é mínima. Muito maior – aliás, completa, inteira – seria a ofensa à coisa julgada, se se admitisse a reabertura da questão. Certas desigualdades são toleradas pelo sistema, que não pode promover a isonomia, como nenhum outro valor, de forma absoluta. Do contrário, como dito, suprimir-se-ia a liberdade, inteiramente. Sabe-se que alguns cidadãos evitam discussões judiciais, mesmo quando têm direito. Outros as provocam, mesmo quando não têm razão. Alguns sucumbem perante prazos preclusivos, outros não...

Caso se conclua ser intolerável a existência de duas decisões judiciais discrepantes, de duas uma: ou se suprime a garantia da coisa julgada, ou se suprime a figura da jurisdição individual. Restariam apenas as ações coletivas, e as ações de controle de constitucionalidade. As demais seriam inconstitucionais, porque potencialmente ofensivas à isonomia. O disparate de qualquer dessas duas soluções dispensa outros comentários".[412]

Entretanto, se a decisão transitada em julgado cuidar de relações jurídicas continuativas, ou contínuas, para utilizar a terminologia de Pontes de Miranda,[413] a posterior alteração jurisprudencial pode ter alguma implicação em seus efeitos. Pode ser considerada *direito novo*, fazendo cessar a produção de "efeitos futuros" nas relações continuadas. Isso porque, aqui sim, o respeito incondicional à coisa julgada causaria lesões mais graves, e desproporcionais, à isonomia.

Foi o que observou Raquel Cavalcanti Ramos Machado, no citado texto que com ela escrevemos:

"Exemplificando, suponha-se que determinado contribuinte maneje ação declaratória de inexistência de relação jurídica que o obrigue ao recolhimento da contribuição social sobre o lucro – CSLL. Seu pedido é julgado procedente, sob o fundamento de que a lei instituidora da CSLL é inconstitucional, eis que essa contribuição deveria ser arrecadada pelo Instituto encarregado de gerir a Seguridade Social, e não pela Receita Federal. A sentença que julga esse pedido procedente transita em julgado. E então, por anos a fio, o citado contribuinte não mais recolhe a CSLL, pois a sentença tem 'efeito normativo no que concerne à existência ou à inexistência de relação jurídica entre as partes'.[414] O STF, porém, algum tempo depois, afirma, em outro processo, em sede de

---

[412] Hugo de Brito Machado Segundo e Raquel Cavalcanti Ramos Machado, "Coisa Julgada, Constitucionalidade e Legalidade em Matéria Tributária", coord. Hugo de Brito Machado, São Paulo/Fortaleza: Dialética/ICET, 2006, p. 180.

[413] Pontes de Miranda, *Comentários ao Código de Processo Civil,* 3. ed., atualização legislativa de Sérgio Bermudes, Rio de Janeiro: Forense, 1997, t. V, p. 147.

[414] Antônio Carlos de Araújo Cintra, Ada Pellegrini Grinover e Cândido Rangel Dinamarco, *Teoria Geral do Processo,* 18. ed., São Paulo: Malheiros, 2002, p. 304.

recurso extraordinário, que a citada lei é constitucional, e que a CSLL é devida, e todos os demais contribuintes do País se veem obrigados a pagá-la. Essa segunda situação é bastante diferente do primeiro exemplo que empregamos, de contribuinte que se exime da exigência de 30% do depósito recursal, pois aqui a desigualdade, se prestigiada sem exceções a coisa julgada (e seus efeitos futuros), será muito mais contundente. A solução adequada, nessa segunda situação, e em todas as que lhe foram análogas, não é atacar a decisão passada em julgado. Não é razoável entender que uma decisão definitiva, irretocável quando proferida, se transforme, retroativamente, em um erro grosseiro, flagrantemente contrário à lei, rescindível nos termos do art. 485, V, do CPC. Não. Isso seria negar a existência do controle difuso de constitucionalidade, e ainda a autoridade de todas as decisões que não sejam do STF. Por mais que se deva prestigiar a isonomia, não se pode negar que a aplicação retroativa de um posicionamento do STF é tão agressiva à segurança jurídica quanto a edição de leis retroativas. Aliás, nesse caso, estará havendo até maior agressão, pois mesmo às leis não é facultado atingir a decisão passada em julgado, e se estará malferindo a boa-fé do cidadão que confiou no pronunciamento do Poder Judiciário.

Mas também não se pode admitir que um contribuinte, porque conseguiu obter o trânsito em julgado de decisão favorável, se exima, definitivamente, de um tributo que todos os demais pagam. Se não é possível considerar a decisão transitada em julgado como 'flagrantemente contrária à lei', para possibilitar sua rescisão nos termos do art. 485, V, do CPC, também não é possível estender seus efeitos, indefinidamente, para o futuro, contrariando a orientação jurisprudencial acolhida pela Corte Suprema sobre o tema.

O correto, ponderado e proporcional, no caso, parece ser o respeito à coisa julgada, e a todos os efeitos por ela já produzidos no passado, garantindo-se assim a segurança. Mas, em relação aos seus efeitos sobre eventos futuros, posteriores à nova orientação jurisprudencial do STF, deve-se admitir, em tese, a possibilidade de que sejam revistos, para que também não reste desprestigiada a isonomia.

A modalidade de controle de constitucionalidade no qual se firma a jurisprudência do STF que diverge da decisão passada em julgado, se concentrado, ou difuso, somente será relevante para determinar *como* a decisão anterior poderá ter seus efeitos revistos, e, se for o caso, *até quando* esses efeitos continuarão sendo irradiados sobre as partes implicadas."[415]

É relevante, contudo, saber *como* uma posterior mudança na jurisprudência do STF ou do STJ pode interferir nos efeitos futuros de uma decisão já transitada em julgado que diga respeito a relações continuativas.

Caso se trate de decisão proferida pelo STF em sede de controle concentrado de constitucionalidade, com efeitos *erga omnes,* não é necessária qualquer outra formalidade além da publicação da decisão na imprensa oficial. *A partir dessa publicação* cessam os efeitos futuros da coisa julgada, devendo o contribuinte que por ela estava amparado voltar a recolher o tributo correspondente, em relação aos fatos geradores ocorridos a partir de então. O período passado, porém, não pode ser atingido, sendo conveniente notar que a própria Lei 9.882/99,

---

[415] Hugo de Brito Machado Segundo e Raquel Cavalcanti Ramos Machado, "Coisa Julgada, constitucionalidade e legalidade em matéria tributária", coord. Hugo de Brito Machado, São Paulo/Fortaleza: Dialética/ICET, 2006, p. 181 e 182. Em razão da data em que foi escrito, o artigo se reporta ao CPC de 1973 quando alude ao art. 485 como aquele no qual se acha prevista a ação rescisória. No CPC de 2015, trata-se do art. 966.

que cuida da ADPF, em seu art. 5º, § 3º, ressalta que a atribuição de efeitos *erga omnes* e vinculantes deve respeitar a coisa julgada. O mesmo vale para a jurisprudência do STF firmada no âmbito do controle difuso, mas acompanhada da edição, pelo Senado Federal, de resolução suspendendo a vigência da norma declarada inconstitucional.

Mas, se se trata de mudança na jurisprudência do STJ, ou do STF em sede de controle difuso, a mera publicação dos acórdãos – que implica a intimação apenas das partes daquele processo – não é suficiente para que cessem os efeitos da coisa julgada. É imprescindível que a parte interessada promova ação de revisão da coisa julgada, nos termos do art. 505, I, do CPC/2015.[416]

Foi o que concluímos, no já referido texto que elaboramos em coautoria com Raquel Cavalcanti Ramos Machado:

> "Mas se a mudança na orientação jurisprudencial tiver ocorrido no campo do controle difuso, e não for editada, ou não for o caso de se editar resolução do Senado Federal, parece-nos absurdo pretender que, a partir da decisão, automaticamente, já esteja o contribuinte em mora. O mesmo vale para a modificação na jurisprudência do STJ, nas questões relativas à legalidade. Ainda que admitamos, como admitimos, a possível cessação dos efeitos futuros da decisão passada em julgado, em face de relações continuativas, subsiste

---

[416] A questão, no que tange à CSLL, já foi apreciada pelo STJ, em sede de "recursos repetitivos", nos seguintes termos: "[...] 1. Discute-se a possibilidade de cobrança da Contribuição Social sobre o Lucro – CSLL do contribuinte que tem a seu favor decisão judicial transitada em julgado declarando a inconstitucionalidade formal e material da exação conforme concebida pela Lei 7.689/88, assim como a inexistência de relação jurídica material a seu recolhimento. 2. O Supremo Tribunal Federal, reafirmando entendimento já adotado em processo de controle difuso, e encerrando uma discussão conduzida ao Poder Judiciário há longa data, manifestou-se, ao julgar ação direta de inconstitucionalidade, pela adequação da Lei 7.689/88, que instituiu a CSLL, ao texto constitucional, à exceção do disposto no art. 8º, por ofensa ao princípio da irretroatividade das leis, e no art. 9º, em razão da incompatibilidade com os arts. 195 da Constituição Federal e 56 do Ato das Disposições Constitucionais Transitórias – ADCT (ADI 15/DF, Rel. Min. SEPÚLVEDA PERTENCE, Tribunal Pleno, *DJ* 31.8.07). 3. O fato de o Supremo Tribunal Federal posteriormente manifestar-se em sentido oposto à decisão judicial transitada em julgado em nada pode alterar a relação jurídica estabilizada pela coisa julgada, sob pena de negar validade ao próprio controle difuso de constitucionalidade. 4. Declarada a inexistência de relação jurídico-tributária entre o contribuinte e o fisco, mediante declaração de inconstitucionalidade da Lei 7.689/88, que instituiu a CSLL, afasta-se a possibilidade de sua cobrança com base nesse diploma legal, ainda não revogado ou modificado em sua essência. 5. Afirmada a inconstitucionalidade material da cobrança da CSLL, não tem aplicação o enunciado nº 239 da Súmula do Supremo Tribunal Federal, segundo o qual a 'Decisão que declara indevida a cobrança do imposto em determinado exercício não faz coisa julgada em relação aos posteriores' (AgRg no AgRg nos EREsp 885.763/GO, Rel. Min. HAMILTON CARVALHIDO, Primeira Seção, *DJ* 24.2.10). 6. Segundo um dos precedentes que deram origem à Súmula 239/STF, em matéria tributária, a parte não pode invocar a existência de coisa julgada no tocante a exercícios posteriores quando, por exemplo, a tutela jurisdicional obtida houver impedido a cobrança de tributo em relação a determinado período, já transcorrido, ou houver anulado débito fiscal. Se for declarada a inconstitucionalidade da lei instituidora do tributo, não há falar na restrição em tela (Embargos no Agravo de Petição 11.227, Rel. Min. CASTRO NUNES, Tribunal Pleno, *DJ* 10.2.45). 7. 'As Leis 7.856/89 e 8.034/90, a LC 70/91 e as Leis 8.383/91 e 8.541/92 apenas modificaram a alíquota e a base de cálculo da contribuição instituída pela Lei 7.689/88, ou dispuseram sobre a forma de pagamento, alterações que não criaram nova relação jurídico-tributária. Por isso, está impedido o Fisco de cobrar a exação relativamente aos exercícios de 1991 e 1992 em respeito à coisa julgada material' (REsp 731.250/PE, Rel. Min. ELIANA CALMON, Segunda Turma, *DJ* 30.4.07). 8. Recurso especial conhecido e provido. Acórdão sujeito ao regime do art. 543-C do Código de Processo Civil e da Resolução 8/STJ" (STJ, 1ª S., REsp 1.118.893/MG, *DJe* de 6.4.2011).

Capítulo 4 · PROCESSO JUDICIAL TRIBUTÁRIO | **383**

indispensável que se prestigie também os princípios da boa-fé, e da cientificação. Afinal, o cidadão amparado pela decisão transitada em julgado não há de ficar acompanhando, pelo Diário Oficial, o desfecho de todas as questões semelhantes à sua, para, diante de qualquer alteração na jurisprudência, já voltar a pagar a exação.

Assim, caso a ulterior mudança na jurisprudência tenha ocorrido no campo do controle difuso de constitucionalidade, ou no plano da legalidade, pelo Superior Tribunal de Justiça, a subsistência dos efeitos futuros da coisa julgada deve ser submetida à apreciação do Poder Judiciário, por meio de ação de revisão da coisa julgada, nos termos do art. 471, I, do CPC/73 (no atual CPC, art. 505, I). Só depois disso é que se poderá cogitar de mora do contribuinte, se for o caso, a qual deverá ser determinada pela decisão que apreciar a ação revisional, mas que não poderá ter como termo inicial data anterior à propositura da mesma.

Mas note-se: o fato de estarmos a dizer que a revisional é cabível não significa, necessariamente, que os pedidos formulados pela parte autora sejam procedentes. Admite-se rediscutir a questão, relativamente ao futuro, mas o resultado dessa discussão é um outro problema. Na ação revisional pode se concluir pela irrelevância, ou pela impertinência, na alteração jurisprudencial, pela sua inaplicabilidade à situação específica daquele contribuinte etc.".[417]

Em atenção aos princípios da não surpresa, da confiança e da boa-fé, mesmo se não se entender necessária a propositura da ação de revisão da coisa julgada, nos casos em que a parte interessada seja a Fazenda Pública, o que só para argumentar admitimos – ainda assim a publicação de acórdãos espelhando uma nova orientação jurisprudencial não pode ser motivo para que cessem os feitos da coisa julgada nas relações continuativas. Deve-se recordar, nesse caso, o que dispõe o art. 146 do CTN, que exige, no mínimo, que o sujeito passivo seja primeiro notificado da mudança de critério jurídico adotada pela Fazenda em face da nova jurisprudência, para que, só depois disso, o tributo possa ser exigido, vale dizer, os fatos ocorridos posteriormente voltem a ser "geradores" do dever de pagá-lo.[418]

No CPC/2015, o art. 535, em seus §§ 5.º e 8.º, sugere que, no caso de mudança de entendimento do STF sobre questão versada em sentença com trânsito em julgado, seria a ação rescisória o instrumento adequado para rediscutir o assunto. Para resolver o problema que decorreria do fato de seu fundamento (o novo entendimento do STF) poder surgir apenas muito depois do trânsito em julgado da decisão rescindenda, o Código estabelece que o prazo de dois anos para o manejo da rescisória, nesse caso, começa com o trânsito em julgado da decisão do STF que firmar o novo entendimento. Daí não se pode concluir, porém, que diante de reviravolta no entendimento jurisprudencial firmado em torno de determinada questão tributária, aplicável a relações continuativas, seria possível o uso da rescisória para rediscutir todo o período passado. Na verdade, o referido artigo diz respeito especificamente

---

[417] Hugo de Brito Machado Segundo e Raquel Cavalcanti Ramos Machado, "Coisa Julgada, constitucionalidade e legalidade em matéria tributária", coord. Hugo de Brito Machado, São Paulo/Fortaleza: Dialética/ICET, 2006, p. 186.

[418] A esse respeito, Helenilson Cunha Pontes ensina, com inteira propriedade, que "a manutenção dos regulares efeitos jurídicos dos atos praticados anteriormente à pronúncia de inconstitucionalidade, além de exigência do princípio da unidade da Constituição e do equilíbrio entre segurança jurídica e supremacia da Constituição, é resultante também da consideração de outros princípios e regras jurídicos (confiança e boa-fé, irretroatividade maligna, proteção ao exercício regular de direito, regra do art. 146 do CTN)" (*Coisa Julgada Tributária e Inconstitucionalidade,* São Paulo: Dialética, 2005, p. 201).

ao *cumprimento de sentença*, sendo a rescisória o instrumento próprio no caso de a mudança jurisprudencial ser posterior ao trânsito em julgado da decisão de cujo cumprimento ainda se cogita. Ela se presta para obstar o recebimento de um precatório, por exemplo, não para reabrir uma discussão quanto ao passado e viabilizar o lançamento de quantias não pagas por força da decisão rescindenda. Em relação ao passado, tratando-se de mudança de orientação jurisprudencial e de relação continuativa, pelas razões já explicadas, em princípio não é possível haver alteração.

As relações continuativas, portanto, quando objeto de declaração em sentença com trânsito em julgado, podem ser revistas nos termos do art. 505, I, do CPC/2015, ou, ainda que se entenda possível o uso da rescisória também, ampliando-se o âmbito de aplicação do art. 535, §§ 5º e 8º, seus efeitos, no caso de procedência dos pedidos, devem ser necessariamente *ex nunc*, não sendo possível ao Fisco cobrar quantias, referentes a fatos passados, anteriormente não pagas com amparo na decisão passada em julgado.

Essa posição vinha sendo defendida neste livro desde as suas primeiras edições, há quase vinte anos. Recentemente, o tema foi deslindado pelo Supremo Tribunal Federal, com repercussão geral (Temas 881 e 885). Prevaleceu exatamente a tese aqui defendida, a saber, o entendimento de que, no caso de mudança de entendimento do STF em torno de matéria constitucional que fundamenta sentença transitada em julgado, em relação continuativa, os efeitos da coisa julgada somente cessam automaticamente, a partir da publicação do acórdão do STF, se se tratar de ADI, ADC ou ADPF, ou se, em sede de RExt, houver repercussão geral (ou editar-se Súmula Vinculante), ou seja, somente se o novo entendimento tiver efeitos *erga omnes*, porque nessa hipótese equivale à alteração normativa, conforme se explicou anteriormente. Se a mudança se der em controle difuso sem repercussão geral, a solução será a propositura da ação rescisória, ou da ação de revisão, nos termos aqui explicados.

Embora tenha havido forte crítica ao julgado, por setores da doutrina, não nos parece que ele tenha inovado ou efetivamente colhido os jurisdicionados de surpresa, embora remanesçam questões relevantes e não solucionadas, como a de saber qual o alcance do entendimento firmado. Uma mudança no entendimento do STF aplica-se de imediato para afastar a coisa julgada, mas esse "entendimento" será aquele enunciado na "tese"? Na ementa? E se nos votos houver fundamento capaz de afastar uma decisão passada em julgado, por ser contrário a ela ou aos que a sustentam, mas isso não constar da "tese"? O entendimento se aplica apenas à celeuma em torno da CSLL, ou valerá para qualquer outra situação na qual o STF fixar orientação *erga omnes* contrária a eventuais decisões passadas em julgado em processos individuais? São pontos que a Corte ainda precisa esclarecer.

Questão semelhante se coloca, embora não esteja em apreciação no STF, caso a controvérsia se situe no terreno da legalidade, e não da constitucionalidade, e a mudança de entendimento se operar no seio do STJ. As conclusões, em nossa ótica, devem ser as mesmas, distinguindo-se os casos em que se adota a sistemática dos recursos repetitivos daqueles em que a decisão é proferida de sorte a produzir efeitos apenas entre as partes do processo.

3.5.4 Improcedência de pedido declaratório e execução fiscal

Em sendo julgados improcedentes os pedidos formulados pelo autor da ação declaratória, a sentença invariavelmente reconhece a existência de situação jurídica diferente daquela cuja declaração era pretendida pelo autor. Exemplificando, se na ação se pleiteia o reconhecimento de relação jurídica que autorize o aproveitamento de determinado crédito de ICMS, a improcedência desse pedido implica a declaração de que essa relação jurídica não existe, ou seja, de que o crédito de ICMS em questão não pode ser aproveitado.

Cabe lembrar, porém, que mesmo nessa situação a Fazenda Pública não poderá simplesmente "executar" a sentença declaratória negativa, eximindo-se do dever de lançar o tributo decorrente da relação jurídica nela reconhecida. Embora a execução da sentença pela Fazenda ré pareça, e efetivamente seja, um redobrado absurdo, não são poucos os casos em que assim se pretende fazer, especialmente quando, julgados improcedentes os pedidos do autor da ação declaratória, constata-se não haver sido feito o lançamento correspondente, já estando consumada a decadência do direito de fazê-lo.

Na verdade, como já foi dito várias vezes ao longo deste livro, a Fazenda Pública não tem, em princípio, a faculdade de propor ações de conhecimento, visto que os resultados de uma ação desse tipo podem ser por ela obtidos internamente. A Fazenda, em outras palavras, acerta as relações das quais entende fazer parte, e constitui os créditos tributários que entende possuir. Possui direito potestativo de fazê-lo, direito que se submete a prazos de decadência, e cujo exercício independe de interferência judicial. A Fazenda vale-se da tutela jurisdicional apenas para executar tais acertamentos, ou acautelar essa execução. A improcedência do pedido formulado pelo contribuinte autor de uma ação declaratória, portanto, não pode dar à Fazenda ré algo que ela não poderia obter como autora da ação (o lançamento). A coisa julgada, quando muito, impedirá que o contribuinte volte a discutir os aspectos já declarados, em relação a essa mesma relação jurídica, diante do mesmo contexto fático/normativo, mas não eximirá a Fazenda de constituir o crédito tributário decorrente dessa relação.[419]

Em outras palavras, a sentença que julga improcedente o pedido do autor da ação declaratória não é título executivo hábil ao aparelhamento de uma ação de execução fiscal, por mais que nela se afirme ser devido o tributo questionado pelo autor da ação.

3.6 Ação de repetição do indébito

3.6.1 O direito à restituição

O Poder Público, presentado[420] por pessoas físicas tão falíveis como quaisquer outras, por vezes, edita normas inválidas, efetua lançamentos improcedentes, e julga administrativamente de modo equivocado. Tudo isso gera, invariavelmente, o pagamento de tributos indevidos. O contribuinte, por sua vez, eventualmente comete equívocos que o levam a recolher aos cofres públicos quantias superiores às devidas.

---

[419] Essa constituição pode, em tese, dar-se com a homologação da atividade desempenhada pelo contribuinte, caso tenha havido o depósito de quantias por ele próprio apuradas. Caso não tenha havido depósito, porém, a feitura de um lançamento de ofício é indispensável.

[420] Como explica Pontes de Miranda, *representa-se* aquela pessoa que pode, em tese, fazer-se presente. Os que atuam em nome de pessoas jurídicas, enquanto órgãos, a rigor não são representantes, mas *presentantes* (Cf. Pontes de Miranda. *Tratado de Direito Privado*, 3. ed. Rio de Janeiro: Borsoi, 1970, t. I, p. 412).

386 | PROCESSO TRIBUTÁRIO – *Machado Segundo*

Tais recolhimentos indevidos geram o direito à respectiva restituição, usualmente chamada, no âmbito processual tributário, de "repetição do indébito". A ação de conhecimento que tem por finalidade obter o reconhecimento desse direito, com a condenação do ente público à correspondente restituição, chama-se "ação de repetição do indébito".

3.6.2   Fundamento constitucional do direito à restituição

A Constituição Federal de 1988 assevera que nenhum tributo será exigido sem lei que o estabeleça. Paralelamente, e de modo bastante detalhado, delimita quais requisitos devem ser preenchidos pela lei que instituir ou majorar tributos. Como consequência disso, conclui-se que o direito à restituição de um tributo pago indevidamente, seja ele decorrente de uma exigência sem amparo legal, seja ele decorrente de exigência inconstitucional, tem fundamento na Constituição. O direito à restituição de tributo pago sem amparo em lei (ou com amparo em lei que não incidiu, o que é o mesmo), ou ainda com amparo em lei inválida, é consequência natural do descumprimento das normas constitucionais antes aludidas. Independe, portanto, de previsão expressa em lei, seja ela complementar ou ordinária.

É o que doutrina Ricardo Mariz de Oliveira, para quem

> "[...] o direito à restituição de tributo indevidamente pago tem fundamento original e permanente na Constituição Federal, derivando da combinação de uma dualidade de preceitos nela inseridos, quais sejam, (1) a própria competência tributária do ente envolvido no recebimento do tributo indevido, regularmente exercida, e (2) o princípio da estrita legalidade".[421]

A respeito do fundamento constitucional do direito à restituição de tributos pagos indevidamente, Hugo de Brito Machado explica que:

> "Na verdade, quando se pergunta se um direito tem fundamento na Constituição, não se está perquirindo a respeito de um fundamento remoto. Não se está questionando a respeito do fundamento de validade da norma que o institui, porque obviamente toda lei tem o seu fundamento de validade na Constituição. O que se quer saber é se o direito nasce diretamente da Constituição e, desta forma, existe, mesmo na omissão completa do ordenamento infraconstitucional.
>
> O direito à restituição do que tenha o contribuinte pago indevidamente tem inegável fundamento na Constituição, na medida em que esta garante que o tributo é devido na forma da lei e o legislador, por seu turno, está sujeito a limitações na definição do dever jurídico tributário. Assim, ainda que o ordenamento infraconstitucional nada estabeleça a respeito do direito à restituição do indébito, tal direito existirá, induvidosamente, por força dos preceitos da própria Constituição. É um corolário daquele direito de somente pagar o que seja devido nos termos da própria Constituição e das leis."[422]

A principal consequência que se pode extrair de tal fundamento constitucional – mas que por vezes é solenemente ignorada pelo Poder Judiciário – é a de que o direito à restituição de

---

[421]   Ricardo Mariz de Oliveira, "Repetição do Indébito, Compensação e Ação Declaratória", em *Repetição do Indébito e Compensação no Direito Tributário*, coord. Hugo de Brito Machado, São Paulo/Fortaleza: Dialética/ICET, 1999, p. 355 e 356.

[422]   Hugo de Brito Machado, "Apresentação e Análise Crítica", em *Repetição do Indébito e Compensação no Direito Tributário*, coord. Hugo de Brito Machado, São Paulo/Fortaleza: Dialética/ICET, 1999, p. 11.

tributo pago indevidamente não pode ser suprimido, embaraçado ou impossibilitado pela legislação de inferior hierarquia. Não têm validade dispositivos de lei, seja ordinária ou complementar, que estabeleçam formalidades que, absolutamente desproporcionais, terminem representando pura e simplesmente um óbice ao exercício do direito à restituição.

3.6.3 Tributo indevido não é tributo?

Tendo a Constituição e o CTN indicado os elementos essenciais de um tributo devido, entre os quais está o *haver sido instituído em lei* (evidentemente, lei válida), há doutrinadores que negam a natureza tributária do chamado "tributo indevido". Paulo Roberto de Oliveira Lima, por exemplo, ilustre Juiz do Tribunal Regional Federal da 5ª R., assevera:

> "Ora, se se trata de tributo indevido, não se pode falar em extinção do crédito tributário, pois que jamais houve crédito tributário. Também não se pode falar em lançamento e suas espécies, posto que de lançamento somente se cuidaria em existindo efetivamente tributo, e este não é o caso. O equívoco de se considerar o pagamento indevido como tributo é tão injustificado e gritante quanto comum."[423]

Não é bem assim, contudo. Ao se negar a natureza tributária do tributo indevido, incorre-se no equívoco de confundir os planos da *existência* e da *validade*, tão bem diferenciados por Pontes de Miranda. É o mesmo erro dos que afirmam que a lei inconstitucional não é lei, ou que o contrato nulo não é um contrato.

Sobre essa questão, e por coincidência precisamente refutando a ideia contida na citação antes transcrita, Hugo de Brito Machado já escreveu:

> "O pagamento feito a título de tributo, ainda que seja indevido, não perde a natureza tributária, posto que somente em face da lei tributária é que se pode afirmar ser o mesmo indevido. Da mesma forma que o ser *jurídico* não quer dizer ser *lícito*, o ser *tributário* não quer dizer ser *conforme a lei tributária*. O ilícito é jurídico porque o ser *lícito*, ou *ilícito*, é uma qualidade inerente àquilo que é *jurídico*. É uma qualidade atribuída pelo Direito. Do mesmo modo, ser o tributo *devido*, ou *indevido*, é qualidade inerente àquilo que é *tributo*. É uma qualidade atribuída pelo Direito *Tributário*."[424]

Na verdade, o tributo indevido é tributo que, nulamente embora, entra no mundo jurídico, e dele pode ser retirado por vício verificado na juridicização do suporte fático[425] das normas relativas ao conceito de tributo. Tais vícios, que contaminam a sua *validade* mas não a sua *existência*, não lhe alteram a natureza. Apenas tornam precária a sua juridicidade, que por conta dessa precariedade pode ser desfeita. É relevante, portanto, saber *qual* tributo foi pago indevidamente, e a espécie de lançamento em face do qual esse pagamento foi feito, a fim de determinar alguns aspectos importantes, pertinentes à sua restituição.

---

[423] Paulo Roberto de Oliveira Lima, "Repetição do Indébito Tributário e Compensação", em *Repetição do Indébito e Compensação no Direito Tributário*, coord. Hugo de Brito Machado, São Paulo: Dialética, 1999, p. 318.

[424] Hugo de Brito Machado, "Apresentação e Análise Crítica", em *Repetição do Indébito e Compensação no Direito Tributário*, coord. Hugo de Brito Machado, São Paulo: Dialética, 1999, p. 20.

[425] Pontes de Miranda, *Tratado de Direito Privado*, atualizado por Vilson Rodrigues Alves, Campinas: Bookseller, t. 4, § 362, nº 1, p. 62.

388 | PROCESSO TRIBUTÁRIO – *Machado Segundo*

3.6.4 Repetição do indébito e repercussão

Questão das mais relevantes, no que toca à restituição de tributos pagos indevidamente, diz respeito à norma contida no art. 166 do CTN, que dispõe:

> "Art. 166. A restituição de tributos que comportem, por sua natureza, transferência do respectivo encargo financeiro somente será feita a quem prove haver assumido referido encargo, ou, no caso de tê-lo transferido a terceiro, estar por este expressamente autorizado a recebê-la."

O maior problema, na interpretação do artigo transcrito, é a determinação do que vem a ser um tributo que comporte, por sua natureza, transferência do respectivo encargo financeiro. São os tributos impropriamente chamados de "indiretos".

Essa questão já foi abordada, em parte, no item 3.1, quando do exame da legitimidade ativa para discutir judicialmente exigências tributárias. Não custa, porém, insistir em alguns pontos, especialmente porque é na ação de restituição de tributo pago indevidamente que a "prova" de não transferência do ônus assume maior importância.[426]

A rigor, de um ponto de vista econômico, *todo* tributo comporta transferência do encargo financeiro. Aliás, não apenas todo tributo, mas todo e qualquer ônus sofrido, por quem quer que seja, comporta, em tese, transferência do encargo financeiro a terceiros. No âmbito de uma sociedade comercial, o preço das mercadorias pode – aliás, deve, para que a empresa seja lucrativa e não vá à falência – servir para que aquele que as vende recupere o que gastou com aluguel de máquinas e imóveis, salários, energia elétrica, água, telefone, frete etc. Tudo isso é "repercutido" nos preços dos bens ou serviços vendidos, sob pena de a atividade não se mostrar lucrativa.

Note-se que, mesmo entre os tributos, não há uma "espécie" cujo ônus possa ser repassado a terceiros, e outra em que isso não seja possível. Impostos considerados "indiretos", como o ICMS e o IPI, podem eventualmente ser economicamente suportados apenas pelo vendedor, e não pelo comprador da mercadoria correspondente. Por outro lado, impostos como o IPTU, ou o Imposto de Renda, usualmente considerados "diretos", são não raro repercutidos, a exemplo do que ocorre entre o médico autônomo e o seu paciente (o médico "embute" o IRPF em seus honorários), e o locador e o locatário de um imóvel (o locador "transfere" o ônus do IPTU ao locatário). Muitos outros exemplos poderiam ser citados, com quaisquer tributos. Além disso, a repercussão não ocorre, necessariamente, em uma determinada "direção" dentro da cadeia produtiva. Um ônus imposto a um comerciante varejista pode não ser repercutido apenas sobre os compradores de suas mercadorias, mas nas mais diversas direções. Um aumento da COFINS, por exemplo, não necessariamente enseja um aumento no preço da mercadoria vendida por um comerciante varejista, contribuinte dessa exação: pode fazer com que persuada seus fornecedores a praticarem preços mais baixos, ou convença seus empregados a desistirem do aumento de salários que pretendiam.

A "transferência do ônus" de um tributo, portanto, considerada sob um prisma apenas econômico, é absolutamente difusa, e de impossível determinação. Por conseguinte, a exigência de que se prove a não transferência, como condição para que se obtenha o ressarcimento de

---

[426] Para questionar uma determinada exigência – antes de pagá-la – no âmbito de um mandado de segurança, por exemplo, o contribuinte pode estar defendendo (de modo perfeitamente válido) o seu direito de "não repercutir" o citado tributo. Assim, seja qual for o sentido que se atribua ao art. 166 do CTN, e ao que venha a ser um "tributo indireto", o fato é que a legitimidade, em outras espécies de ação de iniciativa do contribuinte, é muito mais ampla.

Capítulo 4 · PROCESSO JUDICIAL TRIBUTÁRIO | **389**

um tributo pago indevidamente, se interpretada literalmente, pode fazer com que, na prática, desapareça o direito à restituição. Tamanho embaraço ao exercício do direito à restituição de tributos pagos indevidamente, contudo, não pode ser juridicamente aceito, ainda que fosse preconizado por uma emenda constitucional, pois, como se viu anteriormente, o direito à restituição está fundado em normas e princípios que compõem o núcleo imodificável da Constituição Federal de 1988 (item 3.6.2, *supra*). Aliás, cercear o direito à repetição do indébito implicaria destruir o próprio Estado de Direito, e, com ele, o Direito Tributário, pois seria o mesmo que retirar a *sanção* de todas as normas jurídicas que disciplinam a atividade de tributação.

É por isso que insistimos na diferença, que se deve fazer, entre transferência meramente econômica e transferência jurídica do ônus do tributo.

A transferência jurídica ocorre quando normas jurídicas elegem como sujeito passivo pessoa distinta daquela que realiza o fato tributável, signo presuntivo de capacidade contributiva, e outorgam a esse sujeito passivo *meios jurídicos* de reter ou reaver da pessoa que realizou esse fato o tributo pago.[427] Exemplo clássico é a retenção, pela fonte pagadora, do imposto sobre a renda auferida por terceiro. A repercussão se processa "fora do negócio jurídico, porque o direito de reembolso (ou retenção) não é elemento constitutivo do negócio jurídico, nem efeito jurídico específico deste negócio jurídico".[428]

Por outro lado, quando o fato tributável, signo presuntivo de capacidade contributiva, é realizado pelo próprio sujeito passivo, e inexiste instrumento jurídico que lhe outorgue o *direito subjetivo* de exigir de terceiro o tributo pago, sendo o seu "ressarcimento" feito de forma difusa, na negociação de valores em contratos que celebrar,[429] há transferência simplesmente econômica, que ocorre dentro do negócio jurídico e é exercida pela exigência dos direitos específicos ao negócio jurídico, por exemplo, preço, honorários, aluguel.[430]

Facilmente se vislumbra a diferença entre esses dois tipos de repercussão por meio do exame de sua necessária relação jurídica com a existência do tributo. Se for revogada toda a legislação do imposto de renda, não será lícito à fonte pagadora reter qualquer quantia sobre os pagamentos que efetuar, pois não mais existirá imposto de renda a reter. Caso seja extinta a contribuição previdenciária devida pelo empregado, não será juridicamente possível ao empregador descontar essa mesma contribuição do salário correspondente. Em outras palavras, não é lícita a repercussão jurídica de tributo indevido, ou maior que o devido. Se a repercussão houve, aquele que a sofreu poderá obter o respectivo ressarcimento. Se não houve repercussão, mas o tributo foi pago, será do sujeito passivo que o pagou o direito à devolução.

Já em se tratando de repercussão meramente econômica, o suposto "repasse" pode haver mesmo que não mais haja o tributo a repassar. Extinto ou reduzido o ICMS, um supermercado poderá vender seus produtos exatamente pelos mesmos preços, ou até majorá-los. Revogada toda a legislação do imposto de renda, médicos, advogados, contadores e demais profissionais liberais poderão exigir de seus clientes os mesmos honorários. Não há relação jurídica entre o preço pago por quem sofre a incidência simplesmente econômica do tributo e a validade

---

[427] Cfr. Alfredo Augusto Becker, *Teoria Geral do Direito Tributário*, 3. ed. São Paulo: Lejus, 1998, p. 534.

[428] Alfredo Augusto Becker, *Teoria Geral do Direito Tributário*, 3. ed. São Paulo: Lejus, 1998, p. 577.

[429] Na compra de matéria-prima por preços mais módicos; no pagamento de salários inferiores, ou a menor quantidade de empregados; na venda de seus produtos por preços superiores; na menor distribuição de lucros aos acionistas; no pagamento de aluguéis mais baixos pelo imóvel que serve de estabelecimento; na economia de energia elétrica; em todas essas hipóteses o sujeito passivo está "repercutindo" economicamente o tributo pago. Sobre o tema, ver Paul Hugon, *O Imposto*, 2. ed. Rio de Janeiro, Edições Financeiras S.A., p. 98 a 109.

[430] Alfredo Augusto Becker, *Teoria Geral do Direito Tributário*, 3. ed., São Paulo: Lejus, 1998, p. 577.

ou mesmo a existência desse tributo. Não há, portanto, um direito subjetivo de eximir-se do mesmo. Assim, por exemplo, se um imposto economicamente repassado no preço de uma mercadoria é considerado inconstitucional, não se torna inconstitucional o preço pago por essa mesma mercadoria.

Como todo tributo pode, do ponto de vista econômico, ser repassado, não é a este repasse econômico que o art. 166 do CTN se está referindo. O dispositivo em comento faz alusão aos "tributos que comportem, por sua natureza, transferência do respectivo encargo financeiro", deixando claro que existem aqueles que não comportam essa transferência. É à transferência jurídica do encargo, portanto, que o artigo se reporta.

Exemplo de tributo repassado juridicamente é o Imposto de Renda Retido na Fonte, a CPMF, a contribuição previdenciária (parcela do empregado) e todos aqueles exigidos no âmbito de sistemáticas de "substituição tributária", nos termos do art. 128 do CTN, segundo o qual

> "a lei pode atribuir de modo expresso a responsabilidade pelo crédito tributário a terceira pessoa, vinculada ao fato gerador da respectiva obrigação, excluindo a responsabilidade do contribuinte ou atribuindo-a em caráter supletivo do cumprimento total ou parcial da referida obrigação".[431]

E nem poderia ser diferente. Só nos casos em que a própria lei altera a sujeição passiva tributária, essa alteração pode ter significação para o Direito Tributário, até mesmo porque o art. 123 do CTN assevera que as convenções particulares que alteram a sujeição passiva tributária não podem ser opostas à Fazenda Pública. Em outros termos, o que as partes acertam entre si, quanto à possível transferência dos tributos por elas devidos, é irrelevante para a Fazenda Pública credora. Por que razão, então, haveria de ser diferente, quando a Fazenda Pública assume a função de devedora? Merecem transcrição, não só por seu inegável acerto, mas especialmente pela autoridade de quem as proferiu, as palavras de Rubens Gomes de Souza:

> "É princípio incontroverso, em Direito Tributário, o de que o fisco é terceiro em relação às convenções particulares sujeitas à tributação; uma das consequências desse princípio é a de que o fisco exige o tributo da pessoa designada pela lei como obrigada ao seu pagamento, ignorando as convenções particulares porventura tendentes a deslocar a incidência daquela pessoa para outra, operando tais convenções exclusivamente entre as partes. O princípio pode, portanto, ser sintetizado dizendo-se que o fisco só toma conhecimento do contribuinte legal, isto é, da pessoa expressamente designada por lei como obrigada ao pagamento do tributo. [...] Ora, se assim é em matéria de cobrança de tributo, tudo indica que assim também deve ser em matéria de restituição; por outras palavras, se o fisco não admite que a translação lhe seja oposta como defesa por ocasião da cobrança, tampouco lhe caberá opô-la, ele próprio, como defesa quando pedida a restituição."[432]

Para que fique clara a distinção entre a autêntica repercussão jurídica e a repercussão meramente econômica, basta que se pense que no primeiro caso há *duas relações jurídicas* entre o contribuinte e o responsável (ou entre o contribuinte "de direito" e o "de fato"). Uma, de direito privado, que serve de fato gerador ao tributo (compra e venda, prestação de serviço

---

[431] Nesse sentido: José Artur Lima Gonçalves e Márcio Severo Marques, "Repetição do Indébito e Compensação no Direito Tributário", em *Repetição do Indébito e Compensação no Direito Tributário*, coord. Hugo de Brito Machado, São Paulo: Dialética, 1999, p. 207.

[432] *Revista de Direito Administrativo* nº 24, de 1946, Apud Leandro Paulsen, *Direito Tributário*, 2. ed. Porto Alegre: Livraria do Advogado, 2000, p. 555 e 556.

etc.), e outra, de direito público, que autoriza o responsável a exigir do contribuinte a parcela relativa ao tributo (*v. g.*, por meio de retenção). No segundo caso, há apenas uma relação jurídica, de direito privado, e o tributo, onerando juridicamente apenas uma das partes dessa relação, pode eventualmente ser repassado para outra – economicamente – na fixação do correspondente preço. Mas não há um "direito" do contribuinte ou do responsável a que assim seja, sendo o preço, a rigor, fixado contratualmente, conforme as leis de mercado.

Um exemplo esclarecerá o que acabamos de dizer. Imagine-se que a legislação do Imposto de Renda seja alterada, e que a alíquota desse imposto, para o caso de pessoa física com rendimento mensal de R$ 1.500,00, passe a ser de 10%, e não de 15% como ocorre atualmente. Se uma determinada fonte continuar retendo 15% dos rendimentos de um empregado seu, este terá *direito subjetivo* de pleitear que a retenção cesse, passando a ocorrer pelo percentual de 10%, pois é só este o montante que a fonte tem direito de reter sobre o salário acordado.

Agora imagine-se que o ICMS incidente sobre determinada mercadoria seja reduzido. O imposto devido na venda de uísque por um supermercado, que passa, suponha-se, de 27% para 17%. Implementada a redução, nenhum consumidor poderá comparecer a um supermercado *exigindo* que se lhe venda uma garrafa de uísque com redução de 10% no preço correspondente, argumentando para isso com a redução do tributo. O vendedor poderá dar o desconto, ou não, ou quem sabe até subir o preço do produto. A redução não será impositiva, nem o "contribuinte de fato" terá a ela direito, porque o preço é fixado pelo mercado, e determinado pela relação contratual com o comprador.

Cabe destacar, porém, que o STJ,[433] examinando questões relativas à exegese do art. 166 do CTN, acolheu conceito de repercussão jurídica semelhante ao exposto, porém consideravelmente mais abrangente.

No entender das duas Turmas de Direito Público do STJ, há repercussão jurídica não apenas nos casos a que referimos, mas também quando o tributo é apenas "embutido" no preço, desde que a sua sistemática de incidência viabilize essa transferência de encargo por intermédio de um negócio jurídico. É o que ocorre, por exemplo, com o ICMS e o IPI, havendo a chamada "integração direta no preço".[434]

A diferenciação feita pela jurisprudência foi a seguinte.

Em princípio, financeiramente, todo tributo pode repercutir, em todas as direções, seja na compra de matéria-prima por preços mais baixos, na redução da folha de pagamentos, da margem de lucros, dos aluguéis pagos etc. Trata-se, contudo, de mera repercussão financeira, não sendo a ela aplicável o art. 166 do CTN.

---

[433] Confiram-se, a propósito, os seguintes julgados: REsp 200.518/SP, *DJU* I 8.3.2000, p. 54; REsp 228.315/RS, *DJU* I 28.2.2000, p. 60; REsp 286.404/PR, *DJU* I 21.10.2002, p. 330.

[434] Vale registrar que, mesmo em relação aos tributos tidos por "indiretos", o STJ tem limitado a aplicação do art. 166 do CTN às hipóteses de restituição e compensação de pagamentos feitos indevidamente. Quando se trata do aproveitamento de créditos desses impostos, decorrentes da sistemática da não cumulatividade, o art. 166 não é considerado invocável: "É firme a orientação da 1ª Seção do STJ no sentido da desnecessidade de comprovação da não transferência do ônus financeiro correspondente ao tributo, nas hipóteses de aproveitamento de créditos de IPI, como decorrência do mecanismo da não cumulatividade" (STJ, 1ª T., AgRg no REsp 635.973/SC, Rel. Min. Teori Albino Zavascki, j. em 3.5.2005, *DJ* de 16.5.2005, p. 244). A distinção a que nos reportamos está bem evidente no seguinte julgado: "Embora o ICMS seja tributo indireto, quando se trata de aproveitamento de créditos, afasta-se a aplicação do art. 166 do CTN, não se exigindo a prova negativa da repercussão. Contudo, em se tratando de devolução (restituição ou compensação), o contribuinte deve provar que assumiu o ônus ou está devidamente autorizado por quem o fez a pleitear o indébito" (STJ, 2ª T., REsp 493.902/SP, Rel. Min. Eliana Calmon, j. em 3.5.2005, *DJ* de 6.6.2005, p. 256).

Alguns tributos, contudo, incidem sobre um fato realizado por mais de uma pessoa. É o caso de tributos que oneram operações, negócios jurídicos nos quais determinado bem é "impulsionado" na economia. Pois bem. Sempre que o tributo onera diretamente o sujeito passivo situado no início deste ciclo impulsionador, e este pode, no âmbito do negócio jurídico celebrado, adicionar direta e imediatamente ao preço o ônus respectivo,[435] há repercussão jurídica, nos termos aludidos no art. 166 do CTN.

Não obstante equivocado, *data venia*, trata-se do entendimento prevalente no âmbito do Superior Tribunal de Justiça. Assim, enquanto não retificado, pelo menos para fins pragmáticos deve-se considerar que a questão resta hoje pacificada nos seguintes termos:

a) há repercussão jurídica quando a lei institua a chamada substituição tributária, separando a sujeição passiva tributária entre contribuinte e responsável, nos termos do art. 128 do CTN; *e, também,*

b) quando o tributo tenha como fato gerador uma operação, na qual duas pessoas participem, onerando *o primeiro sujeito* desta operação e possibilitando que esse primeiro sujeito, no âmbito do negócio celebrado, acrescente o ônus do tributo, repercutindo-o de modo direto e imediato no preço ao segundo sujeito da operação.

Nas duas hipóteses sintetizadas, os termos da relação jurídica tributária poderiam em tese ser questionados por ambos os sujeitos passivos, tanto o "direto" como o "indireto", porquanto ambos têm a sua esfera de direitos afetada pela imposição do tributo. Entretanto, quando se tratar de ação de restituição do indébito, essa legitimidade assistirá apenas àquele que efetivamente houver desembolsado o valor a ser restituído, cumprindo-lhe provar haver sofrido o ônus do tributo, ou estar autorizado por quem o sofreu.

Fundado nesse entendimento, o Superior Tribunal de Justiça considerou inválidas as disposições de lei ordinária que condicionam a restituição ou a compensação de contribuições previdenciárias devidas pelas empresas à prova da não repercussão do ônus correspondente aos preços dos produtos ou serviços oferecidos à sociedade. A Primeira Seção daquela Corte entendeu, com inteiro acerto, que

> "[...] tributos que comportem, por sua natureza, transferência do respectivo encargo financeiro são somente aqueles em relação aos quais a própria lei estabeleça dita transferência. 3. Somente em casos assim aplica-se a regra do art. 166, do Código Tributário Nacional, pois a natureza, a que se reporta tal dispositivo legal, só pode ser a jurídica, que é determinada pela lei correspondente e não por meras circunstâncias econômicas que podem estar, ou não, presentes, sem que se disponha de um critério seguro para saber quando se deu, e quando não se deu, aludida transferência.

---

[435] Ainda a esse respeito, releva destacar que a jurisprudência tem considerado não aplicável o art. 166 do CTN, sempre que a mercadoria vendida, sobre a qual incidia o tributo indevido, for objeto de tabelamento de preços. Foi o que consignou o seguinte acórdão: "Tributário. Repetição do indébito. Contribuição para o IAA. Preço tabelado. Artigo 166 do Código Tributário Nacional. A aplicação do artigo 166 do Código Tributário Nacional na repetição de tributos constitui questão ainda não resolvida satisfatoriamente pela jurisprudência. Hipótese, todavia, em que tabelado o preço do produto, a presunção é a de que o contribuinte não pode repassar a carga econômica do tributo para o consumidor" (Ac. un. da 2ª T. do STJ – Rel. Min. Ari Pargendler – REsp 68.401-RJ – *DJU* I de 28.4.1997, p. 15.837 – *RDDT* 22/172). No mesmo sentido: Ac. un. da 2ª T. do STJ – EDcl no REsp 71.962/SP – Rel. Min. Francisco Peçanha Martins – j. 3.8.2000 – *DJU* I de 11.9.2000 – Íntegra em *RTFP* 39/2001, p. 296.

Capítulo 4 · PROCESSO JUDICIAL TRIBUTÁRIO | **393**

4. Na verdade, o art. 166, do CTN, contém referência bem clara ao fato de que deve haver pelo intérprete sempre, em casos de repetição de indébito, identificação se o tributo, por sua natureza, comporta a transferência do respectivo encargo financeiro para terceiro ou não, quando a lei, expressamente, não determina que o pagamento da exação é feito por terceiro, como é o caso do ICMS e do IPI. A prova a ser exigida na primeira situação deve ser aquela possível e que se apresente bem clara, a fim de não se colaborar para o enriquecimento ilícito do poder tributante. Nos casos em que a lei expressamente determina que o terceiro assumiu o encargo, necessidade há, de modo absoluto, que esse terceiro conceda autorização para a repetição de indébito.

5. A contribuição previdenciária examinada é de natureza direta. Apresenta-se com essa característica porque a sua exigência se concentra, unicamente, na pessoa de quem a recolhe, no caso, uma empresa que assume a condição de contribuinte de fato e de direito. A primeira condição é assumida porque arca com o ônus financeiro imposto pelo tributo; a segunda, caracteriza-se porque é a responsável pelo cumprimento de todas as obrigações, quer as principais, quer as acessórias.

6. Em consequência, o fenômeno da substituição legal no cumprimento da obrigação, do contribuinte de fato pelo contribuinte de direito, não ocorre na exigência do pagamento das contribuições previdenciárias quanto à parte da responsabilidade das empresas.

7. A repetição do indébito e a compensação da contribuição questionada podem ser assim deferidas, sem a exigência da repercussão.

[...]".[436]

Por dever de coerência, o art. 166 do CTN, seja qual for a interpretação que se lhe dê, não pode ser visto como um óbice à restituição do indébito, mas apenas como uma regra a respeito de legitimidade ativa *ad causam*. Caso se considere que houve "repercussão" jurídica do ônus representado pelo tributo a ser restituído, o direito à devolução assiste àquele que o houver suportado (dito, impropriamente, "contribuinte de fato"). Não é lícito, nem moral, nem mesmo coerente, a conduta muitas vezes adotada pela Fazenda Pública, que, depois de negar a legitimidade ao contribuinte de direito por conta da suposta repercussão, nega essa legitimidade também ao contribuinte de fato, sob o argumento de que este "não integra a relação jurídica com a Fazenda". O STJ chegou a decidir nesse sentido,[437] entretanto, mais recentemente, esse entendimento foi alterado, negando-se a legitimidade *ad causam* ao contribuinte "de fato", com exceção, como explicado, apenas para os consumidores de energia elétrica:

"1. A partir do julgamento do REsp 903.394/AL, realizado sob o rito do art. 543-C do Código de Processo Civil (recurso repetitivo), ficou decidido que apenas o contribuinte de direito tem legitimidade ativa *ad causam* para demandar judicialmente a restituição de indébito referente a tributos indiretos.

2. No julgamento do REsp 928.875/MT, a Segunda Turma reviu sua posição para considerar que somente o contribuinte de direito possui legitimidade *ad causam*

---

[436] Ac. mv da 1ª S. do STJ – Rel. Min. Ari Pargendler – Rel. p/ Ac. Min. José Delgado – EDiv no REsp. 168.469/SP – j. 10.11.1999 – *DJU* I de 17.12.1999, p. 314 – *RDDT* 55/160.

[437] O STJ já entendeu que "o contribuinte de fato está legitimado para reclamar a devolução do tributo indevidamente recolhido pelo contribuinte de direito. Assim dispõe, a contrário senso, o art. 166 do CTN" (Ac. un. da 1ª T. do STJ – REsp. 276.469/SP – Rel. Min. Humberto Gomes de Barros – j. em 14.8.2001 – *DJU* I de 1º.10.2001, p. 165 – inteiro teor em *RDDT* 75/187).

para figurar no polo ativo das demandas judiciais que envolvam a incidência do ICMS sobre a demanda contratada de energia elétrica.

3. Nas operações internas com energia elétrica, o contribuinte é aquele que a fornece ou promove a sua circulação (definição disposta no art. 4º, *caput*, da Lei Complementar 87/1996). Assim, ainda que se discuta a condição da concessionária, é certo que não é possível enquadrar o consumidor final na descrição legal de contribuinte de direito.

4. Na ausência de uma das condições da ação – legitimidade ativa da parte recorrida –, impõe-se a denegação da segurança, sem resolução do mérito, consoante disposto no art. 6º, § 5º, da Lei 12.016/09.

5. Recurso especial provido".[438]

Assim, para o STJ, no âmbito dos tributos ditos indiretos, somente o contribuinte "de direito" pode discutir os termos da relação jurídica, sendo certo que, no caso de restituição, mesmo ele não pode fazê-lo se não provar haver assumido o ônus econômico representado pelo tributo. Cria-se, com isso, entrave praticamente intransponível à restituição do indébito, o que se faz de forma fortemente incoerente. Para um efeito, é "jurídica" a transferência do ônus do tributo ao consumidor final. Para outro, é "meramente econômica".

Tal entendimento não nos parece acertado. Do ponto de vista do direito material, não se deveria aplicar o art. 166 do CTN a tributos como o ICMS e o IPI, quando pagos sob a forma normal de tributação. Em se tratando de consumo de energia elétrica, como já explicado (item 3.1, *supra*), a rigor há repercussão jurídica para o consumidor, que figura como verdadeiro contribuinte "de direito", assemelhando-se a concessionária, em verdade, a uma responsável tributária. Seja como for, do ponto de vista processual, esse entendimento ora acolhido pelo STJ cria um obstáculo praticamente intransponível ao acesso à prestação jurisdicional em matéria de tributos tidos como "indiretos", em ofensa ao art. 5º, XXXV, da CF/88.

Além da ofensa, evidente, ao art. 5º, XXXV, da CF/88, cumpre registrar outros equívocos, igualmente graves, em se aplicar o art. 166 do CTN à generalidade das ações de restituição do indébito, apenas porque relativas a tributos tidos como "indiretos":

i) o tributo nem sempre é objeto de repercussão, sendo certo, ainda, que se se vive em uma economia de livre mercado, ele, repassado ou não ao consumidor, diminui um lucro que, maior ou menor, seria legitimamente do vendedor;

ii) mesmo que tenha havido repercussão econômica do ônus do tributo, encarecendo os preços, isso implica que o comerciante, com o aumento de preços, *vendeu menos*, experimentando dano ou prejuízo que deve ser reparado com a restituição do tributo correspondente;

iii) o repasse do ônus representado pelo tributo a um terceiro, por meio de um aumento de preços, é fato extintivo, impeditivo ou modificativo do direito do autor da ação de restituição do indébito, devendo o ônus de prová-lo caber à Fazenda Pública que se opõe à pretensão do contribuinte, e não a este.[439]

---

[438] STJ, 2ª T, REsp 1.147.362/MT, *DJe* de 19.8.2010.

[439] Confira-se, a propósito: MACHADO SEGUNDO, Hugo de Brito. *Repetição do Tributo Indireto*: incoerências e contradições, São Paulo: Malheiros, 2011, *passim*; Ainda a restituição dos tributos indiretos. *Revista Nomos*, v. 32.2. Fortaleza: UFC, p. 223-274, 2012.

Finalmente, insistimos em que o STJ tem limitado a aplicação do art. 166 do CTN, mesmo no que se relaciona àqueles tributos que considera "indiretos", apenas à devolução de pagamentos indevidos. Na *resistência* a uma cobrança indevida,[440] e no caso de mero aproveitamento de créditos de ICMS ou IPI, no âmbito da sistemática da não cumulatividade, o artigo não é considerado pertinente.[441]

É o caso também de lembrar, ainda em relação à exigência de prova da não repercussão, que ela não se aplica – mesmo em relação a tributos aos quais seria ordinariamente aplicável – no caso de pedido de restituição de valor pago através de lançamento de ofício, quando, tempos depois dos fatos geradores, autoridade fiscal considera que o imposto devido é maior que o efetivamente recolhido (e, por conseguinte, "repassado"). Esse lançamento, efetuado e pago tempos depois da venda da mercadoria correspondente, evidentemente não representa ônus que tenha sido repassado ao comprador. Se o contribuinte o pagar, e depois pretender vê-lo restituído, o simples fato de tratar-se de quantia apurada depois da realização da venda será suficiente para tornar logicamente impossível o seu repasse.

3.6.4.1 Compensação e repercussão

Diante do art. 166 do CTN, suscita-se a questão relacionada à sua incidência sobre as hipóteses de compensação de tributos pagos indevidamente.[442] Para compensar tributo pago indevidamente, o contribuinte também precisa provar haver assumido o ônus do tributo, ou estar autorizado por quem o assumiu?

Há quem entenda não ser possível essa extensão analógica. O art. 166 do CTN estabelece exceção, devendo por isso ser interpretado restritivamente; como se refere apenas à restituição, não poderia ser ampliado para abarcar as hipóteses de compensação.

Parece-nos importante, contudo, fazer uma distinção, relativa à compensação que se pretende efetuar. Voltando às letras *a* e *b* do item anterior, nas quais sintetizamos as hipóteses nas quais o STJ considera aplicável o art. 166 do CTN, percebe-se que, em se tratando de compensação, só à primeira é razoável aplicar o artigo, senão vejamos.

Caso se trate de verdadeira repercussão jurídica, na qual há o responsável (substituto) e o contribuinte (substituído), nos termos do art. 128 do CTN, o art. 166 é, em princípio, invocável, e isso não traz qualquer embaraço ao direito à compensação. Imagine-se, por exemplo,

---

[440] "O art. 166 do CTN se aplica unicamente nos casos de repetição de indébito, não podendo ser invocado quando a discussão em torno da legalidade do crédito tributário se dá nos embargos à execução fiscal, em que o objetivo do embargante cinge-se ao não pagamento ou à redução da quantia executada. Nesse caso, é totalmente descabida a exigência da prova do não repasse do encargo financeiro, pois não houve, ainda, pagamento do tributo executado" (STJ, 2ª T., REsp 698.611/SP, Rel. Min. Eliana Calmon, j. em 3.5.2005, *DJ* de 6.6.2005, p. 288). Esse entendimento foi, posteriormente, ratificado pela Primeira Seção do STJ: EREsp 651.224/SP, Rel. Min. Eliana Calmon, j. em 10.5.2006, *DJ* de 19.6.2006, p. 90).

[441] Entende o STJ que o crédito da não cumulatividade é de natureza constitucional, e que o art. 166 do CTN aplica-se apenas nas hipóteses de restituição ou compensação do indébito. Com base nessas premissas, considera que, "havendo declaração judicial do direito do contribuinte utilizar-se, para fins do IPI, do crédito relativo aos valores pagos na aquisição de matéria-prima, insumos ou embalagens isentos, não tributáveis ou sujeitos à alíquota zero, não há que se falar na obrigatoriedade de cumprir o art. 166 do CTN" (Ac. un. da 1ª T. do STJ – AGREsp no 475.592/RS – Rel. Min. José Delgado – j. em 25.3.2003 – *DJU* I de 19.5.2003, p. 141).

[442] Por óbvio, ainda que aplicável às hipóteses de compensação, naturalmente o art. 166 do CTN somente será invocável quando se tratar da compensação de tributos que, se estivessem sendo restituídos, atraíssem a incidência do artigo, nos termos em que explicado no item anterior.

que um tomador de serviços retenha e recolha, na condição de responsável tributário, o ISS devido por determinado prestador de serviços. Esse prestador pode jamais voltar a prestar serviços ao mesmo responsável. Nesse caso, em sendo considerado inválido o ISS retido pelo tomador do serviço, o art. 166 do CTN seria invocável para impedir, por exemplo, que esse tomador compensasse o ISS indevidamente retido e recolhido do terceiro com tributos devidos por ele responsável tributário. Isso não representaria, porém, embaraços à restituição, nem muito menos à compensação, pois o contribuinte substituído poderia perfeitamente obter a restituição, ou a compensação, bem como poderia autorizar o responsável – caso houvesse prestação de serviços continuada ao mesmo – que efetuasse a compensação e a considerasse quando de futuras retenções.

O problema representado pelo art. 166 do CTN reside nas hipóteses em que não há repercussão jurídica (generalidade das situações no âmbito do ICMS, *v. g.*), mas a jurisprudência indevidamente considera que há, sob a justificativa de que teria havido "transferência do ônus" para terceiros não identificados (fala-se, então, e genericamente, de "consumidores" ou "sociedade"). Nesses casos, os terceiros aos quais o tributo seria repercutido são de impossível identificação e verificação, o que implica a pura e simples vedação ao direito à restituição, ou à compensação.

Consideramos que, em tais hipóteses, o art. 166 não é pertinente, de forma alguma, às compensações, pois estão ausentes as premissas que justificariam sua incidência. Primeiro porque, como já foi dito, nesses casos não há repercussão jurídica, não atraindo a incidência do artigo em comento nem mesmo nos casos de restituição do indébito. Segundo porque, ainda que se admita a jurisprudência que vê, nessas situações, uma "repercussão" (tributos como o ICMS seriam apenas "retidos" pelos comerciantes, e "verdadeiramente" pagos pelos consumidores, de forma embutida nos respectivos preços), são precisamente os fundamentos que justificam a aplicação do art. 166 à restituição que recomendam a sua não aplicação às compensações.

Realmente, caso se considere que a universalidade não identificada de consumidores de determinado contribuinte do ICMS foi quem efetivamente "arcou" com o tributo embutido nos preços, deve-se considerar que essa mesma universalidade não identificada de contribuintes será beneficiada pela compensação, pois o tributo, quitado por compensação, deixará de ser embutido nos preços subsequentes, enquanto perdurar o aproveitamento do crédito respectivo. Em outras palavras, se o ônus do tributo é embutido nos preços, a remoção passageira desse ônus, representada pela compensação do mesmo com créditos decorrentes do pagamento indevido feito em períodos anteriores, será igualmente "repassada" aos consumidores, em seu próprio benefício.

Nem se alegue, no caso, que o contribuinte repassa o ônus do imposto aos seus preços, mas não repassaria aos mesmos preços o bônus representado pela compensação. O argumento, além de não ser necessariamente verdadeiro, parte da premissa de que o comprador paga um preço, fixado pela vontade das partes, e que encontra limites em algumas regras pertinentes ao direito do consumidor, mas especialmente nas condições de mercado, e que não tem relação necessária com os tributos que incidem ou deixam de incidir na operação respectiva. Ora, em sendo assim, e refutando-se a tese que afirma o repasse também do *bônus* decorrente da compensação, caem por terra os próprios fundamentos invocados para fazer incidir o art. 166 do CTN sobre a generalidade de pagamentos indevidos feitos no âmbito de tributos ditos "indiretos".

O Superior Tribunal de Justiça, contudo, tem decidido que o dispositivo se aplica aos casos em que não há propriamente restituição, mas *compensação*. Considera, para tanto, que "a compensação de crédito tributário é uma forma, ainda que indireta, de restituição de indébito" (STJ, 2ª T., REsp 472.162/SP, Rel. Min. João Otávio de Noronha, j. em 9.12.2003, *DJ* de 9.2.2004, p. 157).

3.6.5 Prazo para o exercício do direito à restituição

3.6.5.1 Natureza

O direito à restituição de tributos pagos indevidamente é um direito a uma prestação, na célebre classificação feita por Chiovenda.[443] Para ser exercido, depende da colaboração de terceiros (no caso, da Fazenda que recebeu o pagamento indevido), colaboração que, em não acontecendo, faz com que somente através de um provimento jurisdicional o direito possa ser restabelecido. Assim, por ser necessária a interferência judicial para que seja respeitado, o direito à restituição do indébito, assim como os direitos a uma prestação de uma maneira geral, submete-se a prazos de *prescrição*.

3.6.5.2 Previsão legal

O art. 168 do CTN dispõe que o direito de pleitear a restituição de tributos pagos indevidamente extingue-se com o decurso do prazo de cinco anos, contados: (a) da data da extinção do crédito tributário; ou (b) da data em que se tornar definitiva a decisão, administrativa ou judicial, que reformar, anular ou rescindir decisão condenatória.[444] Essa segunda hipótese diz respeito à situação na qual "o sujeito passivo pagou em face de decisão condenatória. Questionou e perdeu. Diante da decisão que o condenou ao pagamento, pagou. Mas continuou questionando e finalmente conseguiu o desfazimento daquela decisão".[445]

Note-se que o direito de que cuida o art. 168 do CTN não é o "direito de ação" através do qual se pede judicialmente a condenação da Fazenda Pública na devolução de tributos pagos indevidamente. Não. O prazo ali versado, a rigor, é de *decadência* do direito de requerer, administrativamente, a restituição. Depois de requerida a restituição, caso essa venha a ser denegada, o prazo – desta feita prescricional – para a propositura da ação judicial correspondente é de dois anos, prazo que é "interrompido pelo início da ação judicial, recomeçando o seu curso, por metade, a partir da data da intimação validamente feita ao representante da Fazenda Pública interessada".[446]

Tal prazo prescricional de dois anos, porém, não nos parece haver sido recepcionado pela atual Constituição, pois, além de demasiadamente curto, atualmente se entende que o requerimento administrativo não é condição necessária ao ajuizamento da ação de restituição do indébito. A restituição pode ser pedida diretamente em juízo, submetendo-se a ação correspondente ao prazo prescricional de cinco anos, aplicável à generalidade das ações movidas contra a Fazenda Pública, contado nos moldes do mesmo art. 168 do CTN. Em sendo assim, não faria qualquer sentido que a utilização – que é facultativa – da esfera administrativa trouxesse como consequência para o contribuinte um encolhimento no seu prazo para ir a

---

[443] Giuseppe Chiovenda, *Instituições de Direito Processual Civil*, tradução da 2ª edição italiana por J. Guimarães Menegale, São Paulo: Saraiva, 1965, p. 11.

[444] Há no artigo evidente impropriedade, pois o Poder Judiciário não "condena" o contribuinte ao pagamento do tributo. A Fazenda "fabrica" seus próprios títulos executivos, não manejando qualquer ação de conhecimento para isso. Cabe ao contribuinte inconformado com tal cobrança, se for o caso, manejar ação de embargos à execução, ou anulatória de débito fiscal, hipótese na qual, malsucedido, terá quando muito uma decisão com eficácia declaratória em favor da Fazenda, mas nunca a "condenação" a pagar determinada quantia. A esse respeito, confira-se: Hugo de Brito Machado Segundo e Paulo de Tarso Vieira Ramos, "Repetição do Indébito Tributário e Compensação", em *Repetição do Indébito e Compensação no Direito Tributário*, coord. Hugo de Brito Machado, São Paulo/Fortaleza: Dialética/ICET, 1999, p. 152.

[445] Hugo de Brito Machado, *Curso de Direito Tributário*, 22. ed., São Paulo: Malheiros, 2003, p. 176.

[446] CTN, art. 169, parágrafo único.

juízo. Talvez por isso mesmo, na prática, a jurisprudência venha ignorando o citado art. 169, aplicando, também em relação à prescrição da pretensão à restituição do indébito tributário deduzida em juízo, o prazo previsto no art. 168 do CTN.[447]

A questão relativa à aplicabilidade do art. 169 do CTN, contudo, não parece estar pacificada no âmbito do STJ, pois tanto existem julgados segundo os quais o pedido administrativo *não interrompe nem suspende* o prazo de prescrição para postular a restituição em juízo,[448] como existem julgados que, em face de pedidos administrativos de restituição denegados, admitem a aplicação do art. 169 do CTN às ações visando a discutir o acerto das decisões administrativas correspondentes. É conferir:

> "[...] 1. Tratando-se de ação anulatória da decisão administrativa que denegou a restituição do indébito tributário, o prazo prescricional é aquele disposto no art. 169, *caput*, do CTN, ou seja, 02 (dois) anos a contar da ciência do contribuinte sobre a decisão administrativa definitiva denegatória. Precedente: AgRg nos EDcl no REsp 944.822/SP, Rel. Min. Humberto Martins, Segunda Turma, *DJe* 17.8.2009. 2. *In casu*, depreende-se dos autos que o contribuinte fora intimado da decisão administrativa definitiva denegatória em 23.9.2004, sendo a demanda ajuizada em 3.3.2006. Não há, portanto, prescrição a ser declarada. 3. Embargos de declaração acolhidos com efeitos infringentes, para afastar a prescrição."[449]

Em outro acórdão, o STJ faz expressamente a diferença entre a ação de restituição do indébito (à qual se aplicaria o prazo do art. 168) e a ação na qual se discute o acerto de decisão administrativa denegatória de pedido de restituição. No primeiro caso, o contribuinte ajuíza diretamente a ação judicial. No segundo, postula a restituição primeiro no plano administrativo, e só no caso de insucesso socorre-se do Judiciário. O prazo para a propositura da primeira ação é o do art. 168 do CTN. O da segunda, o do art. 169:

> "[...] o prazo de dois anos previsto no artigo 169 do CTN é aplicável às ações anulatórias de ato administrativo que denega a restituição, que não se confundem com as demandas em que se postula restituição do indébito, cuja prescrição é regida pelo art. 168 do CTN. Precedentes: REsp 963.352/PR, Rel. Min. Luiz Fux *DJ* 13.11.2008. [...]".[450]

Existem, também, decisões nas quais se considera que o pedido administrativo de restituição prévio seria, sim, condição à propositura da ação de restituição do indébito, em demandas relacionadas à devolução de contribuições previdenciárias:

> "(...) 5. Quanto à alegação da ausência de interesse de agir da parte recorrida em relação ao direito subjetivo de realizar a repetição dos valores dos últimos 5 (cinco) anos, entendo que merece prosperar a pretensão recursal. Compreende-se que, efetivamente, o direito de ação garantido pelo art. 5º, XXXV, da CF tem como legítimo limitador o interesse processual do pretenso autor da ação (CPC/2015 – Art.17. Para postular em juízo é necessário ter interesse e legitimidade). O interesse de agir, também chamado interesse processual, caracteriza-se pela materialização do binômio necessidade-utilidade

---

[447] STJ, REsp 2.323/SP, *ADV-COAD* nº 37/90, p. 570.
[448] STJ, 1ª T., AgRg no Ag 629.184/MG, *DJ* de 13.6.2005, p. 173.
[449] STJ, 2ª T., EDcl nos EDcl no REsp 1.035.830/SC, *DJe* de 8.10.2010.
[450] STJ, 2ª T., AgRg nos EDcl no REsp 944.822/SP, *DJe* de 17.8.2009.

da atuação jurisdicional. A existência de conflito de interesses no âmbito do direito material faz nascer o interesse processual para aquele que não conseguiu satisfazer consensualmente seu direito.

6. Substanciado pelo apanhado doutrinário e jurisprudencial, tem-se que a falta de postulação administrativa dos pedidos de compensação ou de repetição do indébito tributário resulta, como no caso dos autos, na ausência de interesse processual dos que litigam diretamente no Poder Judiciário. O pedido, nesses casos, carece do elemento configurador de resistência pela Administração Tributária à pretensão. Não há conflito. Não há lide. Não há, por conseguinte, interesse de agir nessas situações. O Poder Judiciário é a via destinada à resolução dos conflitos, o que também indica que, enquanto não houver resistência da Administração, não há interesse de agir daquele que 'judicializa' sua pretensão.

7. Dois aspectos merecem ser observados quanto a matérias com grande potencial de judicialização, como a tributária e a previdenciária. O primeiro, sob a ótica da análise econômica do direito, quando o Estado brasileiro realiza grandes despesas para financiar o funcionamento do Poder Executivo e do Poder Judiciário para que o primeiro deixe de exercer sua competência legal de examinar os pedidos administrativos em matéria tributária; e o segundo, em substituição ao primeiro, exerce a jurisdição em questões que os cidadãos poderiam ver resolvidas de forma mais célere e menos dispendiosa no âmbito administrativo. Criam-se, assim, um ciclo vicioso e condenações judiciais a título de honorários advocatícios cujos recursos financeiros poderiam ser destinados a políticas públicas de interesse social.

8. Outro ponto a ser considerado é o estímulo criado pelo Novo Código de Processo Civil de 2015 à solução consensual da lide, prevendo uma série de instrumentos materiais e processuais que direcionam as partes para comporem, de forma autônoma e segundo sua vontade, o objeto do litígio.

9. Em matéria tributária a questão já foi apreciada no âmbito do STJ que consolidou o entendimento da exigência do prévio requerimento administrativo nos pedidos de compensação das contribuições previdenciárias. Vejam-se: AgRg nos EDcl no REsp 886.334/SP, Rel. Ministro Castro Meira, Segunda Turma, julgado em 10/8/2010, *DJe* 20/8/2010; REsp 952.419/SP, Rel. Ministro Castro Meira, Segunda Turma, julgado em 2/12/2008, *DJe* 18/12/2008; REsp 888.729/SP, Rel. Ministro João Otávio de Noronha, Segunda Turma, julgado em 27/2/2007, *DJ* 16/3/2007, p. 340; REsp 544.132/RJ, Rel. Ministra Denise Arruda, Primeira Turma, julgado em 23/5/2006, *DJ* 30/6/2006, p. 166.

10. Na esfera previdenciária, na área de benefícios do Regime Geral de Previdência Social, o STJ, no julgamento do Recurso Especial Repetitivo 1.369.834/SP (Tema 660), Relator Ministro Benedito Gonçalves, alinhando-se ao que foi firmado pelo Supremo Tribunal Federal no RE 631.240/MG (Tema 350, Relator Ministro Roberto Barroso), entendeu pela necessidade do prévio requerimento administrativo.

11. O Ministro Luís Roberto Barroso, no citado precedente, estabeleceu algumas premissas em relação à exigência do prévio requerimento administrativo: a) a instituição de condições para o regular exercício do direito de ação é compatível com o art. 5º, XXXV, da Constituição. Para se caracterizar a presença de interesse em agir, é preciso haver necessidade de ir a juízo; b) a concessão de benefícios previdenciários depende de requerimento do interessado, não se configurando ameaça ou lesão a direito antes de sua apreciação e indeferimento pelo INSS, ou se excedido o prazo legal para sua análise; c) a imposição de prévio requerimento não se confunde com o exaurimento das vias administrativas; d) a exigência de prévio requerimento administrativo não deve

400 | PROCESSO TRIBUTÁRIO – *Machado Segundo*

prevalecer quando o posicionamento da Administração for notória e reiteradamente contrário à postulação do segurado; e) na hipótese de pretensão de revisão, restabelecimento ou manutenção de benefício anteriormente concedido, considerando que o INSS tem o dever legal de deferir a prestação mais vantajosa possível, o pedido poderá ser formulado diretamente em juízo – salvo se depender da análise de matéria de fato ainda não levada ao conhecimento da Administração –, uma vez que, nesses casos, a conduta do INSS já configura o não acolhimento, ao menos tácito, da pretensão.

12. Como as matérias tributária e previdenciária relacionadas ao Regime Geral de Previdência Social possuem natureza jurídica distinta, mas complementares, pois, em verdade, tratam-se as relações jurídicas de custeio e de benefício (prestacional) titularizadas pela União e pelo INSS, respectivamente, com o fim último de garantir a cobertura dos riscos sociais de natureza previdenciária, entende-se que a *ratio decidendi* utilizada quando do julgamento da exigência ou não do prévio requerimento administrativo nos benefícios previdenciários pode também ser adotada para os pedidos formulados à Secretaria da Receita Federal concernentes às contribuições previdenciárias.

13. Recurso Especial conhecido em parte e, nessa parte, provido".[451]

Ao que se percebe, a Corte, influenciada pelo entendimento firmado em questões previdenciárias propriamente ditas – de que o requerimento administrativo indeferido é necessário para que se possa cogitar de interesse processual – passou a aplicá-lo também em questões tributárias, quando versam a restituição de contribuições previdenciárias.

As situações, contudo, e com todo o respeito, são diversas. Em matéria previdenciária, se um segurado não pleiteia um benefício, uma aposentadoria ou uma pensão, o Estado não pode aferir se ele deve ser concedido ou não. Os elementos de fato, e a própria pretensão, não são de seu conhecimento, além de o benefício ser um direito disponível, que o segurado pode não querer perseguir. A situação é diversa quando o Fisco detecta, em seus sistemas, a ocorrência de um pagamento indevido de tributo, seja ele contribuição previdenciária, imposto, taxa, ou qualquer outra espécie. A restituição – assim como o lançamento de ofício de uma diferença, se o erro tivesse ocasionado pagamento a menor, e não a maior – é não só possível, mas direta decorrência do princípio da legalidade. Equivocada, portanto, a extensão do entendimento à restituição do indébito tributário, especialmente quando a Fazenda, ao contestar a ação, não apenas alega a falta de interesse de agir, mas entra no mérito da pretensão e a refuta, ou seja, quando o Fisco afirma que o cidadão não pediu, mas deixa claro que, havendo o pedido, este será negado.

Assim, verifica-se que, no âmbito do STJ, existem três correntes contrárias que, aparentemente, se ignoram. Em alguns acórdãos afirma-se que o prazo para a propositura da ação de restituição é o do art. 168 do CTN, e que a apresentação de pedido administrativo não suspende nem interrompe esse prazo (Súmula 625/STJ). O contribuinte teria cinco anos para pleitear em juízo a restituição, pouco importando o que pediu na via administrativa e o tempo que aguardou por uma resposta. Já a segunda corrente sugere que o prazo do art. 168 só seria aplicável às ações de restituição promovidas diretamente, sem prévio pedido administrativo. Sendo formulado pedido administrativo, o prazo do art. 168 seria aplicável a este, e não à ação judicial, que a partir de então seria regida pelo art. 169.

Essa segunda corrente pode ser conciliada com a primeira (deixando-se ao cidadão a escolha por requerer na via administrativa ou não), sendo, além disso, mais acertada, pois

---

[451] STJ, 2ª T., REsp 1.734.733/PE, Rel. Min. Herman Benjamin, j. 7.6.2018, *DJe* 28.11.2018.

respeita a boa-fé do contribuinte que formula pedido administrativo e aguarda por uma resposta. É contrário aos princípios da lealdade e da boa-fé[452], e ao próprio direito de petição, admitir que um contribuinte formule um pedido administrativo de restituição do indébito dentro do prazo previsto no art. 168 e, por inércia da administração em respondê-lo, que a prescrição atinja a sua pretensão. O correto é entender que o contribuinte dispõe de cinco anos (art. 168) para pleitear a devolução, podendo fazê-lo no âmbito administrativo ou judicial. Caso formule primeiro o pedido administrativo dentro desse prazo, poderá aguardar (sem risco de prescrição) um pronunciamento da autoridade para que, só então, passe a fluir o prazo para discutir a questão em juízo, doravante regido pelo art. 169.

O problema está no aparecimento da terceira corrente, segundo a qual o prévio pedido administrativo é necessário e seu indeferimento é condição para a propositura da ação de restituição do indébito. Essa terceira corrente é contrária ao entendimento de que o pedido administrativo não suspende nem interrompe o prazo prescricional para a propositura da ação de restituição do indébito (constante da Súmula 625 do próprio STJ[453]), pois não se pode ao mesmo tempo afirmar que algo é condição para uma ação ser ajuizada, e paradoxalmente em nada influi no prazo para a ajuizar. Essa terceira corrente contraria a própria premissa do entendimento que levou à Súmula 625/STJ, que permanece em vigor, criando assim forte insegurança entre os jurisdicionados.

Com efeito, caso pague tributo indevidamente, o contribuinte deverá pleitear a restituição administrativa? Se o fizer, e espere por uma resposta, correrá o risco de ter contra si aplicada a tese segundo a qual o pedido não interrompe o prazo de prescrição da ação judicial de restituição. Mas se mover desde logo a ação judicial, confiando no entendimento constante da Súmula 625/STJ, corre o risco de, depois de longos anos de tramitação, ter a demanda extinta sem julgamento de mérito, por alegada e suposta falta de interesse, quando tampouco haverá mais prazo para formular o pedido na via administrativa... Verdadeiro cipoal de teses contraditórias, que só serve para dificultar a vida do cidadão e garantir o êxito de quem não tem razão.

O correto seria manter a compreensão segundo a qual o pedido administrativo é desnecessário à propositura da ação judicial de restituição do indébito, mas que, formulado, suspende o prazo prescricional, em nome da boa-fé e da confiança que se deve depositar na Administração. Assim, deve-se garantir a possibilidade de ingresso em juízo, independentemente de pedido administrativo prévio, sobretudo quando o Fisco, ao contestar a ação, insurge-se contra seu mérito. A extinção sem exame do mérito por suposta falta de interesse, em uma ação de restituição do indébito, nos moldes do que ora se apontou como "terceira corrente", só seria legítima diante da juntada aos autos, pelo Fisco, de documento comprovando o *pronto atendimento* na via administrativa da pretensão do cidadão. A mera alegativa de que não se negou ainda não basta: é preciso a garantia de que será reconhecida a pretensão. Isso para evitar se extinguir o processo judicial por falta de interesse, e depois o cidadão ver sua

---

[452] O Fisco precisa tratar o contribuinte com lealdade e boa-fé, pois, como lembra Aliomar Baleeiro, "o sucesso de qualquer Política Financeira depende muito da atitude psicológica dos contribuintes, segundo sua consciência cívica e política, na mais pura acepção desta palavra. Os abusos dos legisladores e autoridades fiscais amortecem aquela consciência e levam o espírito do povo a tolerância com os sonegadores e a hostilidades contra o Fisco, que só tem a ganhar com a adesão leal dos cidadãos." (BALEEIRO, Aliomar. *Direito Tributário Brasileiro*, atualizado por Misabel Abreu Machado Derzi, 11. ed., Rio de Janeiro: Forense, 1999, p. 867).

[453] Súmula 625/STJ: "O pedido administrativo de compensação ou de restituição não interrompe o prazo prescricional para a ação de repetição de indébito tributário de que trata o art. 168 do CTN nem o da execução de título judicial contra a Fazenda Pública".

402 | PROCESSO TRIBUTÁRIO – *Machado Segundo*

pretensão negada na via administrativa, sem mais poder nada fazer, em clara ofensa à garantia da inafastabilidade, da efetividade e da utilidade da jurisdição (CF/88, art. 5º, XXXV).

3.6.5.3 Termo inicial

O prazo de prescrição da pretensão do direito à devolução de tributos pagos indevidamente é, nos termos do art. 168, de cinco anos. Quanto a isso, aliás, não há qualquer dúvida. Toda a controvérsia a respeito gravita, em verdade, em torno da questão de saber qual o termo inicial desse prazo, ou seja, a partir de quando esse prazo quinquenal deve ser contado.

De acordo com o art. 168 do CTN, o citado prazo pode iniciar-se (I) da extinção do crédito tributário, ou (II) a partir de quando se tornar definitiva a decisão que reformar, rescindir ou anular[454] uma outra decisão, administrativa ou judicial, em face da qual o pagamento tenha sido efetuado. Vejamos, então, algumas peculiaridades de cada uma dessas hipóteses, e ainda a existência de outra, criada pela doutrina e acolhida pela jurisprudência, relativa (III) aos casos em que é declarada inconstitucional a lei na qual se fundou a exigência do tributo a ser restituído.

3.6.5.3.1 Extinção do crédito tributário

A extinção do crédito tributário a ser considerada como termo inicial do prazo para a restituição, naturalmente, há de ter sido causada pelo *adimplemento* do mesmo, seja pelo pagamento, pela compensação, ou pela conversão de depósito em renda. Nesses casos, a *regra geral* é a de que o prazo conta-se a partir da data da extinção do crédito.

Partindo da premissa de que, no caso de tributos submetidos ao lançamento por homologação, a extinção do crédito tributário não acontece na data em que é feito o pagamento antecipado, mas sim na data em que a apuração que lhe originou é homologada, expressa ou tacitamente, pela autoridade administrativa competente, surgiu tese que buscava conferir ao contribuinte, na prática, tese de dez anos (cinco mais cinco) para pleitear a restituição do indébito tributário, relativamente a tributos submetidos a essa modalidade de lançamento. Afirmava-se que, na hipótese de crédito tributário submetido ao lançamento por homologação, não é o pagamento que extingue o crédito, mas "o pagamento antecipado *e* a homologação do lançamento nos termos do disposto no art. 150 e seus §§ 1º e 4º" (CTN, art. 156, VII). Como, na prática, não há a homologação expressa da apuração feita pelo contribuinte, essa homologação ocorre de forma tácita, ao cabo de cinco anos contados da data da ocorrência do fato gerador, trasladando para essa data também o termo inicial do prazo para se buscar a restituição do indébito.

Hugo de Brito Machado, a esse respeito, doutrina que, em se tratando de tributo sujeito a lançamento por homologação,

> "[...] a extinção do crédito tributário efetivamente só se opera com a homologação, e como esta geralmente não se faz expressamente, o lançamento só se perfaz com a homologação tácita, vale dizer, após cinco anos da data do pagamento. E da mesma forma que o pagamento antecipado não extingue o crédito tributário, a compensação,

---

[454] O CTN emprega, ainda, a palavra *revogar*, mas a mesma é evidentemente imprópria em se tratando de atividade administrativa tributária, a qual não pode ser exercida, nem revista, pelos critérios de conveniência e oportunidade que orientam as revogações. O mesmo pode ser dito, por igual, das decisões judiciais, que podem ser reconsideradas, se for o caso, mas não propriamente "revogadas".

feita no âmbito do lançamento por homologação, com fundamento no art. 66 da Lei 8.383/91, também não extingue desde logo o crédito tributário. Em um como no outro caso, a extinção fica a depender da homologação".[455]

Expressa esse entendimento, com inteira propriedade, o seguinte julgado do Conselho de Contribuintes do Ministério da Fazenda:

> "[...] O imposto de renda retido na fonte é tributo sujeito ao lançamento por homologação, que ocorre quando o contribuinte, nos termos do *caput* do artigo 150 do CTN, por delegação da legislação fiscal, promove aquela atividade da autoridade administrativa de lançamento (art. 142 do CTN). Assim, o contribuinte, por delegação legal, irá verificar a ocorrência do fato gerador, determinar a matéria tributável, identificar o sujeito passivo, calcular o tributo e, sendo o caso, aplicar a penalidade cabível. Além do lançamento, para consumação daquela hipótese prevista no artigo 150 do CTN, é necessário o recolhimento do débito pelo contribuinte sem prévio exame das autoridades administrativas. Havendo o lançamento e pagamento antecipado pelo contribuinte, restará às autoridades administrativas a homologação expressa da atividade assim exercida pelo contribuinte, ato homologatório este que consuma a extinção do crédito tributário (art. 156, VII, do CTN).
>
> Não ocorrendo a homologação expressa, o crédito se extingue com o decurso do prazo de cinco anos da ocorrência do fato gerador (art. 150, § 4º, do CTN), a chamada homologação tácita.
>
> O prazo quinquenal (art. 168, I, do CTN) para restituição do tributo, somente começa a fluir após a extinção do crédito tributário. No caso dos autos, como não houve a homologação expressa, o crédito tributário somente se tornou 'definitivamente extinto' (sic § 4º do art. 150 do CTN) após cinco anos do fato gerador ocorrido em junho de 1993, ou seja, em junho de 1998. Assim, o *dies ad quem* para a restituição se daria tão somente em junho de 2003, cinco anos após a extinção do crédito tributário em junho de 1998. Pelo que afasto a decadência decretada pela decisão recorrida.
>
> [...]".[456]

Essa tese, que, como dito, terminava por dar ao contribuinte, na prática, prazo de dez anos (5+5) para pleitear a restituição do indébito tributário, nos casos de lançamento por homologação, foi questionada, com o uso de argumentos que poderiam ser assim sintetizados:

a) o pagamento antecipado é válido e eficaz já a partir de quando é efetuado. A condição resolutória, que pode torná-lo inválido ou ineficaz de modo *ex tunc*, seria a "não homologação", e não a homologação e a aceitação (tácita ou expressa) da apuração efetuada e do que em face dela foi pago;

b) a partir do pagamento antecipado o contribuinte já pode pleitear a restituição, não sendo obrigado a esperar pela homologação. Assim, em face do princípio da *actio nata*, também nesse momento tem início o prazo de prescrição da pretensão do direito à repetição do indébito.

---

[455] Hugo de Brito Machado, *Curso de Direito Tributário*, 22. ed. São Paulo: Malheiros, 2003, p. 179 e 180.

[456] Ac. un. nº 102-44.221, da 2ª Câmara do 1º CC – Proc. 10510.000646/99-02 – Rec. 121.636 – Rel. Leonardo Mussi da Silva – Sessão 13.4.2000 – *DOU* I-e 11.9.2000, p. 4. – *RDDT* 62/239.

404 | PROCESSO TRIBUTÁRIO – *Machado Segundo*

Tais argumentos, entretanto, são apenas aparentemente procedentes, não resistindo a um exame cuidadoso.

Quanto ao argumento *a*, deve-se lembrar que a homologação não se presta apenas para aceitar o que foi apurado, ou considerar *insuficiente* o que foi apurado. Em outras palavras, a atividade exercida pela autoridade, diante de uma apuração e de um pagamento feitos pelo contribuinte, não é apenas a de abster-se, ou exigir ainda mais. Pode ser o caso de devolver valores indevidamente pagos. O erro pode estar no excesso, e não na ausência, e em qualquer caso a autoridade deve, pelo menos em tese, corrigi-lo, seja para exigir diferenças, seja para devolver excedentes.

Já o fundamento resumido na alínea *b*, *supra*, é facilmente afastado quando se considera que, até o momento da homologação, não há pronunciamento da Fazenda sobre a apuração e o pagamento que o próprio contribuinte efetuou. Não se sabe, ainda, se a Fazenda irá considerar o pagamento indevido, e restituí-lo, ou não. Só em face da homologação expressa, ou do transcurso do prazo no qual esta poderia ocorrer (consumando-se a homologação tácita), é que o contribuinte passa a ter a inafastável certeza de que o pagamento que efetuou não será restituído. A ação judicial pode ser proposta antes disso, é certo, mas a rigor nesses casos a *pretensão resistida* somente se verifica, de modo claro, quando a Fazenda Pública contesta a ação em seu mérito, deixando transparecer que, se e quando viesse a examinar a apuração feita, ou eventual pedido administrativo de restituição, não efetuaria a restituição pretendida.

Deve-se considerar, no exame do problema, que viola o princípio da moralidade a conduta do Poder Público de não cumprir um dever que lhe cabe exercer de ofício (a restituição), e depois se escudar apenas na alegada consumação da prescrição. Aliás, é pacífico que, mesmo quando consumada a prescrição, subsistem a dívida e o *dever moral* de honrá-la, não sendo demais lembrar que esse dever moral, para a Administração Pública, é também jurídico, em face do que dispõe o *caput* do art. 37 da CF/88.

Seja como for, pelo menos para fins pragmáticos, registre-se que a jurisprudência da Primeira Seção do STJ se havia consolidado no sentido de que o prazo prescricional para a restituição de tributos submetidos ao lançamento por homologação começa a fluir da extinção do crédito tributário, que somente ocorre quando a apuração em face da qual o pagamento antecipado foi feito é homologada, ainda que tacitamente,[457] o que, na prática, conferia ao contribuinte, na generalidade dos casos, dez anos para repetir o indébito tributário.

Com o advento da LC 118/2005, porém, tal orientação foi alterada pelo seu art. 3º, que dispõe: "para efeito de interpretação do inciso I do art. 168 da Lei 5.172, de 25 de outubro de 1966 – Código Tributário Nacional, a extinção do crédito tributário ocorre, no caso de tributo sujeito a lançamento por homologação, no momento do pagamento antecipado de que trata o § 1º do art. 150 da referida Lei". O legislador complementar pretendeu dar eficácia retroativa a essa disposição, classificando-a como "meramente interpretativa" (LC 118/2005, arts. 3º e 4º). O STJ, entretanto, considerou que a mesma somente é aplicável para os fatos que ocorram a partir de sua vigência. É conferir:

> "O art. 3º da LC 118/2005, a pretexto de interpretar os arts. 150, § 1º, 160, I, do CTN, conferiu-lhes, na verdade, um sentido e um alcance diferente daquele dado pelo Judiciário. Ainda que defensável a 'interpretação' dada, não há como negar que a Lei inovou no plano normativo, pois retirou das disposições interpretadas um dos seus sentidos possíveis, justamente aquele tido como correto pelo STJ, intérprete e guardião da

---

[457] Ac. un. da 1ª S. do STJ – EDiv no REsp 278.311-DF – Rel. Min. Peçanha Martins – j. em 27.8.2003 – *DJU* I de 28.10.2003, p. 184 – *RDDT* 100/236.

legislação federal. Portanto, o art. 3º da LC 118/2005 só pode ter eficácia prospectiva, incidindo apenas sobre situações que venham a ocorrer a partir da sua vigência."[458]

Por situações que venham a ocorrer a partir da vigência da LC 118/2005 (junho de 2005), deveríamos considerar não a protocolização de pedidos de restituição, de modo a que o prazo seja encurtado para todos aqueles que requeiram a devolução de tributos depois de junho de 2005, mas sim *a feitura de pagamentos indevidos*. Realmente, se a partir da vigência da LC 118/2005 o pagamento antecipado, no âmbito do lançamento por homologação, passa a extinguir o crédito tributário para efeito de contagem do prazo para restituição, somente os pagamentos feitos a partir de então terão esse efeito. Em relação aos tributos pagos indevidamente *antes* de junho de 2005, portanto, continua valendo a regra anterior, que conferia maior prazo, ainda que o requerimento seja feito *depois* de junho de 2005. Aliás, esse entendimento, correto, foi o que terminou por prevalecer na Corte Especial do STJ, que somente admitia a aplicação da lei nova a pagamentos anteriores à sua vigência na hipótese de a parcela do prazo remanescente ser superior a cinco anos, a fim de reduzi-lo para esse montante, mas nunca para, retroativamente, tornar prescrita uma dívida que até então assim não poderia ser considerada. É conferir: "com o advento da LC n. 118/2005, a prescrição, do ponto de vista prático, deve ser contada da seguinte forma: relativamente aos pagamentos efetuados a partir da sua vigência (que ocorreu em 9.6.2005), o prazo para a ação de repetição de indébito é de cinco anos a contar da data do pagamento; e, relativamente aos pagamentos anteriores, a prescrição obedece ao regime previsto no sistema anterior, limitada, porém, ao prazo máximo de cinco anos a contar da vigência da lei nova" (REsp 955.831-SP, Rel. Min. Castro Meira, j. em 28.8.2007, *Informativo STJ 327*).

O STF, porém, examinando essa mesma questão (RE 566.621), conquanto tenha considerado inconstitucional a pretensa "retroatividade" da LC 118/2005, nesse ponto, estabeleceu forma peculiar de aferir o início de sua vigência. Entendeu que a nova forma de contagem do prazo poderia ser aplicada a todas as ações iniciadas a partir do início de sua vigência, ainda que os pagamentos indevidos tenham ocorrido muito antes disso. Assim, em suma, pelo entendimento do STJ, um contribuinte que houvesse recolhido tributos indevidamente em 1998, por exemplo, poderia ajuizar ação para postular a sua restituição até 2008. Pelo entendimento agora firmado no STF, essa mesma ação deveria ser ajuizada até o 9.6.2005, sob pena de prescrição.[459]

---

[458] REsp 742.362/MG, *DJ* de 30.5.2005, p. 263.

[459] "DIREITO TRIBUTÁRIO – LEI INTERPRETATIVA – APLICAÇÃO RETROATIVA DA LEI COMPLEMENTAR Nº 118/2005 – DESCABIMENTO – VIOLAÇÃO À SEGURANÇA JURÍDICA – NECESSIDADE DE OBSERVÂNCIA DA *VACACIO LEGIS* – APLICAÇÃO DO PRAZO REDUZIDO PARA REPETIÇÃO OU COMPENSAÇÃO DE INDÉBITOS AOS PROCESSOS AJUIZADOS A PARTIR DE 9 DE JUNHO DE 2005. Quando do advento da LC 118/05, estava consolidada a orientação da Primeira Seção do STJ no sentido de que, para os tributos sujeitos a lançamento por homologação, o prazo para repetição ou compensação de indébito era de 10 anos contados do seu fato gerador, tendo em conta a aplicação combinada dos arts. 150, § 4º, 156, VII, e 168, I, do CTN. A LC 118/05, embora tenha se autoproclamado interpretativa, implicou inovação normativa, tendo reduzido o prazo de 10 anos contados do fato gerador para 5 anos contados do pagamento indevido. Lei supostamente interpretativa que, em verdade, inova no mundo jurídico deve ser considerada como lei nova. Inocorrência de violação à autonomia e independência dos Poderes, porquanto a lei expressamente interpretativa também se submete, como qualquer outra, ao controle judicial quanto à sua natureza, validade e aplicação. A aplicação retroativa de novo e reduzido prazo para a repetição ou compensação de indébito tributário estipulado por lei nova, fulminando, de imediato, pretensões deduzidas tempestivamente à luz do prazo então aplicável, bem como a aplicação imediata às pretensões pendentes

406 | PROCESSO TRIBUTÁRIO – *Machado Segundo*

É muito importante não confundir, a propósito, essa tese, que conferia ao contribuinte, na prática, dez anos para repetir o indébito tributário, de resto irretocável e de aplicação já não mais discutida (até o início da vigência da LC 118/2005), com uma outra, completamente diferente, segundo a qual a Fazenda Pública teria na prática dez anos para *lançar* o crédito tributário, também no caso de tributos submetidos a lançamento por homologação. Na verdade, o direito de lançar submete-se a prazos de caducidade, disciplinados ou pelo art. 150, § 4º, ou pelo art. 173, I, ambos do CTN. Tais normas preveem regramentos sutilmente distintos para hipóteses também distintas, e não se somam.[460] A situação é assaz diferente em se tratando de restituição, visto que o próprio CTN estabelece seu termo inicial como sendo a extinção do crédito tributário, e difere essa extinção, no âmbito dos tributos submetidos ao lançamento por homologação, à data desta.

3.6.5.3.2 Reforma, anulação, "revogação" ou rescisão de decisão "condenatória"

Estabelece o art. 168, II, do CTN, ainda, que o prazo para se requerer a restituição do indébito tributário, nas hipóteses em que o tributo houver sido pago em função de decisão administrativa ou judicial, conta-se a partir de quando tornar-se definitiva a reforma, a anulação, a revogação ou a rescisão da mesma. Trata-se de exceção à regra geral segundo a qual esse prazo conta-se da extinção do crédito tributário, em face da qual algumas ponderações fazem-se também pertinentes.

Primeiro, note-se que, a rigor, é juridicamente impossível, no Direito Brasileiro, que uma sentença "condene" o contribuinte a pagar determinado tributo. Como já foi dito em diversas oportunidades ao longo deste livro, a Fazenda Pública em regra não se vale de ações de conhecimento, notadamente contra o cidadão contribuinte, pois é dotada da faculdade de constituir seus próprios títulos executivos. Assim, a rigor, a expressão "sentença condenatória", contida no art. 168, II, do CTN, deve ser entendida como sentença que *deixa de acolher* uma pretensão do contribuinte, declaratória, constitutiva negativa ou condenatória, e, por isso, pode ser entendida como uma declaração de que o tributo discutido é devido.

Como esclarece Hugo de Brito Machado,

> "[...] pode parecer que, pagando, o contribuinte renuncia ao direito de prosseguir questionando a legalidade da cobrança. Não é assim. O ato de vontade nada acrescenta à relação tributária que, se de fato não existia, dele não nasce. Por isto pode o contribuinte, mesmo tendo cumprido a decisão que o condenou ao pagamento, continuar o

---

de ajuizamento quando da publicação da lei, sem resguardo de nenhuma regra de transição, implicam ofensa ao princípio da segurança jurídica em seus conteúdos de proteção da confiança e de garantia do acesso à Justiça. Afastando-se as aplicações inconstitucionais e resguardando-se, no mais, a eficácia da norma, permite-se a aplicação do prazo reduzido relativamente às ações ajuizadas após a *vacatio legis*, conforme entendimento consolidado por esta Corte no enunciado 445 da Súmula do Tribunal. O prazo de *vacatio legis* de 120 dias permitiu aos contribuintes não apenas que tomassem ciência do novo prazo, mas também que ajuizassem as ações necessárias à tutela dos seus direitos. Inaplicabilidade do art. 2.028 do Código Civil, pois, não havendo lacuna na LC 118/08, que pretendeu a aplicação do novo prazo na maior extensão possível, descabida sua aplicação por analogia. Além disso, não se trata de lei geral, tampouco impede iniciativa legislativa em contrário. Reconhecida a inconstitucionalidade art. 4º, segunda parte, da LC 118/05, considerando-se válida a aplicação do novo prazo de 5 anos tão somente às ações ajuizadas após o decurso da *vacatio legis* de 120 dias, ou seja, a partir de 9 de junho de 2005. Aplicação do art. 543-B, § 3º, do CPC aos recursos sobrestados. Recurso extraordinário desprovido" (RE 566.621, DJe-195, publicado em 11.10.2011).

[460] Confira-se, a propósito, o que foi explicado no item 2.8.3, no Capítulo 3 deste livro.

Capítulo 4 · PROCESSO JUDICIAL TRIBUTÁRIO | **407**

questionamento e, se a final sair vencedor, terá o prazo de cinco anos, a partir da data em que se tornar definitiva a decisão, ou transitar em julgado a decisão, em seu favor. É certo que o contribuinte pode, em alguns casos, ao questionar a exigência tributária, fazer desde logo o pedido de restituição. Nem sempre, porém, isto é processualmente cabível. Preferiu o legislador, então, assegurar o direito de pedir a restituição de uma forma geral, no prazo de cinco anos a contar de quando a questão ficou definitivamente encerrada, quer porque se tornou definitiva a decisão administrativa, quer porque transitou em julgado decisão a seu favor".[461]

Imagine-se, por exemplo, que o contribuinte tenha contra si efetuado um lançamento de ofício que, mantido na esfera administrativa, é encaminhado para cobrança executiva. O crédito é, então, submetido a ampla discussão, em sede de embargos à execução, os quais, porém, têm os pedidos do embargante julgados improcedentes pelo juiz de primeira instância. Contra essa sentença, que poderia ser chamada de "condenatória" (com a ressalva que fizemos anteriormente), é interposto recurso de apelação, recebido com efeito meramente devolutivo. Suponha-se, então, que, enquanto os embargos não são julgados pelo Tribunal, o juiz dá plena continuidade ao processo de execução.[462] Nessa situação hipotética, o contribuinte, compelido pela possibilidade de alienação do seu patrimônio, pode terminar pagando o débito ainda pendente de discussão. Nesse caso, se o julgamento do recurso interposto concluir pela procedência dos pedidos do embargante, a restituição do que houver sido pago poderá ser pleiteada no prazo a que alude o art. 168, II, do CTN, ou seja, em cinco anos contados do trânsito em julgado de referida decisão, e não contados do pagamento.

3.6.5.3.3 Declaração de inconstitucionalidade da lei em face da qual o tributo foi pago

Quanto ao prazo para o exercício da pretensão à restituição de tributos pagos indevidamente, a doutrina e a jurisprudência chegaram a dar especial tratamento às hipóteses de inconstitucionalidade da lei que instituiu ou majorou o tributo de cuja restituição se cogita. Entendia-se, em tais casos, que o termo inicial do prazo seria a data na qual a lei foi considerada inconstitucional, assim entendida a data em que é publicado o acórdão no qual o Supremo Tribunal Federal declarou a inconstitucionalidade.[463] Em situações assim, mesmo que já se pudesse considerar consumada a prescrição, caso esta seja contada a partir da extinção do crédito tributário, entendia-se que a declaração de inconstitucionalidade daria ao contribuinte novo prazo para pleitear a recuperação do que pagou indevidamente, em face da lei inconstitucional. Tal prazo contar-se-ia da data da publicação do acórdão, em se tratando de ação de controle concentrado de constitucionalidade, ou da data da publicação da Resolução do Senado que suspender, de modo *erga omnes*, o dispositivo declarado inconstitucional em sede de controle difuso.[464]

Esse entendimento partia da premissa, correta, de que os prazos de que cuidam os arts. 168 e 169 do CTN referem-se, a rigor, ao pedido de restituição dirigido à Administração e à impugnação judicial de uma resposta negativa a esse pedido. Como a Administração não

---

[461] Hugo de Brito Machado, *Curso de Direito Tributário*, 22. ed. São Paulo: Malheiros, 2003, p. 180.

[462] Essa conduta nos parece equivocada, como ressaltamos no item 2.1.6, mas não se pode ignorar que é levada a cabo com relativa frequência.

[463] Ac. un. da 1ª T. do STJ – AGREsp 425.732/SP – Rel. Min. Paulo Medina – j. em 11.2.2003 – *DJU* I de 10.3.2003, p. 99.

[464] Nesse sentido: Ricardo Lobo Torres, *Restituição de Tributos*, Rio de Janeiro: Forense, 1983, p. 169.

408 | PROCESSO TRIBUTÁRIO – *Machado Segundo*

pode declarar a inconstitucionalidade de uma lei, no âmbito de um processo administrativo, tais prazos não dizem respeito a uma pretensão que demande, como questão prejudicial, a decisão a respeito da constitucionalidade da lei na qual se fundou a cobrança. Apenas depois de declarada a inconstitucionalidade dessa lei, pelo STF, os prazos previstos em tais artigos, notadamente no art. 168, têm início.[465]

Acatado em alguns julgados do Superior Tribunal de Justiça, tal entendimento foi posteriormente repelido naquela Corte Superior, como se depreende do seguinte julgado:

> "A Primeira Seção, em 24.3.04, no julgamento dos Embargos de Divergência 435.835/ SC (cf. Informativo de Jurisprudência do STJ, nº 203), entendeu que a 'sistemática dos cinco mais cinco' também se aplica em caso de tributo declarado inconstitucional pelo STF, mesmo que tenha havido resolução do Senado nos termos do art. 52, X, da Constituição Federal."[466]

O acórdão se refere a "cinco mais cinco" porque era a tese adotada à época para a contagem do prazo prescricional da ação de restituição do indébito que tinha como termo inicial a extinção do crédito tributário. Com a superação também desta tese (a partir da LC 118/2005), passa-se a aplicar o prazo de cinco anos contados da extinção (operada pelo pagamento antecipado, nos tributos lançados por homologação), nos moldes do art. 168, I, do CTN.

Mais recentemente, o Supremo Tribunal Federal ratificou esse entendimento, mas determinou que a mudança na forma de contar o prazo (partindo-se da extinção do crédito, e não da declaração de inconstitucionalidade) não poderia operar-se retroativamente. Com isso, processos em curso, ajuizados antes da mudança jurisprudencial, e apoiados no entendimento anterior (de que o prazo iniciar-se-ia da declaração de inconstitucionalidade), deveriam ser julgados com base nele (ADPF 248).

3.6.6   Petição inicial

Como em toda ação de conhecimento, de rito ordinário, a petição inicial de uma ação de restituição do indébito tributário deve atender aos requisitos exigidos pelo art. 319 do CPC. Além do que já escrevemos em relação à ação anulatória de lançamento tributário (item 3.4.3, *supra*), cumpre acrescentar, naturalmente, que deve ser formulado o pedido de condenação do ente público demandado à obrigação de restituir o montante pago indevidamente, com os acréscimos legais. É esse pedido, e não o nome inserido na parte inicial da petição inicial, que define a natureza da ação e da sentença que nela será proferida. Além disso, merecem menção ainda, aqui, os seguintes pontos: (a) acréscimos legais e pedido expresso; e (b) tutela antecipada e precatório.

---

[465]   Hugo de Brito Machado, "Imprescritibilidade da ação declaratória do direito de compensar tributo indevido", em *Problemas de Processo Judicial Tributário* – v. 2, coord. Valdir de Oliveira Rocha, São Paulo: Dialética, 1998, p. 121. Chegando à mesma conclusão, José Artur Lima Gonçalves e Márcio Severo Marques afirmam que o art. 168 do CTN não é aplicável aos casos de restituição de tributo cobrado com base em lei declarada inconstitucional pelo STF, hipótese na qual se aplica o prazo quinquenal do Decreto 20.910/32, sendo o fato que origina a "dívida passiva" da Fazenda Pública a decisão que declara a inconstitucionalidade da exação (José Artur Lima Gonçalves e Márcio Severo Marques, "Repetição do Indébito e Compensação no Direito Tributário", em *Repetição do Indébito e Compensação no Direito Tributário*, coord. Hugo de Brito Machado, São Paulo: Dialética, 1999, p. 222).

[466]   Ac. ún. da 2ª T. do STJ – REsp 703.950/SC, Rel. Min. Castro Meira, j. em 3.3.2005, *DJ* de 23.5.2005, p. 240.

Capítulo 4 · PROCESSO JUDICIAL TRIBUTÁRIO | 409

Deve-se apontar como ré a entidade pública que recebeu o tributo pago indevidamente e que, nessa condição, tem o dever de o restituir. Em se tratando de contribuições arrecadadas pela União, e repassadas a terceiros (entidades do sistema "S", por exemplo), a legitimidade é apenas da União, pessoa que realiza a cobrança do tributo respectivo. Foi o que decidiu o STJ, em entendimento hoje sumulado: "A legitimidade passiva, em demandas que visam à restituição de contribuições de terceiros, está vinculada à capacidade tributária ativa; assim, nas hipóteses em que as entidades terceiras são meras destinatárias das contribuições, não possuem elas legitimidade *ad causam* para figurar no polo passivo, juntamente com a União" (Súmula 666/STJ).

Esse entendimento criará muitas dificuldades, que nem os autores da reforma tributária sabem ainda como resolver, no que tange à legitimidade passiva *ad causam* nas ações relacionadas à devolução do IBS pago indevidamente. É que o tributo será arrecadado por um "comitê gestor", e posteriormente partilhado, a depender do local em que situado o destinatário da operação, entre mais de 5.000 entes federativos diferentes. No caso de pagamento indevido, quem será o réu? O Comitê Gestor? Os incontáveis Estados, Distrito Federal e Municípios? Ponto que, ao tempo em que se escrevem estas linhas, como dito, nem o reformador, autor dos projetos de lei complementar, sabe ainda como deslindar.

3.6.6.1 Acréscimos legais e pedido expresso

O pedido de restituição do tributo pago indevidamente envolve, também, os chamados "acréscimos legais", que envolvem os juros e a atualização monetária. Embora seja conveniente, não é indispensável que o autor da ação faça pedido expresso de inclusão de tais consectários, pois se trata de decorrência do próprio direito a uma restituição integral. Se não for feito pedido na inicial, nem houver referência expressa a tais acréscimos legais na sentença, ainda assim os mesmos podem ser pleiteados, em sede de execução de sentença.[467]

Em se tratando de indébito tributário federal, a partir de janeiro de 1996, a atualização é feita através da SELIC, na qual já estão conjugados juros e atualização monetária. Note-se que essa atualização não se aplica apenas a débitos decorrentes de fatos geradores ocorridos após janeiro de 1996, mas também a débitos anteriores, no que diz respeito ao tempo decorrido entre janeiro de 1996 e a data em que forem efetivamente restituídos.

No plano estadual e municipal, cada ente é autônomo para estabelecer os índices de juros e atualização aplicáveis à restituição do indébito, podendo igualmente determinar que estes serão os mesmos adotados relativamente aos tributos federais.[468] Caso não haja disposição expressa quanto aos encargos incidentes na restituição, devem ser aplicados os mesmos índices que forem utilizados pelo ente tributante respectivo para atualizar os débitos tributários dos quais o respectivo Estado ou Município é credor.

É verdade que, a teor do art. 167, parágrafo único, do CTN, os juros somente passariam a incidir sobre o valor devido ao contribuinte a partir do trânsito em julgado da sentença que determine a restituição do indébito. Essa regra teria sido afastada, no plano federal, com a instituição da SELIC, índice que engloba juros reais e correção monetária, excluindo por isso

---

[467] STJ, 2ª T., AgRg no REsp 614.813/PR, Rel. Min. Eliana Calmon, j. em 23.8.2005, v.u., *DJ* de 19.12.2005, p. 326.

[468] "Diante da existência de lei estadual que determina a adoção dos mesmos critérios adotados na correção dos débitos fiscais federais, legítima a aplicação da taxa SELIC a partir de sua entrada em vigor. A SELIC é composta de taxa de juros e correção monetária, não podendo ser cumulada, a partir de sua incidência, com qualquer outro índice de atualização" (REsp 745.387/MG, Rel. Min. Peçanha Martins, j. em 6.12.2005, *DJ* de 13.2.2006, p. 769).

a incidência de qualquer outro, e que incide a partir de cada pagamento indevido. Subsistiria, porém, a possibilidade de Estados ou Municípios pleitearem a incidência dos juros na restituição do indébito somente a partir do trânsito em julgado, notadamente quando a legislação local específica fixar critérios de juros e correção monetária distintos do parâmetro federal. Parece-nos, porém, que o STF, indiretamente, ou "por arrastamento", declarou a inconstitucionalidade do parágrafo único do art. 167 do CTN, na parte em que estabelece a incidência dos juros somente a partir do trânsito em julgado da sentença que julgar procedente pedido de restituição do indébito. Realmente, julgando a ADI 4425, o STF declarou inconstitucionais disposições da EC nº 62/2009 que disciplinavam a sistemática de precatórios e estabeleciam, entre outras coisas, critérios para o cálculo dos juros incidentes quando do pagamento de precatórios diversos daqueles que incidem sobre créditos que a Fazenda Pública tem para receber. Entendeu o STF, na oportunidade, ser inconstitucional o estabelecimento de critérios distintos, pelo que se conclui inconstitucional (por "arrastamento") o art. 167, parágrafo único, do CTN, visto que os juros oneram o crédito tributário inadimplido a partir do vencimento, a teor do art. 161 do CTN.[469]

3.6.6.2 Tutela antecipada e precatório

Há interessante doutrina, defendida por Hugo de Brito Machado, segundo a qual o autor da ação de restituição do indébito pode requerer a antecipação dos efeitos da tutela jurisdicional. A finalidade da antecipação é a de que, ainda no início da ação, seja expedido o precatório do montante a ser restituído, *que deve ficar depositado judicialmente, à disposição do juízo*, para liberação à parte que, ao final, com o trânsito em julgado, sair-se vencedora.[470]

Realmente, desde que haja fundamento relevante, indiscutivelmente presente, por exemplo, nos casos em que há pacífica e remansosa jurisprudência das Cortes Superiores declarando a invalidade da cobrança do tributo cuja restituição se requer, o deferimento da medida antecipatória de que se cuida nos parece perfeitamente possível, ainda mais se se considerar o tempo que muitas vezes tais ações levam para ser definitivamente julgadas, e, pior, para ter suas sentenças efetivamente executadas.

Em havendo precedentes reiterados das Cortes Superiores, como dito, o Poder Público deveria devolver o tributo correspondente *de ofício*. A ação de restituição, nesses casos, não deveria sequer ter de ser manejada. Nada mais razoável, portanto, que o contribuinte que se tem de valer do Poder Judiciário conte, pelo menos, com essa forma de abreviar a longuíssima espera para ver-se ressarcido do que indevidamente pagou.

---

[469] É conferir: "[...] 6. A quantificação dos juros moratórios relativos a débitos fazendários inscritos em precatórios segundo o índice de remuneração da caderneta de poupança vulnera o princípio constitucional da isonomia (CF, art. 5º, *caput*) ao incidir sobre débitos estatais de natureza tributária, pela discriminação em detrimento da parte processual privada que, salvo expressa determinação em contrário, responde pelos juros da mora tributária à taxa de 1% ao mês em favor do Estado (ex vi do art. 161, § 1º, CTN). Declaração de inconstitucionalidade parcial sem redução da expressão 'independentemente de sua natureza', contida no art. 100, § 12, da CF, incluído pela EC nº 62/09, para determinar que, quanto aos precatórios de natureza tributária, sejam aplicados os mesmos juros de mora incidentes sobre todo e qualquer crédito tributário. 7. O art. 1º-F da Lei º 9.494/97, com redação dada pela Lei 11.960/09, ao reproduzir as regras da EC nº 62/09 quanto à atualização monetária e à fixação de juros moratórios de créditos inscritos em precatórios incorre nos mesmos vícios de juridicidade que inquinam o art. 100, § 12, da CF, razão pela qual se revela inconstitucional por arrastamento, na mesma extensão dos itens 5 e 6 supra. [...]" (STF, Pleno, ADI 4425, j. em 14.3.2013).

[470] Hugo de Brito Machado, "Tutela Jurisdicional Antecipada na Repetição do Indébito Tributário", em *Revista Dialética de Direito Tributário* nº 5, São Paulo: Dialética, fev. 1996, p. 42-49.

Capítulo 4 · PROCESSO JUDICIAL TRIBUTÁRIO | 411

Observe-se, ainda, que não há qualquer perigo de dano, ou de irreversibilidade, em desfavor da entidade pública correspondente. O valor deverá ficar necessariamente depositado em juízo. Somente com o trânsito em julgado de uma sentença condenatória, devidamente liquidada e executada, o depósito poderá ser liberado, funcionando apenas como uma forma de antecipar o precatório em casos nos quais a procedência do pedido formulado pelo autor da ação é indiscutível. O Poder Público não terá tolhido o direito de recorrer incansavelmente, nem de embargar a execução da sentença, pois a liberação do depósito somente ocorrerá, se for o caso, depois de ultrapassadas todas essas etapas.

3.6.7 Contestação

Ao contestar a ação de restituição, a Fazenda Pública demandada deve desenvolver toda a sua argumentação de defesa, seja para sustentar que o contribuinte não efetuou o pagamento de que se cuida, ou não tem legitimidade ativa para pleitear a sua restituição, ou para afirmar que tal pagamento deu-se devidamente, ou ainda para alegar a ocorrência de prescrição.

Note-se que é com o advento da contestação que se estabelecem os pontos controvertidos, o que é de suma importância, especialmente para determinar quais provas terão de ser produzidas, ou se poderá haver o julgamento antecipado da lide.

3.6.8 Réplica

De acordo com o Código de Processo Civil, somente é necessária a manifestação do autor, a respeito da contestação, na hipótese de o réu alegar a ocorrência de fatos modificativos, extintivos ou impeditivos do direito alegado na inicial. É o caso, por exemplo, de a Fazenda alegar: (a) a transferência do ônus tributário a terceiro (fato impeditivo); (b) a ocorrência de prescrição (fato extintivo); ou (c) a anterior restituição ou compensação de parte do valor a ser restituído (fato modificativo). Em tais situações, o autor terá de ser intimado para, em dez dias, apresentar uma "resposta à contestação". Cabe observar que, na prática, talvez para não terem o trabalho de examinar todas e cada uma das contestações, em todas as ações de conhecimento de rito ordinário, para avaliar se é o caso de ouvir novamente o autor, a "réplica" é facultada pelos julgadores mesmo quando não legalmente exigida.

Não é produtivo, na réplica, repetir todo o conteúdo da inicial, que afinal de contas já está nos autos. O autor se deve limitar a responder algo de relevante trazido na contestação, e cuja insubsistência não já esteja demonstrada na inicial, e especialmente verificar os aspectos de fato controvertidos para requerer de modo específico a produção de alguma prova, ou, se for o caso, o julgamento antecipado da lide.

3.6.9 Julgamento antecipado do mérito

Se não houver provas a produzir, seja porque não há controvérsia quanto aos fatos, seja porque a controvérsia existente pode ser resolvida através de documentos já acostados aos autos, pode o juiz realizar o julgamento antecipado do mérito, nos termos do art. 355 do CPC/2015.

É sempre importante insistir em que o julgamento antecipado de que ora se trata não tem nenhuma relação com a antecipação dos efeitos da tutela jurisdicional. O julgamento antecipado põe fim ao processo, de modo definitivo,[471] chamando-se antecipado apenas porque é feito com a supressão da fase probatória, tida por desnecessária.

---

[471] Pode, naturalmente, ser interposto recurso de apelação, além da remessa oficial nos casos em que a sentença for desfavorável aos interesses da Fazenda Pública. Isso não significa, contudo, que o processo não tenha sido concluído, pelo menos no âmbito do juízo de primeiro grau.

412 | PROCESSO TRIBUTÁRIO – *Machado Segundo*

3.6.10 Dilação probatória

A maior parte das ações de restituição do indébito tributário oscila em torno de questões "de direito". Geralmente não se discute o pagamento do tributo, nem o contexto de fato do qual decorreu esse pagamento, mas apenas a interpretação ou mesmo a validade da norma em face da qual o tributo foi pago.

Pode haver, entretanto, controvérsia quanto a fatos, a ser dirimida através de uma instrução probatória. Autor e réu podem não entrar em consenso, *por exemplo*, quanto à:

a) existência do *pagamento* do tributo de cuja restituição se cogita, e o seu montante;
b) ocorrência de fato em face do qual a relação jurídica que ensejou o pagamento do tributo não teria nascido (*v. g.*, comprovação do preenchimento dos requisitos necessários ao gozo de uma isenção, ou de uma imunidade);
c) ocorrência de "repercussão" do ônus do tributo (CTN, art. 166).[472]

Em todas essas situações, e em quaisquer outras nas quais a certeza quanto ao direito à restituição dependa do esclarecimento de algum fato, podem ser produzidas quaisquer provas em direito admitidas. As de verificação mais frequente, e de maior utilidade, são a perícia contábil e a juntada de documentos, mas não se pode descartar a eventual utilidade do esclarecimento de uma testemunha, de uma inspeção judicial, de uma perícia médica, ou de engenharia. Tudo dependerá do fato cuja ocorrência se pretende ver esclarecida.

Cabe observar, finalmente, que muitas vezes a controvérsia quanto ao fato surge apenas quando da contestação, não sendo por isso razoável que a inicial já seja instruída com todos os documentos possíveis e imagináveis a fim de que se prove tudo quanto nela é afirmado. A inicial deve ser instruída com os documentos indispensáveis à propositura da ação, mas tais documentos não são necessariamente todos aqueles destinados a provar os fatos nela afirmados. Dizem respeito, a rigor, apenas à viabilidade da inicial. Não é necessário que toda a prova documental seja pré-constituída, até porque o réu, ao contestar a ação, pode limitar-se a sustentar outra interpretação para a norma invocada pelo autor, ou outro enquadramento normativo para os fatos narrados na inicial, sem refutar sua ocorrência. Pode, ainda, fazer questionamentos que demandem esclarecimentos não obtidos com a documentação já juntada aos autos. É por isso que o pedido de produção de provas, na inicial, conquanto deva ser formulado, sempre o é de modo genérico. Apenas após a contestação é que o magistrado, fixando os pontos controvertidos, indaga às partes a respeito das provas que pretendem produzir. Finalmente, mesmo que se entenda que à inicial faltou documento essencial, que deveria acompanhá-la, é o caso de determinar ao autor que supra a falta, e não simplesmente indeferir de plano a inicial (*RSTJ* 100/197).

3.6.11 Sentença e recursos

A sentença proferida ao final de uma ação de restituição do indébito tributário será precipuamente condenatória, caso conclua pela procedência do pedido do autor da ação, ou declaratória negativa, caso julgue-o improcedente. No primeiro caso, condenará o ente

---

[472] Ou de autorização, pelo "contribuinte de fato", para que o "contribuinte de direito" pleiteie a restituição. De acordo com o STJ, aliás, essa prova pode ser juntada depois, não sendo imprescindível que acompanhe a petição inicial (REsp 962.909-BA, Rel. Min. Castro Meira, j. em 20.9.2007). Trata-se, de qualquer modo, de regra absurda, pois, de uma forma ou de outra, a repercussão seria fato impeditivo, extintivo ou modificativo do direito do autor, sendo o ônus de prová-la inteiramente do réu.

Capítulo 4 · PROCESSO JUDICIAL TRIBUTÁRIO | 413

público demandado à obrigação de pagar consistente na restituição do tributo indevidamente pago. No segundo caso, declarará a inexistência do direito à restituição. Poderá, ainda, não haver julgamento do mérito da questão, seja por se considerar o autor parte ilegítima (CTN, art. 166),[473] seja por considerar-se não provada afirmação de fato necessário ao nascimento do direito à restituição.

Como toda decisão, administrativa ou judicial, a sentença deve ser devidamente fundamentada. E, como qualquer sentença proferida ao cabo de uma ação de conhecimento, de rito ordinário, submete-se à mesma fase recursal (embargos de declaração, apelação cível, recurso especial, recurso extraordinário etc.).

3.6.11.1 Cumprimento de sentença, precatório e compensação

"Precatório

Longos anos de litígio sofrido,
Contra quem a lei caberia honrar,
Para, ao cabo de tanto arrastar,
Ter-se o precatório, adiado e esquivo.

Tem o tempo mostrado, altivo,
Que mais caloteiros, ao dever faltar
São os governos, prontos a ignorar
Condenações da justiça sem motivo.

No passado era pior, se é contento
Era preciso amigos granjear,
Ou interesses sombrios custear.

Hoje, não há o favor que corrompe,
Mas no orçamento o pago é lento,
A pública dívida longas filas rompe."

Quando do trânsito em julgado de sentença que julgue procedentes os pedidos do autor, forma-se um título executivo judicial, oponível contra a Fazenda Pública ré. Instaura-se, então, a etapa conhecida como *cumprimento da sentença*. Na sistemática anterior, tinha-se a "execução da sentença", tendo o CPC/2015, porém, estabelecido também em face do ente público a ideia de processo sincrético, inserindo o exercício da tutela executiva relativa à sentença em uma etapa posterior do processo principal, assim tornado sincrético.

A Fazenda Pública pode, em face dessa pretensão de cumprimento da sentença, oferecer impugnação, mas, como se trata de sentença com trânsito em julgado, os assuntos nela versados não poderão ser reabertos. Tal como ocorria nos "embargos à execução de sentença" (CPC/73, art. 741), a matéria a ser tratada na impugnação é apenas aquela descrita no

---

[473] Nesse caso, o "mérito" do julgamento será tão somente essa ilegitimidade, sem incursões na questão de saber se o tributo foi pago indevidamente, ou não.

art. 535 do CPC/2015, a saber: (a) falta ou nulidade de citação, se, na fase de conhecimento, o processo correu à revelia; (b) ilegitimidade de parte; (c) inexequibilidade do título ou inexigibilidade da obrigação; (d) excesso de execução ou cumulação indevida de execuções; (e) incompetência absoluta ou relativa do juízo da execução; (f) qualquer causa modificativa ou extintiva da obrigação, como pagamento, novação, compensação, transação ou prescrição, desde que supervenientes ao trânsito em julgado da sentença.

Na hipótese de a Fazenda Pública alegar "excesso de execução", ou qualquer outro fundamento que implique o reconhecimento em parte da obrigação executada, o Juiz deverá desmembrar a dívida, determinando a expedição do precatório relativamente à parcela incontroversa, deixando suspensa, para eventual adimplemento após o julgamento dos embargos, somente a parcela impugnada.

Caso não seja oferecida impugnação, ou os pedidos feitos pela Fazenda sejam rejeitados, deverá então ser expedido o precatório, relativamente a toda a quantia executada, nos termos do art. 100 da CF/88. Nesse momento, eventualmente ocorre de o contribuinte aventar a possibilidade de compensação do valor correspondente ao seu crédito, e *desistir* da expedição do respectivo precatório para compensar o montante já liquidado e acertado com débitos seus em face da entidade pública executada.[474] Há quem entenda, em situações assim, que tal procedimento não é possível, pois implicaria uma "mudança no pedido" formulado na inicial. Não nos parece, contudo, que haja a citada mudança de pedido, pois

> "este objetivou o reconhecimento do direito do contribuinte a ver devolvido o indébito. A querela em torno de tal pedido já foi solucionada em definitivo, não fazendo sentido falar-se em mudança de pedido após prolatada a sentença. O modo como esse indébito vai ser devolvido é aspecto secundário da questão".[475]

Acolhendo esse entendimento, o Superior Tribunal de Justiça vem decidindo que a desistência do precatório, com opção pela compensação, não ofende a coisa julgada,

> "pois a decisão que reconheceu o direito do autor à compensação das parcelas pagas indevidamente fez surgir para o contribuinte um crédito que pode ser quitado por uma das formas de execução do julgado autorizadas em lei, quais sejam, a restituição via precatório ou a própria compensação tributária".

A matéria foi julgada no âmbito da sistemática dos "recursos repetitivos",[476] nesse mesmo sentido, e também objeto da edição de súmula: *"O contribuinte pode optar por receber, por meio*

---

[474] Isso ocorre, muitas vezes, em situações nas quais o contribuinte manejou a ação *antes* do advento de leis que passaram a autorizar expressamente a compensação. Acontece, ainda, em casos nos quais o contribuinte não considerava viável a compensação (pretendia encerrar suas atividades, *v. g.*), mas o contexto fático quando do julgamento da ação e do reconhecimento definitivo de seu crédito é diferente, e torna possível e atrativa a alternativa da compensação.

[475] Hugo de Brito Machado Segundo e Paulo de Tarso Vieira Ramos, "Repetição do Indébito Tributário e Compensação", em *Repetição do Indébito e Compensação no Direito Tributário*, coord. Hugo de Brito Machado, São Paulo/Fortaleza: Dialética/ICET, 1999, p. 155.

[476] "[...] 1."A sentença declaratória que, para fins de compensação tributária, certifica o direito de crédito do contribuinte que recolheu indevidamente o tributo, contém juízo de certeza e de definição exaustiva a respeito de todos os elementos da relação jurídica questionada e, como tal, é título executivo para a ação visando à satisfação, em dinheiro, do valor devido" (REsp no 614.577/SC, Ministro Teori Albino Zavascki). 2. A opção entre a compensação e o recebimento do crédito por precatório ou requisição de pequeno valor cabe ao contribuinte credor pelo indébito tributário, haja vista que constituem, todas

de precatório ou por compensação, o indébito tributário certificado por sentença declaratória transitada em julgado" (Súmula 461/STJ).

Assim, e em síntese, a sentença transitada em julgado no âmbito de uma ação de restituição do indébito pode, devidamente liquidada e acertada, ser executada mediante a opção pela compensação, com a desistência da expedição do respectivo precatório. Caso a Fazenda Pública não aceite a compensação, oferecendo embaraços à mesma (*v. g.*, exigindo os valores que deixaram de ser pagos em virtude da compensação), providências podem ser requeridas ao juiz da execução, ou, em último caso, pode ser manejado mandado de segurança apenas com o propósito de afastar tais óbices, sem mais discutir o direito ao crédito reconhecido na sentença passada em julgado.[477]

3.6.11.2 O "parcelamento" dos precatórios

Caso a ação de restituição do indébito tenha sido movida até 31 de dezembro de 1999, pretende o art. 78 do ADCT que a sua execução se dê mediante prestações anuais, iguais e sucessivas, no prazo máximo de até 10 (dez) anos. O dispositivo tem a seguinte redação:

> "Art. 78. Ressalvados os créditos definidos em lei como de pequeno valor, os de natureza alimentícia, os de que trata o art. 33 deste Ato das Disposições Constitucionais Transitórias e suas complementações e os que já tiverem os seus respectivos recursos liberados ou depositados em juízo, os precatórios pendentes na data de promulgação desta Emenda e os que decorram de ações iniciais ajuizadas até 31 de dezembro de 1999 serão liquidados pelo seu valor real, em moeda corrente, acrescido de juros legais, em prestações anuais, iguais e sucessivas, no prazo máximo de dez anos, permitida a cessão dos créditos.
>
> § 1º É permitida a decomposição de parcelas, a critério do credor.
>
> § 2º As prestações anuais a que se refere o *caput* deste artigo terão, se não liquidadas até o final do exercício a que se referem, poder liberatório do pagamento de tributos da entidade devedora.
>
> § 3º O prazo referido no *caput* deste artigo fica reduzido para dois anos, nos casos de precatórios judiciais originários de desapropriação de imóvel residencial do credor, desde que comprovadamente único à época da imissão na posse.
>
> § 4º O Presidente do Tribunal competente deverá, vencido o prazo ou em caso de omissão no orçamento, ou preterição ao direito de precedência, a requerimento do credor, requisitar ou determinar o sequestro de recursos financeiros da entidade executada, suficientes à satisfação da prestação."

---

as modalidades, formas de execução do julgado colocadas à disposição da parte quando procedente a ação que teve a eficácia de declarar o indébito. Precedentes da Primeira Seção: REsp.796.064 – RJ, Primeira Seção, Rel. Min. Luiz Fux, julgado em 22.10.2008; EREsp. no 502.618 – RS, Primeira Seção, Rel. Min. João Otávio de Noronha, julgado em 8.6.2005; EREsp. no 609.266 – RS, Primeira Seção, Rel. Min. Teori Albino Zavascki, julgado em 23.8.2006. 3. Recurso especial provido. Acórdão submetido ao regime do art. 543-C do CPC e da Resolução STJ 08/2008" (STJ, 1ª S., REsp 1.114.404/MG, *DJe* de 1º.3.2010).

[477] Na hipótese de fazer-se necessária a impetração de tal mandado de segurança, é óbvia a não aplicação do art. 170-A do CTN, podendo o juiz conceder medida liminar para suspender os óbices opostos à compensação. Isso porque, nesse caso, o crédito a ser compensado já está reconhecido em sentença com trânsito em julgado. Sem razão, e completamente, *data venia*, o TRF da 5ª R., no AGTR 20.302/ CE (*DJU* II de 13.8.1999, p. 542).

Leitura da norma revela o desrespeito, nela consubstanciado, ao cidadão brasileiro, ao Poder Judiciário, ao Estado de Direito, e, por isso, a muitas cláusulas de imodificabilidade da Constituição Federal de 1988. Não se trata de uma norma jurídica, mas de um acinte.

Já é estranho, para dizer o menos, emendar parte da Constituição que se pressupunha transitória. O ADCT contém disposições destinadas a regulamentar a transição entre a ordem jurídica fundada na CF/69 e a ordem inaugurada pela CF/88, sendo esdrúxulo que, 12 anos depois, ainda se cogite de alterá-lo. Mais absurdo, porém, é o próprio conteúdo do dispositivo, que parcela em dez anos a devolução de uma quantia que, a rigor, e conforme reconhecimento judicial definitivo, nunca deveria ter sido extraída do patrimônio do cidadão.

Os demais parágrafos, por sua vez, foram redigidos com extrema habilidade, de sorte que parecem estar concedendo "benefícios" quando, na verdade, veiculam fortes restrições a direitos fundamentais.

O § 2º, por exemplo, afirma que, caso não liquidada até o final do exercício, a parcela do precatório terá poder liberatório de tributos. O dispositivo pode eventualmente configurar novidade, no que diz respeito a precatórios de valores de origem não tributária, mas no que toca à restituição do indébito tributário em nada inova, visto que a compensação do indébito já poderia ser feita, de modo indiscutível, muito antes da expedição do precatório. Deve ser entendido, portanto, como uma possibilidade de o cidadão que não optou pela compensação quando do trânsito em julgado da sentença, preferindo o precatório, poder retratar-se pelo menos em relação à parcela não paga.

O § 3º, por sua vez, é uma pérola de autoritarismo revestido de aparente liberalidade. Diz que o absurdo prazo de dez anos pode ser reduzido para dois anos, como se isto fosse um grande benefício, pasme-se, quando o precatório judicial originar-se da desapropriação do único imóvel residencial do credor!

Tais dispositivos, porém, são da mais clara inconstitucionalidade. Violam, até não mais poder, o art. 60, § 4º, III e IV, da CF/88.

Tem-se desrespeito ao Estado de Direito e à tripartição de Poderes (CF/88, arts. 1º e 2º), pois o Estado passa a determinar como, e em que termos, cumprirá as decisões judiciais que, definitivas, somente lhe determinam a observância e o respeito à Constituição e às leis. Em última análise, cria-se situação semelhante àquela disciplinada pelas Ordenações Filipinas, já referidas neste livro, segundo as quais *"nenhuma lei, pelo rei feita, o obriga, senão enquanto ele, fundado na razão e igualdade, quiser a ela submeter o seu poder real"* (Livro 2, Título 35, § 21). Enfim, caso seja admitido o parcelamento trazido pela EC nº 30/2000, nada impedirá que, em seguida, o parcelamento seja tornado definitivo, e ainda mais dilatado, em 15, 20, 30 anos, tornando praticamente inexistente a garantia de que serão reparadas as ilegalidades praticadas pelo Poder Público.

É violada, ainda, a garantia de inafastabilidade de acesso ao Poder Judiciário (CF/88, art. 5º, XXXV), na qual está implícita, por lógica, a garantia de que a tutela jurisdicional seja prestada de modo *útil* e *eficiente*. Sabe-se que de tal garantia é extraído o princípio da *máxima coincidência possível*, segundo o qual a tutela jurisdicional deve criar situação o mais semelhante possível àquela que se teria configurado na hipótese de respeito espontâneo do direito reclamado em juízo. Tudo isso é atropelado pelo parcelamento de que se cuida, pois é mais do que evidente que não há nenhuma coincidência entre a restituição de ofício de um tributo pago indevidamente (ou a abstenção de se cobrar esse tributo indevido) e a restituição do mesmo ao cabo de um processo assaz demorado, e que, ao ser executado, ainda se submete a um longo parcelamento em até dez anos.

É importante ter em mente a gravidade da situação. É na garantia de acesso à jurisdição que repousam todas as outras. E é nela que, em se tratando do Poder Público, repousa todo o Estado de Direito. Admitir que o poder reformador possa determinar quando e como cumprirá as decisões judiciais, com irrazoáveis dilações em até dez anos, implica desestimular o acesso ao Judiciário, retirando substancial parcela de eficácia da ordem jurídica.

Nem se alegue, no caso, que o ADCT, tal como publicado em 1988, possuía dispositivo semelhante, e que não foi considerado inconstitucional. Na verdade, editado pelo poder constituinte originário, é óbvio que tal artigo do ADCT não poderia ser declarado inválido, pois não havia norma superior com a qual pudesse ser cotejado. Não é o que ocorre com a EC nº 30/2000, submetida, como qualquer emenda, aos limites rigidamente estabelecidos no art. 60 da CF/88.

Forte nessas premissas, o Supremo Tribunal Federal deferiu medida cautelar na ADI 2356, em acórdão que porta seguinte ementa:

"MEDIDA CAUTELAR EM AÇÃO DIRETA DE INCONSTITUCIONALIDADE. ART. 2º DA EMENDA CONSTITUCIONAL Nº 30, DE 13 DE SETEMBRO DE 2000, QUE ACRESCENTOU O ART. 78 AO ATO DAS DISPOSIÇÕES CONSTITUCIONAIS TRANSITÓRIAS. PARCELAMENTO DA LIQUIDAÇÃO DE PRECATÓRIOS PELA FAZENDA PÚBLICA.

1. O precatório de que trata o artigo 100 da Constituição consiste em prerrogativa processual do Poder Público. Possibilidade de pagar os seus débitos não a vista, mas num prazo que se estende até dezoito meses. Prerrogativa compensada, no entanto, pelo rigor dispensado aos responsáveis pelo cumprimento das ordens judiciais, cujo desrespeito constitui, primeiro, pressuposto de intervenção federal (inciso VI do art. 34 e inciso V do art. 35, da CF) e, segundo, crime de responsabilidade (inciso VII do art. 85 da CF).

2. O sistema de precatórios é garantia constitucional do cumprimento de decisão judicial contra a Fazenda Pública, que se define em regras de natureza processual conducentes à efetividade da sentença condenatória trânsita em julgado por quantia certa contra entidades de direito público. Além de homenagear o direito de propriedade (inciso XXII do art. 5º da CF), prestigia o acesso à jurisdição e a coisa julgada (incisos XXXV e XXXVI do art. 5º da CF).

3. A eficácia das regras jurídicas produzidas pelo poder constituinte (redundantemente chamado de 'originário') não está sujeita a nenhuma limitação normativa, seja de ordem material, seja formal, porque provém do exercício de um poder de fato ou supraposi-tivo. Já as normas produzidas pelo poder reformador, essas têm sua validez e eficácia condicionadas à legitimação que recebam da ordem constitucional. Daí a necessária obediência das emendas constitucionais às chamadas cláusulas pétreas.

4. O art. 78 do Ato das Disposições Constitucionais Transitórias, acrescentado pelo art. 2º da Emenda Constitucional nº 30/2000, ao admitir a liquidação 'em prestações anuais, iguais e sucessivas, no prazo máximo de dez anos' dos 'precatórios pendentes na data de promulgação' da emenda, violou o direito adquirido do beneficiário do precatório, o ato jurídico perfeito e a coisa julgada. Atentou ainda contra a independência do Poder Judiciário, cuja autoridade é insuscetível de ser negada, máxime no concernente ao exercício do poder de julgar os litígios que lhe são submetidos e fazer cumpridas as suas decisões, inclusive contra a Fazenda Pública, na forma prevista na Constituição e na lei. Pelo que a alteração constitucional pretendida encontra óbice nos incisos III e IV do § 4º do art. 60 da Constituição, pois afronta 'a separação dos Poderes' e 'os direitos e garantias individuais'.

5. Quanto aos precatórios 'que decorram de ações iniciais ajuizadas até 31 de dezembro de 1999', sua liquidação parcelada não se compatibiliza com o *caput* do art. 5º da Constituição Federal. Não respeita o princípio da igualdade a admissão de que um certo número de precatórios, oriundos de ações ajuizadas até 31.12.1999, fique sujeito ao regime especial do art. 78 do ADCT, com o pagamento a ser efetuado em prestações anuais, iguais e sucessivas, no prazo máximo de dez anos, enquanto os demais créditos sejam beneficiados com o tratamento mais favorável do § 1º do art. 100 da Constituição.
6. Medida cautelar deferida para suspender a eficácia do art. 2º da Emenda Constitucional nº 30/2000, que introduziu o art. 78 no ADCT da Constituição de 1988."[478]

3.6.11.3 Direito ao recebimento do precatório e prova de regularidade fiscal

Ainda a propósito do recebimento de precatório, e das restrições e dificuldades a tanto impostas, merece referência o art. 19 da Lei 11.033/2004, que dispõe:

"Art. 19. O levantamento ou a autorização para depósito em conta bancária de valores decorrentes de precatório judicial somente poderá ocorrer mediante a apresentação ao juízo de certidão negativa de tributos federais, estaduais, municipais, bem como certidão de regularidade para com a Seguridade Social, o Fundo de Garantia do Tempo de Serviço – FGTS e a Dívida Ativa da União, depois de ouvida a Fazenda Pública.

Parágrafo único. Não se aplica o disposto no *caput* deste artigo:

I – aos créditos de natureza alimentar, inclusive honorários advocatícios;

II – aos créditos de valor igual ou inferior ao disposto no art. 3º da Lei 10.259, de 12 de julho de 2001, que dispõe sobre a instituição dos Juizados Especiais Cíveis e Criminais no âmbito da Justiça Federal."

Tal disposição legal é de inconstitucionalidade grosseira.

Primeiro, porque impõe restrições ao recebimento de precatórios que não constam do art. 100 da CF/88, exorbitando daquelas que ali já estão inseridas.

Segundo, porque malfere, até mais não poder, os princípios do devido processo legal, da ampla defesa e do contraditório, na medida em que representa forma oblíqua de cobrança (da quantia que motiva a não expedição da certidão negativa), não submetida a qualquer controle de legalidade. Verdadeira "sanção política", a exemplo da apreensão de mercadorias como forma coercitiva de cobrar tributos, da proibição de imprimir blocos de notas fiscais, e de várias outras medidas que o Poder Judiciário sempre repeliu.

Terceiro, porque implica restrição desproporcional ao *direito de acesso ao Judiciário* (CF/88, art. 5º, XXXV), do qual se extrai, como explicamos no Capítulo 2 deste livro, o direito a uma prestação jurisdicional útil, efetiva, que traga à parte resultado o mais semelhante possível àquele que seria verificado diante do cumprimento espontâneo do direito pela parte perdedora. Ora, se o contribuinte, por falta de certidão negativa, não recebe o precatório a que tem direito, isso implica dizer que não se assegura a jurisdição àquele que tem pendências (não necessariamente devidas) junto ao Fisco. Basta que o sistema informatizado da Receita Federal "aponte" uma pendência, que nem mesmo os servidores daquele órgão sabem informar qual é ao certo, para que o contribuinte já fique sem sua certidão de regularidade fiscal e, por conseguinte, não receba o precatório pelo qual tanto tempo esperou.

---

[478] STF, Pleno, ADI 2356 MC, *DJe*-094, publicado em 19.5.2011.

Fosse válida a citada disposição legal, nada impediria o legislador de editar lei arrolando a apresentação de tais certidões como pressuposto para o *cabimento* de qualquer ação judicial, tornando letra morta, completamente, o disposto no art. 5º, XXXV, da CF/88, e com ele todo o princípio do *Estado de Direito*.

Forte nessas razões, o Plenário do STF reconheceu a inconstitucionalidade desse dispositivo legal.[479] Prestou, com isso, grande serviço à integridade da Constituição e ao respeito aos direitos fundamentais no País.

Por razões semelhantes, julgando a ADI 4.357, o STF declarou a inconstitucionalidade do § 9º do art. 100 da CF/88, com a redação que lhe foi dada pela EC 62/2009, a saber:

> "§ 9º No momento da expedição dos precatórios, independentemente de regulamentação, deles deverá ser abatido, a título de compensação, valor correspondente aos débitos líquidos e certos, inscritos ou não em dívida ativa e constituídos contra o credor original pela Fazenda Pública devedora, incluídas parcelas vincendas de parcelamentos, ressalvados aqueles cuja execução esteja suspensa em virtude de contestação administrativa ou judicial".

Consideramos que, com a declaração da inconstitucionalidade em questão, não se torna impossível a compensação de precatórios. Ela apenas não poderá mais ser imposta pela Fazenda Pública ao contribuinte que, inclusive, pode estar a questionar a exigência, apenas não tendo obtido a respectiva suspensão. E essa "compensação de precatório", convém notar, não é idêntica à daquela mencionada no item 3.6.11.1, *supra*. Ali, trata-se de compensação de crédito detido pelo contribuinte, de natureza tributária porque oriundo de tributo pago indevidamente, e reconhecido por sentença passada em julgado. A compensação opera-se nos termos da legislação específica (*v. g.*, Lei 9.430/96, art. 74, no caso de tributos federais), *antes* da expedição do precatório. Aqui, tem-se a compensação do crédito a ser pago pelo precatório, independentemente da natureza deste. Se servidor público estadual é credor de precatório originado da condenação da Fazenda no pagamento de diferença de vencimentos, e, ao mesmo tempo, é devedor de quantias a título de IPVA, a compensação poderá ocorrer. Nessa segunda hipótese, além de a compensação operar-se quando já irreversível a opção pelo precatório (não acontecendo por opção do contribuinte antes mesmo de sua expedição), tanto os créditos como os débitos do contribuinte não precisam, necessariamente, ter natureza tributária.

Posteriormente, o art. 100, § 9º da CF/88 passou a contar com nova redação (EC 113/2021), nos seguintes termos:

> "§ 9º Sem que haja interrupção no pagamento do precatório e mediante comunicação da Fazenda Pública ao Tribunal, o valor correspondente aos eventuais débitos inscritos em dívida ativa contra o credor do requisitório e seus substituídos deverá ser depositado à conta do juízo responsável pela ação de cobrança, que decidirá pelo seu destino definitivo".

Veja-se que, nos termos ora vigentes, o valor do precatório é depositado à conta do juízo no âmbito do qual se esteja operando a cobrança do valor que o credor do precatório estaria devendo, cabendo a este decidir seu destino. Assim, se o contribuinte está em vias de receber um valor, por meio de precatório, e a Fazenda informa possuir ele débitos inscritos

---

[479] STF, Pleno, ADI 3.453/DF, Rel. Min. Cármen Lúcia, j. em 30.11.2006, *DJ* de 16.3.2007, p. 20.

420 | PROCESSO TRIBUTÁRIO – *Machado Segundo*

em dívida ativa, em fase de execução, o valor correspondente será depositado à conta do juízo da execução, cabendo a este decidir o que fazer com ele. Se a execução não estiver garantida, e o precatório, assim depositado, passar a garanti-la, abrir-se-á prazo para embargos. Se estiver embargada, será o caso de aguardar o julgamento dos embargos para só então aferir o destino a ser dado ao depósito, nos termos do art. 32, § 2º, da Lei 6.830/80.

3.6.11.4 Precatórios e as ECs 94/2016, 99/2017, 109/2021, 113/2021 e 114/2021

Na tentativa de, uma vez mais, resolver o problema do passivo dos entes públicos – notadamente Estado e Municípios – com precatórios, editou-se, ao final de 2016, a Emenda Constitucional 94, que realiza algumas alterações no art. 100 da Constituição, e cria, por meio do Ato das Disposições Constitucionais Transitórias (ADCT), um "Regime Especial" para pagamento de precatórios por parte de entes públicos endividados (art. 101). Posteriormente, suas disposições foram alteradas pelas Emendas Constitucionais 99, de 2017, e 109, de 2021,[480] tendo esta última, por conta dos problemas gerados pela pandemia da Covid-19, postergado de 2024 para 2029 o pagamento dos precatórios acumulados no âmbito do apontado "Regime Especial". Finalmente, as Emendas 113 e 114 foram editadas para flexibilizar, postergar e dificultar, uma vez mais, o pagamento de precatórios, incluindo os devidos pelo Governo Federal, embora este não estivesse com as dificuldades de alguns Estados e Municípios, as quais teriam justificado as emendas anteriores.

Estabelece o art. 101 do ADCT, entre outras coisas, a possibilidade de os entes públicos endividados com precatórios "financiarem" o pagamento destes, não se aplicando, em tais hipóteses, os limites de endividamento estabelecidos no art. 52, VI e VII, da Constituição Federal, ou "quaisquer outros limites". Dispõe, ainda, o fracionamento de precatórios cujo montante seja superior a 15% do total representado por todos os demais, os quais serão pagos parte (15% de seu montante) no exercício seguinte, e o saldo parcelado em cinco anos, permitindo-se "acordos diretos" nos quais o cidadão pode aceitar redução de até 40% do seu crédito para recebê-lo com maior brevidade (CF/88, art. 100, § 20). Outra inovação consistiu na permissão para que se utilizem, relativamente a Estados, Distrito Federal e Municípios que estejam em mora quanto ao pagamento de precatórios, os valores de depósitos judiciais referentes tanto a ações em que forem parte tais entes públicos ou mesmo depósitos relativos a ações entre partes litigantes inteiramente diversas (ressalvadas apenas os que digam respeito à verba de caráter alimentar) para pagar os precatórios por eles devidos (ADCT, art. 101).

Percebe-se que, embora haja o parcelamento de precatórios, ao qual se podem dirigir as críticas já formuladas em item anterior deste livro (a disposição semelhante veiculada pela EC 30/2001), a EC 94 não o faz da mesma forma. Primeiro, porque ela contém disposições de Direito Financeiro, ligadas ao controle entre a relação da receita corrente líquida e os valores destinados ao pagamento de precatórios, que visam compelir os entes públicos ao adimplemento de suas dívidas sem lhes comprometer o funcionamento, inclusive e principalmente

---

[480] A EC 109 trouxe, no caso, mudanças importantes para enfrentar os problemas financeiros inerentes à pandemia da Covid-19, com reflexos evidentes sobre os cofres públicos. Com efeito, a pandemia causou queda de arrecadação, em função da redução das atividades econômicas, inerente ao isolamento social necessário ao combate à propagação do vírus. Causou, também, aumento de despesas, seja para fazer face à alta demanda pelos serviços de saúde pública, seja para auxiliar aqueles privados dos meios de obter seu próprio sustento. Muitas dessas alterações, contudo, não guardam relação com a sistemática de precatórios, razão pela qual não serão examinadas neste item, que se concentrará sobretudo no art. 100 da CF/88 e no art. 101 do ADCT, com as alterações que se sucederam ao seu texto.

com a previsão de que parcela da receita corrente líquida deve seguidamente ser direcionada ao Tribunal de Justiça correspondente, para viabilizar o adimplemento dos precatórios. Segundo, porque o parcelamento de que trata o art. 100 da CF aplica-se apenas a precatórios desproporcionalmente maiores que os demais, e apenas em relação à parte destes, e somente por cinco anos.

Embora o ideal fosse o pagamento imediato, tão logo sucumbisse no âmbito judicial – ou até antes disso, a depender da questão discutida –, não se pode negar que as disposições da EC 94/2016 visam, diante de um "estado de coisas inconstitucional", como é o do passivo judicial de muitos entes federativos, criar situação que, se não é a ideal, é, talvez, a melhor possível. Quanto ao uso dos depósitos judiciais, embora possa parecer preocupante que sejam empregados no pagamento de precatórios, a realidade é que já vinham sendo utilizados para fins muito menos nobres, então, usá-los, de algum modo, para fazer efetiva a jurisdição contra o Poder Público não parece ser um problema.

A questão tornou-se mais grave, contudo, e mais claramente inconstitucional, em nossa ótica, com a edição das EC 113 e 114, ambas de 2021, rotuladas de "emendas do calote", por estabelecerem limites ao adimplemento de precatórios, os quais, estando acima desse limite (um "teto"), são pagos apenas nos exercícios seguintes. Referidas emendas alteraram, ainda, a data para apresentação dos precatórios, a fim de que sejam pagos no exercício seguinte, antecipando-a de junho para abril de cada ano, além de permitirem o pagamento de precatórios em atraso por meio de "acordos" nos quais o cidadão credor poderá renunciar a até 40% do que lhe é devido (§ 3º do art. 107-A do ADCT).

Não é demais lembrar, a propósito, que a EC 30/2001, há vinte anos, pretendeu parcelar o pagamento de precatórios em dez anos. O Supremo Tribunal Federal, contudo, como já comentado, declarou essa iniciativa inconstitucional, sendo conveniente destacar, do julgado, o trecho em que se reconhece que a emenda, ao alterar a forma de pagamento dos precatórios, *"violou o direito adquirido do beneficiário do precatório, o ato jurídico perfeito e a coisa julgada. Atentou ainda contra a independência do Poder Judiciário, cuja autoridade é insuscetível de ser negada, máxime no concernente ao exercício do poder de julgar os litígios que lhe são submetidos e fazer cumpridas as suas decisões, inclusive contra a Fazenda Pública, na forma prevista na Constituição e na lei. Pelo que a alteração constitucional pretendida encontra óbice nos incisos III e IV do § 4o do artigo 60 da Constituição, pois afronta 'a separação dos Poderes' e 'os direitos e garantias individuais'"* (ADI 2.356). Tudo isso se aplica, por igual, às EC 113/2021 e 114/2021.

Mas o STF demorou a declarar inconstitucional a EC 30/2001, o que somente ocorreu, mesmo em sede de medida cautelar, no final de 2010. E ela havia instituído a possibilidade de, em não sendo paga a parcela do precatório parcelado, esta poder ser utilizada para pagamento de tributos, e inclusive ser cedida a terceiros. Criou-se, assim, no período em que permaneceu em vigor, um mercado no qual devedores do Fisco compravam precatórios de pessoas que esperavam pelo seu adimplemento ao cabo de demorados processos judiciais. A compra se dava à vista, mas, naturalmente, com deságio, permitindo que os precatórios fossem em seguida utilizados na quitação das dívidas tributárias de quem os adquiria. O procedimento atendia ao interesse do titular do precatório, que recebia com brevidade seu crédito, ainda que por valor menor; atendia ainda aos interesses dos que os compravam, que ganhavam com o respectivo deságio.

O referido mercado, é claro, só surgiu por conta da inadimplência do poder público. Antes de se pensar em reprovar os compradores dos precatórios, que se aproveitavam do deságio, convém lembrar que não foram eles quem criaram a situação dramática em que se encontravam os que esperavam pelo cumprimento de decisões judiciais pelo poder público. Mas este, o poder público, se sentiu estimulado pela "ideia" de ver seus credores aceitando receber menos, para receber logo, e editou a EC 62/2009, que, além de trazer novas condicionantes e dificuldades ao pagamento de precatórios, criou a sistemática de um "leilão" no qual credores do poder público podem receber seus precatórios primeiro, caso aceitem receber menos do que lhes seria devido. Ou seja: o mercado, e o deságio, surgidos pela postura reprovável do poder público perante condenações judiciais passou a ser aproveitado por ele próprio, que deu causa a tudo. Além de vários outros vícios, que também estavam presentes na EC 30/2001 e foram reconhecidos pelo STF, entre os quais a impossibilidade de uma emenda condicional limitar a forma como decisões judiciais passadas em julgado serão cumpridas, havia aí clara imoralidade de pretender tirar proveito (pagar com deságio) do próprio comportamento reprovável que criava as condições para que o tal deságio fosse cogitado (não pagamento tempestivo do precatório).

A EC 62/2009 também foi declarada inconstitucional, sendo relevante, do acórdão respectivo (ADI 4.425), a parte em que se afirma, por igual, que essa nova tentativa de condicionar, dificultar ou postergar o pagamento das condenações judiciais *"viola a cláusula constitucional do Estado de Direito (CF, artigo 1º, caput), o princípio da Separação de Poderes (CF, artigo 2º), o postulado da isonomia (CF, artigo 5º), a garantia do acesso à justiça e a efetividade da tutela jurisdicional (CF, artigo 5º, XXXV), o direito adquirido e à coisa julgada (CF, artigo 5º, XXXVI). (...)"*.

E o que isso tem a ver com as EC 113/2021 e 114/2021? Tudo. Tais emendas, como explicado, novamente condicionam o cumprimento de decisões judiciais passadas em julgado. Procedem a alterações no texto constitucional que incorrem em todos os vícios já proclamados pelo STF quanto às tentativas anteriores. Poderá o poder público, diante disso, afirmar que não sabia da inconstitucionalidade, quando a corte a declarar, se provocada?

A pergunta é relevante, pois uma das condições que diversos tribunais constitucionais no mundo, e a Corte de Justiça Europeia, na União Europeia, exigem para (excepcionalissimamente) modular os efeitos de uma decisão que afirma a invalidade de uma norma é a comprovação, por quem editou a norma, de que não se poderia prever que essa invalidade seria declarada. A boa-fé na edição da norma impugnada, e a demonstração (e não a mera alegativa, às vezes inventada apenas em sede de memoriais) de danos excepcionais e irreparáveis causados caso se reconheça sua invalidade, são premissas necessária a que se possa sequer cogitar de modular efeitos de decisão que reconhece tal invalidade. E, no caso em exame, uma dessas premissas está claramente ausente. Parlamentares sabem, ou deveriam saber, que o STF, se mantiver sua jurisprudência estável, íntegra e coerente como didaticamente prescreve o artigo 926 do CPC, declarará esta emenda que se propõe inconstitucional, como o fez com a 30/2001 e a 62/2009. Quando isso ocorrer, será inaceitável que se aleguem "razões de Estado" para se postular a limitação temporal dos efeitos correspondentes.

Do contrário, ter-se-á tornado explícito e claro que, no Brasil, o poder público cumpre a lei apenas *se* e *quando* quer. Tal como preconizavam as Ordenações Filipinas, segundo as quais *"nenhuma lei, pelo rei feita, o obriga, senão enquanto ele, fundado na razão e igualdade, quiser a ela submeter o seu poder real"* (Livro 2, Título 35, § 21). Não é possível que o Supremo Tribunal Federal permita tamanho retrocesso nas instituições de nosso país.

Nessa ordem de ideias, apreciando as ADIs 7.047 e 7.064, o Supremo Tribunal Federal declarou parcialmente a inconstitucionalidade das Emendas Constitucionais 113 e 114. Conforme noticiado pela Corte, o "Tribunal, por maioria, converteu o julgamento da medida cautelar em julgamento de mérito e conheceu da ação direta para julgá-la parcialmente procedente e declarar a inconstitucionalidade dos arts. 100, § 9º, da Constituição Federal, e 101, § 5º, do ADCT, com redação estabelecida pelo art. 1º da EC 113/21, bem como dar interpretação conforme a Constituição ao art. 100, § 11, da Constituição, com redação da EC 113/21, para excluir a expressão com autoaplicabilidade para a União de seu texto, nos termos do voto do Relator, vencido parcialmente o Ministro André Mendonça".

A esse respeito, cumpre notar a elogiável manifestação que a Advocacia-Geral da União apresentou em tais ações. Embora em tese incumbida de defender a constitucionalidade dos atos normativos atacados, a AGU reconheceu sua inconstitucionalidade e pediu que ela fosse declarada pelo Supremo Tribunal Federal. Isso porque, com a criação de um "teto" para o pagamento de precatórios, tais Emendas criaram um sistema de represamento em face do qual a cada ano haverá mais e mais precatórios a serem pagos, mas sempre o mesmo valor para honrá-los, de modo que o represamento da dívida pública torná-la-ia impagável ao cabo de alguns anos. Um verdadeiro desserviço aos governos do futuro, e à própria saúde das contas públicas no longo prazo. Que o constituinte reformador aprenda a lição, e deixe o péssimo hábito de emendar inconstitucionalmente o texto constitucional para dificultar o pagamento de quantias que jamais deveriam ter saído do patrimônio do particular.

3.7 Algumas notas sobre as tutelas provisórias em matéria tributária

3.7.1   O tempo e a utilidade dos provimentos judiciais

O processo judicial, como se sabe, tem por finalidade instrumentalizar a prestação da tutela jurisdicional, fazendo com que a mesma seja a mais coincidente possível com o direito a ser por ela reconhecido. Em outras palavras, deve fazer com que o direito reconhecido em juízo seja o mais próximo possível daquele que efetivamente incidiu, e cuja eficácia deve ser mantida, ou restabelecida, conforme o caso. Para atingir essa finalidade, o processo deve conciliar dois valores antagônicos: (a) o direito da parte demandada a uma ampla cognição do problema, com o exaurimento de todas as etapas processuais; e, em oposição a isso, (b) o direito da parte demandante a uma tutela célere. O valor *a* é importante para reduzir as possibilidades de equívoco na decisão judicial, especial, mas não exclusivamente no que tange à matéria de fato. O valor *b*, por sua vez, é relevante porque pouca ou nenhuma utilidade tem a decisão que, conquanto irrecorrível, é proferida depois de fenecido no todo ou em parte o direito a ser por ela resguardado.

A administração do tempo, portanto, é algo essencial para que o processo atinja suas finalidades. Precisamente por isso, Napoleão Nunes Maia Filho observa que "faz tempo, muito tempo, que a questão do tempo se atravessou no processo como um dos seus maiores problemas".[481]

É com o propósito de tentar corrigir os problemas decorrentes do tempo, conciliando o direito do autor a uma tutela efetiva com o direito do réu à plena cognição da matéria controvertida, que a legislação processual prevê as chamadas *tutelas de urgência*, as quais, em matéria tributária, são precipuamente a liminar em mandado de segurança e as tutelas provisórias que, no CPC/2015, podem ser antecedentes ou incidentais ao processo sincrético, não mais havendo, em regra, o "processo cautelar" de que tratava o CPC/73.

---
[481] Napoleão Nunes Maia Filho, *Estudo Sistemático da Tutela Antecipada*, Fortaleza: Gráfica Nacional, 2003, p. 95 e 96.

424 | PROCESSO TRIBUTÁRIO – *Machado Segundo*

3.7.2 Classificação dos provimentos

Não são poucos os critérios de classificação dos provimentos jurisdicionais, havendo grande divergência quando do enquadramento, em tais padrões classificatórios, dos diversos provimentos provisórios previstos na legislação processual. Parece-nos, entretanto, que na maioria das vezes o que ocorre é um baralhamento de tais critérios, com a mistura de classificações corretas, mas diferentes, o que quase sempre é metodologicamente equivocado e, ademais, não traz qualquer repercussão prática de relevo.[482]

No que mais de perto nos interessa agora, podemos colher como critério de classificação a *finalidade* do provimento. Se sua finalidade for a de declarar, de modo definitivo, o direito incidente em determinado caso concreto, seja para condenar, constituir ou simplesmente declarar esse direito, diz-se que se trata de provimento através do qual se presta a *tutela de conhecimento*. Se sua finalidade, ao contrário, é apenas a de fazer efetivo o direito previamente representado por um título, seja extrajudicial, seja judicial (uma sentença condenatória), através do provimento se presta a *tutela de execução*. Se, ao revés, sua finalidade for tão somente a de resguardar a utilidade de uma das duas espécies de tutela antes mencionadas, tem-se um provimento de natureza *cautelar*.

Cumpre esclarecer que *cautelar* e *liminar* são duas expressões que não se equivalem. Talvez tais palavras sejam confundidas porque muitas vezes acontece de os provimentos de natureza cautelar serem proferidos liminarmente, mas em verdade são diferentes atributos que podem estar presentes em uma mesma decisão, ou não. Liminar é a decisão proferida no início da marcha processual. É classificação que toma por critério a etapa processual na qual a decisão é prolatada. Cautelar, por sua vez, diz respeito à finalidade dessa decisão, que é a de resguardar a utilidade da tutela de conhecimento, ou da tutela executiva, a serem prestadas posteriormente. Um provimento de natureza cautelar pode ser proferido ao final de um processo cautelar (ainda hoje, sob a vigência do CPC/2015, em uma cautelar fiscal, por exemplo), quando da prolação da respectiva sentença. E pode ocorrer, também, de ser proferida liminarmente uma decisão sem qualquer propósito acautelatório.[483]

Há doutrinadores que, atentos ao conteúdo do provimento (e não à sua finalidade), distinguem as tutelas de urgência "antecipatórias" daquelas "meramente conservativas". Outros, atentos aos seus efeitos, classificam-nas todas como "mandamentais". São critérios de classificação que não estão equivocados, mas que são diferentes dos que empregamos, e que não nos parecem úteis porque o regime jurídico aplicável a tais provimentos decorre de sua finalidade, que é a de preservar a efetividade da tutela jurisdicional buscada, e não desses outros aspectos não relevantes para determinar as regras e os princípios que lhes são aplicáveis.

Colhendo como critério a finalidade dos provimentos, parece-nos que tanto a liminar em mandado de segurança, como a antecipação dos efeitos da tutela proferida no âmbito de um processo sincrético, como também os provimentos que eram exarados no âmbito do processo cautelar sob a vigência do CPC/73 (e, ainda hoje, de uma cautelar fiscal), têm natureza *cautelar*, e assim devem ser considerados.[484]

---

[482] É o que há muito aponta, no que se relaciona à classificação dos provimentos, Marcelo Lima Guerra (*v. g., Estudos sobre o Processo Cautelar*, São Paulo: Malheiros, 1997, p. 81 e passim). No mesmo sentido, algum tempo depois, J. C. Barbosa Moreira, "Questões velhas e novas em matéria de classificação de sentenças", em *Revista Dialética de Direito Processual* nº 7, p. 26.

[483] Marcelo Lima Guerra, *Estudos sobre o Processo Cautelar*, São Paulo: Malheiros, 1997, p. 81.

[484] Confira-se, a propósito, Francesco Carnelutti, *Como se Faz um Processo*, tradução de Hebe Caletti Marenco, Campinas: Minelli, 2002, p. 146 e 147. Carnelutti afirma que qualquer provimento que tenha por propósito tornar efetiva a tutela de conhecimento almejada, ainda que implique a execução

O Código de Processo Civil de 2015 tenta colocar um fim a essa controvérsia, fazendo uso do termo genérico "tutela provisória" para designar a prestação jurisdicional que, sem o caráter de definitividade, equaciona situação posta em juízo, dividindo-se em antecedente e incidental, a depender do momento em que requerida, e em de urgência ou de evidência, a depender do fundamento primordial para a sua concessão. Dentre as tutelas provisórias de urgência, por sua vez, há as cautelares e as antecipatórias.[485]

Depois da introdução, em 1994, da figura da "tutela antecipada", que poderia ser deferida no âmbito do processo de conhecimento, à qual, em seguida, se reconheceu inclusive a possibilidade de ter natureza acautelatória, tornou-se pouco frequente o uso, em matéria tributária, do processo cautelar. Por isso, a alteração apresentada pelo CPC/2015, no que tange à supressão, como regra, desse processo, trazendo para o processo sincrético as tutelas provisórias, não tem, nesse particular, grande repercussão prática.

3.7.3   Tutelas provisórias em matéria tributária

Cronologicamente, talvez a primeira forma de tutela provisória surgida no âmbito do Processo Tributário tenha sido a liminar em mandado de segurança. Com o advento do CPC de 1973, surgiu a possibilidade de utilização do processo cautelar, no âmbito do qual, a depender da urgência da situação, poderia ser deferida medida liminar. Posteriormente, com a reforma de 1994, tornou-se viável a antecipação, total ou parcial, dos efeitos da tutela jurisdicional buscada em um processo de conhecimento, de rito ordinário.

É lastimável observar que, quando do surgimento de cada uma dessas novas formas de tornar efetivo o processo, não foram poucos os que se apressaram em defender sua "inaplicabilidade" em face da Fazenda Pública, como se o processo, contra o Estado, não devesse ser efetivo, mas meramente ornamental. Hoje, contudo, tal cabimento é pacífico, sobretudo em matéria tributária, pois o próprio CTN prevê a possibilidade de suspensão da exigibilidade do crédito tributário não apenas em face de liminar em mandado de segurança, mas também em virtude da "concessão de medida liminar ou de tutela antecipada, em outras espécies de ação judicial".[486] E nem poderia ser mesmo diferente, considerando-se que tais provimentos têm fundamento constitucional direto, representando pura e simples forma de tornar efetivos direitos fundamentais de evidente autoaplicabilidade, conforme se explica a seguir.

---

antecipada desta, tem natureza cautelar. No mesmo sentido: Francesco Carnelutti, *Sistema de Direito Processual Civil*, tradução de Hiltomar Martins de Oliveira, São Paulo: ClassicBook, 2000, v. 1, p. 323 ss; Piero Calamandrei, *Introdução ao Estudo Sistemático dos Procedimentos Cautelares*, tradução de Carla Roberta Andreasi Bassi, Campinas: Servanda, 2000, p. 49. No Brasil, essa é a doutrina de Marcelo Lima Guerra (*Estudos sobre o Processo Cautelar*, São Paulo: Malheiros, p. 97 e 98), à qual aderimos inteiramente.

[485] Nesse ponto, em repúdio ao enorme formalismo que ainda permeia a mentalidade de processualistas e juízes, que se perdem a inventar diferenças entre as várias espécies de tutelas de urgência, no mais das vezes para as indeferir ou ter por processualmente descabidas, merece destaque a lição de Cândido Rangel Dinamarco, para quem, "no estágio atual do pensamento processualístico, que se endereça a resultados sem se deter em desnecessários pormenores conceituais e puramente acadêmicos, o que importa é pensar nas medidas cautelares e nas antecipatórias de tutela jurisdicional como modos de combate a esse inimigo dos direitos, que é o tempo. Daí legitimar-se o destaque à categoria *medidas de urgência*, pondo em plano inferior as distinções entre as suas espécies" (*Instituições de Direito Processual Civil*, São Paulo: Malheiros, 2003, v. 1, p. 162).

[486] CTN, art. 151, V.

426 | PROCESSO TRIBUTÁRIO – *Machado Segundo*

O CPC/2015, aliás, procurou dar ao tratamento jurídico das tutelas provisórias uma sistematização e uma organização que evitem o uso de dúvidas classificatórias meramente formais como escusa para se denegarem pedidos cabíveis e procedentes, no que se espera que o legislador tenha êxito, resistindo o Código a aplicadores mais preocupados em nele encontrar pretextos para não prestar uma tutela jurisdicional efetiva.

3.7.4   Fundamento constitucional das tutelas provisórias e proporcionalidade

As tutelas provisórias têm inegável fundamento constitucional. São decorrência do princípio que assegura a efetividade da tutela jurisdicional, e o seu deferimento, ou não, depende exclusivamente do cotejo desse princípio com um outro, que é o que assegura à parte demandada, contra a qual a tutela é deferida, o direito a um prévio e exauriente devido processo legal.

Note-se que, no caso, têm-se dois "mandamentos de otimização", na linguagem de Robert Alexy. A tutela jurisdicional deve ser a mais célere e efetiva possível; mas, ao mesmo tempo, deve-se assegurar às partes, com a maior intensidade possível, o direito à participação contraditória, com amplas oportunidades de defesa e de impugnação das decisões que lhes forem desfavoráveis. Esses dois valores, positivados, respectivamente, nos incisos XXXV, LIV e LV da CF/88, não são propriamente contrários, mas é impossível prestigiar os dois, ao mesmo tempo e na máxima medida. É necessário ponderá-los, e sopesá-los, a fim de avaliar qual deles deve preponderar à luz do caso concreto. É esse exame que determina, em cada caso, se a tutela urgente deve ser deferida, ou não.

Sobre o tema, já tivemos a oportunidade de escrever, em coautoria com Raquel Cavalcanti Ramos Machado, o seguinte:

> "Para harmonizar os princípios inerentes ao devido processo legal com o princípio da efetividade da tutela jurisdicional, o ordenamento jurídico deve consagrar meios que permitam, em determinadas situações, resguardar bens e direitos objeto da prestação final, ou ainda antecipar total ou parcialmente essa prestação, desde que isso não crie uma situação irreversível para a parte contrária. Desse modo, mais importante que saber se tais provimentos têm natureza 'mandamental', 'cautelar', ou de 'antecipação do mérito', é perceber que tais medidas devem ser empregadas após um sopesamento dos princípios fundamentais já referidos, em cada caso concreto, a fim de que se dê maior peso àquele que, em prevalecendo, cause menor diminuição ao outro ou aos outros com os quais esteja sendo cotejado. Essa é a razão de ser dos chamados 'requisitos legais' para o deferimento das chamadas 'tutelas de urgência'.
>
> Trata-se, pura e simplesmente, da questão do *conflito entre princípios*, tão discutida no âmbito da Teoria do Direito e do novo constitucionalismo. Em toda situação na qual a demora (natural ao processo ou não) possa implicar prejuízos ao jurisdicionado, entram em tensão o inciso XXXV com os incisos LIV e LV do art. 5º da CF/88, hipótese na qual é invocável, com toda a pertinência, a lição de Paulo Bonavides, amparada em Robert Alexy e em Ronald Dworkin, segundo a qual os conflitos entre princípios resolvem-se através da dimensão do valor, ou do peso que se lhes atribui em cada caso concreto, a depender das circunstâncias."[487]

---

[487]   Hugo de Brito Machado Segundo e Raquel Cavalcanti Ramos Machado, em *Problemas de Processo Judicial Tributário*, v. 5, coord. Valdir de Oliveira Rocha, São Paulo: Dialética, 2002, p. 129 e 130.

A questão é posta em termos assaz lúcidos por José Roberto dos Santos Bedaque, estribado em Teori Albino Zavascki:

> "Tanto o direito à efetividade do processo quanto o direito à segurança jurídica têm natureza constitucional, pois podem ser extraídos do conjunto de regras que estabelecem o modelo processual brasileiro na Constituição.
>
> E ambos se apresentam frequentemente incompatíveis, pois a segurança pressupõe a cognição exauriente e contraditório pleno, o que requer tempo. A efetividade do processo, por seu turno, pode estar ligada à rapidez, pois é comum verificarem-se situações em que a tutela jurisdicional somente é eficaz e útil se for imediata.
>
> A harmonização desses valores conflitantes é necessária, visto que ambos são imprescindíveis ao sistema. Não se pode pura e simplesmente optar por um deles, em detrimento do outro. O ideal é procurar prestigiá-los concomitantemente, ainda que de forma amenizada, ou seja, com certo abrandamento. Mas não se pode pensar em soluções que impliquem eliminação de um deles, sob pena de comprometimento do próprio sistema. (Cfr. Teori Albino Zavascki, *Medidas cautelares e medidas antecipatórias*, p. 33-34, e *Tutela Antecipada*, p. 61 ss)."[488]

Quando há risco de ineficácia da tutela pretendida (de conhecimento ou, posteriormente, da tutela executiva), e há possibilidade de essa tutela ser, afinal, realmente deferida, justifica-se a atribuição de maior peso ao princípio da prestação jurisdicional útil, com o deferimento de medidas provisórias, sejam antecipatórias ou conservativas. Nesse caso, a prevalência absoluta do direito ao devido processo legal, ao contraditório e à ampla defesa levaria ao completo fenecimento do direito à tutela jurisdicional. E, desde que a tutela provisória não crie uma situação de fato *irreversível*,[489] o contraditório e a ampla defesa podem ser exercidos com mais intensidade posteriormente. Deferi-la, em casos assim, é uma imposição constitucional.[490] Não pode a legislação, *a priori*, ainda no plano abstrato, estiolar completamente um desses valores. Não se pode, portanto, "proibir" em qualquer caso a concessão de tutela provisória, a qual será imposição da própria CF/88 sempre que estiverem presentes os respectivos requisitos, dos quais cuidaremos a seguir.

É até possível, aliás, estabelecer paralelo direto entre cada requisito exigido para o deferimento de uma tutela provisória, de um lado, e os subprincípios em que se divide o princípio (ou postulado) da proporcionalidade, a revelar que, ao deferir ou indeferir um provimento dessa natureza, o juiz está a trabalhar com princípios constitucionais que eventualmente se antagonizam no processo, notadamente no que tange às relações entre este e o tempo:

---

[488] José Roberto dos Santos Bedaque, *Tutela Cautelar e Tutela Antecipada: Tutelas Sumárias e de Urgência (Tentativa de Sistematização)*, São Paulo: Malheiros, 1998, p. 86 e 87.

[489] Hugo de Brito Machado sempre criticou a postura daqueles que entendiam descabida a concessão de liminares que chamavam de "satisfativas". Isso porque o "[...] que impede o deferimento da liminar, a rigor, não é a sua satisfatividade, mas a natureza definitiva dessa satisfatividade. Em outras palavras, o que impede o deferimento da liminar é o fato de que ela cria, a favor do impetrante, uma situação irreversível. Uma situação que não pode ser desfeita pela sentença. Como toda situação é composta de ingrediente fático e ingrediente normativo, é relevante esclarecer que não é este, mas aquele, que torna a situação irreversível. Em outras palavras, o que geralmente não pode ser desfeito pela sentença é o fato. Não a prescrição normativa. Irreversível, portanto, é apenas a situação *de fato*" (Hugo de Brito Machado, *Mandado de Segurança em Matéria Tributária*, 3. ed. São Paulo: Dialética, 1998, p. 113).

[490] Nesse sentido: Francisco Gérson Marques de Lima, *Fundamentos Constitucionais do Processo*, São Paulo: Malheiros, 2002, p. 181.

Requisitos para a concessão da tutela provisória	Divisões do princípio da proporcionalidade
Fumaça do bom direito	Adequação
Perigo da demora	Necessidade
Exame da possível irreversibilidade da medida	Proporcionalidade em sentido estrito

Tais requisitos, a rigor, se calibram. Presente, de forma muito intensa, a fumaça do bom direito, o juízo defere a tutela provisória, mesmo que não haja forte perigo da demora. É o que subjaz, a propósito, à figura das tutelas provisórias de evidência. Se, por outro lado, há perigo da demora muito evidente, a tutela provisória pode ser deferida mesmo que a fumaça do bom direito não seja tão evidente. O juiz, naturalmente, afere tais aspectos em cada caso, sendo a pequena redução na intensidade de um dos requisitos suprida pela maior intensidade do outro, a indicar a necessidade de se dar maior peso ao direito de quem requer a tutela a uma jurisdição útil, ou ao direito daquele contra quem o pedido é feito, de ver observado um exauriente devido processo legal *antes* de se submeter aos efeitos da mencionada tutela, a fim de poder em seu resultado utilmente influenciar.

3.7.5   Tutela provisória cautelar e antecipatória

Muito se discutiu, no campo doutrinário, a respeito das diferenças e semelhanças entre as medidas cautelares, deferidas no âmbito de um processo cautelar prevista no CPC/73, da antecipação de tutela a que alude o art. 273 do CPC/73. Afirmava-se que a medida cautelar deveria ser meramente "conservativa", não podendo antecipar, no todo ou em parte, os efeitos da decisão a ser proferida, de modo definitivo, no processo principal. A cautelar, era o que se dizia, não pode ser "satisfativa". Essa seria sua principal distinção em relação à antecipação dos efeitos da tutela jurisdicional.

Não nos parece, contudo, que seja assim.

Como já explicado, o direito a uma tutela de urgência, adequada à proteção da utilidade da prestação jurisdicional, decorre diretamente de direitos fundamentais de indiscutível autoaplicabilidade. Independe de previsão expressa na lei. Assim, se em determinado caso só uma medida "satisfativa" pode assegurar a efetividade da tutela a ser ulteriormente prestada, e se estão presentes os respectivos requisitos, essa medida deve ser deferida.[491] Mesmo antes da introdução da "antecipação de tutela" no Direito Processual Civil Brasileiro, portanto, as cautelares a que alude o Livro III do CPC/73 já poderiam ser utilizadas para alcançar o mesmo efeito. A utilidade da inovação foi apenas a de contentar aqueles que preferem a literalidade de regras legais ao conteúdo de princípios constitucionais, e a de permitir que tudo fosse feito dentro de um mesmo procedimento.

Além disso, é muito difícil distinguir, na prática, quando um provimento é "meramente conservativo" ou quando é "antecipatório". Essa imprecisão, se se considerar que uma medida cautelar somente pode ter conteúdo "conservativo", e uma antecipação de tutela somente

---

[491]   Nesse sentido: Alfredo Buzaid, *Estudos e Pareceres de Direito Processual Civil*, com notas de adaptação ao Direito vigente de Ada Pellegrini Grinover e Flávio Luiz Yarshell, São Paulo: Revista dos Tribunais, 2002, p. 233 e passim; Eduardo Talamini, "Medidas Urgentes ('Cautelares e 'Antecipadas'): A Lei 10.444/2002 e o Início de Correção de Rota para um Regime Jurídico Único", em *Revista Dialética de Direito Processual* nº 2, p. 15.

pode ter conteúdo "antecipatório", leva juízes a divergirem quanto ao cabimento de tutela antecipada ou de medida cautelar para um mesmo caso, o que enseja o deferimento ou o indeferimento de petições idênticas a depender apenas da distribuição do processo, em insegurança jurídica que só prejudica a efetividade da tutela jurisdicional. O atual CPC, nesse ponto, embora tenha tentado reunir ambas as medidas sob o rótulo de "tutelas provisórias de urgência", pode não conseguir conter juízes demasiadamente formalistas, ansiosos por denegar pedidos por razões meramente processuais, visto que continua fazendo alusão a esses dois tipos de tutela provisória.

Na verdade, para o sopesamento de princípios várias vezes aqui referido, o fato de a tutela de urgência ser requerida como "cautelar" ou "antecipatória" é de nenhuma relevância. O emprego impreciso de um ou de outro instrumento processual em nada malfere o direito a uma cognição plena por parte do réu, sendo sem influência para a efetividade dos incisos LIV e LV do art. 5º da CF/88. Assim, o indeferimento puro e simples de uma tutela de urgência realmente necessária, lastreado apenas na impropriedade da via eleita (cautelar ou antecipação de tutela), viola abertamente o princípio da proporcionalidade. Impõe ao autor o atendimento de requisito que a ninguém aproveita, e que é inapto, desnecessário e desproporcional em sentido estrito para a preservação do direito do réu a uma ampla cognição, com oportunidades de defesa e de participação. Por isso mesmo, com inteiro acerto, o art. 305, parágrafo único, do CPC/2015 estabelece que, se o juiz considerar que a tutela provisória requerida como "cautelar" teria, a rigor, natureza "antecipatória", deve apreciá-la como se houvesse sido requerida nos termos do art. 303 do mesmo Código.

O contribuinte deve avaliar, ainda, a possibilidade de, em vez de ação de rito ordinário com pedido de tutela provisória, impetrar mandado de segurança, no âmbito do qual pode ser deferida medida liminar. A opção por um instrumento, ou por outro, dependerá de uma série de variáveis, tais como: (a) possibilidade de se fazer necessária dilação probatória; (b) decurso de mais de 120 dias da data da prolação do ato impugnado; (c) existência de pedido de restituição do indébito; (d) dúvida quanto à identificação da autoridade impetrada.

3.7.6   O argumento da "proliferação de liminares"

Eventualmente, tutelas provisórias são indeferidas sob o argumento de que, caso fossem deferidas, haveria uma "proliferação de liminares", com uma corrida em massa ao Judiciário para a obtenção de provimentos semelhantes.

Tal argumento, contudo, e não obstante o respeito que merecem aqueles que eventualmente o utilizam, beira as raias do disparate. Equivale a dizer que, quanto mais grave a arbitrariedade praticada pelo Poder Público, e quanto maior for o número de cidadãos prejudicados por essa ilegalidade, menores serão as possibilidades de obter-se uma tutela urgente que a coíba. Tal conclusão não é admissível em um Estado que se pretende seja "democrático" e, especialmente, "de direito".

Na verdade, se estão presentes os requisitos necessários ao deferimento da medida, ou seja, se o magistrado convence-se, pelo menos provisoriamente, de que a tutela jurisdicional corre risco de ineficácia (perigo da demora), e de que provavelmente será concedida nos termos em que pleiteado pela parte que requer a medida urgente (fumaça do bom direito), e ainda de que não há risco de irreversibilidade que torne definitivo o que deveria ser provisório (perigo da demora inverso), não há motivo para não a deferir. A possibilidade de "multiplicação" de liminares semelhantes nada mais é que o reconhecimento de que a ilegalidade combatida naquele caso concreto é repetida em muitos outros semelhantes, e, caso isso fosse razão para não se conceder uma tutela de urgência, a prestação jurisdicional seria mera figura de retórica,

430 | PROCESSO TRIBUTÁRIO – *Machado Segundo*

especialmente contra o Poder Público. Quanto maior, mais flagrante e mais generalizada a arbitrariedade praticada pelo Estado, maiores seriam as razões para não serem deferidos provimentos judiciais contra a mesma, para evitar a "multiplicação".

O argumento é de tal improcedência que, ao que nos parece, dispensa maiores demonstrações.

3.7.7 Satisfatividade e irreversibilidade

Muitas vezes se afirma que as tutelas de urgência não podem ser "satisfativas". Antes generalizada a todas as medidas urgentes, essa restrição hoje é quase que exclusivamente reservada aos provimentos de alegada natureza meramente cautelar.

Para se cotejar o acerto dessa afirmação, contudo, é preciso saber o que se deve entender por satisfatividade. Insistimos que, para se saber quando uma tutela urgente deve ser deferida, ou não, o essencial é realizar a ponderação dos princípios da efetividade da tutela, de um lado, e do prévio e completo devido processo legal, de outro. À vista dessa tensão de princípios, percebe-se que uma tutela de urgência não deve ser deferida, em princípio, quando criar situação irreversível. Isso porque a irreversibilidade tornará inócuo, completamente, o direito da parte que se submete ao provimento urgente ao devido processo legal, que nem em momento posterior poderá mais ser observado de modo útil. É o que há muito preconiza Hugo de Brito Machado, em lição proferida à luz do mandado de segurança, mas assaz pertinente às tutelas de urgência em geral:

> "O que impede o deferimento da liminar, a rigor, não é a sua satisfatividade, mas a natureza definitiva dessa satisfatividade. Em outras palavras, o que impede o deferimento da liminar é o fato de que ela cria, a favor do impetrante, uma situação irreversível. Uma situação que não pode ser desfeita pela sentença.
>
> Como toda situação é composta de ingrediente fático e ingrediente normativo, é relevante esclarecer que não é este, mas aquele, que torna a situação irreversível. Em outras palavras, o que geralmente não pode ser desfeito pela sentença é o fato. Não a prescrição normativa. Irreversível, portanto, é apenas a situação *de fato*."[492]

A satisfatividade, portanto, que não pode estar presente em nenhuma tutela urgente (e não apenas nas cautelares) caracteriza-se pelo traço da *irreversibilidade*, e não pela criação de uma situação "de direito" que pode, a qualquer tempo, ser revertida. Não há relação, portanto, entre a satisfatividade e o "mérito" da decisão a ser proferida ao final, mas sim entre a satisfatividade e a irreversibilidade do provimento correspondente.

Veja-se, a propósito, que o art. 300, § 3.º, do CPC/2015 estabelece que a tutela provisória antecipada não será deferida se houver perigo de irreversibilidade dos efeitos da decisão correspondente.[493] Não se nega a "satisfatividade", e, se parte requerer algo, a título cautelar, que o juiz entende que seria "satisfativo", será o caso de o juiz aplicar o art. 305, parágrafo único, do CPC/2015, e deferir a tutela como antecipada, e não cautelar, sem usar essa questiúncula como motivo para denegação do pedido.

No CPC/2015, em suma, adota-se regramento coerente com o que se defende neste livro desde sua primeira edição: o que importa é a presença dos requisitos a tanto necessários, que

---

[492] Hugo de Brito Machado, *Mandado de Segurança em Matéria Tributária*, 3. ed. São Paulo: Dialética, 1998, p. 113.

[493] Vale lembrar que, se houver forte risco de irreversibilidade também na hipótese de denegação da medida, o juiz termina por realizar uma ponderação à luz do direito material envolvido, que pode levá-lo a deferir a medida, mesmo que criando irreversibilidade. Isso já acontecia à luz do CPC/73, e não há razões para que se decida de forma diversa à luz do CPC/2015.

Capítulo 4 · PROCESSO JUDICIAL TRIBUTÁRIO | **431**

nada mais são que critérios para realização da correta conciliação dos princípios constitucionais envolvidos.

3.7.8 Tutelas de urgência e depósito

Presentes os requisitos que autorizam o deferimento de uma tutela de urgência, é incorreto, em princípio, condicionar esse deferimento à feitura de depósito em dinheiro, ou à prestação de qualquer outra forma de garantia. Em regra, especialmente em se tratando da suspensão da exigibilidade do crédito tributário, depósito e tutelas urgentes estão previstos em incisos diferentes do art. 151 do CTN, e condicionar o deferimento de liminares ao depósito implica, pura e simplesmente, tornar inexistente a figura de tais provimentos judiciais.

Em certos casos, porém, o contribuinte não pede apenas a suspensão da exigibilidade do crédito tributário (que também poderia ser obtida com o depósito), mas também a prática de atos que podem criar situação irreversível. Em situações dessa natureza, o magistrado fica na difícil situação de ter de proferir decisão que, de uma forma ou de outra, criará situação que se poderá tornar irreversível. Em hipóteses assim, excepcionais, o depósito ou a prestação de outra forma de garantia poderá ser uma alternativa válida.

3.7.9 Tutelas de urgência e compensação

Questão ainda carente de maior reflexão, por parte da jurisprudência, diz respeito à compensação tributária e ao deferimento de tutelas de urgência para a proteção do direito de efetuá-la. O STJ, a esse respeito, chegou a consolidar seu entendimento no sentido de que "a compensação de créditos tributários não pode ser deferida por medida liminar" (Súmula 212/STJ).

Posteriormente, tal entendimento foi desdobrado no art. 170-A do CTN, segundo o qual é "vedada a compensação mediante o aproveitamento de tributo, objeto de contestação judicial pelo sujeito passivo, antes do trânsito em julgado da respectiva decisão judicial".

A Súmula – que inclusive foi posteriormente cancelada – e o artigo citados precisam, contudo, ser entendidos nos seus devidos termos, considerando-se sobretudo que o direito à concessão de tutelas de urgência tem fundamento direto em dispositivos que integram o núcleo imodificável da Constituição, não podendo ser simplesmente "vedado" por obra dos poderes constituídos. Se estão presentes os requisitos, a medida deve ser deferida. Se não estão, não deve ser deferida. O fato de o direito a ser protegido ser o de efetuar uma compensação, ou o de obter uma certidão, ou a liberação de uma mercadoria, ou a concessão de um parcelamento, ou o direito de defesa na esfera administrativa, é completamente irrelevante.

O primeiro ponto a ser considerado é o de que, quando a Fazenda Pública não aceita determinada compensação efetuada ou alegada por um contribuinte, sua recusa pode fundar-se: (a) na inexistência do crédito a ser compensado; ou (b) na impossibilidade de determinado débito ser compensado com determinado crédito. Cada um desses fundamentos pode apresentar algumas variações, e eventualmente podem vir a ser invocados em conjunto, mas a rigor são estas as duas possíveis causas para o indeferimento de uma compensação. O importante, porém, é que, seja qual for o alcance que se atribua ao art. 170-A do CTN, o mesmo somente é invocável nas hipóteses acima resumidas sob a letra *a*, ou seja, hipóteses nas quais não se discute em juízo a compensabilidade, mas apenas a existência do crédito a ser compensado.

Suponha-se, por exemplo, que um contribuinte recolha o Imposto de Renda em montante superior ao devido. Ao constatar o recolhimento, pede então que tal valor seja compensado com a COFINS devida nos meses subsequentes, nos termos do art. 74 da Lei 9.430/96. Caso a Fazenda reconheça o direito ao crédito, decorrente do pagamento indevido do IRPJ, mas não admita a compensação com a COFINS, por qualquer razão, o contribuinte poderá valer-se

432 | PROCESSO TRIBUTÁRIO – *Machado Segundo*

da prestação jurisdicional, e obter medida liminar que suspenda a exigibilidade dos valores dos seus débitos a serem compensados, pois não está em questão a existência de seu crédito, nem do débito que com ele será quitado, mas apenas a razão invocada pela Fazenda para não os compensar.

Deve-se considerar ainda, na exegese do art. 170-A do CTN, que o mesmo somente diz respeito às hipóteses de compensação a que se refere o art. 170 do CTN, e não à compensação efetuada no âmbito do lançamento por homologação, de que trata o art. 66 da Lei 8.383/91 e, atualmente, cuida também o art. 74 da Lei 9.430/96, com a redação que lhe foi dada pela Lei 10.637/2002.[494]

Essa relação do art. 170-A com o art. 170 do CTN decorre não apenas de sua disposição dentro do Código, mas especialmente de uma questão lógica. Com efeito, em se tratando da compensação prevista no art. 170 do CTN, que é aquela através da qual, por força de ato administrativo da autoridade competente, há a extinção de um crédito tributário já consti-tuído (por um auto de infração, por exemplo), líquido e certo, há de exigir-se uma liquidez e certeza também quanto ao indébito tributário com o qual operar-se-á o encontro de contas.

Hugo de Brito Machado, a esse respeito, doutrina que

> "[...] pode o contribuinte que pagou tributo indevido pedir à autoridade administra-tiva para compensar o que pagou indevidamente com um *crédito tributário*. Como este, regularmente constituído pelo lançamento, é líquido e certo, líquido e certo há de ser o crédito do contribuinte, vale dizer, o crédito consubstanciado no valor pago indevidamente. Daí por que, neste caso, quando a compensação se faz com um crédito tributário, não é razoável admitir-se que exista ainda alguma pendência a respeito do haver sido realmente indevido o pagamento.
>
> [...]
>
> Em reforço da tese, que sustentamos, segundo a qual o art. 170-A do CTN aplica-se apenas para a compensação de que trata o art. 170, do CTN, é importante observarmos que dita compensação, diversamente do que acontece com aquela outra que se realiza no âmbito de um lançamento por homologação, tem o efeito de extinguir o crédito tributário a que diz respeito.
>
> Realmente, se o contribuinte compensa um crédito tributário, com um crédito que tem contra a Fazenda Pública, tem-se como consequência a extinção do crédito tributário. Por isto é que faz sentido exigir-se que o crédito do contribuinte contra a Fazenda Pública, seja líquido e certo. Entretanto, se o contribuinte faz uma compensação no âmbito do lançamento por homologação, não se pode falar de extinção do crédito tributário porque crédito tributário nem ao menos existia. Existirá, e será extinto, se e quando ocorrer a homologação. Logo, se a compensação não extingue desde logo o

---

[494] Com relação a essa última modalidade de compensação, prevista no art. 74 da Lei 9.430/96, o art. 170-A do CTN pode ser invocado pela autoridade no momento da (não) homologação da com-pensação declarada, se o crédito utilizado estiver ainda pendente de reconhecimento judicial. O ato administrativo de homologação expressa da compensação, que extingue o crédito tributário nos termos do art. 170-A do CTN, somente poderá ser proferido depois de reconhecido, em juízo, definitivamente, o crédito do contribuinte. Isso não impede, porém, que os débitos que seriam objeto desse encontro de contas permaneçam com sua exigibilidade suspensa até então, se assim determinar o juiz, nos termos em que explicado no texto. Seja como for, como o programa através do qual a compensação é feita exige, no caso de crédito reconhecido judicialmente, que se indique a data do trânsito em julgado, na prática termina-se tendo de esperar pelo fim do processo judicial para que se possa iniciar o procedimento de compensação no âmbito administrativo.

Capítulo 4 · PROCESSO JUDICIAL TRIBUTÁRIO | **433**

crédito tributário, não é razoável exigir-se que o crédito do contribuinte seja líquido e certo. Poderá estar a sua liquidez e certeza pendente do trânsito em julgado da decisão judicial que o afirmou".[495]

Quando se trata de tributo apurado pelo próprio sujeito passivo, submetido ao chamado lançamento por homologação, é o próprio sujeito passivo quem liquida e acerta a obrigação tributária, e também liquida e acerta o indébito com o qual ela será compensada. Não se há que falar, portanto, em necessidade de se propor uma ação (que eventualmente é proposta de modo meramente preventivo), nem, por igual, de se aguardar o trânsito em julgado da sentença correspondente, sendo impertinente a invocação do art. 170-A do CTN.[496]

E, como consequência disso, mesmo em relação às formas de compensação às quais o art. 170-A é aplicável, quais sejam, aquelas nas quais já existe crédito tributário devidamente constituído, a ser *extinto* por ato da autoridade administrativa que reconhecer a compensação, deve-se observar que o citado artigo é norma dirigida à autoridade administrativa, e não ao juiz. Seu propósito é explicitar que, recorrendo ao Judiciário, o contribuinte "renuncia" a uma decisão administrativa sobre o mérito da questão posta em juízo (no caso, a existência do crédito a ser compensado), e não o de tolher o poder de cautela do magistrado.[497] Em outros termos, a proibição é para que uma autoridade considere uma compensação, extinguindo definitivamente um crédito tributário (CTN, art. 156, II), até porque o CTN não contém normas de direito processual, mas sim de direito material, dirigidas às autoridades da administração tributária. Isso fica muito claro quando se atenta para a redação do art. 170 do CTN, segundo o qual a "lei pode, nas condições e sob as garantias que estipular, ou cuja estipulação em cada caso *atribuir à autoridade administrativa, autorizar a compensação de créditos tributários com créditos líquidos e certos [...]*" (grifamos).

Se o art. 170 se refere à compensação efetuada pela autoridade administrativa, é evidente que o art. 170-A à mesma autoridade é dirigido. E nem poderia mesmo ser diferente, em face do princípio da unicidade da *jurisdição*, e da preclusão como limite ao exercício do autocontrole por parte da Administração Pública.

Com efeito, caso pudesse a autoridade compensar, definitivamente, um crédito tributário com o indébito ainda não reconhecido judicialmente, poderia ocorrer de o Judiciário afirmar a natureza *devida* do tributo, mas, por conta da *preclusão* (chamada por alguns de "coisa julgada administrativa"), a Administração não poderia desfazer a compensação já consolidada. Trata-se, aliás, de desdobramento do princípio elementar que veda a exploração *paralela* das instâncias administrativa e judicial, que inspira, entre outros dispositivos, o parágrafo único do art. 38 da Lei de Execuções Fiscais, que dispõe que a propositura de ação judicial "importa em renúncia ao poder de recorrer na esfera administrativa e desistência

---

[495] Hugo de Brito Machado, "O direito de compensar e o artigo 170-A do CTN", em *Problemas de Processo Judicial Tributário*, v. 5, coord. Valdir de Oliveira Rocha, São Paulo: Dialética, 2002, p. 115 a 121.

[496] "A vedação do art. 170-A do CTN é aplicável à compensação de valores exatos, mas não assim à compensação no âmbito do lançamento por homologação, como é o caso, em que terá a Fazenda Pública o prazo de cinco anos para fiscalizar o procedimento compensatório levado a cabo pelo contribuinte (REsp 555.058/PE, 2ª Turma, Rel. Min. Castro Meira, decisão unânime, in *DJU* de 25.2.2004)" (TRF da 5ª Região, 1ª T., AGTR 52.751/AL, Rel. Des. Fed. Ubaldo Ataíde, j. em 6.5.2004, *DJ* de 3.6.2004, p. 591).

[497] James Marins, "A compensação tributária e o art. 170-A do CTN: regra de procedimento dirigida à autoridade administrativa ou regra de processo civil dirigida ao juiz?", em *Problemas de Processo Judicial Tributário*, v. 5, coord. Valdir de Oliveira Rocha, São Paulo: Dialética, 2002, p. 156 e 157.

PROCESSO TRIBUTÁRIO – *Machado Segundo*

do recurso acaso interposto". Por conta disso, submetida ao Poder Judiciário a validade do pagamento de determinado tributo, a compensação (que pressupõe essa invalidade) só pode ser definitivamente consumada, nos termos dos arts. 170 e 156, II, do CTN, depois do trânsito em julgado da ação correspondente. Isso, aliás, é elementar, sendo meramente didática, explicitante, a disposição do art. 170-A.

Para Hugo de Brito Machado, pode-se chegar,

> "[...] sem grande esforço e com indiscutível segurança, à conclusão de que a norma albergada pelo art. 170-A do Código Tributário Nacional é norma de procedimento administrativo e não de processo civil. Está no campo reservado à lei complementar por força do disposto no art. 146, inciso III, alínea 'b', da Constituição Federal, qualificando--se como norma geral em matéria de legislação tributária, precisamente porque dirigida à autoridade da Administração Tributária.
>
> Ao dizer que é vedada a compensação mediante o aproveitamento de tributo, objeto de contestação judicial pelo sujeito passivo, antes do trânsito em julgado da respectiva decisão judicial, o art. 170-A dirige-se à autoridade administrativa, excluindo a possibilidade de ato administrativo de reconhecimento de um crédito tributário que o contribuinte tenha tomado a iniciativa de reivindicar judicialmente. Como a instância judicial superpõe-se à administrativa, seria inadmissível que a autoridade administrativa decidisse a respeito de uma pretensão do contribuinte quando este já tomou a iniciativa de formular essa pretensão junto ao Judiciário".[498]

Idêntico posicionamento é adotado por James Marins, para quem,

> "[...] diante da existência de ação judicial em cujo bojo se discute a existência ou não do crédito do contribuinte, não se afigura lícito à autoridade administrativa autorizar a compensação, pois semelhante juízo compete exclusivamente ao magistrado no âmbito do processo, por força do regime da prevalência da tutela jurisdicional sobre a administrativa, próprio do sistema brasileiro".[499]

Podemos concluir, então, em suma, que o art. 170-A do CTN somente é aplicável, cumulativamente, às hipóteses nas quais:

a) é discutida a *existência* do crédito do contribuinte, a ser objeto do encontro de contas (não tendo pertinência sua invocação nas questões nas quais se discute a *compensabilidade* de um crédito incontroverso);

b) busca-se a compensação de crédito tributário já devidamente constituído, cuja extinção opera-se definitivamente caso a autoridade administrativa efetue o encontro de contas nos termos dos arts. 170 e 156, II, do CTN, e não quando se almeja uma compensação no âmbito do lançamento por homologação, na qual os créditos e os débitos são liquidados e acertados pelo próprio sujeito passivo, e submetidos a posterior homologação da autoridade administrativa. Nesse último caso, somente a homologação poderia ser condicionada ao trânsito em julgado.

---

[498] Hugo de Brito Machado, "O direito de compensar e o artigo 170-A do CTN", em *Problemas de Processo Judicial Tributário*, v. 5, coord. Valdir de Oliveira Rocha, São Paulo: Dialética, 2002, p. 118 e 119.

[499] James Marins, "A compensação tributária e o art. 170-A do CTN: regra de procedimento dirigida à autoridade administrativa ou regra de processo civil dirigida ao juiz?", em *Problemas de Processo Judicial Tributário*, v. 5, coord. Valdir de Oliveira Rocha, São Paulo: Dialética, 2002, p. 156 e 157.

Com o julgamento da ADI 4.296 e a declaração de inconstitucionalidade do art. 7º, § 2º,[500] da Lei 12.016/2009, o STF deixou essas ideias mais claras, pois asseverou ser inconstitucional a restrição, geral e apriorística, de que se concedam liminares quando o tema é a compensação tributária. A decisão, inclusive, levou o STJ a cancelar a Súmula 212 de sua jurisprudência, pacificando a ideia de que, ainda que a compensação, para se tornar definitiva, tenha de aguardar o trânsito em julgado, nada impede – se presentes os requisitos – que se suspenda a exigibilidade do crédito tributário a ser posteriormente extinto, em virtude da prolação e do trânsito em julgado da sentença que reconhecer o direito de proceder ao encontro de contas.

Outro ponto que merece destaque, em se tratando de compensação e de medidas liminares, diz respeito aos efeitos do provimento judicial. Trata-se, aliás, de decorrência direta do que explicamos há alguns parágrafos, relativamente à abrangência do art. 170-A do CTN, pois o trânsito em julgado da sentença que reconhece a existência do indébito é, como não poderia deixar de ser, necessário para que se opere a extinção definitiva do crédito a ser com ele compensado, nos termos do art. 156, II e X, do CTN.

Tudo isso não implica, contudo, que, mesmo nos casos em que o art. 170-A do CTN é aplicável, conforme explicado *supra*, a limitação por ele estabelecida à autoridade administrativa proíba também o magistrado, à luz dos respectivos pressupostos, de suspender a exigibilidade do crédito a ser compensado, nos termos e para os fins do art. 151, IV, ou V, do CTN. Essa, aliás, é também a conclusão de James Marins, para quem é ilógica a interpretação

> "[...] que entenda como proibida a medida liminar suspensiva da exigibilidade do tributo, pois essa está amparada pelo art. 151 do CTN, incisos IV e V, e encontra seu fundamento de validade constitucional na cláusula pétrea grafada no art. 5º, inciso XXXV, da Constituição Federal".[501]

Deve-se observar, no caso, que,

> "[...] mesmo antes do advento do art. 170-A, do Código Tributário Nacional, havia quem sustentasse o descabimento de medida liminar para autorizar a compensação no âmbito do lançamento por homologação, ao argumento de que, operando a extinção do crédito tributário, ela seria de natureza satisfativa. Àquela época já sustentamos o cabimento de medida liminar para assegurar o direito à compensação no âmbito do lançamento por homologação, exatamente porque tal compensação não extingue o crédito tributário, ou o extingue sob condição resolutória da ulterior homologação. Assim, se a Fazenda Pública entende que o crédito utilizado na compensação pelo contribuinte não existe, ou não tem a dimensão que lhe foi atribuída na compensação, poderá impedir a homologação tácita fazendo o lançamento da quantia que entende ser a ela devida, não obstante a compensação, embora o crédito tributário assim constituído fique com a sua exigibilidade suspensa até o julgamento definitivo do caso.

---

[500] "§ 2º Não será concedida medida liminar que tenha por objeto a compensação de créditos tributários, a entrega de mercadorias e bens provenientes do exterior, a reclassificação ou equiparação de servidores públicos e a concessão de aumento ou a extensão de vantagens ou pagamento de qualquer natureza."

[501] James Marins, "A compensação tributária e o art. 170-A do CTN: regra de procedimento dirigida à autoridade administrativa ou regra de processo civil dirigida ao juiz?", em *Problemas de Processo Judicial Tributário*, v. 5, coord. Valdir de Oliveira Rocha, São Paulo: Dialética, 2002, p. 157.

PROCESSO TRIBUTÁRIO – *Machado Segundo*

Aliás, negar-se a compensação em situações assim seria o mesmo que negar a possibilidade de medida liminar para suspender a exigibilidade do crédito tributário, negando-se vigência, portanto, ao art. 151 do Código Tributário Nacional.

Por outro lado, não se podendo negar a possibilidade da suspensão da exigibilidade do crédito tributário através de liminar ou de antecipação de tutela jurisdicional, penso que mesmo em se tratando da compensação de que trata o art. 170 do CTN, vale dizer, compensação que extingue o crédito tributário, ainda assim pode ser cabível medida liminar, ou antecipação de tutela para autorizá-la, não obstante o disposto no art. 170-A do CTN. É que a extinção não cria neste caso situação irreversível, sendo induvidoso que se a decisão final for favorável à Fazenda Pública, negando a existência do crédito do contribuinte, essa decisão final restabelecerá o crédito tributário, elidindo o efeito da liminar, ou da antecipação da tutela".[502]

O STJ chegou a decidir nesse sentido, mesmo antes de cancelar a Súmula 212. Em acórdão da lavra do Min. Zavascki,[503] por exemplo, consignou-se que são "impertinentes, por não se tratar de deferimento de compensação, mas de mera suspensão da exigibilidade do crédito, as alegações relativas à inaplicabilidade ao caso concreto do que dispõe a Súmula 212/STJ – 'a compensação de créditos tributários não pode ser deferida por medida liminar', bem como à vedação introduzida pela Lei Complementar 104/2001 – 'é vedada a compensação mediante o aproveitamento de tributo, objeto de contestação judicial pelo sujeito passivo, antes do trânsito em julgado da respectiva decisão judicial'." A hipótese posta em juízo dizia respeito precisamente à suspensão liminar de débitos a serem, ulteriormente, objeto de compensação.

Em situação análoga, desta feita pela relatoria do Ministro Delgado, o STJ já havia decidido pela inaplicabilidade do art. 170-A, do CTN, quando o provimento liminar tem por finalidade apenas suspender a exigibilidade do crédito tributário a ser, em momento posterior, objeto de possível compensação. O contribuinte pugnava, em ação de conhecimento, pelo reconhecimento de seu direito à compensação de débitos e créditos de PIS, pedindo fossem afastadas restrições contidas em norma infralegal, da Receita Federal, relativamente à forma de cálculo de tais valores. Em cautelar incidental, pediu a suspensão da exigibilidade de seus débitos até o valor correspondente ao seu crédito. Afirmou o STJ, então, a "possibilidade da suspensão da exigibilidade do tributo em questão, não estando o Fisco impedido de aferir a exatidão do *quantum* dos créditos de que se diz titular a recorrida".[504]

Em vista disso, estando presentes os requisitos para o deferimento de uma tutela de urgência, que são, em síntese, a aparência de direito de quem a requer e a existência de prejuízo na espera pela prolação de uma decisão definitiva, a concessão de uma tutela de urgência, nos termos e para os fins do art. 151, IV ou V, do CTN, para suspender a exigibilidade do crédito tributário a ser ulteriormente compensado, é medida que se impõe, por força do direito constitucional, a uma jurisdição útil.

---

[502] Hugo de Brito Machado, "O direito de compensar e o artigo 170-A do CTN", em *Problemas de Processo Judicial Tributário*, v. 5, coord. Valdir de Oliveira Rocha, São Paulo: Dialética, 2002, p. 121 e 122.

[503] Ac. un. da 1ª T. do STJ – REsp 575.867-CE – Rel. Min. Teori Albino Zavascki – j. em 5.2.2004 – *DJU* I de 25.2.2004, p. 121. No mesmo sentido: STJ, 1ª T., AgRg no REsp 663.894/CE, Rel. Min. Francisco Falcão, j. em 7.4.2005, *DJ* de 23.5.2005 p. 164.

[504] Ac. un. da 1ª T. do STJ – AGA 517.989/DF – Rel. Min. José Delgado – j. em 16.10.2003 – *DJU* I de 15.12.2003, p. 214.

Reitere-se, a propósito, que, no julgamento da ADI 4.296, o STF declarou inconstitucional o § 2º do art. 7º da Lei do Mandado de Segurança (Lei 12.016/2009), que vedava a concessão de "medida liminar que tenha por objeto a compensação de créditos tributários, a entrega de mercadorias e bens provenientes do exterior, a reclassificação ou equiparação de servidores públicos e a concessão de aumento ou a extensão de vantagens ou pagamento de qualquer natureza." Sendo um desdobramento do próprio direito à jurisdição, o direito a uma tutela provisória não pode ser simplesmente tolhido pelo legislador infraconstitucional. Se não estiverem presentes os requisitos – o que é outra questão – que se negue a medida, mas não se pode, *a priori*, dizer que ela sequer seria cabível, a depender da matéria subjacente.

3.7.10 Tutelas de urgência e ação rescisória

Através da ação rescisória, busca-se desconstituir decisão judicial de mérito, já transitada em julgado. Suscitou-se, em seu âmbito, a questão de saber se pode ser concedida tutela de urgência (cautelar incidental ou medida antecipatória dos efeitos da tutela) a fim de suspender os efeitos da sentença a ser rescindida.

Houve quem entendesse que não, com base essencialmente em dois argumentos: (a) a sentença é protegida pela garantia da coisa julgada, não podendo ser afastada por provimento de natureza provisória; e (b) o art. 489 do CPC/73 asseverava expressamente que a ação rescisória não suspende a execução da sentença rescindenda.

Tais argumentos, contudo, não eram procedentes.

Na verdade, não é demais repetir, toda a questão relacionada à concessão de tutelas provisórias está relacionada com a presença, ou não, dos respectivos requisitos, a fim de que se possa avaliar a qual princípio deve ser atribuído um maior "peso", em cada caso concreto. É por isso que, embora o assunto hoje esteja equacionado no CPC/2015, a discussão ainda é aqui referida, para que se faça o registro histórico de seus fundamentos. Se a ação rescisória for, em um juízo provisório, considerada procedente, e se a execução da sentença puder tornar a decisão final, proferida no seio da rescisória, inútil, a medida urgente deve ser deferida, sob pena de denegar-se o próprio direito à ação rescisória.

A questão não está, portanto, em saber se "em tese", ou seja, em todo e qualquer caso, podem ser antecipados os efeitos da tutela jurisdicional, ou concedida tutela de natureza cautelar. Tais provimentos são, em tese, cabíveis, sendo o caso de se perquirir, em verdade, se estão presentes, em cada caso concreto, os requisitos que autorizam o seu deferimento, o que é uma outra questão. É o que tem decidido, com inteiro acerto, o Superior Tribunal de Justiça, consignando ser "admissível, pelo menos em tese, a medida cautelar incidental à ação rescisória, mesmo que tenha por finalidade suspender provisoriamente a execução do julgado rescindendo. Julgá-la procedente ou não é questão dependente do exame dos fatos da causa e do direito posto".[505]

Quanto à afirmação de que a sentença é protegida pela garantia da coisa julgada, a mesma deve ser vista com muitas reservas, pois se tal garantia fosse absoluta, a própria existência de uma "ação rescisória" seria inconstitucional. Se a ordem jurídica constitucional admite a possibilidade de rescisão de sentenças passadas em julgado, como efetivamente admite, então também são juridicamente possíveis provimentos que tenham o propósito de tornar útil essa mesma rescisão, diante de circunstâncias que ponham essa utilidade em risco. Naturalmente, o fato de tratar-se de sentença transitada em julgado deve ser levado

---

[505] Ac. un. da 4ª T. do STJ – Rel. Min. César Rocha – REsp 139.850-RJ – *DJU* I de 9.3.1998.

em consideração, quando da análise da "fumaça do bom direito" necessária à concessão da medida, não sendo razoável que uma questão que foi exaustivamente discutida, em todas as instâncias, seja depois desfeita liminarmente tão logo proposta uma ação rescisória na qual se pretende tão somente reabrir toda a discussão. Mas isso não significa, porém, que essa fumaça não seja considerada presente, por exemplo, em hipótese na qual a decisão rescindenda tenha consagrado orientação contrária àquela adotada pelo STF, havendo inúmeros precedentes nos quais ações rescisórias semelhantes são julgadas procedentes. Neste último exemplo, como o êxito da ação rescisória é bastante provável, pode-se considerar presente, sem nenhuma dúvida, a "fumaça do bom direito".

O perigo da demora, por sua vez, pode estar presente pelo fato de a execução da sentença conduzir a uma situação que torne sem efeitos práticos, no todo ou em parte, o julgamento da ação rescisória. Imagine-se, por exemplo, que o contribuinte ajuíza ação anulatória de lançamento fiscal, efetuando o depósito do montante integral do crédito tributário. Seus pedidos vêm a ser considerados improcedentes pelo Tribunal de Apelação (*v. g.*, TRF), e o recurso extraordinário devidamente interposto não é conhecido por questões processuais. Nesse caso, sendo proposta a ação rescisória, e em estando presente a "fumaça do bom direito", o perigo da demora consubstancia-se, claramente, pelo fato de a execução da sentença implicar a conversão em renda dos depósitos judiciais nela efetuados.

O STJ, a propósito, tem decidido ser

> "[...] cabível o deferimento de liminar em cautelar inominada, intentada em ação rescisória, objetivando a retenção dos depósitos efetuados até a desconstituição do acórdão que denegou a segurança visando à restituição de contribuição previdenciária declarada inconstitucional, tanto mais quando presentes o *'fumus boni juris'* e o *'periculum in mora'*".[506]

Quanto ao art. 489 do CPC/73, que, em sua redação originária, consignava que a propositura da rescisória não inibia a execução do julgado rescindendo, é importante observar que tal artigo apenas afirmava o elementar, ou seja, que a propositura pura e simples da rescisória não tem o efeito suspensivo automático de impedir a execução do julgado. Isso não poderia impedir, porém, que fosse concedida uma tutela de urgência, à luz dos requisitos a tanto necessários, para que se obtivesse essa suspensão. Muito pelo contrário; pode-se dizer que é precisamente a inexistência de efeito suspensivo automático na ação rescisória que autoriza, em cada caso, diante dos requisitos necessários, o deferimento de uma tutela provisória, pois o art. 489 do CPC/73 deveria ser conciliado, como regra, em uma interpretação sistemática, com a exceção prevista no art. 789 do mesmo diploma processual.[507]

Em fevereiro de 2006, tudo isso foi ratificado, de modo meramente didático, pela Lei 11.280, que alterou a redação do art. 489 do CPC/73, para que passasse a dispor que o "ajuizamento da ação rescisória não impede o cumprimento da sentença ou acórdão rescindendo, ressalvada a concessão, caso imprescindíveis e sob os pressupostos previstos em lei, de medidas de natureza cautelar ou antecipatória de tutela". Disposição semelhante se acha prevista no CPC/2015, atualmente em vigor, o que torna superada a questão (art. 969).

---

[506] REsp 79.124-RS – *DJU* I de 16.3.1998.

[507] De maneira didática e, a rigor, desnecessária, mas para superar entendimentos em contrário, editou-se a Medida Provisória nº 2.180-35, de 24.8.2001, que em seu art. 15 dispunha: *"Aplica-se à ação rescisória o poder geral de cautela de que trata o art. 798 do Código de Processo Civil."*

Capítulo 4 · PROCESSO JUDICIAL TRIBUTÁRIO | **439**

3.7.11 Tutelas de urgência e suspensão da exigibilidade do crédito tributário

Superando infundadas e autoritárias oposições, o art. 151 do CTN, com a redação que lhe deu a LC nº 104/2001, tornou indiscutível o cabimento, em tese, de qualquer tutela provisória para suspender a exigibilidade do crédito tributário. O deferimento de tais medidas urgentes, em cada caso concreto, naturalmente dependerá da presença dos respectivos requisitos, mas o seu cabimento, em princípio, não é mais discutível.

Embora a expressão comum na doutrina, na jurisprudência, e adotada pelo próprio CTN, seja "suspensão da exigibilidade do crédito tributário", essa suspensão é possível mesmo quando o crédito tributário não foi ainda constituído. É o caso do tributo submetido ao lançamento por homologação, quando o contribuinte pleiteia a medida suspensiva *antes* de formalização do crédito. Suspende-se, nesse caso, a exigibilidade do dever jurídico de antecipar o pagamento.

É importante consignar que o magistrado não pode impedir o Poder Público de fiscalizar. Pode, em sentença, afirmar a inexistência de relação jurídica que obrigue o contribuinte a pagar determinado tributo, em determinadas circunstâncias, declaração que, definitiva, há de ser observada pela autoridade fiscalizadora. Antes da prolação da sentença, contudo, uma tutela de urgência poderá apenas suspender a exigibilidade de crédito tributário já constituído, ou suspender a exigibilidade do dever jurídico de antecipar o pagamento, em relação a créditos a serem ainda constituídos. A Fazenda poderá, porém, efetuar o lançamento, até para evitar a consumação da decadência, mas este deverá permanecer com sua exigibilidade suspensa.

3.7.12 Tutelas de urgência e sanções políticas

É também cabível a concessão de tutelas de urgência, no âmbito processual tributário, para suspender a prática das chamadas "sanções políticas", assim entendidos os atos através dos quais o Poder Público restringe direitos fundamentais do contribuinte como forma de cobrar tributos à margem do devido processo legal.

Sobre o deferimento de medida liminar em mandado de segurança, em casos assim, já cuidamos no item 3.3.3.3, *supra*, e tudo o que lá foi dito aplica-se, por igual, à antecipação dos efeitos da tutela jurisdicional e às tutelas cautelares de uma maneira geral. O contribuinte pode, por exemplo, mover ação com o propósito de impugnar determinado ato de lançamento e pedir o deferimento de tutela de urgência que, além de suspender a sua exigibilidade, ainda iniba a Fazenda ré de apreender mercadorias, proibir a impressão de blocos de notas fiscais, cancelar ou suspender a inscrição do contribuinte em seus cadastros, "protestar" a certidão da dívida ativa etc., por conta do não pagamento do valor impugnado.

Quando a ação judicial destina-se única e exclusivamente a combater a prática da "sanção política", sem discutir o mérito da exigência, é mais conveniente o manejo do mandado de segurança. Não são discutidas questões de fato, sendo necessário demonstrar apenas a prática da coação ilegal para a cobrança do tributo, o que pode ser feito através de prova pré-constituída. Ao revés, na hipótese de a ação discutir a própria invalidade de um lançamento, ou pleitear o acerto de determinado procedimento contábil adotado pelo contribuinte, pode mostrar-se conveniente o emprego de uma ação de conhecimento, de rito ordinário, com o manejo acessório de uma cautelar incidental, ou com a formulação de um pedido de antecipação dos efeitos da tutela jurisdicional.

3.7.13 Recursos

Ressalvada a ação cautelar fiscal, que tem por autor a Fazenda Pública, não existem mais processos cautelares autônomos, como acontecia sob a vigência do CPC/73. Assim, a concessão de uma tutela provisória será veiculada por meio de decisão que não põe fim à relação processual, desafiando recurso de agravo de instrumento, bem como podendo ser reconsiderada pelo julgador que a prolatou.

Distribuído no Tribunal o Agravo, o relator poderá suspender a liminar deferida, ou conceder a liminar indeferida pelo juízo recorrido, naturalmente se vislumbrar a presença dos correspondentes requisitos. Sua decisão implicará uma "antecipação dos efeitos da tutela recursal", a fim de que não se tenha de esperar pela decisão do órgão colegiado (turma, câmara etc.), e pode ser impugnada, no prazo de 15 dias, por agravo interno (CPC/2015, art. 1.021).

3.8 Ação de consignação em pagamento

3.8.1 Conceito e fundamento legal

Ação de consignação em pagamento é aquela através da qual se busca a proteção ao direito de pagar uma dívida, em face de indevida resistência oferecida pelo credor, ou da pretensão de mais de um credor de recebê-la.[508] Trata-se de instrumento processual adequado, em outras palavras, à tutela do direito de pagar, e pagar ao credor correto, deixando clara a noção de que a distinção entre *direitos* e *deveres* é precipuamente axiológica.

O disciplinamento legal de referida ação pode ser encontrado nos arts. 539 ss. do CPC/2015, e, no que se relaciona ao seu emprego especificamente na seara tributária, no art. 164 do CTN, que dispõe:

> "Art. 164. A importância do crédito tributário pode ser consignada judicialmente pelo sujeito passivo, nos casos:
>
> I – de recusa de recebimento, ou subordinação deste ao pagamento de outro tributo ou de penalidade, ou ao cumprimento de obrigação acessória;
>
> II – de subordinação do recebimento ao cumprimento de exigências administrativas sem fundamento legal;
>
> III – de exigência, por mais de uma pessoa jurídica de direito público, de tributo idêntico sobre um mesmo fato gerador.
>
> § 1º A consignação só pode versar sobre o crédito que o consignante se propõe pagar.
>
> § 2º Julgada procedente a consignação, o pagamento se reputa efetuado e a importância consignada é convertida em renda; julgada improcedente a consignação no todo ou em parte, cobra-se o crédito acrescido de juros de mora, sem prejuízo das penalidades cabíveis."

---

[508] Como esclarece Hugo de Brito Machado, "pagar não é apenas um dever, mas também um direito. Por isto existe uma ação própria para proteger o direito que tem o sujeito passivo de pagar o tributo" (*Curso de Direito Tributário*, 24. ed. São Paulo: Malheiros, 2004, p. 214).

Capítulo 4 · PROCESSO JUDICIAL TRIBUTÁRIO | **441**

O emprego da ação de consignação, no que tange aos incisos I e II, é de verificação pouco frequente, não só porque qualquer quantia paga à Fazenda Pública a determinado título pode ser por ela imputada a outra dívida (CTN, art. 163), mas especialmente porque o pagamento de tributos, feito em estabelecimentos bancários, não costuma ser recusado, nem subordinado ao pagamento de outros tributos ou ao cumprimento de obrigações acessórias. Como a maior parte dos tributos é, atualmente, submetida a lançamento por homologação, cabendo ao sujeito passivo o cálculo da quantia devida e o seu pagamento antecipado, o fisco não costuma oferecer resistência para receber qualquer pagamento, a qualquer título, nem tem meios para tanto.

Verifica-se, eventualmente, o uso da ação de consignação, ainda no que diz respeito aos incisos I e II do art. 164 do CTN, em relação a tributos lançados ordinariamente de ofício, como ocorre com o IPTU, quando o fisco notifica o contribuinte do lançamento desse imposto, feito juntamente com o lançamento de uma taxa (*v. g.*, taxa de limpeza pública), em condições que tornam impossível pagar apenas um deles, separadamente do outro. Em situações assim, caso o contribuinte não pretenda recolher a taxa, por considerá-la inconstitucional, mas queira pagar regularmente o IPTU, cuja validade não discute, poderá valer-se da ação de consignação em pagamento.[509]

A consignatória mostra-se mais relevante, e útil, na hipótese referida no inciso III, anteriormente transcrito, quando mais de uma pessoa jurídica de direito público exige tributo idêntico sobre um mesmo fato gerador.

3.8.2 Utilidade em casos de conflito de competência

Como afirmado, a ação de consignação em pagamento pode ser bastante útil nas hipóteses nas quais pessoas jurídicas de direito público diferentes pretendem o tributo decorrente de um mesmo fato gerador. Imagine-se, por exemplo, que um contribuinte, estabelecido em um Município, preste serviços a tomador estabelecido em outro Município, e seja alvo, por esse serviço, da cobrança do ISS pelos dois Municípios.

Conquanto o art. 164, III, do CTN, reporte-se a "tributo idêntico", não é necessário que se trate do mesmíssimo tributo, com o mesmo nome, e instituído por entidade tributante da mesma natureza, até porque isso reduziria despropositadamente o âmbito de incidência da norma nele contida.[510] Não é necessário que estejam dois Municípios a exigir o ISS, ou dois

---

[509] "É cabível a ação consignatória para pagamento dos valores devidos a título de IPTU, independentemente do recolhimento das taxas de coleta e remoção de lixo e de combate a sinistros, constantes dos mesmos carnês de cobrança, desde que o contribuinte entenda indevida a cobrança das referidas taxas e pretenda discuti-las judicialmente. – Inteligência do art. 164, I do CTN. – O STF pacificou o entendimento no sentido de que são inconstitucionais as taxas nomeadas, por não terem por objeto serviço público divisível, mensurável e específico, devendo ser custeado por meio do produto da arrecadação dos impostos gerais. – Recurso especial conhecido e provido" (STJ, 2ª T., REsp 169.951/SP, Rel. Min. Peçanha Martins, j. em 21.9.2004, *DJ* de 28.2.2005, p. 260). No mesmo sentido: "Cabe ação de consignação quando a entidade tributante subordinar o pagamento do IPTU ao pagamento de taxas municipais (inciso I, do art. 164, do CTN). [...] Propriedade da ação proposta com o fito de consignar o valor relativo ao IPTU enquanto se discute, em demanda própria, a constitucionalidade das taxas municipais cobradas. [...]" (STJ, 2ª T., REsp 197.922/SP, Rel. Min. Castro Meira, j. em 22.3.2005, *DJ* de 16.5.2005, p. 276).

[510] Fosse entendida a expressão "tributo idêntico" como fazendo referência a tributo absolutamente igual, com o mesmo nome, instituído por ente tributante de igual natureza, a consignatória não poderia ser utilizada quando as pessoas jurídicas de direito público que pretendessem o tributo ocupassem posição diversa no pacto federativo (*v. g.* União × Estados), o que causaria – sem qualquer razão que o justificasse – sensível redução no âmbito de utilidade de referida ação.

442 | PROCESSO TRIBUTÁRIO – *Machado Segundo*

Estados a exigir o IPVA. Pode-se tratar de um conflito entre a União, pretendendo o ITR, e um Município, que exige o IPTU. O relevante é que esteja em discussão a cobrança de dois tributos, sobre um mesmo fato gerador, sendo a exigência de um *excludente* da exigência do outro. Em termos mais simples, é necessário que se esteja diante da exigência de dois tributos em uma hipótese na qual, indiscutivelmente, apenas um dos dois é devido.

É possível, portanto, que a ação consignatória seja manejada pelo provedor de acesso à Internet, em face da exigência do ISS pelo Município no qual é estabelecido, e do ICMS pelo Estado correspondente, o primeiro à consideração de que se trata de serviço de valor adicionado, e o segundo ao argumento de que se cuida de serviço de comunicação.

Registre-se que o § 1º do art. 164 do CTN explicita a ideia, aqui já explicada, de que ação de consignação em pagamento presta-se à defesa do direito de pagar.[511] O valor consignado pelo contribuinte é aquele considerado devido, ou, nos termos do dispositivo, aquele "que o consignante se propõe a pagar".[512] Caso a exigência formulada seja tida como indevida, não porque o tributo é devido a outro ente, mas porque se considera que o tributo não é devido, a ação de consignação é despropositada, devendo-se manejar ação anulatória de rito ordinário. Exemplificando, caso o contribuinte considere dever a quantia de R$ 10.000,00, e estiver sendo chamado a pagar R$ 15.000,00, deverá insurgir-se contra a cobrança dos R$ 5.000,00 adicionais, em ação anulatória, e não "consignar" os R$ 10.000,00 que considera devidos para, indiretamente, discutir a validade dos R$ 5.000,00 com os quais não concorda.

Nesse sentido há acórdão da Primeira Turma do STJ no qual se lê:

> "[...] É assegurada ao devedor a possibilidade de utilizar-se da ação de consignação em pagamento para exercer o seu direito de pagar o que deve, cumprindo a prestação conforme as previsões legais, em face da recusa do credor em receber o seu crédito sem justa causa. [...] No caso presente não se constata a negativa de recebimento dos valores por parte do Fisco nem a imposição de obrigações administrativas ilegais, ou a exigência de tributo idêntico sobre um mesmo fato gerador por mais de uma pessoa de direito público. Trata-se apenas de pretensão de discutir o próprio valor do tributo questionado, socorrendo-se, para tanto, da ação consignatória. [...] Inocorrentes as

---

[511] O STJ já decidiu que a ação de consignação é inadequada para se pleitear a concessão de um *parcelamento* não deferido na via administrativa: "1. A ação consignatória, que é de natureza meramente declaratória, tem por escopo tão somente liberar o devedor de sua obrigação, com a quitação de seu débito, por meio de depósito judicial, quando o credor injustificadamente se recusa a fazê-lo. Na seara fiscal é servil ao devedor para exercer o direito de pagar o que deve, em observância às disposições legais pertinentes. 2. Prevendo a Lei 8.212/91, em seu art. 38, a concessão de parcelamento, como favor fiscal, mediante condições por ela estabelecidas, a inobservância dessas condições impede o contribuinte de usufruir do benefício. 3. O deferimento do parcelamento do crédito fiscal subordina-se ao cumprimento das condições legalmente previstas. Dessarte, afigura-se inadequada a via da ação de consignação em pagamento, cujo escopo é a desoneração do devedor, mediante o depósito do valor correspondente ao crédito, e não via oblíqua à obtenção de favor fiscal em burla à legislação de regência. 4. Precedente: REsp nº 694.856/RS, Primeira Turma, Rel. Min. Teori Albino Zavascki, *DJ* de 07.03.2005. [...]" (STJ, 1ª T., REsp 720.624/RS, Rel. Min. Luiz Fux, j. em 28.6.2005, *DJ* de 22.8.2005, p. 142). *Data venia,* na hipótese transcrita parece ter havido confusão entre *cabimento* e *procedência.* O acórdão considerou que o contribuinte não teria direito ao parcelamento, o que, a rigor, seria motivo para julgar improcedentes os pedidos formulados na ação de consignação, e não para afirmar o seu descabimento. Se, de acordo com a lei, o sujeito passivo tivesse direito ao parcelamento, sendo indevida a recusa da autoridade em deferi-lo, a ação de consignação, em nosso entendimento, seria cabível.

[512] Para Aliomar Baleeiro, "o § 1º do art. 164 consigna o óbvio" (*Direito Tributário Brasileiro*, 11. ed. Rio de Janeiro: Forense, 1999, p. 874).

Capítulo 4 · PROCESSO JUDICIAL TRIBUTÁRIO | 443

hipóteses taxativamente previstas no art. 164, incisos I, II e III, do CTN, que dão supedâneo à propositura da ação consignatória, há de se reconhecer a inadequação da via eleita. [...]".[513]

A Segunda Turma do STJ, porém, tem julgado em sentido contrário: "A ação de consignação é instrumento processual admissível para pagamento de tributo em montante inferior ao exigido, o que implica em recusa do Fisco ao recebimento do tributo por valor menor. [...]"[514] No mesmo sentido, aliás, há decisões também da Primeira Turma:

> "1. O depósito em consignação é modo de extinção da obrigação, com força de pagamento, e a correspondente ação consignatória tem por finalidade ver atendido o direito – material – do devedor de liberar-se da obrigação e de obter quitação. Trata-se de ação eminentemente declaratória: declara-se que o depósito oferecido liberou o autor da respectiva obrigação. 2. Com a atual configuração do rito, a ação de consignação pode ter natureza dúplice, já que se presta, em certos casos, a outorgar tutela jurisdicional em favor do réu, a quem assegura não apenas a faculdade de levantar, em caso de insuficiência do depósito, a quantia oferecida, prosseguindo o processo pelas diferenças controvertidas (CPC, art. 899, § 1º), como também a de obter, em seu favor, título executivo pelo valor das referidas diferenças que vierem a ser reconhecidas na sentença (art. 899, § 2º). 3. Como em qualquer outro procedimento, também na ação consignatória o juiz está habilitado a exercer o seu poder-dever jurisdicional de investigar os fatos e aplicar o direito na medida necessária a fazer juízo sobre a existência ou o modo de ser da relação jurídica que lhe é submetida a decisão. Não há empecilho algum, muito pelo contrário, ao exercício, na ação de consignação, do controle de constitucionalidade das normas. 4. Não há qualquer vedação legal a que o contribuinte lance mão da ação consignatória para ver satisfeito o seu direito de pagar corretamente o tributo quando entende que o fisco está exigindo prestação maior que a devida. É possibilidade prevista no art. 164 do Código Tributário Nacional. Ao mencionar que 'a consignação só pode versar sobre o crédito que o consignante se propõe a pagar', o § 1º daquele artigo deixa evidenciada a possibilidade de ação consignatória nos casos em que o contribuinte se propõe a pagar valor inferior ao exigido pelo fisco. Com efeito, exigir valor maior equivale a recusar o recebimento do tributo por valor menor. [...]".[515]

Considerando os princípios da efetividade da prestação jurisdicional, e da instrumentalidade do processo, parece-nos que o entendimento adotado pelos últimos acórdãos transcritos é bastante razoável. Realmente, ainda que não seja o instrumento mais adequado, não há qualquer prejuízo em se acolher o uso da ação de consignação, nesse caso. Convencendo-se o magistrado de que a exigência impugnada é realmente ilegal, deixar de acolher os pedidos do autor da ação em homenagem à forma processual implica subversão da finalidade para a qual o processo e o próprio Poder Judiciário existem. Até mesmo porque o que importa, para definir a natureza de uma ação, são os pedidos formulados pelo autor. Se este pediu cumulativamente para que determinada parcela do débito fosse considerada paga, sendo a outra desconstituída, não há porque não se conhecer de tais pedidos, que não são incompatíveis entre si.[516]

---

[513] STJ, 1ª T., REsp 685.589/RS, Rel. Min. José Delgado, j. em 22.2.2005, *DJ* de 11.4.2005, p. 201.

[514] STJ, 2ª T., REsp 538.764/RS, Rel. Min. Castro Meira, j. em 12.4.2005, *DJ* de 13.6.2005, p. 237.

[515] STJ, 1ª T., REsp 659.779/RS, Rel. Min. Teori Albino Zavascki, j. em 14.9.2004, *DJ* de 27.9.2004, p. 281.

[516] Nesse caso, porém, vale observar que, se o contribuinte depositou, na ação de consignação, a parcela considerada *devida*, a parcela remanescente, por ele discutida, não tem sua exigibilidade suspensa,

444 | PROCESSO TRIBUTÁRIO – *Machado Segundo*

Ainda a esse respeito, vale ressaltar que não é possível usar a ação de consignação para afastar exigências ilegais opostas como condição para o exercício de outros direitos, distintos do *direito de pagar* a quantia considerada devida (*v. g.*, para resguardar o direito de obter benefício fiscal).[517] Do mesmo modo, e por igual fundamento, se o que o sujeito passivo pretende é quitar o crédito tributário por meio diverso do pagamento (*v. g.*, dação em pagamento, compensação etc.), e o sujeito ativo se opõe a isso, o instrumento processual cabível não é a ação de consignação em pagamento. Afinal, neste caso, não se tem lide a respeito do direito de pagar.[518]

3.8.3 Algumas notas sobre o procedimento a ser seguido

3.8.3.1 Juízo ao qual deve ser dirigida

O juízo competente para o processamento e o julgamento da ação consignatória dependerá dos entes tributantes envolvidos no problema. Caso a ação tenha por fundamento o inciso I ou II do art. 164 do CTN (recusa de recebimento pelo ente tributante), o juízo será aquele competente para processar as causas normalmente propostas contra o ente tributante correspondente. Em se tratando de recusa levada a cabo pela União, portanto, a ação deverá

---

podendo, por conseguinte, a Fazenda promover a respectiva execução. Nesse sentido, aliás, é o entendimento do STJ: "A execução fiscal não embargada não pode ser paralisada por conexão de ação de consignação em pagamento, sem depósito algum. [...]" (STJ, 2ª T., REsp 407.299/SP, Rel. Min. Eliana Calmon, j. em 16.3.2004, *DJ* de 17.5.2004 p. 171). Assim, embora possível, a consignatória não é o meio mais adequado para a discussão de parcelas indevidas. Se o contribuinte considera que parte do débito é devida, e outra parte não, o que deve fazer é pagar a parcela que entende devida, e mover ação anulatória impugnando a parcela remanescente. Se a autoridade oferecer resistência a esse pagamento parcial, aí sim, a ação de consignação será cabível, mas o contribuinte terá, para prevenir-se contra o futuro ajuizamento de uma execução, de depositar não só a parcela consignada, que considera devida, mas todo o crédito tributário.

[517] "[...] Não se constata a recusa de recebimento dos valores por parte do Fisco, nem a imposição de obrigações administrativas ilegais ou a exigência de tributo idêntico sobre um mesmo fato gerador por mais de uma pessoa de direito público. Trata o caso de pretensão de pessoa jurídica na obtenção de acesso a programa de incentivo fiscal estadual por meio do não cumprimento integral das exigências administrativas impostas (no caso, o depósito de valor correspondente a 1/120 do total da dívida), socorrendo-se, para tanto, da ação de consignação. [...] Inocorrentes as hipóteses taxativamente previstas no art. 164, incisos I, II e III, do CTN, que dão supedâneo à propositura da ação consignatória, há de se reconhecer a inadequação da via eleita. [...]" (STJ, 1ª T., REsp 628.568/RS, Rel. Min. José Delgado, j. em 20.5.2004, *DJ* de 14.6.2004, p. 184).

[518] "[...] 1. A consignação em pagamento e a dação obedecem ao princípio estrito da legalidade, por isso que não se enquadrando nas hipóteses legalmente previstas, não há extinção do crédito tributário. Deveras, como consequência, a regra é a quitação específica da exação. 2. A ação consignatória julgada procedente extingue o crédito tributário, e é levada a efeito através do depósito da quantia apta à satisfação do débito respectivo. Seu êxito reclama o adimplemento da obrigação tributária na forma da lei para o pagamento dos tributos em geral. 3. O débito tributário deve, necessariamente, ser pago 'em moeda ou cujo valor nela se possa exprimir'. A dação em pagamento, para o fim de quitação de obrigação tributária, só é aceita em hipóteses elencadas legalmente. 4. Não se pode proceder a encontro de contas se o crédito com que se pretende quitar o débito não é oponível ao titular do crédito que se deve adimplir; vale dizer, créditos de TDA's em confronto com débito municipal. 5. Na ação de consignação em pagamento o credor não pode ser compelido a receber coisa diversa do objeto da obrigação. Em se tratando de dívida tributária, indisponível à Autoridade Fazendária, não há como se admitir a dação em pagamento por via de título da dívida pública, se este procedimento escapa à estrita legalidade. [...]" (STJ, 1ª T., REsp 480.404/MG, Rel. Min. Luiz Fux, j. em 20.11.2003, *DJ* de 19.12.2003, p. 331).

Capítulo 4 · PROCESSO JUDICIAL TRIBUTÁRIO | **445**

ser proposta perante a Justiça Federal, na seção judiciária em cuja circunscrição se encontrar estabelecido o contribuinte.

A competência não é de tão fácil determinação, contudo, em se tratando de ação proposta com fundamento no inciso III do mesmo artigo, hipótese na qual mais de uma pessoa jurídica de direito público estará envolvida na questão.

Caso o conflito se verifique entre União e Estado, entre União e Distrito Federal, entre Estado e Distrito Federal, ou entre Estados, apesar do que dispõe o art. 102, I, *f*, da CF/88, a ação não será da competência do STF (Súmula 503 do STF). Entende o STF que, nesses casos, não há propriamente um conflito entre entes federados, mas um conflito entre um contribuinte e dois ou mais entes federados, não sendo possível que o contribuinte provoque essa competência originária. Como esclareceu o Ministro Amaral Santos, em primoroso voto, a competência originária há de ser exercida pelos entes públicos (um caso excepcional no qual se valem da tutela de conhecimento, pois não podem fabricar títulos executivos, no âmbito da autotutela vinculada, uns contra os outros), e não pelo próprio cidadão contribuinte.

Assim, caso o conflito se verifique entre União e Estado (algo pouco provável em face da divisão de competências entre tais entes), a ação deverá ser proposta na seção judiciária federal instalada na capital do Estado correspondente.

Na hipótese de a exigência ser formulada por mais de um Estado, a ação deverá ser proposta em face da Justiça Estadual em cuja jurisdição estiver situado o contribuinte, sendo encaminhada ao STF caso, na "segunda etapa" da lide, os Estados efetivamente entrem em conflito.[519] Caso a exigência seja feita por mais de um Município, deverá a ação igualmente ser proposta no local onde é estabelecido o contribuinte,[520] que invariavelmente será a sede de um dos Municípios, cabendo ao STJ, se for o caso, dirimir conflito suscitado entre o Juízo no qual está situado um Município e o Juízo no qual se situa o outro Município envolvido na questão.

Caso, porém, o conflito se configure entre União e Município (*v. g.*, ITR × IPTU), ou entre Estado e Município (*v. g.*, ICMS × ISS), a ação deverá ser movida perante a Justiça Federal, ou a Justiça Estadual, respectivamente, em cuja circunscrição estiver situado o correspondente Município.

3.8.3.2   Situação processual do contribuinte

É interessante a análise, no que toca às ações de consignação em pagamento, da situação processual do contribuinte autor da ação.

---

[519]   *RTJ* 44/564. Nesse sentido: Cleide Previtalli Cais, *Processo Tributário*, 3. ed., São Paulo: Revista dos Tribunais, 2001, p. 392. Para a citada autora, se houver a instauração de efetivo litígio entre União e Estado, ou entre Estados, depois de consignado o valor do tributo, o art. 102, I, *f*, da CF/88 reclama que a questão seja apreciada pelo STF. Como anotamos na primeira edição deste livro, esta conclusão, conquanto razoável, não nos parecia autorizada pela Súmula 503 do STF. Refletindo um pouco mais sobre o assunto, convencemo-nos de que a ação de consignação em pagamento deve ser ajuizada no local onde está estabelecido o contribuinte, mas, diante da instauração de efetivo litígio entre as entidades políticas, a "segunda etapa" da ação de consignação deve realmente ser julgada pelo STF, o que não é expressamente vedado pela aludida súmula, e mostra-se como a única solução juridicamente possível à luz do art. 102, I, *f*, da CF/88.

[520]   Ou o bem imóvel, caso se trate de imposto sobre a propriedade imobiliária. Nesse caso, a rigor, como a ação tem vários réus, cada um estabelecido em local diferente, o autor poderia demandar no domicílio de quaisquer deles, sendo mais racional, contudo, que opte por aquele que coincide com o seu.

Em se tratando de ação proposta com fundamento no inciso I, ou no inciso II, do art. 164 do CTN, sua posição será a de autor, e a da pessoa jurídica de direito público será a de réu, do começo ao fim da relação processual. Não há, aqui, distinção que torne a consignatória peculiar.

Caso, porém, a ação tenha sido proposta com amparo no inciso III do art. 164 do CTN, ou seja, caso haja mais de uma pessoa jurídica de direito público pretendendo tributar um fato que, a rigor, é tributável por apenas uma delas, a situação processual do contribuinte pode tornar-se bastante peculiar. É o que James Marins chama de "rito especial da consignatória proposta por dúvida subjetiva",[521] e que está disciplinado no art. 898 do CPC/73.

Em sendo assim, caso, citadas, as pessoas jurídicas não compareçam ao feito, converter--se-á o depósito em arrecadação de coisas vagas; comparecendo apenas uma delas, o juiz decidirá de plano; comparecendo mais de uma, o juiz declarará efetuado o depósito e extinta a obrigação, continuando o processo a correr unicamente entre os presuntivos credores, observado o procedimento comum. (art. 548 do CPC/2015).

Desse modo, em se tratando de ação de consignação proposta em face da exigência de tributo, no mesmo valor, por parte de dois entes tributantes, a feitura do depósito no valor do montante integral exigido libera o contribuinte, que se considera eximido do seu dever de pagar e pode ser excluído da relação processual, sendo-lhe devidos honorários advocatícios a serem rateados pelos diversos entes públicos que até então figuram no polo passivo. Os honorários são devidos no momento em que o autor é considerado "liberado" em face do depósito feito, e não ao final da peleja entre as pessoas jurídicas de direito público que litigam pela titularidade da sujeição ativa tributária. A questão de saber se são devidos honorários advocatícios de sucumbência na ação de consignação, e em que momento devem ser pagos, já foi apreciada pela 2ª T. do STJ. A transcrição de trechos do acórdão nos parece conveniente, aqui, ante o seu conteúdo esclarecedor a respeito da ação de consignação, e à condenação de honorários advocatícios em seu âmbito:

> "[...]
>
> A questão meramente processual constante dos autos tem como suporte fático, para destaque, uma ação de consignação em pagamento de Imposto sobre a Transmissão de Bens Inter Vivos, intentada contra os **MUNICÍPIOS DE VITÓRIA E DE SERRA**, ambos do Estado do Espírito Santo.
>
> Pela disputa de ambos os municípios na arrecadação do ITBI incidente sobre a aquisição de área situada na Praia Mole, tramitou a ação que, após a primeira fase, foi vencida pela empresa autora, com a determinação de depósito do valor questionado, sendo ordenado o prosseguimento da demanda em relação aos municípios.
>
> Impôs o julgador, ainda, honorários de advogado e reembolso das despesas processuais, a serem descontados do valor do depósito.
>
> O TJ/ES, contudo, reformou a sentença e postergou a condenação para o final da ação de consignação.
>
> [...]
>
> É óbvio que, ao final da primeira fase, desobriga-se o autor, se julgada procedente a sua dívida, fazendo jus ao recebimento do que foi obrigado a gastar na Justiça com as custas, bem assim com a verba de patrocínio.
>
> Esta condenação se impõe, porque nesta primeira fase extingue-se a relação processual em que figura o autor como parte, aplicando-se então o disposto no art. 20 do CPC.

---

[521] James Marins, *Direito Processual Tributário Brasileiro (Administrativo e Judicial)*, 3. ed. São Paulo: Dialética, 2003, p. 438.

Observe-se que se até mesmo na solução de um incidente se impõe a sucumbência (art. 20, § 1º, do CPC), quanto mais na finalização de uma demanda. Esta conclusão é a única que se harmoniza com os arts. 898 e 20 do CPC aqui invocados.

Não importa que prossiga a ação, em uma segunda etapa, tendo como partes os réus, credores do devedor, que se retira definitivamente do palco judicial."[522]

Considerando argumentos aduzidos pelos Procuradores dos Municípios envolvidos, em sustentação oral, o Ministro Franciulli Netto considerou, ao votar, que "nada obriga a aguardar o desfecho da segunda fase da consignatória, que se dará apenas entre as Prefeituras. O autor e o advogado que prestou o seu labor para receber a paga do seu nobre ofício teriam de esperar todo esse tempo para serem ressarcidos?" O Ministro Peçanha Martins, no mesmo sentido, esclareceu que

> "os credores é que são responsáveis pela confusão estabelecida entre eles, de modo a dificultar saber a quem pagar. Por certo o legislador, que age sempre corretamente, declarou que a parte não pode ficar sem efeito liberatório, por isso mesmo declarou extinta a obrigação. Se declara extinta a obrigação e diz que ele deve sair da lide, ele não pode fazer isso com prejuízo, porque não deu causa à demanda. Como vão, afinal, se compor as duas prefeituras em torno do desfalque dos 15% relativos aos honorários será dirimida na ação, que continuará a transcorrer, mas, enquanto isso, ele não pode ficar aguardando, fora do processo".[523]

Esclareça-se, finalmente, que caso a exigência feita pelos diversos entes tributantes seja de valor diferente (*v. g.*, ICMS e ISS sobre provedores de acesso), o contribuinte há de depositar quantia correspondente ao maior valor, e continuar participando do feito, como litisconsorte. Isso porque subsiste seu interesse em pugnar pelo direito de pagar ao ente que lhe formula exigência menos gravosa, levantando, caso seu pleito seja acolhido, a diferença entre o que depositou e o que é exigido pela pessoa jurídica de direito público considerada como sendo a verdadeira credora.[524]

3.9 Honorários advocatícios de sucumbência

3.9.1 Colocação do problema

Questão frequentemente suscitada, no âmbito do Processo Judicial Tributário, dizia respeito aos honorários advocatícios de sucumbência, especialmente quando devidos pela Fazenda Pública. Sob o argumento de que a Fazenda Pública "é a própria comunidade", muitos Juízes praticamente a eximiam do pagamento da verba honorária de sucumbência, valendo-se do poder, aparentemente amplo, que lhes conferia o art. 20, § 4º, do CPC/73.

---

[522] Voto da Ministra Eliana Calmon, proferido no julgamento do REsp 325.140/ES – j. 16.5.2002 – *DJU* I de 30.9.2002, p. 220. O acórdão se reporta a artigos do CPC/73, em razão da data em que foi proferido. No CPC/2015, disposições análogas se acham positivadas nos arts. 85 e 548.

[523] Inteiro teor do acórdão obtido na *Revista Eletrônica de Jurisprudência*, em <www.stj. gov.br>.

[524] Cf. James Marins, *Direito Processual Tributário Brasileiro (Administrativo e Judicial)*, 3. ed. São Paulo: Dialética, 2003, p. 439.

448 | PROCESSO TRIBUTÁRIO – *Machado Segundo*

Entretanto, é preciso lembrar, com amparo nas lições de Chiovenda[525] e Carnelutti,[526] que a finalidade da condenação do vencido ao pagamento de honorários ao advogado do vencedor é a de propiciar a este um ressarcimento integral das despesas que teve de arcar em virtude do processo. O vencido, em outros termos, por haver feito o vencedor contratar advogado para, por meio do processo, ver reconhecido ou respeitado o seu direito, deve pagar os honorários desse advogado.

Juízes que aviltavam a verba honorária argumentavam, em oposição ao que foi dito no parágrafo anterior, que os honorários são hoje recebidos pelo próprio advogado (não podendo sequer ser objeto de negociação), e não pela parte, a teor da Lei 8.906/94 (Estatuto da Advocacia), representando um *plus* que pode ser reduzido, ou até extinto, sem nenhum prejuízo. O argumento, contudo, não se sustenta. Primeiro, porque seu acolhimento, se fosse coerente, ensejaria a extinção da verba sucumbencial em todos os casos, e não apenas quanto vencida a Fazenda. Segundo, porque o fato de o advogado receber os honorários de sucumbência diretamente não altera a natureza reparatória destes, pois é evidente que esse recebimento influi na quantia acertada contratualmente. E, terceiro, o STF, no julgamento da ADIn 1.194/DF, considerou inconstitucional, *sem redução do texto* o art. 21, *caput*, e seu parágrafo único, da Lei 8.906/94, por entender que os honorários de sucumbência, a teor do disposto no art. 20 do CPC/73, podem ser objeto de disposição contratual celebrada entre a parte e seu advogado.[527]

Além disso, a finalidade dos honorários de sucumbência não é apenas reparatória. A condenação em honorários presta-se, ainda, para inibir o uso indevido da máquina judiciária, coibindo a propositura imprudente de aventuras judiciárias. Como ensina Amaral Santos, tal condenação "desempenha papel preponderante de política judiciária contra o abuso do exercício do direito de demandar".[528]

3.9.2 Aspectos constitucionais do problema

Não se pode ignorar que a não remuneração, ou a remuneração irrisória, do trabalho do advogado, em sendo consequência de uma atuação do profissional *contra* a Fazenda Pública, é certamente um diferencial que serve de desestímulo ao patrocínio de demandas contra o Poder Público. Esse diferencial, injustificado, atenta contra o princípio do Estado de Direito, e contra a possibilidade, desse princípio decorrente, de controle jurisdicional dos atos do Poder Público.

Ademais, o advogado é indispensável à administração da justiça, conforme reconhece o art. 133 da CF/88, pois a complexidade do ordenamento jurídico dos Estados pós-modernos e as necessárias imparcialidade e inércia do Poder Judiciário tornam indispensável a intermediação,

---

[525] Giuseppe Chiovenda. *Instituições de Direito Processual Civil*, tradução de Paolo Capitanio, Campinas: Bookseller, 1998, v. III, p. 242.

[526] Francesco Carnelutti. *Instituições do Processo Civil*, tradução de Adrián Sotero de Witt Batista, São Paulo: Classicbook, 2000, v. 1, p. 411.

[527] "[...] Pela interpretação conforme conferida ao art. 21 e seu parágrafo único, declara-se inconstitucional o § 3º do art. 24 da Lei 8.906/1994, segundo o qual 'é nula qualquer disposição, cláusula, regulamento ou convenção individual ou coletiva que retire do advogado o direito ao recebimento dos honorários de sucumbência'. 6. Ação direta de inconstitucionalidade conhecida em parte e, nessa parte, julgada parcialmente procedente para dar interpretação conforme ao art. 21 e seu parágrafo único e declarar a inconstitucionalidade do § 3º do art. 24, todos da Lei 8.906/1994" (STF, Pleno, ADI 1.194, j. em 20.5.2009, *DJe*-171, de 11.9.2009).

[528] Moacyr Amaral Santos. *Primeiras Linhas de Direito Processual Civil*, 14. ed. São Paulo: Saraiva, v. I, p. 299.

na relação entre a parte e o Estado-juiz, de alguém com conhecimento jurídico, que saiba, portanto, qual o direito aplicável, e especialmente qual a melhor maneira de reivindicá-lo.[529] Essa importância, reconhecida constitucionalmente, é certamente desprezada pela norma, ou pela sua interpretação, que avilta a remuneração que é devida ao profissional.

O mais grave, porém, é que na generalidade dos casos, *inclusive quando a Fazenda Pública é vencedora*, os honorários de sucumbência eram fixados, com amparo no art. 20 do CPC/73, no mínimo em 10%. Em se tratando de execução fiscal movida pela Fazenda Nacional, aliás, esse ônus já é incluído previamente no título executivo, pelo percentual de 20%.[530] O princípio da isonomia, por tudo isso, repele que, quando vencida, a Fazenda seja premiada com uma desproporcional redução dos honorários com os quais tem de arcar.

Assim, além de contrário ao próprio dispositivo interpretado, o entendimento que reduz sensivelmente, ou suprime, os honorários advocatícios de sucumbência devidos pela Fazenda Pública vencidos é inconstitucional.

3.9.3   O art. 85 do CPC/2015

O fato é que, diante da regra constante do CPC de 1973, a fixação dos honorários se dava de maneira absolutamente arbitrária, e, não raro, em montantes irrisórios. O advogado poderia receber R$ 1.000,00, R$ 50.000,00 ou R$ 500.000,00 por um mesmo trabalho, a depender do juiz ou do desembargador relator que apreciasse o assunto, ou mesmo do humor do julgador na ocasião. Igual arbitrariedade poderia ser observada na jurisprudência do STJ, que admitia rever os honorários fixados nas instâncias ordinárias, mas apenas quando fossem "irrisórios" ou "exorbitantes", havendo forte subjetividade e inconstância na apreciação do significado dessas expressões, aplicando-se a Súmula 7/STJ à generalidade dos recursos referentes ao tema. Apenas a título de exemplo, julgando o REsp 933.507/RJ, o STJ considerou "irrisórios" os honorários fixados em R$ 100,00 (cem reais) pelas instâncias ordinárias, admitindo excepcionar sua jurisprudência e rever o *quantum* da verba sucumbencial. Ao estabelecer o novo valor, contudo, quantificou-o em R$ 1.000,00 (mil reais). Saliente-se que se tratava de execução fiscal cujo valor oscilava em torno dos 11.000.000,00 (onze milhões de reais).

A forma como o CPC/2015 disciplina o assunto, por isso, é louvável por vários aspectos. Em primeiro lugar, por fazer remissão às causas em que a Fazenda Pública "for parte", e não apenas àquelas em que ela for vencida. Assim, também naquelas em que a Fazenda for vencedora os honorários deverão ser fixados com atenção aos mesmos critérios, em respeito ao princípio da igualdade. Corrigiu-se a distorção de ter o contribuinte vencido pela Fazenda de pagar-lhe honorários de no mínimo 10% do valor em disputa (ou, nas execuções fiscais movidas pela Fazenda Nacional, o valor preestabelecido de 20%, a título de "encargos legais"), mas, quando vencedor o contribuinte, ser a Fazenda condenada a pagar R$ 500,00 ou R$ 1.000,00 ao seu advogado, ainda que este tenha trabalhado por anos em processo complexo que culminou com a desconstituição de crédito tributário de vários milhões de reais. Em segundo lugar, o CPC/2015 mantém o estabelecimento de percentuais mínimos e máximos. O fato de a Fazenda ser parte apenas faz com que sejam regressivos, vale dizer, sofram reduções paulatinas a depender da expressão econômica da sucumbência, o que parece mais

---

[529]   Cf. Hugo de Brito Machado Segundo e Raquel Cavalcanti Ramos Machado. "O § 4º do art. 20 do CPC e a Sucumbência da Fazenda Pública", publicado na *Revista Dialética de Direito Tributário*, no 86, São Paulo: Dialética, nov. 2002, p. 60 a 76.

[530]   O encargo de 20% instituído pelo Decreto-Lei 1.025/69. Em relação a outros entes públicos, não detentores de privilégio semelhante, é por iniciativa dos magistrados que a verba honorária devida pelo devedor é estipulada, muitas vezes, no limite máximo de 20% do valor executado.

compatível com a finalidade para a qual o § 4.º do art. 20 do CPC de 1973 se reportava à Fazenda Pública. Além de ser muito demandada, as causas que envolvem a Fazenda podem ter valores muito elevados, o que pode ocorrer com qualquer outra pessoa, mas em relação aos entes públicos é mais frequente. Assim, justifica-se uma preocupação em que os honorários não sejam submetidos apenas e tão somente aos limites gerais de 10% e 20%. A regressividade dos percentuais, contudo, além de preservar tais limites para as questões até 200 salários mínimos, tem como parâmetro o valor da sucumbência, de forma objetiva. Por outro lado, a previsão de que os honorários serão majorados na esfera recursal fará com que a postura da Fazenda de recorrer sempre e até as últimas instâncias, em todos os processos, seja repelida ou, pelo menos, leve a alguma compensação ao cidadão que com ela litiga.

No âmbito do Judiciário, esboçou-se uma tese segundo a qual, mesmo sob a vigência do CPC de 2015, seria possível fixar "por equidade" os honorários nas causas em que a Fazenda fosse condenada, com amparo no § 8º do art. 85 do CPC, que dispõe:

> "§ 8º Nas causas em que for inestimável ou irrisório o proveito econômico ou, ainda, quando o valor da causa for muito baixo, o juiz fixará o valor dos honorários por apreciação equitativa, observando o disposto nos incisos do § 2º".

A aplicação de referido parágrafo para ressuscitar a jurisprudência formada em torno do art. 20, § 4º, do CPC de 1973, porém, é equivocada por uma série de razões. O § 8º do art. 85 do CPC/2015 tem redação semelhante à do art. 20, § 4º, do CPC de 1973, mas há duas diferenças fundamentais: (i) desapareceu a menção a causas em que a Fazenda for condenada; (ii) as causas que tenham a Fazenda como *parte* passaram a ser contempladas em outro parágrafo especificamente destinado a elas (o § 3º do art. 85), o que se deu com o propósito específico de afastar a jurisprudência anterior. Improcede, portanto, dizer-se que, "se o valor for muito alto", se deve aplicar o § 8º do art. 85 do CPC/2015, o que revela inadmissível ranço ou preconceito de setores do Judiciário com a remuneração recebida por advogados, quando litigam com a Fazenda. Se o § 3º do art. 85 do CPC alude, no inciso V, a honorários de 1% a 3% nas causas cujo valor seja superior a 100.000 (cem mil) salários mínimos, o que supera os cem milhões de reais, não se pode entender que valores desse patamar (ou mesmo bem menores) justifiquem a consideração da "exorbitância" pelo magistrado e a aplicação, em substituição, dos critérios do § 8º do mesmo artigo. Digno de aplauso, nessa ordem de ideias, o entendimento que tem prevalecido a respeito no âmbito do Superior Tribunal de Justiça, do qual o seguinte julgado é amostra:

> "[...]
> III – A jurisprudência do Superior Tribunal de Justiça é firme no sentido de que, nas causas em que a Fazenda Pública for litigante, os honorários advocatícios devem ser fixados observando-se os parâmetros estampados no art. 85, § 2º, *caput* e incisos I a IV, do CPC/2015 e com os percentuais delimitados no § 3º do referido dispositivo jurídico.
> IV – De fato, na vigência do CPC/2015, a fixação de honorários advocatícios por apreciação equitativa, conforme o contido no § 8º do art. 85 do CPC/2015, somente tem guarida nas causas em que for inestimável ou irrisório o proveito econômico ou, ainda, quando o valor da causa for muito baixo, não sendo essa a hipótese dos autos. Nesse sentido, confiram-se: AgInt no REsp n. 1.736.151/SP, relator Ministro Sérgio Kukina, Primeira Turma, julgado em 25/10/2018, *DJe* 6/11/2018, REsp n. 1.750.763/SP, relator Ministro Francisco Falcão, Segunda Turma, julgado em 6/12/2018, *DJe* 12/12/2018, AgInt no AREsp n. 1.187.650/SP, relator Ministro Ricardo Villas Bôas Cueva, Terceira

Turma, julgado em 24/4/2018, *DJe* 30/4/2018 e AgInt no AREsp n. 1.187.650/SP, relator Ministro Ricardo Villas Bôas Cueva, Terceira Turma, julgado em 24/4/2018, *DJe* 30/4/2018. V – Agravo interno improvido." (AgInt no REsp 1.893.194/PR, 2ª T., Rel. Min. Francisco Falcão, j. em 15.3.2021, *DJe* 22.3.2021)

A questão foi apreciada pelo Superior Tribunal de Justiça em sede de recursos repetitivos, ante a resistência sem igual de Tribunais de Apelação em aplicar o § 3º do art. 85, nas causas em que a Fazenda é vencida (Tema 1076). Firmou a Corte o seguinte:

> "i) A fixação dos honorários por apreciação equitativa não é permitida quando os valores da condenação, da causa ou o proveito econômico da demanda forem elevados. É obrigatória nesses casos a observância dos percentuais previstos nos §§ 2º ou 3º do artigo 85 do CPC – a depender da presença da Fazenda Pública na lide –, os quais serão subsequentemente calculados sobre o valor: (a) da condenação; ou (b) do proveito econômico obtido; ou (c) do valor atualizado da causa.
>
> ii) Apenas se admite arbitramento de honorários por equidade quando, havendo ou não condenação: (a) o proveito econômico obtido pelo vencedor for inestimável ou irrisório; ou (b) o valor da causa for muito baixo."

Acertou a Corte, até porque, do contrário, haveria clara negativa de vigência ao art. 85, § 3º, sem que existam – ou sequer se tenham indicado – razões plausíveis para tanto. Até porque não haveria motivos para que apenas a Fazenda fosse poupada de honorários sucumbenciais elevados, e não os demais jurisdicionados, quando litigam contra ela e perdem, ou entre si.

Diante da evidente resistência de alguns membros do Poder Judiciário em aplicar a sistemática de cálculo de honorários prevista em lei, motivadora da criação de saídas mirabolantes e ilegais para retornar ao sistema de "apreciação equitativa", o legislador tornou ainda mais explícitas as disposições pertinentes à matéria. Inseriram-se – por meio da Lei 14.365/2022 – os seguintes parágrafos no art. 85 do Código:

> "§ 6º-A. Quando o valor da condenação ou do proveito econômico obtido ou o valor atualizado da causa for líquido ou liquidável, para fins de fixação dos honorários advocatícios, nos termos dos §§ 2º e 3º, é proibida a apreciação equitativa, salvo nas hipóteses expressamente previstas no § 8º deste artigo.
>
> (...)
>
> § 8º-A. Na hipótese do § 8º deste artigo, para fins de fixação equitativa de honorários sucumbenciais, o juiz deverá observar os valores recomendados pelo Conselho Seccional da Ordem dos Advogados do Brasil a título de honorários advocatícios ou o limite mínimo de 10% (dez por cento) estabelecido no § 2º deste artigo, aplicando-se o que for maior.
>
> (...)
>
> § 20. O disposto nos §§ 2º, 3º, 4º, 5º, 6º, 6º-A, 8º, 8º-A, 9º e 10 deste artigo aplica-se aos honorários fixados por arbitramento judicial."

Com isso, desaparecem as brechas com as quais julgadores vinham tentando utilizar o § 8º do art. 85 do CPC para fixar valores "por equidade" em patamares inferiores aos previstos nas faixas de piso do § 3º do mesmo artigo.

A resistência do Judiciário ao pagamento de honorários, contudo, é tão grande, que a Fazenda interpôs, e foi conhecido, RExt no qual discute a "razoabilidade" de tais disposições,

PROCESSO TRIBUTÁRIO – *Machado Segundo*

assim agora submetidas ao crivo do STF. Tal RExt era visivelmente não cabível, visto que a questão é legal, e não constitucional, mas, se for para aferir sua "razoabilidade", seria o caso de fazê-lo também em relação a qualquer outra parte, em qualquer outro processo, que, independentemente do valor em disputa (ou seja, mesmo quando muitíssimo elevado), submete-se à possibilidade de condenações em honorários por percentuais situados entre 10% e 20%, não contando com a benéfica tabela regressiva do § 3º, dedicada apenas às causas em que a Fazenda for parte.

Finalmente, observe-se que, se se considera "absurdo" o pagamento de 1% a 3% de uma quantia ao advogado de quem ganhou uma causa contra a Fazenda, é preciso pensar qual adjetivo seria dirigido à pretensão da Fazenda, que perdeu a ação, de receber a própria base de cálculo do valor desses honorários, ou seja, 100% do crédito tributário que foi considerado indevido graças ao trabalho desempenhado pelo advogado. O pagamento da sucumbência, como se sabe, serve inclusive para inibir a formulação de exigências assim indevidas, impondo um pouco mais de responsabilidade a quem decide demandar em juízo, algo saudável sob todos os aspectos.

3.9.4   *Causalidade, lançamento por homologação e a sucumbência do vencido*

Em algumas circunstâncias, o processo é extinto sem que tenha havido propriamente um "vencido" e um "vencedor". É o caso, por exemplo, de quando há a extinção do processo sem julgamento de mérito pela desistência de uma das partes. Nessas hipóteses também são devidos honorários advocatícios, que são fundados no princípio da "causalidade". Perquire-se quem indevidamente deu causa ao processo, a fim de se lhe imputar os ônus da parte adversa com a contratação de advogado.

Com base nesse raciocínio, em princípio correto, há julgados que, conquanto deem razão ao contribuinte, reconhecendo-lhe a condição de vencedor em uma ação de embargos à execução fiscal, condenam esse vencedor ao pagamento de honorários ao vencido. O absurdo ocorre à consideração de que o contribuinte teria "dado causa" ao processo de execução, por haver cometido erros na feitura do chamado "autolançamento", erros que teriam ensejado a execução fiscal indevida.

Já tivemos oportunidade de examinar os equívocos desse entendimento, no item 2.1.8.2, *supra*. Tais equívocos são dissecados, com inteira propriedade, por Schubert de Farias Machado, no texto "A 'sucumbência' do vitorioso nos embargos à execução fiscal" (*RDDT* 88/73), e podem ser assim resumidos:

a)   o lançamento é ato privativo da autoridade administrativa, que, quando executa as apurações feitas pelo próprio contribuinte, as está homologando, fazendo-as suas, e, por óbvio, assumindo o risco de assim proceder;

b)   não foi o "erro" do contribuinte que "deu causa" à execução, mas o fato de esse erro haver sido homologado pela autoridade competente, que o fez seu. Foi a Fazenda, e não o contribuinte, que promoveu a açodada execução, e a Fazenda poderia ter evitado essa propositura indevida se houvesse conferido a retidão das apurações, ou ao menos dado ao contribuinte oportunidade de defesa, o que não faz.

Há quem afirme que, caso se admita que o contribuinte erre ao fazer o "autolançamento", e ainda assim receba os honorários advocatícios de sucumbência, os contribuintes passarão a fazer isso como forma de "investimento". Farão a apuração "indevida" de milhões de reais, e não efetuarão o recolhimento de tais quantias, apenas para receber a verba sucumbencial posteriormente. O argumento, contudo, é completamente discrepante da realidade.

Capítulo 4 · PROCESSO JUDICIAL TRIBUTÁRIO | 453

Primeiro, porque seria esse um investimento de altíssimo risco, que demandaria elevadíssima confiança na eficácia e na imparcialidade do Poder Judiciário, qualidades que, notadamente em se tratando de demandas contra o Poder Público, nem sempre estão presentes. Em outras palavras, o contribuinte precisaria ser louco para fazê-lo, especialmente porque, até que fosse demonstrado o erro, poderia haver a constrição de seus bens e todos os sacrifícios daí decorrentes. Segundo, porque o contribuinte arriscar-se-ia a perder o seu patrimônio em troca de no máximo 20% do valor correspondente, percentual que a rigor seria devido ao seu advogado, mais uma pessoa que teria de estar envolvida no estratagema e com a qual o resultado teria de ser partilhado. Terceiro, porque o tal disparate teria de ser aplicado a toda e qualquer situação na qual o tributo discutido decorresse de erro do contribuinte (*v. g.*, também no caso de restituição do indébito). A propósito, e com todo respeito, o absurdo é equivalente ao de pretender negar o direito à atualização do indébito tributário, e aos honorários de advogado, sempre que o pagamento indevido houver sido feito por erro do contribuinte, sob o pretexto de não permitir a contribuintes que usem o Estado como fundo de investimentos, pagando para depois obter a restituição devidamente atualizada, e ainda acrescida dos ônus de sucumbência. O emprego de tais argumentos revela, com todo o respeito, total desconhecimento das dificuldades inerentes às demandas movidas contra o Poder Público.

O que está errado, no caso, é permitir a execução açodada de valores declarados pelo próprio contribuinte, sem qualquer discussão administrativa prévia. A obrigação tributária é *ex lege*, e lançá-la é dever indeclinável da autoridade administrativa. A execução de quantias apuradas pelo próprio contribuinte pressupõe que a autoridade as homologou, fazendo-as "oficiais". Se não é dada ao contribuinte qualquer oportunidade de oposição, na esfera administrativa, o Fisco deve pelo menos arcar com o risco de mover execução fiscal descabida, pagando os honorários sucumbenciais correspondentes. Não se pode, por conta de um erro que suprimiu o direito ao devido processo legal administrativo, e por supor-se uma fraude completamente fantasiosa, suprimir o direito do contribuinte aos ônus da sucumbência, e, o que é pior, ainda condená-lo ao pagamento de tais honorários à Fazenda vencida.

3.9.5 Os "encargos legais" nas execuções movidas pela União

Conquanto antiga, a questão da natureza jurídica dos "encargos legais" previstos no Decreto-lei 1.025/1969 não conta, até hoje, com uma solução satisfatória por parte da literatura especializada ou da jurisprudência. Ora são considerados pelo Judiciário como "taxa", ora como "honorários de sucumbência", a depender do argumento usado em sua impugnação. Como não correspondem, validamente, a nenhuma dessas figuras, quando são impugnados sob o argumento de que não são uma delas, se decide que ostentam a natureza da outra, e vice-versa.

Os encargos não são validamente uma "taxa" porque o fato que gera o dever de pagá-los não corresponde ao exercício do poder de polícia sobre o devedor, tampouco à prestação de um serviço público específico e divisível, de forma efetiva ou potencial. Quem se beneficia com a cobrança do tributo é o Fisco, não o contribuinte executado. Como honorários, sua validade é também duvidosa, pois são fixados ainda no âmbito administrativo, e pelo teto máximo previsto no CPC para a generalidade das demandas, sem qualquer ingerência da autoridade julgadora. De qualquer modo, essa parece ter sido a classificação que prevaleceu na jurisprudência, como se depreende da Súmula 168 do extinto Tribunal Federal de Recursos, citada na pergunta.

Diz-se "prevaleceu", em virtude de ter sido a mais frequente nos julgados, mas até hoje subsiste a obscuridade nessa definição. O Superior Tribunal de Justiça, por exemplo, ao julgar o REsp 1.110.924/SP, decidiu que os encargos não têm natureza de honorários, porque "receita do Fundo Especial de Desenvolvimento e Aperfeiçoamento das Atividades de Fiscalização – Fundaf". Já no REsp 1.538.50/RS, voltou-se a afirmar que sua natureza é de honorários, embora eles "englobem" também "verbas destinadas ao aparelhamento e desenvolvimento da arrecadação fiscal".

É preciso esclarecer, primeiro, que o fato de toda ou parte da receita arrecadada com os tais "encargos legais" ser destinada ao aparelhamento ou ao desenvolvimento da fiscalização não altera sua natureza jurídica, no caso. Não os transforma em taxa, por isso, como há muito se consolidou na literatura especializada, antes mesmo da referência didática contida no art. 4º, II, do CTN.[531] Da mesma forma como cliente e parte podem pactuar o destino dos honorários de sucumbência, a lei pode dar a esses honorários, quando recebidos pelo ente público, o destino que quiser, sem transformá-los em taxa por isso.

Como seriam "honorários", o STJ entendeu, ao apreciar o já referido REsp 1.538.50/RS, que as regras que tratam dos encargos legais constariam de legislação "mais específica", a qual, por isso mesmo, prevaleceria sobre as disposições do CPC. Isso, inclusive, para forçar Estados e Municípios, quando executados pela União, a pagar os encargos no percentual máximo de 20%, apesar do art. 20, § 4º, do CPC de 1973, então vigente.

Esse entendimento, porém, é equivocado. Não se sustentava sob a vigência do CPC de 1973, tornando-se ainda mais inadmissível diante do CPC de 2015.

De início, é preciso atenção para o fato de que o CPC de 2015 é diploma mais recente que todos os que cuidam dos "encargos legais", e disciplinou de maneira ampla e abrangente o tema dos honorários advocatícios de sucumbência, *inclusive nas demandas em que a Fazenda Pública for parte.*

No entanto, além disso, como norma mais específica, a dar tratamento completamente diferente à Fazenda Nacional – e só a ela –, o Decreto-lei 1.025/1969 precisaria de uma *justificativa* para sua especificidade. Afinal, por qual razão os honorários seriam fixados, na generalidade das questões em que a Fazenda Pública é parte, nos termos do art. 85 do CPC/2015, e só nas execuções fiscais da Fazenda Nacional eles seriam estabelecidos *sempre* no percentual máximo de 20%, pouco importando o valor em disputa, a quantidade de recursos interpostos, o fato de ter havido pagamento dentro do prazo do art. 827, § 1.º, do CPC/2015? A desigualdade de tratamento entre União, Estados e Municípios, sem nenhuma razão que a justifique, é inclusive contrária ao princípio federativo, central à ordem jurídica brasileira.

Não basta, em suma, o argumento formal. O fato de o DL 1.025/69 ser mais específico faria com que ele prevalecesse sobre as disposições do atual CPC se existissem razões materiais que amparassem esse tratamento distinto e peculiar. Como inexistem essas razões, a alternativa à conclusão de que o CPC/2015 revogou o tal "encargo" é a de que ele se tornou – ainda mais claramente – inconstitucional diante da nova sistemática, por ofensa flagrante ao princípio da igualdade, seja pela irrazoável discriminação entre a execução fiscal movida pela União e todas as outras execuções fiscais (que têm Estados-membros e Municípios como autores), seja pela irrazoável discriminação entre as execuções fiscais movidas pela União e todas as outras ações em que a Fazenda (inclusive a União) é parte, seja pela irrazoável discriminação entre a situação em que a Fazenda Nacional se sagra vitoriosa em uma execução (obtendo 20% de "encargos") e aquela outra na qual o cidadão contribuinte é o vencedor, que será submetida aos limites do art. 85, § 3.º, do CPC/2015.

---

[531] "Art. 4º A natureza jurídica específica do tributo é determinada pelo fato gerador da respectiva obrigação, sendo irrelevantes para qualificá-la: I – a denominação e demais características formais adotadas pela lei; II – a destinação legal do produto da sua arrecadação."

3.10 A prova no processo judicial

3.10.1 Preliminarmente

Em se tratando de processo judicial tributário no qual se faça necessário o esclarecimento de fatos, em face de afirmações contraditórias a respeito dos mesmos formuladas pelas partes, assume relevância o estudo da prova, de sua produção e de sua avaliação.

Não cuidaremos, nas linhas que se seguem, de todas as espécies de prova, suas definições, características, peculiaridades etc., pois não consideramos que haja pertinência para tais assuntos em um livro dedicado especificamente ao processo tributário. Colhemos para exame, contudo, alguns aspectos que nos pareceram interessantes, e que são objeto de constantes maus-tratos no âmbito processual tributário, especialmente por ser o Poder Público uma das partes interessadas.

3.10.2 Ônus da prova

É noção elementar de teoria da prova a afirmação de que, em princípio, o ônus da prova compete a quem alega. A parte que faz uma afirmação quanto à ocorrência de um fato deve, para ter sua afirmação aceita, comprová-la. O ônus de provar, portanto, está repartido de acordo com o ônus de alegar. Ao autor cumpre provar a ocorrência dos fatos dos quais decorre o seu direito, e ao réu incumbe provar suas afirmações quanto a fatos impeditivos, extintivos ou modificativos do direito do autor.

Essa divisão, porém, não se dá de forma inteiramente dual e estanque, como a legislação parece sugerir.

Primeiro porque, por questões epistemológicas cujo aprofundamento não seria pertinente aqui,[532] não se pode ter *certeza absoluta* quanto à veracidade de determinada afirmação. As certezas são sempre provisórias. Por isso, exige-se que o autor fundamente suas afirmações quanto aos fatos (provando-as) pelo menos até conduzir a uma certeza *além da dúvida razoável* de que são verdadeiras. Diante da obtenção dessa certeza, pode-se dizer que o autor provou suas alegações, mas ao réu tanto estará aberta a possibilidade de provar, de igual modo, fatos (ou a veracidade de afirmações sobre fatos) extintivos, modificativos ou impeditivos do direito do autor, como de trazer à discussão provas que *minem a certeza* gerada pelas provas trazidas pelo autor. É o caso, por exemplo, do réu que prova ser falso documento juntado pelo autor, ou demonstra que a testemunha, que disse ter ouvido tudo, em verdade não tem a audição muito boa.

É importante observar, portanto, de quais fatos decorre o direito subjetivo alegado pelo autor, para saber-se o que terá ele de provar.

Viu-se, na parte dedicada ao processo administrativo (Capítulo 3, itens 2.6 e 3.2.3.2), que a Administração Pública tem o dever de *fundamentar* os atos que pratica, incumbindo-lhe, por conseguinte, a prova da ocorrência dos fatos invocados em tal fundamentação. Um lançamento desprovido de tal fundamentação, ou da prova da ocorrência dos fatos sobre os quais se funda, é nulo, e para demonstrar essa nulidade não é preciso que o contribuinte faça a prova de que os fatos nele narrados não ocorreram. Basta que demonstre que o ato é desprovido de fundamentação, ou que em sua prática a autoridade não logrou comprovar as afirmações de fato nele contidas. Será essa falta de fundamentação, ou de comprovação, que deverá ser

---

[532] Veja-se, a respeito: Hugo de Brito Machado (Coord.), *A Prova em Questões Tributárias*, São Paulo: Malheiros, 2014, *passim*.

456 PROCESSO TRIBUTÁRIO – *Machado Segundo*

objeto de prova pelo contribuinte autor de uma ação anulatória, e não a produção da "prova negativa" de que os tais fatos – não demonstrados no ato de lançamento – não ocorreram.

Naturalmente, caso se trate de um lançamento formalmente perfeito, devidamente fundamentado, e acompanhado de elementos que comprovam os fatos sobre os quais se funda, será do contribuinte autor de uma ação anulatória o ônus de provar que tais fatos ocorreram de modo diferente do considerado pela autoridade lançadora, ou de que outros fatos ocorreram de sorte a alterar, modificar ou extinguir o direito consubstanciado no ato de lançamento.

3.10.3   Documentos "particulares" e a presunção de validade do ato administrativo

Vício bastante comum entre os membros do Poder Judiciário é o de atribuir valor radicalmente distinto à prova documental, a depender de quem houver elaborado o documento, e especialmente de quem o houver trazido aos autos. Tendo sido a Fazenda Pública, este é considerado detentor de "fé pública" e é considerado idôneo até prova em contrário. Caso, ao revés, o documento tenha sido produzido por um "particular", é considerado imprestável até que seja corroborado por outros elementos de prova.[533]

Trata-se, porém, e com todo o respeito, de uma lastimável distorção, incompatível com a ideia de Estado de Direito, *pois a ideia de Estado de Direito parte da premissa, por alguns talvez ignorada, de que o Poder Público, e as pessoas que o corporificam, também praticam atos ilícitos.* Na verdade, o documento, sua pertinência ao caso, e sua força probante, devem ser avaliados conforme uma série de variáveis, a depender de cada situação concreta, mas entre tais variáveis não está o caráter "público" ou "particular" de quem o elaborou ou de quem o trouxe aos autos, dado inteiramente irrelevante.[534]

3.10.4   O objeto da prova pericial

Quanto à prova pericial, é importante ter em mente que o perito há de manifestar-se apenas sobre questões de fato que demandem o *seu* conhecimento específico. Seja ao conferir a escrituração contábil a fim de verificar a ocorrência de algumas despesas, seja ao avaliar os percentuais de perdas de matéria-prima em uma atividade industrial, seja ao examinar a existência de uma doença grave, o perito estará sempre aferindo a ocorrência de fatos, os quais – por exigirem conhecimento específico – não poderiam ser percebidos diretamente pelo julgador.[535] A perícia não versa, nem pode versar, sobre o significado jurídico de tais fatos. É a lição de Moacyr Amaral Santos:

> "A perícia versa sobre fatos. Trate-se de examinar uma pessoa, animal ou coisa, de vistoriar um imóvel, de arbitrar quanto ao tempo ou à quantia a despender-se com um dado serviço, ou de avaliar coisas, direitos ou obrigações; peça-se ao perito a verificação da existência ou inexistência de um fato ou de elementos que o constituem, ou peça-se seu parecer por forma a que se possa interpretar um fato ou seus elementos; ou, ainda,

---

[533]   Salvo, naturalmente, no que tange às conclusões contrárias à pretensão do contribuinte, que eventualmente puderem ser extraídas do citado documento.

[534]   Não estamos aqui nos reportando aos tecnicamente chamados "documentos públicos", a exemplo de uma certidão de óbito, por exemplo. Falamos de termos, ou declarações, feitos por agentes da própria fazenda envolvida no litígio.

[535]   Tanto é assim que, nos termos do art. 464, § 1.º, I, do CPC/2015, o julgador poderá indeferir a perícia quando a prova do fato não depender de conhecimento especial de técnico.

solicite-se do perito instrução quanto às causas ou consequências de um fato; a perícia, qualquer que seja, versará sobre fatos."[536]

Não cabe ao perito, portanto, afirmar existência, inexistência, validade, invalidade, eficácia ou ineficácia de relação jurídica. Ou seja, não cabe ao perito interpretar normas jurídicas, nem tampouco afirmar se os fatos em questão a elas se subsumem. Cabe apenas afirmar a existência e as características de *fatos*, sendo as consequências jurídicas desses fatos objeto da atividade do julgador.

É o que doutrina Hugo de Brito Machado:

"Em outras palavras, o objeto da prova pericial é o fato natural. São as relações de causalidade. Não o *fato jurídico*, nem as relações de imputação normativa. Embora o conhecimento do *fato jurídico* dependa de conhecimento especial científico, o especialista nesta área é o Juiz. Não o perito. As questões a esse respeito são questões jurídicas, sobre as quais o Juiz deve ter domínio completo, não lhe sendo necessária a manifestação do perito. Pode até a parte, tentando influenciar no julgamento, formular quesitos cuja resposta seja um verdadeiro parecer jurídico, mas o Juiz há de considerar tal resposta em termos. Ela não consubstancia prova. O conhecimento que veicula é jurídico, tal como acontece com um parecer de autoridade de jurista, que a parte pode oferecer. Se o Juiz não o acolhe, nem por isto estará julgando contra a prova existente nos autos."[537]

Vicente Greco Filho, no mesmo sentido, leciona:

"O perito pode e deve concluir, quando for o caso, de fato constatado para fato que as leis técnicas afirmam decorrer do primeiro, mas não pode ele extrair as consequências jurídicas dos fatos, missão que compete exclusivamente ao juiz. Não pode, portanto, por exemplo, o perito concluir que, à vista dos fatos, *A* agiu com culpa. Culpa é qualificação jurídica dos fatos que ao juiz compete formular. Ao perito compete descrever que os fatos ocorreram, desta ou daquela maneira. Perguntas que levem a conclusões jurídicas devem ser indeferidas pelo juiz e, se por acaso deferidas, não devem ser respondidas pelo perito. Se respondidas, não devem ser consideradas pelo magistrado."[538]

Tais lições podem parecer óbvias e elementares. Realmente o são, mas reiterá-las é sempre importante, pois não são pouco frequentes as hipóteses nas quais as partes formulam quesitos indagando ao perito contábil a respeito da validade de uma lei, ou da legalidade de um determinado ato, indagações que o perito não deve responder, limitando-se a afirmar sua impertinência ali. Também não são raras as ocasiões nas quais tais quesitos são respondidos através da emissão de verdadeiro "parecer", no qual o perito bisonhamente disserta a respeito da constitucionalidade da lei ou da legalidade dos atos questionados no processo. Mas isso tudo não teria maior relevo se não acontecesse, como lastimavelmente acontece, de tais conclusões serem acolhidas de modo irrefletido por magistrados, que consideram estar assim simplesmente respeitando as conclusões do *expert* a respeito de assunto que não dominam.

---

[536] Moacyr Amaral Santos, *Primeiras Linhas de Direito Processual Civil*, 13. ed. São Paulo: Saraiva, 1990, v. 2, p. 479.

[537] Hugo de Brito Machado, "O objeto da prova pericial", em *RT* 690/276.

[538] Vicente Greco Filho, *Direito Processual Civil Brasileiro*, 6. ed. São Paulo: Saraiva, 1993, p. 219.

458 | PROCESSO TRIBUTÁRIO – *Machado Segundo*

3.10.5   *Pretensão fundada em mais de uma causa de pedir e julgamento antecipado*

É relevante ainda conceder alguma atenção, no que tange à produção de provas no âmbito do processo judicial tributário, às situações nas quais a pretensão do autor funda-se em mais de uma causa de pedir, algumas delas a demandar produção de provas, e outras não. Suponha-se, por exemplo, que o contribuinte maneja ação anulatória de lançamento tributário, na qual se insurge contra ato de lançamento de imposto de renda. Seu pedido é a anulação do ato de lançamento, mas os fundamentos para que esse pedido seja atendido são três, autônomos e independentes, quais sejam: (a) o lançamento foi feito depois de consumada a decadência do direito da Fazenda de efetuá-lo; (b) o contribuinte é imune, por ser instituição sem fins lucrativos; (c) o contribuinte amargou prejuízos, e não lucros, no período referido no lançamento impugnado. Em situações assim, não nos parece que, acolhendo causa de pedir que torne prescindível a abertura da fase probatória (*v. g.*, a consumação da decadência), o Juiz deva proceder ao julgamento antecipado da lide, deixando de produzir as provas necessárias à demonstração dos fatos dos quais decorrem as demais causas de pedir.

Com efeito, pode ocorrer de, nas instâncias superiores, a causa de pedir acolhida pelo Juiz singular ser considerada insubsistente, ficando a parte impossibilitada de invocar as demais. Imagine-se que, no exemplo citado acima, o juiz acolha a arguição de decadência, e por isso não efetue a produção das provas necessárias à comprovação da imunidade, ou da existência de prejuízos. Caso o Tribunal de Apelação não considere consumada a decadência no caso, as demais causas de pedir não estarão devidamente comprovadas, e não poderão ser acolhidas. Se isso vier a ocorrer, a sentença deve ser *anulada*, e não reformada, a fim de que as outras causas de pedir sejam apreciadas.[539]

3.11   O Simples Nacional e o processo tributário

A Lei Complementar nº 123/2006, que instituiu o Estatuto Nacional da Microempresa e da Empresa de Pequeno Porte, criou regime de recolhimento simplificado, unificado e favorecido de tributos, através do qual as microempresas e empresas de pequeno porte que atendem aos requisitos ali exigidos podem, recolhendo montante obtido com a aplicação de uma alíquota sobre a sua receita mensal, quitar IRPJ, CSLL, PIS, COFINS, contribuição sobre a folha de pagamentos, e, a depender da atividade, ainda IPI, ICMS e ISS. No novo regime, a maior alteração em relação ao Simples Federal (anteriormente tratado pela revogada Lei 9.713/98), com repercussões processuais tributárias, foi a possibilidade de serem recolhidos, de forma unificada, tributos federais, estaduais e municipais.

Esse recolhimento unificado fez com que a LC nº 123/2006 submetesse os contribuintes optantes pelo Simples Nacional ao poder de fiscalização da União, do Estado e do Município, concorrentemente, podendo cada uma dessas esferas tributantes fiscalizar e lançar quantias relativas ao Simples, submetendo os lançamentos ao seu contencioso administrativo tributário. Concluído o processo administrativo (pela União, pelo Estado ou pelo Município, a depender da autoridade autuante), este então deve ser remetido à Procuradoria da Fazenda Nacional. Isso porque cabe à União a propositura da execução fiscal e, em nosso entendimento, também a legitimidade passiva em relação a eventuais ações anulatórias, declaratórias, de restituição etc., relativas ao Simples, ainda que nelas se discutam aspectos relativos ao ISS ou ao ICMS.

---

[539]   Cf. STJ, EREsp 89.240/RJ, Rel. Min. Sálvio de Figueiredo Teixeira, Corte Especial, j. em 6.3.2002, *DJ* de 10.3.2003 p. 76.

É o que consta dos arts. 39 e 40 da LC nº 123/2006, que dispõem:

> "Art. 39. O contencioso administrativo relativo ao Simples Nacional será de competência do órgão julgador integrante da estrutura administrativa do ente federativo que efetuar o lançamento ou a exclusão de ofício, observados os dispositivos legais atinentes aos processos administrativos fiscais desse ente.
>
> § 1º O Município poderá, mediante convênio, transferir a atribuição de julgamento exclusivamente ao respectivo Estado em que se localiza.
>
> § 2º No caso em que o contribuinte do Simples Nacional exerça atividades incluídas no campo de incidência do ICMS e do ISS e seja apurada omissão de receita de que não se consiga identificar a origem, a autuação será feita utilizando a maior alíquota prevista nesta Lei Complementar, e a parcela autuada que não seja correspondente aos tributos e contribuições federais será rateada entre Estados e Municípios ou Distrito Federal.
>
> § 3º Na hipótese referida no § 2º deste artigo, o julgamento caberá ao Estado ou ao Distrito Federal.
>
> § 4º A intimação eletrônica dos atos do contencioso administrativo observará o disposto nos §§ 1º-A a 1º-D do art. 16.
>
> § 5º A impugnação relativa ao indeferimento da opção ou à exclusão poderá ser decidida em órgão diverso do previsto no *caput*, na forma estabelecida pela respectiva administração tributária.
>
> § 6º Na hipótese prevista no § 5º, o CGSN poderá disciplinar procedimentos e prazos, bem como, no processo de exclusão, prever efeito suspensivo na hipótese de apresentação de impugnação, defesa ou recurso.
>
> Art. 40. As consultas relativas ao Simples Nacional serão solucionadas pela Secretaria da Receita Federal, salvo quando se referirem a tributos e contribuições de competência estadual ou municipal, que serão solucionadas conforme a respectiva competência tributária, na forma disciplinada pelo Comitê Gestor.
>
> Art. 41. Os processos relativos a impostos e contribuições abrangidos pelo Simples Nacional serão ajuizados em face da União, que será representada em juízo pela Procuradoria-Geral da Fazenda Nacional, observado o disposto no § 5º deste artigo.
>
> § 1º Os Estados, Distrito Federal e Municípios prestarão auxílio à Procuradoria-Geral da Fazenda Nacional, em relação aos tributos de sua competência, na forma a ser disciplinada por ato do Comitê Gestor.
>
> § 2º Os créditos tributários oriundos da aplicação desta Lei Complementar serão apurados, inscritos em Dívida Ativa da União e cobrados judicialmente pela Procuradoria--Geral da Fazenda Nacional, observado o disposto no inciso V do § 5º deste artigo.
>
> § 3º Mediante convênio, a Procuradoria-Geral da Fazenda Nacional poderá delegar aos Estados e Municípios a inscrição em dívida ativa estadual e municipal e a cobrança judicial dos tributos estaduais e municipais a que se refere esta Lei Complementar.
>
> § 4º Aplica-se o disposto neste artigo aos impostos e contribuições que não tenham sido recolhidos resultantes das informações prestadas nas declarações a que se referem os arts. 25 e 25-B".

Como se vê, se o Estado-membro lavra auto de infração exigindo diferença devida através do Simples, a União ficará encarregada de inscrever em dívida ativa e cobrar os valores correspondentes, bem como de defender em juízo a exigência, em face de ação anulatória ou de restituição do indébito movida pelo contribuinte. Entretanto, o julgamento administrativo de uma impugnação oferecida a esse auto de infração caberá ao Estado-membro, nos termos de sua legislação específica.

Caberá ao Comitê Gestor, é certo, regulamentar a forma como se poderá proceder a uma unificação entre os entendimentos dos diversos Estados-membros e Municípios, e da União, sobre um mesmo fato, para evitar que, a depender da autoridade que vier a detectar a ocorrência de determinado fato, suas consequências jurídicas sejam inteiramente diversas (*v. g.,* para o Estado, fato "x" enseja a exclusão do contribuinte do Simples, mas para a Receita Federal não).

É preciso que o Comitê esclareça, também, como se deve proceder para evitar que Estados, União e Municípios formulem mais de uma vez a mesma exigência, ou profiram administrativamente decisões incompatíveis entre si. Imagine-se, por hipótese, que a União e o Estado-membro, em períodos próximos, determinem a exclusão de um contribuinte do Simples, mas depois, julgando impugnação apresentada, um venha a determinar a reinclusão, e o outro não. Uma solução seria estabelecer que o primeiro ente que detectar e tomar providências em face de determinado fato torna-se soberano – na via administrativa, é claro – para decidir definitivamente a respeito do mesmo. Só o Judiciário (e não outro ente) poderia afirmar a invalidade desse entendimento. Outra solução, que talvez seja até mais adequada, seria estabelecer, no âmbito do Comitê Gestor, uma instância especial de julgamento, para unificar, na via recursal, o entendimento expresso na via administrativa pelos vários entes envolvidos.

Ainda quanto ao Simples Nacional e ao Processo Tributário, convém registrar que a Lei Complementar 174, de agosto de 2020, autoriza a extinção de créditos tributários apurados no âmbito deste regime mediante transação resolutiva de litígios (CTN, art. 171). Aplicar-se-á à solução de tais litígios o disposto na Lei 13.988/2020, que disciplina a transação tributária em nível federal, permitindo a transação para resolver litígios, relativamente a créditos apurados no âmbito do Simples Nacional, em face de contencioso administrativo ou judicial, ou inscritos em dívida ativa.

4   AÇÕES DE CONTROLE DE CONSTITUCIONALIDADE

4.1   O controle de constitucionalidade pelo Judiciário

O Poder Público, composto de pessoas tão falíveis quanto quaisquer outras, não raro pratica atos inválidos, que não guardam coerência com o ordenamento jurídico dentro do qual se devem encartar. E esses atos inválidos, como se sabe, não advêm apenas da Administração Pública, mas frequentemente também do Poder Legislativo, em sua atuação no âmbito da criação de normas jurídicas.

A partir dos célebres julgamentos de Marshall, na Corte Suprema dos Estados Unidos da América, firmou-se o entendimento de que também os atos legislativos, quando incompatíveis com as normas de superior hierarquia, contidas na Constituição, são suscetíveis de controle jurisdicional. Afinal, para que a Constituição seja realmente suprema, rígida e hierarquicamente superior, não se pode admitir que um juiz, ao solucionar um caso concreto, seja obrigado a aplicar uma lei que contraria seus dispositivos. Em outras palavras, o controle de constitucionalidade das leis e demais atos normativos é uma consequência lógica da própria supremacia constitucional.

4.2   Controle "difuso" e controle "concentrado" de constitucionalidade

Da ideia de que o juiz não deve aplicar ao caso concreto, no exercício da jurisdição, uma lei que considere inconstitucional, surgiu o controle difuso[540] de constitucionalidade,

---

[540]   A expressão "difuso" deve-se ao fato de que qualquer órgão do Poder Judiciário pode exercê-lo (o controle não está "concentrado" nas mãos de um único órgão).

Capítulo 4 · PROCESSO JUDICIAL TRIBUTÁRIO | **461**

também conhecido como controle concreto,[541] ou incidental.[542] Em face das condições nas quais é exercitada, essa espécie de controle de constitucionalidade tem seus efeitos limitados às partes do processo judicial correspondente.[543]

O controle difuso de constitucionalidade foi o que primeiro veio a ser adotado no Brasil. Desde a Constituição de 1891, todo e qualquer órgão do Poder Judiciário pode declarar, incidentalmente aos casos que estiver apreciando, a inconstitucionalidade de leis ou atos normativos. Está, atualmente, previsto no art. 97 da Constituição Federal de 1988, segundo o qual "somente pela maioria absoluta de seus membros ou dos membros do respectivo órgão especial poderão os tribunais declarar a inconstitucionalidade de lei ou ato normativo do Poder Público". Todos os tribunais, portanto, podem declarar a inconstitucionalidade de lei ou ato normativo do Poder Público, desde que atendam à exigência acima referida. Em se tratando de juízes singulares, por razões mais que óbvias, nem essa exigência há de ser formulada, sendo a inconstitucionalidade um fundamento da sentença, invocável como qualquer outro, independentemente de qualquer procedimento específico para esse fim.[544]

Paralelamente a essa forma de controle, desenvolveu-se na Europa, em face de decisiva influência de Hans Kelsen, o chamado controle concentrado, ou abstrato, de constitucionalidade. Realizado por apenas um órgão (daí o nome "concentrado"), e produzindo efeitos sobre todos (*erga omnes*), seus efeitos se processam no plano normativo, ou da abstração jurídica, não havendo um caso concreto a ser deslindado. Trata-se, a rigor, de um procedimento especial de invalidação de normas jurídicas, em tese, no qual o Judiciário atua como legislador negativo, excluindo do próprio ordenamento jurídico a norma impugnada.[545]

---

[541] Diz-se concreto porque realizado sempre à luz de um caso concreto, no qual a lei inconstitucional deveria ser aplicada não fosse a inconstitucionalidade que a permeia.

[542] Os que preferem denominá-lo "incidental" o fazem porque se trata de um controle realizado sob a forma de incidente ao julgamento da ação respectiva.

[543] Apesar disso, quando a Administração Pública é parte em uma ação na qual é declarada, de modo incidental, a inconstitucionalidade de uma lei, não lhe é lícito alegar a produção de efeitos apenas "entre as partes" para continuar aplicando lei reiteradamente tida por inconstitucional a outros casos concretos no todo semelhantes àqueles já submetidos ao Judiciário. Além de em muitos casos a Administração haver sido, sim, parte nas ações nas quais já houve a declaração de inconstitucionalidade (em se tratando da União Federal, e da inconstitucionalidade de lei tributária federal isso necessariamente acontece), os princípios da moralidade e da harmonia entre os poderes impedem que a Administração continue aplicando uma lei já declarada inconstitucional reiteradas vezes pelo Plenário do STF, apenas sob a justificativa de que tais declarações ocorreram no âmbito do controle difuso.

[544] Para o procedimento nos Tribunais, destinado à decretação incidental da inconstitucionalidade de leis ou atos normativos, confira-se José Carlos Barbosa Moreira, *Comentários ao Código de Processo Civil*, 11. ed. Rio de Janeiro: Forense, 2003, p. 29 ss.

[545] Em prefácio à edição brasileira do *Jurisdição Constitucional*, de Hans Kelsen (São Paulo: Martins Fontes, 2003, tradução do alemão: Alexandre Krug, Tradução do italiano: Eduardo Brandão, tradução do francês: Maria Ermantina Galvão), Sérgio Sérvulo da Cunha observa que "não são poucos, nem de pequena monta, os problemas teóricos envolvidos na criação do controle concentrado de constitucionalidade. O primeiro deles diz respeito à natureza da função jurisdicional, tradicionalmente considerada como correspondendo à aplicação da lei a um caso concreto, e que no controle concentrado pode consistir também no julgamento em tese sobre a constitucionalidade da lei, ou seja, na fixação de um juízo não sobre fatos, mas diretamente sobre normas. O segundo problema – ligado ao primeiro – consiste em saber se essa nova função, assim assumida por um órgão judicial, é na verdade uma função legislativa. Um terceiro problema diz respeito à composição subjetiva da lide (às pessoas legitimada a dela participar) e à extensão dos efeitos da decisão de inconstitucionalidade (se *inter partes* ou *erga omnes*). Um quarto, mas não último problema, concerne à ofensa ao princípio do juiz natural, com a consequente diminuição – melhor dizendo, a mutilação – operada, pela instauração do controle concentrado, sobre o poder ordinário dos juízes e dos tribunais comuns" (p. XV).

462 | PROCESSO TRIBUTÁRIO – *Machado Segundo*

Esse sistema de controle foi também inserido no Direito Brasileiro, a partir da Constituição de 1934, em cujo art. 12, § 2º, já constava a referência ao controle concentrado de constitucionalidade, que entretanto limitava-se às leis de intervenção federal em Estado-membro. Feição semelhante à atual foi obtida somente em 1965, com a Emenda nº 16 à Constituição de 1946, que passou a prever a possibilidade de ser proposta "representação de inconstitucionalidade", perante o STF, pelo Procurador-Geral da República (art. 101, I). Atualmente, o controle concentrado de constitucionalidade está previsto nos arts. 102, I, *a*, e 103 da CF/88, que tratam das ações diretas de constitucionalidade e de inconstitucionalidade, tendo sido regulamentado pela Lei 9.868/1999.

Essa coexistência das duas formas de controle de constitucionalidade enseja, eventualmente, o surgimento de equívocos lastimáveis, a maior parte deles decorrente da tentativa de aplicar a uma das formas de controle conceitos e princípios oriundos de outra. Com fina ironia, há quem afirme que a adoção dos controles concentrado e difuso, em um mesmo ordenamento jurídico, conduz à existência de um controle misto de constitucionalidade, que poderia ser denominado com a fusão das palavras *concentrado* e *difuso: confuso*.

Nas linhas que se seguem, não trataremos do chamado controle difuso de constitucionalidade, que pode ser normalmente exercido na determinação dos fundamentos de acórdão ou sentença proferida em quaisquer das ações acima examinadas (embargos do executado, mandado de segurança, anulatória, declaratória, restituição do indébito etc.). Não há, nesse ponto, peculiaridades procedimentais que mereçam tratamento apartado, aqui. Cuidaremos, porém, de alguns aspectos relacionados ao controle concentrado de constitucionalidade, especialmente dos aspectos relacionados ao direito intertemporal. É nesse campo que as maiores confusões entre o controle difuso e o controle concentrado acontecem, e com repercussões mais significativas no campo tributário.

4.3 Ação direta de inconstitucionalidade

O art. 103 da Constituição Federal de 1988 atribui competência para a propositura da ação de inconstitucionalidade ao Presidente da República; à Mesa do Senado Federal; à Mesa da Câmara dos Deputados; à Mesa de Assembleia Legislativa ou da Câmara Legislativa do Distrito Federal; ao Governador de Estado ou do Distrito Federal; ao Procurador-Geral da República; ao Conselho Federal da Ordem dos Advogados do Brasil; a partido político com representação no Congresso Nacional; e a confederação sindical ou entidade de classe de âmbito nacional. Recebida a ação pelo STF, deverá ser citado o Advogado-Geral da União, a fim de que defenda a validade do ato ou texto impugnado[546] (art. 103, § 3º). Como em todos os processos de competência do STF, o Ministério Público deverá ser ouvido (art. 103, § 1º).

Percebe-se, na atual Constituição, sensível incremento no *rol* dos legitimados para a propositura de uma ação direta de inconstitucionalidade (ADI, ou ADIn), antes adstrito ao Procurador-Geral da República. A inclusão do Conselho Federal da Ordem dos Advogados do Brasil, e de confederações sindicais ou entidades de classe de âmbito nacional, deu feição mais democrática ao instituto, que passou a ser manejado também por integrantes da sociedade, tão ou mais interessada na manutenção da integridade da ordem jurídica e da higidez constitucional. Ganhou também o sistema de *checks and balances*, com um

---

[546] A referência a "ato ou texto impugnado" se deve ao fato de que a ação de inconstitucionalidade não só pode dirigir-se contra um ato normativo como um todo (*v. g.*, toda uma lei é inconstitucional), mas também pode servir para a impugnação apenas de uma determinada expressão contida em seu texto.

maior controle do poder pelo poder, em face da inclusão do Presidente da República, de partidos políticos com representação no Congresso e de Mesas do Senado, da Câmara dos Deputados e de Assembleia Legislativa. Possibilitou-se, com isso, a participação das várias forças envolvidas no processo legislativo, bem como de representantes de entes federados. Caso forças políticas obtenham a aprovação de norma que se considere inconstitucional, por exemplo, as minorias vencidas no processo legislativo podem provocar o controle da constitucionalidade por parte do STF.[547]

Ainda quanto à legitimidade, no que se relaciona às entidades de classe, às confederações sindicais, aos Governadores dos Estados e às Assembleias Legislativas, o STF tem exigido a presença de *pertinência temática* entre o autor da ADIn e a matéria a ser nela apreciada. Exemplificando, a Confederação Nacional das Indústrias não poderia questionar, em sede de controle concentrado de constitucionalidade, a validade de lei que cria tributo a ser pago apenas por produtores rurais,[548] ou por prestadores de serviços. Essa exigência não é feita quando o autor é Conselho Federal da OAB, ou o Presidente da República, por exemplo, pois neles se presume o legítimo interesse em preservar a supremacia da Constituição em quaisquer áreas, matérias ou aspectos.

A propósito do termo *ação*, conquanto já esteja consagrada a expressão *ação direta de inconstitucionalidade*, ou *ação de inconstitucionalidade*, não se trata aqui, a rigor, de uma ação, no sentido processual da palavra. Isso porque não há exercício da jurisdição, pelo menos em sua significação tradicional, que é a de resolução de um conflito *em um caso concreto*. Ao julgar ações de inconstitucionalidade o Supremo Tribunal Federal não aplica a Constituição a um caso concreto, mas sim corrige um defeito que, no plano hipotético, normativo, da abstração jurídica, é verificado no ordenamento. Em outros termos, e lembrando lições básicas de Teoria Geral do Direito, é o direito objetivo – e não o direito subjetivo – que se corrige. A rigor, trata-se de produção normativa. O STF atua como legislador negativo, de modo *erga omnes*. Daí não serem aplicáveis algumas noções inerentes ao processo judicial em sentido estrito, e à função jurisdicional que através dele é prestada.

4.4   Ação declaratória de constitucionalidade

Com o advento da EC nº 3/93, a Constituição passou a prever também a possibilidade de uma ação direta de constitucionalidade, a ser proposta como forma de obter do STF um pronunciamento a respeito da "constitucionalidade" de lei ou ato normativo federal submetido à sua apreciação. Nela não é feito o controle de constitucionalidade de leis estaduais, e o rol dos legitimados, até o advento da EC nº 45/2004, *era* bem menor: (a) o Presidente da República; (b) a Mesa da Câmara dos Deputados; (c) a Mesa do Senado Federal; (d) o Procurador-Geral da República.

Atualmente, em face da EC nº 45/2004, os legitimados para propor a ADC são os mesmos legitimados para propor a ADIn, vale dizer, o Presidente da República; a Mesa do Senado Federal; a Mesa da Câmara dos Deputados; a Mesa de Assembleia Legislativa ou da Câmara

---

[547]   É o que aponta Alexandre de Moraes, para quem a inovação trazida pela CF/88, ao autorizar a propositura de ADIn por partido político, "tornou mais efetiva a consagração do denominado *princípio da proteção das minorias e do direito de oposição*, pois permite que qualquer deputado ou senador solicite a seu partido político o ajuizamento de ação direta de inconstitucionalidade perante o STF. Dessa forma, os parlamentares de oposição podem exercer – em defesa das normas constitucionais – um controle sobre a elaboração legislativa da maioria" (*Constituição do Brasil Interpretada e Legislação Constitucional*, São Paulo: Atlas, 2002, p. 2320).

[548]   ADIn 1.103/DF.

PROCESSO TRIBUTÁRIO – *Machado Segundo*

Legislativa do Distrito Federal; o Governador de Estado ou do Distrito Federal; o Procurador-
-Geral da República; o Conselho Federal da Ordem dos Advogados do Brasil; partido político
com representação no Congresso Nacional; e confederação sindical ou entidade de classe de
âmbito nacional.

Sobre o tema, Alexandre de Moraes observa que

> "[...] o objetivo primordial da ação declaratória de constitucionalidade é transferir ao
> STF a decisão sobre a constitucionalidade de um dispositivo legal que esteja sendo
> duramente atacado pelos juízes e tribunais inferiores, afastando-se o controle difuso da
> constitucionalidade, uma vez que, declarada a constitucionalidade da norma, o Judiciário
> e também o Executivo ficam vinculados à decisão proferida".[549]

Esse "afastamento" do controle difuso é visto por muitos autores como fortemente
autoritário.[550] Hugo de Brito Machado, entretanto, oferece em sentido contrário as seguintes
ponderações:

> "Parte da doutrina aponta na ação declaratória de constitucionalidade aspectos negativos.
> Seria um instrumento de autoritarismo.
>
> Consideramos, todavia, extremamente positivo o novo instrumento de controle de
> constitucionalidade, na medida em que se presta para evitar grande número de pro-
> cessos inteiramente inúteis.
>
> Editada uma lei tributária que os contribuintes reputam inconstitucional, o que se
> tem visto é uma enorme quantidade de ações atacando a exigência. Juízes e Tribunais
> geralmente divergem, e, seja qual for o sentido das decisões, a parte vencida sempre
> recorre, cabendo, a final, ao STF decidir em caráter definitivo.
>
> É diante de tais divergências que se torna possível a propositura da ação declaratória de
> constitucionalidade, que vai permitir ao Supremo Tribunal Federal decidir a questão
> de saber se há, ou não, a questionada inconstitucionalidade. E como sua decisão tem
> efeito vinculante, porá fim a todas as questões a ela concernentes, contribuindo para
> o descongestionamento do Judiciário e para a realização de tratamento isonômico a
> todos os contribuintes".[551]

A lição procede, mas não se pode esquecer que o debate e as divergências entre Juízes e
Tribunais, no âmbito do controle difuso, levam a questão já "amadurecida" ao STF, em sede de
recurso extraordinário.[552] Muitos argumentos são desenvolvidos, em um sentido e em outro. A
ADC estanca essa discussão, levando o assunto de modo prematuro e, talvez, ainda irrefletido,
ao Supremo Tribunal Federal. Seja como for, o instrumento já foi considerado constitucional
pelo STF, não subsistindo maior utilidade prática na discussão a respeito de sua validade.

---

[549] *Constituição do Brasil Interpretada e Legislação Constitucional*, São Paulo: Atlas, 2002, p. 2349.

[550] Paulo Bonavides, "Jurisdição Constitucional e Legitimidade (Algumas Observações sobre o Brasil)",
em *Separata del Anuario Iberoamericano de Justicia Constitucional,* no 7, 2003, p. 81.

[551] Hugo de Brito Machado, *Curso de Direito Tributário*, 21. ed. São Paulo: Malheiros, 2002, p. 417.

[552] Como observa Paulo Bonavides, "o controle difuso, sobre ser de índole jurídica ou judicial, com
limites definidos no afastamento de aplicação da norma inconstitucional, é também grandemente
democrático, visto que nasce nas bases do sistema, no seu subsolo, na sua horizontalidade, e por ele
se irradia, com tal amplitude, que todo juiz do ordenamento é, na via de exceção, juiz constitucional"
("Jurisdição Constitucional e Legitimidade (Algumas observações sobre o Brasil)", em *Separata del
Anuario Iberoamericano de Justicia Constitucional,* no 7, 2003, p. 88).

O autor da ação deve demonstrar, com a inicial, a existência de questionamentos a respeito da constitucionalidade da lei ou do ato normativo federal correspondente, juntando as decisões dos Tribunais de Apelação, ou dos juízes de primeiro grau.[553] Isso, de certa forma, assegura alguma pluralidade ao procedimento. Aliás, o relator da ADC pode solicitar "informações aos Tribunais Superiores, aos Tribunais federais e aos Tribunais estaduais acerca da aplicação da norma questionada no âmbito de sua jurisdição" (Lei 9.868/1999, art. 20, § 2º), oportunidade na qual poderão ser acrescentadas informações relevantes à discussão. Isso conduz, com aparente adequação, e muito maior rapidez, ao mesmo resultado que seria obtido quando as decisões de tais cortes inferiores fossem, finalmente, examinadas pelo STF em sede de recurso extraordinário.

4.5 *Jura novit curia* e as ações de controle concentrado de constitucionalidade

No âmbito das "ações" de controle concentrado de constitucionalidade, o Tribunal (STF ou TJ, conforme o caso) não está adstrito ao cotejo da compatibilidade entre o dispositivo impugnado e um determinado artigo da Constituição, tido como violado pelo autor da ação. Não. O dispositivo cuja constitucionalidade é objeto de apreciação em uma ADIn, ou em uma ADC, pode ter sua invalidade decretada em face de outros artigos da Constituição que não aqueles apontados na inicial. Aplica-se, com toda a intensidade, o princípio do *jura novit curia*.

É o que tem decidido o STF, para quem, nas ações de controle concentrado, a cognição é aberta. Por conta disso, o "Tribunal não está adstrito aos fundamentos invocados pelo autor, podendo declarar a inconstitucionalidade por fundamentos diversos dos expendidos na inicial".[554]

E nem poderia ser mesmo diferente, pois, do contrário, bastaria que um dos legitimados, verdadeiramente interessado na declaração da constitucionalidade de uma norma, propusesse uma ação de controle de constitucionalidade pondo em dúvida a constitucionalidade da lei em face de um dispositivo que por ela, evidentemente, não é violado, e omitindo-se quanto àqueles que de modo efetivo foram malferidos.

4.6 Participação de terceiros na ADIn e na ADC

De acordo com o art. 7º, § 2º, da Lei 9.868/99, o relator da ação de controle concentrado de constitucionalidade pode admitir a manifestação de outros órgãos ou entidades. Trata-se do chamado *amicus curiae*, ou amigo da Corte, terceiro que pode manifestar-se nos autos, com a juntada de estudos, pareceres etc., com a finalidade de tornar mais aberto e plural o processo decisório.

É legítimo, e razoável, que seja assim, visto que a decisão a ser proferida em tal ação produzirá efeitos em face de todos, e nem sempre a inicial é redigida com a utilização dos argumentos mais adequados ao conhecimento do problema. Uma propositura mal assistida pode terminar ensejando a declaração da constitucionalidade de uma norma que, tivessem

---

[553] Confira-se, a propósito, Eduardo Rocha Dias, "Alterações no Processo de Controle Abstrato de Constitucionalidade e a Extensão do Efeito Vinculante à Ação Direta de Inconstitucionalidade e à Arguição de Descumprimento de Preceito Fundamental", em *RDDT* 55/63.

[554] ADI 2.396 MC/MS – Rel. Min. Ellen Gracie – j. 26.9.2001 – Tribunal Pleno – *DJ* de 14.12.2001, p. 23 – Ementário v. 2053-3, p. 605. No mesmo sentido: Fernando Luiz Ximenes Rocha, *Controle de Constitucionalidade das Leis Municipais*, 2. ed., São Paulo: Atlas, 2003, p. 104.

466 | PROCESSO TRIBUTÁRIO – *Machado Segundo*

sido utilizados outros argumentos, teria sido considerada incompatível com a Constituição. A atuação do *amicus curiae* tem por finalidade mitigar essa possibilidade.

Assim, exemplificando, caso um Partido Político promova ADIn impugnando determinada lei tributária, a Confederação das Indústrias, ou o Conselho Federal da OAB, podem peticionar nos autos, invocando o art. 7º, § 2º, da Lei 9.868/1999, e assim acrescentar à inicial outros argumentos em face dos quais se considera que a inconstitucionalidade deve ser declarada, juntando pareceres de juristas respeitados etc. Conquanto a lei não seja clara a esse respeito, parece-nos que a atuação do amigo da Corte é admissível tanto na ADIn como na ADC. Nesta última, aliás, essa participação deve ser facultada com ainda mais razão, pois, do contrário ter-se-ia mero procedimento unilateral de "validação" de normas inconstitucionais.

4.7 Controle concentrado de constitucionalidade e leis municipais

4.7.1 ADIn e ADC

No que pertine à constitucionalidade das leis municipais, esta não pode, em princípio, ser objeto de exame perante o STF, em sede de controle concentrado.[555] A ADC presta-se apenas à aferição da constitucionalidade de leis ou outros atos normativos federais, e a ADIn, ao julgamento da constitucionalidade de leis ou outros atos normativos federais ou estaduais.

É possível, entretanto, o controle concentrado da constitucionalidade de leis municipais *em face da Constituição do Estado correspondente*, a ser feito pelo Tribunal de Justiça do Estado, nos termos do art. 125, § 2º, da CF/88. Note-se que o controle é feito em face da Constituição Estadual, e não da Constituição Federal, sendo daquela, e não desta, o dispositivo que deve ser apontado na inicial da ADIn como tendo sido violado. Esclareça-se, contudo, que esse controle é viável mesmo quando a Constituição Estadual simplesmente repete dispositivos da Constituição Federal.[556]

Assim, se um Município institui IPTU calculado de forma flagrantemente contrária aos princípios da isonomia e da capacidade contributiva, por exemplo, estando tais princípios positivados também na Constituição do correspondente Estado-membro, é viável a ADIn perante o Tribunal de Justiça do Estado correspondente.

Aliás, mesmo se autor da ADIn invocar a inconstitucionalidade da lei municipal em face da Constituição Federal, o Tribunal de Justiça poderá conhecer, processar e julgar essa ação, e julgar procedentes os pedidos nela formulados, com base em eventual incompatibilidade da lei municipal com a Constituição Estadual. Como ensina Fernando Luiz Ximenes Rocha, "como, em nosso sistema de controle constitucional, a ação direta não tem como *causa petendi* a inconstitucionalidade diante dos dispositivos constitucionais invocados na inicial, mas em face de qualquer outro parâmetro adotado (Constituição Estadual ou Constituição Federal), não se pode suprimir a competência dos Tribunais de Justiça, os quais não ficam adstritos ao exame dos preceitos mencionados na vestibular, podendo declarar a inconstitucionalidade do ato normativo atacado com base em conflito com dispositivo da Carta Estadual não apontado na preambular".[557]

---

[555] Como doutrina Fernando Luiz Ximenes Rocha, "o controle de constitucionalidade de lei ou de ato normativo municipal em face da Constituição Federal continua a processar-se tão somente pela via difusa, consoante entendimento já pacificado por nossa Corte Constitucional e já consagrado à quase unanimidade da doutrina" (*Controle de Constitucionalidade das Leis Municipais*, 2. ed., São Paulo: Atlas, 2003, p. 112).

[556] Cf. *v. g.* RE 176.486-4/SP, Maurício Correa – *DJU* I de 15.5.1998, p. 57.

[557] Fernando Luiz Ximenes Rocha, *Controle de Constitucionalidade das Leis Municipais*, 2. ed., São Paulo: Atlas, 2003, p. 104.

Saliente-se, porém, que, se a Constituição Estadual apenas reproduz dispositivos da Constituição Federal, a ADIn será cabível perante o Tribunal de Justiça do Estado, mas em face de sua decisão será possível interpor Recurso Extraordinário, para o Supremo Tribunal Federal, alegando-se violação às disposições de idêntico teor, contidas na Constituição Federal.[558]

4.7.2 ADPF

O que dissemos no item anterior, relativamente ao controle concentrado de constitucionalidade de leis municipais, perante o STF, em face da CF/88, parece sofrer exceção em função do art. 1º da Lei 9.882/99, que disciplina a ação de Arguição de Descumprimento de Preceito Fundamental, e dispõe:

> "Art. 1º A arguição prevista no § 1º do art. 102 da Constituição Federal será proposta perante o Supremo Tribunal Federal, e terá por objeto evitar ou reparar lesão a preceito fundamental, resultante de ato do Poder Público. Parágrafo único. Caberá também arguição de descumprimento de preceito fundamental:
> I – quando for relevante o fundamento da controvérsia constitucional sobre lei ou ato normativo federal, estadual ou municipal, incluídos os anteriores à Constituição;
> [...]".

Conforme explicaremos em item próprio, mais adiante (4.10), a Arguição de Descumprimento de Preceito Fundamental é instrumento através do qual se faz controle concentrado (porque efetuado apenas pelo STF), mas não necessariamente abstrato, visto que também podem ser tuteladas situações jurídicas concretas (direito subjetivo, e não direito "em tese"). O importante é que se trate de situação que não possa ser remediada eficazmente com o uso de outro instrumento.

Há autores que consideram inconstitucional a remissão, contida no art. 1º, parágrafo único, I, da Lei 9.882/99, às leis municipais, assim como às leis anteriores à CF/88. Seria uma forma de alargar, por vias tortas, as hipóteses de cabimento da ADIn. Com todo o respeito, não nos parece que lhes assista razão. A ADPF é remédio subsidiário, como já se disse, e existe precisamente para tutelar situações para as quais não exista outro remédio eficaz na ordem jurídica.[559] É precisamente o caso de leis municipais, e de leis anteriores a outubro de 1988, que agridam diretamente a Constituição Federal. Assim, em suma, *leis municipais podem ser impugnadas, em controle concentrado, perante o STF, em face de incompatibilidade com a CF/88, desde que por meio de ADPF, a qual pode ser manejada pelos mesmos legitimados para propor a ADIn.*[560]

4.8 Medida cautelar nas ações de controle concentrado de constitucionalidade

Presentes os requisitos inerentes à concessão de tutelas de urgência em geral, quais sejam, a relevância da fundamentação invocada (fumaça do bom direito) e a possibilidade de a decisão final ter seus efeitos diminuídos ou estiolados (perigo da demora), o STF (ou o Tribunal de Justiça, nas ADIns de sua competência – cf. item 4.7, *supra*) pode conceder medida cautelar suspendendo provisoriamente os efeitos do dispositivo legal impugnado.

---

[558] Fernando Luiz Ximenes Rocha, *Controle de Constitucionalidade das Leis Municipais,* 2. ed., São Paulo: Atlas, 2003, p. 106.

[559] Lei 9.882/99, art. 4º, § 1º.

[560] Lei 9.882/99, art. 2º.

PROCESSO TRIBUTÁRIO – *Machado Segundo*

Observe-se, no caso, que o perigo da demora não há de ser "comprovado" como dizendo respeito necessariamente ao autor da ação. A OAB, por exemplo, ao mover uma ADIn, e nela requerer uma medida cautelar, não precisa demonstrar que ela, OAB, sofrerá danos em virtude da lei impugnada, danos que a decisão final da ADIn não será capaz de reparar. Não. O autor da ação de controle concentrado de constitucionalidade age, nesse particular, como interessado na higidez da ordem jurídica como um todo, e não para proteger um direito subjetivo seu, mesmo quando age com o propósito de resguardar seus interesses, ou os de seus associados. Aliás, como já foi dito várias vezes há pouco, nas ações de controle concentrado de constitucionalidade não se exerce propriamente a jurisdição, em seu sentido clássico, de efetivação de um direito subjetivo no caso concreto e em última instância. Na ADIn não há "caso concreto", mas sim a "lei em tese", e também não se tutela o "direito subjetivo", mas sim o "direito objetivo", ou seja, o ordenamento jurídico hipoteticamente considerado. Basta que se demonstre, portanto, que a lei impugnada causará danos à coletividade de uma maneira geral.

No que diz respeito especificamente a Ações Diretas de Inconstitucionalidade nas quais se impugnava a validade de leis tributárias, o STF já considerou presente o perigo da demora "em face da extrema dificuldade de recuperação dos valores correspondentes ao tributo que vier a ser pago".[561]

Em se tratando de Ação Direta de Constitucionalidade, como o que o autor pede é a declaração de que o ato normativo é constitucional, a medida cautelar, caso deferida, tem o efeito de determinar aos juízes e aos Tribunais que suspendam o julgamento dos processos que envolvam a aplicação da lei ou do ato normativo correspondente, até que o STF julgue, definitivamente, a ADC (Lei 9.868/1999, art. 21, *caput*).

4.9 Efeitos da decisão que declara, em tese, a inconstitucionalidade de ato normativo

Questão das mais relevantes diz respeito aos efeitos *no tempo* da decisão que decreta a inconstitucionalidade de uma lei ou de um ato normativo outro. O STF tem considerado que, em princípio, a medida cautelar que suspende a vigência do ato normativo impugnado tem eficácia *ex nunc*, ou seja, apenas para o futuro, enquanto a decisão que julga definitivamente a ação, declarando a inconstitucionalidade da norma impugnada, produz efeitos *ex tunc*, quer dizer, a partir da edição da norma declarada inconstitucional.

Esses são os efeitos da decisão, liminar e definitiva, *em princípio*.

O STF tem admitido, em alguns casos, atribuir eficácia *ex tunc* à medida cautelar, e pode, por autorização da Lei 9.868/1999, atribuir eficácia *ex nunc* à decisão que julgar definitivamente a ação. É o que dispõe o art. 27 da Lei 9.868/1999:

> "Art. 27. Ao declarar a inconstitucionalidade de lei ou ato normativo, e tendo em vista razões de segurança jurídica e excepcional interesse social, poderá o Supremo Tribunal Federal, por maioria de dois terços de seus membros, restringir os efeitos daquela declaração ou decidir que ela só tenha eficácia a partir de seu trânsito em julgado ou de outro momento que venha a ser fixado."

Há, contudo, um dado que deve ser considerado, na hipótese de uma norma ser considerada inconstitucional de forma *ex tunc*. Trata-se do respeito aos *cidadãos* que, de boa-fé, a houverem observado. Não se pode simplesmente aplicar a "teoria das nulidades",

---

[561] ADIn nº 567-DF – Tribunal Pleno – Rel. Min. Ilmar Galvão – *DJU* I de 4.10.1991, p. 13779 – *RTJ* 138-01/60.

Capítulo 4 · PROCESSO JUDICIAL TRIBUTÁRIO | **469**

afirmando-se que a lei inconstitucional é um "nada", "nunca existiu", quando isso implique o prejuízo de cidadãos que observaram a lei confiantes na presunção de sua constitucionalidade. Premissas e fundamentos inerentes ao controle difuso de constitucionalidade, que é invariavelmente exercitado em favor do cidadão e é feito à luz de uma situação concreta, não podem ser transplantados de modo impensado para o âmbito do controle concentrado, sob pena de surgirem inaceitáveis distorções, ou, no dizer de Paulo Bonavides, "situações ainda mais inconstitucionais".[562]

Com efeito, a declaração da inconstitucionalidade de uma lei faz com que, automaticamente, a lei que havia sido por ela revogada, ou que não incidia sobre as situações nela previstas por ser mais genérica, passe a ser aplicável de modo retroativo. Isso, na generalidade das situações, se dá em favor do cidadão, que passa a ter direito à restituição de tributos pagos com base na lei declarada inconstitucional, por exemplo. Na hipótese – certamente menos frequente – de tais efeitos retro-operantes *prejudicarem o cidadão*, porém, tal eficácia *ex tunc* não pode ser absoluta.

Imagine-se, por exemplo, que um cidadão importa mercadoria beneficiada com isenção, e a operação assim é declarada ao Fisco. Caso posteriormente se declare, em ADIn, a inconstitucionalidade da lei isentiva, que seria então tida como "nunca existente", teria o contribuinte praticado o crime de descaminho? Obviamente, não, o que mostra que a lei, conquanto inconstitucional, há de produzir efeitos em relação a quem a houver de boa-fé observado, especialmente se se considerar que não foi o cidadão em exame o responsável por sua elaboração.

No dizer de Paulo Bonavides, seguramente, o maior constitucionalista brasileiro, as decisões de declaração de inconstitucionalidade prestam-se a um exame "meticuloso, com emprego dos meios elucidativos que se fizerem mais adequados para discernir, diante de cada caso concreto, o alcance da incidência da inconstitucionalidade". Para o citado professor da Universidade Federal do Ceará, deve-se ter em vista, sempre, "seja qual for a forma de controle normativo – abstrato ou concreto – o teor material do acórdão, a fim de conjurar ou precaver ofensas a direitos subjetivos, os quais a ordem jurídica tutela e não podem ficar vulneráveis a atos de arbítrio, sem forma nem figura de juízo, quais aqueles que possam ser perpetrados usurpatoriamente por uma autoridade coatora".[563]

As normas jurídicas, enfim, sejam oriundas do Poder Legislativo, sejam decorrentes da atuação do Poder Judiciário, em sede de controle abstrato de constitucionalidade, não podem retroagir em desfavor do cidadão.

4.9.1 O caso das agroindústrias

Exemplo interessante do que estamos tratando ocorreu com as empresas agroindustriais, relativamente à contribuição previdenciária prevista no (hoje revogado) art. 25, § 2º, da Lei 8.870/94. Tal contribuição incidia sobre o "valor estimado" da matéria-prima *in natura* produzida pelas próprias agroindústrias (*v. g.*, sobre o valor da cana-de-açúcar produzida pela própria fábrica de cachaça), em substituição à contribuição incidente sobre a folha de salários relativa aos empregados que atuam nesse setor, trabalhadores rurais. Em outras palavras, a contratação de trabalhadores urbanos (havida parte industrial da empresa) sofria a incidência da contribuição sobre a folha de salários, enquanto a contratação de trabalhadores rurais (ocorrida na parte rural da empresa) sofria a contribuição sobre tal percentual do "faturamento estimado". A norma representa clara exceção ao art. 22 da Lei 8.212/91, segundo o qual tal

---

[562] Paulo Bonavides, *Curso de Direito Constitucional*, 12. ed. São Paulo: Malheiros, 2002, p. 308.
[563] Paulo Bonavides, *Curso de Direito Constitucional*, 12. ed. São Paulo: Malheiros, 2002, p. 310.

contribuição deveria ser calculada, em relação a todos os empregados (até mesmo os rurais), sobre a folha de salários.

Essa forma de cálculo é bastante gravosa para algumas empresas, especialmente granjas, altamente automatizadas, com baixa folha de salários e elevado valor dos produtos *in natura*, o que fez com que a Confederação Nacional das Indústrias movesse ADIn contra o dispositivo (ADIn 1.103/DF), que foi considerado inconstitucional. Declarado inconstitucional o dispositivo, tais empresas, em princípio, passaram a submeter-se à contribuição sobre a folha de salários também em relação aos seus empregados rurais. As que apuraram diferença a ser restituída, diante do novo critério de cálculo, pugnaram pela repetição do indébito, em face do INSS.[564]

Esclareça-se que, para algumas agroindústrias, como produtores de álcool, açúcar, aguardente, castanha de caju, entre outras cuja mão de obra rural é bastante elevada e cujo valor do produto *in natura* é baixo, essa nova forma de tributação, decorrente do julgamento da ADIn, mostrou-se mais gravosa. Isso, porém, não representou maiores problemas, pois o aumento poderia ser absorvido ou mitigado das mais variadas maneiras, entre as quais podem ser arroladas: (a) a cisão da agroindústria em duas pessoas jurídicas, uma apenas rural e outra apenas industrial; (b) a majoração de preços; (c) a redução de outros custos etc.

O problema surgiu quando tais empresas foram obrigadas pelo INSS a submeterem-se a esse tratamento mais gravoso não apenas a partir da decisão do STF, mas também de modo retroativo, relativamente aos cinco anos anteriores à declaração de inconstitucionalidade. Foram obrigadas a recolher a diferença entre o que haviam pago, com base na norma tida por inconstitucional, e o que supostamente deveriam ter recolhido, com base na folha de salários de seu setor rural. Tudo acrescido de multa, e juros, como se o dispositivo de lei em face do qual os recolhimentos foram feitos realmente nunca tivesse existido.

Trata-se, contudo, de verdadeiro absurdo jurídico.

A supremacia constitucional existe como forma de proteção do cidadão em face do Estado, sobretudo em face do Estado legislador. É instrumento indispensável a que se possa cogitar de um efetivo Estado de Direito. Não é possível, portanto, que essa supremacia, que existe em função do cidadão, seja invocada em benefício do Estado para prejudicar o cidadão. O STF, aliás, tem consignado que os direitos fundamentais são uma garantia do cidadão – considerado individual ou coletivamente – em face do Poder Público, e não deste contra o primeiro.[565]

Além disso, como a decisão proferida em sede de controle concentrado tem efeitos normativos, *erga omnes*, e como a declaração de inconstitucionalidade de uma lei restabelece a vigência de uma outra lei (revogada pela lei inconstitucional, ou afastada em face da maior especificidade da lei inconstitucional), essa outra lei, restabelecida pela decisão proferida em sede de ADIn, ou de ADC julgada improcedente, não pode ter efeitos retroativos *em prejuízo* do cidadão. Incide, com toda certeza, o art. 5º, XXXVI, para impedir essa injustiça, dispositivo que não pode ser invocado pelo Poder Público para se eximir dessa mesma eficácia retroativa (Súmula 654 do STF).

---

[564] Vale destacar que, atualmente, com a criação da Receita Federal do Brasil (RFB), o INSS não efetua mais lançamentos, nem é parte nas ações relativas a esses lançamentos. O exemplo mencionado no texto diz respeito ao período anterior à criação da RFB, no qual as autuações eram feitas pelo INSS, que tanto tinha, em seguida, legitimidade ativa para promover a execução fiscal correspondente, como passiva, para ser réu nas ações (anulatória, repetição de indébito etc.) movidas com o propósito de questionar tais exigências.

[565] Súmula 654, do STF: "A garantia da irretroatividade da lei, prevista no art. 5º, XXXVI, da Constituição da República, não é invocável pela entidade estatal que a tenha editado."

Capítulo 4 · PROCESSO JUDICIAL TRIBUTÁRIO | **471**

Por outro lado, caso a decisão, proferida em sede de controle concentrado, pudesse atrair a incidência retroativa de normas prejudiciais aos cidadãos que confiaram na presunção de constitucionalidade das leis e cumpriram a disposição declarada inconstitucional, estaria ferida de morte essa presunção, juntamente com o respeito que se deve ter à boa-fé dos que nela confiaram.

Como se isso não bastasse, admitir que o Poder Público colha proveito de uma declaração de inconstitucionalidade, prejudicando o cidadão que cumpriu a lei tida por inconstitucional, implica admitir que alguém se locuplete de sua própria torpeza, algo que o Direito, desde a Antiguidade, sempre repeliu.

Essa foi a orientação da doutrina, que considerou, por motivos análogos aos acima enumerados, ou por outros motivos, que a lei tributária não pode retroagir em desfavor do contribuinte, nem mesmo quando isso seja consequência da declaração da inconstitucionalidade de uma outra lei.[566] A tese foi acolhida pelo Tribunal Regional Federal da 5ª R.,[567] e terminou consagrada, pelo menos no que diz respeito à contribuição exigida das agroindústrias, na Lei 10.736, de 15.9.2003, que reconheceu e coibiu o abuso que seria impor um aumento retroativo de tributos fundado no julgamento de uma ADIn.

4.10 A arguição de descumprimento de preceito fundamental (ADPF)

A Emenda Constitucional nº 3 inseriu também, no texto constitucional, remissão ao julgamento, pelo STF, de ação chamada *arguição de descumprimento de preceito fundamental (ADPF)*. Trata-se de norma constitucional de eficácia limitada, só tendo admitido conhecer de ações dessa natureza depois de sua regulamentação pela Lei 9.882, de 3 de dezembro de 1999.

Nos termos de citada lei, a arguição de descumprimento de preceito fundamental será proposta perante o Supremo Tribunal Federal, e terá por objeto evitar ou reparar lesão a preceito fundamental, resultante de ato do Poder Público. Caberá também arguição de descumprimento de preceito fundamental quando for relevante o fundamento da controvérsia constitucional sobre lei ou ato normativo federal, estadual ou municipal, incluídos os anteriores à Constituição (Lei 9.882/99, art. 1º).

---

[566] Dalton Dallazem, "As 'agroindústrias' e as contribuições sociais devidas em função da declaração de inconstitucionalidade da Lei 8.870/94", em *Repertório IOB de Jurisprudência*, 2ª quinzena de agosto de 1998, nº 16/98, c. 1, p. 387, texto 1/12564; Reinaldo Chaves Rivera, "Ação Direta de Inconstitucionalidade – Efeitos – A Cobrança de Contribuições Previdenciárias das Agroindústrias", em *RDDT* 32/61; Hugo de Brito Machado, "Contribuição Previdenciária das agroindústrias – declaração de inconstitucionalidade do § 2º do art. 25 da Lei 8.870/94 – Seu Alcance. Inexistência de Efeitos Retroativos em Prejuízo do Contribuinte", em *RDDT* 56/89; Eduardo Rocha Dias, "Alterações no Processo de Controle Abstrato de Constitucionalidade e a Extensão do Efeito Vinculante à Ação Direta de Inconstitucionalidade e à Arguição de Descumprimento de Preceito Fundamental", em *RDDT* 55/60. Embora não concorde com algumas premissas, chega à mesma conclusão Sergio André R. G. da Silva, "Comentários acerca dos efeitos da decisão proferida no âmbito do controle abstrato de constitucionalidade das normas tributárias", em *RDDT* 83/166.

[567] Julgando a AMS nº 63.206/AL, o TRF da 5ª R. decidiu que, embora os efeitos da declaração de inconstitucionalidade, pelo Supremo Tribunal Federal, em sede de ação direta de inconstitucionalidade, sejam *erga omnes* e *ex tunc*, e embora a contribuição de seguridade social das empresas cuja atividade seja agroindustrial deva ser regida pelo art. 22 da Lei 8.212/91, em virtude do controle concentrado de constitucionalidade exercido pela Suprema Corte sobre o § 2º do art. 25 da Lei 8.870/94, "persiste o direito da impetrante em ter suas contribuições reguladas pela norma eivada de vício inconstitucional, até o seu reconhecimento através de ADIn, pelos princípios da razoabilidade, boa-fé e segurança das relações jurídicas" (Ac. un. do TRF da 5ª R. – AMS nº 63.206- AL – Rel. Des. Fed. Carlos Rebêlo Júnior [convocado] – j. 10.9.2002 – *Boletim de Jurisprudência do TRF da 5ª R.* nº 160/2003, p. 97).

Os legitimados para propor a arguição de descumprimento de preceito fundamental são as mesmas partes legítimas para a propositura de ADIn (Lei 9.882/99, art. 2º).

A petição inicial da ADPF deverá conter: (i) a indicação do preceito fundamental que se considera violado; (ii) a indicação do ato questionado; (iii) a prova da violação do preceito fundamental; (iv) o pedido, com suas especificações; (v) se for o caso, a comprovação da existência de controvérsia judicial relevante sobre a aplicação do preceito fundamental que se considera violado. Será acompanhada de instrumento de mandato, se for o caso, e deverá ser apresentada em duas vias, devendo conter cópias do ato questionado e dos documentos necessários para comprovar a impugnação (Lei 9.882/99, art. 3º).

Como se percebe, trata-se de instrumento de controle *concentrado* de constitucionalidade, porquanto manejado diretamente perante o STF, mas não necessariamente esse controle será feito, como na ADIn e na ADC, de forma *abstrata,* vale dizer, em face do direito "em tese". O "ato do poder público", que, no entendimento do autor da ação, viola preceito fundamental, tanto pode ser um ato *normativo* como um ato *concreto.* O relevante, no caso, é que *não exista outro meio eficaz de sanar a lesividade* (Lei 9.882/99, art. 4º, § 1º), sendo a ADPF evidente instrumento *subsidiário,* destinado a evitar que um preceito fundamental da Constituição pereça por falta de um remédio adequado à sua tutela.

O pedido de medida liminar deverá ser apreciado, e, se for o caso, deferido, pela maioria absoluta dos membros do Supremo Tribunal Federal. Entretanto, em caso de extrema urgência ou perigo de lesão grave, ou ainda durante período de recesso, o relator poderá conceder a liminar, *ad referendum* do Tribunal Pleno (Lei 9.882/99, art. 5º), vale dizer, o Plenário deverá deliberar, posteriormente, se ratifica a liminar, ou não.

A liminar poderá consistir na determinação de que juízes e tribunais suspendam o andamento de processo ou os efeitos de decisões judiciais, ou de qualquer outra medida que apresente relação com a matéria objeto da arguição de descumprimento de preceito fundamental, salvo se decorrentes da coisa julgada. Percebe-se, neste ponto da Lei 9.882/99, evidente preocupação com a segurança jurídica, na medida em que a decisão, proferida em ADPF, poderá atingir processos em curso, mas não aqueles já encerrados.

O relator da ADPF poderá ouvir os órgãos ou autoridades responsáveis pelo ato questionado, bem como o Advogado-Geral da União ou o Procurador-Geral da República, no prazo comum de cinco dias (Lei 9.882/99, art. 5º, § 2º).

Apreciado o pedido de liminar, o relator solicitará as informações às autoridades responsáveis pela prática do ato questionado, no prazo de dez dias. Se entender necessário, poderá o relator ouvir as partes nos processos que ensejaram a arguição, requisitar informações adicionais, designar perito ou comissão de peritos para que emita parecer sobre a questão, ou ainda, fixar data para declarações, em audiência pública, de pessoas com experiência e autoridade na matéria (Lei 9.882/99, art. 6º). Percebe-se o evidente caráter subsidiário da ADPF, destinada realmente a suprir lesões antes não remediadas por falta de instrumento adequado. Nela tanto se pode provocar o controle abstrato como o concreto (embora sempre concentrado no STF), e a lesão ao preceito fundamental pode inclusive ter surgido no âmbito de um processo judicial, fazendo a ADPF, nesse caso, as vezes de um recurso excepcionalíssimo.

Julgada a ação, far-se-á comunicação às autoridades ou órgãos responsáveis pela prática dos atos questionados, fixando-se as condições e o modo de interpretação e aplicação do preceito fundamental. Seu cumprimento será determinado pelo Presidente do STF imediatamente, deixando-se para lavrar o acórdão em momento posterior. A decisão deverá ter o seu dispositivo publicado em seção especial tanto do *Diário da Justiça* como do *Diário Oficial,* e terá eficácia *erga omnes* e efeitos vinculantes relativamente aos demais órgãos do Poder Público (Lei 9.882/99, art. 10).

Tal como ocorre no âmbito da ADIn e da ADC, ao declarar a inconstitucionalidade de lei ou ato normativo, no processo de arguição de descumprimento de preceito fundamental, e tendo em vista razões de segurança jurídica ou de excepcional interesse social, poderá o Supremo Tribunal Federal, por maioria de dois terços de seus membros, restringir os efeitos daquela declaração ou decidir que ela só tenha eficácia a partir de seu trânsito em julgado ou de outro momento que venha a ser fixado (Lei 9.882/99, art. 11).

Da decisão que conhece ADPF, julgando-lhe procedente ou improcedente o pedido, não cabe recurso ou ação rescisória, sendo possível, contudo, a apresentação de reclamação ao STF, em face de seu eventual descumprimento.

Em face de sua natureza excepcional e subsidiária, não são muito numerosas as hipóteses em que a ADPF pode ser utilizada, em matéria tributária.

Mas existem exemplos de casos nos quais, em tese, esse instrumento pode ser utilizado.

Primeiro, em função de lei municipal (*v. g.*, que institui o IPTU com a aplicação de alíquotas progressivas simples, sem possibilidade de dedução dos valores relativos às faixas de alíquotas inferiores), contrária à Constituição Federal. Se houver dispositivo semelhante ao violado também na Constituição Estadual, poder-se-á preferir a ADIn perante o TJ, e inclusive alegar-se que se trata de outro meio eficaz para sanar a lesividade, sendo incabível a ADPF. Entretanto, se não houver disposição análoga na Constituição Estadual, não sendo cabível a ADIn perante o TJ estadual, o cabimento da ADPF nos parece induvidoso. A mera possibilidade de cada cidadão se utilizar do controle difuso não nos parece equivalente a um outro meio igualmente eficaz para sanar a lesividade. E, além disso, a Lei 9.882/99 prevê expressamente a possibilidade de, por meio de ADPF, fazer-se o controle concentrado, e abstrato, da constitucionalidade de leis municipais perante a Constituição Federal.

Outro exemplo que pode ser citado, ainda no campo do controle abstrato, é o de leis ainda vigentes, mas editadas anteriormente à CF/88. É o caso de muitas leis, estaduais e municipais, que instituem "taxas" inconstitucionais, mas que foram editadas no início da década de 1980, e por isso não desafiam ADIn. Há, também nesse caso, autorização expressa para o uso de ADPF, pelo art. 1º da Lei 9.882/99.

Há quem diga que essa autorização, para o uso de ADPF em face de leis municipais e de leis anteriores à CF/88, é inconstitucional. É o que entende Alexandre de Moraes, para quem

> "o legislador ordinário utilizou-se de manobra para ampliar, irregularmente, as competências constitucionais do Supremo Tribunal Federal, que conforme a jurisprudência e doutrina pacíficas, somente podem ser fixadas pelo texto magno. Manobra essa eivada de flagrante inconstitucionalidade, pois deveria ser precedida da emenda à Constituição".[568]

Com a devida vênia, não nos parece que lhe assista razão.

A Lei 9.882/99 foi sim precedida da emenda à Constituição. Foi precisamente a EC 3/93 que deu ao STF competência para processar e julgar a ADPF, *nos termos da lei*. E tudo o que essa lei fez foi – seguindo a letra e o espírito da alteração efetuada pela EC 3/93, neste ponto – criar instrumento subsidiário para sanar lesões a dispositivos basilares do texto constitucional, nos casos em que não houvesse remédio adequado para tanto. É precisamente o caso de leis municipais, e de leis anteriores à Constituição, as quais, caso contrariem preceitos fundamentais

---

[568] Alexandre de Moraes, *Direito Constitucional,* 18. ed., São Paulo: Atlas, 2005, p. 706.

da CF/88, não poderão ser questionadas em ADIn nem em ADC. Não se pode esquecer isso: preceitos fundamentais, basilares, da CF/88 não são malferidos apenas por leis ou atos concretos posteriores à Constituição, mas também por atos normativos anteriores, em face dos quais, até a edição da Lei 9.882/99, não podiam ser tutelados eficazmente em sede de controle concentrado.

A razão parece estar, no caso, com Ricardo Cunha Chimenti, Fernando Capez, Márcio F. Elias Rosa e Marisa F. Santos, para quem,

> "ao regulamentar que a ADPF pode ter por finalidade dirimir relevante controvérsia constitucional sobre lei ou ato normativo federal, estadual ou municipal, incluídos os anteriores à Constituição vigente à época de sua propositura, o inciso I do parágrafo único do art. 1º da Lei 9.882/1999 apenas explicita hipótese de proteção ao preceito fundamental da segurança previsto no *caput* do art. 5º da CF, disposição genérica que inclui a segurança das relações jurídicas. Com absoluto respeito às posições em contrário, não vemos no dispositivo qualquer ampliação da competência do STF por lei ordinária".[569]

Registre-se que, ao conhecer ADPF proposta relativamente à questão do aborto de fetos anencefálicos,[570] o STF já pacificou seu entendimento no sentido de que não há invalidade no art. 1º, parágrafo único, I, da Lei 9.882/99.

Outra hipótese em que nos parece plenamente cabível a ADPF é para que o STF possa realizar um controle de constitucionalidade sobre a maneira como a União Federal elabora, anualmente, sua lei orçamentária, em total desrespeito ao art. 165, § 5º, III, da CF/88, que dispõe:

> "§ 5º A lei orçamentária anual compreenderá:
>
> I – o orçamento fiscal referente aos Poderes da União, seus fundos, órgãos e entidades da administração direta e indireta, inclusive fundações instituídas e mantidas pelo Poder Público;
>
> II – o orçamento de investimento das empresas em que a União, direta ou indiretamente, detenha a maioria do capital social com direito a voto;
>
> III – o orçamento da seguridade social, abrangendo todas as entidades e órgãos a ela vinculados, da administração direta ou indireta, bem como os fundos e fundações instituídos e mantidos pelo Poder Público."

Ao elaborar a lei orçamentária, é feito um orçamento autônomo para a *previdência* social, e a ele são destinadas as receitas obtidas com as contribuições sobre a folha de salários. As receitas obtidas com COFINS, CSLL, CPMF etc. são destinadas ao orçamento fiscal, sob a justificativa de que seriam contribuições de "seguridade", conceito que envolveria, além da previdência, também a saúde e a assistência social, sendo que as despesas relativas a estas duas últimas seriam feitas pelo orçamento fiscal.

Essa é a causa para a hipertrofia de "contribuições" no sistema tributário, que fraudulentamente vão substituindo, de modo expressivo, os impostos. Essa manobra malfere, de uma vez só, três feixes de preceitos fundamentalíssimos da Constituição, a saber: (i) direitos fundamentais dos contribuintes, muitos dos quais se aplicam a impostos, mas não a contribuições, e que são driblados quando se usam estas últimas para disfarçar os primeiros; (ii) direito das demais entidades federadas (Estados, Distrito Federal e Municípios), que

---

[569] *Curso de Direito Constitucional,* 2. ed., São Paulo: Saraiva, 2005, p. 404.

[570] ADPF 54, rel. Min. Marco Aurélio, *DJ* de 4.5.2005.

Capítulo 4 · PROCESSO JUDICIAL TRIBUTÁRIO | **475**

participam da arrecadação de impostos federais, mas não das "contribuições"; (iii) direito das pessoas que dependem da seguridade social, sempre "falida" em função do uso de seus recursos para outras finalidades.

Não existe outro meio eficaz de sanar a lesividade, e se trata de autêntico "ato do poder público", não necessariamente normativo, mas que de modo claro pode ser questionado em sede de ADPF.[571]

5 AÇÕES DA COLETIVIDADE

5.1 Ação popular

5.1.1 Conceito e fundamentos

A ação popular é instrumento processual disponível a qualquer cidadão, e sua finalidade é obter prestação jurisdicional que anule "ato lesivo ao patrimônio público ou de entidade de que o Estado participe, à moralidade administrativa, ao meio ambiente e ao patrimônio histórico e cultural, ficando o autor, salvo comprovada má-fé, isento de custas judiciais e dos ônus da sucumbência".[572] Seu âmbito, como se percebe, não se restringe à defesa do Poder Público, ou seja, de direitos subjetivos de uma pessoa jurídica de Direito Público, mas envolve também a defesa de direitos coletivos, de todos e de cada um dos indivíduos que compõem a sociedade, tais como o direito a um ambiente saudável, à preservação de sítios arqueológicos, obras de arte, construções históricas etc.

5.1.2 Cabimento em matéria tributária

No âmbito tributário, a ação popular pode ser utilizada como forma de preservar o patrimônio público em face de atos ilegais da Administração Tributária. Uma isenção concedida irregularmente a determinado contribuinte, por exemplo, pode ser questionada por qualquer cidadão, no âmbito de uma ação popular. Cumpre insistir, no caso, que está "implícito que o *ser lesivo* significa também ser *inválido* do ponto de vista *jurídico*. Ato juridicamente válido não pode ser anulado".[573] E, da mesma forma como não basta ser "prejudicial" aos interesses do Poder Público, também não basta que o ato seja inválido. Para o cabimento da ação popular, os dois requisitos (lesividade + invalidade) têm de estar presentes.[574]

Hugo de Brito Machado, a esse respeito, registra:

---

[571] Confira-se, a propósito: Hugo de Brito Machado Segundo, *Contribuições e Federalismo*, São Paulo: Dialética, 2005, *passim*.

[572] CF/88, art. 5º, LXXIII.

[573] Hugo de Brito Machado, "Ação Popular em Matéria Tributária", em *Repertório IOB de Jurisprudência*, São Paulo: IOB, nº 3/91, c. 1, 1ª quinzena de fevereiro de 1991, p. 53.

[574] Nesse sentido: "O fato de a Constituição Federal de 1988 ter alargado as hipóteses de cabimento da ação popular não tem o efeito de eximir o autor de comprovar a lesividade do ato, mesmo em se tratando de lesão à moralidade administrativa, ao meio ambiente ou ao patrimônio histórico e cultural." No caso, cuidava-se da obtenção de recursos públicos por meio de abertura irregular de crédito extraordinário, tendo o STJ entendido que, conquanto a operação possa ser irregular, o autor da ação não provou a ocorrência de lesão da mesma decorrente, até porque os recursos foram utilizados em benefício da coletividade. O exemplo, conquanto não seja de Direito Tributário, bem ilustra que a ação popular não pode ser manejada para impugnar a exigência de tributo que o autor considere inconstitucional (STJ, 1ª S., EREsp 260.821/SP, Rel. Min. Luiz Fux, Rel. p. ac. Min. Otávio de Noronha, j. em 23.11.2005, m.v., *DJ* de 13.2.2006, p. 654).

"A ação popular é de grande importância porque os atos administrativos que favorecem o contribuinte não são por este questionados, por razão óbvia. A Fazenda Pública não pode ir a Juízo questionar a legalidade de seus próprios atos, o que inviabiliza a ação de seus órgãos de representação judicial.

O anulamento do ato ilegal pelas próprias autoridades da Administração Tributária, embora em princípio seja possível, geralmente não acontece, pelas mesmas razões que inspiraram a prática ilegal.

Assim, a ação popular pode ser um excelente instrumento para dar oportunidade ao cidadão de pedir o anulamento de tais atos ilegais ao Poder Judiciário."[575]

Enfim, atos da Administração Tributária considerados ilegais, e lesivos ao Erário, tais como concessão indevida de isenções, remissões ou anistias, podem ser impugnados em ação popular. Qualquer cidadão, outrossim, pode manejá-la, ou nela figurar como litisconsorte ativo, desde que comprove essa qualificação através do respectivo título de eleitor.[576] Não é preciso ter "interesse" específico no problema, até porque não se está defendendo um direito subjetivo do autor, mas um direito do povo.[577]

Há quem sustente ser cabível a ação popular para discutir a exigência indevida de tributo. A justificativa invocada é a de que a cobrança ilegal de tributos ofende a moralidade administrativa. Não nos parece, contudo, que a ação popular seja cabível em tais situações, sob pena de substituir todo e qualquer outro tipo de ação destinada à defesa de direitos subjetivos individuais. Como já foi dito, a ação popular é um instrumento de defesa da coletividade em face do "mau governante", destinando-se à proteção de direitos ou do Poder Público, ou da coletividade como um todo, e que deveriam ser protegidos pelo governante, e não o são. É o caso da autorização ilegal para que seja destruída uma floresta, da omissão diante da destruição de um prédio histórico tombado, ou, no campo tributário, do já citado exemplo da isenção concedida irregularmente. A situação é diferente em se tratando da cobrança de tributos, pois o direito violado, caso essa cobrança seja indevida, é o direito subjetivo, individual e disponível, do respectivo contribuinte, que tem uma série de instrumentos processuais adequados para a sua defesa.

A ação popular também não é cabível quando se pretender a discussão da lei em tese, ou seja, quando não se estiver impugnando a prática de um ato administrativo, mas a própria edição de uma lei, com conteúdo que se considera lesivo ao patrimônio público ou à moralidade, ao meio ambiente etc. Nesse caso, de impugnação da lei enquanto ato legislativo que veicula normas jurídicas, cabível será a ação direta de inconstitucionalidade.

Houve casos em que cidadãos – agentes do Fisco inconformados com o insucesso de suas pretensões na via administrativa – pretenderam fazer uso da ação popular para levar a juízo a discussão sobre a validade de decisões proferidas por órgãos administrativos

---

[575] Hugo de Brito Machado, *Curso de Direito Tributário*, 24. ed. São Paulo: Malheiros, 2004, p. 453.

[576] Lei 4.717/65, art. 1º, § 3º, e art. 6º, § 5º. A propósito, não podem propor ação popular a pessoa jurídica, o estrangeiro, nem o brasileiro que não se alistou como eleitor (Cf. Pinto Ferreira, *Comentários à Constituição Brasileira*, v. 1, São Paulo: Saraiva, 1989, p. 212). Francisco Gérson Marques, porém, adverte – com inteira razão – que esse entendimento, segundo o qual é necessário o alistamento eleitoral, deve ser visto com reservas. Para ele, "é preciso atentarmos para a época difícil e conturbada em que a LAP (Lei 4.717, de 1965) veio ao mundo jurídico. Estava-se em plena Revolução Militar, quando a ideia de cidadania e participação política era a mais restritiva possível" (*Fundamentos Constitucionais do Processo*, São Paulo: Malheiros, 2002, p. 277).

[577] Hugo de Brito Machado, "Ação Popular em Matéria Tributária", em *Repertório IOB de Jurisprudência*, São Paulo: IOB, nº 3/91, c. 1, 1ª quinzena de fevereiro de 1991, p. 53.

(p. ex., do Conselho Administrativo de Recursos Fiscais – CARF). O Judiciário, contudo, rechaçou a pretensão, considerando-a possível apenas quando tais decisões apresentarem manifesta ilegalidade, se forem contrárias a precedentes pacificados do Poder Judiciário ou implicarem desvio ou abuso de poder (REsp 1.608.161/RS).

5.1.3   Procedimento

A ação popular deve ser proposta contra quem houver autorizado, aprovado, ratificado ou praticado o ato impugnado, ou que, por omissão, tiver dado oportunidade à lesão, e contra os beneficiários diretos do mesmo.[578] No citado exemplo de isenção concedida irregularmente, a ação deve ser manejada contra a pessoa jurídica de Direito Público que houver concedido a isenção, as autoridades envolvidas na prática do ato correspondente e o contribuinte beneficiado pela isenção. Esclareça-se que, se não houver beneficiário direto do ato lesivo, ou se for ele indeterminado ou desconhecido, a ação poderá ser proposta somente contra os responsáveis pelo ato ou pela omissão lesiva,[579] ou, caso o autor o proferir, na hipótese de beneficiários indeterminados ou desconhecidos, a sua citação para que participe do processo pode ocorrer através de editais.[580]

A pessoa jurídica de Direito Público demandada poderá abster-se de contestar a ação, ou poderá apresentar manifestação concordando com a pretensão autoral, e afirmando a invalidade do ato impugnado. Isso, naturalmente, quando, a juízo de seu representante legal, o ato for considerado realmente lesivo ao interesse público.[581] Caso considere o ato legal, a Administração pode defender a sua validade, contestando a ação em todos os seus termos.

Todo o processamento da ação popular deverá ser acompanhado pelo Ministério Público, especialmente porque em seu âmbito poderão ser apurados fatos que reclamem a responsabilização, civil ou mesmo criminal, dos envolvidos na prática do ato impugnado.[582] O procedimento a ser seguido é o comum, previsto no CPC, com as ressalvas e modificações procedidas pela legislação específica.

O juiz deverá, recebendo a inicial, determinar a citação dos réus (responsáveis pelo ato e beneficiários) e do Ministério Público. Os beneficiários indeterminados, ou não identificados, podem ser cientificados da ação, para que participem do contraditório, através de editais.

Caso o autor desista da ação, isso deverá ser levado ao conhecimento do público mediante a publicação de editais, e qualquer cidadão, ou o Ministério Público, poderão dar continuidade à ação.[583]

Ao proferir a sentença, caso se conclua pela procedência da ação, o juiz deverá não apenas desconstituir o ato impugnado, mas determinar a reparação dos danos por ele causados, inclusive por parte dos servidores públicos que, por dolo ou culpa, sejam pessoalmente responsáveis. A execução da sentença, não sendo providenciada pelo autor da ação, deverá ser requerida pelo Ministério Público.

---

[578]   Lei 4.717/65, art. 6º, *caput*.

[579]   Lei 4.717/65, art. 6º, § 1º.

[580]   Lei 4.717/65, art. 7º, II.

[581]   Lei 4.717/65, art. 6º, § 3º.

[582]   Lei 4.717/65, art. 6º, § 4º.

[583]   Lei 4.717/65, art. 9º.

478 PROCESSO TRIBUTÁRIO – *Machado Segundo*

Concluindo pela improcedência dos pedidos formulados pelo autor da ação, a sentença submeter-se-á ao duplo grau obrigatório. Poderá, ainda, ser interposto recurso pelo autor, por qualquer interessado, ou pelo Ministério Público.[584]

A sentença produz coisa julgada *erga omnes*, excetuando-se, naturalmente, aquela que conclua pela improcedência da ação por falta de provas. Nesse caso, porque não houve um pronunciamento de mérito, não há coisa julgada que impeça a propositura de nova ação, pelos mesmos fundamentos, na qual a citada prova poderá ser então produzida.[585]

Observe-se, por último, que se aplicam à ação popular as regras do CPC, naquilo em que não contrariem os dispositivos das leis específicas sobre esse tipo de ação, nem a sua natureza específica. É o mesmo, aliás, que ocorre com praticamente todos os procedimentos específicos, disciplinados em leis extravagantes, considerando-se que no CPC estão as "normas gerais" em matéria de Direito Processual.

5.2 Ação civil pública

5.2.1 Conceito e fundamentos

A ação civil pública é o instrumento processual através do qual são tutelados direitos coletivos, *supra* ou *meta* individuais. Direitos subjetivos, decorrentes da incidência de normas sobre fatos (não se trata de uma ADIn, na qual se versa o direito "em tese"), mas que pertencem à sociedade, a cada um e a todos os indivíduos que a compõem, e que por isso mesmo não podem ser atribuídos, individualmente, a este ou àquele cidadão. Sua finalidade é reprimir ou impedir danos ao meio ambiente, ao consumidor, a bens e direitos de valor artístico, estético, histórico, turístico ou paisagístico.

Para assegurar a efetividade da tutela a ser prestada, ao final, na ação civil pública, pode ser proposta ação cautelar. Tais ações, principal e cautelar, podem ser propostas pelo Ministério Público, pela União, pelos Estados, pelo Distrito Federal e pelos Municípios. Podem ser ajuizadas, ainda, por autarquias, empresas públicas, fundações, sociedades de economia mista ou associações que estejam constituídas há pelo menos um ano e que incluam entre as suas finalidades institucionais a proteção aos bens jurídicos tutelados pela ação civil pública (meio ambiente, ordem econômica, patrimônio artístico etc.).

Na hipótese de o Ministério Público não figurar como *parte* no processo, deverá obrigatoriamente atuar como fiscal da lei.[586] As demais entidades legitimadas podem, outrossim, figurar como litisconsortes de quaisquer das partes, ou seja, podem aderir à tese defendida pelo autor, ou pelo demandado.

Não trataremos aqui dos detalhes do procedimento nem das demais peculiaridades inerentes à ação civil pública, pois essa ação, em regra, não é admitida pela jurisprudência[587]

---

[584] Lei 4.717/65, art. 19, § 2º.

[585] Lei 4.717/65, art. 18.

[586] Lei 7.347/85, art. 5º, § 1º.

[587] Atualmente, o que era apenas um entendimento jurisprudencial encontra-se positivado no art. 1º, parágrafo único, da Lei 7.347/85, por conta de alteração veiculada na MP 2.180-18, que dispõe não ser cabível, "para veicular pretensões que envolvam tributos, contribuições previdenciárias, o Fundo de Garantia do Tempo de Serviço (FGTS) ou outros fundos de natureza institucional cujos beneficiários podem se individualmente determinados". Em sentido contrário, e de modo muito bem fundamentado: Cassio Scarpinella Bueno, *O Poder Público em Juízo*, 2. ed., São Paulo: Saraiva, 2003, p. 128 ss.

Capítulo 4 · PROCESSO JUDICIAL TRIBUTÁRIO | **479**

para discutir aspectos da relação tributária, não se incluindo entre aquelas ações que, de modo próprio ou impróprio, podem ser chamadas de "processuais tributárias". Vejamos com mais vagar, contudo, as causas desse descabimento.

5.2.2 Descabimento em matéria tributária

A ação civil pública foi largamente empregada, no passado, para impugnar leis tributárias inconstitucionais. Isso ocorreu especialmente no questionamento, pelo Ministério Público, da constitucionalidade de "pseudotaxas" de iluminação pública cobradas pelos vários Municípios brasileiros, o que levou inclusive o Supremo Tribunal Federal, algum tempo depois, a editar a Súmula Vinculante 41, segundo a qual "O serviço de iluminação pública não pode ser remunerado mediante taxa".

Entendeu o STJ que o controle difuso de constitucionalidade, na ação civil pública, "equivaleria, pelos seus efeitos, à verdadeira ação direta de inconstitucionalidade, com a agravante de que os beneficiários seriam os contribuintes e não os consumidores, categorias afins mas distintas",[588] e que admitir "a ação civil pública para impedir a cobrança de tributo, taxado de inconstitucional, possibilitaria a prolação de sentenças contraditórias com efeitos *erga omnes*, o que é absurdo".[589] No mesmo sentido pronunciou-se o STF.[590]

Mais recentemente, mesmo quando se trata da cobrança de tributo que o Judiciário *já declarou inconstitucional*, mas o Fisco, por não ter respeito às decisões judiciais, segue cobrando, ainda assim entendeu o STJ não ter legitimidade o Ministério Público para mover Ação Civil Pública: "A pretensão de fazer cessar a cobrança de tributo, mesmo que já anteriormente declarado inconstitucional, contém natureza tributária, ensejando a ilegitimidade ativa do Ministério Público para a ação" (REsp 1.641.326/RJ – AgRg).

Esse descabimento foi declarado em face da natureza peculiar da ação civil pública, ação que é destinada a tutelar direitos de natureza coletiva, difusos, tais como o direito a um meio ambiente saudável, à manutenção do patrimônio histórico e cultural etc. Mesmo assim, tais direitos são protegidos, na ação civil pública, no plano da concreção, ou seja, diante de um determinado "caso concreto", assim como acontece na generalidade das "ações" propriamente ditas, e diversamente do que ocorre no âmbito do controle concentrado de constitucionalidade.

Empregada em matéria tributária, a ação civil pública não teria como propósito proteger direitos coletivos, difusos, ou mesmo individuais homogêneos de consumidores. Sua finalidade seria a de proteger direitos disponíveis, e perfeitamente individualizáveis, de determinados contribuintes. Além dessa impropriedade, por si só suficiente para atestar seu descabimento para impugnar a exigência de tributos, sua abrangência dar-lhe-ia ainda resultados equivalentes aos de uma ADIn, na qual, como se viu, discute-se o direito objetivo, ou, como preferem alguns, a "lei em tese". Subverter-se-ia a ordem jurídica, com a possibilidade de decisões conflitantes, e com o possível açambarcamento de um desses instrumentos pelo outro, além de malferir-se a vedação constitucional a que os membros do Ministério Público exerçam a advocacia, nas hipóteses em que a ação civil pública é manejada por tal entidade.[591]

---

[588] ED no REsp 106.993/MS, Rel. Min. Ari Pargendler – j. 28.4.1998, *DJU* I de 18.5.1998, p. 68 – *RDDT* 34/199.

[589] REsp no 99.635/MG – Rel. Min. Garcia Vieira – j. 17.3.1998, *DJU* I de 4.5.1998, p. 80 – *RDDT* 34/200.

[590] RE 195.056/PR – Rel. Min. Carlos Velloso, j. 9.12.1999 – Confiram-se, a propósito, os Informativos STF de nos 124, 130 e 174.

[591] Nesse sentido: Ives Gandra da Silva Martins, "Ação civil pública é veículo imprestável para a defesa de direitos individuais disponíveis – a cobrança de tributos municipais não pode ser contestada por ação civil pública", em *RDDT* 32/97.

A conclusão semelhante chega Hugo de Brito Machado, que no entanto ressalva a legitimidade do Ministério Público para propor ação civil pública, em matéria tributária, em casos específicos. Em suas palavras, o Ministério Público está legitimado "para a defesa dos direitos individuais homogêneos que tenham duas características, a saber: (a) sejam, em sua globalidade, de grande expressão coletiva, e (b) em suas quotas, ou parcelas, individualizadas, ou individualizáveis, sejam de valor econômico não significativo. Não, porém, para a defesa daqueles direitos cujas parcelas individualizadas, ou individualizáveis, sejam de porte econômico capaz de estimular a defesa, individualmente, por seus titulares. Ainda que tenham grande expressão coletiva".[592]

Não se diga que essa conclusão, restritiva do cabimento da ação civil pública, inviabiliza os legitimados para a sua propositura, em especial o Ministério Público, de defender a integridade da ordem jurídica em face de ilegalidades ou inconstitucionalidades praticadas contra contribuintes. Quanto ao Ministério Público, este é, como se viu, legitimado a propor ação direta de inconstitucionalidade, e pode fazê-lo para combater invalidades presentes em leis tributárias. Ademais, foi a mesma ordem jurídica que conferiu ao Ministério Público a atribuição de "fiscal da lei" que, também, vedou aos seus membros o exercício da advocacia, o que os impede, por conseguinte, de defender direitos individuais, não homogêneos, de contribuintes em geral. Se os direitos em questão são individuais, e disponíveis, cabe o controle abstrato da constitucionalidade, ou, no caso concreto, cada interessado deve buscar a tutela jurisdicional, existindo instrumentos processuais hábeis a essa defesa.

5.3 Emenda Constitucional 132/2023 e impactos no processo tributário

A recente reforma tributária aprovada traz importantes mudanças no sistema constitucional tributário, em especial no que tange à tributação do consumo. PIS, COFINS e IPI são fundidos em dois novos tributos, a Contribuição sobre Bens e Serviços (CBS) e o Imposto Seletivo (IS), assim como ISS e ICMS dão origem ao imposto sobre bens e serviços (IBS). Operaram-se outras mudanças pontuais, referentes à incidência do IPVA, não sendo, todavia, este o espaço adequado para comentá-las, pois dão-se no âmbito do direito material, não do direito processual.

A unificação de dois impostos de competência de entes subnacionais (ICMS e ISS), contudo, suscita problemas, sim, de ordem processual, a serem deslindados pela legislação complementar à qual caberá a disciplina desse novo imposto.

Na tentativa de escapar da acusação de centralização excessiva, violadora do princípio federativo, os idealizadores da reforma optaram por um "IVA-Dual", em que parte da tributação do valor agregado permanece com a União (as antigas PIS e COFINS, e o IPI no que tange à sua função fiscal), no âmbito da CBS, e a outra parte com Estados, Distrito Federal e Municípios (os antigos ISS e ICMS), sob a rubrica do IBS.

Isso suscita uma série de questões processuais.

A primeira é da competência para demandar em juízo questões atinentes ao tal IVA-dual, que, de acordo com a Constituição, nos termos da reforma, deve ter o mesmo tratamento e o mesmo regime, à exceção apenas das alíquotas (que serão fixadas por União, no caso da CBS, e por cada Estado, pelo Distrito Federal, e por cada Município, no caso do IBS. Todo o resto do regime jurídico de ambos deve ser unificado. Isso levanta a questão de saber se um auto de infração de IBS, e outro de CBS, caso sejam objeto de ação anulatória, devem

---

[592] Hugo de Brito Machado, "Ministério Público e Ação Civil Pública em Matéria Tributária", em *RDDT* 52/90.

ensejar a que a demanda seja julgada de modo também unificado, e, nesse caso, se na Justiça Estadual, ou na Federal.

Além das questões que se colocam no regramento do processo administrativo (Quem lança? Quem julga administrativamente as reclamações e recursos?), a serem disciplinadas em lei complementar e já comentadas neste livro, no capítulo 3, suscitam-se outras, de ordem processual, mesmo nas ações que digam respeito apenas ao IBS. Como o imposto será regrado em lei complementar nacional e será administrado por um órgão também centralizado, pode-se questionar a qual pessoa jurídica de direito público interno tal órgão estará vinculado (União?) e, nessa condição, qual Justiça será competente para processar as ações que o tenham como parte. No caso de ação de restituição do indébito referente ao IBS, como será processada a devolução, uma vez que o tributo é arrecadado pelo órgão central e a receita dividida entre os Estados? Uma ação que reclame a devolução de quantias pagas nos cinco anos anteriores envolverá a expedição de precatório? Do orçamento de qual entidade pública? São aspectos que a Emenda Constitucional veiculadora da reforma não trata, e que caberá ao legislador complementar deslindar.

Já foi aprovada a primeira lei complementar de regulamentação da reforma tributária (LC 214/2025), que disciplina a criação de IBS, CBS e Imposto Seletivo, além de criar o Comitê Gestor do IBS, e que não resolve nenhuma das questões apontadas no parágrafo anterior, e já tramita em estágio adiantado o processo legislativo destinado à aprovação da outra, que disciplinará o processo administrativo (PLP 108/2024). O PLP 108/2024, a propósito, dispõe sobre o processo administrativo em seu âmbito e traça algumas normas gerais sobre ITBI, necessárias notadamente se se considerar que as constantes do CTN ainda aludem ao imposto estadual anterior a 1988, sucedido por ITCMD e ITBI, e que por isso mesmo só se aplicam a eles no que couber. O problema, revelado na mensagem que acompanhou o PLP 108, quando entregue pelo Poder Executivo ao Congresso, é que nem mesmo os idealizadores da reforma sabem como resolver os problemas criados pela "dualidade" do IVA, conforme se nota do item 23 da aludida mensagem:

> "23. Neste ponto, cabe sublinhar um aspecto importante. A Reforma Tributária provavelmente demandará mudanças no Direito material tributário (sic), sobretudo no tocante aos processos relacionados à execução fiscal do IBS e às demais espécies de ações que tenham este tributo como o seu objeto de discussão. Tal quadro requer uma reavaliação das normas processuais de regência do contencioso judicial em sede de IBS, de sorte a conformá-las à nova realidade trazida pela Reforma, o que pode envolver, inclusive, eventual reorganização judiciária. Esta discussão demanda um diálogo entre todas as partes interessadas, notadamente o Poder Judiciário, advocacia pública e privada, administrações tributárias e contribuintes. A despeito de se reconhecer a importância do tema e a necessidade de endereçá-lo, o presente Projeto de Lei Complementar não veicula a resolução destas questões, cujo disciplinamento dar-se-á em instrumentos normativos a serem oportunamente apresentados ao Congresso Nacional, que serão elaborados a partir de um amplo diálogo sobre o tema com todas as partes interessadas".

Ou seja, nem o autor do PLP sabe como resolver as questões processuais criadas pela reforma. O grande problema disso é que, com o IVA-Dual sendo cobrado por split payment, cabendo a algoritmos destacarem, reterem e repassarem aos cofres públicos as quantias que foram programados para considerar como devidas, a Fazenda pouco precisará de processo tributário. Já o contribuinte, caso se entenda vítima de alguma ilegalidade, sim. Talvez por isso a pequena preocupação dos técnicos do Poder Executivo Federal com o contencioso judicial tributário.

BIBLIOGRAFIA

AARNIO, Aulis. *Lo Racional como Razonable*: un Tratado sobre la Justificación Juridica, tradução de Ernesto Garzón Valdés, Madrid: Centro de Estudios Constitucionales, 1991.

ABELLÁN, Marina Gascón. *Los Hechos en el Derecho*: Bases Argumentales de la Prueba, Madrid/Barcelona: Marcial Pons, 1999.

ABRÃO, Carlos Henrique. "Exceção de Pré-executividade na Lei n$^{\underline{o}}$ 6.830/80", em *Revista Dialética de Direito Tributário* n$^{\underline{o}}$ 22, São Paulo: Dialética, p. 11-17, julho de 1997.

ABRÃO, Carlos Henrique. "Insuficiência de Bens na Execução", em *Revista Dialética de Direito Tributário* n$^{\underline{o}}$ 79, São Paulo: Dialética, p. 35-37, abril de 2002.

ABRÃO, Carlos Henrique. "Responsabilidade Tributária do Sócio da Empresa Falida", em *Revista Dialética de Direito Tributário* n$^{\underline{o}}$ 48, São Paulo: Dialética, p. 23 a 28, setembro de 1999.

ABRÃO, Carlos Henrique. *Da Ação Cautelar Fiscal*, São Paulo: Leud, 1992.

ADAMS, Charles. *For good and evil*: the impact of taxes on the course of civilization. 2. ed. New York: Madison Books, 2001.

ALEXY, Robert. *A Theory of Legal Argumentation*: The Theory of Rational Discourse as Theory of Legal Justification, tradução de Ruth Adler e Neil MacCormick, Oxford: Clarendon Press, 1989.

ALEXY, Robert. *Teoría de los Derechos Fundamentales*, tradução de Ernesto Garzón Valdés, Madrid: Centro de Estudios Constitucionales, 1997.

ALEXY, Robert. *El Concepto y la Validez del Derecho y Otros Ensayos*, tradução de Jorge M. Seña, Barcelona: Gedisa, 1994.

ALMEIDA, Amador Paes de, *Manual das Sociedades Comerciais*, 10. ed., São Paulo: Saraiva, 1998.

ALTAMIRANO, Alejandro C. (Coord.). *El Procedimiento Tributario*, Buenos Aires: Ábaco de Rodolfo Depalma, 2003.

ALVES, Rômulo Eugênio de Vasconcelos. *Execução Fiscal e Objeção de Executividade*, São Paulo: IOB-Thomson, 2005.

ALVIM, Arruda. *Manual de Direito Processual Civil*. 13. ed. São Paulo: Revista dos Tribunais, 2010.

ALVIM, Arruda; ALVIM, Teresa. *Manual de Direito Processual Civil*, 4. ed., São Paulo: Revista dos Tribunais, 1994.

AMARO, Luciano, *Direito Tributário Brasileiro*, 11. ed., São Paulo: Saraiva, 2005.

ARAÚJO, Régis Frota. "Los Desafíos de la Cuestión Regional, en Brasil", em *NOMOS – Revista do Curso de Mestrado em Direito da UFC*, v. 22, jan./dez. 2003, p. 273 ss.

ASOREY, Rubén O. (Dir.). *Protección Constitucional de los Contribuyentes*, Madrid/Barcelona: Marcial Pons, 2000.

ATALIBA, Geraldo. *Apontamentos de Ciência das Finanças*: Direito Financeiro e Tributário, São Paulo: Revista dos Tribunais, 1969.

ATALIBA, Geraldo. *República e Constituição*, São Paulo: Revista dos Tribunais, 1985.

484 | PROCESSO TRIBUTÁRIO – *Machado Segundo*

ATALIBA, Geraldo. *Hipótese de Incidência Tributária*, 6. ed., São Paulo: Malheiros, 2001.

ATALIBA, Geraldo. *Noções de Direito Tributário*. São Paulo: RT, 1964.

ATIENZA, Manuel. *Contribución a una Teoría de la Legislación*, Madrid: Civitas, 1997.

ÁVILA, Humberto Bergmann. *Sistema Constitucional Tributário*, São Paulo: Saraiva, 2004.

ÁVILA, Humberto Bergmann. *Teoria dos Princípios*, 4. ed., São Paulo: Malheiros, 2004.

ÁVILA, Humberto Bergmann. "Legalidade Tributária Multidimensional", em *Princípios e Limites da Tributação*, coord. Roberto Ferraz, São Paulo: Quartier Latin, 2005, p. 279 ss.

BALEEIRO, Aliomar. *Direito Tributário Brasileiro*, atualizado por Misabel Abreu Machado Derzi, 11. ed., Rio de Janeiro: Forense, 1999.

BALEEIRO, Aliomar. *Limitações Constitucionais ao Poder de Tributar*, atualizado por Misabel Abreu Machado Derzi, 7. ed., Rio de Janeiro: Forense, 1998.

BALEEIRO, Aliomar. *Uma Introdução ao Estudo das Finanças*, 15. ed., Rio de Janeiro: Forense, 1998.

BAPTISTA, Francisco de Paula. *Compêndio de Teoria e Prática do Processo Civil*, 3. ed., Pernambuco: Livraria Acadêmica/Livraria Industrial, 1872.

BARBI, Celso Agrícola. *Comentários ao Código de Processo Civil*, Rio de Janeiro: Forense, v. I, t. I, 1975.

BARBI, Celso Agrícola. *Do Mandado de Segurança*, 6. ed., Rio de Janeiro: Forense, 1993.

BARRACHO, José Alfredo de Oliveira. *Processo Constitucional*, Rio de Janeiro: Forense, 1984.

BARRETO, Aires F.; GONÇALVES, Gilberto Rodriges. "A penhora 'on-line' na execução fiscal e a LC 118", em *Revista Dialética de Direito Tributário* nº 116, São Paulo: Dialética, maio de 2005, p. 9 ss.

BARROS, Suzana de Toledo. *O Princípio da Proporcionalidade e o Controle de Constitucionalidade das Leis Restritivas de Direitos Fundamentais*, Brasília: Brasília Jurídica, 1996.

BARROSO, Luís Roberto. *O Controle de Constitucionalidade no Direito Brasileiro*, São Paulo: Saraiva, 2004.

BARROSO, Luís Roberto. *O Direito Constitucional e a Efetividade de suas Normas*, 2. ed., Rio de Janeiro: Renovar, 1993.

BECCARIA, Cesare. *Dos Delitos e das Penas*, tradução de Torrieri Guimarães, 11. ed., São Paulo: Hemus, 1995.

BECKER, Alfredo Augusto. *Teoria Geral do Direito Tributário*, 3. ed., São Paulo: Lejus, 1998.

BECHO, Ricardo Lopes. "Interrupção do Prazo de Prescrição, pela Citação, na Lei Complementar nº 118/05", em *RDDT* 115.

BECHO, Ricardo Lopes. A interrupção da prescrição pelo ajuizamento da execução fiscal: questões constitucionais. In: ROCHA, Valdir de Oliveira (Coord.). *Grandes Questões Atuais do Direito Tributário*. Sao Paulo: Dialética, 2013. 17 v.

BEDAQUE, José Roberto dos Santos. *Tutela Cautelar e Tutela Antecipada*: Tutelas Sumárias e de Urgência (Tentativa de Sistematização), São Paulo: Malheiros, 1998.

BENDA, Ernst; HESSE, Konrad; HEYDE, Wolfgang; VOGEL, Hans-Jochen (Org.). *Manual de Derecho Constitucional*, tradução de Internationes, de Bonn, Madrid: Marcial Pons/ Instituto Vasco de Administración Pública, 1996.

BITTAR, Djalma. "Prescrição Intercorrente em Processo Administrativo de Consolidação do Crédito Tributário", em *Revista Dialética de Direito Tributário* nº 72, São Paulo: Dialética, p. 18 a 22, setembro de 2001.

BOBBIO, Norberto. *Teoria do Ordenamento Jurídico*, tradução de Maria Celeste Cordeiro Leite dos Santos, 10. ed., Brasília: UNB, 1999.

BONAVIDES, Paulo. *Curso de Direito Constitucional*, 13. ed., São Paulo: Malheiros, 2003.

BONAVIDES, Paulo. *Teoria Constitucional da Democracia Participativa*, São Paulo: Malheiros, 2001.

BONAVIDES, Paulo. "Jurisdição Constitucional e Legitimidade (Algumas Observações sobre o Brasil)", em *Separata del Anuario Iberoamericano de Justicia Constitucional*, nº 7, 2003.

BONAVIDES, Paulo. *A Constituição Aberta*, 2. ed., São Paulo: Malheiros, 1996.

BONAVIDES, Paulo. *Ciência Política*, 10. ed., São Paulo: Malheiros, 1995.

BONAVIDES, Paulo. *Constituinte e Constituição*, 2. ed., Fortaleza: IOCE, 1987.

BONAVIDES, Paulo. *Teoria do Estado*, 4. ed., São Paulo: Malheiros, 2003.

BONAVIDES, Paulo; ANDRADE, Paes de. *História Constitucional do Brasil*, 4. ed., Brasília: OAB Editora, 2002.

BONILHA, Paulo Celso B. *Da Prova no Processo Administrativo Tributário*, São Paulo: LTr, 1992.

BORGES, José Souto Maior. *Isenções Tributárias*, São Paulo: Sugestões Literárias, 1969.

BOSCH, Philippe van den. *A Filosofia e a Felicidade*, tradução de Maria Ermantina Galvão, São Paulo: Martins Fontes, 1998.

BOTTESINI, Maury Ângelo; FERNANDES, Odmir; CHIMENTI, Ricardo Cunha; ABRÃO, Carlos Henrique; ÁLVARES, Manoel. *Lei de Execução Fiscal Comentada e Anotada*, 3. ed., São Paulo: Revista dos Tribunais, 2000.

BRAGA, Valeschka e Silva. *Princípios da Proporcionalidade e da Razoabilidade*, Curitiba: Juruá, 2004.

BRITTO, Carlos Ayres. *Teoria da Constituição*, Rio de Janeiro: Forense, 2003.

BUCHANAN, James. *The limits of liberty*: between anarchy and leviathan. Indianapolis: Liberty fund, 2000.

BUENO, Cassio Scarpinella. "Mandado de Segurança Impetrado por Filial e o Novo art. 253, II, do Código de Processo Civil", em *Problemas de Processo Judicial Tributário*, v. 5, coord. Valdir de Oliveira Rocha, São Paulo: Dialética, 2002, p. 33-54.

BUENO, Cassio Scarpinella. *Liminar em Mandado de Segurança*: um Tema com Variações, São Paulo: Revista dos Tribunais, 1998.

BUENO, Cassio Scarpinella. *O Poder Público em Juízo*, 2. ed., São Paulo: Saraiva, 2003.

BUJÁN, Antonio Fernandez de. *La jurisdicción voluntaria*, Madrid: Civitas, 2001.

BUJÁN, Antonio Fernandez de. Principios tributarios: una visión desde el Derecho Romano. *Ius fiscale*: instrumentos de política financiera y principios informadores del sistema tributario romano. In: MARTÍNEZ, Juan Arrieta; YURRITA, Miguel Ángel Collado; PÉREZ, Juan Zornoza. *Tratado sobre la Ley General Tributaria*. Navarra: Aranzadi/Thomsom Reuters, 2010. t. I.

BURGOA, Ignacio. *El Juicio de Amparo*, 12. ed., México: Porrúa, 1977.

BUZAID, Alfredo. *Do Mandado de Segurança*: Do Mandado de Segurança Individual, São Paulo: Saraiva, 1989. v. 1.

BUZAID, Alfredo. *Estudos e Pareceres de Direito Processual Civil*, com notas de adaptação ao Direito vigente de Ada Pellegrini Grinover e Flávio Luiz Yarshell, São Paulo: Revista dos Tribunais, 2002.

CABRAL, Antônio da Silva. *Processo Administrativo Fiscal*, São Paulo: Saraiva, 1993.

CADAVID, Alberto Fernández. *La Contribución de Valorización en Colombia*, 2. ed., Bogotá: Temis, 1981.

CAETANO, Marcelo. *Direito Constitucional*, Rio de Janeiro: Forense, 1977.

CAIS, Cleide Previtalli. *O Processo Tributário*, 3. ed., São Paulo: Revista dos Tribunais, 2001.

CALAMANDREI, Piero. *Introdução ao Estudo Sistemático dos Procedimentos Cautelares*, tradução de Carla Roberta Andreasi Bassi, Campinas: Servanda, 2000.

486 PROCESSO TRIBUTÁRIO – *Machado Segundo*

CÂMARA, Alexandre Freitas. *Lições de Direito Processual Civil*. 20. ed. Rio de Janeiro: Lumen Juris, 2010. v. 1.

CÂMARA, Alexandre Freitas. *Lições de Direito Processual Civil*, 18. ed., Rio de Janeiro: Lumen Juris, 2010. v. 2.

CÂMARA, Alexandre Freitas. *Lições de Direito Processual Civil*, 16. ed., Rio de Janeiro: Lumen Juris, 2010. v. 3.

CAMPOS, Dejalma de. *Direito Processual Tributário*, 5. ed., São Paulo: Atlas, 1998.

CAMPOS, Francisco. *Direito Administrativo*, Rio de Janeiro: Freitas Bastos, 1958, v. II.

CANARIS, Claus-Wilhelm. *Pensamento Sistemático e Conceito de Sistema na Ciência do Direito*, tradução de A. Menezes Cordeiro, 2. ed., Lisboa: Calouste Gulbenkian, 1996.

CANOTILHO, J. J. Gomes. *Direito Constitucional e Teoria da Constituição*, 6. ed., Coimbra: Almedina, 2002.

CARCERES, Adriana Fabiola Martin. *La Prescripción del Crédito Tributario*. Madrid: Marcial Pons, 1994.

CARRIÓ, Genaro. *Notas sobre Derecho y Lenguage*. 6. ed. Buenos Aires: Abeledo Perrot, 2011.

CARNELLI, Lorenzo. *O Fato Notório*, tradução de Érico Maciel, Rio de Janeiro: José Konfino Editor, 1957.

CARNELUTTI, Francesco. *Sistema de Direito Processual Civil*, tradução de Hiltomar Martins Oliveira, São Paulo: Classicbook, 2000, 4 t.

CARNELUTTI, Francesco. *Como se Faz um Processo*, tradução de Hebe Caletti Marenco, Campinas: Minelli, 2002.

CARNELUTTI, Francesco. *Instituições do Processo Civil*, tradução de Adrián Sotero de Witt Batista, São Paulo: Classicbook, 2000, 3 v.

CARNELUTTI, Francesco. *La Prueba Civil*, tradução de Niceto Alcalá-Zamora y Castillo, 2. ed., Buenos Aires: Depalma, 1982.

CARNELUTTI, Francesco. *Teoria Geral do Direito*, tradução de Antônio Carlos Ferreira, São Paulo: Lejus, 1999.

CARRAZZA, Roque Antonio. *Curso de Direito Constitucional Tributário*, 17. ed., São Paulo: Malheiros, 2002.

CARVALHO, A. A. Contreiras de. *Processo Administrativo Tributário*, 2. ed., São Paulo: Resenha Universitária, 1978.

CARVALHO, Paulo de Barros. "A prova no procedimento administrativo tributário", em *Revista Dialética de Direito Tributário* nº 34, São Paulo: Dialética, julho de 1998.

CARVALHO, Paulo de Barros. *Curso de Direito Tributário*, 12. ed., São Paulo: Saraiva, 1999.

CASSONE, Vittorio; CASSONE, Maria Eugênia Teixeira. *Processo Tributário*: Teoria e Prática, 3. ed., São Paulo: Atlas, 2002.

CAVALCANTE, Denise Lucena. *Crédito Tributário*: a Função do Cidadão Contribuinte na Relação Tributária, São Paulo: Malheiros, 2004.

CAVALCANTE, Mantovanni Colares. "A Decadência no Mandado de Segurança Preventivo em Matéria Tributária", em *Revista Dialética de Direito Tributário*, nº 80, São Paulo: Dialética, p. 80-86, maio de 2002.

CAVALCANTE, Mantovanni Colares. "Aspectos Relevantes da Exceção de Pré-executividade", em *Problemas de Processo Judicial Tributário*, v. 4, coord. Valdir de Oliveira Rocha, São Paulo: Dialética, 2000, p. 203-232.

CAVALCANTE, Mantovanni Colares. *Mandado de Segurança*, São Paulo: Dialética, 2002.

CAVALCANTE, Mantovanni Colares. *Recursos Especial e Extraordinário*, São Paulo: Dialética, 2003.

CAVALCANTI, Themístocles Brandão. *Do Mandado de Segurança*, 3. ed., São Paulo: Saraiva, 1948.

CHIMENTI, Ricardo Cunha et al. *Curso de Direito Constitucional*, 2. ed., São Paulo: Saraiva, 2005.

CHIOVENDA, Giuseppe. *Instituições de Direito Processual Civil*, tradução de Paolo Capitanio, v. 1, Campinas: Bookseller, 1998.

CHIOVENDA, Giuseppe. *Instituições de Direito Processual Civil*, tradução da 2. edição italiana por J. Guimarães Menegale, São Paulo: Saraiva, 1965.

CINTRA, Antônio Carlos de Araújo. *Comentários ao Código de Processo Civil*, 2. ed., Rio de Janeiro: Forense, 2003, v. IV.

CINTRA, Antônio Carlos de Araújo; GRINOVER, Ada Pellegrini; DINAMARCO, Cândido Rangel, *Teoria Geral do Processo*, 18. ed., São Paulo: Malheiros, 2002.

CINTRA, Carlos César Sousa. *A Denúncia Espontânea no Direito Brasileiro*, 2000, dissertação (mestrado em Direito Tributário) – PUC, São Paulo.

COELHO, Sacha Calmon Navarro. *O Controle de Constitucionalidade das Leis e do Poder de Tributar na Constituição de 1988*, Belo Horizonte: Del Rey, 1992.

COMOGLIO, Luigi Paolo; FERRI, Corrado; TARUFFO, Michele. *Lezioni sul Processo Civile*, 2. ed., Bologna: Il Mulino, 1998.

CONRADO, Paulo César (Coord.). *Processo Tributário Analítico*, São Paulo: Dialética, 2003.

COPI, Irving M. *Introdução à Lógica*, tradução de Álvaro Cabral, 2. ed., São Paulo: Mestre Jou, 1978.

CRETELLA JÚNIOR, José. *Comentários à Constituição de 1988*, v. 2, Rio de Janeiro: Forense Universitária, 1989.

CRETELLA JÚNIOR, José. *Comentários às Leis do Mandado de Segurança*, São Paulo: Saraiva, 1979.

CRETELLA JÚNIOR, José. *Direito Administrativo do Brasil*: Processo Administrativo, São Paulo: Revista dos Tribunais, 1962, v. 5.

CUNHA, Sérgio Sérvulo da. *Fundamentos de Direito Constitucional*, São Paulo: Saraiva, 2004.

CUNHA, Leonardo Carneiro da. *A Fazenda Pública em Juízo*. 13. ed. Rio de Janeiro: Forense, 2016.

DALLARI, Dalmo de Abreu. *Constituição e Constituinte*, 3. ed., São Paulo: Saraiva, 1985.

DALLAZEM, Dalton. "As 'Agroindústrias' e as Contribuições Sociais Devidas em Função da Declaração de Inconstitucionalidade da Lei 8.870/94", em *Repertório IOB de Jurisprudência*, nº 16/98, c. 1, p. 387, texto 1/12564, 2ª quinzena de agosto de 1998.

DANTAS, Francisco Wildo Lacerda. "Exceção de Pré-executividade: Aspectos Teóricos e Práticos", em *Revista Dialética de Direito Tributário*, nº 24, p. 21-29, setembro de 1997.

DANTAS, Ivo. *Princípios Constitucionais e Interpretação Constitucional*, Rio de Janeiro: Lumen Juris, 1995.

DANTAS, Ivo. *O Valor da Constituição*: Do Controle de Constitucionalidade como Garantia da Supralegalidade Constitucional, Rio de Janeiro: Renovar, 1996.

DANTAS, Ivo. *Constituição Federal*: Teoria e Prática, Rio de Janeiro: Renovar, 1994, v. 1.

DELGADO, José Augusto. "A Reforma do Processo Civil (2005 a 2007) e a sua Repercussão no Processo Judicial Tributário. Alguns aspectos", *Revista Fórum de Direito Tributário – RFDT*, Belo Horizonte, ano 5, nº 28, p. 19-49.

DEL VECCHIO, Giorgio. *Lições de Filosofia do Direito*, 5. ed., tradução de António José Brandão, Coimbra: Arménio Amado, 1979.

DI PIETRO, Maria Sylvia Zanella. *Direito Administrativo*, 11. ed., São Paulo: Atlas, 1999.

488 | PROCESSO TRIBUTÁRIO – *Machado Segundo*

DIAS, Eduardo Rocha. "Alterações no Processo de Controle Abstrato de Constitucionalidade e a Extensão do Efeito Vinculante à Ação Direta de Inconstitucionalidade e à Arguição de Descumprimento de Preceito Fundamental", em *Revista Dialética de Direito Tributário* nº 55, São Paulo: Dialética, p. 50 a 70, abril de 2000.

DIDIER JR., Fredie. *Curso de Direito Processual Civil.* 12. ed. Salvador: Juspodivm, 2010, v. 1.

DIDIER JR., Fredie. *Curso de Direito Processual Civil.* 2. ed. Salvador: Juspodivm, 2010, v. 5.

DIDIER JR., Fredie; OLIVERIA, Rafael; BRAGA, Paula Sarno. *Curso de Direito Processual Civil.* 5. ed. Salvador: Jurspodivm, 2010, v. 2.

DIDIER JR., Fredie. ZANETI JR., Hermes. *Curso de Direito Processual Civil.* 5. ed. Salvador: Juspodivm, 2010, v. 4.

DIDIER JR., Fredie; CUNHA, Leonardo José Carneiro da. *Curso de Direito Processual Civil.* 8. ed. Salvador: Juspodivm, 2010, v. 3.

DINAMARCO, Cândido Rangel. *A Instrumentalidade do Processo*, 9. ed., São Paulo: Malheiros, 2001.

DINAMARCO, Cândido Rangel. *Instituições de Direito Processual Civil*, 3. ed., São Paulo: Malheiros, 2003, 3 v.

DIREITO, Carlos Alberto Menezes. *Manual do Mandado de Segurança*, Rio de Janeiro: Renovar, 1991.

DINIZ, Gustavo Saad. *Responsabilidade dos Administradores por Dívidas das Sociedades Limitadas*, 2. ed., Porto Alegre: Síntese, 2004.

DÓRIA, A. de Sampaio. *Direito Constitucional*, 5. ed., São Paulo: Max Limonad, 1962, v. 1, t. I e II.

DWORKIN, Ronald. *Levando os Direitos a Sério*, tradução de Nelson Boeria, São Paulo: Martins Fontes, 2002.

DWORKIN, Ronald. *O Império do Direito*, tradução de Jefferson Luiz Camargo, São Paulo: Martins Fontes, 1999.

DWORKIN, Ronald. *Uma Questão de Princípio*, tradução de Luís Carlos Borges, São Paulo: Martins Fontes, 2001.

EMERENCIANO, Adelmo da Silva. *Procedimentos Fiscalizatórios e a Defesa do Contribuinte*, Campinas: Copola, 1995.

ENGISCH, Karl. *Introdução ao Pensamento Jurídico*, traduzido por J. Baptista Machado, 8. ed., Lisboa: Fundação Calouste Gulbenkian, 2001.

ENTERRÍA, Eduardo García de. *La Constitución como Norma y el Tribunal Constitucional*, Madrid: Civitas, 1991.

FADEL, Sérgio Sahione. *Teoria e Prática do Mandado de Segurança*, 2. ed., Rio de Janeiro: José Konfino Editor, 1976.

FADEL, Sérgio Sahione. *Código de Processo Civil Comentado*, Rio de Janeiro: Konfino Editor, 1974, t. II.

FALCÃO, Amílcar de Araújo. *Fato Gerador da Obrigação Tributária*, 6. ed., Rio de Janeiro: Forense, 2002.

FADEL, Sérgio Sahione. *Sistema Tributário Brasileiro*: Discriminação de Rendas, Rio de Janeiro: Edições Financeiras, 1965.

FADEL, Sérgio Sahione. *Introdução ao Direito Tributário*, 3. ed., atualização de Flávio Bauer Novelli, Rio de Janeiro: Forense, 1987.

FALCÃO, Raimundo Bezerra. *Hermenêutica*, São Paulo: Malheiros, 1997.

FALCÃO, Raimundo Bezerra. "Ideias Acerca da Reforma do Poder Judiciário", em *NOMOS – Revista do Curso de Mestrado em Direito da UFC*, v. 22, jan./dez. 2003, p. 263 ss.

FALSITA, Gaspare. *Manuale di Diritto Tributario*, v. 1, parte generale, 3. ed., Padova: Cedam, 1999.

BIBLIOGRAFIA | **489**

FANUCCHI, Fábio. *Curso de Direito Tributário Brasileiro*, São Paulo: Resenha Tributária, 1971.

FAYT, Carlos S. *La Supremacía Constitucional y La Independencia de los jueces*, Buenos Aires: Depalma, 1994.

FAZZALARI, Elio. *Istituzioni di Diritto Processuale*, 8. ed., Padova: Cedam, 1996, reimpressão de abril de 2001.

FEITOSA, Francisco José Soares. "Do Direito de Fiscalizar: Quantas Vezes? Do Direito de Refazer o Auto de Infração", em *Revista Dialética de Direito Tributário* nº 37, p. 46.

FERREIRA, Pinto. *Comentários à Constituição Brasileira*, São Paulo: Saraiva, 1989, v. 1.

FERREIRA, Wolgran Junqueira. *Comentários à Constituição de 1988*, Campinas: Julex, 1989, v. 1.

FERREIRA FILHO, Manoel Gonçalves. *Comentários à Constituição Brasileira de 1988*, São Paulo: Saraiva, 1990, v. 1.

FIGUEIREDO, Lúcia Valle. "Mandado de segurança preventivo e decadência: breves considerações", em *Revista Dialética de Direito Tributário* nº 80, São Paulo: Dialética, p. 66-68, maio de 2002.

FLAKS, Milton. *Mandado de Segurança*: Pressupostos da Impetração. Rio de Janeiro: Forense, 1980.

FLÓRIDO, Luiz Augusto Irineu. *Curso de Direito Tributário*, 2. ed., São Paulo: Saraiva, 1981.

FRAGA, Gabino. *Derecho Administrativo*, 4. ed., México: Porrúa, 1948.

FRANCO SOBRINHO, Manoel de Oliveira. *A Prova Administrativa*, São Paulo: Saraiva, 1973.

FRANCO SOBRINHO, Manoel de Oliveira. *Estudos de Direito Público*, 2. ed., Brasília: Edições do Ministério da Justiça, 1977.

FUX, Luiz. *Curso de Direito Processual Civil*, 3. ed., Rio de Janeiro: Forense, 2005.

GASPARI, Elio. *A Ditadura Envergonhada*, São Paulo: Companhia das Letras, 2002.

GASPARI, Elio. *A Ditadura Escancarada*, São Paulo: Companhia das Letras, 2002.

GOLDSCHMIDT, James. *Teoría General del Proceso*, Barcelona: Editorial Labor, 1936.

GONÇALVES, José Artur Lima. *Imposto sobre a Renda*: Pressupostos Constitucionais, São Paulo: Malheiros, 1997.

GORDILLO, Agustin. *Princípios Gerais de Direito Público*, tradução de Marco Aurélio Greco, São Paulo: Revista dos Tribunais, 1977.

GRAU, Eros Roberto. *A Ordem Econômica na Constituição de 1988*, 6. ed., São Paulo: Malheiros, 2001.

GRANDAL, Ana María Pita. *La Prueba en el Procedimiento de Gestión Tributaria*, Madrid/Barcelona: Marcial Pons, 1998.

GRECO, Leonardo. "Exceção de Pré-executividade na Execução Fiscal", em *Problemas de Processo Judicial Tributário*, v. 4, coord. Valdir de Oliveira Rocha, São Paulo: Dialética, 2000, p. 185-202.

GRECO, Leonardo. *Instituições de Processo Civil*. 2. ed. Rio de Janeiro: Forense, 2010.

GRECO FILHO, Vicente. *Direito Processual Civil Brasileiro*, 8. ed., São Paulo: Saraiva, 1993, v. 1.

GRECO, Marco Aurélio. "Perempção no Direito Tributário", em *Princípios Tributários no Direito Brasileiro e Comparado*: Estudos em Homenagem a Gilberto de Ulhôa Canto, Rio de Janeiro: Forense, 1988.

GRECO, Marco Aurélio. *Planejamento Tributário*, São Paulo: Dialética, 2004.

GRECO, Marco Aurélio. *Contribuições*: uma Figura "Sui Generis", São Paulo: Dialética, 2000.

GRECO, Marco Aurélio. *Planejamento Fiscal e Interpretação da Lei Tributária*, São Paulo: Dialética, 1998.

GRECO, Marco Aurélio. *Dinâmica da Tributação*: uma Visão Funcional, 2. ed., Rio de Janeiro: Forense, 2007.

GRECO, Marco Aurélio. *Processo Constitucional e Direitos Fundamentais*, 3. ed., São Paulo: Celso Bastos, 2003.

GUERRA, Marcelo Lima. *Direitos Fundamentais e a Proteção do Credor na Execução Civil*, São Paulo: Revista dos Tribunais, 2003.

GUERRA, Marcelo Lima. *Estudos sobre o Processo Cautelar*, São Paulo: Malheiros, 1997.

GUERRA, Marcelo Lima. *Execução Forçada*: Controle de Admissibilidade, 2. ed., São Paulo: RT, 1998.

GUERRA FILHO, Willis Santiago. *Teoria Processual da Constituição*, São Paulo: Celso Bastos Editor/ Instituto Brasileiro de Direito Constitucional, 2000.

GUERRERO, Luis Corral. *El Derecho del Contribuyente a la Devolución de Impuestos*: Introducción a una Teoría General, Madrid: Edersa, 1977.

GUIMARÃES, Ylves José de Miranda. *Comentários à Constituição*: Direitos e Garantias Individuais e Coletivas, 2. ed., Rio de Janeiro: Forense, 1989.

HÄBERLE, Peter. "El Proceso Constitucional en Europa", em *Revista Latino-Americana de Estudos Constitucionais*, dir. Paulo Bonavides, nº 3, janeiro/junho de 2004, Belo Horizonte: Del Rey, p. 35 ss.

HEGEL, G. W. F. *Princípios de Filosofia do Direito*, tradução de Orlando Vitorino, São Paulo: Martins Fontes, 1997.

HOFFMANN, Susy Gomes. *Teoria da Prova no Direito Tributário*, Campinas: Copola, 1999.

HORVATH, Estevão. "A Competência da Justiça do Trabalho, Atribuída por Emenda Constitucional, para Executar de Ofício Contribuições Previdenciárias Decorrentes de Decisões que Proferir", em *Grandes Questões Atuais do Direito Tributário*, v. 6, coord. Valdir de Oliveira Rocha, São Paulo: Dialética, 2002, p. 73-84.

HORVATH, Estevão. *Lançamento Tributário e "Autolançamento"*, São Paulo: Dialética, 1997.

KAUFMANN, Arthur. *Filosofia do Direito*, tradução de António Ulisses Cortês, Lisboa: Fundação Calouste Gulbenkian, 2004.

KELSEN, Hans. *Teoria Pura do Direito*, tradução de João Baptista Machado, 6. ed., 4. tiragem, São Paulo: Martins Fontes, 2000.

KELSEN, Hans. *Jurisdição Constitucional*, tradução do alemão: Alexandre Krug, tradução do italiano: Eduardo Brandão, tradução do francês: Maria Ermantina Galvão, São Paulo: Martins Fontes, 2003.

KIRCHHOF, Paul. *Tributação no Estado Constitucional*. Tradução de Paulo Adamy. São Paulo: Quartier Latin, 2016.

LACERDA, Galeno. *Teoria Geral do Processo.* Rio de Janeiro: Forense, 2006.

LAPATZA, José Juan Ferreiro; QUERALT, Juan Martin; HERNANDEZ, Francisco Clavijo; PEREZ ROYO, Fernando. *Curso de Derecho Tributario*, 8. ed., Madrid: Marcial Pons, 1992.

LAPATZA, José Juan Ferreiro. *Ensayos sobre Metodología y Técnica Jurídica en el Derecho Financiero y Tributario*, Madrid/Barcelona: Marcial Pons, 1998.

LARENZ, Karl. *Metodologia da Ciência do Direito*, traduzido por José Lamego, 3. ed., Lisboa: Fundação Calouste Gulbenkian, 1997.

LARENZ, Karl. *Derecho Justo*: Fundamentos de Etica Jurídica, tradução de Luis Díez-Picazo, Madrid: Civitas, 2001.

LEIRIA, Maria Lúcia Luz. "Exceção de Pré-executividade na Execução Fiscal", em *Revista Dialética de Direito Tributário* nº 94, São Paulo: Dialética, p. 78-85, março de 2003.

LIEBMAN, Enrico Tullio. *Manual de Direito Processual Civil*, tradução de Cândido Rangel Dinamarco, Rio de Janeiro: Forense, 1984, v. 1.

LIMA, Eusébio de Queiroz. *Teoria do Estado*, 8. ed., Rio de Janeiro: Record, 1957.

LIMA, Francisco Gérson Marques de. *Fundamentos Constitucionais do Processo*, São Paulo: Malheiros, 2002.

LIMA, Francisco Gérson Marques de. *O Supremo Tribunal Federal na Crise Institucional Brasileira*, Fortaleza: ABC/Fortlivros, 2001.

LIMA, Francisco Meton Marques. *O Resgate dos Valores na Interpretação Constitucional*: Por uma Hermenêutica Reabilitadora do Homem como "Ser Moralmente Melhor", Fortaleza: ABC/Fortlivros, 2001.

LINARES QUINTANA, Segundo V., *Tratado de Interpretación Constitucional*, Buenos Aires: Abeledo--Perrot, 1998.

LÓPES, Roberto Fernández. *La Comprobación de Hechos por la Inspección de los Tributos*, Madrid/Barcelona: Marcial Pons, 1998.

LOPES, Simone Anacleto. Anteprojeto de lei geral de transação em matéria tributária: uma análise jurídica. *Revista Fórum de Direito Tributário – RFDT*. Belo Horizonte: Fórum, ano 7, n. 38, p. 9-26, mar/abr/2009.

LOPES FILHO, Juraci Mourão. "A Processualidade Administrativo-tributária como Garantia Fundamental dos Contribuintes Diante da Atividade da Receita Federal", em *Revista Dialética de Direito Tributário* nº 84, São Paulo: Dialética, p. 75-87, setembro de 2002.

MAC-GREGOR, Eduardo Ferrer. "Derecho Procesal Constitucional Local en México", em *Revista Latino-Americana de Estudos Constitucionais*, dir. Paulo Bonavides, nº 3, janeiro/junho de 2004, Belo Horizonte: Del Rey, p. 267 ss.

MACHADO, Hugo de Brito. "Ação Popular em Matéria Tributária", em *Repertório IOB de Jurisprudência*, São Paulo: IOB, nº 03/91, c. 1, 1ª quinzena de fevereiro de 1991.

MACHADO, Hugo de Brito. "Cautelar Fiscal", em *Revista Trimestral de Jurisprudência dos Estados* v. 102, p. 33-39.

MACHADO, Hugo de Brito. "Confissão de Dívida Tributária", em *Revista Jurídica LEMI* nº 184, Belo Horizonte: Lemi, março de 1983.

MACHADO, Hugo de Brito. "Contribuição Previdenciária das Agroindústrias – Declaração de Inconstitucionalidade do § 2º do art. 25 da Lei nº 8.870/94 – Seu Alcance. Inexistência de Efeitos Retroativos em Prejuízo do Contribuinte", em *Revista Dialética de Direito Tributário* nº 56, São Paulo: Dialética, p. 89-102, maio de 2000.

MACHADO, Hugo de Brito. "Depósito Judicial e Lançamento por Homologação", em *Revista Dialética de Direito Tributário* nº 49, São Paulo: Dialética, p. 52-55, outubro de 1999.

MACHADO, Hugo de Brito. "Juízo de Admissibilidade na Execução Fiscal", em *Revista Dialética de Direito Tributário* nº 22, São Paulo: Dialética, p. 18-23, julho de 1997.

MACHADO, Hugo de Brito. "Lançamento para Evitar a Decadência", em *Revista Dialética de Direito Tributário* nº 51, São Paulo: Dialética, p. 67-70, dezembro de 1999.

MACHADO, Hugo de Brito. "Ministério Público e Ação Civil Pública em Matéria Tributária", em *Revista Dialética de Direito Tributário* nº 52, São Paulo: Dialética, p. 84-90, janeiro de 2000.

MACHADO, Hugo de Brito. "Penhora Insuficiente e o Direito de Embargos", em *Revista Dialética de Direito Tributário* nº 82.

MACHADO, Hugo de Brito. "O objeto da prova pericial", em *Revista dos Tribunais* nº 690, p. 276-277, abril de 1993.

MACHADO, Hugo de Brito. "O Processualismo e o Desempenho do Poder Judiciário", em *Desafios do Século XXI*, coord. Ives Gandra da Silva Martins, São Paulo: Pioneira: Academia Internacional de Direito e Economia, 1997.

MACHADO, Hugo de Brito. "Tutela Jurisdicional Antecipada na Repetição do Indébito Tributário", em *Revista Dialética de Direito Tributário* nº 5, São Paulo: Dialética, p. 42-49, fevereiro de 1996.

MACHADO, Hugo de Brito. *Aspectos Fundamentais do ICMS*, 2. ed., São Paulo: Dialética, 1999.

MACHADO, Hugo de Brito. *Comentários ao Código Tributário Nacional*, São Paulo: Atlas, v. 1, 2 e 3, 2003/2004/2005.

MACHADO, Hugo de Brito. *Curso de Direito Tributário*, 27. ed., São Paulo: Malheiros, 2006.

MACHADO, Hugo de Brito. *Temas de Direito Tributário II*, São Paulo: Malheiros, 1994.

MACHADO, Hugo de Brito. *Mandado de Segurança em Matéria Tributária*, 5. ed., São Paulo: Dialética, 2003.

MACHADO, Hugo de Brito. *Os Princípios Jurídicos da Tributação na Constituição de 1988*, 4. ed., São Paulo: Dialética, 2001.

MACHADO, Hugo de Brito. *Uma Introdução ao Estudo do Direito*, 2. ed., São Paulo: Atlas, 2004.

MACHADO, Hugo de Brito. *Responsabilidade pessoal do agente público por danos ao contribuinte*. São Paulo: Malheiros, 2017.

MACHADO, Hugo de Brito (Coord.), *Lançamento Tributário e Decadência*, São Paulo/Fortaleza: Dialética/ICET, 2002.

MACHADO, Hugo de Brito. *Repetição do Indébito e Compensação no Direito Tributário*, São Paulo/Fortaleza: Dialética/ICET, 1999.

MACHADO, Hugo de Brito. *Coisa Julgada, Constitucionalidade e Legalidade em Matéria Tributária*, São Paulo/Fortaleza: Dialética/ICET, 2006.

MACHADO, Raquel Cavalcanti Ramos. "A Prova no Processo Tributário: Presunção de Validade do Ato Administrativo e Ônus da Prova", em *Revista Dialética de Direito Tributário* nº 96, São Paulo: Dialética, p. 77-88, setembro de 2003.

MACHADO, Raquel Cavalcanti Ramos. "O Interesse Público como Fundamento para Relativização de Direitos do Contribuinte", em *Revista Fórum de Direito Tributário* nº 4, Belo Horizonte: Editora Fórum, p. 75-89, jul./ago. 2003.

MACHADO, Raquel Cavalcanti Ramos. "Refis: Adesão Voluntária, Eficiência da Administração e Exclusão Sumária e Unilateral", em *Revista Dialética de Direito Tributário* nº 92, São Paulo: Dialética, p. 47-56, maio de 2003.

MACHADO, Raquel Cavalcanti Ramos. "Responsabilidade do Sócio por Créditos Tributários Lançados contra a Pessoa Jurídica: os arts. 124, II, 134 e 135 do CTN, o art. 13 da Lei 8.620/93 e a razoabilidade", em *RDDT* 114, p. 84 a 93.

MACHADO, Raquel Cavalcanti Ramos. "Competência para Declarar a Insuficiência da Penhora e seus Reflexos na Emissão de Certidão Positiva com Efeito de Negativa", em *RDDT* 123, p. 73 ss.

MACHADO, Raquel Cavalcanti Ramos. *Interesse Público e Direitos do Contribuinte*. São Paulo: Dialética, 2007.

MACHADO, Schubert de Farias. "A 'Sucumbência' do Vitorioso na Execução Fiscal", em *TRIBUTO – Revista do Instituto Cearense de Estudos Tributários* nº 3, Fortaleza: ICET, p. 201-212, jul./2001 – jul./2002.

MACHADO, Schubert de Farias. "A 'Sucumbência' do Vitorioso na Execução Fiscal", em *Revista Dialética de Direito Tributário* nº 88, São Paulo: Dialética, p. 73-79, janeiro de 2003.

MACHADO, Schubert de Farias. "A Decisão Definitiva no Processo Administrativo Tributário e o Ingresso da Fazenda Pública em Juízo", em *Revista Dialética de Direito Tributário* nº 76, São Paulo: Dialética, p. 102-118, janeiro de 2002.

MACHADO, Schubert de Farias. "Alterações na Rescisória", em *Revista Dialética de Direito Tributário* nº 34, São Paulo: Dialética, p. 76-84, julho de 1998.

MACHADO, Schubert de Farias. "Defesa do Executado antes da Penhora", em *Revista Dialética de Direito Tributário* nº 22, São Paulo: Dialética, p. 63-72, julho de 1997.

MACHADO SEGUNDO, Hugo de Brito; MACHADO, Raquel Cavalcanti Ramos. "O § 4º do Art. 20 do CPC e a Sucumbência da Fazenda Pública", em *Revista Dialética de Direito Tributário* nº 86, São Paulo: Dialética, p. 60-76, novembro de 2002.

MACHADO SEGUNDO, Hugo de Brito; MACHADO, Raquel Cavalcanti Ramos. "O Formalismo e a Instrumentalidade do Processo: Questões Relativas à Instrução do Agravo de Instrumento", em *Revista Dialética de Direito Processual* nº 2, São Paulo: Dialética, p. 29-43, maio de 2003.

MACHADO SEGUNDO, Hugo de Brito; MACHADO, Raquel Cavalcanti Ramos. "As Contribuições no Sistema Tributário Brasileiro", em *As Contribuições no Sistema Tributário Brasileiro*, coord. Hugo de Brito Machado, São Paulo/Fortaleza: Dialética/ICET, 2003, p. 269-307.

MACHADO SEGUNDO, Hugo de Brito; MACHADO, Raquel Cavalcanti Ramos. "O Razoável e o Proporcional em Matéria Tributária", em *Grandes Questões Atuais do Direito Tributário*, v. 8, coord. Valdir de Oliveira Rocha, São Paulo: Dialética, 2004.

MACHADO SEGUNDO, Hugo de Brito. "Isenção Tributária Individual", em *Tributo – Revista do Instituto Cearense de Estudos Tributários – ICET* nº 1, Fortaleza: ICET, p. 67-78, julho/dezembro de 2000.

MACHADO SEGUNDO, Hugo de Brito. "Impossibilidade de Declaração de Inconstitucionalidade de Lei pela Autoridade Administrativa de Julgamento", em *Revista Dialética de Direito Tributário*, nº 98, São Paulo: Dialética, p. 91-99, novembro de 2003.

MACHADO SEGUNDO, Hugo de Brito. "Substituição Tributária e Realidades Afins. Legitimidade Ativa *Ad Causam*", em *Revista Dialética de Direito Tributário* nº 68, São Paulo: Dialética, p. 61-76, maio de 2001.

MACHADO SEGUNDO, Hugo de Brito. *Contribuições e Federalismo*, São Paulo: Dialética, 2005.

MACHADO SEGUNDO, Hugo de Brito. *Repetição do tributo indireto*: incoerências e contradições. São Paulo: Malheiros, 2011.

MACHADO SEGUNDO, Hugo de Brito. Ainda a restituição dos tributos indiretos. *Revista Nomos*, v. 32.2, Fortaleza: UFC, p. 223-274, 2012

MAGALHÃES FILHO, Glauco Barreira. *Hermenêutica e Unidade Axiológica da Constituição*, Belo Horizonte: Mandamentos, 2001.

MAIA, Mary Elbe Gomes Queiroz. *Do Lançamento Tributário*: Execução e Controle, São Paulo: Dialética, 1999.

MAIA FILHO, Napoleão Nunes. *Direito Processual*: Quatro Ensaios, Fortaleza: UFC/Casa de José de Alencar, 1999.

MAIA FILHO, Napoleão Nunes. *Estudo Sistemático da Tutela Antecipada*, Fortaleza: Gráfica Nacional, 2003.

MAIA FILHO, Napoleão Nunes. *Estudos Processuais sobre o Mandado de Segurança*, Fortaleza: UFC/Casa de José de Alencar, 2000.

MAIA FILHO, Napoleão Nunes. *Estudos Temáticos de Direito Constitucional*, Fortaleza: UFC/Casa José de Alencar, 2000.

MAIA FILHO, Napoleão Nunes. *O Direito de Recorrer*: Introdução ao Estudo do Sistema Recursal, Fortaleza: UFC/Casa José de Alencar, 2002.

MAIA FILHO, Napoleão Nunes. "O Modo Processual de Solucionar os Conflitos", em *NOMOS – Revista do Curso de Mestrado em Direito da UFC*, v. 22, jan./dez. 2003, p. 217 ss.

MAIA FILHO, Napoleão Nunes. *Quatro Estudos Temáticos de Processo Civil*, Fortaleza: Imprece, 2004.

MARÍN, Rafael Hernández. *Introducción a la Teoría de la Norma Jurídica*, 2. ed., Madri/Barcelona: Marcial Pons, 2002.

MARINONI, Luiz Guilherme. *Curso de Processo Civil*: Teoria Geral do Processo. 4. ed. São Paulo: Revista dos Tribunais, 2010.

MARINS, James. "Ação Declaratória em Matéria Tributária: Notas sobre suas Particularidades", em *Problemas de Processo Judicial Tributário*, v. 4, coord. Valdir de Oliveira Rocha, São Paulo: Dialética, 2000, p. 147-164.

MARINS, James. *Defesa e Vulnerabilidade do Contribuinte*. São Paulo: Dialética, 2009, *passim*.

MARINS, James. "Incondicionalidade a Depósito da Liminar no Mandado de Segurança em Matéria Tributária (Enfoque Constitucional)", em *Repertório de Jurisprudência e doutrina sobre Processo Tributário*, coord. Teresa Arruda Alvim, James Marins e Eduardo Arruda Alvim, São Paulo: Revista dos Tribunais, 1994.

MARINS, James. *Direito Processual Tributário Brasileiro*, 4. ed., São Paulo: Dialética, 2005.

MARINS, James. *Princípios Fundamentais do Direito Processual Tributário*, São Paulo: Dialética, 1998.

MARTINEZ, Ernesto Eseverri. *Presunciones Legales y Derecho Tributario*, Madrid: Instituto de Estudios Fiscales/Marcial Pons, 1995.

MARTÍNEZ, Juan Arrieta; YURRITA, Miguel Ángel Collado; PÉREZ, Juan Zornoza. *Tratado sobre la Ley General Tributaria*. Navarra: Aranzadi/Thomsom Reuters, 2010. t. I.

MARTÍNEZ, Soares. *Direito Fiscal*, 7. ed., Coimbra: Almedina, 1995.

MARTINS, Ives Gandra da Silva (Coord.), *Processo Administrativo Tributário*, 2. ed., São Paulo: CEU/RT, 2002.

MARTINS, Ives Gandra da Silva. *Processo Judicial Tributário*, São Paulo: Quartier Latin/CEU, 2005.

MATA, Brenno Guimarães Alves da. "A Citação Postal na Execução Fiscal", em *Revista da Procuradoria do INSS*, v. 8, nº 1, p. 44, abr./jun. de 2001.

MATIAS, João Luis Nogueira. *Responsabilidade Tributária de Sócios no Mercosul*, Belo Horizonte: Mandamentos, 2001.

MEDAUAR, Odete. *Direito Administrativo Moderno*, 6. ed., São Paulo: Revista dos Tribunais, 2002.

MEDINA, Paulo Roberto de Gouvêa. "Processo Civil e Constituição", em *Revista Latino-Americana de Estudos Constitucionais*, dir. Paulo Bonavides, nº 3, janeiro/junho de 2004, Belo Horizonte: Del Rey, p. 237 ss.

MEIRELES, Hely Lopes. *Direito Administrativo Brasileiro*, 22. ed., atualizada por Eurico de Andrade Azevedo, Délcio Balestero Aleixo e José Emmanuel Burle Filho, São Paulo: Malheiros, 1997.

MELLO, Celso Antônio Bandeira de. *Conteúdo Jurídico do Princípio da Igualdade*, 3. ed., São Paulo: Malheiros, 1993.

MELLO, Celso Antônio Bandeira de. *Curso de Direito Administrativo*, 9. ed., São Paulo: Malheiros, 1997.

MELO, Leonardo Augusto Santos. "A Exceção de Pré-executividade na Execução Fiscal", em *Revista Dialética de Direito Tributário* nº 78, São Paulo: Dialética, p. 57-72, março de 2002.

MENDES, Gilmar Ferreira. *Direitos Fundamentais e Controle de Constitucionalidade*, 2. ed., São Paulo: Celso Bastos Editor/Instituto Brasileiro de Direito Constitucional, 1999.

MIRANDA, Pontes de. *Comentários à Constituição de 1946*, 3. ed., Rio de Janeiro: Borsoi, 1960, t. 2.

MIRANDA, Pontes de. *Comentários à Constituição de 1967, com a Emenda nº 1 de 1969*, 2. ed., São Paulo: Revista dos Tribunais, 1970/1971, t. 1, 2 e 5.

MIRANDA, Pontes de. *Comentários ao Código de Processo Civil*, 2. ed., t. 3, Rio de Janeiro: Forense, 1974.

MIRANDA, Pontes de. *Comentários ao Código de Processo Civil*, atualizado por Sérgio Bermudes, 5. ed., Tomo I, Rio de Janeiro: Forense, 2001.

MIRANDA, Pontes de. *Comentários ao Código de Processo Civil*, 3. ed., atualização legislativa de Sérgio Bermudes, Rio de Janeiro: Forense, 1997, t. V.

MIRANDA, Pontes de. *Garra, Mão e Dedo*, revisto e prefaciado por Vilson Rodrigues Alves, Campinas: Bookseller, 2002.

MIRANDA, Pontes de. *História e Prática do Habeas Corpus*, Atualizado por Vilson Rodrigues Alves, Campinas: Bookseller, 1999, t. 1.

MIRANDA, Pontes de. *Sistema de Ciência Positiva do Direito*, Atualizado por Vilson Rodrigues Alves, Campinas: Bookseller, 2000, v. 2, 4 t.

MIRANDA, Pontes de. *Tratado da Ação Rescisória*, atualizado por Vilson Rodrigues Alves, Campinas: Bookseller, 1998.

MIRANDA, Pontes de. *Tratado de Direito Privado*, 3. ed., t. 1, Rio de Janeiro: Borsoi, 1970.

MORAES, Alexandre de. *Constituição do Brasil Interpretada e Legislação Constitucional*, São Paulo: Atlas, 2002.

MORAES, Alexandre de. *Direito Constitucional*, 18. ed., São Paulo: Atlas, 2005.

MORAES, Alexandre de. *Jurisdição Constitucional e Tribunais Constitucionais*: Garantia Suprema da Constituição, São Paulo: Atlas, 2000.

MORAES, Germana de Oliveira. *Controle Jurisdicional da Administração Pública*, São Paulo: Dialética, 1999.

MOREIRA, José Carlos Barbosa. "Questões Velhas e Novas em Matéria de Classificação de Sentenças", em *Revista Dialética de Direito Processual* nº 7, São Paulo: Dialética, p. 26-38, outubro de 2003.

MOREIRA, José Carlos Barbosa. *Comentários ao Código de Processo Civil*, 11. ed., Rio de Janeiro: Forense, 2003.

MOREIRA, José Carlos Barbosa. "Notas sobre o Problema da Efetividade do Processo", em *Temas de Direito Processual*, terceira série, São Paulo: Saraiva, 1984, p. 27 ss.

MOSCHETTI, Giovanni. "Utilizzo di Dichiarazioni di Terzo e Divieto di Prova Testimoniale Nel Processo Tributario", em *Estratto da Diritto e Pratica Tributaria*, v. LXX (1999), nº 1.

NASCIMENTO, Carlos Valder do (Coord.). *Comentários ao Código Tributário Nacional*, Rio de Janeiro: Forense, 1997.

NAWIASKY, Hans. *Teoría General del Derecho*, tradução de José Zafra Valverde, Granada: Comares, 2002.

NEDER, Marcos Vinícius; LOPÉZ, Maria Teresa Martinez. *Processo Administrativo Fiscal Federal Comentado*, São Paulo: Dialética, 2002.

NEGRÃO, Theotonio; GOUVÊA, José Roberto Ferreira. *Código de Processo Civil e Legislação Processual em Vigor*, 35. ed., São Paulo: Saraiva, 2003.

NOGUEIRA, Ruy Barbosa. *Curso de Direito Tributário*, 15. ed., São Paulo: Saraiva, 1999.

NOGUEIRA, Ruy Barbosa. *Direito Tributário Aplicado e Comparado*, v. 2, Rio de Janeiro: Forense, 1977.

NUNES, Cleucio Santos. *Teoria e Prática do Processo Tributário*, São Paulo: Dialética, 2002.

OLIVEIRA, Angelina Mariz de. "Suspensão de Liminar e de Sentença em Mandado de Segurança, na Jurisprudência das Cortes Superiores", em *Revista Dialética de Direito Processual* nº 36, São Paulo: Dialética, Março de 2006, p. 9-22.

496 PROCESSO TRIBUTÁRIO – *Machado Segundo*

OLIVEIRA, Fábio Leopoldo de. *Curso Expositivo de Direito Tributário*, São Paulo: Resenha Universitária, 1976.

OLIVEIRA, Maria Alessandra Brasileiro de. *Leis Complementares*: Hierarquia e Importância na Ordem Jurídico-Tributária, Rio de Janeiro: Letra Legal, 2004.

ORTEGA, Manuel Segura. *La Racionalidad Jurídica*, Madrid: Tecnos, 1998.

PACHECO, José da Silva. *Comentários à Nova Lei de Execução Fiscal*, São Paulo: Saraiva, 1981.

PACHECO, José da Silva. *O Mandado de Segurança e Outras Ações Constitucionais Típicas*, São Paulo: Revista dos Tribunais, 1990.

PAULON, Rosana Marques. "O Documento Eletrônico no Processo Administrativo Fiscal", em *Revista Dialética de Direito Tributário* nº 60, São Paulo: Dialética, p. 120-130, setembro de 2000.

PAULSEN, Leandro. *Direito Tributário*: Constituição e Código Tributário à Luz da Doutrina e da Jurisprudência, 7. ed., Porto Alegre: Livraria do Advogado/Esmafe, 2005.

PAVES, María José Fernandes. *La Autoliquidación Tributaria*, Madrid: Instituto de Estudios Fiscales/ Marcial Pons, 1995.

PERELMAN, Chaïm; OLBRECHTS-TYTECA, Lucie. *Tratado da Argumentação*: A Nova Retórica, tradução de Maria Ermantina Galvão, 4ª tiragem, São Paulo: Martins Fontes, 2000.

PERELMAN, Chaïm. *Ética e Direito*, tradução de Maria Ermantina Galvão, 3ª tiragem, São Paulo: Martins Fontes, 2000.

PERELMAN, Chaïm. *Lógica Jurídica*, tradução de Vergínia K. Pupi, São Paulo: Martins Fontes, 2000.

PETRAZYCKI, L. V. *Über die Motive des Handelns und Über das Wesen der Moral und Rechts*, Berlin, Müller, 1907.

PIMENTA, Marcos Rogério Lyrio. "A Prescrição Intercorrente no Processo Administrativo Tributário", em *Revista Dialética de Direito Tributário* nº 71, São Paulo: Dialética, p. 119-126, agosto de 2001.

PINTO, Adriano. "Processo Administrativo: Recurso Hierárquico", em *Revista Dialética de Direito Tributário*, nº 92, São Paulo: Dialética, p. 7-11, maio de 2003.

PINTO, Paulo Brossard de Souza; GOLDSCHIMIDT, Fabio Brun. "A Inconstitucionalidade do Depósito de 30% da MP 1.863 após o Julgamento das ADIns 1.922-9 e 1.976-7 pelo STF: Considerações sobre o Devido Processo Substantivo", em *Revista Dialética de Direito Tributário;* nº 54, São Paulo: Dialética, p. 77-83, março de 2000.

PONTES, Helenilson Cunha. *O Princípio da Proporcionalidade e o Direito Tributário*, São Paulo: Dialética, 2000.

PONTES, Helenilson Cunha. *Coisa Julgada Tributária e Inconstitucionalidade*, São Paulo: Dialética, 2005.

PONTES, Valmir. *Programa de Direito Administrativo*, 2. ed., São Paulo: Sugestões Literárias, 1968.

PONTES, Valmir. *Elementos de Direito Administrativo*, 2. ed., São Paulo: Sugestões Literárias, 1968.

PONTES FILHO, Valmir. *Curso Fundamental de Direito Constitucional*, São Paulo: Dialética, 2001.

POPPER, Karl. *A lógica das ciências sociais*. Tradução de Estévão de Rezende Martins. 3. ed. Rio de Janeiro: Tempo Brasileiro, 2004.

QUEIROZ, Luís Cesar Souza de. *Sujeição Passiva Tributária*, Rio de Janeiro: Forense, 1998.

RADBRUCH, Gustav; SCHIMIDT, E.; WELZEL, H. *Derecho Injusto y Derecho Nulo*, tradução de José Maria Rodriguez Paniagua, Madrid: Aguilar, 1971.

RADBRUCH, Gustav. *Filosofia do Direito*, tradução de Cabral de Moncada, 6. ed., Coimbra: Arménio Amado, 1997.

BIBLIOGRAFIA | **497**

RÁO, Vicente. *O Direito e a Vida dos Direitos*, 5. ed., anotada e atualizada por Ovídio Rocha Barros Sandoval. São Paulo: Revista dos Tribunais, 1999.

REALE, Miguel. *Direito Administrativo*, Rio de Janeiro: Forense, 1969.

RIBEIRO NETO, José. *Regulamento do ICMS-CE Integralmente Comentado*, Fortaleza: Tipogresso, 2002.

RIDLEY, Matt. *The evolution of everything*: how new ideas emerge. New York: Harper Collins, 2015.

RIVERA, Reinaldo Chaves. "Ação Direta de Inconstitucionalidade – Efeitos – A Cobrança de Contribuições Previdenciárias das Agroindústrias", em *Revista Dialética de Direito Tributário* nº 32, São Paulo: Dialética, p. 61-77, maio de 1998.

ROCHA, Cármen Lúcia Antunes. *Princípios Constitucionais da Administração Pública*, Belo Horizonte: Del Rey, 1994.

ROCHA, Fernando Luiz Ximenes. *Controle de Constitucionalidade das Leis Municipais*, 2. ed., São Paulo: Atlas, 2003.

ROCHA, Fernando Luiz Ximenes. "Da Liminar em Mandado de Segurança", em *Revista da Faculdade de Direito da UFC*, v. 30, nº 1, jan./jun. 1989, p. 174 ss.

ROCHA, José de Albuquerque. *Estudos sobre o Poder Judiciário*, São Paulo: Malheiros, 1995.

ROCHA, José de Albuquerque. *Teoria Geral do Processo*, 3. ed., São Paulo: Malheiros, 1996.

ROCHA, José de Moura. *Mandado de Segurança*: A Defesa dos Direitos Individuais, Rio de Janeiro: Aide, 1982.

ROCHA, Maria Elizabeth Guimarães Teixeira. "O Controle de Constitucionalidade e o Exercício do Poder Reformador no Brasil", em *Revista Latino-Americana de Estudos Constitucionais*, dir. Paulo Bonavides, nº 3, jan./jun. 2004, Belo Horizonte: Del Rey, p. 351 ss.

ROCHA, Valdir de Oliveira. *Determinação do Montante do Tributo*, 2. ed., São Paulo: Dialética, 1995.

ROCHA, Valdir de Oliveira. *A Consulta Fiscal*, São Paulo: Dialética, 1996.

ROCHA, Valdir de Oliveira (Coord.). *Problemas de Processo Judicial Tributário*, v. 5, São Paulo: Dialética, 2002.

ROCHA, Valdir de Oliveira (Coord.). *Problemas de Processo Judicial Tributário*, v. 4, São Paulo: Dialética, 2001.

ROCHA, Valdir de Oliveira (Coord.). *Problemas de Processo Judicial Tributário*, v. 2, São Paulo: Dialética, 1998.

ROCHA, Valdir de Oliveira. *Processo Administrativo Fiscal*, v. 3, São Paulo: Dialética, 1998.

ROCHA NETO, Manuel Luís da. "Prazo Decadencial para Constituição do Crédito Tributário: Levantamento das Quantias Depositadas em Juízo", em *Revista Dialética de Direito Tributário* nº 47, São Paulo: Dialética, p. 78-87, agosto de 1999.

RODRIGUES, Carlos Roberto Martins. "A Crise e a Evolução do Conceito de Serviço Público", em *Revista do Curso de Direito da UFC*, v. 21, jan./jun. 1980, p. 7 ss.

RODRIGUES, Marcelo Abelha. *Elementos de Direito Processual Civil*, 3. ed. São Paulo: Revista dos Tribunais, 2003, v. 1.

ROMANO, Santi. *Princípios de Direito Constitucional Geral*, tradução de Maria Helena Diniz, São Paulo: Revista dos Tribunais, 1977.

ROSAS, Roberto. "Exceção de Pré-executividade e Devido Processo Legal", em *Revista Dialética de Direito Tributário* nº 1, São Paulo: Dialética, p. 171-175, abril de 2003.

ROSEMBUJ, Tulio. *Elementos de Derecho Tributario*, Barcelona: Editorial Bleme, 1982.

498 PROCESSO TRIBUTÁRIO – *Machado Segundo*

ROULAND, Norbert. *Nos Confins do Direito*, tradução de Maria Ermantina de Almeida Prado Galvão, São Paulo: Martins Fontes, 2003.

SÁ, Rodrigo César Caldas de. "Exceção de Pré-executividade e a Fazenda Pública: Pode Alguém ser Submetido a Processo Executivo sem Pressupostos ou Condições de Constituição ou Desenvolvimento Regular?", em *Revista Dialética de Direito Tributário* nº 54, São Paulo: Dialética, p. 95-104, fevereiro de 2000.

SANTOS, Moacyr Amaral. *Primeiras Linhas de Direito Processual Civil*, 14. ed., São Paulo: Saraiva, 1990, v. 1.

SANTOS, Moacyr Amaral. *Primeiras Linhas de Direito Processual Civil*, 13. ed., São Paulo: Saraiva, 1990, v. 2.

SANTOS, Moacyr Amaral. *Comentários ao Código de Processo Civil*, Rio de Janeiro: Forense, v. IV, 1976.

SCHOUERI, Luís Eduardo (Coord.), *Direito Tributário*: Estudos em Homenagem a Alcides Jorge Costa, São Paulo: Quartier Latin, 2003, 2 v.

SICHES, Luis Recasens. *Nueva Filosofía de La Interpretación del Derecho*, México: Porrúa, 1973.

SILVA, De Plácido e. *Vocabulário Jurídico*, 14. ed., Rio de Janeiro: Forense, 1998.

SILVA, José Afonso. *Execução Fiscal*, São Paulo: Revista dos Tribunais, 1975.

SILVA, José Afonso. *Curso de Direito Constitucional Positivo*, 23. ed., São Paulo: Malheiros, 2004.

SILVA, Virgílio Afonso da. "Princípios e Regras: Mitos e Equívocos Acerca de uma Distinção", em *Revista Latino-Americana de Estudos Constitucionais*, nº 1, Belo Horizonte: Del Rey, 2003, p. 607-630, janeiro/junho 2003.

SLAIBI FILHO, Nagib. "Execução Fiscal Virtual", em *Revista Interesse Público* nº 16, ano 2002, p. 89.

SOARES, José Ronald Cavalcante (Coord.). *Estudos de Direito Constitucional*: Homenagem a Paulo Bonavides, São Paulo: LTr, 2001.

SOUZA, Gelson Amaro de. *Responsabilidade Tributária e Legitimidade Passiva na Execução Fiscal*, São Paulo: Data Juris, 1993.

STRECK, Lenio Luiz. *Jurisdição Constitucional e Hermenêutica*, 2. ed., Rio de Janeiro: Forense, 2004.

SZKLAROWSKY, Leon Fredja. "O Contencioso Administrativo-Fiscal no Brasil", em *Revista da Faculdade de Direito da UFC*, v. 26, nº 2, jul./dez. 1985, p. 65 ss.

TALAMINI, Eduardo. "Medidas Urgentes ('Cautelares' e 'Antecipadas'): A Lei 10.444/2002 e o Início de Correção de Rota para um Regime Jurídico Único", em *Revista Dialética de Direito Processual* nº 2, São Paulo: Dialética, p. 15-28, maio de 2003.

TARUFFO, Michele. *La prueba de los hechos*. 3. ed. Traducción de Jordi Ferrer Beltrán, Madrid: Trotta, 2009.

TAVARES, Alexandre Macedo. "O Parcelamento de Débito Tributário e a Ineficácia das Condicionantes Cláusulas de 'Confissão Irretratável' e de 'Renúncia de Discussão Administrativa e Judicial' do Objeto Parcelado", em *Revista Dialética de Direito Tributário* nº 123, São Paulo, dez./2005, p. 9.

TAVARES, André Ramos. *Curso de Direito Constitucional*, 2. ed., São Paulo: Saraiva, 2003.

TEMER, Michel. *Elementos de Direito Constitucional*, 10. ed., São Paulo, Malheiros, 1994.

TEIXEIRA, J. H. Meirelles. *Curso de Direito Constitucional*, Rio de Janeiro: Forense Universitária, 1991.

TESAURO, Francesco. Giusto Processo e Processo Tributario. In: PIETRO, Adriano (Coord.). *Per una Constituzione Fiscale Europea*. Milano: Cedam, 2008.

THEODORO JÚNIOR, Humberto. *Execução, Direito Processual Civil ao Vivo*, Rio de Janeiro: Aide, 1996, v. 3.

THEODORO JÚNIOR, Humberto. *Lei de Execução Fiscal*, 2. ed., São Paulo: Saraiva, 1986.

THEODORO JÚNIOR, Humberto. "Devido Processo Legal: Algumas Repercussões sobre a Constituição do Título Executivo Fiscal" em *Revista da Associação Brasileira de Direito Tributário*, ano III, nº 5/6, jan./ago. 2000, p. 29 ss.

TIPKE, Klaus. *Moral Tributaria del Estado y de los Contribuyentes (Besteuerungsmoral und Steuermoral)*, tradução de Pedro M. Herrera Molina. Madrid/Barcelona: Marcial Pons, 2002.

TORRES, Amable Corcuera. *Las Medidas Cautelares que Aseguran el Cobro de la Deuda Tributaria*, Madri: Centro de Estudios Financieros, 1998.

TORRES, Ricardo Lobo. *Restituição de Tributos*, Rio de Janeiro: Forense, 1983.

TORRES, Ricardo Lobo. *Curso de Direito Financeiro e Tributário*, 11. ed., Rio de Janeiro: Renovar, 2004.

UCKMAR, Victor. *Princípios Comuns de Direito Constitucional Tributário*. 2. ed., rev. e atual. conforme a 2. ed., italiana, tradução e notas ao direito brasileiro de Marco Aurélio Greco, São Paulo: Malheiros, 1999.

VASCONCELOS, Arnaldo. *Direito e Força*: Uma Visão Pluridimensional da Coação Jurídica, São Paulo: Dialética, 2001.

VASCONCELOS, Arnaldo. *Direito, Humanismo e Democracia*, São Paulo: Malheiros, 1998.

VASCONCELOS, Arnaldo. *Teoria da Norma Jurídica*, 5. ed., São Paulo: Malheiros, 2000.

VASCONCELOS, Arnaldo. "Princípios Gerais de Direito", em *Revista da Faculdade de Direito da UFC*, v. 26, nº 2, jul./dez. 1985, p. 79 ss.

VELLOSO, Carlos Mário da Silva. *Temas de Direito Público*, Belo Horizonte: Del Rey, 1994.

VIANA, Juvêncio Vasconcelos. *A Efetividade do Processo em Face da Fazenda Pública*, São Paulo: Dialética, 2003.

VIANA, Juvêncio Vasconcelos. "Novas Considerações Acerca da Execução Contra a Fazenda Pública", em *Revista Dialética de Direito Processual* nº 5, São Paulo: Dialética, 2003, p. 54 ss.

VIANA, Juvêncio Vasconcelos. "A Antecipação de Tutela de Acordo com a Lei 10.444/2002", em *Revista Dialética de Direito Processual* nº 2, São Paulo: Dialética, 2003, p. 44 ss.

VIANA, Juvêncio Vasconcelos. "Mandado de Segurança contra Ato Judicial", em *Revista Dialética de Direito Processual* nº 18, São Paulo: Dialética, 2004, p. 62 ss.

VILLEY, Michel. *Filosofia do Direito*: Definições e Fins do Direito. Os Meios do Direito, tradução de Márcia Valéria Martinez Aguiar, São Paulo: Martins Fontes, 2003.

WAAL, Frans B. M. de. *Good natured*: the origins or right and wrong in humans and other animals, Cambridge: Harvard University Press, 2003.

XAVIER, Alberto. "A Questão da Apreciação da Inconstitucionalidade das Leis pelos Órgãos Judicantes da Administração Fazendária", em *Revista Dialética de Direito Tributário* nº 103, p. 17.

XAVIER, Alberto. "Da Inconstitucionalidade da Exigência de Garantia como Condição de Admissibilidade de Recurso no Processo Administrativo em Geral e no Processo Administrativo Fiscal em Particular", em *Revista Dialética de Direito Tributário* nº 101, p. 7-35.

XAVIER, Alberto. *Do Lançamento*: Teoria Geral do Ato, do Procedimento e do Processo Tributário, 2. ed., Rio de Janeiro: Forense, 1997.

XAVIER, Alberto. *Do Lançamento no Direito Tributário Brasileiro*, 3. ed, Rio de Janeiro: Forense, 2005.

ZAVASCKI, Teori Albino. *Eficácia das Sentenças na Jurisdição Constitucional*, São Paulo: Revista dos Tribunais, 2001.

ZAVASCKI, Teori Albino. *Antecipação de Tutela*, 3. ed., São Paulo: Saraiva, 2000.

ZAVASCKI, Teori Albino. *Título Executivo e Liquidação*, São Paulo: Revista dos Tribunais, 1999.

ZILVETI, Fernando Aurélio; GOMES, Luis Augusto da Silva. "O Recurso Administrativo Voluntário ao INSS: Possibilidade de Arrolamento de Bens como Garantia de Admissibilidade", em *Revista Dialética de Direito Tributário* nº 106, São Paulo: Dialética, julho de 2004, p. 7.

ÍNDICE REMISSIVO

A

Abuso do poder de fiscalizar 66
Ação 192
Ação anulatória 267, 358, 366
Ação anulatória de lançamento 358
Ação civil pública 478
Ação declaratória 371, 374
Ação declaratória de constitucionalidade 463
Ação de consignação em pagamento 440
Ação de inconstitucionalidade 463
Ação de repetição do indébito 385
Ação direta de inconstitucionalidade 462, 463
Ação penal 107
Ação popular 475
Ação rescisória 217, 437
Ações da coletividade 475
Ações de controle concentrado de constitucionalidade 465
Ações de controle de constitucionalidade 460
Ações de iniciativa do contribuinte 195, 291
Ações de iniciativa do Fisco 195
Acréscimos legais 409
Actio nata 87
ADC 465, 473
ADIn 466, 473
Administração tributária 49, 150
ADPF 467, 471
Agravamento da exigência 151
Agravo de instrumento 347
Ampla defesa 33
Analogia 101
Antecipação dos efeitos da tutela recursal 347
Anulatória e depósito judicial 359
Apreciação da prova 124, 126
Apreensão de mercadorias 73
Arguição de Descumprimento de Preceito Fundamental 471

B

Bens do ativo permanente 277
Bens em valor insuficiente 232
Bens penhoráveis 231
Busca pela verdade real 28

C

Arrolamento 140
Arrolamento de bens 284
Aspectos constitucionais do problema 448
Atividade administrativa típica 25
Ato administrativo de lançamento 69
Ato de lançamento 69
Atos administrativos 164
Atuação do Ministério Público 355
Autocontrole 5, 92
Auto de infração 71
Autotutela vinculada 5, 92

Cabimento em matéria tributária 319, 475
CARF 150
Causalidade 452
Causas suspensivas de exigibilidade do crédito tributário 87
Cautelar fiscal 274, 276
CDA 198
Cerceamento de defesa 137
Certidão de Dívida Ativa 198, 214
Cientificação 27
Citação
  demora 221
  interrupção 221
Citação do executado 218
Classificação dos provimentos 424
Compensação 413
Compensação e repercussão 395
Competência 445

502 | PROCESSO TRIBUTÁRIO – *Machado Segundo*

Completa ausência de bens 231
Conclusão do procedimento 179
Conclusão do processo administrativo 157
Condição da ação anulatória 360
Conflito de competência 441
Conflito de interesses 1
Consignação em pagamento 440
Constituição do crédito tributário 91
Consulta fiscal 179, 186
Contestação 365
Contraditório 33
Contribuinte 195
Contribuinte autor da ação 445
Controle concentrado 460
Controle concentrado de constitucionalidade 462
Controle de constitucionalidade pelo Judiciário 460
Controle difuso 460
Controle difuso de constitucionalidade 460
Crédito tributário 8, 88, 402
CTN 77

D

Decadência do direito de a Fazenda Pública efetuar o lançamento 75
Decadência do direito de lançar 75, 77
Decisão de primeiro grau 137
Decisões de primeiro grau 139
Declaração de inconstitucionalidade 407
Deferimento de ofício 346
Deferimento de restituições 168
Demora na propositura da execução fiscal 237
Denegação da segurança 353
Denúncia espontânea 58
Depósito 362, 431
Depósito e parcelamento 361
Depósito judicial 373
Depósito recursal 140
Dever de fundamentação 30
Dever de informar 59
Dever de investigação 128
Devido processo legal 32, 73
Devido processo legal administrativo 326
Dilação probatória 366, 412

Diligências 130
Direito 1, 2
Direito à restituição 385
Direito à restituição de tributos 397
Direito de ação 397
Direito de embargar 229
Direito e processo 1
Direito líquido e certo 318
Direito material 4
Direito material tributário 7, 175
Direito privado 3
Direito processual 5
Direito processual tributário 8, 10
Direito público 2, 3
Direito tributário 2, 3
Disciplinamento da decadência no CTN 77
Dívida ativa 161
Documentos 127
Documentos particulares 456
Duplo grau de jurisdição 35

E

EC nº 20/98 68
Economia processual 34, 35
Efeitos da decisão, liminar 468
Efeito suspensivo 347
Embargos de devedor 303
Embargos de terceiro 315
Embargos do executado 267, 303
Embargos do executado à execução fiscal 255
Encargos legais 453
Erro do contribuinte 261
Esfera administrativa 101
Espécies de ação anulatória 371
Espécies de lançamento 52
Espécies de procedimentos 164
Espécies de tutela jurisdicional 191
Estado de direito 3
Estatuto Nacional da Microempresa e da Empresa de Pequeno Porte 458
Etapas do processo administrativo fiscal 113
Exceções de pré-executividade 221
Execução de sentença 413
Execução fiscal 196, 215, 259, 267, 384
Execução fiscal embargada 260
Extinção do crédito tributário 402

F

Finalidade do provimento 424
Fiscalização 56, 60
Fisco 195
Formalidade 192
Formalidades e nulidades no processo administrativo 109
Formalismo 192
Fornecimento de energia elétrica 297
Fundamento constitucional 342
Fundamento constitucional do direito à restituição 386
Fundamentos jurídicos do pedido 304

G

Garantia da execução 225
Garantia insuficiente 228

H

Hipóteses de indeferimento 135
Homologação 53
Homologação de compensações 168
Honorários advocatícios 447, 450
Honorários advocatícios de sucumbência 259, 447
Honorários no Novo CPC 449

I

Imparcialidade 45
Impetração por terceiro 330
Impetração preventiva 331
Improcedência de pedido declaratório 384
Impugnação 113
Impugnação administrativa 93, 105
Impugnação do embargado 306
Impugnação dos atos administrativos 91
Inafastabilidade da jurisdição 42
Inconstitucionalidade de uma lei 110
Indisponibilidade dos bens do sujeito passivo 277
Indisponibilidade *on line* de bens 242
Indistinção do rito 313
Inércia 45
Inexistência de bens 232
Informações da autoridade impetrada 337

Início do processo 113
Inquisitoriedade 27
Inscrição em dívida ativa 161
Instrumentalidade 34
Instrumentalidade processual 34
Interesse 1
Inversão do ônus da prova 121
Irreversibilidade 430
Irreversibilidade da medida 340
Isonomia 18
Iura novit curia 119

J

Juízo competente 303, 444
Julgador administrativo 110
Julgamento antecipado 458
Julgamento da ação consignatória 444
Julgamento definitivo 153
Julgamento de segundo grau 142
Julgamento dos embargos 303
Jura novit curia 465
Juros de mora 214
Justiça 16

L

Lançamento 70
Lançamento de ofício 55
Lançamento de ofício para prevenir a decadência 91
Lançamento efetuado no âmbito da Justiça do Trabalho 68
Lançamento por declaração 52
Lançamento por homologação 53, 80, 93, 452
Lançamento tributário 50, 68
Legalidade 20, 187
Legislação relativa ao processo judicial 99
Legitimidade ativa ad causam 291
Lei de Execuções Fiscais 232, 372
Leis municipais 466
Liminar e depósito 344
Liminares e compensação de tributos 344
Liminares satisfativas 342
Liquidez e certeza da CDA 215
Livros obrigatórios 59

M

Mandado de segurança 316, 326

504 | PROCESSO TRIBUTÁRIO – *Machado Segundo*

Mandado de segurança coletivo 330
Mandado de segurança e compensação 319
Manifestação da autoridade autuante 118
Matérias vedadas 307
Matéria tributária 372
Medida cautelar nas ações de controle concentrado de constitucionalidade 467
Medida liminar 338
Meios de prova 126
Meros procedimentos 6
Ministério Público 354

N

Natureza jurídica 341
Natureza jurídica do lançamento 69
Necessária fundamentação das decisões 37
Notificação de lançamento 71
Nulidade 110

O

Objeto da prova pericial 456
Obrigação tributária 51
Oficialidade 26, 41
Ônus da prova 119, 455
Oposição de embargos 255
Ordenamento jurídico 16
Órgão julgador 39
Ouvida de testemunhas 132

P

Papel dos princípios jurídicos 14
Parcelamento do crédito tributário 361
Parcelamento dos precatórios 415
Participação de terceiros na ADIn 465
Peculiaridades do processo 38
Pedido administrativo de restituição 398
Pedido de restituição do tributo 409
Pedido de suspensão de liminar 350
Pedido expresso 409
Penhora do faturamento 250
Penhora *on line* 244
Perda de eficácia da cautelar fiscal 283
Perícia 130
Perícias 130
Perigo da demora inverso 340
Petição devidamente fundamentada 258

Petição inicial 197, 334
Poder hierárquico 39, 155
Posições inusitadas 137
Possibilidade de a Administração declarar a inconstitucionalidade 112
Possibilidade de impugnação 179
Possibilidade de provimento liminar 276
Postulado da proporcionalidade 246
Praeter legem 14
Prazo de 120 dias 333
Prazo de vigência para a medida liminar 353
Prazo para a conclusão do processo administrativo 157
Prazo para embargar 228
Precatório 410, 413, 416, 418
Precatórios judiciais 415
Preclusão administrativa 154
Pré-executividade 222
Prescrição intercorrente 271
Pressupostos para a concessão de tutelas cautelares em geral 276
Prestação da tutela jurisdicional 190
Presunção de validade 119
Princípio da causalidade 261
Princípio da inquisitoriedade 27
Princípio da legalidade 20
Princípio da oficialidade 26, 41
Princípio da proporcionalidade 21
Princípio da publicidade 22, 139
Princípio da razoabilidade 21
Princípio fundamental da justiça 18
Princípio jurídico 13
Princípios do processo 31
Princípios gerais 15
Princípios peculiares ao processo administrativo 38
Princípios peculiares ao processo judicial 42
Princípios vetores da condução de procedimentos administrativos 25
Procedimento administrativo 8
Procedimento de fiscalização 67
Processo 4, 192
Processo administrativo 38
Processo administrativo fiscal 113
Processo administrativo tributário 7, 8, 10, 49
Processo cautelar 275

ÍNDICE REMISSIVO | **505**

Processo civil 189
Processo de consulta 183
Processo de controle interno da legalidade administrativa 91
Processo e procedimento 5
Processo judicial 42
Processo judicial tributário 7, 8, 10, 189
Processo tributário 8, 10, 13
Produção de provas 118
Prolação da sentença 313
Proliferação de liminares 429
Proporcionalidade 21
Propositura da execução 237
Propositura incidental 375
Prova 124, 126, 455
Prova emprestada 133
Prova no processo judicial 455
Prova pericial 456
Provimento 192
Provimentos jurisdicionais 424
Publicidade 22

Q

Questionamento judicial 103, 156

R

Razoabilidade 20
Recebimento de precatório 418
Recurso de ofício 139
Recursos excepcionais 144
Recurso voluntário 139
Reforço de penhora 257
Regime jurídico 84
Renúncia à esfera administrativa 103
Repetição do indébito e repercussão 388
Réplica 365
Requerido pessoa jurídica 277
Requisitos da inicial 303
Resolução de conflitos 15
Responsabilização de terceiros 198
Resposta do requerido 283

S

Sanções políticas 324
Satisfatividade 430

Segurança do procedimento escrito 59
Segurança jurídica 18
Sentença e recursos 355, 367
Sentença meramente declaratória 376
Sigilo bancário 60
Significados da expressão processo 5
Situação processual do contribuinte 445
Solução de conflitos 149
Subordinação hierárquica 30
Substituição da CDA 217
Substituição de bens 257
Substituição tributária 294
Sucumbência 447
Sucumbência do vencido 452
Sujeição passiva tributária 300
Suspensão da execução 255, 271
Suspensão dos efeitos do ato impugnado 105
Sustentação oral 143

T

Tempestividade 140
Teoria da prova 455
Teoria Geral do Direito 16
Teoria subjetiva 84
Termo de início de fiscalização 57
Transação 186
Transação tributária 186
Tribunal de apelação 353
Tributo idêntico 441
Tributo indevido 387
Tributos devidos pela empresa 209
Tributos sujeitos ao regime do lançamento por homologação 80
Tutela 192
Tutela antecipada 410
Tutela cautelar 276
Tutela de conhecimento 355
Tutela de execução 424
Tutela jurisdicional 44, 190, 191, 192
Tutela provisória 423
Tutelas de urgência 374, 425, 431

U

Utilidade do processo administrativo 38

V

Validade do ato administrativo 456
Valor da causa 305
Valor jurídico da "confissão" 124

Verdade formal 45, 46
Verdade material 28, 40
Verdade substancial 29
Voto de qualidade 147

ÍNDICE ONOMÁSTICO

Abrão, Carlos Henrique 233
Aristóteles 19
Ataliba, Geraldo 53
Ávila, Humberto 20

Baleeiro, Aliomar 442
Barbi, Celso Agrícola 337
Barbosa, Rui 19
Barreto, Aires F. 245, 248
Becker, Alfredo Augusto 3, 297, 389
Bedaque, José Roberto dos Santos 427
Bonavides, Paulo 22, 44, 464
Bonilha, Paulo Celso B. 122
Borges, José Souto Maior 166
Bottallo, Eduardo 372
Buzaid, Alfredo 428

Campos, Dejalma de 143
Campos, Francisco 155
Canotilho, J. J. Gomes 246
Capez, Fernando 474
Carnelutti, Francesco 1, 424, 448
Carvalho, A. A. Contreiras de 131
Cavalcante, Mantovanni Colares 36
Chimenti, Ricardo Cunha 474
Chiovenda, Giuseppe 448
Cintra, Antônio Carlos de Araújo 378
Comoglio, Luigi Paolo 44

Derzi, Misabel Abreu Machado 54
Diguit, Leon 19
Dinamarco, Cândido Rangel 36, 121, 193, 377

Emerenciano, Adelmo da Silva 29, 59, 72
Engisch, Karl 3
Ferri, Corrado 44

Gonçalves, Gilberto Rodrigues 245, 248
Gonçalves, José Artur Lima 390
Gouvêa, José Roberto Ferreira 379
Greco Filho, Vicente 16, 33, 457
Greco, Marco Aurélio 158
Grinover, Ada Pellegrini 378
Guerra Filho, Willis Santiago 6
Guerra, Marcelo Lima 424

Jellinek, Walter 155
Júnior, Humberto Theodoro 232

Kelsen, Hans 17
Köhler, Ludwig von 155

López, Maria Teresa Martinez 117, 145

Machado, Hugo de Brito 2, 19, 69, 79, 89,
    90, 102, 107, 111, 121, 136, 166, 205,
    297, 320, 332, 367, 387, 402, 406,
    410, 430, 432, 434, 440, 457, 464,
    475, 480
Machado, Raquel Cavalcanti Ramos 22, 64,
    71, 121, 379, 380, 382, 426
Machado Segundo, Hugo de Brito 449
Maia Filho, Napoleão Nunes 32, 367, 423
Marins, James 6, 11, 25, 61, 357, 434, 435, 446
Marques, Márcio Severo 390
Meirelles, Hely Lopes 7, 154
Mello, Celso Antônio Bandeira de 19, 40, 49
Miranda, Pontes de 1, 5, 6, 15, 49, 124, 166,
    190, 193, 295, 380
Moraes, Alexandre de 463, 464, 473
Moreira, José Carlos Barbosa 44, 424
Neder, Marcos Vinicius 117, 145
Negrão, Theotonio 379

Oliveira, Angelina Mariz de 352
Oliveira, Ricardo Mariz de 386

Paulsen, Leandro 362
Pinto, Adriano 40
Pontes, Valmir 3, 154

Ramos, Paulo de Tarso Vieira 54, 82, 95
Ráo, Vicente 3
Rocha, Fernando Luiz Ximenes 466
Rocha, José de Albuquerque 6, 34, 42
Rocha, Valdir de Oliveira 180
Rodrigues, Marcelo Abelha 46
Rosa, Márcio F. Elias 474
Rosas, Roberto 223
Santos, Marisa F. 474

Santos, Moacyr Amaral 448, 456
Simone Anacleto Lopes 187
Sobrinho, Manoel de Oliveira Franco 33
Souza, Rubens Gomes de 54, 390

Taruffo, Michele 44
Tesauro, Francesco 28
Theodoro Júnior, Humberto 306
Tipke, Klaus 13

Vasconcelos, Arnaldo 1, 4

Xavier, Alberto 28, 29, 34, 79, 82, 83, 94,
105, 123, 142, 361, 372

Zavascki, Teori Albino 427